1980年六十周岁留影

中华人民共和国文化部、国家文物局授予佟柱臣
“中国文物、博物馆事业杰出人物”证书

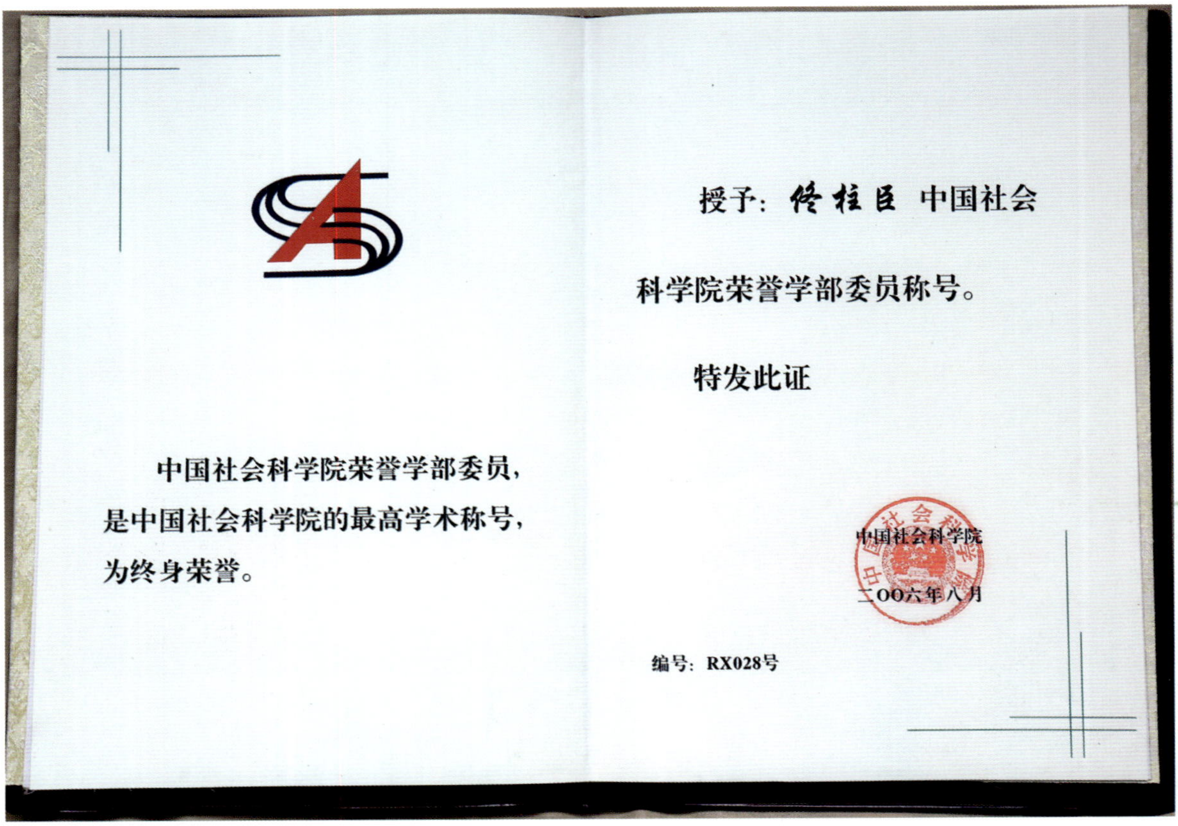

中国社会科学院授予佟柱臣“中国社会科学院荣誉学部委员”证书

2009年与登门颁发“中国文物、博物馆事业杰出人物”证书的国家文物局局长单霁翔、侯菊坤等合影

2010年与代表考古所登门祝贺九十华诞的社科院考古所党委书记齐肇业及张岱海、高月红等合影

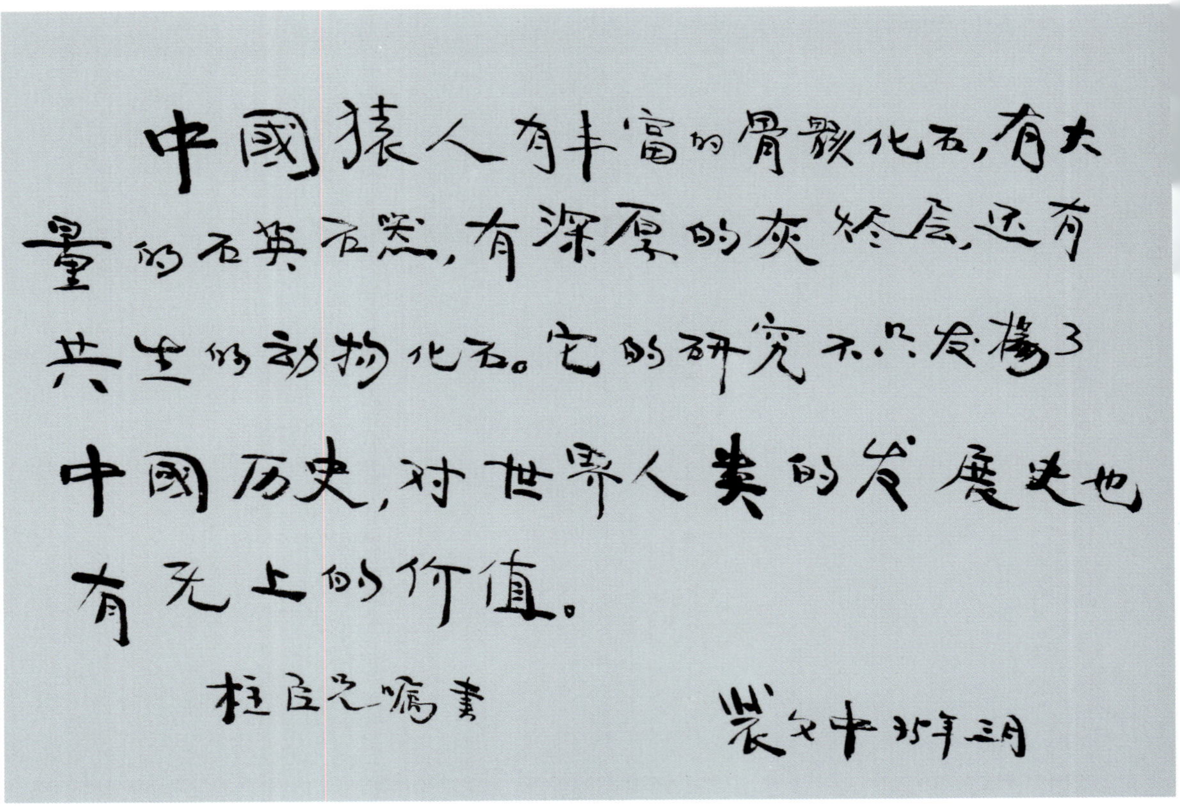

中國猿人有丰富的骨骼化石，有大量的石英石器，有深厚的灰烬层，还有共生的动物化石。它的研究不只发扬了中國历史，对世界人类的发展史也有无上的价值。

柱臣兄嘱书

裴文中 75年三月

1975年裴文中先生赠与的亲笔题字

参加1957年庆祝五一国际劳动节游行活动
天安门观礼台观礼证

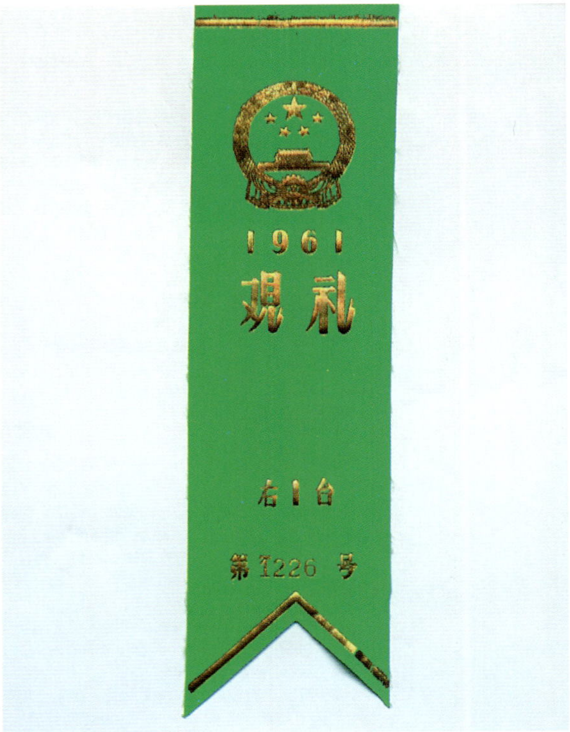

参加1961年庆祝中华人民共和国国庆节游行
活动天安门观礼台观礼证

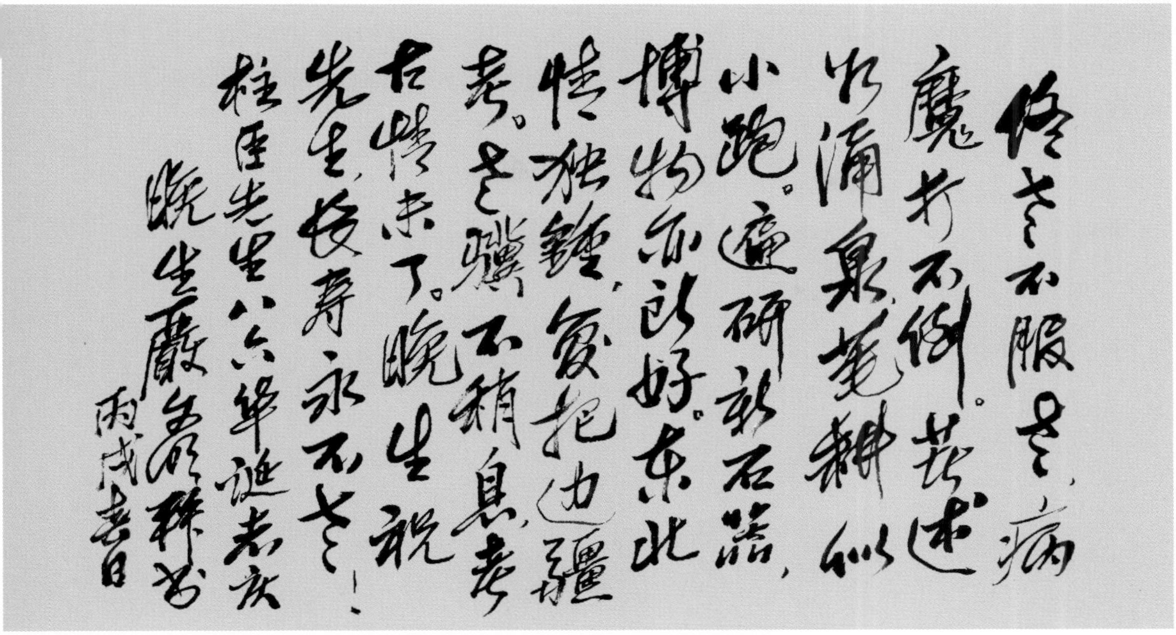

2006年严文明先生为庆贺佟柱臣八六华诞赠与的贺词手迹

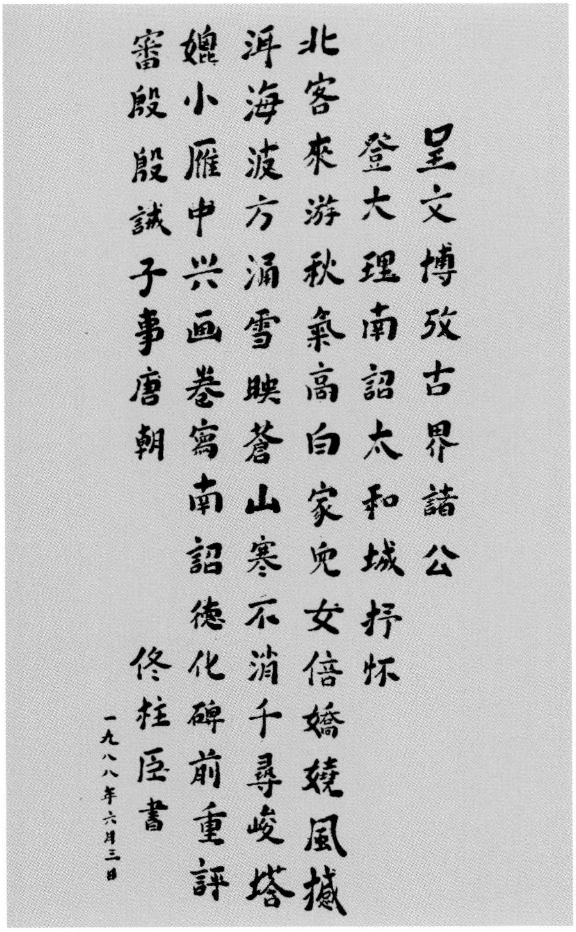

1988年佟柱臣题写的呈文博考古界诸公诗词
《登大理南诏太和城抒怀》手迹

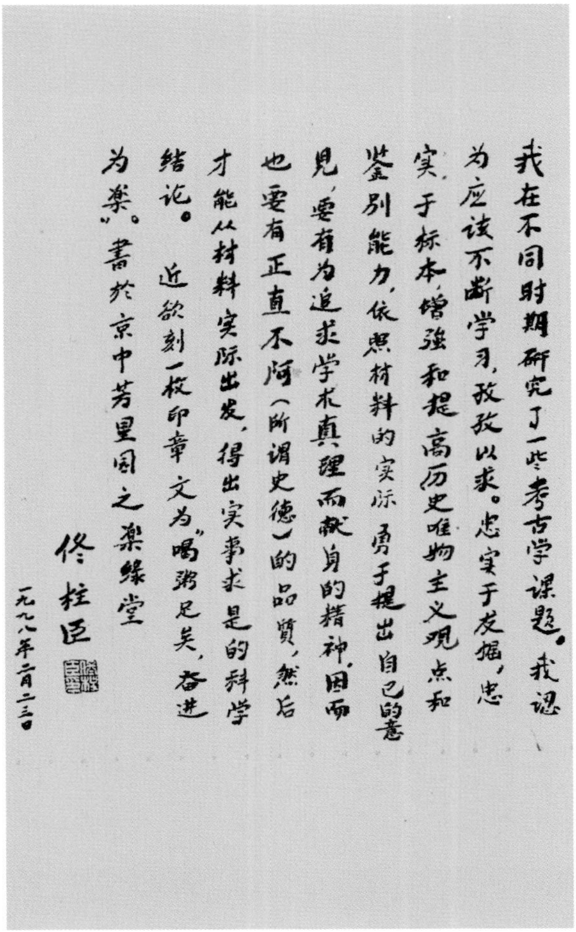

1998年佟柱臣自书座右铭
“喝粥足矣，奋进为乐”

佟柱臣已出版的主要学术著作及庆祝八五华诞学术文集

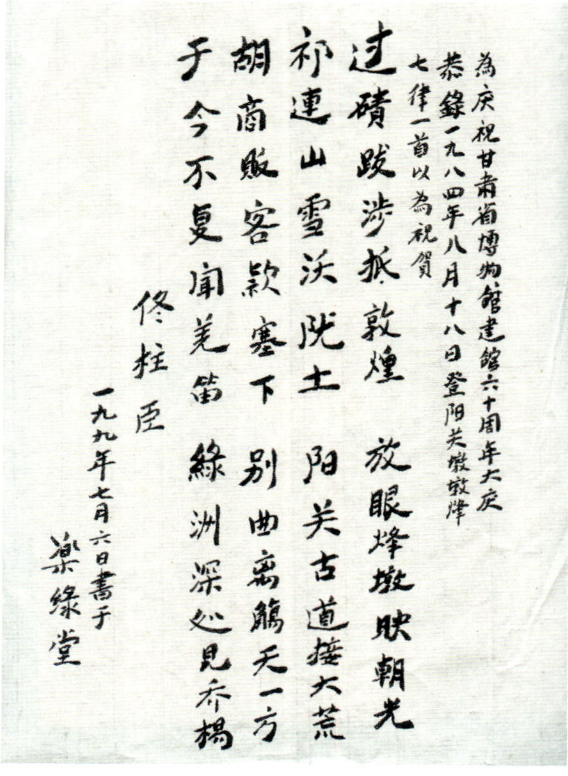

1999年佟柱臣为甘肃省博物馆建馆60周年题写的诗词《登阳关墩墩烽》手迹

1953年在北京历史博物馆端门办公室

1955年参加中央文化部社会文化事业管理局、中科院考古研究所及北京大学考古专业联合举办的“中国考古工作人员训练班”第五期教学工作（第二排左二）

1957年与韩寿萱、沈从文、史树青等在北京历史博物馆接待日本考古代表团（后排右三）

1961年与文化部文化学院文博系师生合影（前排右八）

1963年与牛兆勋、徐旭生、郭宝钧、黄文弼、苏秉琦、安志敏等在考古所接待朝鲜历史考古代表团（后排左二）

1964年参加中国科学院泰安参观学习队留影（后排右三）

1975年与社科院考古所同事赴湖南考察

1975年在湖南韶山参观留影

1979年与罗继祖、王承礼考察吉林集安好太王碑合影

1979年与夏鼐、安志敏、史树青等在社科院考古所接待日本京都大学考古学者（后排左一）

1981年与夏鼐、安志敏等在社科院考古所接待意大利考古代表团（前排右一）

1981年与夏鼐、张政烺、苏秉琦、宿白、安志敏、石兴邦等在考古所与1981届毕业研究生合影（前排左三）

1981年参加辽宁省考古、博物馆学会成立大会合影（第二排左九）

1984年赴青海考察与牧民合影

1983年在社科院考古所办公室
考察石器

1983年在社科院考古所办公室与
同事合影

1985年在北京市文物研究所考察平谷上宅、北埝头遗址出土的陶器

1986年赴沈阳参加中国考古学会第六次年会与靳枫毅合影

1986年与苏秉琦赴延庆军都山山戎墓地发掘现场考察

1987年在内蒙古嘎仙洞考察
北魏鲜卑洞室石刻

1987年在黑龙江辉河口遗址考察

1987年与陈述、王承礼、朱子方
在辽祖州石房子考察

1987年在辽宁丹东城上远眺鸭绿江

1990年5月在费孝通教授主持的“中华民族多元一体格局民族研究学术讨论会”上做作学术报告

1990年5月与费孝通、苏秉琦等出席国家民委民族问题研究中心、中央民族大学出版社举办的“中华民族多元一体格局民族研究学术讨论会”（第二排右一）

1990年与出席山戎文化考古成果研讨会的代表在延庆龙庆峡合影

1991年在山东临淄博物馆参观

1991年赴呼和浩特参加中国考古学会第八次年会与苏秉琦、石兴邦、俞伟超合影

1991年在济南城子崖遗址发掘60周年纪念学术研讨会上讲话

1991年在济南山东省文物考古研究所考察大汶口文化陶器

1995年5月佩华将《中国新石器研究》书稿送往巴蜀书社，行前父子在全部手稿和图纸前合影

1999年在家中查阅专著《中国边疆民族物质文化史》

1999年与女儿伟华及孙女佟薇拜访贾兰坡先生合影

2000年参加《学林春秋》出版发行座谈会合影（前排左二）

2003年在家中拜读裴文中先生题词

2009年接受国家文物局颁发的“中国文物、博物馆事业杰出人物”证书

2010年11月在家中接受社科院考古
所科研处处长巩文的采访

2011年夏季在家中与学生靳枫毅谈话

1942年佟柱臣、郭庆洲夫妇在沈阳结婚照

1944年佟柱臣夫妇在内蒙古赤峰与同事合影

1949年佟柱臣夫妇与兄佟凯臣
及子女在北京合影

1957年佟柱臣夫妇与子女和亲属
在北京合影

1961年佟柱臣夫妇与子女和亲属
在北京合影

1986 年与夫人在杭州西湖合影

1972年与二子佩华在河南信阳明港
五七干校合影

1970年佟柱臣夫妇与子女在北京合影

1990年与夫人及儿孙在东总部胡同
弘通巷旧居合影

1994年与夫人及孙辈在家中

20世纪90年代初与夫人在建国门街头公园合影

1989年与小孙子舒扬下棋

1996年与夫人在方庄楼前合影

2002年与夫人在家中合影

2003年在家中与来访的黑山中学
挚友张华国交谈

2002年与夫人及子孙在家中合影

无限悠悠远古情

——佟柱臣先生纪念文集

佟柱臣纪念文集编委会 编

科学出版社
北京

内 容 简 介

本书为著名考古学家佟柱臣先生逝世三周年纪念文集。全书分三部分，第一部分为佟柱臣先生传略、著作目录、诗选和活动年表；第二部分为学界同仁怀念佟柱臣先生的纪念文章，共22篇；第三部分为新石器考古、边疆考古等方面的学术论文，共40篇。

本书适合新石器考古、边疆考古等方面的专家学者和大专院校相关专业师生参考、阅读。

图书在版编目（CIP）

无限悠悠远古情：佟柱臣先生纪念文集/佟柱臣纪念文集编委会编. —北京：科学出版社，2014.12

ISBN 978-7-03-042482-2

Ⅰ. ①无… Ⅱ. ①佟… Ⅲ. ①佟柱臣（1920～2011）–纪念文集 Ⅳ. ①K825.81–53

中国版本图书馆CIP数据核字（2014）第263302号

责任编辑：刘 能 / 责任校对：钟 洋 张凤琴
责任印制：肖 兴 / 封面设计：张 放

科学出版社出版
北京东黄城根北街16号
邮政编码：100717
http://www.sciencep.com

北京通州皇家印刷厂印刷
科学出版社发行 各地新华书店经销

*

2014年12月第 一 版 开本：787×1092 1/16
2014年12月第一次印刷 印张：45 1/2 插页：12
字数：1 079 000

定价：298.00 元

（如有印装质量问题，我社负责调换）

纪念佟柱臣先生

（代序）

严文明

著名考古学家佟柱臣先生离开我们两年多了，他以92岁的高龄走完了平淡而光辉的一生，真正做到了“淡泊明志，宁静致远”。先生名如其人。因此，我在八宝山的追悼会上，特地写了一幅挽联：“治学励志当柱石，为人谦和做臣民。”同时还写了一幅题词：“淡泊明志，与世无争；辛勤耕耘，奉献一生。无牵无挂，无怨无悔。先生精神，惠泽后生。”表达了我对先生的崇敬和仰慕。

先生是中国社会科学院考古研究所的研究员和荣誉学部委员，著作等身，涉猎面极广。举凡东北考古、新石器考古、边疆民族考古、博物馆学等诸多方面都有重要的贡献。先生早在学生时期就对考古发生兴趣，自学阅读了许多考古书籍，还经常到野外实地调查。这几乎成为了他终身的习惯。古人说治学要读万卷书、行万里路，先生是实实在在的身体力行者。他虚心好学，曾先后得到金毓黻、罗福颐、裴文中等著名学者的指导和帮助，使自己的学识日益精进。

先生的考古生涯是从他的故乡起步的，他对东北地区的考古调查和研究是全面性的，从旧石器时代直到辽金以后，内容包括村落遗址、城址、窑址、墓葬和长城等。著名的牛河梁遗址、夏家店遗址等都是先生首先发现的。他还参加了裴文中先生领导的西团山考古发掘。而在英金河北岸发现长达一百余里的燕秦汉长城，则是我国学者早期对长城研究的重大成果。

先生从20世纪40年代起，曾先后在沈阳博物馆和中国历史博物馆任职，对博物馆的藏品编目、管理、陈列说明等都进行了认真的研究，其间还特地到前苏联访问和考察了莫斯科和列宁格勒（即今彼得格勒）等地主要的博物馆和博物馆学研究所，进而对博物馆学有了更深的理解。他还曾经在北大考古专业讲授部分博物馆学课程。

先生是满族人，特别关注边疆历史和少数民族地区的历史考古研究，倾注了大量心血，发表了许多重要的论著。最后完成的《中国边疆民族物质文化史》更是一部奠基性著作，表达了维护祖国统一和民族团结的强烈感情。

先生是我国新石器时代石器工艺研究的开拓者和集大成者。为了全面掌握我国新石器的情况，他跑遍了全国除西藏和台湾以外的各个省区，将已发表和未发表的各类石器亲自观察、测绘和统计，数量达10万件之巨。据此对全国新石器进行分期分区分文化的系统研究，并且与世界各地的新石器进行比较，最终完成了220万字的巨著《中国新石器研究》，这需要有多大的胆识和毅力啊！更有进者，为了研究石器的制作工艺，先生特地考察现代石匠的作业过程，向石匠师傅学习。再结合他对大量石器的观察，知道要制造一件典型的新石器，大致须经过选料、选形、截断、打击、琢、磨、作孔等多道工序，并且对每一道工序都做了仔细的考察。为了观察工具使用中形成的摩擦痕迹，先生特地购置了一架体视显微镜，亲自观察和拍照各种微痕，还拿了这些微痕的照片请清华大学副校长、著名机械工程史学家刘仙洲等先生从力学上进行研究，以便对各类工具的安柄和使用方式做出更加科学的解释，是国内最先研究石器微痕并取得成功的考古学家。

先生对中国新石器文化进行了全面而系统的考察，认为中国幅员广大，各地的自然环境不同，文化发展水平不同，特征不同，因此主张多中心论和不平衡发展论。他一方面明确指出中国新石器文化不是从一个地方起源再传播到全国各地的，同时又提出黄河中下游是文化最发达，因而也是最早进入国家的地区。这一前瞻性的见解为以后越来越多的事实所证明。

先生德高望重，为人厚道，谦虚谨慎，从不以权威自居。自己勤奋治学，又注意提携后进，许多年轻学者都曾得到先生的关怀和帮助。真正做到了“学而不厌，诲人不倦”，体现了为人师表的长者风范，赢得了大家的尊敬和爱戴。这本文集收集的许多文章就是最好的体现，我想这也是对先生最好的纪念！

2014年2月18日

于北大蓝旗营蜗居

目　录

纪 念 文 章

学 术 论 文

佟柱臣先生传略

佟柱臣先生是我国老一代著名的考古学家，中国社会科学院荣誉学部委员、中国考古学会荣誉理事、考古研究所研究员。现将先生的传略整理如下。

一

佟先生系辽宁省黑山县人，满族，于1920年3月20日（农历二月初一）生于郝屯，继迁至台子后屯，后又迁回祖籍白土厂门。该村为柳条边墙重要边门之一，清设章京，佟姓祖辈世为守门之官，为当地大族。先父佟保昌，字玉昆，曾至沈阳北陵路过东北大学之门，慨然以教子读书为念。虽业商贩，难于糊口，但仍愿供子上学。1931年，佟先生11岁时始入白土厂门小学，除了学习算术、国语、历史、地理之外，还读了《论语》《孟子》，旁及《诗经》与《幼学琼林》诸书。1934年越级毕业。1935年考入黑山县中学，渐喜文科，读《左传·襄公二十四年》“太上有立德，其次有立功，其次有立言”之语，因欲立言以明志，开始在报纸上发表杂文。1938年于沈阳第四国民高等学校毕业后，1939年考入吉林高等师范学校第三班（历史地理系），利用学校藏书之富，博览地理学概论、地形学、地质学、天文学和历史学概论、中国史、世界史、方志学等书，并翻检了二十四史。尤其在历史学和地理学的关系上，下了工夫。从阅读历史学和地理学的兴趣，进而确立了专攻考古学的志愿。但是当时学校没有考古课，所以他只能利用国内外的考古学书籍进行自学。为了弄清采集到的器物标本名称，不知查对过多少考古图版、插图，相互比较。没有先生指导，学习自然要艰苦得多，进展也慢，可是却促使他发奋阅读了更多的考古书籍。由于从考古实践和认识实物开始，理解不断加深，日积月累，掌握的知识也逐渐丰富和扎实起来。他常常利用星期天和节假日，在吉林市和永吉县进行田野调查，如欢喜岭、平顶山、骚达沟西砬子、西团山等史前遗址，龙潭山高句丽山城、乌拉街明清乌拉部城址等许多地方都留下了他的足迹。这样逐渐走进了考古学的大门，可是他的家庭仍处于贫困之中。

1942年是佟先生走向社会的一年，到内蒙古凌源中学教书。由于当时正处在沦陷时期，他的精神非常苦闷，所以经常在教课之余做一些野外调查，以排解胸中的郁闷之情，他在《凌源新石器时代遗址之调查》一文中写道：“寸衷郁郁，何可自慰，是以采集乡土资料，自作研究。”大凌河流域两岸阶地上遗址分布很密集，他曾先后发现石匠沟、建昌沟、南城子、北城子、广山顶上、樱桃沟东山、小珠禄科西山、大河南山、大河西山等多处新石器时代或青铜时代遗址。在凌源西十八里堡还发现了安杖子城址，采集到各式饕餮纹半瓦当，证实那里是一座燕国的城址。同时在牛河梁发现不少筒形彩陶器、红地黑彩，颇近红山后出土的同类彩陶，并从附近农民手中看到了卷云纹大型玉佩饰等，这些都为认识红山文化的内涵提供了珍贵的线索，也积累了不少基础知识。

1943～1945年，佟先生转到内蒙古赤峰师范教书。这个时期，他仍然是不断地跑野外做调查，考察了不少遗址，特别是发现了夏家店等重要遗址。新中国成立以后，以这一遗址为代表的遗存被命名为夏家店上层文化和夏家店下层文化。当时，对于遗址中包含有夏家店上层文化的红山后石棺的内容，他已有所了解，而对于遗址中还包含夏家店下层文化的内涵，却还没有认识，这是由于当时尚未发掘的缘故。同时，佟先生在赤峰东八家还发现了完整的石城址，根据以后的判断，属于夏家店下层文化。1944年，佟先生跟随李文信先生参加了赤峰猴头沟辽代缸瓦窑窑址的发掘。这里是一个有几十座窑址的辽代窑村，出土有辽三彩、白釉印花瓷、荞麦釉契丹文鸡腿坛及带“官”字款白瓷片等。由于这次发掘，使他对辽瓷产生了浓厚兴趣。

佟先生在赤峰考古的几年里取得了很大收获，而其中最为重要的是在赤峰英金河北岸发现的一段长百余里的燕秦汉长城。这段长城西接围场，东连敖汉，在我国，是继斯坦因在敦煌发现汉长城以后的一次重要发现，而年代又早到燕秦。因多年调查，佟先生采集并收藏了许多各个时代的文物标本。

1945年，日本帝国主义投降，佟先生进入沈阳博物馆任副研究员，得到了从事专业研究的机会。在这里他与金毓黻（静庵）、罗福颐（子期）、李文信（公符）、阎文儒（述祖）各位著名的史学家、金文甲骨学家、考古学家朝夕相处，日事各代文物的整理、编目、上架与陈列，向诸师友请教与研讨的机会极多，颇获教益。为了明确在此以前的东北考古学方面总的成就，他整理了东北考古文献目录、东北史前遗迹地名表以及东北旧石器时代、新石器时代、汉代、高句丽、渤海、辽、金各段的考古资料。这些工作使他对东北考古学概况有了一个全面的认识，在此以后他更深深地向往有一个研究整个中国新石器时代考古学的机会。

1949年由裴文中教授、韩寿萱教授介绍，佟先生进入北京历史博物馆（今中国国家博物馆）工作，先后任副设计员、陈列部副主任、考古部副主任、学术委员会委员，同年被东北文物管理处聘为东北博物馆名誉研究员。在历史博物馆里，他不仅进行文物编目，也从事陈列工作。在裴老的指导下，曾布置过从猿到人的展览、中国原始社会陈列、中国近代史陈列。1950年，他参加裴文中教授领导的东北考古发掘团，前往吉林西团山从事发掘工作。1953年，应北京大学校长马寅初先生之聘，参加裴文中教授负责的史前考古课教学小组组织教材等工作，1959年还被马寅初校长聘为北京大学论文导师。1957年，应文物出版社之聘，任文物参考资料编辑委员会委员。为了提高博物馆界的科学研究水平，根据中苏文化交流项目，1957年佟先生访问了苏联，考察了莫斯科苏联国家博物馆、苏联博物馆学研究所、苏联东方艺术馆、苏联科学院物质文化研究所、莫斯科大学考古讲座、列宁格勒爱米塔什博物馆、诺夫哥罗德博物馆等单位的组织设施和科学研究概况。1959年，在天安门筹建中国历史博物馆新馆的过程中，佟先生负责中国原始社会部分的陈列工作。在此期间，他曾为北京大学考古专业和考古训练班讲授考古陈列课。1960年他参加了筹建文化部文化学院文物博物馆系的工作，培训文物博物馆工作干部和招收大学生。

1961年直至退休，佟先生先后任中国社会科学院考古研究所副研究员、研究员、学术委员会委员、第一研究室（新石器时代）副主任。1978年被中国社会科学院研究生院聘为教授。1979年当选为中国考古学会理事。1981年应中国大百科全书出版社之聘，任考古学卷中国中石器时代、新石器时代编写组副主任。1985年应中国民族史学会聘，任中国民族史学会顾问。

佟先生到考古研究所后，先后进行了两大课题的研究，一个研究项目是中国边疆民族考古，另一个研究项目是中国新石器。为了这些课题的完成，他频年到全国各地收集材料。1966年以前，曾先后考察了陕西、山西、河南、河北、山东、黑龙江、吉林、辽宁、内蒙古等省和自治区；1980年以后，除了西藏和台湾以外的省区都留下了他的足迹，其目的是对中国边疆民族的考古文化和中国新石器以及文化有一个全面的了解和认识。在收集资料的基础上，佟先生对中国边疆民族物质文化和中国新石器时代的石器进行了多年的深入研究，先后完成了《中国边疆民族物质文化史》和《中国新石器研究》两部著作和多篇学术论文。1984年他与贾兰坡、安志敏两教授合作的《中国历史的童年》一书，被中国史学会、中国出版工作者协会授予“爱国主义通俗读物优秀奖”。

佟先生从20世纪60年代起倾心研究新石器，为了完成这一课题，他在全国各省区目睹、摩挲了近十万件石器标本，经30余年的资料积累以及全面系统的研究，写作完成了220万字的巨著《中国新石器研究》，被列入国家古籍整理出版规划小组编纂的“中国传统文化研究”丛书，于1995年出版。此前，佟先生1991年出版的《中国边疆民族物质文化史》获得“全国古籍优秀图书一等奖”。

晚年以后佟先生仍勤奋写作，笔耕不辍。他早年曾参加赤峰辽代缸瓦窑遗址的发掘和沈阳博物馆收藏的大量鸡冠壶的整理，从那以后他就着手对辽瓷进行研究，曾编译了辽瓷有关文献，组织辽瓷图版，绘制辽瓷分布图。在早年研究的基础上，最终于2010年整理出版了《中国辽瓷研究》一书，并请著名陶瓷专家陈万里先生写了序文。应“名师讲义”丛书编辑之约，佟先生出版了专著《中国考古学要论》，这部著作以1957年在北京大学考古专业讲授的“考古材料的陈列”、1960年在南开大学历史系讲授的“中国石器时代考古学的新成就”以及1978～1981年在中国社会科学院研究生院考古系讲授的“东北考古学”讲稿为主要内容，同时还包括他多年来发表的部分重要论著，这部书的出版引起了学术界的极大关注。

二

佟先生多年的研究领域主要涉及五个方面：

（1）关于东北考古学的研究。由于在东北多年工作的关系和有沈阳博物馆藏品方便的条件，佟先生长期致力于我国东北地区的考古学研究。1943年发表的《凌源新石器时代遗址之调查》一文是他从事考古调查的第一篇简报，介绍了大凌河两岸及其支流的一些遗址以及发现的石器和陶片，其中有一部分属于新石器时代，但是较多属于夏家店下层文化和夏家店上层文化即青铜时代的遗物，弥补了凌源地区考古的空白。而在赤峰英金河北岸发现的燕秦汉长城，最早推断建于燕昭王初年（前311～前297），比筑于河套北岸的秦长城要早100余年，比筑于汉元封三年（前108）的敦煌北长城要早200多年。这条长城东从撒水坡起，以一条黝黑色土岭蜿蜒西北行，至北台子东坡上山，是一段以石块砌成阶梯式、长约200米的石墙，底宽6米、上宽2米、高2米。长城爬上北台子老年期山地后，又用黄土筑墙，如此经过夏家店、杨家营子西部与五里岔望楼址相连。在这条长城线南侧，还有赤峰北土城址、北上泉城址、蜘蛛山城址、山湾城址、山头城址、撒水坡城址与之相配合，当是屯戍之所。在老爷庙西山顶上望楼遗址附近发现有战国绳纹板瓦，证实其年代之早。鉴于发现之重要，佟先生在1946年沈阳博物馆专刊《历史与考古》上发表了《赤峰附近新发见之汉前土城址与古长城》一文，以正式报告，向学术界做了介绍，并根据对这个问题的多年研究，又在1956年1期《考古学报》上发表了《考古学上汉代及汉代以前的东北疆域》一文，把杨守敬《前汉地理图》所定的辽东郡界约当北纬42.8°，向北延伸至43.8°，即北移200余里，为燕秦汉的东北疆域提供了确切证据。

为了明确东北旧石器问题，佟先生在1947年1期《沈阳博物馆筹备委员会汇刊》上发表了《东北旧石器时代问题》一文，并编制了东北哺乳动物化石地名表，指出“温泉河层属第三次堆积，顾乡屯层属第二次堆积”，“今后发掘当找较高的含有层”，提出了探索这个问题的线索。对于扎赉诺尔人问题则指出：“应仔细分析层位，观察古生物、人骨、遗物出土状态及共存关系。”这些虽然已经是30多年以前的认识，但就今后解决这两个地点的问题来说，仍是可供参考的意见。为了研究东北新石器时代问题，佟先生在1947年纪念金静庵先生六十寿辰论文集《辽海引年集》上发表了《东北自然环境与史前文化区——论东北新石器时代》一文，论证了东北自然环境与辽东半岛、热河、兴安岭、松花江、图们江等五个史前文化区的关系，指出：“四平山、老铁山石冢漆黑的鬶，却与城子崖器形相同，总之，辽东半岛与山东半岛属同一文化圈，两地联系非常密切。”同时又指出：“黄河流域的彩陶影响到赤峰，以后更远及林西。”这就基本上说明了在新石器时代阶段，东北与华北的关系，批驳了日本帝国主义割裂东北的史观。基于多年的考察和研究，佟先生在1982年1期《东北考古与历史》上发表了《东北历史和考古中的几个问题》一文，指出：“东北南部在公元前5世纪至公元前3世纪的战国时期，燕国已经筑长城、建城郭、置郡县，这些城址是东北南部地区迄今发现的最早的城址。至秦，从赤峰蜘蛛山和奈曼旗沙巴营子出土陶量上的秦诏版，完全证实了东北南部进入了秦代大帝国的版图，此后一直属于中原王朝的直接辖区。东北东部的渤海，在公元7世纪建立了国家，出现了城郭，这些城址是东北东部地区迄今发现的最早的城址，它比东北南部的燕城，要晚1000年。东北西部的辽，在公元10世纪建立了国家，也出现了城郭。这些城址是东北西部地区迄今发现的最早的城址。它比东北东部的渤海城要晚300多年，它比东北南部的燕城要晚1300多年。”通过城郭出现早晚的考察，论证东北三个地区发展先后的不平衡性，以及东北历史本身发展的规律性。20世纪80年代以后，佟先生还就东北汉唐考古中不断涌现出的新资料进行了多方面的考证和研究，先后撰写了《〈渤海记〉著者张建章〈墓志〉考》《嘎仙洞拓跋焘祝文石刻考》《新发现的两份石刻在东北民族史研究上的学术价值》《成吉思汗皇帝赐丘处机圣旨石刻考》《唐慕容威墓志考》《东北民族史与东北考古学中的几个问题》《渤海国海路考》，同时还就东北地区的新石器和青铜遗存问题撰写了《大嘴子青铜时代遗址的学术价值》《新乐遗址新石器的考察》等文章。在这些研究的基础上，佟先生将多年收集的东北历史、民族与考古学中文献和考古学资料以及自己的研究成果做了系统的归纳和总结，于1978～1981年为中国社会科学院研究生院考古系讲授了东北考古学，分为十一章，这就是《中国东北及周缘地区考古概论》讲稿的形成，以后经整理结集发表，被编入“名师讲义”丛书。

（2）关于博物馆学的研究。佟先生在凌源教书时，便翻译了滨田耕作的《博物馆入门》一书，以后在沈阳博物馆工作期间，为了搞陈列，更涉猎了不少博物馆学方面的书籍。当他调到中国历史博物馆工作以后，在裴文中教授的指导下，在北京师范大学附中布置了“从猿到人”展览。这个展览很有影响，裴老很注意劳动创造人理论的宣传，曾多次写过这方面的文章和做学术报告。而佟先生师从裴老学到了灵长类发展和演变的知识。以后又在裴老和贾兰坡教授的指导下，在北京历史博物馆布置了“中国原始社会陈列”。这个陈列拟定要把中国石器时代的专门知识，以通俗的形式，介绍给广大观众。所以首先制定了中国原始社会陈列提纲，设计了陈列图稿，制作了布景箱。这些在我国博物馆学史上，均系开拓性的创举。展出以后，影响很大。在长时期的工作中，佟先生师从裴老、贾老学习了中国猿人（北京人）等旧石器时代方面的知识并研究了中国新石器时代的标本，使他的考古知识面从限于东北一隅，扩展到全国新石器时代考古学的宽阔领域。同时他还参加了“中国近代史陈列”，从鸦片战争到辛亥革命，通过文物、文献、照片、图表、模型，展示了中国半封建半殖民地社会的面貌，这个陈列以后也构成了中国历史博物馆这一阶段陈列的基本内容，同时还出版了陈列图录。因为佟先生这段时间从事博物馆工作，所以在北京大学考古训练班、南开大学曾先后讲授考古陈列课，并写了《考古材料的陈列》一文，收在1958年出版的《考古学基础》一书中。后来他在考察了苏联博物馆科学研究现状后，写出了《访苏联历史性博物馆》的考察报告，发表在1960年4期《文物》上。此外还写了《记苏联科学院物质文化研究所与莫斯科大学历史系考古学讲座》一文，发表在1959年4期《文物》上，向国内考古界介绍了这两个科学研究单位的组织与研究概况，以便有所借鉴。佟先生在文化部文化学院工作期间参加筹建了文物博物馆系，讲授了博物馆学，组建了考古文物陈列室。为协助编写《文物工作概论》和《博物馆学概论》两书，整理了《文物工作文献目录》和《博物馆文献目录》，供两书编写参考。佟先生通过多年的博物馆工作实践，深深地思考了博物馆学的学科地位以及与考古学的关系等问题。他认为博物馆学是辅助性学科，而不是一门独立的学科。博物馆学中的陈列、采光、编目、保养、修复，都是讲形式、方法和技术的，它仅能为某一具体学科服务，而不能替代具体学科。

（3）关于中国原始社会的研究。佟先生认为原始社会史与石器时代考古学是个相互联系而又有所区别的学科。石器时代考古学，可以一个一个遗址、一件一件器物去发掘和研究。而原始社会需要从历史唯物主义的角度，对石器时代整体做进一步的综合研究，以阐明原始社会的社会性质问题。为了做好中国原始社会的陈列，他辑录了《经典作家论原始社会》一书稿，以提高自己的理论认识。1953 年他在整理西团山发掘材料和研究红山后石棺墓材料的时候，发现了男女分工现象。他在 1955 年 2 期《考古通讯》上所发表的《吉林的新石器时代文化》（后来证实为青铜时代）这篇论文中首先指出："在有纺轮的石棺中完全没有石镞，与它共存的器物大体为石刀和陶壶、陶罐；而有石镞的石棺中同样没有纺轮，而与它共存的器物大体为石斧、石凿、陶壶、陶罐……我以为这说明了男女两性的分工问题，意即女人从事家事饮食与纺织，男人从事农业与狩猎，男女各有分业，各有不同的劳动对象。"这个结论不是任意解释或猜测的，而是为考古材料所证实的。以后他在 1964 年 1 期《考古学报》上发表的《吉林西团山石棺墓发掘报告》中，在提出西团山文化的同时，也提出这一文化存在着男女分工现象。之后民族学资料从海南岛黎族的葬俗上也证实了这个问题。这以后，山东省济宁大汶口和江苏省新沂花厅村、邳县大墩子、南京北阴阳营等地的墓葬资料，相继证实了男女分工问题。性别分工是经典作家论述过的，而民族学资料亦屡见不鲜，但是这些观点只有经过证实，才是科学的。首先要有体质人类学性别鉴定的根据，其次要有不同性别出土不同器物的根据，这样才能谈到男女分工的准确性。佟先生还从我国新石器时代考古材料中，研究了我国原始社会晚期历史的一些现象，在 1960 年 5 期《考古》上发表的《中国原始社会晚期历史的几个特征》一文中提出：①生产地域性的特征；②文化连续性的特征；③历史发展不平衡性的特征；④文化影响与融合的特征。这虽然是 50 年前的意见，但是以之衡量今天考古材料的实际，仍然有概括性的理论意义。其次，私有制、阶级和国家的起源，是中国原始社会中很重要的理论课题，也是从原始公社制向奴隶制生产方式转变中很重要的课题，佟先生运用大量的考古材料对此课题进行了深入研究，分别写出了论文。关于夏、商、周三代早期的考古材料，以及如何与夏、商、周文献相结合，他在 1978 年登封王城岗讨论夏文化的学术会议上提出："可否把河南龙山文化系统作为探讨夏人祖源的材料呢？可否把山东龙山文化系统作为探讨东夷（包括商）的族源材料呢？可否把客省庄二期文化作为探讨周人族源的材料呢？"接着又在 1979 年 1 期《社会科学战线》上发表的《新的发现、新的年代测定对中国石器时代考古学提出的新问题》论文中又提出了这一见解。他以为，夏、商、周三代史是我国古代史的重要组成部分，夏虽有《夏本纪》，但还缺乏考古材料的证实，在考古学上仍是一段空白，所以把我国新石器时代晚期考古发掘与夏、商、周三代史的研究相结合，是个值得注意的大课题。以后由于考古材料的逐步积累，各地区先后开展了追溯本区文化渊源的课题，河南有探讨夏文化的课题，陕西有探讨先周文化的课题，两湖有探讨先楚文化的课题，江苏有探讨先吴文化的课题，浙江有探讨先越文化的课题。总之，根据考古文化的连续性特征来考察一些早期文化的来龙去脉，在学术界已经形成了一种趋势。

（4）关于新石器工艺、类型和文化的研究。佟先生花费了多年时间进行中国新石器时代石器的工艺、类型和文化的研究。要研究中国新石器时代的生产关系，首先要研究新石器时代的生产力，而新石器时代的生产工具中主要的是石器，所以佟先生对各区文化中的石器类型、数量统计、型式、编年、制造工艺及使用痕迹，都进行了系统研究。为此，他考察、观察了十多万件标本，绘制了七八千张石器图，以深入研究中国新石器的特征，进而明确中国新石器在世界新石器发展阶段中所占的地位。关于北方的细石器，他在1979年4期《考古学报》上发表的《试论中国北方和东北地区含有细石器的诸文化问题》中指出："在我国这样实际情况下，细石器到底代表一个什么概念呢？我以为它是在我国的草原沙漠地区以及与其相邻的地带，在有石英、玛瑙、石髓、燧石等石材的条件下，一定技法、一定形式而反映在工具上的一种含义。它既与打制石器相共存，也与磨制石器相共存，使用它的既包含许多族，也包含自旧石器时代晚期以迄铁器时代的漫长年代，更包含渔猎、畜牧、农业各种不同经济形态。也就是在上述广大地区的诸部族，当他们取得了玛瑙等石材，掌握了间接打法，并且有石叶、刮削器等需要时，他们都是能够制作出细石器来的。"佟先生不同意完全用传播理论来解释细石器的广泛分布。关于黄河流域，他研究了仰韶、龙山和大汶口的石器，在1978年11期《文物》上发表的《仰韶、龙山工具的工艺研究》中，探讨了石器选料、选形、截断、打击、琢、磨、做孔等几种工艺，因为这些研究在我国是首次开展的工作，并无文献可以引证，而且不得不新定一些名词，以适应研究上的需要。该文指出："在我国旧石器晚期便开始了磨制技术，不是到新石器时代才开始的。"因而，"一般考古通论中所谓新石器时代即磨制石器时代的概念"是不确切的。在1982年6期《考古》上又发表了《仰韶、龙山文化的工具使用痕迹和力学上的研究》。在这篇论文中，所述工具的使用痕迹，是佟先生在立体显微镜下亲自观察的，在我国也是首次尝试；而从力学上对各种器形和对各种使用痕迹的论证，则承清华大学副校长、著名机械工程史学家刘仙洲教授和钟寿民、池去病两位教授进行了分析，把石器的造型和使用痕迹给予了力学上的证明，开拓出石器研究方法上的一个新领域。他在《中原文物》1983年2期上发表的《二里头文化和商周时代金属器代替石骨蚌器的过程》一文中指出："我看到旧的石骨蚌器有从多到少的过程，新的金属器有从少到多的过程，新的铜器的出现，仅表示旧的石骨蚌器消亡的开始，只有新的优越的铁器达到足以代替旧的石骨蚌器数量以后，旧的石骨蚌器才最后的退出历史舞台。"考察了新的生产力出现的过程，这些都是与夏、商、周的生产方式密切联系着的。关于长江流域的石器，他在1983年总第3期《安徽文博》上发表的《薛家岗文化生产工具的研究》一文中指出："薛家岗文化，是以石斧、石锛、石凿、石铲、石刀、石镞等所构成的石器群为代表，这个石器群中石斧、石锛、石铲、石刀的数量较多，是当时的主要工具。""而奇数的多孔长大石刀，都标志着薛家岗文化的明显特点，同时石斧、石刀上绘花果形纹图案，更丰富和增强了这个特点。""而长大石铲和长大石刀都是农业生产上达到了极高水平的象征。"因而薛家岗的石器群在长江流域诸文化中是占有鲜明地位的。

除上述论文之外，佟先生还撰写了《仰韶、龙山文化的石器类型和编年》《长江中游的新石器》《长江下游的新石器》《宜都红花套新石器的研究》《东南沿海地区的新石器》《西南地区的新石器》《西北地区的新石器》等文，研究范围涉及全国各区，后来收入巨著《中国新石器研究》。

关于新石器时代的考古文化，佟先生有两篇代表性论文：一篇是《中国新石器时代文化三个接触地带论——中国新石器时代文化综合研究之一》，文中指出："阴山山脉是河套以北狩猎经济形态含细石器诸文化与黄河流域粟作经济形态诸文化的接触地带；秦岭山脉到淮河一线，是黄河流域粟作经济形态诸文化与长江流域稻作经济形态诸文化的接触地带；南岭山脉是长江流域稻作经济形态诸文化与珠江流域稻作经济形态诸文化的接触地带。由于中国自然条件极为复杂，像新疆东部的戈壁地带，云南西部的横断山脉，均有属于不同文化面貌接触地带的可能，只有待今后证实而已。所以绝不是只有这三个接触地带，应该有几个接触地带。"而这三个接触地带的理论，是与李四光先生从地质力学上所确定的东亚大陆东西褶皱带密切相关的，即与阴山东西褶皱带、秦岭东西褶皱带、南岭东西褶皱带的理论是相一致的。这绝不是偶然的巧合，而是由内在的地理因素起着重要作用的。另一篇论文是《中国新石器时代文化的多中心发展论和发展不平衡论——论中国新石器时代文化发展的规律和中国文明的起源》（中国新石器时代文化综合研究之二），文中指出："中国新石器时代文化到底是如何开始的呢？中国新石器时代阶段，并不存在从一个地点起源的问题，而是从旧石器晚期向新石器时代延续下来的，延续下来的新石器时代文化，又形成若干个中心，因此作多中心发展论，如马家窑文化系统中心、半坡文化系统中心、庙底沟文化系统中心、大汶口文化系统中心、河姆渡文化系统中心、屈家岭文化系统中心等都是，当然，就全国来说文化中心绝不只此几个，今后随着各地发掘和研究的进展，各省、自治区将会有更多的中心出现。中国的这些多中心的文化，不是按同样速度发展的，也不是按同样水平发展的，而是发展的有快有慢，有高有低，其中不平衡规律的支配，起着关键性的作用，因此作不平衡论。当黄河中下游出现高度发展的青铜时代二里头文化以后，证实了黄河中下游在中国是最早出现国家的地区。在黄河中下游出现国家、进入文明社会的时候，周围的马厂类型、石棚山类型、良渚文化、石峡文化仍处于原始社会解体阶段，发展不平衡现象是非常明显的。因此，我认为多中心发展论和发展不平衡论，是中国新石器时代文化发展的实际。"

（5）关于中国边疆民族历史考古的研究。早在青年时代，佟先生便读了一些民族史，因此在日寇入侵、中华民族遭受灾难的时候，他看到祖国汉代匈奴人在欧洲激起的历史波澜后，便写了《匈奴西迁与欧洲民族之移动》一文，发表在 1942 年第二辑《学艺》上。这是他的第一篇学术论文，证明北匈奴被窦宪于燕然山击败以后，西越乌孙抵康居，更由康居迁至阿兰、哥德之地，引起哥德人在欧洲广泛的迁徙。以后，因为他在东北工作较久的关系，更加热爱民族地区的考古材料，写了《我国历史上对黑龙江流域的管辖和其他》一文，发表在 1976 年 7 期《文物》上。他从鄂嫩河流域阿琴村发现的条带纹锥足鬲、西伯利亚博物馆收藏的战国平周布、海兰泡柯奎镇靺鞨人使用的隋唐空首铁斧、大杜拉尔谷出土的金代鹿纹带季字青瓷以及庙街明奴儿干《永宁寺记》碑等，证实黑龙江流域自古以来就是中国的领土，黑龙江以北外兴安岭以南 60 多万平方公里的中国领土划归沙俄所有，是 1858 年沙俄强迫清廷签订《瑷珲条约》的结果。其次，写了《对乌苏里江以东地区作考古学与历史学的考察》，发表在 1984 年 1 期《社会科学战线》上。该文从捷秋贺新石器时代横剖面三角形石斧与我国新开流的同类器形式一致，至唐代，乌苏里江以东为渤海国辖区，故克拉斯基诺古城发现与渤海上京龙泉府一样的莲花纹瓦当，金代双城子则有完颜忠公神道碑等研究证实：乌苏里江以东地区自古以来就是中国的领土，而这40万平方公里土地被沙俄夺去，仅仅是100多年前的事。关于西北地区，佟先生写了《从考古材料看汉、唐对西域的管辖》，发表在1981年4期《社会科学战线》上。它从吉尔吉斯大宛的锡拉巴夏特城、伊塞克湖南岸普尔热瓦尔斯克城附近的乌孙墓地、楚河南岸应是唐代碎叶镇的阿克别伸城，论证巴尔喀什湖以东、以南的帕米尔地区，悉隶中国版图，只是通过《中俄北京条约》《中俄勘分西北界约记》《中俄伊犁条约》，沙皇俄国又把50多万平方公里的中国土地吞并。基于我国现有56个民族推断，我国历史上的民族当然会更多。在历史的长河中，中华民族历史发展的特点和规律到底如何，是十分值得探讨的问题。为了研究这一课题，佟先生以长期积累的考古材料，花费了6年的时间，写出了60万字的《中国边疆民族物质文化史》书稿。该著作将我国边疆划分为东北、北方、西北、西藏、西南、台湾和南海诸岛等区域，从古代记述到明清。在结语中指出："汉族在汉代以前称为华夏族，在汉代以后称为汉族，无论华夏族或汉族，与其并世的都有所谓蛮、夷、戎、狄，所以中国自古以来就是个多民族国家。夏、商、周的中原地区许多民族到战国时期融合成了华夏族，她既包含多民族的血统，也包含多民族的文化，是个多民族的共同体。秦统一了全国，为多民族的融合准备了政治条件。汉代开始出现了汉族移居到全国各地与少数民族杂处的局面，把中原的丝织物、漆器、铜器、铁器等当时的先进物质文化带进了少数民族地区。少数民族则以其自己的生产方式开发了边疆，并以畜类、物产输进了中原，所以汉族也不是一个单一民族，而是比华夏族包含更多民族的共同体，既包含更多民族的血统，也包含更多民族的文化，因此汉朝是我国多民族融合非常显著的时期。魏晋以来，进入中原汉族农业地区的游牧民族匈奴、鲜卑、乌桓完全融合。唐代西域、南诏、渤海出现封建制，所以中原地区早在春秋战国之际出现的封建制，到唐代才在全国边疆较发展的地区基本上完成了。这些地区普遍使用汉字，反映了唐文化的一致性，是民族深入融合的标志。宋代以后，北方的大族契丹、女真和党项，又融合于汉族这个多民族的共同体中，为汉族增添了新的血统和文化。一个民族，当她融合于多民族的共同体以后，文化得以提高，这是历史发展的必然现象。所以融合成的一个更大的民族共同体和更多的多民族文化，将是民族发展的强大趋势。因此从几个民族融合成的共同体到更多民族融合成的共同体，从人数较少到人数更多，从散居地区较小到聚居地区更大，应是我国多民族共同发展的规律。"

三

作为一位杰出的考古学家，佟先生在60余载的考古生涯中，把全部心血倾注于祖国的文物考古事业。早年，他曾不畏艰苦在辽宁、吉林和内蒙古赤峰、凌源等地从事田野调查和考古发掘工作，以后长期从事文物博物馆事业以及考古学研究工作。他不仅为中国考古学初创时期的奠基工作做出了杰出的贡献，而且对于我国的文物博物馆体系建设提出了许多有益的意见，并在建馆的实践中加以应用。他在长期的考古学研究中，以广阔的视野、严密的逻辑思维和忠实于考古材料的科学态度，对各种考古学问题进行了严谨的分析和研究。他站在世界及中国考古学的高度，在概括和归纳中国考古学大量分散的材料中，在与世界考古学材料的对比中，分析和寻找中国古代文化和社会发展的规律。他的研究涉及中国东北地区考古、中国新石器时代考古、中国原始社会史、中国边疆民族地区考古等领域中的许多重大学术课题，特别是在考古学理论与方法、中国文明起源及早期国家形成等前沿课题的研究中，佟先生都提出了许多富有开创性的精辟见解，多有建树，他的这些研究成果，大大地推进了中国考古学的学科建设和发展，已经成为构建中国考古学殿堂的珍贵财富。

佟先生对考古事业的热爱和执著几近痴迷，他毅力超常，勤奋过人，锲而不舍地研究与写作，使他的学术成果铢积寸累，这种矢志不渝的精神，少有人能与之相比。他倾数十年心力写作并发表了 400 多万字的著述，是一位极其勤勉的学者，如《中国新石器研究》一书 220 万字的手稿，累高近 1 米，重数十公斤，就是他付出心血的见证。他安于清廉的生活，耐得“寂寞”，潜心治学，与世无争，在我国学术界享有崇高的威望。他虚怀若谷，追求高洁、清雅的精神世界，每天沉浸在学术研究的无穷乐趣中，从不言治学之枯燥与艰辛。他以读书为立身之本，学术研究是他生命的全部，他是老一代知识分子的典型代表。佟先生为人善良、正直、坦诚，谦逊严谨，宽厚待人，他的人格魅力感染了许多中青年学者，对于每一个向他求教的中青年学者，他都热心地倾全力帮助，平等相待，他诲人不倦的品德受到学术界的尊敬。他始终不懈地追求完美、追求学术真理，为了理想而奋斗不息，堪称后学之楷模。

佟柱臣先生著作目录

一、专　　著

1.《龙山文化》，中华书局，1965年；又收入《中国历史小丛书·中国历史的童年》，中华书局，1982年。

2.《中国东北地区和新石器时代考古论集》，文物出版社，1989年。

3.《中国边疆民族物质文化史》，巴蜀书社，1991年。获得1992年“全国古籍优秀图书一等奖”。

4.《中国新石器研究》，巴蜀书社，1998年。国家古籍整理出版规划小组学术委员会推选为优秀学术专著，资助部分出版经费，编入“中国传统文化研究”丛书。

5.《中国考古学要论》（“名师讲义”丛书），鹭江出版社，2004年。

6.《中国辽瓷研究》，社会科学文献出版社，2010年。

二、论　　文

1.《匈奴西迁与欧洲民族之移动》，《学艺》第二辑，1942年。

2.《凌源新石器时代遗址之调查》，《热河》第四辑，考古资料编，1943年4月。

3.《凌源新石器时代遗址考察》，《盛京时报》1943年6月13、15日第五版。

4.《凌源牛河梁彩陶遗址》，《建国教育》，1943年。

5.《熱河の土俗》，《满洲民族学会会报》第二卷3号，1943年。

6.《吉林乌拉街史迹》，《盛京时报》1943年7月9～14日第四版连载。

7.《热河先史文化与赤峰红山》，《盛京时报》1943年8月25～31日第四版连载。

8.《罗李两先生访问记》，《盛京时报》，1943年。

9.《先史学宜如何研究》，《盛京时报》1943年11月5、9日第四版。

10.《赤峰缸瓦窑辽代窑址发掘通讯》，《盛京时报》1944年8月18～20日连载第四版。

11.《赤峰缸瓦窑辽代窑址讲话》，小山富士夫讲，佟柱臣译，《盛京时报》1944年8月22日第四版。

12.《熱河の先史遺跡》，《北方圈》第3卷4、5号，1944年。

13.《赤峰附近新发见之汉前土城址与古长城》，沈阳博物馆专刊《历史与考古》第一号，1946年。

14.《东北旧石器时代问题》,《沈阳博物馆筹备委员会汇刊》第一册，1947 年。

15.《东北自然环境与史前文化区——论东北新石器时代》,《辽海引年集》，1947 年。

16.《北京特种手工艺品展览介绍》,《凯旋》，1948 年。

17.《吉林的新石器时代文化》,《考古通讯》1955 年 2 期。

18.《反对考古工作中的唯心主义思想》,《文物参考资料》1955 年 6 期。

19.《考古学上汉代及汉代以前的东北疆域》,《考古学报》1956 年 1 期；又收入《北京大学百年国学文萃 • 考古卷》，北京大学出版社，1998 年。

20.《黄河长江中下游新石器文化的分布与分期》,《考古学报》1957 年 2 期；又收入夏鼐编《中国原始社会史文集》，历史教学社，1964 年。

21.《吉林新石器文化的三种类型》,《考古学报》1957 年 3 期。

22.《赤峰东八家石城址勘查记》《考古通讯》1957 年 6 期。

23.《向博物馆界进一言》,《文物参考资料》1957 年 8 期。

24.《苏联出土的有关中国考古材料》,《文物参考资料》1957 年 11 期。

25.《考古材料的陈列》,《考古学基础》，科学出版社，1958 年。

26.《新石器时代考古学常识》、《文物知识讲座》,《文物》1959 年 1～2 期，1960 年 5、7～10 期。

27.《记苏联科学院物质文化研究所与莫斯科大学历史系考古学讲座》,《文物》1959 年 2 期。

28.《访苏联历史性博物馆》,《文物》1960 年 4 期。

29.《中国原始社会晚期历史的几个特征》,《考古》1960 年 5 期；又收入夏鼐编《中国原始社会史文集》，历史教学社，1964 年。

30.《东北原始文化的分布与分期》,《考古》1961 年 10 期；又收入夏鼐编《中国原始社会史文集》，历史教学社，1964 年。

31.《吉林西团山石棺墓发掘报告》(以东北考古发掘团名义发表),《考古学报》1964 年 1 期。

32.《从考古材料试探我国的私有制和阶级的起源》,《考古》1975 年 4 期。

33.《从二里头类型文化试谈中国的国家起源问题》,《文物》1975 年 6 期；又收入北京师范大学历史系中国古代教研组编《考古资料选辑》，1978 年。

34.《学习恩格斯“劳动创造了人本身”的伟大学说》,《考古》1976 年 3 期。

35.《我国历史上对黑龙江流域的管辖和其他》,《文物》1976 年 7 期。

36.《夏王朝—その伝承と文化財》(与王泽庆合写),《人民日报》(日文版) 1978 年 11 期。

37.《仰韶、龙山工具的工艺研究》,《文物》1978 年 11 期。

38.《新的发现、新的年代测定对于中国石器时代考古学提出的新问题》,《社会科学战线》1979 年 1 期。

39.《夏代和夏文化的问题》,《河南文博通讯》1979 年 2 期；又收入《夏文化论文选集》，中州古籍出版社，1985 年。

40.《试论中国北方和东北地区含有细石器的诸文化问题》,《考古学报》1979 年 4 期。

41.《〈渤海记〉著者张建章〈墓志〉考》,《黑龙江省文物丛刊》1981 年创刊号；又收入《渤海的历史与文化》，延边人民出版社，1991 年。

42.《从考古材料看汉、唐对西域的管辖》,《社会科学战线》1981 年 4 期。

43.《嘎仙洞拓跋焘祝文石刻考》,《历史研究》1981 年 6 期。

44.《长江中下游的新石器及今后的展望》,《安徽省考古学会会刊》第五辑，1982 年。

45.《新发现的两份石刻在东北民族史研究上的学术价值》,《辽宁省考古、博物馆学会成立大会会刊》，1982 年。

46.《东北历史和考古中的几个问题》,《东北考古与历史》(丛刊)第一辑，1982 年。

47.《仰韶、龙山文化的工具使用痕迹和力学上的研究》,《考古》1982 年 6 期。

48.《中国边疆民族的历史贡献》,《黑龙江省文物丛刊》1983 年 1 期。

49.《二里头文化和商周时代金属器代替石骨蚌器的过程》,《中原文物》1983 年 2 期。

50.《薛家岗文化生产工具的研究》,《安徽文博》总第 3 期，1983 年。

51.《悼念公符先生》,《辽宁文物》总第 5 期，1983 年。

52.《对乌苏里江以东地区作考古学与历史学的考察》,《社会科学战线》1984 年 1 期。

53.《〈渤海简史〉评介》,《光明日报》1984 年 8 月 15 日第三版。

54.《学习恩格斯〈家庭、私有制和国家的起源〉，促进史前考古的科学研究——纪念〈家庭、私有制和国家的起源〉发表一百周年笔谈会》,《史前研究》1984 年 4 期。

55.《为什么要研究几千年前的盆盆罐罐》,《文物天地》1985 年 1 期。

56.《从中国民族考古和历史中看到的几个问题》,《民族文物工作通讯》，1985 年。

57.《从考古学物质文化上观察中华民族融合的痕迹》,《社会科学战线》1985 年 2 期。

58.《中国新石器时代文化三个接触地带论——中国新石器时代文化综合研究之一》,《史前研究》1985 年 2 期。

59.《中国新石器时代文化的多中心发展论和发展不平衡论——论中国新石器时代文化发展的规律和中国文明的起源》,《文物》1986 年 2 期。此文由〔日〕木夏保明译为《中国新石器時代文化發展の法則と中国文明の起源を论じゐ》，收入《考古学論集》第 3 集(考古学を学ぶ会，大阪市歷文堂書房，1990 年)。

60.《中国中石器时代考古·中国新石器时代考古》,《中国大百科全书·考古学》，中国大百科全书出版社，1986 年。

61.《龙山文化·中国新石器时代的石器》,《中国大百科全书·考古学》，中国大百科全书出版社，1986 年。

62.《〈中国北方八省市考古论著汇编〉序》,《中国北方八省市考古论著汇编》，1986 年。

63.《成吉思汗皇帝赐丘处机圣旨石刻考》,《文物》1986年5期。

64.《唐慕容威墓志考》,《辽海文物学刊》1986年创刊号。

65.《佟柱臣自传》,《中国当代社会科学家》(“传记丛刊”第九辑),书目文献出版社,1986年。

66.《东北民族史与东北考古学中的几个问题》,《东北地方史研究》1986年2期。

67.《渤海国海路考》,《太平洋》1987年1期。

68.《〈西团山考古报告集〉序》,《西团山考古报告集》第一辑,吉林市博物馆,1987年。

69.《一九五〇年西团山发掘报告资料摘录》,《西团山考古报告集》第一辑,吉林市博物馆,1987年。

70.《大嘴子青铜时代遗址的学术价值》,《大连文物》1987年2期。

71.《新乐遗址新石器的考察》,《辽海文物学刊》(辽宁省博物馆建馆40周年纪念特刊)1989年1期。

72.《广西大石铲的考察》,《中国历史博物馆馆刊》(建馆30周年纪念专刊)1989年13、14期。

73.《磁山文化工具的个性》,《磁山文化论集》,河北人民出版社,1989年;又收入《磁山文化综览》,《武安文史资料》第五集,1997年。

74.《中国新石器时代复合工具的研究——为纪念尹达先生诞辰80周年而作》,《中国原始文化论集——纪念尹达八十诞辰》,文物出版社,1989年。

75.《当前中国新石器时代文化出现的一些新迹象》,《海岱考古》第一辑,山东大学出版社,1989年;并编入《中国东北地区和新石器时代考古论集》,文物出版社,1989年。

76.《论辽瓷的几个问题》,《中国东北地区和新石器时代考古论集》,文物出版社,1989年。

77.《黄河中下游新石器时代工具的研究》,《中国东北地区和新石器时代考古论集》,文物出版社,1989年。

78.《巴与蜀考古文化对象的考察》,《南方民族考古》第二辑,四川科学技术出版社,1990年。

79.《〈中国新石器时代文化〉评介》,《考古与文物》1990年4期。

80.《夫租秽君银印考》,《中国考古学会第六次年会论文集·1987》,文物出版社,1990年。

81.《从考古学上看中国民族的融合与统一》,费孝通主编《中华民族研究新探索》,中国社会出版社,1991年。

82.《中国夏商王国文明与方国文明试论》,《考古》1991年11期;又收入郑杰祥编《夏文化论集》下(北京大学古代文明研究中心学术丛书之二),文物出版社,2002年。

83.《〈金代官印集〉序》,景爱编《金代官印集》,文物出版社,1991年。

84.《辽墓壁画反映的契丹人生活》,《辽金史论集》第五辑,文津出版社,1991年。

85.《郭家村下层新石器的考察》,《辽海文物学刊》,1992 年 2 期。

86.《佟柱臣在北京东周山戎文化考古成果研讨会上的发言》,北京市文物研究所编《北京文物与考古》第三辑,1992 年。

87.《唐书吐谷浑传补证》,《中华民族史研究(四)》,改革出版社,1992 年。

88.《〈李文信考古文集〉序》,《李文信考古文集》,辽宁人民出版社,1992 年。

89.《中国古代北方民族游牧经济起源及其物质文化比较》,《社会科学战线》1993 年 3 期。

90.《新石器时代玉器·大汶口文化玉器·红山文化玉器·龙山文化玉器·良渚文化玉器》,《中国大百科全书·文物、博物馆》,中国大百科全书出版社,1993 年。

91.《良渚文化玉器的考察》,《中国考古学论丛——中国社会科学院考古研究所建所 40 年纪念》,科学出版社,1993 年。

92.《中国文明起源的诸问题》,《纪念城子崖遗址发掘 60 周年国际学术讨论会文集》,齐鲁书社,1993 年。

93.《革命本色 儒家风度 渊博学识——纪念武伯纶教授诞辰 92 周年》,《纪念武伯纶先生文集》,陕西人民出版社,1994 年。

94.《〈鲜卑史研究〉序》,米文平著《鲜卑史研究》,中州古籍出版社,1994 年。

95.《读〈西团山文化研究〉》,《中国文物报》1995 年 1 月 8 日第三版;又收入《博物馆研究》1995 年 2 期。

96.《怀念陈述先生》,《陈述先生纪念集》,内蒙古教育出版社,1995 年。

97.《喜见中国出土的第一块乌丸石刻——为纪念〈辽海文物学刊〉创刊 10 周年而作》,《辽海文物学刊》1996 年 2 期。

98.《医巫闾山诗集》(长白丛书研究系列),吉林文史出版社,1997 年。

99.《金毓黻著〈静晤室日记〉书后》,《历史研究》1998 年 6 期。

100.《我与中国新石器研究》,张世林编《学林春秋》二编上册,朝华出版社,1999 年。

101.《辽阳金毓黻先生》,张世林编《学林春秋》上册,朝华出版社,2000 年。

102.《探索中国新石器时代文化的几个学术问题》,《神农文化:稻作农业起源与炎帝文化暨第三届农业考古国际学术讨论会论文集》,湖南人民出版社,2000 年。

103.《庆祝中国社会科学院考古研究所建所 50 周年笔谈》,《考古》2000 年 7 期。

104.《中国文明起源问题的探索》,《中国社会科学院古代文明研究中心通讯》第 1 期,2001 年 1 月。

105.《中国东北地区、内蒙古地区和朝鲜北部青铜短剑的研究》,《文物》2001 年 8 期。

106.《喝粥足矣 奋进为乐》,《中国文物报》2003 年 6 月 18 日。

107.《大唐王玄策天竺使出铭考》,霍巍、李永宪主编《西藏考古与艺术国际学术讨论会论文集》,四川出版集团、四川人民出版社,2004 年。

108.《裴文中先生二三事》,高星、裴申主编《不朽的人格与业绩:纪念裴文中先生诞辰 100 周年》，科学出版社，2004 年。

109.《从考古学与历史学上看鲜卑人西徙的足迹》,《考古与文物》2004 年增刊。

110.《文物精华 世人共享》,《中国文物报》2006 年 3 月 15 日第四版。

111.《〈军都山墓地〉序》，文物出版社，2007 年。

佟柱臣诗选（30首）

五绝　过刘屯书怀[1]

（一九三九年腊月）

猎猎北风起，茫茫四野烟。
家贫待奔走，哪敢怨天寒。

注：①记得十九岁时余入吉林高师之第一年寒假，以家境贫困，曾去四十里外拉拉屯借债不得，距家白土厂门尚有八里之遥，天已薄暮，几缕炊烟，不胜惆怅，因口吟。

五律　访丸都山城

（一九七九年十月二十日）

霜凝访丸都[1]，我与丘俭殊[2]。
好太王碑峻[3]，长川壁画朱[4]。
纵骑奔鹿逐，舞蹈广袖舒。
束马悬车险[5]，高句丽何辜。

注：①“丸都”即国内城，在今吉林集安。
②三国魏正始五年（224）遣毌丘俭攻丸都，碑现存辽宁省博物馆。
③“好太王”为高句丽第十九王，碑高 6.12 米，1800 余言，建于东晋义熙十年（414）。
④长川一号壁画朱彩艳丽。
⑤《北史》记毌丘俭束马悬车以攻丸都。

七律　逢故人忆旧

（一九八〇年六月十四日）

凌滨执教恰青春[1]，难得鬓霜逢故人[2]。
喜见天民犹矍铄[3]，痛忆神州正陆沉。
爱人协踏王八盖[4]，农家邀视牛河珣[5]。
往事回首惊且喜，悠然放眼鞣鞨云。

注：①一九四三年在凌源中学执教。
②一九八〇年六月十四日晚于凌源招待所见到了老同事张天民先生。
③张先生年已八十。
④一九四四年与爱人郭庆洲共同调查了广山下王八盖子遗址。
⑤一九四四年在牛河梁农家看到绿色勾云纹玉佩，现藏辽宁省博物馆。

五律　再访燕北长城

（一九八〇年六月二十三日）

壮心犹未已，直上石佛嶺。
蜿蜒黄土岭，横越平顶山[①]。
翘首大千界，俯怀卅六年。
遥覘水地碧[②]，忙里且偷闲。

注：①一九八〇年六月二十三日再访一九四四年在赤峰发现之燕北长城。
②水地村田畴碧绿。

七律　吉沈道中忆旧

（一九八〇年七月二十日）

吉沈道中几度游，屈指韶华卅八秋[①]。
彻夜苦读期自勉[②]，一生受用存心畴。
骚达陶壶收行箧[③]，蛇山汉城稍勾留[④]。
内子犹作学生态[⑤]，于今同已是白头。

注：①一九四二年冬吉林高师毕业之际，从黄旗屯登车，经沈阳返乡，算来已三十八年矣。
②那天夜里一宿未眠，苦读以自勉。
③当时纸皮箱中曾带着骚达沟石棺中出土的陶壶，属西团山文化。
④在蛇山子车站调查了汉城。
⑤记得那次庆洲犹着学生装。

七律　过西陵峡

（一九八〇年十二月十五日）

群峰逼江势侵天，缭绕峦头云亦烟。

千帆急下西陵峡，一崖[1]如故黄牛滩。
神女有情迎远客，诸葛无意存遗篇[2]。
堆石[3]橘树浑如画，凿岩填坝[4]葛洲边。

注：①黄牛庙后有黄牛岩，石呈黄牛状。三国时期诸葛亮入蜀已见之，至今犹存。
②诸葛亮有《黄牛庙记》，后人重刻于此，以祀诸葛。
③沿西陵峡两岸有若干石堆，为自然岩脉之状，诸葛亮文有“乱石排空”之句。
④沿葛洲坝两岸几十里峭壁下，均见到凿岩装运填坝。

七律　悼文中博士[1]

（一九八二年九月二十八日上午十时参加追悼会归来）

秋雨秋霜秋色衰，硕学其萎不胜哀。
明华博士躬斫取，中国猿人问世来[2]。
劳动创造始有证[3]，旧石基业自此开。
先生文章垂宇宙，无限追思绕燕台。

注：①裴文中教授，字明华，河北滦县人。生于一九〇四年一月十九日，于一九八二年九月十八日上午十二时十九分逝世。先生为旧石器考古学、第四纪哺乳动物学、第四纪地层学的创始人，学勋卓著。
②当时称中国猿人，后改称北京猿人。
③先生在周口店猿人洞发现的人类化石、石器、哺乳动物化石、灰烬层，在世界上首次证实了恩格斯劳动创造人的理论。

七律　登辽上京临潢府城

（一九八三年七月十四日）

蒿生宫馆王气消，遥觇马面识辽朝。
引弓开国太祖业，板筑兴邦赖汉僚[1]。
独臂驾鹰豪气在[2]，朱裳左衽玉颜娇[3]。
春水秋山无限乐，交聘宋使过潢桥。

注：①礼部尚书康黔记为板筑使。
②翁牛特旗解放营子头道窝铺辽壁画墓中有驾鹰者，颇豪壮。
③乌兰察布盟豪欠营子辽墓契丹女尸朱裳左衽，容颜秀丽。

七律　游南诏太和城

（一九八三年十一月三十日）

北客来游秋气高，白家儿女倍娇娆。
风撼洱海波方涌，雪映苍山寒不消。
千寻峻塔媲小雁①，中兴画卷写南诏②。
德化碑前重评审，殷殷诚子从唐朝③。

注：①千寻塔多檐方形，形制似西安小雁塔。
②中兴二年（898）画卷绘南诏细奴罗躬耕巍山，崇信观音等故事。
③德化碑文中谓南诏对唐朝皇帝有“既御厚眷，思竭忠诚，子弟朝不绝书，进献府无余月”之语。

七绝　书怀

（一九八三年十二月十四日）

云贵高原秦岭头，万里征程作壮游。
度心求得新石器，从容以之比全球①。

注：①目的在于明确中国新石器在世界新石器中之地位。

七律　登高昌城

（一九八四年八月五日）

白杨深处人家静，绿洲林里水更清。
热浪拂面火焰壁①，长垣大寺高昌城。
麴氏王朝成往迹，西州文书记前情。
早已忘却双鬓老，戈壁滩头正远征。

注：①吐鲁番高昌城外有火焰山，由火焰壁得名。

七律　墩墩汉烽燧顶上怀古

（一九八四年八月十八日）

过碛跋涉抵敦煌，放眼烽墩映朝光。

祁连山雪沃陇土，阳关古道接大荒。
胡商贩客款塞下[①]，别曲离觞天一方。
于今不复闻羌笛，绿洲深处见乔杨。

注：①用汉书语意。

七律　俯瞰西夏王陵

（一九八四年九月十七日）

贺兰云淡抹长空，眼底王陵荒漠中。
百座封堆陪葬冢，九处高丘地下宫。
聘宋使辽接东土，断阙残垣立西风。
夏国胜迹徒凭吊，李氏皇家气早终。

七绝　见赵万财父有感

（一九八六年四月二十三日）

十年劫灰死无辜，老翁呼儿抢地哭[①]。
怒向天公问真理，且献小诗祭吾徒。

注：①赵万财君，四平人，十年浩劫前为吾研究生，一九七一年因清查“五一六”，缢死于信阳明港军营，今天又见其父以衰老之身，来所请求帮助。

七绝　玉皇庙墓地忆山戎

（一九八六年五月二十二日）

军都山外草青青，种菽牧马忆山戎。
佩剑挽弓雄风在，千里驰驱笑桓公。

七律　游牛河梁

（一九八六年九月二十二日）

车中遥觇旧学堂[①]，黍粟高低菜花香。

石柱擎天东山嘴，松林荫坡牛河梁。
积石大冢成陈迹，土偶一丘待参详。
回首卅四年前事，白狼水北任徉徜。

注：①见原执教凌源中学旧址。

七绝　大河村遗址路上

（一九八六年十月十四日）

稻浪起伏下中州，白云蓝天两悠悠。
无垠黄土育华夏，大河儿女五千秋。

七绝　参观库伦辽墓壁画①

（一九八七年四月七日）

捺钵春水又秋山，车帐毡庐大漠间。
駆犊髡首牧民乐，草原佳境碧蓝天。

注：①哲里木盟库伦旗前勿力布格四座辽墓壁画高大，人物皆过真人，有出行、出猎、门神诸像，于故宫绘画馆展览。

七律　过洛阳咏史

（一九八七年六月七日）

麦浪无垠沃野绿，浊浪排空大河黄。
鼎彝商器出郑市，龟版契刻见安阳。
十万佛陀雕洛岸，千官荒冢起北邙。
王朝更迭历九代，春秋有情几沧桑。

七律　九眼桥畔（锦江）与巴蜀书社川大诸君小酌

（一九八七年六月十日）

午夜车开昼过秦，锦官城内碧森森。

唯写族乘昭来者[①]，愧无彩笔益后生。
且将小著酬心力，聊以浊酒奉佳宾。
苍天总有闵人意，喜满胸怀是老身。

注：①拙著《中国边疆民族物质文化史》约六十万字。

七律　庙子沟行

（一九八七年七月三日）

千里驰驱阴山青，更喜庙子沟头行。
北风吹起伏中冷，尘土飞来面不清。
黄旗浩瀚摇察右[①]，岱海波涌撼凉城。
几群牛羊食坡上，一行沙迹闻驼铃。

注：①察右为察哈尔右翼前旗。

七绝　看阿善遗址

（一九八七年七月十一日）

阿善沟门泉水清，敖包之上见石城。
一曲黄河东流去，无限悠悠远古情。

七律　登白城金会宁府址

（一九八七年八月七日）

久知会宁在阿城，四十年来成此行。
城垣起伏宫阙远，禾黍高低旷野平。
肇兴宛如乔松影[①]，哀叹不闻本族声[②]。
金人变化沧桑里，登台凭吊不胜情。

注：①大金得胜陀颂碑，有“太祖（阿骨打完颜旻）在高阜上，圣质如乔松之高，所乘赭白马亦如岗阜之大”之句。
②大定二十五年（1185）金世宗抵上京已不闻本族歌声，恻然于思，颇感风物减耗，殆非昔时。

七律　登渤海上京龙泉府址

（一九八七年八月十四日）

宫馆苑囿蒿草生，长安城防见遗风。
海东盛国称大氏，五都首府推上京。
长白群峰环四野，牡丹江流绕孤城。
一片痴情寻胜迹，忘却年华不计程。

七律　访嘎仙洞①

（一九八七年八月二十日）

伏中斯土尚微寒，曲径桦林访嘎仙。
启辟旧墟祖宗业，光宅中原帝王天。
祝文远征东胡事，石刻镌自魏武年②。
鲜卑似犹居石室，兴安岭上满云烟。

注：①嘎仙洞在内蒙古呼伦贝尔盟鄂温克自治旗阿里河镇西北十公里。
②北魏太武帝拓跋焘祝文石刻，镌于太平真君四年（443）。

七绝　读安西都护府额之发现有感

（一九八八年七月十七日）

将军金鼓天山来，戍卒呜咽动地哀。
都护额出千载后①，明月依然照轮台。

注：①《光明日报》一九八八年七月十七日一版有“都护额匾千年在”题目，记新疆轮台群巴克乡发现两副戍卒木棺，一块侧板上阴刻“安西大都护府”六字，下刻“东至乌垒营五里，西至守捉六十里”十四字。

七绝　上班晨路

（一九八九年二月四日）

腊月黎明寒未收，隔窗遥望月如钩。
骥老犹怀千里志，不完石器手不休①。

注：①正写《中国新石器研究》书稿。

七律　谒房山金陵

（一九八九年十一月三十日）

大地寒凝出帝京，学人结伴谒睿陵①。
房山峪中眠太祖，诸王兆域是海凌。
街道雕栏龙飞起，泥金丰碑字神清。
卢沟晓月石桥在，几度凭临不胜情。

注：①一九八九年十一月二十九日北京市文物研究所邀请赴房山参加金陵座谈会。因发掘出高248、宽96、厚20余厘米刻双钩泥金“睿宗文武简肃皇帝之陵”十字碑，睿宗为世宗之父，金史无本纪，盖追谥号也。

七律　看《张学良谈西安事变》电视有感

（一九九一年三月五日）

东北人直肝胆语，口诛侵略作金声①。
攘外安内报国志，邦恨家仇抗倭情。
羁绊一生苍天恨，相依两侣伴月明②。
将军未老雄心在，千古功臣属汉卿③。

注：①先生以九十高龄，回答日本电视采访侃侃而谈，犹存沈阳乡音。
②在囚禁五十年中，与赵四小姐（一荻）相依为命，寄情明史。
③张学良字汉卿。

七律　《中国新石器研究》书竣喜成二首

（一九九四年十一月二日）

一

氏族文明各不同，为求石器遍寰中。
万年洞底开新史①，西亚先陶怯竞雄②。
裴岗磁丘中期里③，仰韶龙山兆晚风。
窃喜积珠成总汇，未负困学半世工。

注：①江西万年仙人洞遗址，开辟了中国新石器时代早期历史，距今约一万二千年。
②西亚先陶文化约当公元前八千年，距今约一万年，比万年仙人洞迟约二千年。
③即河南新郑裴李岗、河北武安磁山。

二

雪域珠峰上柱天，遍求石器九州间。
万年洞底肇新业，西亚先陶露逊颜。
红花套里工艺好，石峡抛光到峦巅。
喜看新著成总汇，不负困学五十年。

佟柱臣学术活动年表

佟柱臣先生系辽宁省黑山县人，满族，1920 年 3 月 20 日（农历二月初一）生于黑山县郝屯，继迁至台子后屯，后又迁回祖籍白土厂门。白土厂门为清代柳条边墙重要边门之一，佟姓祖辈世为守门之官。其父佟保昌，字玉昆，母佟高氏，以小商贩为生，家境贫苦，常需借债度日。

● 1930 年 2 月～1934 年 12 月

入白土厂门小学读书。学算术、国语、历史、地理，并习《论语》《孟子》《诗经》和《幼学琼林》诸书。1934 年越级毕业。

● 1935 年 2 月～1937 年 12 月

入黑山县中学读书。

● 1938 年 2 月～1938 年 12 月

入沈阳市第四国民高等学校读书，其间，曾游览过沈阳东陵，即清太祖努尔哈赤的陵寝——福陵（参见佟柱臣：《医巫闾山诗集》七律《再游福陵》注，吉林文史出版社，1997 年）。

● 1939 年 2 月～1941 年 12 月

入吉林高等师范学校（东北师范大学前身）第三班历史地理系读书。凭学校藏书丰富，博览了地理学、地质学、方志学、历史学，包括二十四史以及考古学等领域的书籍，其中尤对考古学特别感兴趣，于是从此立志要专攻考古学。平时除了阅读考古书籍之外，还经常利用节假日，到吉林市和永吉县做野外调查，发现了不少古代遗址，如欢喜岭、平顶山、骚达沟西砬子、西团山遗址，以及龙潭山高句丽山城、乌拉街明清乌拉部城址等。

入学后第一个寒假，曾去 40 里外拉拉屯借债不得，归途过刘屯，距家还有 8 里之遥，天已日暮，寒风中偶有几缕炊烟，无限愁思，遂口吟五绝诗一首："猎猎北风起，茫茫四野烟。家贫待奔走，哪敢怨天寒!"（参见《医巫闾山诗集》五绝《过刘屯书怀》）。几年的学校生活，始终都是在困难中度过的。虽然条件艰苦，但却一直发奋学习。

在吉林高师毕业之前，发表学术论文一篇：《匈奴西迁与欧洲民族之移动》（载《学艺》第二辑，1942 年 1 月）。这是其学术生涯中的首篇学术论文，具有标志性意义。

● 1942 年 2 月～1943 年 7 月

从吉林高师毕业，曾自黄旗屯登车，经沈阳返乡，到家的那天夜里，彻夜未眠，苦读以自励。当时随身携带的纸皮箱中，还装有出自骚达沟的一件属于西团山文化的陶壶（参见《医巫闾山诗集》七律《吉沈道中忆旧》注）。

吉林高师毕业后，即被分配到辽宁省凌源县中学任教。从此开始走向社会。时值辽西沦陷时期，为排解心中郁闷，经常利用课余时间，到大凌河流域两岸的阶地上作考古调查。先后发现了石匠沟、建昌沟、南城子、北城子、广山顶上、樱桃沟东山、小珠禄科西山、大河南山、大河西山、牛河梁等多处新石器时代、青铜时代遗址。其中尤以在牛河梁遗址发现的彩陶标本和在附近一农户家中看到的一件绿色卷云纹大型玉佩饰最为重要，这为以后牛河梁红山文化遗址的确定与揭示，提供了直接线索。此外，还在凌源西十八里堡安杖子发现了城址一处，从采集到的各式饕餮纹半瓦当标本判知，那里是一座战国时代的燕文化城址。

1943 年在凌源工作期间曾先后发表考古调查报告和有关民俗方面的文章共 5 篇：

1.《凌源新石器时代遗址之调查》,《热河》第四辑，考古资料编，1943 年 4 月；

2.《凌源牛河梁彩陶遗址》,《建国教育》，1943 年；

3.《凌源新石器时代遗迹考察》,《盛京时报》1943 年 6 月 13、15 日第五版；

4.《熱河の土俗》,《满洲民族学会会报》第二卷 3 号，1943 年；

5.《吉林乌拉街史迹》,《盛京时报》1943 年 7 月 9～14 日第四版连载。

在《医巫闾山诗集》中，有一首七律《逢故人忆旧》及其注释，就是对他在凌源工作和生活的那段历史的回忆。诗中深情地回顾了他青年时代（1943）在凌源中学的执教生涯，和与当年的老同事张天民先生阔别 37 年后的故地重逢，以及与夫人郭庆洲一起去调查凌源广山下王八盖子遗址，还有他在牛河梁遗址做调查时，曾在一农户家中亲眼看见一件绿色卷云纹大型玉佩饰的情景（此件玉佩饰现藏于辽宁省博物馆）。

● 1943 年 8 月 ~ 1945 年 8 月

转入内蒙古赤峰师范教书。业余时间，仍继续坚持做野外调查。先后发现了赤峰附近著名的夏家店遗址，东八家完整的石城址（属夏家店下层文化），还有分布于赤峰英金河北岸的一段长百余里的燕秦汉长城遗迹等。其中以燕秦汉长城遗迹的发现最为重要，这段长城西接围场，东连敖汉，是继英人斯坦因在敦煌发现汉长城以后的一次重要发现，而年代又早到战国和秦汉。

1944 年

曾跟随李文信先生参加了赤峰猴头沟辽代缸瓦窑窑址的发掘。由此为其以后进行辽瓷资料的整理与研究奠定了基础。

1943 年 8 月～1945 年 8 月，在赤峰工作期间，曾先后发表考古调查、发掘报道、专家访谈和相关研究文章共 6 篇：

1.《热河先史文化与赤峰红山》,《盛京时报》1943 年 8 月 25～31 日第四版连载；

2.《先史学宜如何研究》,《盛京时报》1943 年 11 月 5、9 日第四版；

3.《罗李两先生访问记》,《盛京时报》，1943 年；

4.《熱河の先史遺跡》,《北方圏》第 3 卷 4、5 号，1944 年；

5.《赤峰缸瓦窑辽代窑址发掘通讯》,《盛京时报》1944 年 8 月 18～20 日第四版连载;

6.《赤峰缸瓦窑辽代遗址讲话》，小山富士夫讲，佟柱臣译,《盛京时报》1944 年 8 月 22 日第四版。

据《医巫闾山诗集》七绝《再游大红台》及注释，1943 年在赴赤峰工作途中，曾抽空游览过承德避暑山庄和普陀宗乘庙等古建遗迹。

● 1946 年 3 月～1948 年 7 月初

1945 年 8 月 15 日，日本帝国主义投降，东北光复。

1946 年 3 月，进入沈阳博物馆任副研究员。从此获得了从事专业研究的机会。在这里，曾与多位著名的史学家、金文甲骨学家、考古学家如金毓黻（静庵）、罗福颐（子期）、李文信（公符）、闫文儒（述祖）等朝夕相处，每日从事历代文物的整理、编目、上架与陈列，随时都能向诸位师长请教和研讨，受益颇多。为能全面系统地了解和掌握以前东北考古学总体进展情况，曾花费不少时间整理出一套《东北考古文献目录》《东北史前遗迹地名表》以及东北旧石器时代、新石器时代、汉代、高句丽、渤海、辽、金各段的考古资料。

1946 年 10 月，任沈阳博物馆馆刊编辑委员会委员。

1946 年 6 月～1948 年 7 月初，在沈阳博物馆工作期间，曾先后发表关于东北考古学调查报告和研究论文共 3 篇：

1.《赤峰附近新发见之汉前土城址与古长城》，载《历史与考古》第一号，1946 年;

2.《东北旧石器时代问题》,《沈阳博物馆筹备委员会汇刊》第一册，1947 年;

3.《东北自然环境与史前文化区——论东北新石器时代》,《辽海引年集》，1947 年。

另有未正式发表的译著书稿《辽代陶瓷的研究》一册，1948 年。

1948 年 7 月进入北京。

● 1949 年 7 月～1959 年 10 月

进入北京历史博物馆（今中国国家博物馆）工作。

1949 年

7 月 4 日，经裴文中、韩寿萱两位教授介绍，进入北京历史博物馆。由华北高等教育委员会批准任历史博物馆干事，后任副设计员、陈列部副主任、考古部副主任、学术委员会委员。平时不仅做文物编目，而且也从事陈列设计工作。

7 月 10 日，被东北文物管理处聘为东北博物馆名誉研究员。

1950 年

1 月 11 日，将在沈阳博物馆工作期间编辑整理的《东北史前考古要籍》交夏鼐先生校订，夏提出修改意见。

1～8 月，在裴文中和贾兰坡两位教授指导下，着手筹备和设计“从猿到人展览”和“中国原始社会陈列”。“中国原始社会陈列”由佟柱臣担任主要设计人，自 1 月开始经制定陈列计划、设计图稿，共历时 8 个月。

9月，参加了由中央文化部文物局组织的东北考古发掘团，在队长裴文中教授带领下，赴吉林省发掘吉林西团山石棺墓。

10～12月，着手落实“中国原始社会陈列”布置和相关制作与施工。

1951年

1月20日，“中国原始社会陈列”预展，听取专家意见。

2月8日，“中国原始社会陈列”正式向社会开展。该陈列展出后，佟柱臣向文化部文物局手书了中国原始社会陈列总结（1950年），成为这一陈列的工作经历的详细记录和说明，至今保存于中国国家博物馆档案室。时任文化部文物局局长的郑振铎先生指出：“这是我国博物馆最早运用历史唯物主义观点组织历史陈列的尝试。”

2月9日，罹患肺结核卧床休息，夏鼐、安志敏、宿白等先生先后到家探望。

1953年

1月10日，到中国科学院考古研究所夏鼐先生处，商谈关于历史博物馆原始社会展览陈列品修改事宜。

应北京大学校长马寅初先生之聘，参加由裴文中教授负责的史前考古课程教学小组组织编写教材等项工作。

此年曾到山西省太原光社考察过新石器。同年冬季，曾承王献唐教授接待，考察了山东省博物馆库房内的新石器。

1955年7~10月

参加中央文化部社会文化事业管理局、中国科学院考古研究所及北京大学考古专业联合举办的“中国考古工作人员训练班”第五期教学工作，讲授“考古材料的陈列”课程。

1956年

5月21日，与北京历史博物馆韩寿萱、付振伦、尹伯休共同出席了第一届全国博物馆工作会议。

经文化部文物局批准，北京历史博物馆组建考古部，文化部文物局局长郑振铎极为重视，指定文物处处长陈滋德兼任考古部主任，佟柱臣任副主任。

12月5日，参加中国科学院考古研究所见习员训练班开学典礼，共同参加的有郑振铎、尹达、裴文中、夏鼐、陈滋德、阎文儒、苏秉琦等。

12月8日，到中国科学院考古研究所夏鼐先生处，谈关于历史博物馆拟设学术委员会一事，请夏鼐参加，并商谈了历史博物馆的远景规划问题。

1957年

1月，赴陕西西安、河南洛阳等地参观考古工地和博物馆。

3月，赴山西太原，接洽历史博物馆参加侯马古城的发掘事宜。

5月1日，应庆祝五一国际劳动节筹备委员会邀请，登上天安门观礼台观看五一国际劳动节庆祝游行。

同年，与韩寿萱、沈从文、史树青等在北京历史博物馆接待日本考古代表团。

应北京大学历史系考古专业之聘，为考古专业本科生讲授“考古材料的陈列”，此内容后被收入《考古学基础》一书（1958 年）。

与此同时，应文物出版社之聘，任文物参考资料编辑委员会委员。

同年，依中苏文化交流项目，以北京历史博物馆专家身份，访问了苏联，考察了莫斯科苏联国家博物馆、苏联博物馆学研究所、苏联东方艺术馆、苏联科学院物质文化研究所、莫斯科大学考古讲座、列宁格勒爱米塔什博物馆、诺夫哥罗德博物馆等单位的组织设施和科学研究概况。

12 月 16 日，在中国科学院考古研究所会见波兰考古学家赫米列夫斯基，座谈中波考古问题，夏鼐、裴文中、安志敏、邱中郎参加。

1958 年

12 月 12 日，在历史博物馆接待夏鼐先生，邀请夏参观了馆藏的莽权与秦权。

1959 年

在天安门广场东侧筹建中国历史博物馆新馆，负责中国原始社会部分的陈列任务。

7 月 3 日，到中国科学院考古研究所夏鼐先生处汇报历史博物馆原始社会陈列室的布置设计草图，安志敏、石兴邦等参加。

7 月 27 日，被北京大学聘为朝鲜留学生金基雄、石圣姬论文导师。

同年，受北京大学校长马寅初之聘，为北京大学论文导师，并为考古专业和考古培训班讲授考古陈列课。

9 月 28 日，由历史博物馆暂借调到中国科学院考古研究所工作，与夏鼐先生商谈具体工作。

1949 年 7 月～1959 年 10 月，在北京历史博物馆工作期间，曾先后发表关于特种展览介绍、东北考古学和中国新石器时代考古学的研究论文以及出访考察等方面的文章共 12 篇：

1.《北京特种手工艺品展览介绍》，《凯旋》，1948 年；

2.《吉林的新石器时代文化》，《考古通讯》1955 年 2 期；

3.《反对考古工作中的唯心主义思想》，《文物参考资料》1955 年 6 期；

4.《考古学上汉代及汉代以前的东北疆域》，《考古学报》1956 年 1 期；

5.《黄河长江中下游新石器文化的分布与分期》，《考古学报》1957 年 2 期；又收入夏鼐编《中国原始社会史文集》，历史教学社，1964 年；

6.《吉林新石器文化的三种类型》，《考古学报》1957 年 3 期；

7.《赤峰东八家石城址勘查记》，《考古通讯》1957 年 6 期；

8.《向博物馆界进一言》，《文物参考资料》1957 年 8 期；

9.《苏联出土的有关中国考古资料》，《文物参考资料》1957 年 11 期；

10.《考古材料的陈列》，《考古学基础》，科学出版社 1958 年；

11.《新石器时代考古学常识》、《文物知识讲座》，《文物》1959 年 1～2 期，1960 年 5、7～10 期；

12.《记苏联科学院物质文化研究所与莫斯科大学历史系考古学讲座》，《文物》1959 年 2 期。

另有未正式发表的著述 2 篇：

1.《东北新石器时代文献要目》（油印本），1950 年；

2.《经典作家论原始社会》，辑录书稿，1953～1955 年。

● **1959 年 10 月 ~ 1961 年 10 月**

1959 年 10 月以后，在中国科学院考古研究所协助办十年考古成果总结。

1960 年

1～3 月，受夏鼐先生指派起草《辞海》中考古学条目草案，并审阅编辑《西安半坡》考古发掘报告稿。

3 月 1 日，与夏鼐所长共同商谈《辞海》中的考古学辞条以及返历史博物馆工作事。

3 月 5 日，在考古所参加《辞海》中的考古学辞条讨论，夏鼐、石兴邦、王仲殊、徐苹芳等参加，商定 472 条。

4～11 月，进入文化部博物馆学研究所工作。

6 月 13 日，提交《西安半坡》考古发掘报告稿审查意见，交夏鼐先生批阅。

1960 年 12 月～1961 年 10 月 11 日，进入文化部文化学院，参加筹建文化部文化学院文物博物馆系工作，任副教授，培训文物博物馆工作干部，招录大学生，教授“博物馆学”，组建了考古文物陈列室。为协助编写《文物工作概论》和《博物馆学概论》两本书，曾整理了《文物工作文献目录》和《博物馆文献目录》两本目录，以供编写上述两本书时参考。

同年秋季，应南开大学历史系之聘，为历史系博物馆专门化学生讲授“中国石器时代考古学的新成就”，此讲义后被收入“名师讲义”丛书《中国考古学要论》一书。

12 月 17 日，在文化部文化学院接待夏鼐先生，邀请夏给博物馆专业学生做了题为《谈谈十一年来的中国考古新发现以及博物馆与考古学的关系》的学术报告。

12 月 22 日，编辑的《经典著作论原始社会》一稿经夏鼐审阅，夏复信，将此稿转交《考古》编辑部。

1961 年 1 ~ 10 月

4 月 16 日，主笔的《西团山石棺墓发掘报告》经夏鼐先生审阅后，返回《考古》编辑部。

6 月 30 日，给北京大学考古专业授课的专题讲稿《东北新石器》经夏鼐先生审阅。

10 月 1 日，应“庆祝中华人民共和国国庆节筹备委员会”邀请，登上天安门观礼台观看中华人民共和国国庆节庆祝游行。

期间先后发表出访考察和关于中国原始社会研究的学术论文共 3 篇：

1.《访苏联历史性博物馆》，《文物》1960 年 4 期；

2.《中国原始社会晚期历史的几个特征》，《考古》1960 年 5 期；又收入夏鼐编《中国原始社会史文集》，历史教学社，1964 年；

3.《东北原始文化的分布与分期》，《考古》1961 年 10 期；又收入夏鼐编《中国原始社会史文集》，历史教学社，1964 年。

另有未正式发表的关于博物馆专业讲稿 2 篇：

1.《历史文物和历史陈列》，南开大学历史系博物馆专门化讲稿（油印本），1960 年；

2.《新石器时代考古学的新成就》，南开大学历史系博物馆专门化讲稿（油印本），1960 年。

● **1961 年 10 月～2011 年**

在中国科学院（1978 年改为中国社会科学院）考古研究所就职。先后任副研究员、研究员、学术委员会委员，第一研究室（新石器时代）副主任。1978 年被中国社会科学院研究生院聘为教授。1979 年当选为中国考古学会理事。1981 年应中国大百科全书出版社之聘，任考古卷中国中石器时代、新石器时代编写组副主任。1985 年应中国民族史学会之聘，任中国民族史学会顾问。1991 年以对社会科学事业的突出贡献获国务院颁发的政府特殊津贴。2006 年任中国社会科学院荣誉学部委员。2009 年，任中国考古学会荣誉理事，受文化部、国家文物局表彰，被授予“中国文物、博物馆事业杰出人物”称号。

在考古研究所工作期间，主要进行了两大课题的研究，一是关于中国边疆考古，二是关于中国新石器。为了完成这两大课题的研究任务，曾于 1966 年“文化大革命”以前和 1980～1984 年，频年奔波于全国各省、市、自治区，广泛收集相关考古资料。1966 年以前，先后考察过陕西、山西、河南、河北、山东、黑龙江、吉林、辽宁和内蒙古；1980 年以后又考察了除西藏和台湾以外的其他省区。在大量全面地掌握资料的基础上，又经多年整理、分析和研究，终于完成了《中国边疆民族物质文化史》（60 万字）和《中国新石器研究》（220 万字）两部书稿的撰写任务。并分别于 1991 年和 1998 年正式出版。

1961 年 10～12 月

10 月 12 日，因文化部文化学院停办，承夏鼐所长和牛兆勋书记批准，调入中国科学院考古研究所工作。

11 月 19 日，赴北京大学考古专业学生田野发掘实习地点北京昌平雪山遗址考察，同行者有夏鼐、苏秉琦、安志敏、吕遵谔等。

12 月 15 日，夏鼐主持考古所学术秘书处会，讨论了建立考古所标本室之事，决定由佟柱臣负责，立即开始进行。

此年编辑了两种文献目录（打印本，未正式发表）：

1.《文物工作文献目录》；

2.《博物馆学文献目录》。

1962 年

任北京大学历史系考古专业六二届毕业生林沄关于东北考古毕业论文的辅导教师。

3 月 14 日，应邀参加中国科学院古脊椎动物与古人类研究所召开的张森水干部考核会，并受委托带去夏鼐先生的意见。

6 月 11 日，参加考古所夏鼐先生主持的赴日考古图片展览照片审查，与会者有苏秉琦、安志敏、王伯洪等。

7 月，承山东省文物管理处杨子范、济南市博物馆陈晶、山东大学刘敦愿诸位同志关照，考察了大汶口、两城镇出土的新石器。

10 月 11 日，受中国科学院古脊椎动物与古人类研究所邀请，参加吴汝康教授研究生林一璞《内蒙扎赉诺尔人化石研究》论文答辩会。答辩委员会主席裴文中，委员有夏鼐、贾兰坡、颜訚、周明镇、佟柱臣、张鋆、吕遵谔、刘宪亭等。

1963 年

6 月，与牛兆勋所长、徐旭生、郭宝钧、黄文弼、苏秉琦、安志敏等在考古所接待朝鲜历史考古代表团。

7 月 31 日，向夏鼐先生汇报下半年工作计划。

8 月，在考古所招收东北考古研究方向研究生赵万财。

8 月 12 日，赴长春考察吉林省博物馆及吉林大学标本室；8 月 20 日，在省博物馆做了《东北历史与考古的几个问题》的讲演。

8 月 21 日～9 月 7 日，赴黑龙江省哈尔滨考察了昂昂溪遗址及兴凯湖。

9 月 11 日，与夏鼐先生共赴北京大学参观考古专业毕业实习及生产实习（安阳）展览。

9 月 16 日，赴内蒙古呼和浩特考察省博物馆；9 月 23 日，在省博物馆做了《内蒙考古的几个问题》的讲演。

1964 年

1 月 27 日，与夏鼐先生商谈招收研究生事。

5 月，由于 1963 年组建的中朝联合考古队的朝方代表一再提出调查扶余族遗迹的要求，为了进行准备，受中国科学院考古研究所委派前往东北辽吉黑三省做调查工作，以便对探索扶余族遗迹的可能性做出评估，为如何处理这一涉及东北民族史的问题提出政策支持。5 月 5～8 日，到达辽宁沈阳先后考察了省博物馆有关扶余族的遗迹遗物；5 月 8～12 日，抵长春吉林省博物馆进行考察，并在长春召开了有关专家的座谈会；5 月 12～15 日，赴黑龙江哈尔滨考察，再次召开了有关专家座谈会。返京后将赴辽吉黑三省考察的情况以及有关专家的意见向有关领导写出了书面汇报，圆满地完成了任务。

6 月，承陕西省考古所所长石兴邦先生、李诗桂同志和西安半坡博物馆阎磊馆长关照，考察了陕西省出土的主要新石器标本。

8 月 17 日，参加中国科学院泰安参观学习队赴泰安考察。

9 月，翻译日本历史学博士伊藤义教《西安出土婆罗钵文墓志释文》论文增改部分。

12 月 7 日，与夏鼐先生商谈东北、朝鲜考古资料问题，并受夏鼐先生委托蒐集该课题的相关资料。

此年发表关于东北考古的发掘报告 1 篇：

《吉林西团山石棺墓发掘报告》，《考古学报》1964 年 1 期（以东北考古发掘团名义发表）。

1965 年

1 月 14 日，在考古研究所做了题为《我国古代工具使用的材料及种类问题》的学术报告。

3 月 16 日，参加夏鼐主持的《驳苏联 Л.С 瓦西里耶夫〈关于外国影响在中国文明中发生的作用〉》一文的讨论，撰稿裴文中、佟柱臣、林寿晋等，参加讨论的有苏秉琦等。

5 月 29 日，向夏鼐先生汇报撰写批驳苏联瓦西里耶夫文章的进展情况。

8 月 17 日，与林寿晋先生一起向夏鼐先生汇报撰写批驳苏联瓦西里耶夫文章的情况。

8 月 30 日～9 月 3 日，受文化部文物局和考古研究所委托，与王书庄同赴辽宁沈阳调查郑家洼子发现青铜短剑墓一事。

12 月 15 日，受夏鼐先生委托，审阅《东北少数民族史稿》。

12 月 29 日，作为撰稿人校阅《红旗》杂志送来的经考古所集体讨论的批驳苏联瓦西里耶夫文章的校样。

此年发表科普专著 1 部:《龙山文化》(中国历史小丛书)，中华书局，1965 年，1982 年再版。另有未正式发表的《东北考古论著目录》1 册（打字本），1965 年。

1966 年

1 月 4 日，与夏鼐先生讨论《东北史前考古问题》一文，暂作定稿。

5 月 25 日，席卷全国的“文化大革命”开始，知识分子遭受到严重迫害。

8 月 23 日，在所中与夏鼐等 29 人被污为牛鬼蛇神揪斗。几天后被抄家，书籍被封存。

1967～1969 年

在考古所参加“文化大革命”，经历了“文革”的腥风苦雨。

1970 年

5 月 20 日，与考古所的大多数工作人员一同离开北京，赴中国科学院哲学社会科学部（中国社会科学院前身）设在河南省信阳地区（今信阳市）息县东岳公社的五七干校参加政治运动以及从事农业和脱坯盖房等劳动，改造思想。

1971～1972 年

五七干校于 1971 年春季迁至信阳明港，专搞运动，至 1972 年 7 月 10 日改造结束，随考古所最后一批人员返回北京。

1973 年

在考古所继续参加“文化大革命”。

7 月 22 日，将撰写的《中国私有制和阶级起源》一文交夏鼐先生审阅后，送回《考古》编辑部。

1974 年

在考古所继续参加“文化大革命”。

10 月 13 日，与夏鼐、苏秉琦、徐苹芳等前往房山云居寺考察南塔地穴出土的石经 10083 块。

1975 年

4 月 14 日，参加《考古》编辑部召开的《中国私有制和阶级起源》一文的讨论会。

7 月 15 日，与夏鼐、王仲殊三人参加学部组织的老科学家参观团到南苑大红门红星公社和团河公社参观，并考察了乾隆时期的团河行宫遗址。

8 月 7 日，将撰写的《史前石器工具研究》一文交夏鼐先生审阅后，送回《考古》编辑部。

8 月 18 日，将撰写的《细石器文化类型探索》一文交夏鼐先生审阅，提出了修改意见。

10～11 月，参加《中国考古讲话》编写组，先后赴河南洛阳、郑州、陕西西安、湖北武汉、湖南长沙参观考察。编写组由任式楠任组长，成员有佟柱臣、殷玮璋、高炜、段鹏琦、梁兴彭。10 月 6 日，赴洛阳；10 月 7 日，考察了洛阳博物馆、中国科学院考古研究所洛阳工作站标本室；10 月 8 日，考察了白马寺、齐云塔、汉魏洛阳城；10 月 9 日，考察了洛阳含嘉仓、王城公园汉墓；10 月 10 日，考察了龙门石窟及临汝煤山遗址。10 月 12 日，赴陕西西安，考察了咸阳城及杨家湾汉墓；10 月 14 日，考察了乾陵、唐永泰公主墓、唐章怀太子墓；10 月 15 日，考察了临潼文化馆文物；10 月 16 日，考察了陕西省博物馆文物标本；10 月 17 日，考察了秦始皇陵车马坑、姜寨遗址、钟鼓楼、大雁塔等；10 月 18 日，在中国科学院考古研究所西安研究室听马得志先生讲《西安历史概述》。10 月 19 日，经河南郑州赴湖北武汉，考察了湖北省博物馆；接着赴湖南长沙，考察了湖南省博物馆，并赴湖南湘潭韶山参观。

11 月 15 日，将撰写的《商周金属器代替石骨蚌器的过程》一文交夏鼐先生审阅，提出了修改意见。

此年发表关于我国私有制和国家起源问题的学术论文 2 篇：

1.《从考古材料试探我国的私有制和阶级的起源》,《考古》1975 年 4 期；

2.《从二里头文化类型试谈中国的国家起源问题》,《文物》1975 年 6 期；又收入北京师范大学历史系中国古代史教研组编《考古资料选辑》，1978 年。

1976 年

应张家口地区展览馆邀请，与中国科学院古脊椎动物与古人类研究所贾兰坡教授同赴张家口讲学，返京途中考察了宣化古城，先后参观了古城城垣、钟楼、鼓楼、小东门及五龙壁。

2 月 20 日，受夏鼐先生委托整理关于我国东北地区乌苏里江、黑龙江流域的考古学资料上报夏鼐。

7 月 19 日，受夏鼐先生委托，整理夏文化资料上报夏鼐。

8 月，因唐山地震与夫人同赴河北邯郸避险，考察了武安磁山遗址。

此年对中国边疆地区考古资料进行了全面、系统地梳理，并开始撰写《中国边疆民族物质文化史》书稿。发表关于学习经典作家理论的心得和东北考古问题的学术论文 2 篇：

1.《学习恩格斯“劳动创造了人本身”的伟大学说》,《考古》1976 年 3 期；

2.《我国历史上对黑龙江流域的管辖和其他》,《文物》1976 年 7 期。

1977 年

继续进行中国边疆民族物质文化史的研究和撰写工作。

7 月 26 日，赴中国历史博物馆参加《考古发掘展览》第二次座谈会，并发言。参加者有夏鼐、安金槐、史树青、王玉哲、李学勤等。

11 月 18 日，赴河南登封参加“登封郜城遗址发掘现场座谈会”并做了题为《夏代和夏文化的问题》的发言。参加会议的有夏鼐、林耀华、孙作云、邹衡、史树青、安金槐、陈滋德、李石英等。

1978 年

5 月，赴吉林、辽宁两省，就中国考古学发展规划稿听取征询有关专家学者的意见。5 月 7 日，到吉林长春，先后考察了吉林大学及吉林省博物馆，与当地考古学者进行了座谈，讨论了吉林省的考古工作如何发展，并对规划稿提出了意见和建议。接着赴辽宁省沈阳，考察了辽宁省博物馆、辽宁大学及沈阳故宫博物馆的文物标本，并再次召开了专家座谈会，与会者就辽宁省的考古工作特别是学术研究以及人才培养等方面提出了意见和建议。5 月 18 日，参观沈阳东陵——清太祖努尔哈赤陵福陵，并作诗一首，参见《医巫闾山诗集》七律《再游福陵》。

6 月 16 日，受承德地区文化局邀请赴河北滦平文物保管所，为滦平考古训练班授课，考察了避暑山庄，并作诗 3 首。参见《医巫闾山诗集》七律《避暑山庄纪景》、七绝《再游大红台》及五律《雨后访避暑山庄》。

8 月，招收靳枫毅为中国东北考古研究方向硕士研究生。

8 月 12 日，被任命为考古所第一研究室（史前）负责人。

1978 年 9 月～1979 年 3 月，在中国社会科学院研究生院讲授“经典作家论原始社会”课程。

9 月，被中国社会科学院研究生院聘为 1978 级考古学中国新石器考古专业兼任教授、指导教师。

10 月，给研究生开课，讲授“中国东北考古学史”和“中国东北考古学”。

11 月 14 日，与夏鼐、安志敏在考古所接待张光直教授，举行了座谈。

此年发表关于夏王朝和仰韶、龙山时期工具加工工艺特点问题的学术论文 2 篇：

1.《夏王朝—その伝承と文化財》（与王泽庆合写），《人民日报》（日文版），1978 年 11 期。

2.《仰韶、龙山工具的工艺研究》，《文物》1978 年 11 期。

1979 年

2～7 月，继续给研究生讲授“中国东北考古学史”。

2 月 24 日，被中国社会科学院聘为考古研究所学术委员会委员。

4 月 6～12 日，赴西安参加中国考古学会成立大会，当选为第一届考古学会理事。

8 月 8 日，经考古所学术委员会全体通过，晋升为研究员。

10 月 20～27 日，受夏鼐委托，赴吉林集安参加吉林省考古学会成立大会。10 月 24 日，与罗继祖、王承礼等共同考察了集安将军塚、丸都城、好太王碑等遗址；10 月

26日，在吉林省考古学会第一次学术报告会上做学术讲演。在集安参观丸都山城（即国内城）后，赋诗1首以为纪念。参见《医巫闾山诗集》五律《访丸都山城》。

11～12月，给研究生授课增加两门课程："苏联远东考古学"和"朝鲜考古学"。

此年发表关于中国石器时代考古在年代上存在的新问题，及夏文化和北方地区含有细石器的诸文化问题的学术论文3篇：

1.《新的发现、新的年代测定对于中国石器时代考古学提出的新问题》,《社会科学战线》1979年1期；

2.《夏代和夏文化的问题》,《河南文博通讯》1979年2期；又收入《夏文化论文选集》，中州古籍出版社，1985年；

3.《试论中国北方和东北地区含有细石器的诸文化问题》,《考古学报》1979年4期。

1980年

2月20日，受雁北地区科学技术委员会、雁北地区文化局邀请，为贾兰坡、张畅耕、卫奇的《考古在研究大同火山活动时代中的作用》一文撰写推荐书，申请中华人民共和国自然科学奖。

2～4月，给研究生又增添一门新课"日本考古学"。

3月5日，与夏鼐、苏秉琦同去政协礼堂参加蔡元培先生逝世四十周年大会。

5月，指导研究生确定硕士论文选题。

6～7月，带研究生靳枫毅赴内蒙古自治区和辽宁省、吉林省21个旗、市、县考察了含曲刃青铜短剑文化遗存及新石器两方面的考古资料，计46天。6月5日到辽宁锦州，6月8～14日到辽宁朝阳、喀左，6月15日到凌源、建平，6月18日到朝阳，6月19日到内蒙古赤峰，先后考察了朝阳博物馆、凌源博物馆、建平博物馆、赤峰博物馆。6月23日，登赤峰石佛山，并考察了1944年发现的燕长城。6月24日到内蒙古敖汉旗，6月27日到赤峰天义，先后考察了敖汉旗文化馆、喀喇沁旗文化馆、宁城文化馆。6月28日，考察了黑城、辽中京遗址。7月1～3日，考察了辽宁省博物馆。7月4～9日，考察了营口金牛山遗址及沈阳新乐遗址。7月9日到达辽宁旅顺，7月9～14日，考察了辽宁省旅顺博物馆，并做了学术讲演及指导。7月15日到达吉林长春，先后考察了吉林省博物馆及吉林市博物馆，7月20日返京。

在内蒙古自治区赤峰市和敖汉旗考察新石器，承蒙昭乌达盟文物工作站苏赫站长和李丽娜保管员，及敖汉旗博物馆馆长邵国田同志的热忱协助。在辽宁省，承蒙辽宁省博物馆考古队队长郭大顺和李恭笃、高美璇同志接待。在旅顺博物馆承蒙许明纲馆长、苏小幸副馆长热忱接待。7月，在吉林省考察新石器，承蒙吉林省博物馆馆长王承礼和李莲、李建才、李殿福、刘法祥、陈相伟，吉林市博物馆董学增，东北师范大学教授薛虹诸同志热忱帮助。

在对以上三省考察期间，曾作诗8首以纪此行。参见《医巫闾山诗集》五绝《丰润途中》、七律《逢故人忆旧》、五绝《寻赤峰故宅》、五绝《访赤峰三中》、五律《再访燕北长城》、五绝《于家坨头远眺》、五绝《松花江畔》及七律《吉沈道中忆旧》。

11 月 10 日，向夏鼐先生汇报赴南方考察计划。

11 月，考察了湖北、湖南两省出土的新石器标本近 2 万件。

11 月 15～22 日，赴湖北武汉参加中国考古学会第二次年会。11 月 24 日，赴江陵荆州博物馆以及纪南城、大溪遗址考察；11 月 28 日，考察了荆州博物馆及关庙山遗址。12 月 2～13 日，考察了湖北宜昌红花套遗址及发掘文物；12 月 14 日，考察了宜昌地区博物馆；12 月 15 日，考察了三斗坪、黄陵庙、三峡、中堡岛等遗址。12 月 17 日，到达武汉，在湖北省博物馆做了《当前全国考古发掘研究上的趋势》的学术报告。在湖北省，承蒙湖北省博物馆谭维泗馆长、王劲馆长、林邦存同志，荆州博物馆滕壬生馆长、彭浩同志，中国社会科学院考古研究所湖北队任式楠、李文杰队长，长江规划办考古队林春队长、郑若葵同志，宜昌地区文物工作队高应勤队长、卢德佩同志，四川大学考古专业马继贤先生给予很多关照。

12 月 23～27 日，赴湖南长沙，考察湖南省博物馆文物，承蒙湖南省博物馆高至喜馆长及何介钧诸位同志大力支持与帮助。

在考察两湖地区新石器的间隙和途中，曾作诗 5 首。参见《医巫闾山诗集》七绝《红花套江堤漫步》、七律《过西陵峡》、七绝《从宜昌下航》、五绝《过城陵矶》及七绝《过赤壁》等。

1981 年

1 月 26～31 日，在北京参加《中国大百科全书》考古卷分编委成立会议。

2 月 14 日，被中国大百科全书出版社聘请为《中国大百科全书》考古卷中国中石器、新石器时代考古编写组副主编。

5 月，审阅研究生毕业论文。

6 月，以考古所硕士研究生毕业论文答辩委员会委员的身份，参加有关答辩活动。

6 月下旬，在北京参加中国大百科全书出版社《中国大百科全书》考古卷撰稿人会议。

7 月，受中国社会科学院民族研究所聘请担任东北民族史专业研究生景爱的论文答辩委员会委员。

7 月，与夏鼐所长、安志敏等在考古所接待意大利考古代表团。

8 月 11 日，赴旅顺参加辽宁省考古、博物馆学会成立大会，在开幕式上代表中国考古学会和夏鼐所长致辞，表示祝贺。8 月 14 日参观辽宁旅顺口（参见《医巫闾山诗集》七绝《旅顺口》）。

8 月 26 日，赴哈尔滨参加黑龙江省文物博物馆学会、黑龙江省文物考古工作队主办的“黑龙江古代民族史问题和鲜卑文化学术问题学术讨论会”。

9 月，被收入东北师范大学历史系《现代中国史学家辞典》编辑组编辑的《现代中国史学家辞典》中。

11 月，完成了《中国边疆民族物质文化史》书稿撰写工作。

本年被收入中国社会科学院哲学研究所编辑的《中国社会科学人名录》中。

本年被收入《中国社会科学家辞典》编委会编辑的《中国社会科学家辞典》中。

12 月 6～14 日，赴浙江杭州参加中国考古学会第三次年会，并赴浙江省、上海市、江苏省和安徽省考察新石器和其他工具。12 月 14～21 日，考察了浙江省文物考古研究所。12 月 22～25 日考察了上海博物馆。1981 年 12 月 22 日～1982 年 1 月 6 日赴南京。1982 年 1 月 1 日，参观南京市博物馆、南京东王府太平天国展览、秦淮河、玄武湖、莫愁湖。1 月 3～5 日，考察了南京博物院考古部发掘的标本。

在浙江省，承蒙浙江省文管会叶遐修主任和周中夏、梅福根、吴玉贤同志，浙江省考古研究所杨晨钟所长和朱伯谦、牟永抗、刘军、姚仲源同志，浙江省博物馆汪济英馆长和周其忠、张翔同志接待。

在上海市，承蒙上海博物馆沈之瑜、黄宣佩馆长和蒋树成、陈咏梅、朱曼玲同志接待。

在江苏省，承蒙南京博物馆姚迁、赵青芳、宋伯胤院长和罗宗真、纪仲庆、汪遵国、曹者祉同志及南京市博物馆李蔚然主任和魏正瑾同志接待。

在对以上省、市考察期间，曾抽空参观了相关古迹，并作诗 8 首。参见《医巫闾山诗集》七绝《过岳王坟》、七绝《花港观鱼》、七绝《访临安故城址》、七律《过苏州》、七律《登南京中山门》、七绝《秦淮河上》、七绝《莫愁湖畔》及七绝《过凤阳》等。

此年发表关于中国边疆考古方面的学术论文共 3 篇：

1.《〈渤海记〉著者张建章〈墓志〉考》,《黑龙江省文物丛刊》1981 年创刊号；

2.《从考古材料看汉、唐对西域的管辖》,《社会科学战线》1981 年 4 期；

3.《嘎仙洞拓跋焘祝文石刻考》,《历史研究》1981 年 6 期。

1982 年

1 月 6～13 日，赴安徽合肥，考察了安徽省考古研究所发掘的潜山薛家岗标本，参观了安徽省博物馆；1 月 12 日上午在安徽省图书馆做了《长江中下游的新石器时代考古与展望》的演讲。在安徽省，承蒙安徽省文物局洪沛局长和朱士力、曹建昭同志，安徽省博物馆祁超馆长和王业友同志，安徽省文物工作队殷涤非、杨德彪主任接待，并均给予观摩、研究标本的方便。

6 月 28 日，在历史博物馆参观应县木塔内出土的辽代佛经及文物。

9 月 28 日，上午 10 时在北京八宝山参加裴文中先生追悼会，回家后书写了七律一首《悼文中博士》(见《医巫闾山诗集》)。

10 月 12～21 日，赴江西省考察新石器，先后考察了江西省文物考古研究所、江西省博物馆及万年仙人洞遗址的石器标本等。承蒙李家和、彭适凡、陈文华、徐菁诸同志关照，提供了研究新石器标本的方便。在江西省考察的间隙，参观了滕王阁旧址和青云圃，并作怀古诗 2 首。参见《医巫闾山诗集》七绝《访滕王阁旧址》和五绝《参观青云圃》。

10 月 21～30 日，又赴福建省考察新石器，考察了福建省博物馆发掘的标本；10 月 24 日考察了闽侯昙石山遗址。承蒙福建省文化局刘局长、文物处陈仲光处长，福建省博物馆陈存洗、林钊、龚文京三位馆长，杨启成、曾凡主任和王振庸同志接待与支持。在福建省考察期间，参观了昙石山和庄边山遗址，并作诗 3 首。参见《医巫闾山诗集》七绝《去昙石山遗址道上》、七绝《庄边山遗址远眺》和七绝《出闵中》。

10 月 30 日，赴广东省考察新石器，考察了广东省文物工作队、广东省博物馆发掘的石峡遗址标本；11 月 7 日，参观了越秀公园、镇海楼以及广州市博物馆；11 月 10 日，赴中山大学拜访了梁钊韬、商承祚教授；11 月 11 日，考察了南海西樵山遗址；11 月 12 日，上午在广东省博物馆做了《长江流域和东南地区的新石器时代》的学术报告，下午参观了光考寺；11 月 13 日途经河南信阳返京。承蒙广东省文管会商承祚主任，中山大学人类学系梁钊韬教授、李松生主任、曾祺先生，广东省博物馆任发生、林卓华、黄玉质三位馆长，黄稚、杨式挺队长，朱非素、李羽林同志关照，给予考察和研究标本的方便。去镇海楼参观时，又作诗 2 首。参见《医巫闾山诗集》七绝《至英德》和七律《登镇海楼》。

此年发表关于中国新石器和东北考古方面的学术论文共 4 篇：

1.《长江中下游的新石器及今后的展望》，《安徽省考古学会会刊》第五辑，1982 年；

2.《仰韶、龙山文化的工具使用痕迹和力学上的研究》，《考古》1982 年 6 期；

3.《新发现的两份石刻在东北民族史研究上的学术价值》，《辽宁省考古、博物馆学会成立大会会刊》，1982 年；

4.《东北历史和考古中的几个问题》，《东北考古与历史》（丛刊）第一辑，1982 年。

1983 年

4 月，在北京参加中国史学会首次学术年会及中国史学会第三次代表会。

4 月，参加《中国大百科全书》考古卷编委会议。

5 月 4 日，在考古所与夏鼐先生谈夏文化问题。

5 月 7～19 日，赴郑州参加中国考古学会第四次年会，当选为中国考古学会理事，并就夏文化问题做了发言。5 月 18 日考察登封王城岗、平粮台城、太昊陵等处遗迹，并作诗 4 首。参见《医巫闾山诗集》五绝《访王城岗》、七绝《花园口堤上》、七绝《平粮台城上》及七绝《过太昊陵》等。

7 月 8～12 日，赴内蒙古赤峰，参加内蒙古自治区文化局、自治区民委、自治区考古学会、昭乌达盟文化局联合举办的契丹考古学术会议。7 月 10 日，参观了辽中京；7 月 11 日，上午参观了昭乌达盟工作站契丹文物展览，下午参观乌兰察布盟辽代女尸；7 月 12 日上午，在契丹考古学术会议上做了《辽瓷研究的几个问题》的讲演。

7 月 13～16 日，赴巴林右旗。7 月 14 日，考察了祖州城辽祖陵以及辽上京城址；7 月 15 日，上午考察了后昭庙、辽代石窟，下午参观了巴林右旗博物馆；7 月 19 日返京。

8 月 18 日，在人民大会堂参加亚洲地区（中国）考古讨论会开幕式。

10～12 月，赴西南地区考察新石器。

10 月 20 日～11 月 2 日，赴广西南宁，参观了广西博物馆；11 月 2 日，考察了豹子头贝丘遗址。11 月 3 日，赴广西桂林；11 月 4 日，考察了甑皮岩遗址及甑皮岩博物馆；11 月 5 日，参观了七星岩；11 月 6 日，游漓江、阳朔。11 月 7 日，赴广西柳州；11 月 8 日，考察柳州市博物馆及鲤鱼嘴遗址；11 月 9 日，谒柳侯祠。在广西壮族自治区，承蒙广西博物馆贾鸿起、王克荣馆长，文物队黄增庆副研究员，何乃汉队长，覃圣敏同志，保管部方一中、刘殿林主任、于凤芝同志，群工部巫惠民主任；在桂林，承桂林市文管会田玉清、冷德慧、王瑜三位主任，甑皮岩博物馆杨吉昌馆长，李志伟同志；在柳州，承柳州市博物馆覃荣辉、肖泽昌馆长，黄忠云、谢崇安、刘文、叶浓新同志热忱接待。在广西游历了桂林山水后，作诗9首。参见《医巫闾山诗集》七绝《车抵桂林途中》、七绝《车过桂林》、七绝《从邕州饭店至广西博物馆途中口占》、七律《游七星岩》、五绝《桂林至杨堤》、五绝《杨堤道上》、七律《漓江舟中》、七绝《柳江饭店433号房间远眺》和五绝《谒柳侯祠》等。

11月10～18日，赴贵阳考察贵州省博物馆标本室。11月15日，访贵阳花溪高坡以及红毯苗；11月16日，参观平坝飞虎山洞；11月17日，在贵州省博物馆做了《中国新石器时代文化的三个接触地带论》的讲演。在贵州省，承蒙省文化厅庄嘉如、吴正光处长，贵州省博物馆吴业君、罗会仁馆长，宋世坤队长，熊水富、顾隆则、谭用中、曹泽田、严进军诸同志积极协助。在贵州访问了苗寨后，作诗3首。参见《医巫闾山诗集》七绝《黔南道中》、五绝《晨起口占》和七绝《访红毡苗》。

11月19日，赴云南昆明；11月20～24日，考察云南省博物馆标本室并参观了大观楼；11月27日，参观了石林；11月28日上午，在云南省博物馆做了《广西、贵州、云南的石器》的讲演。11月29日，赴云南大理；11月30日，参观了西洱海、三塔寺和南诏太和城；12月1日，到下关。12月2～4日，到云南楚雄，考察了楚雄博物馆。在云南省，承蒙云南省文化厅文物处孔祥贵、胡振东处长，云南省博物馆李家材、董昌和馆长，孙太初主任，云南省文物队熊瑛、邱宣充队长，王大道、闵勇、张增祺、高宗裕、李昆声、熊正益诸同志；在大理，承大理州文化局何志远局长，大理文物管理所夏泉生、张开元所长；在楚雄，承楚雄文物管理所张嘉华、杜美仙、段志刚诸同志大力支持。在云南游历了大观楼、石林和南诏太和城后，作诗5首。参见《医巫闾山诗集》七律《登昆明大观楼》、七绝《游石林》、五律《大理道上》、七律《游南诏太和城》及五绝《楚雄道上》等。

12月4日，赴四川成都，考察了四川省博物馆；12月10日，考察了灌县文管所、都江堰、二王庙；12月11日，参观了武侯祠、杜甫草堂、王建墓；12月12日，在四川省文物管理委员会冯汉骥先生纪念室做了《中国新石器时代文化的三个接触地带论》的讲演，并进行了座谈；12月12日，离成都返京。在四川省，承蒙省文管会朱秉璋、沈仲常、赵殿增主任、冯六一、黄家祥同志，四川省博物馆贾克、贺文炳、何一康馆长、朱大章、李复华主任、袁曙光同志；四川大学历史系考古专业林向主任、童恩正教授、马继贤同志；灌县文物管理所任德泽所长，钟天康同志热诚帮助，给予观摩、研究石器标本的各种方便。在四川游历了都江堰、武侯祠和杜甫草堂后，作诗7首以纪此行。参见《医巫闾山诗集》七绝《过乃托车站》、五绝《至沙湾前》、七绝《燕岗车站》、七绝《都江堰》、七绝《谒武侯祠》、七绝《谒杜甫草堂》及七绝《过巨亭车站怀古》等。

当完成此次西南地区的考察任务后，12月13～14日，在从四川返回北京、途径秦岭、西安、新乡等地时，又即兴作诗5首以纪此行。参见《医巫闾山诗集》五绝《秦岭吟》、七绝《过秦岭车站后》、七绝《过长安城》、五绝《过新乡后车中东望》及七绝《书怀》。

此年发表关于中国边疆民族考古、薛家岗文化的石器及金属器代替石骨蚌器等问题的学术论文共4篇：

1.《中国边疆民族的历史贡献》,《安徽文博》总第3期，1983年；

2.《薛家岗文化生产工具的研究》,《黑龙江省文物丛刊》1983年1期；

3.《二里头文化和商周时代金属器代替石骨蚌器的过程》,《中原文物》1983年2期；

4.《悼念公符先生》,《辽宁文物》总第5期，1983年。

1984年

8～9月，赴西北四省区考察新石器。

8月1日，赴新疆乌鲁木齐，考察了新疆维吾尔自治区博物馆及新疆社会科学院考古研究所的文物标本；8月4～5日，赴吐鲁番，考察了吐鲁番地区文管所、火焰山、高昌故城及交河故城；8月6～13日，在新疆博物馆及考古所考察标本；8月14日，考察天池；8月15日，在新疆考古所做了题为《新疆新石器时代及细石器时代问题》的学术报告。在新疆维吾尔自治区，承蒙新疆文化厅文物处韩翔副处长，新疆博物馆沙比提馆长、李遇春副馆长，保管部王秉兰、谭旗光、古丽扎同志，文物队柳晋文队长、黄小江、阿合买提、羊毅勇同志，新疆考古所穆舜英所长、王伯玉、托尔逊、艾沙副所长，王明哲、王炳华、王路力同志，吐鲁番博物馆阿合买提馆长热情关照。在新疆考察期间，经过戈壁滩，领略了天山风光，作诗7首以纪此行。参见《医巫闾山诗集》七绝《伊尔62号机中》、七绝《交河城上》、七律《登高昌城》、五绝《戈壁滩上》、五绝《天池船上》、七律《过大碛忆史》及五绝《吐鲁番远眺》等。

8月15日，离新疆经柳园车站到敦煌；8月16日，考察敦煌县博物馆及莫高窟；8月17日，考察墩墩烽燧及阳关遗址。8月19日，赴兰州；8月21～30日，考察甘肃省博物馆及省文物队标本室文物。在甘肃省，承蒙敦煌县博物馆荣恩奇、张仲组长和韩跃成同志，敦煌县博物馆阳关文保小组吴国义同志，敦煌文物研究所段文杰、樊锦诗所长和李平同志，甘肃省文化厅文物处王勤召副处长，甘肃省博物馆吴怡如副馆长、张朋川主任，甘肃省文物队岳邦湖队长、张学正、初师宾副队长和朱耀山、赵建龙、戴春阳同志给予大力支持。在甘肃考察期间，曾途径祁连山、三危山，到过黄羊镇及河口，作诗7首以咏史怀古。参见《医巫闾山诗集》七绝《柳园车站遐思》、七绝《远眺三危山》、七绝《访莫高窟》、七律《墩墩汉烽燧顶上怀古》、五绝《黄羊镇上》、五绝《黄羊镇咏史》及七绝《过河口》等。

9月1日，从兰州到青海西宁；9月2日，考察乐都瞿昙寺；9月3日，考察青海湖；9月4日，考察塔尔寺、马步芳公馆；9月5～6日，考察省文物队标本室；9月7日，考察朱家寨遗址；9月8日，在青海省文物工作队做了《中国新石器时代文化的多中心论及发展不平衡论》讲演；9月10日，考察省文物队标本室；9月11日，赴省文物队柳湾工作站考察了柳湾遗址。在青海考察期间，曾翻越日月山，游历青海湖与塔尔寺，观赏过马厂的精美彩陶和柳湾墓地出土的石器等，并作诗7首以纪此行。参见《医巫闾山诗集》五绝《过日月山》、五绝《日月山念文成公主》、五律《游青海湖》、五绝《塔尔寺》、七绝《去民和》、七绝《柳湾夜宿》及七绝《过青白石车站》等。

9月15日，经兰州赴宁夏银川；9月16～23日，考察了宁夏博物馆水洞沟遗址的石器及石空寺；9月17日，考察了位于贺兰山脚下的西夏王陵；9月18～21日，考察了宁夏博物馆；9月22日，考察了宁夏水洞沟遗址；9月24日，离银川返京。在宁夏回族自治区，承蒙自治区文化厅文物处马鸣信处长、雷润泽副处长、于存海同志，宁夏博物馆钟侃馆长，保管部李俊德主任、王萍同志，研究室牛达生主任，考古队李志清、董居安同志等给予积极协助，提供了一切考察和研究石器标本的方便。在宁夏考察期间，曾途径狄家台，造访石空寺、西夏王陵、水洞沟明代边墙与河套地区，作诗9首以壮此行。参见《医巫闾山诗集》七绝《过土龙川站》、七绝《过狄家台》、七绝《过长流水》、七绝《访石空寺》、七律《俯瞰西夏王陵》、七绝《晨起雨中游宁夏中山公园》、七绝《登水洞沟明边墙》、七律《西北行》及七律《过河套咏史》等。

10月4日，与夏鼐、苏秉琦、王仲殊等在考古所为张光直先生返美举行座谈会。

此年发表关于中国东北考古和学习经典作家理论心得方面的学术论文共3篇：

1.《对乌苏里江以东地区作考古学与历史学的考察》,《社会科学战线》1984年1期；

2.《〈渤海简史〉评介》,《光明日报》1984年8月15日第三版；

3.《学习恩格斯〈家庭、私有制和国家的起源〉，促进史前考古学的科学研究——纪念〈家庭、私有制和国家的起源〉发表一百周年笔谈会》,《史前研究》1984年4期。

1985年

2月5日，与苏秉琦、高炜、马沙等在北京市文物研究所考察平谷上宅、北埝头遗址出土的陶器。

3月1～6日，在北京参加中国考古学会第五次年会。

3月4日，去北京大学过未名湖，曾赋诗一首，参见《医巫闾山诗集》五绝《游未名湖》。

5月1日，被中国民族史学会聘为中国民族史学会顾问。

5月14～20日，在北京西山北京军区招待所参加《中国大百科全书》考古卷编委扩大会议。晚饭后曾游雍王府村和香界寺，并作诗2首。参见《医巫闾山诗集》七绝《雍王府村边闲步》和五绝《香界寺小坐》。

11月5日，为孙进己先生主编的《中国北方八省市考古论著汇编》撰写序言。

5月30日，被北京大学研究生院聘请为研究生袁家荣、夏竞峰的毕业论文答辩委员会委员，并担任论文评阅人。

此年发表关于中国边疆民族考古和中国新石器时代文化研究等方面的学术论文共4篇：

1.《从中国民族考古和历史中看到的几个问题》,《民族文物工作通讯》，1985年；

2.《从考古学物质文化上观察中华民族融合的痕迹》,《社会科学战线》1985年2期;

3.《中国新石器时代文化三个接触地带论——中国新石器时代文化综合研究之一》,《史前研究》1985年2期;

4.《为什么要研究几千年前的盆盆罐罐》,《文物天地》1985年1期。

1986年

全年除了外出考察或参加会议以外的时间，都在家里奋笔撰写《中国新石器研究》书稿。这在《医巫闾山诗集》七律《喜小院春意》的注释中，有清楚的说明。

3月28日～4月2日，赴辽宁沈阳参加“东北考古文化族属学术讨论会”，4月2日参观了辽宁沈阳新乐遗址。

5月14日，被中国社会科学院研究生院聘请为研究生傅宪国的毕业论文答辩委员会主席，并担任论文评阅人。

5月22日，应北京市文物研究所邀请，与苏秉琦先生一起视察延庆县军都山玉皇庙墓地发掘现场，并作诗2首以纪此行。参见《医巫闾山诗集》七律《延庆道上》和七绝《玉皇庙墓地忆山戎》。

6月16日，被中国科学院古脊椎动物与古人类研究所聘请为研究生董祝安的毕业论文答辩委员会委员，并担任论文评阅人。

6月20日，被北京大学研究生院聘请为研究生刘景芝、王幼平的毕业论文答辩委员会委员，并担任论文评阅人。

8月14日，参加民族文化宫举办的“海南黎族传统文化展览”开幕式。

9月6日，偕夫人与子女共同参观了白云观，考察了观内收藏的明正统道藏以及明清、民国时期的碑碣。

9月17～22日，出席在辽宁沈阳召开的中国考古学会第六次年会；9月22日，参观了凌源县牛河梁红山文化考古发掘现场，在接受记者采访时他特别指出：“作为一位记者应该鉴于大跃进中的浮夸报道，更加懂得实事求是，是对人民负责。而实事求是也是考古学的科学性所在，有一份材料说一分话。”会议期间和会后，又顺便考察了辽宁省近年新出土的新石器，并作诗8首以纪此行。参见《医巫闾山诗集》七律《在三叉戟上》、七绝《南湖剧场看芭蕾舞梁祝》、七律《中秋步月》、七绝《谒太祖陵》、七律《游牛河梁》、七绝《热水汤小浴》、七绝《再访天民先生》及七绝《过包官营望晨曦》等。

10月，赴河南、山东两省考察新石器。

10月8～17日，赴郑州考察了河南省文物考古研究所标本室的石器标本；10月10日，赴新郑考察了郑韩故城；10月12日，考察了河南省博物馆；10月14日，考察了大河村遗址；10月15～16日，继续在省文物研究所考察。在河南省，承蒙河南省文化厅文物局杨焕成、尤翰青局长，河南省博物馆许顺湛馆长，河南省文物研究所王润杰书记、郝本性、许天申所长，安金槐、裴明相、贾峨、李京华研究员，陈嘉祥、张居中、毛杰英同志，郑州市文化局文物处于晓兴主任，郑州市大河村遗址保管所李昌韬所长，李建和、张柯多、王炳新同志，省文物研究所新郑工作站蔡全法站长、宋国定、牛花敏同志，新郑县文物保管所薛文灿所长、赵炳焕同志给予了大力支持和协助。在河南考察期间，曾作诗5首。参见《医巫闾山诗集》七绝《抵中州咏史》、七绝《晨过黄河》、七律《裴李岗遗址上抒怀》、七绝《大河村遗址路上》及七绝《过商丘》等。

10月17日，赴山东兖州；10月18日，参观了孔林、周公庙、少昊陵、颜庙；10月19日，拜谒了孔府、孔庙；10月20日，在中国社会科学院考古研究所山东队工作站考察石器标本；10月21日，赴邹县、滕县参观县博物馆，10月22日，到济南，先后考察了山东省文物考古研究所、山东省博物馆、济南市博物馆的文物库房；10月28日返京。在山东省，承蒙山东省文化厅吕常凌厅长，文物局刘谷、薛守峨局长，山东省文物考古研究所张学海、李传荣所长，郑笑梅研究员，王树明、杨广芬主任，山东省博物馆保管部陈梗桥主任，孔庆恕、王之厚、杨波同志，济南市文化局文物处刘伯勤同志，济南市博物馆于仲航同志，邹县文管所阎怀凰同志，滕县博物馆万树瀛馆长，中国社科院考古所山东队高广仁队长、邵望平副研究员、韩榕同志给予了热诚帮助。在山东考察期间，曾谒访曲阜孔庙、孔林，孟庙，参观了古腾国、薛国故址，北辛遗址，李清照祠与大明湖，并作诗11首。参见《医巫闾山诗集》七绝《在曲阜仰斯人》、七律《游孔林颜庙周公庙少昊陵后》、七律《谒孔庙》、七律《谒孟庙》、五绝《夜宿王家祠》、五绝《念腾国》、五绝《过薛城》、七绝《访北辛遗址》、七绝《过泰山》、七绝《与佟玥参观李清照祠》、七绝《与佟玥游大明湖》等。

10月31日～11月10日，赴浙江杭州参加《纪念良渚文化发现五十周年学术讨论会》，考察了良渚遗址；11月5日做了《良渚文化的石器》的发言；11月7日，赴绍兴参观了鲁迅故居、王羲之墓、兰亭等。在浙江省游览了杭州西湖和苏公堤后，作诗7首。参见《医巫闾山诗集》七律《与庆洲游西湖》、七绝《西湖晨雾》、七律《与庆洲谒绍兴鲁迅先生故居二首》、七律《与庆洲游兰亭》、七绝《过禹陵》及五绝《重上苏公堤》等。

本年被收入吉林省地方志编委会《方志研究》编辑部编纂的《中国当代社会科学家》（“传记丛刊”第九辑）。

12月上旬，赴河北省考察新石器。

12月1～10日，赴河北邯郸参加河北省文物考古研究所举办的磁山文化学术讨论会；12月2～5日，考察了磁山遗址及工作站；12月6日，返回邯郸，在大会上以《磁山文化石器的个性》为题发表讲演；12月10日，在河北省文物考古研究所所长孔哲生的陪同下赴石家庄考察了省文物考古研究所在河北省蔚县发掘的文物标本；12月15日返京。在河北期间，承蒙河北省文物考古研究所孔哲生、郑绍宗所长和孙德海、唐云明主任，邯郸市文物管理处陈光唐处长、刘勇主任，磁山工作站罗平主任，热忱支持，予以方便。在河北考察和出席磁山文化讨论会期间，曾考察磁山遗址，登上赵王城，并赋诗4首。参见《医巫闾山诗集》五绝《磁山道上》、七律《登磁山遗址》、七律《登赵王城》及七律《过冀中》等。

此年发表关于中国中石器时代、新石器时代考古，及东北考古等方面的学术论文共8篇：

1.《中国新石器时代文化的多中心发展论和发展不平衡论——论中国新石器时代文化发展的规律和中国文明的起源》,《文物》1986年2期。此文又被〔日〕木夏保明译为《中国新石器時代文化發展の法則と中国文明の起源を论じゐ》, 收入《考古学論集》第3集(考古学を学ぶ会,大阪市歴文堂書房,1990年);

2.《中国中石器时代考古·中国新石器时代考古》,《中国大百科全书·考古学》,中国大百科全书出版社,1986年;

3.《龙山文化·中国新石器时代的石器》,《中国大百科全书·考古学》,中国大百科全书出版社,1986年;

4.《唐慕容威墓志考》,《辽海文物学刊》1986年创刊号;

5.《成吉思汗皇帝赐丘处机圣旨石刻考》,《文物》1986年5期;

6.《东北民族史与东北考古学中的几个问题》,《东北地方史研究》1986年2期;

7.《〈中国北方八省市考古论著汇编〉序》,《中国北方八省市考古论著汇编》,1986年;

8.《佟柱臣自传》,《中国当代社会科学家》(“传记丛刊”第九辑),书目文献出版社,1986年。

1987年

6月6～11日,受四川大学邀请,经河南巩县、洛阳,赴四川成都参加四川大学历史系考古专业西南考古方向研究生李连、付亚初的毕业论文答辩,并与巴蜀书社和川大历史系几位协助出版《中国边疆民族物质文化史》一书的同仁见面,商谈书稿及出版事宜。6月9日,在川大做了《中国新石器时代文化的几个问题》的学术报告;6月10日,被四川大学博物馆聘请为学术顾问。在赴四川成都和往返途中,共作诗12首。参见《医巫闾山诗集》七绝《过巩县看窑洞》、七律《过洛阳咏史》、七绝《洛郊》、七律《华山道上》、七律《在成都》、七律《九眼桥畔(锦江)与巴蜀书社、川大历史系诸君小酌》、五绝《过江油》、七绝《过广元》、七绝《过嘉陵江》、七律《秦岭书怀》、五绝《过铁门》及七律《过郑州黄河》等。

6～7月,赴内蒙古自治区考察新石器。6月25日,赴内蒙古呼和浩特;6月27～28日,考察了老虎山及大窑遗址;7月1日,考察了庙子沟遗址及察哈尔右翼前旗北魏城址;7月8日,到包头,考察了阿善遗址及固阳窑子湾;7月14日返京。承内蒙古自治区文物处王晓明处长,内蒙古文物考古研究所李逸友、陆思贤、丁学芸所长,汪宇平、张郁、翁善珍研究员,田广金、郭素新副研究员,魏坚助理研究员,自治区博物馆馆长苏俊,内蒙古科学院历史研究所崔璇、马跃圻、斯琴副研究员,乌兰察布盟文物展陈棠栋、郝存祥站长,杜承武科长,察右后旗人民委员会关其格主任,察右后旗文物站王新宇同志,包头市文物管理处薛进义书记、郑隆处长、张俊君主任、刘幻真队长,呼伦贝尔盟文物处程道宏处长,呼伦贝尔文化站米文平、赵越站长,白劲松、陈凤山同志,鄂温克自治旗文管所黄清福、顾德清所长等热忱支持与帮助,提供了观摩标本和研究的方便。

此次内蒙古之行,考察了老虎山和阿善遗址以及8月份考察了嘎仙洞遗迹等,共作诗 17 首。参见《医巫闾山诗集》七律《宿老虎山晨起》、七绝《登老虎山远眺》、五绝《老虎山工作站晨望》、七绝《过三庆山中》、七绝《过大青山》、七绝《过集宁市》、七律《庙子沟行》、七律《塞上曲》、七律《过察哈尔右翼后旗草原》、七绝《过土默特旗》、七绝《包头近郊》、七绝《宿包头文管会》、七绝《看阿善遗址》、五绝《过张广才岭》、七律《大兴安岭上怀史》、七绝《兴安岭车站》及七律《访嘎仙洞》等。

8～9 月上旬，赴黑龙江、吉林、辽宁三省考察新石器。

8 月 4 日，赴黑龙江哈尔滨；8 月 7 日，赴白城考察了阿城市金上京会宁府遗址；8 月 8～10 日，考察了省博物馆标本；8 月 11 日，在省博物馆做了《中国新石器时代文化的一些新迹象》的讲演；11 日下午，到达牡丹江文物管理站；8 月 12～14 日，赴宁安文物保管所考察了渤海国上京城出土的石器标本以及东京城、镜泊湖，并考察了渤海上京龙泉府遗址；8 月 15 日，返哈尔滨；8 月 16 日，赴海拉尔参加“鲜卑族文化习俗学术座谈会”；8 月 17 日，考察了海拉尔市西 6 公里的西山水坑的细石器；8 月 18 日，考察了市南 18 公里的辉河口遗址并采集陶片标本；8 月 20 日，到阿里河镇考察了嘎仙洞内的北魏鲜卑石刻；8 月 21～22 日，考察了齐齐哈尔市博物馆发掘的细石器。在黑龙江省，承蒙黑龙江省文化厅厅长干志耿，黑龙江省文物考古研究所所长孙秀仁、朱国忱、殷德明、杨志军和赵善桐、谭英杰、王永祥、郝思德、赵评春同志，黑龙江省博物馆馆长高晓梅和历史部王秀文、保管部李淑芝、李波同志，阿城市博物馆馆长闫景全，牡丹江市文物管理站站长樊元相，宁安县文物管理所所长陈清白、黄景来，上京博物馆馆长傅庆满、任广成、马继华和赵哲夫同志，齐齐哈尔文物站站长傅维光等，给予大力支持。在黑龙江考察期间，曾谒访金会宁府址、金太祖陵、兴隆寺、渤海上京龙泉府址等古迹，并作诗 11 首。参见《医巫闾山诗集》七律《登白城金会宁府址》、七绝《谒金太祖陵》、七绝《过帽儿山》、五绝《过苇河》、七绝《宿兴隆寺》、七律《镜泊湖上》、七律《登渤海上京龙泉府址》、七绝《游龙沙公园》、五绝《鹤城车站咏送别》、七绝《过大庆》及七绝《过松花江》等。

8 月 24 日，到达长春，前往吉林省社会科学院拜访了佟冬院长及金景芳教授。8 月 25～28 日，先后考察了吉林省博物馆发掘的农安元宝沟、白城靶心墓地、长岭北镇、大安永合屯、洮安双塔、珲春大六道沟、长春市郊的标本和吉林大学发掘的左家山遗址和四平二龙湖水库战国城的标本。在吉林省，承蒙吉林省社会科学院院长佟冬，吉林大学考古专业主任林沄，吉林省文物考古研究所所长王健群、方启东、王梅和庞志国同志、张瑛队长，吉林省博物馆保管部主任罗显清和张淑华同志予以积极协助。

8 月 29 日，抵辽宁沈阳，考察了沈阳新乐遗址的文物；9 月 1 日，在辽宁省博物馆做了《中国新石器时代文化出现的一些新迹象》讲演。9 月 4 日，从沈阳到本溪，考察了本溪博物馆标本室；9 月 7 日，到丹东，考察了东沟县后窪遗址和丹东博物馆；9 月 11 日，到大连，考察了旅顺博物馆。在辽宁省，承蒙辽宁省博物馆杨仁恺、徐秉琨馆长，辽宁省文物考古研究所副所长孙守道、辛占山，后洼考古队长许玉林，沈阳市文化局局长沈常吉，沈阳市文物管理委员会主任曲瑞琦，沈阳新乐遗址博物馆馆长于崇源、副馆长张忠满，研究室主任邹小平、李惠君同志，沈阳故宫博物院考古队长王菊耳，本溪市文化局局长管兆信，本溪市博物馆馆长刘兴标，考古队长齐俊，丹东市文物管理办公室主任王连春和王玉芳同志，丹东市文物管理所所长王传普，旅顺博物馆馆长许明纲、苏小幸，考古队长刘俊勇等热忱接待，给予观摩标本和研究上的方便。在辽宁省考察期间，重点看了后洼遗址，在途中曾作诗 5 首。参见《医巫闾山诗集》七绝《本溪路上》、七绝《安东道上》、七绝《大东港远眺》、七律《后洼遗址夜宿》及七律《渤海贡道上》等。

9 月 15 日，到山东烟台；9 月 20 日，赴山东长岛、庙岛、蓬莱考察新石器。在烟台考察了白石村遗址，并在烟台文管会做学术讲演；9 月 22～25 日，考察了潍坊市博物馆、寿光博物馆。考察期间曾作诗 5 首。参见《医巫闾山诗集》五绝《横渡黄海》、七律《南长山岛上》、七绝《登庙岛》、七律《蓬莱阁上远眺》及七绝《十笏园》等。

9 月，参加故宫博物院在乾清宫举办的“全国重要考古新发现展览（1985～1986 年）”开幕式。

9 月 25 日，出席由民族文化宫、内蒙古赤峰市联合举办的“赤峰市辽代出土文物展览”开幕式。

10 月 16 日，在中国历史博物馆参加“宁夏文物展学术座谈会”。

10 月 31 日，应中国科学院古脊椎动物与古人类研究所邀请，担任张森水、邱中郎晋升研究员答辩委员会委员。

11 月，被收入中国社会科学院近代史研究所主编的《中华文化名人辞典》中。

此年发表关于东北考古方面的学术论文和相关资料共 4 篇：

1.《渤海国海路考》,《太平洋》1987 年 1 期；

2.《〈西团山考古报告集〉序》,《西团山考古报告集》第一辑，吉林市博物馆，1987 年；

3.《一九五〇年西团山发掘报告资料摘录》,《西团山考古报告集》第一辑，吉林市博物馆，1987 年；

4.《大嘴子青铜时代遗址的学术价值》,《大连文物》1987 年 2 期。

1988 年

10 月 6～10 日，赴云南昆明参加中国民族史学会第二次学术讨论会。

本年被收入《晋阳学刊》编辑的《中国现代社会科学家传略》及《中国现代社会科学家大辞典》中。

全年在撰写《中国新石器研究》书稿。

休息时，常看《光明日报》，关注边疆考古消息，或去北京城内游人较少的古迹游览。在《医巫闾山诗集》中，有 4 首诗记录了这种休息方式，如七绝《读安西都护府额之发现有感》、七绝《读中日联合探险踏勘楼兰消息感怀》、七绝《与庆洲和子安、刘畅游元大都城址公园》及七绝《登日坛朱亭》等。

1989 年

3 月，被收入中国史学会《中国历史学年鉴》编辑部编辑的《中国当代名人大辞典》中。

继续撰写《中国新石器研究》书稿。这项工作，在《医巫闾山诗集》一首七绝《上班晨路》中有真切反映。

5月11～23日，赴湖南长沙参加中国考古学会第七次年会。会议期间与途中，曾作诗3首。参见《医巫闾山诗集》七律《长沙车中》、七绝《蓉园午卧》及七律《京广车中遐思》。

5月下旬，赴浙江省考察新石器。

9月6～10日，赴辽宁省沈阳出席辽宁省博物馆建馆四十周年纪念国际学术交流会。9月7日，在大会做了《东北考古问题与中国文明起源问题》的学术讲演。会议期间，又专门考察了辽宁省新出土的红山文化石器和玉器等标本，并作诗4首。参见《医巫闾山诗集》七绝《途思》、七律《秋望》、七律《怀思》及七律《欣赏精品》等。

9月28日，在北京参加北京市文物研究所举办的“北京市考古新成果展览”开幕式。

本年被收入《中国当代社会科学家传略》编辑委员会编辑的《中国当代社会科学家传略》。

11月29日，应北京市文物研究所邀请，出席房山金陵座谈会，并赋诗1首。参见《医巫闾山诗集》七律《谒房山金陵》。

此年发表关于中国新石器和新石器时代文化以及辽瓷研究等方面的学术论文共7篇：

1.《新乐遗址新石器的考察》，《辽海文物学刊》（辽宁省博物馆建馆40周年纪念特刊）1989年1期；

2.《广西大石铲的考察》，《中国历史博物馆馆刊》（建馆30周年纪念专刊）1989年13、14期；

3.《磁山文化工具的个性》，《磁山文化论集》，河北人民出版社，1989年；又收入《磁山文化综览》，《武安文史资料》第五集，1997年；

4.《中国新石器时代复合工具的研究——为纪念尹达先生诞辰80周年而作》，《中国原始文化论集——纪念尹达八十诞辰》，文物出版社，1989年；

5.《当前中国新石器时代文化出现的一些新迹象》，《海岱考古》第一辑，山东大学出版社，1989年；并编入《中国东北地区和新石器时代考古论集》，文物出版社，1989年；

6.《黄河中下游新石器时代工具的研究》，《中国东北地区和新石器时代考古论集》，文物出版社，1989年；

7.《论辽瓷的几个问题》，《中国东北地区和新石器时代考古论集》，文物出版社，1989年。

此年还编辑、出版了考古学论文集一部：《中国东北地区和新石器时代考古论集》，文物出版社，1989年。此书共选录佟柱臣先生自1946～1989年已发表的考古研究论文20篇，其中东北考古学方面10篇，中国新石器时代文化研究方面10篇。

1990年

继续撰写《中国新石器研究》书稿。

5月18日，与苏秉琦等在北京参加国家民委民族问题研究中心、中央民族大学出版社举办的费孝通先生主持的“中华民族多元一体格局民族研究学术讨论会”，做了题为《从考古学上看中华民族的融合与统一》的演讲。

6月19日，受中国冶铁历史博物馆聘请担任《中国冶金史料》编委会委员。

本年被收入辽宁师范大学编纂的《中国史学大辞典》中。

8月17～19日，应北京市文物研究所邀请，出席在延庆县召开的“北京东周山戎文化考古成果研讨会”。会上做了学术发言，建议将延庆玉皇庙遗存定名为“玉皇庙文化”。会议期间赋诗2首。参见《医巫闾山诗集》七律《玉皇庙山戎墓地咏怀》及七绝《游龙庆峡》。

此年发表关于考古文化研究及书评等学术论文共3篇：

1.《巴与蜀考古文化对象的考察》,《南方民族考古》第二辑，四川科学技术出版社，1990年；

2.《〈中国新石器时代文化〉评介》,《考古与文物》1990年4期；

3.《夫租秽君银印考》,《中国考古学会第六次年会论文集·1987》，文物出版社，1990年。

1991年

继续撰写《中国新石器研究》书稿。

6月30日，参加中国博物馆学会、中国科学技术史学会、中国历史博物馆在中国历史博物馆序幕大厅召开的庆祝王振铎先生从事文物博物馆、科技史研究五十周年学术会议。

8月5日，参加哲里木盟博物馆在故宫乾清宫举行的“草原明珠——哲里木盟蒙古族文物展”开幕式。

9月11日，赴内蒙古呼和浩特参加中国考古学会第八次年会，顺便考察内蒙古近年出土的新石器标本。在会议和考察期间，曾作诗3首。参见《医巫闾山诗集》七律《赴呼和浩特参加第八届考古年会》、七绝《聆第八届年会开幕式致词后》及七律《登青冢》等。

10月1日，荣获国务院颁发的政府特殊津贴证书。

10月12日，赴山东济南参加“纪念发掘城子崖遗址六十周年国际学术讨论会”，并做大会讲演。在山东省考古所考察了大汶口等遗址的陶器。在考察了章丘县城子崖、临淄齐故城的新石器后，曾作诗2首。参见《医巫闾山诗集》七律《登城子崖》和七律《访齐故城临淄》。

此年发表关于中国边疆民族考古、中国文明起源等方面的学术论文共4篇：

1.《从考古学上看中华民族的融合与统一》，费孝通主编《中华民族研究新探索》，中国社会科学出版社，1991年；

2.《中国夏商王国文明与方国文明试论》,《考古》1991年11期；后收入郑杰祥主编《夏文化论集》下，文物出版社，2002年；

3.《辽墓壁画反映的契丹人生活》,《辽金史论集》第五辑，文津出版社，1991年；

4.《〈金代官印集〉序》，景爱编《金代官印集》，文物出版社，1991年。

此年4月，《中国边疆民族物质文化史》（60万字）这部中国边疆地区民族考古研究的奠基力作，由巴蜀书社出版。此书获得1992年“全国古籍优秀图书一等奖”。

1992年

继续撰写《中国新石器研究》书稿。

6月28日，应吉林市政府之邀，为吉林市申报第三批国家历史文化名城撰写推荐书，后经国务院审批于1994年1月4日获得通过。

7月9日，赴北京饭店参加中国历史博物馆建馆80周年庆祝会。

此年发表关于中国东北地区新石器、西北地区民族史以及北京军都山考古成果的讲话等学术文章共4篇：

1.《郭家村下层新石器的考察》，《辽海文物学刊》1992年2期；

2.《佟柱臣先生在北京东周山戎文化考古成果研讨会上的发言》，北京市文物研究所编《北京文物与考古》第三辑，1992年；

3.《唐书吐谷浑传补正》，《中华民族史研究（四）》，改革出版社，1992年；

4.《〈李文信考古文集〉序》，《李文信考古文集》，辽宁人民出版社，1992年。

1993年

继续撰写《中国新石器研究》书稿。

12月，受中华人民共和国新闻出版署表彰，授予《中国大百科全书》编辑出版荣誉证书。

本年被收入《中国当代历史学学者辞典》。

此年发表关于中国新石器时代玉器、中国文明起源及中国北方游牧经济起源问题等方面的学术论文共4篇：

1.《新石器时代玉器·大汶口文化玉器·红山文化玉器·龙山文化玉器·良渚文化玉器》，《中国大百科全书·文物、博物馆》，中国大百科全书出版社，1993年；

2.《良渚文化玉器的考察》，《中国考古学论丛——中国社会科学院考古研究所建所40年纪念》，科学出版社，1993年；

3.《中国文明起源的诸问题》，《纪念城子崖遗址发掘60周年国际学术讨论会文集》，齐鲁书社，1993年；

4.《中国古代北方民族游牧经济起源及其物质文化比较》，《社会科学战线》1993年3期。

1994年

从年初开始，继续撰写《中国新石器研究》书稿，直至11月2日全部书稿撰写完毕。此日赋诗2首以志纪念。参见《医巫闾山诗集》七律《中国新石器研究》书竣喜成诗2首。

此年发表学术论文2篇：

1.《革命本色 儒家风度 渊博学识——纪念武伯纶教授诞辰92周年》，《纪念武伯纶先生文集》，陕西人民出版社，1994年；

2.《〈鲜卑史研究〉序》，米文平著《鲜卑史研究》，中国古籍出版社，1994年。

1995 年

3 月 13 日，在《中国新石器研究》书稿交付巴蜀书社正式出版之前，完成了该书后记的撰写任务。此书被国家古籍整理出版规划小组学术委员会推选为优秀学术专著，并资助部分出版经费，编入“中国传统文化研究”丛书。

4～8 月中旬，整理历年诗稿，共得 278 首，以家居医巫闾山之阳，故取名为《医巫闾山诗集》。

此年发表相关书评和悼念文章 2 篇：

1.《读〈西团山文化研究〉》,《中国文物报》1995 年 1 月 8 日第三版；又收入《博物馆研究》1995 年 2 期；

2.《怀念陈述先生》,《陈述先生纪念集》，内蒙古教育出版社，1995 年。

1996 年

此年发表关于中国民族考古方面的学术论文 1 篇：

《喜见中国出土的第一块乌丸石刻——为纪念〈辽海文物学刊〉创刊 10 周年而作》,《辽海文物学刊》1996 年 2 期。

1997 年

9 月 11 日，赴中国历史博物馆参加《全国考古新发现精品展》开幕式。

此年《医巫闾山诗集》由吉林文史出版社正式出版。此诗集列入“长白丛书”研究系列。

1998 年

9 月 22 日，在北京参加甘肃省博物馆举办的《甘肃丝绸之路文物展》开幕式。

此年发表关于金毓黻先生的书评 1 篇：

《金毓黻著〈静晤室日记〉书后》,《历史研究》1998 年 6 期。

5 月,《中国新石器研究》一书（上、下册），220 万字，附插图 587 幅，图版 252 面，共收录新石器标本 7981 件，由巴蜀书社在成都正式出版发行。

1999 年

2 月 6 日，在女儿佟伟华及孙女佟薇的陪同下拜访了中国科学院院士贾兰坡先生。

此年发表自己如何从事中国新石器研究的学术文章 1 篇：

《我与中国新石器研究》，张世林编《学林春秋》二编上册，朝华出版社，1999 年。

2000 年

初春，在北京参加中华书局举办的《学林春秋》出版发行座谈会。

7 月 28 日，在北京参加“庆祝中国社会科学院考古研究所成立 50 周年大会暨 21 世纪中国考古学与世界考古学国际学术研讨会”。

12 月，赴北京大学考古学参加“北京大学考古系新石器考古教学组”申报“国家级教学成果集体奖”评审会。

此年发表关于名人学术评介、中国新石器文化研究等学术论文共 3 篇：

1.《辽阳金毓黻先生》，张世林编《学林春秋》上册，朝华出版社，2000 年；

2.《探索中国新石器时代文化的几个学术问题》,《神农文化：稻作农业起源与炎帝文化暨第三届农业考古国际学术讨论文论文集》，湖南人民出版社，2000年；

3.《庆祝中国社会科学院考古研究所建所50周年笔谈》，《考古》2000年7期。

2001年

1月，应“名师讲义”丛书学术组稿人、首都师范大学历史系任士英博士之约请，拟将其20世纪五六十年代在北京大学和南开大学及1978～1981年在中国社会科学院研究生院授课的讲稿，还有部分关于中国新石器和新石器时代文化研究的学术论文辑录成册，书名曰《中国考古学要论》。

青年摄影家侯艺兵于2000年采访佟柱臣，拍摄了肖像，发表于山东画报出版社2001年出版的大型画册《世纪学人 百年影像》上。

此年发表关于中国文明起源和中国东北等地青铜短剑问题的学术论文共2篇：

1.《中国文明起源问题的探索》，《中国社会科学院古代文明研究中心通讯》第1期，2001年1月；

2.《中国东北地区、内蒙古地区和朝鲜北部青铜短剑的研究》，《文物》2001年8期。

2002年

7月9日，在北京国际饭店国际厅参加“中国历史博物馆建馆90周年纪念座谈会”。

着手整理《中国考古学要论》相关讲稿与论文。

2003年

8月上旬，在《中国考古学要论》书稿交付鹭江出版社之前，补写了一篇《自序》。

此年发表了一篇采访感言《喝粥足矣 奋进为乐》，《中国文物报》2003年6月18日。

2004年

4月，《中国考古学要论》（“名师讲义”丛书）由鹭江出版社正式出版、发行。

9月1日，接受中央电视台社会节目中心专题部记者魏宝和采访，就红山文化的调查、发现以及发掘和研究的历程发表了看法。

此年还发表了关于中国边疆民族考古研究和对名人的纪念论文共3篇：

1.《从考古学与历史学上看鲜卑人西徙的足迹》，《考古与文物》2004年增刊；

2.《大唐王玄策天竺史出铭考》，霍巍、李永宪主编《西藏考古与艺术国际学术讨论会文集》，四川出版集团、四川人民出版社，2004年；

3.《裴文中先生二三事》，高星、裴申主编《不朽的人格与业绩：纪念裴文中先生诞辰100周年》，科学出版社，2004年。

2005年

6月26日，应学生靳枫毅之邀，坐在轮椅上为《军都山墓地》考古发掘报告撰写了书序。

11月，为中国社会科学院考古研究所第一研究室退休老同事赵信写的科普读物《掘宝探秘》作了书序。

2006年

1月，接受《新京报》记者张弘的采访，讲述了个人60年来从事考古事业的奋斗史以及完成220万字巨著《中国新石器研究》的艰苦历程，采访稿以《佟柱臣：喝粥足

矣 奋进为乐》为题，发表于2006年2月5日的《新京报》上。

7月13日被中国社会科学院授予中国社会科学院荣誉学部委员称号。

此年发表了为赵信先生《掘宝探秘》一书写的序言《文物精华 世人共享》，《中国文物报》2006年3月15日第四版。

2007年

8月30日，接受考古所青年学者郭物的采访，讲述了一生从事考古学研究的艰难之路，勉励青年学子在治学之路上不断奋进，取得超越前辈的成就。采访稿《神州踏遍觅新知 史前边疆均立言》刊登于中国社会科学院青年人文社会科学研究中心编著的《学问有道》（方志出版社，2007年）学部委员访谈录上。

2009年

1月15日，应南方民族考古编辑部邀请出任学术顾问。

8月，在庆祝中华人民共和国成立60周年前夕，与女儿佟伟华共同接受《京华时报》记者陈荞的采访，讲述了中国两代考古人走过的不同的考古历程，以纪念新中国60年所经历的不平凡的岁月。采访稿以《考古父女接力发掘文物》为题，发表于2009年8月29日的《京华时报》上。

本年被推选为中国考古学会荣誉理事。

8月，被文化部、国家文物局列入从事文物、博物馆工作60年名单，并授予“中国文物、博物馆事业杰出人物”称号，国家文物局局长单霁翔等登门颁发了证书。

2010年

8月，《中国辽瓷研究》由社会科学文献出版社出版，被评为2010年度“全国文化遗产优秀图书”。

11月，接受考古所科研处处长巩文的采访，讲述了自己潜心治学、脚踏实地地完成学术专著的奋斗过程，告诫后学只要付出努力就一定能收获学术成果。

2011年

12月3日零时5分，因病于北京逝世，享年92岁。

纪 念 文 章

深切悼念佟柱臣先生
——在佟柱臣先生追思会上的讲话

单霁翔
（原国家文物局）

佟柱臣先生憾然离世已一月有余。值此先生追思会召开之际，我谨代表国家文物局和我个人，向先生表示深切的哀悼，向佟柱臣先生的亲属和家人表示诚挚的慰问。

佟柱臣先生是一位杰出的考古学家，在60余载的考古生涯中，他将全部心血倾注于祖国的文物考古事业。自20世纪40年代起，他在辽宁、吉林、内蒙古赤峰、凌源等地从事田野考古调查和发掘工作，在赤峰英金河北岸发现了百余里长的燕秦汉长城以及夏家店、牛河梁等诸多重要文化遗址，夏家店文化由此命名，为中国考古学初创时期的奠基做出了贡献。

佟柱臣先生的考古学研究涉及中国东北地区考古、中国新石器时代考古、中国边疆民族地区考古、中国原始社会史、中国陶瓷史研究等领域。在学术研究中，他对考古学理论与方法、中国古代文明起源及早期国家形成、中华民族文化形成、民族融合等许多重大学术课题卓有建树，提出了富有开创性的精辟见解。他多年潜心研究的成果大大地推进了中国考古学的学科建设和发展，成为构建中国考古学殿堂的珍贵财富。

佟先生除了刻苦钻研业务以外，对于祖国的文物保护事业也倾注了大量心血。新中国成立后，佟先生将40年代在内蒙古凌源、赤峰一带进行考古调查时采集的大量珍贵标本毫无保留地捐献给北京历史博物馆（今中国国家博物馆）进行保存。1949年，佟先生参与将原辽宁省博物院一批重要的文物护送返回沈阳，为文物保护工作做出了贡献。对于北京周口店古人类遗址、长城、大运河、牛河梁遗址等文化遗产的保护，他都给予了高度的关注和支持。

佟先生将自己的一生奉献给文物考古事业，他忠诚于考古研究，以考古研究为立身之本，以"喝粥足以、奋进为乐"作为人生前进的动力，淡泊名利、潜心治学，笔耕不辍，取得了丰硕的学术成果。他倾数十年心力发表出版了近500万字的著述，其中《中国边疆民族物质文化史》获得1992年"全国古籍优秀图书一等奖"；220万字的皇皇巨著《中国新石器研究》凝结了他30余年的心血，被誉为中国新石器时代石器综合研究的第一部专著，明确地指出了中国新石器在世界上的重要地位。佟先生在耄耋之年仍写作出版了《中国考古学要论》和《中国辽瓷研究》两部专著。当我在2010年拿到佟先生送我的《中国辽瓷研究》后，深感钦佩和鼓舞。

2009年，佟先生因其为文物考古事业做出的突出贡献，荣获文化部、国家文物局授予的“中国文物、博物馆事业杰出人物”荣誉称号，我到家中为佟先生颁奖，先生谦逊为人、高风亮节的大家风范给我留下了极为深刻的印象。佟柱臣先生以他的言传身教、丰富的学术财富以及严谨的治学精神为年轻的文物考古工作者树立了优秀的榜样，也深深地激励和影响着年轻一代文物考古工作者，以及他的后人，前赴后继地投身于我国的文化遗产保护事业，为祖国文化遗产保护事业美好的明天共同奋斗。

让我们深切缅怀佟柱臣先生，愿佟柱臣先生安息！

2012年1月9日

青年学者的楷模
——在佟柱臣先生追思会上的讲话

王 巍
（中国社会科学院考古研究所）

佟柱臣先生是著名的考古学家，也是东北考古的先驱，他从20世纪40年代开始考古学的研究，在东北三省和内蒙古做了很多考古调查工作。中国社会科学院考古研究所后来发掘的夏家店遗址、牛河梁遗址，都是佟柱臣先生参加调查时发现的。此外还有燕秦长城以及著名的西团山文化，佟先生都参加了发掘乃至报告的整理。他1961年到中国社科院考古研究所工作，到2011年正好50年，在史前考古研究方面著作颇丰。对社科院考古所史前考古学的布局、发掘、研究、整理，都提出很重要的意见，做出了重要的贡献。因为他的业绩，2006年荣膺中国社科院首批荣誉学部委员。他还担任过《中国大百科全书・考古学》史前石器时代部分的副主编。

佟先生一生非常勤奋。在他晚年把全部精力用于研究、出版了多部专著，包括220万字的《中国新石器研究》。退休后如此大的成果量，在中国考古学界几乎无人比肩。他有着中青年学者都缺乏的学术研究热忱，毫无功利色彩，全身心地投入，这是出于他对考古发自内心的热爱。

佟先生为人谦和，关心后辈，亲切耐心，没有门户之见。他身上兼备的对考古的热爱，对事业的勤奋，尤其是淡泊名利、与世无争，都是当代青年学者的楷模。

社会发展史陈列的先行者
——读《中国原始社会陈列总结（五〇年）》有感

杜耀西
（中国国家博物馆）

最近，我们从中国国家博物馆文书档案中，查找到一件《中国原始社会陈列总结（五O年）》[1]（以下简称“总结”）。经核查，这件“总结”是1950年筹办“中国原始社会陈列”完成后，由该陈列的设计人佟柱臣先生手书完成的，一直保存至今，甚为珍贵。

一

佟柱臣先生原在沈阳东北博物馆工作，任副研究员。1948年来北京，1949年经裴文中（著名人类学家、时任文化事业管理局文物处长）先生推荐到北平历史博物馆（新中国成立后改为国立历史博物馆，1953年改为北京历史博物馆）工作。当时的博物馆馆地址在天安门内至午门地区，时任馆长韩寿萱（原北京大学博物馆科负责人）。佟柱臣先生到博物馆工作后，安排在业务部门，任副设计员，从事陈列研究工作。那时，著名的专家、学者王毓铨、傅振伦、沈从文、孙作云、姚鉴、马非百等都在这里供职，佟柱臣先生的到来，无疑又给博物馆增添了新的力量。

北平历史博物馆成立于1912年7月，是我国最早设立的国立博物馆（最初的馆址在国子监），收藏的多为礼器、书版、石刻……博物馆成立后曾举办过一些收藏品或考古出土的实物类专题展览，颇有影响。1949年2月2日，即北平和平解放的第三天，北平军事管制委员会文化接管委员会文物部派尹达、王冶秋接管北平历史博物馆，于坚为联络员，宣布韩寿萱留任馆长。3月3日，韩寿萱主持召开职工大会，会议明确提出，以党的新民主主义文化方针即发展“民族的、科学的、大众的文化”为新的办馆方针，使博物馆成为民族的、科学的、大众的社会教育机构[2]。紧接着1950年开始筹办“社会发展史”陈列。首先提上议事日程的是由裴文中、贾兰坡为指导的“中国原始社会陈列”。我们从《总结》中得知，该陈列的设计人即是来馆不久，既研究历史又从事考古、还参加了裴文中先生指导的“从猿到人”展览工作的佟柱臣先生（不久孙作云先生也参加了设计工作）。佟柱臣先生设计原始社会陈列的工作，正是他当时研究的重点领域，经有关人士的鉴定、比照，这件《总结》是佟柱臣的笔迹，也得到许多老同志的确认。

二

根据《总结》的记载得知，“中国原始社会陈列”从1950年1月开始，经过制订陈列计划、设计图稿、制作施工，历时13个月，于1951年2月8日向社会开放。《中国原始社会陈列总结（五O年）》就是这一工作经历的详细记录和说明。《总结》包括：一，工作情况简介；二，第一步骤——计划书的写出与专家会的讨论；三，第二步骤——设计草稿的完成与专家的审查；四，第三步骤——施工布置与预展；五，工作中的企图与存在的问题。时隔60多年，今天读起来依然非常亲切朴实，因为它勾画了博物馆陈列的基本要素和工作规律。

（一）中国原始社会陈列的指导思想

陈列计划是陈列工作的前提，制订陈列计划时，首先明确方向。设计者以历史唯物主义为指导，以工农兵的需要为服务对象，突出重点，贯彻劳动创造人、劳动创造文化的真义，增强观众对劳动的认识。这一基本指导思想确定之后，设计者参照恩格斯的《家族、私有制和国家的起源》、裴文中的《中国史前时期之研究》、尹达的《中国原始社会史》以及相关报告和论文，参照当时学术研究水平、设计者的研究心得，开始起草中国原始社会陈列计划。从《总结》知道，陈列计划内容包括三部分：①总的方向；②先氏族社会；③氏族社会。

总的方向规定：①基于我国新文化教育政策，以工农兵为服务对象，因此陈列场面必须与观众文化水平密切结合，适合其需要，解决其问题；②使观众认识我国原始社会发展的规律、过程及必然地进入奴隶社会；③使观众认识生产与生产力能够决定经济形态及社会形态，进而领会劳动的可贵性，明了社会的发展，即生产的发展也就是劳动者本身的历史；④根据我国原始社会的具体历史背景，指出我国古代神话传说的由来。

（二）陈列计划书的制定

明确了总的方向和指导思想后，设计者即按照我国史前考古的研究水平和实际情况，提出了《中国原始社会陈列计划》。由于没有找到1951年2月8日向社会开放时的完整陈列计划书，我们只能从1952年对陈列中42个标题（即42个三面柜内的标题）提出修改意见的报告中[3]所列举的陈列标题和拟修改的陈列标题中了解当时陈列的全部面貌（见附录）。

这里我们没有把42个标题全文记录，只是把每个标题的内容摘要列出，以供参考（以下标号为陈列标题的柜内顺序号）：

1. 旧石器时代五十万年前至新石器时代前——即先氏族社会

①、②人类的由来；③、④周口店五十万年前的（中国猿人）及体质特征；⑤中国

猿人的集团生活；⑥人与猿的区别——打制石器、骨器；⑦中国猿人用火、熟食取暖；⑧中国猿人与野兽斗争；⑨二十万年前的河套人；⑩河套人的集团生活；⑪河套人的工具比（中国猿人）进步；⑫十万年前的（山顶洞人）；⑬山顶洞人制作石器、骨器、装饰品；⑭山顶洞人过着集团生活；⑮山顶洞人集团战胜了野兽；⑯中国猿人、河套人、山顶洞人掌握了生产工具、木器、石器、火，逐渐成为自然界的主人；⑰总结。

2. 新石器时代四五千年前——氏族社会解体

⑱四、五千年前，我们祖先狩猎、畜牧、农耕；⑲使用磨制石器；⑳出现精制的石器、细石器、磨制石器；㉑发明了陶器；㉒陶器的用途；㉓史前期陶器的分布；㉔彩陶与黑陶；㉕住的变化：山洞——人工穴——房子；㉖制作箭头；㉗从打猎到打鱼；㉘石制农具；㉙烧山、刮木从事农业；㉚从事牧畜；㉛织蔴布、缝蔴衣；㉜新石器末期男子掌握了经济权力进入父系氏族社会；㉝新石器时代人类生活；㉞无剥削、无阶级、公选酋长；㉟产生了优美的艺术；㊱用烧骨纹理判断吉凶；㊲利用杠杆、滑车起运大石修大墓；㊳用陶器殉葬；㊴人类与自然斗争；㊵铜器发明，有了剩余物，产生了剥削与阶级；㊶从此以后为阶级斗争史；㊷总结。

陈列中配旧石器时代人类分布图、新石器时代人类分布图和图表、模型等。

从提纲要点看出，陈列计划既反映了人类的产生及劳动创造人的真谛，是对当时社会上上帝造人的唯心主义学说的有力驳斥，也反映了原始社会从简单到复杂的发展规律。

（三）实物为主的陈列原则

陈列计划书实施过程中，1950 年 8 月 23 日，文物局召开了一次社会发展史座谈会，在这次会上郑振铎局长指出：陈列要有正确的理论作基础，以实物为主，模型、图片为辅，布置上要力求朴实[4]的指导原则。我们可以这样认为：实物是博物馆陈列的基础，没有实物，谈何陈列。当时的历史博物馆收藏的实物甚少，特别是“史前”时期的实物，旧石器时代的遗物为空白，新石器时代之遗物也只有仰韶文化时期几十件零星的石器，很难组成陈列。

在设计过程中，在各级领导和有关部门的关怀下，属旧石器时代的实物，拟从本陈列的指导先生裴文中、贾兰坡所在单位——中国地质调查所新生代研究室鉴选提供所需实物及模型；新石器时代之实物，主要依靠南京博物院、东北博物馆提供。后来经文物局发文向中国科学院（前北平研究院）、国立清华大学求助。又得到许多私人收藏家无私捐赠，如尹达、佟柱臣先生等，前者提供许多陶片，后者提供许多红山文化石器、陶器、陶片等。这些实物汇集起来，按照陈列计划初步勾画了中国原始社会的发展脉络。

为了说明社会发展以及对实物之解释，辅助展品在陈列中也起了非常重要的作用。每个展柜内除实物外，还有复制品（如中国猿人、河套人、山顶洞人头骨、牙骨等）、油画、图表、雕塑等，解释实物之内涵，说明展品之主题，使观众看后一目了然。配合陈列制作的布景箱，形象地反映了原始人的生产、生活状况。如中国猿人生活布景箱、仰韶文化时期的农耕示意图均具有典型性。前者在裴文中、贾兰坡先生指导下制作，他们亲自带领制作人员到周口店考察，到新生代研究室观察实物，经过多次研究才制作完成，具有较高的科学价值。中国猿人背鹿像（雕塑作品），经过对中国猿人的体质特征、狩猎生活反复研究不断修改提高，经过三个多月才完成，至今仍陈列在中国国家博物馆的“古代文明”展厅中。谈及这件作品时，贾兰坡先生及雕塑家杨鹤汀先生的忘我精神一直感动着后辈们。这里要说明的是在缺乏实物或对实物的认知解释中，辅助展品确实发挥着独特的作用。

（四）陈列内容与形式紧密结合

中国原始社会陈列方案在总体布局、分段设计、柜内设计及其制作过程中，从一开始内容设计人员及形式设计人员就紧紧地联系在一起。除内容设计人员外，形式设计人员、艺术家、画家、雕塑家等均参与其中，如张剑锷（油画）、张友民、张心正、杨鹤汀、王存义（特邀）等。由于内容与形式人员的密切配合，相互切磋，使得“中国原始社会陈列”有条不紊地顺利进行，在较短的时间内，完成了上级所交给的历史任务。

（五）尊重专家、尊重工农兵是陈列工作的又一特色

本次《陈列设计书》一开始，即依靠专家，重视工农兵，这也是举办社会发展史陈列的一次非常成功的尝试。陈列内容和形式是在专家指导下进行的，参加本陈列的指导先生裴文中、贾兰坡不仅口头上进行指导，而且参加了许多实际工作，特别是从内容到形式，从科学上进行把关，在实施计划的每个阶段还召开专家会，听取意见，肯定成绩，改正不足，使整个陈列计划实施过程中，一直处在严谨科学有序的轨道上。

为工农兵服务体现在：在实施陈列计划过程中，从陈列总体设计到陈列标题，实物说明以及相关的陈列文字，均要求简洁，通俗易懂，有些文字在起草时，随时听取工人的意见或念给他们听，直至听懂为止；陈列对社会开放以后，宣传讲解以工农兵的语言为主轴。这说明设计者贯穿为工农兵服务的方针之良苦用心，也可这样说，为工农兵服务的思想贯穿到工作的各个方面。

三

1951 年 2 月 6 日“中国原始社会陈列”公开展出，时任文化部文物局局长的郑振铎先生指出：“原始社会陈列在东朝房展出，这是我国博物馆最早运用历史唯物主义观点组织历史陈列的尝试。”[5] 由于社会发展史陈列是“从来没有人做过的”，也是“史无前例的”，从而引起社会的强烈反响，学术界、博物馆界、广大工农兵均给予积极的评价。新闻媒体适时宣传，为适应社会各方之需求，馆内组织编印小册子，制作幻灯

片。一时急需不能满足时，一些单位就派人到博物馆抄写所有陈列文字，制印陈列照片、制作模型，等等，由此我们可看出，刚刚解放了的广大人民群众是多么渴望学习社会发展史啊！

中国原始社会陈列的展出，跨出、开启了社会发展史陈列的一大步。1951 年 3 月，中央人民政府文化部对历史博物馆就组织筹办中国通史陈列做出如下指示："'中国通史陈列'以科学的历史观点和方法，将中国历史发展按年代、事件、人物布置陈列……"[6] 在博物馆的各级领导、工作人员和各界帮助下，有"中国原始社会陈列"工作的成功经验，这样使历史博物馆的工作不断向前推进，经过几年的艰苦努力，"中国通史陈列"计划实施迅速。自 1952 年 5 月正式展出了"夏商周陈列"，至 1958 年 4 月，先后展出了"秦汉陈列"（1954 年 3 月），"两晋南北朝隋唐五代陈列"（1955 年 7 月）、"宋元陈列"（1958 年 4 月），1958 年 9 月初步完成了"明清陈列"（未展出），这时"中国通史陈列"的框架体系基本形成。

作为主要设计人，佟柱臣先生完成"中国原始社会陈列"后，一边工作，一边研究，根据工作进展，各方意见和研究工作的基础，不断修改提高陈列质量。如 1953 年对陈列中所有 42 个标题进行了全面修改，充实了一些新的内容。同时，由于身兼陈列部副主任，他还参加了其他历史阶段的部分工作及临时性质的任务。随着我国考古事业的发展和工作需要，历史博物馆于 1956 年设立考古部，佟柱臣先生任考古部副主任（时任文物局文物处处长的陈滋德任主任），安排布局博物馆的考古工作。当时的许多工作多与地方合作，那时河北、山西、山东均有工作项目，也做出了不少成绩。1956 年 5 月 21 日，博物馆的韩寿萱、傅振伦、尹伯休及佟柱臣出席了第一届全国博物馆工作会议。为了开展研究工作，提高博物馆的学术水平，1956 年北京历史博物馆筹备成立学术委员会，佟柱臣先生被提名为学术委员会委员，同年正式成立时得到确认。新的任命进一步充实加强了博物馆的研究力量。

四

为迎接中华人民共和国成立十周年，1958 年中央决定在天安门广场东侧设立中国历史博物馆和中国革命博物馆，要求中国历史博物馆筹办"中国通史陈列"。按照计划，"中国通史陈列"设"原始社会馆"、"奴隶社会馆"、"封建社会馆"，即从五十万年前的"中国猿人"展示至 1840 年鸦片战争。按照筹备领导小组的要求，每个历史阶段均由本馆专家参与组织实施。当时还调集全国知名专家学者参加历史陈列研究指导，调借新中国成立后近十年间全国考古出土的典型文物充实陈列，这样使博物馆陈列在学术上、考古上、博物馆学科上达到当时最高水平。

那时，原始社会组的安排是贾兰坡（组长）、安志敏（考古所）、佟柱臣（本馆主要设计人）、孙守道（辽宁省博物馆）等，另有北京大学 1959 届毕业生邵望平参加。当时总体设计为杨伯达、徐志良，原始社会形式设计人员为余庠、张汝济等。由于"中国通史陈列"已在北京历史博物馆经过近八年的陈列展出，已有初步框架体系，"中国原始社会陈列”也经过多年的展出研究洗练，又组织了以贾兰坡为首的有着实践经验、强有力的专家班子，工作进展比较顺利。虽然新的“中国通史陈列”计划经过十易其稿最后决定，从1958年9月～1959年9月共用约一年的时间，边设计，边征集展品，边制作，边修改，至1959年10月1日建国十周年之际“中国通史陈列”基本就绪，对外试展。

1959年10月1日试展时期的“中国原始社会陈列”计划包括：原始群居时代、氏族的广泛分布、母系氏族社会、父系氏族社会、氏族社会的解体等单元。当时的研究成果，陈列中均有所反映。陈列目录中的“氏族的广泛分布”单元，较全面地反映了我们祖国大地上黄河流域、长江流域、东南沿海以及北方草原等地区，不同生态环境史前时期初步形成的经济形态。这使我们联想到佟柱臣这期间写的一篇论文《中国原始社会晚期历史的几个特征》(《考古》1960年5期）提出的观点与陈列之内容何其相似。这是考古研究成果在原始社会陈列上的具体运用，也是从1950～1959年“中国原始社会陈列”从理论到实践的进一步深化和提高。

今天，我们回忆佟柱臣先生在历史博物馆，特别是在“中国原始社会陈列”上的贡献，作为一位老学者，他在事业的追求上、在考古学的研究上、在陈列工作的开创上，都做出了许多贡献。佟柱臣先生不仅是考古界的大家，也是博物馆界学习的榜样，他是社会发展史—中国原始社会陈列体系的创立者、先行者。他在博物馆工作中积累的丰富经验，至今为大家所沿用。在佟柱臣先生逝世三周年之际，写此短文作为纪念!

注　释

[1] 参见《中国原始社会陈列总结（五〇年）》，中国国家博物馆档案，1950年。

[2] 参见《国立北京历史博物馆第一次全体职工大会会议记录》，中国国家博物馆档案，1949年3月3日。

[3] 参见《为同意修改原始社会陈列标题，中央人民政府文化部社会文化事业管理局复北京历史博物馆的批件》(附件)，1952年12月15日。

[4] 转引自《中国历史博物馆80年》，1992年，41页。

[5] 转引自《中国历史博物馆80年》，1992年，41页。

[6] 转引自《中国历史博物馆80年》，1992年，41页。

附录一

1.

中国原始社会陈列总结（五〇年）

一、工作情况简介

陈列内容：中国原始社会（自旧石器时代迄新石器时代约五十万年）

陈列面积：计二十间房，共四十三柜。

陈列资料：馆中仅有少部石器数十件，此外旧石器时代资料依靠中国地质调查所新生代研究室。新石器时代资料依靠南京博物院东北博物馆及设计[illegible]标本。

工作时间：计划书的写成　一月三日—二月四日约计一个月

计划书的批准　二月初—三月底　计　二个月

第一次专家会议　四月二日

制作器物　四月初—七月底计四个月

第二次专家审查　八月初—九月中旬计一个半月

查去物品修改

陈列布置施工　九月下旬—五一年一月十九日计四个月

预展　五一年一月二十日

开放　二月八日

自设计开始以迄开放计十三个半月

工作人员：指导先生：裴文中　贾兰坡

设计人　杨伯雪（三月起参加工作）佟柱臣

绘画人　张剑鸿（二月起参加工作）

雕塑人　张友民　张心正（七月起参加工作）杨鹤汀　王存义（韩逸：四月起参加工作）

展出后反映：

全抄：天津历史博物馆[illegible]（一长）

半抄：南京博物院

要照片的：中共中央华北党校等五十二个机关

要摄影的：上海市博物馆等二十个机关

要油画的：第七步校等五个机关

要幻灯片的：北京大学等十六个机关

到55年6月接联文化部[illegible]：约二百个机关要求了[illegible]。

3

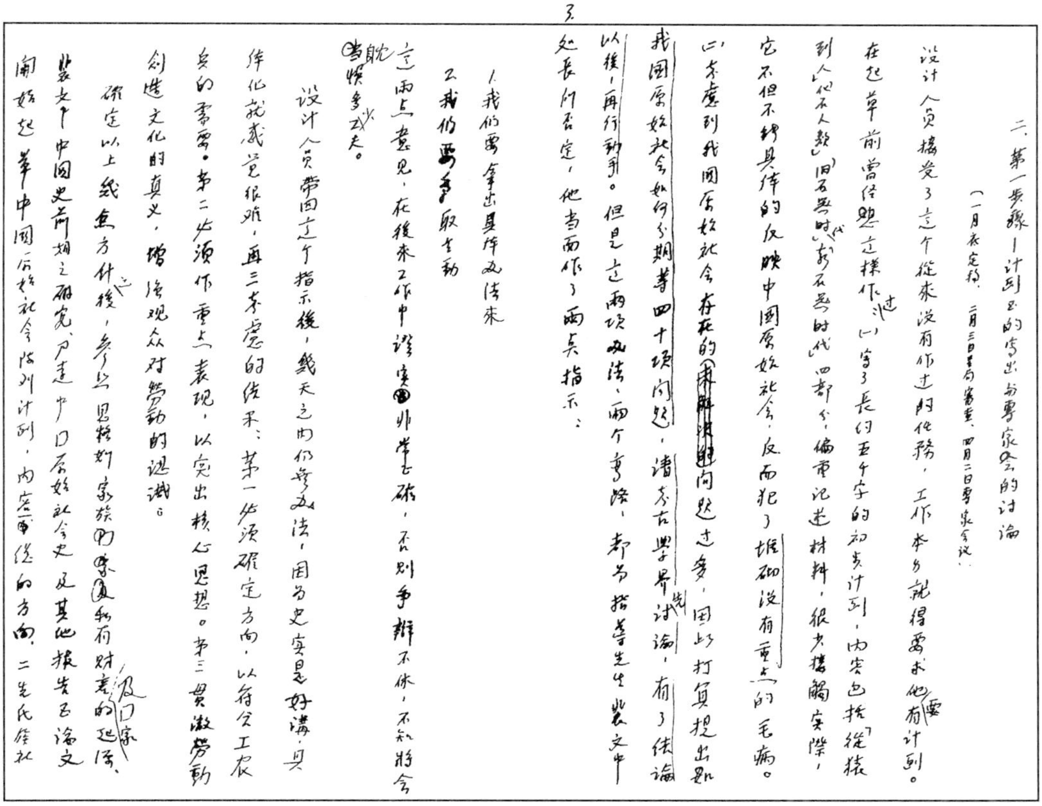
二、第一步骤——计划书的写出与专家会的讨论
（一月底定稿，二月三日专家审查，四月二日专家会议）
设计人员接受了这个从来没有作过的任务，工作本身就得要求他有计划。
在起草前曾经这样作过：（一）写了长约五千字的初步计划，内容包括"从猿到人""人和人类""旧石器时代""新石器时代"四部分，偏重记述材料，很少接触实际，它不但不够具体的反映中国原始社会，反而犯了堆砌没有重点的毛病。
（二）考虑到我国原始社会存在的[crossed out]问题过多，因此打算提出"我国原始社会如何分期等四十项问题"，请考古学界讨论，有了结论以后，再行动手。但是这两项办法，两个草案，都为指导先生裴文中处长所否定，他当面作了两点指示：
1. 我们需拿出具体办法来
2. 我们需争取主动
这两点意见，在后来工作中证实非常正确，否则争辩不休，不知将会耽误多少工夫。
设计人员带回这个指示后，几天之内仍无办法，因为史实是好讲，要具体化就感觉很难，再三考虑的结果：第一步须确定方向，以符合工农兵的需要。第二步须作重点表现，以突出核心思想。第三贯彻劳动创造文化的真义，增强观众对劳动的认识。
确定以上几点方针后，参照恩格斯家族、私有财产及国家的起源，裴文中中国史前期之研究，尹达中国原始社会史及其他报告与论文，开始起草中国原始社会陈列计划，内容采纵的方向，二先氏族社

4

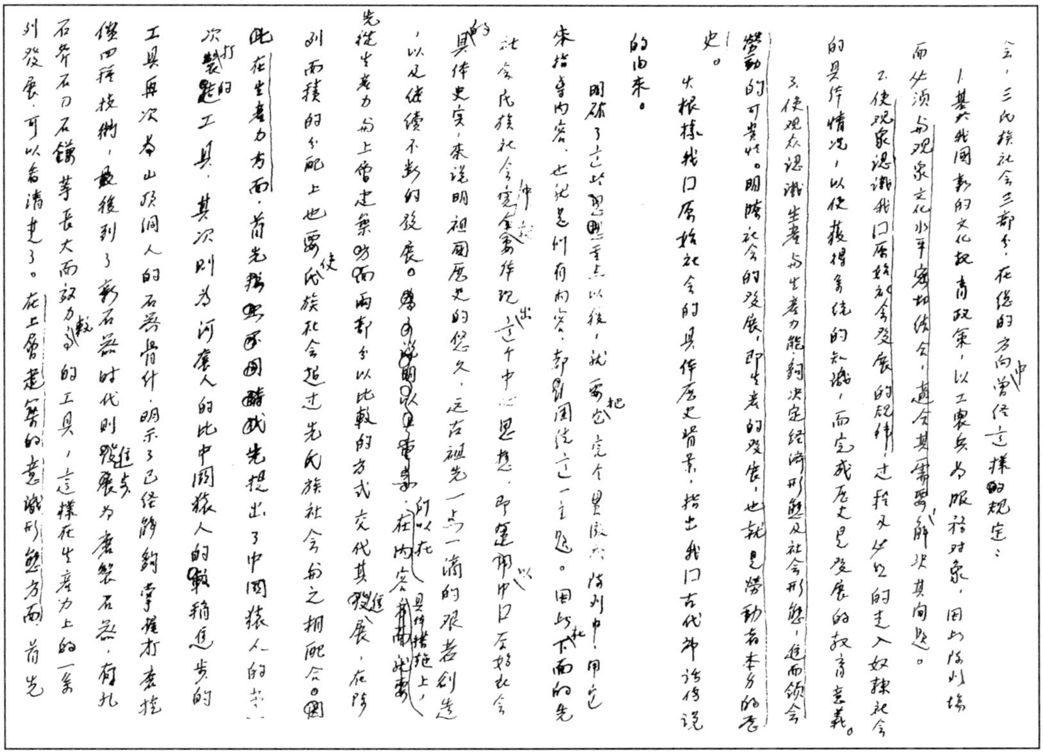
会，三氏族社会三部分。在纵的方向曾经这样的规定：
1. 基于我国新的文化教育政策，以工农兵为服务对象，因此陈列场面必须为观众文化水平所适合，适合其需要，解决其问题。
2. 使观众认识我们原始社会发展的规律，这段又如何走入奴隶社会的具体情况，以便获得系统的知识，而完成历史是发展的教育意义。
3. 使观众认识生产者与生产力能够决定经济形态及社会形态，进而领会劳动的可贵性。明确社会的发展，即生产的发展，也就是劳动者本身的历史。
4. 根据我们原始社会的具体历史背景，指出我们古代神话传说的由来。
明确了这些基本重点以后，就需要把它贯彻在陈列中，用它来指导内容，也就是以内容，都围绕这一主题。因此在下面的先社会、氏族社会[?]主要作现这个中心思想，即运用中国原始社会具体史实，来说明祖国历史的悠久，远古祖先与一流的很有创造，以及继续不断的发展。要说明以上事实，在内容的具体处理上，先从生产力与上层建筑两部分以比较的方式交代其发展，在阶到两种的分配上也要使氏族社会跟先氏族社会与之相配合。因此在生产力方面，首先提出了中国猿人的粗糙的打制工具，其次则为河套人的比中国猿人的稍进步的打制工具，再次为山顶洞人的石器骨针，明示了已经能够掌握打制技术，最后到了新石器时代则进展为磨制石器，有孔石斧石刀石镰等长大而较为有效的工具，这样在生产力上的一系列发展，可以看清楚了。在上层建筑的意识形态方面，首先

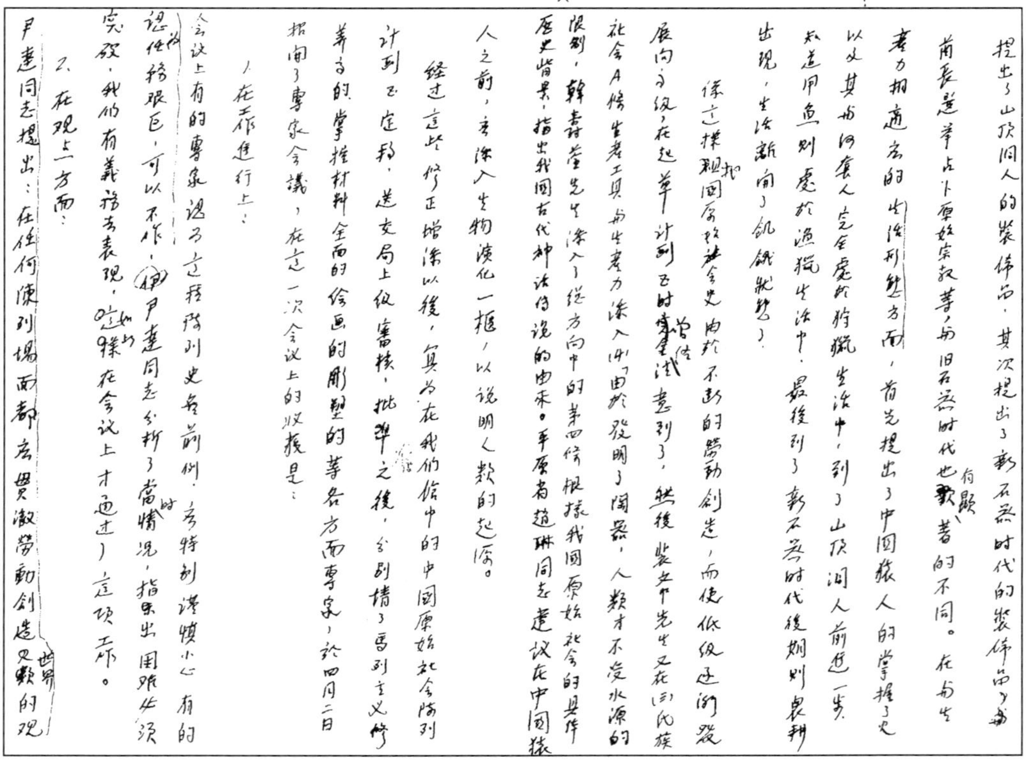

提出了山顶洞人的装饰品，其次提出了新石器时代的装饰品，和前辰是巫卜原始宗教等，和旧石器时代也有显著的不同。在和生产力相适应的生活形态方面，首先提出了中国猿人的掌握了火以及其和河套人完全处於狩猎生活中，到了山顶洞人前进一步知道用鱼则处於渔猎生活中，最后到了新石器时代后期则农耕出现，生活渐离了饥饿状态了。

係这样把原始社会史由於不断的劳动创造，而使低级逐渐发展向高级，在起草计划工作时曾经注意到了，然后裴文中先生又在"民族社会"A 係生产工具和生产力添入"由於发明了陶器，人类才不受水源的限制"，韩寿萱先生添入了从方向中的第四條根据我国原始社会的具体历史皆果，指出我国古代神话传说的由来。尹达同志建议在中国猿人之前，要添入生物演化一框，以说明人类的起源。

经过这些修正增添以後，负为在我们馆中的中国原始社会陈列计划工作定稿，送交局上级审核，批准之後，分别请了马列主义修养高的、掌握材料全面的、绘画的、雕塑的等各方面专家，於四月二日指向了专家会议，在这一次会议上的收获是：

1.在工作进行上：

会议上有的专家认为这种陈列史无前例，应特别谨慎小心，有的认为任务艰巨，可以不作，但尹达同志分析了当时的情况，指出困难必须突破，我们有义务去表现，这样在会议上才通过了这项工作。

2.在观点方面：

尹达同志提出：在任何陈列场面都应贯徹劳动创造世界的观

6.

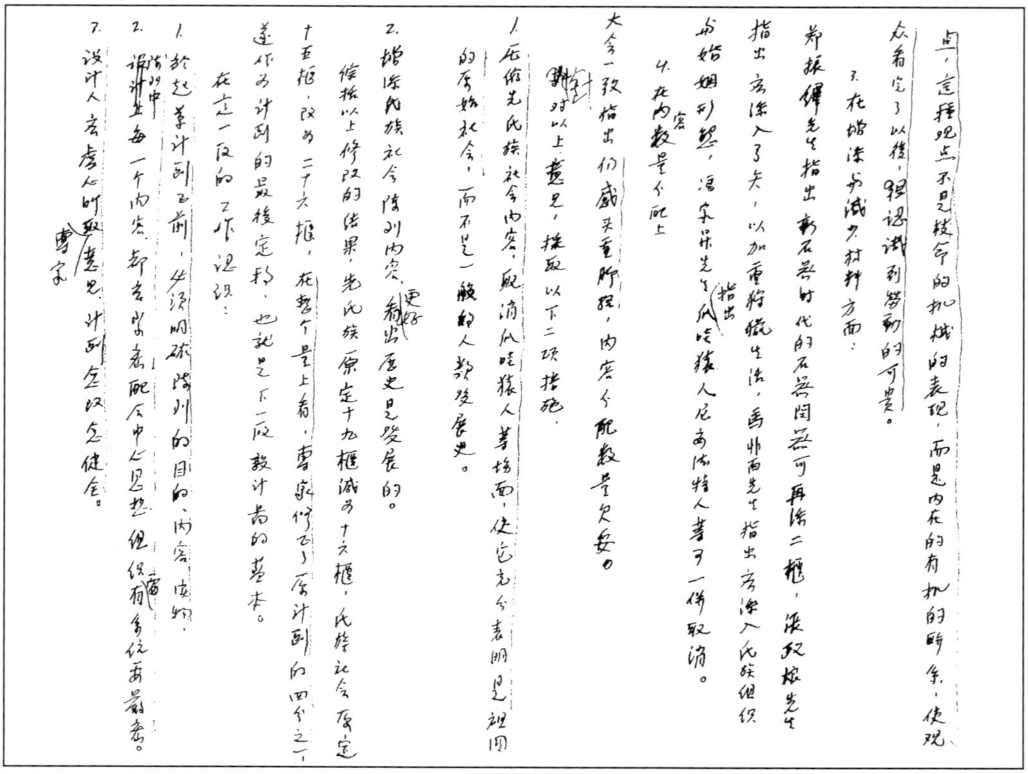

点，这种观点不是枝节的机械的表现，而是内在的有机的联系，使观众看完了以後，得认识到劳动的可贵。

3.在增添和减少材料方面：

郑振铎先生指出新石器时代的石器陶器可再添二框，宋伯胤先生指出应添入了矢，以加重狩猎生活，马非百先生指出应添入民族组织和婚姻形態，冯家昇先生指出仰韶猿人应和尚特人等可一併取消。

4.在内容数量分配上

大会一致指出仍感头重脚轻，内容分配数量欠妥。

针对以上意见，採取以下二项措施。

1.在仰韶氏族社会内容，取消仰韶猿人等场面，使它充分表明是祖国的原始社会，而不是一般的人类发展史。

2.增添氏族社会陈列内容，更好的指出历史是发展的。

综括以上修改的结果，先氏族原定十九框减为十六框，氏族社会原定十五框，改为二十六框，在整个量上看，专家修正了原计划的四分之一，遂作为计划的最后定稿，也就是下一段设计者的基本。

在这一段的工作认识：

1.於起草计划工作之前，必须明确陈列的目的、内容、读物。

2.陈列中设计当每一个内容，都应当照顾中心思想，但仍须有多位专家的审查。

3.设计人应虚心听取专家意见，计划应该完整健全。

7.

三、第二步骤——设计图稿的完成与专家的审查

（图稿完成四月初—七月底廿四个月　专家修改分别审查和修改八月—九月中旬计一个半月）

计划已完成以后，工作进入了第二阶段，这一阶段的任务是把计划已作成形象的设计图，也就是施工前的雏形。

在绘图以前，需要为绘画人物准备好实物，但是此时中实物过少，所以不得不利用报告及论文中的图片代替，以后使实物借寄于施工阶段补入此不足的缺陷。

旧石器时代部分的资料，如中国猿人的石英燧石等石器、肿骨鹿、梅花鹿、鬣狗、犀牛、等化石，河套人期的手斧模型、尖状石器、石核、巨角鹿、披毛犀、野驴、水牛、野猪、山顶洞人的石器模型装饰品、洞熊、狼、虎、狐、斑鹿等，各个均由中国地质调查所新生代研究室所借与，给予了有力的支援。新石器时代资料方面需要的种类益多，如彩陶、黑陶、彩陶、纺轮、有孔石斧、圆及石斧、环状石斧、石凿、石刀、石镰、石锄、砺石、石镞、石杵石臼、打制石斧、细石器、石网坠、骨镞、骨鱼钩、骨针、骨梭、装饰品、石棺等，费了很多联系，从南京博物院借到黑陶六十件，以南件陶瓷器与此博物馆交换了陶吊、陶鬲、石刀、纺轮等二十五件，不足者由设计人员赠送自藏品八十三件，在很多借凑的情况下，才算解决了实物问题。

在描绘设计图过程中，关于以实物出现的场面，设计人员依据主题的需要，考虑一下究竟需用那些数量多少，然后由绘画人员忠实的描出来，感觉就对了。至于创作可就不容易了，不仅设计人员需有一定的科学根据，就是绘画人员也要偏重透视内容，很需费相当工夫，

8.

如中国猿人生活作業图，已经前先向绘画人员交代了此图内容的目的，以及所要参考的形象资料，但为了求得肿骨鹿的真实正确见解，张新铭先生就不止一次的到新生代研究室看贾兰坡先生准备好的标本，并为了未来施工的方便及深刻体会，贾兰坡先生又领着工作人员到周口店龙骨山去参观，採集周口店期红土、河床砾石、猿人堆积中灰烬，作为製作作業图时的准备。

在新石器时代中的场面，如绘牧畜的内容前，就曾经计了仰韶、龙山村有犬羊牛、城子崖有犬牛羊猪、羊头洼有犬猪鸡、红山后有牛羊等，综合这些概念，才决定了绘出的牧畜情况，但是这不能说没有错误，因此在旧石器时代中的部分内容都曾通过贾兰坡先生绘好后，徐先生看过，新石器时代部分内容也曾经过梁思永先生或尹达同志看过。如梁先生指出墨穴屋仅不宜过高，就曾作过修改。

在四幅的进行绘图工作中，又作了下记二件事：

1. 除川框形式的决定：为了统一陈列形式简净，曾作了两次目的在适合於这个原始内容的陈列框模型，由王冶秋局长王振铎处长吴巢庭先生等审查通过，由北京捷工总程所作了设计施工。

2. 学习作业图製法：当时绘中工作人员并不知道作業图的作法，听了胡先骕先生在北大的讲演，和他多次来馆指导，以及技术人员的努力，始克成功。

以上的各项工作，由於半月加班，终於在七月底提完了，将所有图按时代順序掛在一室，下面附以意见纸，於七月十五日前，请馆内外专家逐日轮流来馆审阅，十五日以後，根据专家意见，逐条修改

9.

7 如国口各动物一百，专家提出了下记意见：

1. 狐、鼬鼠等小动物，应放在下面，否则比例不一致。

2. 国口之三门大马，比例太大了，

3. 大角羊即羱羊，此为不对，

此外亦不是时代错误，也提了一些意见，不一一备载，在九月上旬经过第二次专家会议审查，批准通过了。

在这四十三幅中三分之二是张创得先生画的，三分之一是张友民指挥订雨位画的，然对敦煌的敦煌每幅画都是一改再改，表示了同志们对工作的热情忠实和忍耐，但是也有一定的弱点的，如小原始社会是应该有原始氛围性气氛的，同时也由于对于民俗学人类学民族学的……可是生活在今天的同们就体会得不到，因此不能很好的描出，(2)长期临摹欧美人作材料，画出的有的近似西洋人感觉，(3)劳动观点不够，画中常常感觉无力。(4)设计人员常自以为掌握了学术原则，错误的代替了绘画人员的思考，~~把~~不够发挥同志们在艺术上的形象性和创造性。

在这一段工作上的认识

1. 首先应掌握好实物，才便利绘画。

2. 设计人员和技术人员应很好的配合，设计人员不应防害了技术人员的创造性，也交代……

3. 设计人员 技术人员应加强劳动观点，技术人员应多临摹中国人体材料。

4. 应有计划的有经的吸收专家的意见，以求得书中少有错误。

四 第三步骤——施工布置与预展

（施工九月下旬—五一年一月十九日计四个月，预展一月二十日）

因为第二段专家审查工作既然拖长了时间，所以已感到施工时间的短促，因此不能不去向馆外找绘画人员，作为补救。

绘画中间十六幅大部分馆中自画外，则分送到艺术学院、美术工作室及部分画家，由于对于馆外技术水平不了解，以致有些画了不能用，不但造成浪费，反而更给同志们增加了工作负担，这样子技巧不成熟了。

其次因为画幅与陈列窗口尺寸不一致，也招来了不应有的麻烦，画的尺寸是没有错的，错只是因为工段室补入了两个漏掉的内容，每个窗口都不得不减去十公分，以致锯去短画框，致使画家不满。

在模型方面首先试作中国猿人夫女像，作了三个月，真是三起三落，连续多次请雕塑家提意见，有的认为不够表现出猿的形象，有的认为解剖不对，有的认为没有劳动观点，有的认为要符合体质原则，在工作上已经加入了唯心主义，失去了应有的掌握，当然面貌的静止姿势，呆呆的感觉，不能暴露出命肉，没有劳动形象是不对的，但是特别考虑到……上所应有的材料也是不对的，这个工作给予了同志们一个很大的教育，对劳动创造世界贯彻于陈列之中，有了起码的认识与警惕。

装饰布景箱方面，从事工作同志趣味比较统一起来，工作比较符合客观了，限定日期，完全依赖，曾发挥了同志们的积极性，所以十六天便可作出一个来。在技术上，箱中地形首先考虑用粗化调配涂起，后来换用木作架上铺铁纱，既省工又坚固，天空部分先用马粪纸，画后拱起，不能使用，后来用三合板，才解决了这个问题。

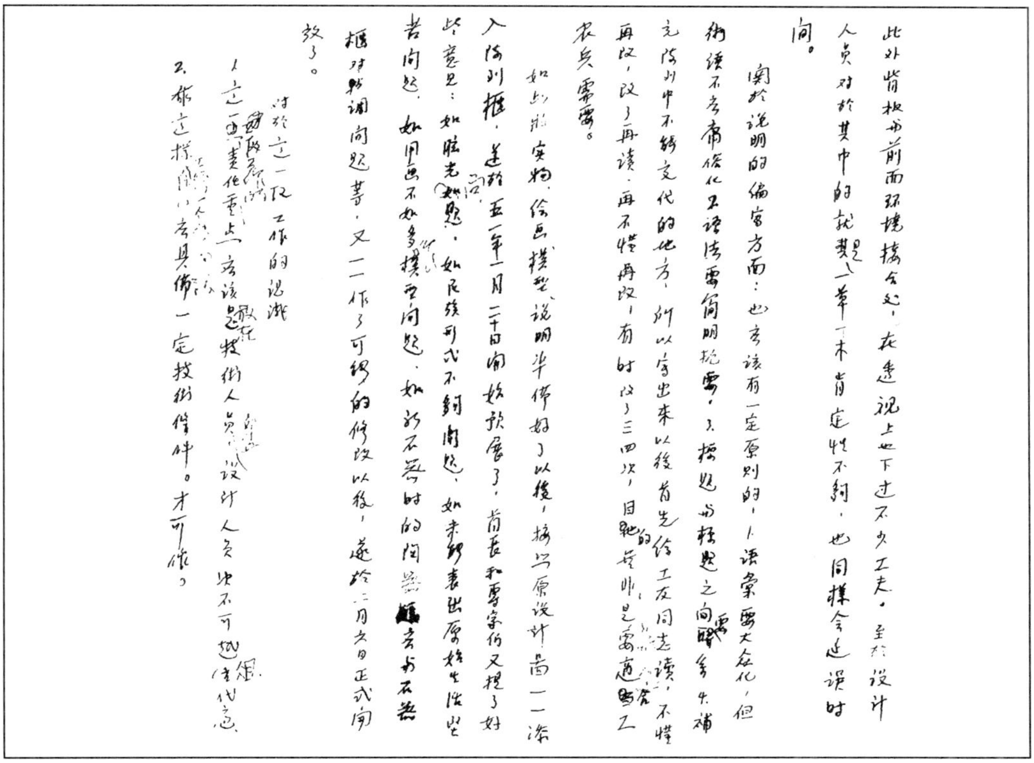

此外背板和前面环境捺合处，在透视上也下过不少工夫。至於设计人员对於其中的就题一节下不肯定性不够，也同样会造成误时向。

关於说明的编写方面：也应该有一定原则的，1.语汇要大众化，但术语不应帝俗化。2.语法要简明扼要。3.标题和标题之间需要补充陈列中不够交代的地方。所以写出来以後首先给工友同志读，不懂再改，改了再读，再不懂再改，有时改了三四次，目的是要适合工农兵需要。

如此将实物、绘画、模型、说明准备好了以後，按照原设计图一一陈入陈列柜。遂於五一年一月二十日开始预展了，首长和专家们又提了好些意见：如[illegible]问题，如民族形式不够问题，如表现原始生活问题，如用画不如多模型问题，如新石器时的陶器[illegible]应有石器问题等，又一一作了可能的修改以後，遂於二月六日正式开放了。

对於这一段工作的认识
1.这一类重要点，应该是技术人员与设计人员决不可[illegible]
2.有这样的专具备一定技术条件。才可能。

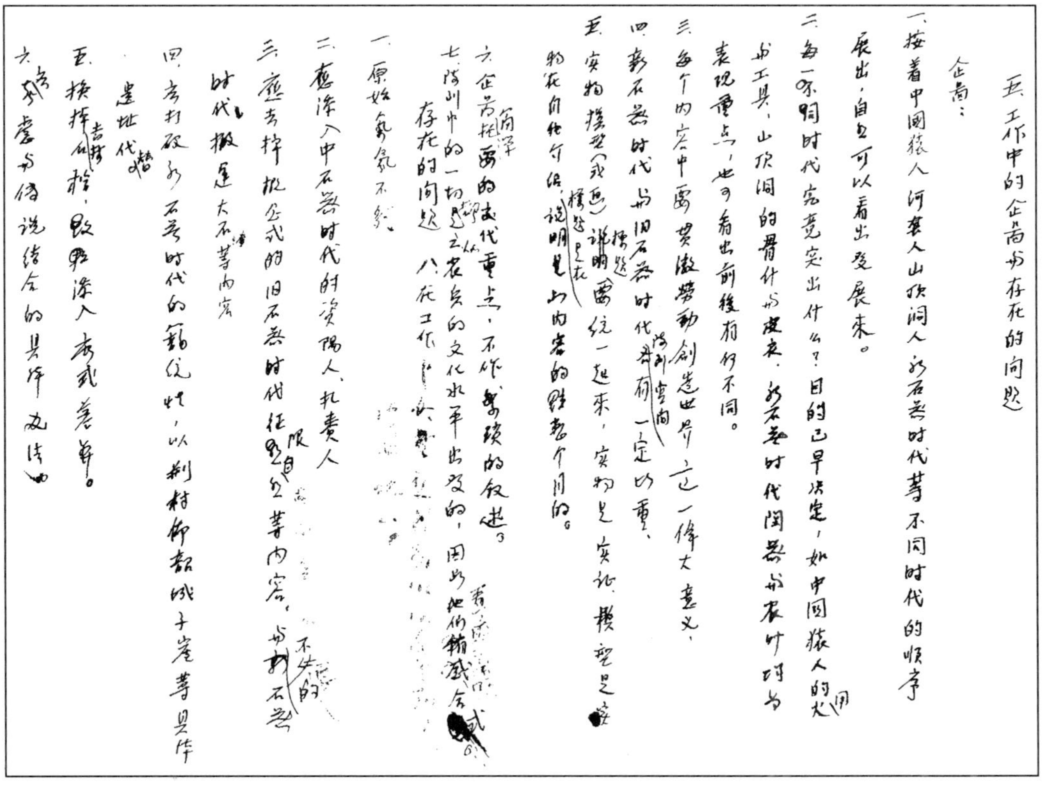

五、工作中的企图和存在的问题

企图：

一、按着中国猿人、河套人、山顶洞人、新石器时代等不同时代的顺序展出，自然可以看出发展来。

二、每一不同时代究竟突出什么？目的已早决定，如中国猿人的用火和工具，山顶洞的骨针和皮衣，新石器时代陶器和农业时为表现重点，也可看出前後有何不同。

三、每个内容中要贯彻劳动创造世界这一伟大意义。

四、新石器时代和旧石器时代陈列室内有一定比重。

五、实物、模型（或画）说明要统一起来，实物是实证，模型是实物在当时的作用，说明是内容的联系和目的。

六、企图简单扼要的时代重点，不作繁琐的叙述。

七、陈列中的一切，都从工农兵的文化水平出发的，因此把[illegible]形式[illegible]。

存在的问题　八、在工作[illegible]

一、原始气氛不够。

二、应深入中石器时代的资阳人、扎赉人

三、应去掉旧公式的旧石器时代任务等内容，和新石器不够的[illegible]

四、应打破新石器时代的单纯性，以荆村仰韶城子崖等具体遗址代替时代概述。

五、换掉[illegible]，取录深入[illegible]。

六、[illegible]

附录二

接十一月廿五日来文及原始社会陈列室各柜標題均悉。你館根據群众意見所修改的標題，較前為明確，茲隨文附还。我局除略加修改外，尚有下列意見：

(一)中國猿人的發現是我們偉大祖國的光榮，对人類進化史社会發展史有極大的貢獻。应在標題中特別突出提到。

(二)過去那種重累的玻璃底字板，可考慮去掉，直接将字釘在橱内的板上即可。

中央人民政府

一九五二年十二月十五日

52年12月16日

0379

社会文化事業管理局

中央文化部~~科學普及局~~（通知）

事由：為同意修改原始社会陈列標題由。

主送機關：北京歷史博物館

抄送機關：

附件：修改过的原始社会陈列標題一份。

(52)会化字第2226號

擬辦：[illegible]

批示：[illegible]

收文　字第　號（　月　日）歸檔　字第　號（　月　日）

我國原始社會陳列室各柜現有標題	修正標題
1. 人類是這樣發展出来的：從原始的「魚類」經過種種階段，發展為「古猿類」；從「古猿類」又發展而為人類。	1. 我們人類是從「古猿」發展来的。「古猿」下樹後，使用了工具，逐漸變成了人。
2. 古猿留下了兩支子孫：一支是現代的猿類，一支是現代的人類。	2. 「古猿」的子孫有兩支：一支是現在的猿，一支是現在的人。
3. 在河北省房山縣周口店的山洞裏，發現了五十萬年前的原始人類——「中國猿人」。	3. 五十萬年以前，在北京西南周口店的山洞裡就住着我們最早的祖先——「北京人」（中國猿人）。
4. 中國猿人因為一部分像猿，所以叫作「中國猿人」。	4. 這是復原的「北京人」少女像：頭蓋骨低平，眉骨高起，吻部突出，仍和猿相近，所以叫「猿人」。
5. 中國猿人過着集团的生活，共同勞動，共同享用。	5. 他們的工具非常簡單粗笨，只有採集果实和共同打獵，才能維持最簡單的生活。
6. 人和猿的區別，就在於人能用手製造生產工具，中國猿人已經會製造粗笨的打製的石器和骨器。	6. 這些打製的石器和骨器，就是他們製造的工具。
7. 中國猿人已經知道用火，火能熟食，取暖，驅逐猛獸。	7. 他們已經知道用火，用它来烤肉，取暖，和驅逐猛獸。

喝粥足矣，奋进为乐
——佟柱臣先生印象

陈星灿
（中国社会科学院考古研究所）

自十二月七日上午在寒风中的八宝山送别佟柱臣先生，脑子里就不断闪现出先生古朴的样子来。他是那样的慈祥，脸上布满微笑，好像还像平常那样微微地抬头看着我。跟先生有限的几次交往也便慢慢浮现在眼前。

20世纪80年代中期，我来考古研究所读书。导师安志敏先生早就把研究生论文的题目定下了，就是让我和同学曹勇整理中瑞西北科学考察团二三十年代在内蒙古和甘肃、宁夏、新疆的采集品。这批采集品以细石器为主，也有个别磨制石器和陶器。因为采集品放在所里，所以观察、记录和研究也就只能到所里来做。当时，小白楼（因为墙壁是白色所以习称为小白楼）还没有盖，假山东南边有一所东西向的平房，中间有一条走廊，把平房分为南北两部分。我的办公室在走廊北边，错对面就是佟先生的办公室。每天早晨，我都会看见一个个子不高、看起来十分瘦弱的老先生，穿着已经洗得发白的蓝色中山装，慢慢地移进走廊，走进办公室，然后再拿着水壶去打开水，然后就再也看不到他了。同事给我介绍说这是佟柱臣先生，我诺诺，见了打个招呼，但是并没有什么交往。直到快毕业时，我拿着内蒙古托克托县出土的一件磨制石铲去请教他，才算第一次走进先生的办公室。我知道他对磨制石器很有研究，就想问问这个长方形磨制石铲刃部的好几条沟槽状的痕迹是怎么形成的。先生用放在桌上的放大镜仔细观察，然后告诉我："是使用痕迹。"这个石铲有两个穿孔，孔的上方还分别刻凿了一道弯弯的眉毛状的痕迹，与双孔组合起来像个人面，整个石铲象征人面的意思是非常明显的。我颇觉得这个石铲可能有别的用途，不见得具有一般石铲的功能，但佟柱臣先生坚持说刃部的沟槽是使用痕迹。先生看过数以万计的磨制石器，他这样说，自有他的道理。这种石铲，也许兼有形而上和形而下两方面的功能吧。

我来所晚，没有福分听佟先生的课，但知道他为研究生开过"东北考古"和"中国东北考古学史"的课。80年代末，我写博士论文，研究1949年以前的中国考古学史，就向先生借他的《中国东北考古学史（讲稿）》来读。先生的讲稿，手写在考古研究所八开的稿纸上。他对日本考古学家鸟居龙藏的评价很高，说鸟居的《南满洲调查报告》是"东北地区考古的第一本书"，"东北考古学开始阶段的一本比较标准的书"。他还认为，"外国学者大多是尾随其帝国主义的烽烟炮火之后来到中国的……如果说作历史结论的话，我们只能说他们是掠夺。但作为我们搞考古研究的同志来说，还应该注意一点，就是他们发表的材料，乃是我们的祖先，中华民族祖先遗留下来的古代文化遗产，我们还是要把这些材料拿过来认真加以整理和研究的，尽管对外国的一些观点，我们要采取批判的态度，然而就考古材料的意义来讲，我认为还是该怎么用就怎么用，不能因为是外国人搞出来的，就一律摒弃。这种摒弃的简单做法和态度是不可取的，因为他无益于我们学术研究工作的深入进行”。先生说得多么好啊！我的论文不仅引用了这段话，实际上我对那个时代外国学者在中国考古工作的评价，也明显受到佟先生的影响。

虽然和先生住对面，也许是年龄差距的原因，我很少去打扰先生。记忆中求学时代的交往好像就这么几次。让我感觉好奇的是，先生快七十岁的人了，每天都来上班。他不骑自行车，好像也不坐公共汽车，似乎也不参加什么会议，每天来了就坐在办公室里写东西。后来，所里把平房拆掉，要盖办公楼，佟先生的办公室没了，他也就不再来上班了。

这之后，虽然很少看见佟先生，但他的著作不断，实际上跟他的接触反而增多了。几本大部头的著作都是在他退休后出版的。先是 1989 年文物出版社给他出版了《中国东北考古和新石器时代考古论集》，接着 1991 年巴蜀书社又给他出版了《中国边疆民族物质文化史》。时隔四年，他的《中国新石器研究》又由巴蜀书社出版。这本书上下两巨册，长达 220 万字，是凝结着佟先生一生心血的集成之作。据先生晚年自述，他从 1939 年开始考察新石器，跑遍了除台湾和西藏之外的所有省区。其间因为绘图而目睹、摩挲了近十万件石器，在现场画了上万件原大的线图。这本书也曾三易其稿，仅他的女儿佟伟华帮他校稿，就花了几个月的时间。该书收录的石器有 7981 件，从动笔到最后完稿，用了 30 多年的时间，手写定稿即有 30 多斤之重，稿子码放到一起近 1 米高（文见《新京报》2006 年 2 月 5 日）。想想看，当年先生每天上班应该都是在写这本书。他不用电脑，这 200 多万字的书稿，是一笔一画写在纸上的，不要说搜集资料，但就写在纸上，该花费多少工夫呀！

进入新世纪以来，差不多每年或者每隔一年的岁末我和同事都会去看望先生。先生住在方庄附近的一栋公寓楼里。每次去，不管天寒地冻，先生和夫人总是笑眯眯地迎接我们，告诉我们先生最近又做了什么。两位年近耄耋的老人是那么乐观，让我们也深受感染。先生的腿脚不便，但直到几年以前，他和夫人饭后还会在院里散步，先生每天还要伏案四个多小时。就在去年，佟先生满九十大寿之年，他还出版了《中国辽瓷研究》。这是先生生前的最后一本书，这本书算是完满实现了他早年“立言以明志”的人生目标。一个靠自学成才的考古学家，实在是中国考古学史上的奇迹。

与同时代的著名考古学家相比，佟先生的田野工作较少，50 年代又长期在博物馆从事陈列工作，给人的感觉，他是一个比较“边缘”的考古学家。也许正是因为他没有把大量时间投入到某一个或某几个遗址的发掘上，也许正是由于博物馆的工作需要比较的眼光，成就了先生广阔的视野和敏锐的思想。他的许多研究成果，实在是走在中国考古学前沿的。早在 1951 年发表的《黄河长江中下游地区新石器文化的分布与分期》一文，就曾得到前辈考古学家高去寻先生的表扬（李卉、陈星灿编《传薪有斯人》，

133～134页）。这篇文章是根据当时的考古材料，对黄河长江流域新石器时代文化所做“比较的、综合的”研究，可算作八九十年代以来中国新石器时代文化分期、分区研究的滥觞之作。1986年初，先生又明确提出中国新石器时代文化的多中心发展论和发展不平衡论。大家现在都知道费孝通先生有关中华民族形成的“滚雪球”理论和严文明先生有关中国文明起源的“重瓣花朵”理论，其实，佟先生的论文发表得更早，他认为“多中心发展和发展不平衡”是中国新石器时代文化发展的规律，也是中国文明起源的重要特征。佟先生的这个观点，可以追溯到60年代初期，他在总结中国原始社会晚期历史的几个特征时，把中国新石器时代概括为“生产地域性”、“文化连续性”、“历史发展不平衡性”以及“文化的影响与融合”，这不正是中国文明起源的“多元一体学说”的雏形吗？佟先生的一生以中国新石器考古为主，兼及边疆民族考古和东北地区考古，他能站在时代前列，在中国文明起源、中国国家起源等问题的研究上提出一系列有价值的学说，跟他长期从事边疆民族地区的考古研究是有关系的。

佟先生去了。跟他在八宝山告别的那天，我看着躺在鲜花丛中的佟先生，觉得他好像还在微笑。那天天很冷，所里也没有逐个电话通知退休的老同事来为佟先生送别，在职的同事们多还在田野发掘，许多人不知道先生已经离去，来送别的人实在说不上多。这让我想起我记忆中那个独来独往、埋头写作的佟先生。先生是耐得住寂寞的。但是，一个身后留下近500万字著作的学者，是不会寂寞的。他的著作，将伴随着我们和一代代的青年学子前行。先生的名言是：“喝粥足矣，奋进为乐。”这句不合时宜的话，也是应该被我们牢记的。

2011年12月17日于回龙观

（原载《中国社会科学报》2012年1月30日B07版）

缅怀尊敬的佟柱臣先生

郑振香
（中国社会科学院考古研究所）

尊敬的佟先生离开我们三年了，但他的音容笑貌却不时浮现在我的脑海中。

我有幸认识佟先生是在1962年，那年5月间我刚分配到考古所安阳队工作，6月间佟先生来到安阳参观，我接待了佟先生。那时的安阳队虽然条件简陋，但有一间比较大的陈列室，展出了1958年以来发掘的考古资料，还有不少早年出土的甲骨。我向先生简要介绍了当年的发掘情况，接着介绍了陈列的资料，有高楼庄后冈仰韶文化以及龙山文化的少量陶器、石器等，大多是殷墟文化时期的资料，有各种不同用途的炊器、食器、酒器等陶器，还有殷墟平民墓、后冈圆形祭祀坑出土的青铜礼器、武器等，反映了殷人的生产及生活状况。参观时，佟先生非常认真，每个展柜的陈列品都仔细观察，特别是对新石器的遗物更为关注，不时地记下个别器物的特点。当看到后冈仰韶文化出土的磨盘时，便反复观察，研究其用途，考虑适合磨什么食品。参观时，佟先生最关注的是生产工具，一边看一边讲，在观察生产工具时要注意看哪些主要特点，如质料、形制、使用痕迹等。陈列室参观后，又到发掘资料整理大厅参观，许多复原陶器均已上架，按出土地点、时代早晚摆放，可以观察出土器物的早晚变化过程，佟先生看后对整理资料的同志说，你们的工作做得很细致，让参观的人一目了然，展示效果很好。另外，整理室门外还放着一些殷墟出土的石器，我们请佟先生讲讲整理石器应注意的问题，佟先生开始讲解研究工具应注意的要点。在看过石器后他说："这里石斧不多，而石镰和石刀比较多，石凿和石锛很少，看来主要是农业生产工具。研究生产工具，主要应观察工具刃部的形制特点，是直刃还是凹刃，还要观察其使用痕迹、磨损程度等。"有的同志说："有的石刀没有磨损痕迹，有的使用痕迹明显"，并拿起一件拱背凹刃的石镰说："这件石镰刃口的磨损痕迹就很明显。"佟先生说："对有些石器还要注意从底部观察，有的石器下端磨平，如石锤。"一位同志立刻拿起一件石刀作进一步观察，果然看到以前未发现的痕迹。大家都说，我们现在整理石器主要是根据形制的不同做分型分式的工作，而对于工具的使用痕迹观察得很少，注意不够，对于石器的分类也做得不细，以后应注意。大家都感到佟先生的讲解，对于整理工作很有帮助。

下午，我陪同佟先生到小屯村考察，当时虽然没有开工发掘的工地，但可以看到殷墟遗址的景观。我们走到小屯村北，看到东部沿洹河的大面积台基，就是当年李济、梁思永先生等老一辈学者所发掘的甲组基址所在地，高出周围农田1.5～2米，台上是大片不高的棉田，可以看到台基的全貌。我接着介绍说，为了配合修建工作站，还在工作站东墙外钻探发现一条大灰沟，由洹河岸边向南延伸到村边大道，经发掘认为是殷代早期挖成的防御工事，这一发现很重要，但工作做得不多。佟先生说，是啊，以后有条件，应该有计划地钻探发掘，逐步弄清遗迹全貌。他还高兴地说："百闻不如一见，机会难得，能到这样一个举世闻名的重要遗址看看太好了。"

第二天，我又和佟先生商量，决定到小屯村周围的侯家庄王陵区考察，了解王陵区的地貌及布局。这一趟路途较远，又没有车，佟先生只能徒步走，但他毫不犹豫地表示没有问题。清早，我请来了家住侯家庄，当年曾参加过王陵区大墓的发掘的老技工侯德隆师傅，请他为我们带路。我们从高楼庄北边的小石桥过河，经大司空村往西北就到了武官村、侯家庄王陵区的范围。一路上侯师傅兴高采烈地向我们介绍了他当年跟随刘先生（刘耀）挖掘 1001 号大墓出土了几个石雕兽的情况。走在路上，我也给佟先生介绍周围的村子，走到高楼庄时提到了梁思永先生在高楼庄后冈小屯、龙山、仰韶三叠层的重要发现。从后冈北部过洹河就是大司空村，再往西北就是武官村、侯家庄了。我们先到陵区东部看看，侯师傅指着西北方向地势较高的区域说，这一带就是解放前发掘的大墓区，发掘时一天要用一二百工人，挖了几个好大墓。他又指着东部的方向说，前几年挖的武官村大墓就在这一位置，又说，我们村南地过去出过许多甲骨。此时已近中午，侯师傅邀请我们去他家吃午餐，盛情难却，我们只好跟随侯师傅到他家做客。在 20 世纪 60 年代那物质匮乏的日子，侯师傅为我们做了西红柿鸡蛋卤面，我和佟先生都连连表示感谢。往回走时，侯师傅提议我们趟过洹河返回，路就近多了，我们在侯师傅的带领下顺利过了河，回到驻地。这天的参观，重要遗址都看了，收获很大，同时也感到佟先生的平易近人，不畏艰苦，对研究工作极其认真，很令人敬佩。这是我初次与先生共事，给我留下了深刻的印象。

后来到了"文革"后期，我又有机会与先生相处。那是在 1970 年，我们共同下放到河南息县"五七干校"劳动锻炼，考古所与近代史所驻扎在同一个地点。所谓干校，其实是一无所有，只有临时搭起的一个席棚，供食堂做饭及大家进餐，干校人员都分散居住在附近村庄的农民家里。刚到干校主要是参加劳动，农活是锄玉米地、种菜等。后来为了建连队办公室，开始筹划盖房子，组织大家脱坯烧砖。首先建起砖窑，然后开始打砖，打砖要先挖土和泥，泥要用脚反复踩，让泥揉透，这是非常重的力气活，多是由男同志干，泥踩熟后再有人专做泥团，将其装入砖模子内，另有人将模子中的砖坯倒到广场上，摆放整齐，一个模子可脱出三块砖。当时，我和佟先生分为一组，先生负责做砖坯，由我去倒出。那时的佟先生已是 50 岁的年龄，年轻时就患有肺结核病，身体孱弱，作为一介书生，让他干这种强体力劳动的活，真是勉为其难。但佟先生毫不惜力，重活总是抢着干，唯恐自己做得慢，落在别人后面，每次统计数目，我们都没比别人少，佟先生吃苦耐劳的精神很令人钦佩。干各种农活时，佟先生总是把方便让给别人，如扬场时，他从不抢占顺风的一面，多是站在逆风的位置，落得满身灰尘也从不计较，对人总是谦虚和善。

1972 年干校的生活结束了，大家重新回到所里，而这时的办公室变得十分拥挤。1976 年十年动乱结束，考古所的各项工作逐步走上正轨，所里建起一座平房当做办公室，第一、二研究室的同志被安排在其中办公。佟先生的办公室在南面，我们的办公室在北面，正好与先生对门，而两门之间的通道狭窄，更拉近了我们的距离，这样我们见面的机会又多了起来。我和陈志达、杨宝成在同一间办公室，经常去佟先生的办公室聊聊天，犹如邻居一般来往。接触多了，我们与先生之间随便了许多，减少了拘束和客气，就如一般同事那样相处，十分愉快。后来佟先生退休后，见面的机会少了，每逢春节我一定要给佟先生打电话拜个年，祝愿他在新的一年里身体健康，阖家幸福。

佟先生离开我们已经快三周年了，但我与老先生相处多年的往事却历历在目，难以忘怀。谨以此文，作为对先生的追念，以示崇高的敬意。

忆佟柱臣先生

杨　泓
（中国社会科学院考古研究所）

在中国社会科学院考古研究所，佟柱臣先生待人真诚温和，对后学诲人不倦，是大家公认的老好人。他的离去，让人永思难忘。

我初见佟柱臣先生，是1953年在述祖（阎文儒）师家里。因院系调整三校合并，北京大学由城内红楼外迁燕园，所以述祖先生由原在山老胡同的寓所迁往北京大学中关村教师宿舍的平房中。自北平解放至20世纪50年代初，述祖师居住在山老胡同寓所时，与我居住的西扬威胡同是前后胡同。在北京解放初期阎师母和我母亲因一同参加街道工作，两位老太太关系很好，但阎师母迁居中关村后，她们两位就没能再联系。因此当我1953年考入北京大学后，母亲就命我到燕园报到当天晚上一定要去中关村宿舍代她去探望阎师母。那天我去阎先生家时，恰逢述祖师去邻近的先生家串门，只师母在家，我转达了母亲对她的问候，师母也问讯了我母亲的情况。这时又有客人来访。来的客人看来比我至少大十几岁，身穿洗得发白的灰色中山装，手提一个装物的布袋。见有来客，我感到有些局促不安，师母见到后就笑着对我说：过来见见，这是佟柱臣，也算是你老师的学生。他给我送黍米（高粱米）来了，他知道我们爱吃，在北京很不容易买到。又对佟先生说：他是新到北大历史系的学生。当时佟先生看到我那窘迫的样子，就过来拉着我的手，和蔼地问我的名字和什么时候入学的……见到他那样和蔼可亲，我的心情不再紧张。这就是我和佟柱臣先生第一次见面，他给我留下了极好的印象。

后来述祖师曾向我讲述过北京解放初他和佟先生的故事。阎先生说：光复后我去东北接收沈阳博物馆，是我把李文信、佟柱臣收到馆里的。东北临解放前，曾把沈阳博物馆的文物转移到北平，解放后让佟柱臣负责把文物送了回去。佟柱臣回到北平以后，他来家里找我，还拉我一起去铁狮子胡同华北大学报名。后来佟柱臣去学习了，我没去，因为我一直拿着向达先生发的长期聘书，就来北大教书。他参加华北大学学习后，去了北京历史博物馆。

我在北大读书的五年中，又曾在阎先生家数次遇到佟先生，都仅仅是客气的寒暄。真正与他有考古业务方面的接触，已是我到中国科学院考古研究所工作以后。大约是1960年，因有一篇经过初审的关于东北考古的来稿需找有关专家复审，当时考古所编辑室的组长饶惠元先生与佟先生通了电话，他同意审稿。因为室内同仁只有我曾接触过佟先生，饶老就让我去把来稿送给他。那时佟先生不知为什么离开历史博物馆去一个文化部新成立的“文化学院”，我就是去文化学院找到他的，他极为客气地接待我，并答应尽快审稿。没想到他审完稿，并没通知我去取，竟亲自把审过的稿件送回考古研究所，因此编辑室同仁都对他有非常好的印象。文化学院这个机构好像不久就被撤销了。这时编辑室收到由三个作者写的《西安半坡》报告的初稿，所领导认为该稿问题较多，想请人审校，大家想到佟先生，后来就请他来所审校，他的临时办公地点设在“西屋”内。随后不久，他正式调到中国科学院考古研究所工作，我们终于成了在同一单位工作的同事。

佟先生的工作在一室（史前考古），他的研究重点是新石器时代考古，特别是东北考古和边疆考古，所以考古所编辑室收到有关这方面的来稿，多是送他审阅。当时考古所诸专家审稿各有特点，以关于石器时代的来稿为例，如将稿件送安公审，他会尽快按规定审毕送还，写明可以刊出或不应发表，并有若干条具体的意见；如将稿件送苏公审，过两个月去问时，他会非常亲切地拉开抽屉取出稿件，说你们要是着急，就拿回去先让别的同志看看吧；如送石兴邦，不论稿件内容如何，都会简单地写上“可以发表”四个字退给你。而佟先生为编辑部审稿，与上述诸先生都不同，他审阅来稿极认真负责，签注意见条理分明，非常具体，有时连第几页第几行第几字后的“，”应改为“、”，都列述清楚，只是有时忘记写明该稿到底可以刊出还是不宜发表。当我再去请他补签时，他总是和气地笑笑说：净注意文章内容了，然后再补写清楚。

当 1966 年那席卷一切的狂风吹到考古研究所时，佟先生因所谓的“历史问题”饱受冲击，他只是默默地忍受。军工宣队进驻后，我们一起被赶到设于河南息县的“五七干校”，并被编在一个排中，先在东岳种田、烧砖、盖房，后被集中到明港军营中清查“五一六”。那时佟先生的“历史问题”审查已结案，成为“革命群众”，他不像另一些变成“革命群众”者那样对被视为“五一六”的人声色俱厉地批斗、挖苦，平时仍旧和蔼地对待“有问题”的人，开会批判时只是语气平缓地照本宣读工军宣队指定的文件。在大家的心目中，他还是原来的老好人。在干校很难被批准回北京探亲休假，当我有幸获得批准并知道同时被批准同行的另一位是佟先生时，真是分外高兴，因为这位同行者还负有对我监护的任务，受到佟先生这样的老好人的监护，真如北京的俗语：打着灯笼都难找到。因此我们一起返回北京后，都分别和家人享受了一个短暂而愉快的假期。

到 1973 年，学部的“五七干校”结束，我们都回到考古研究所，但是文化大革命并没有结束，仍旧由军工宣队统治着考古所，但所内的党组织似乎恢复了，还在军宣队领导下成立了有原来的政治副所长牛兆勋等参加的临时领导小组，主持业务工作。但是很大一部分研究人员还是“问题没有解决”的人，没能恢复工作，大家都被集中在“编南室”等待着。忽然一天牛兆勋召我和佟先生一起去“北屋”（原来的所长办公室）开会。到“北屋”一看，说是开会，参加者只有三个人，就是牛兆勋和我们两个。牛兆勋开门见山地说：从干校回来这样久，还没给你们两位正式安排工作，现在军宣队和领导小组决定让你们去加强洛阳的学术工作，今天约你们来也是想听听你们自己的意见。然后转向佟先生说：老佟，组织上想让你去二里头队加强那里的学术领导。再转过来向我说：汉魏城队学术力量差，杨泓你去那里，想办法提高学术水平。一听这种工作安排，我们自然清楚这明明是没法完成的任务，一来我们两人都有很长时间没实际去田野考古发掘，又没有在洛阳的工作经历；二来这两个发掘队都有长期在那里负责的党员队长，都自视甚高，绝对不会欢迎有人插手，更甭说是两个非党群众。对于明明没法领受的任务，我刚想直率地说明反对意见，却见佟先生不断向我摆手示意（因为当时牛兆勋扭身面对着我，佟先生在他身后，他看不见），于是我就把刚要说的反对的话咽了回去，改说：老佟年长，还是请他先说。牛兆勋就转向佟先生，佟先生慢声细语地回答：领导对工作考虑得很周到，很感谢领导的信任，但去洛阳对我们都是新工作，总得有点时间仔细考虑如何去完成任务。牛兆勋听了很高兴，同意我们回去考虑一下如何工作，过两天再来汇报结果。和佟先生一起离开北屋后，他语重心长地说我，经历运动吃那样大亏，要汲取教训，领导刚安排工作，不该硬顶，洛阳反正咱们都去不得，回去多想想总会有办法。第二天，我听说佟先生去过北屋，一打听，他是去医院开了假条，休了病假，自然再谈不上下工地的事。我可无法照办，恰好编辑室的两位老大姐，知悉我的尴尬处境，伸出援手，让我去向当时主持编辑室的安公求援，安公以编辑室人手不够为由，把我调回编辑室。事后我非常感激佟先生。

席卷一切的狂风终于吹过去了，迎来了新的春天，考古研究所的研究工作重回正轨，佟先生重新得以安静地、深入细致地进行石器时代的研究，不断获得新的成绩，他那细致认真的精神值得敬佩。佟先生还常常去其他学科的专家那里寻求协助。我的一个在清华大学研究机械切削刀具的表哥钟寿民教授，忽然一次来问我，你们考古研究所是不是有一位研究员叫佟柱臣？我肯定地回答后，他向我盛赞这位老研究员的认真钻研精神。原来佟先生为了弄明白石器刃口的尖劈和切削的力学问题，经人绍介曾多次去找钟寿民研讨。这正是他为撰写论文《仰韶、龙山文化的工具使用痕迹和力学上的研究》所做准备时的事，也足以见证他那深入细致的严谨学风，那篇论文后来刊登在《考古》1982 年第 6 期，在学术界有很大反响。

也正是在 20 世纪 80 年代初，我们还为了促成佟先生文集的编成和出版，进行了一次最终没能成功的尝试。当时文物出版社第一图书编辑部主任是沈汇、副主任是叶青谷，他们为安公（《中国新石器时代论集》，1982 年）和我出版了论文集（《中国古兵器论丛》，1980 年），并且希望继续出版考古研究所其他学者的文集。同时在编辑业务方面，我们也建立了很好的协作关系。因此沈、叶两位多次与我商量，计划在安公的论文集出版后，继续考虑编考古研究所另一些对中国新石器时代研究卓有成就的学者的文集。我回所后找了邵望平等一起研究，想先推出当时第一研究室（史前考古）中最年长的两位，即佟柱臣和吴汝祚。同时也找机会和他们两位谈过，获得他们的同意，而且吴汝祚还提交了准备编入文集的论文目录。当我把吴汝祚的目录转交沈汇，一图编这组选题在正式立项前向文物出版社的社领导汇报时，意想不到地遭到时任社长的王代文的否决，王说：干什么忙着给活人出书？再待上几年也没关系，送到出版社的死了的学者的书还有好多没出呢！活人忙什么！沈汇两位没有办法，我们想在 20 世纪 80 年代促成考古研究所一些学者出文集的愿望就这样破灭了。因为原来已和佟先生谈过，我们也不得不将这个坏消息告诉他。我感到十分内疚，事先没想周全，没把事办好，真对不起他。但是他听了以后，还像平常一样，反而和气地安慰我们，出书不必着急，以后有机会再说。

后来考古研究所调整办公室，恰好将佟先生和我安排在相邻的两间。因工作任务不同，我们之间的业务联系很少，只是见到他不管年事已高，每天依旧按时来所上班，一如既往地默默地认真钻研，笔耕不辍，在中国史前考古和古代民族史研究中屡创佳绩。再后来，我把原来的办公室让给一位二室的年轻人做结婚的喜房，迁到七楼与孟凡人挤到一间办公室去，就很少遇到佟先生了。

现在佟先生永远离我们而去，令人悲痛，谨此祈望佟先生冥福。

我相信等以后我到另一个世界再和他会面时，他依然那样和蔼可亲，仍然在那里笔耕不辍……

（在考古研究所佟先生追念会上的发言，于 2014 年 1 月 15 日修改成文）

往事岁月
——忆佟柱臣先生

徐元邦
（中国社会科学院考古研究所）

1952年，我考入北京大学历史系，当时正值历史系建立考古专业，因而选择考古专业就读，竟成了终生为之而工作的事业。1956年毕业之后分配到中国科学院考古研究所工作，同学们也各自奔赴自己的工作岗位，毕业前经过了肃反运动，工作后又有“反右”等各项运动接踵而来，所以同学们之间大多谨言慎行很少来往。至1966年已经毕业10周年，同学们本想能返校相聚，畅谈心得交流经验，谁知等来了一场史无前例的“无产阶级文化大革命”。

瞬间50年过去了，北大历史系两个专业劫后余生的老师和同学们才能共聚一堂，此时已是2006年5月16日。会后同学们协商编辑一本毕业50周年的纪念册，在尘封已久的历史系档案中尽量搜集旧照片和资料发表出来，供同学们追忆这50年风风雨雨中走过的不同历程。这本纪念册中有考古专业1952～1956年的课程表，表中博物馆通论课的教师有韩寿萱、付振伦、王振铎、佟柱臣四位先生。回忆起这几位先生讲课时的音容，至今仿佛还在眼前，佟先生略带东北口音，讲授当时苏联博物馆的陈列布置、讲解的方式方法，先生一字一句讲得非常认真，遗憾的是授课之后和佟先生很少联系。

1956年，自江西营盘里汉代遗址发掘后，我被考古所分配至编辑室做见习编辑。此时学习了佟先生的《吉林的新石器时代文化》和《中国原始社会晚期历史的几个特征》等篇文章之后，初步了解了佟先生自20世纪40年代做考古工作开始，即为夏家店、牛河梁、西团山等重要遗址做了奠基工作。中国科学院考古研究所建所之初，成立了考古研究所编辑室（没有考古编辑室这个名称）。我在编辑室编辑《考古通讯》双月刊，1958年改为月刊，1959年更名为《考古》，对外开始用《考古》编辑部的名称。夏鼐先生任主编，下设编委会。编辑要预选当期稿件做成拟目，送交编委会，然后经过初审至终审后送出版社交印刷厂排版，再经过初校至三校后付印。全部流程夏鼐先生都亲自过目，发现问题及时改正。但有些稿件是请编委之外的专家初审，所以有关东北地区的稿件初审时我基本都送请佟先生审阅。20世纪50年代，佟先生家住西城区阜成门内宫门口，是个小四合院，佟先生住三间北房，我把稿件送去交给师母，大致约定取回时间，审后再去取回，佟先生审稿认真仔细，对稿件内容提出具体详细的修改意见后，按约定时间交还，从不延误。后来佟先生调到文化部文化学院博物馆系，地址在翠微路，较宫门口远了许多，但仍用这种方法请先生初审，这样可以直接和先生见面，可以当面听取先生对初审的意见，也可以受到教益，直到佟先生调入考古所后我的这种送审方法才停止。

“文革”开始后，考古所造反派联合北大部分革命师生（主要是考古专业）在考古所批斗“资产阶级反动学术权威”，地点在夏鼐先生办公室前的四合院内，佟先生自然也不能幸免。批斗会的高潮是北大的学生挥拳打了徐旭生老先生，现在考古所的一些老同志可能还会记得这场闹剧。考古研究所原是个私家花园，由于长年疏于管理，原有的山水和成林的花木大多无存。自由中国社会科学院经营考古所以来，在这片花园遗址上建起了地标性的社科大饭店，北侧建了考古所办公楼，原花园遗址已被拆除殆尽。只有原批斗会的一小部分遗址被保留下来，虽然时过境迁，但是也可以以此作为对后人的警示。

自军工宣队进驻考古所后，开始集中学习，佟先生和我在同一大组，当时虽然每日相见，但大多相对无言，以免被冠以串联之嫌。去“五七干校”前夕，军宣队动员大家处理不能携带去干校的物品，中外古今所属封资修的书刊自然首当其冲。在考古所院内我曾亲眼看到佟先生推了一辆平板三轮车，装满了书刊，吃力地推向门外，此情景至今记忆犹新。但到河南息县干校之后，始终未能见到佟先生。

1972 年，经周总理批准，《考古学报》和《考古》两种杂志复刊。当时考古所的领导班子决定将《考古学报》复刊为半年刊，《考古》为双月刊，但是由于各地方的考古部门积压了大量发掘资料急于发表，纷纷投寄给编辑部，致使有许多篇幅较大的稿件被积压。鉴于此，于 1980 年筹办了《考古学集刊》，刊登篇幅较大的稿件，我做责任编辑，稿件大多是经审后可用的，这样我请佟先生审稿的机会很少了。过去有的稿件未做梳理即请先生审稿，所以先生特意向我指出稿中的出土遗物的编排应当有序，为石器、陶器、骨器、铜器、铁器、其他等，在编辑工作中我一直按此序列规范编辑稿件。

佟先生始终坚持不懈地对中国考古学进行潜心研究，尤其是“文革”结束后，他对我国的新石器时代深入研究后认为，我国的新石器时代阶段，并不存在从一个地点起源。他考察了大量考古材料，用这一时期不同地域的不同石器类型，以及制作方法遗留的不同痕迹为证据，说明我国新石器时代大致形成了七个文化系统中心，即马家窑、半坡、庙底沟、大汶口、河姆渡、马家浜、屈家岭。这七个文化中心既有地层学上的序列，又有类型学上的演变。在对七个文化系统中心的物质文化做了比较研究后，找出了初步的发生发展规律，这是文明起源研究的重要方法之一，对资料的选择与积累也极具参考价值[1]。

佟先生曾考察仰韶、龙山文化出土工具的使用方法和使用痕迹，并进行了力学上的研究。通过对出土大量工具的筛选，取其中有代表性的器物用立体显微镜对曾经使用过的痕迹做微观上的研究。这种科学方法是对考古学研究的重要启示，即当前虽然在考古学中已经应用了自然科学和考古学相结合的研究方法，并得到了诸多成果，但在微观研究方面仍然有很多自然科学方法可被结合应用。佟先生做的这项工作，可以说是在考古学和自然科学结合的研究方法领域中做的最早的尝试，开了微观考古学研究的先河[2]。

记得佟先生的这篇文章是我做的编辑，所以能有些浮浅的体会。

20 世纪 90 年代，我曾应科学出版社之邀，为佟先生的女儿佟伟华同志任领队主持发掘并撰写的《垣曲商城——1985～1986 年度勘察报告（一）》一书做责任编辑。此书早已出版，我个人觉得可以算是我对佟先生的一点间接回报。

时移世易，几十年来的诸多往事支离破碎仍留在记忆之中，因此也只能在回忆中做些追述，尽管事物的内容每天都在变换，但有些深刻的经历是难以从记忆中磨灭的。佟先生生前在“人生感言”中写道“喝粥足矣，奋进为乐”，先生的一生言如其人。在此感谢佟伟华同志给我这一机会，追思和佟先生在半个世纪中的经历往事，以此深表对佟先生的怀念之情。

2013 年 4 月 23 日

注　释

[1] 佟柱臣：《中国新石器时代文化中心的多中心发展论和发展不平衡论——论中国新石器时代文化发展的规律和中国文明的起源》，《文物》1986 年 2 期。

[2] 佟柱臣：《仰韶、龙山文化的工具使用痕迹和力学上的研究》，《考古》1982 年 6 期。

纪念佟柱臣先生

徐秉琨
（辽宁省博物馆）

2011年11月，为商请柱臣先生撰写关于前沈阳博物馆往事的文章，我打电话到佟家。伟华同志告我，先生已病重住院，我请她代候先生。不料才过几天，噩耗便即传来。尽管92岁已是高寿，但回想和先生的多年交往，仍然久久神伤。

佟先生是辽宁黑山人，20世纪40年代在赤峰从教，因得识常去赤峰做考古工作的李文信先生。他们志趣相投，还一起发掘过赤峰缸瓦窑的辽代窑址，佟先生因此也调到沈阳博物馆工作。1948年，东北解放战争正在进行，为避免战火中文物可能会受到的损失，他和金毓黻、阎文儒、傅振伦几位先生护送存素堂丝绣等一批重要文物离开沈阳，转到北京，后遂留京工作。但1949年他返沈时，仍受聘为东北博物馆名誉研究员。1954年，文化部社会文化事业管理局在北京举办全国基本建设出土文物展览会，我送东北区展品（展览是以大区为单位）到京。当时展地设在午门，各地运来的文物又由历史博物馆保管（历博其时尚在午门前的朝廊），我因而和历博人员接触较多。后来李文信先生也应邀到京，佟先生来看他，从那时我得以和柱臣先生相识。

1964年，我和孙守道同志被安排撰写关于东北亚考古的文章。为了解远东滨海地区的考古情况，我们商量向佟先生借阅苏联远东区科学院院士奥克拉德尼科夫所著《滨海遥远的过去》一书，由守道执笔向佟先生写信求借。这本书是他访苏时，作者签名致送的。书很快寄来，后来由于俄文的专业传译较费时日，我们过了几个月才寄还。

1975年，佟先生在《考古》发表《从考古材料试探我国的私有制和阶级的起源》一文，对考古所见历史上的私有制现象做了研究。此文使我深受启发，我认为，这对分析我国北方民族历史上的一些民俗现象也是适用的，后来在一篇文章中，我引用了他的研究和所引资料。也是从这篇文章，使我对他的学术理论水平有了深刻的印象。

再和佟先生见面，已是“文革”之后。1981年，辽宁成立考古博物馆学会，他到会并做了《新发现的两份石刻在东北民族史研究上的学术价值》的学术报告。1983年夏，在李逸友同志操持下，在赤峰召开了契丹考古会议。这是十年动乱后同行、同学、师友的一次大聚会，大家兴高采烈。他在会上做的学术报告是对鸡冠壶的研究，拿了赤峰出土的一件金花银片的鸡冠壶做讲解，深入浅出，大家听得兴致盎然。这应该是发掘赤峰缸瓦窑之后，他积多年的研究成果所做的一次关于辽代器物研究的学术讲演，也可能即在此时或更早，他已酝酿《中国辽瓷研究》一书的编写。

1984年秋，我和辛占山同志赴兰州参加全国文物工作会议，会后到青海参观。在西宁，赵生琛同志告诉我，佟柱臣先生在这里画石器。我很惊讶，进入文物库房，果然看见他正在那里工作。工作台上放着几件石器，还有纸张、铅笔、尺子等物。他告诉我，已走了几个地方（省）搜集石器资料，都是亲手测绘并做记录。又告诉我，他才从青海湖回来，并给我看他新的诗作《游青海湖》，诗云："青海何由起，缘在青海头。长江浪南下，黄河水北流。鸟岛千羽去，湖心万鳞游。且作抒怀咏，此地已凉秋。"读来颇有"万物静观皆自得"的感觉。末联则表现了他虽然勤劳工作却从容闲适的心态。这就是"奋进为乐"吧！我也戏和他一首。他以一人之力来做全国性的新石器普查，到一个一个省、一个一个地区亲自测绘石器以取得第一手的资料，这是多么大的工程，需要多么大的毅力！他这种调查研究和淡泊自甘（真是甘之如饴）的治学精神使我感到震撼。范文澜先生说："板凳要坐十年冷，文章不写一句空。"（或说是韩儒林先生语）佟先生是做到了，而且何止十年！

1989年，是辽宁博物馆建馆40周年，他应邀回沈参加庆祝活动。陈列中的存素堂丝绣是1949年他从北京护送回沈阳的，他看得更为仔细。朱克柔缂丝和几小方宋绣，原共集合为一本册页，纸的裱工已经泛黄，现在分开陈列，包恩梨同志设计为每一开绣品都加上一个开光的锦套，他看了十分赞许，说："这就对了。对于丝绣珍品的陈列，就应该用锦绣的材料来衬托，作精致的装饰，相得益彰。"他在20世纪40年代就已翻译了日本滨田耕作的《博物馆入门》一书，其后又从事博物馆工作十余年，对陈列工作有丰富的经验、很高的要求和独特的视点。董学增同志说佟先生曾在考古训练班讲授"考古材料的陈列"课程，《考古学基础》曾收有佟先生就此写的一篇文章，希望他能有更多的这方面或博物馆学的著作（或讲义）留下来。

我曾几次请他为辽宁写文章，都承他慷慨应允。一次是李文信先生去世，请他写纪念文章。他在文中叙述了他和李先生相识与共事的渊源，对李先生的学术成就做了分析归纳，并给予高度评价。一次是辽博四十年馆庆，他也欣然命笔，写了《新乐遗址新石器的考察》一文。在文中他对遗址出土的石器做了详细的统计和分析，从磨制石器和细石器的数量对比，指出新乐石器是以细石器为代表的石器群，其时代相当于新石器时代中期而非早期，渔猎经济特别是狩猎经济是当时的主要经济形态。又从石器规格来看，认为出土的磨制石斧仍属于小型石斧一类，而其横剖面只见椭圆形不见圆角长方形，为我国较早阶段石斧的普遍现象。结合出土打制的缺口石刀及石磨棒磨盘并炭化黍块、猪羊骨等，推断农业是新的，也是极重要的劳动部门，已经有了家畜的出现。基于生产工具等情况做出的这种分析，是十分令人信服的。

还有一次，好像是在某次中国考古学会年会或理事会期间，我向他提出写篇文章，介绍或回忆一下前沈阳博物馆的有关情况，他答应了。后来因为《辽海文物学刊》突然停刊，没有了发表园地，这事搁置了下来。近年辽宁博物馆出版了自己的馆刊，准备再申前约，岂知时不待人，先生已在弥留。对于辽博来说，对于中国博物馆事业建设的这段历史来说，这都是一件憾事，我追悔不已。当时哪怕请先生写好，放在那里，待机发表也好，现在都无可补救了。

佟先生一生学术成果丰硕，成就是多方面的，无须多说。我只在这里谈两点感受。

一是他很注意用考古材料来研究历史。在《考古学上汉代及汉代以前的东北疆域》一文中，他根据赤峰附近发现的战国长城址及长城线以南发现的大量的战国秦汉遗迹遗物，推定汉及汉以前的东北疆域界线（北线）为自西拉木伦河流域迄吉林一带，较传统史学家推定者北移 120 公里以上。还有几篇文章是谈新发现的几处和东北的民族史有关的石刻史料，对于这些材料他好像有一种自然的敏感，很快就给予关注并写出文章，指出它们的学术价值。这时候，他就是一位史学家，从史学、史地学、文献学角度来做考证研究，对嘎仙洞祝文石刻、张建章墓志、护乌丸校尉石刻的研究都是这样。在《喜见中国出土的第一块乌丸石刻》一文中，他提出应该补撰晋书乌丸传，其实在这篇文章中，他对有关护乌丸校尉的文献史料已搜罗殆尽。

还有一点感受就是他锲而不舍、认真扎实的治学精神。他研究新石器从 20 世纪 40 年代就已开始，几乎伴随了他一生。他走遍全国，亲手测绘的各地石器有七八千件。他细致地观察石器，分析从选材到制作几个阶段的过程，探索制作工艺中的力学关系，又从器表的微痕研究其使用方法。他提出了在我国旧石器晚期便开始了磨制技术的观点。在有些文章中，他不厌其详地著录了众多石器的尺寸，这绝不是无谓的记录，而是通过数字来说明一些问题。例如，作为前述认为小型石斧属于农业初兴时期的使用工具的对比，他认为长大石铲和长大石刀都是农业生产达到极高水平的象征，而这都是从这些琐碎的数字中得出的结论。立足于对几千上万件石器的细致考察和分析，在此基础之上来谈石器的分期以至分区问题，进而从生产工具的角度来谈社会的生产方式问题，来研究史前社会，当然具有其权威性。他实际上是建立了一个庞大的中国石器资料库或库群，后学人当可按图索骥，找到自己需要的参考资料，从中得到帮助和启发。

柱臣先生走了，但他告诉了我们，一个学术工作者，应该怎样去为人，去为学。

缅怀导师佟柱臣先生

郑绍宗
（河北省文物研究所）

突闻佟柱臣先生去世，不胜悲痛，我失去了一位良师益友，怀着沉痛的心情，缅怀先生的点点滴滴，草成此文。

佟先生是一位德高望重的、有突出贡献的考古学家，对业务兢兢业业，对同志谦和正直，对晚辈言传身教，以身作则，他的为人处世，给人们留下了深刻的印象。我非常敬重佟先生，和他有近60年的交往历史，回想他的优良品德和事迹，我不禁思绪万千。最初，我们是因宿白先生、李文信先生的介绍而相识的。这以后，我作为学生，长时间到佟先生处求教，受益匪浅。我深知先生的为人，他是一位关怀后辈、亲切耐心、态度和蔼、负责认真、诲人不倦、乐于助人的好导师。

解放以后，佟先生供职于原中国历史博物馆。在新中国成立十周年之际，他参与编写了原始社会陈列大纲。他和我国考古学界、历史学界的有关专家一起下了很大的工夫，到全国各地搜集考古新发现的资料，融全国的考古材料为一统，全面展示中国古代文明的起源和发展进程，这个大纲对各省级博物馆的历史陈列起到了重要的指导作用。

由于工作关系，我从20世纪50年代起就从事长城内外以及旧热河地区的考古学研究，这要求我必须首先了解和熟悉这一地区前辈学者所做的工作。佟先生从20世纪40年代起就对我国东北地区进行了许多考古调查和研究，与他齐名还有已故的李文信先生。他们都是东北考古的先驱，从事热河赤峰、凌源、吉林西团山等地的考古调查，做了大量工作。佟先生最早曾在赤峰、凌源师范任教，有机会在这一地区进行考古工作。关于赤峰市英金河流域百余里的燕秦长城、夏家店遗址、凌源牛河梁红山文化遗址的调查情况，先生曾分别于1943年和1946年发表过长篇的调查报告，这对于后来推动东北地区的考古有很大的作用。当我在旧热河省从事考古工作时，曾反复学习过先生的报告，收获尤深。20世纪70年代，我在河北围场进行考古调查，发现了战国时期150余公里的燕、秦长城以及大量的障城和军民居住城，出土了许多重要遗物，如秦权及兵器等，取得了很大的成绩，就是因读了先生的《赤峰附近发现的汉代土城与古长城》这篇报告受到启发并根据报告提供的线索获得的新发现。先生在报告中说：（长城）“其西向，乡民云大庙、娘娘庙仍有土龙（指长城），盖已入围场县”，提出了围场县有燕、秦长城的精辟论断。之后我遵照先生的学术思想和提供的这一线索带着课题有目的地进行了田野工作，果然不出所料，顺利地找到了这段土城，田野实践证实了他对学术问题分析与推断的这种前瞻性，使我非常敬佩。此后访问佟先生，又多有指教。

20世纪50年代以来，先生数次到河北省文物工作队观察和研究新石器时代的石器、陶器等遗物，每次来多由我陪同。先生对不同文化类型的出土物细心分析，每一件石器从选料、制作技术、磨损原因和程度都一一做了记录，并测量尺寸、绘图，以达到科研能够利用的程度。佟先生一边观察一边为我们讲解，其治学的方法和认真态度使我受到很大启发，如同上了一堂生动的课。1962年12期《考古》杂志上发表了我的《有关河北长城区域原始文化类型的讨论》的文章，第一次把河北省发现的古代文化包括仰韶文化、龙山文化等不同类型、夏家店下层文化、夏家店上层文化以及商周文化的发展序列、年代进行了研究和梳理，使人们对河北的古代文化有了一个明确的概念和认识，这篇文章就是在佟先生的多次指导下完成的。先生对东北、旧热河区的考古情况和古代文化的发展非常熟悉，多次到河北指导工作，促进了河北考古事业的发展。由于我最初是在旧热河省从事考古工作，也是由于这种地缘关系，先生也就特别关照我，几乎是有问必答。记得我在准备写一篇鄂尔多斯式（北方式）青铜器文章时，因苦于找不到所需的参考书籍向先生求教，先生得知后毫不犹豫地把这方面的有关书籍和参考资料帮我借到，使我完成了这篇文章的写作。由于先生对我的无私帮助，使我学到了许多考古学方面的理论和方法，并在工作中加以实践，他对青年人的殷切希望和诲人不倦的精神，使我终生难以忘怀。佟先生的一生，忠诚于我国的考古和文博事业，爱岗敬业，勤奋学习，潜心研究。他的名言是以读书研究为立身之本，将其视为人生最大的乐趣和愿望。他以毕生70多年的精力呕心沥血，笔耕不辍，将实践和理论相结合，完成了6部专著和百余篇学术论文，写作了近500万字。他的《中国新石器研究》被学术界誉为中国新石器时代考古研究的第一部专著，在考古学发展和研究中占有重要地位。这部专著运用全国各地新发现的大量考古资料与国内外的大量资料相对比，多层次、多视角地考察、研究、分析，得出了许多接近实际的有价值的结论。这部220万字的皇皇巨著，浸透了他一生的心血，专著对中国新石器时代多中心发展论以及全国各不同区域的各种原始文化类型的发展规律都做了分析，特别是对于中国古代文明的起源这个长期探索的课题，进行了深入的研究，给人们以重要的启迪和提示，对于此后中国新石器时代研究发展起到了极大的推动作用。据文物报载，这部著作的书稿摞起来足有1米高，全是先生一个字一个字写就的，可见其付出了多少心血。另外，他的《中国边疆民族物质文化史》一书，对东北地区的民族考古，从东胡、匈奴、鲜卑、靺鞨、契丹、女真等族物质文化的发展，到全中国各不同地区民族文化的发展，都进行了潜心的研究，这无疑是研究我国统一多民族国家形成历史的一部重要著作。佟先生在耄耋之年又写作出版了《中国考古学要论》及《中国辽瓷研究》两书，其著作之多可谓考古学界的佼佼者。这种终生孜孜以求的探索精神，是我们这些后学学习的楷模。

佟先生为人正直，一生严于律己，宽以待人，朴实无华，本分厚道，光明磊落，生活上从不计较个人得失，过着淡泊名利，追求清雅的生活。20世纪70年代，我曾多次到他在考古所的办公室拜访。他的办公室为偏房，面积不大，室内仅一张桌子，一个书架，十分简朴。他家住的地方也是大杂院，屋里面积狭小，藏有许多书籍。身为考古大家，他从不计较物质条件，反映了一个真正的学者的风范，是受到党多年教育具有深深爱国情怀的知识分子的典型代表。佟先生的座右铭“喝粥足矣，奋进为乐”，是他的精神实质之所在，这是一种艰苦奋斗、勇于为考古事业进取的革命精神，佟先生生前是这样说的，也是这样做的，为我们树立了一个好榜样。一些有作为的考古学家不都是靠着这种艰苦奋斗的精神走过来的吗？考古是科学，科学是没有平坦的道路可走的，这就是真理。如果每一个考古工作者都有这种精神，那我们的事业该有多么兴旺。

佟先生留给我们的学术财富是近500万字的学术著作，代表着重要的学术价值，每一部著作都是作者近半个世纪考古的研究成果，特别是《中国新石器研究》和《中国边疆民族物质文化史》两部著作，代表了中国20世纪到21世纪初的考古学研究水平。佟先生留给我们的另一财富是精神财富，他所说的“喝粥足矣，奋进为乐”，是以苦为乐，乐在其中的艰苦奋斗的精神，代表着老一辈考古人对事业执著追求的信念，以及他们对中国考古学终生热爱、全心投入、孜孜以求的治学精神和高贵品质。佟柱臣先生生命永垂，精神千古！

2012年3月12日

深切怀念佟柱臣先生

邵望平

（中国社会科学院考古研究所）

佟柱臣先生于2011年12月3日离我们而去了，我对先生的怀念久久地埋藏在心中，这使我时时想起与先生相处的时光。

我与先生相识于半个多世纪前的1959年，那年我还是北大考古专业的学生，作为毕业实习，到筹建中的中国历史博物馆原始社会陈列组跟随贾兰坡、佟柱臣、安志敏三位先生学习（贾老是组长，佟先生和安志敏先生是副组长）。因佟先生是原历史博物馆的研究人员，他理所当然地负责了较多的日常事务，对组内的几个外援（包括来自辽宁、安徽、福建、广东、广西的几位考古学家和几位艺术设计师）关照也较多。我有幸在原始社会陈列设计组，成为佟先生的一名学生。几十年来我从未间断过向佟先生书面或当面请教，他总是始终如一地教人不疲，诲人不倦。佟先生有一件事情给我留下的印象最深，影响也最大。那时我们的办公室设在端门和午门之间的西朝房，当时的参考资料比较缺乏，佟先生便将他的全部考古文物数据卡片全放在办公室，毫无保留地供大家翻阅、各取所需。我从这套宝贵的资料卡片中，学到很多知识，也学到佟先生孜孜不倦地认真做学问的刻苦精神，直到今天，我向年轻朋友谈及做卡片时所出示的仍然是佟先生的卡片格式。这足以说明佟先生的诚挚为人，不囿一得，这种精神一直激励着我要扎扎实实地努力工作。

我在分配到考古所工作之后，曾到西城区阜成门内宫门口的佟府拜访。先生家的藏书颇丰，使我这样一个初入社会的年轻学子瞪大了眼睛。我说明来意想找点、看点民族志的材料，佟先生为我取出一大摞民族志书（其中有关于美洲的、太平洋诸民族的日文书）。这些成为我后来研习《华阴横阵仰韶墓地社会性质与葬俗》论文的一个重要参考来源。在写成初稿之后，我从考古工地寄给先生审阅。当时先生是文化学院教授，教书育人很忙，但还是挤出时间给远在三峡的我回了信。嘱咐我，在使用民族志材料解释考古遗存的时候，一定要注意二者所处的社会发展阶段、文化背景的不同，使我受益匪浅。

20世纪60年代初期先生调进考古所任研究员，我们在同一研究室工作，他又一直是我们研究室的领导。我进一步感受到先生与人为善、奖掖后学的为师之道。有个流传的话说，如果《考古》编辑部对来稿的初审意见是想发表，就送佟先生复审，因为佟先生必将帮助后学，提出修改意见，一准是“可以发表”。佟先生在考古所十分低调，对于来自某些方面的误解和冷遇不屑一顾，耐得寂寞，埋头钻研。在缺少本单位官方助力的条件下，他不仅写作出版了数百万字的《中国新石器研究》《中国边疆民族物质文化史》《中国新石器时代与东北考古论文集》《中国考古学要论》《中国辽瓷研究》等巨著，而且还出版了颇有文采的《医巫闾山诗集》等。后来拜读了先生的诗集，使我恍然悟到，先生在青少年时代就壮志凌云，有着不向命运低头、顽强拼搏的精神，一生完全是靠了自己的努力，终于获得丰硕成果。如果用俗语“是金子总会发光”来形容佟先生并不太合适，但历史就是如此，直到晚年退休之后，佟老才得到后学、学界早就应该有的认知、早就应该有的学术地位，他成了中国社会科学院荣誉学部委员，并被文化部、国家文物局授予“中国文物博物馆事业杰出人物”称号。

佟先生生于辽宁省黑山县一个满族世家大族，到其父辈家道中衰。1942 年他于吉林高等师范学校史地系毕业后，先后执教于凌源中学及赤峰师范学校，从此开始了他的业余考古生涯。他跑遍了大凌河流域和赤峰地区，先后发现了一大批新石器时代、青铜时代的遗址和城址，诸如夏家店上层文化、夏家店下层文化得以命名的夏家店遗址和辽西著名的牛河梁遗址。特别是他在英金河北岸发现的燕秦汉长城赤峰段以及对它的研究结论，修正了杨守敬《前汉地理图》中对东北疆域的界定。1944 年，他参加了李文信先生主持的赤峰缸瓦窑出土辽瓷的发掘。1950 年，又同裴文中先生一起发掘了吉林西团山。他长期致力于东北考古学研究，1979～1980 年，为了给研究生讲授东北考古学，佟先生将多年收集的文献和考古学资料以及自己的研究成果做了系统的归纳和总结，形成了《中国东北及周缘地区考古概论》讲稿。以后又经佟先生的授业弟子靳枫毅整理，使之结集《中国考古学要论》出版。讲稿论述了东北地区的历史与考古。其突出特色是把广袤的东北地区上下数千年错综复杂的民族、政治关系及历史发展的主要脉络讲得清楚而无枝蔓；把所有重要文物和考古发现都放在赖以产生的民族、社会、文化背景之下，把“死”的考古材料变成鲜活的历史见证；还从考古材料中提取了史书上没有的信息，丰富了历史的内容。这不论对东北史学还是东北考古学来说，都具有首创性，读者必将开卷有益。

佟先生从 20 世纪 60 年代调入考古所后，对于全国各省出土的文物考古资料特别是不断涌现的考古新发现做了大量考察工作，除了西藏、台湾以外，全国各省区都留下了他的足迹。先生在原始社会史、中国新石器时代考古、中国文明起源、边疆民族物质文化史等方面都做了潜心研究，从史前及三代考古资料中汲取精华，撰写了多篇有关私有制和国家起源及有关夏文化的讨论文章。从 1960 年发表《中国原始社会晚期历史的几个特征》一文到 1979 年的《新的发现、新的年代测定对于石器时代考古学提出的新问题》，还有 1985 年的《中国新石器时代文化三个接触地带论》和《中国新石器时代文化的多中心发展论及发展不平衡论》。这几篇论文宏观论述了中国新石器时代、原始社会的特征和中国文明起源的道路，提出了古代文化的多中心发展论、发展不平衡论、三个接触地带论以及王国文明与方国文明论等理论。这是先生对中国早期文化发展中的地域性、连续性、不平衡性及相互影响、逐步融合这些特征的研究的一脉相承、步步深入的轨迹。

他认为社会的发展离不开生产关系的变化与生产力的进步。在生产力中，工具是最重要因素，因此，他选定了石器作为研究对象。他观察了全国各地区不同的考古学文化出土的10余万件石器标本，绘制了七八千幅器物图。分别对各个文化的石器的类别、数量、型式、制作工艺、使用痕迹及编年做了系统研究，从中考察了中国新石器的特点以及在世界新石器文化中的地位。先生对中国早期文化发展史的研究既有宏观的总体构想，又有切实的细微的剖析，学术探讨之认真、严谨由此可见。佟先生积30多年的心血，1995年出版了220万字的巨著《中国新石器研究》。据我所知，手写定稿即有30多斤之重！被列入国家古籍整理出版规划小组编纂的“中国传统文化研究”丛书。

佟先生还在边疆民族史方面有独到的贡献。1942年他发表了长篇大作《匈奴西迁与欧洲民族之移动》，昭示了对北方民族史研究的志向和功力。后来当他作为一位考古学家研究民族史时，将考古学资料和古文献资料融汇在一起，走出了一条民族研究的新路。1991年出版的《中国边疆民族物质文化史》是他在这条新路上迈出的一大步，这是中国第一部全面记述和研究边疆各民族地区物质文化史的学术专著，获得“全国古籍优秀图书一等奖”。

我始终对先生怀有深深的敬意，钦佩他的宽厚、仁爱、克己、清廉、耐得“寂寞”、与世无争的为人处世态度，于学问则苛求全真；先生有着高洁、清雅的精神世界，《医巫闾诗集》就是先生高尚心灵的一面镜子。先生年逾九十，仍孜孜不倦地追求真理、追求完美，是我一生中难得的一位良师益友。我敬仰先生人品宽厚仁慈、宠辱不惊、耕耘一生、清贫一生、奉献一生、高洁一生。

先生的成功，还应归功于他背后有个温馨、和睦、令人艳羡的家。我和师母相识也已40多年。师母是一位真正意义上的相夫教子的典型的“中国母亲”。她除了照料先生的一应日常所需之外，还是先生的得力助手。师母写得一手干净、端庄的好字，佟先生稿作的誊清绝大部分出自师母之手。师母含辛茹苦把孩子们抚养成人，而且有一女一子继承了父业，受到大学考古专业教育后，已成长为考古学家，并成为各自学术领域中的带头人。据我所知，他们在学习成长的过程中，严格的家教使他们都不想沾作为大学问家父亲的光，而是靠他们个人在田野考古的实践与学术研究中摸爬滚打、努力拼搏而成器的。倒是佟先生的晚年，得济于子女。我记得佟先生的儿子佩华曾携带佟老数十斤重的书稿远赴四川巴蜀书社的往事，女儿伟华更是花费数月的时间字斟句酌地校对了220万字的全部稿件，我为此而动容，也使我们成为好朋友。可以说佟老一家是我难得的良师益友之家，我珍惜与佟老、师母教育下的伟华、佩华的友情，忘不了师母的关爱。她老人家替先生誊抄稿件，关怀备至，相濡以沫，厮守终生。这里我想借此机会向师母请安，问好，望平祝她老人家福寿绵长！当然，我更永远不会忘记佟先生的慈爱与教育之恩。

长者的风范
——纪念佟柱臣先生

郭大顺
（辽宁省文物考古研究所）

佟柱臣先生作为辽宁籍的老一辈著名考古学家，一直在关心着家乡的文博考古事业，并尽力为家乡文博考古事业的发展贡献自己的一份智慧和力量。

早在20世纪40年代初，佟柱臣先生在辽宁凌源县从事教育工作时就经常到附近做考古调查。当时就踏查过牛河梁地区的红山文化遗址，采集到大块的彩陶片，并于1943、1946年发表过有关文章，是最早到牛河梁遗址进行考古调查的专业人士。他还在《中国新石器时代文化的一些新迹象》（见《中国东北地区和新石器时代考古论集》，1986年）一文中，回忆1942年他在附近梁下农家见到一件“缺去一角的勾云纹玉佩饰”，这应该是考古研究者在红山文化分布区内最早见到的红山文化玉器。这件勾云形玉器于70年代初由凌源博物馆征集，现藏于辽宁省博物馆。

佟柱臣先生对东北考古有重大贡献。先生曾应邀撰写《东北民族史与东北考古学中的几个问题》等多篇有关辽宁和东北考古的文章，通过东北诸民族文化的特点及其与中原文化的密切关系论述东北史在中国史中的重要地位。1981年佟先生曾代表中国考古学会和中国社会科学院考古研究所夏鼐所长应邀出席在辽宁大连金州召开的辽宁省考古博物馆学会成立大会，并做了题为《新发现的两份石刻在东北民族史研究上的学术价值》（指内蒙古嘎仙洞北魏拓跋鲜卑石刻祝文和北京地区出土有关渤海史的唐代张建章墓志）的讲演。佟先生与著名考古学家、原辽宁省博物馆老馆长李文信先生从40年代起就结下深厚友谊，两位先生一起调查过燕秦长城和辽代城址，发掘过赤峰缸瓦窑辽代窑址，并分别出有专著，对早期长城和辽代瓷器这两个领域做出奠基性贡献。1982年李文信先生故去后，佟先生曾著专文对李文信先生的学术成就进行了系统总结（《辽宁文物》总第5期，1983年）。

我同佟先生接触较多的，是1980年6月先生到辽宁的考察。那次佟先生为社科院考古所“新石器时代石器”研究课题到辽宁收集资料，我作为陪同与先生相处一周。期间，先生考察了喀左鸽子洞旧石器时代洞穴遗址、正在发掘的东山嘴红山文化遗址、和尚沟商周墓地和附近的战国、汉城址和凌源天胜号刻有金代年款的石桥，观摩了建平、凌源、喀左三县文物普查材料和建平水泉、喀拉沁夏家店下层文化遗址、辽西各地出土的窖藏商周青铜器、朝阳十二台营子、沈阳郑家洼子等地的青铜短剑遗存、喀左眉眼沟战国墓的发掘材料。先生并应辽宁省博物馆邀请，在沈阳做了学术报告。

当时，辽宁正在进行第二次文物普查，以辽西地区朝阳的建平、凌源、喀左三县为普查试点，有许多新的考古发现，材料正在整理消化中。佟先生的到来，使我们有机会把当时正在思考的问题提出来向佟先生请教，佟先生面对这些年积累的新成果也非常兴奋，对我们的问题，从多方面提出有指导性和启发性意见。

佟先生对当时讨论较多的红山文化与夏家店下层文化之间新发现的小河沿文化，夏家店下层文化与夏家店上层文化之间发现的一种绳纹红陶遗存（以后称魏营子类型），战国时期墓葬鼎、豆、壶与手制罐共出所反映的当地土著文化与燕文化的融合，都给予特别关注并肯定这些发现和研究成果。

先生还根据他对辽西地区这批新考古发现的认识，提醒我们要特别注意的一些重要线索：如夏家店下层文化发现的石磬，先生认为这关系到该文化性质，要我们注意辨别相应的规格更大的遗址；先生还要我们注意寻找与窖藏商周青铜器有关遗存的确切证据；注意与曲刃青铜短剑共存的陶器，从而探讨含曲刃青铜短剑的考古遗存与夏家店上层文化特别是同燕文化的关系。他并认为东部长城始建较早，说明这一带燕文化与当地民族文化较早就有接触。

先生还较多地谈到历史时期的考古，主要是有关东北民族及其与中原王朝的关系和边疆考古。如东胡与鲜卑、靺鞨族与渤海国，还有从辽代遗存中辨别奚族遗存等课题。为此他谈到研究人员的通与专的关系。他说，深入才有创见，从这个角度看，分段分地区研究符合规律，但在省里工作有所不同，既要专又要灵活。知识面广也有利于研究的深入。

先生还一再强调，以往东北考古工作做得少，发掘面积小，缺乏系统资料。现在虽有所改善，但要坚持下去。他告诫我们，不能东两镐西两镐，有条件就要做大面积揭露，为此他建议东山嘴、三官甸子都要坚持做完，以取得系统资料。

那次佟先生还就当时正在进行的落实知识分子政策问题鼓励我们，给研究人员提供条件不只是落实政策，给物质条件，更主要是要出研究成果。先生还就地上建筑坚持原状保护的维修原则、博物馆陈列反映研究水平等，畅谈自己的看法。

陪同佟先生考察，使我们从学术观点、研究课题和方法、具体工作以至思想境界等多个方面都受到启发和熏陶。这是我们在无拘无束的气氛中聆听佟先生教诲、进行交流的一次令人难忘的学术活动，也是苏秉琦先生提出《燕山南北地区考古》之前推动辽宁考古工作的一次重要学术活动。

佟柱臣先生对辽宁和东北文博考古事业发展的重大贡献，先生对人对事既是非分明又宽以待人、平等待人的长者风范和品格，先生踏踏实实做研究的学风和取得的丰硕研究成果，都会为家乡文博考古界所铭记、学习和继承。

（2012 年 1 月 9 日北京中国社会科学院考古研究所“佟柱臣先生追思会”发言稿）

追忆佟柱臣先生

林　沄
（吉林大学）

在这佟柱臣先生追思会上，我想讲三点。

第一点，从佟先生做我在北京大学毕业论文的辅导老师说起。

我从大学三年级就立志从事东北考古。当时北大没有专门从事东北考古的老师，带我到东北考古实习的教师白熔基是一个助教，没有学术积累，人品又有问题，因而实习回来写毕业论文时，就有不少困难。幸而教研室副主任宿白先生建议我到考古所找佟柱臣先生做我的校外辅导老师，所以我在 1961 年 9 月初就认识了佟柱臣先生。他当时已从历史博物馆调到考古所，是东北考古的名家。他对我这个还没毕业的大学生的热情接待和帮助，使我终生难忘!

一是他把自己拥有的考古资料倾心相授，我多次到他家抄写资料，做卡片。他把他参加发掘并正在写报告的西团山石棺墓的原始纪录和总平面图、墓葬平剖面图、器物线图都供我做卡片，以致我现在手上关于西团山石棺墓的资料比《考古学报》上发表的报告还多出不少。这批资料成为我的第一篇毕业论文的核心材料。

二是我到他家就像到了自己家里一样温暖，他又和气又耐心，不但关心我的生活，还留我吃饭。佟师母在那时粮食供应还挺紧张的情况下，给我做炸酱面，坚决不收我粮票。我至今还记得 1962 年春节到他家拜年时小弟弟佟健华朝我口袋里猛塞糖和花生的情景。

后来，我又利用寒假的时间，写了一篇从东北系铜剑和西岔沟铜柄铁剑的关系讨论其族属非东胡和匈奴的短文，不过 2000 字。送给苏秉琦先生看了，他非常感兴趣，但担心资料收集不全，被日本人挑毛病。苏先生因为自己不熟悉东北考古，拿去给佟先生看。佟先生认为收集材料已经很全，两位先生经过研究，认为应该把这篇文章改成一篇东北系青铜剑的专门化论文，扩充到 10000～15000 字，附以全部铜剑的原大集成图和大的分布图，可以作为毕业论文，参加公开答辩，并正式请佟先生做我论文的辅导老师。这篇论文后来成为当年北大文科代表性的毕业论文，答辩的消息登上了《光明日报》的第一版。可惜，佟先生有事要离京，没能参加答辩会。他最后审稿留给我的一张便笺，我珍藏至今（附录一）。

回想这段写毕业论文的日子，我曾在给我母亲的信里写道："其实即使是您，也并不了解我寒假那一阵心里的郁闷！……不过，开辟一条新路，作一个'拓荒者'，本来就不应该想有什么平坦的大道，是我自己太脆弱了啊！不然也许还没有坚持到这第一个胜利，我就做了逃兵了。应当感谢佟先生！！”所以，佟先生是领我走进东北考古之门的一位恩师，我终生不会忘记的恩师。

第二点我要讲的，要从一本书说起。1961年秋天，白熔基带我到吉林省实习时，他带了一本奥克拉德尼科夫亲笔签名送给佟柱臣先生的他写的《滨海遥远的过去》，这本书是佟先生1957年就到苏联进行考古考察的见证。我那时已经能看点俄文的考古书，就生吞活剥地看起来。这本书佟先生后来转借给我，在念研究生和“文革”期间到辽宁的农村中学教书时，一直伴着我，看见这本书我就会想起佟先生。惭愧的是，我只在1964年冬到1965年春张忠培先生领着搞考古“反修”时摘译了一部分，直到打倒四人帮后，才被佟先生要了回去，由考古所莫润先先生翻译全书出版。

后来佟先生出版了《中国考古学要论》，我才知道佟先生1978～1981年给社科院研究生院考古学研究生讲“中国东北及周围地区考古概论”时，就对苏联远东地区考古、朝鲜考古学、日本考古学都有较深入的介绍。而且一开始就说：“为什么学东北考古还要讲一讲苏联远东考古和朝鲜、日本考古呢？我主要是考虑扩大知识面。”因为苏联远东地区在历史上本来就是中国东北的一部分，朝鲜和中国在鸭绿江、图们江两岸的考古文化是有联系的，日本的考古发现有很多和中国是有联系的。所以，应该说，佟先生是老一辈考古学家中重视邻境国家考古的代表人物。中国考古学发展到今天，不加快走向世界，用世界的眼光来看中国，稳步地开展国外考古，是不能适应中国考古学发展的要求，也不符合中国国际地位不断提高的形势的。所以，我们今天追念佟柱臣先生，就应该踏踏实实把对中国邻境国家考古学史和考古学成就的全面了解和总结进一步做好，有计划地开展国外考古。我们吉林大学已经开设了“东西伯利亚考古”、“日本考古”、“蒙古考古”课程，而且组织过对黑龙江以北的靺鞨墓地的发掘。我们今后一定会在这方面做更多的工作，告慰佟先生在天之灵。

第三点我要讲的，要从佟先生给我的一封信说起。1999年春，我的第一本《林沄学术文集》出版，我给佟先生寄去一本。不久就接到佟先生的一封信，信中除了对文集出版表示祝贺外，对我提出了一个更高的要求：“我觉得就你的年龄和才华，完全可以就你擅长的甲骨文、东北考古两方面，分别写出专著。”要我像陈梦家先生写《殷墟卜辞综述》那样，基于完整收集资料，在收集资料过人的基础上，深入研究，才能提出创见，而且提出独到的见解。“这样才有益于中华民族文化的继长增高。愿意在二十一世纪看到你在考古学上的光辉。”（附录二）就在这封信的附言中，他告诉我他完成了20万字的《中国辽瓷研究》一书，以身作则地鼓励我写专著。2004年又把他新出版的《中国考古学要论》寄给我。所以这些年来，我一直不敢忘记先生的谆谆教导和殷切期望，始终不懈地在积累东北考古和汉字发展史方面的资料。可是直到先生逝世，只是出了第二本《学术文集》，还是没拿出先生所期望的《殷墟卜辞综述》那样的专著，实在愧疚万分。不过以先生为榜样，我还有20个年头可以做学问，自信至少可以写成一本专著，告慰先生在天之灵。

佟柱臣先生千古！

附录一

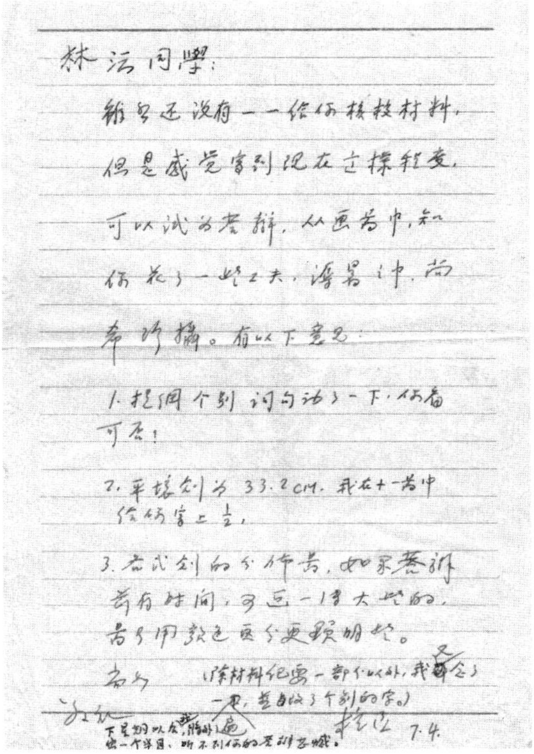

林沄同學：

稿子还没有一一给你核校材料，但是感觉写到现在这样较妥，可以试为发排。从画稿中，知你花了一些工夫，请商讨中，尚希修摘。有以下意见：

1. 把个别词句动了一下，你看可否！

2. 平均剑为33.2CM，我在十一号中给你写上了。

3. 各式剑的分布，如果蔡讲若有时间，可画一张大些的，再用颜色画分更鲜明些。

专此 （除材料纪要一部分以外，我又都全了一遍，并修改了个别的字。）

敬礼

下星期以后，（暂时）出一个半月，听不到你的意见了。

桂臣 7.4.

附录二

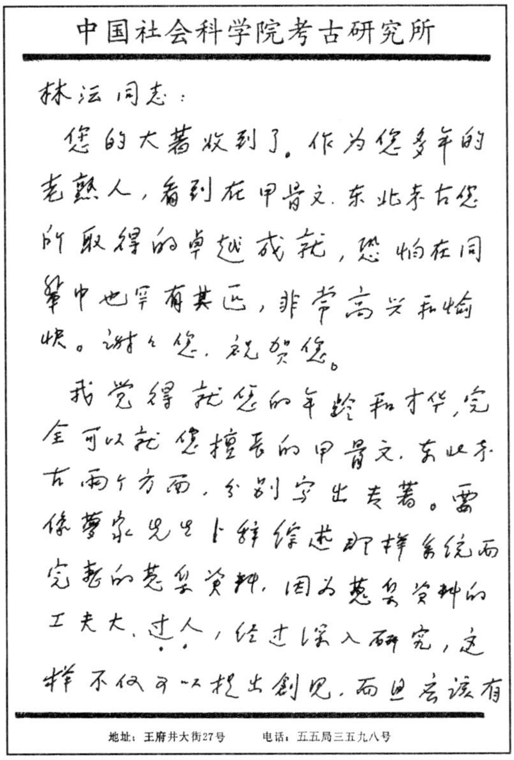

中国社会科学院考古研究所

林沄同志：

您的大著收到了。作为您多年的老熟人，看到在甲骨文、东北考古您所取得的卓越成就，恐怕在同辈中也罕有其匹，非常高兴和愉快。谢谢您，祝贺您。

我觉得就您的年龄和才华，完全可以就您擅长的甲骨文、东北考古两个方面，分别写出专著。像陈梦家先生卜辞综述那样系统而完善的甲骨资料，因为甲骨资料的工夫大、过人，经过深入研究，这样不仅可以提出创见，而且应该有

地址：王府井大街27号　　电话：五五局三五九八号

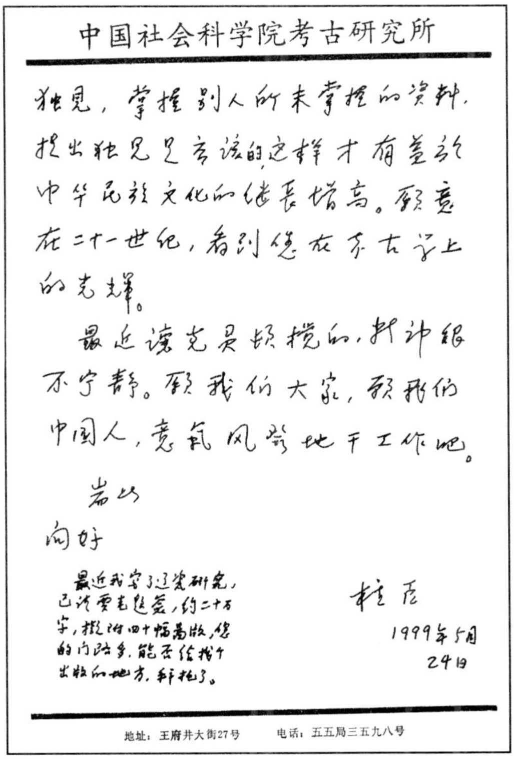

中国社会科学院考古研究所

独见，掌握别人所未掌握的资料，提出独见是应该的，这样才有益于中华民族文化的继长增高。预意在二十一世纪，看到您在考古学上的光辉。

最近读克灵顿搅的，世界很不宁静。愿我们大家，愿我们中国人，意气风发地干工作吧。

此致

向好

最近我写了辽瓷研究，已送要求题签，约二十万字，拟附四十幅图版。您的门路多，能否给找个出版的地方，拜托了。

桂臣

1999年5月24日

地址：王府井大街27号　　电话：五五局三五九八号

附录三 家信摘录

9 月 11 日离北京去长春。

10 月 1 日在丰满过国庆。10 月 20 白熔基、张忠培、张满庭去延边。

11 月 9 日白熔基回吉市。

11 月 13 日离吉林去长春，白留长春。

11 月 15 日离长春去沈阳，参观辽宁省博物馆。

11 月 19 日离沈阳去大连，20 日到旅顺，参观旅顺博物馆。

11 月 23 日离大连到天津。

11 月 25 日到北京。（12 月 2 日白熔基才回北京）

12 月 5 日初次上佟先生家，看材料。（宿白先生说要选东北方面的题目写毕业论文的话，辅导老师可以改请佟柱臣先生）（12/4）

12 月去佟先生家抄资料。“我也进城不少次，一直上去佟柱臣先生家，未能到王府井。”（12/30）

“现在名义上还是白老师辅导，不过实际上我要主动争取多向苏、佟两位先生请教，因为白老师根本辅导不出什么。”（1/2）

“前几天又去佟先生家一次，原本是打算要问几个问题的。结果后来他留我吃晚饭，回到西直门，差一点就没有公共汽车了。”（1/18）

年初二（2/6）到佟先生家拜年，“上次在他家吃饭，我私下给半斤粮票给佟师母，她一定不要，故我索性买了一斤点心给她留下。不巧的是我刚去时佟先生正要出门去给文化学院王院长拜年。他走后我略坐了一会，佟师母的妹妹在沈阳药学院念书，放假回来了，一起聊聊。健华给我口袋里塞了不少糖和花生”。（1/11）

3 月 22 日第一篇论文交。

4 月 13 日到历史博物馆看《西游记》《兰州—阿拉木图》，遇佟先生。（4/14）

5 月 2 日写完第二篇论文。

5 月 10 日苏先生动员我和张亚初考于省吾研究生（还有半月准备时间）。

5 月 30 日研究生考试完毕。

6 月 6 日把第二篇论文给苏先生看。说要带给佟先生或安志敏先生看。说在国内是没有问题的，怕日本人找毛病，还要多注意收集材料，不要急于发表。（6/7）苏先生“带去给佟先生看了，他俩对这篇小文章（2000 多字）很感兴趣。佟先生认为资料收集也很全，据他所知没有什么遗漏。所以苏先生让我把这地篇改写以后也提出来作为毕业论文。并指定要参加答辩（当时已知有三篇）。具体则请佟先生辅导。改写任务甚重，估计要写 10000～15000 字，画 40 多件原大的铜剑图和一幅大地图。一个星期以来赶画了 26 件铜剑和把初稿草草写好，6 月 16 日又去考古所给佟先生汇报。他基本上同意了，不过文章的安排又有更动。我把以前那篇石棺分期的文章也请他提了意见，修改誊清，20 日要上交。这一篇虽可以迟一些交，不过不久即将考试，所以很紧张”。佟先生说：“你文章写得不借，就是字太草。”（6/17）

一篇论文已经上交，一篇论文上星期五（22 日）佟先生已改好，现在在正式描图，同时看别的资料准备答辩。（6/25）

现在确定答辩的一共七人。（7/1）

我的论文答辩会由苏先生主持，考古所安志敏先生来参加答辩委员会。今天校刊记者来找我，7 月 6 日佟先生给一个便笺说要出外一个月，不能参加我的答辩，“甚憾”。（7/8）

她说他们也将派人参加旁听。（7/12）

答辩是 16 日举行的。一切颇出我意料之外。几乎全班同学都参加了，宿白老师也来听。《光明日报》和《北京日报》都来了记者，苏先生的评语出我意料之外（本来不过是听张亚初和郭大顺传说苏先生对这篇论文是基本上肯定的而已），说是这篇论文不仅是当前，无论是过去还是将来作为一篇毕业论文总是很出色的。答辩也未遭什么非难，而是提供了不少积极的意见。遗憾的是佟柱臣先生没能参加。第一天进行的三篇答辩都相当成功，两位主任眉开眼笑。……经过这许多年来事实的教训，我当然不敢再有什么骄傲、自满，不过心里总算是彻底地舒了一口气。其实即使是您，也并不了解我寒假那一阵心里的郁闷！……不过，开辟一条新路，作一个“拓荒者”本来就不应该想有什么平坦的大道，是我自己太脆弱了啊！不然也许还没有坚持到这第一个胜利，我就做了逃兵了。应当感谢佟先生！！（7/22）

论文答辩消息刊于 7 月 28 日光明日报第一版。（7/29）

怀念恩师佟柱臣先生

董学增
（吉林市博物馆）

2011年12月3日，佟先生以92岁高龄走完了令人钦佩敬仰的一生。在我的老师当中，可以说我们之间的情谊最深，兹记几件使我没齿不忘的事以志怀念。

一、在考古训练班授课

1955年7～10月，中央文化部社会文化事业管理局、中国科学院考古研究所和北京大学考古学系联合举办了“中国考古工作人员训练班”，佟先生是诸多名师中的一员。他当时在北京历史博物馆工作，主讲“考古材料的陈列”课程。他在本讲中既有逻辑性又通俗易懂地讲了考古材料的作用与陈列原则、考古材料所反映的史实情况、对考古材料的研究、陈列的程序与方法和陈列的技术。给我印象特别深的一点是，佟先生强调，要搞好考古材料的陈列，首先要吃透考古，对考古材料所蕴含的历史价值、艺术价值和科学价值有深刻的认识，然后再在陈列技术上（即陈列艺术上）下工夫，而绝不能本末倒置，这样才能够达到内容与形式的完美统一。如要做到这一点，一个历史性的博物馆最好兼搞考古工作，这样不仅能不断地充实馆藏文物，而且能对所获得的考古材料有更全面、更完整的认知，从而能更好地对外展示。这一见解十分正确。结合课堂讲授，训练班安排我们参观北京历史博物馆（即中国历史博物馆前身）。这个博物馆当时坐落在故宫午门里的厢房，我们侧重参观的是“中国原始社会陈列”。这个陈列是在裴文中教授指导下，由佟先生设计搞起来的，佟先生亲自给学员们当解说员。通过参观，我们形象地了解到从猿人到智人的进化过程，中国旧石器时代和新石器时代的基本知识，另外在陈列形式上也感到很新颖，既有大量实物，又有图表、沙盘、雕塑和景箱，可谓把原始社会人们的生产、生活状况再现了。这个陈列从内容到形式当时堪称典范，对全国各地博物馆的陈列都有深远的影响。

二、吉林西团山的发掘与命名

在中国科学院郭沫若院长的倡议下，在中央文化部文物局郑振铎局长、王冶秋副局长的组织下，组成了以裴文中为团长，以佟柱臣、李文信、贾兰坡等著名考古学家为团员的东北考古发掘团，此外还有地方学术单位和行政单位若干人，计一行20余人，于

1950 年 9 月份对吉林市西团山石棺墓和部分居住址进行了科学发掘。事后，由佟先生执笔，以东北考古发掘团的名义在《考古学报》1964 年第 1 期发表了《吉林西团山石棺墓发掘报告》。《报告》将发掘的 19 座墓葬从形制到随葬品做了客观的报道，在结尾部分对西团山石棺墓葬进行了综合分析，指出："它与嫩江流域的昂昂溪、松花江中下游的倭肯哈达、图们江流域的小营子、老哈河流域的红山后、辽宁半岛的四平山等墓葬比较起来，显然文化内涵完全不同。因此我们提议定名为'西团山文化'。"

自"西团山文化"命名后，吉林省市考古工作者在吉林市地区和长春市地区共发现西团山文化遗址和墓地达 118 处；近年，在黑龙江省南部拉林河流域五常市发现西团山文化墓葬地 1 处。另外，与吉长地区相邻的其他地区今后还可能发现西团山文化遗址和墓地。已发现的许多遗址被列为文物保护单位，其中省级文物保护单位就近 20 处，如吉林地区的猴石山、长蛇山、狼头山、星星哨、泡子沿前山、二道水库马相、东团山等。2001 年，西团山遗址被国务院公布为全国重点文物保护单位。目前已进行过发掘的遗址和墓葬地达 20 多处。国内考古界同仁先后曾在 16 种专业刊物和有关论集中发表文章 60 多篇，其中发掘报告 30 篇。经过 60 多年的研究，目前对于西团山文化的分布范围，文化遗存的面貌，西团山文化的分期，西团山文化所反映的社会经济生活，该文化的文化性质和社会性质、族属、来源和去向等问题都有了更全面或更新的认识，这些成果的取得是与佟先生等老一代考古学家及时对该文化的发掘与命名分不开的。

三、主编《西团山考古报告集》

《西团山考古报告集》是吉林市博物馆为建立西团山文化资料中心而内部出版的《江城文博丛刊》第一辑，它汇集了 1949 年以来从中央到地方有关部门在西团山遗址从事田野考古所形成的已发表和未发表的全部资料，达 10 万余字，其中有将近一多半的文字是佟先生提供并首次刊印的。

我作为责任编辑所以能够编出这个集子，首先要感谢热情倡导、积极支持这项工作的佟先生，是先生提供了珍藏多年尚未公开发表的有关西团山的考古资料。名为《一九五〇西团山发掘报告资料摘录》的这份资料约 5 万多字，并有照片数十张，十分珍贵。此外，贾兰坡、杨公骥、李洵诸位先生得知佟先生主编这本书，也欣然同意将发表在报刊上的大作或未曾发表的资料收入本集，这样就给研究西团山和西团山文化的同志们提供了一份原始的、翔实的、完整的材料。在编辑过程中，佟先生在百忙之中多次来函关心本书的出版事宜，同时提出一些具体要求，并为本书写了长长的学术性序言。在序言中，佟先生还表达了他的初衷："西团山考古报告集，是作为吉林市博物馆学术资料丛刊第一辑而出版的，它将为吉林地区考古学、历史学的科学研究，打下坚实的资料基础，我之所以多年希望汇集编辑这本总集，是因为西团山很小，面积不大，所有墓葬，发掘殆尽，所以把出土的资料，完整而无遗漏的奉献给学术界，这是作为发掘成员之一的我的历史责任。"此书出版以后，为进一步研究西团山文化起了奠基作用。

四、奖掖后学，热情帮助

在考古调查和考古发掘的基础上，我撰写了《试论吉林地区西团山文化》一文，该文论述了吉林地区西团山文化遗址的分布与发掘、西团山文化与中原文化的关系、西团山文化遗址的发展序列与分期、西团山文化代表遗址的断年根据以及西团山文化遗址各期的特征等。拙稿草成后，恰逢佟先生带他的研究生靳枫毅来吉林实习，我将稿件合手给先生请他指正。佟先生不辞旅途劳累，热情认真地惠予审阅，从文字到插图提出了六条中肯的书面意见。最后建议："你改了以后，可以直接寄给学报，供他们选择。"拙稿在先生的指导下，终于在 1983 年第 4 期《考古学报》上发表。

在第二次文物普查和考古发掘的基础上，经过多年的探索，笔者于 1993 年 12 月完成了《西团山文化研究》（约 38 万字），由吉林文史出版社出版，列入"长白丛书"研究系列。拙著寄给佟先生后，佟先生于 1995 年 1 月 8 日在《中国文物报》上写了一篇书评《读〈西团山文化研究〉》，先生在文章中充分肯定了这本书的学术价值，然后列举了书中关于西团山文化的分布范围，在分布范围内的遗址数量，各遗址中有代表性居住址、墓葬地不同时期的特点，以及该文化遗存所反映的经济形态等新见解。最后评价："总之，其资料之丰富，内容之详实，是四十年来关于西团山文化最好的一部总结佳作，为西团山文化的研究提高了一大步，作出了巨大贡献。"这是佟先生对后学的鼓励和奖掖，如果说拙著有一定创见，那也是在佟先生对西团山文化研究的基础上所取得的一点进步，而这点进步是因为笔者站在了巨人的肩膀上的结果。

五、《医巫闾山诗集》被列为《吉林三贤集》出版

佟先生不仅是全国著名的考古学家，而且是造诣颇深的诗人。1997 年 12 月，吉林文史出版社出版了"长白丛书"研究系列之《吉林三贤集》，这是与吉林有关的当代三位文化名人的诗集。首集是佟先生的《医巫闾山诗集》，因先生早年（1939～1942）在吉林高等师范学校历史地理系就读，所以是吉林当之无愧的文化名人；二集是吉林著名的诗书画印四绝尤善书法的金意庵先生的《长白山诗集》；三集是 1940 年农业大学毕业、文史兼通尤擅诗词、一生从事林业工作的高级工程师厉凤舞先生的《林海心声》诗集。佟先生在《〈医巫闾山诗集〉序》中说："余治中国新石器时代考古学、边疆民族考古学、原始社会史学、博物馆学，以搜集资料故行程遍及寰中。……所历名山大川、自然风物、湖光山色、圣迹皇陵、京都名城、宫苑坛庙、长城青冢、遗址史迹、山庄名胜、海岛山村、民族风情、小院起居、世事感怀，均备览之矣。……忆春秋之悠远，历汉唐元清之盛，文治武功，罕有其匹。观中华文明之精英，察黄土儿女之遗迹，民族与历史遗产永存，人民与浩然正气同在……所见所闻，感受足多，故兴之所致，发而为诗，得二百七十八首。"诗中洋溢着对祖国山川的热爱、对中国历史的热爱、对文化遗产的热爱、对考古事业的热爱、对亲朋和平凡生活的热爱，读来无不为之令人感动而从中受益。试举两首为例：一是 1980 年 7 月 20 日写的七律《吉沈道中忆旧》："吉沈道中

几度游，屈指韶华卅八秋。彻夜苦读期自勉，一生受用存心畴。骚达陶壶收行箧，蛇山汉城稍勾留。内子犹作学生态，于今同已是白头。”二是1991年9月14日写的七绝《聆第八届考古学会开幕式（宿白教授）致词后》：“秦岭南北分界寻，新石自是多中心。窃喜多年钻研后，人间纵会有知音。”佟先生在诗集《序》中对何以医巫闾山名诗集写道：“以家居医巫闾山之阳，医巫闾者，《周礼・职方氏》：‘东北曰幽州，其山镇曰医巫闾。’《尔雅・释地》：‘东方之美者，有医巫闾之珣，玗琪焉。’盖为镇山出美玉之所也。因以医巫闾山名诗集云。”可以说从佟先生的德才学识看，先生本人就是一个无瑕的美玉——谦谦君子。

为了出《医巫闾山诗集》，佟先生曾致函给我，我见其中有三分之一的诗是涉及东北、吉林的，当然愿意推介出版，况佟先生的人品与学品绝不亚于清末民初的旧吉林三杰，即宋小濂、成多禄、徐鼎霖。此书于1997年由吉林文史出版社出版，是脍炙人口的一部诗作。

笔者同佟先生的交往还不止上述几点，诸如先生从京为我代购图书、惠赠大作、做加入考古学会的介绍人、评职称给写推荐书、共同踏查吉林市郊西团山文化遗址等，恕不一一。现在我手头保存的佟先生给我的信件就有15封之多。纸短情长，师恩难忘，最后让我用一句话来表达我与先生之间的深情厚谊，那就是佟先生是我的大恩师、大恩人，是引领我做人、做学问的楷模，我要终生向他老人家学习。

追忆20世纪70年代与佟先生相处的日子

高 炜
（中国社会科学院考古研究所）

2011年岁末，佟先生离开我们，离别了他终生挚爱的考古事业，与世长辞。这位92岁高龄的老人，以安详且略显红润的面容，为自己一生画上一个完满的句号。

先生那安详的遗容，令人难忘。每念及此，敬仰之情油然而生。半个世纪以来的历历往事，亦不时浮现在我脑中。

我在北大考古专业读书的时候，虽无面聆教诲的机会，但通过阅读《考古学上汉代和汉代以前的东北疆域》这篇名著和发表在《考古》《考古学报》《文物》三大杂志上的其他文章，对佟先生十分仰慕。1960年或是1961年的一天，我与同学到朝阳门内大街当时的文化部礼堂去听一场学术报告。在文化部大楼外，经孔哲生学长引荐，有幸拜识佟柱臣先生。关于那次学术报告的内容已完全忘记了，但第一次见到佟先生，先生那平易近人、和蔼可亲的形象，却给我留下深刻印象。

1962年秋，我从北大本科毕业，分配到中国科学院考古研究所。此前，佟先生已从短暂存在的文化部文化学院调到考古所，专事研究工作。那时，先生正值盛年，但看上去身体不算健壮，走路比同龄人要慢些，脸色也欠佳。以当年这样明显偏弱的健康状况，却能老而弥坚、益寿延年，应与先生的性格、心态和修养有很大关系。先生秉持“安贫乐道”的人生准则，习惯俭朴无华的生活；为人处世温厚谦和，与世无争。几十年间，无论是个别交谈，还是会议发言，一贯语气平缓、和颜悦色，罕见慷慨激昂，更无厉声厉色。在大家的印象中，想不起佟先生什么时候发过脾气。面对那些年政治上的不公正待遇，亦坦然处之。对大多数从事考古工作的人来说，一段时间耐住寂寞不难，难的是像佟先生那样一辈子甘坐冷板凳、淡泊宁静、无怨无悔，最终一步一个脚印地走出独辟蹊径的治学之路。我想，正是这种堪为楷模的精神境界，成就了先生的人品，成就了先生的学问，也成就了先生的长寿。

在20世纪70年代的特殊环境中，我有两次和佟先生相处的时间较长，一次是在干校劳动的时候，另一次是在《中国考古讲话》编写组，仅就记忆中的情形写出来与大家共享，权作对先生的纪念。

一、下放干校劳动

哲学社会科学部（中国社会科学院前身）的“五七干校”设在河南省信阳地区（今

信阳市）息县东岳公社。考古所中的大多数人员于1970年5月20日离开北京，次日到达目的地。那是临近公路的一片称作“塘陂”的洼地，近代史所与考古所合编为一个连，连部和食堂的大席棚设在那里，日后的营房也盖在那里。大家则暂时分散住在附近村子农民腾出的草顶土房中。住进村里，同房东、邻居们渐渐熟悉以后，看到村民（即当时人民公社中的“社员”）日常衣、食、住、行，才清楚那里的农民贫困到何等程度。东岳位于息县东北部，邻近新蔡，那一带夹在淮河主干道与其支流汝河之间，新中国成立前几乎连年遭遇水患，加上土匪猖獗，弄得民不聊生；恰恰又是大跃进时期“共产风”刮得最厉害、饿死人最多的地方。村子中难得见到砖瓦房，难得见到比碗口粗的树木，难得见到五六十岁的老汉，难得见到谁家有几件像样的家具，甚至房东家堂屋中的桌子也是泥巴夹秸秆做的。一个男劳力一天挣的工分折合不到二角钱，一年到头连口粮钱都不够。就是这样，在房前屋后种点烟叶，还要当成“资本主义尾巴”被割掉。此前，因参加考古工作、参加“四清”和劳动锻炼，我曾到过北京郊区及五六个省的许多农村，包括一些贫困地区，而息县这样的情景还从未见过。改革开放30多年后的今天，不知那里又是怎样一番景象。

到干校初期，即1970年的夏天和秋天，原已搞得轰轰烈烈的清查“五一六反革命集团”的运动暂时沉寂了一段，批斗会和政治学习不多，主要是劳动。佟先生和我被编在同一个班里，住在前魏庄，当时对先生的称呼是“老佟”。从“文革”一开始，以往对师长和前辈学者的敬称，作为“四旧”，便统统被“砸烂”。研究所内人与人之间，无论老少，无论原来职位高低、学问大小，通常是彼此直呼姓名，喊“老张”、“老李”已是比较亲近、表示尊重的称谓。若在姓名后加上“同志”，则属于一种难得的政治待遇。

我们开始是在大田干活，先是去谷子地里拔草。接着是每人扛上一把锄头，到高粱地里锄草、松土（保墒）。那时，高粱已长到一人多高，一垄地一眼望不到尽头，烈日当空，青纱帐又密不透风。人人出汗不止，不一会用来擦汗的毛巾就能拧出水来，其后索性不再用毛巾擦，任凭汗水从头顶往下淌，真切体验到“汗如雨下”的滋味。待下次再去高粱地，不知是谁出的主意，将“五七战士”们按性别分开，各锄一块地。于是一群男劳力个个赤膊上阵，干脆把背心、外裤都脱去，只有佟先生不改斯文，仍穿着早已湿透的背心和长裤，一锄又一锄，吃力地向前挪动着。那番情景深深印在我的脑中，依稀如在眼前。有几位手脚麻利，先锄到地头，稍事休息，反过身来帮佟先生完成了拉下的那段活计。

那时提倡一切靠“自力更生”、“白手起家”，为了应对建营房的需要，考古所下放人员中的大部分不久就转到窑场烧砖，有一个班专门学习烧窑，另几个班（包括我们所在的十三班）的任务是制砖坯。这后一项活包括备泥料、砖坯的成型、晾晒和风干等几道工序，没有任何机械设备，全部是按传统做法手工操作。备泥料则是手脚并用，池中沤透（土中所含水分达到饱和状态）的泥要用脚将其踩“熟”，用铁锹铲到池旁作业面上再经反复拍打。成型工具是一个用木板制作的长方形模具，长约八九十厘米，能容下相互间隔的三块砖坯，称为“坯盒”。当有专人将模具内逐一填满泥料并压实、刮平后，就需另有人双手端起坯盒，将其反扣在前方数十米外的坯场平地上，使泥型脱模、晾晒。待其稍干，再搬到大棚下面码成易通风的坯垛，任其慢慢阴干。佟先生和班里体力稍弱的二三位同事，便承担端坯盒和脱模的任务。一个坯盒里三块砖的泥坯有十几斤重，因是流水作业，端起它要快走或小跑（故称“跑坯盒”），还要保证泥型脱模时完整无损、排列整齐，可见这活也不轻松。当时，各班间开展劳动竞赛，有同事还记得我们班（六七个人）最高日产砖坯 1200 多块。就是说，每个端坯盒的人要来回跑上一百多趟。除了拓砖坯，有时还参加装窑和出窑，尤其是将已烧好的砖出窑时，不但要出大力，还需忍受窑内余热烘烤和呛人的粉尘。当时我们 30 岁出头，佟先生已年届半百，以这样的年纪和并不强壮的身体，参加如此高强度劳动，埋头尽力，坚持到底，着实不容易。

最后一次去坯场干活，沤泥池表面已经结了一层薄冰碴，佟先生也卷起裤腿，同大家一起下池踩泥的情景，几十年后仍不能忘。我无法窥知当时佟先生内心深处的想法，但从表面看，先生能顺应“再教育”的现实，再苦再累都是默不作声从容应对，从未皱过眉头，展现了先生性格中坚韧的一面。据我观察，通过那半年干重体力活，先生的身体似乎比以前硬朗了，这也算是因祸得福吧。

二、在《中国考古讲话》编写组

1975 年下半年至 1977 年上半年，我在《中国考古讲话》编写组与佟先生共事近两年，承担的任务是写一部中国考古学的普及读物。所内有七位同事被派入编写组，由任式楠任组长，佟先生是其中唯一资深考古学家，包括我在内的另六位都是 30 多岁的中年业务人员。有五人分担石器时代、夏商周、战国秦汉、魏晋南北朝隋唐、宋元明清各时段；一人承担古代中外文化交流的内容；佟先生则是负责边疆与少数民族地区考古。按照当时的社会风气，还有北京仪器厂以“工人理论组”名义派出的三四名知识青年加入编写组，以象征所谓“工人阶级占领上层建筑”和“老、中、青三结合”。这几名青年工人的作风，与几年前以改造者、监管者身份，居高临下、大权在握的工、军宣队已大不相同，除个别人有点不知天高地厚，多数比较虚心，有的还给我们留下不错的印象。说到动笔写作，当然还是要靠专业人员。1976 年完成初稿。“四人帮”垮台后，工人们撤走，由所内专业人员根据讨论意见，进行了较大幅度的修改，涉及结构调整、材料的校对与充实，以及剔除“四人帮”搞“批林批孔”、“评法批儒”在史学领域散布的错误观点。1977 年底由一家打印社用老式打字机打印出修改后的稿本，书名《中国考古讲话》，副标题是《从考古文物谈祖国历史》，16 开本，430 多页，装订成上、下两册，标题与内容均为四号字，纯字数在 27 万以上，共分十二讲（章），每讲后附有拟用的插图和照片目录。封面标明为“征求意见稿”。自 1977 年，组内中年专业人员已先后到不同地点参加田野工作，其中的四位又承担了夏鼐所长主编《新中国的考古发现和研究》的写作任务，还有一位此前已调离考古所，《中国考古讲话》遂不了了之，只留下至今纸质已经变黄的打印稿本。

那段时间也没全白费，对几位中年业务人员来说，搜集了相关资料，对参加《新中国的考古发现和研究》的撰写以及日后研究工作，还是有用处的。佟先生更是利用这段时间，撰写并发表了多篇论文，并着手为相关课题研究做准备。

在这份稿本的第七讲（秦和西汉），有一节为“各族人民友好联系的加强”，其下有“滇王之印和滇族文化”、“东胡等族史迹和西岔沟族属之谜”、“我国北方的匈奴族”、“西汉时期的西域”等标题；第八讲（东汉、三国、两晋、南北朝）在“民族关系举例”一节中，按西北、西南、北方和东北地区，分别介绍了有关考古发现；第九讲（唐代）在“各族人民友好往来的颂歌”一节中，包括“渤海城址和墓碑”、“出自西域的故事”、“西藏大昭寺和会盟碑”、“南诏德化碑和大理三塔”诸标题，以上内容都是佟先生所撰，其基调是“强调中国自古以来就是一个多民族国家，各族人民共同创造了伟大祖国的历史”（打印本第253页）。

编写组成立后，曾举行过几次专题讨论，如结合学习恩格斯《劳动在从猿到人转变过程中的作用》《家庭、私有制和国家的起源》等经典著作，联系当时已知考古材料，分别讨论人类起源和进化、原始氏族社会解体、阶级和国家产生等重大理论和历史问题。佟先生早在1959年主持中国历史博物馆通史陈列中原始社会部分布展工作时，对上述问题已下工夫做过研究，又在1975～1976年连续发表《从考古材料试探我国的私有制和阶级的起源》（《考古》1975年4期）、《从二里头文化类型试探中国国家起源问题》（《文物》1975年6期）、《学习恩格斯“劳动创造了人类本身”的伟大学说》（《考古》1976年3期）等论文。从发表时间看，前两篇应是进编写组之前所撰。基于研究的深度，佟先生发表的系统见解，对大家颇有启发。

20世纪60～70年代，随中苏两国关系恶化，两大邻国边界争端加剧，前苏联曾在边境屯兵百万，并一度在珍宝岛发生武装冲突。针对这种形势，佟先生在搜集边疆和民族地区考古资料时，敏锐地注意到我国现行辖区东北和西北边陲以外邻境地区一些考古发现所反映的历史面貌。他曾在编写组内专门讲过这些情况，指出已发现的考古材料证明：1840年鸦片战争以后，沙皇俄国乘清政府之危，通过签订不平等条约，先后在黑龙江以北、乌苏里江以东强占的上百万平方公里土地、在巴尔喀什湖以东、以南的帕米尔地区强占的50万平方公里土地，历史上曾是中国领土、隶属中国管辖的事实。其后，陆续发表了《我国历史上对黑龙江流域的管辖和其他》（《文物》1976年7期）、《从考古材料看汉、唐对西域的管辖》（《社会科学战线》1981年4期）、《对乌苏里江以东地区作考古学与历史学的考察》（《社会科学战线》1984年1期）等文章，对有关史实做了进一步论证，展现出一位饱经忧患的老知识分子强烈的历史责任感。先生在搜集资料过程中，便不失时机地集中对某类问题做深入分析，勤于著述、笔耕不辍，亦堪为后学师表。

在《中国考古讲话》编写组工作的那段日子，尤其是1976年，乃当代中国史上多事之年，大家经过“文革”十年的反复折腾和折磨，又遭遇唐山大地震，对国家命运充满忧虑、不安，直到1976年10月打倒“四人帮”，才算松了一口气。总的说，那段时间政治运动干扰不断，人心比较涣散。唯有佟先生每天按时上、下班，除了去图书馆查书，便是伏案工作，看书、做笔记、摘录卡片，极少闲谈。去外地参观时，总是边看边记，对各地史前遗址出土的石器标本，尤其看得很仔细。我们看到佟先生兢兢业业、专注认真地工作态度，但并不清楚先生头脑中已酝酿着几项宏大课题。十多年后，《中国边疆民族物质文化史》出版面世，我才知道：这部被从业者誉为“一部边疆民族考古发现史”、“中国边疆民族考古的奠基之作”、“从事边疆考古的必读书”（王仁湘：《关于中国边疆民族考古的思考》）、皇皇60万字的巨著，正是从1976年着手，积六年之功所完成。

在编写组期间，耳闻目睹，笔者从佟先生那里聆受教益亦多，先生向我传授研究工作要从大处着眼，小处着手，并解释说：前者是指头脑中要有想法（课题意识），选出一二项对复原中国历史有意义的题目，作为中、长期研究目标；后者是说一切研究工作都要从掌握资料入手，搜集、积累资料需不厌其烦，多掌握一份资料，就多一份发言权。而名著《中国边疆民族物质文化史》《中国新石器研究》的成书，正体现了先生“从大处着眼、从小处着手”，坚持不懈，孜孜以求的治学之道。

记于2013年6月

德艺双馨，大家风范
——忆佟柱臣先生二三事

赵　信
（中国社会科学院考古研究所）

佟柱臣先生于2011年12月3日溘然辞世，噩耗传来，悲痛万分，潸然泪下。

先生不仅是一位杰出的考古学家，而且也是一位慈祥、谦和、平易的著名文博学者，从而受到文物考古界的无限热爱和尊重。

先生常对我说："一寸光阴一寸金，寸金难买寸光阴。"他视时间如生命，几十年如一日，手不释卷，笔耕不辍，著作等身，为后人留下了一笔宝贵的精神财富。就是因为如此，先生在跨过耄耋之年，而获得了中国社会科学院荣誉学部委员的光荣称号。

先生曾担任中国社会科学院考古研究所原始社会研究室副主任，对考古所甘青考古队的田野发掘工作非常关心。记得1982年11月30日，先生将我召入他的办公室，谈起了甘肃天水师赵村史前文化遗址发掘情况。他说："搞田野考古要科学发掘，尤其要善于观察地层变化，1945年夏鼐先生在甘肃广河县阳洼湾，发掘出两座齐家文化墓葬，出土了比齐家文化较早的所谓'仰韶期'陶片，纠正了瑞典人安特生'六期'说的错误，这是夏鼐先生在考古学上的重大之贡献啊。"语音略停顿后又说，"赵信你已经做田野考古工作多年，田野工作经验是丰富的，我只不过是老话重提，仅供你参考"。先生非常谦逊，可是我已把先生的诚恳话语，牢牢记在心中。1985年5月，在师赵村古遗址T113～T115探方内发掘出了北首岭下层（师赵村一期文化）→半坡类型（师赵村二期文化）→庙底沟类型（师赵村三期文化）→石岭下类型（师赵村四期文化）→马家窑类型（师赵村五期文化）等一系列地层文化堆积。当年夏季我们返回了北京，将这一重大的考古发现喜讯报告了先生。先生说："我过去跟你讲的话，在田野考古发掘中必须注意地层变化，你没有忘记，才会有了今天这样的成绩，我要向你队拍手祝贺!"

先生也非常关心我的业务成长，问我今后有什么打算。我不加思考的回答："继续坚持下田野，为研究工作添砖加瓦。"先生琢磨了一会对我说："一个田野考古工作者，做好考古调查和发掘工作是前提，但也要抽点时间多读点书。关于考古方面的书我相信你会读了一些，但也要读一些文史方面的书，这样吧，现将我读报所得文史方面的书目，一一告诉你。请你记在小笔记本上。"

文学十一种书：《诗经》《楚辞》《李太白诗集》《杜工部诗集》《白香山诗集》《韩昌黎文集》《宋元戏曲史》《水浒》《红楼梦》《鲁迅杂感选集》。

史学六种书：《左传》《史记》《史道》《徐霞客游记》《二十四史札记》《常王春秋》。

哲学思想十九种：《论语》《墨子》《老子》《孙子》《荀子》《韩朴子》《论衡》《庄子》《孟子》《金刚经》《化书》《李氏梵书》《续梵书》《明夷待访录》《续四书大全书》《四存篇》《习斋先生言行录》《太平天国文选》《天演论》《梦溪笔谈》《本草纲目》《天工开物》等。

此时，我知道先生自己写的著作也不少，本想索要，哪怕是一篇文章，签名留念，颇觉得是荣耀之事。但在当时来说真是羞口难开。不过2004年终于盼来了先生的女儿佟伟华女士转送给我先生所写的《中国考古学要论》大作一部，先生在扉页上亲自题签“多谢赵信老友关照。柱臣，二〇〇四年六月二十日”。书收到后，我不停地翻阅，题签我不时地看着。我明白，就是因为我在1997年6月退休后非常荣幸地被考古所领导任命为老干部服务管理人员。由于职责的驱使，我和同事博丽兰、金仲林曾到先生家拜访并做了一点应该做的事。可是先生却牢记心头，借赠书的机会，题墨表扬我，当时我把先生的话化为做好老干部工作的前进动力。

先生不断地鼓励我练习写作，他在百忙之中为我写了墨宝“根据你的定位，做好考古调查、发掘、照像（相）、测量工作，根据你的基础，能写什么就写点什么”（附录）。先生告诉我，“应当学习文学大师沈从文练习写作的毅力，沈从文为了练习写作，手指磨成了茧子，废稿纸每半日都能装满纸篓”。意思就是要不停地写，不要怕失败，要不停地练，直到觉得满意为止。我把先生的墨宝和话语当做座右铭，从20世纪80年代起，我积极参加大型考古报告《青海柳湾》《师赵村与西山坪》等书的编写工作，同时又和同事联名出版了《青海古代文化》《西北五省（区）文物考古等文献目录》，自己又独著《掘宝探密》《考古足迹》科普书两部，短文若干篇也都在报纸杂志上予以发报。先生对我所取得的田野写作成绩也是高兴万分，在我编写的《掘宝探秘》一书中，先生毅然决定为我作序，序文中这样提到：“我和赵信同事四十余载，始终关注着他的工作和科研，数十年来，他始终兢兢业业地奋战在田野考古第一线，西北大地、北方草原到处都留下了他的足迹，他是一位不畏艰险，刻苦勤奋的实干家。”这是先生对我充分的肯定，心中感到自豪。同时，在自豪中我也不会忘记先生事先为我指出的努力方向，它如云开雾散，前程豁然开朗。

先生非常了解我在甘青地区工作的考古成果，因此在1988年提副高职称时，先生认为问题不大，没想到榜上无名。可是先生不顾年迈亲自为我找有关职称评定人员，心平气和地摆事实讲道理。先生对我说：“虽然这次没评上，我也要去找评委，让他们更深入地了解你。”先生是一位德艺双馨的著名考古学家，能为我这样一个普通的考古工作者亲自伸张得失，这种精神实在是难能可贵，迄今让我佩服不已。

先生自己一贯过着艰苦朴素的生活，但对他人的生活却非常关心。我牢牢记得在20世纪80年代初期，先生和我办公地点都在考古所大院的西南隅。到冬天，我们的办公室有暖气设备，而先生的办公室是用蜂窝煤炉取暖。当时我有一件深蓝色劳动布筒裤，因为它厚实，虽然经过几年田野考古调查发掘的风霜，仍然完好无损。只是蓝蓝的颜色蜕变成蓝中泛白了。我舍不得丢掉它，从商店买了一袋深蓝色爱尔兰牌染料，放在搪瓷盆内用清水泡后搅匀，将旧裤放入其内，借用先生屋内的火炉煮沸。先生特别赞赏勤俭持家，非常支持我的行动，他说：“你还是到自己的办公室写《青海柳湾》报告去吧，我在自己的办公室帮助你煮沸翻动比较方便，也不会耽误我的工作。”先生还很幽默地说：“近水楼台先得月嘛！”我听了先生的话，暂别了先生办公室，利用午休时间，将先生为我洗染好的筒裤，经凉水冲洗后滤去浮色，放在铁丝上晾干，裤子就焕然一新了。从这点小事，可以看到先生助人为乐的高贵品格，后来每当我见到先生的背影时，总觉得他越来越高大了。

2012 年 6 月

附录

老老实实做人，老老实实做事，根据你的定位，做好考古调查发掘、测量、绘图田野照像工作，根据你的基础，提起笔来，能写什么就写什么。

佟柱臣

15×20=300　　中国历史博物馆考古部

眷怀恩师佟柱臣先生

丁学芸
（内蒙古文物考古研究所）

1960年我大学毕业分配到文化学院文物博物馆系工作。文化学院是文化部新组建的高等院校，院长黄洛峰、副院长李长路，共设有哲学、编辑、印刷、文博四个系。文博系系主任由国家文物局局长王冶秋兼任，副主任王泽（主持常务），书记刘巨成，系秘书张金铭，教员有佟柱臣、石光明、金昊喆以及由北京大学历史系考古专业毕业分配来的孔哲生和我。全系实际就8人，担负着培训全国文物博物馆工作干部。学生来源主要是各省市文博单位调干生，也招收部分应届高中毕业生。当时就一个班学生共计64名，其中高中毕业生24名，我任助教。10月，孔哲生被文物局借调赴山西参加考古发掘工作，张金铭被文化部抽出参加社教中心工作下乡，系里工作人员更少了，不少课程均是从外面聘请老师来校授课，我被安排助教兼代系秘书工作，所以我与全系师生接触较多。

到文化学院之前我并不认识佟先生。佟先生衣着简朴，东北口音，说话不紧不慢，稳稳当当，待人诚恳，平易近人。我因每日忙于繁杂的教学行政任务，所以开始与佟先生接触不多。当时我是全系教职工中年龄最小的，刚走出校门没有工作经验，忙碌的工作使我根本没有时间看书。有一天佟先生来到系办公室，慈祥地笑着对我说："学芸同志，你这样哪儿一叫你就跑去办事不行，要学会用电话联系，能不跑的尽量不跑，有些事情还可以请系里不忙的老师帮忙，如去总务处领取票证等事（当时正值国家困难时期，粮食、日用品等均凭票证），工作得分轻重缓急。要保持作学生状态，抓紧时间多看书学习。"这语重心长的关怀、教诲使我很感动，这是我与佟先生印象深刻的第一次接触，我至今都难以忘怀。很快佟先生家搬到文化学院院内，先生的儿女也多是中学生了，佟先生对我似对儿女一样关心，也较多来系办公室转转，一再教导我既要搞好工作，又要抓时间看书长知识。并问我在大学学哪种外语，我回答是俄语。先生几次要我翻译俄文版杂志，并为我找来一小本油印的俄汉考古专用名词对照资料，我利用早、晚时间翻译，翻译完后我才知道是苏联学者引用佟先生学术文章的作品。先生还建议并帮助我说服系主任同意我每周一或二次回北京大学旁听边疆考古和考古新发现这两门课程，系里为我出旁听费和交通费，我很感谢佟先生对我的关心和培养。

文博系大家都很团结友爱，系主任与书记也都很尊重佟先生，他们三人均在四十岁以上，有关教学的工作都是他们三人共同商量决定，而我是做具体工作。根据当时高教部的要求，各系必须上报培养目标规划（包括大学四年开设的主、副课程，科目要具体安排，各科的学时以及体育、劳动锻炼、自习、假期等时间和比例），要达到高教部的具体要求来培养人才。当时规划报告要很快上报，我们不得不加班加点的赶规划。佟先生曾经担任过中学、大学的教学工作，参加过东北考古发掘实践，1957 年还曾赴苏联有关文博单位、研究所考察学习，参加过北京大学组织文博教材的编写和担任过论文导师，所以对高等学院培养人才工作是内行。而系主任和支书都是老干部出身，虽然建国后也从事过一些文化工作，但是没有从事过高校教学工作的经验，我是刚走出校门参加工作，所以这个规划主要就依靠佟先生了。做规划工作既要全盘考虑又要突出重点，不仅考虑基础知识、专业知识的培养，还要考虑德、体的培养，要为国家培养合格的文博工作人才，工作量很大，佟先生认真、负责地挑起了这一重担。工作中佟先生认真思考、虚心听取意见。60 年代那会儿没有计算器，对众多的数字和比例只得靠算盘和笔算，王泽主任算盘打得好，但更多的是笔算。佟先生对我们算的所有数字和比例都认真核实、反复验算。在佟先生的带领下大家顺利按时完成规划，并得到上级领导的认可。规划的完成应该归功于佟先生，可是佟先生非常谦虚，一再说是大家的功劳。通过这项工作，我更加敬佩佟先生。可惜文化学院一年后下马，规划未能得到实施。

佟先生对全系职工都非常关心，当时正值国家困难时期，物资匮乏，生活必需品均凭户口、票证购买，部分供应紧张的票证还是偶尔才有，但系里每次领上一二张票证时，佟先生总是极力推让。佟先生家庭人口多、生活非常简朴，宁可自己克服种种困难，却非常关心系里的其他老师。我当时只身在北京，父母远在南京，因学校工作忙，故与在外地工作的爱人商量来北京结婚，举办一个简单的婚礼。爱人从外地来京，婆母也从山东来京，佟先生得知后，马上让孩子们将煤炉、锅碗等生活用具送过来借我使用，而且还送来一些凭户口供应的煤球，解决我一家人做饭之困难，使我和爱人、婆母都很感动。

文化学院文博系是个团结友爱的大家庭，佟先生是这个大家庭中受人尊敬的好师长。可惜相处时间太短，一年后我支边来到内蒙古工作，与佟先生见面的机会更少了。50 多年过去了，佟先生现已仙逝，但师恩难忘，将永远长存在我的心中。

2013 年 4 月于呼和浩特

深切怀念佟柱臣先生

景　爱
（中国文化遗产研究院）

2011 年 12 月 3 日零时 5 分，佟柱臣先生的心脏停止了跳动。噩耗传来，我悲痛不已。中国失去了一位知名的考古学家，我失去了一位尊敬的师长。

中国社会科学院荣誉学部委员、考古研究所资深研究员佟柱臣先生，是我最尊敬、接触比较多的师长之一。他的离去使我回忆起他的音容笑貌，想起他谦和的为人和奖掖后进的大家风范，令人高山仰止，永远铭记在心。

一、第一次相见

我第一次见到佟柱臣先生，是 1981 年 6 月。当时，陈述先生培养的五位研究生同时毕业，出于毕业论文答辩的需要，从全国各地聘请了许多知名的专家学者任评委。在评委当中除张政烺、蔡美彪等历史学家以外，还聘请了三位文物考古专家，他们是佟柱臣、史树青、闫万章。为什么要聘请文物考古专家为评委，当时我并不清楚，后来才明白了其中的原因。官修的辽、金二史比较简略，保留下来的辽金文献也比较少，这给辽金史研究造成了许多困难。陈述先生认为，文物考古资料可以补史证史，辽金史研究必须重视文物考古发现。他指出，契丹考古改变了辽金史研究的面貌，也改变了中国通史研究面貌。那种只看文献，不看文物考古资料的做法，是一种自我封闭，不知进取的表现。聘请文物考古专家为研究生毕业论文评论，就是为了听取他们的声音，开阔研究生的视野，诱导他们重视文物考古资料，显示了陈述先生的远见卓识，现在看来是为研究生将来的发展创造了条件。

此前陈述先生虽未同佟柱臣先生见过面，不过对佟柱臣先生在东北的考古活动是有一定了解的。东北是契丹、女真的发祥地，东北考古与辽金文化关系密切是人尽皆知的，聘请佟先生为评委，是对佟柱臣先生的高度信任。佟柱臣先生称，他读过陈述先生的《契丹史论证稿》《契丹社会经济史稿》，从中“颇受启示”，写出了《东北历史和考古中的几个问题》一文，“这算是承受的一点恩泽吧”。佟先生描述他第一次见到陈述先生时，“见到他温文敦厚，确有学者大家的风度”；又说：“作为一个研究生，能够得到像陈述先生这样的专家学者的指导和教诲，在学术生涯中是终生的幸福”，表现了佟先生的谦虚和对陈述先生的景仰。此事已过去了三十个春秋，但是，佟先生的肺腑之言至今我仍没有忘记。

二、为《金代官印集》作序

研究生毕业以后，我的第一部作品是文物出版社出版的《金代官印集》。搜集整理金代官印，前后花费了十余年时间，其间曾向佟先生多次请教。佟先生说，此书资料性学术性很强，为金史研究提供了第一手原始资料，印样越全越好，这样才能满足读者的需要。最后我搜集到600方左右，当时能见到的官印几无遗漏。佟先生听了以后很高兴，他鼓励说："搞学问必须严肃认真，能够找的资料必须齐备，才能做深入研究。"当时我提出，目录编好以后，请他审阅，略书数语为序，他满口答应。我送目录时，他正忙于《中国新石器研究》的写作，写字台上摞着一尺多厚的书稿。见此状，我说佟先生不忙，有闲暇再写序。佟先生认为不能耽误出版社审稿编稿的时间，要为出版社着想。于是，他放下了手中的写作，很快就写出了长序。在序中他写道："清代、民国收录官印虽多，但金代官印很少。唯景爱所著《金代官印集》，则是专集录金代官印的著作。景爱同志曾受学于著名辽金史学者陈述教授，取得硕士学位，著作甚丰，为积学锐进之士。他广汇博征，得有印样与无印样而存其印文者共六百余件。虽然各地博物馆和文物考古研究单位尚有一部分藏品未发表，各省志县志中的尚有一部分未辑出，但就目前所得来说，总算是绝大部分了，这在学术界中是非常可喜的收获"；"金代官印不仅丰富了金代文物宝库，而且促进了金史研究，颇具学术价值，故喜而为之序。"字里行间，体现了他对后学的鼓励和奖掖，令人感动不已。

该书出版以后，我把样书送到东总布胡同弘通巷1号佟府。佟先生接过样书，从头到尾一页一页翻阅了一遍，高兴地对我说："此书你编写的很不错，印刷装帧也很精良，没有辜负陈述先生对你的培养，真是名师出高徒啊。"这是鼓励，也是鞭策。我自知书中所收录的尚有缺漏，因此，后来在孙文政、王永成的帮助下进行增补，由中国书店出版了线装本的《金代官印》，收录了900多方官印，由江苏金坛印刷厂印制，装帧十分精美，被评为全国优秀美术图书。此书的获奖，是佟先生不断鼓励的结果，应当归功于佟先生。

三、为佟先生著作写书评

佟先生写作的《中国边疆民族物质文化史》于1991年4月由巴蜀书社出版以后，曾赠送我一册，并附短信一封，全文如下：

景爱研究员：

好久没有见面了，向您问好。

我的这本写了六年、印了九年的《中国边疆民族物质文化史》，终于问世了。里面有那么多繁难的历史文献和考古材料，那么复杂的英文、俄文、日文书目，在一个地方小厂，也难为他们了，因此能印出来，就很觉得不易。

兹寄上一册，请指正。

想请您写篇书评，内容我不看了，投到报社看看。添麻烦了，深谢深谢，发表后给我一份。

顺颂

撰祺

佟柱臣

1992 年 10 月 30 日

这本书佟先生写了六年，可知佟先生多么仔细认真。送出版社等了九年才出版，可知当时出版是何等困难。读过以后，我深为之感动。此书后记署“记于北京困学斋”，说明即使是知名的专家学者出版一本著作，也是困难重重，如无出版补贴的话，只能耐心等待。“困学”成为当时知识分子研究学问最普遍的烦恼和困境。

我仔细从头到尾读了一遍，立即写了一篇书评，送到报社，却被认为这类稿子太多，不好发表。我只好将书评投到北京师范大学的《史学史研究》，这家杂志没要补贴，在 1993 年第 2 期采用了，我如释重负，将杂志送给佟先生，说明了情况，佟先生十分高兴。出书难，发表书评也难，20 世纪 90 年代“一切向钱看”的弊端暴露无遗。

然而值得庆幸的是，此书后来获得了“全国古籍优秀图书一等奖”，说明学术界对此书评价很高。

四、与佟先生最后一次见面

大约是 2003 年或 2004 年夏天，我曾到方庄去拜访佟先生，他是 1994 年从东总布胡同弘通巷迁居于此。楼上楼下两套房子，都很俭朴整洁，没有华丽的装修，这与佟先生不追求奢华的人生态度是一致的。“一碗粥足矣”，便是他的座右铭，是他人生哲学的真实写照。他甘于寂寞，把全部精力都用于研究写作，毕生的论著达 500 万字之多。他俯首甘为孺子牛，为国家、为人民贡献了全部的精力。

此次拜访，我给他带去了两种新书，一是天津百花文艺出版社出版的《沙漠考古》，二是紫禁城出版社出版的《沙漠考古通论》，卷首分别有史树青、张文彬所作的序言。史树青、张文彬（时任国家文物局局长）他都认识，仔细翻看了他们的序言，又翻看两书的目录和正文，他感慨地说：“想不到你对沙漠考古下了这么大的工夫，取得了这么多的研究成果，开创了考古学的一个新支，贡献太大了。”我说，这是为了满足社会的需要，因为沙漠扩张已成为当前严重的环境问题，危及了人类的安全。佟先生点头称是。

我知道佟先生已 80 多岁，难得一见。我带去照相机，给佟先生和师母拍合影；请佟先生坐在窗前，给他拍单人照；最后我又与佟先生合影留念。冲洗出来以后，我把照片寄给佟先生，据佟伟华说，佟先生认为我拍照很不错（其实搞考古的人都会拍照），他很高兴。

这次拜访，我发现佟先生身体很好，我也很放心。却未料想，这是我与佟柱臣先生最后的一次见面。2010年，社会科学文献出版社出版了佟先生最后一种著作《中国辽瓷研究》，由贾兰坡院士题签书名。由于我既搞考古又从事辽金史研究，佟先生令伟华赶紧给我寄一本，供我参考。读过以后，从中增长了许多知识，实是辽金史研究的必读之作。我先写了一篇书评，发表在《中国社会科学报》，比较短小；后来我又写了一篇很长的书评，收在一本论文集中，样书尚未送去，佟先生已离世，他未能看见这篇书评，我甚感内疚。

佟柱臣先生离我们而去，他留下了丰富的知识财富，也留下了光辉的人生，高风亮节，令人永远怀念。他将名垂青史，风范永存。

学问闪光，人品亦闪光
——怀念前辈考古学家佟柱臣先生

陈　晶
（常州博物馆）

12月16日打开邮箱见伟华哀告，才知柱臣公佟先生前辈逝去，十分悲痛。我原先以为一生坦荡做学问、超凡脱俗又心地宽厚的佟先生能寿高百岁，而在他还不遗余力奉献考古事业之时却离去了，实在难舍呀！

我认识佟先生在20世纪60年代初，虽然以后接触并不多，但有两件事印象很深，感觉先生学问闪光，人品亦闪光。在学术界也物欲浊流的今天，更感觉先生是一条在山的清溪。

大约是60年代初，佟先生来济南博物馆考察大汶口墓葬出土文物。山东省文管会邀请先生做有关东北地区考古的学术报告，讲了整整一个上午，内容非常丰富。当时正值人民大众生活极度困难时期，报告结束后，我们同往食堂进餐，杨子范先生为佟先生端上一碗大锅菜，配上两个细粮白馒头，聊表敬意，而佟先生不肯特殊，一再要求和大家一样吃粗粮。我不想让佟先生推让，情急之中用了一句不太得体的言辞，被在一旁的郑笑梅瞪了一眼，训诫我“南方人，嘴巴太快”，意思是批评我不该这样插嘴，我十分窘迫。而佟先生宽怀地让我不必介意，还向我含笑示意。一瞬间，我感到佟先生一点也没有大专家的做派，和善的举止、仁爱的秉性，让我这个年轻人顿生敬意，也更期盼向前辈求教学问。

老师般的仁和宽厚，使我在佟先生考察大汶口文物期间，毫无拘束地向他请教了不少问题。佟先生回京后，同时给刘锡增馆长与刚刚入行的我写了一封信，让我激动。虽然时隔半个世纪了，至今我还珍藏着（附录）。信称：

刘馆长并转陈同志：

谢谢两位对我在学习大汶口材料时，所给予的方便。

返所以后，见到颜先生，他将有专函复刘馆长，谅已收悉。

陈同志所问这个形的骨器问题（附草图。按：《大汶口——新石器时代墓葬发掘报告》125号墓出土，见图版36之10号图），这种东西可能为骨弭（弓筈），诗，象弭鱼服（按：佟先生应用《诗经•采薇》篇），就是以象骨饰弓之两头，类似这种器物的日本绳文时代晚期、弥生时代，以及朝鲜庆州金冠塚都出过角弭，我国辽东半岛牧羊城更有铜弭。骨器上的两个孔，当为系弦之用。但是还值得进一步观察的，是它出土的位置，如果为骨弭，一个墓中应有两件，并应中间保持一定的距离。不知具体情况如何？耑此奉问，略供参考。

敬礼

佟柱臣

九月五日

一位专家、长者倾其所知，回答青年学子的提问，让我感受了师生情谊般的温暖。我从中得到的不仅是对某件器物的认知，更是一位具有渊博学识长者的启示：探索考古文化，没有捷径，必须刻苦努力。

前几年我写过一篇小文《麋鹿的奉献》。作为老文物、新思考，交稿后，我才遗憾地想到应该将我从佟先生处认知的这几件骨弭的用途写进去，一则对大汶口报告中篇在骨坠类的这件骨弭做一交代说明，再则亦寄托对佟先生的怀念、感恩之情。

今年12月初，我去苏州参加江苏省考古学会年会。听学术交流报告时，我觉得对新石器时代出土的骨器，还应列入专题研究。冥冥中我又想起佟柱臣先生，而那天恰恰是12月3日（佟先生逝世日）。同一天我与南京博物院周厚本先生闲聊中，还提到考古所20世纪50年代前辈中有称之"五虎上将"的五位专家。我印象中佟先生也是被誉为"虎将"中的一员。如今先生虽已作古，在我眼前，其音容犹在、笑貌犹在、堂堂正正的风骨更犹在。

2011年

附录

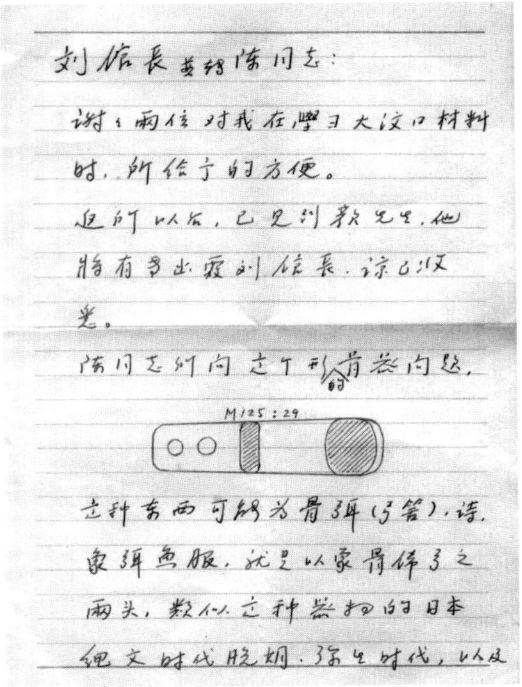

刘馆長并转陈同志：

谢谢两信对我在学习大汶口材料时，所给予的方便。

返所以后，已见到敦先生，他将有书出发刘馆長，谅已收悉。

陈同志所问这个形的骨器问题，

这种东西可能为骨弭（弓箸），诗：象弭鱼服，就是以象骨饰弓之两头，类似这种器物的日本绳文时代晚期，弥生时代，以及

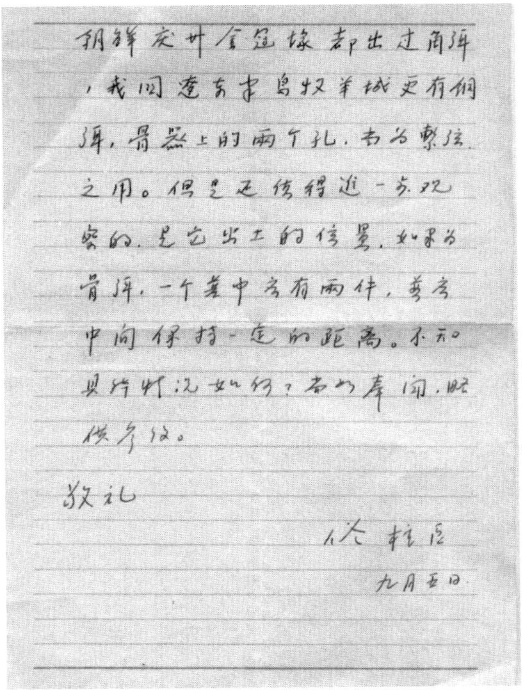

朝鲜庆州金冠塚都出过角弭，我国辽东半岛牧羊城更有铜弭，骨器上的两个孔，当为系弦之用。但是还值得进一步观察的，是它出土的位置，如果为骨弭，一个墓中应有两件，并应中间保持一定的距离。不知具体情况如何？耑此奉问，略供参考。

敬礼

佟柱臣

九月五日

忆佟先生二三事

苏小幸
（旅顺博物馆）

佟先生离我们而去了，中国考古界、史学界又失去一位大师级人物。而我亦失去一位可敬的长辈、老师。回忆起交往中的二三件事，令人难忘。

1980 年 7 月 12 日，佟先生带领他的研究生靳枫毅在各地考察后到达最后一站地旅顺，应博物馆领导要求，佟先生给专业人员做了学术报告并进行了指导。报告之后，佟先生就迫不及待地钻进考古资料库房与石器标本零距离接触。每日早饭毕，就开始与石刀石斧打交道，直到下午 5 点半博物馆工作人员下班才离开。就这样，他触摸研究了我馆近百年来发掘、采集到的所有标本，边研究、边画图记录。有时我们有事不能陪同，先生就说：你们忙去吧，我自己在这里就行。给他预备的开水壶到下班却常常还是满满的，因考古库房距洗手间较远，得下三层楼，所以，佟先生就像在田野考古工地上那样严格地要求自己，为了赢得每一分钟宝贵的时间，尽可能多看一些标本。他对知识的渴求真正做到了活到老学到老，学术研究达到致知至精，先生的勤奋景象深深地刻进了我的脑海。每每想到此，我仍感惭愧，当时没能照顾好先生。

就这样紧张地工作了几天，一天，先生非常客气地对我说，不好意思，得麻烦你们一下，能不能借我 200 元，这次出差时间长了一些，路费不够了。后来我们才知道，先生一路走来已近两个月了。国家世事拨乱反正后，考古所内老专家已不多，能够获得在外考察和上工地的机会十分难得，对于一位德高望重的专家来说，有什么比让他深入发掘工地考察、触摸考古标本进行研究更兴奋的呢？所以，他抓住考察机会一走两个月，直至空囊回不了家了。

我的中国考古学会会员资格介绍人也是佟柱臣先生。1982 年度考古年会即将召开，之前的一项工作是审核申请书以批准新会员。我的申请书被组委会交到苏秉琦先生手中，按学会章程规定新会员必须由两名有会员资格的老会员做介绍人。苏先生决定去找佟先生，介绍说我是他的学生，现在东北工作，请他帮忙做介绍人。那时我与佟先生刚刚认识，更多的是在专业杂志和考古人的口碑中熟悉他，佟先生亦毫不犹豫地答应了。而这一消息还是过了许久我才获知的。事毕再次见到苏先生时，他告诉了此事经过，于是就有了又一次向佟先生请教的机会。但当我踏入佟先生窄小的办公室却吃惊不已——对面的两排平房被分隔成几十个 4～5 平方米一间的办公室，类似冬冷夏热的工棚。书桌、窗台上码着高高的书垛更显拥挤，这就是老专家多年做学问的蜷居之所。而因为可以继续在查找资料方便的考古所内办公，资格老、年龄居长的佟先生却相当知足。现在想想，苏先生从后院近代史所的 7 楼下来，走到前院的平房办公室找佟先生，两位年事已高步履缓慢的老先生为一个交往不深的考古工作者当介绍人真是让人感动。两位资深老专家、科学泰斗关心年轻人的这一幕情景太温馨了。这也就是他们为什么能够获得那么多人敬佩、拥戴的原因吧。

在与佟先生的交往中还有一件非常遗憾的事情：先生在第一次编辑自己文集的过程中，曾托我在东北系统的图书馆、资料室中找寻他早年发表的一篇文章，说曾登载在 1943 年的《建国教育》上。由于历史原因，期刊本身发行时间短，发行量也少，在辽宁省图书馆仅存一本，还在文革后期丢失，所以我找了多位同仁和朋友查找未果。但当我两次主动说起这事时，倒是先生反过来先安慰我，他很谦虚地说，文章不长，只是一篇报道而已，能找到好，找不到也不影响（指文集出版）。辽宁省文物考古研究所专家李宇峰看见过此文，他回忆说，确有这篇文章，拜读过。此文虽然不长，但那是中国学者对红山文化遗迹和文物的第一次明确报道，史料价值弥足珍贵。于是，我期盼着哪一天这篇文章能再现，以告慰研究红山文化有功的佟柱臣先生。

勤毅致远 风范长存

——深切怀念佟柱臣先生

张雪慧
（中国社会科学院历史研究所）

回忆起来，初闻佟老的名字约在半个世纪前。那是20世纪60年代初，我进入大学不久，教授中国古代史的王恒杰老师讲到佟柱臣先生通过对考古学资料进行翔实、深入的研究，结合经典作家的理论，提出并论证了中国古代社会特别是原始社会的一些重要特征，诸如社会生产的男女分工、生产的地域性、文化的连续性、各种文化之间的相互影响与融合等。作为刚迈进史学专业殿堂的青年学子，我带着敬意，很自然地将佟先生的名字存入脑海中的专家信息库。

参观中国历史博物馆是我们学习从上古史到近现代史各个历史时期课程的必要内容。据知，在中国历史博物馆筹建和之后的馆内各项展览、陈列布置过程中，佟先生做了不少工作，例如从猿到人的展览、中国原始社会及近代史陈列，其中原始社会部分的陈列工作由佟先生总其责。这些陈列展览以生动、具象的考古学资料、文物、文献、图版、模型等的展示，加强了我们对历史事实的了解和认识。迄今仍记得每次老师带同学们参观之后都有所收获，这令我在敬意之上对佟先生与有关诸位史学先辈高瞻远瞩和开创性的工作复添感激之情。

从20世纪五六十年代以来，因为工作的需要、学术领域的共同兴趣和对东北大地的故乡情结所系，佟老的住所和工作单位是后来成为我的丈夫的王恒杰不时造访之地。当佟先生住在西城区阜成门内宫门口时，离我们家较近，王恒杰拜访、请教佟老更有地利之便。每次见面，俩人或畅谈中国古代史、考古学界的研究成果，或探讨少数民族物质文化史和东北地区考古文化遗址，总有说不完的话题。

两位先生都是生长于东北大地，熟悉故乡的山川，挚爱考古工作，勤于田野调查，并有所发现。佟老早于20世纪40年代在教课之余的野外调查中，曾在大凌河两岸发现多处新石器时代或青铜时代遗址及古代城址；在牛河梁、夏家店等遗址的调查，发现的文物标本为新中国成立后进一步认识研究红山文化、夏家店文化提供了珍贵的线索；在赤峰英金河发现了百余里长的早到燕秦的长城，是继斯坦因的敦煌汉代长城之后又一次年代更早的重要发现。佟先生于1944年参与了由李文信先生主持的赤峰辽代缸瓦窑窑址的发掘，收获颇丰，并由此开启了对辽瓷的长期整理、研究。王恒杰在东北人民大学（后称吉林大学）读书时，也是亲聆李文信先生的教导，长期坚持田野考古调查，获得前人未涉及的考古发现，1957年发表了《长春市郊新石器时代遗址》。共同的志向、浓郁的乡情、熟悉的师友（罗福颐、李文信、闫文儒诸位先生皆是王恒杰尊敬和长期相知往来的学术先辈），特别是佟老对东北地区考古如数家珍，使王恒杰与佟老的交往成为心目中一段美好的回忆，与佟老切磋讨论请教的过程中得到的启迪也令王恒杰受益良多。

佟老以考古为中心的学术生涯达60余载，专业范围包括考古学、博物馆学和边疆民族物质文化史，考察研究从微观的石器工具使用痕迹到东北地区考古学到全国新石器考古学的全面系统的宏观领域，学术成就卓尔不群，论著丰厚，意义重大。撮其要者如：《中国东北及周缘地区考古概论》（为“名师讲义”丛书之一部）、《中国历史的童年》（与贾兰坡、安志敏教授合著，获“爱国主义读物优秀奖”）、《中国边疆民族物质文化史》（获“全国古籍优秀图书一等奖”）、220万字的《中国新石器研究》、《中国辽瓷研究》、《中国考古学要论》等。其他还有关于博物馆学，辽瓷论著的翻译、介绍、著述及《文物工作文献目录》《博物馆文献目录》的编写、整理，等等。这些鸿篇巨制是佟老一生把全部心血倾注于祖国考古文博事业所取得的辉煌成果，对考古文博工作的许多重大学术课题和前人未曾涉及的领域，提出了许多富于开创性的精辟见解，是对中国考古学的杰出贡献和宝贵财富。

佟老的业绩令我们后学肃然起敬，无人能望其项背，犹如佟老的勤奋和坚毅少有人能与之比肩。佟老一生对考古事业有坚定不移的信念、坚忍不拔的毅力和坚持不懈的耕耘，克服各种困难，自励自勉，潜心治学，坚守科学事实，锲而不舍地进行研究和写作，日积月累地增添、提升着对考古学界的贡献，达到了事业的高峰。

青年时代的佟老立志从事考古专业，却因学校条件所限，只能奋发自学考古学理论方法，考古信念毫不动摇，勤于田野调查，在实地考察与认识实物标本的过程中，不断加深理解，逐渐掌握了丰富的专业知识和考古技能。进入社会后，由于家境贫困，为了生计佟老辗转各地教书糊口，不能专门从事考古工作，但仍然坚持在教书之余做野外调查，采集乡土资料进行研究。

除了客观条件的限制，身体的病患也给田野考察造成困难。据佟师母讲，佟老一度患肺病缺乏医疗条件，即使如此仍止不住佟老野外调查的脚步，以顽强的毅力继续考古工作。

从事专业考古工作后，佟老更焕发了最大能量，极其勤勉地工作，感受着考古文物工作的无穷乐趣。在早年研究的基础上持之以恒进行调查研究，考察、比对、分析过无以数计的图版、器物标本。仅关于新石器工艺、类型和文化的研究，佟老就考察了十多万件标本，绘制了七八千张石器图形。《中国新石器研究》的手稿重数十公斤，累高约1米，汇聚了佟老60余年新石器研究的精髓，充分体现了作者的勤奋、坚毅和严谨，怎能不令人钦佩感动！

佟老一生热爱写作，晚年仍笔耕不辍，500余万字的考古专业论著之外，还以散文、古体诗词表达对工作和生活的感受，抒发情怀。笔者曾蒙佟老赠送一本《医巫闾山诗集》，为“长白丛书”之一部。诗文不仅反映了佟老对祖国河山、故乡土地的热爱，也表现了佟老谦和乐观、坦诚正直的性格，及对子孙后代教育关怀的亲情。佟老的子女伟华、佩华都在我国考古学界辛勤耕耘，应与佟老言传身教的积极影响有关。

因个人的专业背景，笔者还想再谈谈佟老关于我国边疆民族历史考古的重要成果和意义。中国边疆民族考古是佟老学术生涯的重大课题之一。早在 20 世纪 40 年代，佟老就发现、考察和论证了赤峰英金河北岸的燕秦汉长城最早约建于燕昭王初年，比河套北岸秦长城早 100 来年，比敦煌北长城早 200 多年。鉴于此的进一步研究，将杨守敬《前汉地理图》所定辽东郡界向北延伸 200 余里，为燕秦汉的东北疆域提供了确切证据。佟老还从考察自然环境与史前文化区着手，论证辽东半岛与山东半岛属同一文化圈，联系极为密切；黄河流域彩陶影响到赤峰，更远及林西，说明在新石器时代我国东北与华北即为密不可分的同一文化系统，批驳了日本军国主义妄图割裂我东北的侵略野心。之后，相继考据研究了东北、西北以及中俄边界的考古学材料，明确论证了在公元前东北南部已归属秦朝的版图；黑龙江流域和乌苏里江以东地区自古以来就是中国的领土，两地 100 余万平方公里被沙俄夺占，只是 100 多年前沙俄侵略我国的结果；西北地区巴尔喀什湖以东、以南的帕米尔地区约 50 余万平方公里原属于中国的领土也被沙俄侵占。这些历史不应被忘记，充分体现了佟老通过考古学研究伸张正义、维护国家领土主权的爱国主义精神。

佟老所著《中国边疆民族物质文化史》以多年积累的考古材料为依据，论述了从古代至明清，我国边疆东北、北方、西北、西藏、西南、台湾、南海诸岛等区域各民族的发展、相互交流、影响、融合及物质文化的发展变化。系统地考证了中国自古以来就是多民族的国家，夏、商、周中原地区的许多族群到战国时期融合为华夏族，秦统一中国，汉代开始出现汉族称谓，实为华夏族包容了更多族群之民族共同体。汉族也有移居到各地与少数民族杂处的情形，并把中原先进的物质文化带入边疆少数民族地区；少数民族也开发了边疆，向中原输出自己的特产。唐代是民族深入融合时期。宋代以后，北方大族契丹、女真、党项也融合于汉族的多民族共同体中，为汉族增添了新的血统和文化。

佟老的论证与著名社会学家、民族学家费孝通先生的中华民族多元一体化理论不谋而合，揭示了我国自古代以来逐渐形成为统一的多民族国家的历史进程，具有重要意义，对民族考古学学科的形成与发展具有积极推动的作用。笔者稚作《民族考古学基础》即采借了佟老、费老的多元一体化理论观点，多处引用、介绍了佟老边疆民族考古的研究成果。

佟老是我国杰出的考古学家，勤毅严谨，多有建树，成就斐然，谦逊祥和，与人为善，鼓励后学，诲人不倦。2000 年，笔者曾将前述拙著请教佟老审阅评论，又恐给时已 80 余高龄的老人家增添工作负担，心中惴惴。笔者首先找到了佟老的女儿佟伟华，请她代为转达笔者的请求。后来据伟华说，佟老了解了我的要求后，毫不犹豫，他首先认真地读了我的拙作，然后以年过八旬的高龄十分认真地书写了对这部著作的评议。笔者看到佟老亲自手写的一丝不苟的五六篇稿纸，均是根据书中详细材料，有重点地提炼出建议，实事求是地给予积极评价，对佟老如此诚挚、认真的精神非常敬佩，感动不已。其时情景迄今记忆犹新。

我想，今天我们怀念佟老，不仅为了佟老对我国考古学做出的贡献，也为了佟老的品格风范。

铁肩担道义 一腔赤子心
——佟柱臣先生的爱国情怀

靳枫毅
（北京市文物研究所）

当前国内正在倡导爱国主义教育，中央电视台更向海内外观众发出了"爱国，让你想起什么"的专题访问。这自然让我想起一个最熟悉、最亲近、并值得我永远景仰和怀念的人，他就是我敬爱的导师，已故老一代著名考古学家、中国东北考古与边疆民族考古泰斗、中国新石器时代考古的一代宗师佟柱臣先生。到今年（2014年）12月3日，佟先生离开我们三周年了。先生虽然走了，但他留下的巨量学术遗产、他高尚的师德、他勤勉奋斗的精神、严谨谦逊的作风、和蔼慈祥的面容，都已永远封存和深铭于我的心中了。在佟先生辞世之后，我曾写过纪念文章[1]，也曾应中国社会科学院考古研究所之邀，写过关于佟先生学术成就传记[2]等，但均囿于篇幅和体例所限，未曾涉及其爱国主义思想和爱国情怀方面的内容。而爱国主义思想与爱国情结，也是体现佟柱臣先生思想品质、政治水平和学识素养的重要方面，同样是他老人家给我们后学者留下的宝贵精神财富，我们理当继承并发扬光大。由此，又特写此文，一是想弥补以前所写文字之不足，二是想借此让考古文博界同行能更全面地了解佟柱臣先生。在此摘记几桩往事，以与大家共同感受和认识佟柱臣先生。

一、撰写匈奴西迁，企唤民族自强；坚持业余考古，以抒爱国之志

1939～1942年，佟柱臣先生正就读于吉林高等师范学校历史地理系。当时中国东北已沦陷，正值"日寇入侵、中华民族遭受灾难的时候。我看到祖国汉代匈奴人在欧洲激起的历史波澜后，便写了《匈奴西迁与欧洲民族之移动》一文，发表在1942年《学艺》第二辑上，这是我第一篇学术论文"，文中写了"北匈奴被窦宪于燕然山击败以后，西越乌孙抵康居，更由康居迁至阿兰、歌德之地，引起歌德人在欧洲的广泛迁徙"[3]。这篇文章发表时，佟先生刚22岁。他想借此表达自己决不甘心当亡国奴，也企唤东北同胞应有民族自尊和自强的抗争精神。

在吉林高师读书期间，他由一开始喜欢历史地理知识，逐渐转向喜欢考古知识，并"进而确立了专攻考古学的志愿"[3]。因学校没有考古课，所以他只能借阅国内外一些

考古学书籍自学。为排解精神上的苦闷，他便“不断利用星期天和假日，在吉林市和永吉县进行调查，如欢喜岭、平顶山、骚达沟西砬子、西团山等史前遗址，龙潭山高句丽山城、乌拉街明清乌拉部城址”[3]等，都留下了他难忘的足迹。可当时他家中的生活却非常贫困，父母为了供他上学，不得不靠借债度日。1942年冬，他从吉林高师毕业，被分配到辽宁省凌源县中学任教。因为辽西地区也同样是沦陷区，所以精神上依然十分苦闷，于是他继续默默地坚持业余考古调查，“在教课之余，跑野外成了我的经常行动”[3]。此时的心境，他在《凌源附近新石器时代遗址之调查》一文中曾这样写道：“寸衷郁郁，何可自慰？是以采集乡土资料，自作研究。”在凌源教书期间，他跑遍了大凌河两岸，他发现了这一带“多处新石器时代或青铜时代遗址”，如石匠沟、建昌沟、南城子、北城子、广山顶上、樱桃沟东山、小珠禄科西山、大河南山、大河西山、牛河梁、安杖子等[3]，其中较为重要的，当属凌源牛河梁红山文化遗址和安杖子战国燕文化城址的发现。

那时，他白天利用课余时间和假日跑田野调查，晚上就抓紧时间整理调查材料，仅1943年一年就发表有关吉林和凌源两地考古调查与研究文章5篇。

二、踏破铁鞋寻踪，发现燕北长城；重定东北疆域，以昭爱国之心

1943年7月至1945年8月，佟先生“转到赤峰师范教书”。这个时期，他“仍然是不断地跑野外调查”[3]，他在赤峰附近，在英金河沿岸，先后发现了夏家店遗址，东八家石城址[3]；五里岔北和五里岔西望楼址等数处汉前燕国城址[4]；1944年，他“还跟随李文信先生参加赤峰猴头沟缸瓦窑辽代窑址的发掘”[3]。回顾在赤峰教书期间，从事业余考古工作的收获时，佟先生说：“我在赤峰考古的最大收获，是在赤峰英金河北岸发现的一段长百余里的燕秦汉长城。这段长城，西接围场，东连敖汉。在我国，是继英国斯坦因在敦煌发现的汉长城以后的一次重要发现，而年代又远到燕秦。”[3]可见赤峰英金河北岸燕北长城遗迹的发现具有相当重要的历史价值和意义。谈到这个问题，我们不能不联系到佟先生来此调查之前和调查期间，一些日本人在赤峰及其附近地区所从事的频繁的文化侵略活动的历史背景。了解了这一历史背景，将使我们对佟先生当年踏破铁鞋，坚持在赤峰英金河流域百余里的山川壑谷中探寻并识出燕北长城遗迹的行为与结果，会有更深刻的理解和认识。

据了解，日本人自20世纪初至1945年投降之前，至少有20余名所谓学者屡屡来东蒙古和赤峰一带活动，他们以“调查”为名，行文化侵略和文物掠夺之实。首先踏上东蒙古和赤峰这片土地的，是鸟居龙藏，他于1906年就来“调查”过，然后又于1908年，携其妻鸟居君子一起来做“调查”，随后便写了《蒙古旅行》和《东蒙古的原始民族》等书；1930～1931年，“九一八”事变前后，江上波夫、水野清一等人，来到东蒙古、张家口、绥远及长城沿线“调查”，掠走了一大批中国文物，写了三篇调查报告：

《蒙古细石器文化》《绥远青铜器》及《支那北疆绳席文土器遗迹》，一起收在1935年出版的《内蒙古·长城地带》一书中；1933～1934年，八幡一郎等人又来赤峰等地“调查”，于1935年和1940年先后发表了《热河省的先史遗迹及遗物》(第六部第一、第三编)；1935年，滨田耕作在八幡一郎等人调查的基础上，与三宅宗悦、赤崛英三、三上次男、岛田贞彦等，一起发掘了赤峰红山后遗址，随后于1938年出版了《赤峰红山后》发掘报告；1941～1942年，儿玉重雄等来到赤峰“调查”，于赤峰城北9公里处，发现了一座战国燕文化城址，其于1943年，将此发现刊发于《热河》杂志上；1942年10月，又有鸟山喜一、渡边三三等来赤峰“调查”，他们也踏查了儿玉重雄发现的那座位于赤峰城北的燕国城址，还采集到燕“一刀”钱币残片；1944年4月，又有中岛寿雄、黑田源次等来赤峰“调查”，他们也去了儿玉重雄发现的那座燕城址“调查”一番，并采集到完整的燕“一刀”钱数枚；1944年间，黑田源次与三宅俊成又来赤峰一趟，此次没有调查燕国城址，而转向去猴头沟调查辽代缸瓦窑窑址去了[5]。

上述这些日本人，从鸟居氏到儿玉氏和黑田氏，共计约20余人，他们频繁地往来于东蒙古和赤峰地区，长达30余年，“调查”的项目从史前遗址到汉前燕城址，再下延至辽代遗存，其投入的人力不可谓不多，花费的时间不可谓不长，“调查”的内容不可谓不广，但他们竟然让其中规模最大、最具历史价值和意义的燕北长城赤峰段遗迹，从他们的脚下和眼皮子底下漏网了！尽管在此之前，日人村田治郎曾有过“热河必有长城”的推论[6]，但日本人始终“未获得实址”[4]。让这些日本人更想不到的是，这一重要遗迹到头来居然被一个在赤峰教书的普通中国青年教员、一个业余考古爱好者、年方24岁的佟柱臣给发现并识得了。

关于燕北长城址问题，佟先生“于此方面早已注意”。他于“1943年4月曾发见凌源安杖子土城，10月发见热水北冷水塘城，继而于翌年春，调查英金河北岸先史遗迹时，复发见五里岔北望楼址、五里岔西望楼址、上水泉城址、山湾城址、三家东居住址、老爷庙居住址、山头城址、小城子城址数处”[4]，同时还发现“英金河北岸山地倾斜面上有石垒状态，至撒水坡又发见一汉前城址，询诸乡人石垒为何，告曰土龙，至斯遂生非燕秦长城之遗址欤之推测”。再细观察，“始悉土龙确系极长之土壁”，“依其东西方向，一一与过去所发见之诸城对照，乃悟山上者即长城，山下诸城，即长城之防御所也”。此段“长城，过山则筑石壁，于平地则筑土壁，乃因地制宜也”[4]。日本人在赤峰这里之所以没有发现燕北长城遗迹，就是因为他们有三个不知，一是不知“土龙”之名，二是不知“土龙”之实，三是不知山下所发现的燕国土城址即为与燕北长城直接相关的戍所遗迹。佟先生是中国人，访问当地老乡，老乡即以实相告，故知有“土龙”之名，此乃长城之俗称；再以实地调查的材料，明白了“土龙”有因地制宜的结构特点，即在山上为石筑墙体，在山下平地处则以夯土筑之；再联系在凌源安杖子、热水北冷水塘，以及在赤峰英金河北岸山下发现的数座燕国土城址，它们的结构、规模和与长城遗迹的位置关系，便“悟”出这若干城址，乃是“长城之防御所”的史实。于是佟先生便把这一历经风霜、得来不易的重要发现和悟识，写成一篇正式调查报告，于1946年刊布于世[4]。

在此需要指出的是，上述 1939～1945 年间，青年时代的佟柱臣先生连续不断地做了 6 年艰苦的业余考古工作，当时并没有谁在组织或指令他必须去做，他完全是自觉自愿地投入的。一边调查，一边写出调查报告，并不断发表，何其勤奋，何其认真，何其努力！究其原因，盖因这是他所热爱和毕生追求的事业。因为他把业余考古当做一项事业来做，所以做得有声有色，成绩斐然。这在山河破碎的年代，对于一个普通的青年知识分子来说，是何等高尚的志向抉择！

鉴于此项发现对于考察和界定汉代以前中国东北疆域具有特别重要的意义，于是佟先生又潜心做了进一步研究，于 1956 年发表了他的著名力作《考古学上汉代及汉代以前的东北疆域》[19]。文中指出，过去谈到中国汉代东北疆界，史家皆以文献记载的郡县建置的所在和郡界加以推定，“将西汉的右北平、辽西两郡的北界划到北纬 42°，大约到今天热河省的朝阳附近，辽东郡的北界划到北纬 42.8°，大约到今天辽宁省的开原附近，作为疆界。东汉时期，东北疆域南移”，“辽东郡北界移到北纬 42°，右北平、辽西两郡北界移到北纬 40.5°，大约到今天的长城附近”，“但是这个结果，与现在考古学上的发现，是有些不同的”。佟先生在列举了大量的考古资料之后，明确指出：“赤峰英金河与老哈河之间的一段古长城，痕迹是非常清楚的，东方走向那青沟，西方走向围场，线索也是可寻的。这可能就是燕、秦、汉长城的所在，它比起从文献上推定的从怀来经承德、凌源出医巫闾山到辽阳的长城，在热河一段，显然北移 120 余公里。”最后，佟先生作出结论：“赤峰附近发现的古长城址，与甘肃敦煌附近发现的古长城址一样，就是我国历史上有名的万里长城。它是世界古代著名的伟大工程之一，也是中国古代劳动人民辛勤劳动的伟大成果。尤其赤峰古长城时间比敦煌还早，它可能就是燕、秦、汉时代的长城址所在地。赤峰约在北纬 42.3°，吉林约在北纬 43.8°，较之史学家推定的辽东郡最北点北纬 42.8°，相差纬度 1°，大体计算约向北推移 120 公里以上。这是从考古材料中得到的证明。”这是佟柱臣先生用自己亲身实践所获得的最具说服力的考古调查实证材料，对汉代及汉代以前的中国东北疆域做出的最新考证和重新界定。此文的发表，震动了当时的考古学界与历史地理学界。

1943～1944 年，当年轻的业余考古爱好者佟先生自觉自愿、无怨无悔地在辽西和赤峰的茫茫山野间，不断坚持踏查、寻找燕国城址及其长城遗迹时，正值祖国东北沦陷，数千万同胞正处在饥寒交迫、水深火热之中，谁还有心气干这种事呢？但佟柱臣干了，而且一直坚持干到底。不但于 1946 年发表了调查报告，而且又坚持十年深入研究，直至把汉代以前中国东北疆域问题研究明白、得出明确结论，并于 1956 年将撰写的研究论文发表在《考古学报》上才算告一段落。这难道是一个没有意志、没有抱负、没有爱国热忱的人能够做到的吗？佟先生不但是发现和识得燕北长城的第一人，而且是运用考古学手段研究并正确地界定汉代及汉代以前中国东北疆界的第一人。这不但是对一些日本人在日本帝国主义侵华期间，在热河一带所进行的约半个世纪的考古调查的一次重大突破和超越，而且也是对中国东北古代疆域史研究的一项重大突破与建树，既具有重要的学术价值，同时又具有重要的政治意义和历史意义。

三、讲授考古材料陈列，培养爱国主义精神；讲授中国东北考古史，不忘帝国主义侵华史

1957 年，佟柱臣先生应北京大学考古专业聘请，给考古专业本科生讲授“考古材料的陈列”课程。在讲到考古材料的意义和作用时，佟先生指出：“考古材料能够反映历史，能够说明社会发展规律，应予以充分的估价。”“它有两种作用：1、它是丰富我国历史的唯一科学证物”；“2、它是向群众进行历史唯物主义教育说服力最强的资料。（1）间接的：可写成报告、论文，用文字图片来介绍内容。（2）直接的：可用考古材料布置科学陈列。尤其以后者最为有效。通过考古材料的陈列，使观众认识伟大祖国历史的悠久，祖国历史遗产的丰富，祖国历史发展的规律。培养爱国主义精神，树立马克思列宁主义的人生观。”[8]

1978 年，佟先生在为其研究生讲授中国东北考古学史课时，首先讲的是关于“东北释名和东北近代史的背景”[5]。

关于东北释名，佟先生说：“东北一词，按金毓黻先生的说法，亦即中国东北之简称。”但是“日本人不称东北，而叫满洲，这是别有用心的”。“满洲原是部族名，而非地名。”“日本人那么喜欢称满洲，意思是东北这块土地是满洲的地方，是独立于中国历史以外的一块地方。如果把东北称作满洲的话，就会形成这里不是中国政府管辖的一个地方，所以当时好多爱国的中国史学家，据理力争东北与满洲的名称问题，这一斗争的实质就是关系到东北这块领土到底属于谁的问题，这是关系到国家领土主权之争。现在，仍有某些日本人称东北地方为‘东北アシア’，即东北亚的意思，作为形容词来说，就是亚洲的东北部的意思；如果说到黑龙江，将称作亚洲东北部的黑龙江，这完全是自然地理上的一个称谓，不包含有国家对领土所有权的意义，这难道是我们所能表示同意和认可的吗？中国东北就是中国的东北，东北亚是个地理概念，两者是不能混同的。不能用东北亚来代替中国东北，虽然只是一个词，其中确实是包含着很多含义的。”

关于东北近代史的背景，佟先生说：“为什么要讲这个历史背景呢？因为不讲清这个背景，我们的同志们就不太好懂日本人为什么在东北地区开展考古工作这么早、规模这么大，他们为什么首先从辽东半岛开始，就不太好理解；讲这一内容的意思，就是使同志们清楚日本人过去侵略东北的过程，也就是日本人在东北搞考古的消长的过程。”然后佟先生便详细地介绍了日本人自 1895 年甲午战争结束、签订《马关条约》之后，到 1931 年“九一八”事变前后，再到 1945 年投降以前，前后 50 年时间，他们是怎样首先“乘着甲午硝烟踏上辽东的”，接着又是怎样组织一批又一批“学者”，“尾随其军国主义的烽烟炮火来到中国”，先由东北、再到内蒙古、而后又扩展到河北、山西和山东等地，打着“调查”的幌子，实施疯狂的文化侵略和文物掠夺的。佟先生说，当时有个东京大学历史教授叫白鸟库吉的，他在为日本人出版的《满鲜历史地理研究报告》写的序言中，就直截了当地说：“要想统治东北，就要懂得东北的历史。”可见日本学者来华从事的一切活动，都是为配合日本军国主义灭亡中国这个最大的政治目的服务的，绝

不是为学术而学术的。佟先生还说，当日本皇军和这一批一批的文化侵略者在践踏中国国土的时候，“东北有大豆高粱的救亡呼声，时刻都在我们的耳边回响。如果说作历史结论的话，我们只能说他们是掠夺”。与此同时，佟先生又指出：“作为我们搞考古研究的同志来说，还应该注意一点，就是他们发表的材料，乃是我们祖先——中华民族的祖先遗留下来的古代文化遗产，我们还是要把这些资料拿过来认真加以整理和研究，尽管对外国人的一些观点，我们要采取批判的态度。”

佟先生给学生讲“东北”释名和日本帝国主义侵略东北的历史，是为了让学生知道中国东北考古的来历，铭记中国东北在解放前惨遭日寇践踏和奴役的那一段非常沉痛而耻辱的历史，以激发学生知耻而自强的奋斗精神，能更自觉地为中国的考古事业尽职尽责。最后，他语重心长地嘱咐我们说：“我们作为中国的主人，不应该亚于他们。遗产是我们自己的，我们应该比他们作更多的研究工作，提高我们的研究水平，在清理他们的资料和研究成果的基础上，对他们的研究工作中所存在的问题，要批判地予以澄清和纠正。”他殷切地希望东北、内蒙古的同行，今后应加大考古发掘规模与研究力度，“取得更多更好的考古学新成就，以洗刷在沦陷时期，我们在学术上所受到的损失和耻辱”。

这就是佟柱臣先生给他的研究生上的第一堂中国东北考古学史课。先生的每一句话，都在感染和震撼着学生的心，平实而自然地流露出一个正直的中国知识分子那种纯朴、深挚的爱国主义情怀。

四、秉史直书边疆史，至真至诚赤子心

中国边疆地区民族考古，是佟柱臣先生十分重视、十分热爱、也是他投入精力较多、并取得卓著成就的重要学术研究领域之一。自20世纪70年代至90年代初，佟先生在这一领域共发表研究论文10余篇，如《我国历史上对黑龙江流域的管辖和其他》[9]《对乌苏里江以东地区作考古学与历史学的考察》[10]《从考古材料看汉、唐对西域的管辖》[11]《中国边疆民族的历史贡献》[12]等，就是其中代表性的论文。另外还出版了60余万字的《中国边疆民族物质文化史》学术专著一部[13]。在上述研究成果中，佟先生以大量的考古实证材料为根据，同时引证相关历史文献记载，有力地论证了黑龙江以北、乌苏里江以东还有西域等广大地区以及台湾、钓鱼岛和南海诸岛等，在历史上都是属于中国的固有领土，中国历代政府都曾在这些地区实行过行政管辖，勤劳的中华民族曾是这些地区或岛礁的主人，他们曾世世代代居住在这里，生活在这里，不断创造着中华民族的文化，开发着祖国边疆的土地，并曾为捍卫祖国的神圣疆土做出过巨大牺牲和贡献。同时，他又为鸦片战争之后，沙俄帝国主义强行侵吞本属于中国的黑龙江以北、乌苏里江以东和西域地区共计150余万平方公里的土地，以及日本帝国主义强行侵占中国固有的神圣领土台湾和澎湖列岛（包括钓鱼岛）等侵略行径，表示无比愤慨、坚决反对，并予以强烈谴责。我们从佟柱臣先生秉史直书的这些文字中，可以真切地体察到一种精神，即佟柱臣先生对伟大祖国的每一寸疆土的珍重和无比热爱，对伟大的中华

民族所创造的历史文化的珍重和无比热爱的浓烈的思想感情，和一个正直的中国知识分子特有的那颗真诚的赤子之心与报国情怀。

（一）关于黑龙江以北、外兴安岭以南和乌苏里江以东100多万平方公里的领土问题

1. 我国历史上对黑龙江以北、外兴安岭以南地区的管辖

佟先生指出，早在隋朝初年，居住于黑龙江流域的靺鞨部即与朝廷有贡使往来。

至唐朝开元十年（722），在今伯力地方（今俄罗斯哈巴罗夫斯克），即命黑水靺鞨首领倪属利稽任勃利州刺史（按：勃利即伯力）；开元二十八年（740），又在黑龙江以北黑水靺鞨居地设黑水都督府，由治所设于营州（今朝阳）的平卢军节度使兼押。

辽代从辽圣宗开始，于黑龙江下游地区设置五国部和五国酋帅、五国节度使，属黄龙府都部署司统辖。辽宁朝阳市柏树沟发现的辽统和四年（986）耶律延宁墓，此墓主人耶律延宁就做过羽厥里节度使，曾威震辽国极北之疆境。

金代对女真人实行猛安、谋克制度[14]。据《金史·地理志》记载，黑龙江北岸金朝最北边边界处的一个谋克，称作火鲁火疃谋克。

元代在黑龙江中上游设失宝赤万户府，属开元路统辖；在黑龙江下游设兀者、吉里迷万户府，在黑龙江口奴尔干地方设征东元帅府，均属水达达路统辖。

明代初期，永乐七年（1409）在黑龙江口特林这个地方设置了奴尔干都司。在辽代原观音堂旧址上，修建了永宁寺，并于永乐十一年（1413）在寺南侧建了一座“敕修奴尔干永宁寺记碑”。碑文用汉、蒙、女真文三种文字刻成，碑左、右两侧还有汉、蒙、藏、女真文合写而成的佛教六字真言“唵嘛呢叭咪吽”。至万历年间（1573～1620），奴尔干都司所属卫、所，包括兀良哈三卫在内，共384个卫，24个所，7个地面，7个站，1个寨。其中奴尔干卫，设在特林地方；兀的河卫，设在乌策河；囊哈儿卫，设在库页岛，这里曾发现过“囊哈儿卫指挥司印”铜印一方。

清初对黑龙江以北地区的管辖，根据《满文老档》记载，努尔哈赤曾于天命元年（1616）即命扈尔汗等经略黑龙江下游的萨哈连部。经努尔哈赤、皇太极两代的经营，从鄂霍次克海到贝加尔湖，包括外兴安岭以南和库页岛在内，原属于明朝版图的广大地区，在清入关之前，已全部纳入了清政权的管辖。

2. 我国历史上对乌苏里江以东地区的管辖

佟先生在《对乌苏里江以东地区作考古学与历史学的考察》一文中指出，唐代的渤海国，是附属于唐朝的地方政权。唐在先天二年（713），即设置忽汗州都督府，册封了大祚荣为渤海郡王。渤海地有5京15府62州，其中有6府23州设置于乌苏里江以东地区。其中双城子即为渤海率宾府址所在地，领有华、益、建三州，亦是华州的治所。在伯力设铁利府，在乌苏里江下游设定理府，在乌苏里江流域设安边府，在捷丘贺设怀

远府，在滨海东部设安远府。在刀毕河上游和哈桑区，分别发现有渤海时期的团山古城和克拉斯基诺古城，出土了很多渤海莲花瓦当与其他建筑构件，以及佛像等文物。

据《辽史·地理志》记载，辽代在乌苏里江以东地区建立了刺史管理制度，辽王朝除了在这一地区设治、设官之外，还年年征收赋税，如铁利等五部每年都要给辽庭贡纳貂皮、良马、海东青、蛤珠等名贵物产。

乌苏里江以东地区本属金朝肇兴之地的一部分。据《金史·地理志》记载，金初在这一地区即设恤品路和耶懒路实施管辖。在绥芬河、乌苏里江、麦河、苏昌河、富金河、捷丘贺河、比金河诸流域，发现不少金代城址，其中最著名的为双城子。城东边有“大金开府仪同三司金源郡明毅王完颜公神道碑”，此碑立于金大定十五年（1175）之后，此金源郡明毅王即金朝耶懒路、恤品路两路的最高统辖者、金代在乌苏里江以东地区最有权势的边疆大吏完颜忠。

据《元史·地理志》记载，元代在乌苏里江以东地区设置恤品路和合兰府水达达路。

据《明实录》记载，明代初期，自洪武十五年（1382）始，滨海地区已归明朝统辖。正统（1436～1449）之后，在兴凯湖东南法勒图河置弗儿秃河卫；在兴凯湖东瑚叶河置兀也卫；在海参崴东西林河置失里卫；嘉靖（1522～1566）时于兴凯湖置恨克卫[15]。上述乌苏里江以东地区诸卫所，皆归奴尔干都司管辖，而奴尔干都司又归明朝设在辽阳的辽东都指挥使司管辖。

据《清太祖努尔哈赤实录》和《盛京通志·疆域》篇记载，清初即在清入关之前，乌苏里江以东地区东海诸部全境，已悉隶后金版图。之后清朝即设宁古塔将军管辖这一地区。

综上所述，佟先生以大量历史文物和文献记载，证明了一个铁的事实：黑龙江以北、外兴安岭以南和乌苏里江以东的广大地区，自古以来就是中国的领土。这两片辽阔的疆土，一直由中国历朝历代政府行使着有效的管辖，千百年来，是中华各族人民用勤劳的双手，世世代代不间断地开发了这两片广袤而富饶的土地，中国人民才是这里真正的主人。

但是自16世纪沙俄形成统一国家以后，不断向东扩张，黑龙江以北和乌苏里江以东地区的形势，便随之发生了变化。1643年，沙俄侵略者波雅科夫率领一支侵略军越过外兴安岭，首次入侵我国黑龙江流域。随后，1650年，又有沙俄哈巴罗夫匪徒再次入侵我国黑龙江流域，他们所见到的是：清政府派去的50名骑兵协同当地居民，一起抵御匪徒的骚扰[9]。1860年6月20日，沙俄侵略者科马罗夫又率领40名侵略军，占领了海参崴。海参崴，原本是汉族的命名即产海参的崴子，但沙俄为了满足其贪婪的野心，把这里改称为“金角”，又称符拉迪沃斯托克，即“镇东”之意，充分暴露了沙俄的侵略本质[10]。令人深感遗憾和不解的是，这一打着明显的沙俄侵略者烙印的命名，一直延称至今不改。

自从1840年（第一次鸦片战争）之后，中国就开始遭受帝国主义列强的侵略，这时的清朝政府腐败无能，在帝国主义的炮舰政策威逼下，签订了一系列丧权辱国的不平等条约。佟先生愤然地写道：“沙俄帝国主义乘英法帝国主义侵华联军进攻天津的时刻，用武力迫使清朝当局于咸丰八年四月十六日（1858 年 5 月 28 日）签订了《中俄瑷珲条约》，割去黑龙江以北、外兴安岭以南 60 多万平方公里的中国领土。接着沙皇俄国借助英法侵华联军攻占北京的军事压力，借口调停有功，并以‘兵端不难屡兴’相威胁，迫使清朝政府在咸丰十年十月二日（1860 年 11 月 14 日），签订了《中俄北京条约》，把乌苏里江以东 40 万平方公里的中国领土，强行划归俄国。”[13]

这样，沙俄帝国主义从 1858 年至 1860 年仅两年多的时间里，就轻易地从中国东北地区强行侵吞了 100 多万平方公里的土地。佟先生不禁两度扼腕长叹：“这仅仅是一百多年前的事!”[10]

（二）我国历史上对西域的管辖

从汉至清，中国历朝政府对西域广大地区，一直享有并切实行使着有效的行政管辖。佟先生在《从考古材料看汉、唐对西域的管辖》《中国边疆民族的历史贡献》和《中国边疆民族物质文化史》等著述中，曾做过系统的研究和论述。

佟先生指出，早在西汉建元三年（前 138）和元狩四年（前 119），汉武帝就先后两次派遣张骞出使西域，打通了汉与西域的交通，开辟了“丝绸之路”。至西汉晚期哀帝、平帝时，西域附汉朝的属国更扩至五十国[16]。武帝于太初四年（前 101），在轮台和渠犁（今库尔勒西南）“置使者校尉领护之治”，其下设有丞、司、马、侯、千人等官，既管屯田，又给使者，为当时西域最高管理机关。这是中国古代在西域设官管理之始。至西汉宣帝神爵二年（前 60），又在乌垒（今轮台东）设立“西域都护”，作为管理西域的最高军政长官。至东汉安帝延光中（122～125），又派遣班超子班勇任西域长史（自此西域都护改称西域长史）。汉朝政府为了维护国家的统一，对于西域各国（地方政府）的王侯将相也赐以封号和印绶，并由汉朝中央政府发给他们俸禄，视同汉地方官吏一样。当时领受、佩带汉印的西域各级官吏有 378 人之多。自汉宣帝、汉元帝之后，有关西域的地理、官员、户数、道里等，都已有明确记载，西域广大地区已悉隶汉朝版图。

三国时期，西域诸多属国并成为 6 个大的属国，即为鄯善、于阗、焉耆、龟兹、疏勒、车师后部王。这几个大的属国，均与曹魏保持着贡纳关系，曹魏在西域继续设西域长史实行管理。

至晋，西域诸属国继续向晋朝贡献，晋朝在鄯善、焉耆、龟兹、疏勒、于阗等五国国王名号之前，均冠以晋朝加封的“晋守侍中大都尉奉晋大侯”的位号，清楚地表明了西域属国从属于晋的关系。

隋朝大业五年（609），平吐谷浑后在西域设立两郡四县，两郡为鄯善郡和且末郡。

唐朝在西域设立了两处最高管理机构，一处是在贞观十四年（640），于交河城设立的安西都护府，后移至龟兹城，统辖龟兹、焉耆、疏勒、毗沙四都督府，兼统龟兹、于阗、疏勒、碎叶四镇；另一处是在长安二年（702），于天山北麓吉木萨尔北破城子设立的北庭都护府。开元年间（713～741），又设北庭节度使，管理瀚海、伊吾、天山三军，瀚海军即驻北庭。

宋朝时西域诸国如于阗、龟兹、高昌和北庭回鹘王等，仍与宋贡纳往来十分频繁。

元朝于至元十七年（1280），在高昌设北庭都护府；于至元二十三年（1286），在别失八里设元帅府；于至元二十六年（1289）前，在斡端设宣慰使元帅府；于至顺元年（1330），在哈剌火州设总管府。进一步加强了对西域的管辖。

明朝时的西域，北部为察合台后裔瓦剌，东部为哈密、吐鲁番，南部为于阗。洪武八年（1375），于撒里畏兀儿地区设立安定、曲先、阿端等卫。永乐二年（1404），并设哈密卫，以周安任忠顺王长史，行使明中央政府对西域的管辖权；永乐八年（1410），明朝还对土尔扈特上层，颁发了汉篆封爵王印。

清朝初期，西域的厄鲁特蒙古分作四部：即准噶尔部、杜尔伯特部和硕特部和土尔扈特部。其中准噶尔部的噶尔丹暗中与沙俄勾结，企图破坏清朝的统一。乾隆二十年（1755）和乾隆二十三年（1758），清朝政府先后两次平定了准噶尔部的叛乱。乾隆四十年（1775），清朝政府颁给旧土尔扈特部、和硕部首领银质官印，印文有“旧土尔扈特英勇之王”。同时又在惠远城（今霍城县南）设立了管理西域的最高军政长官——“总统伊犁等处将军”，其下在乌鲁木齐设都统，在塔尔巴哈台、伊犁、哈什噶尔设参赞大臣；更在乌鲁木齐、巴里坤、吉木萨尔、奇台、阜康、呼图壁、玛纳斯实行州县制；在哈密、吐鲁番、土尔扈特部、和硕部实行世袭的扎萨制；在天山南部分地区实行伯克制。以上各级官员，均归伊犁将军统领。之后，清政府又在巴尔喀什湖和帕米尔等地区，设立了许多卡伦（哨所），定期派官兵往楚河、塔拉斯河、伊塞克湖、巴尔喀什湖等处巡查，并在这些地区开垦屯田。

上述事实雄辩地证明，“自汉迄清，巴尔喀什湖以南、以东地区，历来属于中国的领土”[12]。但佟柱臣先生又不得不十分沉痛和愤慨地写道：“只是到了道光五年（1825）七月，沙俄侵略军开始侵入我国巴尔喀什湖以东的库克乌苏河（今俄国卡拉塔尔河）的哈喇塔勒。咸丰六年（1856）五月，沙俄侵略军侵入我国的特穆尔图淖尔（今伊塞克湖）。”[13]接着，“沙俄侵略者又通过咸丰十年（1860）的《中俄北京条约》和同治三年（1864）的《中俄勘分西北界约记》两次不平等条款，共割去了44万平方公里的中国西部领土”[12]。“同治十年（1871）五月，沙俄侵略军侵入伊犁地区”[38]，“通过光绪七年（1881）的不平等条约《中俄伊犁条约》，沙俄侵略者又夺去中国西部7万多平方公里的土地。对于这些侵略事实，是不容掩饰的”[12]。这样，沙俄帝国主义就于1860年和1881年，分两次将本属于中国政府管辖了两千多年的共51万平方公里的西域领土，又给吞噬掉了。在中国历史上本来用惯了的“西域”一词，至今已很少有人使用和提及了。

（三）南海诸岛自古以来就是中国的领土

佟柱臣先生在《中国边疆民族的历史贡献》这篇论文中，在写到南海诸岛时，特别将这一节的标题称作：“美丽的岛屿，辽阔的海疆”，真切地表达了他对祖国南海海疆的那份深情的热爱和自豪。佟先生指出：“南海诸岛历来就是中国领土的一部分。”它有四大群岛组成，即西沙群岛、东沙群岛、中沙群岛和南沙群岛。“南海我国古称涨海。西汉已经有通往涨海的航路，东汉地方行政官员开始在涨海巡行。”三国时万震的《南州异物志》、康泰的《扶南传》，宋代周去非的《岭外代答》《武经总要》，还有《元史·史弼传》，明代《郑和航海图》、黄衷的《海语》，清代施世标的《东海南洋海道图》和郭嵩焘的《使西纪程》等文献中都已有关于南海物产、地理特点、宋元两朝对南海诸岛海疆的管理、南海诸岛的分布位置以及南海航路和里程的记载。在西沙群岛北礁和甘泉岛上均发现有唐宋时期的遗址，以及出土的大量南朝、唐宋至元明时期的瓷器残片和宋元明各代的铜钱等文物。

“清代康熙四十九年至五十一年（1710～1712），广东水师副将吴开、躬洪自巡视了七洲洋、四更沙等南海诸岛。”直至清末光绪、宣统年间，清朝水师仍照常来南海巡视。在西沙群岛的北岛上有两块纪念碑，碑上分别刻有“视察纪念，大清光绪八年”和“视察纪念，大清光绪二十八年”。“宣统元年（1909），广东水师提督李准，副将吴敬荣、刘义宽率官军170余人，分乘3艘军舰，巡视西沙群岛。查明了15个岛屿，并命名刻石，以志管辖之区。1911年，中国广东省政府宣布西沙群岛归海南岛崖县管辖”[13]。北岛上的小庙内，摆有道光福建德化窑的2件青花盆与木制神位牌，这是中国渔民上岛的标志与证明。在永兴岛，发现有康熙青花五彩大盘残片；在金银岛，发现有清初青花龙纹瓷盘等。

“1921年，当时中国政府在永兴岛上树有‘视察纪念碑’；抗日战争胜利后，1946年11月24日，当时中国政府也在永兴岛上树立有收复西沙群岛水泥碑，一面写‘南海屏藩’，一面写‘海军收复西沙群岛纪念碑’。”最后，佟先生义正词严地总结道：以上事实，“雄辩地证明，南海诸岛自古以来就是中国领土的一部分”[12]。

（四）台湾、澎湖、钓鱼岛历来就是中国神圣领土不可分割的一部分

佟柱臣先生在写到台湾时，特别将这一节的标题称作“祖国可爱的台湾”[12]，既点明了台湾与祖国不可分割的关系，又表达了他对宝岛台湾的那份亲切的同胞之情。

佟先生指出：“台湾在东汉叫作夷州；隋朝叫作琉球；明代称台湾为‘东藩’‘台员’‘大湾’和台湾；至清政府统辖台湾之后，才统称台湾。”

据《三国志·吴书·孙权传》记载，三国时吴国的孙权曾于黄龙二年（230）“遣将军卫温、诸葛直将甲士万人浮海求夷州”。这是大陆汉族政权派军队赴台湾的较早历史记录。三国时代曾任丹阳太守的沈莹曾著有《临海水土志》，较详细地记述了夷州的地理方位和住民生活。

至隋代，据《隋书·流求国传》记载，隋炀帝于大业三年（607），令羽骑尉朱宽和海师何蛮到流求（即台湾）求访异俗；大业六年（610），更遣武贲郎将陈稜与朝请大夫张镇州率军士万余人再去台湾。其时隋与台湾已有贸易关系。

至宋代，宋人对台湾有了进一步的了解，提出了澎湖岛之名。南宋赵汝适著有《诸蕃志》，明确记载："泉有海岛，曰澎湖，隶晋江县。"说明澎湖在宋代，已属泉州府晋江县管辖。

元代，于至正二十年（1360），在澎湖设巡检司。这是中国政府在台湾地区设官行使正式管辖之始。

明代，到台湾的汉人益多。永乐初，郑和率船队下西洋，曾途经台湾台南赤嵌，于大井上水，影响极大。嘉靖四十二年（1563），明朝于澎湖驻军统辖。崇祯年间（1628～1644），福建数万农民到台湾垦荒、开发。16世纪，倭寇、葡萄牙、西班牙殖民主义者相继侵入台湾，明朝曾在澎湖增设游兵和冲锋游兵，抵御了倭寇的侵扰。万历三十二年（1604），荷兰殖民主义者首次侵入澎湖岛。天启六年（1626），西班牙殖民主义者侵占基隆。崇祯六年（1632），高山族人民奋起抗击西班牙侵略军。

清朝顺治九年（1652），郭怀一等抗击荷兰侵略者。顺治十八年（1661）郑成功率大军进驻台湾，彻底摧毁了外国殖民主义侵略者的统治。康熙二十二年（1683），清政府完全收复、统一了台湾。康熙二十三年（1684），在台湾设立一府三县，一府即台湾府，三县为台湾县、凤山县、诸罗县，均隶福建省管辖，军事上设台厦兵备道，驻在台湾府。光绪十二年（1886），正式改称台湾行省。但光绪二十年（1894）日本军国主义蓄意发动了中日甲午战争，清军失败。翌年（1895）4月17日，清政府被迫签订了屈辱的《马关条约》，将台湾割给日本。从此台湾沦为日本帝国主义殖民地50年。1943年12月1日，美、英、中三国政府共同签署《开罗宣言》，此宣言规定："三国之宗旨在……使日本所窃取于中国之领土，例如满洲、台湾、澎湖列岛等，归还中国。"1945年8月14日，日本宣布无条件投降，中国东北、台湾、澎湖列岛（包括钓鱼岛等在内），又重回祖国怀抱。

佟柱臣先生在《中国边疆民族的历史贡献》一文的结束语中，再次深情地回顾和概括了中国宋元以后直到明清统一的多民族国家不断发展和巩固的历史，他指出："明王朝建立以后，加强了封建主义的中央集权"，"完成了东起朝鲜，南抵安南，西总乌斯藏，北括蒙古，东北远及奴尔干、库页岛在内的统一大帝国，奠定了广大的版图。清代在鸦片战争以前，是我国统一的多民族国家更加巩固和发展的时期，疆域十分安定。因此，东北至外兴安岭、乌第河、库页岛，北到恰克图、西至巴尔喀什湖和葱岭，南至南海诸岛，东达台湾及钓鱼岛，这个幅员辽阔的疆域，均隶清朝的版图，为我国近世疆域史，奠定了牢固的基础。"[13]最后，他以拳拳的赤子之心殷切希望，当今的海峡两岸，能早日实现统一，以完成"历史赋予我们的神圣使命"。

五、骥老犹怀千里志，不完巨制誓不休

1987年，佟柱臣先生67岁，正式办理了退休手续。但他所做的研究课题——"中国新石器研究"尚未完成。这项研究课题，是佟先生自1961年调入考古研究所之后就提出来要做的。因此所里仍给他留着那间平房办公室，于是他还是照旧每天早来晚

归。这一干，又是3年。但由于此课题涉及的面太宽，工程量过于浩繁，所以一直到1990年他依依不舍地离开他那间办公室回家时，仍未完成。佟先生是一个治学特别严谨的人，同时又是一个意志坚定和特别讲诚信的人，他下定决心，一定要在自己有生之年完成这一课题，实现自己多年来追求的目标和对领导的承诺。翻阅佟柱臣先生著的《医巫闾山诗集》[17]，看到有一首七绝《上班晨路》，让我感慨不已。这是1989年2月4日，一个寒冷的清晨，佟先生走出家门，又去考古所上班，路上竟吟诗自励，诗云："腊月黎明寒未收，隔窗遥望月如钩。骥老犹怀千里志，不完石器手不休。"在诗的末句加有一注："正写《中国新石器研究》书稿。"此诗所表达的，正是他退休之后的数年间仍在为"中国新石器研究"这一尚未完成的研究课题继续努力拼搏的经历、心志与决心。

为了保质保量地搞好这个课题，能更全面、系统地搜集并掌握几个主要地区近年来发现的一些新的新石器资料，他在1987年退休以后至1991年间，再度先后赴四川省、内蒙古自治区、辽宁省、吉林省、黑龙江省、山东省和浙江省七省区做了专题考察[18]。工夫不负有心人，1995年3月13日，佟柱臣先生成功地完成了《中国新石器研究》这部考古学术巨著的撰写与定稿任务。此课题自1961年开始着手，至1995年告竣，前后经历了34年，其时佟先生已退休8年。书稿一大摞，高达1米，加上插图与图版，重达90余斤。哪个出版社肯赔钱接这项活儿呢？一时又令佟先生十分无奈。后幸得童恩正先生大力推荐，巴蜀书社惠然慨允承担这部书稿的出版任务，这块大石头才算落了地。又经过佟先生与其子女和编辑同志一番艰苦细致和极为烦琐的审校、编辑和制版工作，这部书稿最终于1998年5月由巴蜀书社正式出版。其时佟先生已退休11年，年届78岁。34年来，为了做好这项研究，他以瘦弱、年迈之躯跑遍了除台湾和西藏以外的绝大部分省、市、自治区，观摩过近10万件新石器标本，亲手绘制了上万件石器图。他以坚定的意志、顽强的毅力和淡泊、坦荡的胸怀，克服了种种困难，付出了常人难以想象的巨量劳动和无数艰辛，并战胜了长时间的孤独与寂寞！

引人注意的是，佟先生在该书第三章东南沿海地区中，设置了第八、第九两节内容，专门论述海南、香港和澳门的新石器；又特别设置第四章，专论台湾的新石器，足见其对海南、香港、澳门和台湾新石器时代文化特征的关注与重视。因为在佟先生的心中，一直装着伟大祖国的每一寸疆土，海南、香港、澳门和台湾自古以来就是中国的领土，既然作的是《中国新石器研究》，自然就应该包括对海南、香港、澳门和台湾的新石器研究。佟先生在书中不但论述了这几个地区新石器的自身特点，而且还分析并着重指出了它们在某些文化因素上与大陆同类文化的密切联系和大陆对它们的影响。如在论述海南的新石器时，就指出："这些石器，无论石斧、石锛、石铲，多有肩，有肩形式之突出，显示了与广东大陆同类器相似，特别是有肩有段石锛，更常见于广东南部，也是两地文化相似之证。"[18] 在论述台湾的史前文化时，更明确地指出了大陆对台湾史前文化的影响，他说："无论从绳纹陶、网格纹陶、彩陶、黑陶，都可以看到大陆黄河流域、长江流域、浙江、福建对台湾的深厚影响。"尤其在台湾的"西海岸，从南到北，都受到了大陆的绳纹陶、网格纹陶、彩陶、黑陶的影响"[18]。过去，中国考古界多注重对大陆本土的考古学研究，而很少关注以上四个边疆区域的相关材料和问题的研究，但在佟先生的研究中，则完全打破和改变了以往那种狭隘的局面，而给人一种视野开阔、面貌一新的感觉。

尤其值得指出的是，在此书的最后，佟先生增设第十章内容：论中国新石器在世界新石器中的地位问题。他给自己加了码。为了弄清和阐明这个重要学术问题，佟先生必须投入大量的时间和精力，去查阅和研究很少有人熟悉和关注的周边国家和地区，如朝鲜、日本、西伯利亚、东南亚、南亚、中亚、西亚、欧洲、埃及、非洲、美洲及大洋洲的新石器资料，然后再将中、外两方面的资料一一进行纵向与横向的比较。单是为了写出这一章内容，佟先生就不知下了多大的工夫。但最终他还是把这块硬骨头给啃了下来，不但弄清和阐明了中国新石器在世界新石器中的地位问题，而且还弄清并阐明了世界史前史发展的总规律问题。

佟先生在本书结语中明确指出："中国新石器文化，是世界上最早的新石器时代文化。中国新石器时代早期江西万年仙人洞距今一万二千年；而西亚、日本的新石器时代文化，约当公元前 8000 年；越南新石器时代文化，约当公元前 7000 年；南亚、中亚新石器时代文化，约当公元前 6000 年；欧洲最早的巴尔干半岛新石器时代文化，约当公元前 6000 年后半叶。因此说中国新石器时代文化，是从旧石器时代晚期向新石器时代早期过度最早的文化。"同时，"中国新石器的工艺，是世界新石器工艺的顶峰。中国在旧石器时代晚期，已经有了琢、磨、钻等工艺；到了新石器时代，出现了划断、抛光、锉、管钻孔、轮柁工艺，都是世界上所罕见的。世界各国石器，多为局部磨制或全部磨制，连钻孔工艺都很少"。因此，"中国新石器复合工具的发现，是世界上最多的国家"。佟先生关于中国新石器在世界新石器中的地位这段实事求是、科学精辟的理论总结，字字句句都凝聚着他的辛劳与汗水，都饱含着他对中华民族灿烂文化与优秀传统的无比自豪的深厚感情。

按说佟先生作《中国新石器研究》，能将中国国内各个地区的新石器时代文化全面、系统地研究完、研究好，已经是很了不起、很不简单的事了，即使不去涉及和联系世界各地的新石器问题，也是可以的，也完全可以说本课题的研究任务已经完成。但佟先生不是为了自己能"交差"来干这项工作的，他完全是为了要做好中国考古学研究事业来做这个课题的，他一心想弄清并阐明中国新石器在世界新石器中的地位问题，为中国新石器研究在世界考古学坛上争取到话语权，赢得本该属于中国的、并受到国际学术界重视和尊敬的一席之地。因此，佟先生为完成"中国新石器研究"这项重大课题，他实际上是完成了两次"万里长征"，一次是国内的"万里长征"，一次是走出国门、冲出亚洲、最终走向世界的"万里长征"，而且一直是孤身一人，没有助手。这是常人难以做到的。

佟柱臣先生最终完成的《中国新石器研究》，是一部中国新石器资料的总汇，堪称 20 世纪中国新石器时代考古的鸿篇巨制。这是一部将中国新石器研究推向世界学坛的奠基力作。其所采取的科学手段与研究方法，其研究的广度、深度和认识的理论高度，皆达到 20 世纪中国新石器研究的巅峰。它是佟柱臣先生以坚定的意志，倾尽 30 多年的心血，为中国考古学界酿造出来的一壶陈年佳酿。因此可以说，佟柱臣先生的《中国新石器研究》为20世纪的中国考古学研究事业，又竖起了一座具有重要学术价值的里程碑！

还需要指出的是，佟先生退休之后，并不只是完成了“中国新石器研究”这一项课题的研究任务。这一时期，他还抓紧一切时间，马不停蹄地整理、撰写、编辑、出版了另外两部学术专著——《中国考古学要论》[19]和《中国辽瓷研究》[20]，并撰写、发表关于中国新石器时代考古、中国边疆地区民族考古、中国东北考古以及中国古代文明起源问题等多个学术领域的论文和书评等30余篇。可以说，佟先生为了他热爱的中国考古学事业，一直拼搏到了生命的最后一息。

六、抗震救灾，匹夫有责

2008年5月12日，中国四川省汶川县发生了8.0级强烈地震，给汶川及周围数十个市县的人民生命和财产造成了重大损失。地震发生后，中央电视台每天都随时播放灾区受灾和全国军民团结一心支援灾区、抗震救灾的新闻。佟柱臣先生当时已88岁高龄，因病不能走动，只能坐靠在轮椅上看看电视。当他看到灾区千万间的房屋都被震塌，死伤人员数以万计，逃出来的群众无家可归，很多伤病者与失去父母的儿童，也只能安置在简易的帐篷里，急需医生救治，或盼着有水喝、有饭吃的情景时，不禁心急如焚、连连叹息。然后，他把老伴（当时也85岁高龄）和长子佟健华叫到身边，沉重地说：“咱们捐点钱吧。”老伴说：“咱捐1000吧。”健华说：“可以。”佟先生摇摇头，然后说：“2000吧。”老伴和健华都表示赞同。晚上七点，佟先生又看了一阵有关灾区的新闻报道，知道情况愈加严重。这一晚他一直沉默不语。第二天一早，他就把老伴和健华又叫到身边，严肃地说：“我看捐4000吧。一会儿健华你就去所里替我办了吧。”老伴和健华都知道，这是佟先生的决定，必须随他这个愿，二人都说：“行，就照您说的办。”于是佟健华赶紧就去中国社会科学院考古研究所，替佟先生捐上了4000元，以表达他对灾区同胞的一份心意。考古所的会计感动地说：“佟先生真可以!”据所里同事说，佟先生的捐款是全所群众职工中数额最多的。

其时佟先生退休已经20余年，不但自己身患疾病，而且老伴一辈子没有工作，没有任何收入，其生活、看病等一切开销全都靠佟先生的工资来维持。佟先生没有退休以前工资就不高，加上退休年头早，所以到2008年的时候，他每月的退休金还不足3000元。平时两位老人总是省吃俭用，一日三餐，粗茶淡饭，从不舍得到外面饭馆吃一顿饭，也不舍得给自己买新衣服。佟先生给自己写的座右铭是：“喝粥足以，奋进为乐!”这个座右铭一直挂在佟先生的小房间——“松云斋”的墙上。但在国难当头之际，布衣学者佟柱臣先生在没有谁组织他、通知他的情况下，却当仁不让，自觉自愿地为灾区同胞慷慨解囊，悄然地站到了救灾队伍的最前列，再次尽了匹夫之责。他的这一义举，令周围很多同志感佩不已。

七、结 束 语

从以上介绍的几桩往事中，我们不难体察和认识到，佟柱臣先生绝不是一位两耳不闻窗外事、一身暮气的老学究，而是一位不但在诸多重要考古学领域（如中国东北考古学、中国边疆地区民族考古学、中国古代文明起源和早期国家形成问题、中国新石器时代考古学等）皆有独到的理论建树与卓著贡献，是中国20世纪屈指可数的著名考古学家之一，而且同时还是一位心系国家兴亡、胸怀爱国之志、拥有满腔爱国热忱的爱国主义者。

从20世纪40年代初青年时代的佟柱臣发表关于匈奴西迁的论文开始，在国破家亡的艰苦岁月里，始终不渝地坚持业余考古6年之久，用他的两条腿往复多次丈量遍吉林、凌源和赤峰地区的所有山川河谷，终于突破了一批又一批日本人的调查，独立发现并识出赤峰英金河北岸的燕北长城遗迹，并经深入研究，于20世纪50年代中期向学术界提出了重新界定先秦时代中国东北疆域的新观点。到1957年和1978年，他在给大学本科生和研究生上课时，一直重视爱国主义教育，讲授中国东北考古学史时，特别详细讲述了日本帝国主义侵华背景，并历数其掠夺中国文物的侵略罪行。至20世纪70年代后半叶至80年代初，他在研究中国边疆地区考古时，又对沙俄帝国主义在鸦片战争之后，强行侵吞本属于中国历代政府管辖的黑龙江以北、乌苏里江以东和西域等广大地区共计150多万平方公里的中国领土的侵略事实，秉史直书，愤然予以揭露和警示，同时又对中国南海诸岛、台湾、澎湖（包括钓鱼岛）的主权归属和历史沿革，做了考古学与历史学的考证，而后严正指出，南海诸岛、台湾及澎湖列岛（包括钓鱼岛），自古以来就是中国固有的神圣领土不可分割的一部分。字里行间，充满了他对伟大祖国每一寸国土的眷恋与热爱。1987年退休之后，仍“骥老犹怀千里志”，不但完成了《中国新石器研究》这部鸿篇巨制，既研究、论述了国内各个地区新石器的特征和文化发展的规律特点，对边疆地区，尤其是对海南、港澳与台湾地区新石器时代文化的特点及其与大陆的文化联系问题，给予前所未有的关注与揭示，证明这些地方自古以来就是中国领土的一部分，其文化从来就是中华民族文化的组成部分之一；同时又把视角转向更宽广的国际舞台，将中国的新石器置于世界新石器领域中进行比较研究，最终弄清并阐明了中国新石器在世界新石器中的地位问题，从而将中国新石器研究推向了世界考古学坛。除此之外，还整理、撰写、编辑出版了《中国考古学要论》和《中国辽瓷研究》两部学术专著及《医巫闾山诗集》，并又发表学术论文30余篇，充分体现了他对祖国考古事业的挚爱和对学术真理的执著追求，及对伟大的中华民族及其灿烂文化的无比热爱和深厚感情。到2008年汶川发生大地震时，又当仁不让为灾区同胞慷慨捐款，等等。这些事情，连续、集中地发生在佟柱臣先生身上，看来绝不是偶然的，而是自然和必然的，因为他的爱国之心早在青年时代即已生根，其爱国主义思想和爱国主义情怀是一贯的，她们伴随并支撑了他的一生！

我的导师佟柱臣先生，生来好像就是一头勤奋耕作的黄牛，“不用扬鞭自奋蹄”；也好像是一根蜡烛，生来就是为了燃烧自己，照亮别人；又好像是一只春蚕，总要吐尽自己最后的一缕丝，才会安然地离开这个世界；更好像是一株苍松，虽扎根岩缝之中，但却愿将自己的一片绿荫合盘献给人间！

佟柱臣先生数十年来所创造的巨量学术遗产和取得的卓著学术成就，将永载史册！

佟柱臣先生高尚的品格与修养，平凡而伟大的爱国情怀与行为操守所臻至的精神境界和所传达出来的正能量，将永为后学楷模而彪炳千秋！

2013 年 11 月 6 日

于云深斋

参考文献

[1] 靳枫毅：《宗师风范垂千古 学术丰碑励后人——深切缅怀敬爱的导师佟柱臣先生》，《北方文物》2012 年 2 期。
[2] 靳枫毅：《佟柱臣》，《二十世纪中国知名科学家学术成就概览 · 考古学卷》，科学出版社，待出版。
[3] 佟柱臣：《佟柱臣自传》，《中国考古学要论》附录二，鹭江出版社，2004 年。
[4] 佟柱臣：《赤峰附近新发见之汉前土城址与古长城》，沈阳博物馆专刊《历史与考古》第 1 号，1946 年。
[5] 佟柱臣：《东北考古学史》，《中国考古学要论》第三篇第一章，鹭江出版社，2004 年。
[6] 村田治郎：《燕秦时代之长城》，《满洲之史迹》，开明堂，1944 年。
[7] 佟柱臣：《考古学上汉代及汉代以前的东北疆域》，《考古学报》1956 年 1 期。
[8] 佟柱臣：《考古材料的陈列》，《中国考古学要论》第一篇，鹭江出版社，2004 年。
[9] 佟柱臣：《我国历史上对黑龙江流域的管辖和其他》，《文物》1976 年 7 期。
[10] 佟柱臣：《对乌苏里江以东地区作考古学与历史学的考察》，《社会科学战线》1984 年 1 期。
[11] 佟柱臣：《从考古材料看汉、唐对西域的管辖》，《社会科学战线》1981 年 4 期。
[12] 佟柱臣：《中国边疆民族的历史贡献》，《黑龙江文物丛刊》1983 年 1 期。
[13] 佟柱臣：《中国边疆民族物质文化史》，巴蜀书社，1991 年。
[14]《金史 · 金国语解》。
[15] 黎敬文：《明代东北疆域考》，《考古学报》1976 年 1 期。
[16]《汉书 · 西域传》。
[17] 佟柱臣：《医巫闾山诗集》，吉林文史出版社，1997 年。
[18] 佟柱臣：《中国新石器研究》，巴蜀书社，1998 年。
[19] 佟柱臣：《中国考古学要论》，鹭江出版社，2004 年。
[20] 佟柱臣：《中国辽瓷研究》，社会科学文献出版社，2010 年。全书 44 万字。

深切缅怀亲爱的慈父

佟健华　佟伟华　佟佩华　佟仰华

在父亲的纪念文集《无限悠悠远古情》出版之际，文博考古界的仁人贤达或对父亲在中国考古学发展中的业绩、地位、价值予以高度评价，或对其忠厚本分、淡泊名利的高贵品质予以真情赞扬，或赐大作佳篇以弘扬父亲的考古情，足见父亲是一个为考古奋斗一生的人。对此，我们代表母亲及其家人向大家表示诚挚的谢意！

追昔抚今，往事历历在目。父亲从小立志从事祖国的历史考古研究，走艰苦的学术研究之路，他把毕生精力全部献给了自己无限热爱的考古事业。20世纪40年代，他从一名历史地理学者起步，踏遍了住地周边的山山水水，寻觅发现了不少具有珍贵学术价值的古代文化遗存。他对这些资料进行研究后，将取得的学术成果及时发布，从而被学术界认可，并由此走上了专业考古的道路。这里，我们仅在家庭的视野中，回顾父亲的种种轶事，以缅怀亲爱的慈父。我们的父亲是一个有精神信念的人、一个勤奋执著的人、一个深怀大爱的人、一个清贫节俭的人。

一、有精神信念的人

父亲一生中最推崇的信念是，人是要有一点精神的，每个人都应为国家和社会做出贡献，这就是他的人生价值观。正是在勤奋读书和研究写作的过程中，展现了他的精神世界。

父亲的学习进取精神。在学术研究的道路上，他始终孜孜以求地学习进取。他深知要想在考古学研究上不断发展，其科学基础是要占有和掌握大量书本和实物资料，这就需要首先对浩瀚的考古资料进行学习、分类和辑录。早在新中国成立前，父亲在沈阳博物馆工作期间就开始从事文物资料的整理编目，他为了全面学习和掌握东北地区的考古资料，先后整理了《东北考古文献目录》《东北史前遗迹地名表》以及《辽瓷文献解题》等各阶段的考古资料，对东北地区的考古学成果做了阶段性的总结，这些都为父亲日后从事东北地区考古学研究奠定了深厚的学术基础。

新中国成立以后，作为一名旧知识分子，他积极响应党的号召，努力学习马列主义。他把树立辩证唯物主义世界观和方法论运用和融汇在博物馆的陈列设计和考古研究之中。我们最近整理父亲藏书时，看到一本1949年10月出版的艾思奇《历史唯物论——社会发展史讲授提纲》（订正本），书上布满了父亲用红笔勾画的圈圈点点。他在北京历史博物馆筹备中国原始社会陈列时，辑录了《经典作家论原始社会》，成为举办中国原始社会陈列展览的理论指导。1976 年，父亲在《文物》第 3 期发表《学习恩格斯“劳动创造了人类本身”的伟大学说》，是他学习马克思主义经典著作的体会和收获。

在这以后的学术研究中，他养成了学习与辑录材料的习惯，凡涉及自己的研究领域，他都会以宏观的视角，首先梳理汇集有关资料，而后深入某一课题，这已成为他的学术研究方法。在考古所工作期间，曾多次协助夏鼐所长整理辑录许多考古学研究课题的专题资料，得到夏所长的信赖。

除了学习专业知识以外，他还深知外语知识是开阔学术视野的重要工具，除了精通日语外，他还努力学习英语。20 世纪 60 年代，父亲已过不惑之年，他仍下决心自学英语，后拜所里的莫润先生为师，从一个发音、一个单词开始学起来。从那以后，上下班的路上以及所有的零碎时间他都会掏出单词本反复读写。父亲是一个毅力超强的人，只要他下决心做的事情，都会不懈地努力。逐渐地，他可以借助英语字典，粗看一些英文的考古资料了。直到“文化大革命”开始，别的书不能看了，他还拿着一本英文版《毛泽东选集》反复苦读。

父亲的探索创新精神。父亲在学术生涯中，悟出了博与专的辩证互动关系：“只博不专，难以揭示学术的奥秘；只专不博，必然会有一定限度；以博而返约，才是治学的道理。”

早在 20 世纪 50 年代他就认识到，考古学为了达到研究古代社会的目的，需要借鉴自然科学的知识。但当时由于受到考古学自身发展的约束，更受到我国科技发展水平的限制，考古学与自然科学相结合的研究还很少。为了推进这方面的研究，他有意在自己从事的研究领域进行实验考古学的探索。在进行石器的制作工艺研究时，他虚心向具有实践经验的人学习。20 世纪 50 年代，父亲曾带着石器标本，向修建中国人民英雄纪念碑的石匠师傅请教，后将新石器的钻孔工艺，归纳为八种方式。他还多次去清华大学，向时任清华大学副校长的力学专家刘仙洲教授请教，希望物理学家能够对遗留在新石器刃部的使用痕迹从力学的角度进行微痕研究。刘校长邀请了钟寿民、池去病两位教授共同参与，绘制了石器刃部的力学示意图，使这一研究取得了颇有成效的收获。后来父亲发表的《仰韶、龙山文化工具的使用痕迹和力学上的研究》一文，就是与三位教授合作研究的成果。刘校长也曾经引用过父亲的论著，这成为考古学家与物理学家合作的一段佳话。

父亲在 60 余年的考古生涯中，始终将中国文明起源研究作为自己探索的主要课题。1960 年，父亲在《考古》上发表了《中国原始社会晚期历史的几个特征》一文，他谙熟全国考古实物资料，通过分类、比较和归纳，从工具上、劳动部门上、社会组织上提炼出四个特征，即“生产地域性的特征”、“文化连续性的特征”、“历史发展不平衡的特征”、“文化影响与融合的特征”。这篇文章在考古学界受到极高评价。1964 年，夏鼐先生选编了《中国原始社会史文集》，作者不乏裴文中、贾兰坡、梁思永、尹达等大家，14 篇文章中选编了父亲 3 篇，《中国原始社会晚期历史的几个特征》等就在其中。在 20 世纪 80 年代以后展开的中国文明起源探索中，这篇文章和以后发表的《从考古学物质文化上观察中华民族融合的痕迹》和《中国新石器时代文化发展规律和中国文明的起源》等，被视为我国学术界最早注意到中国原始文化发展的地域特征及发展连续性与不平衡特征的学者。父亲提出的中国新石器文化多中心发展及发展不平衡规律的论点，是后来逐步公认的中国文明多中心起源的最早学术思想基础。

父亲在中国文明起源研究中先后发表十余篇论文，对私有制产生、阶级和国家起源、中国文明起源的模式及其特点、中国文明起源的发展阶段、文明的概念和标志，王国文明与方国文明等专题进行了极具前瞻性的探索。这些重要的学术思想，分别形成于中国文明起源研究过程中几个重要发展阶段性的转折之前，有力地推进了中国文明起源研究的深入开展，为中国文明起源研究做出了重要的贡献。

二、勤奋执著的人

父亲的一生以读书写作为本，他耐得住清贫，更耐得住社会的喧嚣，澄心净虑，别无所求，全身心地投入学术研究的海洋，成为一个搏击风浪的勇者。在学术研究上，他根据自己所处的不同岗位、不同时段，确定自己的研究课题。他的研究范围涉及东北考古、博物馆陈列、中国新石器、中国边疆民族考古等。其中，以中国新石器研究的工作量最大。父亲在学习马列主义关于生产力决定生产关系的论述时，认识到生产工具的重要作用。从这一认识出发，他决定把对新石器时代的石器工具研究作为切入点，进而深入原始社会的研究。这一课题，需要在对全国的新石器资料进行实地收集和考察的基础上，以新石器考古学文化谱系为框架，进行分区域、分时段的分类、梳理、归纳、汇总及研究，最后完成专著。这需要有驾驭全国的新石器考古学资料的能力，要把收集到的每份资料准确地纳入新石器文化谱系的时空框架内，以进行纵向与横向的比较研究。对于这样一个由海量资料支撑的庞大课题，其工作量之巨，令人望而生畏，一个个体研究者，就是不间断地工作，没有几十年的时间是无法完成的，即便是由数人组成的集体也需要十余年的时间才能完成。面对自己的这一设想，父亲十分清楚这对他意味着什么，那就是自己要在几十年的时间里与冷板凳相伴，全力投入，别无退路。而父亲虽然身体孱弱，内心却无比坚强，他勇敢地做出了这一决定，要以愚公移山的精神，用几十年的时间，用自己的勤奋努力，完成这一研究巨著。若没有超越常人的胆识和决心，没有人能拿出勇气设计和策划这样的考古学研究课题。从 20 世纪 60 年代开始，父亲开始了他的万里征程，从 60 年代到 80 年代末，父亲走遍了除西藏和台湾以外的全国各省区，足迹遍及长城内外和大江南北，持续时间如此之长、涉及地域如此广大的中国新石器专题考察，父亲是第一人。他在许多诗中以“万里征程作壮游”、“骥老犹怀千里志”、“且将奋笔书远古”、“戈壁滩头正远征”、“壮心犹未已”、“为求石器遍寰中”等诗句描绘自己踌躇满志的情怀。在长期的考察之中，父亲考察了近 10 万件标本，草绘了上万件线图，亲手揣摩了中国考古界半个多世纪的发掘标本，汲取了学界同行诸多的研究成果。在撰写巨著的过程中，为了抓紧所有能够研究与写作的时间，他从不虚度每一天。在他眼中上班写作是第一要务，每天上班总是早早出门，常常是前几名到所里，打好开水就开始他一天的研究或者查找资料。来回上下班，他长期坚持步行四站路，以达到锻炼身体的目的。无论星期天或是节假日，就是大年初一也一样，从未间断研究写作。我们小时候，家中没有父亲的单独书房，到了时间，他便从书包中掏出稿子，伏在饭桌上专心致志地写起来，不管是孩子们嬉闹，还是母亲做饭，他好像都没听到，即使是过年也不如他的写作重要。在外人看来，父亲这样长期的犹如苦行僧般的生活，何时才能熬到头。而我们看到的父亲，每天沉浸在学术研究有所收获的快乐之中，从不言治学之苦，考古就是他生活的全部，他追求事业的执著与勤奋可见一斑。

1995年父亲终于完成《中国新石器研究》一书的写作，1998年由巴蜀书社出版。全书共收集新石器标本7981件，文字计220万字，附图版、线图近千幅，是中国新石器实物资料和研究成果的集大成之作。父亲曾三易其稿，总计不止660万字，都是父亲趴在桌子上，用钢笔一个字一个字写进方格稿纸的。父亲在书的扉页上写道“献给祖国考古界博物馆界诸同行”。在此书中，父亲按区域、时代及考古学文化对石器进行种类、数量、形制和工艺分析，进而归纳出地域、文化以及经济形态特征，凝练出中国新石器文化总体面貌和发展规律。同时，还将中国新石器与世界各国、各地区新石器进行了对比对研究，确立了中国新石器文化是世界上最早的新石器文化。

除了这一课题之外，父亲的《中国边疆民族物质文化史》《中国辽瓷研究》《中国考古学要论》等著作都是在退休以后以70～80岁的高龄先后完成的。退休后，他仍坚持上、下午写作的习惯，特别是2005年摔伤后，以轮椅为伴，还坚持每天整理他的《中国考古记行》。他晚年的出版量之大，少有人与之比肩。

父母是子女人生的第一个老师，父亲的这些精神，深深地影响了自己的子女。在读书上进的家风熏陶下，子女们努力追寻他的足迹，都读书上了大学，具有高级职称，均有著作出版，父亲感到由衷的高兴。每当子女出书或发文章给他看时，他总是喜形于色地说：“这就对啦!”现在，四个子女中，三人虽已退休，但还在著书立说，乐此不疲。

在我们家里，健华和伟华是“文革”前考进大学的大学生。健华学的是数学专业，后在大学里教授数学。他在自己的著作《中国古代数学教育史》后记中写有这样一段话：“说到历史，得益于家学，慈父是八十六岁高龄的考古学家，中国社会科学院荣誉学部委员。他至今笔耕不辍，为吾楷模，不时教诲子孙，人生不能光吃饭，要做事，写东西。中国古代数学教育史成书，跟他鼓励是分不开的。”此乃儿子的肺腑之言。2008年，健华在河北元中都博物馆发现了阿拉伯幻方的展品，便撰写了《神奇的元中都阿拉伯青石幻方》一文，发表在《中国文物报》上。父亲看后，十分喜悦地说：“你从考古与数学相结合的视角研究好，可以看看夏鼐的文章。”在他的激励下，健华大约用了两年时间完成《元中都遗址出土的阿拉伯幻方之研究》，父亲看了说：“不错，争取发表吧。”此文发在《中国国家博物馆馆刊》2013年第3期上，也算完成了父亲的心愿吧！更是儿子对父亲的一种缅怀。

伟华也许因为是家中唯一的女孩，得到了父亲更多的疼爱。父亲虽然是从旧社会走来的知识分子，但他却接受了“五四”以来的新思想，坚决主张男女平等，对于自己的女儿，他从小就教育她，女性要自强自立，不要有自卑自弱的心理，男性能干的事情，女性也能去做。在这种精神的支持下，他勉励伟华学习考古专业，立志做一个考古工作者。“文革”前的1965年，全国的考古专业很少，在父亲的鼓励支持下，伟华如愿考取北京大学考古专业。后来，伟华在研究生毕业后进入中国国家博物馆从事田野考古工作。父亲深知，现代考古学的基础是田野考古，考古学者必须以田野发掘作为科学研究的基础，才能成为一个真正的考古学家。基于此，父母亲全力支持伟华下田野工作，不要怕吃苦。父亲总是鼓励她，放心去干你的工作，不用担心家里。两位老人承担了伟华孩子的抚养，从生活照顾到学习辅导到品德教育，他们为外孙女操尽了心，给予孩子加倍的疼爱，直到孩子成才。

伟华从20世纪80年代起连续20余年在山西垣曲工地，她克服了体弱多病等各种困难，每年春秋两季主持野外考古发掘。发掘期间，伟华从未因家里私事回过家。实际上，女同志长年从事野外工作的确是十分艰苦的，有时是天寒地冻，雪花飞舞，有时是风吹日晒，大雨倾盆，她饱尝了野外考古的艰辛和坎坷。作为一个考古领队，既要为考古发掘的科学性把关，又要负责整个工地的组织管理，事无巨细。她先后主持了垣曲古城东关和垣曲商城的发掘，并主持了这两个遗址三部发掘报告及《垣曲盆地聚落考古研究》专著的编写，目前已有多部专著和学术论文出版，这些成绩都是在父亲的指导和关怀下取得的。

佩华是“文革”时老高一的学生，响应号召去延安插队。1978年，乘恢复高考最后一班车，考入山东大学考古专业，父亲十分高兴地对佩华说：“30岁不要紧，要学好专业课，要学好外语。”1982年，佩华大学毕业，留在山东省文物考古研究所工作。父亲喜爱竹子，可能是因为竹子有挺拔秀美的风骨、有郁郁葱葱的生命力，正是父亲坚韧品格的映照。20世纪七八十年代，佩华和耿玲从汉中带回的竹子种在房前，父亲经常浇水打枝，竹子长得绿油油的，韵香飘满四合院。90年代后，父亲搬入楼房，花盆中的竹子时不时地就黄了，父亲常吩咐我们该浇水了，该打叶了。后来，父亲摔伤后，每天还借助行步器到书房观看竹子，一直到他去世。我们想天堂里一定会有竹子，婆娑多姿、四季常青，陪伴着父亲读书写作，继续他的考古事业。

仰华1974年高中毕业后，留校当了老师，也就留在了父母的身边。1977年夏，当恢复高考的消息传来后，父亲非常兴奋，马上对仰华说：“你一定要好好复习，参加考试。”当时，仰华在学校担任团委书记，学校开始不同意他参加高考，仰华很是为难。父亲知道这种情况后，严肃地对仰华说：“参加高考是一个人一辈子中的大事，要抓住这个学习深造的机会，不能有任何犹豫。”父亲的话，坚定了仰华参加高考的信心。当时从报名到进考场只有短短的一个多月的时间，在父亲的鼓励下，仰华白天在学校正常工作，晚上几乎通宵突击复习。为了帮助仰华选择报考学校和专业，从来不愿麻烦别人的父亲，破例去北大找人了解招生的情况。在父亲关心、鼓励和帮助下，仰华考入了北京师范大学，父亲的指点让他改变了自己的人生轨迹。

三、深怀大爱的人

父亲一生未参加任何党派，但他热爱祖国、热爱新社会、热爱共产党。20世纪50年代，父亲患肺结核，吐血不止，经常卧床不能上班，国家文物局王冶秋局长时来探望。1957年，领导安排父亲入北京温泉疗养院治疗，此时恰好有了治疗肺结核的有效药雷米封，使父亲的病得以痊愈。说起此事，父亲非常感谢党和组织，并且说："王冶秋尊重人，还是新社会好。"对于父亲这样从旧社会走过来的知识分子，他最大的感受就是，新社会给他提供了一个相对稳定的社会环境，使他有了发挥自己才智的舞台。

然而，"文革"前后在"极左"路线的政治环境中，知识分子遭受了极大苦难，父亲也长期备受压抑，并受到一些人的冷遇和排挤。父亲很长时间只能低头做人，心情忧郁，对于这些不公正的待遇，他不断调整自己的心态，做到心中有数，处之泰然，他鄙视那些居高自傲、自恃不凡的人，而以不屈不弃的信念来排除心中的不平，更以矢志不渝、锲而不舍地研究写作的学术实践以及丰硕的学术成果证明了自己人生的价值。

父亲一生几经工作变动，都得到了许多贵人大家的帮助，几十年来父亲对这些师友一直感恩不尽。1945年，父亲经金毓黻、李文信推荐，进入了沈阳博物馆。在这里，父亲得以向金毓黻、罗福颐、李文信、阎文儒、孙作云等历史学、文物考古学大家请教和学习，获益颇多。20世纪八九十年代，父亲先后撰写了《悼念公符先生》《李文信考古文集序》《金毓黻著〈静晤室日记〉书后》《辽阳金毓黻先生》等文章，褒奖两位先生的学术成就，缅怀两位先生的学德人品，以报知遇之恩。1950年，父亲有幸参加了由裴文中教授主持的东北考古发掘团。临行前，郑振铎局长在前门全聚德饭店为其饯行，多年来，父亲不时拿出相册，对我们说："这是郑振铎和夫人，在前门全聚德请我们吃烤鸭，他们是好人。"从他的言谈举止中，看到他脸上流露出怀念和敬仰之情。

1949年，父亲经时任文化部文物局文物处处长的裴文中先生推荐进入北京历史博物馆，从事文物陈列和考古研究工作。50年代父亲患肺结核时，裴先生也经常来家探望，还送钱送物接济治疗。几十年来，父亲尊裴先生为师，经常上门请教，一有论著，随即奉上。1975年，父亲向裴先生索要题词明志，裴先生手书："中国猿人有丰富的骨骼化石、有大量的石英石器、有深厚的灰烬层、也有共生的动物化石。它的研究不只发扬了中国历史，对世界人类发展也有无上的价值。柱臣兄嘱书 75年2月。"父亲如获至宝，他多次向我们讲述裴先生对中国猿人研究的贡献和学术地位。1982年裴先生逝世，父亲参加追悼会归来，沉痛地写下一首诗以示悼念。2004年，在裴文中先生100周年诞辰之际，父亲又撰写了《裴文中先生二三事》一文，以表达他对裴先生的尊重和怀念之情。

1958年，贾兰坡先生和父亲分别任北京历史博物馆"中国原始社会陈列"的正副组长，父亲师从贾兰坡先生筹办了"从猿到人"的展览、"中国原始社会陈列"等展览，学到了古人类和旧石器方面的知识，积累了博物馆陈列理论和技能，在中国博物馆学史上是开拓性的创举。从此，父亲与贾先生结下了深厚的师生之情。贾先生是父亲《中国新石器研究》一书入选国家古籍整理规划小组编纂的“中国传统文化研究”丛书的推荐人。1999 年 2 月 6 日，父亲带着伟华、佟薇把刚刚出版的书送到贾先生家中，贾先生十分动情，回赠了他的《悠长的岁月》一书。后来，贾先生还亲笔撰写《退休后的佟柱臣》一文，称赞父亲晚年笔耕不辍取得的学术成就。父亲出版的《中国辽瓷研究》一书，贾先生亲笔为其题写了书名。

父亲为人正直厚道，待人真诚，不事张扬，从不傲气凌人，无论对领导还是普通同事都一视同仁，与人为善，谦逊平和。考古所的许多同事向我们讲述了不少父亲工作和生活上的小故事，无一不是称赞父亲宽厚本分、淡泊名利、与世无争，彰显了中国老一代知识分子的高贵品德。对于地方上的同志，父亲更是热情相待。他到各省考察时受到了地方上许多同行的热情接待，他会记下会见的所有同志的姓名，回京后一一致信感谢。许多省区的同志来京看望或请求他帮助发表文章、评审职称等，他都会鼎力相助。有的人上门请教，父亲会倾其所知，毫无保留的讲出自己的意见，还会告诉你这些资料的出处。地方上的资料有限，凡求他查找资料、购买书籍的，父亲都会从图书馆借出资料，摹画线图，注明尺寸、特点，或买好书籍，亲自邮寄给这些同仁。在本纪念文集中，许多考古学界的同仁回忆了同父亲相识和相处的往事，大多我们都不了解，也使我们加深了对父亲为人处世的长者风度和学者品格的理解。

2008 年汶川大地震，父亲看到电视报道，心情十分沉重，母亲看出他的心思说：“咱们捐 1000 元吧!”父亲说：“捐 2000。”过了一晚上，次日早他又改口说：“捐 4000，马上去办。”健华立即到考古所捐了 4000 元。这在当时社科院系统的退休人员中是较多的。尽管退休费不多，但父亲忧国忧民，大爱无边。

父亲对自己的研究生亲如爱子。1963 年招收的研究生赵万财在“文革”中被迫害致死，1986 年父亲见到来所的赵万财父亲后十分悲痛与不平，当晚写道：“十年劫灰死无辜，老翁呼儿抢地哭。怒向天公问真理，且献小诗祭吾徒。”1978 年，迎来了科学的春天，父亲欣喜地招收到研究生靳枫毅，多次向我们讲：“枫毅够把手。”父亲对学生的培养认真负责，定时给枫毅专门授课，还把他要求枫毅必读的文献资料，让子女用车从家中拉到所里交给枫毅，鼓励他努力读书。他还亲自带领枫毅到东北收集研究生论文资料，使枫毅取得了优异的成绩。毕业后，枫毅将父亲在中国社会科学院研究生院的讲稿《中国东北及周缘地区考古概论》进行了整理和誊清，为以后编入《中国考古学要论》提供了方便。由此，父亲和靳枫毅建立了父子般的情谊。父亲退休后，枫毅逢年过节必到家中探望。父亲过世后，仍一如既往，大年初一到家中探望家母。枫毅和我们一起在十三陵为父亲选购了墓地，清明节和忌日同去祭扫。在本纪念集编纂的过程中，枫毅不仅撰写了论文和纪念文章，还参与了父亲自传及学术活动年表的整理及编纂工作，付出了极大的心力，枫毅的一片真情，使我们十分感动。

对于自己的家庭，父亲更是付出了全部的爱，他既是一个有责任有担当的丈夫，又是一个慈祥可亲的父亲。在《中国新石器研究》的后记中他写道：“我的爱人郭庆洲，抚育子女，操持家务，一生鞠劳，使我频年写作未能辍者，皆夫人内助之功也。”这是父亲对母亲深情感谢的流露。母亲是一位传统的、极富自我牺牲精神的知识女性，早在凌源和赤峰时曾经参加过工作，后来因父亲体弱多病和我们尚小而辞去工作，专心照顾丈夫和子女。她对我们的管教十分严格，当我们兄弟姐妹四人先后考入大学，邻居和亲友每每夸奖时，母亲就会自豪地说："这全是我管出来的。"在我们记忆中，父亲领回工资，全交给母亲管理，母亲精打细算，把钱花在刀刃上，我们过年都会穿到新衣服、新鞋。每学期开学可以按时交上学费和书本费。母亲是持家能手，把家里收拾得井井有条，她能够做一桌可口的北京菜饭，很多客人吃后赞不绝口。母亲心灵手巧，做得一手好活，剪裁缝纫无不精通，全家三代人的衣服都由她做。母亲还写得一手好字，字体刚韧遒劲、隽永秀丽，她不知帮助父亲誊抄了多少稿件，最近我们还看到一份母亲誊写的稿件，会作为传家宝珍藏。可以说，没有母亲一生的辛勤劳作和相扶相协，父亲就不可能事业有成。父亲与母亲 1942 年结婚，相濡以沫 70 余年。一次母亲心脏不适，静卧休息，父亲执意让我们把他推到母亲床前。父亲拉着母亲的手，两位老人深情脉脉，相互对视，畅漾在互敬互爱的幸福之中。

对于子女，父亲是一位慈父。父亲的秉性善良温和，对儿女更是疼爱有加，很少发脾气。他对我们的教育是引导式的，我们犯了错误，都坚持苦口婆心地说服教育。当母亲严厉管教我们时，他会出面挡架。他常常在学期结束时，要我们拿出成绩单查看，指出问题，并鼓励每个人进步。父亲在生活上对子女的爱更是无私的。1969 年佩华到陕西延安农村插队，吃糠咽菜，条件艰苦，成为父亲和母亲的心病。佩华记得，当时一没零花钱，就写信找父母要。父母总是很快寄去钱，有时一寄就是 30 元，这在当时已是很大很大的数额了。1971 年春节前夕，佩华从延安辗转郑州到信阳明港军营的"五七干校"去探望父亲，父亲十分高兴，在那特殊的年月里，他特意带佩华到明港照相馆拍了一张父子留影，作为纪念。1982 年，佩华在山东省文物考古研究所工作了，可妻女仍留在陕西汉中秦巴深山的国防工厂，一家人何时能团圆，又成了父亲时刻惦念之事。1983 年 12 月 12 日，父亲从宝鸡走蜀道去成都考察，车过绵阳夜不能寐，书五绝《过绵阳念佟玥》一首，"翘首望汉中，不见玥玥容。母女诚寂寞，何时到山东"，表达了他的忧思。20 世纪七八十年代，物质匮乏，父母亲经常省吃俭用，把大米、白面、肉油等省下的食品，留给在外地工作的子女带走，改善他们的生活。父母亲的疼爱之心，我们会终身不忘！

父亲和母亲一生勤俭，对于亲属却常常慷慨相助，无论是母亲的亲属还是父亲的家人，他们都一视同仁，谁有困难都会尽最大能力给予无私的关照。父亲兄弟二人，他从 1939 年开始在外求学和工作，家中由伯父支撑。当时一个满族家庭已经败落，他读书的学费都是伯父东借西挪勉强凑来的。父亲对长兄的鼎力支持十分感激，工作后的几年中，他领到工资只留下生活费，其余全部寄回家中还债，一直到解放后才大致还清。父亲为感谢兄嫂的恩情，数十年来，每月寄钱接济他们的生活。每到父亲领工资的那一天，会早一点下班，路过米市大街邮电局先把钱寄给伯父母再回家。伯父去世后，父亲继续每月给伯母寄钱，直到伯母终世。20 世纪五六十年代，母亲的两位小妹以及我们的表姐、堂妹先后上大学，生活拮据。父亲坚持"谁读书有困难，我都会支持的"原则，不时地寄钱补贴这些求学亲戚们的生活，改善了她们生活的窘况，免除了后顾之忧，支持她们顺利完成学业。至今我们的两位小姨以及表姐妹仍旧念念不忘，经常来看望二老，感激不已。

四、清贫节俭的人

2003 年，父亲在《中国文物报》上发表《喝粥足矣，奋进为乐》一文。喝粥足矣，是对他清贫节俭的生活方式的比喻，体现了父亲对物质的要求极低；奋进为乐，是他对事业上的追求，映射出高雅的境界。据母亲回忆，当年随父亲回白土厂门老家过年，腊月三十，炕上坐满了要债的人不走，以至于母亲掏出珍藏的首饰等嫁妆抵债。由于年轻时的艰苦求学经历，培养了父亲清贫节俭的品格。

在我们的记忆中，父亲常常身着浅蓝色的中山装，脚穿布鞋，脸上戴一副白框眼镜，手提黑色的旧书包，衣着朴素，举止谦和。1957 年父亲到苏联考察时，单位为其做了西服和呢大衣，父亲从来不舍得穿，只有参加天安门国庆观礼和人民大会堂春节游艺晚会时才穿一回；当接待外宾时，他总是把专用的衣服带到所里，活动前换好，完事再换回来。父亲的家务活干的最多的就是拖地板，拖布磨坏了，从来都是撕旧衣服条自己扎。家里烧煤时，剩余的煤末也都是由父亲打成煤坯切成小块，晾干后收起慢慢烧火。他的提包坏了，母亲想给他换一个新的，他怎么也不同意，自己缝缝继续用。父亲有戴手表的习惯，退休在家也是如此。两块手表都不走了，让佩华去修。我们想给他换一块新的，他不同意，坚持让子女去修，才算了了他的心愿。父亲还会自己粘补塑料鞋底，母亲气得笑话他："教授就穿这样的鞋?"父亲节俭身体力行，使我们受到感染，从小都会补袜子和修鞋。

父亲在生活中从不管钱，不知道自己挣多少，也不清楚一个月需要支出多少。我们告诉他工资数后，他会说："这么多，太不少啦。"他一般身上不带钱，只有外出办事时，用多少向母亲要多少。他坚持的原则是，只要能少花钱就尽量少花。家里拆迁后，我们都劝他把新房装修一下再搬家，他说房子能住就行了，坚决不同意，我们也只好顺从了他。现在环顾一下家里的家具：床是 20 世纪 50 年代的，桌子椅子是 60 年代的，立柜箱子是 70 年代的，只有沙发、矮柜和电视是 80 年代后的。十余个书架，部分是五六十年代的，部分是 80 年代的。唯一的新家具是电动床，还是我们于 2009 年在他摔伤后，为他上下床方便特意买的。孩子们多次提议换换家具，父亲说："不用乱花钱，能使就行了。"长期以来，除了到外地出差，父亲很少进饭馆吃饭，有一次我们和父亲一同去电影院看长达 7 小时的文献片，中午休息时，我们劝他去饭馆吃饭，他无论如何不肯，只得买点干粮了事。1976 年，贾老和父亲去张家口展览馆讲学。父亲到宣化师范看健华，在宣化师范的五龙壁前讲述了宣化历史，登上小东门城墙，然后从北向南依次看了钟楼、鼓楼和南门。参观持续到中午，健华请他去饭馆吃饭，他却叫健华买了几个面包，在公园长椅上吃完便上了回京的火车。"不过生日，不吃饭馆"是父亲退休前立下的规矩。

最后我们用一首七律《缅怀家父》，来表达我们对父亲深深的缅怀之情：

晨降细雨风吟泣，阳洒熙辉父安慈。
善道择及芳名在，考古伴生著书续。
奋进为乐写文章，忠厚待人映空宇。
泪沾衣襟侍家母，后辈承袭传相济。

2014 年 6 月 13 日修改稿

学术论文

独创的理论体系 不朽的学术丰碑
——纪念敬爱的导师佟柱臣先生逝世三周年

靳枫毅
（北京市文物研究所）

佟柱臣先生是中国老一代著名考古学家，早在青年时代（1939 年于吉林高等师范学校读书期间），就立志并投身中国考古事业，直至 2011 年 12 月 3 日逝世。在 72 年考古研究生涯中，他始终不渝，勤勉奋斗，笔耕不辍，在中国东北考古、中国新石器时代考古、中国边疆民族考古、中国原始社会史、中国古代文明起源问题以及中国博物馆学等诸多重要学术领域，都有独到建树，做出了具有开创意义的卓著贡献。他倾尽毕生精力，为学术界、为我们后学者奉献出 6 部学术专著，还有论文百余篇，总计近 500 万字，堪称著述等身，成就斐然，界内少有。佟柱臣先生的这些具有重要学术价值的研究成果，有力地推进了中国考古学科的建设和发展，成为构建中国考古学殿堂的宝贵遗产。

一、佟柱臣先生取得卓著学术成就的外因和内因

佟柱臣先生为什么能够取得如此卓著的学术成就？以我做学生的对佟先生 72 年治学生涯的了解，认为是有内、外两个方面的因素共同起作用，才造就了佟先生一生的学术辉煌。

（一）外因

外因对于内因而言，虽然不属决定性因素，但它是不可或缺和不可忽视的。在关键的时候，客观条件如何，往往也会关乎事物发展是否顺达，或能否成功。对于佟先生来说，有两个外因条件，对他取得成功是至关重要的。

1. 三位良师和伯乐

从 20 世纪 40 年代到 60 年代初，在佟先生人生旅途的三个节点上，先后遇上了赏识他、关心他、帮助他、支持他的三位良师和伯乐，由此而改变了他的命运，使他踏上了企盼已久的专业研究道路，并一步一步地将他推进中国考古研究最高的学术殿堂。这

三位良师和伯乐分别是：中国东北考古事业的开创者和主要奠基者、原沈阳博物馆资深研究员、东北博物馆馆长李文信先生，中国著名古人类学家和考古学家、中国科学院古脊椎动物与古人类研究所资深教授裴文中先生，中国著名考古学家、资深研究员、中国科学院（现中国社会科学院）考古研究所所长夏鼐先生。

20 世纪 40 年代初，佟先生在辽宁省凌源县和内蒙古赤峰市任中学教员，一直利用业余时间做野外考古调查，虽然非常刻苦努力，但苦于未经专业学习，又无专业老师指导，业务水平提高很慢。1944 年他终于有机会认识了李文信先生，并跟随李先生参加了赤峰猴头沟辽代缸瓦窑窑址的发掘，从此他才有了考古及博物馆专业的指导老师。因为勤奋好学，上进心强，能吃苦，又善写作，被李文信先生看好，遂于 1946 年 6 月将其正式调入沈阳博物馆任副研究员，从此结束了他数年艰辛的业余考古生涯，开始走上正规的专业研究道路。佟先生在沈阳博物馆一直工作到 1949 年 6 月。这是佟先生学术生涯中第一个、也是十分关键的节点。而这一关键节点，是由李文信先生帮助他实现的。所以，李文信先生不愧是佟柱臣先生学术生涯中遇到的第一位有知遇之恩的良师和伯乐。

1949 年 7 月，由裴文中教授推荐，佟先生调离沈阳博物馆，进入北京历史博物馆（今国家博物馆），任副设计员、陈列部与考古部副主任、学术委员会委员。1950～1951 年，在裴文中、贾兰坡两位教授的指导下，佟先生负责具体设计和布置了在北京师范大学举办的"从猿到人"展览，同时又在北京历史博物馆筹备了新中国成立后第一个大型历史展览——"中国原始社会陈列"展览，还参加了裴文中教授领导的东北考古发掘团发掘吉林西团山墓地的工作。佟先生在北京历史博物馆一直工作到 1959 年。在此期间，因有裴老举荐，佟先生曾受北大校长马寅初先生之聘，参加由裴老负责的史前考古课教材的编写工作，并应北大历史系考古专业之聘，为本科生和培训班学员讲授"考古材料的陈列"等课程。为了报答裴老的举荐之恩，做好上述各项工作，佟先生下了很大工夫，系统地学习、钻研了马恩列斯经典作家的辩证唯物主义与历史唯物主义理论，并精心整理、辑录了一本《经典作家论原始社会》的书稿，这为他以后理论水平的提高和自己认识体系的形成，奠定了很好的基础。在北京历史博物馆工作的十年间，佟先生跟随裴老和贾老新学到和接触到很多全国各地的旧石器时代和新石器时代考古材料及相关知识，使他的知识面和学术视野由过去局限的东北一隅，豁然拓展到全国，认识问题的水平和理论修养也随之得到进一步提高。这一时期，佟先生如鱼得水，除了很好地完成了自己的日常工作和讲课任务之外，还抓紧一切可以利用的时间，撰写并发表了 15 篇学术论文与考察报告，《考古学上汉代及汉代以前的东北疆域》[1]、《黄河长江中下游新石器时代文化的分布与分期》[2]、《中国原始社会晚期历史的几个特征》[3]等，就是这一时期具有重要学术价值的代表性研究成果。从关外的沈阳博物馆，转而入关进入北京历史博物馆，因遇裴文中教授的首肯、引领与提携，而使佟先生的专业研究道路变得愈加宽阔，并提升了一个台阶。所以，裴文中教授不愧是佟先生学术生涯中遇到的第二位恩师和伯乐。

1985 年 10 月，当佟先生完成了《中国边疆民族物质文化史》[4]一书的撰写，将全部书稿交付巴蜀书社之际，他在书的《后记》中仍念念不忘裴文中教授（1982年逝世）多年来对他的关怀和鼓励，他这样写道："最后，我要特别提到已故著名人类学家裴文中教授，在我多年的写作过程中，他时有垂询，给我以鼓励和支持。今略记片语，以志悼念之情。"1995年3月，当佟先生完成了《中国新石器研究》[5]一书的撰写，将全部书稿再度交付巴蜀书社之际，他在此书《后记》中再次感念裴文中教授对他的引导和栽培之恩，他深情地写道："最后，我对已故考古学家、古人类学家、古生物学家裴文中博士对我的引导和学恩，略记片语，以志感激和怀念之情。"这每一个字、每一句话都流露和表达着佟先生对裴文中教授最最真诚和刻骨铭心的感谢、敬仰与怀念。

1960年，佟先生曾被文化部从北京历史博物馆借调出来，为文化部做成立文化学院文物博物馆系筹建工作，帮助培训文物博物馆工作干部和招收大学生，但最终因为各种条件的局限文化学院未能建成。这时佟先生就面临着需重新选择去哪个单位的实际问题。就在这个节点上，他得到了中国科学院考古研究所所长夏鼐先生的关照与帮助，于1961年调入考古研究所，先后任副研究员、研究员、学术委员会委员、第一研究室（史前时代）副主任等。中国科学院考古研究所是中国最高级别的从事考古研究的科研单位，这里是一座可以面向全国做考古研究的科研平台，空间大，视野宽，科技配置条件优于界内其他任何单位。夏鼐所长慧眼识珠，把佟先生调进来，这既体现了他对佟先生的关心与爱护，也包含着他对佟先生的信任与期望。佟先生由衷感激，因为这是他梦寐以求的工作环境，如今在夏先生的帮助下如愿以偿，觉得自己只有努力工作，多出成绩，方能回报夏鼐所长这知遇之恩。因此，自20世纪60年代至80年代，佟先生下了最大的决心，向夏鼐所长和其他所领导申报了两个难度很大、工作量相当巨大、前人未曾做过的、具有填补空白意义的重大学术课题，这就是中国边疆民族地区考古研究和中国新石器研究。他申报的这两个课题，皆得到夏鼐所长和各位所领导的批准和支持，这使佟先生颇感欣慰并充满信心。为了完成这两大课题任务，实现自己的承诺，佟先生曾经年累月频繁地到全国各地去考察和收集资料，每次出差的计划和所需经费，都得到夏所长和其他所领导的允许和支持，对此佟先生一直感念不忘，深铭在心。试想，若夏所长不重视、不支持这两个课题的研究，或只是口头表示支持，但在出差计划和所需经费上不予支持和关照，那佟先生提出的这两个学术课题再重要，再有意义，不也将等于零吗？所以，夏鼐先生不愧是佟先生学术生涯中遇到的第三位恩师与伯乐。

正因为有了夏鼐所长的带头支持，开了对佟先生研究课题重视的先例，所以才有了后任所长的持续支持，佟先生才最终顺利并出色地完成了这两大课题的研究任务，于1991年和1998年接连出版了两部学术巨著：《中国边疆民族物质文化史》（60万字）和《中国新石器研究》（220万字）。与此同时，还发表其他考古研究专著4部，论文80余篇，内容涉及中国东北考古、中国古代文明起源和早期国家形成、中华民族文化形成及民族融合等多个学术领域，并都分别提出了相当重要的、富于开创意义的精辟见解。在取得这些学术成就的时候，佟先生心中愈加怀念和感谢已故的良师和伯乐——夏鼐所长多年来对自己的关照和支持。1998年，佟先生曾应《学林春秋》之约，写了一篇《我与中国新石器研究》[6]，在文中他特别指出，这个课题一直得到“中国社会科学院考古研究所历届领导长期关注”，接着又写道：“对已故中国考古学会理事长夏鼐所长等所给予的学术上的关怀”，深表感谢，在此谨“略记片语，以志悼念和追思之情”。这就是说，如果没有夏鼐所长和考古所历届领导对他的关照和支持，单凭佟先生个人努力，是不可能出色地完成上述两个重大学术课题研究任务的，而其他诸项成果，也不会那么圆满，至少是要打折扣的。

2. 一位贤内助

佟柱臣先生的夫人、我敬爱的师母郭庆洲女士，是一位特别善良、贤惠、坚强而勤劳的妻子和母亲。她与佟先生是同乡，比佟先生小三岁，解放前在辽宁省黑山县老家读到初中毕业，19岁时跟佟先生结婚，二人算是青梅竹马，生有三男一女。为了全力支持佟先生搞考古工作，师母早年便毅然辞掉了自己的工作，无怨无悔地为佟先生操持家务，承担起抚养、教育四个子女的繁重家务。正因如此，佟先生才无后顾之忧，一辈子没被家务琐事所累，能几十年如一日地专心从事考古研究，从未中辍，才最终取得了为学界瞩目的学术成就。可以说，在佟先生每一项研究成果当中，都有师母郭庆洲女士的无私奉献和辛勤汗水。她不但把四个子女手把手地培养成人，而且全都供他们读到大学毕业或研究生毕业，使他们个个成才。为了减轻佟先生的劳累和辛苦，能让佟先生有休息的时间，佟先生的绝大多数论文和书稿的最后誊写任务，都是由她承担完成的。这项工作不但繁重，而且需要仔细。但不管多么辛苦，多么麻烦，她都一直坚持做了下来，几十年如一日，没有一句怨言。《我与中国新石器研究》一文的末尾，佟先生曾深情地说：“我的爱人郭庆洲女士，抄写书稿，教育子女，操持家务，一生鞠劳。使我频年写作而未辍者，皆夫人相助之功也。”2003年8月10日，佟先生为他的《中国考古学要论》[7]一书写的一篇《自序》的末尾，再次深情地说：“最后，我还要感谢我的夫人郭庆洲女士数十年来，操持家务，教育子女，并帮助我抄写了大量稿件。本书中在南开大学的讲稿，便是由我的夫人抄写的。”以上这两段话，是佟先生对我的师母郭庆洲女士一辈子相夫教子功劳的最由衷的肯定、感谢与褒奖。没有师母郭庆洲这位贤内助的奉献与协助，佟先生欲实现一生的学术辉煌，怕也是很难做到的。

（二）内因

佟先生青年时代就立志专攻考古学，并以自己的行动付诸实践，且数十年如一日，持之以恒，始终不渝，表明他是一个有志向、有抱负，有非凡的毅力与恒心，能够为理想和事业奋斗终生的大才之人。正因如此，他才能够刻苦努力，风雨兼程，四海为家，跑遍全国绝大多数省区搜集资料，克服前进道路上的各种困难，甘于寂寞，安于坐冷板凳，淡泊名利，与人无争，潜心研究，笔耕不辍，为追求学术真理孜孜以求，一直奋斗了七十二载，最后终于修成“正果”，实现了一生的奋斗目标，为中国考古学界竖起一座不朽的学术丰碑。

1. 有明确的研究方向，有研究规划，有课题目标

如佟先生在 20 世纪 60 年代以前主要从事东北考古研究；70～80 年代，主要从事中国古代文明起源和早期国家形成问题研究；80～90 年代，主要从事中国边疆民族考古研究和中国新石器与新石器时代文化研究等。

2. 有独创的理论与认识体系

这一点非常重要，这是佟柱臣先生最终取得卓著学术成就的最重要的原因所在，也是佟先生学术成就的精髓和特点所在。如果说前两条一般学者也都能做到的话，那么第三条就不是一般学者可以达到或企及的高度了。在中国考古学界，迄今也只有少数前辈宗师是达到这一境界和水准的佼佼者。下面，我们就着重来梳理和分析佟柱臣先生在他的学术成长经历中，是如何提出自己独到的理论认识，以及其后在自己的研究实践中，又是如何将这一理论逐步向诸多学术领域拓展，使其不断得到充实与发展，最终构筑起一个独到的、经得起考古实践检验的科学的理论体系的。

二、一个独创理论的提出

1960 年，佟柱臣先生发表了一篇重要的考古研究论文——《中国原始社会晚期历史的几个特征》，文中对中国原始社会晚期阶段历史发展的特点，做出了十分精辟的归纳和总结，首次提出了四大特征这一理论认识。这四大特征是：①生产地域性的特征；②文化连续性的特征；③历史发展不平衡的特征；④文化影响与融合的特征。

佟先生提出的关于中国原始社会晚期历史发展的四大特征，是中国考古学界最早对中国原始社会晚期文化发展规律特点所做出的经典理论概括，它不但具有独创性，而且具有重要的理论指导意义。它既是佟先生日后不断开拓新的学术研究领域，持续不断地创造一系列高质量、高水平的研究成果的理论基石，又是最终构建佟先生理论体系的核心与纲领。

佟先生发表这篇论文时，恰好 40 岁，正值不惑之年。这时他已经历了从一个业余考古人员到专业考古工作者的 20 年的学术成长历程，已发表过多篇有关中国东北考古的调查报告和研究论文，已经是享誉学坛的知名中国东北考古专家。特别是后十年（1949 年 7 月～1959 年），在北京历史博物馆（今中国国家博物馆）工作期间，在裴文中和贾兰坡二位教授的亲切指导下，他曾负责设计并筹备“中国原始社会陈列”展览。因工作需要，他必须全面、系统地学习、梳理和研究许多新的来自全国各地的旧石器时代和新石器时代的考古材料和相关知识，同时又必须钻研马克思主义经典作家关于辩证唯物主义与历史唯物主义的著述。为了做好“中国原始社会陈列”的设计，佟先生特别认真地辑录了《经典作家论原始社会》的书稿，用来指导陈列大纲的设计与制定。这不但使他的知识面由过去局限的东北一隅，一下子拓展到全国，视野由局限的平视转变为俯瞰式的环视，而且使他的理论认识与修养也较前有了显著的提高。所以，佟先生

1960年这篇具有重要学术意义的论文的发表，不是偶然的，这是他为了挚爱的考古事业奋斗了20年所取得的阶段性成果的一个结晶，也是他未来学术成长与事业发展的高水平起点。

这篇论文发表后不久，1961年佟先生便被调入中国科学院（今中国社会科学院）考古研究所第一研究室（史前时代）工作。自此以后，他便在这一岗位上一直勤勉奋斗了整整50年。在这50年期间，佟先生一直不断尝试着将自己提出的关于中国原始社会晚期历史发展的四大特征这一理论，作为指导他深入开展中国东北考古、中国古代文明起源和早期国家形成问题、中国边疆地区民族考古以及中国新石器时代考古等诸多领域学术研究实践的理论基础与指导纲领，不断检验并丰富这一理论的内涵与意义。他以愚公移山、锲而不舍、坚忍不拔的奋斗精神，在多个学术领域先后都取得巨量的、高水平的研究成果，从而最终形成并构筑起佟柱臣独创的理论体系。

三、独创理论体系的形成与发展

（一）中国东北考古领域

自20世纪40年代初至80年代，佟先生主要从事和关注中国东北考古研究，先后发表考古调查与发掘报告及学术论文40余篇，并出版学术专著两部：第一部是《中国东北地区和新石器时代考古论集》[8]，里面收录中国东北考古领域论文10篇；第二部是《中国辽瓷研究》[9]，其中有两篇颇具学术价值的论文——《试论中国北方和东北地区含有细石器的诸文化问题》[10]与《东北历史和考古中的几个问题》[11]，就是以上述“四大特征”这一基础理论为纲，分别结合不同的研究课题的材料，加以取舍，再做出进一步分析与论述而成功完成的。

《试论中国北方和东北地区含有细石器的诸文化问题》一文，以“生产地域性的特征”和“历史发展不平衡的特征”，及“文化影响与融合的特征”为理论基础，结合分布于中国北方和东北地区含有细石器的诸文化遗存，做了全面系统的分区、分类型与分期综合研究，注重地理环境条件对不同经济类型文化的形成、发展及其特点的影响，正确解释了细石器概念，澄清了学术界在细石器问题上存在的一些模糊和错误的认识。如“细石器是单一文化，称为细石器文化”，“细石器的时间都是很早的”，“细石器遗存中的磨制石器是外来的，有磨制石器与细石器的遗存是混合文化”，“细石器只代表畜牧经济，农业是从南方来的”，等等。

佟先生根据中国北方和东北地区含有细石器的诸文化遗存所处自然地理环境条件的差异，将之分为6个地区（即西拉木伦河流域地区、河套地区、巴丹吉林沙漠地区、浑善达克沙漠地区、呼伦贝尔草原地区和松嫩平原地区），每个地区中再区分出不同的文化类型（共区分出9种类型）。接着再将这6个不同地区的9种不同文化类型所属的经济形态，区分为三类，即“1. 以农业经济为主或带有农业经济因素的：红山类型、富河沟门类型、高仁镇遗存、转龙藏遗存；2. 以渔猎经济为主的：海拉尔遗存、昂昂溪类型、东山头—官地遗存；3. 推断以畜牧经济为主的：乌科套海遗存、苏尼特遗存”。然后再将这 9 种不同文化类型遗存做出早、晚分期排比。

通过综合研究，佟先生指出：各地细石器的发展具有不平衡性，结束的时间有先有后。那种认为细石器是单一文化，只代表畜牧经济，或将既有磨制石器又有细石器的遗存就叫做“混合文化”，或认为细石器都是时间很早的意见，都是不对的。佟先生的结论是：细石器“是我国的草原沙漠地区以及与其邻接的地带的人们，在有石英、玛瑙、石髓、燧石等石材和具有一定技法的条件下，所创造的工具。它既与打制石器相共存，也与磨制石器相共存，使用它的包含许多族，其时间跨越了自旧石器时代晚期以迄铁器时代的漫长年代，它存在于渔猎、畜牧、农业各种不同经济形态中。在上述广大地区内的诸部族，当他们取得了玛瑙等石材，掌握了间接打法，并且有石叶、刮削器等需要时，他们都是能够制作出细石器来的。所以那种用传播论的观点，说细石器从哪里传来，又传到哪里去的意见，是不符合实际的”。与此同时，佟先生又运用“文化影响与融合的特征”，进一步指出：“当然，当某个地区细石器工艺有所改进时，会影响附近地区也是自然的。同时由于部族的迁徙，也可能在很大范围内，出现物质文化相似的迹象。”佟先生的研究与结论，是实事求是、完全符合并切中中国北方与东北地区含有细石器的诸文化遗存的发展规律的，所以是科学的，它已被迄今所有相关考古材料所证实。

《东北历史和考古中的几个问题》一文，佟先生娴熟地驾驭东北地区发现的大量考古资料，以“四大特征”这一基础理论为指导，全面、准确地分析并总结出东北地区历史发展的规律性特点。

首先，依据“生产地域性的特征”，将东北地区早期经济形态，划分为三种类型，包括三片区域，即以农业为主的经济形态类型——东北南部地区；以渔猎为主的经济形态类型——东北东部地区；以及以游牧和畜牧为主的经济形态类型——东北西部地区。

其次，依据“文化连续性的特征”，将上述三种经济形态类型所在的三片区域，分别与三个族系的历史发展相联系，阐明其文化具有连续发展的特征。指出：“东北南部，属于‘燕东北’地区”，主要是“从事农耕的华夏族，即后来的汉族，全燕时，他们分布在黑辽分水岭以南，到汉代更达松花江上游”。这一地区，“已经发现了一些商周铜器，特别是自西周以后，辽、金两代除外，均在中原王朝设治之内，所以东北南部的历史，自古以来就是中原王朝的直接辖区”。“居住在东北东部即长白山、老张广才岭一带的渔猎民族，在有文献记录时也有一点农业。先秦称肃慎，汉称挹娄，南北朝称勿吉，隋时称靺鞨，唐称渤海，辽、金称女真，清称满洲。”“居住在东北西部即大兴安岭两侧沙漠地区从事游牧经济的民族，战国时有东胡，汉代分为乌桓和鲜卑，东晋有契丹，南北朝有室韦，唐有蒙兀室韦，以后有蒙古。”

再次，依据“历史发展不平衡的特征”，阐明上述三片区域、三个族系的历史进程存在明显差异，东北南部发展相对最快；东北东部发展相对较慢；东北西部比东北东部发展来得更显迟缓。指出：“东北南部燕地所以发展得快，应是华夏农业经济出现的结果。东北东部所以发展得较慢，因为肃慎族系长期以来从事渔猎为主。东北西部东胡族系所以发展在最后，这应和他们从事游牧经济分不开的。从东北的历史发展实际来看，游牧经济的社会，发展得要迟缓一些。”

最后，依据“文化影响与融合的特征”，进一步以三个地区城郭出现早晚为标志，深刻地揭示出东北三地历史发展的步伐，与该地区接受中原文化、封建制和先进的生产技术与生产力的早晚与程度密切相关这一根本原因。佟先生指出：“各地城郭的出现是和社会制度密切联系着的，燕城是在封建制中出现的；渤海城是在奴隶制向封建制转化中出现的。渤海城的出现除其本身动力之外，和唐文化、经济、封建制的影响有关；辽城的出现除其本身动力以外，则和幽云俘户带去的先进农业技术、手工业技术以及封建制有关。所以，东北各地的发展，既是中原封建制扩展的结果，也是我国多民族间统一和融合的结果。”

2010 年由社会科学文献出版社出版的《中国辽瓷研究》一书，是佟柱臣先生退休后于 1995～2000 年间，以 75～80 岁的年迈之躯，以“老骥伏枥，志在千里”的拼搏精神，坚持奋斗 5 年完成的他学术生涯中最后一部关于中国东北考古学研究领域的学术力著。在这部专著中，佟先生以“生产地域性的特征”、“文化连续性的特征”及“文化影响与融合的特征”为纲，联系辽瓷的地理分布特点、契丹文化内涵在源流上的连续性以及契丹文化与汉族文化等相互影响与融合的特点，深刻分析并论述了辽瓷发展的规律和辽文化的特点。

关于“生产地域性的特征”，佟先生指出：辽土幅员辽阔，自辽太祖至辽太宗，已拥有五京十六州之地，“东至于海，西至金山，暨于流沙，北至胪朐河，南至白沟，幅员万里”。“地理环境南北各殊，四时各异。”“长城以南，多雨多暑，其人耕稼以食，桑麻以衣，宫室以居，城郭以治。大漠之间，多寒多风，畜牧畋渔，皮毛以衣，转徙随时，车马为家。此天时地利所以限南北也。辽国尽有大漠，浸包长城之境，因宜为治。秋冬违寒，春夏避暑，随水草就畋渔，岁以为常。四时各有行在之所，谓之捺钵。”“每岁四时，周而复始。”一个民族的生活方式从来都是由其生产方式决定的，契丹民族的生活方式与生活用器必然要适应其游牧经济的特点。辽瓷中最典型的三种器形——鸡冠壶、鸡腿坛和盘口长颈瓶，其用途都分别与装水、盛奶、榨乳和储水、运水有关，这正符合契丹人“四时捺钵”、“车马为家”的游牧生活方式。辽瓷在辽的五京道中，因南北地理条件、经济形态、民族成分及其生产与生活方式的差异，其种类与数量在分布上也表现出明显的地域性差别。“上京道、中京道，发现鸡冠壶、盘口长颈瓶较多，因为这两京道是契丹人聚居区，是草原沙漠景观，若没有鸡冠壶、盘口长颈瓶这些储水、运水器，以游牧经济为主的契丹人是难以生存的。所以这两种器物的发现，既显示了契丹人的生产和生活方式，也显示了辽瓷与契丹人历史的直接联系。相反，在东京道、南京道、西京道这三个京道，鸡冠壶和盘口长颈瓶则少见或不见，证实了这三个京道主要是汉族居住区，使用的瓷器大都是盆、碗、盘、碟，显示了以粒食为主的生活方式，即农业经济形态。这些充分说明，辽瓷的器形与类别的不同，直接关系到民族的传统和民族的差异。”佟先生还从辽墓壁画资料中进一步观察到：“契丹人多于草原上凭几席地而坐进食，汉族高官多于室内就高桌坐椅而食，契丹人与 汉人饮食方式是不同的。”这就使

“生产地域性的特征”在文化内涵上得到了进一步延伸。

关于“文化连续性的特征”，佟先生指出：契丹族历史悠久，源远流长。“契丹属东胡族系，亦属鲜卑分支”，由内蒙古阿鲁科尔沁旗罕苏木朝克图山发现的辽耶律羽之墓出土的墓志铭可证，生于唐大顺元年（890），卒于辽太宗会同四年（941）的契丹迭剌部人耶律羽之的曾祖勤德祖曷鲁，“派出石槐（檀石槐），历经汉魏隋唐，世为君长”。“这是首次发现的有关契丹贵族与鲜卑有承袭关系的明确记载。”佟先生又列举了很多考古实例，指出：东北和内蒙古地区一些属于东汉拓跋鲜卑文化遗存中的“陶器上的篦纹，历时千载，到了辽代，这种纹饰更加盛行”。“东胡，是早在商代、周代就已经居住在我国东北北部的一个古老民族。春秋战国时期居住在燕国北边和燕长城内外。”“汉代的鲜卑、辽代的契丹，这三个不同时期的民族，大体居住在同一地区，即努鲁儿虎岭以北的老哈河与西拉木伦河一带。历史文献已经清楚地记载了他们在历史上的连续性。”佟先生又引证金毓黻先生从语言学和语音学的角度对于“东胡”、“大胡”、“大贺氏”和东北地区近现代达斡尔（达呼尔）民族的原称“大胡人”的考证结果，明确指出：“东胡自春秋迄于辽，而及于现代的达斡尔，3000年来的历史也由此而清晰了。可知达斡尔人为东胡之裔。新疆哈萨克族中尚存有契丹部落。1957年冯家升先生从中亚归来，他曾告诉我中亚还有西辽的后裔。证明东胡人、契丹人的后裔时迄现代依然存在，只是用名不同罢了。”

关于“文化影响与融合的特征”，佟先生指出：“宋辽是南北并峙的两个王朝，辽处于从奴隶制向封建制转化的阶段。契丹人曾向宋朝输出马匹，丰富了宋王朝的经济；也曾把宋朝的先进农业技术引向北方草原，与东北部的渤海一样，扩大了中国封建社会的范围，同时也向北方、西方开疆拓土，扩展了国家领域。在奴尔干建立了佛塔和经幢。从辽圣宗开始，辽朝设立五国酋帅、五国节度使，统管黑龙江流域事务，使那里成为辽代北方疆域。同时由于西辽西迁，建都于虎恩斡尔朵，即今天中亚楚河之地，所以在10世纪到12世纪，契丹人为扩展和捍卫祖国领土作出了极大贡献。契丹人向宋输出了牛、羊、马、银鼠皮、毡鞯、银鞍，契丹人从宋输入有茶、罗、绮、缯、帛、麻布、粳糯、粟、铜、锡、铜钱等，使松辽经济互补，共同发展。”又引用《辽史·太祖本纪》记载，自唐天复二年（902）始，耶律阿保机便“以兵四十万伐河东、代北，攻下九郡，获生口九万五千”，（辽）太祖元年（912），“以所获僧崇文等五十人归西楼，建天雄寺以居之。”（辽）太祖九年（915），“吴越王钱镠遣滕彦休来贡。”神册三年（918），“诏建孔庙、佛寺、道观”，又用汉宦官康默记为上京临潢府“版筑使”，兴建临潢府上京城。神册六年（921），又发兵“略檀、顺、安远、三河、良乡、望都、潞、满城、遂城等十余城，俘其民徙内地”。天赞元年（922）又“略地蓟北”。天赞三年（924）“徙蓟州民实辽州地”。将山西、河北广大地区的晋、幽、蓟汉人，大部移入辽土。又引《辽史·太宗本纪》会同元年，“晋复遣赵莹奉表来贺，以幽、蓟、瀛、莫、涿、檀、顺、妫、儒、新、武、云、应、朔、寰、蔚十六州并图籍来献”。“晋诸司僚吏、嫔御、宦侍、方技、百工、图籍、历象、石经、铜人、明堂刻漏、太常乐谱、诸宫县、卤簿、法物及铠仗，悉送上京。”这是契丹上层统治者为了维护其在北方广大地区的统治，主动接受汉文化的历史记录。

然后佟先生列举了诸多契丹贵族墓的材料，他们不但随葬了固有的鸡冠壶、盘口长颈瓶和鸡腿坛等典型辽瓷，而且还同时随葬了很多为他们所喜爱的汉地瓷器。如在内蒙古阿鲁科尔沁旗发现的葬于辽太宗会同四年（941）的“大契丹国东京太傅相公”耶律羽之墓，随葬了一批十分精美的可能属于定窑系统的白瓷器和属于越窑系统的青瓷器；在内蒙古赤峰大营子发现的葬于辽应历九年（959）的辽驸马赠卫国王墓，随葬了汉地产的堪称上品的绿釉和豆青釉瓷器；在内蒙古奈曼旗青龙山镇发现的葬于辽开泰七年（1018）的辽陈国公主墓，随葬了墓主人喜欢的一批汉地产的名贵青瓷和白瓷器；在辽宁省义县清河门发现的葬于辽重熙十三年（1044）之前的辽佐移离毕萧相公墓，随葬有一系列定窑白瓷及景德镇青白瓷器，等等。

与此同时，佟先生又列举了诸多居于辽中京、南京和西京道的汉族官吏的墓葬，他们虽然都随葬了汉地瓷器，但他们当中有的人或因与契丹耶律氏联姻，而接受了部分契丹习俗，或随葬有鸡冠壶，或随葬有鸡腿坛和辽三彩器等，而其中多数人则有自然融入契丹用器习俗的迹象。如在辽宁朝阳市西涝村发现的辽景宗时期（970～983）刘承嗣家族墓地 M5 中就有茶绿釉鸡腿坛 1 件；在北京市八宝山发现的辽统和十三年（995）韩佚墓，出有褐釉鸡腿坛 1 件；在辽宁朝阳县商家沟发现的辽统和二十年（1002）赵思温墓，出有绿釉鸡冠壶 2 件；在河北省迁安县上芦村发现的辽开泰六年（1017）韩相墓，出有绿釉鸡冠壶 2 件；在辽宁朝阳市姑营子发现的辽开泰九年（1020）耿延毅墓和辽太平七年（1027）耿知新墓，各出绿釉鸡冠壶 2 件，形制风格相同，其中耿延毅与耶律氏联姻；在张家口市宣化县下八里发现的辽大安九年（1093）张文藻墓，出辽三彩洗 1 件，绿釉鸡腿瓶 1 件；与张文藻同一家族墓地的葬于辽天庆六年（1116）的张世卿，也与耶律氏联姻，墓中出有辽三彩瓷盘 1 件，黑釉鸡腿瓶 1 件（形制与鸡腿坛近似）等。鸡冠壶和鸡腿坛，“这两种器物是契丹人的习惯用器，这一事实证明，当时的汉人中有的接受了契丹文化，正像契丹人接受汉文化一样，这是契丹人、汉人民族融合的例证”。佟先生在这里强调了文化影响与融合的相互性，这就使“文化影响与融合的特征”这一基础理论更具一层深意。

（二）中国古代文明起源和早期国家形成问题

中国是世界四大文明古国之一，其文明起源的年代、形式与特征，不但一直为中国考古学界和史学界所关注，而且也为国际学术界所瞩目。对于这样一个重大理论课题，佟先生自 20 世纪 70 年代至 90 年代，一直持续关注并投入相当多的精力参与相关课题的研究与讨论，先后发表论文 10 余篇。首先研究了中国私有制和阶级的起源，发表了《从考古材料试谈我国的私有制和阶级的起源》[12]；继而研究了中国的国家起源，发表了《从二里头类型文化试谈中国的国家起源问题》[13]；然后研究了王国文明与方国文明，发表了《中国夏商王国文明与方国文明试论》[14]；之后又从生产力的角度研究了夏商周时期先进的金属器是如何逐步取代原始生产力石骨蚌器这一历史过程的，发表了

《二里头文化和商周时代金属器代替石骨蚌器的过程》[15]；最后对中国文明起源的相关问题，做出理论上的全面归纳与总结，发表了《中国文明起源的诸问题》[16]和《中国文明起源问题的探索》[17]等。在上述研究过程中，佟先生分别根据研究对象的内涵，以“四大特征”核心理论为纲，有的放矢地加以运用，深入地分析和阐明了有关中国古代文明起源和早期国家形成的诸多问题，从而使“四大特征”理论在这一研究领域得到了进一步丰富和拓展。

如在《从考古材料试探我国的私有制和阶级的起源》一文中，佟先生运用“文化连续性的特征”这一理论，以大量的考古资料，重点分析了黄河中下游地区从大汶口文化阶段到龙山文化阶段，同时兼及黄河上游地区的齐家文化，再到夏商两代，私有制与阶级的出现及奴隶社会的建立，这一历史发展的连续过程与特点。指出：“在我国原始社会解体这样的历史条件下，大汶口文化农业经济和家畜经济发展到了相当高的水平，龙山文化并出现了冶铜和轮制陶等手工业，这些劳动部门的生产总和，出现了一定程度的剩余，为私有制的出现，建立了经济基础。”“从大汶口墓葬的农业工具、纺织工具按男女不同性别随葬的实例，证明男人已经从事农业这样决定性的劳动部门，由于男人在经济上的地位，因而确立了子女继承父亲财产的制度，突破了母系氏族社会的公社所有制，所以大汶口文化、龙山文化父权制的建立，又与私有制的出现，密切相关。”“在私有制出现的基础上更出现了阶级。大汶口文化已出现私有制，贫富分化也开始了。龙山文化时期的涧沟乱葬坑和客省庄二期文化的乱葬坑，是阶级出现的迹象。”“当黄河中下游出现阶级以后，在黄河上游，约当商代早期，也出现了阶级，这在齐家文化中有所反映”，秦魏家的一男一女合葬墓，男性仰身直肢，女性侧身屈肢、拱向男人；皇娘娘台的一夫二妻合葬墓，男性仰卧正中，两侧女性均作侧身屈肢，双手屈向男子，揭示了男女社会地位不平等，“这种男女不平等，正是阶级出现后的必然现象。”还指出：“从阶级出现到形成为一个社会制度的本质部分，还是有一个过程的。”涧沟等地的乱葬坑，反映的是“野蛮中级阶段的奴隶制刚刚开始的零散现象，而到了夏商奴隶制才成为野蛮高级阶段社会制度的一个本质的组成部分”。最后又运用“文化影响与融合的特征”这一理论，深刻指出：“我国黄河中下游的辽阔地域之内出现了私有制和阶级以后，为中华民族的古代文明揭开了序幕，同时对于周围处于原始阶段的部族，给予了进步的影响，更进一步地共同创造了这种文明。”

在《从二里头类型文化试谈中国的国家起源问题》一文中，佟先生运用“生产地域性的特征”这一理论，联系夏王朝建立后国内的实际情况，从四个方面阐明了夏代国家出现后，在夏朝势力范围内存在的明显的地域性特征问题。指出：“夏代：1. 按地方区分部族，《夏本纪》：‘用国为姓，故有夏后氏、有扈氏、有男氏、斟寻氏、彤城氏、褒氏、费氏、杞氏、缯氏、辛氏、冥氏、斟氏、戈氏。’这种以国为姓，应该看做是按地区来划分部族。桀时的商、葛、昆吾、韦、顾，也是实例。2. 地方的各部族与夏王朝有频繁的往来，《竹书纪年》：相时，‘于夷来宾。’少康时，‘方夷来宾’。芬时，‘九夷来御’。发时，‘诸夷宾于王门’等例即是。3. 不断迁徙，也是地域性特征之一，《竹书纪年》记夏后氏八迁，不常厥邑。禹居阳城。太康居斟鄩。相居斟灌，又迁商丘。宁居原，又迁老丘。廑居西河。桀居斟鄩。4. 个人也突破了氏族界限，开始流动，《尚书·汝鸠汝方序》：‘伊尹，去亳适夏。既丑有夏，复归于亳。’伊尹既从商去夏，又从夏回商，往来于夏桀与商汤之间，这在氏族社会中是不可能的。以上各点都是夏代国家出现后的地域性特征的历史遗痕。”

在《中国夏商王国文明与方国文明试论》一文中，佟先生运用“历史发展不平衡的特征”，指出在夏朝和商朝，既有王国文明，又存在方国文明，它们各有特点，两者之间相互依存。所以“文明产生的地域是辽阔的，不能认为只有一个地域，这才符合我国历史的实际”。“文明的产生，多在青铜时代，但是在一些发展慢的部族中也有在铁器时代才产生的。文明的产生，多是从原始氏族制解体进入奴隶制阶段产生的，但是也有从奴隶制解体进入封建制阶段产生的。”所以“文明产生的年代也是漫长的，不能认为只有一个时代，才符合我国历史的实际”。“文明的产生，多半是从农业经济基础上产生的，也有从畜牧经济基础上产生的。”“文明的出现，既然是一些生产较发达的大的部族，从野蛮高级阶段进入文明阶段的一个特定的历史现象，那就带有广泛性，但又不是所有部族都经历的过程，那就带有特殊性。方国文明赖王国文明以促进，王国文明赖方国文明而璀璨，这应是中国古代文明的特点。”同时又运用“文化影响与融合的特征”，进一步阐明，在方国文明发展的过程中，不但有王国文明的影响，更融入了中华文明一定的统一因素。指出：“竹瓦街的覃父癸觯铭文，证实了商代文字到达蜀国，所以蜀国之进入文明阶段，是依赖商王国文明的，这是商王国文明对蜀方国文明的影响，也是中华文明在形成过程中的一个特殊现象，王国文明普及以促进方国文明进步的现象。商代越国吴城遗址的青铜文化，显然不及蜀国的青铜文化，其间有一大段距离，可是出土的陶文却与甲骨文属于同一种文字系统，是越国文明的显著标志。越与蜀一样共同受到了商王国甲骨文与金文的影响，而其影响有如此之广，所以商代的方国，虽然还不是王国的直接辖区，但是文化的影响早已传播到了方国，而成为方国文明出现的一个重要因素，促进了方国历史的发展，从这里可以看到中华文明包含一定的统一因素，是不容置辩的。”这一点充满了深邃的思想性，是“文化影响与融合的特征”这一核心理论在关于中国古代文明起源问题研究领域的一个深入拓展。

（三）中国边疆民族考古领域

长期以来，中国边疆民族地区考古研究工作相对比较薄弱，佟先生自青年时代起便对民族史很感兴趣，读了不少民族史方面的书，在日寇入侵东北、中华民族惨遭日寇铁蹄践踏之际，他便怀着一颗不甘做亡国奴的质朴的民族自尊心，写出了他平生的第一篇学术论文《匈奴西迁与欧洲民族之移动》[18]。他想以我国历史上汉击匈奴、迫使匈奴西迁，而匈奴西迁又引起和造成了丝绸之路乃至欧洲诸多部族与民族的一系列大移动的壮阔历史，来激发国人的自强精神与民族自信心。此文发表时，佟先生刚刚 22 岁。“以后因为在东北工作较久的关系，更加热爱民族地区的考古材料。”[19] 自 1961 年调入中国社会科学院考古研究所工作后，佟先生便确立了两个主要研究课题，一个是中国边疆地区民族考古，另一个是中国新石器时代考古。自20世纪70年代至90年代初，他先后表有关中国边疆地区民族考古研究论文10余篇，其中代表性的论文有《我国历史上对黑龙江流域的管辖和其他》[20]、《从考古材料看汉、唐对西域的管辖》[21]、《对乌苏里江以东地区作考古学与历史学的考察》[22]、《中国边疆民族的历史贡献》[23]、《从中国民族考古和历史中看到的几个问题》[24]、《从考古学物质文化上观察中华民族融合的痕迹》[25]等。并于1991年出版了《中国边疆民族物质文化史》学术专著一部。这部专著，是佟先生为了探索和研究中华民族历史发展的特点和规律而确立的一项重要研究课题，在经过长期的考古资料积累之后，于1976～1981年，用了整整6年时间，奋力完成的一部60余万字的学术力作。

在上述研究成果中，佟先生多以“四大特征”这一核心理论为纲，提领和驾驭研究对象，分别对边疆各民族地区的考古资料做出既全面又深刻的分析。尤其是在《中国边疆民族物质文化史》这部学术专著中，更是以鸟瞰全景式的视野，为我们展示并分别归纳出各个地区民族文化自身发展过程的个性与特点，以及她们在整个中华民族文化进程中的历史地位，并最终对中国多民族的共同发展规律做出正确而精辟的理论概括与总结，从而使这一核心理论在中国边疆民族考古研究领域又得到了进一步的延伸与发展。

在《从中国民族考古和历史中看到的几个问题》一文中，佟先生在论述民族地区考古和历史的根本问题时，就以历史唯物论为指南，运用“文化连续性的特征”指出：“谈到少数民族史，常常看到记述某个民族历史是悠久的，似乎还有不悠久的，这样理解是不对的，如果承认类人猿是在特定的环境和时期通过劳动变成为人类这个马克思主义观点的话，那么世界各个人种的历史都是悠久的，中国多民族的历史都是悠久的，苦聪族与汉族一样同样也是悠久的，只要今天并世的诸族，都应该是这个道理。”并由此进一步地指出：“从我国55个少数民族本身来考虑，我觉得最根本的问题，是要弄清楚他们本身的历史，弄清楚他们的源和流，通过考古材料的不断积累，来为55个少数民族中的每个少数民族写出一部完整的本民族史，这是每个少数民族的殷切期盼，也是考古工作者的历史责任。”在谈到中国历史发展的不平衡性问题时，则更是运用“历史发展不平衡的特征”，俯瞰全国各地的考古发现，做了全面的分析与论述，指出：“中国的一些考古文化，不是按同样速度发展的，也不是按同样水平发展的，而是发展的有快有慢，有高有低，其中不平衡规律的支配，起着关键的作用。”黄河中下游豫西、晋南、伊洛、河济之间的二里头文化，推断应为夏文化，已拥有铜器铸造场和冶铸业、青铜兵器、工具与容器，已迈入青铜文明，不但出现了军队，有了手工业，还有以贝作为流通货币及商人阶级，并发现有东西长108、南北宽约100米，包括堂、庑、门、庭在内的大型宫殿址，表明王者、国家、都市均已出现，已经进入文明社会。同时期周围地区的情况又是怎样的呢？“在西北，我们看到与之同时的半山类型和马厂类型，还是各式彩陶，虽然彩陶艺术登上了顶峰，但是仍属于聚落遗址所产生的文化。在东北，内蒙古翁牛特旗的石棚山遗存，仍见有动物纹彩陶和嵌石刃的骨刀，发展水平与西北差不多。辽东半岛的于家村属于发达的渔猎经济，三足的鼎、鬲、鬶都不见，更难与二里头文化相较了。南方的良渚文化水平较高，出现了玉琮等礼器，表明已经有了氏族中的贵族，但仍然没有达到二里头国家出现的阶段。最南方的石峡文化水平也较高，接近良渚文化水平，但仍属聚落遗址所产生的文化，比二里头文化稍逊一筹。”

在《中国边疆民族物质文化史》一书中，佟先生更以其数十年积累的渊博学识和深厚功力，娴熟地运用“四大特征”这一核心理论，结合中国东北、北方、西北、西藏、西南、台湾和南海诸岛等六个边疆地区的民族考古材料，一一进行了系统的分析和研究，尤其在第七章结语中，突出地运用“文化影响与融合的特征”，对中华民族文化的形成与发展规律做出了非常客观、科学又精炼的归纳和总结。指出：“汉族在汉代以前称为华夏族，在汉代以后称为汉族，无论华夏族或汉族，与其并世的都有所谓蛮、夷、戎、狄，所以中国自古以来就是个多民族国家。夏、商、周的中原地区许多民族到战国时期融合成了华夏族，她既包含多民族的血统，也包含多民族的文化，是个多民族共同体。秦统一了全国，为多民族的融合准备了政治条件。汉代开始出现了汉族移居到全国各地与少数民族杂处的局面，把中原的丝织物、漆器、铜器、铁器等在当时先进的物质文化带进了少数民族地区。少数民族则以其自己的生产方式开发了边疆，并以畜类、物产输进了中原，所以汉族也不是一个单一民族，而是比华夏族包含更多民族的共同体，既包含更多民族的血统，也包含更多民族的文化，因此汉朝是我国多民族融合非常显著的时期。魏晋以后，进入中原汉族农业地区的游牧民族匈奴、鲜卑、乌桓完全融合。唐代，西域、南诏、渤海出现封建制，所以中原地区早在春秋战国之际出现的封建制，到唐代才在全国边疆较发展的地区基本上完成了。这些地区并普遍使用汉字，反映了唐文化的一致性，是民族深入融合的标志。宋代以后，北方的大族契丹、女真和西夏，又融合于汉族这个多民族共同体之中，为汉族增添了新的血统和文化。”

需要指出的是，佟先生在论述“文化影响与融合特征”问题时，十分注重在文化影响与融合过程中所表现出来的相互性特点。即汉族文化曾对边疆地区少数民族文化发生过影响、少数民族在与汉文化接触过程中逐渐接受汉文化并最终融为一体，而与此同时少数民族文化也同样对汉族文化和相邻的其他少数民族文化发生过影响，汉族人或相邻的其他少数民族也有接受该少数民族文化习俗、或者以联姻的形式实现民族融合的现象。

如在《中国边疆民族物质文化史》一书中，佟先生提到，西汉元帝竟宁元年（前33），匈奴呼韩邪单于入朝，汉廷以王嫱“和番”出嫁，二人生了一男一女，这是匈汉混血的实例。“匈奴人除了畜养大量的马牛羊之外，还把奇畜输进了汉王朝，《盐铁论》记：‘蠃驴、馲驼衔尾入塞，驒騱、騵马尽为我畜。’不仅增加了汉族的马种，而且方便了耕畜、战马的需求。”所以匈奴民族不仅以自身的游牧经济开发了祖国的大漠南北，也间接有力地促进了汉族农业经济的发展。

又如张骞于西汉武帝建元三年（前138）凿通西域之后，西汉王朝立即设置了西域都护，对西域实施管辖，并对西域诸国赐以封号。又通过南、北两条丝绸之路，“把丝绸、麻纸、冶铁技术传进了西域，促进了西域诸国的发展”。“汉与乌孙、乌孙与龟兹的上层之间，已经联姻，因此西域诸国‘咸乐内属’。西域的胡桃、安国的石榴、胡蒜、胡荽、豌豆、黄瓜、苜蓿、且末、龟兹的葡萄等，均传入中原，丰富了汉代的农业品种，而乌孙的西极、楼兰、焉耆有名的双峰驼，大宛的天马等良马也输进中原，增加了汉代的马种和战马，所有这些，都是西域各族对汉代历史的伟大贡献。”

晋代辽西大凌河流域曾是鲜卑人活动的天地，当然也有汉人杂居其中。北票县西官营子发现的一座汉人贵族墓葬——北燕天王冯跋之弟冯素弗墓，出土了只有鲜卑贵族才能戴的花枝状金步摇冠，和只有北方草原民族所习用的炊器镂孔圈足青铜鍑，“于此可证实，像冯素弗这样的上层汉人也接受了鲜卑文化”。

在魏晋南北朝时期，北方的匈奴、敕勒、柔然、鲜卑等族移居到黄河中下游的汉族农业区，出现了民族大迁徙、大融合的新时期。此时“鲜卑人在北方草原上与匈奴人融合，其匈奴父鲜卑母的称铁弗匈奴，其鲜卑父匈奴母的称拓跋鲜卑，两族血统上的融合，非常广泛”。在山西大同石家寨发现的北魏司马金龙墓，所出的《姬辰墓志铭》，记述司马金龙“其先为晋人，曾与鲜卑河西王沮渠牧犍女为婚”，证实汉与鲜卑之间通婚也是很早的。晋时之西海，“是西藏羌族游牧的地带，而统辖他们的鲜卑人也随之羌化了。北朝宋时，有鲜卑人、汉人、羌人在这个地区杂居，慕延进入越嶲部落后，更进一步羌化”。

在西南边陲云南，三国时有叟人、青羌、越人、濮人、汉人聚居，蜀诸葛亮征南中，采取了“南抚夷越”政策，深得民心，于南中设置七郡，带进去封建制，而叟人、濮人的战马耕牛，也补充了蜀国的经济。在云南昭通后海子梁堆发现有东晋时期南中大姓霍承嗣壁画墓，在壁画中既绘有椎发、披毡、赤足的少数民族部曲，也绘有着汉服的汉族部曲，反映了云南南中少数民族与汉族之间互相融合的真实情况。

自晋至隋大业八年（612）之前，居住于新疆高昌国的很多汉人，如曲氏、史氏、田氏、孟氏诸姓，均已随了当地少数民族突厥人之习俗，皆蓄辫左衽，以毡毳为舍。据《隋书·高昌国传》记载，直到隋大业八年，高昌王曲伯雅（汉族）回到高昌以后，方“袭缨解辫，削衽曳裾，变夷从夏，义光前载。……弃彼毡毳，还为冠带之国”。据此可知，高昌的汉人在隋代以前当已“夷化”，即突厥化，“至隋始变夷从夏，还为冠带之俗”。

唐代蕃汉联姻，更成为中华民族千古传诵的佳话。唐代将西藏称为吐蕃。唐太宗贞观十五年（641），吐蕃第一世赞普松赞干布迎娶唐文成公主。其后吐蕃第四世赞普弃迭祖赞又迎娶过唐金城公主。文成公主给吐蕃带去了医药、历法、音乐、手工艺匠人等，著名的大昭寺，便是蕃汉两种风格的合璧之作；金城公主则给吐蕃带去了《毛诗》《礼记》等文化典籍。而唐宪宗又与八世赞普弃足德赞于逻些立有《长庆舅甥和盟碑》，使唐朝与吐蕃“两界烟尘不扬”，“乡土俱安”。吐蕃人民冶炼的金、银、铜、锡，种植的小麦、青稞、荞麦，还有蓄养的牦牛、马、羊等，也经年不断地向唐王朝进贡，并向邻近的汉人居住区输送。

“在辽代，契丹人、汉人、渤海人也是互相通婚的。”如前文曾提到的，在辽宁朝阳市姑营子发现的辽开泰九年左领军卫大将军、移镇昭德军节度转户部加太尉耿延毅墓和在河北张家口宣化县下八里发现的辽天庆六年归化州殿直张世卿墓显示，二人均系汉族，分别娶耶律氏之女为妻；另在辽宁喀左县张家营子发现的辽盐铁副使郑恪墓，其父（汉族）系娶渤海申相国之女为妻。

至金代，汉人与女真人也是通婚的。如在北京通县城关砖厂发现的金大定十七年

（1177）宣威将军河东路第一将正将兼知大和寨事上骑都尉石宗璧墓显示，汉人石宗璧即娶女真族克石烈氏为妻（克石烈又称尅石烈，或为乞石烈、纥石烈、讫石烈、纥石里，系近代女真贵族之姓氏）。

元代将西藏称作西蕃。元世祖忽必烈封八思巴为国师，八思巴为元朝创制了蒙古新字——八思巴文。至今北京居庸关过街塔桥洞之东壁上，仍遗存有八思巴文题记，成为蒙蕃友好和文化交流的范例。在萨迦寺还发现有元统元宝交钞和至元通行宝钞等元代纸币，表明西蕃与元朝中央政府不但在政治上是统一的，而且在经济和文化的交流方面也是相当密切的。

佟先生以大量实例，通过考古材料并结合相关文献记载，强调了在文化影响与融合的过程中的相互性，即双向性特点。他以极大的热忱给予边疆历代少数民族在缔造中华古代文明过程中所做出的历史性贡献以应有的和充分的尊重与肯定，一改以往诸多史家惯用传统的以汉族为主体、以中央王朝为主导、以中原为中心，而轻视或忽略边疆少数民族历史文化的狭隘的民族主义历史观，体现出一位以历史唯物主义和辩证唯物主义理论指导研究实践的当代杰出的历史学家和考古学家应有的学养与水平。佟先生曾深情地指出：在中华民族历史发展的长河中，“华夏族、汉族以其较为进步的生产和文化，影响着周围兄弟民族，起了有益的作用。周围兄弟民族也以其固有的生产和文化，不断向中原输送新的血液，促进了中华民族这个多民族共同体的发展。我想这就是为什么说以汉族为主体包括 55 个少数民族在内的中华民族，你离不开我、我也离不开你的道理的铁一般的历史史实和背景，是值得我们深刻理解的”。

佟先生为《中国边疆民族物质文化史》一书撰写“总结”和“提要”时，给我们留下了这样两段颇为深刻、堪称经典的论述，他指出：“从中华民族数千年历史整体上看，我国边疆民族的祖先均以其勤劳、勇敢、智慧的双手，开发了边疆，保卫了边疆，并以其固有的经济形态和生产方式，为中华民族文明的建树，做出了不可泯灭的贡献。”“不断融合是历史发展的趋势。从几个民族融合成的共同体到更多民族融合成的共同体，从人数较少到人数更多，从散居地域较小到散居地域更大，是我国多民族共同发展的规律。”“一个民族在历史上的消失，不是她的后裔断绝了，而是当她融合进了多民族的共同体以后，文化更提高了，社会更发展了，是个进步现象。”

佟先生的这部学术专著所涉及的研究课题，是一项关于中国边疆地区民族考古研究的重大课题，在佟先生进行这项研究和这部著作出版的时候，国内外尚无人做过。所以佟先生的这部专著是第一部全面、系统地记述和研究中国边疆各民族地区物质文化发展史，并分析其发展规律特点的重要学术专著，堪称中国边疆民族考古的开山之作，它填补了中国边疆民族考古研究的一大空白，为 20 世纪中国考古学界和中国民族史学界竖起了一座里程碑。

（四）中国新石器时代考古领域

20 世纪 50 年代后期至 90 年代，佟柱臣先生对中国新石器时代考古做了较为全面、系统和深入的研究，共发表论文 20 余篇，并先后结集出版了两部学术专著——《中国东北地区和新石器时代考古论集》（其中收入新石器时代考古论文 9 篇）和研究中国新石器的学术巨著《中国新石器研究》。佟先生特别关注和重视有关中国新石器时代考古文化总体发展规律特点的研究，除了前述的于 1960 年发表的那篇《中国原始社会晚期历史的几个特征》一文之外，在其后他开展的一系列专题研究中，这项课题的研究始终是其主要的和重点的课题之一，从未间断。如《新的发现、新的年代测定对中国新石器时代考古学提出的新问题》[26]、《中国新石器时代文化三个接触地带论》[27]、《中国新石器时代文化的多中心发展论和发展不平衡论》[28]、《中国新石器时代文化的一些新迹象》[29]、《探索中国新石器时代文化的几个学术问题》[30]以及《中国新石器研究》等，就是其中具有重要学术价值、影响较大的代表性研究成果。在这些研究成果中，佟先生以“四大特征”这一核心理论为基础，结合研究对象的实际材料，不断向广处拓展、向深处掘进、向高处攀登，从而使这一核心理论在内涵与外延上又有创新和发展，使之愈益充实、全面和系统。

关于“生产地域性的特征”，在《中国新石器时代文化三个接触地带》一文中，就有充分的阐发。文中指出：迄今已发现的新石器时代遗址数以千计，这些遗址因其所处地理方位和自然环境的不同，以及客观上受到这种自然条件的制约，而致使不同遗址所体现的生产方式、经济形态和文化面貌也有所不同，“同时也出现了不同文化的接触地带”。“中国新石器时代文化的接触地带，目前仅能确指三个”，即阴山山脉接触地带、秦岭山脉接触地带和南岭山脉接触地带。阴山山脉接触地带，“是阴山以北狩猎经济类型诸文化和阴山以南黄河流域粟作农业经济类型诸文化的接触地带”。秦岭山脉接触地带，即“秦岭山脉以南及其余脉桐柏山脉和汉水流域、淮水流域这东西一线，是黄河流域以粟作经济类型为特点的诸文化和长江流域以稻作经济类型为特点的诸文化的接触地带”。南岭山脉接触地带，即“南岭山脉和武夷山脉，是长江流域诸文化与珠江流域诸文化的接触地带”。

佟先生还注意到，他所确指的中国新石器时代文化分布的三个接触地带，“正与李四光先生提出的巨型纬向构造体系，即阴山东西褶皱带、秦岭东西褶皱带、南岭东西褶皱带相符合”。这当然不是偶然的巧合，这其中必然与地质构造所形成的地理环境和自然条件对古代氏族的生产方式和经济形态在客观上所起到的制约作用是密切相关的，所以才会在三大褶皱带的区域内形成三个文化接触地带。

这是佟先生在全面、系统地研究了中国新石器时代文化之后，从宏观上对“生产地域性的特征”这一核心理论所做出的进一步的阐发和精炼概括。

关于“文化连续性的特征”，在《新的发现、新的年代测定对中国新石器时代考古学提出的新问题》一文中，佟先生不但明确地提出中国新石器时代文化是从旧石器时代晚期文化延续发展而来的观点，而且还指出中国新石器时代晚期文化与夏、商、周三代文化也是相延续、相联系的，并在学术界首次提出探讨我国私有制、阶级和国家的起源问题时，应把新石器时代晚期文化的考古材料与夏、商、周三代史的研究结合起来进行考察的主张。这一观点与主张的提出，显然是他经过多年的资料积累与思考之后，在新的历史条件下，对当初提出的“文化连续性特征”的内涵与外延做出的新的阐发。

关于中国旧石器时代晚期文化与新石器时代文化具有连续性的特点，他做了如是阐述：“旧石器时代晚期文化有了极大的发展，显示了与新石器时代文化的连续性。我国旧石器时代晚期遗址，已经发现了五、六十处”，“最早的一个地点是山西峙峪遗址”，“其次是周口店山顶洞遗址”，“最晚是安阳小南海遗址”。“峙峪的圆头刮削器和近似有铤石镞，以及小南海的三角形横剖面的条形石片，都近似细石器形式”；“新石器时代的磨制技术和钻孔技术，起源也很早，在山顶洞第四文化层中出土的有孔砺石的一面上，便有斜平行砥磨条痕，是出现磨制技术的物证。”“所以磨制技术在距今一万八千年的旧石器时代晚期已经出现了。”钻孔技术、挖孔技术，也见于山顶洞人所制作的一些器物和装饰品上。“所以钻孔与挖孔在旧石器时代晚期也都开始了。”这些情况“有力地证明旧石器时代晚期经过中石器时代与新石器时代文化是有连续性的”。

接着又指出中国新石器时代晚期文化所出现的私有制现象，与夏、商、周三代奴隶制的历史也是具有文化连续性的特点，并主张在探讨中国私有制、阶级和国家起源问题，即探讨中国古代文明起源问题时，应将新石器时代晚期的考古发现与夏、商、周三代的历史联系在一起进行通盘研究。他指出：“当前已经出现河南龙山文化、山东龙山文化、陕西客省庄二期文化属于不同文化来源的迹象。”“在河南地区，仰韶文化、河南龙山文化是一个系统，而河南龙山文化源于仰韶文化”；“在山东地区，大汶口文化、山东龙山文化是一个系统，而山东龙山文化源于大汶口文化”；“在陕西省，客省庄二期文化自成一个系统。这些是考古发现与研究出现的新情况。”“再联系到历史传说，也有三种情况”：即夏在河南的伊、洛、河、济之间；夷（包括商）在山东曲阜至河南商丘之间；姜姓（周）在陕西岐山东渭河支流、武功县一带。“因此，可否把河南龙山文化系统作为探讨夏人的族源材料呢？可否把山东龙山文化系统作为探讨夷人（包括商）的族源材料呢？可否把客省庄二期文化系统作为探讨周人的族源材料呢？这实在是我国古代史上重要而有意义的三个课题，值得今后重视。”然后又进一步指出：“私有制和阶级在全国是普遍出现的，只是进入国家和文明时期有早晚的不同。这个课题在河南、山东和甘、青地区都已经有了两个相连的文化，可以进行考察。”并列举大汶口文化有的墓一次殉猪头多达 14 个，表明猪作为家畜财富已经开始私有；胶县三里河山东龙山文化墓葬出有 30 个个体的猪骨，表明死者应是有地位的人物；两城镇墓中随葬有圭形玉斧，表明死者是个有权力的奴隶主；邯郸涧沟龙山文化和客省庄二期文化中的乱葬坑内的死者，应该都属于奴隶；青海乐都柳湾墓地中随葬品差别悬殊的现象，反映了贫富分化已相当严重；还有甘肃武威皇娘娘台一男二女的合葬墓，是明显的奴隶制的一夫多妻的现象，等等。最后得出结论：“全国原始社会的晚期，普遍出现了私有制和阶级，不过有早晚的不同。”“首先进入国家和文明时期的地区，还是在黄河流域的一定范围之内。”“河南地区的二里头文化，它是探索夏文化的主要对象。”

令人欣慰的是，佟先生提出的探讨中国私有制、阶级和国家的起源问题，即探讨中国古代文明起源问题时，应将新石器时代晚期文化的考古材料与夏、商、周三代史的研究结合起来进行考察的主张，近些年来已为国内诸多学者所接受、在研究实践中加以运用，并已取得明显成效。这表明佟先生提出的这一主张，是具有重要学术指导意义的。

在《中国新石器时代文化的多中心发展论和发展不平衡论——论中国新石器时代文化发展的规律和中国文明的起源》一文中，佟先生根据“生产地域性的特征”，在提出的“三个接触地带”论的基础上，一方面重申“文化连续性的特征”，提出了中国新石器时代文化多中心发展论的观点，另一方面根据“历史发展不平衡的特征”，提出并深入论述了中国新石器时代文化的发展不平衡规律的问题。

关于多中心发展问题，文中指出：“中国的新石器时代阶段，并不存在从一个地点起源的问题。而是从旧石器时代晚期起，经过中石器时代，向着新石器时代延续发展下来的。延续发展下来的新石器时代文化，又形成若干个中心，因此，作多中心发展。这些多中心的文化，发展有迟有速、有高有低，受到强烈的不平衡规律支配，因而又呈现不平衡状态。”根据迄今积累的考古材料和他的研究，他认为：“现在已经露出一些端倪的，在黄河流域，有洮河流域的马家窑文化系统中心，有渭河流域的半坡文化系统中心，有豫西晋南的庙底沟文化系统中心，有海岱地区的大汶口文化系统中心。在长江流域，有宁绍平原的河姆渡文化系统中心，有太湖地区的马家浜文化系统中心，有江汉平原的屈家岭文化系统中心。”除了上述七大文化系统中心之外，在全国其他地区今后随着考古材料的不断积累，也可能还会有更多的文化系统中心被揭示出来。佟先生指出：经过对七大文化系统中心内涵的考察，这七大文化系统中心具有如下三个特点：“（一）每个文化系统中的相近两期，物质文化非常相似，表明了文化上的连续性。而间隔较远的两期，物质文化变化显著，表明了文化上的差异性。这种连续性和差异性是每个文化系统从低级到高级发展过程中出现的必然结果。（二）各个文化系统都各有自己的内涵和个性，不能互相拼合，相邻的两个文化系统，固然互见影响的痕迹，但是从整体上看，还是完全不同的各自独立发展的文化系统。（三）各个文化系统，都有明确的分布地域，在每个地域之内只有一个文化系统，而没有并存的另外的文化系统，所以这些文化系统中心，是居住在这个中心的部族文化的反映，亦即居住于某一地域的某一部族所创造的物质文化。”“因此，多中心的发展是我国新石器时代文化发展的实际，也是我国新石器时代文化发展的规律。”

关于发展不平衡的规律问题，文中指出：“在前述的七个文化系统中，发展最快，水平最高的仍然是黄河中下游豫西晋南的庙底沟文化系统，这个文化系统到了王湾三期，登封王城岗的灰坑中已经发现了残铜片，生产力有了新的提高。特别是进一步发展到二里头文化时期，它的时间经过碳十四年代测定，与夏代纪年公元前 21～16 世纪相吻合。因此二里头文化是探索夏文化的对象，是探讨国家起源的对象，也是探讨中国文明起源的对象。”接着又用考古实证材料，从六个方面论证了二里头文化不但已经跨入青铜文明时代，而且已经出现了王者与国家。如（一）“相当二里头一期的煤山二期，发现了冶铜坩埚片；东下冯早期灰坑内，出土了铜渣、铜斧和石范、陶范；二里头三期有铜渣、坩埚片和陶范，并发现了铜锥、铜刀、铜凿、铜锛、铜鱼钩、铜镞、铜戈、铜戚、铜爵和铜铃”。表明二里头文化的生产力有飞跃发展，已进入青铜时代。（二）二里头已有冶铜业、制骨业、酿酒业等，表明“社会上已发生了第二次大分工”，“手工业已脱离农业而出现了”。（三）二里头出土有各种具有货币流通职能的贝，“表明已有了商人阶层”。（四）“二里头出土的戚、戈、镞各种长兵和短兵，表明已经出现了军队。”（五）二里头出土的东西长108、南北宽约100米的廊庑回环，殿顶四阿，包括堂、庑、门、庭在内的大宫殿址，表明王者已经出现，国家已经出现，都市已经出现。（六）陶器上发现了“各种文字符号，更是跨入文明社会的重要标志”。

以上事实，“都暗示在豫西晋南的伊、洛、河、济之间，是中国三代第一个王朝——夏代出现的地区”。“如果说在30年代还是一句推量的话，那么在今天已经为二里头文化证实得差不多了。”

然后又拿西北、东北和南方诸多同时期的文化，与二里头文化做了对比，由此得出结论：“在公元前21世纪至16世纪之间，各地出现的不平衡现象是很清楚的。”“（一）虽然马厂类型已经发现了青铜器，而良渚文化、石峡文化估计也进入了青铜时代，但是像二里头文化那样，既出土青铜兵器，又出土青铜容器，青铜文化水平达到这样高度的，在当时也只有豫西晋南一处。因此生产力的显著发展，是出现国家、出现文明社会的基本动力。（二）从当时的文化发展水平比较，二里头文化第一，良渚文化第二，石峡文化第三，而半山类型、马厂类型、石棚山遗存、于家村遗存均居末位，因为这些类型尚处于瑰丽多彩的彩陶阶段，与二里头文化所达到的阶段，显然相差一截。（三）半山类型、马厂类型和二里头文化，均属粟作经济；良渚文化、石峡文化均属稻作经济。虽然北方属于同一经济类型，但是二里头文化酿酒业的兴盛，暗示二里头文化的粟作经济格外发达，是产生文明的基础。（四）无论半山类型、马厂类型、石棚山遗存、于家村遗存、良渚文化、石峡文化，其聚落遗址均属于部落文化阶段，唯二里头文化出现大片夯土的宫殿址，是进入国家阶段的重要标志。”“由于以上的一些不平衡现象的存在，因而作者又提出了新石器时代文化发展不平衡论。”

佟先生的这篇论文，是中国新石器文化研究的经典力作之一，文中提出的“两论”观点，是在新的历史条件下对他的“四大特征”核心理论中的“生产地域性的特征”、“文化连续性的特征”和“历史发展不平衡的特征”，做出的深度解读与拓展。

在《中国新石器时代文化的一些新迹象》一文中，佟先生更是同时运用和驾驭“四大特征”核心理论，对近些年来中国新石器时代文化的若干新发现做了一次“巡礼”和归纳。

首先以“文化连续性的特征”为引导，指出：当前，“在岭南两广地区的一些洞穴内，发现了新石器时代文化层叠压在旧石器时代晚期地层之上的遗址，而石器也颇相似。北方河套地区的水洞沟遗址地层，则从旧石器时代晚期直接延续到新石器时代，石器的形制，也一脉相承。这个新的迹象，表明中国的新石器时代是从旧石器时代晚期发展过来的”。“目前我国的考古实践，可以证实从旧石器时代晚期到新石器时代早期之间，并没有不可逾越的鸿沟，而是在联系中发展的，也是在发展中相联系的。这些南方和北方遗址的地层，既有代表性，也有普遍性。虽然全国进入新石器时代会有早有晚，但都是经过旧石器时代晚期而发展为新石器时代的。这些考古材料的现状，对新石器时代文化的一元起源论，给予了彻底的否定。新石器时代文化决不是从一个地点起源，然后向四方扩展的，而是在各个地区从旧石器时代晚期延续发展的必然结果。”

接着运用“生产地域型的特征”，将全国各地距今六七千年前属于新石器时代中期的文化，从经济形态的角度，区分为三种类型：第一种，是处在采集和狩猎经济形态之中的，这可以青海贵南拉乙亥遗址为代表；第二种，是以捕捞和狩猎为主的经济形态，只出现了微弱的农业迹象（完全处于初始阶段），这可以长海县广鹿岛小珠山为代表；第三种，则是黄河流域中下游、长江流域中下游的自然环境较好的地区，农业已经完全出现，并已居主导地位。在黄河流域，为粟作农业，可以磁山文化、裴李岗文化、北辛文化为代表，北首岭下层、大地湾一期，也应属于这个作物系统；在长江流域，为稻作农业，可以河姆渡文化、马家浜文化为代表。大量考古材料表明，第三种类型，即黄河流域的粟作农业系统和长江流域的稻作农业系统，“都已经发展到了较高的程度”，“生产和文化水平都是较高的”；而第一种和第二种类型，“发展都是较慢的，显示了一定的迟滞性，其生产和文化水平都是较低的”。

然后在“历史发展不平衡的特征”这一理论指导下，阐明中国新石器时代的发展各地区是存在差别的，进程有快有慢，水平有高有低。指出：中国新石器时代“从距今1万多年一点开始，到距今4000余年结束。在这一段时间里，各地文化的发展表现出明显的不平衡规律。因此中国各地进入新石器时代的时间，有的早一些，有的晚一些，结束的时间，也有的早一些，有的晚一些，参差不齐。在距今六七千年前的时候，黄河流域、长江流域自然环境较好的地区，出现了较高的农业经济，但是像青海高原的拉乙亥，仍然处在采集和狩猎经济之中，就是这种规律支配的结果”。“就是构成文明基础的农业经济，也有高有低，因而进入国家、文明社会，便有先有后，显示的文明程度，亦有差别。不平衡规律的支配，依然是很强烈的。”

同时又在“文化影响与融合的特征”这一理论的指导下，对距今五千年左右的中国新石器时代诸文化之间已存在文化影响与融合的现象，做出归纳与分析。指出：“早在五千年左右中国原始文化已经出现了影响与融合的迹象，如山东龙山文化两城镇玉锛上的饕餮纹，与良渚文化玉琮上的兽面纹，两者非常相似，玉琮上的兽面纹与简化的饕餮纹相类；红山文化玉器上的云纹，与良渚文化玉琮上的云纹，虽然时间略有先后，纹饰繁简不同，但总不能说毫无关系。这些相似的情况，应是融合现象。从商代铜器上的饕餮纹、云雷纹来看，又不能不说红山文化、良渚文化是滋润三代文明要素的一部分。”

在结合“四大特征”将中国新石器时代文化出现的若干新迹象的考古材料全面分析完了之后，佟先生最后以一段简洁而内涵深刻的文字，申明了他对中国古代文明前夜某些文化迹象与属于文明出现之间，尚存在区别和界限，应各有不同的标志，并应注意对质变前夜中量变程度大小的考察与分析的观点。指出：“红山文化中的巨石建筑、大积石冢、泥塑人像巨室，良渚文化中的大土墩墓，虽然在文化上达到了极高的水平，但是较之二里头文化中上百米的大宫殿址，尚稍逊一筹，所以这些应是文明前夜的迹象。按照我国考古材料的实际，城郭、宫殿、青铜器、文字，应是文明出现的重要标志。今后更应该区分出王畿文明与方国文明的不同，特别应该注意文明质变的前夜中量变上的程度。”佟先生最终得出的观点是科学的、正确的，因为它实事求是，完全符合中国新石器时代考古文化发展的规律特点和所发现的若干新迹象的客观实际。这是佟先生的“四大特征”核心理论，在新的历史条件下取得的新进展。

《中国新石器研究》是佟先生献给中国考古学界的又一经典力著。此项研究，自1961年立项，至1995年最后告竣，先后历时30余年。为了打好基础，他曾于20世纪70年代至80年代初，投入很大精力专注于以自然科技手段对石器制作工艺和使用微痕，做力学上的考察与研究，以期用科学原理解决石器的用途和工艺技术水平的问题(《仰韶、龙山工具的工艺研究》[31]和《仰韶、龙山文化的工具使用痕迹和力学上的研究》[32])，从而开创了中国新石器研究科学的方法和新途径，为中国新石器研究奠定了坚实的基础。为了深入地做好此项课题研究，他曾频年、不辞辛苦地到全国各地搜集有关的新石器考古资料。根据新石器的分布与特点，他将全国划分为八个地区，做了系统的分区，分期研究。同时又对中国周邻地域和五大洲的新石器资料进行了比较研究，探讨了中国新石器在世界新石器中的地位问题。

在此书中，佟先生更为自觉和娴熟地驾驭“四大特征”核心理论，用来统领和指导全部研究资料，并使这一理论在研究实践中，又得到进一步充实与发展。如书中第九章——中国新石器的特征，共有二十节内容，其中前四节内容就是专论“四大特征”这一核心理论的，如第一节的题目即为“文化连续发展的特征”(亦即“文化连续性的特征”)，第二节的题目为“生产地域性特征”，第三节的题目为“文化影响与融合的特征”，第四节的题目为“历史发展不平衡的特征”。在论述完这“四大特征”、打好全章基础之后，才展开后面十六节内容的论述的。由此可见“四大特征”核心理论的学术意义和价值，它们在佟先生心目中所占的分量。而在这“四大特征”之中，佟先生尤其更看重“历史发展不平衡的特征”。他指出：“历史发展不平衡的特征，是中国新石器时代的重要规律，这个规律支配着新石器时代的自始至终。”“我国新石器时代开始便是不平衡的，这就是从旧石器时代晚期过渡到新石器时代，全国各地有先有后。”“到了新石器时代中期，这个规律依然强烈起着作用。”“到了新石器时代晚期继之青铜时代，这种不平衡现象尤为显著”，因而这一阶段便出现了“王国文明与方国文明”现象。“新石器尾声的结束，更有早有晚。”“总之，中原地区在战国石器已经基本结束，全国大部分地区到汉代也已结束，但是台湾有的到唐代、有的到宋代，黑龙江更有的到金代才结束的。所以各地新石器的尾声结束，是参差不齐的。当然黄河流域、长江流域较发展的地区结束较快，周围边远地区结束较慢，就是发展地区中的僻地，结束也是较慢的。直至近世，仍见鄂伦春、鄂温克、赫哲等狩猎或渔猎民族，所以不平衡规律的支配作用是很强烈的。”

“历史发展不平衡的特征”不但明显地体现在中国新石器和新石器时代文化上，而且也清楚地体现在世界新石器和新石器时代文化上。经佟先生比较研究后得出结论：“世界新石器时代文化的发展也是不平衡的”[33]。“在欧洲，南欧新石器时代文化发展最快，其次是中欧，而北欧发展最慢。美洲的农业，中美洲出现的最早，其次是南美洲，而北美洲出现的最晚。大洋洲的陶器，新几内亚出现的最早，西波利尼西亚出现稍后。所以不平衡规律，是世界史前史发展的总规律。虽然各大洲的历史有长有短，但是如果承认人类是从类人猿转变而来的话，那么世界上现存各个人种的历史长度都是一样的，都是同样悠久的，只是生产方式的发展是不平衡的。”[34]

关于中国新石器在世界新石器中的地位，佟先生也得出了明确结论：“(1)中国新石器时代文化，是世界上最早的新石器时代文化。中国新石器时代早期江西万年仙人洞距今一万一二千年，而西亚、日本的新石器时代文化，约当公元前8000年，越南新石器时代文化，约当公元前7000年，南亚、中亚新石器时代文化，约当公元前6000年。因此说中国新石器时代文化是从旧石器时代晚期向新石器时代早期过渡最早的文化。(2)中国进入新石器时代的标准有几个，万年仙人洞进入新石器时代早期的标准是划断工艺、陶器、渔猎，柳州大鲤鱼嘴进入新石器时代早期偏晚的标准是农业、家畜和陶器。但是日本进入新石器时代的标准是陶器和狩猎。西亚进入新石器时代的标准是农业。南亚、中亚进入新石器时代的标准是农业、家畜和陶器。可见世界各地进入新石器时代的标准有几个，而不是一个。此点与中国是一致的。(3)中国新石器的工艺，是世界新石器工艺的顶峰。中国在旧石器时代晚期，已经有了琢、磨、钻等工艺，到了新石器时代，出现了划断、抛光、锉、管钻孔、轮枪工艺，都是世界上所罕见的。世界各国石器，多为局部磨制或全部磨制，连钻孔工艺都很少。(4)中国新石器复合工具的发现，是世界上最多的国家。中国有有柄石斧、有柄石锛、有柄骨耜、有柄骨镰、有柄骨鹿镐、有柄獐牙器、骨刀、骨匕首、有铤石叶骨镞等，出土的复合工具完整精致，数量也是最多的。(5)中国的新石器时代文化，经历了两个明显发展的阶段。第一个阶段是距今约7000年的新石器时代中期，出现了发达的农业，以黄河流域裴李岗文化、磁山文化的粟作农业与长江流域河姆渡文化、马家浜文化的稻作农业为代表，均达到了极高的水平。第二个阶段是距今5000年的新石器时代晚期，出现了瑰丽的玉器，这可由红山文化的玉龙、龙山文化的饕餮纹玉锛，良渚文化的兽面纹玉琮、微雕羽人的玉钺为代表，是社会生产和文化发展较高的证明。”(6)“世界古代文明，两河流域文明最早，其次是埃及文明，再次是印度文明，第四是中国黄河流域文明。但三代之首夏文明出现以后，不仅有王国文明，而且还有方国文明，这在世界文明中是很少见的”[35]。

《中国新石器研究》这项课题，前后耗去了佟先生30多年时光，几乎占了他整个学术生涯的一半，但他始终无怨无悔，矢志不移，决不放弃。功夫不负有心人，终于在1995年3月13日，在他退休8年之后，在北京方庄家中的小书房里，他写完了这部书稿的最后一个字，全书告竣。先生如释重负，为了纪念这个课题的竣工，他欣然写了一首七律《〈中国新石器研究〉书竣》，诗云：

氏族文明各不同，为求石器遍寰中。
万年洞底开新史，西亚先陶怯竞雄。
裴岗磁丘中期里，仰韶龙山兆晚风。
窃喜积珠成总汇，未负困学半世工。

《中国新石器研究》为上、下两册，共计220万字，收集、使用了中国考古学界半个多世纪以来所有的有学术价值的科学发掘标本和研究成果，共收新石器7981件，附插图587幅，彩版19面，黑白图版233面。这部著作不但是一部中国新石器资料的总汇，而且是迄今学术界关于中国新石器和中国新石器时代文化综合研究的空前的鸿篇巨制，堪称是中国新石器研究领域的一部奠基力著。全书工程量之浩繁与艰巨，所收资料之全面与翔实，全篇布局之缜密严谨，研究方法与视角之独特，理论体系之完备，综合研究功力之深厚，理论认识之中肯与精辟，皆令人叹为观止。佟柱臣先生独树一帜，为中国考古学界又竖起了一座学术丰碑。

四、结　　语

如果将佟先生于1960年提出的“四大特征”理论比喻为给我们栽植了一棵小树的话，那么经过佟先生半个世纪不断地辛勤浇灌与培育，如今这棵小树已经茁壮地成长为一棵根深叶茂的参天大树了。如果说佟先生当初提出这一理论时，囿于当时的资料条件、单位的工作性质，只能对中国原始社会晚期历史的特征做出这样的分析与归纳，视角尚嫌不宽、内涵尚嫌单薄、认识尚嫌不深的话（学生按，即便如此，那在当时也是一个了不起的理论建树。因为在此之前，甚至在此之后，学术界一直无人提出过这样完整的一个理论认识），那么在经历了半个世纪之后，佟先生已然将这一理论从中国原始社会史研究领域，引入到中国考古学的四大研究领域——中国东北考古、中国古代文明起源和早期国家的形成问题、中国边疆地区民族考古和中国新石器时代考古。经过50年来对上述四大研究领域若干研究课题的不断运用、尝试与探索，在研究过程中的不断充实、丰富与发展，使这一基础理论最终形成了佟柱臣先生的一个独创的理论体系。

佟先生不止一次地将“生产地域性的特征”这一基础理论运用到中国东北考古和中国新石器时代考古研究领域中。前者不但正确地解释了细石器的概念，澄清、纠正了长期以来学术界在细石器问题上存在的若干模糊和错误的认识，而且科学、准确地揭示了辽瓷在辽代五京道中，因南北自然地理条件、经济形态、民族成分及其生产与生活方式的差异，其种类与数量在分布上也表现出明显的地域性差别这一规律特点，更能客观地将东北地区区分为三大族系文化区，各分属三种不同的经济类型，再结合“历史发展不平衡的特征”，总结出东北历史发展的规律性特点；后者则根据新发现的考古资料，提出了“三个接触地带论”，并以此为基础，又提出了“多中心发展论”和“部族文化论”，从而否定了所谓的“一元论”。这是佟先生对“生产地域性的特征”这一基础理论作出的新拓展。

佟先生也曾将“文化连续性的特征”这一基础理论运用到中国新石器时代考古和中国古代文明的起源及早期国家形成问题的研究领域中。前者提出了中国新石器时代文化是从中国旧石器时代晚期文化直接延续发展而来的，两者之间并不存在不可逾越的鸿沟，这一认识，在年代上比当初的认识往前提早了一个时代（当初仅认识到新石器时代的仰韶文化与龙山文化具有连续发展的特点）；后者则提出了中国自新石器时代晚期黄河中下游地区的大汶口文化、龙山文化，同时也包括黄河上游地区的齐家文化，开始出现私有制和阶级，再进一步发展到夏商周奴隶制社会，这一历史发展过程同样具有连续性的特点，这一认识，在年代的下限上又往后延伸了一个时代，并由此进一步提出了探讨中国古代文明起源和早期国家形成问题时，应将中国新石器时代晚期的考古资料与夏、商、周三代的材料结合起来进行通盘考察和研究的主张。这是佟先生对“文化连续性的特征”这一基础做出的重要补充和深度推进。

佟先生也常将“历史发展不平衡的特征”运用于四大研究领域的若干研究课题中，最突出的要属在中国古代文明起源和早期国家形成问题及中国新石器时代考古这两个研究领域中的运用与开拓。前者通过对全国新石器时代晚期至青铜时代早期大量考古材料的比较研究，根据“历史发展不平衡的特征”，提出了黄河中下游粟作农业区最先产生了高水平的青铜文明，这里是中国古代文明的摇篮，并由此在中国学术界首次进一步提出了中国既存在“王国文明”，同时又存在“方国文明”这一重要学术观点；后者则除了指出“历史发展不平衡的特征，是中国新石器时代的重要规律，这个规律支配着新石器时代的自始至终”之外，还指出了“世界新石器时代文化的发展也是不平衡的”，“不平衡现象是世界史前史发展的总规律”。这是佟先生对“历史发展不平衡的特征”这一基础理论做出的新建树与新发展。

佟先生还曾多次将“文化影响与融合的特征”这一基础理论运用到中国边疆民族考古和中国新石器时代考古等研究领域中，前者注重并加大了文化影响与融合过程中的相互性，即双向性特点的研究力度，一改过往学术界偏重和比较强调中原文化与汉族为主体，长期以来一直对边疆少数民族文化产生影响并发生融合的片面倾向，而尽力发掘边疆民族地区一些有关反馈中原、影响汉族生活习俗的生动材料，以强化文化影响与融合的相互性与双向性，这一方面体现了佟先生对“文化影响与融合的特征”的透彻理解，另一方面也充分体现了他对边疆少数民族文化的尊重、热爱与至真至诚；后者则是通过对距今五千年左右在山东龙山文化、良渚文化、还有红山文化中出土的一些玉器上出现饕餮纹、兽面纹和云纹图案的观察，指出这类文化因素应“是滋润后来三代文明要素的一部分”，并提出了中国古代文明前夜和文明出现之间，尚存在区别和界限，应各有不同的标志，并应注意对文明质变前夜中量变程度大小的考察与分析的观点。这是佟先生对“文化影响与融合的特征”在经过长期的观察与研究之后，做出的具有进一步深层意义的新阐发。

佟柱臣先生一生所做出的学术贡献是多方面的，他所创造的巨量学术遗产和所取得的卓著学术成就，为界内所少有。本文仅揭取了他学术生涯中的后 50 年，仅是围绕其提出“四大特征”理论，并在其后的研究实践中，逐步地将其拓展到中国考古学四个重要的学术研究领域，通过自己不断地运用、尝试、探索和检验，从而使这一理论不断得到充实、丰富、提升与发展，最终形成了一个较为完备的具有独创意义的理论体系，并在这一理论体系指导下，在以上四个学术研究领域皆取得了一系列令学术界瞩目的、非凡的重要研究成果。这一结果，绝非偶然。因为这一理论体系本身就是对诸多领域中的诸多研究对象所做的规律性的理论归纳与总结。掌握了它，就等于拿到了攻克学术难关的钥匙。天道酬勤，由于佟先生一生治学勤奋刻苦、兢兢业业，这钥匙最先由他拿到，所以佟先生取得学术上的成功是必然的。

毫无疑问，佟柱臣先生这一理论体系，是他一生巨大学术成就中的精髓，也是他对20世纪中国考古学科理论建设与发展做出的具有里程碑意义的杰出贡献。可以预言，随着时代的前进和中国考古学事业的蓬勃发展，佟柱臣先生的这一理论体系必将成为中国考古学坛理论殿堂上的不朽经典。

愿敬爱的导师佟柱臣先生用毕生心血培育长大的拥有独创理论体系的学术之树，万古长青！

愿平凡而伟大的布衣学者佟柱臣先生竭尽毕生精力和全部智慧铸就的中国考古学学术丰碑，光耀千古！

2013年9月9日

于云深斋

注　释

[1] 佟柱臣:《考古学上汉代及汉代以前的东北疆域》,《考古学报》1956年1期。
[2] 佟柱臣:《黄河长江中下游新石器时代文化的分布与分期》,《考古学报》1957年2期。
[3] 佟柱臣:《中国原始社会晚期历史的几个特征》,《考古》1960年5期。
[4] 佟柱臣:《中国边疆民族物质文化史》,巴蜀书社,1991年。
[5] 佟柱臣:《中国新石器研究》,巴蜀书社,1998年。
[6] 佟柱臣:《我与中国新石器研究》,《学林春秋》二编（上册）,朝华出版社,1999年。
[7] 佟柱臣:《中国考古学要论》(《名师讲义》丛书),鹭江出版社,2004年。
[8] 佟柱臣:《中国东北地区和新石器时代考古论集》,文物出版社,1989年。
[9] 佟柱臣:《中国辽瓷研究》,中国社会科学文献出版社,2010年。
[10] 佟柱臣:《试论中国北方和东北地区含有细石器的诸文化问题》,《考古学报》1979年4期。
[11] 佟柱臣:《东北历史和考古中的几个问题》,《东北考古与历史》丛刊第1辑,1982年。
[12] 佟柱臣:《从考古材料试谈我国的私有制和阶级的起源》,《考古》1975年4期。
[13] 佟柱臣:《从二里头类型文化试谈中国的国家起源问题》,《文物》1975年6期。
[14] 佟柱臣:《中国夏商王国文明与方国文明试论》,《考古》1991年11期。
[15] 佟柱臣:《二里头文化和商周时代金属器代替石骨蚌器的过程》,《中原文物》1983年2期。
[16] 佟柱臣:《中国文明起源的诸问题》,《纪念城子崖发掘60周年国际学术讨论会文集》,齐鲁书社,1993年。
[17] 佟柱臣:《中国文明起源问题的探索》,《中国社会科学院古代文明研究中心通讯》第1期,2001年1月。
[18] 佟柱臣:《匈奴西迁与欧洲民族之移动》,《学艺》第二辑,1942年。
[19] 佟柱臣:《佟柱臣自传》,《中国当代社会科学家》第九辑,书目文献出版社,1986年。
[20] 佟柱臣:《我国历史上对黑龙江流域的管辖和其他》,《文物》1976年7期。
[21] 佟柱臣:《从考古材料看汉、唐对西域的管辖》,《社会科学战线》1981年4期。

[22] 佟柱臣:《对乌苏里江以东地区作考古学与历史学的考察》,《社会科学战线》1984 年 1 期。
[23] 佟柱臣:《中国边疆民族的历史贡献》,《黑龙江文物丛刊》1983 年 1 期。
[24] 佟柱臣:《从中国民族考古和历史中看到的几个问题》,《民族文物工作通讯》第二期,1985 年 4 月。
[25] 佟柱臣:《从考古学物质文化上观察中华民族融合的痕迹》,《社会科学战线》1985 年 2 期。
[26] 佟柱臣:《新的发现、新的年代测定对中国新石器时代考古学提出的新问题》,《社会科学战线》1979 年 1 期。
[27] 佟柱臣:《中国新石器时代文化三个接触地带论》,《史前研究》1985 年 2 期。
[28] 佟柱臣:《中国新石器时代文化的多中心发展论和发展不平衡论》,《文物》1986 年 2 期。
[29] 佟柱臣:《中国新石器时代文化的一些新迹象》,《海岱考古》第一辑,山东大学出版社,1989 年。
[30] 佟柱臣:《探索中国新石器时代文化的几个学术问题》,《神农文化:稻作农业起源与炎帝文化暨第三届农业考古国际学术讨论会论文集》,湖南人民出版社,2000 年。
[31] 佟柱臣:《仰韶、龙山工具的工艺研究》,《文物》1978 年 11 期。
[32] 佟柱臣:《仰韶、龙山文化的工具使用痕迹和力学上的研究》,《考古》1982 年 6 期。
[33] 佟柱臣:《我与中国新石器研究》,《中国考古学要论》,鹭江出版社,2004 年,529 页。
[34] 佟柱臣:《中国新石器研究》,巴蜀书社,1998 年,1768 页。
[35] 佟柱臣:《中国新石器研究》,巴蜀书社,1998 年,1767~1768 页。

聚落群聚形态视野下的三种文明起源模式研究

裴安平
（南京师范大学）

在史前，在氏族社会的基础上，聚落会以血缘为纽带近距离相聚在一起并形成一种特定的空间与遗存形态，这种形态就称为“聚落群聚形态”，这种形态实际也是史前社会组织一种物化的反映。

已有的研究发现史前聚落的组织与群聚形态主要有三种：聚落群、聚落群团、聚落集团。

聚落群，就是同时期的聚落个体近距离相聚而形成的一种类似部落一样的组织和组织形态。

聚落群团，就是同时期的聚落群近距离相聚而形成的一种类似部落联盟一样的组织和组织形态。

聚落集团，就是以强势的利益一体化的聚落群团为组织核心而形成的一种大型的聚落血缘组织。史前晚期以前不见。它的规模大，涉及的聚落数量众多，内部成员或聚落群团，或聚落群，皆以很近的距离紧密地分布在核心的周围。

考古证明，文明起源的标准与证据并不是各种各样的物质遗存，如城墙、壕沟、宫殿、祭坛、文字、奢侈豪华的随葬品等。因为“文明”是一种社会现象，它的多样性与复杂性也不是用一些物质遗存的差异就能简单代表的。

商族就是中原一个古老的民族，无论是建国之前的先商时期，还是汤都亳之后的商朝商国时期，其政治方面的最大特点就是单一民族的商王“世袭制”，对此《史记·殷本纪》即有详述，王国维在《殷卜辞中所见先公先王考》也证明《史记》确为实录。

然而，较商要早的夏，较商要晚的西周，却各有不同的政治制度。史料记载，夏人曾有过一段时期的“禅让制”，而西周更有异姓姜氏共享灭商成果受封于齐国临淄的事例。

人们不啻要问，为什么夏商周这三个中国古代历史中最早的国家其政治制度会如此不同，各有什么特殊背景和原因？

对此，中国史前的聚落群聚形态研究表明，文明的起源主要涉及三个要素：跨血缘，跨地域，在不同血缘和地域的聚落组织之间建立统治与被统治关系。围绕这三个要素，中国的文明起源之路完全是一种多样化的状态，并明显可见三种特点互不相同的模式。

一、澧阳平原——商模式

“澧阳平原——商模式”就是中国史前文明起源的一种模式，它的基本特点就像商一样是在史前单一血缘组织的基础上建立文明古国，从血缘社会直接升级为跨血缘、跨地域、在不同血缘和地域的聚落组织之间建立了统治与被统治关系的文明古国。其中，湘西北澧阳平原鸡叫城的崛起与发展就是这方面最具代表性的实例。

早在距今9～7.5千年的彭头山文化时期，澧阳平原上的聚落遗址就明显存在近距离相聚在一起的聚落群聚形态。在已经发现的12处聚落遗址中，有11处相互近距离聚为5群。群内聚落之间的距离多在2～5公里；而群与群之间的距离则相对较大，近的4公里，远的6公里。其中，东部的3个聚落群还明显近距离相聚组成聚落群团；而西部的聚落群团则由其他3个聚落群构成。

距今7千年前后的皂市下层文化共发现17处聚落遗址，不仅数量较以前更多，而且聚落群与聚落群团的组织状况也好于前期（图一），更重要的是西部群团的整体实力还明显超过东部。一方面，西部群团的主体有聚落遗址8个，而东部只有6个；另一方面，西部聚落遗址的总面积为15万平方米，而东部却只有4.135万平方米，不及西部的1/3。

值得注意的是，无论彭头山还是皂市下层时期，在东西两大群团之间总有一片宽阔

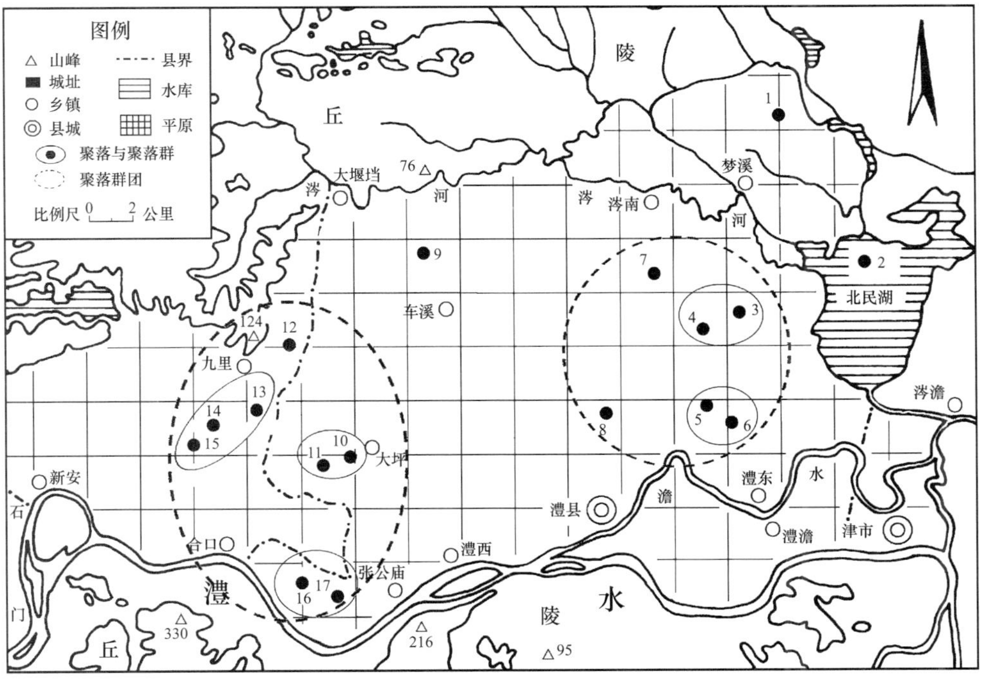

图一　皂市下层文化聚落遗址分布图

1. 高家岗　2. 犀牛岗　3. 东田堰　4. 东田堰坝　5. 双林　6. 双庙岗　7. 封土堆　8. 王家岗　9. 王家大坟　10. 刁家湾　11. 东坡　12. 王家祠堂　13. 胡家屋场　14. 邹家山　15. 余家铺　16. 黄家岗　17. 宋家溪

且无人居住的区域，仿佛就是横亘在两个不同血缘组织之间的隔离区。彭头山时期，这一隔离区大约宽 9 公里。皂市下层时期，这一隔离区位于东部王家岗与西部王家大坟遗址之间，宽与前期近似（图一，8、9）。

距今 6 千年前后，随着史前私有制的起源，西部群团在前期优势发展的基础又上一层楼。距今约 6.5 千年，长江中游时代最早的环壕聚落就诞生在西部群团的城头山上；距今约 6 千年，中国史前时代最早的城址又诞生在同一个城头山上，充分显示出它的发展状态一派生机盎然。

距今 5 千年前后，随着气候由高温湿热逐渐干凉，自然水位不断降低，西部群团也失去了依托较高地势条件的自然发展基础。与此同时，东部地势较低的广大区域则逐渐露出水面，适合人类生存的地域也在不断扩大。借此环境之变，东部聚落群团乘势崛起。

鸡叫城就位于澧阳平原东部，西距城头山约 15 公里，是东部聚落群团史前晚期的核心与领军。1998 年鸡叫城首次发掘，发现城址的三期发展过程：

第一期：屈家岭中期早段及以前。遗址属于环壕聚落，壕沟的边缘距晚期城壕约 66 米。以此为据，估计那时期的遗址面积约 6.5 万平方米。

第二期：屈家岭中期晚段。在第一期环壕的外面开始修筑城墙，底宽约 27 米，高约 4.5 米，城壕以内面积近 15 万平方米。

应该指出的是，鸡叫城的崛起不仅使东部群团也有了自己的城址，而且还使东西两大群团之间的关系开始进入了剑拔弩张相互对峙的新时代。

面对东部的崛起，面对鸡叫城的崛起，西部的城头山未敢懈怠。

屈家岭文化早期，当时的鸡叫城虽然还只是一个环壕聚落，但城头山为了保持长期以来的发展优势，并防患于未然，毅然再次筑城，在前期的城壕上堆筑城墙，在城墙外面又开挖新壕。

屈家岭文化中期，鸡叫城第一次筑城。为此，城头山紧急应对。虽然没有重新挖壕筑墙，但却在前一次的基础上将城墙城壕加宽、加高、加深。最后形成的墙，底宽 20 米以上、残高 4 米；壕沟，口宽约 40 米、深约 4 米，充分表现了非同以往的变化和面貌。首先，城的高与宽，壕的宽与深，均 2 倍于大溪时期；其次，以往壕沟的防御作用大于城墙的重壕轻城倾向也被完全改变，出现了城、壕并重的新局面。显然，这些变化的根本目的均在于强化实力和完善城、壕相配套的双重防御体系。

然而，城头山与鸡叫城双方的关系为何如此紧张呢？为何要如此费劲去相互比拼、相互较力呢？为何要如此费力去完成那浩大的工程，并使其防御功能都不断得到强化与提升呢？

已有的考古表明，它们之间的关系也正是当时社会矛盾不断尖锐激化的结果与反映。

在湘西北的澧阳平原，彭头山时期共有聚落遗址 12 处，皂市下层时期共有 17 处，而大溪、屈家岭文化时期却增至 46、45 处，分别是彭头山时期的 3.8 倍，皂市下层时期的 2.7 倍。与此同时，遗址的平均面积也在不断扩大。彭头山时期平均 8000 平方米，皂市下层时期平均 13550 平方米，大溪时期平均 15850 平方米，而屈家岭时期平均约 2 万平方米，较大溪时期还扩大了近 1/4。

假设相似的单位面积承载相似的人口数量，那么聚落数量与规模的增长实际也就意味着人口的增长。又由于澧阳平原的面积是基本固定的，所以人口的增长实际也就意味着人均资源与土地占有面积越来越少。

不难想象，自大溪文化以降，变化的不仅仅只是聚落的数量与规模，更重要的还是人均资源与土地占有面积的大幅萎缩。因此，距今6～5千年期间，正是当地社会基本矛盾不断激化的时期，也是聚落组织相互争夺各种生产资源与食物资源致使关系不断紧张的时期。

距今4.5千年，石家河文化时期，社会矛盾从紧张对峙的阶段又开始进入激化不可调和的新阶段，文明古国也随之降临澧阳平原。最明显的证据有两个：

第一，从汤家岗文化开始，在历史上活跃了近2千年之久的中国史前最早的城址城头山倒下了。一方面，结束了始于汤家岗文化的不断挖宽挖深的挖壕历史；另一方面，也结束了始于大溪文化早期的不断新建或加高加宽城墙的历史。更令人不解的是，城内石家河时期的文化堆积居然也明显稀薄，显示整个城址的发展与生活状态都颓势明显。

第二，与城头山的发展颓势形成鲜明对比，以鸡叫城为首的聚落组织却是一派兴旺发达。一方面，鸡叫城进入了它的第三期发展阶段，最突出的变化就是在城头山已经结束筑城的历史之后，它还于石家河早期再次筑城。以致西南墙段现在还宽约60米，城外的壕沟宽40～70米。另一方面，东部的社会组织也由早期的聚落群团升级成为了以前从未见过的向心结构的一体化特征明显的聚落集团。

由图二的显示可见，石家河时期澧阳平原聚落群聚形态的变化东西两部各自特点大不相同。

在西部，源于屈家岭时期的大多数聚落群的规模都扩大了。城头山聚落群由4个聚落变成了7个，大坪乡聚落群由4个变成了16个，九里乡聚落群由2个变成了10个，车溪乡东南聚落群由2个变成了8个，大堰垱乡附近聚落群由5个变成了8个，新安乡北部聚落群由3个变成了7个。值得注意的是，这些规模扩大了的聚落群虽然由于早期聚落的自然分裂与增殖多数都由此自然升级成为了聚落群团。但是，那里的聚落近一半的位置都没有变化，那里的聚落群团也没有以城头山为中心形成一种近距离相聚的一体化的实体。

与西部完全不同，整个东部实现了有史以来规模最大的一次聚落位置调整，绝大多数源于屈家岭时期的聚落都发生了位置变化。其中，最关键的变化就是在鸡叫城附近的核心区域里面，形成了一个前所未有的聚落群团。这个群团，在南北约5公里、西北东南约8公里、总面积约20平方公里的椭圆形范围内，有近40个聚落紧密地聚在一起，相互间大多距离仅约1公里。此外，其他的聚落群则都明显环绕在核心区的周围。显然，这是一次意义非凡的调整与重新布局。一方面它显示了鸡叫城的强势、号召力与凝聚力；另一方面，它又说明整个东部全都动员与整合在一起了，拧成了一股绳，成为了一个基于利益一体化的聚落集团。

这就是澧阳平原史前最后阶段的历史。有人衰落了，有人兴旺了。

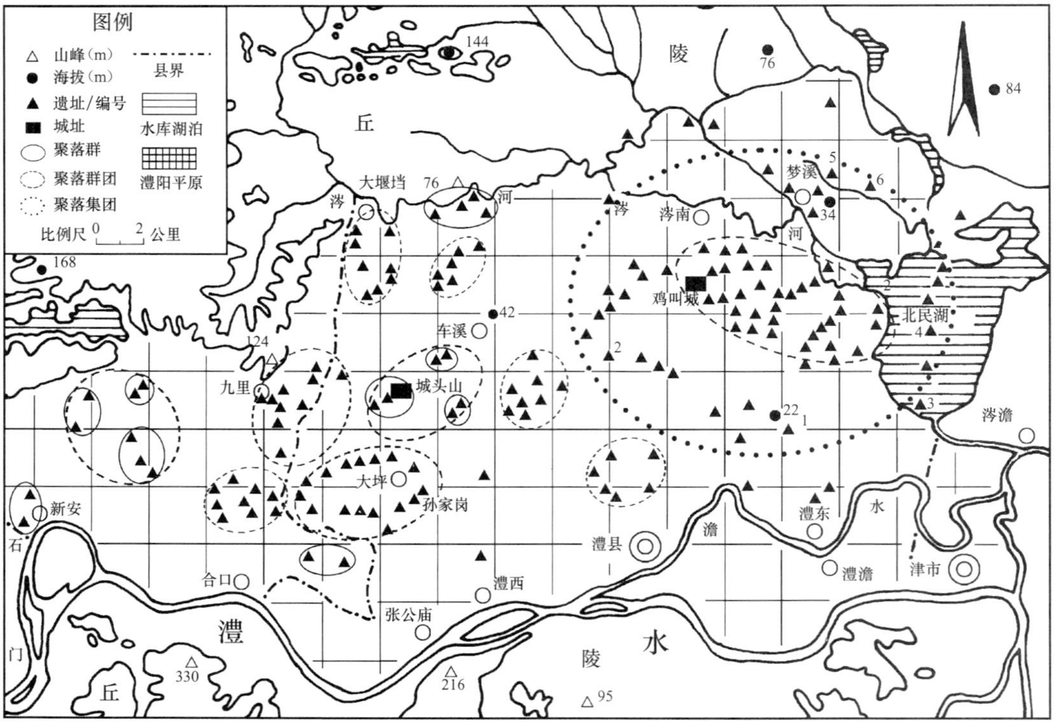

图二　澧阳平原石家河文化聚落遗址分布图

1. 双庙岗　2. 伍家岗　3. 凡家滩　4. 施家屋场　5. 田家岗　6. 埠楼坑

虽然当年相互厮杀的遗迹与直接证据现已荡然无存，但不难想象的是假如当时只有实力没有暴力没有征服，城头山会受到重创吗？会自然倒下或臣服吗？在直面了数百年的对峙与对抗之后，它会首先主动放弃吗？它的族人都会一致答应吗？事实上，城头山石家河时期之所以不再筑城，城内的文化堆积之所以普遍稀薄，这本身就说明它的人口与发展状态都受到了外部强力的制约。一方面，不准它继续筑城；另一方面，也明确限制了它的人口与规模。也许它是主动投降，主动放弃筑城；但它不可能主动削减人口数量与规模，主动让日常生活的文化堆积都明显稀薄。

正因如此，伴随着最有实力的城头山的衰落，西部的所有聚落组织全部都沦为了澧阳平原的二等公民，沦为了被鸡叫城统治的对象；而鸡叫城无形的权力范围也首次越过了东部聚落集团有形的边界，一个以鸡叫城为核心的，在不同血缘不同地区聚落组织之间建立了统治与被统治关系的文明古国就这样悄悄地诞生在了洞庭湖的西北岸。

就已有的研究而言，鸡叫城文明古国崛起的意义非常重要。

它说明从血缘社会到文明古国的转变充斥着暴力，或者说暴力就是二者对接的桥梁，没有暴力就没有征服，没有征服就没有臣服，就没有统治与被统治，文明国家的基础就是暴力。

它也说明城址的大小并不是社会转变与成败的关键因素，而是组织的力量。组织化程度越高，组织的聚落越多，实力就越强。鸡叫城在长江中游地区完全是一个不起眼的小城，一个仅只有石家河城址面积 1/8 的小城。然而，凭借组织的力量，它居然也独霸了一方。可见城不在小，有组织则灵。

它又说明从血缘社会到文明古国只有一步之遥，只要组织有方，组织有力，就可以一步到位，既跨血缘又跨地域，并直接建立统治与被统治关系。

最后，它还说明王位的“世袭制”是在长期的聚落社会斗争中自然形成的。纵观澧阳平原文明古国的起源历程，不难发现东部聚落组织始终是一个单一血缘的聚落组织，历时数千年，虽然组织规模在不断扩大，组织形式在不断升级变化，但同根同源的血缘组织属性始终不改。此外，从屈家岭文化开始，鸡叫城就一直是这个单一血缘组织的核心、堡垒、中流砥柱。正因此，一方面它有实力，有理由，从屈家岭文化开始就将以血缘为基础的聚落组织的大权紧握在自己手中，并用“世袭制”来巩固这种制度；另一方面，这种“世袭制”也是同一聚落组织中所有成员的一致心愿，因为只有它既可以为人们提供必要的保护，又可以凝聚力量争取更多的利益与生存空间。

应该说，鸡叫城模式是一种适合中国历史发展的模式，也是中国文明古国王位“世袭制”的开端。

二、石家河——西周模式

“石家河——西周模式”是中国史前文明的另一种起源模式，与“澧阳平原——商模式”不同，它的基本特点不是在史前单一血缘组织的基础上建立文明古国，而是内部两大血缘组织结合在一起，先期或同时建立只跨血缘不跨地域的早期国家，对外则在不同血缘和地域的聚落组织之间建立具有统治与被统治关系的文明古国。

史料记载，姬姓周人就曾经走过先跨血缘与姜姓联姻组成“早期国家”，尔后再联手打败商的建国之路。由于姜姓有功，所以建国之后还受封于山东临淄。

类似的文明之路，史前聚落群聚形态的研究发现早在史前晚期即已出现，其中湖北天门石家河城址的文明之路就是这方面的代表。

距今 5 千年的屈家岭文化时期，长江中游地区大量多聚落环壕遗址和城址相继崛起。其中，就包括京山屈家岭、天门石家河、天门笑城等。

2007 年，湖北京山屈家岭一带考古区域调查，其中最重要的收获就是发现了屈家岭、钟家岭、冢子坝三个聚落原本共同属于同一个多聚落环壕遗址[1]（图三）。它的面积很大，环壕以内总面积约 70 万平方米。其中，屈家岭遗址是老大，所在台地面积 28 万平方米；其次是冢子坝遗址，所在台地 21.3 万平方米；钟家岭遗址破坏比较严重，现仍残存 14.3 万平方米。环壕的整体形状为方形，宽度约 25 米。

值得注意的是，屈家岭不仅代表的是一种以前从未发现过的多聚落环壕遗址，一个以聚落群为单位集体共用的环壕遗址；更重要的是它还表明了往日聚落群相互间的独立与平等已经淡去，而明显的主从关系则已扩展成为在血缘关系之上的新的组织原则，一批具有明显一体化与向心结构的聚落群团开始登上历史舞台。

其中，屈家岭所在就是核心聚落群，内含屈家岭、钟家岭、冢子坝三聚落，并围以

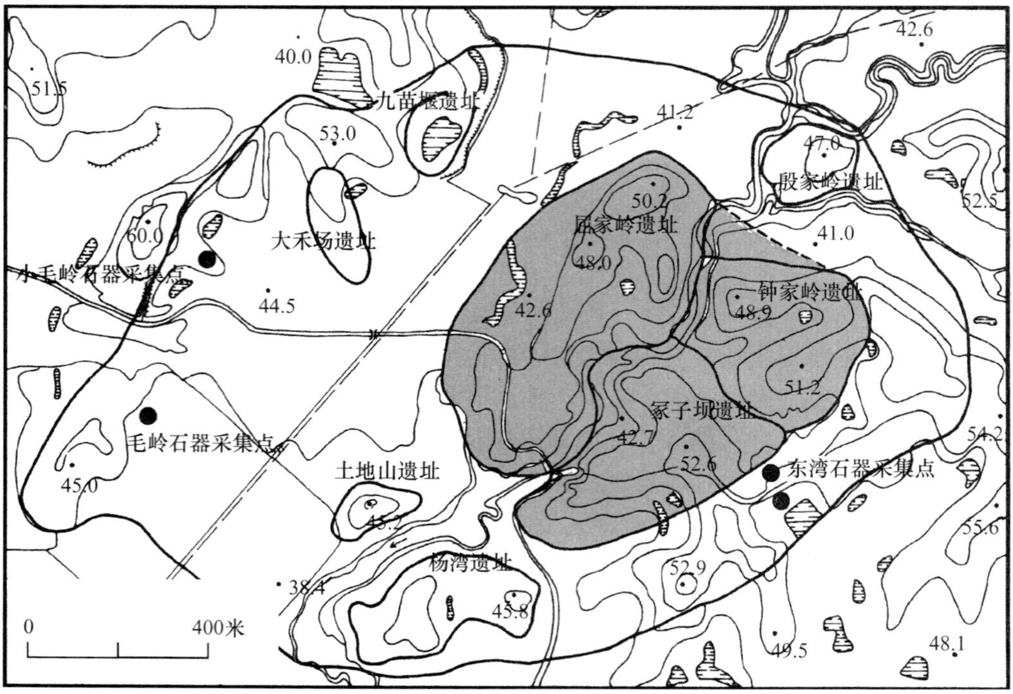

图三　京山屈家岭聚落群团平面图

（引自湖北省文物考古研究所，《江汉考古》2008 年 2 期）

环壕；而在环壕外围则有 5 个聚落 3 个石器采集点成群结队环绕在它的身边。土地山与杨湾、大禾场与九苗堰就明显属于不同的聚落群（图三）。大禾场与九苗堰聚落群距环壕最近不足 300 米，土地山与杨湾聚落群距环壕最近不足 200 米，显示它们都在以超近的距离从属、紧随并环绕在核心的周围。

就在屈家岭聚落群团崛起稍后，东南相距约 20 公里的石家河城址于屈家岭文化晚期也接着崛起，也是一个与屈家岭一样的以血缘为基础的一体化向心结构的聚落群团，但其实力绝不输于屈家岭。

石家河位于湖北天门石河镇西北大洪山南麓的边沿地带，规模巨大。整个城址的外观呈圆角长方形，南北约 1200 米、东西最宽处约 1100 米，总面积约 120 万平方米[2]。

城内与屈家岭类似，也驻扎着一个聚落群，至少有 4 个成员 4 个高地，分别是邓家湾、谭家岭、三房湾、蓄树岭（图四）。其中，谭家岭，18 万平方米；邓家湾，6 万平方米；三房湾，18 万平方米；蓄树岭，15 万平方米[3]；而且每个高地都发现有与普通聚落相似的构成要素，如房址、墓葬、灰坑、陶窑等生活生产类遗迹。谭家岭，位于城址中部，发现有大批平地起建的单间或分间式房屋遗迹，还有十分考究的土坯砖墙房址[4]；邓家湾，位于城址西北，距离谭家岭 500 余米，发现有房址和有生活遗物的灰坑[5]；三房湾，位于城址西南，发现有祭祀遗迹和房址；蓄树岭，位于城址东南，也发现有大面积的红烧土堆积。

与屈家岭多聚落群环绕的布局完全一样，石家河城外也有 5 个聚落群 14 个聚落

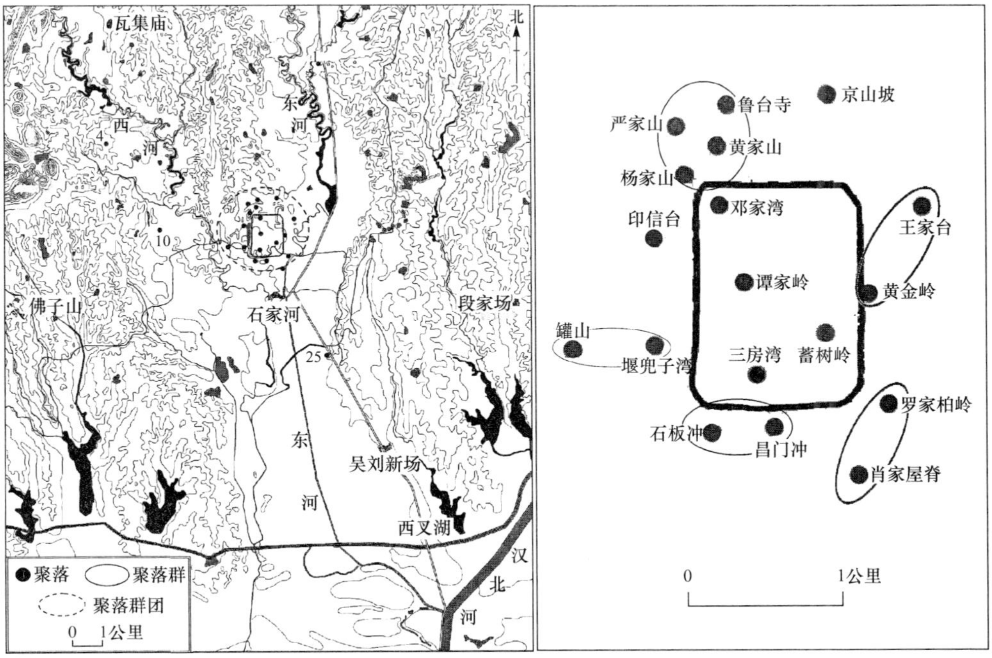

图四 天门石家河屈家岭文化时期聚落遗址分布图

（左图：1、4、10、25 皆聚落遗址编号；引自湖北省文物考古研究所，《江汉考古》2009 年 1 期；图中虚线与黑线圈为本文作者所加；右图：本文作者根据湖北省文物考古研究所《江汉考古》2009 年 1 期调查资料所作）

（图五）环绕在城址周边不到 1 公里的范围内，各自最近距城址均不超过 200 米。

天门笑城位于石家河城东部偏北，相距约 25 公里，面积约 9.8 万平方米。据发掘所知[6]，城的始筑时间也是屈家岭文化晚期。

对于上述多聚落环壕遗址和城址集中出现的历史现象，人们不禁要问：为什么它们会在时间上、空间上如此集中和近距离地崛起与出现？这一切究竟又意味着什么？

毫无疑问，这绝不是和平共处，而更应该是各方社会矛盾激化，关系紧张与对峙的结果，也更应该是暴力横行的反映与结果。

距今 4.5 千年，就在多聚落环壕遗址和城址集中出现的基础上，天门石家河率先踏上了建立文明古国之路，并经历了前后两个阶段。

第一阶段：建立早期国家

由图五可知，石家河文化时期，在石家河聚落集团的南部吴刘新场附近多了一个规模很小的聚落群团，只有两个聚落群，共 13 个聚落，聚落遗址之间的距离明显较大，组织结构也明显松散。

然而，它是从哪里来的呢？为什么会出现在石家河城址的附近呢？

显然，在这里的两个聚落群体中，石家河城址及其集团可以说是当地土生土长的群体，许多聚落遗址从屈家岭时期开始就原封不动地在那里存在了，真可谓早晚一脉相承。如西北的 3、4、6 号组成的聚落群，就明显是屈家岭时期 4 与 10 号群体的再发

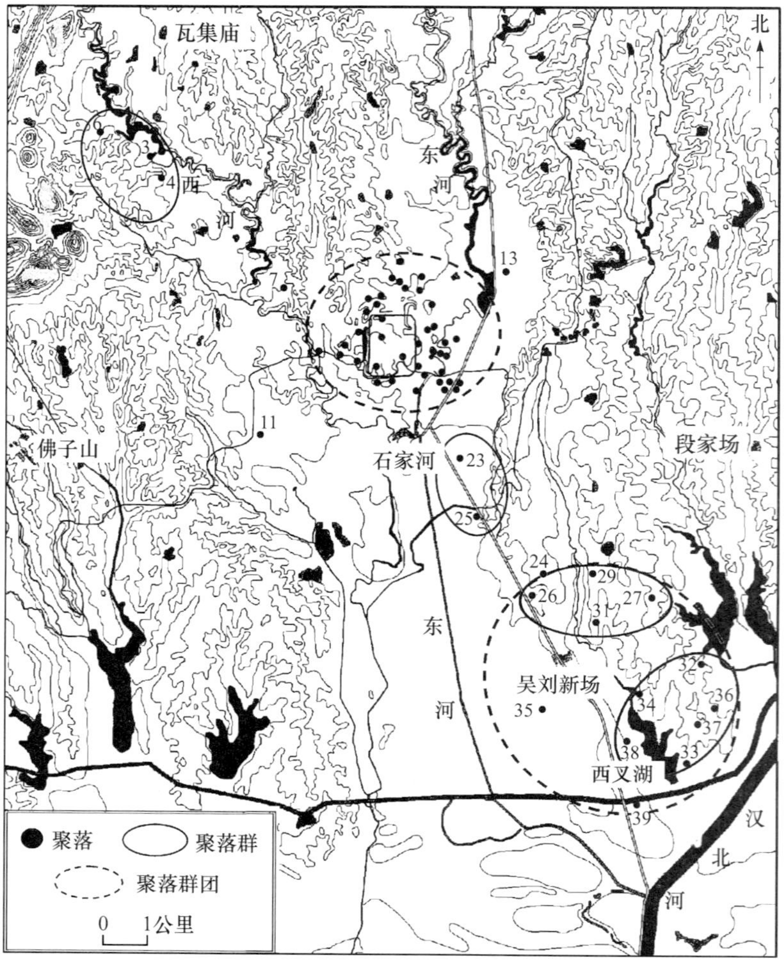

图五　石家河聚落集团组织结构示意图

（3、4、6、7、11、13、23～27、29、31～39 皆原图聚落遗址编号；引自湖北省文物考古研究所，《江汉考古》2009 年 1 期；图中实线圈与虚线圈均为本文作者所加）

展；东南，屈家岭时期只有 25 号一个聚落，而石家河时期则在附近新增了又一个 23 号，也明显是在原地的扩大发展。

但是，位于吴刘新场的那个群团却找不到源头，来历不明，因为屈家岭时期当地一个聚落也没有（图四，左）。因此，它完全可能是石家河时期外来的，或自愿从属、联姻，或弱者向强者的投靠、皈依。不过，它的到来只是从外地来到强者的势力范围之内，只带来了人，没有带来土地。它所带来的变化充其量也只是促使原来单纯的血缘组织变成了跨血缘的组织。

当然，这种组织也已不再是以往传统的单纯血缘组织，而是具有了跨血缘的性质，即一种早期国家形态。

一般而言，早期国家有三个特点。其一，它的基础只是强者对弱者的吸引，双方的关系还只停留在内部和谐从属的层面上；其二，它只跨了血缘，并没有跨地域，更没有建立统治与被统治的关系；其三，它们对外还是一个利益共同体，资源共享利益均沾。因此，它与那种通过武力和战争征服而建立的，在不同血缘不同地区之间拥有统治与被统治关系的文明国家还有着本质的区别。

也许有人会以为，吴刘新场的那个群团是石家河集团分出来的一部分。对此，几乎没有可能。因为，分出去就意味着分散，意味着力量不集中。它不仅违背了源于屈家岭时期以来石家河聚落组织一体化超近距离相聚的组织原则，也违背了他们组建一体化群体的初衷与根本目的。

第二阶段：外部武力地缘一体化

由于地形的原因，汉东河北岸的聚落大都分布都在大洪山南麓低丘岗地与河湖平原过渡地带的边缘。

屈家岭时期，首先崛起的是屈家岭聚落群团；接着屈家岭晚期，石家河城址就在距屈家岭东面约 20 公里的土地上崛起，规模空前。值得思考的是，长江中游史前最大的城址为何非要与最大的多聚落环壕遗址比肩而立呢？如果相互没有任何关系，没有感受到来自对方的压力，为何又要如此大张旗鼓苦心经营呢？

石家河时期，城址所在聚落集团实力大增；而屈家岭群团，在经过数百年励精图治不断做强做大之后却悄无声息地衰落了。在整个群团原有的土地上，石家河文化时期的地层和遗物与湖南澧县城头山一样也非常稀薄[7]，显示原有的居民或大部阵亡，或大部外逃了，只剩下少数还在原地活着。当然，最后的胜利者应该就是石家河，因为在屈家岭的周围只有石家河拥有这种摧毁能力。

与此同时，考古资料还表明，就在石家河城址率众平定西北强势屈家岭群团的同时，往东还可能降服了相距 25 公里的天门笑城。

2005 年，笑城发掘，有两个重要收获。第一，确定了城墙的始筑年代“应为屈家岭文化晚期”，但石家河时期不仅停止了筑城，还“被石家河文化早期地层和遗迹叠压或打破”。第二，确定了城内“屈家岭文化层遗迹与包含物较丰富”，而“石家河文化层遗物较少”[8]。这说明，笑城不仅是长江中游使用寿命最短的城址，而且石家河时期就已衰落。

由于笑城距离湖北应城 67 万平方米的陶家湖城址更近，仅约 10 公里，所以笑城的衰落人们可能会以为是陶家湖所为。不过，陶家湖不会这样做。因为，有了笑城，它就不用直接与石家河对抗，就有了缓冲区。反过来，笑城没了，缓冲区也没了。因此它不会主动去灭了笑城。

就这样，在石家河灭了笑城以后，往东的权利和势力边界就到了它与陶家湖之间。

至此，一个以石家河城址为统治中心，半径约 25 公里，面积约 1200 平方公里的文明古国就这样诞生了。

如果说澧阳平原鸡叫城式的区域文明化犹如中国古代商人一样是一个单一血统的聚落组织和族群的胜利，那天门石家河式的区域文明化就有点像姬姓周人与姜姓一族一样，可能就是两个不同血缘的聚落组织牵手奋斗的结果。

三、洛阳盆地——夏模式

“洛阳盆地——夏模式”是中国史前文明的第三种起源模式，与“澧阳平原——商模式”、“石家河——西周模式”不同，它的基本特点既不是在史前单一血缘组织的基础上建立文明古国，也不是内部两大血缘组织结合在一起，或先期或同时建立只跨血缘不跨地域的早期国家，尔后再建立文明古国；而是从一开始就又跨血缘又跨地域组建早期国家，然后再建立文明古国。

史料记载，夏人早期政治制度的最大特点就是“禅让制”，即王位可以让给异姓，让给不是同血缘的人。很久以来，中国学术界就认为“禅让制”与“世袭制”有早晚关系，甚至是公有制向私有制转变的一种象征和反映。但是，史前聚落群聚形态的研究表明，它们之间并没有先后早晚的关系，也不是政治制度不断进步的表现，更不是私有制出现的反映。它们是同时并存的，是中国文明起源多样化的反映和代表。

2001～2003 年洛阳盆地区域考古调查[9]资料显示，这里史前的聚落群聚形态拥有许多明显的自身特点。

第一，遗址多分布密度大。据不完全统计，在洛阳盆地约 638 平方公里的范围内，一共发现仰韶文化时期聚落遗址 105 处（图六），分布密度是同时期河南伊洛河流域的 2.26 倍、是洹河流域的 2.18 倍，是铸鼎塬的 2.64 倍。

第二，遗址个体规模也大。据不完全统计，在河南伊洛河地区的坞罗河流域，仰韶

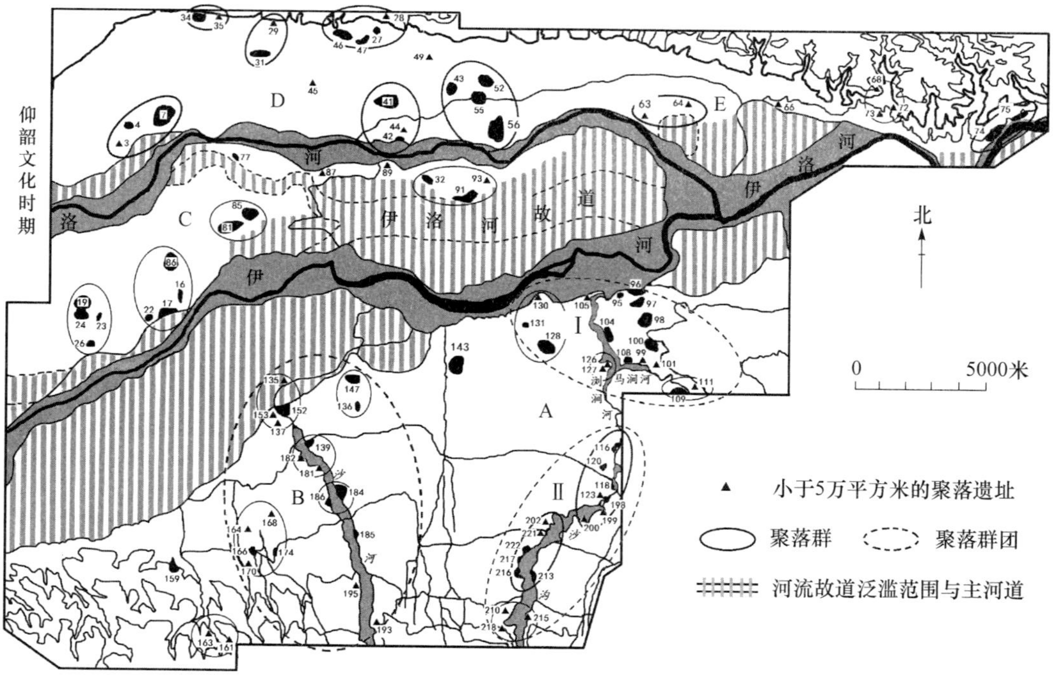

图六　洛阳盆地仰韶文化聚落遗址分布图

（引自中国社会科学院考古研究所二里头工作队，《考古》2005 年 5 期；图中实线圈、虚线圈均为本文作者所加）

早期遗址平均是0.85万平方米，中期是3.4万平方米，晚期是1.67万平方米；在伊洛河地区的干沟河流域，中期是5.8万平方米，晚期是3.18万平方米。在灵宝铸鼎塬，剔除30万平方米以上的北阳平、西坡两个巨形遗址后，仰韶早中期17个普通遗址的平均面积也只有4.69万平方米。然而，在洛阳盆地，也不计入30万平方米以上的巨型遗址，普通遗址的平均面积就高达9.14万平方米，显示那里的聚落遗址规模巨大、超群。

第三，聚落群的组织状况良好。根据空间距离所表达的亲疏关系，由仰韶文化聚落遗址近距离相聚而成的聚落群大多显示出良好的组织状态。

一方面，群内聚落遗址间的距离普遍较小。一般都不足1公里，绝大多数也只有1.5公里，是河南境内同期聚落群结构最紧密的地区和典范。

另一方面，群与群之间的区分度明显。在已经划分出来的聚落群中，大多数群与群之间的距离都在2～3公里，并明显大于各聚落群内部聚落遗址之间的相互距离。

第四，聚落群团的组织状况良好。由图六可见，洛阳盆地仰韶文化时期至少拥有6个聚落群团。

伊河南岸以143号聚落遗址所在小河为界有AⅠ、AⅡ、B三个群团。其中，东部是AⅠ、AⅡ两大聚落群团，36个聚落，沿沙沟、浏涧河、马涧河两岸分布，相互最近处位于109、116、127号3个聚落之间，最大间隔不超过4公里。西部是B群团，由19个聚落构成，主体沿沙河与酒流沟分布，各聚落群相互间隔也很近，只有2～3公里。

位于伊河与洛河之间的是C聚落群团，聚落群之间多数也只有2～3公里。

洛河北岸并存D、E二个聚落群团，隔离区位于56号与63号遗址之间，间距超过5公里，明显大于洛河北岸所有聚落群与群之间的距离。

第五，出现了聚落集团。在伊河以南的东部，AⅠ、AⅡ二大群团的关系既独立又亲密。

位于上游沙沟流域的是AⅡ群团，内部三个聚落群之间的距离均不超过2公里。位于下游浏涧河以北的是AⅠ群团，内部聚落不仅个体规模普遍较大，而且分布密度也很高，多数间距都不足1公里；尤其是95～101、104、108号9个聚落中有8个相距不足1公里，以致聚落群之间的界线都被完全模糊了。由于AⅠ、AⅡ两大群团一个处于河的上游，一个处于河的下游，且二者最远相距约3.5公里，这说明它们虽然各自是独立的，但关系又十分亲密，并可能同属于一个更大的聚落群体，同属于一个聚落集团——一个中原河南地区目前发现时代最早的、由聚落群团为组织单位的聚落集团。

第六，洛河北岸的D群团实力超群。

仰韶时期，D群团的聚落遗址个体数虽然不是最多的，但整体实力却完全是盆地内的佼佼者，并同时拥有整个盆地当时聚落社会的四项发展纪录。

其一，群团的整体规模总量最大，326.9万平方米，是位列第二的C群团的1.4倍。

其二，聚落个体的平均规模面积为18.16万平方米，也大于C群团。

其三，同时拥有整个盆地内两个规模最大的聚落，56号聚落面积66.5万平方米，7

号聚落 56.2 万平方米。

其四，由 43、52、55、56 号 4 个聚落构成的群体，是当时盆地内规模最大实力最强的聚落群，总体面积 131 万平方米，近 A Ⅱ群团的 2 倍。

然而，一到龙山时期，一件最令人不可思议、复杂而隐晦的事情发生了。这就是有的聚落组织兴旺发达了，有的聚落组织颓势凸显、几近没落。昔日最具实力的、规模超群的洛河北岸的 D 群团，连带 E 群团整体衰落了；而昔日规模实力明显落后的洛河以南的诸群团却发展态势奇好（表一、图七）。

表一　洛阳盆地仰韶与龙山时期各聚落群团发展状况比较表

群团	时代	遗址数量		总面积（万）	平均面积（万）	遗址面积分类（除面积不详者）（万平方米）								
		总数	*			＜1	1～5	5～10	10～20	20～30	30～40	40～50	50～60	60～70
A Ⅰ	仰韶	17	15	153.8	9.61	1	4	4	3	3				
	龙山	16	14	204.2	14.59	2	3	4		3	1		1	
A Ⅱ	仰韶	16	15	66.5	4.43	3	4	8						
	龙山	17	16	69.6	4.35	2	6	8						
B	仰韶	19	16	124	7.75	2	4	6	3	1				
	龙山	24	18	235.7	13.1		4	5	7	1				1
C	仰韶	16	13	232.6	17.89		1	3	4	3	1	1		
	龙山	16	15	315.9	21.06			3	4	5	2	1		
D	仰韶	20	18	326.9	18.16	1	5	2	5	2		1	1	1
	龙山	11	9	132.4	14.7	1	2	2	1	2			1	
E	仰韶	8	6	51.7	8.62	2	1	1		2				
	龙山	5	3	26.2	8.7	1		1		1				

* 为面积清楚的遗址数量；表中所有的统计数据皆源于面积清楚的遗址

位于涧河与伊河之间的 A Ⅰ群团，仰韶与龙山时期，聚落遗址的数量基本持平，但龙山时期聚落遗址的个体规模则明显激增，平均从 9.61 万平方米升至 14.59 万平方米。

位于沙河流域的 B 群团，龙山时期不仅升级为集团，而且聚落的数量较仰韶时期多增加了 5 处，更重要的是集团的整体实力与聚落的平均规模面积都迅速膨胀。其中，整体由 124 万平方米发展为 235.7 万平方米，扩大了 90%；个体面积由平均 7.75 万平方米发展为 13.1 万平方米，扩大了 69%。

位于伊洛河之间的 C 群团，虽然聚落遗址的个体数量早晚持平，但龙山时期聚落的规模总量与每个聚落遗址的平均规模也都上升明显，而且在整个盆地内首屈一指。其中，总共 315.9 平方米的群团整体规模总量，分别是 A Ⅰ和 B 群团的 1.55、1.34 倍；而

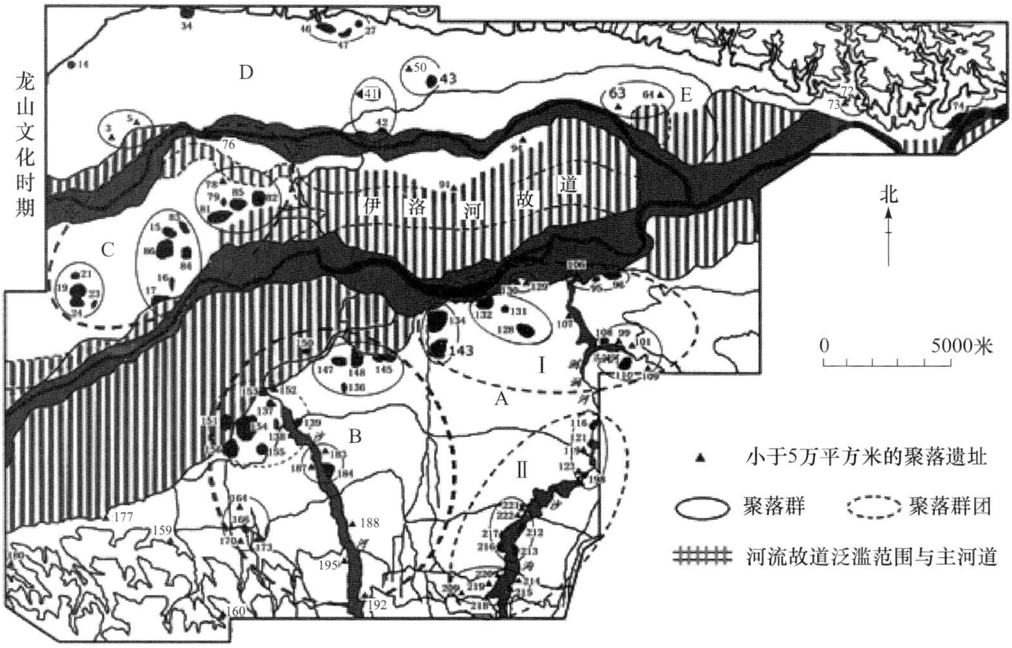

图七 洛阳盆地龙山时期聚落遗址分布图

（引自中国社会科学院考古研究所二里头工作队，《考古》2005年5期；图中实线圈、虚线圈均为本文作者所加）

每个聚落遗址高达21.06万平方米的平均面积，也较AⅠ和B群团分别大了44%与61%。

与洛河以南各群团蓬勃向上的发展态势完全相反，龙山时期D群团的发展却明显遭遇了空前的挫折，所有仰韶时期繁荣发达的纪录全部丧失殆尽。

第一，整个群团聚落遗址的数量大幅下挫近一半，从20个减少为11个。

第二，整个群团全部聚落遗址的规模总量从326.9万平方米减少为132.4万平方米，仅为前期的40%，仅与前期规模最大的聚落群相当。

第三，遗址个体的平均规模从18.16万平方米下降到14.7万平方米，相比下挫约24%。

第四，前期规模最大的56号聚落——古城东北，彻底消失了；前期规模第二的7号聚落——黑王，56.2万平方米，龙山时期也不见了。

第五，前期规模最大的聚落群，原本有4个聚落；但龙山时期，随着52、55、56号3个聚落的同时消失，这个聚落群也随之解体了。

E群团也是洛河以北的群团，规模与实力一直都很弱小。进入龙山时期以后，群团的发展态势竟然也与D群团一样，不进反退，个体数量由8个减少为5个。

对此，人们不禁要问，洛河北岸，仰韶与龙山之交，那里的聚落社会究竟发生了什么？D群团的实力为何会突然逆转？那些前期规模数一数二的聚落为何都渺无踪迹？

调查与研究显示，盆地内各时期的聚落遗址大多坐落在海拔120～160米的河流二级阶地上。由于古河道的摆动位置与河漫滩主要都位于伊洛河之间和伊河以南，从而显示洛河以北地势相对较高。又由于洪水的冲击完全是一种自然现象，也毫无选择性可言，更不可能在某种意志力的操控下，只淹没和摧毁那些地势较高又有实力的大中型聚落和聚落群。所以，洛河之北各聚落群团实力由盛转衰就不太可能是汹涌的水患所为。

除了水患以外，也不排除瘟疫。但瘟疫与水患一样，对人类群体的伤害也是一种毫无选择性的，更不会只特别关注洛河以北的群体，以及那些群体中的大中型聚落。

正因如此，洛河以北聚落社会迅速衰落的主要原因应该不是自然，而是人患。

首先不妨考虑有外敌入侵。不过，盆地四面环山，北、西分别以秦岭山系崤山支脉的邙山和周山为屏，东南、南临嵩山及其余脉万安山；历史上，二里头遗址、偃师商城、周王城、汉魏洛阳故城、隋唐洛阳城之所以都位于盆地之内，皆与盆地周边山脉良好的屏障功能有关。

此外，截至目前，也没有在洛阳盆地周边发现有另一个实力强悍的对手，或者是实力接近或超过洛河以北仰韶文化聚落群团的对手。即使有这样的对手，也不可能只与洛河以北的人为敌，而有意放过洛河以南的人们。

显然，在基本排除了外敌的入侵之后，洛河以北两个聚落群团衰落的原因就完全可能是盆地内聚落社会文明化的结果，是各聚落组织关系重新洗牌，或洛河以南各聚落组织联手打击洛河北岸敌人的结果。

有资料显示，这一过程大约经历了三个阶段。

第一阶段：血缘一体化，聚落群团升级组织成为聚落集团

仰韶晚期，沙沟、马涧河、浏涧河沿岸的 A Ⅰ、A Ⅱ群团就已经组建了聚落集团。这是目前所见中原地区最早的聚落集团，由两个沿河分布的聚落群团构成。

龙山时期，新组建的聚落集团位于沙河沿岸。其中，137～139、151～156 号等 9 个聚落所组成的聚落群团就是集团的核心，而其他的聚落群则位于它的周边。其中，与东北部的聚落群相距约 2.5 公里，与东南部的聚落群相距约 2 公里，与西南的聚落群相距约 2.5 公里。显然，这是一个以聚落群团为核心，再联合其他聚落群而构成的，组织状况甚好的聚落集团。

第二阶段：洛河以南的所有聚落组织联合成早期国家

为什么洛河以南的聚落组织需要联合呢?

洛阳盆地的聚落群聚形态非常明确地告诉人们，龙山时期洛河以北的聚落组织遭受了灭顶之灾，既不是水灾，也不是瘟疫，而是人祸，是被另外的人群灭掉的。然而，仰韶时期，洛河北岸的 D 群团实力超群，所有聚落的总面积 326.9 万平方米，与伊河南岸 A Ⅰ、A Ⅱ、B 三个聚落群团 344.3 万平方米的总面积基本持平，也比伊洛河之间的 C 群团 232.6 万平方米的总面积大了 48%。这就意味着没有一个聚落群体的实力超过了 D 群团，也没有一个聚落群体可以单独给 D 群团以致命一击。因此，联合就成了洛河以南所有聚落群体的必然选择。

A 聚落集团与 B 聚落集团的联合与结盟比较清楚。因为，在仰韶文化的遗址分布图上，A 聚落集团与 B 聚落群团之间有一道 7～8 公里的遗址稀少的隔离区。但是，龙山时期，隔离区消失了，两大聚落组织都将沿河一带作为自己的中心发展区域，一大批面积较大的聚落出现在了沿河地带，而且距离都很近，尤其是 145 号遗址距离 A Ⅰ群团已只有约 2 公里，显示二者之间的关系已不再独立，而是进入了合二为一的和谐共处谋发展的新时代。

C 群团与其他聚落组织的关系，由于中间隔了一条伊河，所以比较隐晦。但是，有两个十分值得注意的现象：第一，龙山时期，它不像洛河北岸的聚落群团一样衰落了，而是与伊河南岸的聚落组织一样繁荣发达，这种三者共存共荣的现象也许就是它们相互结盟的最好说明；第二，位于伊河南岸的 A、B 二大集团都不可能绕过 C 群团而去攻打洛河北岸的 D 群团，因为 C 群团就直接位于伊洛河之间。因此，它们三者只能结成一伙。

当然，这三者的结盟也就明显具有了既跨血缘又跨地域的早期国家性质。

第三阶段：打垮洛河北岸所有的聚落组织

仰韶与龙山之交，洛阳盆地肯定发生过一场顺者昌逆者亡的历史巨变。一方面是一个可能包括了 A、B 两大聚落集团与 C 群团在内的文明古国的诞生与崛起，另一方面是 D、E 群团悄无声息地迅速衰落。

这是一次意义重大的事变。它为整个盆地及其周边地区赢得了数百年的和平与安康，不仅使那里的人们免除了相互大兴土木挖壕筑城的劳役之痛，也为日后既不挖壕也不筑城的夏都二里头遗址的出现奠定了社会与政治基础，更为日后夏帝国王位“禅让制”的出现铺平了道路。

四、结　　语

诚如自然事物的进化是多线进化一样，人类社会的变革也不是只有一种模式，而是多种模式并存，殊途同归。

本文通过不同地区史前聚落群聚形态的考察，发现中国文明的起源至少存在三种特点互不相同的模式，并分别与夏商周的政治制度存在一定的对应关系。

第一种，“澧阳平原——商模式”。它的基本特点就像商一样是在史前单一血缘组织的基础上建立文明古国，从血缘社会直接升级为跨血缘、跨地域、在不同血缘和地域的聚落组织之间建立统治与被统治关系的文明古国。

第二种，“石家河——西周模式”。 它的基本特点是内部两大血缘组织结合在一起，先期或同时建立只跨血缘不跨地域的早期国家，然后再对外建立具有统治与被统治关系的文明古国。

第三种，“洛阳盆地——夏模式”。它的基本特点是在不同血缘不同地域的聚落组织之间，先期或同时建立又跨血缘又跨地域的早期国家，然后再一致对外建立文明古国。

注　　释

[1] 湖北省文物考古研究所等:《湖北京山屈家岭遗址群2007年调查报告》,《江汉考古》2008年2期。

[2] 曲英杰:《长江古城址》,湖北教育出版社,2004年,202页。

[3] 湖北省文物考古研究所:《大洪山南麓史前聚落调查》,《江汉考古》2009年1期。

[4] 湖北省荆州博物馆等:《谭家岭》,文物出版社,2011年。

[5] 湖北省文物考古研究所等:《邓家湾》,文物出版社,2003年。

[6] 湖北省文物考古研究所等:《湖北天门笑城城址发掘报告》,《考古学报》2007年4期。

[7] 张绪球:《汉江东部地区新石器时代文化初论》,《考古与文物》1987年4期。

[8] 湖北省文物考古研究所等:《湖北天门笑城城址发掘报告》,《考古学报》2007年4期。

[9] 中国社会科学院考古研究所二里头工作队:《河南洛阳盆地2001～2003年考古调查简报》,《考古》2005年5期。

“新中原中心论”的学术史解析

许　宏
（中国社会科学院考古研究所）

一、由区系类型到一般进化论

关于中国文明形成过程，在近百年的探索中有过多种认知模式。仅20世纪后半叶以来，就有“中原中心说”[1]、“满天星斗说”[2]、“中国相互作用圈说”[3]、以中原为中心的“重瓣花朵说”或“多元一体说”[4]、“以中原为中心的历史趋势说”[5]、“新中原中心说”[6]，等等。

总体上看，这些解读要么强调各地史前文化成就的多元等重，要么强调自史前时代开始的中原中心的分量。关于国家形成的路径，只有苏秉琦提出了中原以外起源的“北方原生型——中原次生型”的模式，由于缺乏足够的考古学证据的支持，鲜有呼应者。各地学者往往强调本地的文明贡献，也多难以得到学界的普遍认可。

与此同时，“一般进化论”的思考方法一直居于主流。赵辉在回顾20世纪考古学关于中国文明起源问题的研究历程时指出：“当时的研究者在考虑物质文化面貌的演变时，一般会注意到和强调各地文化的不同谱系情况，是一种类似多线进化论的思考方法；在考虑史前社会发展状况的时候，人们又往往不加区别地用同一种理论来说明各地文化的演进，并至少在相当大范围内，把各地的社会看做是大体同步发展，就本质来说是一般进化论的思考方法。”[7]这是切中肯綮的。联系到直至今日，在海量的相关信息被掌握的情况下，所谓一般进化论的思考方式仍居主流，恐怕其主要原因要到资料的匮乏以外去找了。

“每个区域的新石器时代文化在文化上与社会上都愈来愈复杂、愈分歧、愈分层，终于导致这些区域中产生文明的基础。”[8]“限于目前田野考古发展还不充分和不平衡的状况，各地发现的考古遗存的内容也有很大的差别……尽管如此，由于它们的年代相若，文化发展水平相近，各自反映的社会内容也是相通的。”[9]类似的认识在相关研究中具有代表性，各地史前社会大体同步向文明迈进的思路，成为中国学界的基本共识。在关于中国史前文化发展、文明起源与形成过程的叙事上，宏观的纵向断代综述成为主流，如“新石器时代晚期”、“铜石并用时代”等，其分量远远重于区域本位的动态分析。

由是，尽管普遍认可一般意义上社会发展的不平衡性，但学者们会讳言区域文化间在社会发展进程上的差距，如“铜石并用时代以来，中国大部分地区存在大致相同的社会发展趋势，并不存在全方位的‘先进’与‘落后’”[10]。

类似的表述几乎成为中国这个多民族广域国家历史研究中的一种“学术正确”，远古时期区域文化间的不平衡性和差异性则一定程度上被淡化。究其思想基础，不能不归因于区系类型理论的构建及深入人心。“满天星斗说”的文明起源观直接建立在区系类型框架的基础上，已毋庸置疑，“相互作用圈说”应也与其有一定的关联。“重瓣花朵说”或“多元一体说”、“以中原为中心的历史趋势说”和“新中原中心说”，显然是“中原中心说”的否定之否定，都可以看做是多元认知视角下的新中原中心论。多元发生论的时空与谱系基础，当然也是区系类型理论。

二、中原中心究竟始于何时

严文明在论述史前文化的多元一体格局时指出：“五个文化区都紧邻和围绕着中原文化区，很像一个巨大的花朵，五个文化区是花瓣，而中原文化区是花心。各文化区都有自己的特色，同时又有不同程度的联系，中原文化区更起着联系各文化区的核心作用。我们看到在中原地区仰韶文化中发生的那种饰回旋钩连纹或花瓣纹的彩陶盆几乎传遍了整个黄河中下游，长江中下游的同期遗存中也偶尔能见到这类产品。”[11]显然，作者认为在仰韶文化兴盛时期，中原区即已“起着联系各文化区的核心作用”。严文明在综述仰韶文化房屋建筑质量、结构和聚落分化情况的基础上，认为“如果在仰韶文化后期没有发生贫富分化和聚落之间的分化，是不会出现上述现象的。可见仰韶文化后期同大汶口文化后期的社会发展阶段是基本一致的”[12]。张学海更从聚落形态的角度，论证在“重瓣花朵”结构中，仰韶文化占有全国新石器文化的“花心”地位[13]。

考察那些被认为是文明要素的仰韶文化后期阶段的考古资料，基本上限于房屋质量、结构，聚落数量、面积及分群，以及彩陶的繁盛与地域扩展等，从中可提取的可靠信息恐怕基本上限于人口的膨胀和彩陶这种普世的生活日用品的制作技术和艺术水平。它反映的应是史前农耕生活的发达程度，却少有华东地区如大汶口文化晚期那样严重的贫富分化、社会分层和阶级分化的材料[14]。赵辉论及“仰韶文化之所以成为主动的一方，同它本身强大的实力有关。……据初步统计，（河南灵宝）仰韶文化庙底沟期的堆积有 70 多处，其中有三四处遗址的面积达 50 万平方米左右，北阳平遗址面积更是达到 100 多万平方米，其遗址数量之多、分布之密集、规模之大皆令人惊讶”[15]。但上引诸指标似乎仅昭示其人多势众，而难以得出实力强大的结论。经常被提及的仰韶文化晚期秦安大地湾“原始殿堂”，虽稍具章法，但仍与更早的作为公共活动场所的“大房子”一脉相承，其他遗存乏善可陈。诚如有学者指出的那样，虽“已有中心聚落和一般聚落的差别，但贫富分化似乎仍很有限”[16]。

从人文地理上看，仰韶文化分布的区域既超出了中原地区，中原地区也不是仰韶文化分布的中心区域。这也从一个侧面说明仰韶文化时期似乎没有形成以中原为中心的文化态势。

要之，仰韶文化因早年发现，考古工作充分，又地处中原，在研究中被抬升到了一个较高的地位，其文化与社会发展程度易被“放大”。但正如赵辉在梳理公元前

5000～前 3000 年的文化形势时指出的那样，"通常会把仰韶文化的质地细腻、器形规整、烧成温度高而且图案漂亮的彩陶作为这个时期陶器制造技术的代表。其实，最早出现在大溪、崧泽文化的封闭窑室和黑、灰陶烧制技术，以及利用轮制成型技术而可能达成的批量生产的意义也不能低估。玉石器制作技术在长江流域诸文化中发展得较早且快，崧泽文化和南京北阴阳营、安徽含山凌家滩遗存中的玉器便是当时的代表作"。他在综论公元前 3000～前 2500 年的文化形势时进一步指出，与大汶口、屈家岭—石家河文化早期、良渚等文化相比，"同期的仰韶文化却显得比较衰弱"，"文化面貌十分统一的情形消失"，"进入一种离析状态"，开始"由各个地方文明对中原地区施加影响"，出现了"中原文化和周围几个地方文明实力对比的差距"。

尽管作者承认"在某种意义上说，当时的中原地区处在一种空虚状态"，但还是认为"可以把这一时期视为中原文化区开始形成的时期"。由于这个"中心"并不兴盛繁荣，所以周边地带的文化成就显得相当醒目："地方文明都处在中原文化区的周边地带，它们几乎在相同的时间里达到很高的发展程度。"果如是，那时有无史前文明中心、中心何在？是否早在这一阶段就已"清楚地呈现出（以中原为中心的）三重结构"[17]？如此种种，都是需要进一步探讨的问题。

在数年后的另一篇论文中，赵辉调整了自己关于中原文化区形成的推论。他指出："仰韶文化松散离析的态势持续到大约公元前 3000 年左右，中原地区进入了一个各种文化重组的复杂阶段。"公元前 2500～前 2000 年，"中原地区在经过庙底沟二期文化的调整之后再度崛起，形成了上述'以中原为中心的历史趋势'"[18]。可知，他把中原中心形成的时间由公元前 3000～前 2500 年下移到了此后的"中原龙山文化"时期。

但既有的考古发现表明，龙山时代晚期阶段以各小流域为单元的聚落群广泛分布于中原各地，它们多为一个中心聚落所控制，内部等级分化明显，从而形成了一种"邦国林立"的局面。考古学文化谱系研究表明，这些聚落群分别拥有不同的文化背景和传统，而大量的杀殉现象、武器的增多和一系列城址的发现又表明它们之间存在着紧张的关系，冲突频繁地发生。可以认为，这一时期在整个中原地区并没有发现超大规模、具有跨区域影响力的中心聚落，没有显著的区域整合迹象；在公元前 2000 年前后的一二百年时间里，也即在所谓的夏王朝前期，考古学上看不到与传世文献相对应的"王朝气象"[19]。

只是到了龙山时代末期，大河之南的嵩山一带，才在"逐鹿中原"的躁动中逐渐显现出区域整合的迹象，新砦集团开始崭露头角。显然，它的崛起，为随后以二里头为先导的中原广域王权国家的飞跃发展奠定了基础。在地缘政治上，地处中原腹地的郑州—洛阳地区才成为中原王朝文明的发祥地[20]。

三、中原中心是如何形成的

赵辉把包括中原在内的西、北部旱作农业区文明化进程归纳为不同于东、南部社会的一种模式：其"社会分化程度普遍较低，缺乏等级表征系统，社会矛盾的尖锐和新的社会秩序的建立，更多体现在聚落之间和聚落群之间。……社群之间的冲突和暴力似乎是其社会生活中的重要内容”。相比之下，东、南部地区“社会复杂化和社会分层化程度较高。伴随新的社会等级秩序的建立，这些地区的社会生活中发展起一套复杂的等级表征系统”[21]。

赵辉对文明化进程两大模式的归纳，与吉德炜“由物见人”和触及智力思想的东、西划分[22]，在作为研究对象的时空和人群上都是一致的。吉德炜在令人信服的比较中“十分强调东部居民的思想和社会组织”，最终提出“东部沿海文化因素在后来中原青铜时代文明中是第一位的”论断。相比之下，赵辉的表述似乎更代表了中国学者各区域共同进步而风格不同的惯常思路。

吉德炜和赵辉的论述给人的感觉是都偏于条块划分的“静态”，但可以肯定他们都给予区域间的文化交流以极大的关注。吉德炜敏锐地注意到“到了公元前四千纪至三千纪，东部沿海的文化因素开始侵入中国北部和西北部”。赵辉在这一问题上也花了相当的笔墨，他对中原地区演变脉络的把握相当准确。不过，赵辉往往把中原的社会变化与外部影响分开来说。

譬如关于公元前3000年左右开始的文化重组，他分析到，“起源于晋南地区的庙底沟二期文化快速覆盖了豫西的洛阳平原，并对郑州以及嵩山以南乃至渭河上游的广大地区产生了广泛影响”。接着，他单独提及外来影响：“与此同时，东方的大汶口文化和南方的屈家岭—石家河文化也相继影响到中原地区。”在归纳中原社会的特征时，他用考古材料详述了这一地区“社会环境经常性地动荡不安”，而后论及“周围地区文化因素的大量出现，是庙底沟二期以来中原地区的又一令人瞩目的文化现象”，“在中原地区，来源或背景不同的各种势力之间的冲突和重组也许是经常发生的事情，而这进一步加剧了中原地区的动荡不安”。

问题在于，属于前述西部文化系统（或模式），长期以来缺乏贵族文化，可谓“穷过渡”的中原地区，何以自公元前3000年以来，尤其是公元前2500年以来，会发生如此剧烈的“文化重组”？为什么外来因素仅仅是“与此同时”渗入的，而不是这些变化的重要契机甚至就是要因？

赵辉在上引文中指出，“在激烈竞争的环境中，在资源相对贫乏的基础上，原来平等、平均的氏族社会被如此这般地改造成了‘准文明’的形态，或者干脆就是文明”。显然，厚葬、殉人、棺椁、发达的玉（石）器和精制彩绘陶器等中原不见或罕有，显现社会成员高度等级分化的器用制度和观念，来自于中原东、南方先行一步的文明实体。更有学者认为，正是这些外来文明因素的“改造”，使得本土的仰韶文化退出历史舞台：“其他文化系统，尤其是江汉地区与海岱地区文化的影响和渗透促使中原文化在一定程度上改变了发展进程和方向，使长达2000多年的仰韶文化走向结束”，而“大汶口文化和屈家岭文化对仰韶晚期的影响促成了庙底沟二期文化的形成”。芮城清凉寺等若干地点，甚至“应当是伴随着一定规模的人群迁入移动”[23]。

又有学者提出三模式说，在大体相当于吉德炜、赵辉所论东、西文化系统（或模式）的“东方模式”和“北方模式”以外，增设了“一个介于二者之间的‘中原模式’”[24]。这是很有见地的。中原融合两大文化系统（模式）之长，在杂交中催生出高度的文明[25]，这已成为学界的共识。那么，后起的“中原模式”本属西（北）部板块，它出现的契机是什么？抽出了其中蕴含的东（南）方因素，它还有什么？在“中原龙山文化”中，陶寺往往被看做是特例，其实它具有相当的代表性：“陶寺类型绝非晋南庙底沟二期类型的自然发展，而是东方文化西渐的产物。”[26]它与中原地区其他同时代文化相比，只不过是“东方化”的程度更甚而已。

当然，我们不能忽略青铜的出现。以嵩山为中心的黄河中下游的贵族阶层优先用青铜这种贵金属制造出了用于祭祀的礼器和近战兵器，从而开启了中国青铜时代的先声。

何以中原？群雄逐鹿之处，方为中原。没有华东文化的西进、欧亚大陆青铜潮的东渐和东、西文化系统两大板块的碰撞，就没有所谓的中原中心。在中原中心出现前，华东区域土著邦国先行一步，来自西北的文化影响则逐渐增强；随着逐鹿中原、东西碰撞带来的大整合（庙底沟二期——中原龙山文化，约公元前2600～前1800年），以二里头为先导的广域王权国家得以崛起，中原中心也才最终形成。

至于这一推论的细节展开，要待诸另文了。

附记：得识佟柱臣先生，是1983年的事。当时我在山东大学就读，因原籍东北，对家乡的考古比较感兴趣，颇想师从仰慕已久的佟柱臣教授学习东北考古。因此冒昧给先生写信，先生以知名教授之尊，亲笔给我这个正读本科的后生回信。后由于报考时外语语种的原因，最终未能遂愿。我一直以未能直接授业于先生而抱憾。因我的学士学位论文以东北考古为题，以后又斗胆写信向先生请教过，并在1984年春借去北京参观实习的机会，到考古所院内的平房拜见了先生，受益颇多。先生为人敦厚随和、治学扎实严谨，强调考古学是实证的学问，都给我留下了极深刻的印象。后来研习考古学，一直关注着先生的研究进展，引为楷模。想到先生的学问，我脑海中总会浮现出“厚重”一词，一如他洋洋百万言的巨著——《中国新石器研究》。

对我个人为学风格的形成有深刻影响的，有多位恩师，佟柱臣教授就是其中之一。他对刚刚步入考古学之门的年轻后生的奖掖和教诲，成了我立志献身考古事业和不断进取的动力。这是我终生都不能忘怀的。

本来主要从事的是夏商周考古或中国青铜时代考古学研究，但为了追本溯源，兴趣点也逐渐前移，不断涉足先生后半生专攻的史前考古领域。是受了学术视野宏阔、有贯通之大气的先生在冥冥中的感召吗？

谨以这篇小文追思敬爱的佟柱臣先生。

注　释

[1] 安志敏：《试论黄河流域新石器时代文化》，《考古》1959年10期；石兴邦：《黄河流域原始社会考古研究上的若干问题》，《考古》1959年10期。

[2] 苏秉琦、殷玮璋：《关于考古学文化的区系类型问题》，《文物》1981年5期。

[3] K C Chang. *The Archaeology of Ancient China* (Fourth edition). New Haven: Yale University Press,

1986. 较早的中文译本，见张光直:《中国相互作用圈与文明的形成》,《庆祝苏秉琦考古五十五年论文集》，文物出版社，1989 年。
[4] 严文明:《中国史前文化的统一性与多样性》,《文物》1987 年 3 期。
[5] 赵辉:《以中原为中心的历史趋势的形成》,《文物》2000 年 1 期；赵辉:《中国的史前基础——再论以中原为中心的历史趋势》,《文物》2006 年 8 期。
[6] 张学海:《新中原中心论》,《中原文物》2002 年 3 期。
[7] 赵辉:《考古学关于中国文明起源问题的研究》,《古代文明》第 2 卷，文物出版社，2003 年。
[8] 张光直:《中国相互作用圈与文明的形成》,《庆祝苏秉琦考古五十五年论文集》，文物出版社，1989 年。
[9] 严文明:《略论中国文明的起源》,《文物》1992 年 1 期。
[10] 韩建业:《略论中国铜石并用时代社会发展的一般趋势和不同模式》,《古代文明》第 2 卷，文物出版社，2003 年。
[11] 严文明:《中国史前文化的统一性与多样性》,《文物》1987 年 3 期。
[12] 严文明:《略论中国文明的起源》,《文物》1992 年 1 期。
[13] 张学海:《新中原中心论》,《中原文物》2002 年 3 期。
[14] 栾丰实:《大汶口文化的社会发展进程研究》,《古代文明》第 2 卷，文物出版社，2003 年。
[15] 赵辉:《以中原为中心的历史趋势的形成》,《文物》2000 年 1 期。
[16] 韩建业:《略论中国铜石并用时代社会发展的一般趋势和不同模式》,《古代文明》第 2 卷，文物出版社，2003 年。
[17] 赵辉:《以中原为中心的历史趋势的形成》,《文物》2000 年 1 期。
[18] 赵辉:《中国的史前基础——再论以中原为中心的历史趋势》,《文物》2006 年 8 期。
[19] 许宏:《公元前 2000 年：中原大变局的考古学观察》,《东方考古》第 9 集，科学出版社，2012 年。
[20] 许宏:《何以中国——公元前 2000 年的中国图景》，生活 • 读书 • 新知三联书店，2014 年。
[21] 赵辉:《中国的史前基础——再论以中原为中心的历史趋势》,《文物》2006 年 8 期。
[22] 吉德炜著，陈星灿、曹兵武译:《考古学与思想状态——中国的创建》,《华夏考古》1993 年 1 期。
[23] 魏兴涛:《中原与东方及东南——试从清凉寺墓地探讨外来因素在中原地区早期社会复杂化过程中的作用》,《中国社会科学院古代文明研究中心通讯》第 22 期，2012 年。
[24] 韩建业:《略论中国铜石并用时代社会发展的一般趋势和不同模式》,《古代文明》第 2 卷，文物出版社，2003 年。
[25] 许宏:《最早的中国》，科学出版社，2009 年。
[26] 韩建业:《略论中国铜石并用时代社会发展的一般趋势和不同模式》,《古代文明》第 2 卷，文物出版社，2003 年。

中国文明起源研究与理想社会构想

郭　物
（中国社会科学院考古研究所）

20 世纪 90 年代开始，对古代文明起源的研究在中国考古学界渐渐成为“显学”。时至今日，古代文明的研究，特别是对中国古代文明起源和早期发展的探讨成为考古学研究中的主要课题之一。中外学者都参加到这个工作当中，有的中国学者对古代文明的研究已经超出了中国的范围，开始尝试中国文明与世界其他古代文明起源的对比。

一个学术问题提出并被越来越多的学者关注，甚至很多的田野考古调查与发掘工作都开始受其影响，有的项目甚至直接围绕这个学术目的进行，其他学科的研究者也渐渐投身其中。这是一个值得深究的现象，这样的现象不免让我们要问为什么。

中国文明的起源和发展受到世人关注有其深刻的历史原因和现实背景。人类的活动自古以来遵循着“前事不忘后事之师”的原则，就是“温故而知新”。对大脑的研究也证明，当人预测未来的时候，大脑中负责记忆的部分就比较活跃。郭沫若是中国较早关注中国文明起源问题的学者，他在风雨如晦的时代疾呼：“对于未来社会的待望逼迫着我们不能不生出清算过往社会的要求。……认清楚过往的来程也正好决定我们的去向。”[1] 头脑清醒的人可以认识过去，从个人的角度这几乎没有什么难度，回忆就行了；从整个人类的角度，虽然有很多困难，但毕竟不是没办法认识。当人类面对现实和未来挑战的时候，都不由自主地回头张望，去了解我们的过去。但仅有了解是不够的，正如我们知道自己的过去，如果不“日三省乎己”，不认真认识自己，那也是无益于未来的。因为我们未来的祸福和我们对过去认识的深刻程度息息相关。黑格尔说：“人类从历史中汲取的最大教训，就是人类总是忘记历史教训。”真正能汲取历史教训的总是社会中非常少的人，能在实践中体现其历史反思的人更是凤毛麟角。最普遍的情况是有真知灼见的圣人只能留言于世，等待具备实践能力的伟人的发现和实践，境况最坏的往往是自身难保。尽管整个社会在汲取历史教训时并不令人乐观，但人类总还是在惨痛的集体记忆中慢慢不断加入历史的教训和共识，在实践中曲折前进。所以，人类社会的进步既建立在生产力发展的基础上，也是建立在认真反省、悔改过去、实事求是面对现实和谨慎预测未来的基础之上。

从现有的认识看，人是宇宙之中，太阳系内，地球演化过程中的一个产物，是一个动态存在的具有主观认识能力的客观存在。从宇宙的角度看，人类非常渺小，但从地球的角度看，日益强大的人类非常伟大。人类显著地影响了地球的生态环境，并一定程度上改变了地球表面的形态，甚至开始对地球的外层空间产生影响。人类在演化的过程中，成为地球上主观能动性最强的一个物种，这个物种由于高级的智慧成为一种可塑性非常强的种类。人类完全依赖客观的物质世界，同时又通过主观能动性，改变着原先的客观世界；在融入人类主观创造的新的客观世界的基础上，又继续改变着这个新的客观世界；正因为如此，人类的未来具有强烈的不确定性。由于人性“恶”的顽固存在，这种不确定性不一定总是有一个良性的趋势。在古代，主要通过伦理道德、习俗、传统、宗教和律法等来塑造人的人生观、世界观，确定社会的发展方向。随着科技的发展和人类的开智，人类对自身以及宇宙的了解越来越多，人类如何应对这些改变对个体以及社会健康发展的挑战成了很大的问题。

康德曾感叹：“有两样东西，我们愈经常愈持久地加以思考，它们就愈使心灵充满始终新鲜不断增长的景仰和敬畏：那就是在我之上的星空和居我心中的道德法则。”人在进化的过程中，一直在同两个世界作斗争，确切地说是适应和互动。一个世界是人之外的万物，一个世界是人自己的内心。随着人类的成长，人直接面对的这两个世界不是缩小了，相反在深度和广度、微观和宏观上却大大增长了。除了一些宗教给出宗教性的肯定答案外，很多民族早已经认识到，这两个世界对人来说，都是不确定的、没有界限。即使今天，虽然科学技术已经非常发达，但认识对象浩渺无边、深不可测的局面仍然没有改变。因此，由于这两个世界的无限性，拥有科学理性的人类实际上自己都无法明确自己的未来。

人类在进化的过程中，面对的挑战主要就是来自这两个世界。作为人类社会生存形式之一的“国家”就是人类在特定阶段应对这两个挑战形成的结果。马克思在《关于费尔巴哈的提纲》中指出“人的本质并不是单个人所固有的抽象物。在其现实性上，它是一切社会关系的总和。”人最初的社会个体由于规模很小，生产力很低，整个生产、分配和消费的环节较为透明，几乎没有剩余产品，所以社会关系可以比较简单、公平。当人的社会规模不断增大，出现分工，特别是因统治地域和人群扩大而出现一层至两层处于中间中介位置的管理机构或人群，社会关系复杂到一定的程度时，人发明了国家这个组织形式来应对这个挑战。就中国考古发现的资料看，“从文化发展水平，还是社会发展阶段来说，公元前3500年左右都是一个重要的分界。在此以前属新石器时代，从聚落遗址、房屋建筑或埋葬习俗来看，都比较强调统一和平等的原则；在此以后属铜石并用时代，考古遗迹清楚地表明这时已出现贫富分化和社会地位的分化，私有制、阶级乃至准国家的政治实体都是在这个时期相继形成的”[2]。对古代文明起源的研究，如马克思主义的说法，就是研究人类如何从蒙昧走向野蛮，从野蛮走向文明，如何从简单的社会发展到复杂的社会，如何从原始社会演进到阶级社会，所以恩格斯用国家来概括文明社会[3]。用塞维斯（Elman R. Service）的理论说，就是研究人类社会如何从游团、部落发展到酋邦、国家[4]。个人认为，最有挑战性的问题是研究人类为什么会在特定的阶段形成国家？国家和国家出现之前的社会组织形式（特别是所谓的“酋邦”）到底有什么本质的区别和界限？它们之间存在着什么样的发展演化关系？为什么全世界普遍地要用“国家”来应对外在世界和人类自己？为什么国家保持至今？将来如何？在这个过程中，人类社会发生了些什么样的变化？人在体质上和思想上到底产生了什么变化？为什么会产生这些变化？如果能客观地认识清楚这些问题，或许就可为预见未来更好的社会提供可靠的参考，为解决现实的问题寻找思路。

在这个艰难历程中，人类对理想社会的认识是非常重要的一环。人们往往把理想的社会作为现实社会的参照和发展的目标。人脑具有短时间和长时段的预见能力，并且会为预见的结果采取行动，这可能是一个区别其他物种的能力，或者说比别的物种强大的能力。最有代表性的就是人类常常对社会发展的远景进行展望，展望的方式多种多样，有思辨性质的，也有宗教性的。人类还对头脑中好的未来进行期待并为之努力，甚至为这个信仰牺牲自己的生命也在所不惜。理想社会的构想虽然也基于历史和现实，但毕竟是一个主观认识的结果。如此则带来一个问题，理想社会的构想有可能是“乌托邦”。而“乌托邦”式的社会理想在实践中产生的副作用是非常严重的，所以，理想的“理想社会构想”对于为此奋斗的人来说非常关键。理想社会如何才能避免沦为“乌托邦”呢？解决这个问题没有什么好的办法，只能再次回顾一下人类如何构建理想社会并为之奋斗的历史。

一、西方对理想社会的探索历程

在西方世界，对理想社会的探求大致可以分为五个阶段：①希腊哲学阶段；②基督教神学阶段；③文艺复兴阶段；④启蒙运动阶段；⑤资产主义和社会主义（包括共产主义）各自表述、相互斗争融合阶段[5]。

希腊以崇尚思辨和关注政治、社会秩序问题而著名。希腊哲学阶段以希腊哲学家柏拉图的《理想国》为突出的代表，他的思想来源主要是斯巴达的贵族奴隶主政权。他认为国家应当分为三个等级，即统治阶级、武士阶级和劳动阶级。他们各守本位。基于理念论，他坚持最高统治者应当是“哲学王”。这实际上是历史上第一个“乌托邦”。这个观念可能和印欧人的思想有关，三个社会等级的概念来源于印欧人的传统。

基督教神学阶段应当从基督教创立开始。其创新之一，在于出现天国、复活的概念。这个天国其实就是一个理想社会。理想的社会由理想的人组成，耶稣的教诲中，愿意在上帝的帮助下成为新造的人是成为理想之人的途径和标准。条件很简单，就是承认自己是罪人，相信耶稣为人的罪被钉死在十字架上，三日后复活升天，而且还要再来，那么你就成为信徒和选民。信徒如何从永远要死的人成为得救复活进入天国的人？最大具体要求是爱神，其次是爱人如己，保罗把其归为一条就是爱人。其独特之处在于，“信”被放到了绝对关键的位置，行为却不是主要的方面，有了“信”，就有改造内心并实践善行的可能性，没有“信”的善行不具备永恒的可靠性。耶稣的理想社会是在天国，现实世界是分别恶人和得救之人的是非之地，是塑造天国理想国民的寄居之地。

“希伯来”的意思是“站在对岸”，即站在对岸看世界。从一定程度上说，以《新约》为核心的基督教思想，是犹太民族的宗教精英站在一个特殊的立场上对人类社会的剖析，这个立场站在对人性清醒认识的极限点上。站到这个极限点上是必然性和偶然性的结果。最重要的原因可能是犹太民族悠久独特的民族历史。犹太民族从亚伯拉罕一家开始到一个民族，以事实上的弱者和信心的强者颠沛流离于当时世界上最发达的文明之中，并且持续不断地耳闻目睹或亲身经历西亚、北非和南欧等文明中心公元前近3000年的兴衰。自身有过在埃及为奴的悲惨，最惨重的是亚述流徙北方十族，也有过大卫、所罗门为王时期的辉煌，还有悲惨又大有收获的“巴比伦之囚”之经历，等等。虽然世界历史上辉煌过的民族很多，大苦大难的民族也很多，但具有如此经历又维系其集体记忆至今的犹太民族在世界历史上几乎是唯一的。历尽世间炎凉、汲取文明精华的犹太民族最终能站在人类思想的一个制高点上，只能说是偶然中的必然。这一部分人集中体验了人类社会的苦难和辉煌，并不断记录和思索。苦难的代价很大，但成就也很大。这个弱小民族的思想依靠宗教的力量在世界所有的宗教中独树一帜。这些思想为西方世界树立了两千年来人类良心和道德的高峰，成为西方世界愤世嫉俗和深刻自省的参照，也是设计未来社会时的思想源泉。从唯物主义的观点看，这是以虚幻的主观目标和主观追求成就了实际存在的客观结果的过程。不过这个过程是曲折的，从犹太教走出的基督教的思想是从实践中来的，从出现那天起，又开始同社会实践相结合，并在现实中被重新阐释和运用。如果要研究思想意识和社会存在的互动，特别是主观意识对社会存在的反作用，那么基督教思想在人类历史上（特别是西方社会）起到的作用是一个最突出的例子。

虽然最终成文的《圣经》的字和字数本身是大致明确的，但不同时期不同的人理解和运用却是千差万别。中世纪时，神权国是占主导地位的观念。基督教哲学家奥古斯丁（St. Augustine）提出上帝之城和尘世之城这个观点，认为自从人类背叛上帝以来，就出现上帝之城和尘世之城。人类的历史就是上帝之城战胜尘世之城的历史，这两座城在最后审判之前，是混合在一起的，审判之后就完全分开了。上帝所选择的得救的人构成上帝之城，上帝确定要毁灭的人则形成尘世之城。尘世之城是指恶人在最后审判之后，要被打入的地狱；同时也指我们现在生活的世界。上帝之城是指永恒的幸福；同时指世上由基督亲自设立的唯一正宗的“大公教会”。在耶稣的教诲中，人在世上只是寄居，理想社会只有在大审判之后的天上。把“大公教会”指定为世上的上帝之城应当是一种进步，其价值在于，理想的社会可以在人世间建立。经院哲学集大成者托马斯·阿奎那（Thomas Aquinas）提出神化国家说，认为社会和国家都有神圣的正义和权威。国家既不是原罪的产物，也不是个人主义的结果，它的建立乃是为了公共的善。君主政体是最好的国家形式，必须上治下从。认为上帝是国家和政权权威的创造者，是最高主宰，提出君权神授。目的是为“上帝之国”高于“地上之国”、教权高于王权、世俗国家理应服从神权或教权的现实政治辩护。阿奎那指出国家是为了公共的善，这是非常有价值的认识，这说明国家具有为了善的目的进行公共管理和公共服务的功能。可以看到，中世纪基督教神学阶段，理想社会慢慢从天上进入地上，尽管这只是观念上的变动，而且指导思想是宗教神学，但也算是不小的进步了，为下一个阶段的突破奠定了一定基础。遗憾的是，社会生产力和思想在偏离主旨的神学桎梏下僵化了，与政权合二为一的宗教遏制了人的创造性。人性的弱点始终存在，把天国勉强建立在人间，其副作用非常大。为了保持大公教会所谓的真理、纯洁性、权威性而导致大量的迫害及屠杀，这可能是人类进步必须付出的代价。

文艺复兴时期的特点是摆脱神和高举神并行不悖，一定程度上是形式上高举神，实质上高举人。16 世纪法国思想家博丹（Jean Bodin）在《国家六论》中从人类历史出发，全面阐述了世俗化的国家起源论，认为国家起源于家庭，否定了国家神创论，为契约论的发展埋下了伏笔。并对国家主权理论进行了阐发，拥护中央集权，但他认为统治者要服从上帝的法律与自然法。

启蒙运动时期是真正高举人的时代。启蒙运动起源于 18 世纪末的英国，但主要发生在 18 世纪的法国，而且主要在路易十五时代（1715～1774）。此外，在英国、意大利（南部那不勒斯地区，历史学家作用突出）和德国也很有声势，但情况和法国很不一样。英国思想家霍布斯（Thomas Hobbes）从人性论和自然法角度，提出了较为完整的社会契约论，论证了国家主权的统一性、不可转移性和不可分割性。他虽然主张绝对君主专制，但他把国家看做是实现纯粹世俗目的的纯粹世俗的政权。孟德斯鸠意识到道德与教育无法保证人的自由，政权的正确组织形式，如三权分立，在技术上更可靠。洛克（John Locke）一样用自然法则理论说明国家起源。认为自然法的主要内容是人们有保护自己生命、健康、自由和财产不受侵犯的权利，人们订契约形成国家的根本目的是为了保护自己的自然权利。同时，被授予权力的统治者也是契约的参加者，也要受契约束缚，如其违约，也要受惩罚。人们有权反抗，甚至重新订约，另立新的统治者。洛克关于立法、行政和对外三权分立的学说是资产阶级分权学说的最早来源。休谟认为社会的出现是人类自然需要的满足，“人只有依赖社会，才能弥补他的缺陷，才可以和其他动物势均力敌，甚至对其他动物取得优势”。他强调“划定财产，稳定财物占有的公约，是确立人类社会的一切条件中最必要的条件”。为了克制人们贪婪自私的弱点，使之处于不得不遵守正义和公道法则的必然形势之下，就有必要建立政府，由执政长官们依法维护社会的正义法制和秩序。国家产生的途径，休谟认为它最初萌芽于不同部落之间的战争。国家建立的时间由社会拥有的财富和所有物决定。伏尔泰（Voltaire）提出“人人自由，人人平等”理论。卢梭（Jean Jacques Rousseau）的社会契约论明确提出国家主权应当永远属于人民。甚至政治观点一向谨慎的德国思想家康德（Immanuel Kant）也提出国家应建立在三个理性原则之上，即每个社会成员作为人都是自由的，作为臣民彼此是平等的，作为公民是独立的。因此有关个人与国家间的自由、平等、独立三原则也是公民承担国家政治义务的根本依据[6]。黑格尔为代表的“理念论”认为“国家是地上的精神”，是“世界精神”的化身。

可以说，西方这些对国家的理解和设想都基于当时人所能认识的人类历史和现状之上，基于资产阶级作为一个有力量的阶级从封建、神权的枷锁中崛起的基础之上，同时也是基于基督教文化对人性认识的基础之上。论证的方式基本是一种理性的思考，人类自身不断培养起来的良心和对秩序的追求在其中起了很大的作用。其成果是神权国家学说的妥协和失败，民主国家学说的胜利。值得注意的是，达尔文的进化论以及考古发现的古人类遗存在这个过程中起到了非常重要的作用。

19 世纪初，西欧社会贫富分化明显，工人阶级生活非常悲惨，等待他们的是饥饿、失业与死亡。在这种情况下，产生很多改造社会的方案，有的形成空想社会主义思潮。而主要的代表人物是法国的圣西门、傅立叶和英国的欧文。圣西门主张实业制度，要求人们尊崇劳动，由实业家和学者管理社会，改善穷苦阶级的生活条件。傅立叶主张实行和谐的社会制度，要求阶级调和与合作，人们按兴趣从事工作。欧文则是个社会主义的实验者，把理想具体运用于实践中，但最后破产失败。这是少数资产阶级分子在社会危机四伏的情况下，企图在小范围建立理想社会，通过这样的示范来说服整个社会进行实践。

马克思主义的诞生标志着无产阶级理论的出现。恩格斯在评价马克思的时候说，现代无产阶级只是依赖马克思才第一次意识到本身的地位和要求，意识到本身的解放条件。从国家起源和未来社会理想的角度看，《古代社会》和《家庭、私有制和国家的起源》两部著作是奠基之作。不过最早在这方面做出贡献的是文化人类学家泰勒。泰勒对各民族的文化进行了广泛的比较研究，追溯上古以来人类文化进步的轨迹，确定了野蛮、蒙昧、文明三个发展阶段。1877 年，摩尔根的《古代社会》出版，国家、政权组织或文明起源与形成的研究，进入到了一个新时期。认为推动社会进步的原动力是“人类的智力”，即技术的进步；在原始群和文明时代即国家阶段之间形成了氏族组织，存在着一个氏族制度阶段；在政治组织方面，形成了由酋长会议、军事首领和人民大会构成的氏族管理机构。而且，行政组织从以血缘为基础演变为以地缘为基础，产生了以领地和私有财产为基础的“国家”。摩尔根将人类社会划分为蒙昧、野蛮和文明时代，从“通过发明及发现而来的理智的发展”、“政府观念的发展”、“家族观念的发展”和“财产观念的发达”，即技术与生产的进步、社会组织的发展、家族与家庭的变化和财产制度的演进四个方面，考察了人类社会所经历的蒙昧、野蛮和文明时代演进的情景。他把自己的研究完全置于实证的可靠材料中，从而抛弃了广泛流行于国家起源与形成学说中的自然法和契约论这些传统观念，将社会的进步及国家起源与形成的决定性因素，归结于直接生产和再生产，即他所说的“发明及发现”。摩尔根的研究震撼了马克思，使马克思在写作他的《资本论》第二卷、第三卷的时候，为了深入探讨摩尔根研究的课题，写下了《摩尔根古代社会一书摘要》。

马克思因逝世没有来得及深入探讨摩尔根研究的问题，恩格斯在此基础之上写出了《家庭、私有制和国家的起源》一书。马克思主要的精力研究了当时的资本主义社会，从剩余价值规律揭示出资本主义社会内在矛盾。摩尔根透过处于原始社会的印第安人部落和从原始社会转变为文明的研究中见到的文明社会的弊病和内在矛盾，而认识到将“在更高级形式上”“复活”“氏族的自由、平等和博爱”的未来社会情景。他的研究正好填补了马克思的欠缺，因此恩格斯才会做进一步的研究。可以说，以上的研究基本是建立在历史学和人类学的知识基础上。

今天我们看来，他们的研究虽然具有巨大的理论价值，但是由于缺少丰富的考古材料，特别是更原始阶段的材料，比如旧石器时代或者旧石器时代晚期向新石器过渡阶段的材料。另外虽然他们研究的资料具有代表性，但毕竟只是一些人类学的个案，并不能涵盖绝大部分的实际情况。所以最重要的部分不乏缺憾，即对史前社会历史的完整了解和正确总结，特别是以中国为代表的东方国家的考古材料。正如郭沫若在 1930 年出版的《中国古代社会研究》序中所指出："世界文化史的关于中国方面的记载，正还是一片白纸，恩格斯的《家族私产国家的起源》上没有一句说到中国社会的范围。"因此，其结论是相对的真理，是我们弘扬创新，继续前进的一块坚固基石。值得指出的是，马克思和恩格斯相关论著的发表标志着对未来理想社会的研究和设计进入到无产阶级和资产阶级各自表述的阶段，二者一直针锋相对。经过一百多年的斗争实践，二者取得了一些共识，也相互渗透影响。尽管如此，二者仍然基于不同的立场和理论根基之上，加上背后隐藏的国家利益冲突以及文化、宗教背景差异，可以预见这是一个长期反复斗争实践的过程。

二、中国对理想社会的探索历程

由于文献留存的原因，我们今天知道，中国对未来社会的设想大致开始于大混乱中又相对安定的春秋时期，这些理想一直延续到晚清。从鸦片战争以后，中国对社会理想的认识渐渐和西方接轨。1921 年中国共产党的成立标志着中国也进入社会主义和资本主义各自表述、相互斗争和各自实践的阶段。

从历史的发展看，对未来社会进行憧憬并且在历史中影响深远的人个人经历都非常丰富，一般都生活在一个特殊的时期，比如社会动荡不安，而且有条件对其过往的社会有充分的了解。比如孔子游历诸国，整理文献古籍，老子管理国家档案。他们都曾掌握当时最丰富的文献资料，因此他们有可能发现一些历史发展的趋势。孔子说："大道之行也，与三代之英。丘未之逮也，而有志焉。"他认为最理想的社会存在于夏商周三代以前尧舜时期的历史中，他很遗憾没有赶上，但又表明他有志于建立这样的社会。因此他历史知识中的理想社会也是他观念中的未来社会。他总结这样的社会是：

> 大道之行也，天下为公，选贤与能，讲信修睦；故人不独亲其亲，不独子其子，使老有所终，壮有所用，幼有所长，矜寡孤独废疾者皆有所养，男有分，女有归；货恶其弃于地也，不必藏于己；力恶其不出于身也，不必为己。是故谋闭而不兴，盗窃乱贼而不作，故外户而不闭，是谓大同。

之后孔子论述了小康社会，相当于历史上的禹、商汤、文、武、成王、周公时期。

> 今大道既隐，天下为家，各亲其亲，各子其子，货力为己。大人世及以为礼，城郭沟池以为固，礼义以为纪，以正君臣，以笃父子，以睦弟兄，以和夫妇，以设制度，以立田里，以贤勇知，以功为己。故谋用是作，而兵由此起。禹、汤、文、武、成王、周公，由此其选也。此六君子者，未有不谨于礼者也，以著其义，以考其信，著有过，刑仁讲让，示民有常。如有不由此者，在

势者去，众以为殃，是为小康。

可以看出，无论是大同社会还是小康社会，都是从历史和现实中推导出来的。诸子百家在构建社会理想时，无不是基于对远古时代和现实的认识，他们对过去的认识或来自史家的记载，或是口耳相传的历史，或是自己的演绎。但是值得指出的是，思想在这里充分表现了其超越时空的优势。从这些先贤的例子看，人很早就知道人类社会发展的趋势是什么，人能达到的高峰是什么。遗憾的是，即使他们提出各种达到理想社会的途径，由于历史条件的限制，他们的理想国构想只是人类良心和智慧在历史长河中的一座座文字丰碑。大同社会的理念不能成为一种社会共识，尤其是无法成为统治阶级的意志，成为上层建筑的核心。如果是被有的统治者奉为圭臬，并以国家意志进行贯彻时，往往是因各种原因而损益大半、不得要领。所以，对于这些理想，社会大众一直是可望而不可即，总是生活在画饼充饥的困惑之中。此实为理想和现实的差距，或确切地说，是条件不成熟。

中国新石器时代在全国有不同的文化区，而且各个文化区发展水平也不平衡[7]。从铜石并用时代的龙山时代开始，呈现以中原为中心的趋势，而到三代，特别是周代时，黄河中下游地区就开始成为东亚地区唯一的中心[8]。这一政治、经济和文化的态势在历史进程中扩展到更大的地区，一直保持至今。由于地理环境和地理位置的限制，中国历史上除佛教外，缺少同其他地区大文明直接深入对话的机会。受到的欺凌一般来自北方民族，而这些北方民族文化一定程度上说，是中国文明的延伸，而且总体看，农耕文明最终都会取得优势。从历史上看，由于中国文明很早就形成多元一统的局面，承载和创造这个文明的土地和人口一直在东亚占据优势，不断融合各族形成的中国人作为一个完整的民族从来没有经历过彻底的亡国、亡族、亡种的大苦难。特别是以儒家、道家等为核心的中华思想在历次挑战中存留下来，并且不断发展，历史上遭遇入侵最严重的结果总是征服者被被征服者所同化，文化和民族的内涵得到扩充，文化的认同感和民族的向心力增强，东亚中心的地位愈加稳固。

从思维特点看，正如何兆武所说："中西思想之区别在于西方走的是机械的、分析的道路，从原子（或个人）出发；中国走的是有机的、综合的道路，从场（或集体）出发。故在西方，个人是目的，集体是手段；而在中国，则个人是工具，集体是目的。"由于这些特别的因素，中国人形成了雍容大度的主流思想，占据了人类思想的两头。要不就如老子学说超然物外，抓住世界的本质但抽象玄虚，大众难以意会和实践；要不就如孔孟学说完全站在人的立场。总之，中国人的思想可以说占据了入世和出世两个相反的制高点，但天道和人道之间缺少指导良性实践的理论和环节。由于长期处于强者的位置，缺少全民族性的灾难以及多个异质文明的密切互动，因此缺乏弱者的叹息，或者说个别弱者的叹息不被纳入社会的主流意识，最重要的是缺少宗教性的超越和终极关怀。在中国社会理想的表述中，作为超自然力量的"天道"和人之间缺少密切的联系，即没有纯粹宗教性的因素。人道只是反映了天道，人道如何通过具体可行、切实有效的宗教信仰系统回应天道没有西方社会那样深刻、纯粹和有效。具有中国特色的是，祖先崇拜占据了中介的位置。祖先的神灵虽然属于虚幻的东西，但表现出来其实还是现实的人道，家庭和家族的血缘关系地位崇高，宗法盛行，这样还是人道在起绝对的作用。社会理想不理想主要还是靠人心的修养和改变。所以在中国古代天人合一只是一种模糊的思想倾向和主观认识，二者之间实际上没有很好的联结理论和机制，道教和外来的佛教后来部分承担了这一功能，但不具备最高权威性。这一点和犹太民族是不同的。中国的天道被统治阶级置换成王道，拥有无上的权威性，在政治领域起到了维护皇权稳固集中的作用。有证据显示，这个传统从新石器时代晚期的中原地区已经出现[9]。

三、中国文明起源研究的回顾

从中国的情况看，顾颉刚发起的“古史辩”运动在一定程度上揭穿了古人杜撰历史的真面目[10]。中国的传说时代几乎无存，文献记载的夏商周的信史地位也岌岌可危。在这样的情况下，任何在古史记载上探究历史演进规律的企图都被视为沙滩上的高楼，恢复历史真相的重任落到了考古工作者的身上。正如史学家翦伯赞所言，人们开始“由盲目的信古而进到疑古，更由消极的疑古，而进到积极的考古”。包括顾颉刚本人也把重建上古史寄希望于考古学[11]。1921 年，瑞典学者安特生发掘了河南渑池仰韶村遗址，揭露出了中国史前的古文化，受那个时代传播论的影响，他认为仰韶彩陶来源于近东。这一认识在当时影响很大，中国学者大部分也认同这一观点，绝大多数国外学者“都认为新石器时代晚期，有一支以彩陶为代表的先进农业集团进入中国的黄河流域，汇入原有的文化中并成为中国的史前文化”[12]。这种挑战中国人千古一系正统学说的论断激起了一些中国学者质疑和反驳的斗志，中国的考古就是在这种背景下开始的。有学者对此做了总结，认为其动因是中国传统学术的危机与国外新思想、新文化的传入及影响，其契机是考古学的传入、安阳殷墟甲骨文的考古发现，代表人物是王国维[13]。对甲骨文字的解读和 1927 年开始的殷墟考古发掘证明了《史记·商本纪》的可信，同时王国维也提出了“二重证据法”，为重写中国古史提供了一个可行的途径。中央研究院历史语言研究所所长傅斯年先生以“上穷碧落下黄泉，动手动脚找东西”掀起了中国考古探源的浪潮[14]。徐旭生从文献和田野中寻找到比商更早的所谓的夏墟。相当于夏代中晚期的文化已经发现，但由于没有文字的支持，夏文化的确定至今还没有定论。正如陈寅恪所说：新学问，必然要有新材料。正是中国考古事业的发展，使埋于地下的中国古史得以重见天日。史前社会的盆盆罐罐、房址灶坑正是前所未有的新材料。1930 年郭沫若出版的《中国古代社会研究》和 1933 年吕振羽出版的《史前期中国社会研究》，是以现代科学探究中国文明起源与形成以及中国古代社会性质的新篇章。特别是《中国古代社会研究》，这是在恩格斯《家庭、私有制和国家的起源》的影响和向导之下出现的研究。其新的地方在于用马克思、恩格斯的理论结合中国历史实际进行研究，并且注意考古发掘材料的运用，可以说在一定程度上“写满这半部世界文化史上的白页”。不足之处在于其理论是写于“风雨如晦”之时，出于急切的醒世目的，所以受到很多情绪的影响，从而在构筑理论体系的时候，有很多不足，有些不足著者已经在其《十批判书》中进行矫正。

通过考古学的发掘和研究探索中国文明是一个漫长的历程，经历了发掘—认识—再发掘—再认识的辨证过程。中国考古学的先驱李济是较早真正用考古材料探讨中国古代文明的学者。1928 年，殷墟发掘开始，这是中国学术机构组织的第一次田野发掘。李济说："在开始这一工作时，参加的人员就怀抱着一个希望，希望能把中国有文字记录历史的最早一段与那国际间甚注意的中国史前文化连贯起来，做一次河道工程师所称的'合龙'工作。"他在《中国文明的开始》（英文）一书中利用安阳的发掘材料进一步讨论了这个问题。在这部书中，他谈到了考古学研究的目的："现代中国考古学家的工作，不能仅限于找寻证据以重现中国过去的光辉，其更重要的责任，毋宁说是回答那些以前历史家所含混解释的，却在近代科学影响下酝酿出的一些问题。这样产生的问题属于两类，但两者却息息相关。其一是有关中华民族的原始及其形成，其二为有关中国文明的性质及其成长。"[15]20 世纪 80 年代，中国考古学家夏鼐结合国外理论，在大量考古发现的基础上讨论了中国文明起源的问题。他认为殷墟的发掘是中国考古学探索中国文明形成之始，同时指出小屯殷墟文化，不是中国最初的文明时代。中国的文明时代开始还需在更早的考古文化中寻找[16]。到 20 世纪末，新材料的量和新认识的质都达到了一定的程度，中国文明的研究进入到新的阶段[17]。有学者总结了 20 世纪文明研究的历史、主要取向、途径、主要看法和收获[18]。2002 年启动的"中华文明探源工程"至今已经十年多了，探源工程以考古学为核心，吸引了物理学、化学、生物学、地学、农学、医学、天文学、计算机科学等近 20 个学科的学者参加，真正实现了多学科联合攻关。"三皇五帝到底有无其人，中华民族的文明史有多长？这不是个简单的学术问题，而是一个关系到民族认同和民族凝聚力的重要命题。""探源工程是'为中华文明续写家谱'。""通过工程全体人员和学界的共同努力，华夏文明初期的气象已经日益清晰，中华文明起源的神秘面纱有望被揭开。"[19]可见我们今天丰厚的积累来之不易。我们基本找到了中国社会否定之否定前的状态。更为重要的是，从血缘看，中国是以华夏族为主体，融合各种人群而成的中华民族。从主体文化的角度看，她是唯一连续发展的文明，是东方文明的代表。因此，中国文明的研究在了解人类历史进程中占据着独特的地位[20]。这是世界上少有的一片处女地。因为世界其他几大文明的研究十分发达，人们已经有较多认识，而中国文明尚待深入发掘与研究。

这不是以讹传讹的传说或是"层累地造成"的古史，虽然遗迹遗物残破不全、不言不语，但却是实实在在的客观存在，相比于人为处理过的文献记载，在史料上更具有说服力。从考古材料，我们可以探讨：原始氏族社会或者更早期社会的成员是否真的自由，是否真的平等，是否真的博爱？如果是，那么其社会基础是什么？维系的力量何在？如果不是，那么历史本来面目又是什么？自由、平等和博爱的氏族社会为何又在走向文明的道路上丧失可贵的自由、平等和博爱？正如学者指出："早期文明形成的动力主要是社会上层的贪欲。而国家、王权、礼制的主要职能之一就是对贵族'合礼'贪欲的引导和保护。"[21]人皆有欲望或者贪欲，关键是社会中一部分的人如何能让社会中绝大部分人接受其实现其欲望或者贪欲。在这个过程中，研究统治者政治权力的来源是非常关键的核心问题[22]。有学者指出，从平等社会迈向不平等社会的关键的第一步，是古代人们所创造的社会逻辑。每个人群都有自己的社会逻辑[23]。可见，社会每一个体认可的社会逻辑，或者是社会观念是非常重要的，如果一个社会群体的观念变了，就可能导致社会的变革。引起社会逻辑改变的原因非常多，生产力应当是其中最重要的因素之一，而这恰恰是考古学擅长的领域。只不过，罗列众多的考古材料只能让我们了解一些表面的现象，我们应当加入更多人类行为学、心理学、社会心理学的研究，探索物质文化现象背后人类心理、精神和社会意识的发展变化。

四、文明起源研究对于构建理想社会的意义

摩尔根的论据是作为人类学材料的印第安部落，由于个案和年代的原因，成为充分的证据还欠缺。在对史前社会的研究和未来社会的设计方面，马克思和恩格斯的相关研究继承了西方启蒙时代以来社会科学研究的成果，运用了西方的理性推理，使用了辩证唯物主义和阶级的分析方法。但是从其分析的材料看，尚未建立在完整坚实的基础之上。其最大的价值首先在于辩证唯物主义，其次在于提出了消灭资本主义的理由和步骤。理由是剩余价值的存在、资本主义的剥削和固有矛盾，步骤是无产阶级领导的阶级斗争和革命，建立无产阶级专政的国家。但是当共产主义运动在世界部分地区完成了这一任务的时候，马上必须自己做出决定，下一步怎么办？因为马克思、恩格斯同样有时代局限性，没有也不可能告诉我们那么多，而且无产阶级革命也没有完全按照马克思、恩格斯理想的方式进行。正如恩格斯在他逝世前不久所指的："马克思的整个世界观不是教义，而是方法。它提供的不是现成的教条，而是进一步研究的出发点和供这种研究使用的方法。"他们的伟大之处是建立了一个开放的理论体系。因此每一个社会主义国家都在按照自己对马克思主义的理解进行实践。遗憾的是，由于各自的历史传统和利益冲突，最终的结果是社会主义阵营中的相互指责。丛林法则成为现实，谁是真理成了实力的较量。实力就是硬道理！不管这种实力是建立在何种基础之上，也不管实力如何而来。谁的实力大，谁的认识就是对的，谁就有发言权，就有做领头羊的资格。可悲的是，这种实力并不完全建立在社会主义良性发展的基础之上。比如前苏联，部分的基础恰恰是沙皇俄国的经济老底、封建专制思想和沙文主义。同时，地球上的资本主义并未消失。非但没有消失，而且凭借着本身掌握的巨大财富、自身制度和思想的反省扬弃以及科学技术的创新等（如民主制度的完善；法制的健全；保护公民权利；国家力量适度地介入自由竞争的经济活动中；运用宏观调控的政策来减弱、缓和资本主义社会固有矛盾产生的危机；以国家的力量实施适度的福利政策，保护由于社会竞争导致的弱势群体，缓和阶级矛盾；科技创新，引领科学的发展，大力发展信息技术产业，等等），从而极大地发展起来。并利用冷战逼垮、拖垮苏联，利用军事实力、信息化、全球化控制了全球的资源、生产、贸易和金融，转移化解了资本主义经济危机，并利用种种手段在全球推广了资产阶级的意识形态。

资本主义的重生应当说是大大受惠于共产主义实践的倒逼，而社会主义在20世纪90年代遭遇的挫折恰恰是不愿在所谓落后的资本主义当中继承人类的文明成果，即把孩子与洗澡水全然倒掉。每一种实际情况都能有对应的措施，关键二者是否适宜。其实《宣言》中所说，“随时随地都要以当时的历史条件为转移”最为关键。这就是说，不能超越具体的历史条件。好心并不一定能办成好事，理想主义只能激扬斗志却不能成为实践的具体措施。

21世纪，人类又站到了一个十字路口。苏联解体和东欧剧变标志着社会主义及共产主义运动受到严重的挫折。受第三次民主化浪潮的影响，一些西方学者相信，源于西方的自由民主主义已经在世界范围内取得了胜利。美国学者F. 福山成为率先宣告这一时代福音的先知。1989年，他著文宣称，西方式的自由民主主义普遍成为人类政府的最终形式，这是意识形态的终结，也是历史发展的终点。在随后出版的《历史的终结》一书中，他更系统地阐述了这种思想。在他看来，各种其他政体完全衰竭后，最终让位于西方自由主义，已经没有其他意识形态能与之抗衡[24]。但这并不是实情，因为还有一些社会主义国家存在并且欣欣向荣，一些资本主义国家还在实践着社会主义的原则；其实，资本主义虽然获得极大的发展和胜利，但危机仍然四伏，因为资本主义政治、经济发展中仍有种种问题，这些问题在21世纪初就开始大规模爆发，深刻地影响到全球的经济和政治。与此同时，民族分裂势力、宗教极端势力在全球制造恐怖主义威胁和灾难，成为全球性的问题，这同资本主义的发展有密切的关系。但这些问题是世界性的，就中国来说，同样处于这些威胁之下。在严峻的世界形势面前，不得不一如既往地面对理论创新的问题。因为智者告诉了我们大致的孰是孰非，甚至历史发展的大致趋势。但具体的操作，甚至那美好的未来到底可不可能实现，符合不符合我们经常过高估计的人的本性，却需要我们自己摸索。路在前方，而且不可停下。是前进？是后退？还是原地踏步？是生存？是灭亡？还是苟延残喘？是自救救人？还是自甘堕落衰亡？这些问题并不仅仅属于社会主义，同样，资本主义也要面对。真是“路漫漫其修远，吾将上下而求索”！解决现实问题没有现成的方法，要想正确就必须实事求是，保持思想开放，与时俱进。所以，学者们求真的眼光投向现实世界、投向曾经针锋相对的敌手寻找答案。同时，不约而同地向后看！向人类的童年、婴儿时光看！那是我们的本初，很多根本性的问题就藏在那里。因为历史开始记载的时候，社会虽然进步了，但人已经“文明”了。那里找不到所谓蒙昧和野蛮的人之初，只能找到一个阶级对另外一个阶级的压迫和剥削[25]。这就是中外学术界热衷古代文明研究，特别是中国文明起源研究的深层原因，也是考古学的价值所在[26]。

法国年鉴学派认为“一切历史都是当代史”。这说明无论你的研究是雄心勃勃为了现实，还是寄希望于将来，或是纯粹因兴趣自己钻故纸堆，都脱离不了当时当世的影响，或多或少都会在当代社会和未来产生作用和影响。所以学问归根结底还是为了经世致用，之所以出现不同，仅仅只是由于现实状况、学者眼界和兴趣性格不同而已。

历史研究、考古学研究由于要解决今天人类面临的难题而被赋予了极大的现实意义。我们不断重建历史，就是因为过去撰写的历史有太多的人为因素。这样的历史记载贻害无穷，因为这些历史经验一直是深刻影响现实中的人做出新决定的根据。如果历史本来面目不清楚，总结的历史经验有偏差，可以想象，在此基础上新发生的历史将有什么遗憾出现。历史学一大部分的工作就是同这些人为因素做斗争，还历史的本来面目。考古学也不能免俗，同样面临主观出错的问题。一个是材料本身绝大部分就是人的产物，其实就是当时人主观意识的物质存在，是主观和客观的统一，是经济基础决定、上层建筑反作用的产物。就材料本身而论，考古实物材料比历史文献资料能在一定程度上剔除一些主观的东西，特别在先秦史前时期，其价值尤为突出。总的说，考古材料的价值在于其相对的即时性，即避免了后世更多的主观意志的再次加入。形象地说，就是使今天的人能穿越一定的时空隧道，直接进入到当时的历史片断中。这个片断不仅仅有文字，也有各种实物，以及当时人各种实践活动留下的遗迹，也有当时人生存的自然环境的部分。可惜的是，考古材料可以让学者跨越时空，但进入的这个历史时空却是无声无息的、残缺的、片断的有限局部，而且这个特定的历史时空中的考古材料也是古人主观创造的客观存在。今天的学者研究这些材料时，同样也是对客观资料的主观认识。值得欣慰的是，科学技术和理论方法的进步能使进入到那个历史片断中的学者看到越来越多的现象，认识到越来越深刻的本质。同时，其他学科的研究成果以及正确的认识论，也使学者总结历史时，更为客观全面。一定程度上，也弥补了材料和学者本身的局限性。史前和文明初期，由于文字尚未占据主导，考古材料蕴涵的意思虽然不明晰，但相对更加原始可靠。因此，古代文明研究的课题就最能受惠于此，也是其中意义最为重大者。值得再次强调的是，即使在信息如此发达的今天，当代的个人也不能完全认识当代，更遑论过去了。实事求是地说，完全复原历史本来面目是不可能的，总结绝对正确的历史经验也是值得怀疑的。因此严格说，这个遗憾永远存在。为了尽量减小这个遗憾，从学术界群体的角度看，坚持“百家争鸣、百花齐放”，互补短长是一个很好的方法。学术研究本身就具有自我纠错的功能。只要有健康的学术研究环境，有自由的学术评论，真知灼见就能被认可，谬误就会被淘汰，人类的认识就能进步。从学者个人角度看，为了得出一个经得起实践和时间验证的结论，在研究态度上应尽量认真严谨，心态上尽量保持超然物外，目的上保持终极关怀之心，方法上尽量详尽占有可靠材料，坚持辩证唯物主义和历史唯物主义，下结论时尽量考虑到同样材料中存在的多种可能性，留有余地。另外，就考古学而言，每个考古遗存都应当为子孙后代留下充足的考古发掘资源，可以进行验证和再发现，这也是非常有益的办法。

以上我们已经简单论述了古代文明，特别是中国文明起源研究对于人类未来的重要价值以及我们研究这个课题应当保持的态度。同时应当认识到，考古学由于学科自身的局限性，不可能包办这么重大复杂的问题。这是整个人类面对的现实问题，所以需要全世界所有学科的关注。但是，考古学在这个学术真理的追求过程中，无疑扮演着非常关键的先锋角色。通过考古发掘材料研究文明的起源、形成和发展，认识人类的本初，无论是中国还是国外，这都成了一个大家急切关注的问题。因为找到答案的快慢对错，直接决定着人类社会取得进步时所花成本的大小。

同时，我们也不能过高估计研究得出的结论。即使基于考古材料的综合研究而得出一些结论，大家也应当有一个共识：即这些结论可能只是部分反映了客观实际，有的可能还有扭曲错误的地方。因为基于上述唯物史观，我们去看这些材料的时候，自觉不自觉、不可避免地已经带着我们今天所有的认识和已有的实践。所以还需要不断发现的材料、不断提高的认识能力和实践的验证来重新认识。这也许就是“一切历史都是当代史”这个命题正确而又无奈的关节之处吧。如果我们不把这句话看做是一个有指向性的口号，而是一种实情的描述时，这的确是一种实事求是的认识。

五、结　　语

汤一介认为，当前世界的矛盾可以归为三种：人和自然的矛盾；人和人的矛盾（大而化之，就是国家与国家间的矛盾，民族与民族间的矛盾，地域与地域间的矛盾）；人自身身心内外的矛盾[27]。这三个矛盾一直贯穿人类社会。人类每次在对自身历史认识上有重大突破时，就会对这三个矛盾有一个飞跃性的认识。当这些认识发生时，总是会开启一个新的时代。我们可以期待古代文明研究得出的新认识能成为推动全人类在自身历史认识上再次飞跃的助推器。在生产技术和社会组织方面，人类社会是一个不断从低级向高级发展的历史过程。人类在人性善恶两种本性的驱使下，通过提高生产力创造了物质财富，通过社会实践创造了精神财富。从现有的认识看，人类社会发展是社会财富分配从人人平均有份堕落到牺牲绝大多数人利益，社会财富集中于极少数人。即从“天下为公”到“天下为家”。这个过程达到顶点后，社会将再发展到惠及绝大多数人的公正、互助、博爱的社会。就一个循环而言，从起点和终点看，人的道德并没有多少长进，提高的只是生产力和社会组织机制，部分解决的是上面所引世界的三个矛盾。最重要的进步可能是世界形成了一些公认的社会机制和共同意识，这些机制和共同意识能保证社会公共权力让每个人乐于创造更多的财富，同时也能公平快乐地分享到生产力提高后创造的果实，大家都乐于扶助社会中天生的和各种原因造成的少量弱者，每个人都能达到生命的圆满。恩格斯在《家庭、私有制和国家的起源》一书的结束语中说：“自从进入文明时代以来，财富的增长是如此巧妙，以致这种财富对人民说来变成了一种无法控制的力量。人类的智慧在自己的创造物面前感到迷惘而不知所措了。然而，总有一天，人类的理智一定会强健到能够支配财富，一定会规定国家对它所保护的财产的关系、以及所有者的权利的范围。社会的利益绝对地高于个人的利益，必须使这两者处于一种公正而和谐的关系之中。管理上的民主，社会中的博爱，权利的平等，普及的教育，将揭开社会的下一个更高的阶段，经验、理智和科学正在不断向这个阶段努力。这将是古代氏族的自由、平等和博爱的复活，但却是在更高级形式上的复活。”[28]马克思在《共产党宣言》中明确指出：“代替那存在着阶级和阶级对立的资产阶级旧社会的，将是这样一个联合体，在那里，每个人的自由发展是一切人的自由发展的条件。”个人认为，从现在人类已有的认识看，上引恩格斯在《家庭、私有制和国家的起源》一书中对人类文明社会的认识及对未来社会的构想以及马克思和恩格斯在《共产党宣言》中对理想社会原则的表述是经得起时间考验的认识，值得有识之士信仰并为之奋斗。从一定程度看，对人类起源的研究可以使博爱之心成为世界的共识，真正让“同一个世界，同一个梦想”有根有据；从民族和国家的角度看，中国文明起源的研究则能增强整个中华民族的民族自豪感和凝聚拳拳的爱国之心。从全人类未来的角度看，人类文明起源的研究成果会慢慢使人能自觉“以人民的疾苦为忧，以世界的前途为念”，成为一个甘心乐意有益于自己、家庭、祖国和世界人民的人。

注　释

[1] 郭沫若:《中国古代社会研究》(自序)，人民出版社，1930年。

[2] 严文明:《略论中国文明的起源》,《文物》1992年1期;《中国文明起源的探索》,《中原文物》1996年1期。

[3] 恩格斯:《家庭、私有制和国家的起源》，人民出版社，1972年，174页。

[4] 王震中:《中国文明起源研究的现状与思考》,《中国史前考古学研究》，三秦出版社，2003年。“文明”一词，最早见于《易·文言》中“天下文明”,《尚书·尧典》也有“睿哲文明”之语，都是指光明、有文采的意思。现代汉语中用“文明”来翻译英文中的civilization一词，通常是指人类社会的进步状态，与所谓的“野蛮”、“蒙昧”相对而言（当然，在不同于近代欧洲的价值观念体系中，原始社会也并非真正意义上的野蛮和蒙昧）。恩格斯在《家庭、私有制和国家的起源》中曾提出两个标志——按地区来划分它的国民和凌驾于社会之上的公共权力的设立。将国家的出现作为文明社会到来的标志，以及把国家形成的标志又规定为阶层、等级、阶级的存在和强制性权力系统的设立。自20世纪60年代以来，塞维斯（Elman R. Service）等人类学家们提出了“酋邦”(chiefdom)社会这样的结构类型，并按照社会进化的观点把民族学上的各种社会加以分类，构想其演进程序为：游团（bands，地域性的狩猎采集集团）——部落（tribes，一般与农业经济相结合）——酋邦（chiefdoms，具有初步不平等的分层社会）——国家（states，阶级社会）。到60年代末和70年代初，桑德斯（William T. Sanders）与普莱斯（Barbara J. Price）以及科林·伦福儒（Colin Renfrew）等学者又将酋邦制模式引进了考古学领域，以此探讨文明和国家起源。

[5] 张忠培:《关于中国文明起源与形成研究的几个问题——在〈中原文物〉百期纪念暨中原文明学术研讨会上的讲话》,《中国考古学：走向与推进文明的历程》,《中原文物》2002年5期。

[6] 转引自雷颐:《泪为谁流：海涅的一次心灵震荡》,《二十一世纪》第70期，香港中文大学中国文化研究所，2008年。

[7] 佟柱臣:《中国新石器时代文化的多中心发展论和发展不平衡论——论中国新石器时代文化发展的规律和中国文明的起源》,《文物》1986年2期。

[8] 赵辉:《以中原为中心的历史趋势的形成》,《文物》2000年1期。

[9] 赵辉:《中国的史前基础——再论以中原为中心的历史趋势》,《文物》2006年8期。

[10] 关于这个问题的较新成果，参阅：张京华等主编:《古史辨学说评价讨论集》，京华出版社，2001年;《疑古思潮回顾与前瞻》，中国书店、京华出版社，2003年;《二十世纪疑古思潮》，学苑出版社，2003年。

[11] 顾颉刚:《古史辨》第一册“自序”，朴社，京城印书局，民国十五年三月。

[12] 陈星灿:《中国史前考古学史研究（1895～1949)》，生活·读书·新知三联书店，1997年，

116～133 页。
[13] 刘庆柱：《二十世纪百项考古大发现》(序言)，中国社会科学出版社，2002 年。
[14] 傅斯年先生最初在中山大学创办语言历史研究所时提出这一治史方针，后来又在《中央研究院历史语言研究所集刊》上声明这是办所的宗旨。胡适在北京大学《国学季刊》发刊词中也表达了同样的意见。
[15] Li Ji. *The Beginning of Chinese Civilization: Three lectures illustrated with finds at Anyang.* University of Washington press, 1957. 最早于 1957 年在西雅图由华盛顿大学出版社出版，1970 年曾由万家宝将其译成中文由台北商务印书馆出版。这部书第一讲中国考古学史，第二讲中国文明的起源和它的早期发展，第三讲中国的青铜时代。
[16] 夏鼐：《中国文明的起源》，文物出版社，1985 年，82、95 页。
[17] 这种新阶段表现在中国学者开始在理解西方概念的基础上，用自己的话语来构筑古代文明研究的体系。其中最为突出的是苏秉琦先生，请参阅《中国古代文明起源新探》，香港商务印书馆，1997 年。
[18] 朱乃诚：《20 世纪中国文明起源研究的回顾》，《中国社会科学院古代文明研究中心通讯》第 3 期，2002 年 1 月；《中国文明起源研究》，福建人民出版社，2006 年。
[19] 王巍：《知识人 · 中国梦——让中华文明五千年得到世界认同》，《光明日报》2013 年 5 月 5 日。
[20] 张光直：《中国文明的形成及其在世界文明史上的地位》，《连续与破裂：一个文明起源新说的草稿》，《中国青铜时代》，生活 · 读书 · 新知三联书店，1999 年。
[21] 邵望平：《礼制在黄、淮流域文明形成中的作用——兼论文明形成的机制》，《燕京学报》新 19 期，2005 年；《邵望平史学、考古学文选》，山东大学出版社，2013 年。
[22] 张光直：《中国古代王的兴起与城邦的形成》，《中国文明的形成》，新世纪出版社，2005 年。
[23] 肯特 · 弗兰纳瑞、乔伊斯 · 马尔克斯：《缔造社会不平等：君主制、奴隶制和帝制的根基》，《首届世界考古 · 上海论坛重大田野考古和研究成果入选项目》，中国 · 上海，2013 年，89～93 页。
[24] Francis Fukuyama. The end of history? *The National Interest*, 1989, (16): 3；弗兰西斯 · 福山：《历史的终结》，远方出版社，1989 年。
[25] 苏秉琦：《关于重建中国史前史的思考》，《考古》1991 年 12 期。
[26] 俞伟超：《考古学新理解论纲》，《考古学是什么》，中国社会科学出版社，1996 年。
[27]《中国社会科学院院报》2005 年 12 月 6 日第 4 版。
[28] 恩格斯：《家庭、私有制和国家的起源》，《马克思恩格斯选集》第 4 卷，人民出版社，1972 年，2 页。

古史传说与中国文明起源的探索

戴向明
（中国国家博物馆）

众所周知，在世界上几个古老的文明当中，中国文明是唯一一个没有中断、绵延至今的文明。中国早期的文献不仅记载了有文字以来的历史，而且还系统追述了更为久远的传说时代的历史，也就是我们今天所说的史前史。传说时代的历史以“三皇五帝”为主干，既充满了虚幻的神话和传说，也可能隐含着真实的人物和历史事迹；但无论如何，传说与史实相杂糅，光凭古籍本身是难以将漫长的史前史梳理清楚的。除了历史考证的爬梳整理，复原远古历史的重任主要落在了考古学的肩上。近三十年来，追溯中国文明的起源成为了考古学界一个重点议题。同时，由于古籍中对传说历史有丰富的记载，那么如何看待“三皇五帝”与中国文明起源的关系也是难以回避的问题。本文就这一问题谈些粗浅的认识。

一、三皇五帝及其传说事迹

（一）何为三皇五帝

“三皇五帝”的说法最早可以追溯到先秦时期，如《周礼》《庄子》《吕氏春秋》等书都有“三皇五帝”的称谓，主要是战国时期的作品，但在这些书中对三皇都没有具体的描述，对五帝的记载也不统一。直到汉代至魏晋时期，一些书籍中才对三皇五帝有了明确系统的记述，但各家说法仍然大异其趣。那么“三皇五帝”到底包括那些人物呢?

先说“三皇”。首先要指出的是，后世典籍所见三皇中的各位人物在先秦文献中都是零散出现的。如《易经·系辞下》说“庖牺（伏羲）氏没，神农氏作”,《韩非子》里提到有巢氏、燧人氏,《庄子》提到有巢氏、神农、黄帝,《吕氏春秋》里有神农、炎帝，等等，其中的有巢氏在后人眼里并不属于三皇之列。因此在已知的先秦文献中虽有“三皇”之说，但皆缺乏明确所指。直到汉代以后，“三皇”的名称才具体而完备起来。据有人统计，古文献中的三皇出现过伏羲、女娲、燧人、神农、祝融、共工、黄帝等多个不同的名称，他们之间的排列与组合构成了多种不同的“三皇”版本[1]。另据有人考证，最初有“天皇、地皇、泰皇（或人皇）”之说，但因“雅言所未尝见”，故汉儒逐渐舍弃此三皇名号而改用其他称谓，其说主要有四：①伏羲、女娲、神农；②伏羲、神农、燧人；③伏羲、神农、祝融；④伏羲、神农、共工。其中伏羲、神农为各说所共有，另一位则互不相同[2]。究其原因，大概是汉代诸儒根据不同的先秦典籍或古史系统做出的不同综合、推想甚至臆断。上述几种说法分别见于汉代的《白虎通》《风俗通义》《尚书大传》《春秋运斗枢》《春秋命历序》等书。迟至西晋皇甫谧所作《帝王世纪》等书，才将三皇定为“太昊伏羲氏、炎帝神农氏、黄帝轩辕氏”。需要说明的是，将太昊与伏羲、炎帝与神农合为一体，可能始自西汉，但在更早的文献中他们分别属于不同的人物，从中可以看到后世对上古传说历史的曲解或改造。

再说“五帝”。据考证，至少在战国时期五帝之说已经出现了，当时“五行”之说盛行，人们从上古传说最负盛名的人物中选出五位“帝”而合成为“五帝”；就是说先有五帝的观念，尔后人们才去找来五位帝的名字来充实它[3]。在先秦文献中，《世本》《吕氏春秋》《礼记》《战国策》《荀子》《韩非子》等都有“五帝”出现，但其中很多也没有说明具体的人物，少数则有特定所指，不过构成的人物并不统一。到了汉代以后，不同史书对五帝的记述仍然有异，概因先秦典籍就有不同的记载，再加上后人的重新选择与编排，其说仍旧纷杂。综合起来，古籍中关于“五帝”主要有四种说法。第一，为“黄帝、颛顼、帝喾、唐尧、虞舜”，见于《世本·帝系》《大戴礼记·五帝德》和《史记·五帝本纪》，其中《世本》成书最早，约在战国末年，其体例对西汉太史公司马迁写作《史记》有重大影响，司马迁也采用了《世本》所记五帝说，并成为后世最流行的“五帝”版本；第二，为“太皞（伏羲）、炎帝（神农）、黄帝、少皞、颛顼”，出自《礼记·月令》《吕氏春秋·十二纪》《孔子家语·五帝》《淮南子·天文训》等，此说影响不大；第三，为“伏羲、神农、黄帝、尧、舜”，出自《战国策·赵策》《易·系辞下》等书，对后世的影响也不大；另外还有第四种，为“少皞、颛顼、高辛（帝喾）、唐尧、虞舜”，此说形成年代最晚，见于西晋皇甫谧的《帝王世纪》《尚书序》等书。

最早将三皇五帝综合整理成一个系统的也是汉代以后的事。西汉末年刘歆所作《世经》载于《汉书·律历志下》，所记上古帝王世系如下：太昊炮牺（伏羲）氏，炎帝神农氏，黄帝轩辕氏，少昊金天氏，颛顼高阳氏，帝喾高辛氏，唐尧陶唐氏，虞舜有虞氏，伯禹夏后氏，以下还有殷商的成汤、西周的武王等。但在这里没有明确指出哪些是三皇、哪些是五帝，只是从前往后大排序。东汉以后一些儒生遵从此说。西晋的皇甫谧也承袭了这一说法，但做了进一步的加工整理，将“三皇五帝”明确分离出来，从而编排成一个完整的上古帝王体系。

稍加比较就会发现，上述有关五帝的记载中，第一和第四种说法最接近，两者不同只在于五帝之首——黄帝或少皞。仔细研究还会进一步发现，皇甫谧在编写《帝王世纪》时，依照《世经》所记，将各种说法进行了综合与改造，梳理出了一个完整的“三皇五帝”系统。他首先将第二、三种说法中的太皞（太昊）伏羲氏、炎帝神农氏和黄帝轩辕氏提升为三皇，然后保留了第一种说法中五帝的主体，只是将提升后空缺出来的黄帝之位以第二说中排在黄帝之后的少皞替换之；经他梳理之后，各说中的颛顼、帝喾、尧、舜这几位重要人物也都囊括其中了。这样，经皇甫谧综合整理之后的“三皇五帝”就成为了一种完美的结合：在他的三皇五帝系统中，各家说法中的各位都得以保留，无一遗漏，而且以新的面貌展现出来。《帝王世纪》差不多是现在所知最早将“三皇五帝”作为一个整体加以系统排列和研究的史书；以前的古籍或言三皇，或谈五帝，或提到三皇五帝而无具体所指，或者没有明确三皇和五帝的分界；直到《帝王世纪》才将三皇五帝及其事迹眉目清晰地罗列出来，并且这个体系囊括了上古传说历史中主要的内容和主要的人物，显得最为完整，对后世也有很大的影响。

除了上述各种版本中的三皇五帝，古史传说中还有另一位重要的人物，那就是禹，或称“大禹”或“夏禹”。禹是传说历史中最后一个关键人物，据《史记·夏本纪》，禹是“黄帝之玄孙而帝颛顼之孙也”，其父鲧因治理洪水不利而被杀，禹代其父治水而获成功，成为帝舜的继任者。他既是实行“禅让”制的尧舜时代的继承者，也被视为中国历史上第一个世袭制王朝夏的开创者。有的书中也将禹作为五帝（或六帝）之一；即使不在“五帝”之列，禹也是研究传说时代历史不可回避的代表人物。

史家一般都认为，三皇、五帝代表了不同的历史阶段，有时间早晚的先后顺序。三皇显然代表了古史传说中最远古的时期；而五帝时代则相对较晚近，大约相当于史前的后期，学界通常称之为中国历史上的“英雄时代”。有人认为三皇五帝是神话了的帝王或不同族团的领袖，还有人认为他们分别代表了不同时期的族群而非具体的人物。无论如何，这是一段神话、传说与史实相掺杂的历史阶段。

（二）三皇五帝的事迹：神话与传说中的历史

现在让我们看看先秦到汉代对“三皇五帝”所涉及的那些人（或神）都有过什么样的描述，以及哪些属于能够被考古学研究所证实的真实历史情形，而哪些属于荒诞的神话或主观的臆造。

关于三皇时代的特点，如下几条文献常被学者引用：

> 上古之世，人民少而禽兽众，人民不胜禽兽虫蛇。有圣人作，构木为巢，以避群害，而民悦之，使王天下，号之曰有巢氏。民食果蓏蚌蛤，腥臊恶臭，而伤害腹胃，民多疾病。有圣人作，钻燧取火，以化腥臊，而民说之，使王天下，号之曰燧人氏。
>
> 《韩非子·五蠹》

> 古者禽兽多而人民少，于是民皆巢居以避之，昼拾橡栗，暮栖木上，故命之曰有巢氏之民。古者民不知衣服，夏多积薪，冬则炀之，故命之曰知生之民。神农之世，卧则居居，起则于于，民知其母，不知其父，与麋鹿共处，耕而食，织而衣，无有相害之心，此至德之隆也。
>
> 《庄子·盗跖》

> 昔者先王未有宫室，冬则居营窟，夏则居橧巢。未有火化，食草木之实、鸟兽之肉，饮其血，茹其毛。未有麻丝，衣其羽皮。
>
> 《礼记·礼运》

在这几段先秦典籍（或后人整理的先秦典籍）中，三皇之说尚不完备，但却反映了当时人们对远古人类童年时代最朴素的追记。其中描述的人民少而禽兽众，营窟居巢、茹毛饮血，食草木之实、鸟兽之肉，钻燧取火、衣禽兽之羽皮……这些内容与考古学所揭示的一万多年前以至更久远的旧石器时代的社会及其生活场景很是接近；而神农氏时代人民知其母而不知其父，耕而食、织而衣，又与距今万年以后新石器时代早期的状况颇为相似。可见当时人们对远古时代的描述并非都是凭空捏造，而是有着真实的历史背景的。但说那时就有了“王天下”的有巢氏、燧人氏、神农氏，则是有违史实的无稽之谈，当是记述者的臆想或口传历史的扭曲之处，这种局限体现出了鲜明的时代烙印——人们往往会根据其身处的当下社会来推想以前的历史。

到了汉代以后，那些先秦文献所描述的零散、片段、模糊的远古历史被进一步系统化了。例如，在成书于东汉的《白虎通·德论》中，谓三皇为“伏羲、神农、燧人”或“伏羲、神农、祝融”，并进一步阐述说：“谓之伏羲者何？古之时未有三纲六纪，民人但知其母，不知其父……饥则求食，饱则弃余，茹毛饮血而衣皮苇。于是伏羲仰观象于天，俯察法于地……治下伏而化之，故谓之伏羲也。谓之神农何？古之人民，皆食禽兽肉，至于神农，人民众多，禽兽不足，于是神农因天之时，分地之利，制耒耜，教民农作，神而化之，使民宜之，故谓之神农也。谓之燧人何？钻木燧取火，教民熟食，养人利性，避臭去毒，谓之燧人也。谓之祝融何？祝者，属也，融者，续也，言能属续三皇之道而行之，故谓祝融也。”这段话既点明了伏羲、神农、燧人或祝融这些“三皇”的含义和来历，又颇能反映旧石器时代茹毛饮血、钻木取火和新石器时代早期农业起源阶段的特点。这显然是汉代人根据先秦文献的记载经过综合、梳理乃至进一步的编排整理而形成的。

三皇之后是五帝。从先秦到汉代及以后的文献中，关于五帝的记载比起三皇要丰富多了，大概是年代更晚近、传说事迹亦较多的缘故。其中《史记·五帝本纪》是较早详细讲述五帝的权威著作，下面就以这本书为主，再参照有关的其他史书，来简单概括一下五帝的事迹及时代特征。

在《史记》及许多其他史书中，五帝是同祖同源、有着共同的血脉关系的；黄帝为五帝之首，以下四帝都是黄帝的后裔。具体讲，颛顼是黄帝之孙，帝喾为黄帝之曾孙（颛顼之族子即子侄辈），尧为帝喾之子，舜则是颛顼之后的第六代传人。按照这样一种谱系关系，舜比尧晚了四代人，可尧舜又是前后相继的关系，那尧的寿命该有多长呢？这显然是不合情理的。其实五帝有着各自的氏族名号，书中说黄帝为轩辕氏或有熊氏，颛顼为高阳氏，帝喾为高辛氏，尧为陶唐氏，舜为有虞氏，他们应分属于不同时代的不同族群，而且按史籍所载他们各自的发祥地也不相同。汉代诸儒将他们说成出自同一祖先，显然受到了当时“千古一系”的大一统思想的影响。

五帝时代是一个战争频仍的时代。《史记·五帝本纪》：“轩辕之时，神农氏世衰。诸侯相侵伐，暴虐百姓，而神农氏弗能征。于是轩辕乃习用干戈，以征不享，诸侯咸来宾从”；又说“炎帝欲侵陵诸侯，诸侯咸归轩辕。轩辕乃修德振兵……治五气，艺五种，抚万民，度四方，教熊罴貔貅貙虎，以与炎帝战于阪泉之野。三战，然后得其志。蚩尤作乱，不用帝命。于是黄帝乃征师诸侯，与蚩尤战于涿鹿之野，遂禽杀蚩尤。而诸侯咸尊轩辕为天子，代神农氏，是为黄帝”。从这段话可以看出，黄帝之时天下“诸侯”纷争，即有众多不同的社会集团并存争斗，黄帝是在与不同集团（包括华夏族群内部各集团）的征战中崛起而成为盟主的，“阪泉之战”与“涿鹿之战”奠定了黄帝集团的统治地位。炎、黄族群的发祥地当不出陕西关中的渭河流域和晋南豫西的黄河两岸，这里正是仰韶文化的中心分布区域；古书明确记载到炎、黄之时开始发生了大规模的族群冲突，而这恰与仰韶中晚期所显现的区域社会集团的形成及其紧张的对峙关系相呼应。自此以后，有关不同社会集团间的战争与冲突史不绝书，而且有愈演愈烈之趋势。比如在《淮南子》等书中就提到颛顼与共工之间“争为帝”而发生战争；一些史书又谈到尧、舜、禹同南方的“南蛮”或“三苗”集团发生过多次战争，等等。

战争的频发导致了社会权力的集中与强化，这首先表现在居于统治地位的集团首领对联盟内的其他成员或被征服的外族可以采取强制性措施。如上面所说黄帝“征师诸侯”与蚩尤作战，《尚书·尧典》和《史记》都记载舜曾对共工、驩兜、三苗、鲧实行过流放、殛杀等处罚。

社会权力的发展还反映在集团内部管理的分工直至官僚机构的建立。《史记》说黄帝“置左右大监，监于万国”，“举风后、力牧、常先、大鸿以治民”，表明在黄帝之下还有辅助他治理的一些职官，而且“外交”与“内政”是有分工的，这说明当时已不再是简单的氏族部落社会，而是有着分层管理的复杂社会了。到了尧舜时期，社会结构更加复杂。帝尧命羲仲、羲叔、和仲、和叔分居不同方位，观察日月星辰，掌管四时节令，以“敬授民时”；在尧的晚年，舜摄天子之政，不但有帝尧手下的许多职官辅佐，舜还制定了一系列的刑法。在他“践天子位”之后，属下职官有了更明细的分工，来辅佐他处理不同方面的事物，他任命禹为司空即众官之首，以弃（周人的祖先）为后稷即“播时百谷”的农官，以契（商人的祖先）为司徒来教化百姓，命皋陶掌管刑法，以垂为共工做管理百工之官……反映在机构设置和事务的管理方面较以前更加系统而全面了。而这样的情形就很像是已经进入国家形态的社会了，与考古学上所见龙山时代少数大型中心聚落显露出的社会结构多有相符之处。

三皇五帝之所以被近现代学者视为传说中的历史人物，主要是因为在这漫长的时期里还没有文字产生，缺乏有当时文字记载的确凿的史迹，而历史是以口耳相传的方式流传下来的。除了我们能够甄别出来的那些合理的内核（详见上文），传说历史中还掺杂着许多神话传说，或者将漫长岁月里众人的发明创造都附会在三皇五帝的身上；传说历史的另一个特点就是在流传过程中的扭曲变形。如《竹书纪年》等书将原本互不相干的太昊和伏羲合为一体（太昊源于东方传说，伏羲源于南方传说），说伏羲得河图创八卦，造书契、作甲历等；这些都是晚到青铜时代（商周时期）才出现的文化成就，与其他史书有关伏羲时代“茹毛饮血”的记载（相当于旧石器时代）是相矛盾的。还有的传说将伏羲、女娲结合在一起，称他们为兄妹或夫妻，并为造人的始祖；在汉代书籍和出土的汉代画像中，伏羲、女娲都为人首蛇身的神人形象。皇甫谧的《帝王世纪》则沿袭汉代人的说法，将炎帝、神农氏合为一体，说炎帝的母亲女登有感于神龙而生炎帝，炎帝则是“人身牛首”的半人半神。在汉代以降记述三皇五帝的史书中，《史记》是相对较少神话色彩的，但严谨的良史司马迁也没能完全摆脱时代的局限性，说黄帝与炎帝打仗时能驱使虎豹熊罴等神兽为之助战，又说帝喾高辛“生而神灵，自言其名”。而专门描写古代神话传说的《山海经》等书更是将五帝及很多上古人物形容为或生有异相，或能乘龙驭兽、呼风唤雨的神人。此外，很多古书对三皇五帝各自寿命或“在位”时间的记载也是夸张得令人难以置信，往往说他们在位五六十年以上甚至一百余年，寿命也多在百年以上，这完全是没有事实依据的虚言妄说。

司马迁在《史记·五帝本纪》的篇末说：“学者多称五帝，尚矣。然《尚书》独载尧以来；而百家言黄帝，其文不雅驯，荐绅先生难言之。……余尝西至空桐，北过涿鹿，东渐于海，南浮江淮矣，至长老皆各往往称黄帝、尧、舜之处，风教固殊焉，总之不离古文者近是。……《书》缺有间矣，其轶乃时时见于他说。非好学深思，心知其意，固难为浅见寡闻道也。余并论次，择其言尤雅者，故著为本纪书首。”从这段话可以看出，太史公司马迁治史的态度是非常严谨认真的。远古的三皇大概过于虚无缥缈，难以说清，因此他的《史记》最早从黄帝谈起。在他看来，古籍所载五帝的事迹也多有不实之处，为了尽量接近实际，他曾遍游天下，进行实地考察，结果发现各处五帝的传说拥有很多共同的内容，与古书所记可大致对应，于是经过深思熟虑，查考甄选，尽量选择“优雅”可信之说写成《五帝本纪》。即便如此，他仍未能完全杜绝那些虚妄之言，这是我们今天在阅读《史记》时不难发现的。

从上面的叙述可以看出，囿于时代的局限，许多史书关于三皇五帝的记载充斥着神话、传说及虚夸之处，但同时也隐含着很多真实的历史素地。

二、史学家对三皇五帝及传说历史的认识

在近代以前，绝大部分中国人对《史记》等古书所载上古传说时代的历史都是深信不疑的。期间虽有学者对三皇五帝神乎其神的传说故事提出质疑，但这些研究在当时都没有产生很大的影响，都没能从根本上撼动古史体系。

到了 20 世纪初，中国社会发生了翻天覆地的变化。1911 年辛亥革命爆发，延续了两千余年的封建时代被终结。紧接着又发生了影响深远的“新文化运动”，在倡导科学和民主的潮流中，一些学者开始以科学理性的精神来引进西学、改造旧学。正是在这种大的时代背景下，20 世纪二三十年代在史学界兴起了一场“古史辨”运动，以顾颉刚为代表的一批学者以批判精神和科学方法考辨上古史料，他们的成果集中收录在《古史辨》（共七册）一书中，因此被称为“古史辨派”或“疑古学派”。

古史辨派一个著名的观点就是顾颉刚提出的“层累地造成的中国古史”观。对此顾颉刚进一步解释了其中的三层意思。第一是“时代愈后，传说的古史期愈长”，如周代人心目中最古的人是禹，到孔子时有尧舜，到战国时有黄帝神农，到秦有三皇，到汉以后有盘古等；第二，“时代愈后，传说中的中心人物愈放愈大”，如舜在孔子时只是一个“无为而治”的圣君，到《尧典》就成了一个“家齐而后国治”的圣人，到孟子时就成

了一个孝子的模范了；第三，我们虽不能知道某件事的真确状况，但可以知道其在传说中的最早状况，例如我们虽不能知道东周时的东周史，但至少能知道战国时的东周史，等等[4]。经过古史辨派的大量考辨工作，上古传说时代的伪古史体系被推翻了；他们认为上古历史大多是后人的臆造，而且形成年代越晚的就越不可靠。不可否认，疑古学派的研究有很多真知灼见。正如本文前面所述，从战国到汉代，“三皇五帝”中的人物及其事迹由残缺不全到渐为丰满，而且将原本并不相干的古帝编排进同祖同源的一个系统，并附加了许多的神话传说，这足可印证疑古派的认识有其合理之处。

但疑古派彻底否认上古历史的观点并没有被后人完全接受，在史学界仍有一些人致力于上古史料的整理和研究，力图从纷杂的传说中梳理出真实合理的历史内核。他们认为古史辨派疑古太过，走入极端，只是做了去伪的工作，而未能存真，在泼洗澡水时将婴儿也一同倒掉了。一些上古的事件虽因传说日久，附加了很多理想的成分，但其本身也有真实可信的部分，并非全是后人的臆想和捏造。在从事古史重建的历史学家中，徐旭生就是一个代表人物。他于20世纪40年代完成并出版、后又于1960年增订再版的《中国古史的传说时代》，是一部系统研究上古历史的重要著作，其影响至今，历久不衰。

徐旭生的传说时代从黄帝讲起，他认为之前的伏羲、燧人等的传说事迹太简单，世次先后不清，与炎、黄时代的距离也渺不可知，因此无法考证。在这本书中，徐旭生将中国上古传说时代的部族大致分为华夏、东夷、苗蛮三大集团。华夏集团地处陕、晋、豫境内的黄河中游，也就是一般所说的中原地区。该集团包括黄帝系和炎帝系两支，按《国语》记载黄帝为姬姓、炎帝为姜姓，同出于少典氏，那么这两支同源的族群后来就成为了华夏国家的主体民族。他们的最初居住地都在陕西，以后逐渐向东扩展到了华北的东部。炎帝、黄帝、颛顼、帝喾、尧、舜、禹等都属于华夏集团中不同时代的领袖人物。东夷集团主要分布在山东境内及周边地区，代表人物有太皞（太昊）、少皞（少昊）和蚩尤，稍晚的还有皋陶和后羿等。苗蛮集团的地域以湖北、湖南、江西为中心，其最活跃的人群为三苗氏，伏羲和女娲的传说实出自这一集团，该集团的著名人物有驩兜、祝融等（祝融原本属于华夏集团，后来融入了南方的苗蛮）。这三大集团在相互接触中存在不断的争斗，但最终交汇融合，共同成为中华早期文明的缔造者[5]。

徐旭生先生研究的可贵之处在于，他根据传说时代的史料将上古人群划分为三大集团，将五帝等众多人物归为不同集团的代表，通过考证他们之间的相互关系而进一步阐发了不同集团间的关系，从而给纷繁复杂、扑朔迷离的上古史理出了一个较清晰的脉络。然而，受到传说史料本身的局限，单凭文献资料无论如何也难以描绘出一幅清晰、完整、可信的远古时代历史的画卷来。整个中国史前史的书写、中国早期文明的探索最终还是要依靠考古学的发现与研究。

三、考古学对远古历史的重建及对中国文明起源的探索

古史辨派努力摧毁了传说时代的伪古史体系，但接下来该如何重建远古的历史呢？

该学派的领军人物顾颉刚首先就意识到，古史的重建只能依靠考古学，胡适等著名学者也都持有相同的看法，这种看法几乎成为了 20 世纪二三十年代学界的共识。在这样一个大的时代背景下，原中央研究院历史语言研究所的创办者傅斯年更是明确提出“上穷碧落下黄泉，动手动脚找东西”，率先在史语所设立了考古组，由留学回国的李济博士负责，开始了中国考古学的艰难探索。

其实在史语所考古组成立之前，在中国境内已经有了一些很像样的考古工作。其中 1921 年瑞典学者安特生对河南渑池仰韶村遗址的发掘，一般被认为是中国现代考古学的发端。安氏将这批发掘资料中年代较早、含有彩陶的遗存命名为“仰韶文化”，并正确指出这是中国史前新石器时代的文化，是汉文化的本源，但同时他又认为这种以彩陶为代表的文化应是由西方传入的[6]。当时在学术界关于中国文化西来说是一种颇为流行的观点。

1926 年，在执掌史语所考古组之前，留美归国不久的李济就在山西夏县西阴村进行了一次考古发掘[7]。这次发掘出土的也以仰韶文化遗存为主，不过在当时的条件下还不可能对其学术意义取得充分的认识。这次发掘虽受到美国弗利尔美术馆的资助，但却是第一次由中国学者独立主持完成的考古工作，李济因此也被视为中国考古学的开创者。夏县西阴村位于晋南的运城盆地，晋南是传说时代尧舜禹活动的重要地区。李济的第一次考古活动就选择在晋南，显然同探索传说时代的史迹有密切的关系；中国考古学自诞生之日起，其重建古史的使命也由此可见一斑。

1928 年中研院史语所考古组成立之后，中国有了自己独立的考古机构和专业队伍。当年 10 月，首先派董作宾到安阳殷墟进行了第一次考古发掘。在有正式的考古工作之前，安阳殷墟就因大量刻辞甲骨的发现而蜚声学界。甲骨文的主要内容是商王的占卜记事。根据这些记载，1917 年王国维发表了《殷卜辞中所见先公先王考》，其后又发表了《续考》等著名论文，他使用地下出土材料与传世文献相参照，证明《史记·殷本纪》所述商王的世系基本上是正确的，由此而将古书所载商代的历史推定为信史，他提出的“二重证据法”为当时陷入困境的古史研究开辟出了一片新天地。从 1928 年到 1937 年抗战爆发前，中研院在殷墟共进行了 15 次发掘，揭露出成组的商晚期宫殿宗庙基址、商王陵等贵族大墓、祭祀坑以及大量的刻有文字的甲骨等，为研究商晚期都城的建置布局、全面复原商晚期的社会历史提供了弥足珍贵的资料。殷墟的发掘成为 1949 年以前中国考古学早期发展史上最为辉煌的一页，李济、董作宾、梁思永、石璋如等一批才华横溢的考古学家投身其中，积累了丰富的发掘经验与技术，为其后中国考古学的发展奠定了坚实的基础[8]。

除了殷墟的发掘，史语所还在很多地方做了大量的考古工作，其中值得一提的是 1929 年到 1931 年对山东历城龙山镇城子崖遗址的发掘[9]。通过发掘人们认识到在山东还存在一种含有磨光黑陶、有别于仰韶文化的独特的史前遗存，这种遗存后来被命名为“龙山文化”；以后又通过其他地点的工作发现这类遗存在中原地区也有普遍的存在（但与山东的龙山文化有区别），年代皆晚于仰韶文化。尽管在当时对各地区仰韶与龙山文化之间的关系还不能取得确切的认识，但龙山文化的发现为中国文化找到了一个新的源头，从而在一定程度上否定了中国文化西来说[10]。总之，新中国成立前，通过史语所及其他一些考古机构的开创性工作，不但为通过考古资料重建上古史打下了初步的基础，而且“地层学”、“类型学”等支撑考古学发掘与研究的一些基本方法也逐步走向成熟。

继殷墟考古之后，自20世纪50年代开始，考古学家们又陆续发现了几处夏商时期的都城遗址。1959年，为探索夏代史迹和夏文化的问题，年逾七旬的古史学家徐旭生亲赴河南进行实地调查，偃师二里头遗址就是这次勘察的重点，经徐先生的介绍引起了学术界的重视[11]。随后很快进行了发掘，并在这里发现了一种早于商代的遗存，后来被命名为“二里头文化”；二里头遗址的发掘一直持续到现在，已经揭露出有宫城环绕的成组的宫殿建筑基址、多处贵族墓葬、铸铜作坊等重要遗迹现象，还出有最早的青铜礼器，现在多数学者认为二里头属于夏代的一处都城遗址[12]。50年代考古学家还在河南郑州二里冈发现了一处商代遗址，经过多年的勘探发掘，发现这里有规模宏大的城墙、多处宫殿基址和铸铜、制骨、制陶等手工业作坊，以及埋有王室重器的青铜器窖藏等[13]，很多学者认定这是一处早于殷墟的商代前期的都城遗址[14]，以其为代表的遗存被称为“二里冈文化”。此后，在20世纪80年代，人们又在距离二里头不远处的偃师尸乡沟发现了另一座规模很大的早商时期的城址[15]。与此同时，在这几十年的时间里，陕西境内西周时期的考古也取得了突破性进展。总之，经过考古学家的努力，在不太长的时间里就确认了夏商周三代为中国的“青铜时代”，这三个早期王朝无疑已经属于“文明时代”了。于是，从20世纪80年代开始，考古学家开始了探索中国文明起源的艰难历程，将寻找最早文明发端的目光投向了史前时期。

新中国成立后，随着考古事业的蓬勃发展，史前考古领域的重大发现也是层出不穷。从史前到先秦时期，全国各地陆续确认出了很多“考古学文化”，其中以黄河流域、长江中下游以及东北的辽河流域发展序列最完整；以考古学文化为载体，可以基本构建起中国境内早期文化发展演变的时空框架。正是在这种学术背景下，从20世纪70年代后期到80年代初，著名考古学家苏秉琦提出并逐渐完善了“区系类型”理论。他将中国境内的史前文化划分为六大区，分别是①以燕山南北长城地带为中心的北方；②以山东为中心的东方；③以关中（陕西）、晋南、豫西为中心的中原；④以环太湖为中心的东南部；⑤以环洞庭湖与四川盆地为中心的西南部；⑥以鄱阳湖—珠江三角洲一线为中轴的南方[16]。后来北京大学教授严文明又提出了八大文化区的划分方案，分别是黄河中游的中原区、下游的海岱区、上游的甘青区，长江中游的两湖区、下游的江浙区、上游的巴蜀区，此外还有位于燕山南北到辽河流域的燕辽区和位于陕、晋、冀的北部及内蒙古中南部的雁北区。每个文化区内都有各自的文化发展谱系和传承关系，相邻文化区间又往往存在密切的相互影响的关系[17]。将这些研究成果与徐旭生的上古三集团说相对照，我们会发现，根据传说史料梳理总结出的古代人群的分野，与根据考古资料做出的史前文化区系的划分有许多契合之处：与中原的华夏、山东的东夷和南方的苗蛮相对应，考古学上分别有中原区、山东的海岱区和长江中游的两湖区。这也反过来印证了传说记载有其真实可信的历史内涵。但同时我们还会发现，从考古学上所能区分出的文化区系远不止这三个，在其他地区还有多处，它们在中国文化、中华民族形成与发展的历史进程中都发挥了积极的作用。这样的认识显然大大突破了古史传说记载的局限性。

正是在对史前文化多元谱系并行发展认识的基础上，80 年代以后苏秉琦又进一步提出了中国文明起源的“满天星斗说”，指出在距今五千多年至四千年之间的史前晚期，几大文化区内都出现了与文明起源相关的重要遗存：在中原地区有甘肃秦安大地湾仰韶晚期“殿堂式”的大房子、山西襄汾陶寺龙山早期的贵族大墓及河南境内几处龙山时代的城址，山东大汶口、龙山文化中随葬品丰厚的贵族墓葬，太湖流域良渚文化众多随葬玉器的大墓，辽宁西部红山文化的祭坛、“女神庙”和大量的积石冢，等等。这些非同寻常的重要发现北至长城地带，南到江南水乡，东抵黄海之滨，西达晋陕黄土高原，在广大的地域内都迸发出了文明的火花。苏秉琦由此指出中国早期文明的形成是多元、多中心的，从而打破了以往有关中国文明以中原为单一中心的认识，也打破了千古一系的大一统思想[18]。在这一认识的基础上，严文明又提出了中国文明起源与形成的“重瓣花朵”模式，指出中国的史前文化形似一个巨大的重瓣花朵，中国文明是从多地、多中心起源的；但同时中原又位于各文化区环绕的中心，能够博采各区的文化成就而加以融合发展，故自夏以后的很长时期里中原成为文明发展水平最高和影响最大的地区，与其他地区文明间存在紧密的联系并起到凝聚的作用，从而形成了多元一体的向心结构[19]。

自 20 世纪 80 年代后期开始，在夏鼐、苏秉琦等著名学者关于文明起源思想的引导下，伴随着一系列重要的考古发现，中国考古学界出现了探索文明起源的热潮，持续至今不衰。首先对于什么是“文明”，学术界有不同的看法。有人将文字、青铜器、城市或大型礼仪建筑的出现作为文明形成的标志；有人引用恩格斯的定义“国家是文明社会的概括”，以国家的出现作为文明形成的标志；还有人反对用这些现成的标准和条条框框来确认文明的形成，而是主张从中国实际出发，从早期社会发展演变的过程中来探索中国文明的起源及其发展阶段。

由于标准不同，自然会导致认识上的不同。有人认为迟至距今 4000 年以后的二里头文化才具备了上述主要的文明特征，夏代是中国历史上第一个王朝国家，也是最早的文明社会。有人认为在距今 4000 年以前的龙山时代就已出现了众多的城址、贵族大墓、大型宫殿建筑，有了最早的青铜器，特别是贵族墓葬中还往往随葬大量精美的玉器、漆木器等，因此中国文明的形成应始自龙山时代。还有人将中国文明的起源上溯到仰韶时代的中晚期，认为在距今 5000 年以前，在黄河中下游、长江中下游、辽宁西部等许多地区就已出现了社会等级的分化，有了随葬精美陶器、玉石器的贵族墓葬，高等级的大型建筑，大型中心聚落等，从而显露出了文明的曙光，我们通常所说的中华五千年文明史大体就是指从这个时期开始的。

在探讨中国文明起源的过程中，由于歧义纷呈，一些学者又将注意力聚焦到了概念比较清楚的“国家起源”上面，甚至许多人将国家起源就等同于文明起源问题。20 世纪 80 年代前期，限于当时的资料，夏鼐将中国文明开始的时间初步定在夏代，因为夏是中国最早的王朝国家；但同时他又敏锐地指出，“不管怎样，文明是由‘野蛮’的新石器时代的人创造出来的”[20]。到了 90 年代，随着一系列重大考古发现的增加和研究的逐步深入，苏秉琦提出了早期国家起源的“三部曲”，即从“古国、方国到帝国”的三个发展阶段[21]。也就是说，从距今5000～4000年前的史前晚期，前述几个主要文化区都分别进入了“万国林立”的“古国时代”；距今4000年以后的夏商周三代王朝为“方国时代”，但方国最早出现是在夏以前，并且在中原以外，包括长江下游的良渚文化；而从秦朝统一以后则进入了“帝国时代”。后来严文明、张忠培在此基础上分别做了进一步的阐发和概念的修正，他们都将中国早期文明社会的发展分为“古国”（距今5000年稍早到龙山时代“万国林立”的社会集团）、“王国”（夏商周三代国家）、“帝国”（秦汉以后）三个阶段[22]。

时至今日，有关中国文明起源问题的探讨由于长期以来未能形成统一的标准而似乎陷入了一定的困境，许多人转而更加注重社会发展阶段的梳理与划分；也可以说，从前那种围绕文明起源的概念性讨论正趋于淡化，更多的人开始从事不同区域“文明化进程”的研究，其中特别关注的是不同地区从简单到复杂、从低级到高级的社会形态的演化过程。这与西方有关社会进化或社会复杂化发展进程的探讨颇为类似，从而显露出与西方趋同的学术发展方向。

在中国史前区域文明发展或社会进化的研究中，有两种理论模式被广泛地采用。其一，是1962年美国学者塞维斯提出的“游团—部落—酋邦—国家”的社会进化模式[23]，其中“酋邦”扮演了关键的角色，是连接简单的氏族部落社会到国家社会之间的中间形态的复杂社会。尽管其后几十年里人们对酋邦的内涵、类型和适用性提出了许多不同的认识，但这一模式仍被以各种修正的方式而广泛应用，至少在研究世界不同区域社会复杂化发展进程方面仍是难以回避的参照系，而在我国近些年来也有很多的讨论和运用。其二，是由前述苏秉琦、严文明、张忠培等几位先生所提出的从古国到王国（方国）、帝国的发展模式，这其实描述的是复杂社会出现后的阶段性变化，在“古国”出现之前还应有一个漫长的氏族部落社会发展阶段。这一模式是通过对中国古代文献的提炼与考古成果相结合而提出的，其概念具有浓厚的本土色彩，为很多学者所信奉和运用。仔细辨析，我们会发现这两种理论模式其实并无根本的不同。两者相区别的关键之处是用“酋邦”还是“古国”（或有人说的“邦国”）来描述前国家的复杂社会组织，而这只不过是使用概念的名称不同，实质的内涵则是一样的。正如一些学者已经意识到的，从公元前3500年左右开始（不同地区或略有早晚），在黄河中下游、长江中下游和辽河流域都出现了复杂的社会形态——表现为区域社会集团的形成、大型中心聚落的出现、墓葬和建筑等体现的明显的等级差异，等等；其后社会复杂化的发展进一步提升，直到公元前1800多年二里头文化出现之前，除个别地区孕育出了早期国家形态的社会组织（如中原的陶寺[24]，另外还有哪些进入了国家社会尚需要进一步研究），多数地区不同时段的社会集团都属于酋邦社会，也就是人们通常所说的“古国”（此类社会结构的简单与复杂和发展模式当然还有很多的变化，针对不同的个案都需要做具体的研究）。而国家社会从“王国”到“帝国”的演变则是中国早期历史一个鲜明的特色。

从上述简短而粗略的回顾中可以看到，我国老一辈考古学家基于中国的材料、以特有的方式提出了一套重建中国史前史、早期文明发展史或社会进化史的独特理论模式，而这种理论模式与几十年来西方学者所探索出的社会进化模式实有异曲同工之妙（尽管细节上有许多不同）。也可以说中西方学者在以往有关人类早期社会发展演变过程的研究方面可谓殊途同归。如何补充、完善和发展已有的理论，甚或创建新的理论模式，则是当今考古学家所面临的新课题（不唯中国，全世界都如此）。

总之，经过近百年筚路蓝缕的探索，考古学家对中国史前及先秦文化的发展、早期文明和国家起源等诸多重大问题已取得了日渐清晰的认识。将考古学的研究成果与传说历史相参照，可以将三皇五帝大体纳入到以考古学为基础构建的史前史的框架中。其中“三皇”与“五帝”具有完全不同的时代特点。前面所举三皇时代的远古先民茹毛饮血、食草木之实及鸟兽之肉、钻木取火、民知其母而不知其父的社会风貌，基本与旧石器时代和新石器时代早期人们生活在小规模的血缘群体中、并以狩猎采集经济为主的特征相吻合。五帝时代可以分为前后两期，前期以黄帝为代表，后期以尧舜为代表，都已进入了新石器时代的晚期。黄帝、颛顼、帝喾大致与仰韶时代的中晚期相当，此时许多地区开始脱离原始的、简单的氏族部落社会，社群内部出现了等级的分化，在一定范围内形成了有最高首领控制的区域政治组织，地位较高者可以享有精致的玉石器、高级陶器等奢侈品，属于文明初现、古国或酋邦社会初步形成与发展的时期。尧舜禹则大约相当于龙山时代，这个时期城邦林立，出现了很多大型中心聚落，一些区域组织的规模也扩大了很多，不同集团间常爆发激烈的战争；社会群体内部的分化也进一步加剧了，上层贵族拥有大量的财富，并集中掌控着军事、宗教及世俗等各方面的权力；这个阶段古国或酋邦社会进一步发展，并且出现了最早的国家。因此可以概括地说，五帝时代也正是中国文明起源与初步形成的时代。五帝之后是夏、商、周王朝相继发展的青铜时代，随着文字的出现、青铜礼器的繁盛、大型城址与宫殿建筑的发展，一个成熟发达的中华早期文明诞生在世界的东方，并在以后数千年人类历史中发展成唯一一个没有中断过的古老文明。

近一个世纪的时间里，伴随着一个个重大的考古发现层出不穷，在考古学家的不懈努力下，原本晦暗不清的远古历史渐渐显露出了清晰的轮廓。考古学家用他们的双手拂去了传说历史虚幻的面纱，而传说历史也为残缺不全的考古发现增添了许多生动鲜活的内容。两者相互补充，一部血肉丰满的中国史前史便逐渐呈现在世人面前。

附记：本文为国家科技支撑项目“中华文明探源及其相关文化保护技术研究”之“中华文明起源过程中区域聚落与居民研究”（2013BAK08B05）研究成果。

注　释

［1］许顺湛：《五帝时代研究》，中州古籍出版社，2005年。

［2］杨宽：《中国上古史导论》，《古史辨》第七册，上海古籍出版社，1982年。

［3］徐旭生：《中国古史的传说时代》，广西师范大学出版社，2003年。

［4］顾颉刚：《与钱玄同先生论古史书》，《古史辨》第一册，上海古籍出版社，1982年。

［5］徐旭生：《中国古史的传说时代》，广西师范大学出版社，2003年。

[6] 安特生:《中华远古之文化》,《地质汇报》第五号,1923 年。
[7] 李济:《西阴村史前的遗存》,清华学校研究院丛书第三种,1927 年。
[8] 中国社会科学院考古研究所:《殷墟的发现与研究》,科学出版社,1994 年。
[9] 李济等:《城子崖——山东历城龙山镇之黑陶文化遗址》,1934 年。
[10] 陈星灿:《中国史前考古学史研究(1895～1949)》,生活·读书·新知三联书店,1997 年。
[11] 徐旭生:《1959 年夏豫西调查“夏墟”的初步报告》,《考古》1959 年 11 期。
[12] 中国社会科学院考古研究所:《偃师二里头》,中国大百科全书出版社,1999 年;杜金鹏、许宏主编:《偃师二里头遗址研究》,科学出版社,2005 年。
[13] 河南省文物考古研究所:《郑州商城》,文物出版社,2001 年。
[14] 邹衡:《夏商周考古学论文集》,文物出版社,1980 年。
[15] 中国社会科学院考古研究所:《偃师商城》第一卷,科学出版社,2013 年。
[16] 苏秉琦:《中国文明起源新探》,生活·读书·新知三联书店,1999 年;苏秉琦、殷玮璋:《关于考古学文化的区系类型问题》,《文物》1981 年 5 期。
[17] 严文明:《东方文明的摇篮》,《农业发生与文明起源》,科学出版社,2000 年。
[18] 苏秉琦:《中国文明起源新探》,生活·读书·新知三联书店,1999 年。
[19] 严文明:《农业发生与文明起源》,科学出版社,2000 年。
[20] 夏鼐:《中国文明的起源》,文物出版社,1985 年。
[21] 苏秉琦:《中国文明起源新探》,生活·读书·新知三联书店,1999 年。
[22] 严文明:《黄河流域文明的发祥与发展》,《华夏考古》1997 年 1 期;张忠培:《中国古代的文化与文明》,《考古与文物》2001 年 1 期。
[23] Service E R. *Primitive Social Organization*. New York: Random House, 1962.
[24] 戴向明:《中原地区龙山时代社会复杂化的进程》,《考古学研究(十)》,科学出版社,2012 年。

"图腾"说献疑
——为纪念佟柱臣先生而作

罗　琨
（中国社会科学院历史研究所）

佟柱臣先生是一位非常令人敬重的考古学家，我初识先生一家是在孩提时代。1945年先生进入沈阳博物馆，和我的父亲成了同事，应该是性格相近吧，遂成好友，两家成了关系密切的近邻，后来又都先后定居北京。记得先生一家来京之初，宿舍尚未安排好之时，我们两家还曾在同一个四合院里住过。在我童年的记忆中，有不少关于佟家的故事。90年代中期，偶然得知先生家就在弘通巷，离学部大院很近，我开始前去拜望，在那里我甚至找到了久违的"回家"的感觉。先生问起我的工作，谈到过"断代工程"，经历过50年代"科研大跃进"的一代学者，对于大型集体工作的短长当然很了解，但佟先生语重心长地叮嘱，对于国家交下的任务，无论如何不能推脱，而要全力以赴，认真完成好。遵先生所言，在工作中我确实获益匪浅，今将参加"探源工程预研究"的一点思索撰成小文，以为纪念。

在有关传说时代，乃至商周史的学术论文中，往往可见"图腾"说。如认为文献记载：鲧死"化为黄熊"，是夏人以熊或"三足鳖"为图腾等，将一切化生神话、始祖诞生传说、生物或非生物的徽号均视为"图腾"，以至曾有外国学者感到迷惘：中国是一个文明古国，一些中国学者何以喜欢自贬文明。近些年，还有一种颇有影响的"研究成果"，说阪泉之战、涿鹿之战后，黄帝"釜山合符"，集中各部族"图腾"创造"龙"作为统一的新图腾；或认为图腾崇拜是协调人与自然和谐关系的良药，是推动尧舜禹乃至夏商在中原崛起的根本原因，前者反映了我们民族自古以来崇尚的价值观念，后者的探索也不是没有意义的，但是这些能反映历史的真实吗？

20世纪90年代，张光直在《中国文物报》"一个考古工作者的随笔"专栏中，曾作《谈"图腾"》，提出在中国考古学著作中，常用"图腾"指称古代器物上的动物图像，但是图腾有什么意义，怎样证明它是图腾，"少见有人加以处理"。他建议"在中国考古学上图腾这个名词必须小心使用"，他说"我不知道中国考古学者所用的图腾这个名词是从哪里借来的，但这个名词在中外人类学上使用起来它的涵义是很清楚的"，并引述《简明文化人类学词典》和《人类学田野工作手册》对图腾所下的定义[1]。这很重要，作为外来语的术语，更需要精准的定义，若无限扩大外延，自说自话，如何进行学术交流呢。

因此，为了在广泛的学术交流中能有更多共同语言，为了准确重构中华大地的文明起源和古代社会，有必要对“图腾”做一番探究。

一、“图腾”涵义

多有研究成果谈“图腾”，援引摩尔根《古代社会》，往往提到该书“列举世界各少数民族的图腾名称很多”[2]。摩尔根《古代社会》确曾谈及“图腾”来自北美印第安人方言，在“加诺万尼亚族系其它部落中的氏族”章之“五、阿耳贡金诸部落”中，首举“鄂吉布瓦人”，说[3]：

> 在鄂吉布瓦方言中，有“图腾”一词——实际上往往读作“多丹”——意指一个氏族的标志或图徽；例如狼的图形便是狼氏族的图腾。斯库耳克拉夫特先生便根据这个词而使用“图腾制度”这一术语表示氏族组织，倘若我们在拉丁语和希腊语中都找不到一个术语来表达这种历史上已经出现过的制度，那么，“图腾制度”一词也是完全可以接受的。

摩尔根还指出鄂吉布瓦世系由男性下传是相当晚近的事，是在美国人和传教士影响下才发生的改变，“在古代，加诺万尼亚族系中，普遍是女性世系，这也是这种制度的原始形态”。在该章之“十、村居印第安人”中，首举“摩基村印第安人”，记述摩基人有九个氏族：鹿氏、沙氏、雨氏、熊氏……响尾蛇氏、烟草氏、芦草氏等，一位美国助理外科医生向斯库耳克拉夫特提供了一个该族的起源神话，说很久以前他们的老祖母从西方老家带来九个人种：鹿种、沙种、水（雨）种、熊种……并把他们变成了人，当人死后就会返回原形。值得注意的是《古代社会》记述了这些化生传说，但没有使用“图腾”一词，村居印第安人已经出现对女性始祖神的崇拜，“图腾化生”的传说已发生了异化。该书在叙述氏族制度基本特征时，还有：

> 在美洲各地的土著中，所有的氏族都以某种动物或无生物命名，从没有以个人命名的。当社会处在这种低级状态时，人的个体性被氏族所掩盖了……在某些部落中，如在新墨西哥的摩基村的印第安人中，氏族成员声称他们就是本氏族命名的那种动物的子孙，大神把他们的老祖宗由动物变成了人形。鄂吉布瓦人的鹤氏族也有一个与此类似的神话传说。在某些部落中，氏族成员不吃本氏族命名的那种动物，其所以如此，无疑地也是受这种观念的影响。

这表明摩尔根基本观点是：第一，早期民族学家曾用“图腾制度”表示氏族组织，在一定意义上可以接受；第二，这种制度的原始形态为女性世系，换言之，它流行于氏族社会的早期；第三，在某些氏族中，存在作为氏族命名的那种动物是自己祖先的观念。由此可见，《古代社会》确实谈到美洲土著很多氏族是以动物、植物、无生物为名，乃至作氏族的标志或图徽，谈到“在某些部落中”存在氏族成员与该氏族“标志或族徽”相互化生的传说，但是不曾说过以动物命名的氏族都以该动物为“图腾”。

“图腾”一词，最早出现于英国商人 J. 朗格的《印第安旅行记》一书。该书记述使用阿尔衮琴语的奥吉布瓦和奇佩瓦印第安人，宗教信仰上有一种“奇异现象”，即相信人与动物存在血缘亲属关系。这种信仰印第安语作“ot-otem”或“ot-otam”，意为“他的亲族”，英文音译“totem”，后来随着考查范围的扩大，发现澳大利亚、波利尼西亚、美拉尼西亚等地，也有类似现象，因而这一用语和现象引起广泛注意[5]。最早将这一用语译为“图腾”的是严复，见于他所译的英人甄克思的《社会通诠》一书，其后杨堃、李则纲、岑家梧等都对相关问题做过研究。研究简史见于岑家梧《图腾艺术史》、李则纲《始祖诞生与图腾》及杨堃为 Д.Е.海通《图腾崇拜》所作的中译本《序》等。如杨堃写道：J. 朗格（John Long）之后，麦克伦南的《论动物和植物崇拜》（1869～1870）和弗雷泽的综合性著作《图腾主义》（1877）在学术界引起极大影响；“1930 年，我把《法国现代社会学》一书译成中文，介绍给我国学术界，该书谈到了不少关于杜尔干的图腾主义理论。1932 年，胡愈之译法国倍松的《图腾主义》……之后，顾颉刚、郭沫若、闻一多、李则纲、岑家梧……等或多或少地考察、研究过我国各民族的图腾主义”[6]。

20 世纪初，严复将这一用语介绍到中国来时，在按语中首先谈道“图腾”是用于区别群体的“徽帜”[7]，可能正是因此引起一些误解，一定程度上造成氏族徽号与图腾观念的混同。实际上早期学者介绍图腾观念还是相当全面的，1936 年岑家梧发表《图腾艺术史》，指出“图腾制”显著特征有四：一，“原始民族的社会集团采取某种动物为名称，又相信其为集团之祖先，或与之有血缘关系”；二，“作为图腾祖先的动植物集团中的成员都加以崇敬，不敢损害毁伤或生杀”；三，“同一图腾集团的成员，即可视为一完整地群体，他们以图腾为共同信仰”；四，“男女达到规定的年龄，举行图腾入社式。又同一图腾集团内男女，禁止结婚”，并且指出“目下北美、非洲、澳洲等土人社会中存在的图腾制已非属其最初的形态”，“图腾制为原始人类从事狩猎采集经济阶段上必然产生的集团体制”，产生的时间“不（超）过原始共同制与氏族制度交替期的过渡阶段”，“图腾制发展的最后阶段是为氏族社会的萌芽”[8]。文中和摩尔根一样使用了“图腾制”，但从所述特征仍可见图腾本义是指一种观念和原始宗教信仰，社会基础为氏族制度产生以前的原始群时代。后来“图腾”一词的内涵与外延不断被扩大，其原因主要在于由商人、旅行家最早发现的这种“奇异现象”难免引发人们很大的好奇心，由于缺乏科学的田野调查，资料不完备，更为探究者留下很大的想象空间，致使纷纭众说，不断使问题复杂化。

对此，苏联学者 Д.Е.海通早已提出，有关“图腾”研究尚有很多混乱，首先要厘清“图腾崇拜所包含的内容”，分离出“混杂的成分”，只有在这个基础上，才能“阐明图腾崇拜的普遍性”，进而“探讨图腾崇拜的发生及其最初形式”，最终达到认识“图腾崇拜的起源问题”[9]。

通过对大量资料的梳理，追索图腾崇拜的原初形式，Д.Е.海通指出"图腾崇拜不是一种独立的社会组织制度，而仅仅是一种宗教形式"，进一步明确了"图腾"的概念。论证了它是初生氏族的宗教，主要表现在"相信氏族起源于一个虚幻的祖先——半人半兽、半人半植物或无生物，或具有化身能力的人、动物或植物。氏族以图腾动物、植物或无生物命名，相信图腾能够化身为氏族成员或者相反。氏族成员以各种形式表示对图腾的崇敬，对图腾动物和植物等实行部分或完全的禁忌"。指出图腾崇拜像所有的宗教一样，不是与氏族制度相符合的意识形态，而是在游猎采集时代原始的物质生活条件和社会关系虚幻的、歪曲的反映，是他们在与严酷大自然斗争中软弱无力的反映。而且"图腾崇拜不是原始宗教的唯一形式，仅是原始宗教的组成部分之一，与图腾崇拜同时存在的有自然力化身观念、万物有灵观念、拜物教和巫术"。

根据以上研究成果可知，第一，"图腾"的基本内涵是认为自身的血缘群体与外部大自然的某种构成存在血缘亲属关系，从而将这种生物、无生物作为群体的徽号，并称之为"图腾"，因而在本质上这是一种原始宗教——图腾崇拜。它的社会基础是生产力极为低下、尚未脱离蒙昧阶段的初民社会，在严酷的大自然制约下，幻想能有某种生命力更为强劲者作为自己的血缘亲属，通过相互化身，获得超自然的能力。《图腾崇拜》一书谈到普遍存在图腾化身信仰的澳大利亚诸部落，多认为妊娠是图腾化身的婴儿魂进入妇女体内的结果，这意味着在图腾崇拜的初始阶段，对于妊娠尚未能有真正的认识，而氏族产生于由近及远地排除血缘婚，是建立在对血缘婚危害性已有了一定认识的基础上，因此今天所能看到的图腾崇拜的主要形式虽然是氏族图腾崇拜，但它的根深扎在更早的历史发展阶段。

第二，所以说它是初生氏族的宗教，不仅因为这一观念产生得很早，更因为只有在母系氏族制度下，作为社会细胞的氏族才是一个有共同祖先的血缘群体，进入父系氏族社会以后，从夫居使氏族掺入了外氏族的血，因而不再是一个纯粹的血缘群体，也不可能有共同的图腾崇拜。如广西百色那坡、靖西壮族侬人支系中，保存着每个父系家庭要同时祭祀父系和母系祖先的习俗，新娘出嫁时，母亲要将女儿平素用的饭碗，装上谷种，亲自护送并放到新郎家的神龛上，作为"香炉"，每逢男方祭祖时，都要在神龛的"香炉"上插香，并陈设供品。在一个主干家庭，神龛上只能摆设代表女方姓氏的"香炉"，家庭中存在几位外姓妇女（如祖母、母亲、儿媳、孙媳），就要陈设几个"香炉"，在他们观念中，只有既供祖宗神位，又供香炉才构成完整的家庭[10]。父系制不等于父权制，在民族学中已见不少民主型父系家族公社的资料，广西壮族的这一古俗反映的价值观应带有普遍性，因此，父系氏族制度确立以后，在一些群体中即使存在图腾崇拜的某些记忆，也只能是古代习俗的孑遗。

第三，我们现在所了解的图腾崇拜是根据当代原始民族诸部落的考察资料，虽然一些地区的古俗中可以揭示出氏族制度产生的轨迹，但就整体看，社会发展都已超越了"初生氏族"的阶段，所获得的以氏族图腾为其主要形式的图腾崇拜遗俗，不仅与氏族制度习俗密切结合、受到某些改造，而且还会与其他原始宗教习俗混同。例如Д.Е.海通曾分析，图腾崇拜和外婚制、成年仪式和图腾繁殖仪式在起源上完全不同，却经常交织在一起，是因为图腾崇拜像所有宗教一样，使亲属关系和婚姻关系乃至“成丁礼”等习俗神圣化；又如图腾化身信仰是图腾崇拜的重要内涵，但化身信仰却属于万物有灵的原始宗教，其产生、流传不依赖图腾崇拜，然而当二者混合在一起时，万物有灵的观念往往被图腾崇拜观念遮蔽。这些都是造成今人研究“图腾”，使其内涵与外延不断被扩大的主要原因，也是今天在考古学、历史学研究中对“图腾这个名词必须小心使用”的原因。

二、“夏商周三代图腾”献疑

从人类学“图腾”这一用语的基本定义看，在中华大地的历史上，确实可以找到图腾崇拜的孑遗。大兴安岭的鄂伦春人的古俗对熊不能直呼其名，而要用最高的亲属称谓：“雅亚”（祖父）、“太贴”（祖母）、“阿玛哈”（舅父），可见他们曾将熊视为有血缘关系的“亲属”，因此以狩猎为生的鄂伦春人古俗禁止猎熊、禁止对熊（包括死熊）有任何不敬重的行为，若因自卫不得已杀死了熊，则要举行一整套风葬仪式，以求宽恕，游猎在额尔古纳河畔的鄂温克人也保有同样的古俗[11]。又如云南永宁纳西族和岷江上游的羌族“创世纪”神话里，都有自己的祖先出于猴子或半猴半人的传说[12]，这预示出上古的初民社会，图腾崇拜可能有一定的普遍性。但是即使在保留很多质朴的原始共产制遗风和习惯法的鄂伦春、鄂温克人中，无论是族群还是氏族的名称都已和“熊”无关了，如他们的自称“鄂温克”意思是住在大山林中的人们；“鄂伦春”一语有两个含义，一为有驯鹿的人们，一为山岭中的人们[13]。鄂温克人每个氏族都有自己的固有的名称和简称，如柯尔特依尔氏族简称何、白依尔氏族简称白，外族人娶鄂伦春女子为妻，可立一新氏族，保有原来的姓，并有了鄂伦春语的称呼，如姓李的被称为尼力吉尔，姓赵的被称为帽活伊尔[14]。这就是说随着氏族制度的发展，图腾崇拜的遗俗与氏族名称已完全脱离了关联。

在我国古籍中，也有不少光怪陆离的始祖诞生传说。如《帝王世纪》有“太昊帝庖牺氏，风姓也。燧人之世，有巨人之迹出于雷泽，华胥以足履之，有娠，生伏羲于成纪，蛇身人首”。庖牺氏原为攫取经济时代，先民掌握了猎取大兽、狩猎上升为主要经济部门阶段的代表，后与东夷集团较早氏族的代表人物太昊合户，太皞伏羲氏成为古史传说时代早期或“初生氏族”的代表人物[15]。他的诞生神话与半人半蛇的形象，有可能反映了上古图腾崇拜的残辉余影，因为他代表的时代正处于图腾崇拜的时代。

但是，夏商周三代王族的先公诞生传说就不同了，图腾崇拜的时代当在距今万年前后，考古学已经证明在中华大地有上百万年的文化根系，上万年的文明起步，五千年文明。夏王朝始于四千年前，三代距离图腾崇拜的年代已经十分遥远了，即使与20世纪初的鄂伦春、鄂温克人相比，社会形态、生产生活方式、观念形态也存在着巨大差别。

大禹是夏王朝创始者夏后启之父，鲧、禹、启三代均有化生传说：

《左传·昭公七年》：鲧殛羽山，其身化为黄熊，入于羽渊。

《国语·晋语八》：昔者鲧违帝命，殛之于羽山，化为黄能，以入于羽渊。实为夏郊，三代举之。吴韦昭注：禹有天下而郊祀之。（三代）不废其祀。

《楚辞·天问》：鲧复生禹，夫何以变化？闻一多考订"鲧复生禹"当做"伯鲧腹禹"，"复生即腹生，谓鲧化生禹也"，变化句所问即指鲧死不腐，剖而出禹[16]。

《山海经·海内经》：洪水滔天，鲧窃帝之息壤以堙洪水，不待帝命。帝令祝融杀鲧于羽郊。鲧复生禹，帝乃命禹卒布以土定九州。晋郭璞注：开筮（《归藏·筮》）曰"鲧死三歳不腐，剖之以吴刀，化为黄龙也"。

《越绝书·越绝吴内传》：舜之时，鲧不从令……尧殛之羽山。《绎史·禹平水土》录此文，注引（梁任昉撰）《述异记》尧使鲧治水，不胜其任，遂诛鲧于羽山，化为黄能，入于羽泉。黄能即黄熊也，陆居曰熊，水居曰能。（晋王嘉撰）《拾遗记》：尧命夏鲧治水，九载无绩，鲧自沈于羽渊，化为玄鱼，时扬须振鳞，横修波之上，见者谓为河精。羽渊与河海通源也，海民于羽山之中，修立鲧庙，四时以致祭祀，常见玄鱼与蛟龙跳跃而出……[17]

《吴越春秋·越王无余外传》：鲧娶于有莘氏之女，名曰女嬉，年壮未孳。嬉于砥山得薏苡而吞之，意若为人所感，因而妊孕，剖胁而产高密，家于西羌，地曰石纽。石纽在蜀西川也。《绎史·禹平水土》录此文，并注引《随巢子》禹产于昆石。《遁甲开山图》古有大禹，女娲十九代孙，寿三百六十岁，入九嶷山，仙飞去。后三千六百岁，尧理天下，洪水既甚，人民垫溺，大禹念之，乃化生于石纽山泉，女狄暮汲水，得石子如珠，爱而吞之，有娠，十四月生子。及长，能知泉源，代父鲧理洪水。尧帝知其功，如古大禹知水源，乃赐号禹。

《帝王世纪》：鲧纳有莘氏女，曰志，是为修已，上山行，见流星贯昴，梦接意感，又吞神珠薏苡，胷拆而生禹于石纽[18]。

《淮南鸿烈解·修务训》：禹生于石，契生于卵。刘文典《淮南鸿烈集解》注引王引之云：案《太平御览·皇亲部》一引《河图著命》曰"修已见流星，意感生禹"。又引《礼含文嘉》"夏姒氏祖以薏苡生"。又引《孝经钩命决》"命星贯昴，修纪梦接生禹"。是禹之生，或以为感流星，或以为吞薏苡……郭璞注《中山经》泰室之山云"启母化为石而生启，在此山，见《淮南子》"。是《淮南》古本有作"启生于石"者。及考《汉书·武帝纪》"诏曰：朕至于中岳，见夏后启母石"，应劭曰"启生而母化为石"。师古曰"禹治洪水，通轘辕山，化为熊，谓涂山氏曰'欲饷，闻鼓乃来'。禹跳石，误中鼓，涂山氏往见禹，方作熊，惭而去，至嵩山下，化为石。方生启，禹曰'归我子'，石破北方而生启。事见《淮南子》"[19]。此外，《天问》有"启棘宾商、九辩九歌，何勤子屠母，而死分竟地"，自宋朱熹《楚辞集注·天问》认为即指《淮南子》涂山氏化为石，石破启出的故事，此后，多有学者赞同此说[20]。

类似记载很多，可知在传说中鲧有化生黄熊、黄能、玄鱼、黄龙诸说；禹的化生有出于鲧腹或其母感流星贯昴、吞神珠、薏苡诸说；启生则有母化为石说。如果说鲧的化生只是一种水生或两栖动物，黄能、玄鱼等不过是流传过程中发生的讹误；禹的化生则既包括无生物，又有植物，显然有别于图腾化生的基本观念；启的传说虽然单纯，但联系起来看，祖孙三代直系亲属化生之物尽然包括生物中的动物、植物，非生物中的星宿与石，这是图腾崇拜无法解释的。

前辈学者曾提出“禹母所感为流星、薏苡、月精、石子这些神话，很显然带有图腾意味。他如《山海经》《故岳渎经》《拾遗记》说禹治水遇巫支祈，及羲皇故事，也无非表示禹和鱼、熊、龙、蛇一类之物有关”[21]。但是现在知道，图腾崇拜只是原始宗教万物有灵崇拜构成之一，不宜以偏概全，实际上化生神话源远流长。《史记·高祖本纪》还记载刘邦是其母“梦与神遇”，蛟龙感孕而生，不同时代会因不同目的而产生出这类神话。至于巫支祈的故事，见于《古岳渎经》，说“李公佐（唐宪宗）元和九年（814）泛洞庭，登包山，入灵洞”得一古本，载禹治淮水至桐柏山遭遇挫折，终擒获淮涡水神无支祈，“徙之淮阴龟山之足下，俾淮水永安”。明胡应麟撰《少室山房笔丛·四部正讹下》指出“此文出唐小说，盖即六朝人踵《山海经》体而赝作者，或唐文士滑稽玩世之文，命名‘岳渎’可见以其说颇诡异，故后世或喜道之”，可见有些神话出于后世的附会，更与图腾崇拜无关。

这充分说明不能简单孤立地将始祖诞生等神话传说一概视为图腾诞生、图腾崇拜。夏王朝的始建年代约在公元前2000年，禹的年代当稍早数十年，相当于考古学中原龙山文化晚期，已进入铜石并用时代，发现了城址、高等级墓葬、礼器、文字等诸多文明因素，金字塔形的复杂社会结构已经形成，建立在原始共产制基础上质朴的氏族制度已面临全面崩溃，稍后“夏传子，家天下”能够得以实现，表明一夫一妻制的个体家庭早已产生，这一时期不可能存有图腾崇拜。夏后启及其父、祖三代神异的诞生神话，主要的应是为了标榜夏启出身不同凡响。

关于商人先公远祖，也有简狄吞玄鸟卵，因孕生契的故事，如《史记·殷本纪》：“殷契母曰简狄，有娀氏之女，为帝喾次妃。三人行浴，见玄鸟坠其卵，简狄取吞之，因孕生契。”亦见《吕氏春秋》《拾遗记》《列女传》等，仅“为帝喾次妃”说，前人早已否定[22]，是此前对古史传说系统整理的结果。值得注意的是和夏代一样，商王朝的创建者商汤也有感孕而生的神话，如《帝王世纪》有“主癸之妃曰扶都，见白气贯月，意感以乙日生汤”。由于商族乃至先商的世系充其量只能追溯到尧舜禹时代，社会发展最保守的说法也是走到“文明的门槛”前，早已脱离“相信人与动物存在血缘亲属关系”的时代，同样不可能保有图腾崇拜遗俗。

甲骨文商史研究成果中，有商人以鸟为图腾说[23]，这不仅因为文献中有玄鸟生商的传说，殷墟卜辞中王亥之“亥”字有冠以鸟形的写法，作。但是若把相关传说放在商代社会的历史大背景下，联系少昊氏鸟官鸟名的记载，可知玄鸟仅为商王室所自出氏族的徽号。《史记·秦本纪》记述“秦之先……女修织，玄鸟陨卵，女修吞之，生子大业”，裴骃《集解》按：“《左传》郯国，少昊之后，而嬴姓盖其族也，则秦、赵宜祖少昊氏。”也就是说吞玄鸟卵诞生的神话与少昊氏“以鸟名官”相关，而不是源于图腾崇拜。在《诗经》商人后裔奉祀的乐歌中，反复强调“天命玄鸟，降而生商”（《玄鸟》），“有娀方将，帝立子生商”（《长发》），充分反映出玄鸟只是构架商人先世直通天帝桥梁的使者，目的显然是要为自出之祖寻找一个高贵、神异的出身，以证明伐桀革夏，取而代之的合法性。所以"玄鸟遗卵"的故事并非意味着商人将玄鸟视为自己的"血缘亲属"，仅为先商时代以此"天瑞"作为氏族的命名。由于上甲是商人国家的缔造者，上甲之父王亥是最后一任氏族首长——王，所以在殷墟甲骨文中只有王亥的名字上冠以氏族徽号。

当然这个古族的先世在荒远的蒙昧时代，也可能有过"相信人与动物存在血缘亲属关系"的信仰，因为留在商人记忆中还有一位"高祖夒"，具有半人半猴的形象和半人半神的品格[24]，但是否属于图腾崇拜，已经无从考察了。

周人先公后稷，即弃的诞生传说更为丰满，见于《诗经·大雅·生民》《鲁颂·閟宫》《史记》等。传说有邰氏女姜嫄"履帝武敏"，即践履上帝足迹，感孕而生，出生后曾被弃置隘巷、林中、冰上，却得到牛羊、飞鸟等的保护；成人后善耕种，教民稼穑，后被尊为取代原始农神"柱"的第二位农神。周弃的年代仅从《閟宫》所述当时农作物品种"黍稷重穋，稙穉菽麦"，"有稷有黍，有稻有秬"看，农业生产早已超越了原始农业的早期阶段。而且弃和鲧、契一样，分别为三族王室谱系中留下名字的男性祖先，而不是母系向父系过渡阶段的第一位男性祖先。在对原始社会史缺乏科学认识的时代，前人对此曾有过误解，实际上就鲧、契、弃而言，从古史传说看约当尧舜禹时代，当在黄帝时代以前三族先世当早已完成母系向父系的过渡，二者的时间起点和社会形态是有很大差距的。神异的诞生传说虽不能完全排除折射了遥远先世曾有过图腾化生信仰影子，但从鲧化生为"羽渊"之神、禹是"神珠"化生、契为天帝之子、弃得上帝足迹而孕育，显然都不是图腾化生，而是出于后人标榜自出之祖的高贵出身。

存在图腾崇拜的时代，氏族图腾往往是氏族的徽号，但这不意味着徽号——尤其是以动植物为名的徽号都是图腾，Д.Е.海通就曾指出，关于起源于共同图腾祖先的传说的消失，是因为随着原初氏族的分裂和胞族的产生，以及新出现的氏族成为主要社会组织[25]，随着社会的发展，图腾崇拜衰落，新的氏族不可能都以旧的图腾为徽号，他们会按传统习俗，继续用自己熟悉的、崇拜的动物、植物、无生物命名，却不再是他们的"图腾"。

关于命名规则，先秦文献有不少的记载。《左传·隐公八年》有"天子建德，因生以赐姓，胙之土而命之氏"，记述的虽为周王朝之事，但根子却深扎在史前时代，如相传禹母吞薏苡而生禹，故夏姓曰苡（即姒），契母吞燕子之卵生契，故商为子姓，均为因其母获"天瑞"而得姓的例子[26]。又如《国语·晋语四》记载："昔少典娶于有蟜氏，生黄帝、炎帝。黄帝以姬水成，炎帝以姜水成。成而异德，故黄帝为姬，炎帝为姜。"当"少典"和"有蟜"是两个互为婚姻集团的原始氏族结成二合组织。随着人口的繁衍，母氏族不断分裂出女儿氏族，分别迁往不同地域发展，于是有了"成而异德"、分别以地命名的黄帝、炎帝部落。所以如果说黄帝、炎帝之族有过"相信人与动物存在血缘亲属关系"的信仰，他们的"图腾"应是相同的，且为有蟜先世的"图腾"，就像鄂伦春、鄂温克人都有了自己的族名，却都保留崇拜"熊图腾"的孑遗一样。很难想象由一个母氏族分裂出的新氏族会认为自己不是和母氏族，而是和另外的"动物"存在血缘亲属关系。因此黄帝教战的"熊、罴、貔、貅、貙、虎"，只能是新生氏族的徽号，犹如《周礼·夏官》有虎贲氏执掌王之近卫——虎士，都是以猛兽为名，以示勇武，而绝非“图腾”。

又如《左传·昭公十七年》，记郯子来朝，讲“我高祖少昊挚之立也，凤鸟适至，故纪于鸟，为鸟师而鸟名”。在行用物候历的时代，对鸟，尤其是候鸟的观测是观象授时主要依据之一，故以凤鸟、玄鸟、伯赵、青鸟、丹鸟命名分工主管观象授时的五个氏族。鸠有“聚”的意思，故用祝鸠、鴡鸠、鳲鸠、爽鸠、鹘鸠命名分工主管民事的五个氏族。其中如鴡鸠属雕类，是猛武之禽，为“司马”主法制；爽鸠属鹰类，为“司寇”主盗贼。又，分工主管手工业的五个氏族用五雉命名；分工主管农业的九个氏族用九扈命名。可见少昊时诸氏族的以鸟命名是因氏族（或世袭氏族首领）的分工产生的，原始社会早期存在的“图腾”命名习俗早已废弛。此外，郯子还说“黄帝氏以云纪，故为云师而云名；炎帝氏以火纪，故为火师而火名”，还有“共工氏以水纪”、“大皞氏以龙纪”，等等。而“自颛顼以来，不能记远，乃纪于近。为民师而命以民事，则不能故也”[27]。所以用云、火、水、龙，传统说法是当他们“受命”之时，分别出现相应的“祥瑞”，当与原始宗教、占卜习俗有关，而与“相信人与动物存在血缘亲属关系”的“图腾”信仰无涉。而自颛顼“绝地天通”的宗教改革后，推动了社会分工，宗教成了少数人的事业，原始宗教进一步被抛弃，社会结构也发生重大变革，相应的是开始以民事为官名，如南正、火正，不再借用自然界生物、非生物的名字了。

三、龙不是黄帝创造的“图腾”

中华民族曾自诩为“龙的传人”，但龙不是黄帝造就的“图腾”。黄帝作为开启中华五千年文明大幕的代表人物，长期以来被尊为“文明初祖”，有历史文献和考古学成果可征，不是虚言[28]，早已脱离了“相信人与动物存在血缘亲属关系”的蒙昧状态，出现很多新的氏族、部落，甚至部族的徽号，却不可能造就出新的“图腾”。

实际上在中华大地古文化遗存中，“龙”的出现非常早，河南一座濮阳六千多年前的墓葬中，发现有蚌壳堆塑的龙，背上还塑有一人的形象，很容易使人联想起黄帝乘龙升仙的传说，但上限已超出一般界定的黄帝时代[29]。湖北黄梅发现了五六千年前在红烧土上用卵石摆塑的龙，全长4.46米，首尾作正西、东方向，昂首、张口、一角、两足、有鳍、尾上卷，龙背的上方，还有疑似星座的卵石摆塑[30]。内蒙古清水河县一处六千多年前的遗址中，发掘出两条巨型的鱼龙形夯土雕像，头尾相对，盘卧在数百米长的围沟中[31]。在辽宁阜新县查海遗址，清理出一条用红褐色石块堆塑的龙，头朝西南，尾朝东北，全长19.7米，昂首张口、弯身弓背，尾部若隐若现，位于从遗址中央穿过的基岩脉上，年代为距今八千年前后[32]。辽宁葫芦岛古遗址相距7米的两个探方中，发现两条用纯净的米黄色黏性土堆塑的龙，身长分别为1.4米和0.8米，时代可能达八千年前[33]。虽然无从判断这些堆塑的龙的性质，但从报道看，时间、空间相距如此遥远却有相类的文化遗存，若再联系后世做土龙的习俗，确实发人深思，但是否与图腾崇拜有关目前却得不到证明。

《说文·龙部》释“龙，鳞虫之长，能幽能明、能细能巨、能短能长，春分而登天，秋分而沉渊”，是一种变化莫测“神性”十足的动物，这是汉代人的认识。殷墟甲骨文中有“龙”字，多作人名、族名、方国名，如龙、羌龙、龙方，作为族氏名的还有作双手奉龙形的“龚”字，均为象形，龙作巨口、秃尾、有冠，体形蜿蜒，颇有宛转飞动之貌，如。但没有能够证明这些名号与图腾崇拜有关的资料，相反，《淮南子·坠形训》记述了有关龙的化生传说[34]：

> 羽嘉生飞龙，飞龙生凤凰，凤凰生鸾鸟，鸾鸟生庶鸟，凡羽者生于庶鸟；
> 毛犊生应龙，应龙生建马，建马生麒麟，麒麟生庶兽，凡毛者生于庶兽；
> 介鳞生蛟龙，蛟龙生鲲鲠，鲲鲠生建邪，建邪生庶鱼，凡鳞者生于庶鱼；
> 介潭生先龙，先龙生玄鼋，玄鼋生灵龟，灵龟生庶龟，凡介者生于庶龟。

传说中众多的鸟、兽、鱼、龟都是分别由各种龙演化而成的，基本囊括了所有大型动物，却不包括人，换言之，直到战国秦汉，都不曾见龙与我们祖先“存在血缘亲属关系”的神话。

屈原《天问》叙述有龙的故事，如“河海应龙，何尽何历”，讲的是尧时洪水滔天，禹接替父业治水，神龙相助，划地成川，禹顺势疏导，才使治水大功告成。还有“日安不到，烛龙何照”，讲的是在日月永照不到的九重泉壤，有龙衔火精以照天门[35]，这就是“烛龙”。《山海经·大荒北经》还说烛龙“人面蛇身而赤”，“其瞑乃晦，其视乃明，不食不寝不息，风雨是谒（噎），是烛九阴”[36]，因而在古代的词赋中，常见对这位给终古长夜带来光明的龙的颂扬。不过，《淮南子·精神训》还讲到一个另类的故事：“禹南省方，济于江，黄龙负舟，舟中之人五色无主，禹乃熙笑而称曰：我受命于天，竭力而劳万民。生寄也，死归也，何足以滑和。视龙犹蝘蜓，颜色不变，龙乃弭耳掉尾而逃。”[37]可见在我们民族观念中，龙是人类的朋友，甚至有神性、受到崇敬，但显然有别于对“图腾”的敬畏。

再向前追索，《左传》多次记载龙的出现，如昭公十九年（前523），“郑大水，龙斗于时门之外洧渊”，时门是郑国都城南门。昭公二十九年（前513），“秋，龙见于绛郊”，即晋国都城外。大夫蔡墨答魏献子问，认为龙是一种真实存在的动物，引《周易·爻辞》“潜龙勿用”、“见龙在田”、“飞龙在天”、“亢龙有悔”、“见群龙无首，吉”、“龙战于野”等对龙的记述，说“若不朝夕见，谁能物之”。蔡墨还详述到中原古族中豢龙氏、御龙氏的来龙去脉：

> 昔有飂叔安，有裔子曰董父，实甚好龙，能求其耆欲以饮食之，龙多归之，乃扰畜龙，以服事帝舜，帝赐之姓曰董，氏曰豢龙，封诸鬷川，鬷夷氏其后也。故帝舜氏世有畜龙。及有夏孔甲，扰于有帝，帝赐之乘龙，河、汉各二，各有雌雄。孔甲不能食，而未获豢龙氏。有陶唐氏既衰，其后有刘累，学

扰龙于豢龙氏，以事孔甲，能饮食之。夏后嘉之，赐氏曰御龙。以更豕韦之后。龙一雌死，潜醢以食夏后。夏后飨之，既而使求之。惧而迁于鲁县，范氏其后也。

此外《博物志》也有关于“夏德之盛，二龙降之，禹使范成光御之行域外”的传说。这些表明从尧舜禹至三代时期，多认为龙是现实生活中真实存在的动物，可豢养、可肉食、可役使，显然不存在龙为图腾观念的孑遗。

有关黄帝的传说，也涉及龙，如：

《韩非子·十过》：昔者黄帝合鬼神于泰山之上，驾象车而六蛟龙，毕方并辖，蚩尤居前，风伯进扫，雨师洒道……

《山海经·大荒北经》：蚩尤作兵伐黄帝，黄帝乃令应龙攻之冀州之野，应龙畜水。蚩尤请风伯雨师纵大风雨。

《山海经·大荒东经》：（应龙）杀蚩尤与夸父，不得复上，故下数旱。旱而为应龙之状，乃得大雨。郭璞注：“今之土龙本此。”

《韩非子》所述之龙为乘龙，同于《博物志》《左传》所述禹及孔甲所获之龙。《山海经》多有“乘龙”的记述，如《海外南经》：“南方祝融，兽身人面乘两龙”；《海外东经》：“东方勾芒，鸟身人面，乘两龙”；《海外北经》：“氷夷人面，乘两龙”；又，《海外西经》和《大荒西经》都有夏启“乘两龙”之说。联系应龙的故事，揭示出龙的世界和人的世界一样，都是有等级的，有多数供役使的龙和少数有神性的龙，然而即使是有神性的应龙也要受令于人帝——黄帝，这说明龙或许是神物，但不是“图腾”。

不过在我国做土龙祈雨，源远流长。《山海经·大荒北经》叙述涿鹿之战后，应龙“乃去南方处之，故南方多雨”。郭璞注：“言龙水物，以类相感，故也。”因而塑“应龙之状”以求雨。1988年在湖北秭归宋代城墙脚下，发现同一时期用卵石摆塑的龙，体长10.88米，昂首、屈身、尾上翘，动感强烈，很可能是土龙的遗存[38]。三代也有这种习俗，《淮南鸿烈解·坠形训》有“土龙致雨”，高诱注：汤遭旱，作土龙以像龙，云从龙，故致雨也。殷墟甲骨文中已发现了做土龙求雨的卜辞[39]，如有“叀庚烄有雨？”“其乍龙于凡田有雨？”的连续占卜[40]，卜问为凡地求雨是于庚日焚巫奉献人牲，还是在那里做土龙祈雨可得奏效。郭璞注《大荒东经》认为做土龙的习俗源于黄帝时期，但是，如果能够判定某些考古发现的堆塑的龙有相类的性质，或许意味着在原始宗教盛行的遥远的古代，曾有过龙崇拜，甚至龙图腾，随着古族的迁徙、发展，将龙崇拜的记忆星星点点散播在中华大地，并在不同地区各自发展过程中不断发生异化，不过这个推测现在缺乏证据。

四、小　结

“图腾”就其本质看，是一种原始宗教——图腾崇拜，认为自然界的某种生物或无生物和自己有血缘关系，可以互相化生，是人类在严酷生存条件下感到无能为力，希冀获得超自然力量的一种表现，这种观念基于万物有灵，属于自然崇拜。随着社会的发展，文明因素的积累，人类自我观念的增强，出现祖先崇拜理念，图腾崇拜遂被抛弃。今人所获得的相关民族学资料，基本上都是历史上图腾崇拜的残辉余影，并且掺入各种"混杂的成分"，已非图腾崇拜的原初形态。

"图腾崇拜"是特定历史阶段的产物，一般认为是在旧石器时代晚期，文化的发展已经使人开始考虑自己的来源，却得不到答案。随着对血缘婚的危害性有了模糊的认识，由近及远逐步排除血缘婚，迎来氏族制度的出现，图腾崇拜的古俗和初生氏族结合起来，图腾徽帜成了氏族的徽号和族外婚的标识，而受到社会的重视而得以发展。在我国古史传说时代，既有伏羲兄妹婚，又有"伏羲制嫁娶"的传说，因而大抵相当这个历史阶段，可能有过"图腾崇拜"。

"图腾化生"是"图腾崇拜"的重要内容，然而并非所有始祖诞生的神话都属于"图腾崇拜"，虽然它们的"根"都深扎于蒙昧时期的原始宗教，但前者随氏族制度繁荣、"图腾崇拜"衰歇而淹没，后者却源远流长，在进入文明以后，还曾长盛不衰，所以两者不能混淆。

"图腾"象征物曾为初生氏族的徽号且世代相承，但以生物、非生物为名的氏族徽号并非都是图腾。在全盛时期的氏族制度下，新生的女儿氏族不断产生，他们的命名也会取于熟悉的自然界，却不再认为这些自然物是自己的"血缘亲属"，因而不再是"图腾"。在我国古史传说时代，少皞氏及其以前多用自然界生物、非生物如云、鸟等命名，颛顼宗教改革以后，开始多以"民事"为官名，族氏以分工和以地为名的更多了。但直到商周，仍常见以动植物或图形文字作家族徽号的现象，却和"图腾"无关。

在中华大地的初民时代是否有过"龙图腾"，现在还无法论定，因为在这片土地上，即使有图腾崇拜也是距今万年前后，而五千年前已进入文明初曙的英雄时代，氏族制度衰落，整个社会逐渐形成金字塔形的结构，四千年前夏商周三个王朝相继而立，创造出灿烂的青铜文明。在这个过程中，社会的意识形态、价值观念都发生了翻天覆地的巨大变化，初民时代的记忆碎片难以有所流传。根据现有的文献记载和考古资料，只能说龙或后世被神化了的龙的原型应是真实存在过的、可以畜养的动物，所谓黄帝"釜山合符"凑合诸部的"图腾"，造就一个虚无的"龙图腾"之说是没有根据的，若果有此事，只能称之为"标识"、"名号"，而不是"图腾"。

2013 年 2 月 3 日初稿

2014 年 2 月 1 日改定

注　释

[1] 见张光直:《谈"图腾"》,《中国文物报》1993 年 8 月 22 日。文中列举的"图腾"定义，前者是：图腾观念的象征物，有"亲属"和"标记"的含意。原始人认为某图腾与本氏族部落有着亲缘关系或某种关系，因而把它当做保护神并以它作为氏族部落的标志和名称。后者是："一种形式的社会组织和巫术宗教行为，其中心特征为部落中若干社团（一般为氏族或宗族）与某些

生物或无生物的结合。”因此他认为“要确立图腾的存在，要先确立氏族的存在。可是，确立了氏族的存在并不等于确立了图腾的存在”。

［2］此说较常见，如于省吾：《略论图腾与宗教起源和夏商图腾》，《历史研究》1959年11期，60～69页。

［3］〔美〕刘易斯·亨利·摩尔根著，杨东莼、马雍、马巨译：《古代社会》（新译本），商务印书馆，1977年，162、173～174、83页。

［4］原注：亨利·劳维·斯库耳克拉夫特（1793～1864），美国民族学家，他是“大易洛魁社”荣誉社员。

［5］见〔苏〕Д.Е.海通著：《图腾崇拜：实质和起源》（前言），何星亮据苏联纳巴德1958年版译，书名《图腾崇拜》，上海文艺出版社，1993年。

［6］〔苏〕Д.Е.海通著，何星亮译：《图腾崇拜·中译本序》，上海文艺出版社，1993年。又，对于国外20世纪30年代以前的研究史，还可参见岑家梧《图腾艺术史》、李则纲《始祖诞生与图腾》（上海文艺出版社，1988年影印）。

［7］《社会通诠》严复按语内容可见《百度百科·图腾·历史》，杨和森《图腾层次论·引论》（云南人民出版社，1987年）援引原文开篇：“图腾者，蛮夷之徽帜，用以自别其众于余众也。”

［8］岑家梧：《图腾艺术史》，上海文艺出版社，1988年影印，1～6页。

［9］〔苏〕Д.Е.海通著，何星亮译：《图腾崇拜》，上海文艺出版社，1993年，1～4、48～76页。下同。

［10］吕大吉等总主编：李绍明等分册主编《中国各民族原始宗教资料集成·土家族卷 瑶族卷 壮族卷 黎族卷》，中国社会科学出版社，1998年，540页。

［11］详见秋浦：《鄂伦春社会的发展》，上海人民出版社，1978年；秋浦等：《鄂温克人的原始社会形态》，中华书局，1962年。

［12］詹承绪等：《永宁纳西族的阿注婚姻和母系家庭》，上海世纪出版集团、上海人民出版社，2006年，239页；林向：《羌族的“创世纪”神话——木珠姐与冉必娃》，《人类学研究》，中国社会科学出版社，1984年，319～329页。

［13］秋浦等：《鄂温克人的原始社会形态》，中华书局，1962年，4～5页。

［14］秋浦：《鄂伦春社会的发展》，上海人民出版社，1978年，202～203页。

［15］详见笔者《“三皇”史影新探索》，《庆祝何炳棣先生九十华诞论文集》，三秦出版社，2008年。

［16］《闻一多全集·古典新义》，三联书店，1982年，391～392页；游国恩主编，金开诚等补辑：《天问纂义》，中华书局，1982年，97～98页。

［17］（清）马骕撰，王利器整理：《绎史》，中华书局，2002年，126～127页。下同126页。

［18］徐宗元：《帝王世纪辑存》，录自《三国志·蜀志·秦宓传》注引，中华书局，1964年，48页。

［19］刘文典撰，冯逸、乔华点校：《淮南鸿烈集解》，中华书局，1989年，642～643页。

［20］参见游国恩主编，金开诚等补辑：《天问纂义》，中华书局，1982年，202～212页；又林庚：《天问论笺》，人民文学出版社，1983年，34～35页。

［21］李则纲：《始祖的诞生与图腾》，上海文艺出版社，1988年据商务印书馆1935年版影印，19页。

［22］参见清马骕撰，王利器整理：《绎史》，中华书局，2002年，168～169页。

［23］于省吾：《略论图腾与宗教起源和夏商图腾》，《历史研究》1959年11期；胡厚宣《甲骨文商族

鸟图腾遗迹》，《历史论丛》第一辑，1964年；胡厚宣《甲骨文所见商族鸟图腾的新证据》，《文物》1977年2期。

[24] 详见笔者《殷墟卜辞中的高祖与商人的传说时代》，《全国商史讨论会论文集》，《殷都学刊》增刊，1985年。

[25]〔苏〕Д.Е.海通著，何星亮译：《图腾崇拜》，上海文艺出版社，1993年，73页。

[26] 参见杨伯峻编著：《春秋左传注》，中华书局，1981年，60～61页。

[27] 详见杨伯峻编著：《春秋左传注》，中华书局，1981年，1386～1389页。

[28] 详见笔者《“文明初祖”考略》，《炎黄文化研究》第一辑，大象出版社，2004年。

[29] 濮阳市文管会等：《河南濮阳西水坡遗址发掘简报》，《文物》1988年3期。

[30] 陈树祥：《黄梅发现新石器时代卵石摆塑巨龙》，《中国文物报》1993年8月22日。

[31] 王大方、吉平：《清水河出土新石器时代巨型鱼龙夯土雕像及大批文物》，《中国文物报》1998年8月19日。

[32] 辛岩：《查海遗址发掘再获重大成果》，《中国文物报》1995年3月19日。

[33] 高美璇：《辽宁八千年前新石器时代遗址中发现龙图腾》，《中国文物报》1997年6月8日。

[34] 刘文典撰，冯逸、乔华点校：《淮南鸿烈集解》，中华书局，1989年，155页。

[35] 详见游国恩主编：《天问纂义》，中华书局，1982年，104～107、133～135页；林庚：《天问论笺》，人民文学出版社1983年，16～17、21～22页。

[36] 参见袁珂：《山海经校注》，上海古籍出版社，1980年，438～439页，又见230～231页（《海外北经》）。

[37] 刘文典撰，冯逸、乔华点校：《淮南鸿烈集解》，中华书局，1989年，233页。

[38] 孟华平：《门头遗址考古获丰硕成果》，《中国文物报》1990年4月7日。

[39] 详裘锡圭：《说卜辞的焚巫尪与作土龙》，《甲骨文与殷商史》，上海古籍出版社，1983年，21～35页。

[40]《甲骨文合集》29990。

关于艺术考古理论的再思考*

何　努
（中国社会科学院考古研究所）

一、艺术考古理论已有的争论

艺术考古是21世纪以来讨论比较热烈的一个课题，在20世纪曾一度被称为“美术考古”。一些学者对艺术考古理论做了很有意义的探索，思想的碰撞时有火花。

1929年，郭沫若先生将德国人米海里司《美术考古一世纪》一书的日文版翻译成中文介绍进中国，采用的中文译法就是“美术考古”[1]。然而，最先使用“艺术考古学”说法的是岑家梧先生。他在《中国艺术考古学之进展》一文中，介绍了西方艺术考古的传入和中国学者的艺术考古工作与今后发展的趋势[2]。后来夏鼐先生仍改称之为“美术考古学”，诠释为“从历史科学的立场出发，把各种美术品作为实物标本，研究的目的在于复原古代的社会文化”[3]。杨泓先生则在《中国大百科全书·美术卷》中申论：“考古学的分支学科，以田野考古发掘和调查所获得的美术遗迹和遗物为研究对象。它从历史科学的立场出发，依据地层学、类型学等考古研究方法，结合古代文献及传世相关遗物，阐明美术的产生、发展过程以及与物质文化发展的联系，为人类文化史研究提供准确可靠的实物例证”[4]。

刘凤君先生《美术考古学导论》一书基本沿用《中国大百科全书·美术卷》有关“美术考古学”条目定义的核心内核，增加了“广泛借鉴其他学科的研究成果，进行历史学的分析研究和艺术的还原分析研究，阐明物质文化艺术产生和发展过程的一门科学”提法，并认为专门研究古代美术遗迹和遗物的考古分支学科，就应当称为“美术考古学”[5]。

孙长初先生《中国艺术考古学理论的再思考》一文中则认为：“美术考古或美术考古学的理论局限于中国古代的绘画和雕塑，而田野考古所提供的研究对象数量最多的却是诸如陶器、玉器、青铜器、漆器、瓷器、金银器等实用与审美相结合的古代工艺美术品，这是美术学科所不能包容的。……只有作为一级学科的艺术学才能涵盖古代的音乐、舞蹈、戏剧、戏曲、美术和工艺美术等学科内容，可以说，艺术考古学的建立顺应了艺术学科发展的要求。”[6]他在《中国艺术考古学初探》一书中，全面地阐述了他的理论观点。他认为：“艺术考古作为考古学的一个特殊分支，其研究的目的和意义，不

* 本文得到国家科技支撑计划“中华文明探源及相关文物保护技术研究”之“中华文明形成和早期发展的整体性研究”（2013BAK08B09）经费支持。

应该局限于对艺术遗迹和遗物的描述、分类及断代，而需要透过古代艺术品所表现的各种艺术形式，分析它们所表达的艺术题材，探究隐含在古代艺术品造型的世界观和方法论，找出推动中国古代人类精神文化创造的发展规律。”[7]他认为艺术考古学的研究方法包括考古地层学和类型学用于资料的分类与排比，文化人类学专于原始艺术问题研究，图像学用以解读古代艺术品，古代文献是研究古代艺术品的重要参考资料[8]。

熊永强先生则认为美术考古的范畴不应沿袭陈旧的分类而陷于狭隘，应当扩大或还原为人们在审美创作活动中产生的造型艺术。目前美术考古尚未形成独立的学科理论与方法，真正的美术考古学研究也不多见[9]。

黄厚明先生则认为刘凤君先生的美术考古学和孙长初先生的艺术考古学都“只是研究者感性经验的总结，缺乏学理层面的思考和整体理论结构的‘本土化’整合”[10]。他提出：“艺术考古是通过实物形象来研究人类观念发展、变迁的一门人文科学。”主要的研究方法是图像学和物态学。他认为图像学的功能是探索古代实物形象的观念的方法论体系，可分为元意义和式意义，是作品本体所包含的意义，可再由低到高分为自然意义即本体的知觉性、符号意义即本体的文化性、本质意义即本体的社会性。式意义指实物形象之间和形象本身的结构意义，可再分为外向结构意义即实物形象之间关系的意义、内向结构意义及单元母题内部结构意义、视觉结构意义即风格结构。他还提出一件作品的意义形态存在着物理态、形式态、自然态、人文态四个互相关联的构成要素。人文态不直接指向意义态，作为物理态、形式态和自然态的参照系。物理态是作品材质表达的观念意义，形式态包括元意义和式意义中的内向结构意义和视觉结构意义，自然态指式意义中的外向结构意义[11]。黄厚明先生对艺术考古研究的主要方向认定为“观念史”，是有重要积极意义的，的确提出了长期被忽视的艺术考古应当重视的艺术品“观念”的探索，但是他忽视了艺术品审美内涵的探索，恐怕也并非艺术考古的全部。他借鉴图像学和物态学理论构建的艺术考古方法论框架具有十分积极的探索意义，然而结构过于复杂，两种方法论框架的结合逻辑上比较生硬，并不完全匹配，且自然意义、自然态的名称与内容缺乏比较明确的特指性，使研究者不易掌握。物态学理论应用于艺术考古，其强大的功能早已超出了艺术品观念史的范畴，可以作为所有考古遗存研究的方法论，与通常考古学研究没有什么区别。正如吕金光等先生所言：“作为独立学科的‘美术考古’如何结合美术史学和考古学方法‘本土化整合’成具有独立意义的方法论，恐怕单独的一个‘物态学’的方法是远远无法达成其意图的，倒是在达成以观念史为目标方面，所谓的‘物态学’远远超越了既定的目标，换句话说，所设立的研究目标与研究方法在协调性上并不匹配。”[12]

吕金光与吕亚泽先生通过研读《美术考古学丛书》，对美术考古学和艺术考古学理论争论做了有意义的梳理与评述，他们认为“观念史”和“物态学”的理论方法都尚不足以使美术考古学和艺术考古学成为独立的学科。他们提出了学科本质性的疑问：“指以最后所取得的结论来看，属于考古学的‘美术考古’侧重点是‘考古’，属于美术史学的‘美术考古’终究还是‘美术史’的研究，而独立后的‘美术考古学’，其侧重的结论是什么，是‘美术’还是‘考古’，难道就只剩‘观念’了？那是考古的观念？还是美术的观念?”[13]这些问题直击要害，迄今却无人能够回答。

黄翠梅教授对孙长初先生的“艺术考古学”理论框架提出了尖锐的批评：“唯独漏了审美分析。”她指出“美术考古学”或艺术考古理论存在着将考古学与美术史两者简单叠加的问题，她坦言目前学界对“美术考古学”仍缺乏学理层面的思考与整体理论结构的整合，因此迄未建立作为一门学科所必须具备的“独立的方法论体系”[14]。她倡导台湾艺术史学者提出的“考古艺术史学”概念，用不断丰富的考古资料，来深入研究艺术风格的变化[15]。

周晓陆等先生试图另辟蹊径，提出“艺术考古学以考古的方法和语言，表达了一部人类社会对美的的认识、创造、前进的历史；换言之，她也可以称为‘美的考古学’”。艺术考古在考古学分支下与一般考古、环境考古并列，其下可再分音乐考古学、美术考古学、舞蹈考古学、艺术心理考古学。艺术考古学学科尚亟待完善，但是可以开展一些课题探索，如艺术起源，早期艺术对人类社会的作用，几个主要文化或文明区古代艺术表现差异，各区域古代艺术发展的考古学谱系，艺术考古学的方法论，艺术考古对现代社会的影响等[16]。他们的观点显然是将艺术考古定位为“审美”的考古。

我们同意孙长初、周晓陆等学者的观点，美术考古学理论概念存在的一个问题是古代艺术作品的题材、内容均已超出美术的范畴[17]。的确，翻开“美术考古”研究成果目录便不难发现，几乎所有研究内容都是绘画与雕塑[18]，确实可称之为“美术考古”，但是绘画与雕塑绝非艺术形式的全部，并不包括听觉艺术以及视觉和听觉综合艺术。因此我们认为，美术考古专指绘画与雕塑视觉艺术形式的考古，不能取代“艺术考古”。而从艺术自身系统分类——视觉艺术、听觉艺术、视觉与听觉综合艺术来看，“美术考古”显然无法纳入这个分类体系，所以我们不主张使用“美术考古”的提法以取代“视觉艺术”考古的分类。

纵观上述争论，我们不难发现，目前就艺术考古理论的争论多数都纠结在艺术考古应归入考古学还是归入艺术史学的归属问题，而对艺术考古概念理论定义缺乏学理上的界说，且几乎都未涉及艺术的本质——“什么是艺术”这一根本问题，所有的美术考古、艺术考古的学科理论建设实际在无的放矢的状态下盲人摸象，由此提出的艺术考古概念与方法由于并不涉及艺术的本质而成为研究者感性经验的总结[19]，固然难以成为学理层面框架。

我们曾在《原始艺术考古理论与方法刍议》一文中对于有关艺术的定义、艺术的起源和本质的不同学术观点进行了初步的梳理，提出原始艺术考古应当成为精神领域考古研究的独立项，其目的“是通过原始艺术品的考古研究，探索古人审美观和艺术风格的形成与发展，进而探索它们所反映当时社会的原始宗教意识形态及其对当时政治意识形态提供怎样的服务。因此，原始艺术考古研究基本不涉及古代艺术品制作者或称艺术家个人的审美观和艺术风格，而是研究一个考古学文化、一个流域、一个地区古代原始艺术的总体传统特征及其形成的文化背景甚至生态背景，因而我们称之为‘原始艺术传统考古研究’，定义为对于原始艺术的审美观和艺术风格传统的考古研究”[20]。

稍后，我们在《精神文化考古理论框架》深化这一观点，提出“艺术考古探索的是有关自然观、社会观、宗教观、符号系统艺术表现的表现形式、艺术风格，以及决定艺术风格的审美观传统”[21]。

但是，上述两篇文章中，我们并未对“艺术”给出自己明确的定义，也是直接阐述什么是“原始艺术考古”或“艺术考古”，也没有解释为何在后来发表的第二篇文章中不再使用“原始艺术”这一表述。这说明笔者当时对于“艺术”的定义与本质的认识并不十分清晰，觉得诸家之说都有道理，却都存在缺陷，难以取舍。故而采取“搁置问题”的策略直接论述“艺术考古”。

即使如此，我们的艺术考古的内容也还存在比较明显的问题。格罗塞认为，“在我们从事原始艺术的研究之前，我们曾经试向一般艺术的性质加了一番探讨。我们的定义曾经说过，艺术的努力是要由它的整个过程或者它的结果来引起审美感情。但是我们既经熟悉了狩猎民族的艺术创作。我们必须承认这个定义在严格意义上并不是十分切合实际的。原始民族的大半艺术品都不是纯粹从审美的动机出发，而常同时想使它在实际的目的上有用的，而且后者往往还是主要的动机，审美的要求只是满足次要的欲望而已”[22]。假如我们认为“艺术考古”主要探索的是艺术风格及其审美观，那么显然艺术考古探索的是艺术品的“第二性特征”，艺术考古的作用与意义是否具有重要的学术价值，尤其是对史前艺术的探索，就很值得三思了。

经过深入学习贡布里希《艺术与错觉——图画再现的心理学研究》[23]和《秩序感——装饰艺术的心理学研究》[24]，我们发现问题的症结在于对于艺术的本质特质还存在模糊认识，以往没有从艺术分类的角度，来看待艺术的发展，甚至用考古学类型学分类替代艺术的分类，所以才导致我们对于艺术的理论定义难以取舍，对于艺术考古的研究内涵的认识出现矛盾。本文就上述问题提出一些新的思考。其实，我们通过已有的中国古代艺术考古个案研究成果以及前面的理论争论，不难看出，艺术考古研究探索的无非是古代艺术的“观念”与“审美”，这实际就触及到了艺术的本质。

二、艺术的本质

贡布里希认为，艺术是人类以幻象（phantom image）的形式，为人类试图显示原型事物的内部成分关系所建立的标出原型的一系列区别特征的标记系统。因此，真假概念只能用于命题，绘画艺术不是命题，所以绘画艺术本身不存在真假之别[25]。

那么艺术的本质是什么？这要从人类对世界的认知本质说起。

贡布里希认为，人类的视觉系统传达给我的视觉信息是多义的，人们必须根据一种假说作为基础去寻找答案，也就是用人类的“一致性解读法”来验证，由此决定了图示的出现与艺术的产生。图示可以表达为符号、文字和艺术。

人类对世界的认识必须建构在一系列概念之上。人们通过图示来理解世界，传达世界，表达世界。这些概念是在人类认识客观世界的实践过程中不断形成的理论概念并不断被传承、完善和抛弃的。概念传承的方式不外乎口耳相传、符号或文字传承、图形形象传承。图形形象就是艺术之一。

从艺术起源的各种学说来看，不论艺术起源于模仿还是源于情感和思想交流的需要，抑或是起源于宗教[26]，都离不开概念的表现和再现。因此我们认同贡布里希的观点，认为艺术的本质特征之一是图示，是将人类对客观世界的认知的“心灵”概念通过感性化的艺术形象显现出来，**不一定都是现实客观存在的“真实”显现、表现和反映，**其目的在于教育更多的人接受这些图示化的概念并传承下去。从本质上说，艺术是概念的幻象传播媒介，在没有文字的时代或没有文字知识的阶层中，其传播的优势在速度、深度和广度上具有第一优势。在视觉图形传媒大行其道的今天，人们很容易理解这一点。所谓的“大众文化快餐”无不以视觉图形传媒为主要手段。

黑格尔反对将艺术的目的狭窄化为教益，因为那样的话所表现的内容是抽象的议论、枯燥的感想、宽泛的教条不是暗寓于具体的艺术形象之中，艺术作品的艺术形象只单纯作为外壳和外形成为附赘悬瘤，而且艺术的快感、娱乐、消遣功能就变得无关紧要、依附于教益了。这样便歪曲了艺术的本质[27]。我们认为，黑格尔对于艺术的图示性本质认识有些偏颇。成功的艺术品之所以成功，就是其图示性的内容与图形形象有内在的逻辑关系，并非被人为割裂为两个不相干的事物，一定是将抽象的概念暗寓于客观世界中相关的或相近的事物形象中以教化人们。这个艺术形象只是客观事物的“图示”，并要求其“真实”性。这样才能理解为何“艺术来源于生活而高于生活”。但是必须承认，黑格尔的质疑也有一定的合理性，那就是艺术的快感、娱乐、消遣功能不应无关紧要、依附于教益。这实际上揭示出艺术具有两重性质。第一性是图示，表达概念，可称为“图示性”，有学者认为，“认知功能可以说是图像最基础的功能”[28]。第二性是宣泄人们的七情六欲、体验审美快感、借以娱乐消遣的媒介，可称为“情感性”，今天的人们对此深信不疑[29]。

人类艺术的两重性质同艺术与生俱来，由人类心理知觉仪的意义感和秩序感所决定[30]。这两重性质在不同类型和形式的艺术中所占的比重有着巨大的差别，从而导致不同的艺术类型和形式的形成与变化。

以往中外学界对于艺术起源、艺术的理论定义存在众多分歧，总能提出大量反证来批驳别人的观点或学说，使人们莫衷一是，最主要的原因就是不理解艺术的两重性在不同形式的艺术中所占的比重有着巨大的差别，往往将不同类型和不同形式的艺术混为一谈，难免自相矛盾或以偏概全，很难找到一个普适性的艺术定义，以致有些学者绝望地认为艺术并不存在比较普遍适用的定义[31]，更难得出艺术起源的综合因素结论。

我们结合艺术在整个精神文化理论框架中所处的功能区位，给艺术下一个比较全面的定义：**用幻象形式显现原型的部分特征以表达人类认知世界的图示和艺术家与受众的情感**。这些幻象是通过视觉、听觉官能实现的。比如绘画与雕塑等属于典型的视觉艺术。音乐和诗歌属于典型的听觉艺术，舞蹈和戏剧通常是视觉与听觉的结合。

三、艺术考古内涵与定义

早在2004年，孙长初先生便提出“艺术考古学”的理论，主张“艺术考古学是考古学的一个特殊分支，也是建立在考古学和艺术学基础上的新兴的交叉或边缘学科”，其方法是考古地层学、类型学、文化人类学、图像学、古代文献的运用，是多视角多学科综合研究，不同于“美术考古”[32]。这一提法显然是将考古学与艺术学进行简单的叠加，试图构成一个新的学科，被艺术史学家诟病为“其实是对学科本质及其分类目的之曲解”[33]，且其分析方法“独漏了审美分析”[34]。的确，这样的“艺术考古学”是否能成为考古学研究的分支学科，缺乏学科学理层面的分析与考量，更没有从本质上触及艺术的本质。

笔者曾提出：“在精神文化考古理论逻辑框架内，我们主张艺术考古探索的是有关自然观、社会观、宗教观、符号系统艺术表现的表现形式、艺术风格，以及决定艺术风格的审美观传统。”[35]这个定义不甚准确，问题在于没有明确哪些是可以进行考古研究的艺术类型，没有明确的艺术本质特性分类。比如“有关自然观、社会观、宗教观、符号系统艺术表现的表现形式”就属于艺术第一性即图示性，表达一系列概念。“艺术风格，以及决定艺术风格的审美观传统”中的“审美观”则是艺术第二性即情感性中的重点。

艺术考古的定义与内涵必须考虑到考古学研究的局限性，即考古资料是过去的人们留下的物质资料的部分或残片，这些物质资料的部分与残片尽管蕴含着精神文化的部分信息，但是首先要能够被今人和考古学家通过视觉和触觉来感知。视觉艺术以及视觉与听觉相结合的综合艺术中的能够被物化留存的信息如表现舞蹈和戏剧的雕刻与绘画，可以通过考古遗存保留下来部分信息，被考古学家发掘出来、研究出来。听觉艺术的物质载体如乐器、诗歌的文字写本、也可以进行考古学研究。至于音乐的旋律、诗歌的曲调、舞蹈的全部舞姿、戏剧的完整剧情场景的探索，考古几乎是无能为力的。

于是，艺术考古的定义便清晰起来：**用考古综合研究方法分析古代艺术物质遗存资料（艺术品遗存），以探索古代艺术的发生、特性与社会功能。**

艺术考古强调“古代艺术”，是相对于“现代艺术”而言，由于时代的缘故，现代史不属于考古学研究的范畴，因而现代艺术也不纳入艺术考古的范畴。而我们所谓的古代艺术包括近代。一般说来，中国的艺术考古年代范畴与中国考古学研究的年代范畴相统一，自史前时期至清末。

所谓艺术考古的考古综合研究方法，不是指考古地层学、类型学以确定古代艺术物质遗存的相对年代，这是考古学解决一切考古遗存的最基本时代问题，是考古学最基本的研究工作，不是艺术考古的基础工作。艺术考古的基础工作是在考古学已经确定了古代艺术物质遗存年代的基础上，将古代艺术物质遗存放回到考古存在背景关系中（archaeological contexts），运用艺术类型学、艺术学、艺术心理学、民族志考古（ethnoarchaeology）、实验考古（experimental archaeology）、人类学或民族志参考、古代文献甚至必要的科技考古检测等综合分析方法，探索古代艺术的发生、特性与社会功能。古代艺术物质遗存只有被放回到考古存在背景关系之中，才有可能通过回溯其原本的背景关系以探究其功能与意义。例如樊睿先生《汉代画像石中的启门图图式浅析》，将山东地区、苏北地区、四川地区的汉画像石考古资料放回到画像石墓的大考古存在背景关系中，探索这三个区域画像石启门图的图式意义。他认为山东地区的启门图是“灵魂旅行”的新艺术模式，苏北地区发展为阴阳两界“双向旅行”的图式，四川地区则与西王母神仙信仰体系进行整合[36]。

那么传世文物包括博物馆传世藏品的艺术研究，由于无法将它们回归到考古存在背景关系中，所以是典型的艺术史研究。如邓淑苹先生《由清宫旧藏良渚系古玉探讨近三百年古玉鉴定学的演变》，虽然利用了考古发掘出土的良渚玉器作为参照物，但是研究的主体是海峡两岸清宫旧藏良渚系古玉[37]，所以是艺术史研究。

艺术的发生现在艺术学界称之为“艺术发生学”[38]，历来是一个困难重重的研究课题，令人信服的结论不多。“发现最早的艺术是一件困难的事情，解释它则更加困难。事实上尽管对艺术起源的推动力已经过了一个世纪的讨论，但仍然很难用一种理论能完全使人信服地去阐明各种艺术发生的原因。”[39]艺术发生学的探索任重而道远，艺术考古研究在这个问题上责无旁贷，而且是主要的研究手段。因此艺术发生是艺术考古研究的基础内涵。不过，我们所提出的艺术的发生包括两个方面，一个是各种艺术形式的起源，如绘画、雕塑、音乐、舞蹈等；另一个是从艺术心理学的角度，考古探索古代各种艺术形式的发生心理机制。

艺术心理学发生机制的考古学探索，是艺术考古独特的研究领域，考古学、艺术史学、甚至艺术心理学都不涉足这一领域。可以说，艺术心理学发生机制的考古研究，是使艺术考古区别于考古学其他分支学科、艺术史学、艺术心理学等学科研究的唯一个性化领域。贡布里希的艺术错觉和秩序感这两个艺术心理学理论可作为重要的研究内涵。以西伯利亚北极地区亚纳河左岸的亚纳（Yana）遗址群出土的象牙制装饰品为例，饰品、骨针、猛犸象牙制“勺”表面的点线雕刻图案[40]，将毫不引人注意的、仅有猛犸象牙纵向纹理的素面，用戳篦点和索线“打破”，完全符合艺术心理学中的“中断原理”，目的在于制造“视觉凸显点”，以引起观者的视觉警觉，也就是引人注目[41]。如果亚纳遗址象牙雕刻饰品的确是欧亚大陆最早的艺术品的话，其雕塑艺术发生的艺术心理学考古研究便大有文章可做。我国山西峙峪遗址出土刻画兽骨也距今28135年[42]，与亚纳牙雕大致同时。

艺术的特性是艺术考古研究的核心内涵，是指对古代艺术品的第一性与第二性分析，进行艺术遗存的艺术类型学归类分析。

关于古代艺术品的第一性即概念性考古内涵的诠释，黄厚明先生提出的元意义和式意义的理论框架[43]比较复杂，且式意义中的艺术品之间、装饰母题之间的关系与其说蕴含某种意义毋宁说是研究时需要注意的各层级的考古存在背景关系（contexts）。而式意义中的视觉结构意义则很难说在表达某种观念，更像是以一种艺术风格传达某种情绪。

我们认为，作为精神文化自然观、宗教观、社会观、符号与文字系统的表达体系，艺术的第一性即概念性的考古研究内容大致也包括自然意义、宗教意义、社会意义和符号意义。已有的中国古代艺术史和考古学的研究，多数都围绕着上述四个方面的意义展开，有学者称之为“文化学范式的研究”[44]。

艺术的第二性即技法、审美观和艺术风格的考古探索，有学者称之为“艺术学范式的研究”[45]，其研究的核心内容是艺术错觉和秩序感。艺术的第二性中审美是根本。在表现艺术第二性时，技法是表达审美的手段，一旦技法被认为能够胜任表达审美的目的而被固定为程式化的图式则形成艺术风格，所以从根本上说艺术风格取决于审美。审美观是一种对于秩序与混乱交织背景的艺术错觉感受、感应、反应的心理活动。这些秩序关系内涵丰富，却都具有矛盾对立统一体的特性，如高低、近远、大小、后前、明暗，断连、简繁、具象与抽象、写实与形变、严谨与夸张……可借鉴贡布里希的“秩序感”理论，从理论上大致分解审美观在考古中的研究类项，试图从自然图案、人造秩序、组合几何、单调与多样、秩序与动作[46]这几个方面入手，探索古人审美传统。秩序感是审美观的核心，审美观通过表现技法形成艺术风格，艺术风格造就象征型、古典型、公式型、浪漫型艺术作品[47]（图一）。考古探索古人审美观的技术路线则是从考古发掘出土的艺术品遗存入手，在艺术类型学分析的基础上，探索其艺术风格；透过艺术风格的技法分析其自然图案、人造秩序、组合几何、单调与多样、秩序与动作等秩序感要素，最终总结出研究对象的审美观传统。

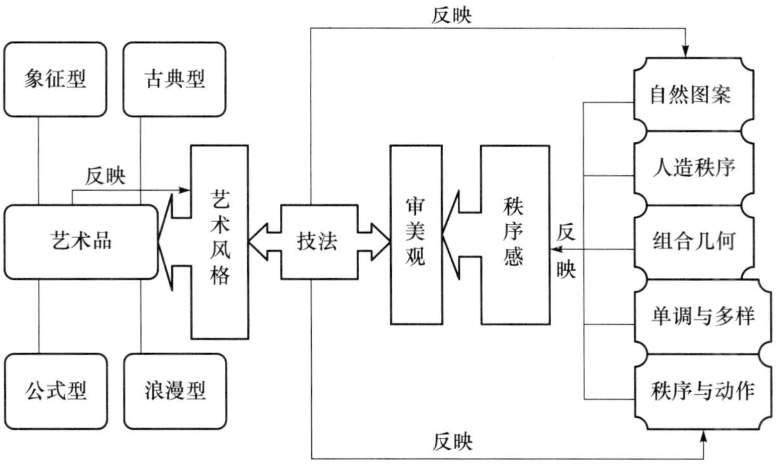

图一 艺术品与审美观关系解构图

需要强调的是，不论是分析艺术的第一性还是第二性，都需要进行艺术类型学研究。因为缺乏艺术遗存类型学归类分析，将导致对古代艺术遗存研究重点的偏废，进而影响到对其社会功能的正确把握。象征型、古典型艺术，其艺术第一性占主导地位，艺术的第一性考古研究理当占主要地位。而公式型和浪漫型艺术，其艺术第二性占主导地位，相应地艺术第二性考古研究应当占主要地位。已有的艺术考古研究成果，没有艺术类型学分类，导致艺术第二性的考古探索受到严重偏废，少有学者问津。艺术特性考古研究的重点应当与艺术分类特性相对应。

比如河北曲阳五代王处直墓山水壁画[48]（923）被公认为考古发掘出土的中国最早水墨山水画，罗森夫人从中国汉代以来的宇宙观来揭示其象征意义[49]，探索的是艺术的第一性即观念，也可以说是文化学范式的研究，固然是很需要的。而艺术史学家对王处直山水壁画的分析则直指其“写意精神”，认为该壁画熟练使用披麻皴，线条有虚有实，具有强烈的立体感暗示性，远近大小处理得当，山顶树林点法画之，浑然一体，技法与风格开后来董源、南派山水、倪云林、原璞等人画风之先气。该壁画不仅隐喻原生命力和对宇宙生命力的回归，更表明绘画审美观从“神品”向“逸品”的转变[50]。这显然是对山水画最本质的研究，即艺术第二性的研究或可称为艺术学范式的研究。对浪漫型视觉艺术来说，艺术第二性的研究应当更重要。相应地，艺术第二性的考古探索要求研究者不仅具有考古学知识，而且还有具有一定的艺术学基本素养，因此从事这方面研究的学者知识背景要求更广泛。

艺术的社会功能是艺术考古研究的目的性内涵，是指分析古代艺术品在表达自然观、社会观、宗教观和符号文字以及社会心理基础方面的具体贡献，从而总结出古代艺术发展对当时社会精神文化的贡献度。

通过上述分析，我们认为艺术考古研究的内涵绝不仅限于审美观以及艺术风格，还应包括艺术起源、艺术表达的观念及其社会功能。

四、余　论

在明确了艺术考古的定义与研究内涵之后，我们无法回避艺术考古与学界以往提出过的“音乐考古”、“考古艺术史学”提法的关系。

“音乐考古”虽然没有作为理论概念正式提出，但是在学界的研究中也经常使用。仔细分析“音乐考古”研究成果也主要是乐器及其反映的音律，如考古出土的古代笛、哨、埙、磬、鼓、钟、铙、铃、钲、錞于、琴、瑟等，但是由于古代乐曲的旋律无法留存在考古物质遗存中，使得对旋律的考古无能为力，而古代乐曲的旋律才是“音乐考古”最需要做的核心研究，因为乐器只是演奏的器具，乐曲旋律才是音乐的灵魂。基于此，我们认为“音乐考古”不是实现对“音乐艺术”核心与全面的考古探索，无法作为考古研究分支领域的理论概念提出，而对于乐器的考古研究也只能算是考古研究一个比较特殊的方面而已。于是我们不主张使用“音乐考古”概念。

台湾艺术史学者提出“考古艺术史学”的概念，用不断丰富的考古资料，来深入研究艺术风格的变化[51]。基于对考古发掘的艺术品资料的研究同“考古艺术史学”不可避免有交叉，但是二者研究的最终目的侧重点有所不同。考古艺术史最终目的仍是探索艺术的发展历史，考古资料是其研究的基础资料，艺术学研究手段是其主要的手段，考古学研究手段是其辅助的手段。艺术考古研究的最终目的则是探索古代艺术遗存在表达自然观、社会观、宗教观、符号文字系统、社会心理基础上的贡献如何，从而总结出古代艺术发展对当时社会精神文化的贡献度。采用的方法以考古学研究为主，以艺术学研究为辅。因此我们赞同黄翠梅博士的观点：“中国考古园圃的艺术之花正纷然绽放，而艺术史学界也积极向考古学界求道取经，艺术史和考古学之间如此频繁的学科互动固然是积极可喜的现象，然而合作不等于合并，理解也不等于弃械投降或以此代彼，因为学科的疆界及其所凭借的材料可以与时俱变，学科的核心与立足点却不容偏移。”[52]

简而言之，艺术考古不仅仅是美术考古研究，又不等同于考古艺术史研究，它是精神文化考古研究的一个方面。

注 释

[1]〔德〕米海里司著，郭沫若译：《美术考古一世纪》，乐群书社，1929年。

[2] 岑家梧：《中国艺术考古学之进展》，《中国艺术论集》（《民国丛刊》第二编66），1941年。

[3]《中国大百科全书·考古卷》，中国大百科全书出版社，1986年。

[4]《中国大百科全书·美术卷》，中国大百科全书出版社，1998年。

[5] 刘凤君：《美术考古学导论》，山东大学出版社，2002年，6页。

[6] 孙长初：《中国艺术考古学理论的再思考》，《东南大学学报（哲学社会科学版）》2007年4期，102页。

[7] 孙长初：《中国艺术考古学初探》，文物出版社，2004年，267页。

[8] 孙长初：《中国艺术考古学初探》，文物出版社，2004年，182～224页。

[9] 熊永强：《试谈中国美术考古学——兼与〈中国艺术考古学的奠基〉作者商榷》，《四川文物》2005年1期。

[10] 黄厚明：《中国艺术考古学的学科向度与理论框架》，《美术研究》2006年1期，63页。

[11] 黄厚明：《中国艺术考古学的学科向度与理论框架》，《美术研究》2006年1期，63～67页。

[12] 吕金光、吕亚泽：《〈美术考古学丛书〉研读札记之一——谈美术考古学的归属与独立性问题》，《西南民族大学学报（人文社会科学版）》2012年6期，239页。

[13] 吕金光、吕亚泽：《〈美术考古学丛书〉研读札记之一——谈美术考古学的归属与独立性问题》，《西南民族大学学报（人文社会科学版）》2012年6期，240页。

[14] 黄翠梅：《变动中的疆界——艺术史与考古学的学科对话》，《2003海峡两岸艺术史学与考古学方法研讨会论文集》，（台湾）台南艺术大学艺术史学系/艺术史与艺术评论研究所，2005年，16页。

[15] 陈芳妹：《艺术史学与考古学的交会：殷商青铜器考古艺术史研究方法》，《庆祝中研院史语所成立七十周年学术研讨会论文集》，（台湾）中研院历史语言研究所，2000年。

[16] 周晓陆、曾智泉、卢昉：《艺术考古学：相关理论探讨》，《中国文物报》2006年10月18日第6版（专刊）。

[17] 孙长初：《中国艺术考古学初探》，文物出版社，2004年，2页。

[18]《考古》杂志社：《考古研究所编辑出版书刊目录索引及概要》，四川大学出版社，2001年，42～43页。

[19] 黄厚明：《中国艺术考古学的学科向度与理论框架》，《美术研究》2006年1期，63页。

[20] 何驽：《原始艺术考古理论与方法刍议》，《古代文明研究通讯》总44期，2010年3月，13页。

[21] 何驽：《精神文化考古理论框架》，《古代文明研究通讯》总54期，2012年9月，32页。

[22] 格罗塞著，蔡慕晖译：《艺术的起源》，商务印书馆，1984年，234页。

[23] E. H. 贡布里希著，林夕、李本正、范景中译：《艺术与错觉——图画再现的心理学研究》，湖南科学技术出版社，2000年。

[24] E. H. 贡布里希著，范景中等译：《秩序感——装饰艺术的心理学研究》，湖南科学技术出版社，2000 年。
[25] E. H. 贡布里希著，林夕、李本正、范景中译：《艺术与错觉——图画再现的心理学研究》，湖南科学技术出版社，2000 年。
[26] 朱狄：《艺术的起源》，中国青年出版社，1999 年，91～146 页。
[27] 黑格尔著，朱光潜译：《美学》第一卷，商务印书馆，1981 年，63 页。
[28] 韩丛耀：《图像：一种后符号学的再发现》，南京大学出版社，2008 年，180 页。
[29] 韩丛耀：《图像：一种后符号学的再发现》，南京大学出版社，2008 年，182 页。
[30] E. H. 贡布里希著，范景中等译：《秩序感——装饰艺术的心理学研究》，湖南科学技术出版社，2000 年。
[31] 罗伯特 • 莱顿著，靳大成等译：《艺术人类学》，文化艺术出版社，1992 年，5 页。
[32] 孙长初：《中国艺术考古学初探》，文物出版社，2004 年。
[33] 黄翠梅：《变动中的疆界——艺术史与考古学的学科对话》，《2003 海峡两岸艺术史学与考古学方法研讨会论文集》，（台湾）台南艺术大学艺术史学系 / 艺术史与艺术评论研究所，2005 年，17 页。
[34] 黄翠梅：《变动中的疆界——艺术史与考古学的学科对话》，《2003 海峡两岸艺术史学与考古学方法研讨会论文集》，（台湾）台南艺术大学艺术史学系 / 艺术史与艺术评论研究所，2005 年，16 页。
[35] 何驽：《精神文化考古理论框架》，《古代文明研究通讯》总 54 期，2012 年 9 月，32 页。
[36] 樊睿：《汉代画像石中的启门图图式浅析》，《中原文物》2012 年 6 期，60～65 页。
[37] 邓淑苹：《由清宫旧藏良渚系古玉探讨近三百年古玉鉴定学的演变》，《2003 海峡两岸艺术史学与考古学方法研讨会论文集》，（台湾）台南艺术大学艺术史学系 / 艺术史与艺术评论研究所，2005 年，153～191 页。
[38]《艺术学》编委会编：《艺术学》第 5 卷第 1 辑《艺术发生学的研究与维度》，学林出版社，2010 年。
[39] 朱狄：《艺术的起源》，中国青年出版社，1999 年，146 页。
[40] Vladimir V Pitulko, Elena Y Pavlova, Pavel A Nikolskiy, et al. The oldest art of the Eurasian Arctic, personal ornaments and symbolic objects from Yana RHS, Arctic Siberia. *Antiquity*, 2012, 86: 642～659.
[41] E. H. 贡布里希著，范景中等译：《秩序感——装饰艺术的心理学研究》，湖南科学技术出版社，2000 年。
[42] 朱狄：《艺术的起源》，中国青年出版社，1999 年，29 页。
[43] 黄厚明：《中国艺术考古学的学科向度与理论框架》，《美术研究》2006 年 1 期，63 页。
[44] 朱存明：《汉画像之美——汉画像与中国传统审美观念研究》，商务印书馆，2011 年，35～42 页。
[45] 朱存明：《汉画像之美——汉画像与中国传统审美观念研究》，商务印书馆，2011 年，42～48 页。
[46] E. H. 贡布里希著，范景中等译：《秩序感——装饰艺术的心理学研究》，湖南科学技术出版社，2000 年，1～13 页。
[47] 关于艺术类型学理论分类，限于篇幅，笔者将另具文讨论。

[48] 河北省文物考古研究所、保定市文物管理处:《五代王处直墓》,文物出版社,1988 年。
[49] 杰西卡·罗森著,邓菲、黄洋、吴晓筠译:《中国山水画的缘起——来自考古材料的证明》,《祖先与永恒:杰西卡·罗森中国考古艺术文集》,生活·读书·新知三联书店,2011 年,355~394 页。
[50] 白鹤:《论中国最早的人物画手卷与写意水墨山水画》,《艺术学》第 5 卷第 1 辑《艺术发生学的研究与维度》,学林出版社,2010 年,165~166 页。
[51] 陈芳妹:《艺术史学与考古学的交会:殷商青铜器考古艺术史研究方法》,《庆祝中研院史语所成立七十周年学术研讨会论文集》,(台湾)中研院历史语言研究所,2000 年。
[52] 黄翠梅:《变动中的疆界——艺术史与考古学的学科对话》,《2003 海峡两岸艺术史学与考古学方法研讨会论文集》,(台湾)台南艺术大学艺术史学系 / 艺术史与艺术评论研究所,2005 年,17 页。

手斧和手斧文化

李天元
（湖北省文物考古研究所）

在旧石器时代早期的考古学研究中，手斧是石器器物组合中备受关注的文化遗物。由手斧和与之共存的一批重要的器物组合，共同构成一种特殊的文化遗存，不妨称之为“手斧文化”。

一、关于手斧

在旧石器时代的物质文化遗存中，手斧通常被认为是一种重型工具。它是用一块较大型的原料（扁平的砾石、石核或大石片）加工而成。手斧是两面加工的石器，形制比较规整。一端呈尖状（锐尖、钝尖或圆尖），较薄；另一端较厚，较圆钝。时代较早的手斧，与尖相对的一端往往保留有石皮——砾石面、岩石节理面或旧的石片疤。时代较晚的手斧，大部分标本通体都经过加工，整个器身布满石片疤，致使有时难以确认它的原料是砾石还是石核或大石片。因为使用了软锤（鹿角、木棒或其他类似工具）加工，制作者掌握了器身减薄的技术，使器身变薄，整个器物的长、宽、厚逐渐趋于一个相对固定的比例，使手斧的造型日趋完美。

对于中国的某些石器标本，有的学者认为是手斧，有的学者认为不是手斧，其中涉及的一个问题就是手斧的划分标准。

关于手斧的定义，国内外学者有过很多论述。由于各人所据材料有别，认识有差异。综合起来看，大体可以归纳为几个方面：

（1）制作方法。两面打制的石器是手斧最基本的特征之一。在早期，或许有的标本一面石片疤较多，另一面石片疤较少，但都是经过两面加工的。

（2）加工部位。早期的手斧，一般加工部位在前端，两侧边两面打击，打制成一个尖（有的标本是一条不太宽的平刃或凹弧刃），在跟部保留部分或大部砾石面。随着时代的发展，打制技术的不断进步，时代较晚的手斧，跟部保留的砾石面越来越少，最后是通体加工，没有保留砾石面。手斧的形状也就越来越规整。

（3）平面形状。形状多变。受材料和打制技术的限制，石料质地细密，打制技术精良，手斧的形状就越规整。最典型的手斧平面呈泪滴形、杏仁形；其他如梨形、心形、三角形，等等。

（4）横、纵截面形状。这是指较规整的手斧标本而言，横截面呈双凸形或平凸形，纵截面呈透镜体形。早期的手斧标本，由于没有掌握软锤加工技术，器身中部较厚，横截面中部很凸，甚至有一条纵脊，横截面呈菱形。纵截面上部较尖，下部很厚，上下不对称，左右也不对称。

（5）测量数据和相关指数。这一项主要是指长、宽、厚数据和长 / 宽指数、厚 / 宽指数，也是相对形状规整的手斧而言。时代较晚的手斧，尤其是时代较晚的欧洲手斧，石料上乘，软锤加工，形状规整，器身很薄，宽 / 长指数和厚 / 宽指数限制在一定区域。对于早期标本而言，形状不够规整，测量数据变化很大，指数区域也较宽。

（6）在讨论手斧定义时，也会涉及手斧的用途。学者多认为手斧是大型切割工具，主要是根据手斧的尺寸一般较大，尖和刃缘较锋利，适宜于切割。实际上，在远古的石器时代，工具的使用是多方面的，往往一器多用。就手斧而言，适宜于切割，用于挖掘植物的块根，刮削树皮，砍削树枝，砍砸兽骨等，也都很实用。有的标本长度超过300毫米，既厚且重，一只手难以操握，刃缘也不薄锐，很难说适用于切割，但从石器的形制分类而言，还应该是属于手斧。

打制石器是远古人类生活之必需。标本分类则是现代学者的室内研究。定义归定义，在实际研究中，学者们根据自己的意念来分类，带有一定的主观因素。同一件标本，有的学者认为是手斧，有的学者可能定名为手镐、砍砸器或别的什么名称。

二、关于莫维斯线

在讨论有关手斧的问题时，必然会涉及“莫维斯线”。莫维斯（Hallan Leonard Movius Jr. 1907～1987）是20世纪颇负盛名的美国旧石器考古学家。

1930年，莫维斯参加了哈佛大学和宾夕法尼亚大学联合组织的中欧考古考察队。此后，他开始在哈佛大学的研究生学习，研究方向是旧大陆旧石器时代考古。1931年，莫维斯考察了英、法、德、瑞士等西欧国家的石器时代遗址。1932年，莫维斯参加了以色列著名的斯虎尔遗址（Skhul site）的发掘。1937～1938年，莫维斯参加了美国东南亚考察团（American Southeast Asiatic Expedition），在爪哇和缅甸进行了考古调查，获得很多资料。莫维斯对所获得的资料进行深入研究，将东南亚的材料与西亚和欧洲的旧石器文化遗存进行比较，认为在旧大陆东西方的旧石器时代存在明显的文化差异。1943、1944、1948和1949年，莫维斯陆续发表一系列文章。根据莫维斯的研究，他认为东亚和东南亚地区的早期古人类制作和使用简单粗糙的石核工具，如砍砸器（choppers-chopping tools）和石片工具；在西亚、欧洲和非洲地区，早期古人类掌握了更先进的打制石器技术，制作和使用更为精致的石器，如手斧（handaxes）和薄刃斧（cleavers）等。莫维斯在旧大陆的地图上画了一条自西北向东南的分界线，这就是一直深深影响着学术界的“莫维斯线”（图一）。莫维斯认为，在莫氏线的东西两侧，先进复杂的手斧文化传统和原始简单的砍砸器文化传统对峙了上百万年[1]。

囿于当时东南亚的考古工作开展得很不够，尤其是中国长期处于战乱，考古研究工作处于停滞状态，莫维斯所获资料受到很大局限，据此得出的结论难免偏颇。由此而推论出东西方存在先进的手斧文化和落后的砍砸器文化的理论更是错误的。莫维斯本人后来也认识到他的某些提法值得商榷，有过改正。

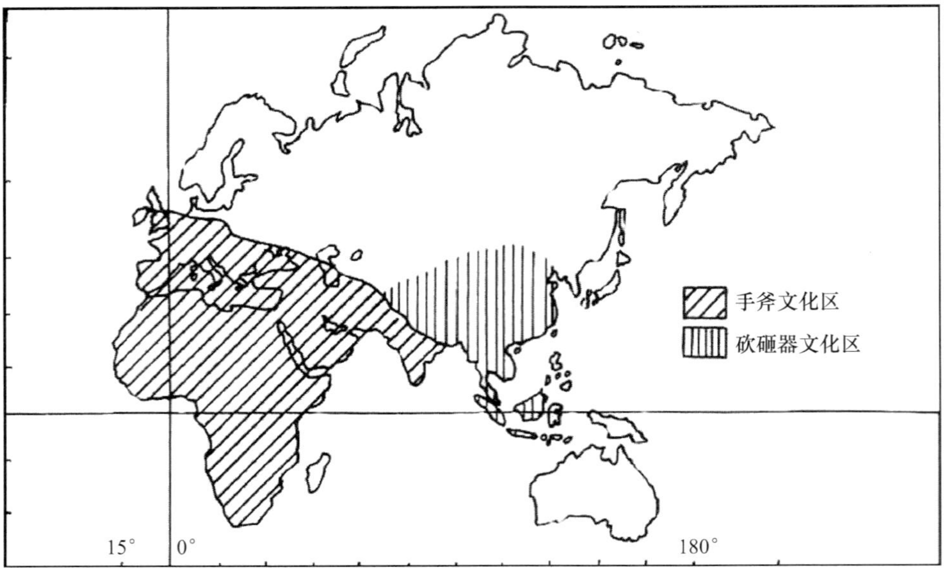

图一　莫维斯线

（据 Hallam L. Movius Jr., 1948）

要公正地评价莫维斯线，就需要认真研究东西方发现的材料，比较它们的特征，检查各自的文化面貌，究竟是同还是异，还是有同有异，异同存在的原因何在，不是简单地批判一通就可以解决长期争论的学术问题。

三、西方发现的手斧

我们先检视西方发现的材料。

1. 肯尼亚手斧

在肯尼亚的图卡拉湖（Lake Turkana）沿岸发现一批旧石器遗址，还出土了很完整的古人类遗骸化石（如男孩）。科凯塞雷遗址（Kokiselei site）是其中之一，出土一批石制品，包括时代很早的手斧。科凯塞雷是一处很古老的遗址，经古地磁测年，大约距今 176 万年。在这里，奥杜威（Olduvei）石器和阿舍利石器一起被发现。2011 年 8 月 31 日出版的 *Nature* 杂志以封面图片报道了该遗址出土的一件手斧（图二）。这件手斧的原料为一块扁平的砾石，加工部位在跟部往上的 4/5 区域，交互打击。在中部从两侧打击的石片疤没有相交，背面（图三，左 1）保留了大片砾石面，底面（图三，左 3）保留了宽长条砾石面，跟部保留了完整的砾石面。跟部往上 1/3 的部位，两边打击的石片疤在两面中间交叠，形成一条纵脊，在远端交会成一锐尖。尖的位置不在手斧的中轴线上，偏向一侧。手斧平面形状左右不对称。自尖至跟部大约长 220 毫米（笔者根据插图比例尺估计）[2]。

图二　Nature 杂志封面

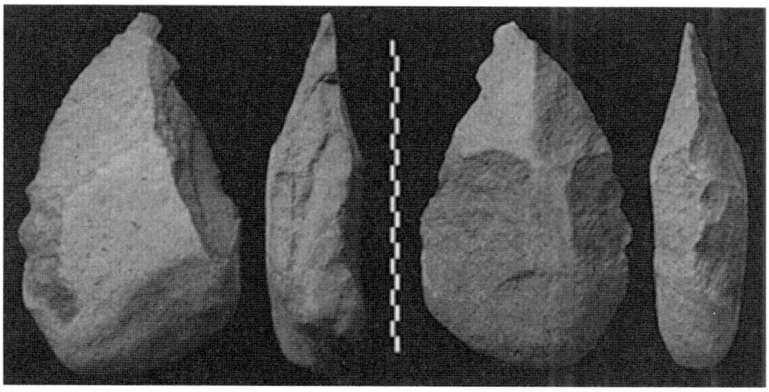

图三　肯尼亚 Kokiselei 遗址出土的手斧

2. 西班牙手斧

考古工作者在西班牙东南部的一个采石场连续进行了 30 年的考古发掘，获得丰富的石制品，其中有一批手斧。据古地磁测年，大约距今 76 万年。图四这件标本被定名为手斧。它没有一般手斧标本常见的尖，而是一条不长的平刃。两面经过硬锤打击，有的石片疤较宽而浅，有的石片疤较深；一边的刃缘较薄较锐，另一边刃缘较陡直。在标本的两面都保留了约 60% 的砾石面（图四）[3]。手斧长约 95、宽约 63 毫米（笔者根据插图比例尺测算），宽 / 厚指数 66.32。

3. 坦桑尼亚手斧

1931 年，路易 • 利基在坦桑尼亚的奥杜威峡谷（Olduvai Gorge）发现一批石制品，年代为距今 120 万年前。图五左边这件手斧的原料为一块坚硬的绿色熔岩砾石，经两面交互打击，周边剥片。两边的石片疤在砾石两面的中轴部交叠，形成一条弯曲的纵脊，

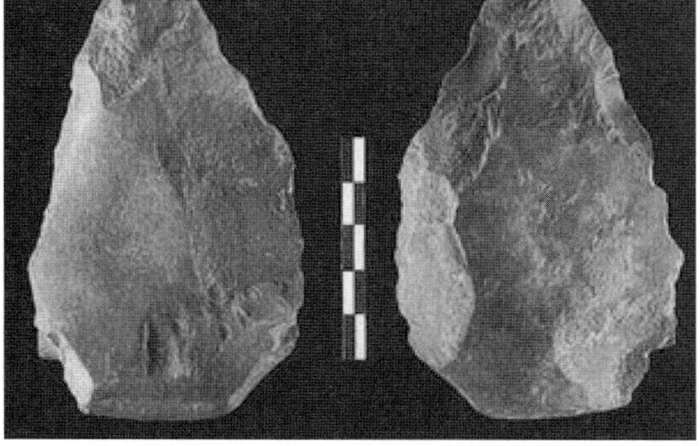

图四　西班牙东南部采石场发现的手斧

图五　坦桑尼亚手斧

左：奥杜威峡谷发现的手斧　右：Isimila 遗址发现的手斧

未经减薄加工。两侧边缘形成曲折的刃缘。前端为一小凹缺弧刃。器形窄长呈柳叶形。手斧长 238、宽 100、厚 50 毫米，宽 / 长指数 42.02，厚 / 宽指数 21.01。标本现藏大英博物馆[4]。

艾斯米拉（Isimila site）遗址位于坦桑尼亚的艾林伽（Iringa Highlands）高地。1951 年被发现；1957～1958 年，伯克莱加州大学的克拉克 • 郝维尔（Clark Howell）进行了发掘；1968 年，对该遗址进行铀系测年研究，结果为距今 26 万年。现在，学者们认为该遗址的年龄应该在距今 40～30 万年。手斧以熔岩（玄武岩、流纹岩、粗面岩等）为原料，硬锤两面打击。石片疤多较深。两侧边刃缘不平直。两边相交成锐的尖。器形窄长呈柳叶形。手斧长 200 毫米（图五，右）[5]。

4. 英格兰手斧

在英格兰汉普郡的 Romsey 采集到一件手斧，属于阿舍利文化中期，大约距今 35～30 万年。原料为质地优良的浅色燧石，形状呈底边较窄的三角形，加工部位在跟部往上 4/5 的区域。经两面加工，并经过修理取薄。除跟部 1/3 部分较厚，往上整个 2/3 的加工部分器身都很薄。标本长 193 毫米（图六）。手斧现为个人收藏[6]。

5. 法国手斧

在法国西北部的阿布维尔（Abbeville）的索姆河（Somme River）附近的旧石器遗址中发现阿舍利文化早期的遗物，年代为距今 60～50 万年。图七是一件用浅棕色燧石加工的手斧。整个器物使用硬锤打击，石片疤较深，代表了早期的两面加工技术。两面周边都经过加工。两边的刃缘修理得平直规整。石器的制作者有减薄的意识，但因为是硬锤加工，难以达到减薄的目的。器身上部较薄，中部还是较厚。手斧平面呈泪滴状，但在打制过程中，右下角（底面观，图七左）被打掉一块，明显缺失。标本长 131、宽 67、厚 44 毫米，宽 / 长指数 51.15，厚 / 宽指数 65.67（图七）。手斧为美国自然历史博物馆藏品[7]。

法国北部阿缅（Amiens）附近的圣阿修尔遗址（St. Acheul site），其地质时代属更新

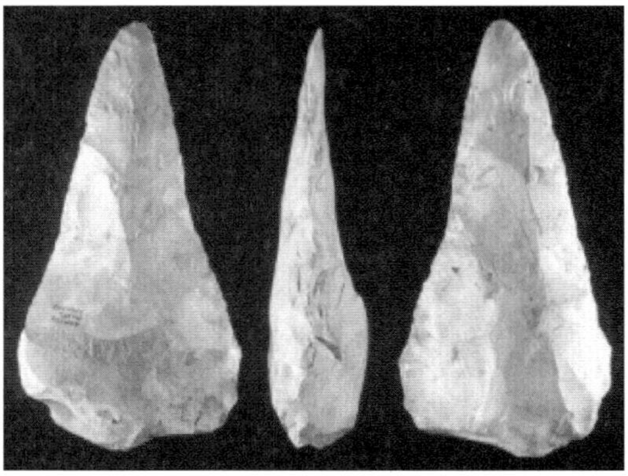

图六　英格兰 Romsey 发现的手斧

图七　法国 Abbeville 发现的手斧

世中期，距今 35～30 万年。遗址出土了一批打制精细的阿舍利文化遗物，其中不乏阿舍利手斧。图八是一件用墨绿色燧石制成的手斧。石料周身布满石片疤。从石片疤的形状特征看，先用硬锤从两边打击，留下大而较深的石片疤；继而使用软锤修理，将周边修理得平直规整，将器身削减得很薄。手斧平面呈杏仁形。标本长 174、宽 91、厚 35 毫米，宽 / 长指数 52.3，厚 / 宽指数 38.46（图八）。手斧为美国自然历史博物馆藏品[8]。

6. 埃及手斧

图九是一件美国自然历史博物馆收藏的手斧。标本在埃及南部底比斯（Thebes）附近的尼罗河（Nile River）岸边地表采集。原料为一块扁平的棕色燧石砾石，两面打击，加工成一不太锐的尖。使用硬锤打击，产生大而较深的石片疤。两侧的石片疤在背面（图九，左）没有交叠，中部保留一长条砾石面；底面（图九，右）两侧的石片疤相交叠，形成一条不太直的纵脊。两面有使用软锤加工的浅平石片疤，使器身减薄。软锤技术的使用，说明这件标本已不是早期产品。手斧跟部保留有大面积的砾石面，没有通体加工，说明这件手斧也不是晚期产品。它处于阿舍利文化中晚期，距今 25～9 万年间[9]。标本长 173、宽 95、厚 42 毫米，宽 / 长指数 54.91，厚 / 宽指数 44.21（图九）。

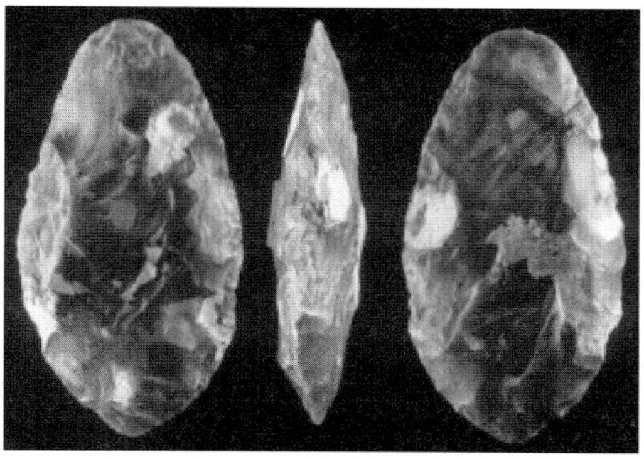

图八　法国 St. Acheul 遗址出土的手斧

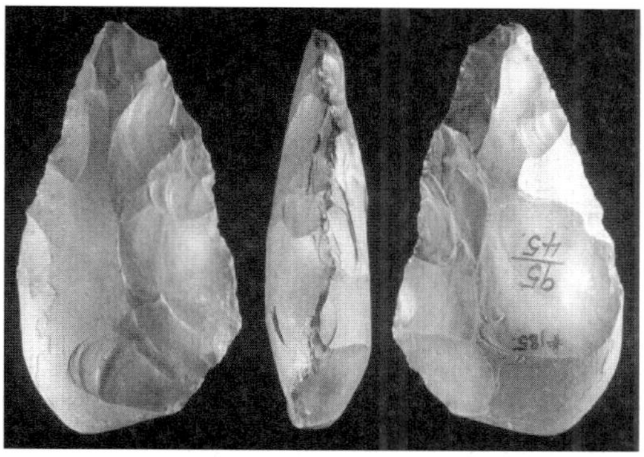

图九　埃及 Thebes 遗址发现的手斧

7. 赞比亚手斧

卡兰波瀑布遗址（Kalambo Falls site）位于赞比亚北部。伯克莱加州大学的德斯曼 · 克拉克（Desmond Clark）在该遗址发掘，获得一批阿舍利文化的石制品。遗址属于阿舍利文化晚期，距今大约 10 万年。图一〇为一件手斧。手斧以质地良好的石英岩为原料，经过两面周边打击，然后以软锤（鹿角、骨头、象牙或硬的木头）加工修理，减薄，器身很薄。两侧刃缘平直规整。标本长 241、宽 127、厚 32 毫米，

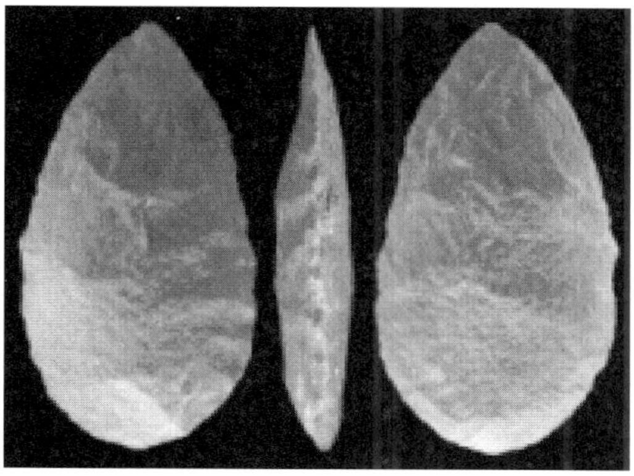

图一〇　赞比亚 Kalambo 瀑布遗址出土的手斧

宽 / 长指数 52.7，厚 / 宽指数 25.2[10]。标本现藏美国自然历史博物馆（图一〇）。

四、中国的手斧

中国有没有手斧？长期以来在中国学术界存在不同看法。早在 20 世纪 50 年代，贾兰坡教授就认为在北京周口店 15 地点和丁村发现过手斧。裴文中教授在研究丁村石器时，将丁村附近沙汝沟发现的一件标本定名为“似‘手斧’石器”[11]。

随着时间的推移，新材料不断被发现。现在再讨论中国有没有手斧这个问题，回答是肯定的：有，不仅有，而且还有一定的数量，分布在很多遗址和地点，延续了很长时间。

根据现有发现的材料，比较集中发现手斧的地区有广西百色盆地、陕西洛南盆地、湖北和河南的丹江口库区。此外，在鄂、皖、赣和洞庭湖区的河流阶地堆积物中发现的某些“尖状器”标本也可归入“手斧”之列。

追溯在河流阶地发现的“尖状器”，湖北襄阳山湾的一件打制石器应该说是在中国较早发现的“手斧”。1972 年，在襄阳山湾第五新生砖瓦厂的取土场采集到 4 件打制石器，其中有一件打制比较规整的“尖状器”。笔者将标本带到古脊椎动物与古人类研究所给李炎贤先生看。李炎贤很感兴趣，送给裴文中教授看。裴老也很感兴趣，并提出要到湖北进行实地调查。因为标本是地表采集的，没有发现原生地层（当时还没有认识到河流阶地的黄土层和红土层有可能就是包含旧石器时代遗物的文化层），调查没有成行，但以此为始，注重对砖瓦厂取土场的调查，陆续发现大批旧石器地点。1983 年，笔者在《江汉考古》报道了这几件石器，对其中一件标本是这样描述的：“由一件扁长的砾石加工而成，全长 16.7 厘米。先在砾石的两面沿边缘两面交互打击，砾石的两面留下宽而浅的石片疤，砾石的两侧形成‘S’形刃缘。然后在两侧刃缘进行加工，敲掉锋利的刃部，形成较为厚钝的边，并打制出一个厚实的尖。……在石器的尾部还保留有部分砾石面……（形制）颇类于手斧。有的人建议定名为手斧。”标本平面呈泪滴形，最厚处在靠近跟部的位置（图一一）。结合文字描述和插图来分析，还是可以看出标本的形制“颇类于手斧”[12]。

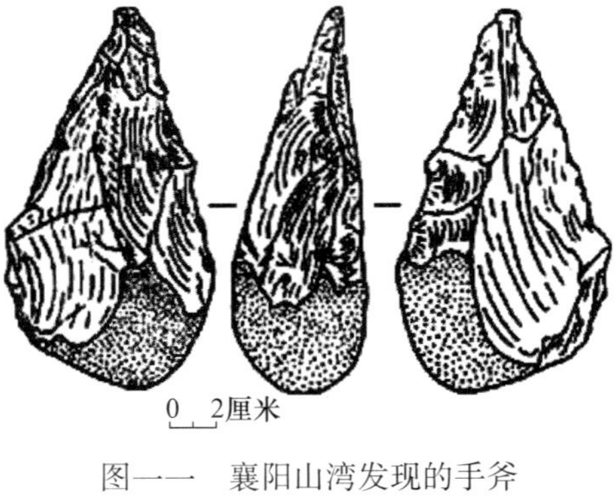

图一一　襄阳山湾发现的手斧

研究中国的手斧，具有代表性的材料还是百色盆地、洛南盆地和丹江口库区发现的标本。笔者从手边仅有的资料中挑选几件标本略加分析。

1. 百色手斧

自 1973 年以来，中国科学院古脊椎动物与古人类研究所和广西壮族自治区博物馆等单位的考古和地质学研究人员对百色盆地进行过许多次调查，并对其中几处重要的遗址进行了考古发掘。调查和发掘获得了丰富的石制品。因为盆地的地质状况，堆积物具有酸性，地层中没有保存动物化石。根据地貌学的研究，百色旧石器的年代为距今73万年。根据与石器共生地层中发现的玻璃陨石测年研究，结果为距今80万年。二者数据比较接近。

对于百色盆地的旧石器材料，不少学者都有过研究，先后有10多位学者发表过研究文章。有关单位还在百色组织过国际学术研讨会，多位学者在国际刊物上发表了研究文章。最早提出百色盆地石器中有手斧存在的观点是黄慰文[13]，随后有林圣龙等提出了不同看法[14]。

杨屋007，“素材可能是一块砾石大石块。制作重点在砾石的前半部，后半部的形状很不规则。底面稍平，两侧进行了打片和修整，比较粗糙，石片疤较短，常形成陡坎。器身中部稍稍隆起，留下一条原来石块的面，后端未作加工。左侧好像被斜向截去一块似的。根部似V字形。另一面凸起，两侧大部分进行了打片和修整，石片疤比较深凹。器身中间比较隆起，有一弯曲的脊纵贯器身。两侧刃缘比较曲折。在距尖端约5厘米处在两侧各重击一下，使两侧刃缘稍稍缩窄，在前端会合成一扁平的舌状尖。后端左侧为一大片节理面，右侧为一块砾石面。尖端一面有纵向打掉一块较大石片的痕迹，去掉了稍稍隆起的部分，使之较平，旁边还有若干较小的纵向修整的痕迹。另一面稍稍凸起，上面有一Y形的脊。根部边缘有打击痕迹，似是为了打钝便于执握。刃缘占周长的65%，使用部位在尖端。长宽厚为195×130×68（毫米），宽/长比率0.67，厚/宽比率0.52，厚/长比率0.35，重1454克”。根据所描述的器物特征，研究者认为其与早期石核斧的特征比较吻合，可以归入石核斧（core-axes）一类[15]。

对于同一件标本，谢光茂是这样描述的：“石器的毛坯可能是一大石片或长条形砾石纵向劈裂的一半。岩性为石英岩，匀质性差，节理面多，片疤大多短而宽，远端折断而成阶梯状。在根部的剥片有的甚至沿结构面裂开。尖刃部制作精致。除根部保留一小块砾面外，几乎通体加工。平面大致呈梨形。中上部的横截面成双凸。刃角52°～68°。”研究者认为是“真正的手斧”[16]。

图一二　杨屋007

图一三　杨屋91003 No.1（据Hou Yamei et al., 2000）

在百色还发现一种大型手斧标本，如杨屋 91003 No.1，长约 310、宽约 150 毫米（笔者根据图版比例尺推算的结果，仅供参考），宽 / 长指数 48.39，属于窄长形。通体加工，两侧打片多超过两面的中线，石片疤在两面的中线交叠，形成一条纵脊。在底部往上超过 1/2 的位置，一侧急剧内收，往上逐渐缩窄，两边相交形成一个舌形刃。缩窄部分加工精细，边缘齐整。研究者认为这件标本属于大型切割工具（large cutting tool），其加工方法属于典型的“模式 2”（mode 2）技术，即阿舍利加工技术。玻璃陨石测年结构为距今 80.3 万年。这批石器的制作技术代表了东亚时代最早的阿舍利手斧技术[17]。

2. 洛南手斧

洛南盆地在山西省境内，位于秦岭东部主脊太华山脉和蟒岭山脉之间，东西长约 70 公里，南北宽 20～30 公里。盆地西北距西安市约 150 公里。南洛河中贯其间，汇集了众多支流，构成以之为主干的树枝状水系，发育 3～4 级完整的河流阶地。在这些河流阶地堆积物中，埋藏有丰富的旧石器时代文化遗物。1995～2004 年，在南洛河及其支流的阶地共发现旷野类型旧石器地点 268 处，获得石制品 13581 件[18]。2011 年 4 月至 2013 年 1 月，共清理发掘遗址 1300 余平方米，出土石制品 18000 余件，其中包括手斧、手镐、薄刃斧、砍砸器、大型石刀、石球等重型工具。石制品的年代为 25～7 万年。发掘者认为洛南盆地的旧石器文化遗存具有明显的欧洲阿舍利文化因素[19]。

关于洛南手斧，笔者尚未见到单件标本的描述。王社江等对 1995～1999 年发现的 1751 件石制品进行了研究，其中手斧 44 件，占 2.5%。这 44 件手斧，包括“原型手斧和阿舍利型手斧，前者以砾石制作，尾部一般保留自然砾石面。后者以扁平砾石或石片为毛坯制作，形态有泪滴状、椭圆形及三角形等形态”。其中还有 2 例石核斧。有的学者将原型手斧（有的研究者称之为“原手斧”）和石核斧单列于手斧类别之外[20]。

王社江对这 44 件标本的综合描述为：“尺寸大小不一，形态变化大。”平均宽 / 长指数 69.54，厚 / 宽指数 61.18，厚 / 长指数 42.58。从指数分析，“多数手斧较薄，体态为长型”。从加工刃缘分布部位看，仅修理远端部分的标本 25 例，占 56.82%；周边全部修理的标本 19 例，占 43.18%；两侧加工的石片疤相连接的标本有 23 例，占 52.27%。“这充分说明生活在洛南盆地的早期人类具有精湛的手斧加工水准”（图一四）。

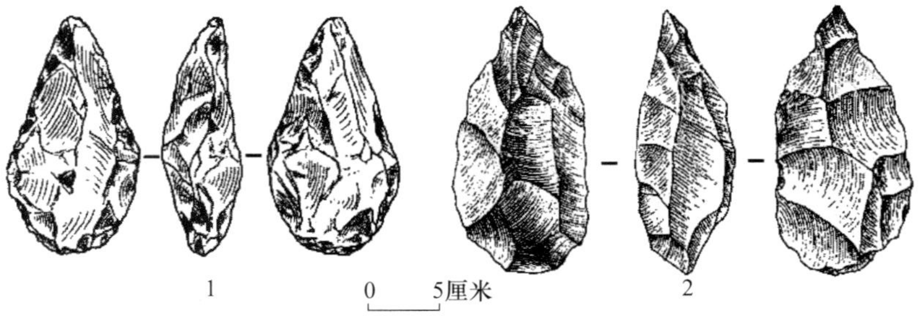

图一四 洛南手斧（据王社江等，2005）

1. 95LP010:012 2. 99LP046:041

研究者认为："洛南盆地野外地点的发现……进一步证实了手斧等阿舍利文化类型器物在远东的存在"，"这些发现将冲击所有基于 Movius 文化划分的、远东缺少手斧文化因素的解释。"[21]

3. 丹江口库区手斧

1989 年和 1990 年在湖北省郧县学堂梁子相继发现 2 件远古人类头骨化石，随之发现一批旧石器遗址和地点。丹江口库区的旧石器文化遗存受到广泛关注。随着南水北调中线工程的进行，丹江口库区的文物调查和考古发掘全面展开，获得旧石器遗物非常丰富，研究也日渐深入。2012 年底，在郧县人遗址附近的滴水岩发现 20 余件手斧，又炒起新一波"手斧热"。报道云：郧县人遗址距今约 100 万年。根据郧县人遗址的年代推算，滴水岩地点的年代距今 20～10 万年。"专家称，此批手斧的发现，不仅更加有力地证明了中国存在着手斧，而且表明中国的手斧文化延续的时间远远长于非洲和欧洲"[22]。

郧县人遗址文化层（3、4、5 层）中没有发现手斧标本，在扰乱层和地表采集品中有不很典型的标本，如 EP9126，1991 年采自学堂梁子地表。器形呈泪滴状，底面保留了大面积岩石节理面，背面保留了大面积砾石面。加工部位在标本的前半部分，"两边较为系统的交互加工"，"两侧边在远端聚合"，"远端较薄"。远端左侧好像在加工过程中断裂，远端缺失一块，致使远端尖刃部不对称（图一五）。在编写报告时，作者采取了审慎的态度，没有定名为手斧，而是定名"两面器"[23]。

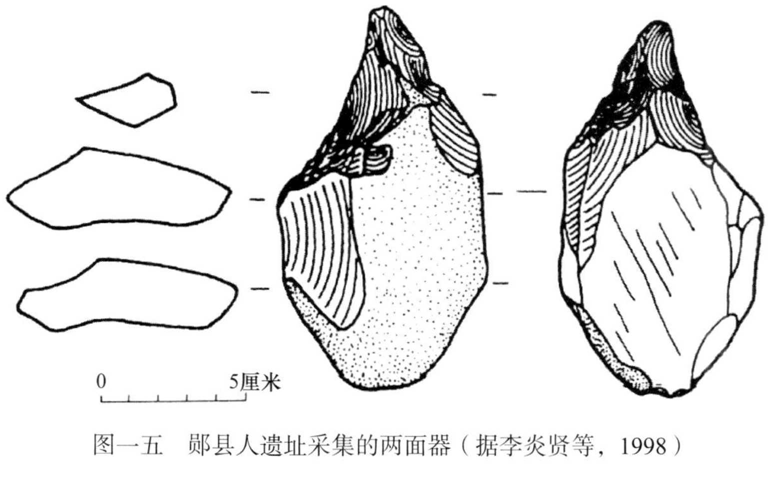

图一五　郧县人遗址采集的两面器（据李炎贤等，1998）

为配合南水北调中线工程，长江水利委员会委托中国科学院古脊椎动物与古人类研究所等单位对丹江口库区进行旧石器、古人类和古脊椎动物化石地点调查。较大规模的调查工作进行过 2 次：第一次在 1994 年，调查了 56 处地点，其中 52 处为新发现的地点；第二次在 2004 年，调查了 43 处地点，其中 35 处为新发现的地点。总共有 91 处地点（或遗址）。李超荣、李浩和冯兴无分别对这两批石制品进行了综合研究。

第一次调查共获得石制品624件，出自汉水和丹江的第4至第2级阶地，其中64件采自地层剖面，560件采自地表。手斧51件，占石制品总数的8.17%，占石器总数（279件）的18.28%。其中12件出自地层，39件采自地表。第二次调查共获得石制品367件，其中30件采自地层。手斧10件，占石制品总数的2.7%，占石器总数（128件）的7.8%。[24]

笔者从第一批材料中挑选了3件（P.34323、P.34324、P.34344），从第二批材料中挑选了2件（P.6636、P.6644），从中可以窥见库区手斧特征的一斑。

"P.34323出自地层，长219mm，宽126mm，厚54mm，重1700g，利用扁平的硅质灰岩砾石在两侧边交互加工而成。一侧刃缘长150mm，宽55mm，刃角为85°，修疤浅平，刃缘匀称；另一侧刃长118mm，宽40mm，修疤比较浅平，刃缘也比较匀称，刃角在85°至88°之间。最大宽度是126mm，中间宽109mm，3/4处宽66mm。它的外型呈三角形，横截面是双凸形。手斧的把手保留45%的天然面"（图一六，1）。笔者计算宽/长指数为57.53，厚/宽指数为42.86。

"P.34324，长212mm，宽107mm，厚61mm，重1228g。在砾石石片的一侧向腹面加工，刃缘长160mm，宽59mm，修疤比较浅而连续，刃缘不太匀称，刃角在60°至80°之间；另一侧边向背面加工，刃缘长190mm，宽47mm。修疤浅而连续，刃缘匀称，刃角70°。外形呈三角形，尖刃角75°。最大宽度107mm，中间宽95mm，3/4处宽66mm"（图一六，2）。笔者计算宽/长指数为50.47，厚/宽指数为57.01。

"P.34344由2件标本拼合而成，长225mm，宽105mm，厚68mm，重1206g，用硅质灰岩砾石作毛坯，采用两面交互打击方式（加工而成）"，在背面把手处保留一大片砾石面（图一六，3）。笔者计算宽/长指数为46.67，厚/宽指数为64.76。

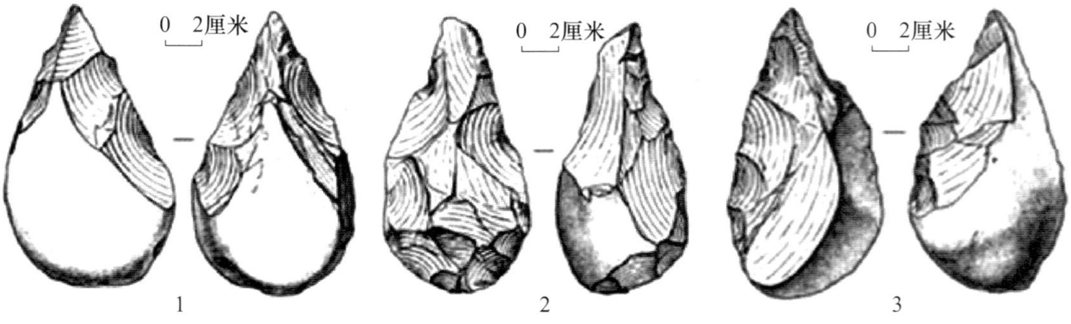

图一六　丹江口手斧（据李超荣等，2009）

1. P.34323　2. P.34324　3. P34344

"P.6636，原料为硅质灰岩，扁平砾石毛坯，长宽厚为205、129和55mm，重1378g，器身3/4宽40mm，中宽109mm，表明中部与尖部之间的内收程度大，尖角70°，尖刃角55°，保留40%自然面"（图一七，上）。笔者计算宽/长指数为62.93，厚/宽指数为43.65。

“P.6644 原料为硅质灰岩，长宽厚为 155、88 和 39mm，重 540g，错向加工，原料内部板状节理发育，使得修疤呈阶梯状分布，尖角 47°，尖刃角 34°，保留 40% 自然面”（图一七，下）。笔者计算宽 / 长指数为 56.77，厚 / 宽指数为 44.32。

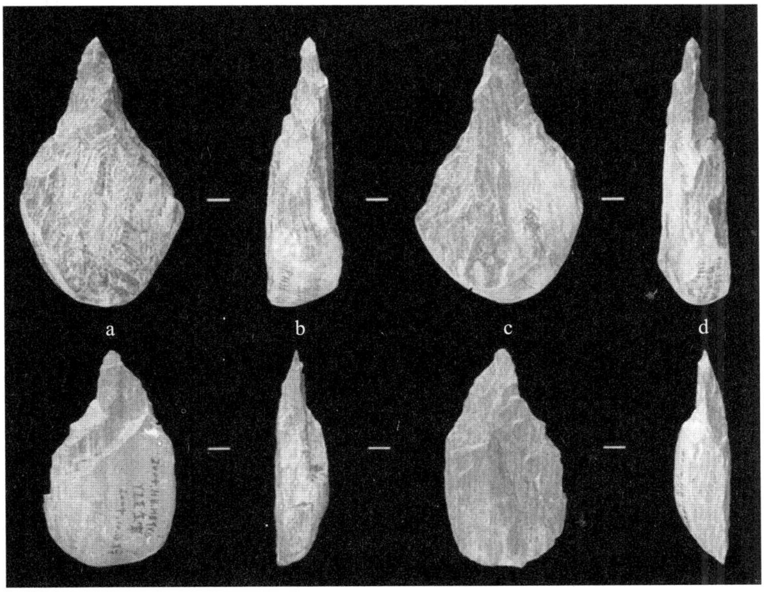

图一七　丹江口手斧（据李浩等，2012）

上：P.6636　下：P.6644

4. 全谷里手斧

学者们在讨论莫维斯线与旧石器时代文化的问题时，列举了东南亚发现的手斧材料，其中韩国全谷里遗址的材料颇受关注。

全谷里遗址发现手斧 10 余件，笔者选取其中打制得最好的一件标本来加入讨论。这件石器的形状比较规整，一面全部打击，布满石片疤（图一八，左）；另一面打击部位在后半部分，三边打击，两边的石片疤没有达到中线，中部以下保留了大约 1/3 的砾石面。前半部分仅在尖部和侧边有几块小的石片疤，保留了大部分砾石面（图一八，右）。两侧边用交互打击法打制，侧刃比较曲折，呈“之”字形（图一八，中）。前端有一扁的尖，尖端有纵向打击的小片疤。为了便于手把握，跟部两面都经过加工，使之稍圆钝。横截面显示器身较厚。纵截面近于楔形。宽 / 长指数 54，厚 / 长指数 33，厚 / 宽指数 62[25]。

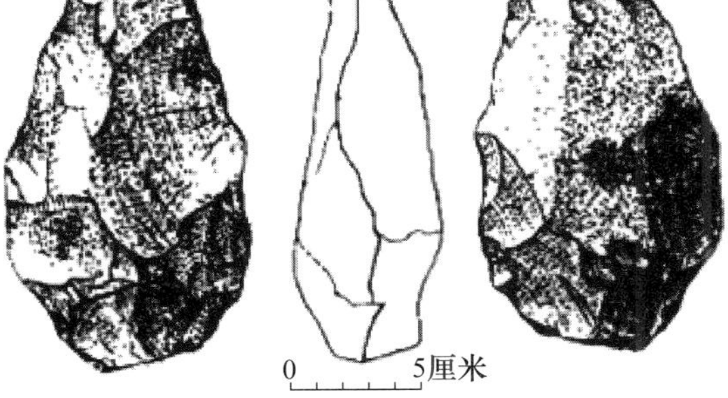

图一八　全谷里手斧

（转引自林圣龙，1995）

五、比较和讨论

我们先讨论西方的手斧。

据现有的资料，最早的手斧发现在大约距今 170 万年前的非洲。这种石器的打制技术孕育于能人（*Homo habilis*）创造的奥杜威文化（Oldowan Culture）。手斧是阿舍利文化（Acheulean Culture）的代表器物。阿舍利文化最先发现于法国的 Acheulean，因此得名，起始于 150 万年前，终止于距今 10 万年前，延续了 100 多万年。

阿舍利文化手斧分布的地域很广，在非洲、欧洲和西亚的许多遗址都有发现。这些遗址的文化遗存是否都属于阿舍利文化姑且不论，研究者报道的材料都称之为“阿舍利手斧”。

遗址出土的石制品很丰富，数量很大，品种繁多。手斧在其中所占比例都比较大。与之共生的器物（如薄刃斧、钝背刀、手镐等）出现的频率很高。

随着时间的推移，手斧的制作日趋规范，形制越来越固定，时代越晚的遗址或地点发现的手斧标本越精美。有的手斧，石材质地精良，打制工艺精湛，器形规整，比例适当，不仅是生产工具，同时也堪称工艺品。

在整个手斧流行期间，其大小尺寸（长、宽、厚）都保持在一定的范围，一手可以把握。手斧的器身匀称，刃缘平直薄锐。其用途相对比较单一。这也是研究者将手斧归为大型切割工具的依据。

再说中国发现的手斧。

就目前发现的资料而言，百色盆地发现的手斧年代最早，距今 80 万年。近年在丹江口库区多级阶地发现的材料，时代从旧石器时代早期延续到旧石器时代晚期；在滴水岩发现的材料，“根据郧县人遗址的年代推测”“距今 10～20 万年”。近年在洛南盆地发现 2 万件石制品，推定其年代为“距今 20 到 7.5 万年”。

从发现手斧的遗址或地点来看，手斧在中国的分布区域不是很广，除百色盆地、丹江口库区和洛南盆地之外，在长江流域的河流阶地上都是零星发现。这些材料在石制品总量中所占比例很小，不是文化遗存的主体遗物。

从制作工艺来看，中国发现的手斧还缺少形制规整的标本。百色盆地的部分手斧是两面加工技术很成熟的标本，器形不够规整，没有经过软锤加工，使器身减薄。中国时代较晚的手斧与非洲时代很早的手斧形制差不多（图一九）。

中国发现的手斧标本，大小尺寸相差很大。小的手不盈握，大的长度超过 300 毫米，重量超过 1500 克，只手难以操握。刃缘多不平直薄锐，不太适用于切割。

笔者认为，中国学者在讨论手斧问题时，所持见解各有偏颇。认为中国有手斧的学者，把一些很难归为手斧的标本也很勉强地归为手斧。认为中国不存在手斧或手斧为数不多的学者，把某些应该归为手斧的标本也打入另册，不好直接否定的标本，便名之为“似手斧石器”，其实这是为否定而否定。我和艾丹博士讨论过这个问题。他说，某些中国的标本如果在西方的某个遗址被发现，谁也不会否认它就是手斧。某些西方的标本（如本文所引的图四）如果在中国的某个遗址被发现，被定名为“砍砸器”一点也不

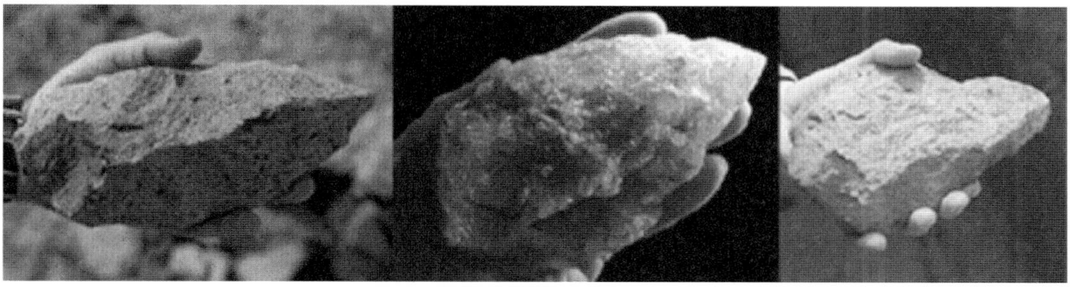

图一九　手斧形制比较

左：肯尼亚手斧　中：非洲手斧　右：洛南手斧（为了角度一致，笔者将右图按顺时针方向旋转75°）

奇怪。

莫维斯根据他所掌握的材料，在地理上画一条线，将旧石器时代早期文化遗存归为两大传统。他企图阐述这段时间的历史，也无可厚非，但由此得出结论，认为手斧文化遗存比砍砸器文化遗存先进，这就是错误的，是他的思想局限性之所在。他后来也对这种不当的论述有所认识。时间过去了一个甲子，学术界还在讨论莫维斯的划线，足见其影响之大，也反映这条线有其生命力。检视中国发现的手斧标本，从早到晚，至今没有发现类似西方发现的手斧“精品”。手斧始终没有成为文化遗存的主体，不能构成“手斧文化”。这就是区别。从这个意义上讲，莫维斯线是存在的。它阐述了某种历史现象。这种现象的实质是什么？学者们可以有不同的解释，仁智各见。笔者曾和一位美国电脑工程师谈及手斧问题（在美国有许多对考古很感兴趣的工程技术人员，涉猎颇深）。他说，工具和生产紧密相连，生产和自然环境密切相关。生活环境不一样，生产活动不同，工具也会不一样。远古人类使用的石器，不仅和打制石器的技术有关，和当地的地质条件也很有关系，当地有质地优良的石料，就会打制出精美的石器。如果当地石材粗劣，就很难打制出精美的石器。“巧妇难为无米之炊”，这是中国的一句俗语。

从总的情况看，远古东方（特别是中国）的旧石器时代文化明显具有其特点。在这个区域，数量上占多数、用途广泛多样的工具是石片石器，砍砸器自始至终都占有重要地位。将东方的旧石器文化归为“砍砸器/石片石器文化传统”是有实物做依据的。中国有手斧，但数量很少。砍砸器工业一直是主导，一直在发展，贯穿着整个旧石器时代。

从环境与文化的关系来分析，中国内陆的地理环境直接影响到旧石器文化的发展。第四纪之初，青藏高原急剧隆起，形成一道天然屏障，将旧大陆分隔成东西两大部分，使东亚地区成为一个相对独立的自然地理单元。在中国，秦岭—淮河一线以南的广大地区，在更新世长期处于温湿的热带、亚热带森林环境中。远古人类为适应这种环境，必须大量从事砍劈、挖掘等生产活动。以大型的砍砸器、尖状器为主体的砾石工业就必然稳定地不断向前发展[26]。

简言之，莫维斯线表现了旧石器时代早期的某种文化现象。这种区别是存在的。中国发现的手斧，与其说是西风东渐的文化影响和技术交流的结果，还不如看做是东方远古人类经过长期的经验积累，石器制作技术的自我完善，在石器打制过程中的一种趋同现象。

附记：笔者远在大洋彼岸，要想查阅中文学术文献还不那么容易。我非常感谢沈冠军教授、李超荣教授和陆成秋先生，他们通过网络传给我很多资料。我非常感谢艾丹博士（Dr. Dennis Etler）。他不仅帮我查阅许多外文资料，我们还多次在一起讨论。这篇剪贴文章完稿，他是第一个审读者。还要说明的一点，文中引用的资料，有一些是摘自网络文献，我努力地注明出处，疏漏之处，在所难免，恳请赐教。

注 释

[1] Movius H L. Early Man and Pleistocene stratigraphy in southern and eastern Asia. *The Museum*, 1944, 19(3); Movius H. The Lower Paleolithic Culture of southern and eastern Asia. *Transactions of the American Philosophical Society*: 1948, 38(4).

[2] Turkana tools earliest date yet for Acheulian culture at classic African hominid site. *Nature*, 2011, 477(7362).

[3] Scott G R, Gibert L. The oldest hand-axes in Europe. *Nature*, 2009, 461(3).

[4] Leakey L S B. *Olduvai Gorge: A report on the evolution of the handaxe culture in beds I-IV*. Cambridge: Cambridge, University Press, 1951.

[5] Sharon G. *Acheulian Large Flake Industries: Technology, Chronology and Significance*. BAR International Series 1701. Oxford: Archaeopress, 2007.

[6] A hand-axe from Romsey Hants, England. http: //lithiccastinglab.com/

[7] A hand-axe from Abbeville, France. http:// lithiccastinglab.com/

[8] A hand-axe from St. Acheul Site, France. http:// lithiccastinglab.com/

[9] Walter C. *Last Ape Standing: The Seven-Million-Year Story of How and Why We Survived*. USA: Bloomsbury Publishing, 2013.

[10] Clark J D. *Kalambo Falls Prehistoric Site: Vol. 3*. Cambridge: Cambridge University Press, 2001.

[11] 裴文中、贾兰坡：《山西襄汾县丁村旧石器时代遗址发掘报告》，科学出版社，1958年。

[12] 李天元：《襄阳山湾发现的几件打制石器》，《江汉考古》1983年1期。

[13] 黄慰文：《中国的手斧》，《人类学学报》1987年1期。

[14] 林圣龙：《对九件手斧标本的再研究和关于莫维斯理论之拙见》，《人类学学报》1994年3期。

[15] 林圣龙、何乃汉：《关于百色的手斧》，《人类学学报》1995年2期。

[16] 谢光茂：《关于百色手斧问题》，《人类学学报》2002年1期。

[17] Hou Yamei, et al. Mid-Pleistocene Acheulean-like stone technology of the bose basin, South China. *Science*, 2000, 287(5458): 1622～1626.

[18] 王社江等：《洛南盆地1995～1999年野外地点发现的石制品》，《人类学学报》2005年2期。

[19] 雷恺：《陕西洛南盆地发现旧石器时代早期的“阿舍利手斧”》，化石网，2013年1月28日；赵建兰：《陕西集中发现“阿舍利”工业器物》，《中国文化报》2013年2月1日。

［20］ 安志敏:《中国的原手斧及其传统》,《人类学学报》1990 年 4 期；林圣龙:《对九件手斧标本的再研究和关于莫维斯理论之拙见》,《人类学学报》1994 年 3 期。
［21］ 王社江等:《洛南盆地 1995～1999 年野外地点发现的石制品》,《人类学学报》2005 年 2 期。
［22］《十堰晚报》2012 年 12 月 25 日。
［23］ 李炎贤等:《郧县人遗址发现的石制品》,《人类学学报》1998 年 2 期。
［24］ 李超荣等:《1994 年丹江口库区调查发现的石制品研究》,《人类学学报》2009 年 4 期；李浩等:《2004 年丹江口库区调查发现的石制品》,《人类学学报》2012 年 2 期。
［25］ 参见林圣龙:《关于全谷里的手斧》,《人类学学报》1995 年 3 期。
［26］ 王幼平:《更新世环境与中国南方旧石器文化发展》, 北京大学出版社，1997 年。

略论甘肃东部史前文化

谢端琚

（中国社会科学院考古研究所）

甘肃东部指天水、平凉、庆阳等地区，这里蕴藏有非常丰富的古文化遗存。20世纪50年代以来，本地区考古发掘工作较多，积累了大量的实物资料，并发表不少发掘报告和论文，许多专家学者还撰文提出各自的学术见解，使我们有条件对该地区考古学的有关问题进行探讨。

甘肃东部地区史前考古最引人注目的是：我国最早发现的旧石器时代地点就在本地区庆阳县（现属华池县）辛家沟与赵家岔；在秦安大地湾遗址发现新石器时代早期遗存——大地湾一期文化，同时，出土我国最早的彩陶和仰韶文化大型房址；在天水师赵村遗址新发现师赵村一期文化与马家窑文化半山类型等文化遗存。此外还有众所周知的天水“伏羲故里”，以伏羲文化为主体的“中华始祖文化”等古迹。上述考古发现在考古学上的重要性与本地区在古史研究上的特殊地位毋庸赘述的。因此，甘肃东部地区对中国原始社会史的研究具有重要的意义。

新中国成立60多年来，经过我国文物考古工作者的辛勤劳动，取得了丰硕的研究成果。我想借助学术界已有的工作成果，把甘东地区史前考古的发现与研究成果进行初步梳理，归纳田野考古调查和发掘工作收获，望能使读者对甘东地区史前文化有一个简要、系统的了解，同时提出一些不成熟的学术见解，与学界同仁共同讨论。

一

甘肃东部地区早在1920年即发现旧石器时代的石制品。法国天主教神甫、古生物学家桑志华（E. Licent）在庆阳县城北辛家沟与赵家岔的黄土层和黄土底部砾石层中发现石核1件、刮削器2件。这次发现，首次证实了中国境内存在有旧石器时代遗物。

50多年来，我国文物考古工作者在甘东地区发现了不少旧石器时代的遗存，据已发表的资料，有泾川县大岭上[1]、牛角沟[2]、合志沟、桃山嘴[3]、武山县鸳鸯镇骨头沟[4]、庆阳县巨家塬[5]、镇原县姜家沟[6]、寺沟口、黑土梁[7]、环县楼房子、刘家岔[8]、庄浪县双尾沟、双堡子[9]等，共有10多处。其中，经过清理或发掘出土遗物较重要的地点有：泾川大岭上、牛角沟、武山骨头沟、环县刘家岔等处。

大岭子遗址位于泾川县太平乡梅家洼岭背后村，西距县城约8公里。1976年调查发现，在红色土层中清理出石制品多件。土层分上下两层：下层出土石核、石片、砍砸器、尖状器、刮削器等共23件；上层出土石核、石片、尖状器、刮削器等共18件。两者石制品既有共性，也存在各自的特点，均属于旧石器时代早期遗存。由于该遗存是甘肃境内首次发现的一处早期旧石器地点，材料较为重要，它的发现，弥补了旧石器时代考古研究中的重要一环。

牛角沟遗址位于泾川县泾明乡白家塬村，1976年发现一完整的人类头盖骨化石，与其同层出土的还有石核、石片、砍砸器、尖状器、刮削器等一批旧石器。据测定，该头盖骨为一个约20岁女性，被命名为“平凉人”。在人类进化系统上处于晚期智人的地位[10]。这在泾河流域是一次新发现。但有学者提出，泾川牛角沟的人类头盖骨化石还有待于研究确认[11]。

鸳鸯镇骨头沟遗址位于武山县鸳鸯镇西南大林山下的骨头沟。1984年由核工业部某地质大队发现的，获一较完整的人头盖骨化石。经鉴定为男性个体，20岁左右，其年代经^{14}C年代测定距今约38000年，属于晚期智人阶段。这是渭河上游首次发现的人头盖骨化石，具有重要的学术价值，为研究中华民族体质特征的形成增添了新的资料。

刘家岔遗址位于环县龚家塬刘家岔，东距县城约35公里。1977年甘肃省博物馆在该县进行考古调查时发现，1978年进行发掘，揭露面积150平方米，出土一批脊椎动物化石和石器。脊椎动物化石有鸟类1种，哺乳类13种：披毛犀、河套大角鹿、原始牛、普氏野马、野驴、普氏羚羊、赤鹿等。石制品共1022件，其中，经第二次加工的石器487件，石料以各色石英岩砾石为主，器类有石核、石片、砍砸器、刮削器、尖状器、石球、雕刻器等，以石核、刮削器为主，打制石片主要采用锤击法，石器体型较小，加工精细。刘家岔遗址出土的石器丰富，时代为晚更新世，属于旧石器时代晚期较早阶段，它是甘肃境内发掘规模较大、收获较丰硕的一处旧石器时代遗址，具有重要的学术意义。

甘肃旧石器时代文化遗存，除甘肃中、西部的东乡王家山、肃北霍勒扎德盖两个遗址外，皆分布在甘肃东部地区。这可能是由于东部考察与发掘工作做得较多的结果，绝不能说中、西部原本就少。东部与陕西为邻，两者关系密切，故有学者提出将甘肃东部泾渭上游地区和陕西关中西部的旧石器文化遗存命名为“泾渭文化”，以区别于以丁村为代表的“汾河文化”，水洞沟文化导源于“泾渭文化”[12]。也有学者提出不同意见，认为“没有可靠的根据来说明它”[13]。这些学术问题有待更多的发掘资料进行论证，目前还难于下结论。

二

甘肃东部地区新石器时代和青铜器时代考古调查发掘工作做得较多，积累了丰富的实物资料，发表了很多重要的研究成果。早在1947年，裴文中先生首次赴渭河上游天水、甘谷、武山等地进行考古调查，共发现古文化遗址39处。他把调查结果写成《渭河上游史前人类遗址之调查》一文[14]，这篇具有开创性的研究报告，拉开了甘东地区渭河流域考古研究的序幕。

50多年来，我国文物考古工作者在甘东地区做了大量的调查与发掘工作。1956年，甘肃省文物管理委员会对渭河上游天水、甘谷两县进行考古普查，发现古文化遗址90处，其中，仰韶文化、齐家文化各37处[15]。同年在秦安杨家沟寺咀坪遗址清理齐家文化住室6座[16]。1957年，在渭源、陇西、武山三县调查，发现古文化遗址69处，其中，仰韶文化16处，马家窑文化2处，齐家文化39处[17]。1958年，对渭河支流南河、榜沙河、漳河流域进行调查，发现古文化遗址23处，其中，仰韶文化8处，齐家文化13处、寺洼文化1处[18]。1959年，中国科学院考古研究所对天水、武山、陇西、陕西宝鸡等17个县市进行较大规模调查，共发现古文化遗址220处，其中，仰韶文化82处，甘肃仰韶文化7处，齐家文化13处[19]。1962年，甘肃省博物馆复查武山石下遗址，发现一种介于庙底沟类型与马家窑类型之间的新文化遗存：石岭下类型。

1976年，庆阳地区博物馆成立，随即开展全区文物普查工作，发现仰韶、齐家、寺洼文化遗址147处，其中仰韶文化48处[20]。同年平凉地区也开展考古调查工作，发现新石器时代遗址355处，其中仰韶文化141处，齐家文化329处[21]。1978年，甘肃省博物馆试掘灵台桥村遗址，发现齐家文化灰坑7个，出土一批陶、石器等遗物[22]。1978～1984年，甘肃省文物工作队发掘秦安大地湾遗址，发掘规模大，收获丰硕，揭露面积13700平方米，发现房址240座，灰坑和窖穴342个，墓葬79座，窑址38座，内涵包括大地湾一期文化和仰韶文化等不同阶段的文化遗存[23]。1979年，中国社会科学院考古研究所发掘镇原常山遗址，发现房址8座，窖穴16个，墓葬2座，出土一批陶、石器等文物[24]。1980年，发掘庄浪徐家碾墓地，发现寺洼文化墓葬104座，出土各类器物2000多件[25]。1981年，对天水地区甘谷、武山、清水等10个县市进行调查，除复查已知的古文化遗址外，新发现清水泰山庙和天水石家坪等9处遗址[26]。同年甘肃省博物馆文物工作队发掘秦安王家阴洼遗址，发现仰韶文化房址3座，墓葬63座，灰坑2个，出土文物300余件[27]。同年，庆阳地区博物馆发掘宁县阳坬遗址，发现仰韶文化房址33座，陶窑3座，墓葬5座，出土文物50多件[28]。

1981～1990年，中国社会科学院考古研究所发掘天水师赵村与西山坪两处遗址，发现房址39座，窖穴72个，陶窑2座，墓葬27座，出土陶、石器等文物2000余件[29]。内涵有大地湾一期、师赵村一期、仰韶、马家窑、齐家文化等多种文化遗存。1982、1983年，甘肃省文物工作队、北京大学考古学系发掘甘谷毛家坪遗址，发现石岭下类型、周秦文化遗存[30]。1983年，庆阳地区博物馆试掘宁县董庄遗址，发现仰韶文化房址3座，墓葬20余座，出土陶器等文物[31]。1984～1994年，甘肃省文物考古研究所对庆阳南佐遗址进行多次发掘，发现仰韶文化大型房址等遗迹[32]。1984年，庆阳地区博物馆对庆阳、正宁、宁县、合水四县进行调查，发现仰韶、齐家文化遗址共21处[33]。同年，北京大学考古学系发掘合水九站村遗址，发现寺洼文化墓葬80座，出土陶、石器等文物1000余件[34]。1991～1993年，中国社会科学院考古研究所发掘武山傅家门遗址，发现马家窑文化石岭下类型、齐家文化房址11座，窖穴11个，墓葬2座，祭祀坑1个，出土陶、石器等近1000件[35]。1991年，甘肃省文物考古研究所发掘平凉侯家台遗址，发现仰韶、齐家文化房址9座，灰坑101个，出土完整陶器近100

件，其他文物 50 余件[36]。据不完全统计，甘东地区已发现史前文化遗址共 720 余处，经不同规模发掘的遗址共 10 多处。

三

甘肃东部地区新石器时代最早的文化遗存为大地湾一期文化，学术界也有命名为前仰韶文化、老官台文化等多种不同名称。我们考虑到大地湾遗址下层的文化遗存较为丰富，出土一批特征鲜明的器物群，并有一定的分布范围，可把它命名为“大地湾一期文化”。

大地湾遗址位于秦安县北五营乡邵店村，1978～1980 年发掘，发现大地湾一期文化房址 3 座、窖穴 2 个、墓葬 11 座，出土陶、石器等 90 多件，还新发现了禾本科的黍和十字花科的油菜等炭化植物种子，这是同类植物中年代最早的标本[37]。1986 年，发掘天水西山坪遗址，也发现大地湾一期文化遗存，出土窖穴 1 个，陶、石器等遗物近 50 件。发掘的最重要收获是发现了大地湾一期文化在下、师赵村一期文化在上的层位关系，这不仅澄清了过去把两者文化内涵混为一种文化遗存的认识，而且还解决了两者的相对年代，即大地湾一期文化早于师赵村一期文化[38]。房址均为圆形半地穴式建筑，有朝北或向西门道。大地湾 F371 保存较好，口径约 2.5、底径 2.7、残高约 0.95 米。穴壁呈弧形，穴壁周围有 6 个柱洞，洞壁向内倾斜，可复原为窝棚式的房子。窖穴呈圆形或椭圆形，底部有平底与圜底两种。墓葬均为长方形竖穴土坑墓，坑壁较规整，均为单人仰身直肢葬，有陶器与石器等随葬品。石器有长方形斧、亚腰形铲、弧刃刀、磨盘等，骨器有锥、针、镞、锯、蚌镰等。陶器有彩绘圜底钵、三足钵、圈足碗和筒形罐、筒腹三足罐、小口鼓腹壶、小杯等（图一），其中，造型最具有特色的是筒腹三足罐，侈口斜直腹，下腹内收成小平底，下附三个锥形足，它是区别于其他古文化遗存最典型的器物。年代为公元前 6220～前 5360 年。

师赵村一期文化是甘肃新发现的文化遗存，因在天水师赵村遗址首先发现而命名。师赵村遗址位于天水市西约 7 公里，1981～1989 年在该遗址发现史前不同时期的房址 36 座，窖穴 50 个，墓葬 19 座等，出土陶、石器等文物 1000 余件，属于师赵村一期文化的有 30 多件，还有一大批无法复原的陶片。在西山坪遗址发现有师赵村一期文化窖穴和陶、石器等遗物。窖穴有圆口锅形和口小底大袋状两种。石器有梯形斧、长方形斧、凹刃刀、穿孔刀、磨盘、磨棒等。陶器较为丰富，陶质以夹砂红褐陶为主，采用泥片贴筑法制成。陶表面装饰有绳纹、锥刺纹、乳钉纹、划纹、附加堆纹等，以绳纹为主，少数在器口外侧施一周红彩或黑彩。器类有圜底钵、圈足碗、平底盆、圆腹三足罐、筒腹三足罐、鹅蛋形三足罐、侈口深腹瓮等（图二），其中，鹅蛋形三足罐最具特色，腹部呈椭圆形，底附三扁足，颇似一个大鹅蛋，大小不一，小者高度不超过 20 厘米，大者高可达 40 厘米以上，它是区别于其他文化遗存的典型器物。年代为公元前 5300～前 4900 年。大地湾一期文化与师赵村一期文化，在层位和年代上都存在着上下承袭关系，即后者是由前者发展而来的。

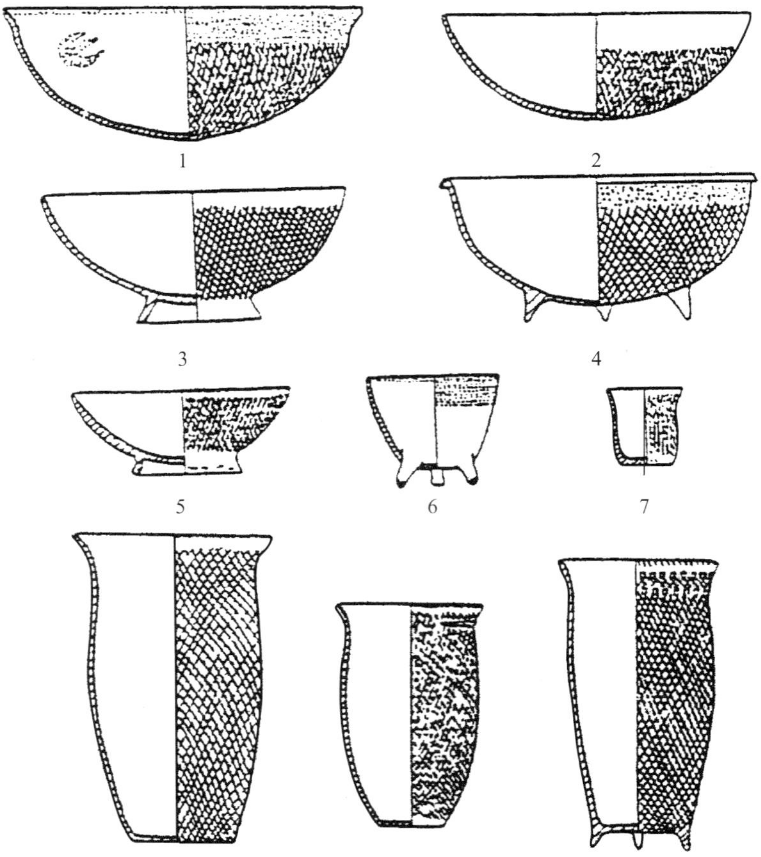

图一　大地湾一期文化陶器

1、2. 圜底钵（T18④:12、T18④H2:2）　3、5. 圈足碗（M209:1、T18④H2:3）　4、6. 三足钵（M209:2、T18④:9）　7. 陶杯（T18④：5）　8、9. 筒形罐（M15：2、T18④：8）　10. 筒腹三足罐（M208）
（1、2、5、6、7、9 出自西山坪遗址，余出自大地湾遗址）

四

仰韶文化可分为半坡、庙底沟等不同类型，现在学术界也有直称为半坡文化、庙底沟文化，也称“大地湾二期文化”或“师赵村二期文化”。半坡类型属仰韶早期文化遗存，目前发现的这类文化遗存在甘肃境内仅限于东部分地区，经过发掘的遗址有大地湾、王家阴洼、师赵村、西山坪等，大地湾遗址出土有该时期的房址、窖穴、墓葬和陶、石器等遗物。王家阴洼发现房址 3 座、窖穴 2 个、墓葬 63 座和陶、石器等遗物 300 余件。师赵村出土房址 2 座、窖穴 2 个和陶、石器等遗物 60 余件。西山坪发现窖穴 1 个、墓葬 1 座和陶、石器等遗物 20 多件。房址结构多为方形、长方形、圆形的半地穴式建筑。窖穴形制多呈口小底大的袋状和口大底小的锅状。墓葬以长方形竖穴土坑墓为主，次为瓮棺葬。葬式主要是单人仰身直肢葬，次为二次葬，也有少数合葬墓。较

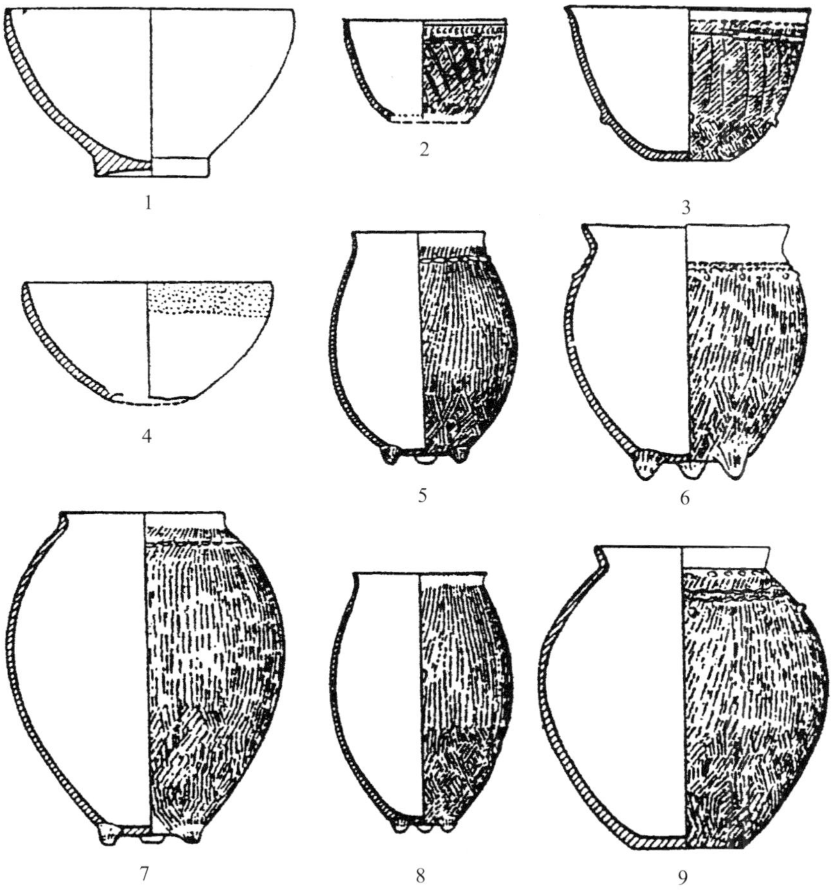

图二　师赵村一期文化陶器

1. 碗（T405②：10） 2～4. 钵（T42②：4、T18③：11、T314②：5） 5～8. 三足罐（T18③：4、T113⑥：114、T113⑥：115、T20③：8） 9. 瓮（T113⑥：118）（2、3、5、8出自西山坪遗址，余均出自师赵村遗址）

为特殊者在王家阴洼遗址发现在墓坑左侧还挖有一个置放随葬品的椭圆形或圆角方形的土坑。出土的石器有长方形穿孔刀、梯形斧、锛、条形凿、弹丸等。陶表面饰有彩绘、绳纹、弦纹、锥刺纹、附加堆纹等，彩料为黑彩，彩绘纹样是以直线、斜线、直边三角、方块等组成的几何形花纹，还有鱼纹等象生性动物纹，鱼纹有单体、多体，还有五尾单体绘在陶瓶外壁的，鱼纹写实，栩栩如生。在彩陶钵上还有刻划符号，划痕清晰。器类有圜底钵、平底盆、细颈壶、小口尖底瓶、鼓腹平底罐、葫芦形瓶等。年代为公元前4899～前3819年。从层位、年代、器物类型学等综合研究，半坡类型是由师赵村一期文化发展来的。

仰韶文化庙底沟类型在甘东地区称为“大地湾三期文化”或“师赵村三期文化”。这类文化遗存经发掘的遗址有大地湾、师赵村、西山坪等。大地湾发现这时期的遗存有房址100多座和大量的陶、石器等遗物。师赵村遗址出土房址2座、陶窑1座、窖穴1个和陶、石器等遗物，共130余件。西山坪遗址也出土一批这个时期的陶器等遗物。这个时期的房址多为方形或长方形半地穴式，属木骨泥墙建筑，房内设有圆形灶坑，有的住室门口还设有台阶，便于人们出入。窖穴仍是袋状和锅状为主，但筑造较为讲究。出土的石器有长方形斧、锛、凿、两侧带缺口刀和长方形穿孔刀等。骨器有镞、锥、笄等。陶器数量多，有制造精致、装饰华美的彩陶，纹样独具风格，构图是以圆点、曲线、弧边三角形、月牙形等元素组成二方或四方连续的几何形图案，还有鸟、蛙形等象生性花纹，突出的特点是以曲线为主旋律，线条圆润流畅，与半坡类型以直线为主旋律的风格迥然不同。器类有曲腹碗、钵、卷沿盆、双唇尖底瓶、深腹瓮、盆形甑和带火门的灶等，其中，双耳圜底钵、小口平底瓶、大口小底罐和轨状口深腹瓮等是甘东地区最有特色的器物。年代为公元前3900～前3500年。需要特别提出的是，这里彩陶以曲线为主旋律的风格，对马家窑文化的彩陶工艺影响很深，可以说，马家窑文化的制陶工艺就是仰韶文化庙底沟类型的继续与发展。

大地湾遗址发掘的第901号（F901）房址，是甘东地区史前考古的重大发现，引人瞩目。房址平面呈长方形，东西长16、南北宽8、墙残高1米，占地面积达420平方米，系平地起建的土木结构，包括主室、侧室、后室、和房前的附属建筑，门朝南。主室居住面由沙粒、小石子和非天然材料组成的人造轻骨料层，坚硬平整。主室中部设有圆形灶台，高0.5米。南墙设正门1个，旁门2个，东、西侧墙各开1个门，共5个门。室内有大木柱2个，附壁柱16个，左右对称排列有序，室内及填土中出土陶、石器等遗物30件，其中，四足鼎、敛口小平底釜、条形盘和带环形把手的异形器（形似簸箕）等[39]，造型奇特，甚为罕见。年代为公元前3510～前2915年。这座大型建筑显然不是一般居室，而是一座具有多功能的建筑物，应是氏族或部落成员的公共活动场所，主要用于较大规模的集会或举行某种宗教仪式等方面的活动。

五

马家窑文化遗存在甘东地区经过发掘的有天水师赵村、西山坪、罗家沟、武山傅家门、甘谷毛家坪等遗址。按其文化内涵可分为石岭下、马家窑、半山、马厂等不同类型。

石岭下类型主要分布在天水地区，在师赵村遗址发现有这个时期的房址2座，陶窑1座，窖穴2个，墓葬5座和陶、石器等遗物182件。西山坪遗址也发现窖穴1座和一批陶、石器等遗物。傅家门出土房址3座，窖穴11个，墓葬1座，祭祀坑1个和陶、石器等遗物200余件。毛家坪发现房址2座，窖穴2个和一批陶、石器等遗物。房址为方形、长方形、圆形的半地穴式建筑，房内设有圆形或双联式灶坑。窖穴呈圆形或椭圆形，大小不一，大者口径可达3米。陶窑为横穴窑，由火膛、窑室、窑箅和火道组成，窑室底部有环形和条形火道，与火膛后壁相通。墓葬在师赵村遗址发现5座，皆为长方形竖穴土坑墓，葬式以二次葬为主，仅1座为双人合葬墓，未见木质葬具，但在各墓室底部四周摆放有数量不等的河卵石，排列有序，可能是棺或椁的象征物，有彩陶、石锛、石球等随葬品。陶器较多，陶色多呈橙黄色或砖红色，纹饰有彩绘、绳纹、划纹、锥刺纹和附加堆纹等，彩绘以黑彩为主，也有白彩和朱红彩，纹样有几何形纹和象生性动物纹，几何形纹有弧线纹、弧边三角纹、网格纹、圆圈纹等，动物纹最具代表的是变体鸟纹，突出表现鸟的头部与颈部的形象，还有鲵鱼纹，姿态生动。陶器类有钵、碗、盆、尊、鸟形壶、双腹盆、小口细颈瓶、尖底瓶、彩陶罐和钵形甑等（图三），在西山坪遗址发现的彩陶罐（T37H13：1）和彩陶盆（T31①：1）均为发掘出土，器形完整，在器肩部、口沿分别饰有变形鸟纹等纹样（图三，2、7），这是石岭下类型具有代表性的器物。还有在甘谷灰地儿遗址发现的陶屋模型，很完整，呈方形，上为尖屋顶，下开长方形门（图三，8），它的发现，为复原史前时期建筑形式提供了重要的实物资料。在傅家门遗址发现带有阴刻符号卜骨6件，为羊、猪和牛的肩胛骨，在其骨面分别刻划有

图三　石岭下类型陶器

1. 陶瓶（甘谷西坪） 2. 彩陶罐（西山坪 T37H13：1） 3. 彩陶瓶（甘肃） 4. 陶瓶（武山傅家门）
5. 彩陶罐（师赵村） 6. 鸟形壶（天水） 7. 彩陶盆（西山坪 T3①：1） 8. 陶屋（甘谷灰地儿）

“二”、“S”、“1”字形等符号（图四），为研究占卜习俗增添了新资料。年代为公元前3800～前3200年。

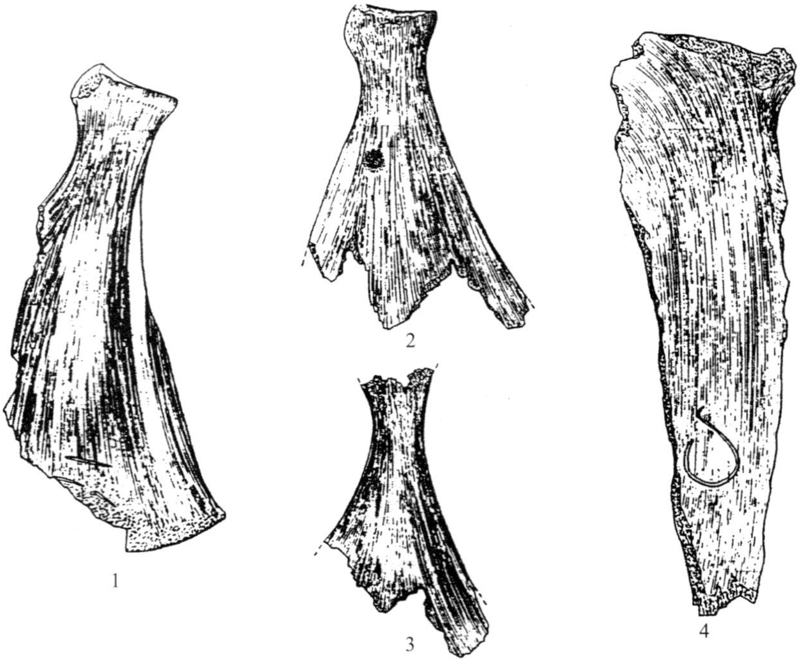

图四　傅家门遗址出土的卜骨

1、3、4. 符号卜骨（92KWF11：6、F11：12、F11：8）2. 灼痕卜骨（F25H1：25）

马家窑类型的文化遗存分布广泛，遍及甘肃全省和青海东部地区，但在甘东地区经过发掘的遗址却屈指可数，并且皆在天水地区的师赵村、西山坪、罗家沟等遗址。师赵村遗址发现房址4座，陶窑1座，窖穴13个，祭祀遗迹1处和陶、石器等遗物748件。西山坪遗址出土窖穴9个和陶、石器等遗物107件。房址既有半地穴式，也有平地起建的木骨泥墙建筑。师赵村遗址出土的房址分圆形、方形和“吕”字形三种，其中“吕”字形房址（F29）是由两个长方形居室组成，中间有一过道相连成双室房子，房内设有椭圆形灶面，门朝西南，较为罕见。窖穴和陶窑的形制与石岭下类型相似。但出土的石、骨器数量、种类均比石岭下类型多，除常见的石斧、锛、凿、刀和骨锥外，还有石臼、骨铲、镞等。同时还出土一批陶、石、骨笄，有的笄端附有圆形或椭圆形笄顶帽，它既是束发器，又是头上的一种装饰品。

出土遗物中，以陶器为大宗，陶器在质地、色泽和制法方面，基本上均继承了石岭下类型的制陶工艺，但在纹饰和器形方面却有明显的变化和发展。纹饰较复杂多样，器类骤然增多，如彩陶器的外表有的通体饰满彩纹，显得精美华丽。附加堆纹既有作条带式和波浪式，又有呈绳索状或锯齿状，多作横向排列，纹道数目不等，多者达10道密布在同一陶器外表面。彩陶内彩发达，既有几何形纹，也有生动的动物形象，特别蛙纹表现得很真实。如师赵村遗址出土的陶钵内壁即画了一个完整的蛙纹，大眼睛，扁嘴巴，弯曲的四肢，犹如一只在爬行的青蛙，钵保存完好，口径 17、高 6 厘米，是一件极为难得的彩陶珍品（图五，1）。陶器类除常见的彩陶钵、盆外，还有壶、罐、喇叭口尖底瓶、小口细颈瓶、缸、瓮和陶人面、陶蜥蜴、陶筐等工艺品（图五，2～4），造型别致，形态逼真，年代为公元前 3400～前 2700 年。

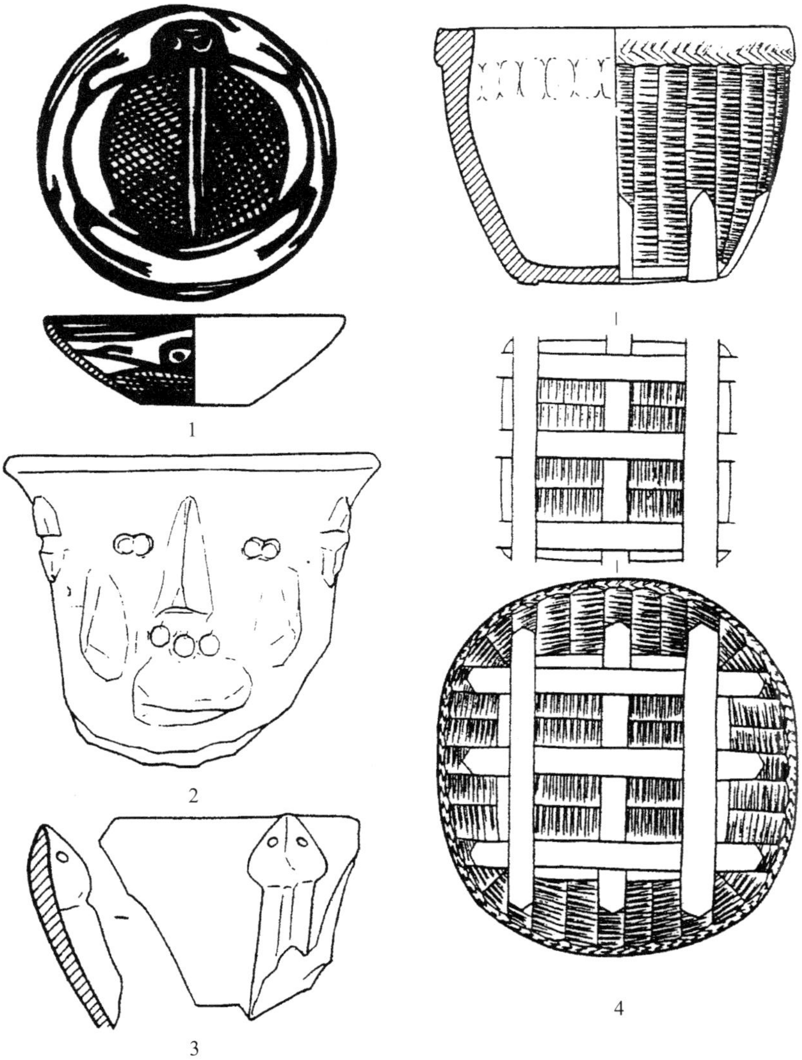

图五　马家窑类型陶器

1. 蛙纹彩陶钵（T244 ③：16） 2. 陶人面（T203 ②：2） 3. 陶蜥蜴（T206 ③：15） 4. 陶筐（T205 ①：129）

半山类型的文化遗存分布，过去由于资料的限制，一般认为半山类型不越过陇西县，但跨入 20 世纪 80 年代以来，由于不断有考古新发现，扩大了它在甘东地区的分布范围，迄今已知的有师赵村、西山坪、武山滩歌、渭源上坪、庄浪李家碾水泉沟、堡子坪、南湖汪家等遗址[40]。还有宁夏菜园[41]和陕西陇县磨儿原村[42]等遗址，其东边分布之广泛，大大超过马家窑文化的其他类型。经较大规模发掘的有师赵村和西山坪两处，师赵村遗址出土有这个时期的窖穴 14 个、墓葬 6 座和陶、石器等遗物 132 件。西山坪遗址也发现墓葬和一批陶石器等遗物。窖穴可分为圆形或椭圆形筒状、袋状、盆状三种，以袋状穴为主，形制规整，体积较大，有的底径可达 3 米。墓葬均为长方形竖穴土坑墓，四壁垂直规整，墓向朝东或向南，大小不一，小者墓坑长 1.7、宽 0.8 米，大者长达 2.5、宽 1.2 米，葬式有侧身屈肢葬和二次葬。师赵村遗址发现的 1 号（M1）墓，保存较好，侧身屈肢葬，头东脚西，左手弯曲在胸前，下肢弯曲特甚，作蹲踞状，随葬有石锛、凿、绿松石饰和陶盆、罐、壶等 7 件器物，墓主人经鉴定为男性，年龄 13～14 岁。出土的石器有斧、锛、凿、刀、镞等。陶器较多，纹饰有彩绘、绳纹和附加堆纹等，彩陶纹饰是用黑彩或红、黑彩相间组成的几何形花纹，常见的有齿带纹、四圆圈纹、波浪纹、平行条纹等，附加堆纹可分波浪式、三角形和联珠形等多种纹样。器类有彩陶壶、彩陶钵、圈足碗、深腹盆、单耳罐、长颈壶、双耳彩陶罐、人像彩陶罐和粗陶侈口罐等（图六），其中人像彩陶罐，为完整器，在其肩部浮塑一完整人首，雕塑出眼、口、鼻、耳等器官，头顶上有圆锥状发髻，中间穿孔，表明当时人们头上是插有发笄的，在罐体用黑彩绘出人的躯体和四肢，两手前臂还画出手指，整个画面富有神秘的宗教色彩，人像可能是具有某种特殊身份如巫师一类的人物（图六，5）。师赵村出土的彩陶壶（T302 ②：1）与青海柳湾所出的彩陶壶（M528：1）相同，同属于半山类型

图六　半山、马厂类型陶器

1、2. 彩陶壶（庄浪汪家、堡子坪） 3. 长颈壶（庄浪水泉沟） 4. 彩陶壶（师赵村 T302 ②：1） 5. 人像彩陶罐（师赵村） 6. 双耳彩陶罐（清水泰山庙） 7. 彩陶钵（师赵村） 8. 彩陶壶（陕西陇县磨儿原村）

的器物。在庄浪李家碾堡子坪等地发现的彩陶壶、长颈彩陶壶等多件器物都是属于半山类型的典型标本。在泰山庙遗址发现的双耳彩陶罐（图六，6），明显具有马厂类型的特征，与柳湾同类器（M564：13）相似，均是侈口圆腹双耳罐，颈部附一双对称环耳，腹部饰二方连续的回形纹。年代为公元前2500～前2000年。半山、马厂类型的遗迹和遗物发现，对建立甘东地区史前文化发展序列具有重要学术意义。

六

齐家文化在甘东地区分布广泛，田野调查和发掘工作较多，迄今已调查发现齐家文化遗址约300处。其中经发掘的有秦安寺咀坪、灵台桥村、天水师赵村、西山坪和武山傅家门等。寺咀坪遗址发掘清理齐家文化墓葬6座，出土一批陶、石器等遗物。桥村遗址发现窖穴7个和一批陶、石器等遗物。师赵村遗址发现齐家文化房址26座，陶窑3座，窖穴17个，墓葬3座，祭祀遗迹1处，出土陶、石、骨器等共522件。西山坪遗址也发现房址3座，窖穴9个，陶石器等共137件。傅家门遗址发现房址7座，窖穴1个，墓葬1座和陶石器等遗物。齐家文化发掘资料比较丰富，应进行分区研究，可分为东、中、西三个区，各区又可分不同类型，这里仅论述东部地区，据现有材料可分为师赵村、七里墩两个类型。

师赵村遗址出土的遗迹和遗物均较完整，文化内涵丰富，并具有明显的地区特色，为了与其他类型相区别，称为“师赵村类型”或“师赵村七期文化”。师赵村遗址发现26座房址，为迄今所知保存较完整的一处齐家文化聚落遗址。房址结构可分为圆形、椭圆形、方形、长方形和多边形等多种，以长方形的为主，房内设有灶坑，居住面多抹有一层白灰面，平整光洁，房址面积一般五六平方米。在房址周边设有袋状和筒状窖穴。墓葬都是长方形竖穴土坑墓，葬式均为二次葬，多数有陶、石器等随葬品。石器有刀、斧、铲、臼、杵等。值得提出的是，这里出土10多件制造精美的玉器，有琮、璧、璜、环等多种，均是发掘出土，珍贵难得。陶器多呈橙黄色或灰褐色，纹饰有绳纹、篮纹、弦纹、划纹和附加堆纹等，以绳纹为主，器类有常见的碗、盆、尊、罐、瓮等平底器外，还有鬲等三足器，其中罐类的型式特别多，可分为侈口罐、单耳罐、双耳罐、三耳罐、双大耳罐、圈足罐和高领双耳罐等多种（图七）。年代为公元前2100～前1900年。

七里墩类型因首先在天水天水花牛乡七里墩遗址发现而得名，早在1947年裴文中先生亲赴该遗址调查，发现有房址、墓葬和陶、石器等遗物。后经甘肃省博物馆复查，确定该遗址范围为3640平方米。并曾清理了一座墓葬，出土一批保存较完整的陶器，包括高领双耳罐、单耳罐、双大耳罐、侈口粗陶罐、鬲、甑等（图八），都是齐家文化具有代表性的器物。陶器特点为：器体较瘦长，纹饰中篮纹和绳纹均以竖行的为主，纹道较整齐。双大耳罐的领部较高，双耳较长。高领双耳罐器体较高大，大者高达61厘米，肩腹间折棱明显。陶甑颈侧附一对称环形耳，器底有密集的箅孔，较为罕见，这组陶器明显的与师赵村类型有别。还有在庄浪刘堡、南坪、天水佐李村等遗址也发现有七里墩类型的陶器等遗物。

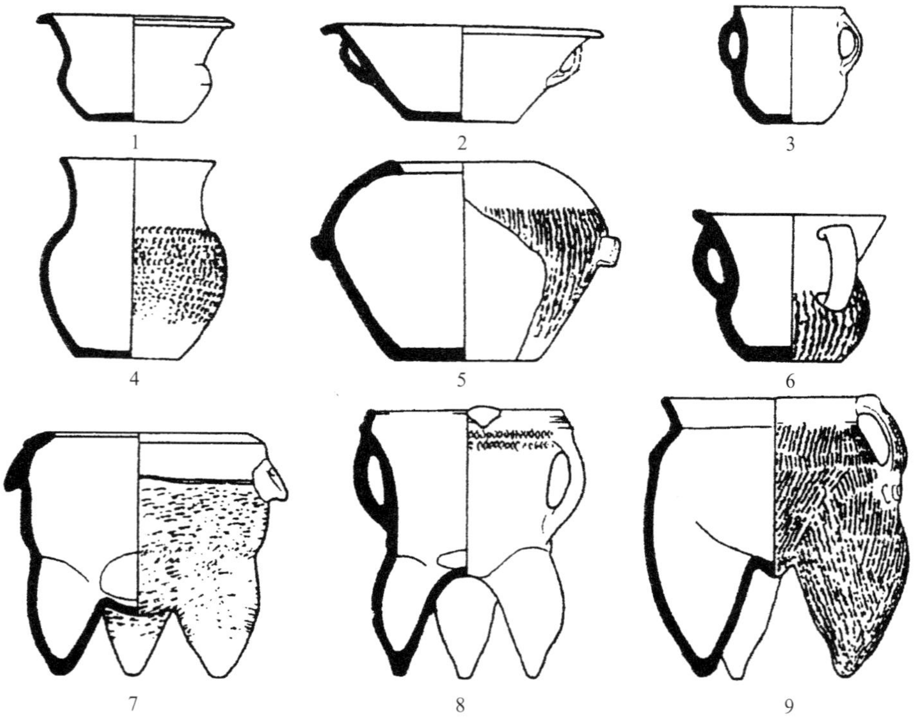

图七　师赵村类型陶器

1. 尊（T335 ③：7）　2. 盆（T390H1：1）　3. 双大耳罐（T308 ②：10）　4. 侈口罐（T406F26：1）
5. 瓮（T308 ④：15）　6. 三耳罐（T320F9：1）　7、8. 斝（T403F25：1、T403F24：2）　9. 鬲（T317 ②：1）
（均出自天水师赵村遗址）

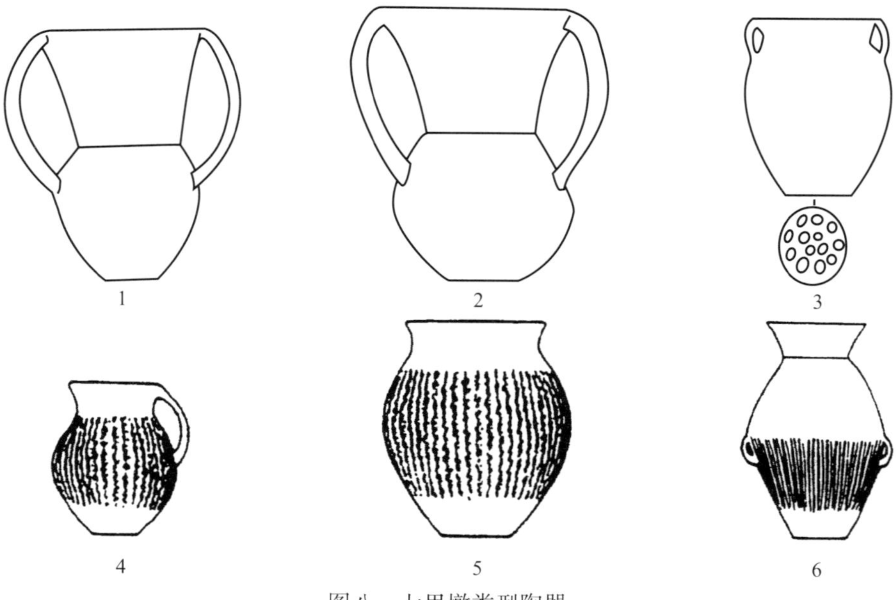

图八　七里墩类型陶器

1、2. 双大耳罐　3. 陶甑　4. 单耳罐　5. 侈口罐　6. 高领双耳罐
（1. 出自庄浪南坪；2. 天水佐李村；余均出自天水七里墩遗址）

七

在甘东地区的天水师赵村、庄浪徐家碾狮子凸、李家咀等遗址皆发现有属于辛店文化的陶器等遗物。师赵村遗址发现陶器3件，陶质均为夹砂红褐陶，陶胎较粗，内夹有碎陶末、石英、云母等羼和料，陶表面饰有绳纹、弦纹、戳印纹和附加堆纹等，器类有高领圜底罐、单耳杯、单耳圜底罐和高领双耳罐等。单耳杯为高领圆腹圜底，颈侧附一环耳，器体小，口径仅5.5、高10厘米。高领圜罐为直领圆腹圜底，陶器表饰竖绳纹，口径6.7、高14.6厘米。单耳圜底罐肩部附一环形耳，口沿外侧施绳索状附加堆纹，颈部饰一周凹弦纹，耳把上饰有锥刺纹，器表遍饰竖绳纹，口径7.5、高17厘米（图九，4～6）。狮子凸遗址位于庄浪县北5公里，曾调查发现有彩陶双耳罐2件，标

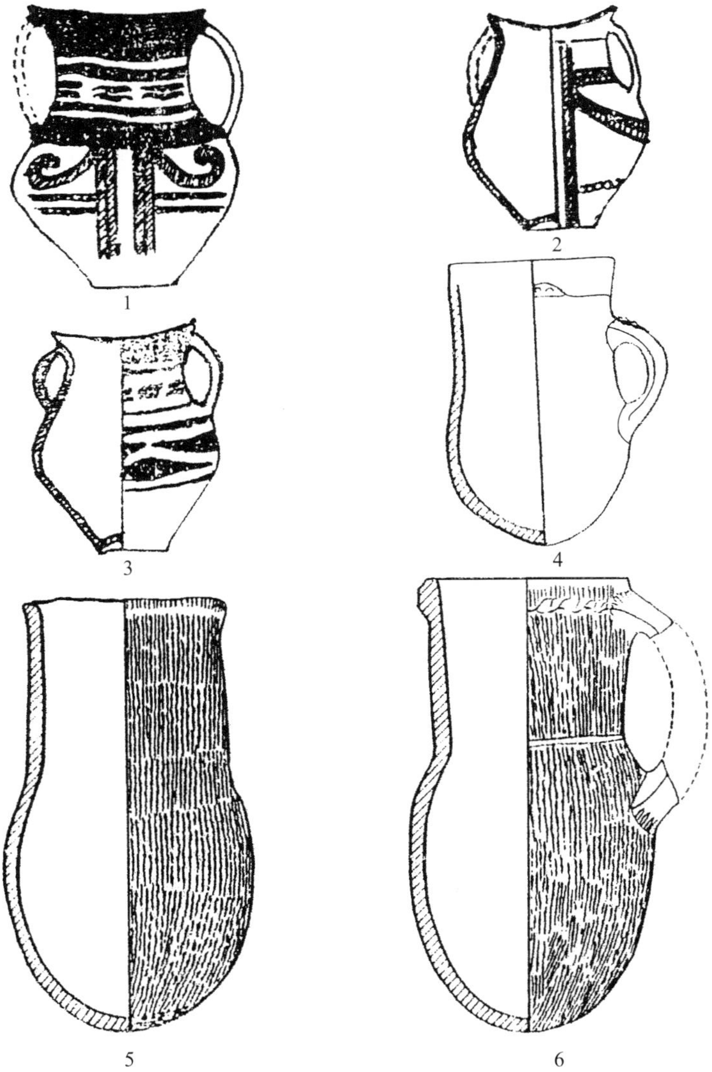

图九　辛店文化陶器

1～3. 双耳彩陶罐　4. 单耳杯　5. 高领圜底罐　6. 单耳圜底罐（1、2、3. 采自庄浪徐家碾；余出自天水师赵村）

本一（79 徐 33）器形完整，颈侧附一对环耳，凹底，器表彩绘黑红彩相间组成平行条纹、三角纹、竖条纹等图案，口径 7、高 11.5 厘米（图九，2）。标本二（79 徐 3）双耳较长，施黑红彩相间组成的双勾纹、波折纹、条带纹等花纹，口径 9、高 14.5 厘米（图九，1）。李家咀遗址也发现 1 件彩陶双耳罐（72 陶 6），器形与前者相似，底内凹，表面施黑彩，有平行条纹、波折纹等几何形花纹，口径 7、高 12 厘米[43]（图九，3）。狮子凸发现的双勾纹彩陶双耳罐为辛店文化代表性器物，类似或相同的标本曾在洮河流域广河齐家坪等遗址发现，因此把这类陶器归入辛店文化范畴是比较合适的，年代为公元前 1400～前 700 年。

寺洼文化的命名是夏鼐先生于 1949 年发表《临洮寺洼山发掘记》[44]一文中正式提出的，寺洼文化主要分布在甘肃省境内，在甘肃东部的有天水师赵村、武山盐井乡阴洼、庄浪川口柳家村、徐家碾、狮子凸、朱家大湾、三合东台、李家咀、水洛贺子沟、盘安王宫、平凉安国镇、东沟黑茨呱、庆阳石桥村、合水蒿嘴铺乡九站村等 10 余处，其中经过较大规模发掘的有徐家碾和九站村两遗址。徐家碾遗址发现寺洼文化墓葬 104 座，出土陶、石器等遗物 2000 余件。九站村遗址发现寺洼文化墓葬 80 座，出土陶器 700 多件，铜、石、骨器等 300 余件。发掘出土的主要是墓葬，房址少见。墓葬形制为长方形竖穴土坑墓，方向多为南北向，有的墓坑内设有二层台和壁龛，用木椁或木棺作葬具，葬式主要为仰身直肢葬和二次葬，一般都有以陶器为主的随葬品，数量不等，少者 1 件，多者达 70 余件。石器有斧、锛、刀等，铜器有戈、矛、刀、镞、戣、剑、钏、铃、泡、镯等。陶器多为夹砂红褐陶，少量为泥质灰陶，器形有马鞍口双耳罐、侈口罐、鬲、豆、簋、单耳罐、双耳罐、腹耳罐、杯、钵、双连鬲和单座五连杯等多种（图一〇）。其中马鞍口双耳罐是最常见最有特征的器物，双连鬲系两个相同的鬲连接在一起，口沿外侧往往附加一周带状泥条。单座五连杯系在一圆形座上黏接五个依次排列成一圈的圆形深腹圜底杯，陶杯器形无异，但大小不同，口沿外饰堆纹，造型新颖，堪称珍品。

上述遗址及其文化遗物，都属于寺洼文化安国类型，安国类型是 1958 年首先在平凉安国镇发现而得名，出土的陶器等遗物与寺洼类型不同，有其独自的特征。安国、寺洼两类型最显著的差别表现在陶器上，如两者共有的马鞍口双耳罐：寺洼类型器口是前、后呈一对马鞍口；而安国类型则是前、后和左、右呈两对马鞍口，左右一对即指位在双耳的上端，弧度较小。又如陶鬲：寺洼类型器体较肥大，颈侧置一对称的环形耳，足根作圆锥形；安国类型则器身较瘦高，足根呈铲形，还有无耳鬲和单耳鬲。寺洼类型的鼎形三足器和安国类型的圆形座五连杯、双连鬲等，两者不互见，安国类型部分陶器上戳有清晰的刻划符号也是比较罕见的。寺洼文化的年代经 ^{14}C 测定，为公元前 1400～前 600 年。

八

本文已对甘肃东部地区史前文化的考古调查和发掘工作收获、不同文化类型的内涵

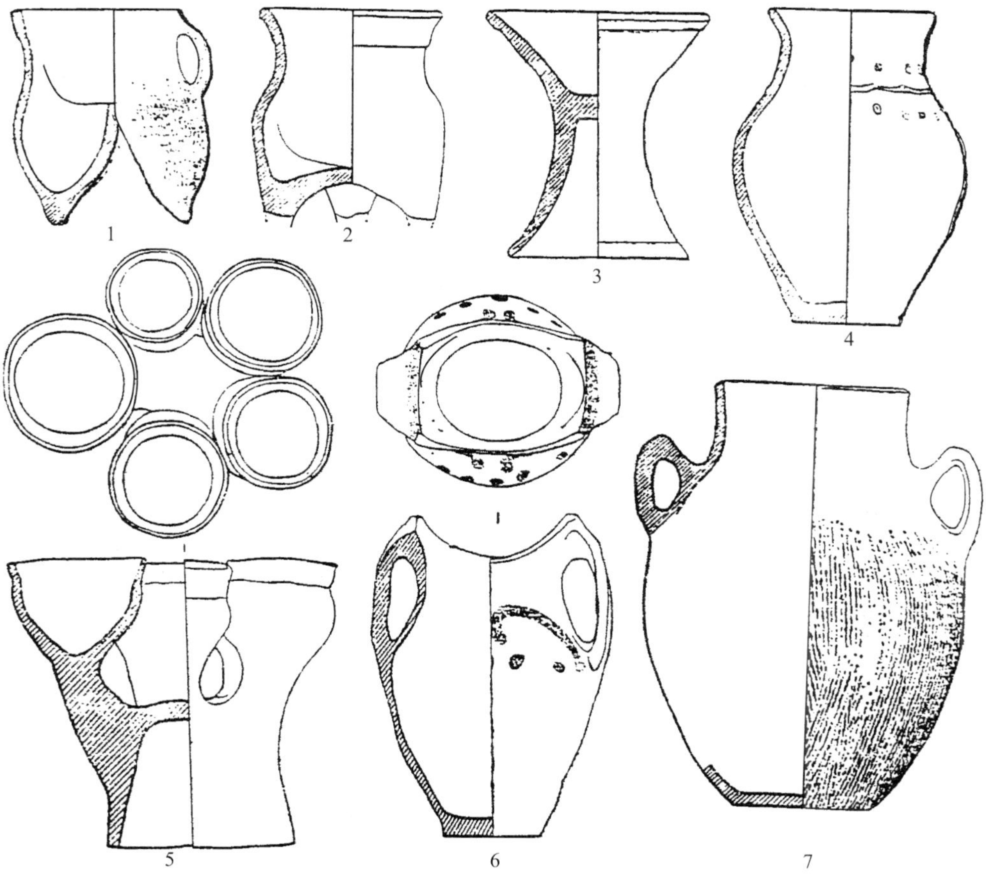

图一〇　寺洼文化陶器

1、2. 鬲（M12：9、M77：47）3. 豆（M77：27）4. 侈口罐（M72：17）
5. 五连杯（M84：2）6. 马鞍形口罐（M78：12）7. 双耳罐（M77：31）
（均出自庄浪徐家碾墓地）

等方面，以年代为序做了简要的论述，现从研究成果和学术意义等方面再做些探讨，可概括为以下几点。

首先，甘东地区庆阳辛家沟和赵家岔是我国最早发现的旧石器时代地点。发现的旧石器标本虽然不多，但它系首次发现，在学术上具有重要的意义，这两个地点的发现，证实了中国境内存在有旧石器时代遗物，拉开了中国旧石器时代考古的序幕，同时打破了一些西方学者提出中国没有旧石器的错误观点。

其次，根据大量的发掘资料和研究成果，初步建立起甘东地区史前考古学文化的发展序列和编年。我们从秦安大地湾、天水师赵村、西山坪等遗址的层位关系和典型陶器等器物分析，可以排出甘东地区史前文化（新石器时代至青铜器时代）的发展序列及编年：新石器时代大地湾一期文化（公元前 6200～前 5400 年）→师赵村一期文化（公元前 5300～前 4900 年）→仰韶文化（公元前 4800～前 3500 年）→马家窑文化石岭下类型（公元前 3800～前 3200 年）→马家窑类型（公元前 3400～前 2700 年）→半山、马厂类型（公元前 2600～前 2000 年）→铜石并用时代齐家文化（公元前 2100～前 1900 年）→青铜器时代辛店文化（公元前 1400～前 700 年）→寺洼文化（公元前 1400～前 600 年）。

第三，大地湾一期文化的发现和研究，对阐明中国新石器时代早期文化的内涵等问题，具有重要的学术价值，这里发现有迄今年代最早的彩陶，为探讨中国彩陶的起源提供了极为重要的线索。同时还发现了炭化植物种子，经研究为禾本科的黍和十字花科的油菜，其年代也是迄今所知最早的，黍在黄河流域先民的粮食作物中占有重要的地位，它的发现，对探讨农作物黍起源于中国，提供了重要的实物例证。

第四，师赵村一期文化在甘青地区系首次发现，过去只知道晚于大地湾一期文化的是仰韶文化半坡类型，不了解其间还有一个早于半坡类型的文化遗存，因此，它的发现在史前文化发展序列中填补了重要的一环，同时在西山坪遗址发现大地湾一期文化在下、师赵村一期文化在上的层位关系，首次从地层上表明了两者的相对年代，即大地湾一期文化早于师赵村一期文化，这在学术上是一个突破。师赵村一期文化还展现出它向仰韶文化半坡类型发展的轨迹，这为探寻仰韶文化的渊源提供了重要线索。

第五，大地湾遗址发现的仰韶文化大型房址（F901），保存较好，规模宏大，有主室、东西侧室、后室和房前的附属建筑，以料姜石和细砂为原料制成的近似混凝土的居住面，质地坚硬。这座房址结构复杂，工艺高超，为编写中国古代建筑史增添了珍贵而难得的资料，具有重要的学术价值。

第六，新发现了马家窑文化石岭下类型过去所未见的房址、陶窑和墓葬等重要遗迹，从而加深了对该文化类型内涵的认识，并进一步明确了它是介于庙底沟类型向马家窑类型过渡的文化遗存。马家窑类型的文化遗存比较丰富，并有不少新资料的发现，如完整而精美的全蛙纹彩陶钵和前所未见的陶筐等珍品，为该类型研究增添了新的内容。师赵村等遗址发现半山、马厂类型的遗物，虽然发现的文化遗存不很多，但新发现的地点便扩大了该类型东部的分布范围，也填补了甘东史前文化发展序列中的缺环。

第七，齐家文化在甘东地区有师赵村类型和七里墩类型，前者系新发现的文化类型，这里发现规模较大较完整的聚落遗址，有 20 余座成组的建筑群，形式多样，结构较规范，为齐家文化具有代表性的建筑。同时在墓葬中还出土一批制造精美的玉器，种类有玉璜、环、琮、璧等，其中玉琮和玉璧是同出土在一座墓内。这在甘青地区均属首见，这为齐家文化的聚落形态和玉器的研究增添了新的篇章。

第八，师赵村遗址发现的一组辛店文化陶器群，在陶质、制法、纹饰等方面和辛店文化姬家川类型相似，这组陶器以高颈圆腹圜底单耳罐最富特色，器表饰有细而密的竖行绳纹。庄浪徐家碾狮子凸遗址发现的双勾纹彩陶双耳罐为辛店文化代表性器物，把它归属于辛店文化是比较合适的，这类文化遗存的发现，扩大了对该文化的研究视野。

第九，寺洼文化均属安国类型，陶器别具一格，马鞍口双耳罐的口沿两侧置一对环形耳，耳端和口沿相接处下凹成弧形，呈小马鞍口，加上口沿两长边的一对马鞍口，成为两对遥对的马鞍口，可称为双马鞍口双耳罐，与寺洼类型的单马鞍口显然有别。寺洼文化与邻近地区古文化的关系比较复杂，年代比它早的有齐家文化，与其年代相当的有辛店文化，比它晚的为西周文化。由于这类古文化内涵的多样性，它们之间的关系也显得复杂，以致在学术界存在不同的认识，有学者认为，辛店文化甲乙两组与寺洼文化的寺洼、安国两类型，只能说明同时并存互受影响的结果[45]。也有学者认为，寺洼文化与周文化的关系十分密切，寺洼文化是周文化形成与发展的一种重要因素[46]。从 ^{14}C 测定结果看，辛店文化与寺洼文化的起始年代是相同的，均为公元前约 1400 年，由此推定两者可能是同时并存各自发展的两支古文化遗存。

注　释

［1］刘玉林：《甘肃泾川大岭上发现的旧石器》，《史前研究》1987 年 1 期。
［2］刘玉林、黄慰文、林一璞：《甘肃泾川发现的人类化石和旧石器》，《人类学学报》1984 年 1 期。
［3］张映文、谢骏义：《甘肃泾川南峪沟与桃山嘴旧石器时代遗址的发现》，《考古与文物》1981 年 2 期。
［4］谢骏义、张振标、杨福新：《甘肃武山发现的人类化石》，《史前研究》1987 年 4 期；张行：《试论泾渭河流域旧石器文化及与邻区的关系》，《文物春秋》1992 年 2 期。
［5］丁萝麟等：《甘肃庆阳更新世晚期哺乳动物化石》，《古脊椎动物与古人类》1965 年 1 期。
［6］谢骏义、张鲁章：《甘肃庆阳地区的旧石器》，《古脊椎动物与古人类》1977 年 3 期。
［7］甘肃省博物馆等：《甘肃镇原黑土梁发现的晚期旧石器》，《考古》1983 年 2 期。
［8］甘肃省博物馆：《甘肃环县刘家岔旧石器时代遗址》，《考古学报》1982 年 1 期。
［9］谢骏义：《甘肃西部和中部旧石器考古的新发现及其展望》，《人类学学报》1992 年 1 期。
［10］刘玉林、黄慰文、林一璞：《甘肃泾川发现的人类化石和旧石器》，《人类学学报》1984 年 1 期。
［11］甘肃省文物考古研究所：《甘肃省文物考古工作五十年》，《新中国考古五十年》，文物出版社，1999 年。
［12］盖培、黄万波：《陕西长武发现的旧石器时代中期文化遗物》，《人类学学报》1982 年 1 期。
［13］张行《试论泾渭河流域旧石器文化及与邻区的关系》，《文物春秋》1991 年 2 期。
［14］裴文中：《裴文中史前考古学论文集》，文物出版社，1987 年。
［15］甘肃省文物管理委员会：《渭河上游天水、甘谷两县考古调查简报》，《考古通讯》1958 年 5 期。
［16］任步云：《甘肃秦安县新石器时代居住遗址》，《考古通讯》1958 年 5 期。
［17］甘肃省文物管理委员会：《甘肃渭河上游渭源、陇西、武山三县考古调查》，《考古通讯》1958 年 7 期。
［18］甘肃省博物馆：《甘肃渭河支流南河、榜沙河、漳河考古调查》，《考古通讯》1959 年 7 期。
［19］考古研究所渭水调查发掘队：《陕西渭水流域调查简报》，《考古》1959 年 11 期。
［20］甘肃省庆阳地区博物馆：《庆阳地区文物概况》第 2 集，1983 年。
［21］张映文：《平凉文物》（铅印本未注发表日期）。
［22］甘肃省博物馆考古队：《甘肃灵台桥村齐家文化遗址试掘简报》，《考古与文物》1980 年 3 期。
［23］甘肃省博物馆文物考古队：《甘肃秦安大地湾遗址 1978 至 1982 年发掘的主要收获》，《文物》1983 年 11 期。
［24］中国社会科学院考古研究所泾渭工作队：《陇东镇原常山遗址发掘简报》，《考古》1981 年 3 期。
［25］中国社会科学院考古研究所泾渭工作队：《甘肃庄浪徐家碾寺洼文化墓葬发掘纪要》，《考古》

1982 年 6 期。
[26] 中国社会科学院考古研究所甘青工作队：《甘肃天水地区考古调查纪要》，《考古》1983 年 12 期。
[27] 甘肃省博物馆大地湾发掘小组：《甘肃秦安王家阴洼仰韶文化遗址的发掘》，《考古与文物》1984 年 2 期。
[28] 庆阳地区博物馆：《甘肃宁县阳坬遗址试掘简报》，《考古》1983 年 10 期。
[29] 中国社会科学院考古研究所：《师赵村与西山坪》，中国大百科全书出版社，1999 年。
[30] 甘肃省文物工作队、北京大学考古系：《甘肃甘谷毛家坪遗址发掘报告》，《考古学报》1987 年 3 期。
[31] 甘肃庆阳地区博物馆：《甘肃宁县董庄新石器时代遗址试掘报告》，《史前研究》1987 年 4 期。
[32] 赵雪野：《西峰市南佐疙瘩渠仰韶文化大型建筑址》，《中国考古学年鉴·1995》，文物出版社，1997 年。
[33] 李红雄：《甘肃庆阳地区南四县新石器时代文化遗址调查与试掘简报》，《考古与文物》1988 年 3 期。
[34] 王占奎、水涛：《合水县九站先周遗址》，《中国考古学年鉴·1985》，文物出版社，1985 年。
[35] 中国社会科学院考古研究所甘青工作队：《甘肃武山傅家门史前文化遗址发掘简报》，《考古》1995 年 4 期。
[36] 王辉：《平凉侯家台新石器时代遗址》，《中国考古学年鉴·1992》，文物出版社，1994 年。
[37] 甘肃省博物馆秦安县文化馆大地湾发掘小组：《甘肃秦安大地湾新石器时代早期遗存》，《文物》1981 年 4 期；《一九八〇年秦安大地湾一期文遗存发掘简报》，《考古与文物》1982 年 2 期。
[38] 中国社会科学院考古研究所：《师赵村与西山坪》，中国大百科全书出版社，1999 年。
[39] 甘肃省文物工作队：《甘肃秦安大地湾 901 号房址发掘简报》，《文物》1986 年 2 期。
[40] 丁广学：《庄浪出土的彩陶器》，《平凉文博》1984 年 1 期。
[41] 宁夏文物考古研究所、中国历史博物馆考古部：《宁夏菜园——新石器时代遗址、墓葬发掘报告》，科学出版社，2003 年。
[42] 肖琦：《陕西陇县出土马家窑文化彩陶罐》，《考古与文物》1990 年 5 期。
[43] 丁广学：《庄浪出土的彩陶器》，《平凉文博》1984 年 1 期。
[44] 夏鼐：《临洮寺洼山发掘记》，《中国田野考古学报》第四册，1949 年。
[45] 张学正：《略论陕甘青地区几种主要文化的源流》（提要），《西北史地》1988 年 4 期。
[46] 中国社会科学院考古研究所泾渭工作队：《甘肃庄浪徐家碾寺洼文化墓葬发掘纪要》，《考古》1982 年 6 期。

甘肃史前彩陶：起源、传承与象征
——由秦安大地湾遗址出土彩陶说起

王仁湘
（中国社会科学院考古研究所）

自仰韶文化彩陶发现开始，我们就得到了开启中国史前艺术之门的钥匙。主要分布在黄河中游地区的仰韶文化彩陶，以它卓越的成就奠定了中国古代艺术发展的根基，而在此基础上发展起来的黄河上游地区的马家窑文化彩陶，则将史前艺术水准提升到了前所未有的顶峰，构筑起一座辉煌的艺术殿堂。

甘肃是马家窑文化彩陶的主要分布区域，甘肃史前彩陶有完整的起源与发展序列，是学界非常重视的研究领域，考古和艺术史家都给予了很多关注。甘肃彩陶是中国史前艺术的一座宝库，寻找这一地区彩陶艺术的起源，探求纹饰发展传承的脉络，诠释彩陶图案的象征意义，是历来学者们重点关注的课题。我想在前人研究的基础上也来就甘肃彩陶的起源、传承和象征这三个问题略抒己见，希冀对彩陶的研究能有所补益。

一、起　　源

瑞典学者安特生于1921年年末正式发掘了河南渑池仰韶村遗址，随后又在渑池调查发掘了其他一些遗址，他认为这些地点的发现都属新石器时代末期的同一类遗存，于是提出了“仰韶文化”的命名。因为这些遗址都出土了风格类似的彩陶，所以安特生又称之为“彩陶文化”。从此以后，彩陶的研究进入中国学术领域。

在中国突然发现的发达的彩陶文化有怎样的发展过程，它又是怎样起源的？在这样的思考中安特生将他的目光转向了西亚，他与一些国外学者推想中国的彩陶并非本土起源，它的技术与文化传统应当是来自遥远的国度。于是安特生将自己的研究方向转到中国西北，希望在那里寻找到彩陶东传的证据，他推测那里应存在着一条彩陶自西向东传播的通道。

1923～1924年，安特生沿着古老的黄河西行，去追溯仰韶文化和彩陶文化的源头。他本来打算只在西北地区考察几个月就返回北京，但在甘肃和青海一带发现了丰富的古文化遗存，发现了比中原数量更多的彩陶，这使得他流连忘返，一直在那里待了近两个年头。在西北甘青地区，安特生发现了不同于河南地区仰韶文化的另五种新考古学文化，在这些文化中都见到了彩陶，认为这些考古学文化处于新石器时代晚期到向青铜时代过渡的时期，绝对年代在公元前 3500～前 1500 年，包括仰韶在内它们代表了 6 个发展阶段，它们是齐家期、仰韶期、马厂期、辛店期、寺洼期和沙井期，这便是他创建的仰韶文化“六期说”[1]。将齐家期放在仰韶期之前，现在看来是个十分明显的错误，正是这个明显的错误，为仰韶文化和中国文化西来说提供了重要依据。齐家期简单而质朴的彩陶纹饰，被认定是彩陶开始出现的证据。

安特生在西北主要是在甘肃地区发现的大量彩陶，现在看来大多已经不属于中原仰韶文化范畴，内涵与时代都有不同。虽然包括他在内的一些国外的研究者急于将中国彩陶与西亚彩陶相提并论，由此倡导中国文化很早就表现有西来特征的学说，但是他所找到的证据虽然在他看来是那样确凿无疑，当时的提法在后来者看来其实并不能成立。尽管在后来还有一些研究者仍然着力于演绎中国彩陶西来说，但在大量新发现面前，那些论说早已没有了存在的根基，从研究的理论与方法层面上暴露出许多无法弥合的漏洞。

对安特生在学术上出现的错误，中国的考古学家们在大半个世纪以前就彻底纠正了。1937 年尹达先生即撰文指出，仰韶村遗址包含有龙山文化遗存，甘肃史前文化的齐家期不一定早于仰韶期[2]。1945 年以后，夏鼐先生通过在甘肃的一系列发掘，澄清了安特生在考古发掘过程中所犯的层位颠倒的错误，他指出甘肃地区史前文化正确的时间顺序应当是仰韶文化、马厂文化、齐家文化，后面的辛店、寺洼、沙井文化已进入青铜时代[3]。安特生所说的甘肃古文化六期中的“仰韶期”，主要内涵是 20 多年后夏鼐命名的马家窑文化，后来的一些研究者常常称之为甘肃仰韶文化，但并不能等同于黄河中游的仰韶文化。

在 20 世纪五六十年代，在甘肃及邻近的青海东部地区新发现大量的马家窑文化遗址，同时也进行了一些发掘工作，为探索马家窑文化及彩陶的来源进行了深入研究。关于马家窑文化与仰韶文化的关系，体现在彩陶上的线索非常明确，石兴邦先生就此进行了探讨。他在 1962 年发表的一文中认为马家窑文化彩陶受到庙底沟类型彩陶的影响，纹饰母题与演变规律都有相似之处[4]。严文明先生 1978 年发表的《甘肃彩陶的源流》[5]，论及半坡类型向陇东和庙底沟类型向陇西及青海东部的扩展，确认马家窑文化彩陶的源起与中原地区的仰韶文化有关。

马家窑与仰韶文化的关系，在以后揭示的多处地层证据中得到进一步确认。在临洮马家窑—瓦家坪遗址发现了马家窑文化叠压在仰韶文化庙底沟类型之上的地层关系，在武山石岭下遗址发现了早于马家窑类型的石岭下类型遗存，在天水罗家沟遗址又发现庙底沟类型、石岭下类型与马家窑类型由早到晚的三叠层关系，有关马家窑彩陶来源的研究取得了实质性的进展[6]。特别是后来又发掘了秦安大地湾[7]、天水师赵村与西山坪[8]、武山傅家门等遗址[9]，不仅在在地层上确认了仰韶文化与马家窑文化的早晚关系，出土大量彩陶也为追寻彩陶的源头找到了线索。

一部分研究者所称的石岭下类型，主要分布于渭河上游的秦安、天水、武山一带。也有一部分研究者将这一内涵的文化直接称为仰韶晚期文化，特别是像秦安大地湾四期文化的面貌，与仰韶时期的庙底沟文化表现有更多的联系。表现在彩陶上，石岭下类型承续了庙底沟文化的一些特点，如圆点、三角、旋纹图案都有相似之处。石岭下类型也孕育了马家窑类型彩陶因素，如较多旋纹，特别是形似变形鸟纹的旋纹与圆圈纹奠定了马家窑类型彩陶纹饰演变的基础。根据大地湾等遗址木炭标本 ^{14}C 测定结果判断，石岭下类型年代为公元前3500～前3000年，年代上限大体与庙底沟文化相衔接[10]。先前许多学者认为马家窑文化是仰韶文化的继续与发展，可见证据是越来越充实了。

甘肃境内既有仰韶早中期半坡和庙底沟文化分布，又有仰韶晚期文化发现，在青海东部也有仰韶中晚期文化遗存发现。由这些发现看，我们就可以为甘肃彩陶繁荣时期的兴起做出一个基本的判断，甘肃及青海东部地区在距今6000年前左右，就已经是仰韶文化的分布区域，马家窑文化彩陶的来源应当就在这个本土区域，应当就是仰韶时期的庙底沟文化，与遥远的西方没有什么关系。当然这是安特生当年所没有见到的资料，我们排除他在主观因素和方法论上的原因不论，那时资料的不系统不完善也是出现“西来说”错误的一个重要原因。

随着田野考古的深入，后来又在秦安大地湾、天水师赵村和西山坪遗址发现更早的前仰韶文化彩陶，这些具有初始特征的彩陶将甘肃及以西邻近地区彩陶起源的年代追溯到了距今7000年前的年代。已有的发现完全能证实甘肃史前彩陶具有完整的起源与发展序列，这样的序列不仅在中国其他区域没有见到，在世界其他区域也没有见到，由这一个角度看，这是一个非常值得关注的原始艺术生长的典型区域。

二、传　　承

从文化的分布与地层堆积关系找到了甘肃地区考古学文化明确的传承关系，那么由彩陶纹饰演变的考察是否也能寻找到传承的脉络？答案是肯定的，甘肃史前彩陶传承的脉络不仅能找到，而且还相当清晰。

由陇东秦安大地湾遗址的发现观察，前仰韶与半坡文化彩陶同关中地区同期文化相类，从器形和纹饰构图上都找不出明显区别，只是分布地域大体限于陇东，与关中应属同一文化区。到庙底沟文化时期，向西有明显的文化扩张态势，不仅在甘肃大部，直至邻近的青海东部地区，也都见到不少庙底沟文化风格彩陶。如在青海民和胡李家出土的垂弧纹和排弧纹彩陶[11]，与秦安大地湾和河南陕县庙底沟所见的同类纹饰非常接近。民和阳洼坡发现一例与圆形组合的叶片纹[12]，叶片较为宽大，圆形中填有十字形（图一，1），与后来马家窑文化类似纹饰接近。在秦安大地湾后庙底沟文化彩陶中，就可以看到这种叶片纹变化的轨迹。在一些彩陶上，原来的叶片纹与圆形组合发生了角色互换，圆形增大变成了主要单元，叶片已经明显变成了次要的单元（图一，2、3）。这个变化的结果，就是马家窑文化流行的四大圆圈纹的出现。圆圈纹加大了，叶片纹扭曲后变成了圆圈之间连接的纽带。

又如四瓣式花瓣纹在甘青地区也有发现，见于民和阳洼坡和胡李家。阳洼坡的一例四瓣式花瓣纹，在花瓣合围的中间绘一纵向的叶片纹，构图与中原庙底沟文化大体相同。胡李家的一例则是在花瓣合围的中间绘三条平行线，像是扩大了的横隔断。胡李家的另一例四瓣式花瓣纹最有特点，花瓣绘得十分工整，整体作倾斜状，构成一个独立的单元，构图非常严谨，与中原的发现没有什么分别。花瓣单元彼此之间，用宽大的叶片纹做连接，这又是一例典型的叶片纹与圆形组合纹饰（图一，4）。

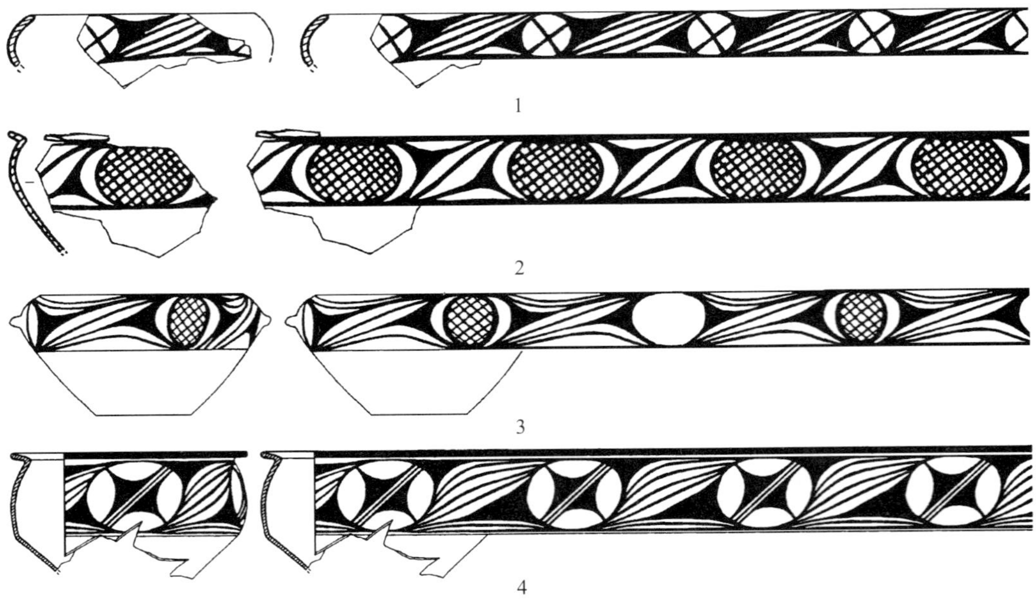

图一　庙底沟与后庙底沟文化彩陶上的叶片纹

1. 民和阳洼坡　2、3. 秦安大地湾　4. 民和胡李家

甘肃南部嘉陵江支流白龙江一带发现包含彩陶在内的庙底沟文化及后庙底沟文化遗存，如武都大李家坪就出土了一些庙底沟文化时期的彩陶，其中就有鱼纹[13]。当然由于陶片较为破碎，纹饰仅存鱼尾和鱼鳃局部，不大容易辨别出来（图二，1）。甘肃西南发现鱼纹彩陶的地点还有陇西二十里铺、西和宁家庄和礼县石嘴村、黑土崖、高寺头[14]。宁家庄见到的一件鱼纹彩陶，仅存鱼鳃与身的接合部，复原的纹饰为无眼的典型鱼纹。黑土崖也有一件典型鱼纹残陶片，鱼身可能稍长一些。黑土崖的另一例鱼纹彩陶所绘为无头鱼纹，在本来为鱼头的位置绘着黑白对称的弯角弧形几何纹，复原的纹饰与秦安大地湾见到的同类鱼纹相同。高寺头也见到一件与黑土崖这件纹饰非常接近的彩陶片，也可能两者就是同一件。这几例无目与无头鱼纹，与秦安大地湾所见雷同（图二，3～5）。黑土崖还有一例彩陶片绘有简体鱼纹，纹饰仅存鱼纹尾身接合部（图二，6）。这种简体鱼纹是晋豫陕地区庙底沟文化彩陶标志性纹饰之一，同样在秦安大地湾也有发现。

此外在一些地点还出土了双瓣式花瓣纹彩陶，武都大李家坪就见到两例，纹饰绘在与庙底沟文化相同的深腹盆上，叶片较为肥硕，中间也都绘有中分线（图三）。

庙底沟文化向西以及向南的扩张，在这些彩陶的发现上可以看得非常清楚。甘肃地区在庙底沟文化之后发展起来的石岭下类型，在彩陶上也表现出明确的传承关系。我们知道，虽然研究者对石岭下类型或是大地湾四期的名称与归属存在明显分歧，不过对于

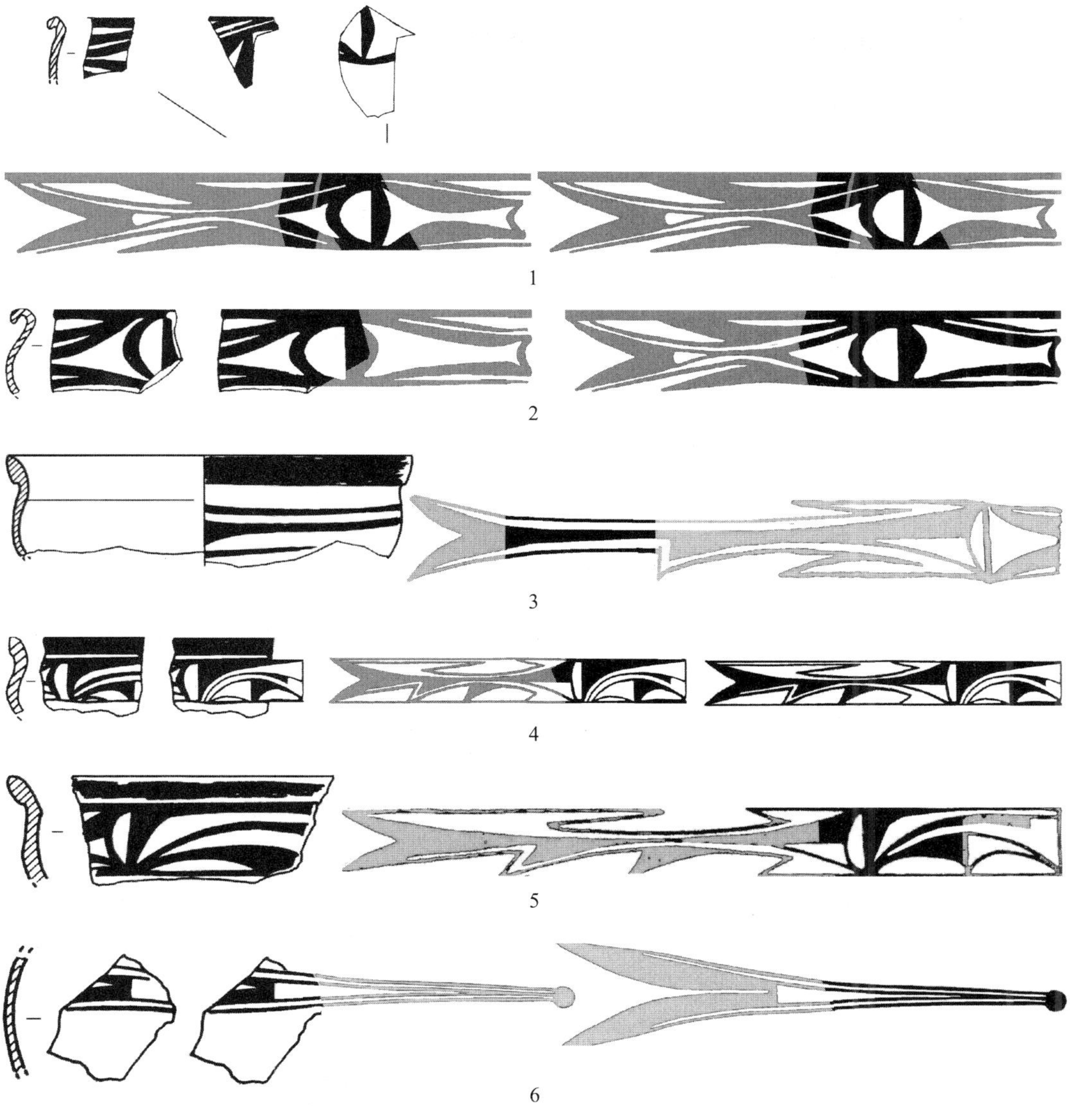

图二　白龙江和西汉水地区出土鱼纹彩陶

1. 武都大李家坪　2. 西和宁家庄　3、5、6. 礼县黑土崖　4. 礼县高寺头

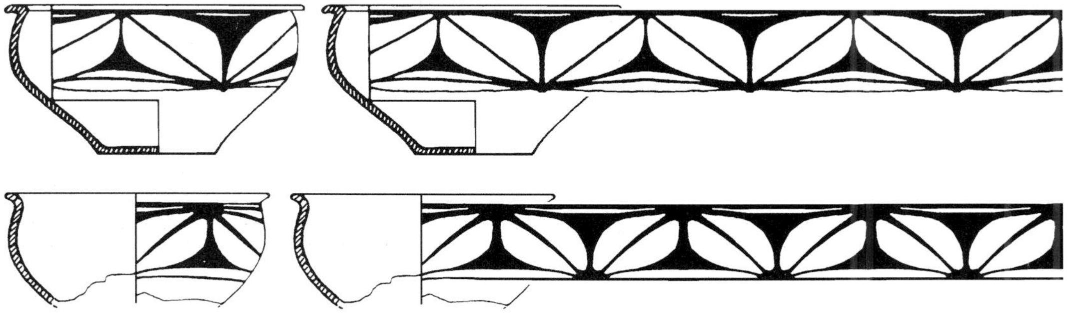

图三　武都大李家坪双瓣式花瓣纹彩陶

它所具有的过渡文化性质，并没有明显不同的认识。正是有这样的一个共识，为我们确认仰韶文化彩陶与马家窑文化彩陶的传承关系，提供了一个重要的认识基础。我们先来考察甘肃晚期仰韶的彩陶特点，看看它是怎样成为联结仰韶与马家窑文化彩陶的纽带的。

我们以秦安大地湾遗址四期文化作为考察的中心。根据发掘者的描述，大地湾四期文化彩陶的特点是："彩陶以黑彩为主，少量为红彩，图案以圆点、弧线和少量直线构成，有弧线三角纹、花瓣纹、漩涡纹、绳索纹、网格纹、叶纹、平行线等。还有个别的蛙纹、写实动物纹。"我们将发现较多的纹饰做一番梳理，可以为大地湾四期文化彩陶的特点重新做这样的概括：大地湾四期文化彩陶的主要类别，是双瓣与四瓣式花瓣纹、叶片纹与圆形组合、旋纹、绞索纹、直边三角和四边形构图，以圆弧类元素构图多见（图四～图九）。其中最有特点的应当是旋纹，是最流行的纹饰，包括一部分过去被认做"鸟纹"的旋纹，我们特地用了一个"鸟式"旋纹的名字来指称它（图六）。如果将叶片纹与圆圈组合也归入旋纹类（图七），这一期彩陶的旋纹从数量上明显超出半数，它可

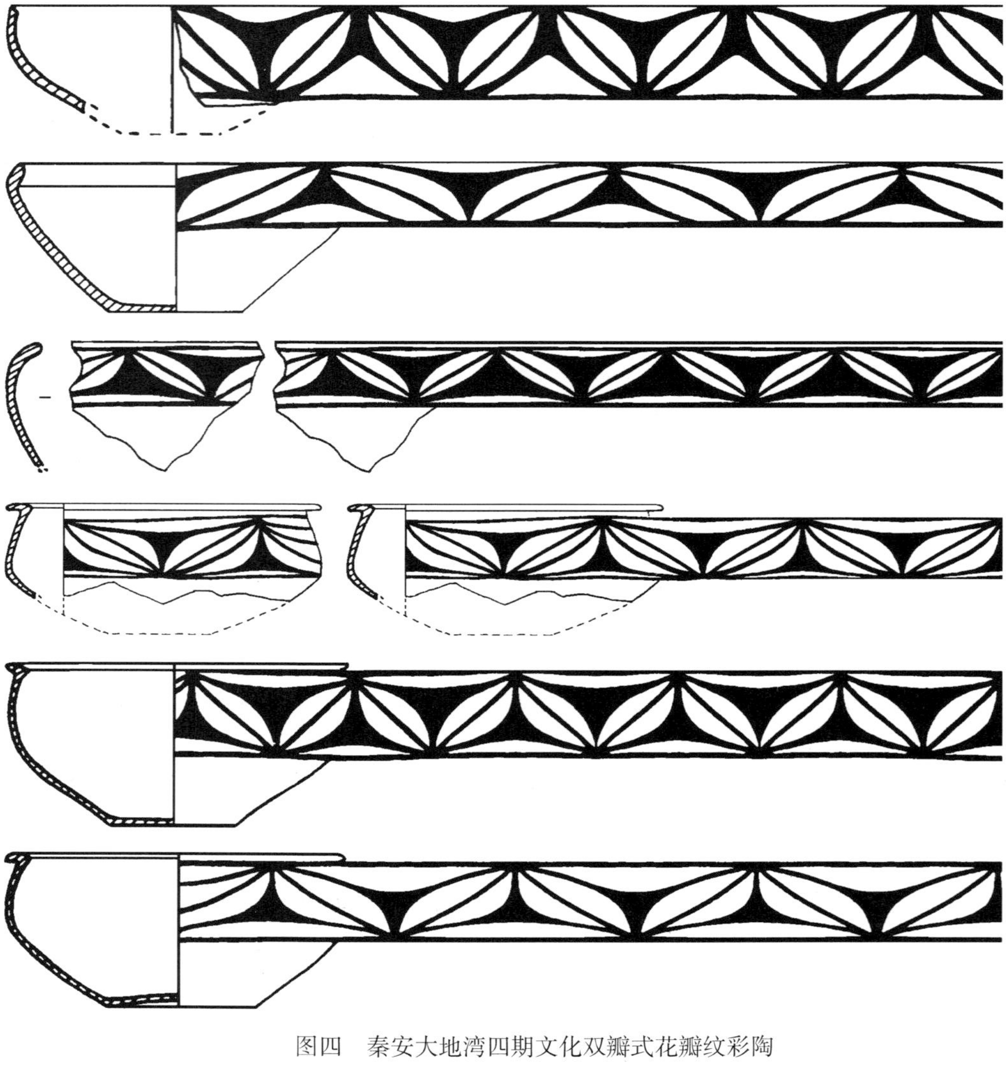

图四　秦安大地湾四期文化双瓣式花瓣纹彩陶

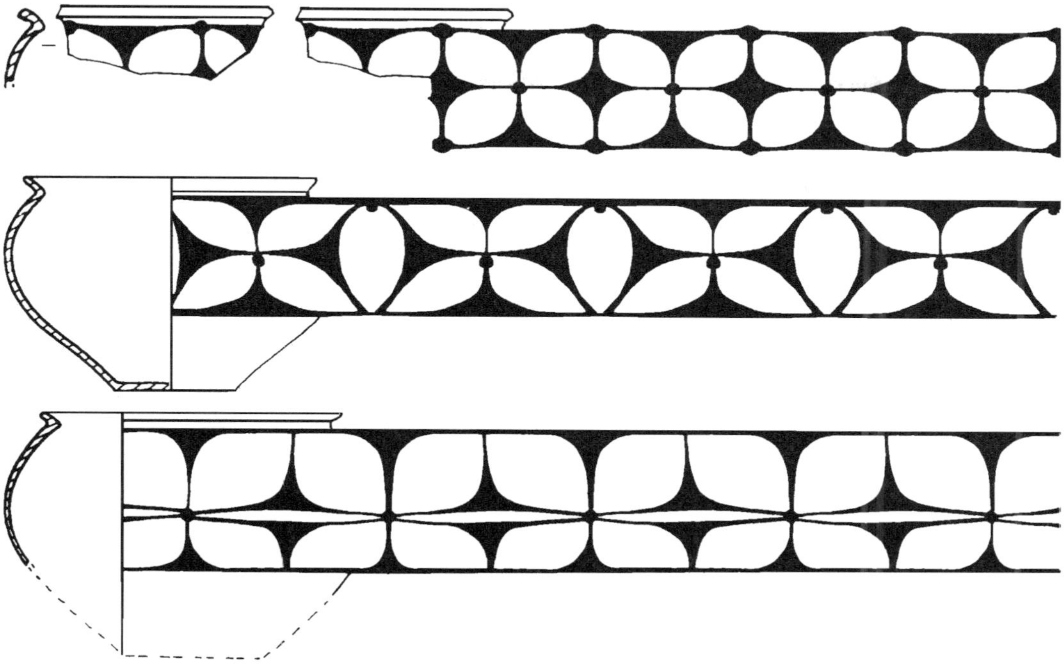

图五　秦安大地湾四期文化四瓣式花瓣纹彩陶

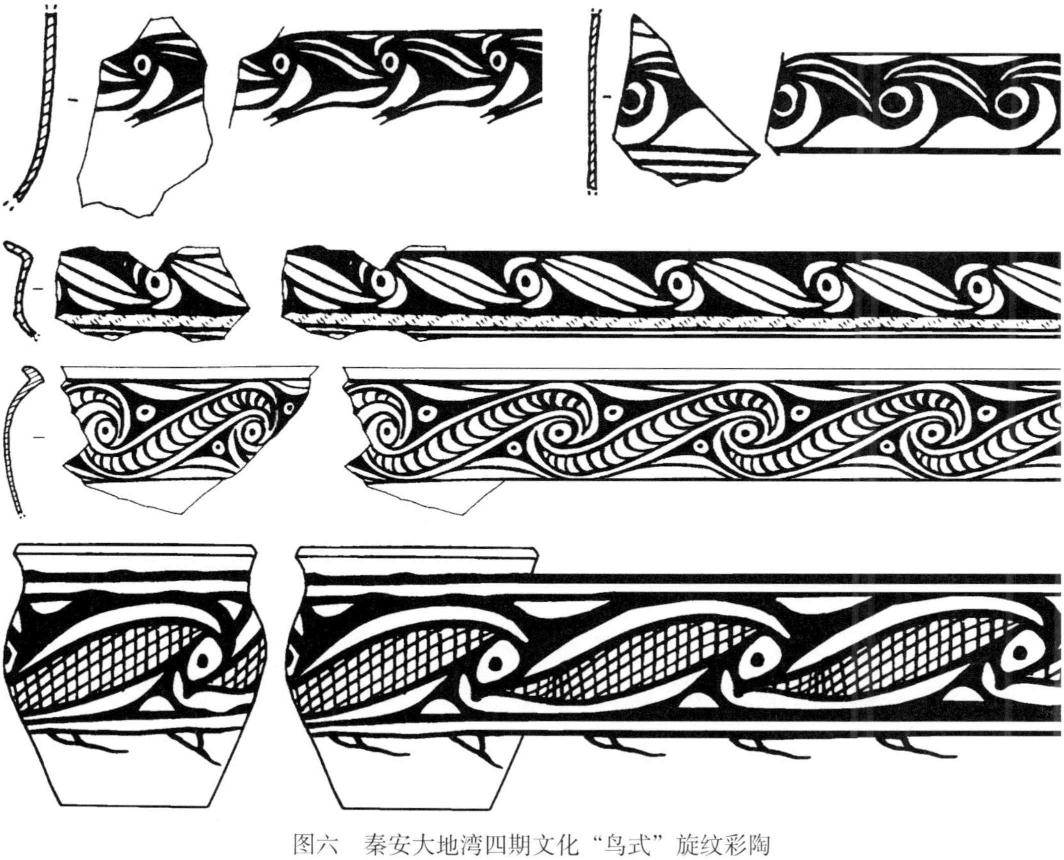

图六　秦安大地湾四期文化“鸟式”旋纹彩陶

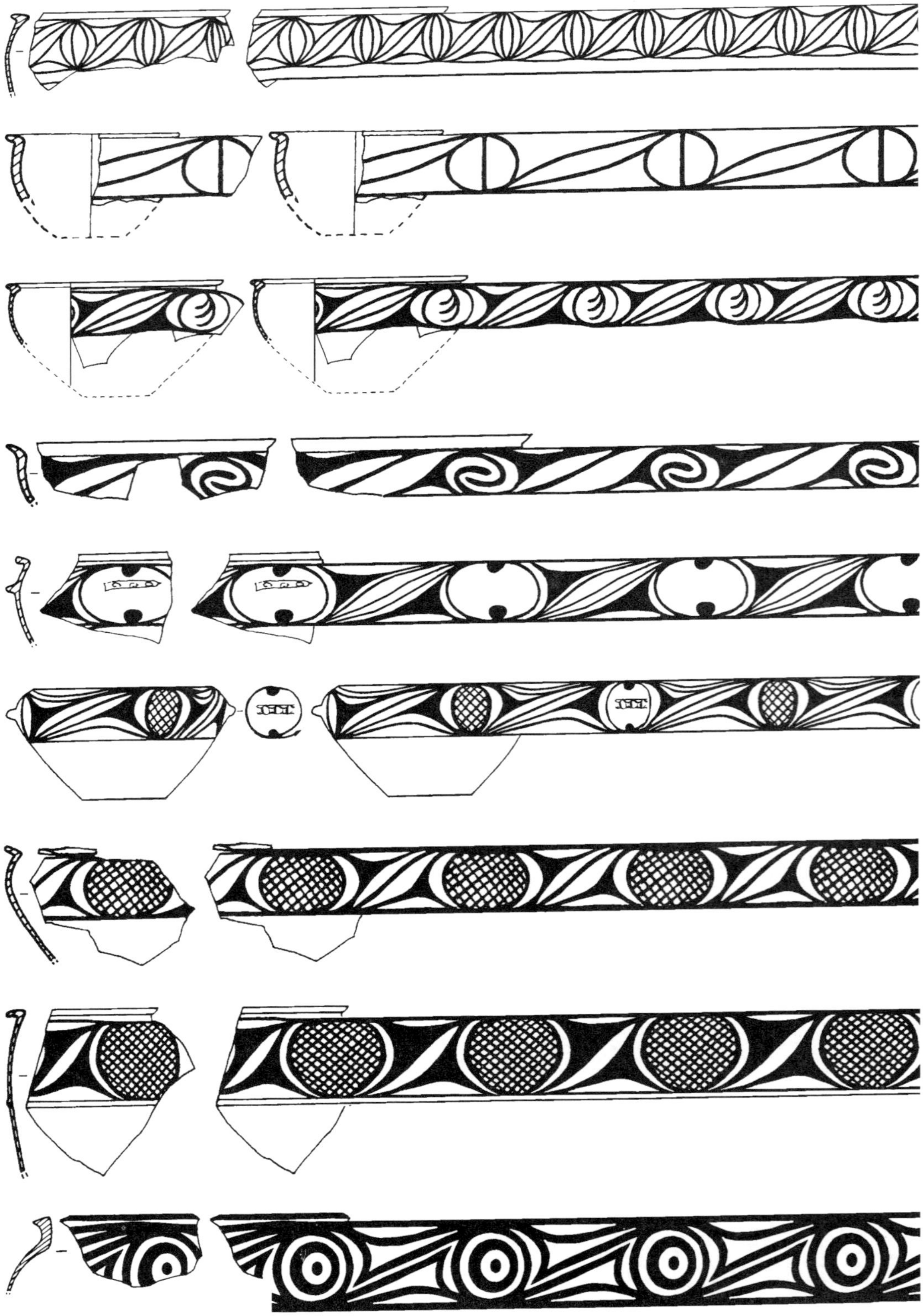

图七　秦安大地湾四期文化圆圈与叶片纹组合彩陶

图八　秦安大地湾四期文化双旋纹彩陶

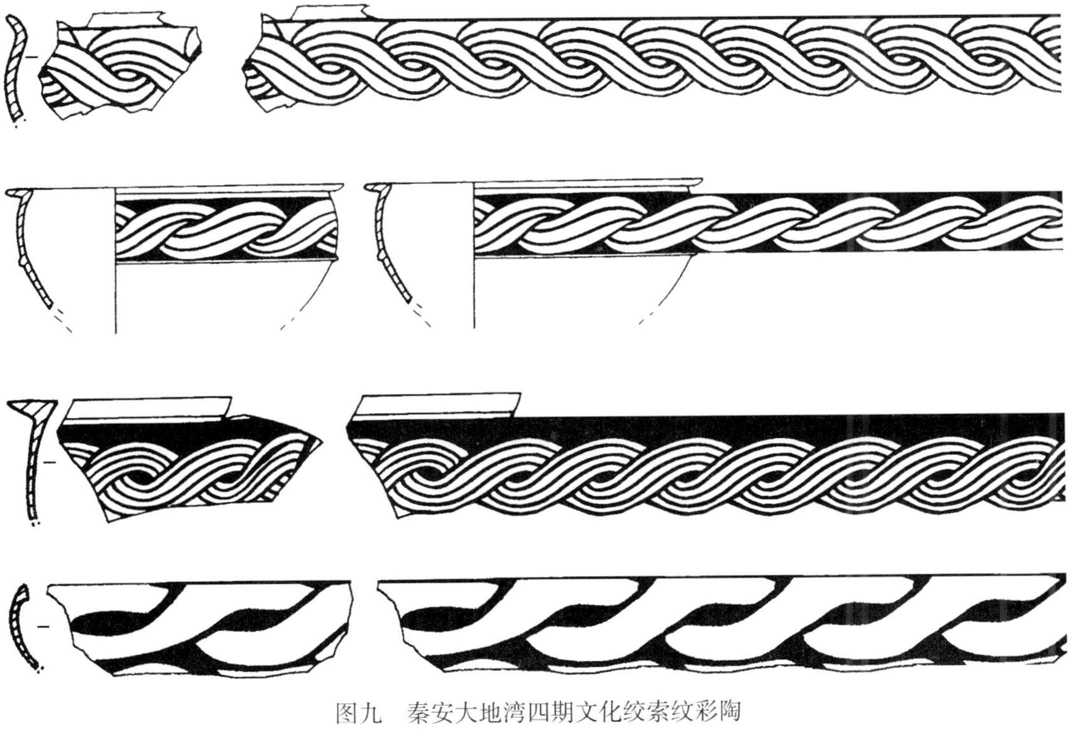

图九　秦安大地湾四期文化绞索纹彩陶

以认定是这一阶段的一种主体纹饰。

有了对大地湾四期文化彩陶这一特点的把握，我们再看其他遗址同期文化遗存的彩陶，可以加深对旋纹主题的认识。做过较大规模发掘或调查过的同期遗存还有武山傅家门，甘谷王家坪，礼县石家坪，秦安高家庙、焦家沟、山王家，天水师赵村、西山坪、寨子、籍河、张沟几处，所发现的彩陶都是以叶片纹与圆形组合和“鸟式”旋纹为主体，风格非常一致。在高家庙、山王家、傅家门和西山坪遗址所见彩陶叶片纹与圆形组合还与“鸟式”旋纹同绘一器，后者在上，前者在下，纹饰平行排列，构图严谨华美（图一〇）。

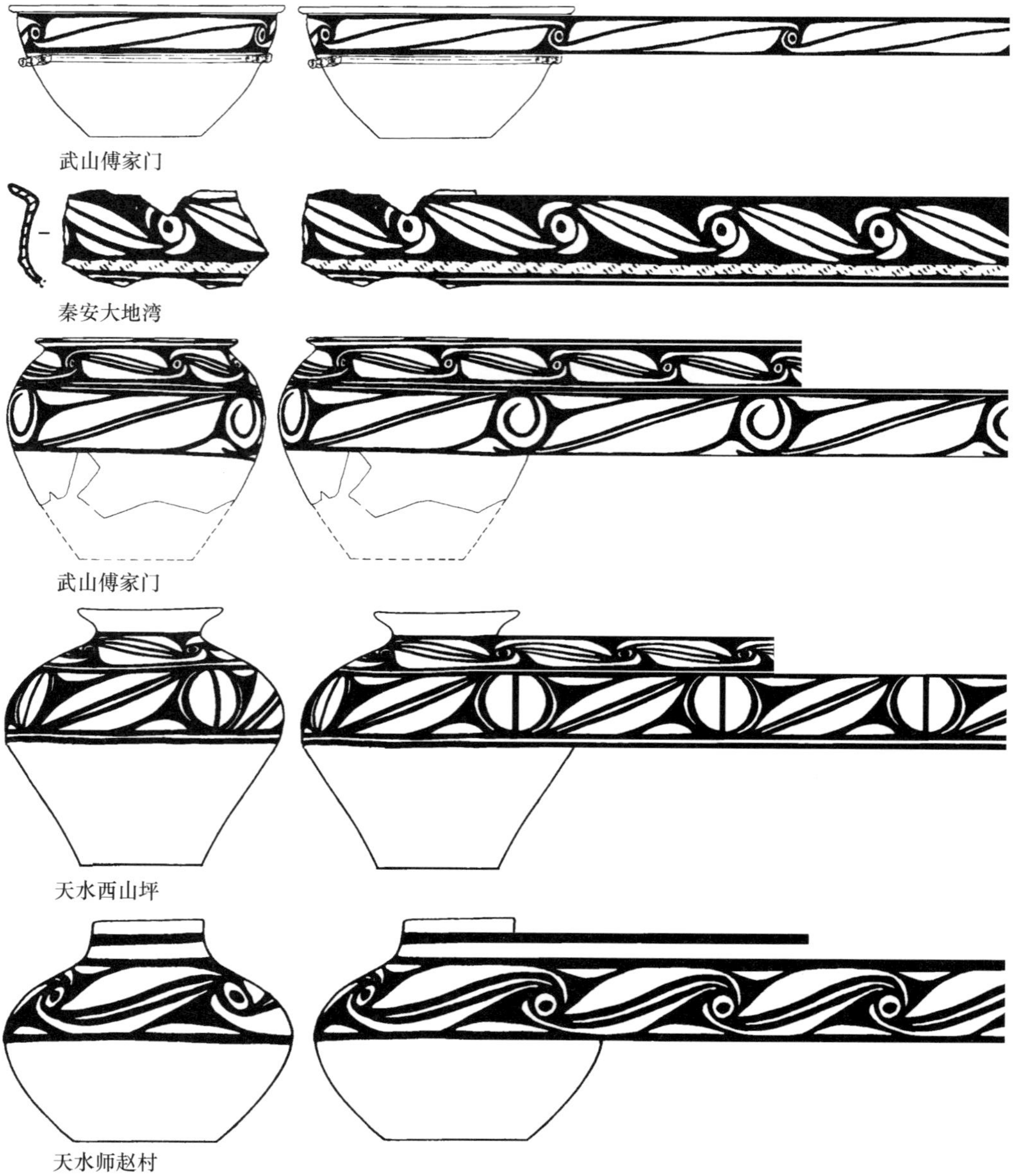

图一〇　石岭下类型“鸟式”旋纹彩陶

我们知道，彩陶上所见的叶片纹与圆形组合，在上述这些同期遗存中与“鸟式”旋纹共存共见，它甚至在年代更晚的马家窑类型彩陶上还能偶尔单独见到或者与标准的旋纹共绘一器。它在两个方面表现出的特点值得引起我们特别的注意：一是它出现的时代远早于“鸟式”旋纹，同样构图的纹饰在庙底沟文化彩陶上经常见到；二是在构图上两类纹饰非常接近，它们都以同样的圆形作为纹饰的重心，稍有区别的是一个以叶片纹做圆形之间的连接，一个以旋线作为圆形间的连接。但值得注意的是，与圆形组合的叶片纹，都是呈斜行样式，左角接左边的圆形，右角接右边的圆形，很多例子都显现出旋形构图，真正非常对称的叶片纹很少见。而标准的旋纹组合在两圆形之间绘出的旋线，其实也是一例叶片纹，只是做了较大的变形处理而已。

那些“鸟式”旋纹也是如此，中间被看做是鸟首的带圆点的小圆形，连接圆形的正是变形的地纹叶片纹。只是这种变形的叶片纹为一般观者视而不见，反而将作为衬底的弧边三角形看成了鸟形的身体。可是这样的鸟形其实是绘出了一上一下或一左一右的两个弧边三角，人们没法解释为何绘出这样的双身鸟形图像。其实这图形虽是像鸟但并不是鸟的形象，认定这一点非常重要。

这样看来，彩陶上的叶片纹及圆形组合纹饰与“鸟式”旋纹和标准旋纹其实可以等同视之。又由于前者出现的时代更早，应当是旋纹的雏形，后者的来历正是这种初形变化的结果。“鸟式”旋纹的来源，是叶片纹圆形组合纹的艺术变形，具体来说是叶片纹变形后构成的新图式。

在庙底沟文化彩陶上，见到较多的叶片纹与圆形组合纹饰。叶片纹与圆形互为间隔，呈左右延伸的二方连续形式排列。在组合形式上，叶片纹也表现出一些特点。叶片纹一般绘得宽窄适中，少数也有很宽或很窄的例子（图一一）。

往前追溯了庙底沟文化彩陶的叶片纹与圆形组合图案，我们认为这是石岭下类型旋纹出现的构图基础。

经过了石岭下时期的过渡阶段，马家窑文化彩陶进入到繁荣发展的时期。一般研究者将马家窑文化主体分为前后相续的三期，即马家窑类型、半山类型和马厂类型，表现在彩陶上，这三期既有明显的区别，又有紧密的联系。马家窑类型流行的旋纹，作为旋心的圆圈纹到半山时期逐渐增大，到马厂时期演变为四大圆圈纹，成为非常流行的主体纹饰。马家窑文化彩陶上旋纹的演变，前期多见旋式四圆圈纹（马家窑和半山类型），后期则是折线与四圆圈纹组合或纯四大圆圈纹（马厂类型）。马家窑文化前后三期彩陶的中心主题相同，但在构图上有明显的变化。变化的脉络是：小圆圈旋纹→大圆圈旋纹→大圆圈纹，最终的构图形式是四大圆圈纹。

如果将庙底沟文化彩陶联系起来考察，甘肃史前彩陶演变的一条主线可以确定是：叶片纹与圆圈纹组合→旋纹圆圈纹组合→折线大圆圈纹组合→四大圆圈纹。这是黄河上游地区前后相续一脉相承的彩陶纹饰主题元素，也是主要的演变脉络（图一二）。

甘青地区彩陶纹饰演变的主线，即由旋纹向四圆圈纹的演变趋势，以往一些研究者已有明察。张朋川先生对于旋纹向四大圆圈纹发展的脉络，曾经有比较明晰的勾勒。他说“以石岭下彩陶的变体鸟纹发展成以圆点纹为旋心的二方连续纹。石岭下彩陶的瓶和罐经常将变体鸟纹列在上层，将变体鱼纹列在下层，而结合成分层的图案”。虽然对于这些与旋纹相关的纹饰究竟是不是鸟纹和鱼纹的变体还需要斟酌，但他对纹饰演变过程的描述却是可取的。他进一步指出，“马家窑类型彩陶这类图案花纹的结构与石岭下类型彩陶相同，以表示头的圆圈为旋心，圆圈两边斜对的弧边三角纹反向地旋动。但在弧边三角纹内出现了小圆点，作为旋心的圆愈来愈大，由圆点纹变为同心圆纹，显示出旋

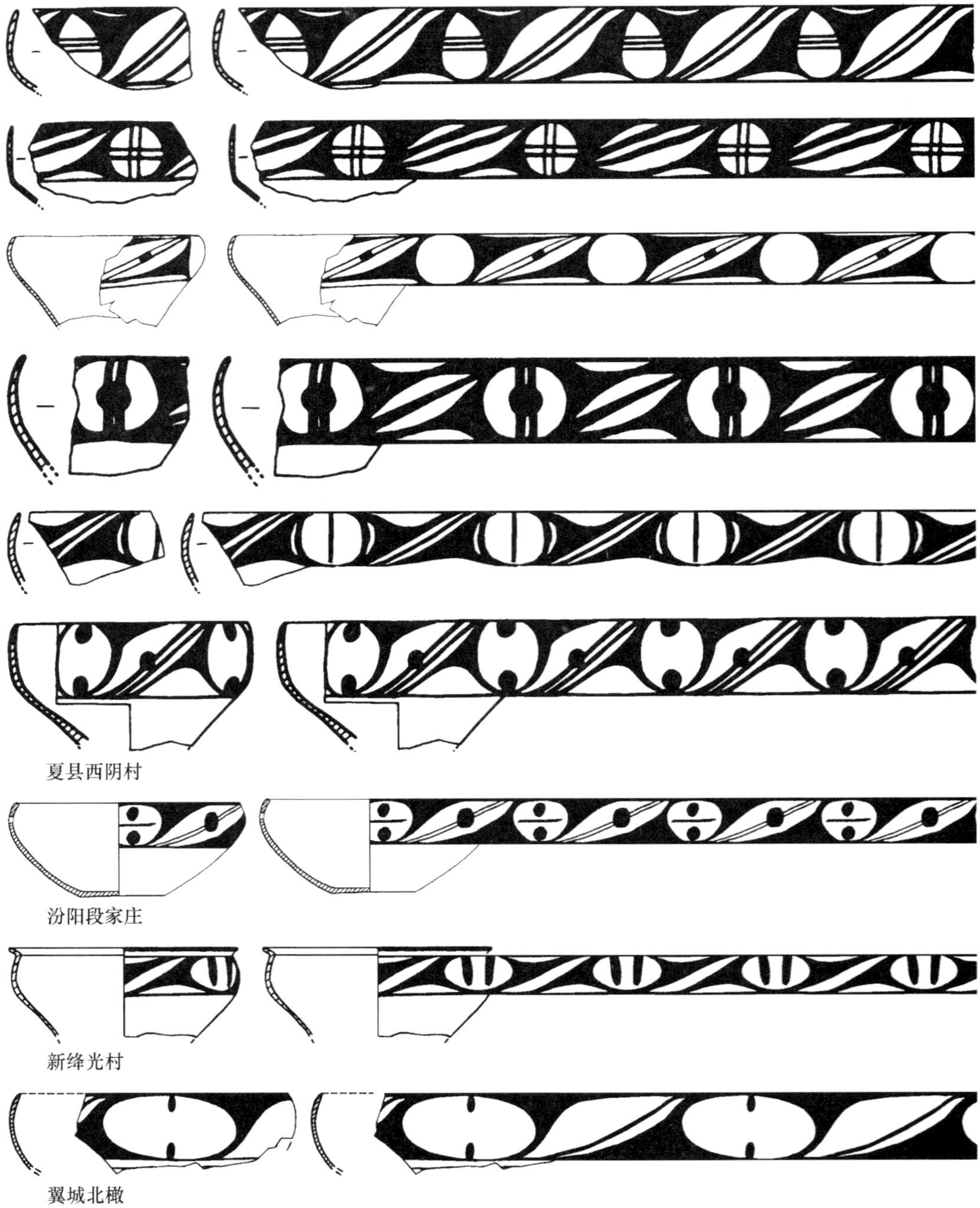

图一一　庙底沟文化彩陶圆形与叶片纹组合纹饰

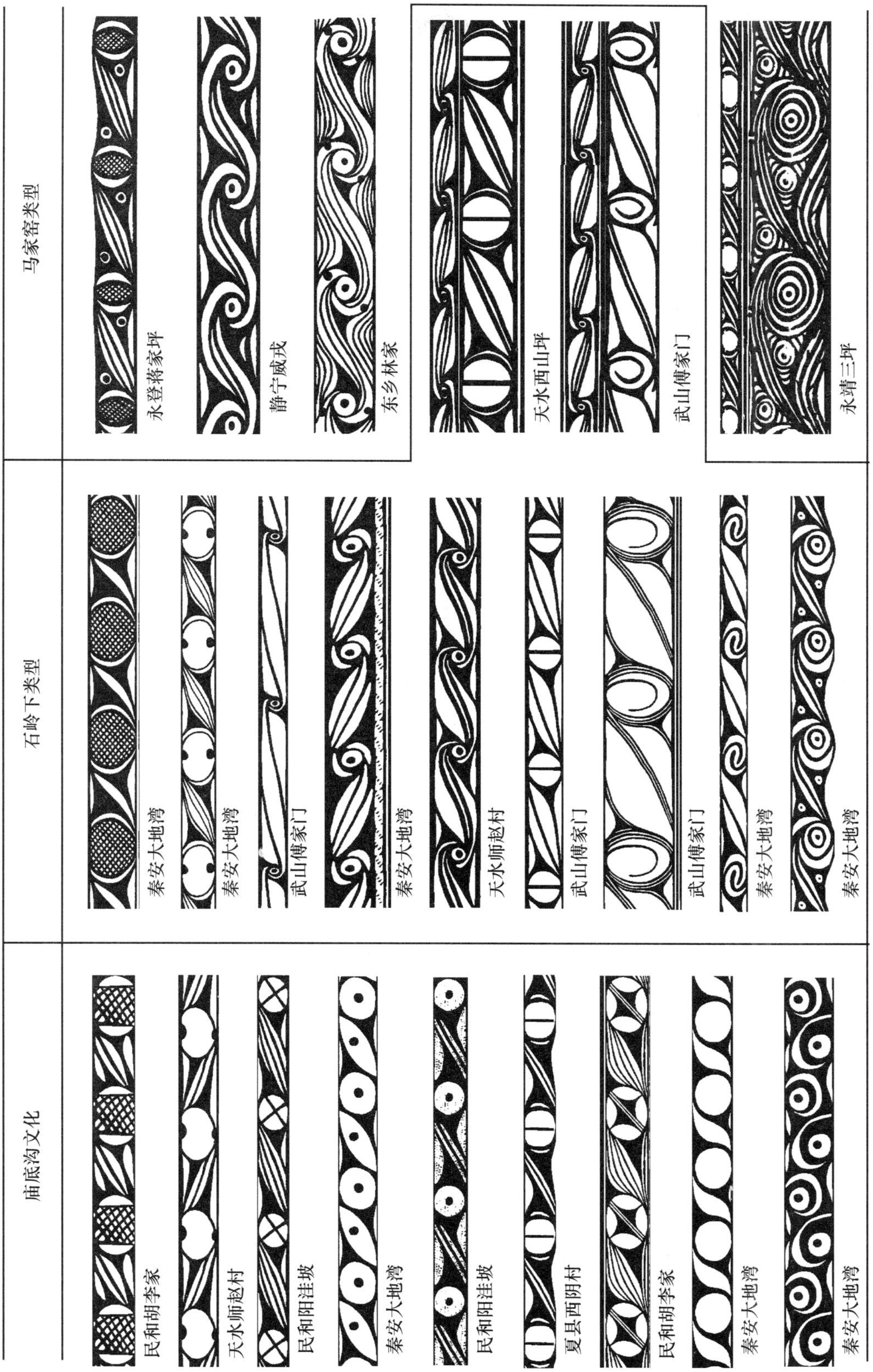

图一二　彩陶从叶片纹圆形组合到旋纹的演变

纹的雏形。发展到半山文化时期，旋纹有了成熟的面貌，成为半山类型彩陶的主要花纹。半山的旋纹完全成为脱离了自然形的几何图案，早期的旋纹，实体的弧边三角纹变成弧边三角的线纹，斜对的弧边三角纹之间的距离拉长，旋心圆之间以两或三根旋线连接起来。半山中期旋纹的旋心圆不断扩大，旋心圆中饰以圆点、十字、对三角等简单的花纹，以红色带纹作为连接旋心的旋线……发展到半山晚期，旋纹的旋心圆变为大圆圈，圈内的花纹较复杂，有网纹、叶纹或十字、米字的间隙中再填圆点等各种花纹”。“发展到马厂时期，四大圈之间连接的旋纹消失，这种四大圈纹成为马厂彩陶的代表花纹之一。”（图一三、图一四）圆圈纹内结构多样的填纹，在马厂时期又有了更多变化。

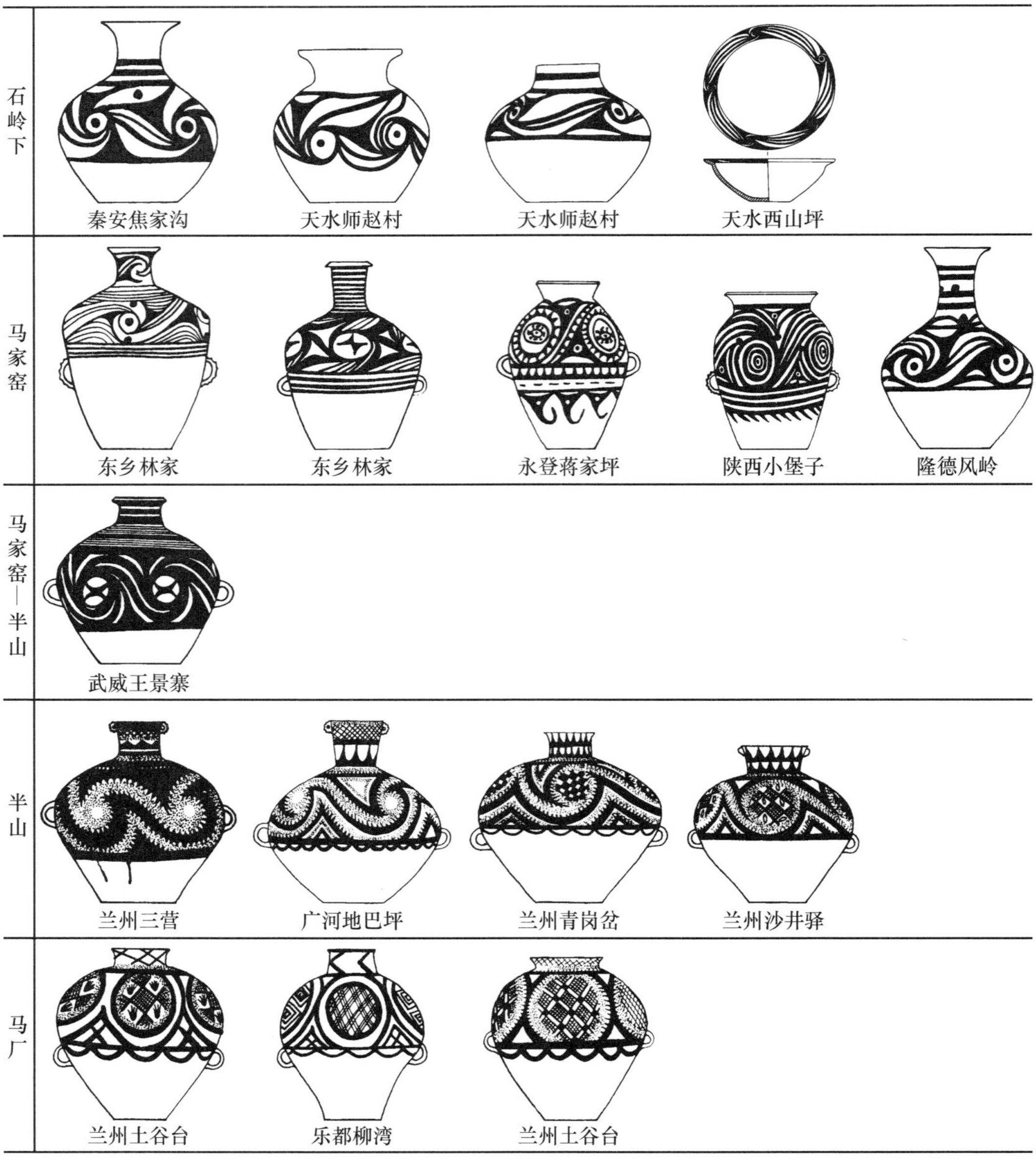

图一三　马家窑文化彩陶四大圆圈纹的演变

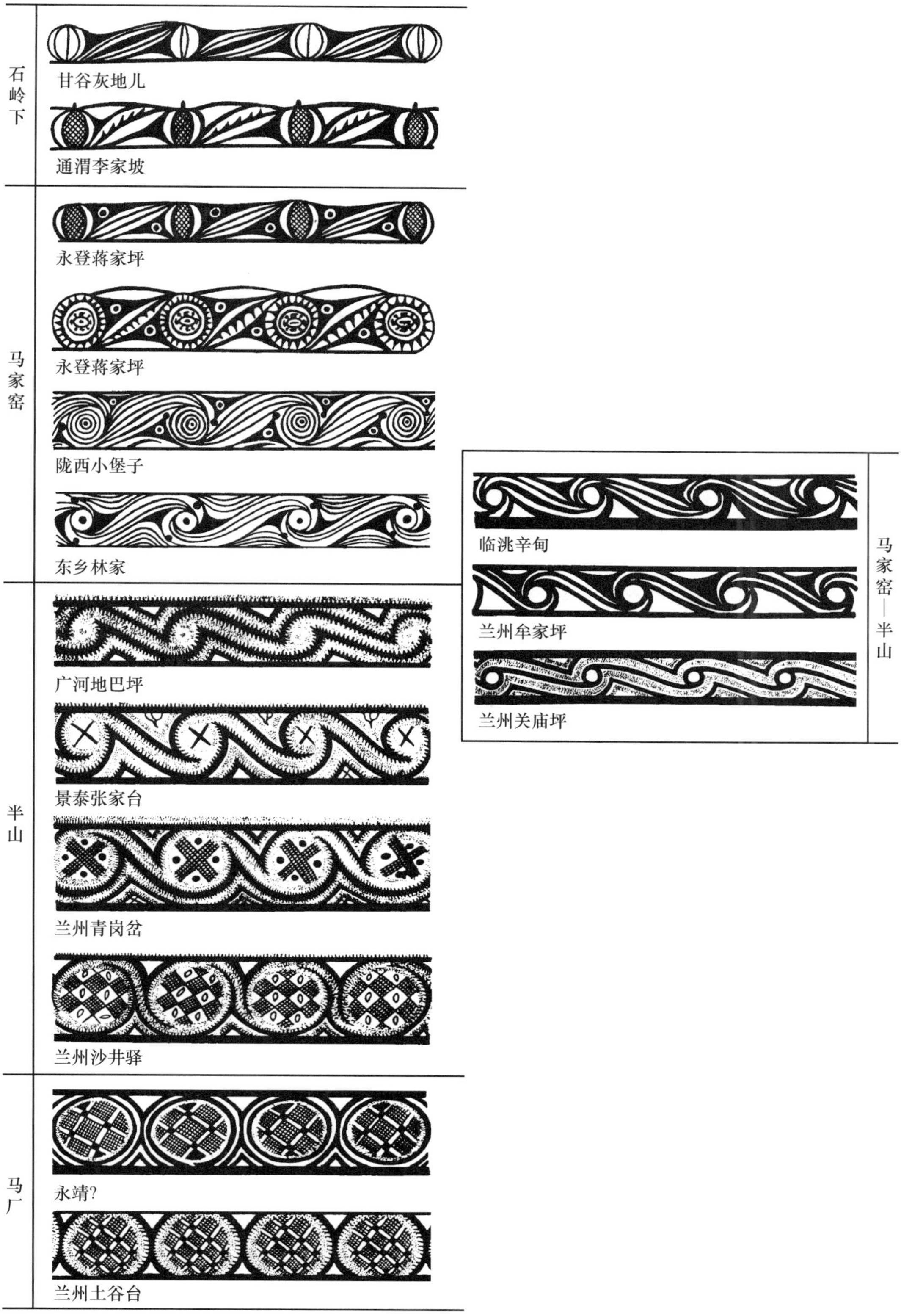

图一四　马家窑文化彩陶由旋纹向四大圆圈纹的演变

我们也注意到张朋川先生这样的论说，他说："从半山彩陶的旋纹发展到马厂彩陶的四大圈纹，不再有什么确定的具体含义，只是对传统花纹的因袭和发展而已。"这个说法显得有些武断，如果纹饰的演变失去了原本的含义，它的生命力会大受影响。这涉及彩陶纹饰的象征意义问题，正是我们在下面要探讨的内容。

三、象　　征

甘肃及邻近地区马家窑文化彩陶发现数量之多，在中国乃至于世界上看都是绝无仅有的。我们甚至可以推想出马家窑人的彩陶艺术，是一种"全民艺术"，当时人们不仅全都推崇彩陶、珍爱彩陶，而且可能很多人都会制作彩陶，很多人都是绘制彩陶的能手。

大量彩陶出现在生活中，埋葬在墓穴里，这对彩陶的制作者和所有者而言，是非常重要的事情。大量彩陶存在的背景，就是大众层面广泛的认同，是对彩陶内涵的认同，也即是对彩陶纹饰象征性的认同。

当然彩陶首先是一种装饰艺术，原本是普通的陶器，因为绘彩而成为史前时代最重要的一种艺术载体。但彩陶又不仅仅是装饰艺术，对于史前人而言，彩陶上纹饰的构成体现有象征意义，彩陶是共同信仰与观念传播的重要媒介，彩陶并不是一般的艺术品。我们通过对彩陶纹饰象征意义的探讨，可以感受史前时代艺术的真谛。

一般的装饰图案可能都在某种程度上体现有象征意义，彩陶纹饰也应当不会例外。在选择用做装饰的纹样时，创作者至少有两个方面的考虑，一是形式美感，再就是象征或喻义。这种喻义与象征，绝不会是个体意识的展现，它一定要获取共鸣共识，不然就没有存在的意义。彩陶纹饰的创作或是选择，也应当遵循了这样的原则。我们认为就彩陶纹饰的意境与象征性而言，可以分为两大类，一是明喻，一是隐喻。明喻自然是一看便能明白的象征图形，而隐喻则多是一些不能直接读出意义的符号，后者更多表现为一种约定的比喻以图形构成而言，明喻与隐喻采用的方式有明显不同，前者更直接更明确，后者更曲回更隐晦。一般写实或偏于写实的图形更多用于明喻，而抽象图形则更多用于隐喻，当然两者都表现有浓厚的约定成分。不论明喻还是暗喻，心理认同是非常重要的，没有了认同，纹样也就没有了任何象征意义。在经过了时间的洗礼以后，不论是明喻还是隐喻，真实的象征意义可能会被忘却，要准确恢复人类早期艺术中那些早已失忆的内容，是一件非常困难的事，许多研究者努力做过一些尝试，尝试找回那些忘却的记忆。

一个特别的纹饰，就是一个具有象征意义的符号。有研究者注意到，符号和它所象征的概念之间有些相同，否则就不能起到象征作用；也有些不同，否则内容与形式恰相吻合，就失却了应有的象征性。由于有些不相同，从形式上就不大可能明确地看出内容，所以象征艺术都有些暧昧的感觉。这里所说的暧昧，就是不明确，就是一种心理约定。对于一些有意表述不明确的符号，我们要将它的象征性说得很明白，那确实会是一件非常困难的事。

对于甘肃史前彩陶的象征意义，以往许多学者做过阐述。如石兴邦[15]、严文明和张朋川先生都就旋纹相关的彩陶的象征意义进行过探讨，他们多认为与鸟崇拜有关。严文明先生在《甘肃彩陶的源流》[16]一文中，讨论了西北彩陶与中原彩陶的源流关系，更讨论了一些特别纹饰的象征意义，强调了鸟纹和蛙纹的意义，追溯了日月崇拜的原始图景，是对彩陶象征意义的一次比较系统的解释。

在庙底沟文化彩陶上确实见到不少鸟的写实图像，这些彩陶主要分布在关中地区。从这样的一些鸟纹复原庙底沟人的飞鸟崇拜，根据是充分的，结论也是可取的。不过由甘肃及青海东部的史前彩陶看，我们并没有发现较多明确的鸟纹，即便是那类“鸟式”旋纹也与鸟并没有明确的象征关系。其他有一些几何形纹饰，有研究者认定是鸟纹变化而成，但演变的脉络并不清晰。石岭下类型彩陶上共存的“鸟式”旋纹和圆圈形与叶片纹组合，虽然有研究者将它们分别看做是鸟和鱼的象征，但也缺乏应有的论证，还有进一步探讨的必要。我们确认旋纹是甘肃彩陶纹饰演进的主线之一，那么解释它的象征意义就显得非常重要，不过这也是一件非常困难的事情。

彩陶上旋纹的象征性何在？它既非自然物的摹写，亦非自然现象的描绘，更非一般的抽象图案，它的意义确实非常费解。其实在庙底沟文化彩陶上本来就有一种很成熟的旋纹构图，属于地纹表达方式，多为双旋结构[17]。这种双旋纹其实是一种勾连式构图，左右两旋臂呈彼此勾挂式，有时虽见到明确的旋心，却并不绘成圆形。秦安大地湾四期就见到若干件这样的双旋纹彩陶，但它的构图与庙底沟文化已经有了一些区别，不过前后相续的发展脉络还是清楚的（图八、图一五）。虽然这样的双旋纹在马家窑文化中并不多见，但更多见到的有圆圈为旋心的旋纹，在构图上也许同时借鉴了早先庙底沟文化的双旋纹。在马家窑文化和半山文化中，双旋纹彩陶非常流行，虽然偶尔还能看到弧边三角做旋纹的衬底，但旋纹一般都直接绘出，很少采用地纹方式表现。这时的双旋纹都是连臂式，与先前的勾连式有明显的区别。庙底沟文化彩陶旋纹虽然与仰韶文化晚期和马家窑文化的旋纹在构图上有些区别，但也许在象征意义上有相似之处，这一点我们暂且不论。

前面已经分析过了，在甘肃地区仰韶晚期文化和马家窑文化彩陶上，“鸟式”旋纹与一般旋纹一样，都应当是同一类纹饰演变而成，即圆形与叶片纹组合。如此看来，追索彩陶上圆形与叶片纹组合的由来，应当是解释旋纹象征性的关键所在。

彩陶上圆形与叶片纹组合中，圆形似乎是图案的重心，叶片纹起一种纽带作用。我们先看圆形图案，圆形纹饰是庙底沟文化彩陶上常见的元素之一，包括有大体规整的正圆圈纹和椭圆圈纹，既有作为主体纹饰的圆圈形，也有作为组合纹饰中次要纹饰的圆圈形。以圆圈内的附加纹饰区分，较多见到的是单点穿圆、双点穿圆和直线穿圆几类，也有少量用网格填圆的例子。

单点穿圆是在圆圈的中心缀有一个圆点，这圆点像是圆心一样，圆点一般并不很大，但却很醒目。晋南与豫西地区一些遗址的彩陶上都见到典型的单点穿圆纹，是在正圆圈纹中缀有圆点。关中和陇东的彩陶也见到典型的单点穿圆纹，在秦安大地湾的一件彩陶钵上，以左右两个弧边三角衬出一个大圆圈纹，中间缀有一个圆点。其他一些地点的单点穿圆纹有的也很典型，一般都装饰在陶钵上。庙底沟文化单点穿圆纹彩陶发现数量并不算太多，但分布范围却比较广。双点穿圆纹是相对于单点穿圆而言，是圆圈的上

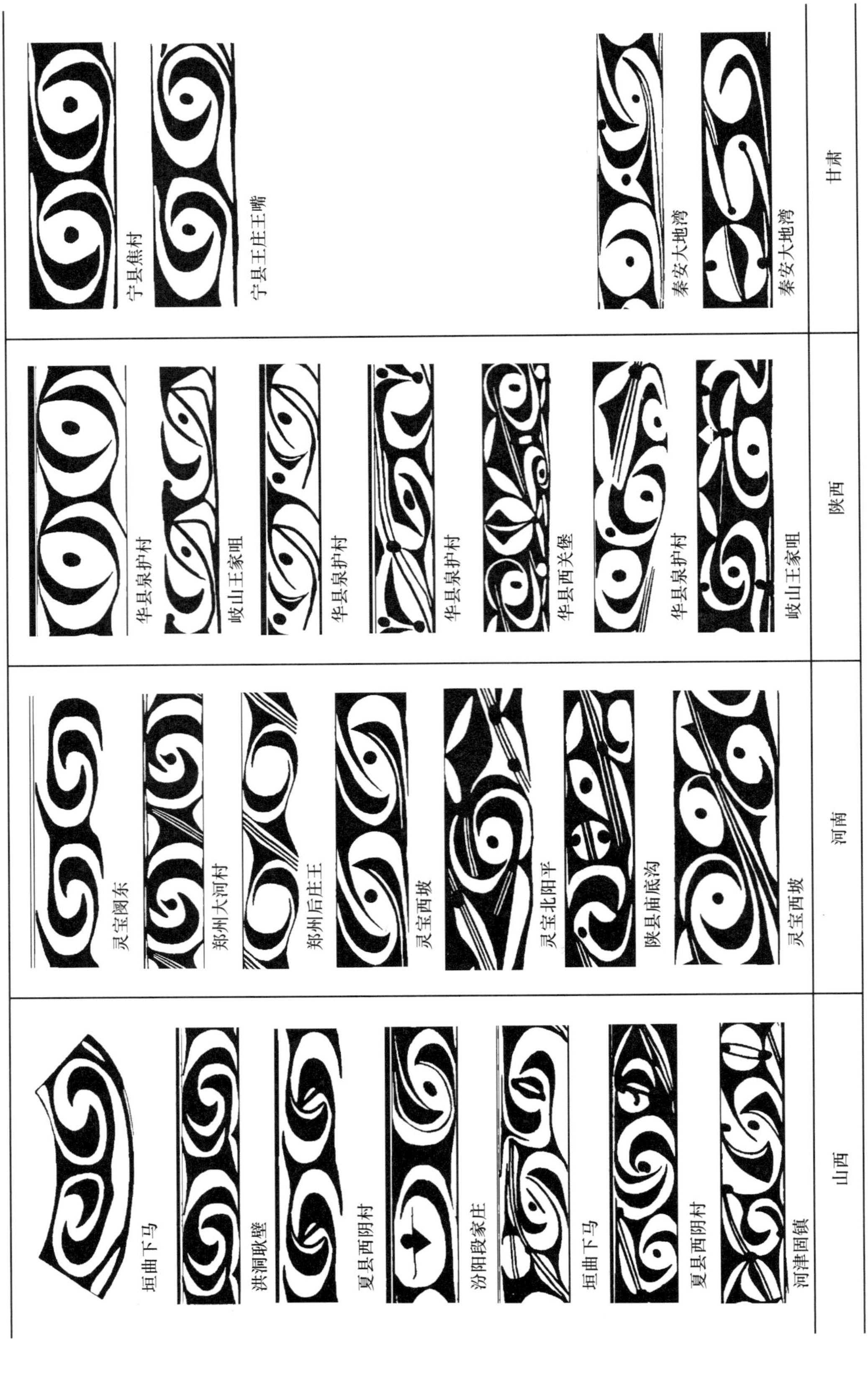

图一五　庙底沟文化彩陶典型双旋纹构图

下缀有两个圆点，这圆点像是穿透圆形的小孔一样，圆点一般也不很大，但也很醒目。有时双点穿圆纹还有附加纹饰，在圆圈中间再绘出一两条横线，成为横线穿圆纹饰。圆圈中横穿一条线，或者是两条线，偶尔也能见到三条线。这横线虽然多数大体呈水平状态，有时也会有些倾斜。有时横线穿圆还有另外一些特别的变化形式，横线会变作垂线，或者为十字相交形。如山西夏县西阴村的彩陶上不仅见到垂线穿圆纹，也有双线十字圆圈纹（图一六）。

垣曲小赵

翼城北橄

夏县西阴村

夏县西阴村

夏县西阴村

夏县西阴村

图一六 庙底沟文化彩陶圆形图案内填充纹饰的变化

在圆圈内加饰，可以加圆点、直线、十字和网格，这在庙底沟文化彩陶上已经非常流行。这样的做法在石岭下类型彩陶上得到承袭，小圆圈内多用圆点，大圆圈内用直线和网格纹等。这样的一些圆形，是旋形组合的基础纹饰，或者说是旋纹的重心，是旋心所在。在叶片纹组合中，圆形正是重心所在，圆形是当时很受关注的纹饰。在马家窑文化彩陶中的圆圈纹，特别是四圆圈纹，虽然不再适合在圆圈中加绘圆点，但加填的主体元素仍然是网格和十字形之类，这也应当是自庙底沟文化遗留下来的传统。

十字纹的象征意义，过去有许多解读，在世界上很多地域很多古代民族中，十字都曾被视作是太阳的象征[18]。

圆中加圆点的象征意义，最直接的解读应当是眼睛，而眼睛的象征所在，在很多古代民族中常常是指代太阳的，太阳是天之眼。当然对于彩陶上的圆形图案，这是一个可能的解释。

如果说彩陶上圆形与叶片纹组合中圆形的意义还算比较明确，那叶片纹的意义就比较难于理解了。叶片纹在庙底沟文化彩陶上是常见的元素之一，有单叶片纹，也有双叶片纹，与我们这里的讨论相关的是单叶片纹。

庙底沟文化彩陶叶片纹可分为若干式，有的叶片内没有附加元素，是最简单光素的叶片纹，见于晋南和关中东部地区，出土地点只有山西夏县西阴村和陕西华县泉护村两处。不仅叶片纹没有装饰，叶片之间的隔断也没有什么装饰，显得比较简洁。有的叶片中缀有一个圆点，在秦安大地湾见到几例。夏县西阴村也发现一例，但不很典型（图一七）。有的叶片中加绘有中分线，最少绘一条，多的绘有三条。晋南河津固镇、芮城西王村、夏县西阴村、翼城北橄都有发现。有时叶片中既附加有圆点纹，也有中分线，这是发现数量较多的一式，可以看做是叶片纹的标准形式。因为这类叶片纹形如豆荚，一些研究者曾称之为“豆荚纹”，当然并不是当它为写实的豆荚之类（图一八）。

这种豆荚形的叶片纹很值得注意，它很容易让我们想到会不会是表现的眼目纹。彩陶上很多鱼纹绘出了眼睛，鱼纹的眼睛，还有诸多的变化。张朋川先生研究半坡文化彩陶鱼纹，虽然他并没有专门展开讨论，但在《中国彩陶图谱》所附插图上，曾注意到过鱼纹眼形的区别[19]。我们从图中不仅看到了圆圈形鱼眼，也有圆圈中带点的鱼眼，还有眼睛偏于眼圈一侧的偏目鱼眼。彩陶鱼纹鱼眼中的圆目与偏目，是两种很不相同的构图。半坡与庙底沟文化彩陶鱼纹上鱼眼的形状，有空圆圈形，有圈中点睛形，也有偏目形，最常见的还是圆目。仅以秦安大地湾的发现而言，彩陶鱼纹的鱼眼有圆目，也有偏目，偏目鱼眼数量似乎更多。有的偏目只绘出半个眼珠，个别的甚至绘成半闭着的样子。又在陕西临潼姜寨的彩陶上发现，在第三期文化（半坡文化晚期）中，彩陶鱼眼中的圆圈眼与偏目眼共存，而且还有两种鱼眼出现在同一件彩陶上的例证，有一件彩陶钵

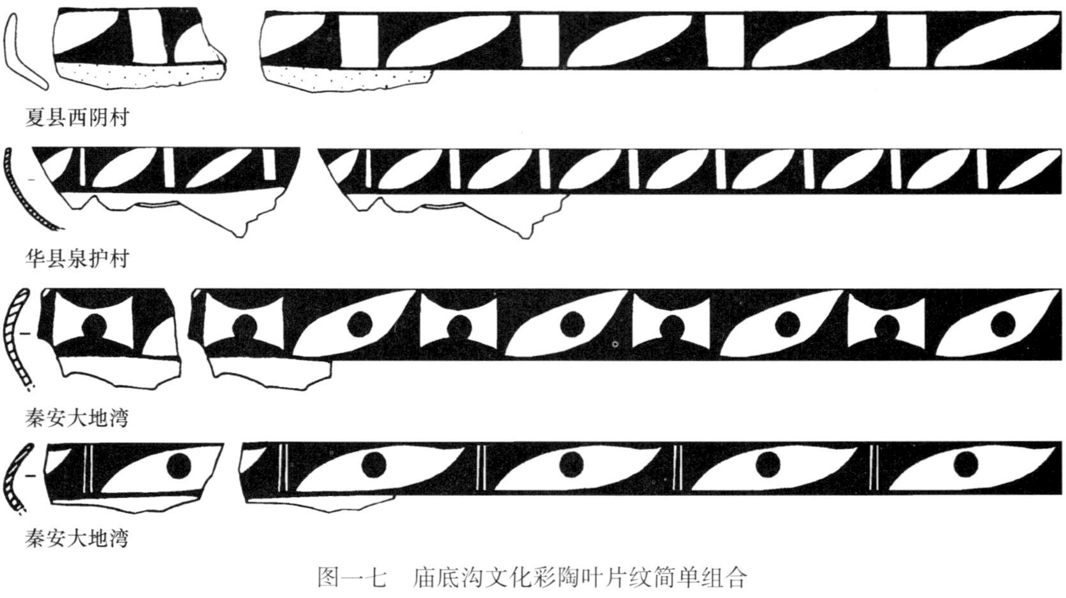

图一七　庙底沟文化彩陶叶片纹简单组合

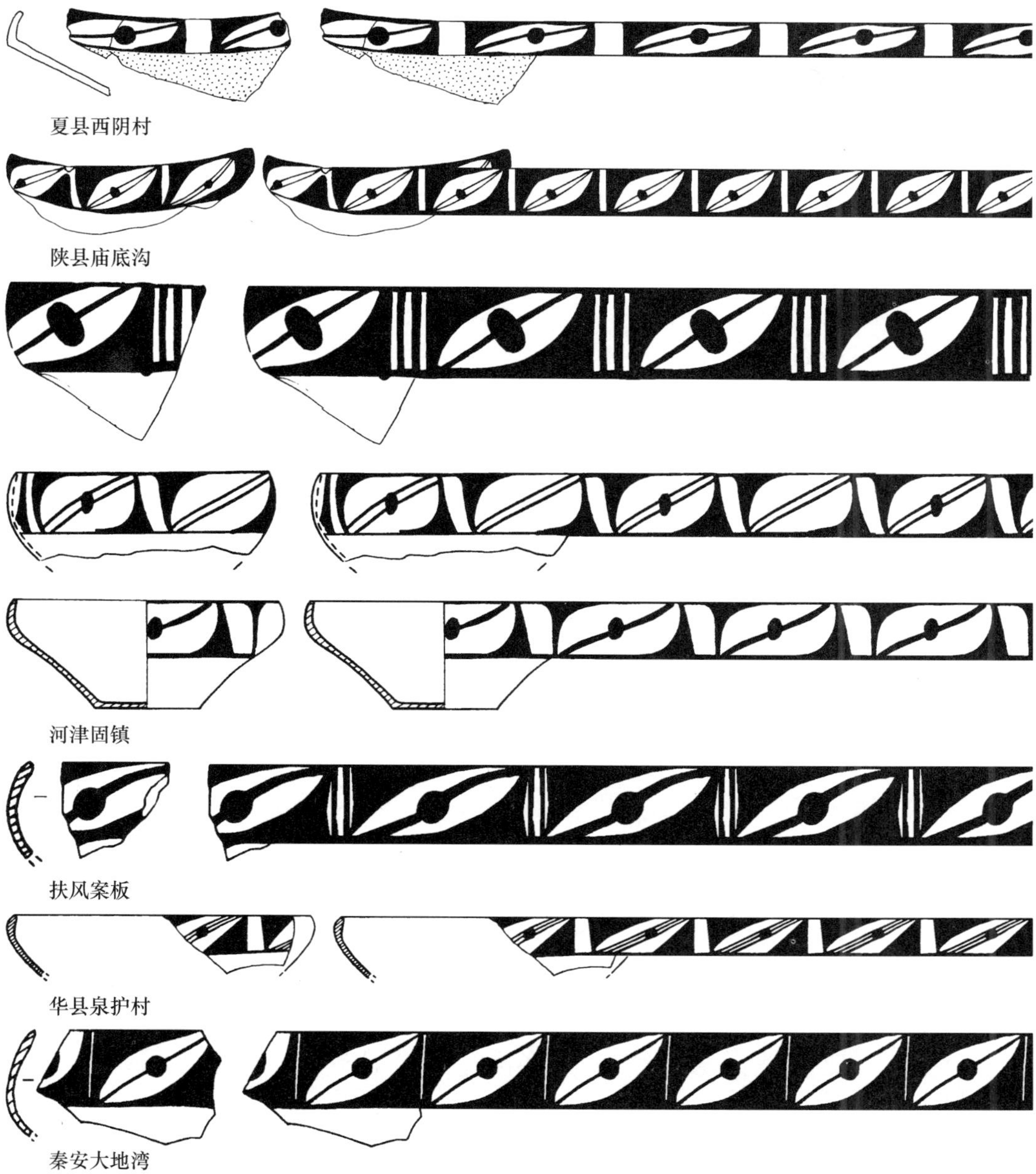

图一八　庙底沟文化彩陶带中分线加点的叶片纹

上就绘有不同鱼眼的鱼纹。甘肃出土一件彩陶盆，腹面绘正视的鱼头纹，圆圆的双眼之间，是阔大的嘴。我们一点也不会怀疑，这带点的圆圈形应当就是鱼眼，这样的图形表示的就是鱼纹。在甘肃张家川的一件彩陶上[20]，见到了明确的偏目鱼纹，这样的鱼目是独立存在的（图一九）。

秦安大地湾半坡文化彩陶的各种鱼纹中就有典型的偏目鱼纹，而且有的还在眼中加绘一条斜线，好似鱼眼一开一合的样子。有时又见到脱离鱼体的这种鱼目，它被组合绘成了新的纹饰（图二〇）。这种中间绘斜线的鱼目纹，其实就是上面说到的豆荚形的叶

临潼姜寨

张家川?

?

图一九　半坡文化彩陶中的鱼纹和鱼目纹

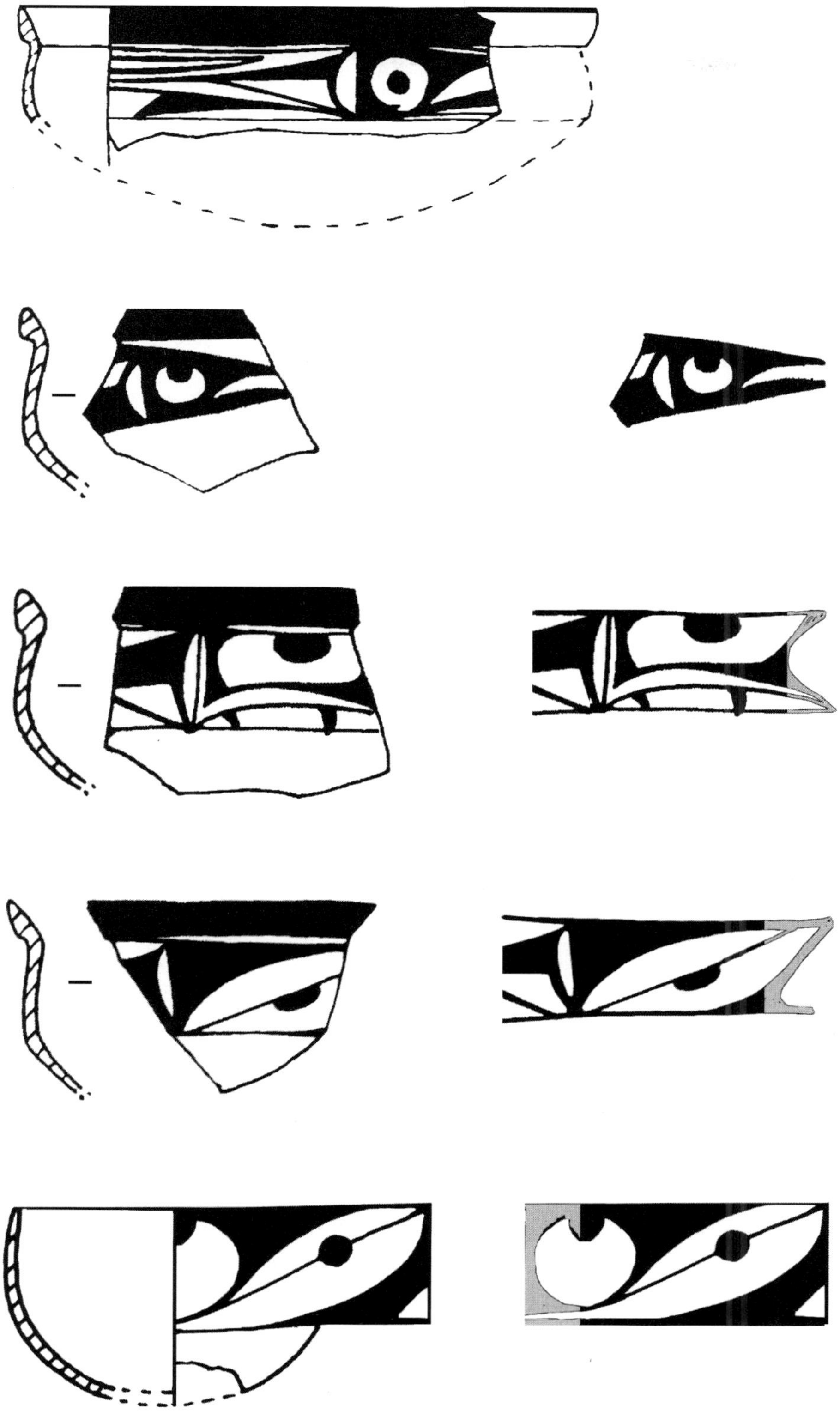

图二〇　秦安大地湾二期（半坡文化晚期）彩陶鱼目图形向叶片纹的演变

片纹。如果这个判断没有疑问，那类似的叶片纹也许真的与鱼纹有些关联，也许就真的是鱼形的象征。

这样看来，彩陶旋纹中的圆形和旋线都可能与眼睛图形相关，既是眼睛的象征，也是太阳的象征。在古代很多民族中都将太阳神绘制成眼睛状，在诸多古代神话中太阳被认为是“天之眼”[21]。彩陶上由眼形移做太阳的一个象征性标识，而且又与鱼纹有这样的关联，这其中的文化内涵还有待探究。

关于彩陶旋纹的意义，我们还可以用反推的方法考察。我们知道由旋纹演变而成的四圆圈纹，在圆圈中填绘有各种纹饰，较多见到的是网格纹和十字形纹，这些就可能是太阳的象征，十字形应当是一种明确的太阳符号。更值得注意的是，有时四圆圈纹直接被绘成四个太阳图形，在青海乐都柳湾就有发现[22]。

过去研究者讨论马家窑文化彩陶四圆圈纹，有人说四大圆圈纹没什么意义，也有人说它与太阳崇拜有关。现在看来，太阳的旋转运行与升降，都由旋纹表现出来了，这一艺术形式表达的动感，是古人对宇宙的一种非常质朴的认识，也是一种非常理性的逻辑归纳。

太阳崇拜是一种天体崇拜，天体崇拜在史前时代出现较早，在彩陶上有明确的体现。大河村文化和大汶口文化居民的天体崇拜，也以日月崇拜为主要表现形式，彩陶上绘有明确的太阳图形。河南汝州洪山庙遗址瓮棺上的彩绘纹饰有红日和白月，郑州大河村遗址彩陶上有太阳纹、日晕纹、月牙纹和星座纹，都是当时人们对天体崇拜的证据。庙底沟文化时期的天体崇拜已有了深化，人们崇拜的天体已有了明确的标志物，一些研究者认为彩陶上的鸟纹和蟾蜍纹，很可能就是日与月的标志，象征太阳神和月亮神，它是当时天体崇拜的一种方式[23]。而马家窑文化彩陶旋纹的出现，则可以看做是太阳崇拜的一种更艺术的表现方式。到马厂时期彩陶上大量出现的四圆圈纹，是旋纹的一种简略绘制形式，两者的象征意义应当是相同的。

甘肃及邻近区域的彩陶，距今 7000 年以前起源于陇东—关中一带，经过半坡和庙底沟文化时期的提升发展，到马家窑文化时期进入繁荣发展阶段。前仰韶和仰韶前期（半坡和庙底沟）的彩陶，与中原地区属于同一系统，自仰韶文化晚期即大地湾四期文化（石岭下类型）开始，彩陶体现出一定的地域特色。进入马家窑文化时期，彩陶的地域特色彰显，形成独特的纹饰发展演变体系。马家窑文化彩陶演变的主线是由旋纹到四圆圈纹，这类纹饰应当具有为马家窑人认同的特定的象征意义，有可能表现的是太阳崇拜观念，它的具体内涵还有待进一步认定，目前的研究还只是初步的认识。

注　释

[1] 安特生：《甘肃考古记》，《地质专报》甲种第五号，乐森玥译，1925 年。

[2] 尹达：《龙山文化与仰韶文化之分析》，《新石器时代》，三联书店，1979 年。

[3] 夏鼐：《临洮寺洼山发掘记》，《中国考古学报》第四册，1949 年；《齐家期墓葬的发现及其年代之改定》，《中国考古学报》第三册，1948 年。

[4] 石兴邦：《有关马家窑文化的一些问题》，《考古》1962 年 6 期。

[5] 严文明：《甘肃彩陶的源流》，《文物》1978 年 10 期。
[6] 谢端琚：《论石岭下类型的文化性质》，《文物》1981 年 4 期。
[7] 甘肃省文物考古研究所：《秦安大地湾》，文物出版社，2005 年。
[8] 中国社会科学院考古研究所：《师赵村与西山坪》，中国大百科全书出版社，1999 年。
[9] 中国社会科学院考古研究所甘青工作队：《武山傅家门遗址的发掘与研究》，《考古学集刊 • 16》，科学出版社，2006 年。
[10] 郎树德、贾建威：《彩陶》，敦煌文艺出版社，2004 年。
[11] 中国社会科学院考古研究所甘青工作队等：《青海民和县胡李家遗址的发掘》，《考古》2001 年 1 期。
[12] 青海省文物考古队：《青海民和阳洼坡遗址试掘简报》，《考古》1984 年 1 期。
[13] 北京大学考古学系：《甘肃武都县武都大李家坪新石器时代遗址发掘报告》，《考古学集刊 • 13》，中国大百科全书出版社，2000 年。
[14] 早期秦文化联合考古队：《西汉水上游新石器时代遗址调查简报》，《考古与文物》2004 年 6 期；甘肃省文物考古研究所等：《西汉水上游考古调查报告》，文物出版社，2008 年。
[15] 石兴邦：《有关马家窑文化的一些问题》，《考古》1962 年 6 期。
[16] 严文明：《甘肃彩陶的源流》，《文物》1978 年 10 期。
[17] 王仁湘：《关于中国史前一个认知体系的猜想》，《华夏考古》1999 年 4 期。
[18] 高福进：《太阳崇拜与太阳神话——一种原始文化的世界性透视》，上海人民出版社，2002 年。
[19] 张朋川：《中国彩陶图谱》，文物出版社，1990 年。
[20] 郎树德、贾建威：《彩陶》，敦煌文艺出版社，2004 年，图 19。
[21] 汤惠生、张文华：《青海岩画——史前艺术中二元对立思维及其观念的研究》，科学出版社，2001 年，230～231 页。
[22] 刘溥：《青海彩陶纹饰》，青海人民出版社，1989 年，图 90。
[23] 严文明：《甘肃彩陶的源流》，《文物》1978 年 10 期。

喇家遗址3号、4号房址出土齐家文化人骨的血缘关系及测年*

叶茂林
（中国社会科学院考古研究所）

喇家遗址考古发掘最先引起公众关注的，即是F3和F4两座灾难性掩埋人骨的齐家文化房址。其突出的灾难现象轰动一时，也使喇家遗址一举成为学术界重视和公众津津乐道的焦点话题，还引发了一场学术讨论[1]。2000年，在对发现的这些遗骸进行人骨鉴定之后，采集了全部16具人骨中的牙齿标本，送交吉林大学进行古DNA鉴定。当时吉林大学的古DNA实验室主要还是采用出土人骨的长骨做提取分析，并已有一套成熟的方法，为了喇家遗址需要现场保护的特殊原因，而特别改进为提取牙齿进行鉴定分析。喇家遗址这项古DNA鉴定和研究工作，经过相关学者的努力，最终取得了良好的效果，有关论文也已发表在国外的重要刊物上[2]。同时我们还利用房址里采集到的一些残损人骨进行了测年，弥补了喇家遗址人骨测年的^{14}C数据。这两项工作对于喇家遗址都十分重要。现依据吉林大学古DNA实验室呈交的研究成果，把相关资料再次介绍给大家，并对这些成果加以评述和初步分析，结合考古学的观察也提出了进一步认识。

目前已进行的DNA分析，属于线粒体DNA鉴定分析，主要是针对和追溯母系的血缘关系。而反映父系血缘关系的Y染色体DNA分析，喇家遗址也已进行了采样，还在分析研究中，我们将在新的成果出来之后，再另文介绍给大家。此外，在喇家遗址采样的牙齿标本可能比肢骨更具有可行性和有效性，因为肢骨的保存一般不如牙齿好，再从喇家遗址测试的实际效果上看，也说明了牙齿提取的古DNA相对更为理想。

本文仍依照已发表的DNA论文中所排定的实验室编号，指代这些遗骸的个体。实际上我们在考古工作中的编号顺序与此不同，读者在核对F3和F4的考古简报[3]与本文的人骨DNA个体时，请注意不同编号上的差异。

一

在喇家遗址F3的东壁下，发现了一对一度推测是母亲怀抱孩子的“母子”的骨骸

* 本项研究还得到中国社会科学院创新工程“喇家遗址聚落考古”子课题和中华文明探源工程的相关子课题（2013BAK08B05）的支持。

（Y3 和 Y4）。发掘出来的人骨现象显示，一位成年女性跪于墙壁下，双臂紧搂护住孩子于怀中，小孩只露出了一个小脑袋瓜，“母亲”的头仰起，向上仰望，似在惊恐观望上方的情况，又似在仰天长啸。但最终 DNA 鉴定的结果却表明，这一对“母子”被排除了母子关系，DNA 证明了她们并没有直接的血缘关系。这个结果对于传统考古学无疑是一个冲击。

图一 F3 内怀抱小孩的成年女性

喇家遗址 F4 位于 F3 的东侧约 3 米，发掘表明，这里当时是一排窑洞式建筑。在 1999 年和 2000 年的发掘中，自西向东分别发现了 F3、F4、F1、F7 等 4 座房址。2001 年又在其东扩大发掘，发现了紧邻 F7 的 F10。这排房址向东延伸到台地边沿东壁断崖处，断壁上还残留一座白灰面房址（未发掘）。因此可以判定，这块台地北断崖一线开凿了成排窑洞式房址，门皆向北。其中的 F3、F4、F7、F10 中，均发现了人骨遗骸。现已盖成的喇家遗址 1 号保护棚（博物馆）即把这 4 座房址都保护陈列起来。

目前为止，在喇家遗址已经发掘清理的房址共计 33 座，除去属于遗址早期或遗迹现象明显属于先已废弃的 13 座房址之外，另还有 2 座是小广场上的地面建筑，不属居住的房址。属于遗址晚期遭遇灾难而坍塌毁灭的房址为 18 座，其中有 3 座由于保存情况不佳，从残存的遗迹与堆积上并不能够完全准确判定是灾难毁灭还是先已废弃的房址（但是在地层上看它们仍属于最后发生灾难的遗址最晚阶段）。喇家遗址发掘至今，共发现掩埋人骨的房址 5 座，由此可以计算，发现人骨的房址约占被发现的同期房址数的 1/3。相对而言，该比例也应该说是比较高的。

在 F4 内，共有 14 具骨骸。这是一例相当特殊的现象，至今我们也仍然没有得出更好的一个合理解释。当然，每一个研究者或参观者，谁都可以给出一定的推测和解释。不过，我们也认为，能够让人接受的观点和讨论，应该是符合喇家遗址的灾难事件的客观实际，合情合理，并且在遗址上有更多相应证据的支持，而不是想当然、不顾事实地提出一种所谓的“观点”。

F4 的 14 具骨骼遗骸，按照现场分布情况，似可划分为几组（图二、图三）。

为便于大家更直观观察，我们下面再提供两幅不同角度的图片（图四、图五）。

其中比较突出的一组是，在 F4 东壁下也有一对怀抱小孩的母子。这对人骨架经 DNA 分析鉴定，证明的确是一对真实的母子。这位母亲倚墙呈跪伏状、身体躬屈、怀抱小孩、左臂和头胸紧紧护住孩子，小孩的头颅藏在母亲用身体筑起的保护空间之中。从姿势上也可以看出，这位母亲是在灾难瞬间迅即倾侧倒向了墙边（图六），一定程度上或许反映了灾难发生时，窑洞顶有明显坍塌迹象而致使母亲做出了如此反应。

还有 Y12 也是比较突出的一个特殊现象。这个大男孩（人骨鉴定只有 15～17 岁，实

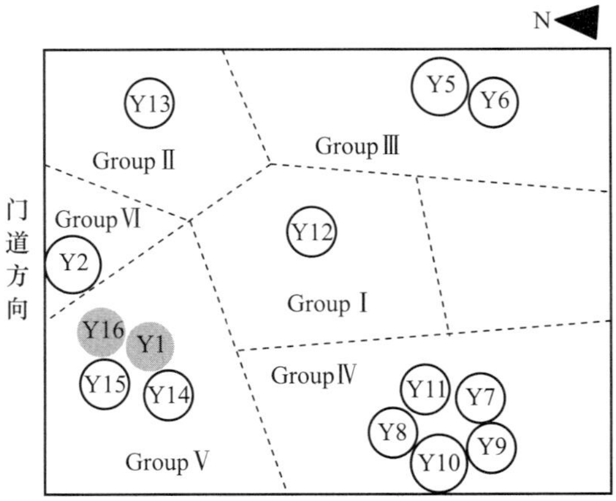

图二　F4 室内平面人骨分布位置及分组

（采自原刊论文英文稿，Y1～Y16 为实验室人骨个体的编号，包括 F3）

图三　F4 线描平面图

图四　F4 人骨分布情况（西北→东南）

图五　F4 人骨分布情况（东南→西北）

图六　F4 东壁下怀抱小孩的母亲遗骸

际上还是一个未成年人，但他可能自认为已经是一个男子汉）正好处于房址中间火塘的位置上方，极不符合一般常情。这个现象往往还会引起人们的不同联想。但我们从人骨姿势上反复观察辨析，可以看出，死者至死都还保持着双手上举的状态，而双腿呈大步跨前的姿势，可能是在房顶即将坍塌的瞬间而从火塘旁边勇敢冲上前去擎住垮塌的窑洞土顶，才被土顶坍塌压倒在火塘上的（图五）。也许这样解释，更符合实际一些。

二

由人骨的体质人类学性别年龄鉴定表明，F4内的14具人骨，共有3个成年人，即Y2（人骨编号XⅣ，40～45岁男性）、Y6（人骨编号Ⅲ，28～30岁女性）、Y10（人骨编号Ⅸ，30～35岁女性）；有2个是属于青少年的大男孩，即Y12（人骨编号Ⅰ，15～17岁）、Y8（人骨编号Ⅴ，14～18岁），他们都在灾难的瞬间有非凡的表现；其他共9个都是儿童，即Y1（人骨编号Ⅻ，4～5岁，性别不明）、Y5（人骨编号Ⅳ，1～2岁，性别不明）、Y7（人骨编号Ⅶ，7～9岁，性别不明）、Y9（人骨编号Ⅷ，10～13岁，倾向于可能是男性）、Y11（人骨编号Ⅵ，11～14岁男性）、Y13（人骨编号Ⅱ，8～10岁，倾向于可能是男性）、Y14（人骨编号X，10～13岁，倾向于可能是男性）、Y15（人骨编号Ⅺ，6～8岁，性别不明）、Y16（人骨编号XⅢ，3～4岁，性别不明）。

因Y1（人骨编号Ⅻ）和Y16（人骨编号XⅢ）没有提取获得DNA片段，故在考虑血缘关系时，只能排除这两个个体，即只能对室内的12人进行血缘关系研究。

经DNA比对表明，这12个个体分别属于至少6种母系谱系。根据遗骸的空间距离的分布位置与相互关系，在英文稿中，划分为6组（见图二、图三）。

第1组是一个青少年（Y12），他与分别位于第4组、第2组和第5组的3个青少年（Y7、Y13、Y14）共享相同的线粒体谱系。他们可能是一个家庭的4个孩子。但是这个房址中的2个成年女性均不是他们的母亲。Y12位于房址中间的火塘上方，前文已经提到，这个可怜的大男孩试图挽救室内的人们，但是他无力回天，也被灾难击倒，甚至有可能是最先被压倒的，被轰然崩裂坍塌的大小土块重压在整个坍塌的窑洞废墟之下。随后接踵而至的洪水侵袭，泥浆充填了松散废墟中的空隙，故在男孩身下出现了红土的堆积，至今这个大男孩依然保持着双臂上举的奇特姿势。

第2组的Y13是个8～10岁的男孩，身体姿势异常，显然是被重击并压倒造成的惨状。从人骨的方向看，估计他是在灾难瞬间要上前帮助哥哥，结果被重创重压。观察F4室内的全部遗骸分布，只有这两兄弟处在房址的靠中间位置。其他都是在墙边的位置。

第3组是一对母子，前已述及。他们与其他各组中的个体均没有母系亲缘关系。

第4组由1个成年女性（Y10）、1个青少年（Y8）和3个儿童（Y7、Y9、Y11）组成，5人相拥在一起。最初这些个体也曾经被认为或推测可能是一个母亲和她的孩子们，然而线粒体DNA分析表明这位女性并非孩子们的母亲，并且他们中只有Y8和Y11具有相同的另一个母系谱系。这个成年女性（Y10）与房址中唯一的成年男性Y2（第6组）享有相同的线粒体谱系，说明她应该是Y2的妹妹。Y7与其他组的Y12、Y13和Y14来自同一个家庭。Y9与F4中的个体均没有母系亲缘关系。

从这组人骨可以观察到，孩子们都扑向了墙边的成年女性，而最后扑在他们身体上面的是Y8这位大男孩，这个举动也是不一般，可以看出他似乎是要用自己的身体再去保护大家，他的左臂还紧紧搂住自己兄弟（Y11）的后背。和Y12一样，Y8的举动也是同样了不起，房址中的这两个大男孩都表现了挺身而出的男子汉气概。

位于第 5 组的 4 个儿童，Y1、Y14、Y15 和 Y16，只有 Y14 和 Y15 得到了线粒体 DNA 序列。而 Y1 和 Y16 都没有取得 DNA 片段。与 Y9 相似，Y15 与房址当中的其他个体没有母系亲缘关系。

高诗珠等人认为，喇家个体中存在多个线粒体谱系，“这表明喇家氏族不属于母系氏族，并且 F4 中的居民不是由一个或两个单一的家庭构成。喇家氏族可能是由几个具有父系关系的家庭聚居在一起，作为在当时恶劣自然条件下较为有利的一种生存方式”[4]。

她们还推测 Y2 可能是几个儿童的父亲（尽管从线粒体 DNA 数据无法判断），这还需要进行进一步的 Y 染色体 DNA 鉴定。不过我们认为，现在似乎还是不做这些主观估计为好，因为这涉及较复杂的亲缘关系问题，也可能影响到对于这些房址的定性判断。随意推论易引起误导或误会，建议等待下一步的 Y 染色体 DNA 鉴定结果再做讨论。

根据 DNA 的鉴定，确定了 Y5 和 Y6 为一对母子；Y7、Y12、Y13 和 Y14 可能是同一个母亲的后代，这 4 个孩子中，均可肯定或倾向于为男性，因此可能是四兄弟（他们的年龄分别是 7～9、15～17、8～10、10～13 岁）。

我们看到，F4 中的 Y12 和 Y8 两个大男孩的年龄都非常接近，或者说几乎同龄（15～17 岁和 14～18 岁），虽然他们在关键时刻表现出了大无畏的精神，不过他们和大多数孩子们待在一起，似乎说明当时可能还是把他们作为未成年的孩子看待的。这个信息或许也可以提供我们认识齐家文化社会的一些现象。

从上述分析鉴定的研究成果可知，F3 与 F4 两座房址内死亡的 16 具遗骸，至少体现了包括 6 个以上的母系的血缘关系。从年龄结构上看，有可能包括了 3 个年龄层次或者说辈分，其中 Y2 在当时或可能已是属于祖父辈的年岁。从获得的这些人骨年龄性别和 DNA 资料，似乎还可以让我们看到更多，或许从中得到新认知。

如属于兄妹的 Y2（40～45 岁）与 Y10（30～35 岁），年龄差异达 10 岁之多，在今天看来也许比较少见，但在古代或史前期，并不算稀罕的年龄结构。Y5、Y6 的母子，从年龄结构上看，也是在差不多快 30 岁的时候母亲生育的这个孩子。

总之，如果喇家遗址古 DNA 鉴定能够获得更多更全面的资料，可为我们打开认识齐家文化家庭社会和探讨史前人口学方面的更多窗口。

三

由于 F3 和 F4 需要现场保护，因此在最初的相关采样中，我们完全没有考虑过要采集人骨进行测年，用于 DNA 检测的样品也是采集的牙齿。随着喇家遗址灾难问题研究的逐渐深入，为确认灾难发生年代，也迫切需要有更加明确和更加准确的数据。尽管喇家遗址采集木炭获得的 ^{14}C 测年数据已经不少，单遗址的 ^{14}C 年代数据，已经远远超过了先前齐家文化已有的全部年代数据，但这些数据基本上都是间接的，显然使用现场保存的灾难人骨进行测年是更直接的，也更有意义。

直到 2011 年，我们才从 F3 和 F4 残损的人骨中，采集了少量的 ^{14}C 测年样品，分别送往中国社会科学院考古研究所 ^{14}C 实验室和北京大学考古年代实验室，希望分别都能够提供我们精准的测试数据。

北京大学考古实验室吴小红教授很快就为我们进行了测试，当年就提供了检测数据。其中 4 个标本有一个未获得数据，其他 3 个数据的结果，都相当一致，与我们从考古学上估计的结果较为吻合。这个测年结果非常令人高兴。近期，社科院考古所的 ^{14}C 测试结果也出来了 2 个，数据与北大实验室的结果也相当一致（见表一、表二）。

表一　中国社会科学院考古研究所 ^{14}C 实验室提供喇家遗址人骨测年数据报告

（数据提供时间：2013 年）

实验室编号	原编号	样品	^{14}C 年代（BP, 5568）	树轮校正年代（OxCal 3.10）（1σ，BC）
ZK-3632	2000QMLF3- Ⅰ	人骨	3565±25	1945 (68.2%) 1885
ZK-3635	2000QMLF4- Ⅳ	人骨	3580±20	1950 (68.2%) 1895

表二　北京大学加速器质谱（AMS）^{14}C 测试报告

（测量日期：2011 年 12 月）

Lab 编号	样品	样品原编号	出土地点	^{14}C 年代（BP）	误差	树轮校正后年代	
						1σ（68.2%）	2σ（95.4%）
BA110816	人骨（14～18）岁	F4- Ⅴ	青海省民和县喇家遗址 F4 房址	样品无法满足实验需要			
BA110817	人骨（10～13）岁	F4- Ⅹ	青海省民和县喇家遗址 F4 房址	3575	40	2010BC（4.4%） 2000BC 1980BC（63.8%） 1880BC	2040BC（83.2%） 1860BC 1850BC（12.2%） 1770BC
BA110818	人骨	F4- Ⅶ	青海省民和县喇家遗址 F4 房址	3580	25	1955BC（68.2%） 1890BC	2030BC（95.4%） 1880BC
BA110819	人骨	F4- Ⅺ	青海省民和县喇家遗址 F4 房址	3555	40	1960BC（52.3%） 1870BC 1850BC（9.4%） 1810BC 1800BC（6.6%） 1780BC	2020BC（95.4%） 1760BC

由表中测试年代数据和校正年代数据可见，喇家遗址地震灾难发生的时间现已比较明确，应该是在公元前 2000～前 1900 年的概率为最大。

喇家遗址灾难房址出土人骨的这些测年数据，与之前喇家遗址的一系列木炭的 ^{14}C 数据一起，比较清晰地表明了喇家遗址绝对年代数据不仅越来越多了，而且也越来越准确可靠。与此同时我们也正在根据这些测年数据，结合考古发现的地层关系和考古现象，进一步来分析思考它们之间吻合的情况及探讨存在的一些相关问题[5]。

最近还有陕西师范大学黄春长教授的团队利用光释光方法对喇家遗址的年代进行测试并对已有诸年代数据进行分析，所获结果均相互吻合，为喇家遗址的绝对年代提供了一个颇有意义的成果。他们断定，喇家遗址全新世古土壤 S_0 中间所夹红色黏土泥流沉积层及其下的地震裂隙的形成年代为 3.95 ka BP，这是通过地貌考察研究与光释光测年的结果[6]，也是考古学多学科互动取得的好成绩，这与考古认识比较吻合，我们认为很值得肯定。

现在进一步看来，喇家遗址灾难发生，很可能就是在接近距今 4000～3900 年前之间的某个时间。这个年代数据的进一步确定，是喇家遗址考古研究的一个巨大进步。在这个越来越缩小的时间范围内，我们也更倾向于是在 3900 年前接近 4000 年前的时间，发生了喇家遗址的地震灾难，紧接着的是大洪水的灾难。

过去有一些文章中提到喇家遗址的下限，是将齐家文化发展延续的晚期或下限年代随便拿来作为喇家遗址灾难毁灭的时间。其实这是没有搞明白喇家遗址在齐家文化中所处的位置，是对考古学缺乏了解的体现，甚至也有的可能是故意忽视考古学提出的认识，因为我们曾经多次表述过喇家遗址灾难的毁灭并不是齐家文化的完结。还有的使用 ^{14}C 年代数据，是采用测试年代数据而不是更科学的校正年代数据，显然这都是很成问题的。他们使用的那些年代数字，随意而缺乏科学性，我们都不能认同。

现在，有了这些相对更加可靠的而且也越来越接近实际、接近事实真相时间的科学测试数据出来，进一步佐证了我们先前已有的一些考古学分析和认识，也使我们对基于考古学分析得出的推论更加有信心。

四

喇家遗址的 DNA 鉴定，一定意义上说，是一次很大的也很有意义的研究突破。其中对于考古学常规方法判定的所谓母子关系的否定，可以说就是现代科技对于传统考古学的一次明显的冲击。任何一门学科，都有其自身优势和劣势甚至缺陷，考古学也是一样，它在本学科上有着自己的强大的优势，但也有许多问题是仅仅靠考古学自身所无法解决的。因此，考古学需要不断加强多学科的合作，而且也有必要大力发展考古学的边缘学科新领域，发挥考古学和相关多学科的各自优势，也使考古学不断进步、顺利发展。

喇家遗址古 DNA 的研究还为国家积累并提供了相关的基因科学数据库的考古新资料，在此基础上，后来学者们可以不断积累资料和进行 DNA 比对，获得越来越多的科学认知。同样是吉林大学的古 DNA 实验室，随后更是通过对于青海其他地点墓葬的人骨 DNA（包括汉代墓葬）的分析比对[7]，发现了一脉相承的与喇家遗址和现今羌族 DNA 关系最为接近的源流关系，这是十分重要的基因图谱的线索，对于中华民族人类基因演化的认识具有十分重要的科学意义和价值，从而也进一步显示出了甘青地区史前文化在中华民族和中国历史中的独特地位与重要的学术价值[8]。

喇家遗址房址出土灾难人骨的测年数据，以其最符合客观实际的考古现场埋藏的人骨标本而获得的测试年代数据，可能是最接近喇家遗址灾难实际时间的年代数据，进一步增强了我们的认识。如果有可能，我们还将继续进行此类的采样和测年分析。

关于喇家遗址的年代，还有一点值得关注的问题，其实这也是一个很有意思的问题，就是喇家遗址是在某个时间点，一下子停止了这个齐家文化聚落的生息，成为废墟。它把之前可能在不同的时间先后出现的各种遗存，包括房址修建可能原本都存在早晚的，放到了一个相同的时间点上被毁灭、终结并完整埋藏下来。这种突显在时间终点上的考古现象与表现在时间起点上的考古现象，应是有所不同的。它可以促使我们对相关年代问题做更多新的思考。比如，对分期问题的理解、对考古时间段的划分问题的理解等，都可能还会有新认识。

鸣谢：感谢吉林大学朱泓教授和周慧教授以及诸位研究生合作进行的喇家遗址古DNA分析研究并提供的成果；感谢北京大学吴小红教授和博士后吴庆龙等合作进行的人骨测年研究与相关研究并提供成果；感谢社科院考古研究所张雪莲研究员合作进行喇家遗址的测年研究并提供成果以及展开的没完没了的反复讨论。

注　释

[1] 国道、晓燕、林海等：《史前灾难现场摄人心魄黄河慈母佑子情动天地》，《中国文物报》2000年7月5日第1版；中国社会科学院考古研究所、青海省文物考古研究所：《青海民和喇家史前遗址的发掘》，《考古》2002年7期；中国社会科学院考古研究所甘青工作队、青海省文物考古研究所《青海民和县喇家遗址2000年发掘简报》，《考古》2002年12期。相关讨论文章参见：李新伟：《再论史前时期的弃屋居室葬》，《考古》2007年5期；钱耀鹏：《关于喇家聚落的灾难遗迹与广场建筑》，《考古》2007年5期。

[2] Gao S Z, Yang Y D, Zhang Q C, et al. Tracing the genetic history of the Chinese People: mitochondrial DNA analysis of Aneolithic population from the Lajia site. *American Journal of Physical Anthropology*, 2007, 133:1128～1136. 另外，以中文发表的论著还有：周慧主编：《中国北方古代人群线粒体DNA研究》，科学出版社，2010年；高诗珠：《青海省民和县喇家遗址古代居民线粒体DNA多态性研究》（导师周慧教授），吉林大学硕士学位论文，2004年；高诗珠：《中国西北地区三个古代人群的线粒体DNA研究》（导师周慧教授），吉林大学博士学位论文，2009年。

[3] 中国社会科学院考古研究所甘青工作队、青海省文物考古研究所：《青海民和县喇家遗址2000年考古发掘简报》，《考古》2002年12期；王明辉：《青海民和县喇家遗址人骨及其相关问题》，《考古》2002年12期。

[4] Gao S Z, Yang Y D, Zhang Q C, et al. Tracing the genetic history of the Chinese People: mitochondrial DNA analysis of Aneolithic population from the Lajia site. *American Journal of Physical Anthropology*, 2007, 133:1128～1136.

[5] 张雪莲、叶茂林：《喇家遗址和齐家文化测年问题的相关研究》，《考古》（待刊）。

[6] 张玉柱、黄春长、庞奖励等：《黄河上游官亭盆地喇家遗址地层光释光测年研究》，《地理学报》2013年5期。

[7] 李胜男:《青海西宁陶家寨墓地 M5 号墓古人群线粒体 DNA 研究》(导师周慧教授),吉林大学硕士学位论文,2008 年;李胜男、赵永斌、高诗珠等:《陶家寨墓地 M5 号墓主线粒体 DNA 片段分析》,《自然科学进展》2009 年 11 期,1159~1163 页;张芃胤、徐智、许渤松等:《青海大通上孙家寨古代居民 mtDNA 遗传分析》,《人类学学报》2013 年 2 期。

[8] 叶茂林:《甘青地区史前考古与早期羌文化探索》,《首届(2010)中国汶川大禹精神与华夏文明高端学术论坛论文集》(待刊)。

清凉寺墓地与中原史前社会的发展轨迹

薛新明
（山西省考古研究所）

山西省最南端的芮城清凉寺史前墓地是中原史前考古十分重要的发现。2003～2005年，山西省考古研究所等单位对该墓地进行了发掘，共清理墓葬355座，根据不同墓葬之间的打破关系，该墓地可分为四个时期，经 ^{14}C 同位素的测定，第一期墓葬的年代在公元前3960～前4050年，延续了100年左右，比第二期早约2000年。第二到第四期墓葬的时间前后相继，其中第二期属于庙底沟二期文化的最晚阶段，年代范围在公元前2350～前2050年，第三、四期墓葬属于龙山时期，大致范围在公元前2050～前1900年[1]。每一个时期的墓葬都有各自不同于其他阶段的特色，墓葬制度曾经发生过较大的变化，不同的下葬方式除了时间早晚的区别外，还涉及墓主人生前的身份地位、从事的职业和生者对逝者追思的理念等不同侧面。由于墓地延续时间长，不同阶段的差别明显，较好地展示了这一区域内史前时期墓葬制度的变化规律，虽然不是从早到晚一脉相承的进化模式，却反映了整个社会的发展历程，尤其是后三期复杂的墓葬现象，为探索中原地区文明起源的问题提供了不可多得的珍贵资料。

下面我们根据不同时期墓葬的情况，选取几个侧面进行梳理、比较，讨论中原地区史前社会的发展轨迹。

一、墓葬分布反映的社会组织

20世纪七八十年代，清凉古寺附近发现了两批中原地区很少见到的史前玉石器，学者们提出可能在这里存在一个史前墓地。2002年秋，山西省考古研究所和国家博物馆的科研人员实地考察了出土玉石器的地点。科研人员首先到了清凉寺东北侧出土玉石器的断崖前，认真勘察了出露的遗迹，然而，初步印象却让我们感到十分困惑：这里地势较周围台塬低很多，而且绝大部分是较陡的坡地，相对平坦的地带只有玉器出土地点附近约七八千平方米的范围，在群山环抱之中显得很不起眼，如果没有特别的原因，应该不会在清凉寺附近有太高规格的墓葬，怎么可能会存在那么多史前玉石器呢？为了解开这些疑惑，我们登上了清凉寺后面的山梁，北望近在咫尺的中条山群峰，南眺蜿蜒东去的黄河干流和河南西部的崤山山脉，然后左右观察附近的山梁及周围的台塬，试图审视这里在晋豫交界区域中的独特之处，从宏观的角度认识区域环境与史前玉器之间的联系。

清凉寺附近的坡地由北向南逐渐降低，并一直延续到黄河边，南北宽近20公里，虽然土质肥沃，但梳状沟壑截断了左右的延展空间，居住区只能在南北方向不同高程的区域分布，并不适合大规模城址的建设。清凉寺东北侧的这个缓平地带范围虽小，但地势封闭，东、西侧、西北、东北均依靠着山梁或较高的台塬，可聚风不散；东南侧是汩汩泉水所在地恭水涧源头，天然的地形优势弥补了区域狭窄的不足，这也许是被作为墓地的原因之一（图一）。

图一　清凉寺墓地周围地貌

图二　清凉寺墓地全景航拍

墓地不同时期的规划理念不同，年代距离较长的第一、二期之间基本找不到联系，但其他期别之间却既有继承，也有扬弃，规划理念的区别反映着社会组织的不同（图二）。

第一期墓葬只有17座，位置较散乱，分布没有规律，不能确定下葬的先后顺序，墓葬位于整个居住区的西端，总体呈弧形包围着居住区，东端还发现8座瓮棺葬，埋葬早夭的婴儿。当时，这里只是一个微型聚落，同时生存的可能只有两三户居民，在极其艰难的环境中，居民们的生产力水平低下，成活率很低，生存是当时的第一要务，还不存在一个较完备的社会组织，没有强制性的约束，也没有复杂的公共管理事务，人们只是将死者埋葬在西端或西北部的较高地段，表示对逝者的敬重。

此后的约2000年间，清凉寺附近地域不是专用的墓地，文化的载体不能衔接，反映的社会发展也发生了自然的断层。在第二期墓葬下葬之前，在墓区北侧曾经有部分居民生活，并且留下了一些遗迹，但自本期将此地作为单纯的墓地开始，一直到第四期结束，只有极个别区域存在不连续的地层，基本未发现居住遗迹。第二到第四期墓葬前后相继，但墓葬制度复杂多变，走过的历程也有明显的断裂，入葬的人并不是同一个部族或集团具有血缘关系的数代人，曾经发生人群的替代、转化。从整个墓地的区域划分来看，尽管有部分不同时期的墓葬分布范围重合，但不同时期墓位的安排理念并不相同，根据每一期墓葬的下葬顺序的解析，我们可以对每个阶段的规划理念有一个基本的认识。

第二期时，选择清凉寺旁边的这块地域作为专用墓地，与居住区分开，肯定有比较充分的理由。第二期墓葬达189座，分布在西部、中部偏北侧的较高地段，只有极少数墓葬分散在中南部区域。墓葬入葬顺序并非有规律地从坡地一个固定的位置开始，向另外一侧依次入葬；而是将墓地分为几个较小的区域，在相近的时间内分别埋葬死者。在每个小的区域内，似乎也没有事先安排好每座墓葬的墓位，下葬后并没有明确的标志，选择位置比较随意，所以，后期墓往往打破前期的墓葬。几个小范围下葬的墓主人应该是几个较小的血缘集团，血缘最亲近的成员埋到同一个小的区域内，或许就是几个家族或家庭的成员，几个家庭或家族共同构成一个部族，这就是当时本地最基础的社会组织。

第三期墓葬共105座，不仅个体规模较大，而且排列整齐有序，显然事先就有了较周密的计划，墓地占据了包括前期墓葬范围在内的中部最好位置，并破坏了大量第二期墓葬，入葬顺序从西部较高的地段向东部较低平的区域延伸。如此大规模地破坏原来的墓地，与第二期小型墓之间的打破关系不同，其主人肯定不是本地原来的居民，他们生前所在的人群应该是一个具有严密组织结构的集体，可能有专人负责丧葬的安排与礼仪。第四期墓葬只有44座，延续了第三期的预先计划，分布区域已经超出第二期墓葬的范围。由于第三期靠东的墓葬已经接近冲沟，没有足够的空间整齐地安排墓位，而且，整个坡地东部的地势比较平坦，所以，他们不再依原来从西到东的顺序安排，而是根据坡地内剩余区域的范围，从冲沟的边缘地带开始由东向西依次排列。虽然个别墓在接近中部的区域打破了第三期墓，但绝大部分避免了破坏前期墓葬的现象，显然仍旧有人专门从事墓地的管理，基本的理念与第三期没有质的区别。这两期埋葬在此的成员属于同一个特殊的社会组织。

二、墓主人生前职业反映的社会结构

在墓地不同的时期，埋葬的成员构成不同，这种现象不仅存在于年代差距较大的第一期和第二期之间，甚至在年代基本前后相继的第二到第四期也十分明显。墓主人构成情况的区别既有年龄的差异，也有性别的不同，甚至还有出生与成长区域的差别。由于在某些阶段，部分墓葬中不仅埋葬墓主人，还有些人并非正常入葬，这些死者之间的差别反映的社会现实比较复杂，需要进行具体分析。

第一期墓葬数量虽少，包括的成员却齐全，不仅有男有女，而且年龄也参差不齐，总体来看，年龄偏大的死者较少，以中青年为主，而且女子多于男子，此外，还有少数为婴幼儿。如果这些墓葬与东部区域的瓮棺葬确属于同一时期（图三），婴儿所占的比例更大，说明当时的生活水平很差，居民的寿命普遍不高，女子死亡率略高，婴幼儿的夭折率更高。由于墓葬分布零散，对应的聚落人员也较少。根据食性分析，当时人们以粟为主食，生业的基础是粟作农业，肉食来源以渔猎为主，达到了杂食的水平，生活自由自在，但是单调艰难。

图三　清凉寺墓地东区瓮棺葬（第一期）

第二期时，墓主人构成比较合理，既有老年，也有中年和青年，甚至于还有一些未成年人，而且男女人数相近，各种比例协调，真实地显示了当时社群内不同人员的构成和寿命情况。墓葬中埋葬的既有身无长物的贫民，也有较富裕的成员，根据食性分析和锶同位素的检测，绝大部分是出生在墓地附近的本地人，极有可能就居住在墓地东部台地的坡头一带，只有极个别人在入葬前具有江淮地区生活的经历，或许当时这里已经与其他区域有了比较多的交流，并且引进了一些新的理念。那些富裕的人就是本家庭或家族中地位较高的人士（图四），他们可能依据地理位置的优势开始从事贩运食盐，从而快速致富，但与其他从事农业生产的族人仍旧埋在同一个墓地，显然本地的传统占据主要地位。在墓地还出现了一些非常态的入葬现象（图五），这是对传统文化的一种破坏，却代表社会发展的趋势。这一时期的阶层分化已经十分显著，但仍旧能维持一个部族成员共同生活的社会结构。

第三和第四期的墓主人全部是成年人，有一部分墓葬中还存在殉人。第三期的墓葬中，男性墓主人的比例占据 80% 左右，说明这些人不属于同一个部族，相互之间不存在血缘纽带的束缚，我们推测当时埋葬的是一个具有垄断地位的集团成员，该集团以男性为主要成员（图六）。对墓地部分成员食性的分析显示，除极个别较早阶段的殉人入葬前具有江淮地区生活的经历外，其他人都生活在北方地区，主体应该不是从另外一个生活条件与这里差别很大、距离也比较远的地方整体迁居到中条山区的死者，但并不排除发生过近距离的迁移。据墓葬部分人员进行的锶同位素分析，第三期的墓中有部分殉人为外地人，墓主人是不是全部是本地人还需要再进一步检测。第四期的情况与第三期的类似，墓主人中男子所占比例也明显偏多，进行过锶同位素分析的墓主人中，虽然均出生于在以粟为主食的区域，但全部不是墓地附近出生，排除了与前两期墓主人之间的血缘传承关系。也就是说，无论第三期还是第四期，没有发生外地大规模、远距离的人口迁入，入葬墓地的墓主人主要是北方人，但是，已经不再是墓地附近出生的人。

第三、四期墓主人中，男女比例严重失调，说明生前从事的是一种与众不同、主要由男人主导的职业，他们已经脱离了农业生产，根据对相关遗存的综合研究，应该就是向南方销售食盐的管理者[2]。第三期开始时该机构刚成立，有一些传统继承自第二期的因素，部分原来居住在本地的人还参与管理，甚至主导着这个新兴的机构。到第三期的中后期，逐渐过渡到不能全部由附近居住区出生的人主管，到了第四期时，已经全部由其他地区出生的人来负责，这是一个逐渐置换的过程，但是，墓主人基本以粟类食物为主，不是来自南方或江淮地区的居民，或许最后阶段管理食盐销售的人就来自中条山北侧的盐湖周边地区（图七）。第二到第四期墓葬的情况反映了这个区域内文明化进程的特殊背景，如果说食盐生产让盐湖区域内的居民快速致富，那么，食盐销售成就了清凉寺墓地附近地区的兴盛，但同时也因食盐销售毁掉了一个区域的宁静、平和、自然的生存秩序，人员的整体结构发生了较大变化。

图四　清凉寺墓地葬玉墓（第二期）

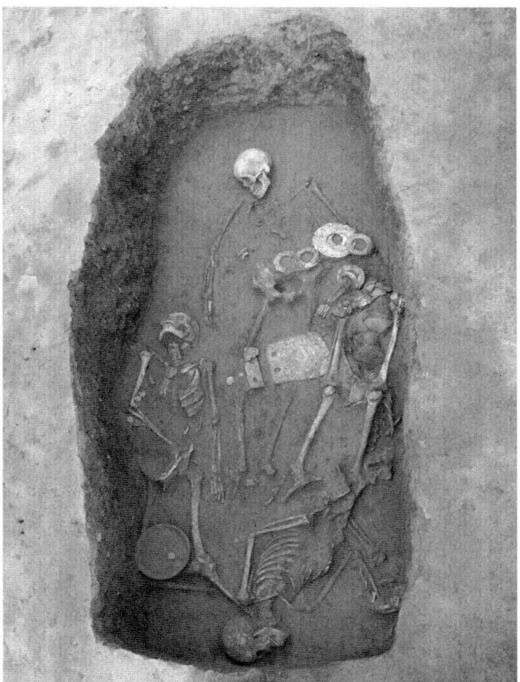

图五　清凉寺墓地殉人墓（第二期）

图六　清凉寺墓地殉人墓 M57（第三期）

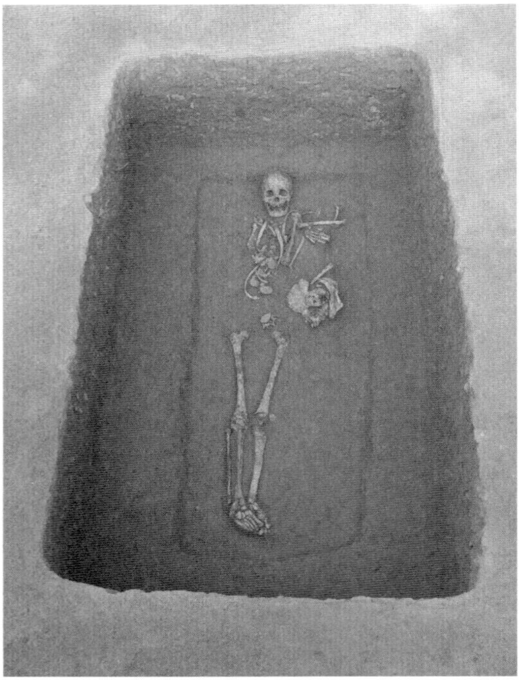

图七　清凉寺墓地 M288（第四期）

三、殉葬习俗反映的社会制度

墓葬习俗的差别反映着不同的社会制度，尤其值得重视的是清凉寺墓地的殉葬现象，虽然史前的殉葬并不是从这一时期开始的，而且只存在于墓地的部分时段，但从发现数量、殉葬人数和普遍程度来说，类似清凉寺墓地这样的殉葬现象却十分罕见，在某种程度上反映了社会制度的变革历程。

第一期墓葬的葬式虽然有较大差异，但未发现墓主人生前地位存在差距的明显证据，所有死者的社会地位比较接近。后三期墓葬中死者地位的差距，不仅表现在不同时期的墓葬之间，而且也存在于同一期的墓葬之间，这是认识本墓地构成人员的重要素材。

从第二期开始，墓地就存在部分暴力现象和非正常埋葬的人员，这些死者入葬已经具备了为墓主人殉葬的含意。但这些特殊的墓葬并不多见，而且非正常入葬的死者没有固定的位置，有的是另掘一坑按压下跪，也有的被推入墓内，还有的是随意弃置，葬式不固定，年龄、性别也没有标准。这些人被埋入墓葬的原因并不相同（图八），虽然还不能称为一种成熟的制度，但却是后来殉葬习俗的直接源头，反映着阶级对立的萌芽；虽然只是个别现象，并不具有普遍意义，却是一个重要的发展趋势。到第三期初期，非正常埋葬得到了延续，从这时开始，墓地埋葬的所有墓主人都是销售食盐机构中的成员，不再受部族血缘的束缚，由于和外界接触的增多和财富快速集聚，富裕起来的机构成员很容易接受其他地区的奢侈习惯，厚葬为特点的不平等的理念发展很快。下葬时间较早的中西部的墓葬，用少数成人殉葬或用儿童作为殉人，被活埋或被处死的情况十分普遍。接着，殉葬制度走过了从起步到普遍逐渐规范的过程，很短的时间之后，就成为丧葬制度的重要组成部分。在第三期的中段，下葬过程应当十分隆重，由于殉葬制度的盛行，使葬礼成为惨绝人寰的恐怖活动，殉人在这一时期基本全部是未成年的孩子，入葬时的姿势不同，境遇十分悲惨，挣扎与无奈的迹象十分明显（图九、图一〇）。这些尖锐对立的现象与重视社群内部关系、氏族利益的观念格格不入，不符合具有亲缘关系的人们之间应有的亲情，殉人只能是从其他部族中抓来或在某种压力下被本部族的人送来，与墓主人不属于同一集团。墓地扩展到坡地正中心位置之时，随着墓主人权威的日益巩

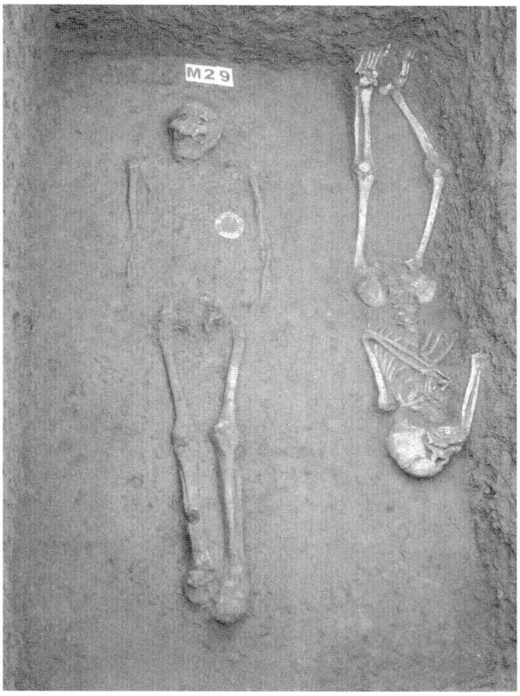

图八　清凉寺墓地殉人墓（第二期）

图九　清凉寺墓地儿童殉葬墓（第三期）

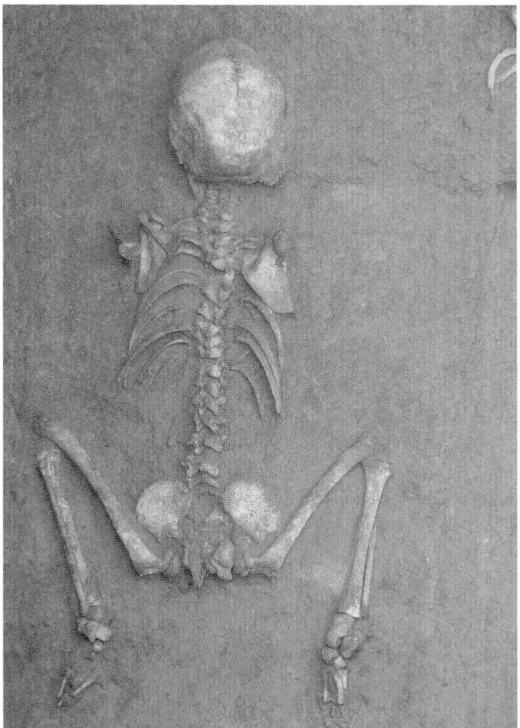

图一〇　清凉寺墓地殉葬儿童（第三期）

固，殉葬达到鼎盛时期。机构内部死亡的人数在逐年增加，如果在墓主人死亡之后才寻找殉人，显然是不现实的，因此，当时可能已经有专门用于殉葬的人员储备，集团中也许有人专门从事这类事情的管理。在第三期的中后期阶段，因财力下降，墓葬规模逐渐缩小，殉葬制度也走过由十分盛行到逐步消失的过程。墓地的第四期，虽然墓葬仍旧规范，但已经回归薄葬，财力可能已经不能支撑他们的奢靡生活了，而且墓主人也失去了第三期时的威权，殉葬现象消失。

综上所述，墓地的埋葬制度有一些连续发展的迹象，其中殉葬现象的出现、成熟到消失的过程有一些内在联系。尽管东方文化的西传可能首先带来了这种残酷的观念，刚开始的非正常埋葬并不是严格意义上的殉葬，这些死者除外来人外，可能还有属于本部族的少数人，反映着某种社会分层或个人恩怨。第三期初期到中期，殉葬逐渐制度化，墓主人与殉人之间尖锐对立，社会结构已经发生了根本性的改变。第三期后期到第四期时期，殉葬现象不存在了，但并不是又重新启用了殉葬出现以前的制度，而且阶级矛盾也未得到调和，社会结构也没有再回到以前的状态，以至在不久之后，整个墓地中第三、四期墓葬均遭到毁灭性的盗掘，让整个社会经历了一次大的洗礼。

四、随葬品种类和特点反映的社会观念

墓葬中随葬各类物品的习俗在中原地区仅存在于个别时期，但却明确体现出墓主人之间的阶层分化，随着时间的推移，必然导致阶级产生，经历了一个社会观念的转变过程。

第一期墓葬内，我们未发现随葬任何物品，目前所见的墓葬可能还是在较长一段时间内生活在这里的成员，由于人骨保存很差，没有给我们提供必要的研究资料，与后来的墓葬现象也无法建立制度方面的联系。

图一一　清凉寺墓地出土陶壶（第二期）

在第二期时，墓葬的情况比较复杂，反映的是一个混合了不同理念的社会现象。由于墓主人全部属于同一个部族，基本的埋葬制度比较相似。在墓地西部的几个墓葬中出土了组合固定的陶器，具有明确的本地特色，传统文化的传承在本期占有主导地位（图一一）。但是，由于财富的差距与观念的不同，随葬品情况能够清楚地分出两个档次，其中一半左右的墓葬身无长物，另外一半左右的墓葬则拥有数量不等的随葬品，包括玉石器、鳄鱼骨板、猪下颌骨等珍稀物品（图一二～图一四），基本组合齐全、奢华的随葬品成为墓葬的一个重要内容。更重要的是，所有存在随葬品的墓葬均受到外来文化的影响，随葬品具有不同的地域特色，形制的渊源涉及东方

图一二　清凉寺墓地出土三孔石刀（第二期）

图一三　清凉寺墓地出土残石刀（第二期）

图一四　清凉寺墓地出土石锛

和东南方的几个区域，但不是整器输入，而是引进了其他地方的理念，用本地岩石制作而成的，当地的人学会了玉石器制作技术，开始从事先进的制玉工艺。如果说随葬野猪下颌骨可能说明墓主人生前是狩猎高手的话，鳄鱼骨板则明确是从南方输入的。具有本地传统的陶器、猎获的野猪和外来的鳄鱼骨板、具有外来因素的玉石器，作为随葬品一起出土于同一类墓葬之中，二者有机地结合在一起，形成了独特的风格。在本期每个小的区域内，都存在着一无所有的墓葬，也有随葬玉石器的墓葬，可见所有家庭或家族都有穷人和富人的区别，普遍存在着阶层分化和贫富差别。根据随葬器物的种类、多少、特征等因素，还能把富有的成员划分出更详细的层次。因为海盐、井盐尚未开采，中原以外区域的部族人士跋山涉水到这里来索取食盐，清凉寺一带的居民与周边不同部族的居民频繁交流，随葬品就是这种异地文化发生碰撞与融合的产物。本地各家族内部具有较高身份或从事食盐销售的人，不满足于原来部族成员基本平等的社会格局，对一些约定俗成的制度有了不同的认识，对社会变革有了观念上的诉求。

第三期时，不同位置墓主人的随葬品差别是下葬时间早晚、整个集团实力差距的反映。由于当时缺乏监督，以销售食盐为主要生业的机构成员不仅地位显赫、专制跋扈，而且十分富裕、荒淫无度，生活中拥有许多精美玉石器。根据初期礼制的要求，这些精美、贵重的器物必须奉献给已故的主人，供他们在另一个世界享用，这个观念在本期开始时就确立了，随着机构整体实力的增强，位于墓地中部区域的墓葬，显然更加奢华。随葬品的玉石器具有不同地域的特点，而且东、南、西、北方的风格俱全，应该受到比前期更多地域其他文化的影响，文化交流的范围和方位有了较大的拓展。玉石器的质地也有了很大变化，极其珍贵的透闪石类玉石材料制作的奢侈品成为本期最重要的特点，表达了人们爱美和炫耀的心理，尽管数量较少，却成为墓主人生前地位和财富的象征（图一五～图一八）。具有垄断地位的食盐外销，集聚了大量财富，墓主人所在的集团是当时最不可一世的统治阶级；而殉人不仅没有属于自己的随葬品，生命的权利也被剥夺，是被统治阶级的代表，两个对立的阶级表现得十分清晰。社会总体的成员中男女比例不可能差距太大，也不可能只有墓主人和殉人为代表的两类人员，肯定会有独立的居民存在，只是由于清凉寺墓地埋葬的全部是负责销售食盐的管理集团成员，所以才形成墓主人以男人为主，殉人多数为孩子的局面。从墓主人极度的奢华与强势情况来看，这个集团成员与当地普通居民之间的矛盾也应该十分尖锐，阶级对立在集团或聚落群之间也存在，不同阶层之间的社会地位差距有了天壤之别，社会结构的复杂化程度已经很高了。另外一个值得关注的现象是，除用外来质料制作的器物外，其他绝大部分玉石器还是用本地的岩石制作的，而且少数墓葬中存在的陶器也具有与第二期陶器类似的特点，说明外来文化的影响并未完全替代当地文化的传承，总体上体现了多种因素共存、逐渐提升自身水平的发展趋势。

第四期时，不再富有的墓主人已很少用随葬品了，即使个别墓葬有少数器物，也十分粗糙，看不出任何特色，但是，人们观念的更新和已经形成的礼制应该已经在中原地区居民中扩展。第四期墓葬之后，尖锐的社会矛盾并没有得到缓解，包括第三、四两期的墓葬被大规模盗扰，就是矛盾的总爆发，在墓葬中常常发现随葬品被弃置的现象说

图一五　清凉寺墓地出土玉牙璧（第二期）

图一六　清凉寺墓地出土玉璧（第三期）

图一七　清凉寺墓地出土玉璧（第三期）

图一八　清凉寺墓地出土玉琮（第三期）

明，这种盗扰并不是以图谋墓中财物为第一目标，主要是让死者魂魄不得安定。如果说这些盗掘墓葬的成员来自本地，肯定是食盐销售集团与当地的其他居民之间结下了宿怨深仇，也许隐含有对死者的复仇意味。令人深思的是这种盗扰墓葬的现象不仅存在于清凉寺墓地所在的区域，而是席卷了整个山西南部地区，似乎是一场规模宏大的社会变革。

清凉寺墓地的资料齐全，虽然第一期与后来的墓葬之间存在传承的断层，我们无法在文化、习俗和生存方式上找到共同特点，社会发展的轨迹也不清晰。但从第二期开始，缘于对运城盐湖的开发及对外销售，居民们以开放的姿态和胸怀，吸收了周围不同地区的先进理念与技术、成功经验，并且在继承当地优秀传统的基础上，不断丰富自身，完成了阶层的分化、社会秩序的改变和阶级矛盾激化的几次转化。尽管清凉寺墓地反映的文化汇聚和由此带来的社会进步是一种非常态的模式，但却体现着一种先进的理念。社会的复杂化符合中原地区居民的生存条件，即使文化发展会有起伏，但新制度中世俗、务实、开放和可持续发展的风格必然得到延续，构建新社会秩序的步伐不会因此而停滞，先进思想的汇聚奠定中原地区再次成为整个黄河流域，甚至更大区域的中心地位。

附记：本文所用 ^{14}C 测年数据由北京大学的吴小红博士主持测定，体质人类学的研究由西北大学的陈靓博士主持，玉石器质地的考察和测试由中国地质大学的负雪梅博士主持，出土兽骨由北京大学在读博士赵静芳鉴定，锶同位素分析由中国社会科学院赵春燕博士研究，食性分析由北京大学博士舒涛完成，特此表示由衷的感谢。

注　释

[1] 山西省考古研究所等：《山西芮城清凉寺新石器时代墓地》，《文物》2006 年 3 期；山西省考古研究所等：《山西芮城清凉寺史前墓地》，《考古学报》2011 年 4 期。

[2] 薛新明：《清凉寺史前墓地与运城盐湖的早期开发》，《有实其积：纪念山西省考古研究所六十华诞文集》，山西出版传媒集团，2012 年。

龙山时代早期中国的文化格局*

韩建业
（北京联合大学）

龙山时代是“和龙山文化同一时代并同龙山文化发生过不同程度的联系的一些考古学文化”的总称，既是时代概念，也有特定内涵[1]。早期中国是早期中国文化圈或文化上早期中国的简称，指商代晚期以前中国大部地区文化交融联系形成的中原为核心的多层次结构的文化共同体[2]。

早期中国形成于庙底沟时代[3]，经历了仰韶后期—铜石并用时代早期中原核心文化相对衰弱、文化格局略显分化的过程，至约公元前2500年进入龙山时代—铜石并用时代晚期以后发生重要转变。以公元前2100年左右为界，还可以将其分成前期和后期两个阶段[4]。本文拟对龙山时代早期中国的考古学文化区系及其文化格局略作讨论。

一、海岱地区龙山文化的兴起

约公元前2500年，鲁东沿海和潍河流域的大汶口文化最早发展为龙山文化[5]，稍后扩展至鲁中南地区[6]，再后扩展至山东全境乃至于江苏北部，可分五六个地方类型[7]。其鼎、鬶、豆、深腹罐、蛋壳高柄杯、筒腹杯、平底盆等主体陶器与大汶口文化一脉相承。鼎由凿形足或铲形足变为鸟首形足，甗由鸟首形足变为袋足，出现三环足盘、圈足盘、瓦足或圈足盆、罍、盒等陶器，以及云雷纹、兽面纹等。约公元前2100年进入龙山后期，鼎足变为侧装三角形，袋足甗的实足根越来越明显，受中原龙山文化影响出现鬲。在三里河、杨家圈、尧王城、大范庄等遗址发现铜锥、铜条、铜块等。

龙山文化聚落分化显著，发现章丘城子崖、临淄桐林、邹平丁公、寿光边线王、阳谷景阳冈、茌平教场铺、五莲丹土、日照尧王城和两城镇、连云港藤花落等多处古城遗址或中心聚落，以其为中心大致形成若干聚落群。墓地多为一二十座墓葬的小型家族墓地，等级差异显著。其中最高级别的临朐西朱封[8]、泗水尹家城的大墓，有二层台、棺椁和放置随葬品的边箱和脚箱，随葬大量精美陶器、玉器等。

---

* 北京市属高等学校创新团队建设项目。

二、中原龙山文化的形成

大约同时中原地区文化也经历了一个变革和重新整合的过程。由于重新整合后的中原各区域遗存已不是一般意义上的一个考古学文化所能容纳，因此就被划成了一些不同的“文化”；但中原文化的古老基础仍然存在，内部各区域彼此间的交流仍相对密切，因此还可以用“中原龙山文化”这个概念将他们囊括在一起。

约公元前2500年进入龙山前期，晋南临汾盆地文化面貌发生变革，诞生了面貌一新的陶寺文化[9]。陶寺文化实际上是在仰韶文化庙底沟二期类型的基础上融入大量东方文化因素而形成[10]，早期的釜灶、斝、扁壶等属于庙底沟二期类型传统器物，还有大量良渚文化或者大汶口文化晚期因素，包括常施彩绘的高领折肩尊、折腹尊、簋、豆等陶器，曲尺形厨刀、多孔刀、钺、琮、璧等玉或石器。晚期南向扩展至运城盆地乃至黄河沿岸芮城一带[11]。陶寺古城分两个时期，偏早的小城面积约56万平方米[12]，偏晚大城面积约280万平方米[13]。大城发现10000平方米的大型夯土建筑基址[14]和半圆形天文观象台类建筑[15]。墓地分化明显，大墓随葬玉钺、玉琮、玉璧、鼍鼓、石磬、彩绘蟠龙纹陶盘等珍贵礼器[16]。约公元前2100年进入龙山后期，老虎山文化的南下对陶寺文化产生很大冲击，使其转变为陶寺晚期文化[17]，出现大量老虎山文化的双鋬鬲、单把鬲、甗、深腹簋、卜骨等，陶寺大城废弃，出现屠杀[18]、盗墓等暴力现象。最有意思的是在清凉寺M269的盗洞中发现一大肥袋足鬲，当为北方人群盗毁陶寺文化墓葬的有力证据。陶寺文化和陶寺晚期文化出现铜铃、铜齿轮形器和铜容器残片。

龙山前期豫中西地区形成王湾三期文化，包括豫中地区的郝家台类型[19]和豫西地区的冢子坪类型[20]，主体是在当地谷水河类型基础上发展而来。两个类型的区别主要表现在郝家台类型多鼎，常见袋足鬶、平底实足鬶、漏斗形擂钵、觚等，而冢子坪类型少鼎多斝，有较多双腹盆、素面罐以及少量鬲、甗、釜灶等。这当中袋足鬶、平底实足鬶、鸟首形足鼎、折盘豆、觚形杯等与龙山文化有莫大关系，觚或为良渚文化因素，漏斗形擂钵、宽扁式足鼎、红陶斜腹杯属于石家河文化因素，鬲、甗体现来自陶寺文化的影响，而双腹盆、素面罐则为冢子坪类型和后冈二期文化共有。龙山后期，嵩山以南郝家台类型发展为煤山类型[21]，嵩山以北冢子坪类型发展为王湾类型[22]。王湾三期文化后期对外强烈扩张和影响，王湾类型西北向强烈影响豫西西部和晋西南地区，形成王湾三期文化三里桥类型[23]；煤山类型南向大规模拓展而代替豫南、鄂北、鄂西地区石家河文化，形成豫东南鄂北的杨庄类型[24]、豫西南鄂西北的下王岗类型[25]、鄂西峡江地区的石板巷子类型等[26]。到龙山后期末段，在嵩山以东兴起王湾三期文化新砦类型[27]，其子母口器、折壁器盖、平底盆、甗等陶器体现来自豫东造律台文化的强烈影响。王湾三期文化聚落分化较为显著，前期已出现郾城郝家台城址，后期更有登封王城岗、平顶山蒲城店、新密新砦等城址。曾在王城岗、煤山和郑州董砦等遗址发现青铜容器残片、炼铜坩埚残片和铜渣等，说明王湾三期文化晚期已经能够冶铸铜器甚至铜容器。

龙山前期豫东皖北仍为大汶口文化尉迟寺类型末期遗存，已经渗透进少量龙山文化的蛋壳黑陶杯和鬶等，也见有红陶杯等石家河文化因素。龙山后期尉迟寺类型发展为造律台文化[28]，其侧装三角形罐形鼎、深腹罐、豆、高领壶、平底盆等主要器类继承尉迟寺类型而来，鬶、鸟首形足鼎、假圈足缸等体现来自龙山文化的强烈影响，而矮领瓮、篮纹深腹罐、盆形擂钵等则体现来自王湾三期文化的影响，甗应为后冈二期文化因素。造律台文化也存在地方性差别，其中豫东遗存可称王油坊类型，皖北遗存可称禹会类型。造律台文化晚期曾一度东南向扩展至江淮地区，留下南荡类型[29]。造律台文化发现规整的淮阳平粮台古城[30]，以及大型祭祀遗迹、乱葬坑以及人牲奠基等情况。在鹿台岗、栾台、平粮台等遗址出土小件铜器。

龙山时代豫北冀南地区为后冈二期文化[31]，冀中北和京津地区为雪山二期文化[32]。两文化主体器类都是甗、斝、深腹罐、矮领瓮、平底盆、瓦足盆、豆、圈足盘等，只是前者多双腹盆、斜腹钵、釜形斝、擂钵等与王湾三期文化共有的器物，而后者多双鋬大袋足鬲等老虎山文化因素。雪山二期文化总体上与后冈二期文化后期相当，应为后冈二期文化北上拓展的结果。后冈二期文化前期的深腹罐、矮领瓮、大口瓮、平底盆、平底碗、筒腹杯都与仰韶文化台口类型有继承关系，罐形斝当为晋南釜形斝的变体，袋足甗或为在尉迟寺类型实足甗基础上发展而来，双腹盆当为和王湾三期文化共同创造。两文化的鸟首形足鼎、鬶、罍、圈足盘、瓦足盆、子母口盆、子母口缸、假圈足折壁器盖、贯耳盆形器盖等的出现应与来自龙山文化的强烈影响有关。在孟庄遗址发现后冈二期文化城址，有乱葬坑、以孩童奠基的现象。

内蒙古中南部、晋中北、陕北和冀西北地区——也就是狭义的北方地区，在龙山时代分布着老虎山文化[33]，陶器主要有斝或斝式鬲、甗、盉、深腹罐、高领罐、矮领瓮、直壁缸、高领尊、大口尊、大口瓮、敛口瓮、单耳或双耳罐、豆等。可分为前后两期，前期多横篮纹，有釜形斝，并在此基础上新创斝式鬲，根据地方性差异可分老虎山类型、永兴店类型、游邀类型等；后期多斜篮纹，斝式鬲演变为鬲，在陕北已经出现三足瓮，可分白草塔类型、游邀类型、筛子绫罗类型、石峁类型等[34]。老虎山文化主体由仰韶文化阿善三期类型发展而来，但新出的釜形斝的来源应当在晋南地区，其他甗、盉类可能与后冈二期文化存在联系。老虎山文化有不少石城聚落，龙山后期的陕西神木石峁石城总面积可达400万平方米，有规模宏大的城门等设施[35]，至少应当是当时陕北地区的中心聚落。园子沟等聚落的窑洞式房屋互相组合形成院落、群、排，当分别代表不同层次的社会组织。

龙山时代关中、陇东和宁夏南部等地分布着客省庄二期文化[36]、齐家文化[37]和菜园文化[38]，其中属于龙山前期者有客省庄二期文化前期、齐家文化早期和菜园文化，属于龙山后期者有客省庄二期文化后期和齐家文化中期。龙山前期三个文化都流行斝或斝式鬲、小口高领罐、束颈罐、单耳或双耳罐、花边罐等，只是客省庄二期文化斝式鬲瘦高，齐家文化斝式鬲较矮，菜园文化则有少量类似半山类型的彩陶。客省庄二期文化和菜园文化分别由仰韶文化泉护二期类型、常山类型发展而来，齐家文化为客省庄二期文化的地方变体。客省庄二期文化和齐家文化新出的鬶当来自中原地区，菜园文化的复彩彩陶、偏口壶、双孔刀等文化因素当来自于东部仰韶文化海生不浪类型、雪山一期文化等[39]。龙山后期，菜园文化消失，客省庄二期文化和齐家文化的斝式鬲变为鬲，齐家文化从甘肃东部扩展至甘肃中西部[40]、青海东部[41]和宁夏南部。三个文化都流行窑洞式建筑，还出现筒瓦、板瓦等建筑构件[42]。在喇家、皇娘娘台等遗址发现随葬玉石璧等的较大墓葬[43]。出现刀、锥、凿、环等红铜器。

三、长江中游的石家河文化与肖家屋脊文化

龙山时代前期长江中游和豫南地区为石家河文化，核心区在江汉平原[44]，边缘分布到湘北、豫西南、豫东南、皖南等地，可分成若干地方类型。约公元前2100年进入龙山后期，王湾三期文化向南强烈扩张和影响，豫东南、豫西南、鄂西、鄂北等地都已经被王湾三期文化所占据，就连江汉平原及附近地区文化面貌也与王湾三期文化接近[45]，有人称之为肖家屋脊文化[46]。

石家河文化由屈家岭文化发展而来，其宽扁式足折腹鼎、凿形足鼎、高领罐、腰鼓形罐、甑、缸、豆、圈足碗、圈足盘、长颈壶、红陶斜腹杯、高柄杯等主体器类均为屈家岭文化同类器的继承和发展，新出大量红陶盘、捏塑红陶小动物和小人，鬶和有刻符的陶尊的出现可能与来自大汶口文化尉迟寺类型的影响有关。到肖家屋脊文化阶段，石家河文化的典型器物大多消失，残留少量弧腹盆、红陶盘、三足杯等；占据主体的矮领瓮、细高柄豆、侧装足鼎等与王湾三期文化同类器接近，鬶、盉属于龙山文化或造律台文化因素，扁足罐、凸底罐、无底甑等体现出地方特色。值得注意的是肖家屋脊文化玉器较为发达，其来源当在龙山文化或王湾三期文化。

屈家岭文化时期兴建的10多处城垣聚落大多都沿用至石家河文化，墓葬分化严重，在邓家湾、肖家屋脊等遗址发现多处套尊、倒立尊、扣碗等构成的祭祀遗迹，大量陶塑小动物和小人的堆积也当与祭祀有关。但至肖家屋脊文化阶段，石家河文化城址被毁，石家河文化风格的祭祀遗迹随之消失。

四、长江上游的宝墩文化和中坝文化

龙山时代在成都平原和重庆地区分别为宝墩文化[47]和中坝文化[48]。两个文化总体面貌接近，共有的主体器类花边绳纹深腹罐、喇叭口壶、高领罐等与此前长江上游陶器有直接渊源关系，共有的平底尊、豆、圈足盘等或为长江中游屈家岭文化因素之遗留，或为受同时期石家河文化、王湾三期文化之影响。只是宝墩文化有更多盘口或敞口圈足尊，更流行旋纹以及刻划戳印的波纹、网纹等，类似因素早见于汉源麦坪类遗存，与云南新光文化也有联系；而中坝文化有更多盘口罐、圈足或假圈足碗、折腹钵等，有的器物花边绳切凹凸显著。

宝墩文化发现有新津宝墩、都江堰芒城、郫县古城村、温江鱼凫、崇州双河、崇州紫竹等城垣遗址，其中最大的宝墩古城外城面积达268万平方米，古城村有面积达550平方米的大型长条形建筑。而中坝文化聚落一般较小，社会复杂化程度不高。

五、长江下游及附近地区文化

江浙一带龙山前期偏早当为良渚文化晚期遗存，稍后发展为以上海松江广富林第二阶段为代表的末期良渚文化[49]，鱼鳍形鼎足大而夸张，有长颈圈足壶、长颈鬶等。龙山后期该地区分布着广富林文化，其侧装扁足鼎、凹折沿罐、矮领罐、矮领瓮、细高柄豆、平底碗等主要器物与造律台文化南荡类型和王湾三期文化杨庄类型较为相似，甗、白陶鬶、竖条纹直腹杯等也当与造律台文化相关；饰云雷纹、方格纹、叶脉纹等的印纹矮领凹底罐、圈足罐、圜底钵，体现出强烈的地方特色，应该和良渚文化有一定继承关系，也与华南昙石山文化等有关。广富林文化大约是在末期良渚文化基础上，受到中原龙山文化强烈影响并融合北上的华南文化因素而形成。

龙山前期江西中北部为山背文化[50]，浙江南部为好川文化[51]。两个文化都以鼎、豆、素面高领罐、高领圈足壶（尊）、鬶占据主体，都有素面或印纹釜，这均与樊城堆文化等当地传统相关。区别主要是山背文化鼎腹较深、多凿形足，豆多子母口，多见与石家河文化近似的高领扁腹圈足壶、红陶小动物；而好川文化鼎腹较浅、多侧装扁足，豆盘下出棱，多见单耳圈足盉以及属于良渚文化因素的阔把带流杯、双鼻壶、单耳圈足杯、三鼻簋等，还有玉钺、玉锥形器、嵌玉石片漆器等良渚式器物。当分别与石家河文化和良渚文化的影响有关。好川文化还有较多印纹圈足罐等昙石山文化因素。

六、早期中国边缘区文化

在黄河长江流域大部地区交融整合形成以灰黑陶和三足器为代表的龙山时代文化系统的同时，边缘地区也发生着程度不同的变化，并在一定程度上受到三足器系统的影响。

龙山前期在甘肃中西部和青海东部分布着马家窑文化半山类型[52]，在青海共和盆地分布着马家窑文化宗日类型晚期[53]。半山类型盛行黑红复彩彩陶，锯齿纹装饰最具特色，典型器类有小口高领壶（罐）、单耳或双耳长颈瓶、小口高领瓮、弧腹盆、单耳罐、双耳罐、鸮形壶、双口壶等。半山类型是在马家窑类型基础上发展而来，同时接受了大量来自菜园文化的因素，包括偏洞室墓、屈肢葬、黑红复彩元素，以及双口壶、鸮形壶、卍字纹等，其更早的渊源当然还是东部的雪山一期文化和海生不浪类型。宗日类型除有类似半山类型的彩陶外，还有大量夹粗砂且彩陶纹饰粗犷的“宗日式陶器”。

龙山后期甘肃中西部和青海东部分布着马厂类型[54]，陶器基本类似半山类型，器表崇尚彩陶装饰，盛行单色黑彩，也有红色单彩和黑红复彩，人蛙纹（蛙肢纹）大增且种类复杂，四大圆圈纹盛行。此外，卐字纹和双F形花纹与大体同时的西伯利亚地区陶器上的某些刻划花纹近似，又见于更早的小河沿类型，表明早在公元前2千纪以前，欧亚草原就存在大范围的文化联系。随着时间的推移，马厂类型有逐渐向河西走廊延伸的趋势，最西到达新疆哈密地区。墓葬有较为显著的分化，出现随葬数十上百件陶器的富有墓葬。

龙山时代东北西部西辽河领域和科尔沁草原一带大约仍为雪山一期文化小河沿类型

和南宝力皋吐文化的末期，下辽河流域当仍为偏堡子文化或类似遗存，辽东南部为小珠山上层文化[55]，辽东鸭绿江下游一带则为北沟文化[56]。小珠山上层文化是在小珠山中层文化和偏堡子文化基础上，受到龙山文化强烈影响而形成，鼓肩罐、瓮、盆形鼎、鬶、豆、三环足盘、三足杯、单把杯等陶器都大致属于龙山文化因素，但罐、瓮等饰刻划或戳印几何纹、饰多色几何纹彩绘等特征仍然很具地方特色，筒形罐、叠唇罐等更是属于当地土著传统。北沟文化主要器类为装饰刻划几何纹、纵向附加泥条纹、附加堆纹等的侈口罐、敛口罐、壶，尤其直领略外鼓的壶最具特色，与偏堡子文化存在一定联系；但三环足盘、豆等显然属于龙山文化因素。

龙山时代福建东南沿海发展到昙石山文化晚期[57]，新出与好川文化形态近似而拍印绳纹的折腹鼎与长颈圈足壶，豆或圈足盘也和好川文化一样腹下出棱。此时昙石山文化拓展至福建西北部，以浦城牛鼻山上层类遗存为代表[58]，但其鬶、甗等的出现当与造律台文化的影响有关。广东西北部为石峡文化晚期遗存，新出圈足甑、鬶等陶器，琮、璧等玉器属良渚文化因素。大小墓分化严重，大墓随葬品可达上百件，包括良渚式玉器。

龙山时代云南西北部为新光文化[59]，陶器主要是各种罐类，也有壶、钵、平底碗、圈足盘等，常见花边口沿，盛行刻划、压印、戳印的各种几何形纹饰，其源头或许与川西马家窑文化及其后续传统有关。

当时在闽南粤东分布着虎头埔文化[60]，在粤中南部分布着后沙湾二期文化[61]。总体上大同小异，仍属于有着古老传统的釜—圈足盘文化系统，以印纹釜、印纹圈足罐、印纹圜底钵、豆（或簋）、支脚等陶器为主。当然也有一定的地方性差异，如沿海一带来自石峡文化的根部有按窝的锥足鼎、瓦足鼎等数量很少，有压印的复杂几何纹，而广东中部锥足鼎、瓦足鼎较多。

广西大部地区为感驮岩一期文化[62]，文化基础仍为绳纹圜底釜传统，以圜底釜、圜底钵、三足罐、圈足壶、圈足碗、圈足杯等陶器为主体，大多饰绳纹，成组水波形、横竖S形、飘带状刻划纹很有特色。偏东部的锥足鼎、豆等属于石峡文化因素。

七、龙山时代早期中国的总体文化格局

以上对龙山时代各地文化区系进行了梳理，现在来看总体文化格局。

约公元前2500年以后，黄河长江流域大部地区在仰韶文化、大汶口文化、屈家岭文化等铜石并用时代早期文化的基础上，发展演变出龙山文化、陶寺文化、王湾三期文化、后冈二期文化、老虎山文化、客省庄二期文化、石家河文化等一系列铜石并用时代晚期考古学文化，他们彼此影响，频繁交流，使得灰黑陶和鼎、鬶、盉、斝、鬲、甗等三足器成为该区域突出特色，形成鼎—斝（鬲）—鬶文化系统——即狭义的龙山时代文化系统，构成该时期早期中国的主体文化区。与此同时，在黄河上游和青藏高原东部存在以彩陶著称的马家窑文化半山类型、马厂类型等，属于罐—壶—钵—盆文化系统。该系统虽和中原龙山文化一样源于仰韶文化，但却罕见灰黑陶及三足器，早与中原分道扬

镳，成为该时期早期中国的边缘文化。同样作为早期中国边缘文化的还有华南和云南地区诸文化，不过加入原因却是因为受到鼎—斝（鬲）—鬶文化系统越来越多影响的缘故（图一）。西北地区与中原渐行渐远，而华南云南却日益亲近，为下一阶段早期中国文化格局的再次调整埋下了伏笔。此外，此时东北北部地区的筒形罐文化系统仍未纳入早期中国范畴，而新疆等地或仍处于中石器时代阶段。

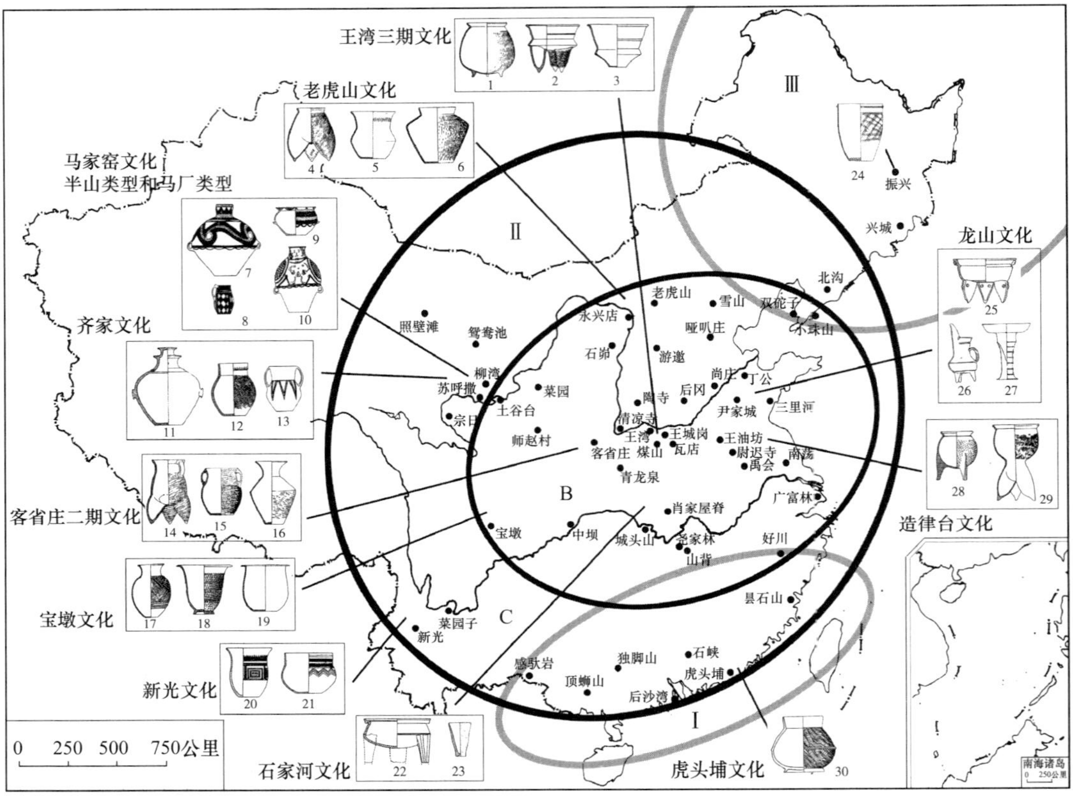

图一 龙山时代文化上的早期中国（公元前2500～前1800年）

Ⅰ. 釜—圈足盘文化系统 Ⅱ. 早期中国文化圈 Ⅲ. 筒形罐文化系统 B. 主体区 C. 边缘区

1、22、25、28. 鼎（王城岗H433∶5、肖家屋脊H32∶1、尹家城T192⑧∶13、王油坊H27∶25） 2. 斝（王湾T58④∶1） 3、9. 盆（王湾H212∶4、苏呼撒M24∶2） 4、14. 鬲（永兴店H14∶2、赵家来H2∶3） 5～7、10～13、15～17、20、21、30. 罐（瓮）（永兴店H66∶1、H17∶1，苏呼撒M55∶4，柳湾采01、M1103∶36、M366∶5、M977∶5，赵家来H20∶2、H20∶1，芒城G4∶265，新光T1104⑩∶56、T1106⑨∶21，虎头埔Ⅲ T0202④∶3） 8、23、27. 杯（柳湾M1250∶6、肖家屋脊H497∶36、三里河M2100∶5） 18、19. 尊（宝墩T1929⑦∶128、H16∶57） 24. 筒形罐（振兴H161∶4） 26. 鬶（三里河M134∶1） 29. 甗（王油坊H5∶4）（均为陶器）

龙山时代—铜石并用时代晚期大江南北形成多个以大型城垣等中心聚落为核心的地区中心，很多已经进入初始国家或初期文明社会阶段。每个考古学文化至少有一两个这样的中心，中心之间虽互有影响，但总体并非统属关系，呈现出群雄并起、各领风骚的时代风貌，因此仍属于“古国时代”。此时长江中下游地区趋于衰落：曾经辉煌一时的良渚文化风光不再，已不再拥有超大古城和大量精美玉器；石家河文化也开始走下坡路，基本没有新建城垣，陶器石器制作等也日趋粗糙。中原核心区再度崛起，其对外影响逐渐加强：龙山前期陶寺文化的发展程度难有其匹，其文化影响至少及于中原龙山文化大部地区，颇有核心文化的样子，或许已经进入雏形王国阶段[63]；龙山后期王湾三期文化向周边大幅度扩张和强烈影响，造成石家河文化的衰亡以及中原文化范围的空前扩大。中原文化既有当地传统的深沉底蕴，又融合了周围文化的优秀内涵，实际上是中国大部地区文化长久发展的结晶，为各地区先民共同所缔造。周围文化也发生了不少变革和创新，但仍然基于原有基础。总体上文化上的早期中国得到进一步发展。

注　释

[1] 严文明:《龙山文化和龙山时代》,《文物》1981 年 6 期，41～48 页。

[2] 严文明:《中国史前文化的统一性与多样性》,《文物》1987 年 3 期，38～50 页；张光直:《中国相互作用圈与文明的形成》,《庆祝苏秉琦考古五十五年论文集》，文物出版社，1989 年，1～23 页；韩建业:《论早期中国文化周期性的“分”“合”现象》,《史林》2005 年增刊，65～71 页。

[3] 韩建业:《庙底沟时代与“早期中国”》,《考古》2012 年 3 期，59～69 页。

[4] 韩建业、杨新改:《王湾三期文化研究》,《考古学报》1997 年 1 期，1～22 页。

[5] 中国社会科学院考古研究所:《胶县三里河》，文物出版社，1988 年；孙波:《再论大汶口文化向龙山文化的过渡》,《古代文明》第 6 卷，文物出版社，2007 年，12～33 页。

[6] 山东大学历史系考古专业教研室:《泗水尹家城》，文物出版社，1990 年。

[7] 赵辉:《龙山文化的分期和地方类型》,《考古学文化论集（三）》，文物出版社，1993 年，230～269 页；栾丰实:《海岱地区考古研究》，山东大学出版社，1997 年，229～282 页。

[8] 中国社会科学院考古研究所山东工作队:《山东临朐朱封龙山文化墓葬》,《考古》1990 年 7 期，587～594 页。

[9] 高天麟、张岱海、高炜:《龙山文化陶寺类型的年代与分期》,《史前研究》1984 年 3 期，22～31 页；张岱海:《陶寺文化与龙山时代》,《庆祝苏秉琦考古五十五年论文集》，文物出版社，1989 年，245～251 页。

[10] 中国社会科学院考古研究所山西工作队、临汾地区文化局:《山西襄汾县陶寺遗址发掘简报》,《考古》1980 年 1 期，18～31 页；韩建业:《唐伐西夏与稷放丹朱》,《北京大学学报（哲学社会科学版）》2001 年 3 期，119～123 页；韩建业:《晋西南豫西西部庙底沟二期—龙山时代文化的分期与谱系》,《考古学报》2006 年 2 期，179～204 页。

[11] 山西省考古研究所等:《山西芮城清凉寺新石器时代墓地》,《文物》2006 年 3 期，4～16 页；山西省考古研究所等:《山西芮城清凉寺史前墓地》,《考古学报》2011 年 4 期，525～560 页。

[12] 中国社会科学院考古研究所山西队、山西省考古研究所等:《山西襄汾陶寺城址 2002 年发掘报告》,《考古学报》2005 年 3 期，307～346 页。

[13] 梁星彭、严志斌:《陶寺城址的发现及其对中国古代文明起源研究的学术意义》,《中国社会科学院古代文明研究通讯》第 3 期，2002 年，60～63 页。

[14] 中国社会科学院考古研究所山西队、山西省考古研究所等:《山西襄汾县陶寺城址发现陶寺文化中期大型夯土建筑基址》,《考古》2008 年 3 期，3～6 页。

［15］中国社会科学院考古研究所山西队、山西省考古研究所等：《山西襄汾县陶寺城址祭祀区大型建筑基址2003年发掘简报》，《考古》2004年7期，7～24页；《山西襄汾县陶寺中期城址大型建筑Ⅱ FJT1基址2004～2005年发掘简报》，《考古》2007年4期，3～25页。

［16］中国社会科学院考古研究所山西工作队、临汾地区文化局：《1978～1980年山西襄汾陶寺墓地发掘简报》，《考古》1983年1期，30～42页；中国社会科学院考古研究所山西队、山西省考古研究所等：《陶寺城址发现陶寺文化中期墓葬》，《考古》2003年9期，3～6页。

［17］我此前称其为陶寺晚期类型，主要指发掘者所称陶寺类型或陶寺文化的晚期。见中国社会科学院考古研究所山西工作队等：《陶寺遗址1983～1984年Ⅲ区居住址发掘的主要收获》，《考古》1986年9期，773～781页。

［18］中国社会科学院考古研究所山西队、山西省考古研究所等：《山西襄汾陶寺城址2002年发掘报告》，《考古学报》2005年3期，307～346页。

［19］河南省文物考古研究所：《郾城郝家台》，大象出版社，2012年；韩建业、杨新改：《王湾三期文化研究》，《考古学报》1997年1期，1～22页。

［20］河南省文物管理局、河南省文物考古研究所：《黄河小浪底水库考古报告（一）》，中州古籍出版社，1999年，337～390页。

［21］中国社会科学院考古研究所河南二队：《河南临汝煤山遗址发掘报告》，《考古学报》1982年4期，427～476页；河南省文物研究所、中国历史博物馆考古部：《登封王城岗与阳城》，文物出版社，1992年。

［22］北京大学考古文博学院：《洛阳王湾——田野考古发掘报告》，北京大学出版社，2002年。

［23］中国科学院考古研究所：《庙底沟与三里桥》，科学出版社，1959年。

［24］北京大学考古学系、驻马店市文物保护管理所：《驻马店杨庄——中全新世淮河上游的文化遗存与环境信息》，科学出版社，1998年；韩建业：《试论豫东南地区龙山时代的考古学文化》，《考古学研究（三）》，科学出版社，1997年，68～83页。

［25］河南省文物研究所、长江流域规划办公室考古队河南分队：《淅川下王岗》，文物出版社，1989年。

［26］湖北省文物考古研究所：《宜都城背溪》，文物出版社，2001年。

［27］北京大学震旦古代文明研究中心、郑州市文物考古研究院：《新密新砦——1999～2000年田野考古发掘报告》，文物出版社，2008年。

［28］中国社会科学院考古研究所河南二队等：《河南永城王油坊遗址发掘报告》，《考古学集刊·5》中国社会科学出版社，1987年，79～119页；中国社会科学院考古研究所安徽工作队、蚌埠市博物馆：《安徽蚌埠市禹会龙山文化遗址祭祀台基发掘简报》，《考古》2013年1期，7～31页。

［29］南京博物院考古研究所等：《江苏兴化戴家舍南荡遗址》，《文物》1995年4期，16～31页；南京博物院考古研究所等：《江苏高邮周邶墩遗址发掘报告》，《考古学报》1997年4期，481～514页。

［30］河南省文物研究所等：《河南淮阳平粮台龙山文化城址试掘简报》，《文物》1983年3期，21～36页。

［31］中国社会科学院考古所安阳工作队：《1979年安阳后冈遗址发掘报告》，《考古学报》1985年1期，33～88页；河南省安阳地区文物管理委员会：《汤阴白营河南龙山文化村落遗址发掘报告》，《考古学集刊·3》，中国社会科学出版社，1983年，1～47页。

［32］《北大历史系考古专业四年级在京郊实习——发掘到新石器时代至辽代文化遗址》，《光明日报》1964 年 4 月 2 日；河北省文物研究所、沧州地区文物管理所：《河北省任邱市哑叭庄遗址发掘报告》，《文物春秋》1992 年增刊，178～219 页。

［33］内蒙古文物考古研究所：《岱海考古（一）——老虎山文化遗址发掘报告集》，科学出版社，2000 年；内蒙古文物考古研究所：《准格尔旗永兴店遗址》，《内蒙古文物考古文集》第 1 辑，中国大百科全书出版社，1994 年，235～245 页；国家文物局、山西省考古研究所、吉林大学考古学系：《晋中考古》，文物出版社，1999 年。

［34］韩建业：《中国北方地区新石器时代文化研究》，文物出版社，2003 年。

［35］陕西省考古研究院等：《陕西神木县石峁遗址》，《考古》2013 年 7 期，15～24 页。

［36］中国科学院考古研究所沣西发掘队：《沣西发掘报告》，文物出版社，1962 年。

［37］中国社会科学院考古研究所：《师赵村与西山坪》，中国大百科全书出版社，1999 年。

［38］宁夏文物研究所、中国历史博物馆考古部：《宁夏菜园——新石器时代遗址、墓葬发掘报告》，科学出版社，2003 年。

［39］韩建业：《半山类型的形成与东部文化的西迁》，《考古与文物》2007 年 3 期，33～38 页。

［40］甘肃省博物馆：《甘肃武威皇娘娘台遗址发掘报告》，《考古学报》1960 年 2 期，53～72 页；甘肃省博物馆：《武威皇娘娘台遗址第四次发掘》，《考古学报》1978 年 4 期，421～448 页。

［41］中国社会科学院考古研究所：《青海柳湾》，文物出版社，1984 年。

［42］宝鸡市考古研究所：《宝鸡发现龙山文化时期建筑构件》，《文物》2011 年 3 期，44～45 页。

［43］中国社会科学院考古研究所等：《青海民和喇家史前遗址的发掘》，《考古》2002 年 7 期，3～5 页；中国社会科学院考古研究所甘青工作队等：《青海民和县喇家遗址 2000 年发掘简报》，《考古》2002 年 12 期，12～28 页；中国社会科学院考古研究所甘青工作队等：《青海民和喇家遗址发现齐家文化祭坛和干栏式建筑》，《考古》2004 年 6 期，3～6 页。

［44］湖北省荆州博物馆、湖北省文物考古研究所、北京大学考古学系：《肖家屋脊》，文物出版社，1999 年；湖北省文物考古研究所、北京大学考古学系、湖北省荆州博物馆：《邓家湾》，文物出版社，2003 年。

［45］杨新改、韩建业：《禹征三苗探索》，《中原文物》1995 年 2 期，46～55 页。

［46］何驽：《试论肖家屋脊文化及其相关问题》，《三代考古（二）》，科学出版社，2006 年，98～145 页。

［47］中日联合考古调查队：《四川新津县宝墩遗址 1996 年发掘简报》，《考古》1998 年 1 期，29～50 页；成都市文物考古研究所等：《宝墩遗址——新津宝墩遗址发掘与研究》，（日本）有限会社阿普（ARP），2000 年。

［48］四川省文物考古研究所等：《忠县中坝遗址Ⅱ区发掘简报》，《重庆库区考古报告集·1998 卷》，科学出版社，2003 年，607～648 页；四川省文物考古研究所等：《忠县中坝遗址 1999 年度发掘简报》，《重庆库区考古报告集·2000 卷》，科学出版社，2007 年，964～1042 页。

［49］上海博物馆考古研究部：《上海松江区广富林遗址 1999~2000 年发掘简报》，《考古》2002 年 10 期，31～48 页；上海博物馆考古研究部：《上海松江区广富林遗址 2001～2005 年发掘简报》，《考古》2008 年 8 期，3～21 页。

［50］江西省文物管理委员会：《江西修水山背地区考古调查与试掘》，《考古》1962 年 7 期，353～367 页。

[51] 浙江省文物考古研究所等:《好川墓地》, 文物出版社, 2001 年。
[52] 甘肃省博物馆:《甘肃兰州青岗岔遗址试掘简报》,《考古》1972 年 3 期, 26～31 页; 青海省考古研究所:《青海循化苏呼撒墓地》,《考古学报》1994 年 4 期, 425～469 页。
[53] 青海省文物管理处、海南州民族博物馆:《青海同德县宗日遗址发掘简报》,《考古》1998 年 5 期, 1～14 页; 格桑本、陈洪海主编:《宗日遗址文物精粹论述选集》, 四川科学技术出版社, 1999 年。
[54] 甘肃省博物馆等:《兰州土谷台半山—马厂文化墓地》,《考古学报》1983 年 2 期, 191～222 页; 青海省文物考古研究所:《民和阳山》, 文物出版社, 1990 年。
[55] 辽宁省博物馆等:《长海县广鹿岛大长山岛贝丘遗址》,《考古学报》1981 年 1 期, 63～110 页; 中国社会科学院考古研究所:《双砣子与岗上——辽东史前文化的发现和研究》, 科学出版社, 1996 年。
[56] 许玉林、杨永芳:《辽宁岫岩北沟西山遗址发掘简报》,《考古》1992 年 5 期, 389～398 页。
[57] 福建博物院:《闽侯昙石山遗址第八次发掘报告》, 科学出版社, 2004 年。
[58] 福建省博物馆:《福建浦城县牛鼻山新石器时代遗址第一、二次发掘》,《考古学报》1996 年 2 期, 165～197 页。
[59] 云南省文物考古研究所等:《云南永平新光遗址发掘报告》,《考古学报》2002 年 2 期, 203～234 页; 云南省文物考古研究所等:《云南永仁菜园子、磨盘地遗址 2001 年发掘报告》,《考古学报》2003 年 2 期, 263～293 页。
[60] 揭阳考古队等:《普宁市虎头埔新石器时代遗址发掘报告》,《揭阳考古(2003～2005)》, 科学出版社, 2005 年, 3～50 页。
[61] 李子文:《淇澳岛后沙湾遗址发掘》,《珠海考古发现与研究》, 广东人民出版社, 1991 年, 3～21 页; 广东省文物考古研究所、珠海市博物馆:《珠海宝镜湾——海岛型史前文化遗址发掘报告》, 科学出版社, 2004 年。
[62] 广西壮族自治区文物工作队等:《广西那坡县感驮岩遗址发掘简报》,《考古》2003 年 10 期, 35～56 页; 广西壮族自治区文物工作队等:《广西平南县石脚山遗址发掘简报》,《考古》2003 年 1 期, 15～21 页。
[63] 韩建业:《良渚、陶寺与二里头——早期中国文明的演进之路》,《考古》2010 年 11 期, 71～78 页。

陶寺古城与尧都平阳*

田建文
（山西省考古研究所）

陶寺古城是陶寺遗址的亮点，但不是陶寺遗址的全部。

约从距今 7000 年起到距今 4000 年，我国北方地区的新石器时代文化经历了仰韶文化、庙底沟二期文化和龙山文化三个时期。陶寺考古队将陶寺遗址中的主要遗存称为龙山文化陶寺类型[1]，后来称为陶寺文化[2]，分三期，实际上是涵盖了庙底沟二期文化和龙山文化两个时期，也就是说所谓的“陶寺类型”早期属于庙底沟二期文化晚期[3]，这一点现已得到学术界公认，中期肯定进入龙山文化时期了，而晚期已嵌入夏朝的纪年之内。因为除了夏民族分布的河南西部外，其余地区的龙山文化消失年代都是已进入夏纪年[4]，包括陶寺文化晚期在内。

陶寺古城还没有发表所有材料，不好做进一步研究，先采用陶寺考古队的叫法，早期小城、中期大城、中期小城（图一）[5]。长期主持发掘的何驽博士认为[6]，早期城址，约公元前 2300～前 2100 年；中期城址，约公元前 2100～前 2000 年；陶寺晚期，约公元前 2000～前 1900 年。

陶寺遗址从已发表的资料看，1983～1984 年发掘的Ⅲ区居住址[7]，出土了一批仰韶文化晚期陶器，有尖底瓶、筒形罐、圆肩罐和浅腹盆等（图二），距今超过了 5000 年，也正因为那时陶寺考古队把仰韶文化晚期的遗存，年代定到 5000 年以内的“庙底沟二期文化”了，导致陶寺遗址的时间判断出现了混乱，也使得 2002 年发掘的地层中见到庙底沟二期文化早期的陶器（陶寺 T3402 ⑥ C，图二）[8]，反而归到“陶寺文化早期”。2002 年发掘区在 1983～1984 年发掘区以南不远处，两个发掘区应为一个聚落群。这个聚落群在早期小城南部。只有正确认识了仰韶文化晚期居住址，才能判断陶寺古城的兴起背景。

考古学是研究时间、空间、考古学文化和人这四维之间关系的一门科学[9]，在以陶器为主的新石器时代，陶器及其陶器群是最能体现时间坐标和文化性质的。陶寺遗址的陶扁壶、肥足鬲是临汾盆地特有的代表性陶器，为其他地区不见或少见。扁壶在陶寺遗址的陶寺文化中贯彻始终，侯马东呈王和陶寺遗址表明，扁壶是按照由圆口向椭圆口再向一侧扁平、一侧圆鼓，鼓腹向筒腹再向一侧扁平、一侧圆鼓，鸡冠状鋬手在颈中部

* 本文为教育部人文社会科学重点研究基地重大项目“龙山时代晋陕高原的文化交流与互动”（编号：13JJD780004）资助成果之一。

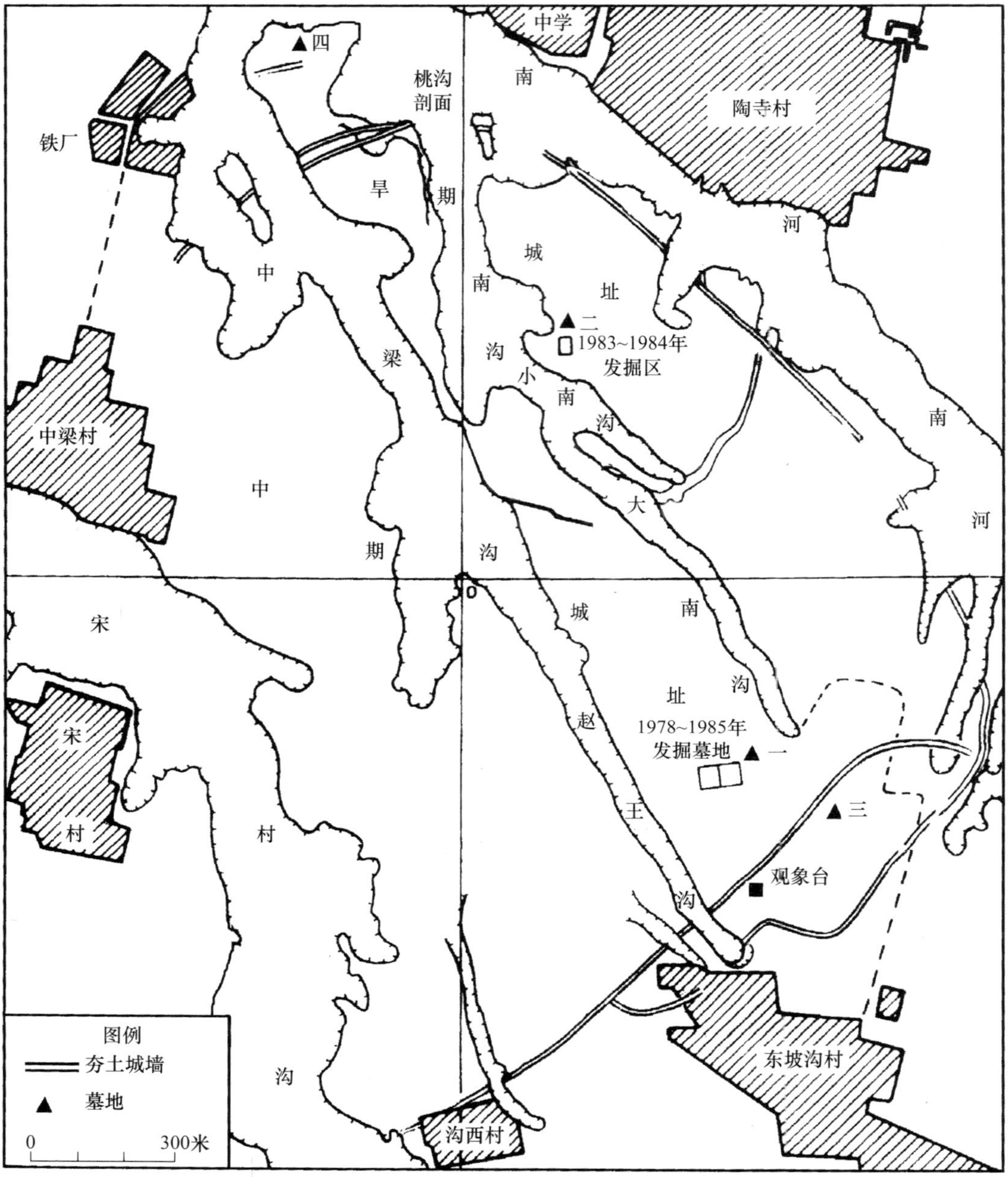

图一　陶寺遗址与陶寺古城

向颈上部再向聚集在圆鼓的那一侧口部的规律发展着的（图三）[10]，目前只有临汾盆地早晚变化序列完整，毫无疑问是在这一地区起源的，也是临汾盆地庙底沟二期文化形成的一个标志；陶鬲的出现标志着龙山文化的到来，但陶寺遗址或临汾盆地不是早期陶鬲的起源地，陶寺遗址或临汾盆地特有的肥足鬲（图四），是在陶寺文化晚期受到来自晋中的侧装鋬手鬲和单把鬲的启发后在炊器釜灶的基础上改装而成的[11]。

有了以上认识，再来看陶寺遗址目前发现并发掘的四处墓地[12]。

墓地一，在中期大城内、小城外北部，面积至少3万平方米，1978～1985年清理了1000多座[13]，密密麻麻，成排布局。大家熟知的蟠龙盘、玉器、鼍鼓、土鼓、石磬、彩绘陶器、漆木器等，就出自这里的大型墓，墓长3米左右，以M3015为代表；中型墓和小型墓的墓葬规模依次递减，中型墓还有少量随葬品，小型墓随葬品极少，出土陶器指明大、中型墓处在庙底沟二期文化晚期。M3015是一座大型墓，发表了不少陶器，张忠培先生指出，M3015下葬时晋中已经出现鋬手鬲了[14]。也就是说，各地的庙底沟二期文化结束的年代也不一致。值得注意的是，这处墓地虽有稍晚墓葬打破稍早墓葬，但没有墓地三中的大、中型墓被有意盗扰的现象。绝大多数是小墓，没有随葬陶器就没法确定时代，有报道说“大体与陶寺居住遗址相始终”[15]，发现铜铃的小墓M3296人骨测定年代已经到了夏代了[16]，肯定属于晚期。

墓地二，是1983～1984年发掘Ⅲ区仰韶文化晚期居住址之时[17]，清理了29座被定为陶寺文化晚期的小墓，两三座为一组，不知面积。

墓地三，在中期小城内西北部，面积10000平方米左右，2002、2005年两次发掘[18]。其中有一座是大型墓，5米多长，随葬很多彩绘陶器、玉石器、漆木器，未经扰动过的

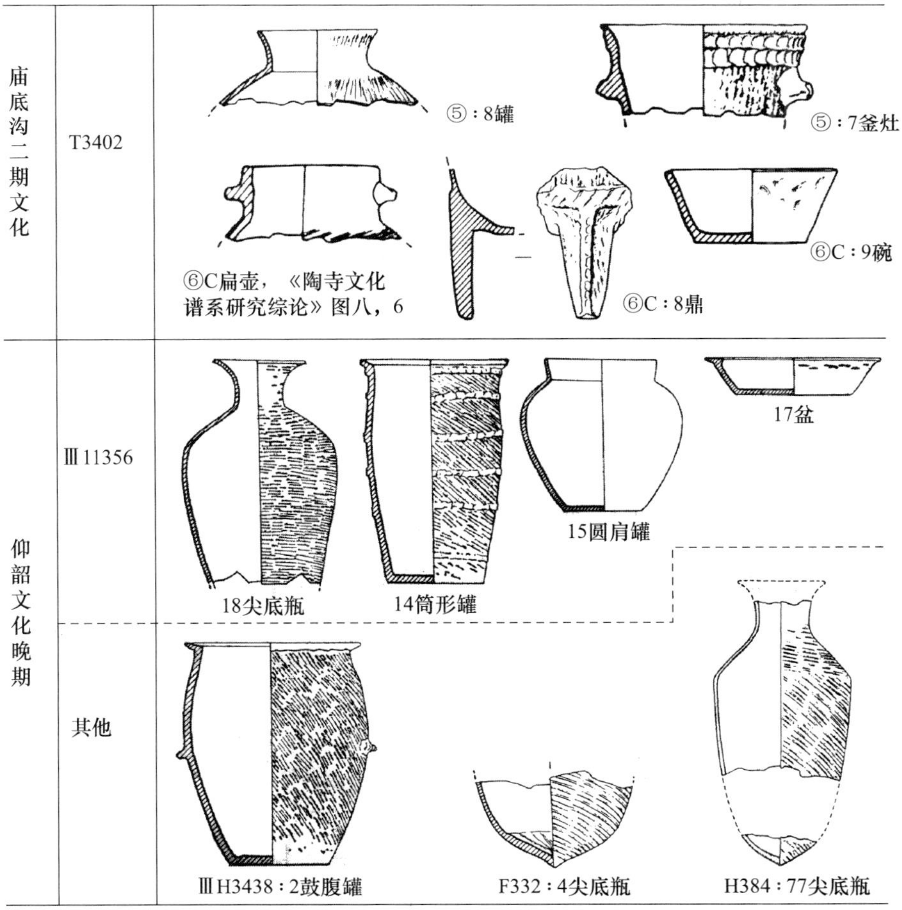

图二　陶寺遗址仰韶文化晚期及庙底沟二期文化陶器

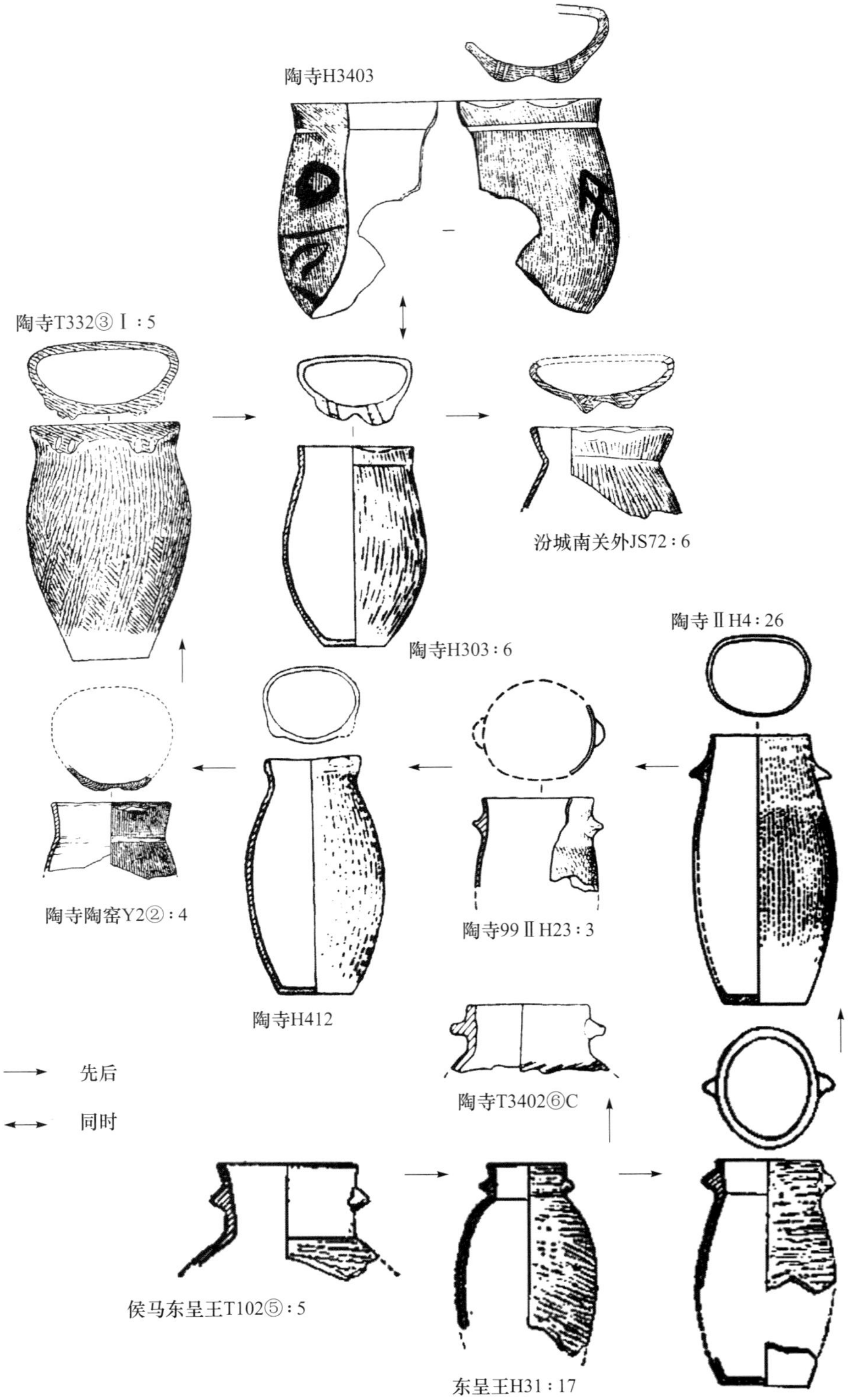
陶寺H3403
陶寺T332③Ⅰ：5
汾城南关外JS72：6
陶寺H303：6
陶寺ⅡH4：26
陶寺陶窑Y2②：4
陶寺99ⅡH23：3
陶寺H412
陶寺T3402⑥C
先后
同时
侯马东呈王T102⑤：5
东呈王H31：17
东呈王H35：9

图三　扁壶发展变化图

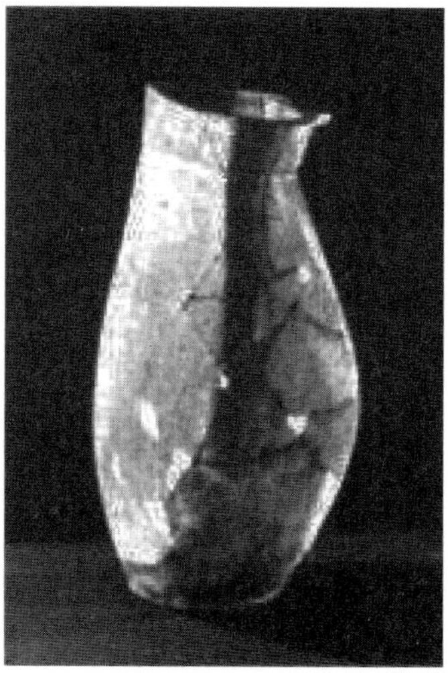

扁壶（Ⅴ区采集）

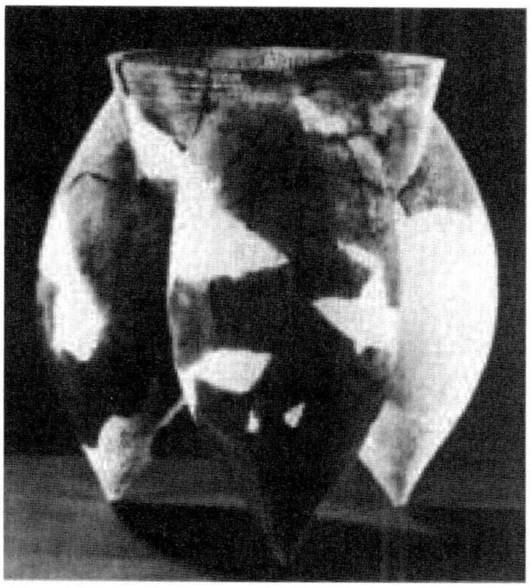

肥足鬲（ⅢT303：12）

鋬手鬲（ⅣT404④：11）

单把鬲（西阳呈F1：3）

图四　陶寺遗存陶器

（未标明者均为陶寺遗址出土）

填土里出土直口盆形斝、釜灶、单把鬲、小口折肩罐、圈足罐等残片，就是说这座大型墓的下葬时间要晚于填土中陶器的年代，充其量二者同时，据此将这座大型墓时代定为陶寺文化中期偏晚。临汾盆地也不是单把鬲的起源地，这类单把鬲可能是和鋬手鬲同时来自晋中（图四），构成陶寺文化中期的主要陶器。另外还得注意，大型墓和4座中型墓都在陶寺文化晚期有意挖坑盗扰。

墓地四，在中期大城外北部[19]，面积不详，清理12座，被定为陶寺文化晚期，其中一座小墓出土铜齿轮形器。

比较这四处墓地，就可发现：

（1）墓地一陶寺文化早中晚期都有，墓地二和墓地四只有陶寺文化晚期的墓葬，墓地三只有陶寺文化中期的墓葬。

（2）只有墓地一和墓地三才有大、中型墓，而且墓地一中的大型墓长度和随葬品相当于墓地三中的中型墓；墓地一的大、中型墓处在庙底沟二期文化晚期，墓地三进入龙山文化时期，可以认为二者时间上处于前后两个阶段；陶寺文化晚期所有墓葬都是小墓。

（3）墓地三中的大型墓和4座中型墓在陶寺文化晚期被采用挖坑手段盗扰，墓地一、二、四处陶寺文化晚期小墓的墓主人，是最大的嫌疑人。

再把这些现象放在陶寺古城内，就可以得出这样的结论：

（1）在仰韶文化晚期开始形成的聚落群，到了庙底沟二期文化晚期规模扩大了，建筑了早期小城，与古城相对应的是墓地一的大、中型墓和一部分小墓。

（2）中期小城内的墓地三已经进入龙山文化，属于龙山文化早期，建筑中期小城的目的，就是为了防止盗扰。

（3）中期大城在全国同期数一数二，将早期小城及墓地、中期小城都囊括进去了。

（4）陶寺文化晚期，也就是龙山文化晚期，中期大城内外都有墓地，都是小墓，此时古城废弃。

此外，陶寺考古队把中期小城内的墓地与观象台视为同时，在大的时间段同时的前提下，或许应有所差异。

这是我们认识陶寺古城的基础。那么，庙底沟二期文化和龙山文化时期发现的陶寺古城，与古已有之的“尧都平阳”的说法就变得不可回避了。这句话见于魏、西晋时期皇甫谧（215～282）的《帝王世纪》一书中，他是引用东汉时期应劭的话。平阳最早设县是春秋晚期的公元前514年[20]，虽然古今行政区域多有变易，但无论平阳作为一个县和以后作为一个郡、一个府的治所，在现在的尧都区一带，是可以肯定的。“尧都平阳”至少是汉代人们心目的事情，北魏郦道元《水经注·汾水》：“《魏土地记》曰：平阳城东十里，汾水东原上，有小台，台上有尧神屋石碑。”《魏土地记》是成书于三国魏时的地理著作，证实汉代已有“尧神屋石碑”来祭祀尧了。这处“尧神屋石碑”，在汾河东原上，陶寺就在附近，也成为我们认为陶寺古城即“尧都平阳”的坚实依据。

现在看来，学术界确定的庙底沟二期文化下限为公元前2300年的意见，正是陶寺墓地一那些大、中型墓的年代，很可能也是唐尧生活的年代，墓主人生前所居的早期小城，就是最早的“中国”[21]，他们打鼓击磬（图五），一派祥和气象，这也是笔者怀疑中期小城内的观象台是否与墓地三同时的原因。而晚于公元前2300年的墓地三，大型墓还有殉人，随葬品比较奢华，随葬品的种类也与墓地一有所不同，最显著的区别是，不见墓地一的蟠龙盘、鼍鼓、土鼓而有玉兽面、牙璧等（图六）。扁壶在陶寺文化早、中、晚三期都大量存在的事实，说明古代居民主体没有发生变化；晚期还盗扰墓地三，只能说明墓地三的墓主人是外来户，他们高高在上，建筑了中期大城用于统治同他们是对立面的其他人，连墓地都要建在中期小城内防止盗扰；到了晚期他们的后裔衰落或离开后，他们的墓葬还是被盗扰了。墓地三的墓主人是不是舜的国家虞国贵族呢？现在考虑为时过早，也不妨碍陶寺古城发现的意义。因为毕竟到目前为止，山西早期古城也就陶寺古城这一座。

陶寺遗址西北25公里的尧都区下靳墓地[22]，第二次发掘B类墓早于A类墓，而A类墓中“规模稍大的墓均经早期盗扰，墓内人骨散乱，随葬品残存极少”，第一、二次发掘中的规模稍大的墓，也就是那些被盗扰的墓相当于陶寺墓地一的中型墓，年代大约说来与陶寺墓地一早期同时，下靳墓地没有出现陶鬲的报道，盗扰者究竟与盗扰陶寺墓地三是同一伙，还是陶寺墓地三的墓主人是与盗扰下靳规模稍大的墓的人是同一伙，得等完整的材料发表之后再做分析。但无论是陶寺墓地三还是下靳，都出土了牙璧这一山东龙山文化中常见的器物，这应当引起我们足够的重视。

蟠龙盘（M3702:6）

石磬（大型墓中出土）

土鼓（M3002:53）

鼍鼓（M3015:16）

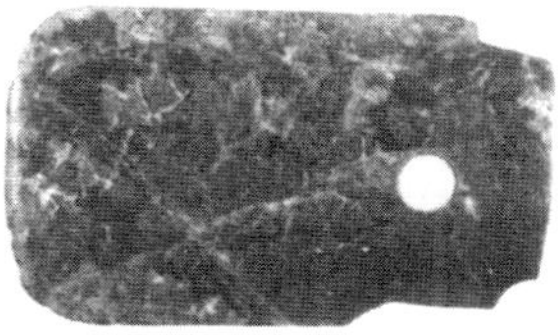
玉钺（M3015:2）

彩绘壶（M3002:49）

图五 陶寺墓地随葬品

玉兽面（ⅡM22：135）

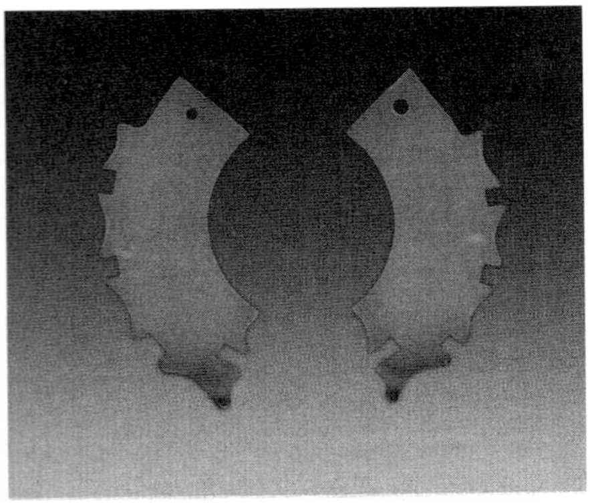

玉璜形佩（ⅡM22：131）

玉璧（ⅡM22）

彩绘陶簋（ⅡM22）

玉牙璧（ⅡT7464③：7）

玉戚（ⅡT7464③：5）

图六　陶寺墓地随葬品

尧以后，唐国还继续存在于这一带，历夏、商，西周建立后不久发生叛乱被周公灭掉了。接着周成王封他的幼弟叔虞于唐，到了他的儿子燮父手里就称为“晋侯”，国号也改为晋国。2007年面世的西周铜“𫌨公簋”[23]，铭文有“王令唐伯侯于晋”之句，说明“唐”是叔虞所封之地，“晋”是另外一个地方。晋侯燮父的墓葬在与陶寺一山之隔的曲沃北赵晋侯墓地，这里肯定是“晋”，联系到古人说晋始封地“唐”南有晋水，那么“唐”就应该在晋侯墓地之北。果然，近年尧都区庞杜和浮山梁家河的都发现了西周早期唐国贵族墓葬[24]。至于什么原因才使唐国的活动中心从陶寺古城北移到响水河流域的，尚需以后探讨。但陶寺遗址的结束和陶寺文化的消失之后，取代它的是一种新文化，见于襄汾的有大柴[25]、张槐等遗址[26]，来自晋中的陶三足瓮在此文化中大量出现，夏民族在河南西部崛起建立夏王朝，考古学文化出现了新的格局，应该与此有很大关系。

以上是我们简单梳理的陶寺古城的时间、空间、考古学文化和人这四维之间关系，如果西晋出土、朱右曾整理《古本竹书纪年辑证》书中“舜囚尧于平阳，取之帝位”、“舜放尧于平阳”等，不管是“囚”还是“放”，陶寺古城都应当是尧时期的“平阳”。而包括陶寺古城兴起前有仰韶文化晚期居住址，陶寺古城废弃后陶寺文化晚期还持续到夏代，陶寺遗址存在了1000多年。至于一前一后的尧和舜，他们两位是国家联盟的盟主，之间是禅让传承还是武力夺取，争论了2000多年，禅让制恐怕是战国时期儒家所设想的早期历史，其实“当是一考古学文化中诸势力大致相当的割据政权组成的联合体产生其领袖的方式”[27]，这种“选贤与能”可能通过不同途径实现，大可不必与陶寺古城的一些现象生搬硬套地联系起来。

2012年6月18日7：24初稿

2013年2月1日0：45改定

注　释

[1] 高天麟等：《龙山文化陶寺类型的年代与分期》，《史前研究》1984年3期；高炜等：《陶寺遗址的发掘与夏文化的探索》，《中国考古学会第四届年会论文集》，文物出版社，1985年。

[2] 何驽：《陶寺文化谱系研究综论》，《古代文明》第3卷，文物出版社，2004年。

[3] 罗新、田建文：《陶寺文化再研究》，《中原文物》1991年2期。

[4] 张忠培：《齐家文化研究》，《考古学报》1987年1、2期；《关于二里头文化和夏代考古学遗存的几点认识》，《中国历史文物》2009年1期。

[5] 中国社会科学院考古研究所山西工作队等：《山西襄汾县陶寺遗址Ⅱ区居住址1999～2000年发掘简报》，《考古》2003年3期；《山西省襄汾县陶寺城址发现陶寺文化大型建筑基址》，《考古》2004年2期；《山西省襄汾县陶寺中期城址大型建筑Ⅱ FJT1基址2004～2005年发掘简报》，《考古》2007年4期；《山西襄汾县陶寺城址祭祀区大型建筑基址2003年发掘简报》，《考古》2004年7期；《山西襄汾陶寺城址2002年发掘报告》，《考古学报》2005年3期；《山西襄汾县陶寺城址发现陶寺文化中期大型夯土建筑基址》，《考古》2008年3期。本文图一根据何驽《山西襄汾陶寺遗址铜器群及其相关问题初探》（北京大学震旦古代文明研究中心编《古代文明研究通讯》总51期，2011年12月）的图一“陶寺城址平面图”修改而成。

[6] 何驽：《陶寺文化遗址 走出尧舜禹“传说时代”的探索》，《中国文化遗产》2004年1期。

[7] 中国社会科学院考古研究所山西工作队等：《陶寺遗址1983～1984年Ⅲ区居住址发掘的主要收获》，《考古》1986年9期。

[8] 中国社会科学院考古研究所山西队等：《山西襄汾陶寺城址2002年发掘报告》，《考古学报》

2005 年 3 期。
[9] 张忠培:《浅谈考古学的局限性》,《故宫博物院院刊》1999 年 2 期 。
[10] 田建文:《我看陶寺遗址出土的朱书“文字”扁壶》,《考古学研究(十)》,科学出版社,2012 年。
[11] 张忠培:《杏花文化的侧装双鋬手陶鬲》,《故宫博物院院刊》2004 年 4 期,图一:肥足鬲的源流。
[12] 何驽:《山西襄汾陶寺遗址铜器群及其相关问题初探》,《古代文明研究通讯》总 51 期,2011 年 12 月。
[13] 中国社会科学院考古研究所山西工作队等:《1978～1980 年山西襄汾陶寺墓地发掘简报》,《考古》1983 年 1 期。
[14] 张忠培等:《客省庄与三里桥文化的单把鬲及其相关问题》,《宿白先生八秩华诞纪念文集》,文物出版社,2002 年。
[15] 高炜等:《关于陶寺墓地的几个问题》,《考古》1983 年 6 期。文中说:“我们认为:陶寺早期约略早于夏代;陶寺中、晚期当已进入夏代纪年范围。”
[16] 中国社会科学院考古研究所山西工作队等:《山西襄汾陶寺遗址首次发现铜器》,《考古》1984 年 12 期。M3296 人骨测年为距今 3835 年 ±180 年,已经进入夏纪年。原报告认为当时居民以小米为主食,人骨测年得增加 200 年左右,应为公元前 2085 年左右。
[17] 中国社会科学院考古研究所山西工作队等:《陶寺遗址 1983～1984 年Ⅲ区居住址发掘的主要收获》,《考古》1986 年 9 期。
[18] 中国社会科学院考古研究所山西队等:《陶寺城址发现陶寺文化中期墓葬》,《考古》2003 年 9 期;王晓毅等:《陶寺中期墓地被盗墓葬抢救性发掘纪要》,《中原文物》2006 年 5 期。
[19] 何驽:《山西襄汾陶寺遗址铜器群及其相关问题初探》,《古代文明研究通讯》总 51 期,2011 年 12 月。
[20]《左传·昭公二十八年》(公元前 514):“(晋)分羊舌氏之田以为三县。……赵朝为平阳大夫。”
[21]《史记·五帝本纪》:“尧崩,三年之丧毕,舜让辟丹硃于南河之南。诸侯朝覲者不之丹硃而之舜,狱讼者不之丹硃而之舜,讴歌者不讴歌丹硃而讴歌舜。舜曰天也。夫而后之中国践天子位焉,是为帝舜。”《集解》刘熙曰:“天子之位不可旷年,于是遂反,格于文祖而当帝位。帝王所居为中,故曰中国。”记述了舜由他的国家来到了尧的唐国即“中国”,“夫而后之中国践天子之位焉”说明陶寺古城是最早的“中国”,也是有些学者认为陶寺古城也是舜都的依据。
[22] 下靳考古队:《山西临汾下靳墓地发掘简报》,《文物》1998 年 12 期;山西省临汾行署文化局等:《山西临汾下靳村陶寺文化墓地发掘报告》,《考古学报》1999 年 4 期。
[23] 朱凤瀚:《䚄公簋与唐伯侯于晋》,《考古》2007 年 3 期。
[24] 临汾市文物局 2000 年发掘庞杜墓地,山西省考古研究所 2009 年发掘梁家河墓地。
[25] 中国社会科学院考古研究所等:《山西襄汾县大柴遗址发掘简报》,《考古》1987 年 7 期。
[26] 襄汾县博物馆:《山西襄汾县张槐遗址出土大型石磬》,《考古》2007 年 12 期。
[27] 张忠培:《中国古代文明之形成论纲》,《考古与文物》1997 年 1 期。

磁县下潘汪遗址“龙山文化”遗存辨析

乔登云
（邯郸市文物研究所）

磁县下潘汪遗址，是1959年为配合岳城水库工程建设而发掘的，共开挖探方51个，揭露面积3384平方米。除发现有商、西周、春秋、战国及汉唐时期等遗迹、遗物外，还发现有较多仰韶和龙山时期的文化遗存，为冀南豫北地区史前文化的研究提供了重要的实物资料[1]。然而，就所报道材料来看，由于地层堆积成因或对遗存认知程度所限，其中仰韶时期所属两类遗存的文化面貌并不单纯，且有的属于遗存判别失误所致，对此笔者曾专文进行过分析和讨论[2]。事实上龙山时期文化遗存的面貌也不单一，甚或属于一种含有多种文化遗存的复合体，对本区域龙山时期遗存文化面貌和内涵的认识有着直接的影响。为了尽可能还原该遗存的本来面目，并减少某些认识上的混乱，因此，本文拟首先对下潘汪遗址“龙山文化”遗存的内涵重新予以审视检讨和辨析，进而对“龙山文化”遗存的自身特点与文化属性、文化因素的构成及来源予以初步探讨。不妥之处，敬请方家指证。

一

所谓“龙山文化”，是以1930年最早发现于山东省历城县（今章丘市）龙山镇城子崖遗址的一种以“黑陶”为特征而命名的考古学文化[3]。其后，随着各区域既有某些相同特点、又有很多个性特征的文化遗存的发现，而出现了山东沿海区、豫北区、杭州湾区[4]或两城期、龙山期和辛村期[5]，以及鲁东、鲁西、河北、辽宁、豫东、豫北、豫西、陕西、安徽、江苏、浙江等不同范围的分区或分期[6]，并逐步形成了庙底沟二期文化、后冈二期文化或河南龙山文化、客省庄二期文化或陕西龙山文化、典型龙山文化或山东龙山文化等类型划分和不同命名[7]。自20世纪80年代开始，人们已开始意识到，所谓诸“龙山文化”实际并非同一文化系统，而是我国新石器时代晚期黄河中下游地区多个既相互独立、源流有自，又互有联系、互有影响的不同的考古学文化。为了反映这一现实，严文明先生还提出了统一以“龙山时代”反映其共性或时代特征，而不同文化间分别以各地最初所发现遗存命名的建议，即山东原典型龙山文化仍以最初发现地历城的“龙山文化”为名，陕西、河南同时代遗存分别以最初发现地西安的“客省庄二期文化”、安阳的“后冈二期文化”和洛阳的“王湾三期文化”为名，并得到了考古界多数专家的认同[8]。冀南地区下潘汪遗址“龙山文化”遗存，自然应属原称之河南龙山文化、今称之龙山时代后冈二期文化系统，但与相邻诸龙山时代文化也存在着密切的关系。

据《报告》(即《磁县下潘汪遗址发掘报告》的简称，下同）介绍，下潘汪遗址"龙山文化主要分布在发掘区东北部。……最厚处达3.6米。从部分探方的文化堆积看，土色往往可分为灰和灰褐两个小层，而H65与F1又有打破关系，我们曾拣选一些遗物做比较，未发现有显著区别，由此推定，它们基本上是同一时期的，时间相距不会太远"。并在具体介绍T32、T31南壁剖面时明确指出，"第③层，龙山层，厚1～1.9米，按土质土色可划分A、B两个小层。A层土质松软，B层质坚，土色均灰褐色，包含物无区别"。在介绍遗迹单位时也指明，龙山时期遗迹包括房址1座、灰坑11个、灰沟2条，"每个灰坑都有打破关系，少的一个，多的三个，同属龙山文化时期的有二，一是H65打破F1，另一是H135打破HG3"。此外，《报告》称同属"龙山文化"的HG3一端与HG2汇合，但平、剖面图却显示，HG2打破HG3，HG3又打破T32的第3A、3B层，而且，HG2内"填土依土色可分黄褐土和灰褐土两小层"，HG3内"填土上部灰褐色，下部细沙土"，因此HG2和HG3乃至与第3层之间也可能存在打破关系，只是发掘者认为两灰沟所出遗物相同。甚至明确强调"根据灰坑、灰沟、房址出土物作比较，彼此无甚区别，推测它们的年代相差不远，均属于同一时期"。

但是，根据《报告》所报道出土遗物来看，所谓"龙山文化"的遗物尤其特征最明显的陶器，除部分陶质陶色及器表装饰难以区别外，器物类别及器形方面，彼此之间的差别却很大。经细致分析和判别发现，其实际上是一种含有多种文化、若干年代的文化复合体，除"龙山文化"遗存外，还包含有其他不同年代、不同文化的遗存。可辨器物主要包括以下几种（图一）。

碗2件。一件（T50③：16）为侈口，微出沿，腹壁斜直，大平底，假圈足；器物造型与豫北冀南以安阳后冈遗址[9]为代表的后冈二期文化常见的底部较小、上腹微鼓、下腹微内曲式碗不同，而与磁县界段营Ⅲ式碗（H35：1）[10]、安阳鲍家堂Ⅲ式碗（T2001③：15）[11]等大司空文化遗存相同。另一件（H49：9）侈口外翻，腹壁内曲，外饰绳纹，平底，假圈足，底沿饰花边；器形上与后冈二期文化无实圈足的曲壁平底碗也有区别，而与安阳鲍家堂Ⅱ式碗（H103：2）、大正集Ⅴ式碗（H1：45）[12]等大司空文化遗存相似，仅绳纹装饰略有区别。

盆2件。一件（T50③：265）为敞口花边，腹壁微弧，外腹中部饰附加堆纹一周，下饰篮纹；另一件（T8②：4）亦为花边口，微外侈，斜直壁微曲，底残。器形尤其装饰特征方面，与后冈二期文化明显有别，而与安阳鲍家堂"釜形器"（H3：1）、大正集Ⅱ式盆（H5：25）、磁县界段营Ⅱ式盆（H35：2）、武安陈二庄Ⅰ式盆（T1②：23、25）[13]、峰峰义西敞口盆（H25：2、Y2：1、H19：12、H1：4）[14]等大司空型遗存相近或相同。

甑1件（T16r：1）。整体呈罐形，敞口，宽折沿，圆鼓腹，小平底，颈部饰附加堆纹一周，器表饰篮纹，腹中部附对称鸡冠形双耳，下腹及底部密布蜂窝状箅孔。器形上与后冈二期文化常见的大口小平底盆形甑或口底等宽的筒形甑完全不同，而与磁

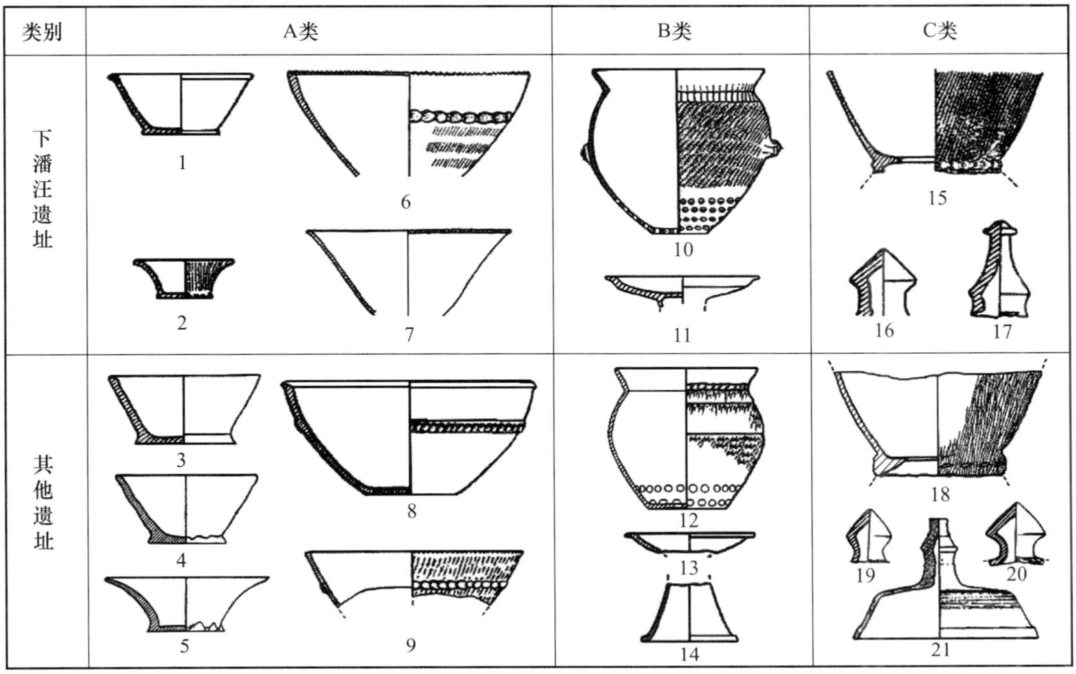

图一　下潘汪遗址“龙山文化”混存遗物比较图

A 类：1、3、4. 敞口假圈足碗（下潘汪 T50 ③：16、界段营 H35：1、鲍家堂 T2001 ③：15）2、5. 侈口假圈足碗（下潘汪 H49：9、鲍家堂 H103：2）6～9. 花边敞口盆（下潘汪 T50 ③：265、下潘汪 T8 ②：4、界段营 H35：2、义西 H19：12）

B 类：10、12. 甑（下潘汪 T16r：1、槐树屯 H1）11、13、14. 豆（下潘汪 H29：16、槐树屯 H2、槐树屯 H1）

C 类：15、18. 甗（下潘汪 T41 ③：47、滏阳营 H3）16、17、19～21. 器盖纽（下潘汪 T30 ③：136、下潘汪 T45 ③：193、北羊台 G2：1、北羊台 H101：10、洛阳东干沟图五：1）

县槐树屯[15]龙山时代早期遗存中的罐形甑（H1），无论从器物造型或装饰风格上均完全一致。

豆 3 件（《报告》识为器盖）。两件未做介绍。另一件（H29：16）为宽沿，平唇，折腹，浅盘，细柄。器形上较本遗址（F1：80）和安阳后冈（T18 ⑤：23）等后冈二期文化中的豆，盘腹明显较浅，而与槐树屯（H2、H1）、洺关（T2 ②：3）[16]等龙山时代早期遗存同类器接近。

甗 1 件（T41 ③：47）。仅存甑底及腰部，为束腰，内有腰隔，外饰附加堆纹一周，甑部下腹斜直，外饰绳纹。器形上与后冈二期文化甗腰部外无堆饰、内无腰隔、甑部腹壁圆弧的形制特点截然有别，而与冀南豫北地区先商时期下七垣文化诸遗址所出带腰隔甗完全一致。

盖纽分两种，各数件。一种（T30 ③：136）为尖顶斗笠形，粗颈，较矮；另一种（T45 ③：193）为双层纽，下层仍为斗笠形，上层为圆顶帽檐形，整体较高。在后冈二期文化诸遗址中，大多都有不同形式器盖的发现，不过凡有盖纽者，几乎均为弧顶蘑菇形纽，尚无尖顶斗笠形纽发现。相反，在冀南地区磁县下七垣[17]、永年何庄[18]、峰峰北羊台[19]、邢台葛庄[20]等先商时期下七垣文化诸遗址中，尖顶斗笠形器盖纽则比比皆是，尤其前者应属该遗存最基本的盖纽形式。后者虽然尚无同类器形发现，但从造型上可以看出其是在前者尖顶斗笠形纽的顶端覆加一层圆顶小纽而形成，显然应属前者的改良和发展。而且，类似器纽在与之大体同时的洛阳东干沟[21]、东马沟[22]、密县新砦[23]等二里头文化遗存中即有发现，我们怀疑本遗址类似形式很可能就是受该文化的影响而产生的。

根据以上分析比较可以看出，在下潘汪遗址“龙山文化”遗存中，至少还应包含有以下三类不同年代、不同性质的文化遗存。

A 类包括 T50 ③、H49 和 T8 ②（西周层）所见碗、盆等器物数件，属于典型的仰韶时期大司空文化系统。众所周知，大司空文化是冀南豫北地区仰韶时期三种主要文化之一，大体处于距今 5500～前 5000 年前后，约当本区仰韶时期的最晚阶段[24]。下潘汪遗址内曾发现两类仰韶时期文化遗存，其中的“第一类型”即属于典型的大司空文化系统，发掘时地层上划定为第 4 层，与第 3 层龙山时代遗存直接叠压或覆盖，在生产生活即地层形成过程中，较早的大司空文化遗存被扰入较晚的龙山时代地层内是非常自然的；甚或在发掘过程中，为了保证下层遗存的单纯性，将地层衔接部的遗存归入晚期层内也是符合操作规范的；但在材料整理过程中，应尽可能将混入的遗物予以识别和剔除，只是限于各不同阶段人们对各不同文化遗存的认知程度有别，未能完全剔除也是正常和可以理解的。因此，在本遗址所谓“龙山文化”内含有部分大司空文化遗物，既是可能的，也是可信的。

B 类包括 T16r、T47 ③和 H29 所见甑、豆等器物数件，大体与武安东万年、磁县槐树屯和永年洺关上层（第 2 层）遗存相同，约当龙山时代早期文化阶段。关于冀南豫北地区龙山时代早期文化遗存，过去相关研究较少，笔者此前曾专文进行过讨论，认为以武安东万年、槐树屯等遗址为代表的遗存，应“是冀南豫北地区龙山时代早期一支独立的考古学文化”，所处年代“估计与河南早期龙山阶段的庙底沟二期文化相当，大体距今 4700～5000 年”，其最主要的或最直接的来源应属本区仰韶时期的大司空文化，其“发展去向即为本区的后冈二期文化，或者说本区后冈二期文化就是以本区龙山时代早期文化为基础而演变发展来的”[25]。既然本遗存与本遗址所谓“龙山文化”同属龙山时代早晚两个发展阶段，两者共存于同一遗址内而未能辨别和区分，也是毫不奇怪的。

C 类包括 T30 ③、T41 ③和 T45 ③所见部分甗腰、盖纽等，应属典型的先商时期下七垣文化遗存。所谓“先商时期”，是指商汤灭夏、建立商王朝之前商部族在成长与发展过程中所经历的时间阶段，所属年代约与夏代相当，大致在公元前 21 世纪上半叶至公元前 16 世纪初叶范围内。而“下七垣文化”，就是指在此期间商部族所创造的物质文化，其最初是以 1957 年邯郸涧沟遗址商文化遗存的发现和分期研究而逐步得到确认，同时，又以 1974 年磁县下七垣遗址所发现的遗存最丰富并作为先商文化的典型代表而命名的。据有关专家研究，冀南豫北地区的漳河流域就是商部族的发源地，所以，以下七垣文化为代表的先商文化遗存有着广泛的分布，其中仅邯郸境内先商文化遗址即达 120 余处。尤其下潘汪遗址本身与下七垣遗址即同在漳河岸边，两者相距不足 10 公里，笔者还曾怀疑“潘汪”之称可能与商祖契居之“蕃”有关[26]，而且，下潘汪遗址内也确有先商时期文化遗存的发现，如《报告》确定为商代的Ⅰ式（T31r：21）薄胎细绳纹高尖足鬲，实际即属于先商时期下七垣文化遗存，所以，在《报告》所判定“龙山文化”内发现少量先商时期遗物，也就不足为奇了。不过，与 A、B 两类遗存所不同的是，前两者从年代上都早于本遗址的“龙山文化”遗存，早期遗物混入晚期层内是正常的，将所属文化层确定为“龙山文化”时期也是符合实际的，但 C 类先商时期遗存则不同，其年代上要晚于龙山时代文化，晚期遗物是不可能进入早期层内的，所以，《报告》将遗址第 3 层，特别是含有先商遗存的第 3 层统一归入“龙山文化”层，其科学性就值得重新考虑了。

此外还应指出，尽管上述三类遗存每类所含器物数量不多，但总体上却包含了甗、甑、碗、盆、豆、器盖等若干品种 10 余件器物，总数可达所报道生活用具类陶器的 16% 以上，且年代上跨越了距今 5500～3600 年之间近 2000 年时间，对于正确把握本区龙山时代考古学文化遗存的内涵及面貌的影响还是比较大的，因此，对其加以辨析并区分也还是有必要的。

二

前文已对下潘汪遗址“龙山文化”遗存所存在问题进行了辨析和澄清，下文将要讨论的是该遗址“龙山文化”遗存的自身特点及文化属性问题。

原《报告》在对该遗址“龙山文化”遗存进行认真分析后认为，“下潘汪龙山文化的内涵是比较复杂的，它与河南龙山文化有些近似，与山东龙山文化的关系似乎又较为密切”。这显然与下潘汪遗址“龙山文化”应属河南龙山文化系统的传统认识存在着明显的矛盾，笔者认为这主要是因当时考古资料有限以及对“河南龙山文化”认识上的局限所造成的。

众所周知，所谓“河南龙山文化”也称“后冈二期文化”，因最早发现于河南安阳高楼庄之后冈而得名[27]。根据现阶段学术界对龙山时代诸文化遗存的认识，原“河南龙山文化”至少应包含了后冈二期和王湾三期两个文化面貌各具特色、文化渊源互不相同的文化系统，其中后冈二期文化主要分布于黄河以北太行山以东的豫北冀南地区，王湾三期文化则主要分布于黄河以南的豫中豫西地区。不过，以安阳后冈遗址为代表的典型“后冈二期文化”遗存自发现以来，虽在豫北的安阳、浚县及冀南的邯郸、磁县、永年、武安、涉县等地又有众多同类遗址发现，但截至下潘汪遗址“龙山文化”遗存发现乃至《报告》完稿或发表之前，经发掘或试掘的遗址仅安阳高井台子[28]、同乐寨[29]、浚县辛村[30]、大赉店[31]、刘庄[32]及邯郸涧沟、龟台[33]、永年台口[34]等若干处，所获资料有限且报道简略，为开展相关研究带来了困难，往往不得不借助于其他相关资料。正如《报告》作者在《关于龙山文化的一些问题的讨论》一文中，评述《新中国的考古收获》所用材料时所述，“‘后冈二期文化’类型，它虽然最初发现于河南安阳后冈而得名，但由于材料少，《收获》中所采用的绝大部分是三里桥的资料”，而且，《报告》作者在从事相关研究中也不得不以豫西“龙山文化”遗存，也即今所称的“王湾三期文化”材料为据[35]。具体到下潘汪遗址“龙山文化”遗存，《报告》除提及“有和安阳后冈类似的敛口深腹小平底罐”外，所述“斝与洛阳王湾、郑州旮旯王村的河南龙山文化大同小异”，即明确标明是指豫中豫西区“河南龙山文化”，也即今所称之“王湾三期文化”。因此，《报告》对该遗存所做出的“与河南龙山文化有些近似”的结论，自然既包含了“后冈二期文化”，又涵盖了“王湾三期文化”遗存，由于材料所限，其所得结论有待商榷也就毫不奇怪了。

根据现有资料及研究现状，下潘汪遗址“龙山文化”遗存，应属原“河南龙山文化”范畴，或确切地说应属豫北冀南区典型“后冈二期文化”系统，不仅是学术界的普遍共识，而且，我们还可通过下潘汪“龙山文化”与后冈二期文化关系间的考察得到说明。

首先，从地理位置及生态环境方面，两者之间是完全一致的。据目前所掌握的资料，后冈二期文化经发掘且遗存较丰富的遗址，一是豫北安阳境内的后冈、大寒南岗[36]、八里庄[37]、汤阴白营[38]和淇县王庄[39]等，二是冀南邯郸境内的涧沟、龟台和永年台口、榆林[40]等，只是后者材料报道较简略。下潘汪遗址恰位于豫北冀南交汇地带的漳河北岸（今岳城水库淹没区内），虽然属于冀南区域，但东南与安阳后冈遗址仅一河之隔，直线距离也只有 20 多公里，两者均地外太行山东麓丘陵与平原交汇地带，同属古黄河的支流漳河及洹河流域，从地理及生态环境因素方面，两者作为同一文化是不应存在问题的。

其次，从文化内涵及面貌特征方面，两者间的共性也是主要的，差别是次要的。因后冈二期文化典型遗址以豫北区为代表，判定下潘汪遗址相关遗存与后冈二期遗存间的异同，自然也应以安阳后冈、大寒南岗及汤阴白营、淇县王庄等遗址为标尺。

遗迹方面，下潘汪遗址仅见房址 1 座、灰坑 11 个、灰沟 2 条。房址为半地穴式，深达 3 米，内外双室，平面呈“8”字形，底铺白灰地面，外室南壁有壁龛，底面东侧有烧土灶面；灰坑以圆形为主，次为椭圆形，并分袋形、圆筒形和喇叭形三种形制；灰沟为较规整的长条形，规模较大，有的为排水设施，有的或为具有防御和排水双重作用的环壕。后冈、大寒南岗、白营、王庄等遗址曾发现房址近 140 座、灰坑 200 余座。房址以地面建筑为主，少数为半地穴式，有的深达 3.5 米，均为单室，平面分圆形、圆角方形、长方形和椭圆形等多种，以圆形为主，其余均比较少，大部分有柱洞，墙壁分木骨垛泥墙、无骨垛泥墙和土坯墙等，地面以白灰面为主，部分为烧土面、草拌泥面、硬土面或普通黄土面，室内中部或一侧有微凸的烧土灶面，少数还有地下窖穴；灰坑口部分圆形、椭圆形、长方形或圆角长方形、方形和不规则形多种，并以圆形和椭圆形居多，形制结构则分袋形、直筒形和锅底形等几种。两者相比较，前者除遗迹数量发现较少且房址为双室外，各单室形制、白灰地面、烧土灶面及灰坑形制等均与后者相同。后者虽未发现排水沟或环壕，但后冈遗址却发现有环围村落的夯土围墙，各遗址还发现有窖穴、白灰窑、白灰渣坑、水井、儿童墓葬、羊坑或兽坑等遗迹，其中环壕与围墙应具有同样的防御性质，只是后者较前者应更加进步。

遗物方面，石器均以磨制为主，器类均包括斧、铲、锛、凿、刀、镰、磨盘或磨棒、镞、弹丸、纺轮、环等，器形也基本相同；而且，还均发现有以燧石打制而成的镞和石片等细石器。骨蚌器均比较发达，其中骨器以锥为主，另有数量不等的刀、凿、镞、针、笄等；蚌器以刀、镰居多，镰的刃部常见有锯齿，另有镞、凿、环等；此外，还均发现有数量不等的卜骨。陶器以生活用具为主体，另有少量纺轮、陶拍等工具。陶质陶色，虽然因本遗存内混杂有其他时期的遗物，致使统计数据并不完全可靠，但总的来看仍以灰陶为主，其次为黑陶，这与典型后冈二期文化遗存也基本相同。器表装饰，两者均以素面和磨光占多数，纹饰主要有篮纹、绳纹、方格纹、附加堆纹、弦纹、划纹等，只是因年代不同，所占比例而不尽一致。器物造型，均以平底器为主，三足器和圈足器次之，另有器盖等，均发现有较多的器耳、器鋬和乳突等，并以本遗存较发达。器形方面，暂不论其文化来源，仅就两者的现存状况来看，两者的共性特征也是非常明显的。如下潘汪遗址的按窝扁棱鼎足（T37③：178）、扁三角鼎足（T38③：28）、鬼脸式鼎足（T19②：48）、折腹釜形斝（F1：82、T41③：256）、Ⅰ式甗箅（F1：84）、深腹绳纹小罐（T36③：10）、浅腹素面弦纹罐（F1：77）、曲壁鼓腹盆（F1：36）、曲壁斜腹盆（F1：30）、曲壁直腹盆（T44③：28）、大平底盆（F1：52、91）、侈口斜腹假圈足或圈足碗（F1：68、采：102）、浅盘折腹高柄豆（F1：27、80）、筒形杯（T40③：49）、覆盆形双耳器盖（F1：61）和拱形顶器盖（T41③：30）等，均可在安阳后冈、大寒南岗、八里庄或汤阴白营、淇县王庄遗址中看到相同的器形，有的甚至很难区别（图二）。还有部分器物或残件，如附有“宽带耳”的篮纹或绳纹腹片（原《报告》图一四：10、11），显然属于后冈等遗址中的高领瓮或大口缸类残片；“形似浅盘，底有圆孔”的Ⅱ式甗箅（F1：80）、较多的“可能是鬲足”的锥形器足和1件“似为鬶足”的“半实心的尖锥状足”等，虽未见线图或图片，但所描述器形特点似与后冈、大寒、白营等遗址所见同类器也无太大区别。当然，两者间也存在某些差别，这主要表现在部分器物的有无或数量多寡方面。如下潘汪遗存的敛口钵（F1：44、H49：109）、微敛口斜腹小平底碗（F1：71）、侈口浅腹小盆（F1：24）、直口筒形瓮（F1：85）、“V”字形鼎足及双大耳“安弗拉”式罐（采：113）、直筒形小罐（采：110、111）等，在豫北区后冈二期文化遗存中基本不见；而豫北后冈、大寒南岗和白营等遗址较常见的无腰隔甗、盆形甑、圆腹罐形斝、形式多样的绳纹深腹罐、双腹盆、圈足盘和瓦足盘等，下潘汪遗存内也未见于报道。笔者认为，其最主要的原因当与各遗址的发掘面积大小、遗存发现数量及材料报道是否全面有关，其次与各遗址所处年代阶段及其与各相邻文化所处空间位置、影响程度等也不无关系，也不排除各遗存本身还存在某些地域差别或个性特点等因素。如《报告》在介绍下潘汪遗址文化层堆积时即指出“龙山文化主要分布在发掘区的东北部”，所发现遗迹也仅有房址1座、灰坑11个和灰沟2条，其中还不排除包含有其他不同文化时期的灰坑，所发现遗物自然会受到某种局限；而且，所报道器物也未能确切反映本遗存的全貌，如《报告》在介绍本遗存所包含器类时曾提到，器形可辨的共18种器类，其中“以罐（约占45%）、盆（约占12%左右）”占多数，但实际报

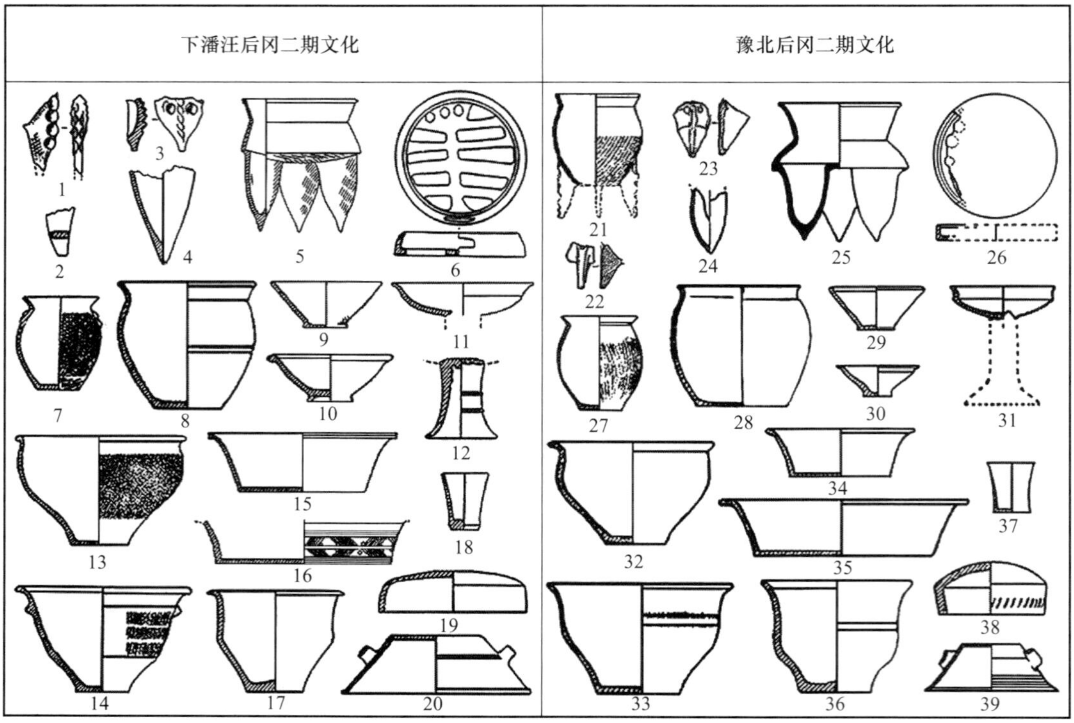

图二　下潘汪与豫北后冈二期文化遗存陶器比较图

1、21. 按窝扁棱鼎足　2、22. 扁三角鼎足　3、23. 鬼脸式鼎足　4、5、24、25. 釜形斝　6、26. 甗箅　7、27. 深腹小罐　8、28. 大口浅腹罐　9、10、29、30. 碗　11、12、31. 豆　13、32. 曲壁鼓腹盆　14、33. 曲壁斜腹盆　15、16、34、35. 大平底盆　17、36. 曲壁直腹盆　18、37. 杯　19、38. 拱形顶器盖　20、39. 覆盆形贯耳器盖（1～20. 下潘汪　21～23、32. 大寒　24、26、27、29～31、35、39. 后冈　25、33、34、37、38. 白营　28. 八里庄　36. 王庄）

道的罐类只有 7 件（《报告》称 18 件），仅占 117 件（不含前文所剔除器物）有数量统计或有图片可证器物标本的 6%，说明还有大量罐类因不能复原而未予报道，本遗址少见或不见后冈遗址等所常见的深腹罐、罐形斝、无腰隔甗、盆形甑等很可能即与此有关。而双腹盆、圈足盘、瓦足盘和“安弗拉”式罐等，可能属外来文化因素，在冀南诸龙山时代遗址中发现相对较少，因此该类遗存的有无或多寡当与各遗址与诸相邻文化的交流程度有关。本遗址所见的敛口钵、微敛口小平底碗等，本属仰韶时期及早期龙山阶段的常见器物，前者在冀南涧沟、台口等龙山时代遗址中也均有少量发现，而在豫北各同类遗址中却未见踪迹，这除可能与年代因素有关外，或许还反映了豫北冀南两区之间可能还存在着一定的地域差别；至于个别小盆、小罐、筒形瓮等器形，除因某种偶然因素外，也反映了各不同遗址之间可能还存在着某些自身的特点。

再次，从文化传统及谱系源流方面，两者之间也是不存在区别的。凡从事史前考古及早期历史研究者都比较清楚，太行山东麓冀南豫北地区因地缘关系、生态环境及历史渊源等因素，自古以来就是一个相对独立的文化区域，有着共同的精神信仰、物质追求和生活习惯，经历了同样的演变过程和发展阶段，也创造出了相同或相近的物质文化，下潘汪龙山时代遗存自然也不例外，与后冈二期文化应具有同样的文化传统。关于后冈二期文化遗存的文化源流，笔者在探索豫北冀南地区相关文化时曾做过考察分析，认为"本区后冈二期文化就是以本区龙山时代早期文化为基础而演变发展来的"，而"大司空文化应是本区龙山时代早期文化的最主要来源"；并认为本区先商时期"下七垣文化的文化来源应是多元的，但最主要的当来自冀南豫北地区龙山时期的后冈二期文化"[41]。下潘汪遗址虽然发掘材料有限，不足于系统反映其文化谱系及发展源流，但却给我们提供了很多重要的信息。如遗址中不仅同时发现有仰韶时期后冈一期文化和大司空文化遗存，而且，更重要的是还发现有前述龙山时代早期和先商时期下七垣文化遗存，有的甚至与龙山时代遗存很难区别，以至于《报告》还将其混为一体；这既反映了本遗址各文化遗存间在时空与传承关系方面应存在有必然的内在联系，也说明本遗存与后冈二期文化的谱系和源流应当是一致的。

鉴于上述考察与分析可以看出，无论从地理位置和生态环境，还是从文化传统及谱系源流方面，下潘汪遗址"龙山文化"遗存与后冈二期文化之间都是难于分隔的，尤其在文化内涵及面貌特征方面，从房址的白灰地面、灶址、坑穴形制，遗物中石、骨、蚌器的总体面貌，以及独具特点的细石器、带锯齿蚌镰等，两者间的共性特征也是相同的，所存在的差别有限且多数是有原因的，因此，其文化属性应归属后冈二期文化系统是毫无疑问的。至于是否存在明显的地域差别，乃至区分为不同的地方类型，还有待更多新的资料发现而给予研究和判定。

三

笔者虽然判定下潘汪遗址"龙山文化"遗存应属后冈二期文化范畴，但并不否认本遗存乃至整个后冈二期文化遗存中均或多或少地含有相邻诸龙山时代文化的因素，因此，下文将要讨论的是本遗存的文化因素构成和来源，也即本遗存与相邻诸龙山时代文化遗存间的关系问题。

如前所述，原《报告》对本遗址"龙山文化"遗存所作最终结论是，"下潘汪龙山文化的内涵是比较复杂的，它与河南龙山文化有些近似，与山东龙山文化的关系似乎又较为密切"。同时指出"其中Ⅰ～Ⅳ式鼎足均与山东日照两城镇、江苏徐州高皇庙等地的龙山文化遗物近似；斝与洛阳王湾、郑州旮旯王村的河南龙山文化大同小异。……也有和山东龙山文化中近似的矮肥式罐，特别是双耳罐（Ⅰ式），和甘肃齐家文化、陕西客省庄二期文化所出土的'安弗拉'罐很少差别。盆类中的Ⅰ～Ⅳ式均与两城镇的接近……食器中高柄杯（Ⅰ式），与山东曲阜尼山遗址出土的式豆相似"。我们虽然不认同本遗存与"河南龙山文化"特别是后冈二期文化只是"有些近似"，但对本遗存与上述诸相邻文化存在着"较为密切"的关系却并无太多异议。为了更清楚地反映或说明本遗存的文化因素构成情况及其来源，现对其中特征最明显的陶器类生活用具分类如下（图三）。

A类：包括鼎、鬲或甗（仅见器足）、高领或敛口宽带耳瓮缸类残片、鸡冠鋬类残片、篮纹筒形瓮、深腹绳纹小罐、深腹划纹小罐、直腹绳纹小罐、大口浅腹弦纹罐、弧

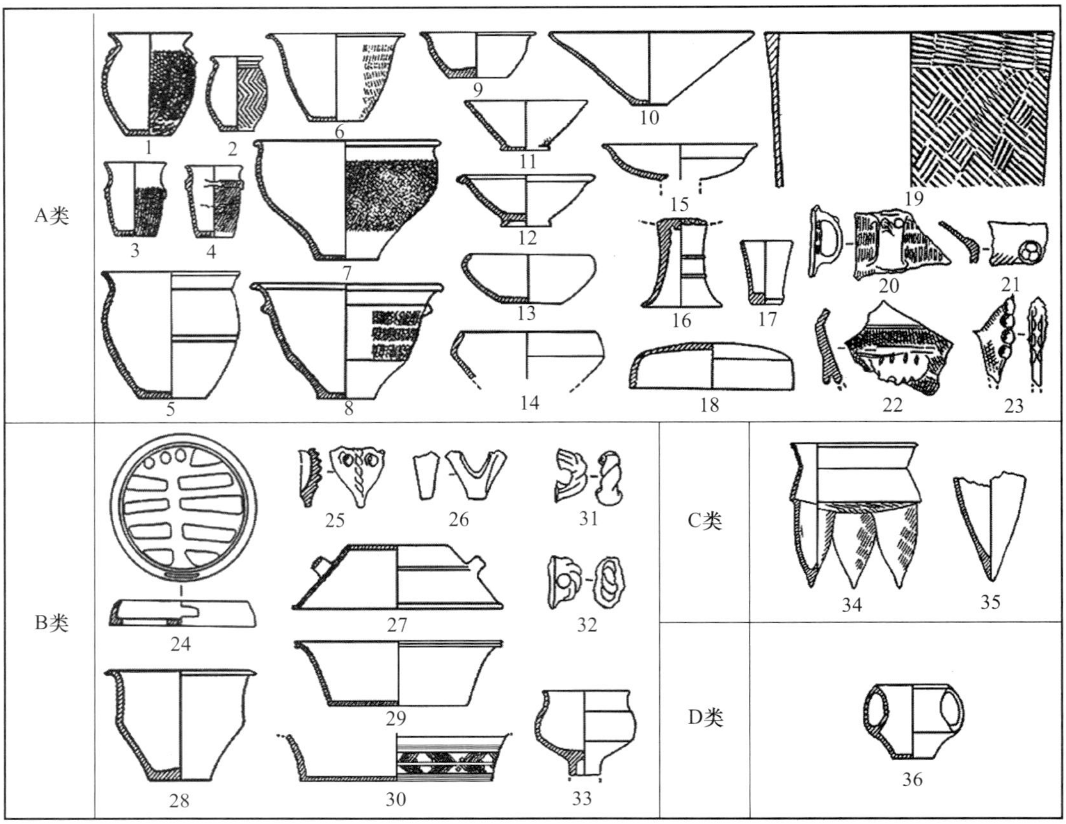

图三　下潘汪“龙山文化”遗存文化因素分类

A类：1. 深腹绳纹小罐　2. 深腹划纹小罐　3、4. 直腹绳纹小罐　5. 大口浅腹罐　6. 弧壁斜腹绳纹盆　7. 曲壁圆腹绳纹盆　8. 曲壁斜腹绳纹盆　9. 大口浅腹小盆　10. 敞口碗　11、12. 敞口圈足碗　13、14. 敛口钵　15、16. 细柄浅盘豆　17. 筒形杯　18. 拱形顶器盖　19. 筒形瓮　20～22. 瓮类残片　23. 鼎足
B类：24. 甗箅　25. 鸟喙形鼎足　26. “V”字形鼎足　27. 覆盆形器盖　28. 曲壁直腹盆　29、30. 大平底盆　31、32. 索状器耳　33. 高柄杯
C类：34. 釜形斝　35. 斝足　D类：36. 双大耳罐

壁斜腹绳纹盆、曲壁圆腹绳纹盆、曲壁斜腹绳纹盆、大口浅腹小盆、敞口碗、敛口钵、细柄浅盘豆、筒形杯和拱形顶器盖等。本类器物所占数量最多，器物品种也最丰富，既有炊具、饮食器，又有盛储器等，几乎涵盖了生活用具类的各个方面。其最大的特点是以灰陶为主，黑陶较少，纹饰以篮纹或绳纹最常见，多数器物可在本区龙山时代早期东万年文化[42]乃至仰韶时期大司空文化中找到来源。如灰陶及篮纹、绳纹等装饰，早在大司空文化晚期阶段即已成为陶色及器表纹饰的主体，到东万年文化阶段又得到了进一步的发展。炊具中的鼎和甑，在大司空文化阶段也已出现，至东万年文化阶段已非常盛行；鬲和甗等，大约出现于龙山时代早期，如磁县槐树屯遗址即有发现，并延续至先商时期下七垣文化阶段乃至商周以后。饮食器碗、钵等，更是大司空文化及龙山时代早期的常见形式；细柄浅盘豆，最晚在仰韶时期大司空文化阶段即已出现，龙山时代早期已成为较流行的器物之一，本遗存的豆显然是在其基础上发展来的。至于盛储器中的瓮、

罐和盆类，也多可从本区相关文化中找到祖形或线索，如深腹罐、宽带耳瓮、鸡冠鋬盆等，就是龙山时代早期乃至大司空文化阶段较流行的器类及装饰特点之一。因此，本类器物不仅是本遗存的文化主体，而且，应当属于本遗存的固有文化因素。

B类：包括鸟喙形鼎足、“V”字形鼎足、鬶足、绹索状器耳、盘形甗箅、大平底盆、曲壁直腹盆、罐形高柄杯和贯耳覆盆形器盖等。本类器物数量也比较多，在本遗存中亦占有较重要的地位。其最大的特点是除灰陶外，还有较多的黑陶，器表以素面为主，纹饰以弦纹较常见，多数器物在本区早期遗存内难寻其迹，相反，在典型龙山文化甚至更早的大汶口文化中却可找到相同因素或来源。如磨光黑陶，就是大汶口文化晚期乃至龙山文化时期最基本的特点，弦纹也是龙山文化最流行的纹饰之一，绹索状器鋬早在大汶口文化阶段即已盛行，并延续至龙山文化时期。器形方面，其中鸟喙形鼎足、“V”字形鼎足，虽出现时间较晚，但却是典型龙山文化最具代表性的器物，本遗存内所出数量较少，显然是受其影响而产生的；陶鬶，可以说是典型龙山文化最富特征的器形之一，早在大汶口文化时期即已出现，延续时间达两千余年；高足杯，也是典型龙山文化中的常见器物，其罐形杯体与曲阜尼山龙山遗址[43]所出Ⅲ式豆极为相似，而且，很可能是由大汶口文化中的“罐形盘豆”发展来的[44]；大平底盆，虽在后冈二期与龙山文化中均有较多发现，但在后冈二期之前各早期遗存中尚未见踪迹，而在龙山文化之前包括大汶口（59M25：20）[45]、野店（M86：4）[46]、西夏侯（62M5：51、63M12：55、63M13：28）[47]等大汶口文化遗址中却均有类似器形发现，说明该器类应属典型龙山文化的传统器形；贯耳覆盆形器盖，整体器形类似于深腹大平底盆的扣置，且横耳也是典型龙山文化的固有装置形式。至于曲壁直腹盆和盘形甗箅等，在山东茌平尚庄[48]龙山文化遗址中曾有较多发现，而在后冈二期诸遗址中却发现很少。由此说明，本类遗存应属外来文化因素，且很可能是借鉴吸收或受典型龙山文化的影响而产生的。

C类：仅见可复原的釜形斝2件及部分斝足。釜形斝多为敞口、长颈内折、扁腹圜底，下附三个锥状袋足，大约出现于龙山时代早期的庙底沟二期文化阶段，并发展成为王湾三期文化最具代表性的器形之一。后冈二期与王湾三期两类遗存之所以曾被考古界同视为“河南龙山文化”，不仅因其地缘相邻、所处年代及文化传统相近，有着相似的灰陶与篮纹、绳纹、方格纹等器表装饰及深腹罐、直领瓮、碗、豆等器形，而且与两者间的广泛交流、相互借鉴与影响也有着密切的关系。如王湾三期文化诸遗址中为数不多的鬲和甗即可能是受后冈二期文化因素影响而产生的，而本遗址所见的釜形斝则是借鉴王湾三期文化因素而制作的，有的遗址中还常见有王湾三期文化的双腹盆并偶见澄滤器（或称擂钵）等，本遗址因所获材料较少而尚未发现。

D类：仅见双大耳罐1件。正如原《报告》所述，其造型“和甘肃齐家文化、陕西客省庄二期文化所出土的‘安弗拉’罐很少差别”，说明本遗存在发展过程中，可能曾受到过来自陕西客省庄二期文化甚至甘青地区齐家文化的影响。不过需要说明，后冈二期文化所处豫北冀南区与客省庄二期文化、齐家文化所处关中及甘青地区相距千里之遥，其间尚有王湾三期文化或陶寺类型等文化空间地带，我们虽然并不怀疑当时的交往能力及传播途径，但毕竟在后冈二期文化诸遗址中仅见本遗址所述一件实物，而且，据笔者对相关资料初步查阅，在王湾三期及陶寺类型等中间地带文化中亦未发现类似实物或遗存，因此，本遗址所见双大耳罐如非偶然因素或个例，其传播途径或确切来源还需新的材料加以证实。

综上所述，我们对下潘汪遗址“龙山文化”遗存的文化因素构成及来源，大体上可得到以下初步认识：一是本遗存主要由前述四种文化因素构成，因各文化因素的来源及形成条件不同，在本遗存内所占地位也不尽一致。二是A类遗存应属本遗存的固有文化因素，其主要是继承豫北冀南地区仰韶时期大司空文化并在龙山时代早期东万年文化的基础上发展来的，从而构成了本遗存的文化主体并成为区别于其他文化的基本特色。三是本遗存内还包含有多种外来文化因素，其中B类遗存系典型龙山文化因素，在本遗存外来文化因素中所占比例最大，有的已与本遗存融为一体，并共同成为本遗存的文化主体之一；C类遗存应属王湾三期文化因素，虽发现数量不多，但却得到了本遗存及其他同类遗存的普遍接纳与吸收，并与本遗存融为一体；此外，还可能存在D类遗存所呈现的客省庄二期文化即原陕西龙山文化因素等，说明本遗存所代表的后冈二期文化阶段，各相邻文化间的交往与联系还是非常密切的。

注　释

[1] 河北省文物管理处：《磁县下潘汪遗址发掘报告》，《考古学报》1975年1期。

[2] 乔登云：《磁县下潘汪遗址仰韶文化遗存的分析》，《中原文物》1989年1期。

[3] 傅斯年、李济等：《城子崖——山东历城县龙山镇之黑陶文化遗址》，科学印刷公司，1934年。

[4] 梁思永：《龙山文化——中国文明的史前期之一》，《考古学报》第七册，1954年。

[5] 尹达：《中国新石器时代》，三联书社，1955年。

[6] 安志敏：《中国新石器时代的物质文化》，《文物参考资料》1956年8期。

[7] 安志敏：《我国新石器时代的仰韶文化和龙山文化》，《历史教学》1960年8期；安志敏：《试论黄河流域新石器时代文化》，《考古》1959年10期；中国科学院考古研究所：《新中国的考古收获》，文物出版社，1961年。

[8] 严文明：《龙山文化和龙山时代》，《文物》1981年6期。

[9] 中国科学院考古研究所安阳工作队：《1972年春安阳后冈发掘简报》，《考古》1972年5期；中国社会科学院考古所安阳工作队：《1979年安阳后冈遗址发掘报告》，《考古学报》1985年1期。

[10] 河北省文物管理处：《磁县界段营发掘简报》，《考古》1974年6期。

[11] 中国科学院考古研究所安阳发掘队：《安阳洹河流域几个遗址的试掘》，《考古》1965年7期；中国社会科学院考古研究所安阳队：《安阳鲍家堂仰韶文化遗址》，《考古学报》1988年2期。

[12] 中国科学院考古研究所安阳发掘队：《安阳洹河流域几个遗址的试掘》，《考古》1965年7期；中国社会科学院考古研究所安阳队：《安阳鲍家堂仰韶文化遗址》，《考古学报》1988年2期。

[13] 河北省文物管理处等：《河北武安洺河流域几处遗址的试掘》，《考古》1984年1期。

[14] 河北省文物研究所等：《邯郸市峰峰电厂义西遗址发掘报告》，《文物春秋》2001年1期。

[15] 乔登云：《河北磁县几处先商遗址的考古发现与探索》，《早期夏文化与先商文化研究论文集》，科学出版社，2012年。

［16］河北省文物研究所：《河北永年县洺关遗址试掘简报》，《文物春秋》1990 年 4 期。
［17］河北省文物管理外：《磁县下七垣遗址发掘报告》，《考古学报》1979 年 2 期。
［18］邯郸地区文物保管所等：《河北省永年县何庄遗址发掘报告》，《华夏考古》1992 年 4 期。
［19］河北省文物研究所等：《河北邯郸市峰峰矿区北羊台遗址发掘简报》，《考古》2001 年 2 期。
［20］任亚珊等：《1993～1997 年邢台葛家庄先商遗址、两周贵族墓地考古工作的主要收获》，《三代文明研究（一）》，科学出版社，1999 年；郭瑞海等：《邢台葛家庄先商文化遗存分析》，《三代文明研究（一）》，科学出版社，1999 年。
［21］考古研究所洛阳发掘队：《1958 年洛阳东干沟遗址发掘简报》，《考古》1959 年 10 期。
［22］洛阳博物馆：《洛阳东马沟二里头类型墓葬》，《考古》1978 年 1 期。
［23］中国社会科学院考古研究所河南二队：《河南密县新砦遗址的试掘》，《考古》1981 年 5 期。
［24］中国科学院考古研究所安阳发掘队：《1958～1959 年安阳殷墟发掘简报》，《考古》1961 年 2 期；乔登云：《邯郸考古世纪回眸与前瞻》，《文物春秋》2004 年 6 期。
［25］乔登云：《冀南豫北地区龙山时代早期文化初探》，《中国考古学会第十五次年会论文集 · 2012》，文物出版社，2013 年。
［26］乔登云：《先商文化》，《邯郸文化脉系》，河北人民出版社，2010 年。
［27］梁思永：《后冈发掘小记》，《安阳发掘报告》第四册，1933 年。
［28］吴金鼎：《摘记小屯迤西之三处小发掘》，《安阳发掘报告》第四册，1933 年。
［29］刘耀：《龙山文化与仰韶文化之分析》，《中国考古学报》第二册，1947 年。
［30］郭宝钧：《浚县辛村》，科学出版社，1964 年。
［31］刘耀：《河南浚县大赉店史前遗址》，《田野考古报告》第一册，1936 年。
［32］刘耀：《龙山文化与仰韶文化之分析》，《中国考古学报》第二册，1947 年。
［33］北京大学等：《1957 年邯郸发掘简报》，《考古》1959 年 10 期；河北省文化局文物工作队：《河北邯郸涧沟村古遗址发掘简报》，《考古》1961 年 4 期。
［34］河北省文化局文物工作队：《河北永年县台口村遗址发掘简报》，《考古》1962 年 12 期。
［35］唐云明：《关于龙山文化的一些问题的讨论》，《考古》1964 年 1 期。
［36］中国社会科学院考古研究所安阳发掘队：《安阳大寒村南岗遗址》，《考古学报》1990 年 1 期。
［37］安阳地区文管会：《安阳八里庄龙山遗址发掘简报》，《河南文博通讯》1980 年 2 期。
［38］安阳地区文物管理委员会：《河南汤阴白营河南龙山文化遗址》，《考古》1980 年 3 期；河南省安阳地区文管会：《汤阴白营龙山文化村落遗址发掘报告》，《考古学集刊 · 3》，中国社会科学出版社，1983 年。
［39］河南省文物考古研究所：《河南淇县王庄龙山文化遗址发掘简报》，《考古》1999 年 5 期。
［40］河北省文物研究所等：《永年县榆林遗址发掘简报》，《河北省考古文集》，东方出版社，1998 年。
［41］乔登云：《冀南豫北地区龙山时代早期文化初探》，《中国考古学会第十五次年会论文集 · 2012》，文物出版社，2013 年。
［42］乔登云：《冀南豫北地区龙山时代早期文化初探》，《中国考古学会第十五次年会论文集 · 2012》，文物出版社，2013 年；乔登云：《河北磁县几处先商遗址的考古发现与探索》，《早期夏文化与先商文化研究论文集》，科学出版社，2012 年。
［43］山东省博物馆：《山东曲阜新石器时代遗址调查》，《考古》1963 年 7 期。

[44] 山东省文物管理处等:《大汶口——新石器时代墓葬发掘报告》，文物出版社，1974年，图五一。
[45] 山东省文物管理处等:《大汶口——新石器时代墓葬发掘报告》，文物出版社，1974年，图五一。
[46] 山东省博物馆等:《邹县野店》，文物出版社，1985年。
[47] 中国科学院考古研究所山东队:《山东曲阜西夏侯遗址第一次发掘报告》,《考古学报》1964年2期；中国社会科学院考古所山东队:《西夏侯遗址第二次发掘报告》,《考古学报》1986年3期。
[48] 山东省文物考古研究所:《茌平尚庄新石器时代遗址》,《考古学报》1985年4期。

莱州湾沿岸地区发现的龙山及元明时期盐业遗存

燕生东

（山东师范大学齐鲁文化研究院）

一、引　　言

莱州湾，西起广饶县支脉河口（一说今黄河口），东至莱州市虎头崖，岸线全长120多公里，是山东省最大的海湾。沿岸地带主要包括了莱州、昌邑、潍坊滨海经济开发区（原寒亭区北部）、寿光、广饶五县市的西北和北部平原。莱州湾海岸以低平、岸线平直、潮滩宽阔均匀、海岸线变动比较缓慢为其特色。滨海平原系海相沉积物及胶莱河、潍河、白浪河、弥河、淄河、大清河、古济水等几条较大河流的冲、洪积物叠盖而成。沿岸平原宽阔平坦，土壤由棕黄色、暗棕色粗砂、黏土质粉砂及黏土组成。

莱州湾沿岸地区制盐原料除有古潟湖水、盐碱土以及取之不尽、用之不竭的海水外，还有储藏丰富、盐度远大于海水的、容易获取的浅层地下卤水。在这弯月形狭窄地带里，卤水区呈水平向分布条带状，与海岸线大致平行，形成了近岸、远岸低浓度带、中间高浓度带的分布格局。已探明地下卤水总面积超过2000多平方公里，卤水资源总量超过80亿立方米，NaCl储量达上亿吨。浅层地下卤水的浓度一般为5～15波美度，最高达19波美度，是海水的2～6倍（渤海湾海水浓度不足3波美度）。这里是山东沿海地下卤水储量最大、浓度最高的集中地区。浅层卤水共分3层：上部为潜水含卤层，底板埋深0～22米，形成于全新世；中层含卤水层形成于2～4万年前，底板埋深20～32米；下层含卤水层形成于8～10万年前，底板埋深35～60米。3个含卤水层间都有隔水性能较好的黏土、粉砂黏土层。这些浅层地下卤水为盐业生产提供了极佳的原料。当前，该地区盐业生产的原料主要是抽取深层（地下35～60米）高浓度地下卤水，莱州湾沿岸地区已成为中国沿海地区最大的盐业生产基地之一。据地方文献记录，清代该地区主要是挖掘盐井汲取地下卤水来煮盐或晒盐；最近的考古发现表明，殷墟至西周早期以及东周、汉魏、元明时期都是利用地下卤水来煮盐。

莱州湾沿岸滨海平原面积广阔、地势平坦，淤泥粉砂土结构细密，渗透率小，是开滩建场的理想土层。该地区四季分明，年降水量较少，夏季雨水集中，年蒸发量远大于年降水量，光照充足，不仅有利于盐场的建设和维护，而且还利于卤水的蒸发。尤其是春季至夏初这段时间，气温回升快，风多且大，降水稀少，地面蒸发量很高，非常有利于盐业生产。滨海平原上成片的柽柳、茅草以及生长在河旁、洼地、沼泽地带茂盛的芦苇还是煮盐的重要燃料来源及建筑用材。

莱州湾滨海平原上的盐业考古工作始于20世纪50年代，以后陆续有零星的调查、钻探和试掘工作。自2003年以来，尤其是教育部人文社会科学重点研究基地北京大学中国考古学研究中心与山东省文物考古研究所合作的重大课题“鲁北沿海地区先秦盐业考古研究”项目、山东省文物局配合南水北调东线山东东段工程建设、山东大学考古系学生教学实习以及全国第三次文物普查工作开展以来，有关部门对莱州湾滨海平原上的盐业遗存进行了长达十多年的系统田野考古勘查工作，发现了龙山时期、殷墟时期至西周早期、东周时期、汉魏及元明时期的上千处制盐遗存，并在配合基本建设工程和教学实习中大规模发掘了多处盐业遗址。

考古发现和研究表明，殷墟时期至西周早期、东周时期以及元明时期为莱州湾沿岸地区的3个盐业生产高峰期。笔者曾运用聚落形态考古研究的理念和方法对主要包含莱州湾沿岸在内的渤海南岸地区殷墟至西周早期盐业生产情况进行了系统研究，详细分析了这个时期盐业聚落群的年代、分布特点，制盐工艺流程以及所反映的盐业生产组织、生产规模、生产性质，提出了殷墟时期渤海南岸地区（包含莱州湾沿岸）属于商王朝的盐业生产中心这一观点[1]。笔者还介绍过莱州湾沿岸地区的东周时期盐业遗址群分布、规模、堆积特点、年代、出土制盐用具及其所反映的制盐工艺流程和生产性质，并探讨了该地区盐业遗存资料与相关文献所记载齐国盐业生产情况的关系[2]。

本文主要是介绍下莱州湾沿岸地区发现的龙山与元明时期盐业遗存，并对相关问题做些初步讨论。

二、龙山时期的盐业遗存

经过多年的系统田野调查工作，目前在莱州湾滨海平原上已发现龙山文化遗址约10处，分别为广饶丁庄北、东赵5号，寿光郭井子、杨家、清水泊农场、西宅科和双王城09、SL29、SL31号遗址及潍坊市滨海经济开发区韩家庙子21号遗址等[3]（图一）。

这些遗址的特点是面积不大，堆积较薄，地表暴露遗物不太丰富。如，韩家庙子21号遗址规模仅五六百平方米，双王城SL31号遗址面积较大，但也不超过1000平方米。文化堆积厚均在0.5米以内。双王城SL31号遗址表土层下还见到成片的灰土等遗迹（可能为灰坑堆积）（图二）。遗址内所见陶片主要是夹砂灰（黑）陶和夹砂红褐陶（图三、图四），少部分泥质灰陶和黑陶。器形中鼎（或夹砂罐）的数量最多，约占器物数量的70%，其他器类还有筒形杯，盆、甗、高领瓮、壶、器盖等，数量较少。在双王城SL31号遗址还采到数量较多的动物遗骸，经鉴定，除麋鹿角外，还有生活在沿海浅滩、内陆淡水域的文蛤、青蛤、毛蛤、毛蚶、蟹、丽蚌等遗骸[4]。

就采集的陶片而言，每处遗址延续时间都不太长，如郭井子、清水泊农场、西宅科及丁庄北等为龙山文化早期晚段，双王城09、SL29、SL31号遗址及东赵5号、韩家庙

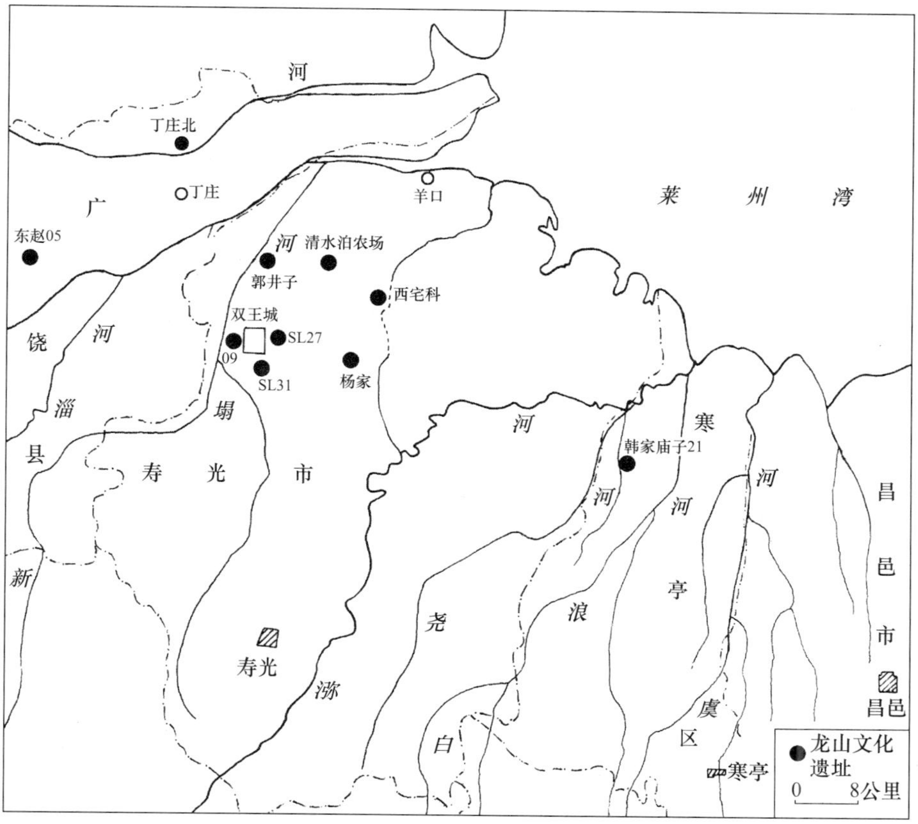

图一 莱州湾南岸地区发现的龙山时期盐业遗址分布图

图二 寿光市双王城SL31号遗址出露的龙山时期灰坑堆积

图三　寿光市双王城 SL31 号遗址出土的部分龙山文化陶片

1、8. 泥质黑陶杯　2～4、7、9、10. 夹砂灰（黑）陶鼎（罐）　5、6. 夹砂红褐色陶鼎（罐）

图四　潍坊市滨海经济开发区韩家庙子 21 号遗址出土的龙山文化陶片

1、2、6～8. 夹砂灰（黑）陶鼎（罐）　3～5、9. 夹砂红褐陶鼎（罐）

子 21 号遗址则属于龙山文化中期晚段。

莱州湾沿海平原上的龙山文化遗存内所发现陶器均常见于内陆地区，也未见专门的制盐用具，但是，考虑到这些遗址规模不大，堆积薄，文化遗物不丰富，延续时间短；遗址又分布在靠海不远的盐碱滩地上，并与商周、元明时期盐业遗址重合；出土陶器中，夹砂陶鼎（罐）数量偏多，这些与内陆地区同时代农耕聚落相比，差异较大。因而可把这些遗址看做当时人们在滨海平原上制盐活动所遗留。

看来，当时煮盐工具应为夹砂陶鼎（罐），而煮盐原料也不外乎是古潟湖水、海水、地下卤水或盐碱土。

当然，龙山时期详细的制盐工艺流程等问题还需要将来进一步做些田野发掘工作。

从目前的考古资料来看，未来发现的龙山时期盐业遗址数量远要增多，莱州湾沿岸地区龙山时期已有特定人群专门从事盐业生产。目前，内陆地区的博兴、广饶、寿光、青州、临淄、寒亭、昌邑、昌乐等一带发现了数百处同时期农耕聚落，达到了该地区先秦时期聚落和人口数量的第一高峰期值，说明龙山时期，莱州湾沿岸出现规模化的制盐业不是偶然的。

如此看来，龙山时期还属于莱州湾沿岸地区早期盐业开发阶段。

三、元明时期盐业遗存

（一）考古调查发现情况

发现的元明时期盐业遗存数量也比较多（图五），其分布区域与龙山时期、殷墟时期、周代制盐遗址（群）位置基本重合，距今海岸线多在 20～35 公里。

广饶县境内支脉河两侧东马楼、坡家庄、西马楼、三柳、唐头营等村周围目前已发

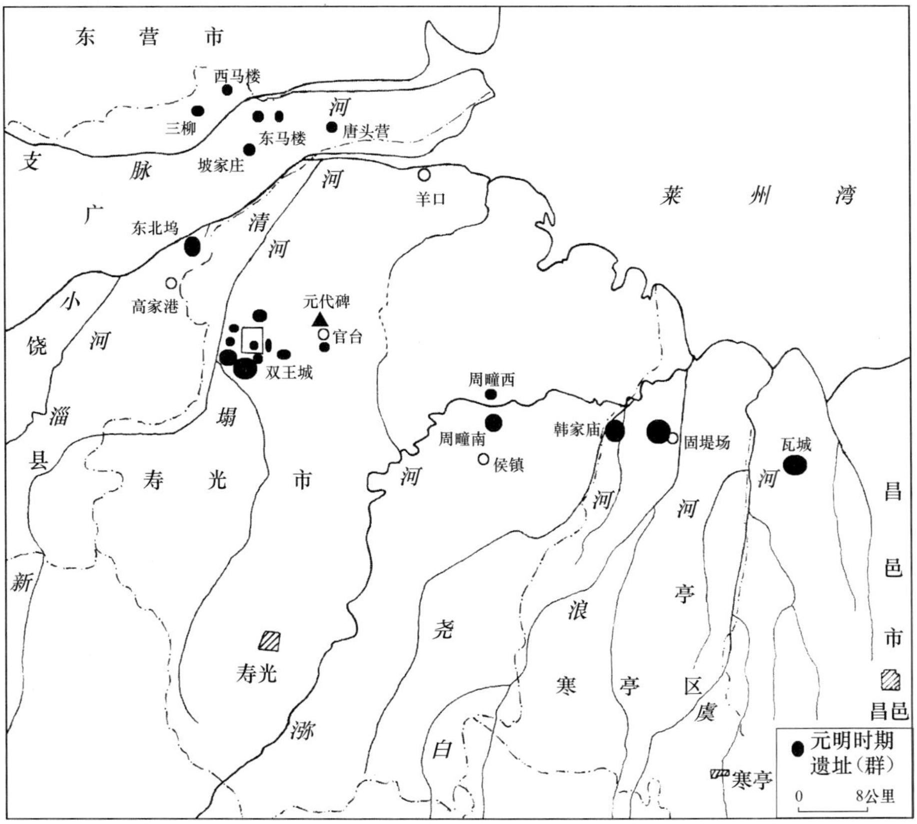

图五　莱州湾南岸地区发现的元明时期盐业遗址（群）分布示意图

图六　广饶县坡家庄发现的元明时期柱础

现了10多处元明时期遗址（图五）。在坡家庄、东马楼遗址所见遗物主要有建筑用材石质柱础（图六）、砖瓦，生活用器皿青花瓷、白瓷和黑瓷碎片，还见成堆的文蛤、青蛤等生活垃圾遗存。唐头营为高于周围1米左右的台地遗址，面积约5000平方米，遗物主要是建筑用材如砖瓦、石块等，还有黑瓷、青花瓷片。据村民介绍，20世纪中期唐头营还保存着一组高大的古建筑群，这里曾是明清时期管理盐业的衙署所在地。

广饶县东北坞村西南50万平方米范围内发现了这个时期盐业遗存，地表上可以见到数量较多的砖瓦、青瓷、白瓷、黑瓷、青花瓷及陶瓮、盆、盘等碎片。该遗址南距高家港村约5公里（图五）。

寿光市双王城一带30多平方公里内已发现了9处遗址（图五）。011、021号遗址规模较大，前者面积达20万平方米，后者超过上百万平方米，文化堆积厚1米以上，地表上发现了成片成堆的砖瓦碎块，还发现了房屋和墓葬等遗迹。其余6处遗址，每处规模不大，面积仅数千平方米，且地表暴露出来的遗物较少，多为黑瓷片、白瓷片、陶缸、陶瓮及碎铁块。SL9和SL36号遗址还暴露出比较规整的坑沟遗迹，内堆满呈水平层理的白色淤沙土或黏土。此外，07、014、SS8号遗址进行过大规模发掘（见下），清理出了盐井、过滤沟、盐灶等一大批与盐业生产相关的遗迹，显示这类遗址为当时的煮盐遗存。双王城元明时期盐业遗址群东距官台村约4公里。

寿光市官台村东南发现了1处遗址，地表散布大量砖瓦等碎片。村北60米荒地内还发现两座元代残碑，均为青石制。一座仅剩碑座，碑身被埋入地下；另一座保存较好，碑帽（图七）、身、底座（图八）虽已分离，但相隔较近。据村民介绍，这两座碑原位于官台村中一座古建筑院内，20世纪六七十年代，村民整修房屋时，石碑被推倒、运出。碑帽前、后分别镂雕两龙，正面刻着篆体“创修公廨之记”铭文。碑帽高1.3、宽1米；碑身高2.06、宽1.08、厚0.28米；碑座为一巨大赑屃，长2.35、宽1.3、高0.83米；整个碑总高在4.1米左右，总重达8.5吨以上。

碑正文字数在1500字以上，除碑中部被后人不断触摸、擦刮以及雨水侵蚀，字迹漫漶不清外，其余部分保存较好，据此可了解碑文的大体内容。碑文为“忠勇校尉山东东路都转运使司官台场盐司令武秀”修建官台公廨（署衙）的缘起和过程，以及修建厅室数量等内容。碑文涉及官台场的位置、历史沿革、年产量等重要历史材料。据碑文，元世祖至元初（1264）就在官台设管勾治理盐场，丁未年（1274）始在盐场设司令、司丞等官；官台场生产定额最初为27000引，后增加了22000引的派额。

碑背铭文为“协赞题名”，详细记录了参与修建公廨（署衙）本司（可能指乐盐司）、寿光县衙主要官吏、周围盐场单位官吏人名以及周围乡、社、里运送建筑用材、食物数量及具体操办人等内容。碑文中还提及了王家岗场、高家港场、固堤场司令侯、司承、司吏、知房、提领等盐官名，乡社里有社官、三老、车甲头、社首头、祇应头等

图七　寿光市官台村发现的元代碑帽

图八　寿光市官台村发现的元代碑座

名称。尤其值得注意的是，修建官台衙署和建造这座碑，内陆地区的夹河、北邵、景明、王高、崔家、迴河、临泽、南邵、南北河、宋家、垒村、北楼、北邢姚等20余个村社也提供了人力、物力。

正文和碑背铭文均提及“至治”年号，说明该碑立于元英宗至治年间（1321～1323）或稍后[5]。

潍坊市滨海经济开发区大家洼办事处周疃村西、南有多处规模较大的盐业遗存。其中，周疃村西遗址在地表以下2米，发现5处烧土和草木灰堆积，陶片、瓷片等遗物比较少见，可能与煮盐遗存有关系。周疃南遗址面积超过50万平方米，遗址东部有较多的砖瓦，南部发现了白瓷、黑瓷片以及陶缸、瓮，还有青蛤、文蛤、兽骨等生活垃圾。

潍坊市滨海经济开发区韩家庙子村发现5处遗址，位于韩家庙子村西部和北部。西部28号遗址面积较大，在30万平方米以上，地表散布着较多的黑、白瓷片及陶缸、瓮片。北部的4号遗址为高出地面约1米的土台子，发现较多的建筑材料如砖、瓦及琉璃构件。11号遗址，面积约5000平方米，中部分布着成堆的碎铁块、炭渣、烧土块（图九），村民曾称这里为“铁牛”。该遗址可能是铸造和修理煮盐工具铁盘与锅的场所。

图九　潍坊市滨海经济开发区韩家庙子11号遗址出土的铁块及煤渣

潍坊滨海经济开发区固堤场西南和西北部也发现多处盐业遗址，但多被当代盐田和厂房所覆盖。

昌邑县东利渔、瓦城一带也发现过这个时期遗址。瓦城一带取土坑断崖上还发现保存较好的墓地，墓葬内木制葬具保存非常好，可能是这个时期的盐工墓葬。

上述遗址地表普遍见有白瓷、黑瓷、青花瓷片以及陶瓮、陶缸、陶罐、青砖、板瓦、筒瓦等，部分还见铁锅碎片等遗物，个别遗址还见到青瓷、青白瓷。就遗物时代而言，主要是元代至明代中期，部分遗址早至唐宋时期，晚则至清代。

这时期盐业遗址规模从数千到数万、数十万、上百万平方米不等，所见遗物和遗存也存在差异。看来，这些聚落存在着功能性区别，结合考古发掘材料，可以看出，有些为制盐场所，有些为盐工（灶户）居住的村落，有些为盐工墓地，个别为铸造和修补煮盐工具铁锅、铁盘的地方，像官台、固堤场等则是管理盐务的官衙场所。

（二）考古发掘所见盐业遗存

2008～2010年，文物部门对寿光市双王城编号07、014A、014B、SS8遗址进行了大规模考古发掘，清理面积超过上万平方米。发现了丰富的元明时期制盐遗迹存，如盐井、盐灶、卤水沟、过滤坑、储硝坑、半地穴式房屋、长方形、圆形坑等。

地下卤水坑井，在SS8号遗址发现1口，在07号遗址南部和北部取土坑沟底发现5口。井口平面呈圆形，直径4～5米，井口约1.5米以下变小，直径在3米左右，坑井深在4米以上。井口2米以下，井壁周围置插木桩，再将编好的束状芦苇绳圈填入木桩四周，围成井圈，坑井底部还铺垫芦苇，这样便于渗集卤水和防止井壁塌陷、流沙淤塞。木桩长1～2米，直径0.1米以内，一端插入井底。井圈保存高度约2米，由于木棍和芦苇长期浸泡在卤水里，多崭新如故。坑井内因常年积水，还形成紫黑色淤泥和灰绿色淤沙堆积（图一〇）。

与地下卤水坑井相连的卤水沟呈直条和长条弧状（图一一），沟直壁，斜平底，向一端倾斜，沟宽0.5～1、深0.4～0.8米，长者达30米以上。沟内下部堆积着灰白色淤沙和淤泥层。看来这些卤水沟也发挥着沉淀泥沙的功能。在07遗址发现2条，清理长度在20米以上，西南—东北向，由西南向东北倾斜，沟北侧为一组盐灶群（图一二）。014A遗址发现两条较长的卤水沟，每条长30米以上，西北—东南向，整体由北向南倾斜。沟底等距离分布着十几个长方形小坑，坑长0.8、宽0.5、深0.6米，坑与坑之间距离在1.5米以上（图一一、图一三）。坑内堆积着由北向南倾斜的灰白色淤沙。看来，卤水在沟内流动时，淤泥、淤沙会沉淀到小坑，这样，卤水就会得到净化。这类坑应为沉淀坑。

盐灶（图一一～图一五）均为地穴式，即在地面下挖成工作间、灶室、烟道等。盐灶多位于过滤沟的两侧。根据规模而言，盐灶有大小之分，面积大者，多南北向，总长在5～10米，个别长度超过10米，一般由工作间、火门、灶室、烟道组成，工作间平面多呈正方形，边长约2.5、深在1.5米左右，一侧还有上下的台阶。工作间内左

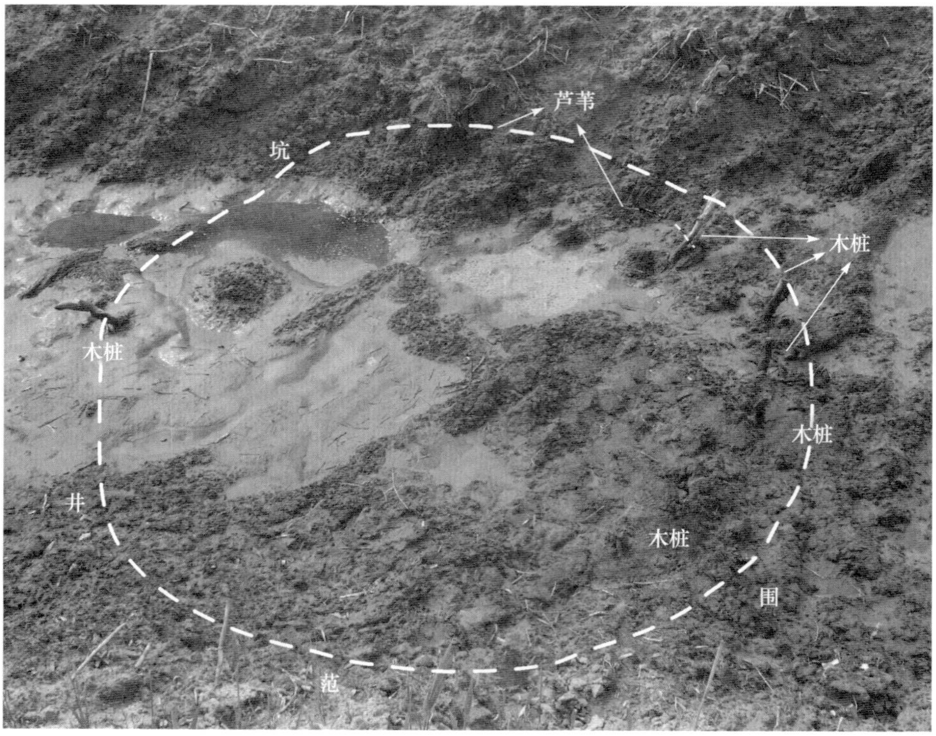

图一〇　寿光市双王城 07 号遗址南部暴露出的盐井

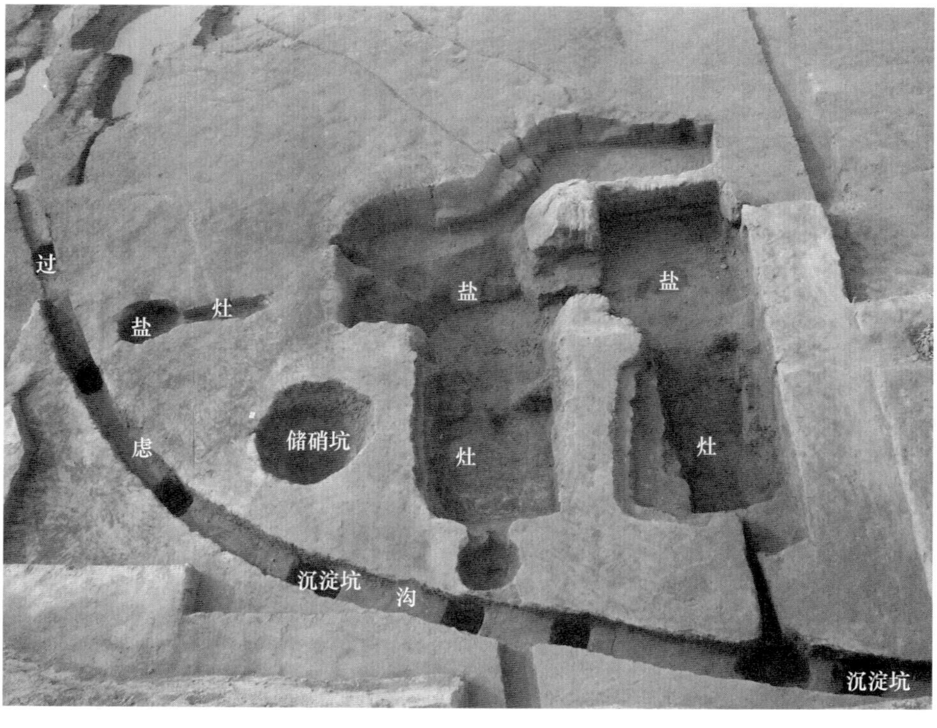

图一一　寿光市双王城 014A 号遗址发现的卤水过滤沟及盐灶等遗迹

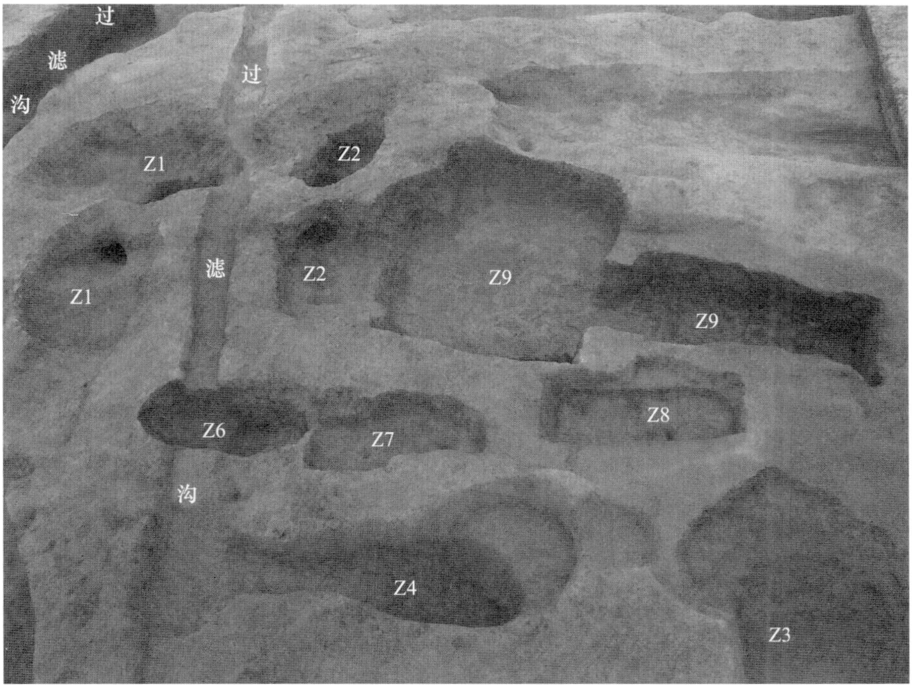

图一二　寿光市双王城 07 号遗址发现的成片盐灶遗存

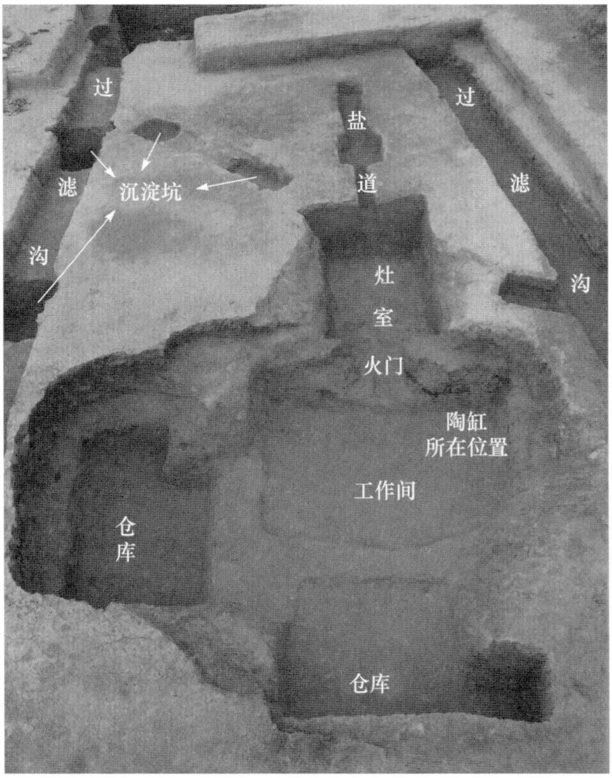

图一三　寿光市双王城 014A 号遗址 Z3 及两侧的卤水过滤沟

图一四　寿光市双王城 014A 号遗址 Z5 及残存的铁盘、白色钙化物

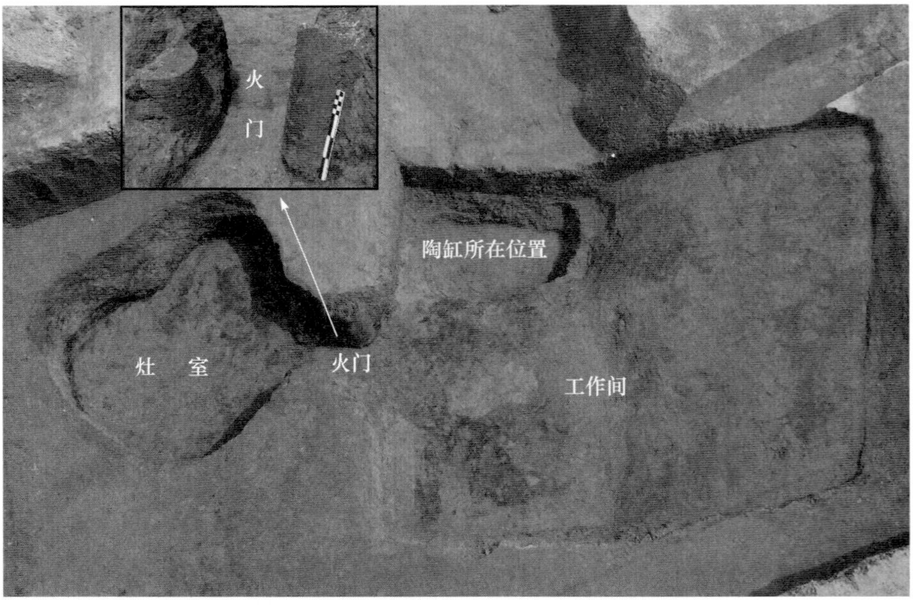

图一五　寿光市双王城 07 号遗址 Z10

右两侧多为置放柴草（仓库?）和草灰处，靠近灶室的右侧角落有一浅坑（图一三～图一五），上置放固定存放卤水的大缸（瓮），SS8 遗址在一座盐灶工作间内就发现了一件完整陶缸（瓮）。面积小者，盐灶长度在 3 米以内，仅有灶室和工作间。灶室就平面

形状而言，可分长方形和圆形两类。灶室面积较大者，长（或直径）1.5～2、宽 1、深 0.8～1 米；灶室面积较小者，长（直径）在 1 米以内，宽 0.3 米左右。联通工作间和灶室的火门，多烧制坚硬，有些在火门口两侧置放筒瓦或砖，灶室周壁被烧成砖红色、暗红色，有的灶室内还有铁盘残片（图一四）。烟道呈长条形，长者达数米。烟道由灶室一端向外倾斜，便于烧火和火焰流动。个别烟道上还有圆形或方形小型灶室，可能是用烟火来预热卤水或加热淡水供人们饮用。工作间比灶室、烟道略深，大型盐灶的工作间深度在 1.5 米左右。就灶室形状和有关遗存而言，当时的煮盐工具应是长方形铁盘和圆形铁锅（盘）。在 014A 遗址发现的盐灶还多两座并列为一组（图一一）。07 号遗址在 30 多平方米内密集分布着 8 座盐灶[6]（图一二）。

大型盐灶工作间和灶室内填满了草灰，草灰的纹理较为清晰，应没有被扰动过。从堆积断面看，工作间内也未见清理和搬运草灰现象。多数灶室周壁烧制松软，看不出多次和长时间受火痕迹。看来，多数盐灶使用时间比较短，连续煮完几锅盐后就废弃。此外，草灰均废弃在盐灶内，没有被利用的现象，其他区域内也未见到特殊的积灰堆积，这样也就排除了当时用灰取卤、淋卤的可能。

在盐灶一侧还发现两座形状较为规整的坑，直径在 1 米以内。014A 号遗址那个坑周壁挂着白色钙化物；07 号遗址发现一个坑（图一六），内堆满白色钙化物。在 014A 号遗址 Z5 火门口还发现一条管状钙化物（图一四）。这些白色钙状物重量较轻，内为蜂窝状空隙。煮盐过程中会析出硝碱和碳酸钙类，估计白色钙状物内的蜂窝状空隙是硝碱被水溶解后所形成。硝碱在古代是软化兽皮和制造纸张的重要材料。这两个坑可能为专门收集和储放硝碱使用的。

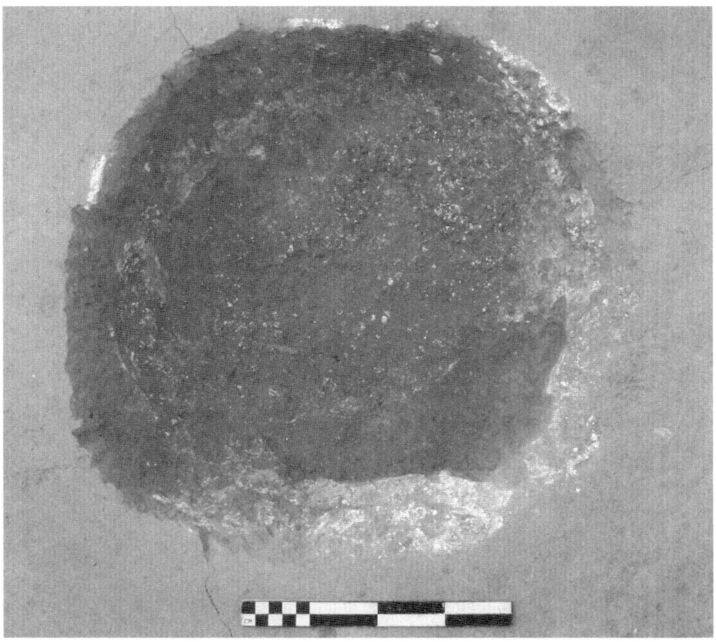

图一六　寿光市双王城 07 号遗址发现的储放硝碱的圆坑

此外，在发掘区还发现数座半地穴式房址和零散的生活用灶，房址深在半米左右，室内还保存活动面、烧火间、灶以及与烟火道相连接的火炕。生活用灶规模较小，由于较长时间频繁使用，灶室周壁烧制坚硬程度明显高于盐灶室，故灶壁颜色多呈砖红色。居住区域周围（包括整个制盐场所）所见生活垃圾较少，估计盐工在盐场居住和生活时间不是太长。

（三）制盐工艺流程推测

根据目前考古调查发现和发掘的遗迹，结合当地气候、地下水位变化情况，元明时期该地区的制盐流程可推测为：春季夏初（夏季雨水到来之前），盐工们掘挖坑井、过滤坑、沉淀坑，然后从卤水坑井提出浓度较高的卤水，倒入过滤沟，水在沟内流动过程中淤土淤沙就会沉淀于长方形小坑内，卤水得到了净化；在地表下挖成工作间、灶室、烟道等，把制好的卤水存放在灶室旁的大缸（瓮）内，在长方形铁盘或圆形铁锅（盘）内注入卤水，点火熬煮，在熬煮过程中，撇刮漂浮在上面的硝碱，放入坑内或其他器皿中单独保存，以备他用；不断向铁盘或锅添加卤水，待锅盘内满盐后，就停火，把盐挖（倒）出。根据灶面大小判断，大盘（锅）每次可出盐上百斤，而小锅盘每次出盐二三十斤。

（四）盐场设置情况与文献记录的关系

寿光市官台元代碑刻中提及莱州湾沿岸有官台场、王家岗场、高家港场、固堤场。据《元史》记载，山东都转运司“所隶之场，凡一十有九”（见《元史》卷九十四《食货二 • 盐法篇》)。据《大元圣政国朝典章》载，山东盐运司下设三处分司，滨盐司、乐盐司、胶莱（萧）司，共 20 场（《元史》为 19 场），其中，乐盐司五处，“从五品，官勾正九，官台场、高家港、新镇、王家岗、固堤场”[7]。

《明史》等文献记载，山东都转运盐使司下设胶莱和滨乐分司，维持着元代 19 个盐场建制的基本格局，仍保留着官台、王家岗、高家港、固堤场等名称。清初年仍然维持山东 19 场旧制，后因故屡加裁并[8]。

广饶县、寿光市、潍坊市滨海经济开发区仍沿用官台场、王家岗、高家港、固堤场这些村镇名。就空间位置而言，广饶支脉河两侧盐业遗存应与王家岗盐场有关，东北坞盐场与高家港最近，应属于高家港盐场的一部分，寿光官台周围及双王城盐业作坊群隶属于官台盐场，而西距固堤场 17 公里的周疃盐场群、西距固堤场 6 公里的韩家庙子盐场群及固堤场周围的盐场，可能为固堤场所控制。但有学者认为，这些盐场中，官台场管辖范围最大（下文盐产量也可为证)，周疃、韩家庙子一带的制盐作坊可能在某阶段属于官台场管辖范围[9]。

以上说明，文献记录与考古发现是基本一致的。

此外，根据官台元代碑所载，官台场每年生产定额最初是 27000 引，后又增加了

22000引（每引400斤），总量为49000引。据《元史》记载，山东沿海产盐总额最初为71988引，后来增至147487、165487、271742引，最多时达31万引（见《元史》卷九十四《食货二·盐法篇》）。元代，官台场年产量占全省1/3～1/6，应是山东省19（20）处盐场内产量最高的。

（五）制盐工艺方面与文献记录的比较

制盐工艺问题主要涉及制盐原料以及如何获取原料、如何制卤（即提高卤水盐度）、如何成盐等。元明清时期文献资料表明，中国东部沿海地区制盐工艺流程问题无论原料来源、卤水的获取，还是制卤、成盐过程都是比较复杂的。

现存第一部关于海盐生产的专门著作是元代陈椿编纂的《熬波图》。该书作者曾在松江华亭县下砂场任职，对当时制盐活动比较熟悉，因而能对当地人所著《熬波图》进行修订、补充。全书原有图52幅，现存47幅，每图附有文字说明和诗歌题咏，详细描绘了当时制盐工艺具体流程。根据《熬波图》文字和线图，元代浙江一带食盐制作的原料是海水，其具体工作程序主要包含了开辟摊场、引纳海潮、晒灰取卤、淋灰制卤、煎炼成盐等[10]。

开辟摊场。就是在滨海一带平地上修摊建场（古时取卤、制卤的场所往往被称为摊场）。经过牛犁翻耕、敲泥拾草、削土取平、铺垫踏压等反复加工，让摊场如镜面光净、平坦。摊场周围及中间修挖水渠沟，供引海水用。摊场修好后，还要修挖方形的灰淋坑（灰坻），灰坻旁掘出圆形储卤坑，二者相通，储卤坑比灰淋坑位置要低，要深，便于承接浇淋出的卤水。这两类坑周壁都用土块筑垒，底部需经反复踩压加工以防渗漏。

引纳海潮。盐工修建港口堤坝和月河，就海开河，引潮入港，储存海水。再用车戽接运至摊场，把海水引入摊场沟渠。

晒灰取卤。在摊场均匀铺上草灰（或土灰），从沟渠舀取海水撒泼在草灰上，让草灰汲取海水盐分，晒干草灰，后再撒泼上海水（或淋出的卤水），继续晒干，这样反复多次，灰中的盐分会逐步增加。

淋灰制卤。把晒好的灰土扫聚起来，挑入灰淋坑中，“用脚踏踏坚实”。再往其上浇海水，灰淋下面便渗出卤水并通过管道流往旁边的圆形储卤坑内（图一七）。这种晒灰取卤法、淋灰制卤法盛行于浙西各盐场。此外，《熬波图》中还介绍了削（刮）土取卤、淋土制卤之法。削（刮）土就是把海水浸漫的海滩地上经过日晒以后含盐分较多的表层咸土，刮聚在一起，放入淋坑内，然后用海水浇淋，如此也能得到盐度很大的卤水。

煎炼成盐。把在摊场上取得高浓度卤水集中运至煮盐处储存。在地面垒砌盐灶，拼凑铁盘面（每面用生铁一二万斤，直径数米或十几米），架盘上灶，将卤水注入盘中，用柴薪煮煎（图一八）。卤水逐步蒸发，待盐正在结晶中就将“欲成未结胡涂湿盐”捞出，置于铺有竹篾的撩床（木架）上，“沥去卤水，乃成干盐”；或“待栟上有卤干，已结成盐”，然后捞出。盐灶下面草灰还要及时扒出，运至摊场，用来取卤，制卤。

图一七　元陈椿《熬波图》所载“担灰入淋”图

图一八　元陈椿《熬波图》所载“上卤煎盐”图

明嘉靖年间《两淮盐法志》一书中文字和图录也描绘了当时淮河南北制盐工艺流程[11]，虽然比较简略，但用灰取卤、淋灰制卤、上卤煎盐（图一九）等方式与元代《熬波图》几乎一致。从图来看，当时煎盐之锅盘直径明显要小于元代浙江一带。

明末宋应星著《天工开物》作咸篇也详细记录了海水煮盐的主要工艺流程[12]。文中介绍了多种制盐原料，有海水、地下咸水上泛的盐茅、海潮水晒后的盐霜和海草等，但都直接和间接利用了海水，还提到海草这种制盐原料。取卤方式也有多样。“凡海水自具咸质，海滨地高者名潮墩，下者名草荡，地皆产盐。同一海卤传神，而取法则异。”滨海高地潮墩和地势低洼处（草荡）都出产食盐。相应的取卤法有五：一法为布灰种盐（图二〇），“高堰地潮波不没者地可种盐。种户各有区画经界，不相侵越。度诘朝无雨，则今日广布稻麦藁灰及芦茅灰寸许于地上，压使平匀。明晨露气冲腾，则其下盐茅勃发，日中晴霁，灰、盐一并扫起淋煎”。沿海滩涂地高处海潮波一般到不了的地方（潮墩），白天气候干燥，晚上则出现返潮现象即咸水会上泛（即文中“盐茅勃发”），盐工用草灰吸取盐茅获取原料，这一过程称之为“种盐”，很形象。这与《熬波图》所记在摊场铺撒草灰，上泼洒海水，让草灰吸卤，提高盐分略有些不同。另一法是刮扫盐霜，“潮波浅被地（即草荡处），候潮一过，明日天晴，半日晒出盐霜，疾趋扫起煎炼”。文中说扫取盐霜直接煎练成盐。第三种方法是在海潮经过地掘坑，过滤潮水，获得高浓度卤水（而在海潮上掘坑过滤潮水，能获得高浓度卤水，此法难以理解）。第四种办法为引海水日晒。第五种方法是勾取海水飘来的断草。

淋灰（土）制卤法、煮盐法却与《熬波图》完全相同（图二〇）。“凡淋煎法，掘坑二个，一浅一深。浅者尺许，以竹木架于芦席于上，将扫来盐料（不论有灰无灰淋法皆

图一九　明嘉靖年间《两淮盐法志》所载“淋灰取卤、煎盐”图

图二〇　《天工开物》（陶本）所载“布灰种盐、淋灰取卤”图

同），铺于席上，四周隆起，作一堤垱形，中以海水灌淋，渗下浅坑中。深者深七、八尺，受浅坑所淋之汁，然后入锅煎炼。”

煮盐的锅盘也与《熬波图》文中记录完全相同。“凡煎盐锅，古谓之牢盆”，“其盆周阔数丈，径亦丈许。用铁者，以铁打成叶片，铁钉栓合，其底平如盂，其四周高尺二寸，其合缝处一以卤汁结塞，永无隙漏。其下列灶燃薪，多者十二三眼，少者七八眼，共煎此盘。”文中也提及南海地区编竹为锅盘煮盐。

淮扬场的大晒盐法，“日晒自然生霜如马牙”，不用煎炼，扫起即食用。此外，刮扫盐霜可直接煎炼成盐，无浇淋程序。但根据经验似将盐霜放在水里熔化沉淀出杂质后才可煎煮成盐。至于煎煮海草而成的“蓬盐”，考虑到海水中的断草似乎也不能直接煎炼成盐，需要先晒干、燃烧成灰、用海水过滤后才能煎煮。

明末王砢玉《古今鹾略》也引用沿海各地盐业志内的制盐工艺流程[13]，大体不出上面各书的内容范围。该书卷一引《山东盐志》直接记载了山东沿海各地的制盐工艺流程，制盐原料有海水、盐碱土、上泛的盐霜等。获取卤水的方式有摊灰取卤，“诘旦，乃出坑灰滩晒亭场间，至申，俟盐花侵入灰内，乃实灰于坑内取卤”。草灰汲取的盐花出自撒泼的海水还是地下咸水上泛，文中没有详细说明。文中还介绍了刮土取卤法，所引《长芦运司志》说那里的制盐原料为摊场上的黑色碱土。此外，海丰（今无棣）一带则利用大口河汊引海水晒盐。

制卤方式主要是淋灰和淋土法，还可通过风吹日晒让海水提高浓度。

成盐方式日晒和煎煮。海丰一带日晒海水成盐，有的地方则用淋灰、淋土制出的高浓度卤水日晒成盐。所引《山东盐志》记载了用盘煮煎成盐详细过程，并提及了盘形状与大小。“每岁春夏间，天气晴明，取池卤注盘中，煎之。盘四角楮（木柱）之，织苇拦盘上，周涂以蜃泥。自子至亥，为之一伏火。凡六干，烧盐六盘，盘百斤，凡六百斤，为大引盐一，余二百斤。”盘有四角，说明盘为长方形，每盘每次出盐百斤，与考古发现相同。但在四角旁立木柱，织苇拦盘，并涂以蜃泥防漏，在考古现场并未发现相关遗迹。

总之，就文献记录而言，元明时期沿海地区制盐原料有海水、滞留在滩涂地上的潮水、潮滩上晒出的盐霜、沿海平原上盐碱土及地下卤（咸）水上泛出的盐茅，有些为海边滩涂地上晒出的盐霜，个别地方还有海草（断草）。取卤方式，有的在草灰上泼洒海水或者草灰吸取滞留在潮滩之海水（即草灰取卤），有的刮取沿海平原上盐碱土（即刮土取卤），有的捞取海草。制卤方式（即提高卤水浓度）用海水反复浇淋草灰土和盐碱土灰（土），有的直接风吹日晒，来提高卤水的 NaCl 浓度（盐度）。成盐方式有煎煮、日晒（海水或淋灰（土）出的卤水），煎煮盐用的铁盘或锅，圆形和方形，口径有大、有小。盐灶均平地垒砌，灶室大者火眼口有若干个，多者十余个。

莱州湾沿岸地区制盐工艺流程明显异于文献记录材料，比如，原料是浓度较高的地下卤水，盐工提出卤水后经过卤水沟、过滤坑沉淀、净化，储存在陶缸、瓮内，再放入铁盘、锅内熬煮（没有发现所谓的摊场和淋卤坑），煮盐工具普遍不太大，有圆形和长方形，其中长方形居多。盐灶为地穴式，即在地面下挖筑而成。盐灶工作间堆满草灰

（草灰没有使用过痕迹，也就不存在着草灰取卤、淋灰制卤方式），等等。

四、余　论

考古材料表明，莱州湾沿岸地区最早的盐业生产应追溯到距今4000年前的龙山文化时期。此时，盐业生产已初具规模。

元明时期，莱州湾沿岸的考古发现与文献记载的盐场分布、年产量、锅盘大小等与文献记录比较一致。但当时的制盐工艺流程比较特殊（考古资料表明商周、汉魏时期与元明时期也不一致），无论是制盐原料来源、取卤和制卤方式还是成盐过程，都与已有的文献记录都有区别。

关于东部沿海地区制盐工艺流程，文献记录的材料非常多，也比较详细。但古代文献记录多是某地某时的情况，并且古代官方修订的盐业志多延续或抄袭前人的记录甚至采纳一些传说材料，编修盐业志的官员也并未到盐业生产之地，所以，有些材料并不真实。学者的研究需要辩证地分析并以考古发现材料为准。目前，有些学者在研究莱州湾沿岸、黄河三角洲古代制盐工艺时，往往没有考虑到地域和时代差别。既然元明时期（也包括清代[14]），莱州湾沿岸制盐工艺流程与全国不同，那么用元明清时期文献记录的某种盐业生产方式如草灰取卤、淋灰制卤等来对应（复原）先秦时期制莱州湾沿岸地区盐工艺流程，显然有削足适履之嫌。

注　释

[1] 燕生东：《商周时期渤海南岸地区的盐业》，文物出版社，2013年。

[2] 燕生东、田永德、赵金等：《渤海南岸地区发现的东周时期盐业遗存》，《中国国家博物馆馆刊》2011年9期。

[3] 寿光县博物馆：《寿光县古遗址调查报告》，《海岱考古》第一辑，山东大学出版社，1989年；山东大学东方考古研究中心、寿光市博物馆：《山东寿光市北部沿海环境考古报告》，《华夏考古》2005年4期；燕生东、兰玉富：《2007年鲁北沿海地区先秦盐业考古工作的主要收获》，《古代文明研究通讯》总36期，2008年；山东大学盐业考古队：《山东北部小清河下游2010年盐业考古调查简报》，《华夏考古》2012年3期；最近，我们在潍坊市央子办事处韩家庙子南21号遗址、寿光市杨庄北部、广饶县东赵村北（即5号遗址）等地又发现了4处龙山时期盐业遗址。

[4] 动物遗骸由山东大学东方考古研究中心宋艳波博士鉴定。

[5] 碑文内容由寿光市地方历史文化研究会会长赵守祥提供，部分内容是笔者在查看碑文后所理解。

[6] 部分材料见山东省文物考古研究所、北京大学中国考古学研究中心等：《山东寿光市双王城盐业遗址2008年的发掘》，《考古》2010年3期。

[7]《大元圣政国朝典章》（上），中国广播电视出版社，影印元刻本，1998年，吏部卷之三《官制三盐务官》。

[8] 郭正忠主编：《中国盐业史》（古代篇）第五章第一节，人民出版社，1997年；纪丽真：《明清山东盐业研究》第一章第二节，齐鲁书社，2009年。

[9] 王赛时:《宋金元时山东盐业的生产与开发》,《盐业史研究》2005年4期。
[10] 郭正忠主编:《中国盐业史》(古代篇)第四章第一节，人民出版社，1997年；参见陈椿:《熬波图》，台北商务印书馆，影印本，1986年。
[11] (明)史起蛰、张矩同撰:《两淮盐法志》卷一，江苏广陵古籍刻印社，1987年
[12] 潘吉星:《天工开物校注及研究》，巴蜀书社，1989年。
[13] (明)王砢玉:《古今鹾略》，顾廷龙主编:《续修四库全书八三九·史部·政书类》，2002年，上海古籍出版社，11、12页。
[14] 如康熙三十七年安致远编《寿光县志》卷十一盐法考中，编者就注意到了寿光北部制盐不同于其他地区，同样是晒盐，这里用的原料是地下卤水，盐池中沉淀池、蒸发池、结晶池完备。原文:“而昔之盐皆以火成，故赋海者言熬波出素也。然在今日寿邑之盐则日暴者多，而火煎者少。海滨之民，疏土为畦，阡陌纵横，形如田垄，量坎于水其中，风之日之，而盐成矣。”

庙子沟遗址聚落形态与废弃原因再探讨

魏　坚
（中国人民大学北方民族考古研究所）

一、引　　言

庙子沟遗址，位于内蒙古乌兰察布市察右前旗乌拉哈乌拉乡庙子沟村南，西北距旗政府所在地土贵乌拉镇12.5公里，北距黄旗海约7公里。遗址地处黄旗海盆地南缘，地理坐标为东经112° 49′～113° 40′，北纬40° 41′～41° 43′。盆地内海拔1230～1400米，周围环抱的低山丘陵和熔岩台地海拔1400～1700米。遗址坐落在一条南北向山沟的西坡上，河沟宽约70米，沟边断崖高度约10米。

遗址分为村南三级台地上的Ⅰ区和村北二、三级台地过渡地带的Ⅱ区。其中，Ⅱ区面积约20万平方米，未经发掘。庙子沟遗址Ⅰ区面积约3万平方米，经1985～1987年三次发掘，发掘面积约10500平方米，发现52座成排分布的房址和181座在房址内外分布的窖穴，在房址和窖穴中出有78具人骨。遗址还出土了大批完整和可复原的陶器、石器、骨角器和蚌器，以及大量的动物骨骼标本等[1]。这是内蒙古中南部至20世纪末发掘的面积最大、保存最完整、出土遗物最为丰富、考古学研究亦较深入的遗址之一，属全国重点文物保护单位。因为其极具特征的考古学文化内涵，连同该区域一批具有同样文化面貌的遗存，被命名为“庙子沟文化”[2]。本文讨论所涉“庙子沟遗址”，均是指经过发掘的庙子沟遗址Ⅰ区遗存。

本文拟在此前研究的基础上，对庙子沟遗址的聚落形态和社会组织结构，以及遗址毁灭的原因再做深入探讨。

二、遗址聚落形态研究

庙子沟遗址所分布的黄旗海南岸丘陵台地，黄土堆积较厚，坡度较为平缓，因此也为遗址的保存提供了基础条件。庙子沟遗址聚落内的房屋基本沿着高差1米的等高线顺坡势呈西北—东南向成排分布，从被部分破坏的沟沿到坡顶，大致可分为10排，每排横向排列4～7座房址，未见有打破关系。除位于遗址最北端的3座房址门向正东外，绝大部分房址均依地势坐西朝东，门向略偏东北，背风向阳。

庙子沟文化所属遗存分为早、中、晚三期，其中庙子沟遗址出土遗存分属该文化的中期和晚期阶段，年代范围应在距今5300～5000年，而庙子沟遗址两期遗存应当是连续发展的，其年代跨度应不是很大。在庙子沟发掘清理的52座房址中，根据房址形制和出土陶器的年代判定，属于中期的房址有15座，属于晚期的房址有35座，其余2座房址因过分残破且无遗物出土，暂未做分期[3]。属于中期阶段的15座房址亦均匀地分布于遗址的各个部位，反映在聚落布局上，并不存在不同阶段房址相对集中分布的状况。

庙子沟遗址的房址由沟沿向坡上分布渐趋密集，坡下近沟沿处，每排房址之间相距6～10米，而坡上排与排之间缩短至4～6米。在每排房址中，往往每2～3座年代相近的房址分布相对要近一些，距离一般2～3米。房址内多建有小型直筒状或袋形窖穴，大型的长方形直壁窖穴则分布于房址周围。庙子沟房址一般开间较小，除去4座残破无法计算面积的房址，两座最大的房址F10和F45也不过20余平方米，而不足10平方米的房址有7座，其中，最小的F2仅6.8平方米，其余10～16平方米的20余座，16～20平方米的近10座。房址居住面积较小的现象，反映的应当是每个居住单元的人口相对较少的情况。

庙子沟遗址两期遗存中，属于庙子沟文化中期的15座房址均没有发现人骨，且出土遗物较少，其中F30和F34无任何生产和生活用品出土，出土遗物相对多一些的F4和F25部分陶器出自房址内的窖穴之中。属于庙子沟文化晚期的35座房址中，出有人骨的房址有17座，占晚期房址的近一半。其中有9座室内窖穴中埋有人骨，连同房址周边埋葬有人骨的33座长方形窖穴，晚期房址内外共计有42个遗迹单位埋葬有人骨。这批房址中除F43和F46未见有遗物出土外，其他房址都在居住面和窖穴内出有数量较多的生产和生活用品。

庙子沟遗址不仅聚落布局排列有序，而且大部分房址都原状保留了日常的各类生产和生活用品。这些现象从一定程度上可以反映聚落内部的组织结构、生产关系和社会发展的基本状况，为我们今天的研究提供了许多有价值的信息。

由于庙子沟遗址晚期的绝大部分房址和窖穴基本保留了当时生活的原貌，在许多房址内，都发现了成套的生产工具、生活用具和装饰品。如位于遗址中心部位的F15及其附属的H21和H22窖穴内，共出土了113件器物，同时还发现了3具人骨，在灶坑内外是成年女性和儿童的尸骨，南侧壁下是17～18岁女性尸骨；F19居住面及窖穴内共出陶、石、骨、角、蚌器44件，同时在南侧壁下发现1具成年女性尸骨；F10居住面和2个袋形窖穴共出土39件器物，同时在2个窖穴中各葬有1具成年男性尸骨；F20居住面和3个窖穴中共出土32件器物，同时在灶坑北侧居住面发现20岁左右女性尸骨1具，填土中出有成年男性头骨一个；F8居住面和窖穴中共出土18件器物，同时在灶坑内团曲放置2具分别为6岁左右和8～9岁的儿童尸骨，房址后角的筒状窖穴内，还葬有1具18～19岁的女性尸骨；F17居住面和窖穴内共出土10件器物，同时在灶坑及周围，发现30岁和14～15岁女性尸骨各1具；F22居住面和窖穴出各类器物20件。因此可以推断，庙子沟遗址是在聚落发展的晚期阶段突然废弃的。如此，才使中期阶段的房址及窖穴中鲜有遗物出土，而晚期阶段的大部分房址和窖穴却出土了大量的遗物。

上述房址中，常见不同性别、年龄的成年人与儿童同葬一室的现象。此外，在房址周围出有人骨的大型窖穴内，也发现有成年人与小孩合葬一处的现象，如M25就葬有 3 个成年女性、1 个少年和 2 个幼童；M29 则葬有 2 男 1 女 3 个成年和 1 个少年；M4 是 25～30 岁成年男女 2 人与 1～2 岁幼童的合葬；M19 葬有 2 个成年女性和 1 个儿童；M13 为 17～18 岁女性与 4～5 岁幼童的合葬；M33 则是 25 岁左右的男性和 15～16 岁女性的合葬。这些同居一室或同葬一穴的人，极有可能是同属一个家族或是一个家庭的成员。

从对庙子沟遗址的聚落布局、出土遗物和埋葬情况的综合分析，可以得出如下认识：

（1）聚落房址明显成排分布，门道基本东向；遗址虽可分为两期，但遗迹间未发现打破关系，表明该遗址的房屋等建筑是在持续发展的一段时间内逐步完成的。

（2）遗址房子开间普遍较小，分布错落有致，不见母系氏族制度发达阶段如半坡、姜寨那样向心式结构，以部落为主体的中心大房址的聚落形态，表明社会组织形态或许已经进入更小的氏族和家庭发展阶段。

（3）每座房子及其所属的内外窖穴，基本都拥有成套的生产工具和生活用具，说明这些房子的主人可以独立地进行社会生产和日常生活，抑或是相近的 2～3 座房子的主人组成一个生产和生活的单元，从事日常的生产劳动和家居生活。

（4）房址间的相对距离较近，不同年龄和性别的人同处一室或同葬一处的现象，说明了这些房址和成员之间可能有着更为密切的血缘和亲缘关系，反映出的很可能是更为稳定的父系氏族家庭形态。

综上所言，庙子沟原始聚落遗址所反映的情况表明，地处黄河流域以北的黄旗海地区，在仰韶中晚期阶段，逐步进入了文化发展的繁荣时期，在庙子沟遗址以北 100 多公里的商都县章毛勿苏发现的庙底沟文化阶段房址就是有力的证明[4]。庙子沟聚落房址和窖穴的大批出土遗物表明，该阶段人们的私有观念和私有财产已经普遍存在，以家族和家庭为生产和生活单元的社会组织形态的出现，说明处于这一阶段的原始聚落已经脱离了母系氏族社会的束缚，其社会组织应该已经进入了父权制时代。庙子沟聚落的资料告诉我们，早在距今约 5000 年之际，阴山脚下的黄旗海地区就同中原文化一道，开始跨入文明的门槛。

三、遗址废弃原因再探讨

在对庙子沟遗址周边地区所做的调查中，除在遗址以西 8 公里处的黄旗海北岸发现了大坝沟等 4 处遗址[5]之外，始终没有发现该类遗存的相关墓地。在庙子沟遗址南部清理的 M22，是整个遗址中唯一可以被认定的正常埋葬的墓葬。与房址周围常见的大型长方形窖穴不同，该墓面积较小，平面呈长方形，长 1.8、宽 0.7、深 1.06 米。墓中葬一 25～30 岁女性，仰身直肢，在头部上方出骨簪 1 件，在头部和胸部周围，出有 1 件玉璧、12 件石管饰，脚下出有 1 件穿孔珍珠。从墓葬形制、葬式到随葬的装饰品，均可证该埋葬为专设的墓葬。除此而外，该遗址晚期房址和窖穴、灰坑中出土的 77 具人骨个体，均非正常埋葬。“这些发现人骨的房址居住面和房址内外窖穴，很明显并非是专门用来埋葬死者的墓地，而是在不得已的情况下，利用了房址内外的窖穴。房址内部分窖穴和居住面上的人骨，则很可能未曾进行埋葬，这从遗址的发掘现场一望而知。”[6]特别是那些房址周围的长方形窖穴，除形体较大，口部明显大于底部，不类墓葬外，显然是属于房屋的附属建筑。

关于庙子沟遗址废弃的原因，除在发掘报告中论及外，笔者曾在几篇文章中有过探讨，认为该遗址是在两期遗存的晚期阶段突遭废弃的，且遗址的废弃有个动态的短暂过程；废弃的原因与水灾、火灾、地震及部落战争等均无关系，而极有可能是逐渐蔓延的瘟疫造成的[7]。

近年来，在我国北方地区又陆续发现了青海喇家[8]、内蒙古哈民忙哈[9]等几处集中遗留有大量人骨的遗址，据发掘者和相关研究者的初步认定，这些遗址存在着大量突然毁灭的证据。为此，我们就喇家和哈民忙哈遗址遗留的相关迹象，进一步对这类遗址毁灭的原因做一探讨，这对于我们进一步分析和认识庙子沟遗址突然废弃的原因，应该有所裨益。

（一）喇家遗址

遗址位于青海省民和县南部的黄河岸边，遗址面积约 20 万平方米，1999～2001 年连续进行了 3 次考古发掘。目前公布的资料已经发现近 20 座窑洞式房址、约 30 座灰坑、2 座墓葬和宽大的聚落围沟，出土了丰富的陶器、石器、骨器及数量较多的玉器。发掘者认为“喇家遗址是一个以典型齐家文化内涵为主的大遗址”，年代在距今 4000 年前后。喇家遗址最重要发现的是：

（1）在遗址的房址中发现了众多“因灾难死亡的人类骨骸”。在Ⅱ区的 F3 发现了一对母子；F4 内则有 14 具遗骸；在Ⅳ区的 F7 有 4 具遗骸；F10 有 2 具遗骸。对 F10 的地层关系显示出，室内死亡的人是因为突发的房屋坍塌而被砸和挤压，人骨的非正常姿势和存在骨折的情况，都说明了灾难是突然来临的。发掘者在遗址内找到了多处地裂缝、塌陷和折皱起伏等地震遗迹，同时发现了强烈的山洪带来的沉积物。“地层关系表明，遗址区内先遭地震，后有洪水，洪水形成的地层叠压在地震遗迹和地震塌毁的黄土堆积物之上”，“地震对喇家遗址造成了灾难性的打击，而洪水又给它以毁灭性的冲击。”[10]直接证据表明了遗址毁灭的原因。

（2）在遗址Ⅲ区和Ⅴ区“还清理了两座零散墓葬，但迄今为止还没有探查到喇家遗址中墓地的分布位置”[11]。在遗址中存在零散墓葬而未见公共墓地的状况与庙子沟遗址相同。

（3）遗址Ⅱ区和Ⅳ区所在的东北台地和遗址Ⅴ区所在的东南台地当为一个整体，已经清理的房址因门道方向的不同，明显分为呈横向排列、门道大致向北的 F1、F3、F4、F7、F10 一排和呈纵向排列、门道大致向西的 F13、F14、F15、F17 一排。表明遗址内房址的布局同庙子沟遗址一样，也是有规律可循的。

环境地理学方面的学者在分析喇家遗址毁灭的原因后指出，位于黄河中上游的青海官亭盆地，在距今 3650～2750 年前后的齐家文化晚期至辛店文化早期阶段，曾遭遇地震和洪水等大规模群发性灾害事件，根据不同灾害记录分布的层位及相互关系，“判断地震发生在先，它造成了喇家遗址地面的破坏和房屋的倒塌；山洪和大河洪水发生在地震之后，其中山洪暴发是主河洪水来临的前奏，随之而来的黄河大洪水则彻底摧毁了整个遗址”[12]。

（二）哈民忙哈遗址

遗址位于内蒙古科左中旗舍伯吐镇东南20公里处的西辽河北岸，地属大兴安岭东南边缘、松辽平原西端的科尔沁草原腹地。遗址面积18万平方米，2010～2013年连续4年进行了考古发掘和遗址保护工作。就目前公布的2010、2011年的发掘资料统计，清理“凸”字形半地穴式房址43座、灰坑38座、墓葬6座，在遗址周边发现了平面呈椭圆形的聚落环壕。出土了陶器、石器、骨角器和蚌器等遗物数百件。该遗存文化面貌与红山文化晚期阶段接近，年代在距今5500～5000年。发掘者将其视为一种新的考古学文化，命名为“哈民忙哈文化”[13]。分析已公布的发掘资料和相关报道，该处遗址的主要收获有：

（1）遗址具有完整的布局，外围挖有围沟，房址坐西北、朝东南成排分布，2010～2011年发掘的B点已经发现不少于10排房址。房址平面呈“凸”字形半地穴式，灶坑位于房址中正对门道处。灰坑（窖穴）面积普遍较小，以圆形和椭圆形为主，多分布在房址周围。房址居住面上发现较多的生产和生活用具。从聚落布局到房址形制及出土遗物的情况都与庙子沟遗址极为相识。

（2）遗址内发现的6座墓葬，埋葬都比较浅。其中M1因盗掘破坏，尸骨残破；M2、M4、M5等3座墓葬为略显椭圆形的不规则小型墓坑，均为叠肢葬；M6为圆形墓坑，是成年男女与幼儿的3人合葬；M3则是F11居住面上的“居室葬”。这些墓葬多没有随葬品。从上述情况判断，这些分布在遗址中的所谓“叠肢葬”或“折肢葬”，以及3人合葬，可能均非正常埋葬，或许就是在紧急状态下利用了房址周围的小型窖穴作为墓坑，M3的人骨位于F11居住面上，更非正常埋葬。这些现象与庙子沟遗址的状况更是大同小异。

（3）该遗址最重要的现象，是发现在一些房址内集中堆放了大量的尸骨。2011年发掘的3座“凸”字形半地穴式房址：F32内有13例，F37不低于22例，F40内有97例之多。这些人骨呈现出胡乱丢弃、相互叠压，越近门道处越多的现象。从统计来看，这些人骨不分性别，各个年龄段的都有。可见，“这种特殊的死亡现象并不是针对某一性别或年龄段的群体，而是面向这个社会群体的所有成员”[14]。此外，在F32和F37中，都发现了火烧的痕迹，有的梁柱就叠压在人骨之上。这一现象显然表明了，这些房屋是专门用来集中堆放死者的，而且有可能对房屋专门进行了焚烧。

以上情况表明，哈民忙哈遗址是一处距今5500～5000年前的原始聚落，其所处年代、遗址布局、生业形态、社会组织状况都与庙子沟遗址有着诸多共同之处，特别是大量遗骸的发现，很可能反映了其突遭毁灭的原因。据体质人类学的研究，“在对哈民组人骨的鉴定过程中，并没有在骨骼上发现明显的创伤，亦没有出现明显的疾病导致的骨骼异常，因此无法在人骨上找到这批人群死亡的直接证据”[15]。

依据分析，我们似乎可以做这样的推断：在遥远的史前时期，人们对自己栖息地的废弃无非源于两种原因：一种是自然因素，如地震、洪水、火灾和瘟疫等；一种是人为因素，如战争和迁徙等，其结果是都将原来的聚落损毁、掩埋和丢弃。

青海喇家遗址的发掘和研究表明，这处距今4000年左近的史前聚落，是在突如其来的地震发生时突遭毁灭的，随后在800余年的洪水期又被洪水和泥土完全掩埋了，其反映的是自然灾害造成的情景。

内蒙古哈民忙哈遗址的灾难现场却和庙子沟遗址一样，不但保留了遗址的生产和生活原貌，还留下了大量经过专门埋葬和集中迁移的尸骸。就哈民忙哈遗址目前所知的总体布局看，编了墓号的6座墓葬，有5座显系利用了房址周围的窖穴做了临时埋葬，另一座（M3）则本来就是遗留在房址居住面上未经埋葬的死者。在F40、F37和F32集中堆放的超过132具人骨，很明显是专门由别处移来集中堆放的。因此，这3座房址中死亡的人，抑或整个原始聚落很可能是毁于一场突如其来的灾难。从目前的遗址发掘现场绝不见地震、洪水等自然灾害的迹象，尸骨又未见有人为创伤的迹象观察，这应该是一场瘟疫造成的。

哈民忙哈遗址的实例，如同庙子沟遗址的毁灭一样，给我们描绘了一幅几乎完全相同的图景：在距今约5000年前的温湿环境下，一个原本生机勃勃的聚落，人们进行着日常的农业生产，并以狩猎和捕捞作为获取生活资料的补充。一场突如其来的瘟疫降临到了这两个原始聚落，瘟疫使一些人开始死去，生者将其就近有秩序地埋葬在聚落房屋之间的窖穴中。随着瘟疫的蔓延和加重，更多的人倒下了。庙子沟的先民们便将死者杂乱葬于房屋间的大型窖穴内，后来则任其就地倒毙，留在了房屋内的窖穴和居住面上，余者逃生后，这个聚落便废弃了。哈民忙哈的人们却是把大批的死者，集中堆放于几座房屋之中，甚至点火焚烧房屋以驱除疫情，这或许也是这处聚落最后的归宿。

四、结　语

喇家遗址和哈民忙哈遗址均属典型的灾难性遗址，它们同庙子沟遗址一样，都是人类社会跨入文明门槛前的重要遗存。这些遗存展示的史实对于远古人类来说是悲惨的，但遗址内生产、生活场景近乎完整的保留，给我们的研究提供了弥足珍贵的史前资料。

综上所言，我们可以得出如下几点认识：

（1）随着诸多史前灾难性遗址的被发现，考古学聚落形态的研究应该更多地关注该类遗存。这些灾难性遗址展示的文化内涵，为我们探讨原始时期人类社会的组织结构、经济生活和社会文化面貌开辟了新的研究方向。

（2）庙子沟和哈民忙哈遗址的发掘，为我们展示了北方地区史前以农耕为主要生业的部落先民的生活情景。对于这类因瘟疫而毁灭的聚落和保留的大量人骨材料，应采取多角度、多学科的交叉研究，将是今后考古学科研究的新课题。

（3）庙子沟和哈民忙哈遗址分别处于内蒙古的中、东部地区，庙子沟遗址东北距哈民忙哈遗址约1000公里，二者年代相当，聚落布局、房址形制十分一致，在文化面貌上又都与红山文化晚期遗存有着一定的联系[16]。从聚落灾难现场情况推测，二者或因同一次或同一类瘟疫而招致毁灭也未可知。

（4）内蒙古长城地带及辽西地区，是史前时期考古学文化形成和发展的重要地区之一，加强和重视这一区域的考古学文化研究，探讨其相邻区域考古学文化之间的相互联系，为中华文明形成的多元性不平衡论增添新的有力证明。

附记：1987年9月，佟柱臣先生在内蒙古文化厅和考古所相关人员的陪同下，来到了乌兰察布黄旗海岸边的庙子沟遗址。时近中秋，天气渐凉，佟先生兴致勃勃地考察了遗址发掘现场，又进到标本库房观摩出土遗物，并对出土的大批石刀产生了浓厚的兴趣。当先生提出需要画一些标本，并且亲自在笔记本上认真摹画时，我不禁为先生的治学精神所感动，马上找来绘图人员抓紧时间为先生连夜绘制。考察期间，先生多次叮嘱我要注意遗迹间的相互关系和器物的组合，要有大的视野，注意文化间的传播和相互影响。两天的盘桓，佟先生作为中国考古学界令人敬仰的前辈，对我一个初出茅庐的晚辈给予的谆谆教诲，让我终身受益。先生考古学文化多元性和不平衡论的思想令人高山仰止；先生平易近人、谦和宽厚、诲人不倦的为人更是有口皆碑。庙子沟遗址留下了佟柱臣先生的足迹，庙子沟遗址也是我考古生涯的起点。

注　释

[1] 魏坚：《庙子沟与大坝沟——新石器时代遗址发掘报告》，中国大百科全书出版社，2003年。

[2] 魏坚：《试论庙子沟文化》，《青果集——吉林大学考古专业成立二十周年考古论文集》，知识出版社，1993年，85页。

[3] 魏坚：《庙子沟与大坝沟——新石器时代遗址发掘报告》，中国大百科全书出版社，2003年，附表，545～549页。

[4] 内蒙古文物考古研究所、乌兰察布博物馆、商都县文物管理所：《商都县章毛勿苏遗址》，《内蒙古文物考古文集》第二辑，中国大百科全书出版社，1997年，137页。

[5] 魏坚：《庙子沟与大坝沟——新石器时代遗址发掘报告》，中国大百科全书出版社，2003年，5页。

[6] 魏坚：《庙子沟文化聚落形态及诸相关问题研究》，《二十一世纪的中国考古学——庆祝佟柱臣先生八十五华诞学术文集》，文物出版社，2006年，280页。

[7] 魏坚：《庙子沟文化聚落形态及诸相关问题研究》，《二十一世纪的中国考古学——庆祝佟柱臣先生八十五华诞学术文集》，文物出版社，2006年；魏坚：《失落的文明——庙子沟原始文化聚落探源》，《华学》第九、十辑，上海古籍出版社，2008年，602页。

[8] 中国社会科学院考古研究所、青海省文物考古研究所：《青海民和喇家史前遗址的发掘》，《考古》2002年7期，3页。

[9] 内蒙古文物考古研究所、科左中旗文物管理所：《内蒙古科左中旗哈民忙哈新石器时代遗址2010年发掘简报》，《考古》2012年3期，4页；内蒙古文物考古研究所、吉林大学边疆考古研究

中心：《内蒙古科左中旗哈民忙哈新石器时代遗址2011年的发掘》，《考古》2012年7期，14页。
[10] 中国社会科学院考古研究所、青海省文物考古研究所：《青海民和喇家史前遗址的发掘》，《考古》2002年7期，4页。
[11] 中国社会科学院考古研究所、青海省文物考古研究所：《青海民和喇家史前遗址的发掘》，《考古》2002年7期，3页。
[12] 夏正楷、杨晓燕、叶茂林：《青海喇家遗址史前灾难事件》，《科学通报》2003年11期，1204页。
[13] 内蒙古文物考古研究所、科左中旗文物管理所：《内蒙古科左中旗哈民忙哈新石器时代遗址2010年发掘简报》，《考古》2012年3期，18页。
[14] 周亚威、朱永刚、吉平：《内蒙古哈民忙哈遗址人骨鉴定报告》，《边疆考古研究》第12辑，科学出版社，2013年，428页。
[15] 周亚威、朱永刚、吉平：《内蒙古哈民忙哈遗址人骨鉴定报告》，《边疆考古研究》第12辑，科学出版社，2013年，423页。该文中将2011年发掘清理的M4、M5、M6误写为M3、M4、M5。
[16] 魏坚、曹建恩：《庙子沟文化筒形罐及相关问题》，《青果集——吉林大学考古专业成立二十周年考古论文集》，知识出版社，1993年，101页。

中国东北地区新石器时代陶器纹饰研究

王月前
（中国国家博物馆）

中国东北地区范围上包括黑龙江、吉林、辽宁三省和内蒙古东、南部等广大地区，是一个相对独立的自然地理单元。东北地区人类历史发端较早，从旧石器时代以来即开始有人类生存活动，在漫长的历史进程中逐渐形成了自身特征鲜明的文化传统和发展模式，是公认的较为独特而稳定的考古文化区和考古学研究重点地域。在新石器时代，由于自然条件和文化源流等方面的差异，本地区的考古学文化既复杂多样又相互联系，既分布广泛又重心突出，折射出文化因素之间承继、分化、交流、互动等演进过程信息。因为陶器在新石器时代最能体现文化的基本特征和文化间的相互关系，所以历来成为研究者重点讨论的内容之一。在东北地区，以筒形罐为代表的陶器群，在揭示文化谱系和内外交流方面起到关键性的作用，曾引起学界长期以来广泛的探讨，成果颇为丰富，为进一步拓展研究奠定了基础。本文拟对与筒形罐等器类关系最为密切的陶器纹饰进行考察，总结归纳东北地区新石器时代陶器纹饰的基本特点和演变规律，以推进本地区新石器文化相关研究的深度与广度。

一、各区域陶器纹饰基本状况

（一）西辽河流域

位于东北地区西南部，包括兴隆洼、上宅、赵宝沟、红山、小河沿五个文化。

兴隆洼文化是燕山南北地区目前所发现的年代最早的新石器文化[1]，年代约公元前6000～前5000年，大体分布在西辽河上游的西拉木伦河、老哈河、教来河和大凌河流域的辽西、内蒙古东南部地区，南到燕山南麓。兴隆洼文化陶器纹饰极其丰富，器身一般通体施纹，且多由不同纹样组成，纹饰种类以压印和刻划纹为主，之字纹、交叉线纹、人字纹、网状纹、席纹、弦纹等，还有少量篦点形压印纹，以竖压横排的之字纹占绝大多数，施纹整齐细密。筒形罐纹饰布局多呈“三段式”：器身腹部的上1/3处通常为一周刻划有不同纹饰的泥条堆纹带，将器身纹饰分为上下两段，口部至泥条之间的上段多饰凹弦纹或之字纹，泥条至器底的下段多饰有横人字纹、交叉纹、网格纹、之字纹和席纹组成的主体纹饰（图一，1～7）。

上宅文化[2]年代约公元前5500～前4500年，主要分布于燕山南麓地区，大体以泃河流域为中心。陶器也以筒形罐为主，少量为圈足器，器表大多有纹饰，多通体施印，素面少量，筒形罐上多施抹压条形纹和压印之字纹，之字纹在钵碗上呈压印或篦点状组合而成的S形纹（图一，18～21）。

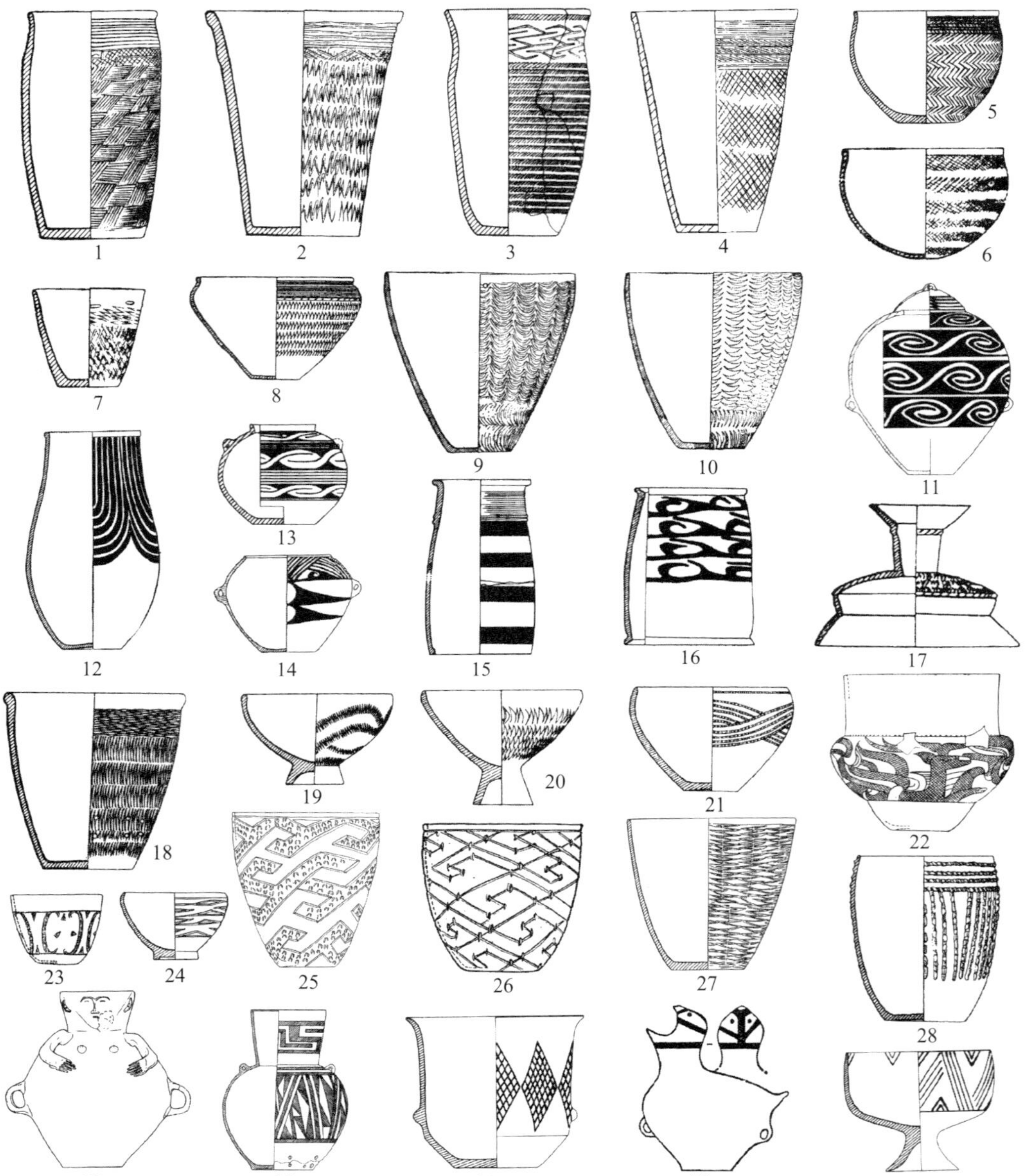

图一　西辽河流域新石器文化的陶器纹饰

1～7. 兴隆洼文化　8～17. 红山文化　18～21. 上宅文化　22～27. 赵宝沟文化　28～33. 小河沿文化（1、2、5～7. 兴隆洼　3. 查海　4. 白音长汗　8、15. 东山嘴　9、10. 西水泉　11、13、17. 牛河梁　12. 蜘蛛山　14. 五道湾　16. 城子山　18、19. 北埝头　20、21. 上宅　22、23. 小山　24～27. 赵宝沟　28～30. 南宝力皋吐　31～33. 大南沟）

赵宝沟文化[3]年代约公元前5000～前4500年，主要分布于西辽河上游的西拉木伦河、老哈河、教来河及大小凌河流域，燕山以南地区的滦河流域也有零星发现。陶器多通体施纹，一般只施单一纹饰，施两种纹饰的通常以一种作基本装饰，另外一种作边饰或补白。典型纹样有压印几何纹、之字纹等。几何纹最多，多为单线或复线的规矩状，还有少量颇具代表性的刻划钩状曲线几何纹，多两两相对进行构图。压印之字纹多为线形，少数为篦点形式。此外还有极少量的动物形纹饰，多表现为猪首蛇身、鹿形首、鸟形首等神灵形象，多饰于陶尊表面（图一，22～27）。

红山文化[4]年代约公元前4500～前3000年，主要分布于西辽河上游与大小凌河流域，北抵乌尔吉木伦河，南到燕山以南，东抵下辽河西岸。其泥质陶器多磨光，外部施彩，夹砂陶外表粗糙，表面压印或刻划纹饰。彩陶较多，之字纹等较少。彩陶纹饰多红衣黑彩，呈横带状环绕器表，种类有宽带纹、横条纹、勾叶圆点纹、斜平行线纹、鳞形纹、菱形纹等。斜平行线和三角纹的空隙处多填加涡纹。非彩陶纹饰除了压印的之字纹外，还有用齿状工具刻划的平行竖线，相交斜线或曲线几何纹等（图一，8～17）。

小河沿文化[5]年代约公元前3500～前2500年，主要分布于西辽河上游西拉木伦河的南北地带。陶器纹饰多分布于器身的肩部和腹部，手法有贴塑、刻划、压印、锥刺、彩陶等多种形式。纹样有附加堆纹、绳纹、复线三角纹、回字纹、方格纹、网纹、篦纹、指甲纹、锥刺纹、动物形象和刻划符号等，不见之字纹。彩陶很有特色，多为三角纹、平行直线、半圆、菱形等之间的组合变化，还有黑、白、红三色组成的八角星图案（图一，28～33）。

（二）下辽河流域和辽东半岛地区

位于东北地区东南部，包括新乐下层、马城子下层、偏堡子、小珠山下层、小珠山中层、小珠山上层等文化。

新乐下层文化[6]年代约公元前5500～前4500年，主要分布于下辽河流域，辽河与浑河冲积平原的中部地区。陶器均通体施纹，绝大多数有纹饰，素面陶极少，多2～3种纹饰复合使用，主体纹饰为压印之字纹和弦纹，之字纹有横压竖排带和竖压横排带两种，以前一种居多，弦纹有的为较细的线形，有的呈篦点形，其他种类纹饰少见（图二，1～5）。

马城子下层文化是指以马城子B洞下层为代表的一系列洞穴下层遗存[7]。目前研究表明，这些遗存虽同属下层但内涵不完全相同，依特征可以分为若干组，部分叠唇罐饰条形堆纹的遗存类似偏堡子文化特点。此文化年代约公元前4500～前4000年，主要分布于辽河支流太子河上游地区。陶器只有筒形罐一种，多通体施纹，有横线纹、网格纹、人字纹、短斜线纹、指甲纹等，部分罐口留有较窄的素面带，带以下施纹，主要分为刻划和戳刺两种，同一件器物上往往两种并用，上腹部多用刻划纹，下腹则多用戳刺纹（图二，6～8）。

偏堡子文化[8]年代约公元前3000～前2000年，主要分布于下辽河地区和辽东半岛南端。陶器大部分有纹饰，多集中于腹部，主要是横、竖窄条形堆纹和刻划复线内填短斜线纹，还有少量圆饼状附加堆纹和刻划三角纹等（图二，9～12）。

小珠山下层文化[9]年代约公元前5000～前4500年，主要分布于辽东半岛南端及沿海岛屿。陶器饰压印席纹、之字纹及二者的复合纹饰。除个别通体纹以外，大部分器

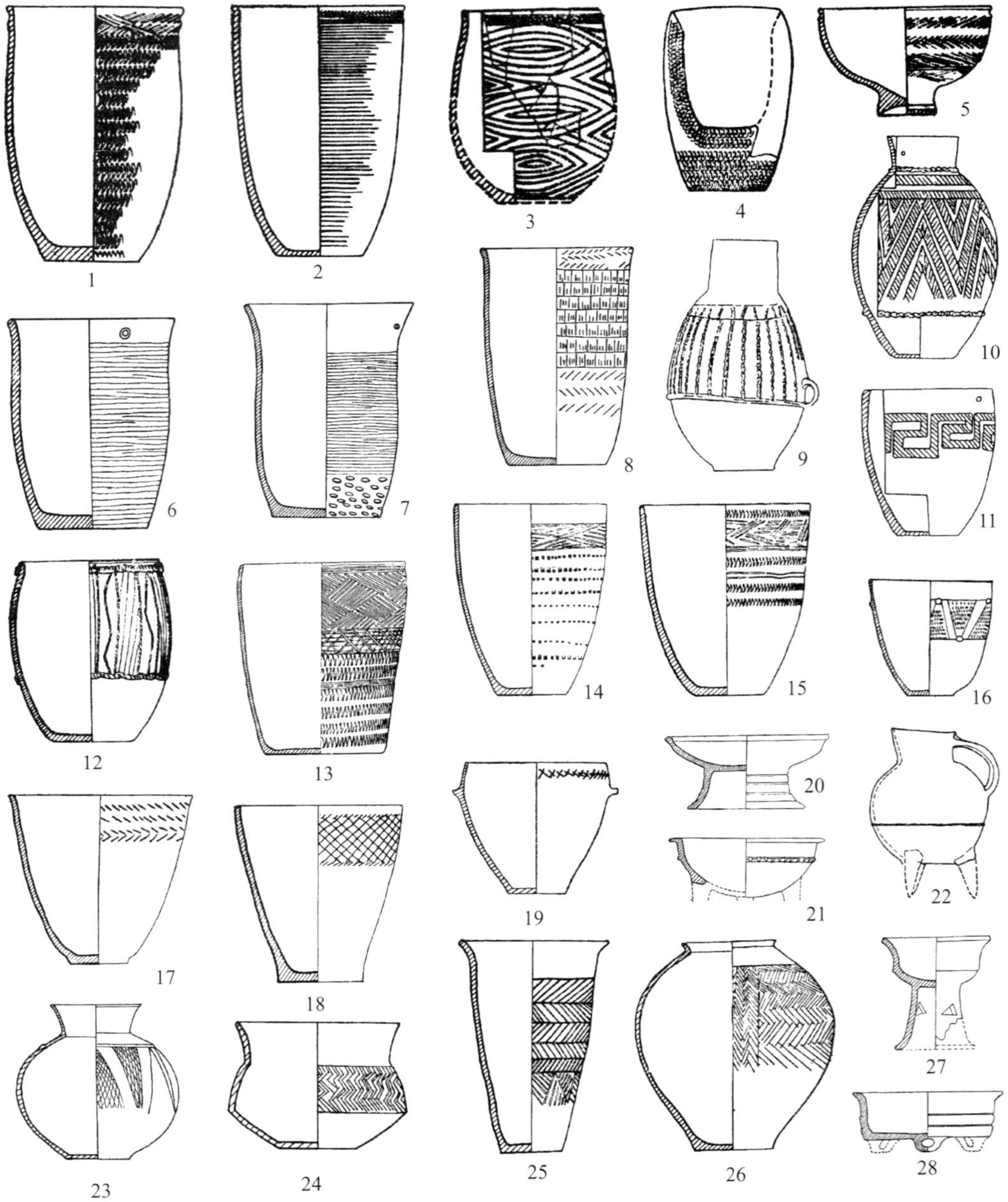

图二　下辽河流域和辽东半岛地区新石器文化的陶器纹饰

1～5. 新乐下层文化　6～8. 马城子下层文化　9～12. 偏堡子文化　13～15. 小珠山下层文化　16～22. 小珠山中层文化　23～28. 小珠山上层文化（1～5. 新乐　6. 马城子　7、8. 北甸　9. 肇工街　10、11. 高台山　12. 三堂　13～18、25、26、28. 小珠山　19～24、27. 郭家村）

口和近底部不施纹（图二，13～15）。

小珠山中层文化[10]年代约公元前4000～前2500年，主要分布于辽东半岛南端及沿海岛屿。以刻划纹为主，有平行斜线纹、人字纹、网格纹、复线三角纹、乳钉纹等，无之字纹，彩陶纹饰出现，一般施于泥质红陶器腹部。红地黑彩或红地红彩，纹样有双钩涡纹、三角纹、网格纹和平行斜线纹等（图二，16～22）。

小珠山上层文化[11]年代约公元前2500～前2000年，主要分布于辽东半岛南端及沿海岛屿。器表多素面，少数为刻划纹和附加堆纹，有竖条纹、复线三角纹、人字纹、网格纹、水波纹、弦纹、乳钉纹和刺点纹等（图二，23～28）。

（三）鸭绿江和图们江流域

位于东北地区东部的鸭绿江和图们江流域的右岸地区，包括后洼下层、后洼上层、北沟、江口、兴城、金谷等文化。

后洼下层文化[12]年代约公元前4500～前4000年，主要分布于鸭绿江流域和黄海沿岸。纹饰分为压印和刻划两种，以前者居多，同一件器物上往往以之字纹和其他纹饰组成复合纹饰。罐或壶的上腹部往往有对称的疣状小耳。纹饰主要有压印之字纹、网格纹、人字纹、横弦纹和席纹等，席纹很有特色，多由数根平行线为一组，斜向交互排列组成，每个线条均一端按压平齐，另一端有三角形或圆形凹窝，形如火柴棍状。刻划纹饰数量少，有席纹、网纹、人字纹、竖条纹或横条纹等（图三，1～8）。

后洼上层文化[13]年代约公元前3500～前2800年，主要分布于鸭绿江流域和黄海沿岸。纹饰多通体施布，主要是刻划纹，不见压印纹，以刻划横线最多，其次还有网格纹、人字纹、叶脉纹、席纹、竖条纹、点纹等，有的横线纹与锥刺纹构成复合纹饰（图三，9、10）。

北沟文化年代约公元前2700～前2000年，主要分布于鸭绿江流域和黄海沿岸。陶器纹饰集中于器身上部，主要为刻划纹，其次是条形堆纹，纹样有席纹、人字纹、梳齿纹和几何纹等（图三，11～15）。

江口文化[14]年代约公元前4000～前3000年，主要分布于鸭绿江的支流浑江流域。陶器纹饰有刻划平行线纹、交叉线纹、复线三角纹、席纹和几何纹等（图三，20～22）。

兴城文化[15]年代约公元前3000～前2500年，主要分布于图们江流域。陶器表面施纹普遍，主要集中在上腹部，下腹部素面，粗砂陶均为密集整齐的戳刺纹，多排列成横向条带状。细砂陶口沿下通常有一周横向条带，纹饰多以复线刻划纹的形式出现，复线内填短斜线或细密的篦点，以折线或曲线几何形图案为主，种类有雷纹、勾连三角纹、菱格形（图三，16～19）。

金谷文化[16]年代约公元前2500～前2000年，主要分布于图们江流域。陶器多有纹饰，素面陶少，主要是刻划或压印的人字纹、斜线纹、篦点纹、回形纹等，以人字纹最常见，普遍饰在器身的中上部，下腹部多素面（图三，23～28）。

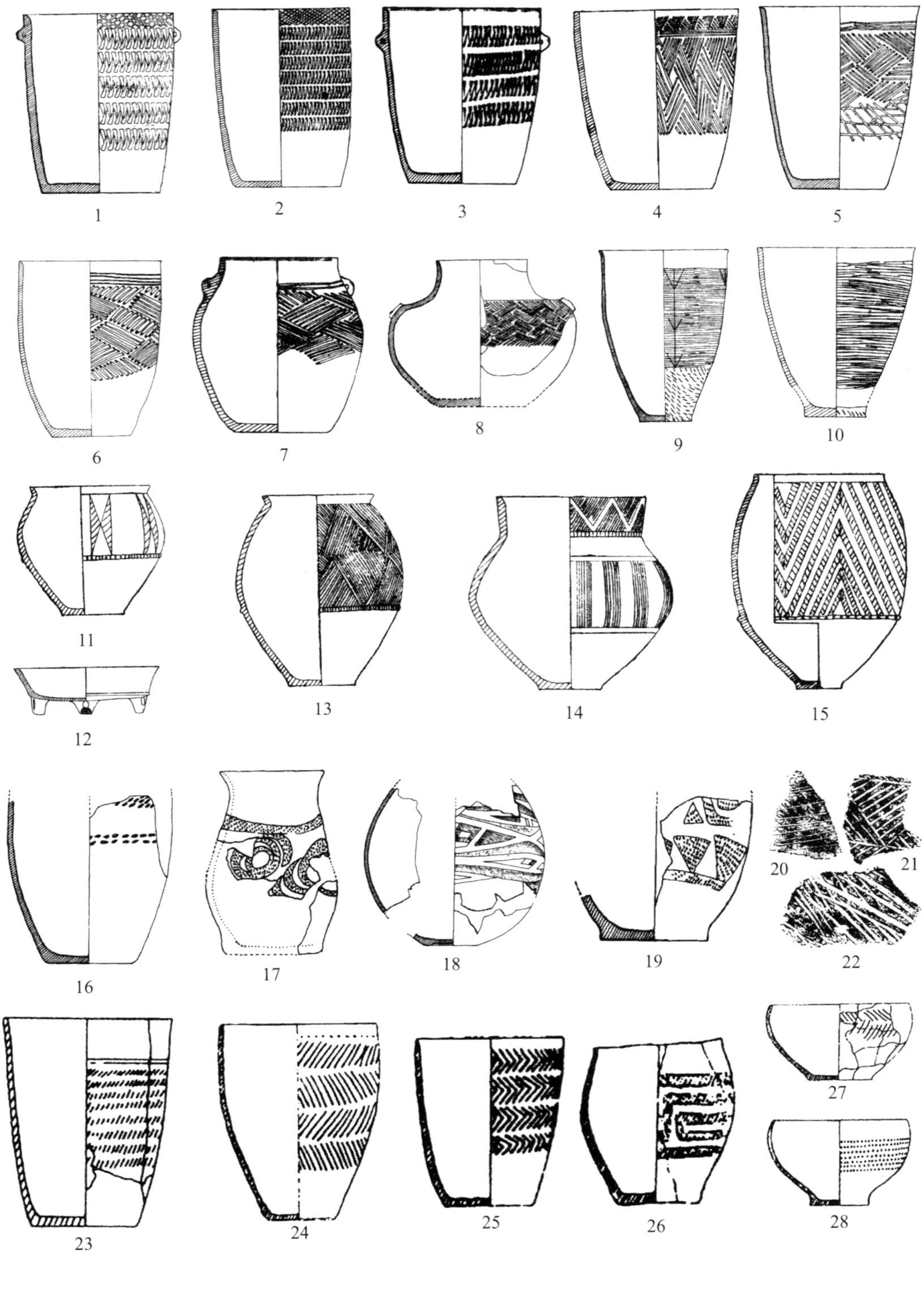

图三　鸭绿江和图们江流域新石器文化的陶器纹饰

1～8. 后洼下层文化　9、10. 后洼上层文化　11～15. 北沟文化　16～19. 兴城文化　20～22. 江口文化　23～28. 金谷文化（1、5、8. 大岗　2、4. 北吴屯　3、6、7、9、10. 后洼　11～15. 北沟　16～19. 兴城　20～22. 江口　23～28. 金谷）

（四）松花江上游流域

位于东北地区中部松花江上游及其支流嫩江等流域区，包括左家山下层、左家山中层、左家山上层、小拉哈一期、昂昂溪文化等。

左家山下层文化[17]约公元前5500～前5000年，主要分布于松花江上游地区。陶器主要饰刻划纹和戳刺纹，纹饰一般占器表的2/3，多从口部施压，近底部打磨光滑。大多为由单一纹饰构成的横向平行或阶梯形平行的纹饰带。条带间有空白。纹饰种类有菱形纹、弦纹、席纹、平行线纹、扭动曲线纹、人字纹及压印的之字纹、连点线纹（图四，1～7）。

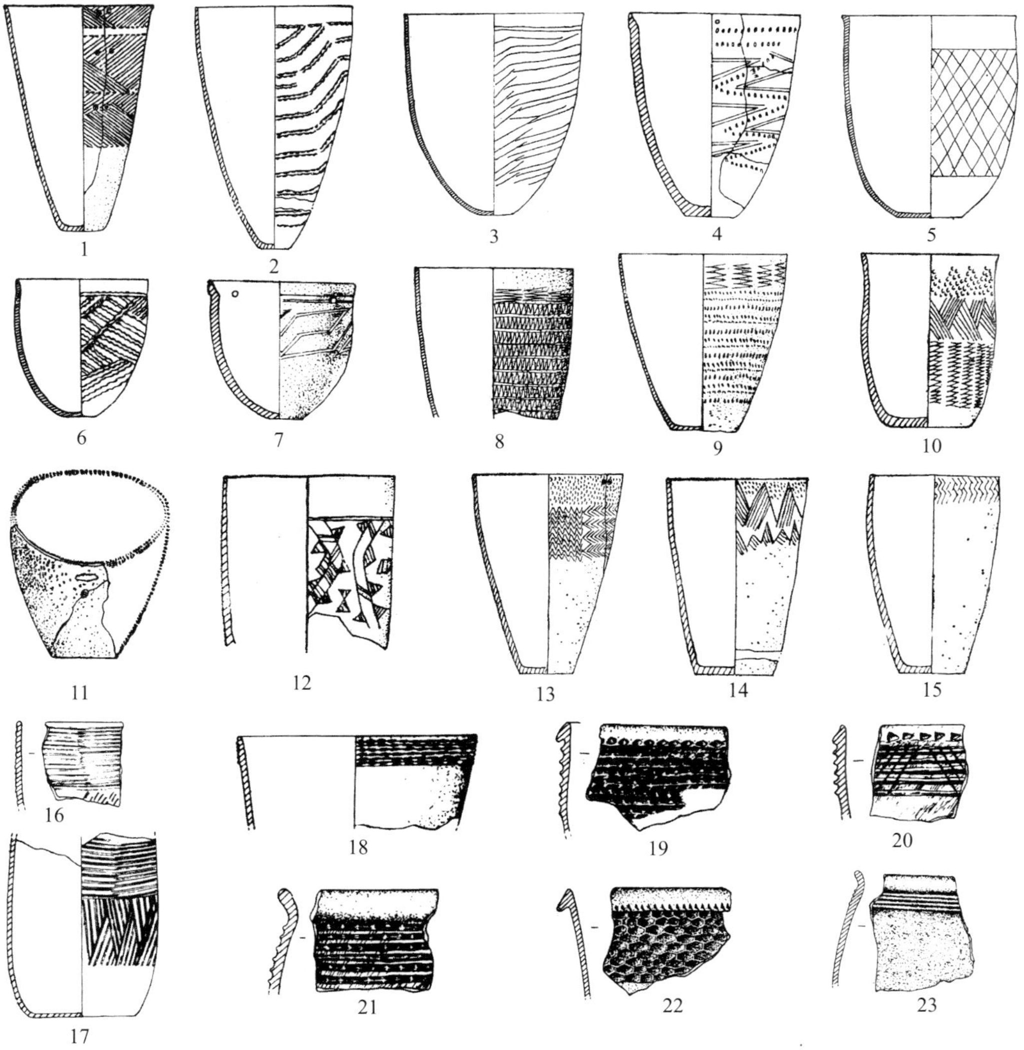

图四　松花江上游流域新石器文化的陶器纹饰

1～7. 左家山下层文化　8～10. 左家山中层文化　11～15. 左家山上层文化　16、17. 小拉哈一期文化　18～23. 昂昂溪文化（1、2、10、11、13～15. 左家山　3、5、6. 元宝沟　4、7. 腰井子　8、9、12. 西断梁山　16～23. 小拉哈）

左家山中层文化[18]年代约公元前4500～前4000年，主要分布于松花江上游地区。陶器纹饰主要为刻划和压印纹，多集中于器身中部，通常由若干种不同纹饰组成横向复合条带，不同条带之间衔接较紧密。主要纹样有之字纹、波浪纹、复线三角纹、篦点纹和附加堆纹，通常构成复合纹饰（图四，8～10）。

左家山上层文化[19]年代约公元前3500～前2500年，主要分布于松花江上游地区。陶器纹饰多刻划而成，在器身的上部，下腹多素面，纹饰带内往往使用两种不同的纹饰，主要有附加堆纹、刻划的人字纹、复线三角纹、网格纹、弦纹、斜线纹及戳刺鱼鳞形纹、指甲纹、花边口沿等（图四，11～15）。

小拉哈一期文化[20]年代约公元前4500～前4000年，主要分布于嫩江流域。陶器以刻划弦纹、席纹和戳刺纹为主要纹饰（图四，16、17）。

昂昂溪文化[21]年代约公元前2500～前2000年，主要分布于嫩江流域。陶器表面流行附加堆纹，还有少量刻划纹、戳刺的坑点纹等（图四，18～23）。

（五）北部地区

位于本地区最东北部的黑龙江、乌苏里江、牡丹江、松花江下游等大范围流域区，包括振兴、亚布力、莺歌岭下层、石灰场下层、新开流、小南山、哈克等文化。

振兴文化[22]年代约公元前5500～前4500年，主要分布于牡丹江流域。陶器多有纹饰，以压印、刻划和戳刺而成，纹饰集中于器身上腹部，下腹及近底处无纹。纹饰多两种或两种以上的复合纹，以折向和平行排列的各式压印篦点纹最多，也最具特色。口沿部位多饰篦点纹、折线纹或并列短条带纹，器身主体纹饰有压印篦点纹、窝点纹、椭圆形纹、菱格纹、复线三角纹和附加堆纹等（图五，1～7）。

亚布力文化[23]年代约公元前4000～前3500年，主要分布于牡丹江流域。陶器多施纹，单独或两种纹饰组合在一起构成复合纹饰，口沿处多施压印绳纹或线纹，以下用绳纹或篦点纹组成丰富多彩的主体纹饰带，有的排列近似几何图案（图五，8～10）。

莺歌岭下层文化[24]年代约公元前3500～前2500年，主要分布于黑龙江省东南部、吉林省东北部以及俄罗斯的南滨海地区。陶器纹饰多样并且富于变化，有粗细两种刻划人字纹、斜平行线纹、篦点状组成的人字纹、梳齿纹以及各种带形纹饰（图五，11、12）。

石灰场下层文化[25]年代约公元前2500～前2000年，主要分布于牡丹江流域。陶器流行刻划平行线纹和由其组成的不规整几何形图案，口沿外通常有一周齿状附加堆纹，腹部饰平行刻划纹组成的网状纹饰，单线条刻划纹粗短而深，多线条平行线刻划纹细长而浅，成组平行线刻划纹每组数目越多，条距越窄，刻划越细，个别器物有戳刺圆窝纹（图五，13、14）。

新开流文化[26]年代约公元前5500～前4500年，主要分布于乌苏里江流域的兴凯湖周围。陶器表面纹饰多由几种组合而成，自口沿向下腹部呈横带状分层布局，常见图案有鱼鳞纹、菱形纹、篦点纹、短条菱形纹、小长方格篦纹、平行方格纹和网纹等（图五，15～19）。

小南山文化[27]年代约公元前4500～前4000年，主要分布于乌苏里江下游流域。陶器资料较少，可见纹饰有方格纹、刻划纹、篦纹、弦纹、水波纹等。

哈克文化[28]年代约公元前4000～前2000年，主要分布在大兴安岭北部的呼伦贝尔地区。陶器多素面，纹饰有窝点纹、平行短线纹、复线菱形纹、人字纹、附加堆纹等，还有少量彩陶，均为红地黑彩，以三角、宽带和波折形为主（图五，20～26）。

中国东北地区新石器时代主要考古学文化在各时期不同地域的分布情况如图六所示。

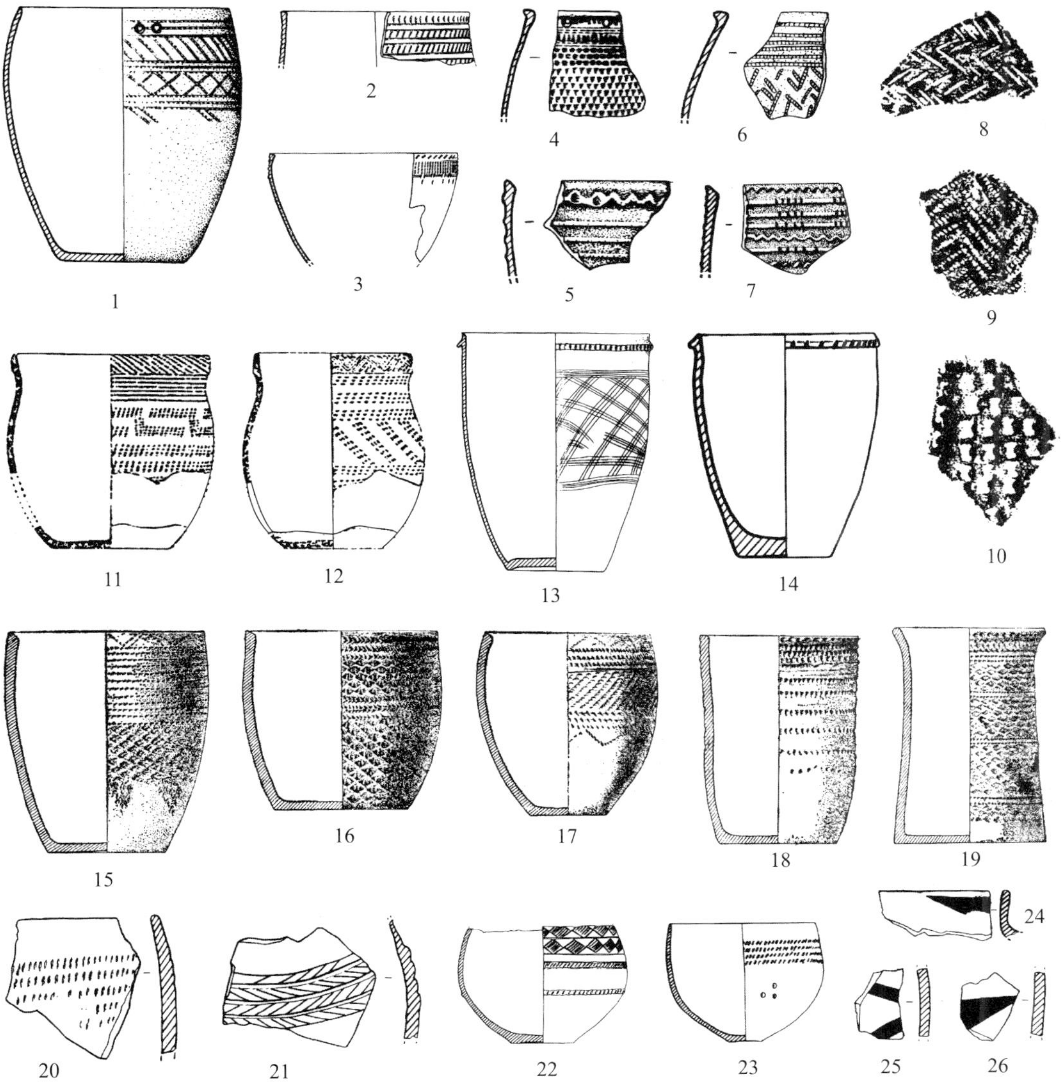

图五　北部地区新石器文化的陶器纹饰

1～7. 振兴文化　8～10. 莺歌岭下层文化　11、12. 亚布力文化　13、14. 石灰场下层文化　15～19. 新开流文化　20～26. 哈克文化（1～7、13、14. 振兴　8～10. 莺歌岭　11、12. 亚布力　15～19. 新开流　20～26. 团结）

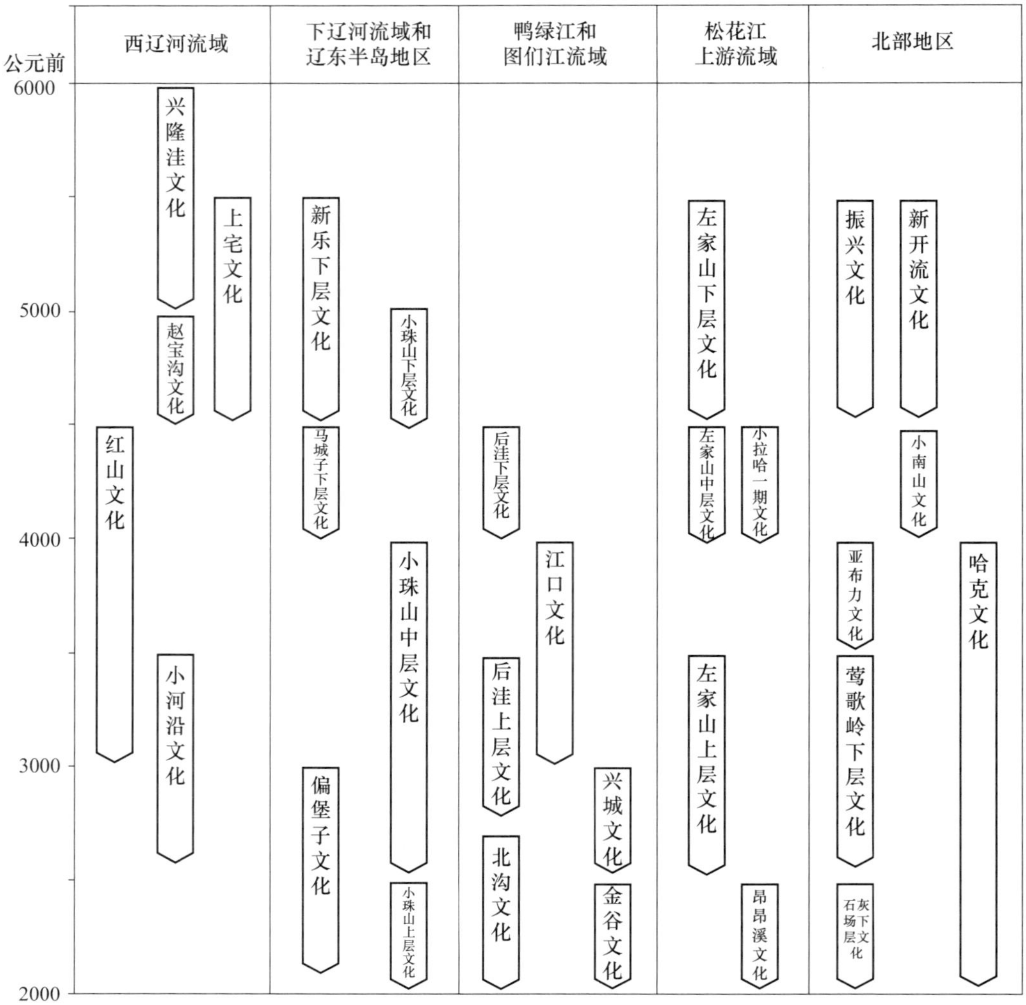

图六　中国东北地区新石器时代主要考古学文化时空分布图

二、基本纹饰的形成与演化

对比东北地区各时期的新石器文化，纹饰变化虽然复杂多样，但并非纷乱无序，而是有其内在规律可循。正如筒形罐等陶器与其所属文化的对应关系一样，纹饰的发展演变也与各个文化密切关联，其中最突出的就是之字纹，它作为东北地区特有的地域性纹饰在文化演进中无疑具有标志性作用，类似功能的还有席纹、弦纹带、几何纹、泥条堆纹和彩陶等纹样，以下试分述之。

（一）之字纹

如前所述，之字纹是东北地区极具区域特征的陶器纹饰，与筒形罐相同最能代表新石器阶段的文化演变过程。之字纹分布范围很广，除本文所述北部地区以外在东北全境均有发现。其数量最多，形态各异，因此在实际发现中多被划分为多种型式而加以区别和研究。

之字纹在本地区年代最早的兴隆洼文化中已有发现，并且是其比重较大的纹饰种类之一，是这种纹饰存在的最早证据。在兴隆洼文化中之字纹是构成“三段式”布局的主体部分。所谓“三段式”布局，最上部的口沿下为数道凹弦纹或之字纹，中部饰附加堆纹凸泥带或一组复合纹饰，最下部为主体纹饰。附加堆纹凸泥带大多位于器身中上部，器高的 1/3 处，多在大型陶器上，其他小型器则多为“二段式”布局。这种特征在白音长汗[29]、查海[30]等兴隆洼文化遗址中表现得非常明显。在白音长汗遗址，属于兴隆洼文化阶段的二期，乙类中之字纹的比重占纹饰的 70%，且形态多姿，富于变化（图七，3～9）。

实验研究表明，施压之字纹时因工具形状、支点位置不同、线条差异等因素，形成之字纹形制略有差别。以压印工具的两端为支点压印成的之字纹两端都有较深的压窝，以工具一端为支点形成的纹饰一端有深压窝，另一端压痕较浅，另有一种是以压印工具的中部为支点压印成的纹饰较为均匀，没有明显的深压窝。同一件陶器上的之字纹长短往往相差不大，而不同陶器上的之字纹则长短各异，总的原则是形体较大器形所饰之字纹较长，个体较小的器形饰之字纹较短。之字纹复杂多样还表现在一件陶器上有多种形态之字纹组合，个别器身上既有直线形，又有弧线形。

兴隆洼文化从施纹方式看，均为压印之字纹，不见刻划之字纹。绝大多数是竖压横排，少数为横压竖排。总体形式较规整，大部分排列整齐，行间距清晰，分片压印之字纹在对接处，往往出现错位现象。竖压横排之字纹横排大多数为水平分布，少量呈斜线状排列不甚水平。横压竖排之字纹，排列较为密集。研究中之字纹往往被划分为过于复杂的类别型式，虽利于比较却较难归纳总体特征。其实之字纹的基本形态，无论形态细节变化，大体呈直线形、弧线形、篦点形三种基本形式，这些特征的之字纹在兴隆洼文化中均存在，但明显以直线或略呈弧线形的为主，篦点纹少见。

除了之字纹以外，兴隆洼[31]、白音长汗[32]等遗址还有较多的网格状的交叉纹存在。在南台子[33]遗址这种交叉纹还单独存在，不与之字纹共生（图七，1、2），这种现象很早就引起了研究者的关注，并讨论两者之前的年代早晚关系。目前的研究表明，兴隆洼文化中交叉纹的产生当早于之字纹[34]，并以此为基础提出该文化竖压横排的之字纹源于交叉纹的论断[35]。可见在人们所熟知的之字纹之前，兴隆洼文化还有一个施交叉纹的阶段，是之字纹的前身。关于兴隆洼文化横、竖两类之字纹的早晚关系目前研究也基本形成了统一的认识，根据竖压横带之字纹在实际出土中数量明显较多，而横压竖带的形式在辽西地区晚于兴隆洼文化的赵宝沟和红山文化中则比较流行等现象判断，一般认为竖压横带式之字纹的出现要早于横压竖带式的之字纹。

兴隆洼文化以外的各新石器文化也包含数量不同的之字纹，最远可达松花江流域区的左家山遗址，在其下层、中层和上层文化都有不同程度的发现；最东部可达辽东半岛和鸭绿江流域，在后洼下层文化和小珠山下层文化中普遍存在；南部则到达燕山南麓上

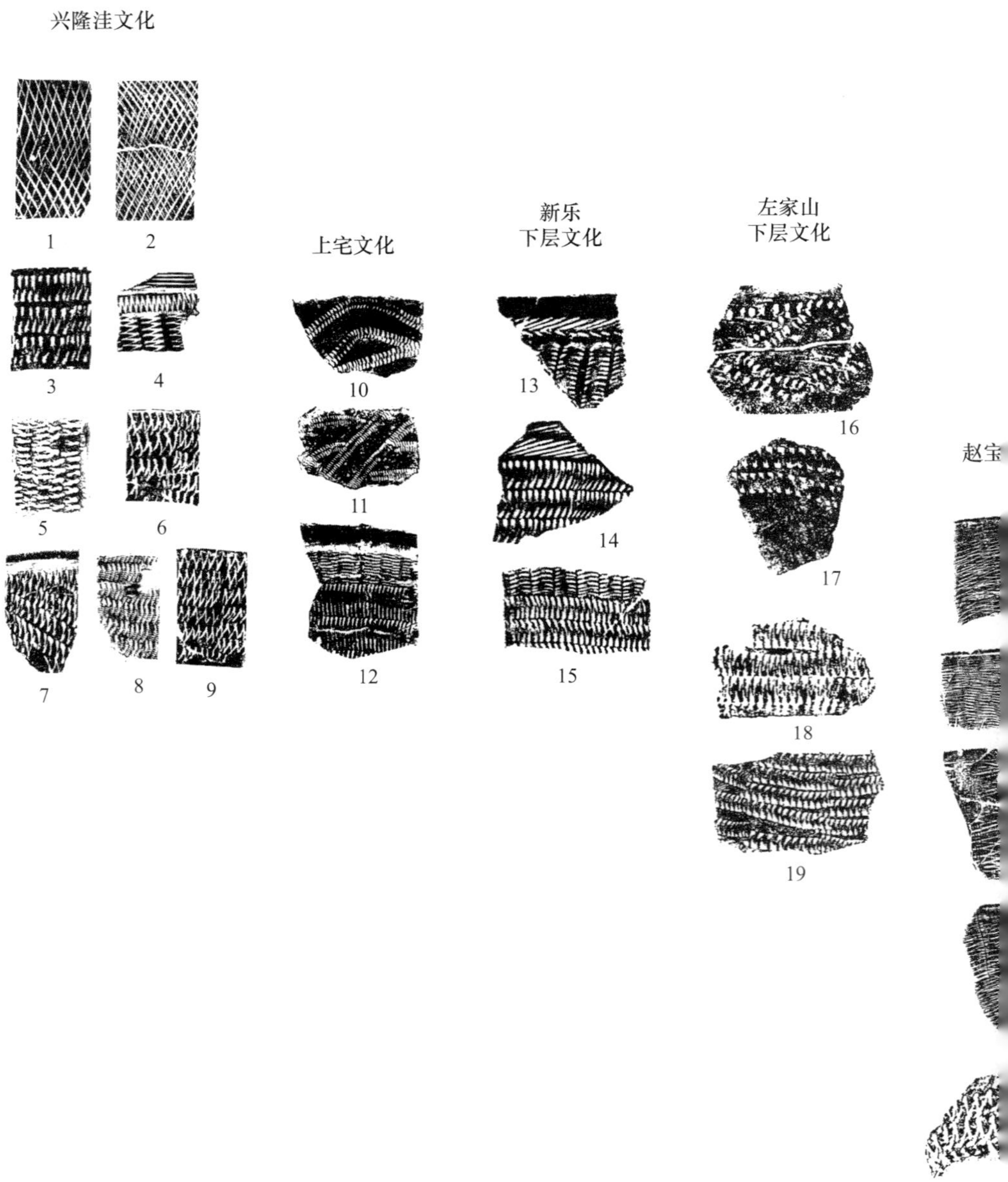

图七　之字纹演变序列

1～9. 白音长汗　10、11. 上宅　12. 北埝头　13～15. 新乐　16～19、37～40. 左家山　20～24. 赵宝沟　25～
山　29、30. 三官甸　31、32. 牛河梁　33～36. 北吴屯

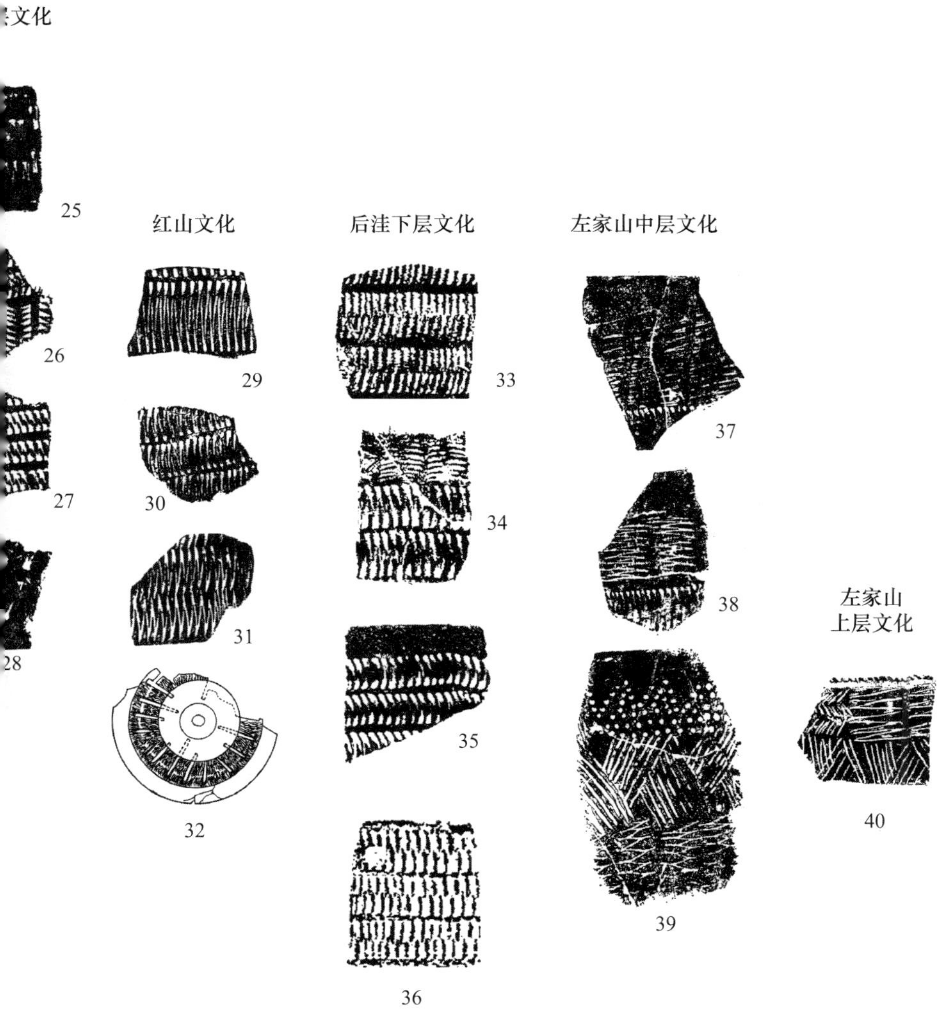
文化
25
26
27
28
红山文化
29
30
31
32
后洼下层文化
33
34
35
36
左家山中层文化
37
38
39
左家山
上层文化
40

宅文化中；西辽河流域继起的赵宝沟文化和红山文化中更是常见。

因时代和地域不同，这些之字纹饰均呈现不同的状态。在上宅文化中，除了横、竖不同外，还多见以弧形走向排列的形式，不同方向的纹饰带常作几何形交叉，在各文化中极为少见（图七，10～12）。下辽河流域的新乐下层文化的之字纹在形态上与兴隆洼文化接近，以规整为特征，也见有横、竖不同的形式，以横向带多见，并有两者的组合施纹方式，与兴隆洼不同的是新乐下层不采用“三段式”的施纹布局，器表多以一种单独的纹饰作主体，多通体施纹，纹饰结构相对单纯（图七，13～15）。左家山下层文化以刻划纹和戳刺纹为主，大多为由单一纹饰构成的横向平行或阶梯形平行纹饰带，之字纹并不是它的主要纹样，这里的之字纹，也为压印而成，部分形式紧密，也多见弧形排列或斜向压印，纹饰不规整者只见两端压印点，之字特征不显著（图七，16～19）。

赵宝沟文化和小珠山下层文化年代相当，且同时期分别占据西辽河与辽东半岛，但两处的之字纹却是大相径庭。赵宝沟文化的之字纹变化非常复杂，无论是线形还是篦点，且之字纹多为横压竖带形式，纹饰多刻划而成，既细且密，交叉普遍，形成条纹之间相互衔接的特征，风格与其主要的几何纹极具共性，只有少量为压印而成（图七，20～24）。小珠山下层所出土的之字纹与兴隆洼文化相似性极高（图七，25～28），稍晚的后洼下层文化和红山文化与其类似（图七，29～36），它们的共性是均作为一种主体纹饰，压印而成，排列规整，从而与赵宝沟文化形成反差。这些差别表明之字纹的演进过程在赵宝沟文化阶段也许发生了比较剧烈的嬗变，或者是受到了完全不同的外部因素影响和作用，而红山、小珠山等可能未受到这种外力的作用，反而保持了较多与兴隆洼文化相近的特征。

最晚阶段的之字纹在左家山中层和左家山上层文化中仍有少量发现，均不是主要纹饰种类，呈单组的纹饰带施于器身，与其他纹饰组合布局，多为刻划而成的折线，且以横压竖排纹饰为主。特别是左家山上层文化阶段的之字纹，形式表现为极稀疏的松散折线，无论竖压横排还是横压竖排都与同文化的连续人字纹的形式特征非常相近（图七，37～40）。

（二）席纹

同之字纹相似，最早的席纹实物也见于兴隆洼文化，数量不如之字纹普遍。兴隆洼文化的席纹在筒形罐上通常位于上腹部“三段式”中附加堆纹条带以下，压印至近底处，显然是作为一种主体纹饰而存在。这种席纹的单元形式为横平纵斜的菱形，以压印线条的横纵穿插来表现席纹的编织结构，在细节上通常横向的线条数量多，而纵向的数量少，但无论何种形式，都有席状物呈筒形将器物包裹起来的效果（图八，1～3）。此外还有一种横纵都呈斜向交错的三角形纹饰，很像是上述菱形席纹上切分下来的一个局部，显然也应属于席纹的范围，它们与前者不同的是只呈带状饰于器身局部，有的位于“三段式”中部的附加堆纹上作复合纹饰，不是主体纹饰的地位（图八，4）。

晚于兴隆洼文化的新乐下层文化与左家山下层文化也有少量席纹。从实际发现看，新乐下层少量菱形席纹也是作为主体纹饰通体施于筒形罐等器物的腹部，呈横平纵斜的菱形形式，有的还是篦点菱形，横纵线条的数量多不等。大多数席纹为斜向交错的三角形式，只作为口部等处的装饰带，有的还以数道弦纹加以分隔（图八，5～7）。在左家山下层文化，无论菱形还是三角席纹全以刻划方法施制，纹饰不规整，构图比较随意，本为横平的线条也略呈斜向，另有斜向线条与之形成编织结构等。在这个文化里，菱形席纹与三角席纹均作为主体纹饰，但前一种席纹的横纵线条数量不等，甚至差异悬殊，有的席纹纵向线条只有两道，只将横向线条截断，编织的感觉不明显（图八，8～10）。

赵宝沟文化拥有构图复杂且形式多变的席纹，报告中划分了甲、乙、丙三类几何纹，各类中的Ⅰ型则为这种独特的席纹[36]，基本呈以刻划平行线构成的类似席形的几何纹样。在构图方面，这些席纹有一个共同的特点，即席纹图案是建立在之字纹母题的基础上，形式上均为疏朗的大号之字纹，利用之字折线间的空隙以三道左右的划线进行填充，纵向一般三道左右，横向则具体的空间全部均匀填满，线条平行。由此可见，席纹的产生似与脱胎于之字纹有关。与兴隆洼文化和新乐下层等文化显著不同是赵宝沟文化的席纹既不是横平竖直的样式也不是规则的斜向相错，而是按照底纹折线的分布自由构图，不追求形式上的严整，因此有的席篾延伸很长，穿越几个单元交叉，编织的特征弱化，捆绑的特征却比较显著。与之字纹类似，该文化的席纹均为刻划而成（图八，11～16）。

与赵宝沟大体同时代的小珠山下层文化席纹虽然数量不多但形式却多样，既有压印纹也有刻划纹，既有菱形图案形式，也有斜向交错的三角形构图，既作为主体纹饰之一与之字纹共同饰于腹部的布局，也有饰于口沿处的窄带等（图八，17～19、21）。在线条的一端通常保留有压印的坑点，似为更好施印而事先打好的分隔点（图八，19）。在三角形席纹中，还见有短斜线带构成的三角纹图案，与普通的长斜线形式有所区别（图八，20）。

后洼下层文化中席纹是仅次于之字纹的一种主体纹饰，通常饰于器身中上腹部，多以压印方法制成，纹样十分规整，在线条的一端也通常保留有压印的分隔点（图八，23、24）。筒形罐上的纹饰构图多采用“二段式”布局，即仅于口部有窄带的交叉纹、弦纹等，器身大部分以一种单一的纹样进行装饰。除了菱形席纹以外，这个文化的席纹还有自身特点，有三角状的斜向席纹（图八，22），长短线交错的席纹（图八，23），还有线条呈弧形的编织纹等（图八，25、26），从而使席纹的种类非常丰富。长短线交错的席纹是菱形席纹的一种变体形式，线条呈长短线状，长线和短线密集排列，形成纵向的长线组和横向的短线组，表现的是一种曲折窄带状的穿插交错。弧线条席纹比较少见，多与直线的席纹组成复合纹饰，多为半弧形线条以同一圆心平行排列，5～10道线条组成扇形叠加，或者饰于口沿处作波浪形延伸。

其他形式的席纹在马城子下层、左家山中层、小珠山中层、江口、后洼上层、左家山上层、北沟等文化中也有数量不等的发现，在同一文化内纹饰中比重不高。这些席纹有一些共同点，基本呈斜向交错的三角形结构，且均为刻划而成的平行线条，少见压印

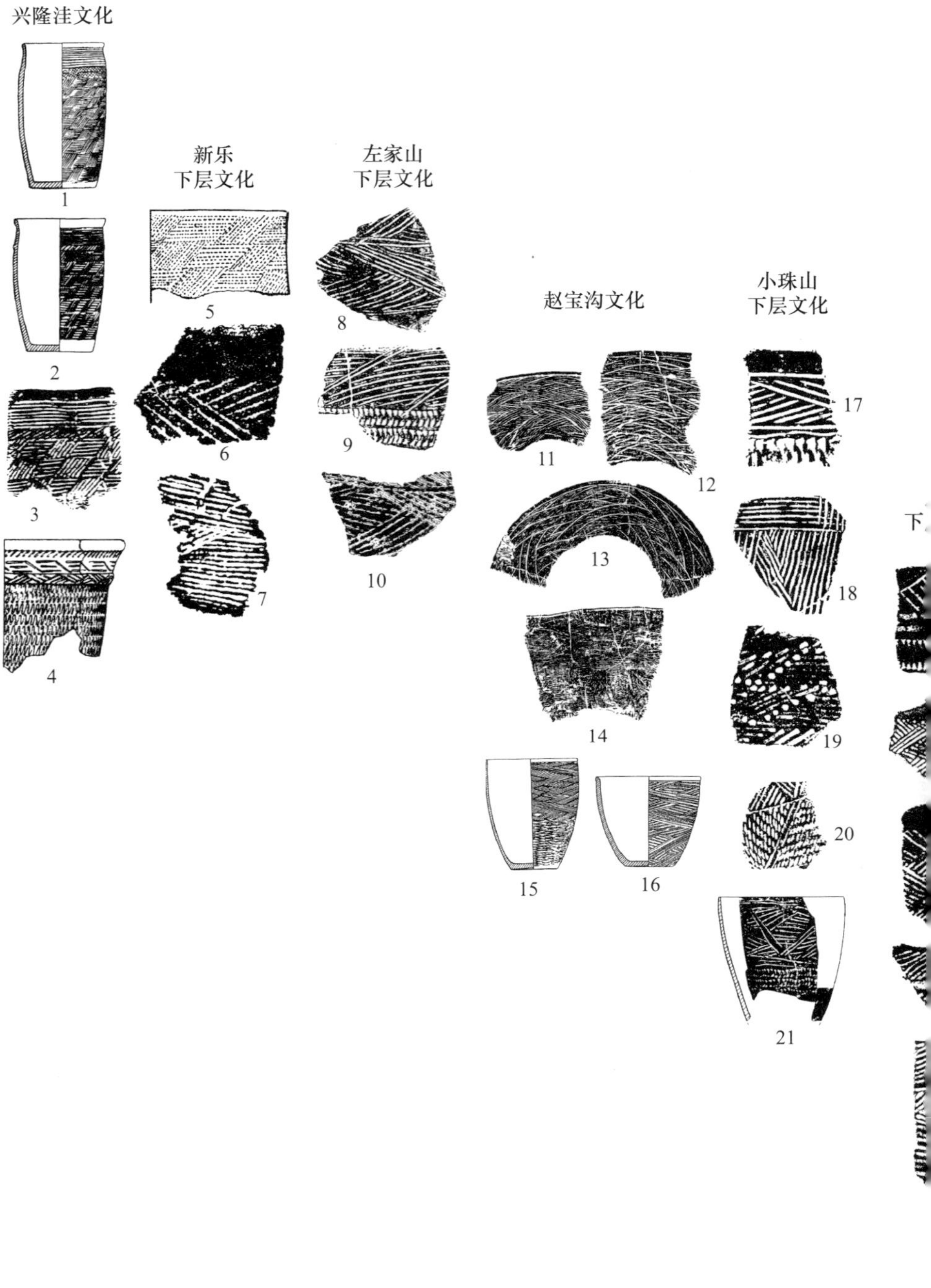

图八　席纹演变序列

1～3. 兴隆洼　4. 查海　5～7. 新乐　8、9、29、36、37. 左家山　10. 元宝沟　11～16. 赵宝沟　17～21、30～
珠山　22、24、25、33、34. 北吴屯　23、26. 大岗　27、28. 马城子　35. 江口　38、40. 北沟　39. 石佛山

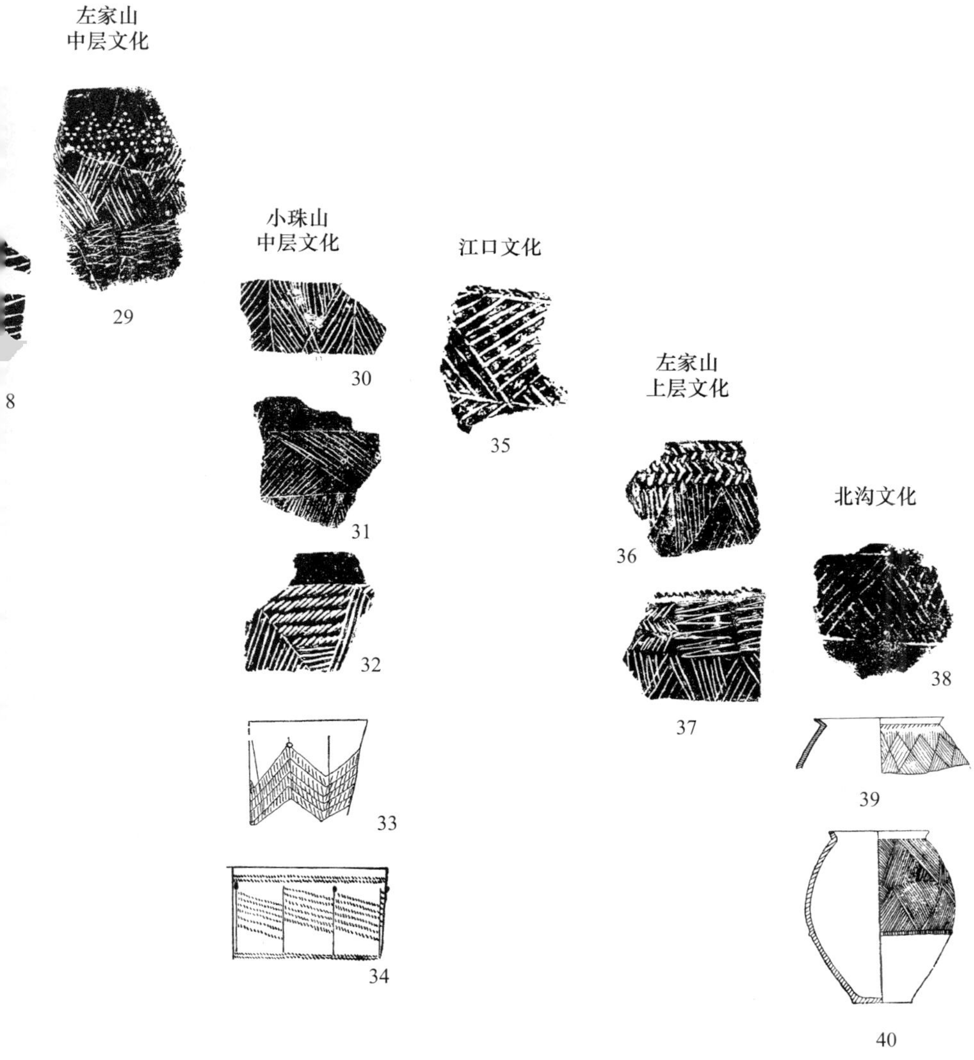
左家山
中层文化
29
8
小珠山
中层文化
30
31
32
33
34
江口文化
35
左家山
上层文化
36
37
北沟文化
38
39
40

制法。在布局上这些时代较晚的席纹多为复合纹饰之一（图八，29、36、37），单一纹饰在器身上也只占有少量的面积（图八，27、28、30～32、35、38～40），体现了席纹本身在装饰地位上的弱化和新石器时代晚期施纹地位整体的衰减。这个时期比较独特还有以短线构成折带状纹，有的呈同方向重复排列成展开的旗帜状，有的则呈对称相向形成折带状，短线外部或有直线轮廓加以分隔。研究表明，从旗帜状造型和斜线穿插的基本特点来观察，它们可能是席纹的另一种演化形式，与前一时期的变体席纹有共通之处[37]（图八，33、34）。

（三）弦纹

弦纹是新石器时代分布比较普遍的一种纹饰，并不仅限于东北地区，但本地区新石器文化中比较独特的是由多道弦纹构成的弦纹带，它们集中和成组施于陶器表面，不同于普通的弦纹个体，因此在探讨本地区纹饰演变方面尤为重要，也是研究的重要内容之一。

在器身上相对集中一定数量的弦纹带同样最早见于兴隆洼文化，而且特征比较鲜明。它们是构成“三段式”布局的重要部分，通常位于筒形罐口部，器身的最上部，一般有数道或十余组平行线条，绕身一周，其下则为附加堆纹带配之字纹、勾连纹带和主体纹饰（图九，1～4）。兴隆洼文化中不见全部以弦纹作为主体纹饰的实物。

新乐下层文化与兴隆洼文化显著不同，弦纹作为一种主体纹饰。在筒形罐上，弦纹带以平行的形式从口部边饰以下开始进行密集形式的分布，直达下腹部近底处，除边饰外很少见其他组合的纹饰（图九，5～7）。左家山下层文化中，弦纹虽然不是主要的纹饰种类，但也见类似的通体布局的形式，不同之处是器身弦纹每隔一段会拉大距离从而留有一段素面带，局部弦纹略带弧形的形式，可能是受到同时期阶梯状扭曲纹的影响所致（图九，8～10）。马城子下层和小拉哈一期文化中有所发现，与之不同的是在这两个文化里弦纹多与其他纹饰构成复合纹饰通体施制（图九，13～18）。马城子下层文化的筒形罐无论造型还是纹饰均与新乐下层有极强的共性，既有内涵上的一致性，又表现出时代早晚变化，弦纹带是一个比较明显的佐证。

小珠山中层和后洼上层文化时代接近，地域相邻，在弦纹带上的特征方面表现得尤为明显。两个文化中的一部分筒形罐，以侈口小平底为特征，器身通体施纹所刻划的就是平行弦纹，有的还在弦纹带上刻划纵向或斜向交叉线以分隔弦纹带，它们的弦纹带刻划均比较随意，不如新乐下层、左家山下层等文化的规整均匀，交叉和接续的现象比较普遍，显然在制作时遵循的是相对草率的风格，表现出这种纹饰晚期阶段的明显特征（图九，19～25）。

（四）条形堆纹

条形堆纹分布的地域虽然不广，但却因其特征鲜明、结构巧妙而很早就引起研究者关注，目前来看，属于这种特征的纹饰主要发现于小河沿文化和偏堡子文化中，另外在马城子下层和北沟文化里有少量发现。

辽西地区的小河沿文化和偏堡子文化都有比较发达的条形堆纹，构图和布局形式相近，直、曲线条的组合应用已经非常灵活自如，绞索效果惟妙惟肖。但两者之间的个性区别也比较明显。同为条形堆纹，小河沿文化泥条较长，通常在器身口部施一道或多道横向附加堆纹，其余的纵向条纹以此为起点向下作延伸直至下腹部，底部末端在下腹处呈悬空形式（图一〇，1～4）。而偏堡子文化的泥条则明显较小河沿文化短，它的口部和下腹部均有同样较粗的横向附加堆纹，两道堆纹之间塑纵向条形堆纹贯通器身上下（图一〇，9～14）。因此从效果来看，小河沿文化的条形堆纹像绳索从口部向下作悬挂状，而偏堡子文化则因其堆纹末端有横条加固而更像一个捆扎牢固的网兜状结构。偏堡子文化时期，施条形堆纹的区域显然有所扩大，最南部可到达辽东半岛南端及沿海岛屿[38]，纹饰特征与下辽河流域区基本一致。

马城子下层文化大体位于偏堡子文化的东部，它的条形堆纹特征突出，所有带堆纹的陶罐除了口部有叠加泥条的厚唇外，还于器身上部附加纵向平行分布的条形堆纹，堆纹通常加工成竹节状、波浪状或绞索状等形式，总体情况与偏堡子接近（图一〇，5～8）。

北沟文化只有少量条形堆纹特征的纹饰，因其主要器形不是筒形罐而是鼓腹罐，因此，条形堆纹都施在鼓腹罐的上腹部，斜向贴附并与器身中下部的横向泥条相接。虽然泥条数量稀疏，但还是基本构成网兜状的形式，尤其是横向泥条位于较细的中下腹部，似乎绳索正卡在受力的部位，使这种捆扎的功能更加生动（图一〇，15～18）。

（五）几何纹

最早的几何纹形象纹饰，在兴隆洼文化中已有显现，但并不突出，部分报告中称其为勾连纹。通常饰于“三段式”布局第二段的附加堆纹上，作为第一段口部边饰和第三段主体纹饰的分界线（图一一，1、2）。此外，也见作为边饰的几何形纹，与之字纹等构成组合纹饰（图一一，3）。

左家山下层文化扭曲状的纹饰本身即带有几何纹特征。实物多以绞索状构成几何纹的母题纹样，无论刻划还是压印均有明显的曲折结构，虽然简单，但是基本具备几何形特征（图一一，6、7）。有的呈之字纹形式，间隙比较疏朗（图一一，4、5）。

赵宝沟、小河沿和偏堡子三个文化是几何纹比较发达的三类遗存，可供对比的资料十分丰富。赵宝沟文化几何纹是其最富特色的纹饰，其基本元素是刻划的折线和曲线，多通体施纹。纹饰构图主要是将一两个单独纹样运用反复、连缀和对称等技法来构成装饰图案。不仅有主体纹样，还有辅助纹样。除了施单层纹饰。也有施双层纹饰者。双层纹饰通常是以压印之字形纹和刷划纹为底纹，在此基础上再施各种几何形图案。还有少数器物上下部分别施几何形纹和压印之字形纹，构成复合图案。纹饰通常是将基本对称的主体纹样与辅助纹样交织组合，并依据器形腹径弧度的变化而相应地改变图形角度和比例，形成和谐而富有层次的图案（图一一，8～11）。图案主要母题花纹有已、F、W、

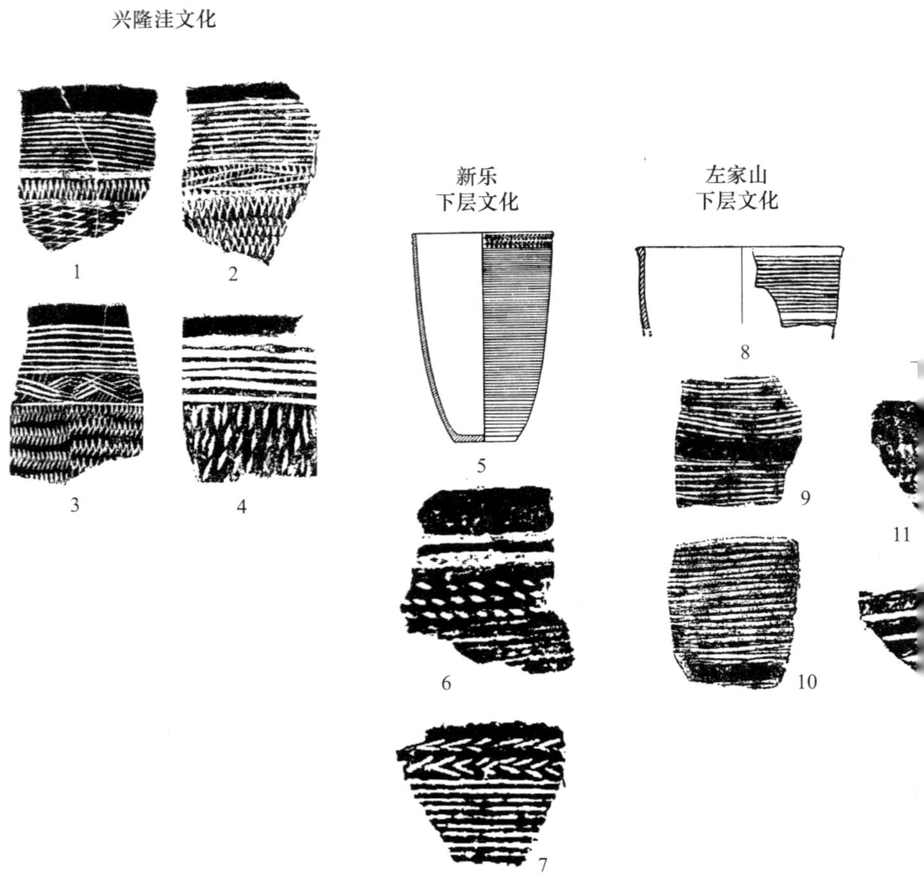

图九　弦纹演变序列

1～4. 白音长汗　5～7 . 新乐　8～10. 左家山　11、12. 大岗　13～15. 马城子　16～18. 小拉
19、20. 小珠山　21～25. 后洼

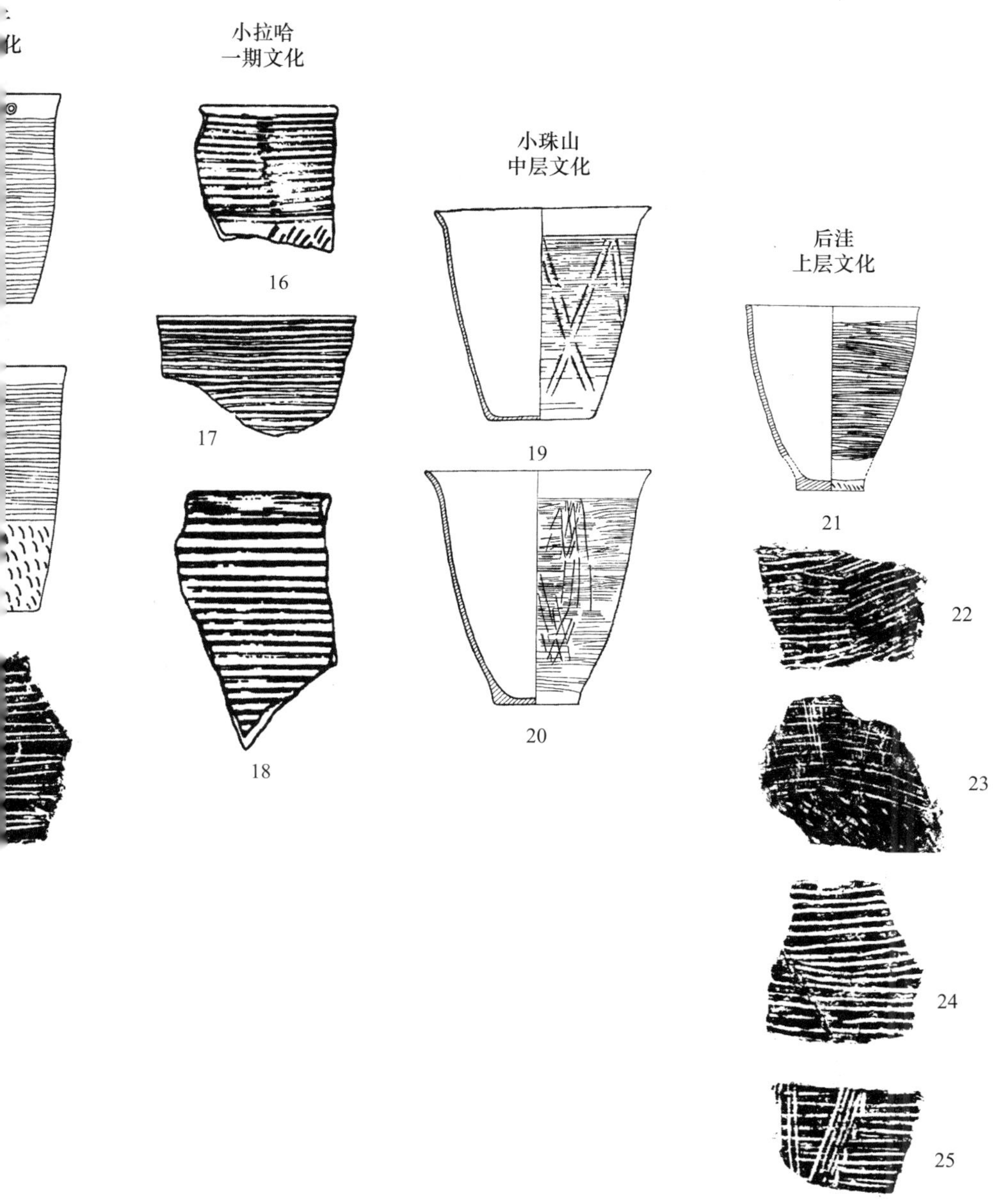

小拉哈
一期文化
16
17
18
小珠山
中层文化
19
20
后洼
上层文化
21
22
23
24
25

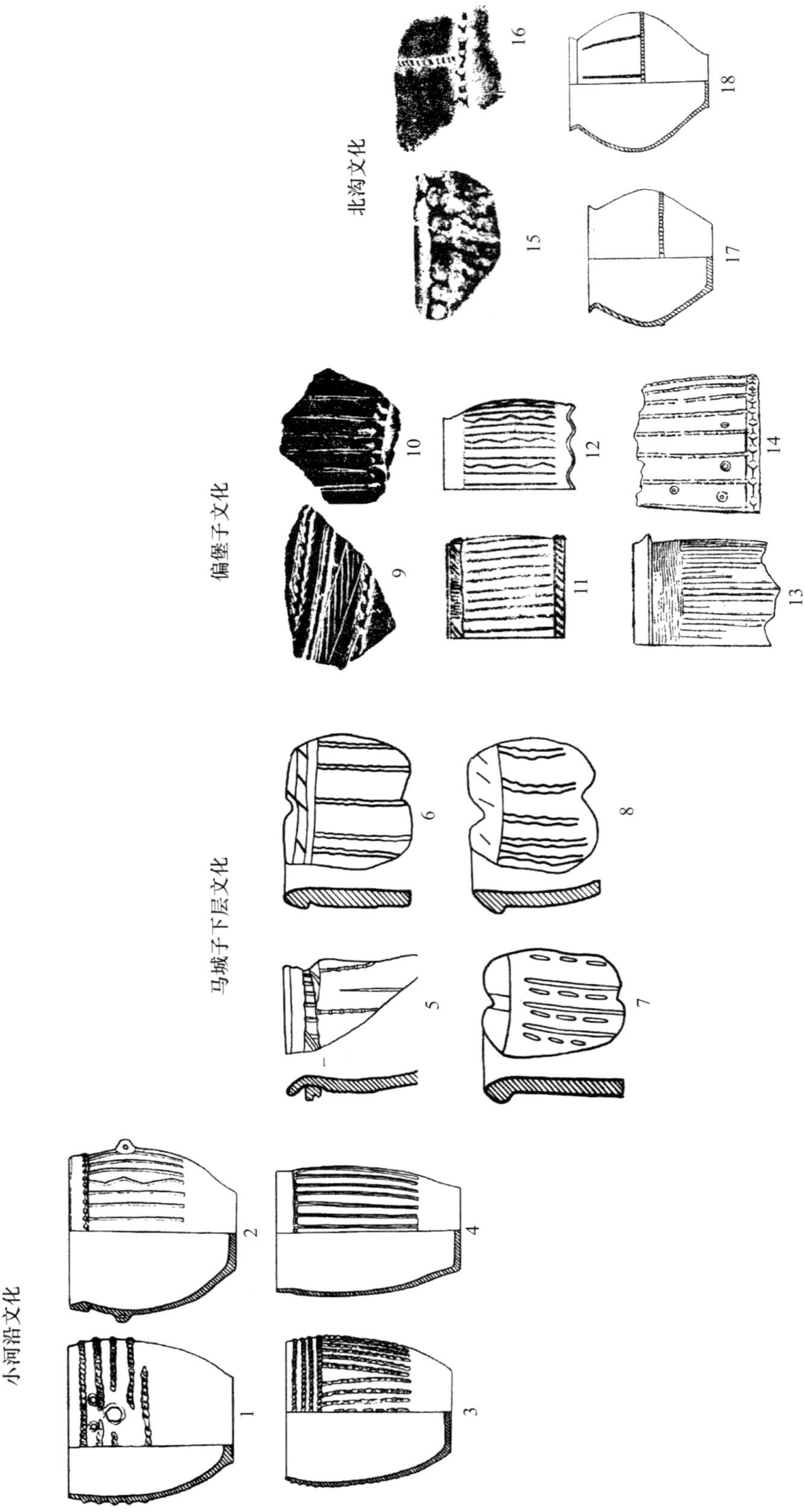

图一〇　条形堆纹演变序列

1～4. 南宝力皋吐　5. 马城子　6～8. 北甸　9～12. 三堂　13、14. 肇工街　15. 石佛山　16～18. 北沟

菱格形、三角形、网状、绞索状、动物形等。总体来看，几何纹的曲折特征有脱胎于之字纹的痕迹，越是简单的几何纹样与之字纹联系越明显。赵宝沟文化还有弧形几何纹比较独特，呈涡状或钩状曲线形，与常见的折线几何纹不同，与其本身的动物形纹饰有较多共性（图一一，12、13）。

小河沿文化与偏堡子文化晚于赵宝沟，特征上共性较多，表现比较明显之处也包括几何纹在内。小河沿文化的几何纹明显较赵宝沟文化简化和规整，虽然也不乏一些形式变化比较多样的图案，但已不如前者图案之间穿插程度之高。它的母题以回转的平行带或复线三角纹造型为主，有通体施制，但大部分只占器身肩部、上腹部或位于颈部。构图多采取折线的重复环绕、三角纹隔区错位相对或区内错位相对成图，用刻划或彩绘形式加以表现（图一一，14～20）。偏堡子文化与小河沿文化近似，纹饰多为对称的内填短线的复线形纹饰，也基本以折线带形式在器身腹部等处进行装饰。通常把腹部划分为间距相等的几组，再于各组内绘相同或相似连续的图案（图一一，21～23）。

与偏堡子大体同时的兴城文化也为复线填实的几何纹带，特别之处在于兴城多为变化相对自由的弧线，填充线除了短线也有篦点形式，种类有雷纹、勾连三角纹、菱格形，形式比偏堡子复杂（图一一，24～27）。

北沟文化的几何图案与偏堡子文化基本相同，而且更简化，几何纹带在器身上因占据空间少而显得稀疏。因为主要器形略有差别，所以后者纹饰施于筒形罐上，而前者多施于鼓腹罐上，几何纹与条形堆纹在构图方面的共同点是纹饰包围器身均如网兜状（图一一，28～33）。

时代最晚的小珠山上层文化和金谷文化也有少量几何纹。小珠山上层文化表现为环绕圆形器身的弧状同心圆（图一一，34），而金谷文化则为宽窄不同的复线回字形纹内填短斜线等（图一一，35、36）。

（六）彩陶

本地区彩陶发现不很广泛，目前只在红山、哈克、小珠山中层、小河沿等少数几个文化内有所发现。

红山文化拥有种类相对丰富的彩陶纹饰，图案多呈横带状环绕器表，其宽带纹、横条纹、勾叶圆点纹、斜平行线纹、鳞形纹、菱形纹、涡纹等在本地区早期文化中找不到直接的承袭源，因此从形式到内容可能均来自于外部相邻文化（图一二，1～6）。

哈克文化只见少量彩陶片，三角、宽带和波折形，图案比较简单（图一二，7～12）。

小珠山中层文化的彩陶富于变化，特点是弧线三角纹或以粗细不同的平行直线纹构成折带或网格的形式，与红山文化彩陶存在一定共性（图一二，13～20）。

小河沿文化彩陶特征是各种几何形图案与平行直线纹的组合，成组分布在器身一周，连续分布，也有动物纹或符号状与几何纹的组合（图一二，21～25）。泥质陶的壶、钵、豆上比较多见彩陶。

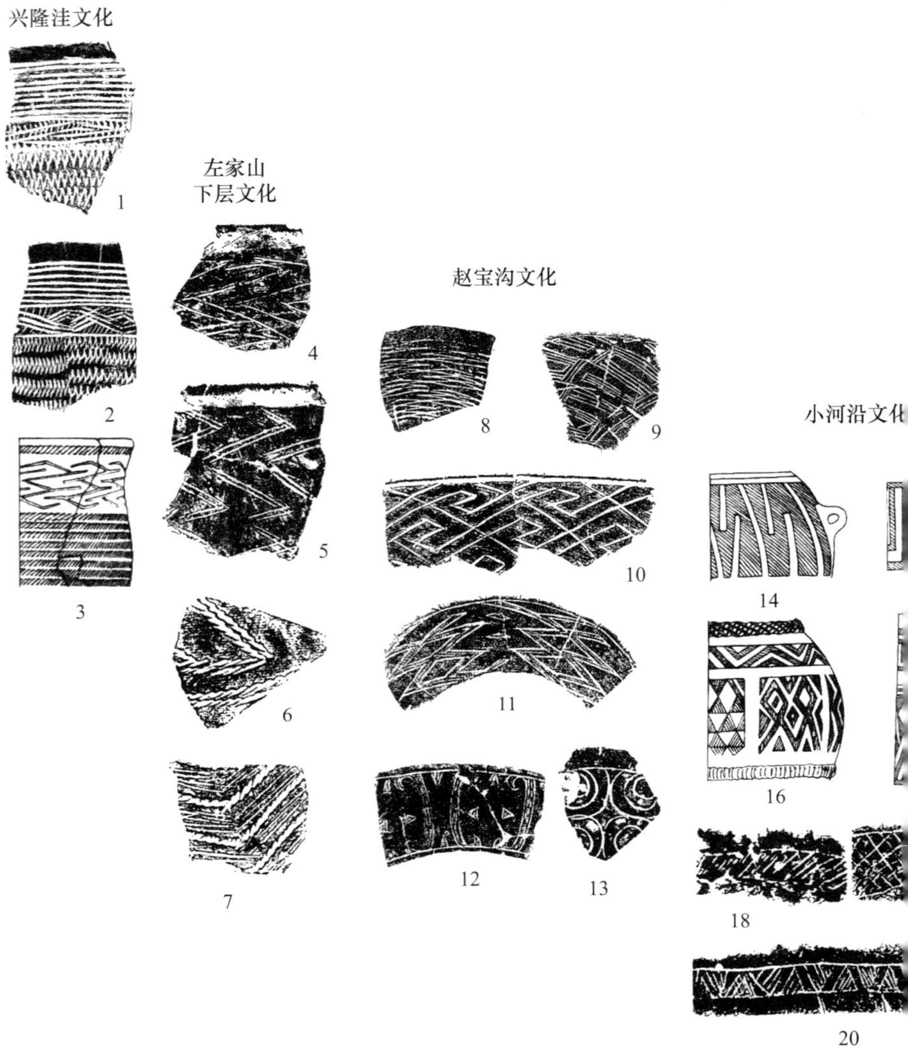

图一一　几何纹演变序列

1、2. 白音长汗　3. 查海　4～7. 左家山　8、13. 安新庄　9～12. 小山　14～20. 南宝力　21～23
24～27. 兴城　28～32. 北沟　33. 石佛山　34. 小珠山　35、36. 金谷

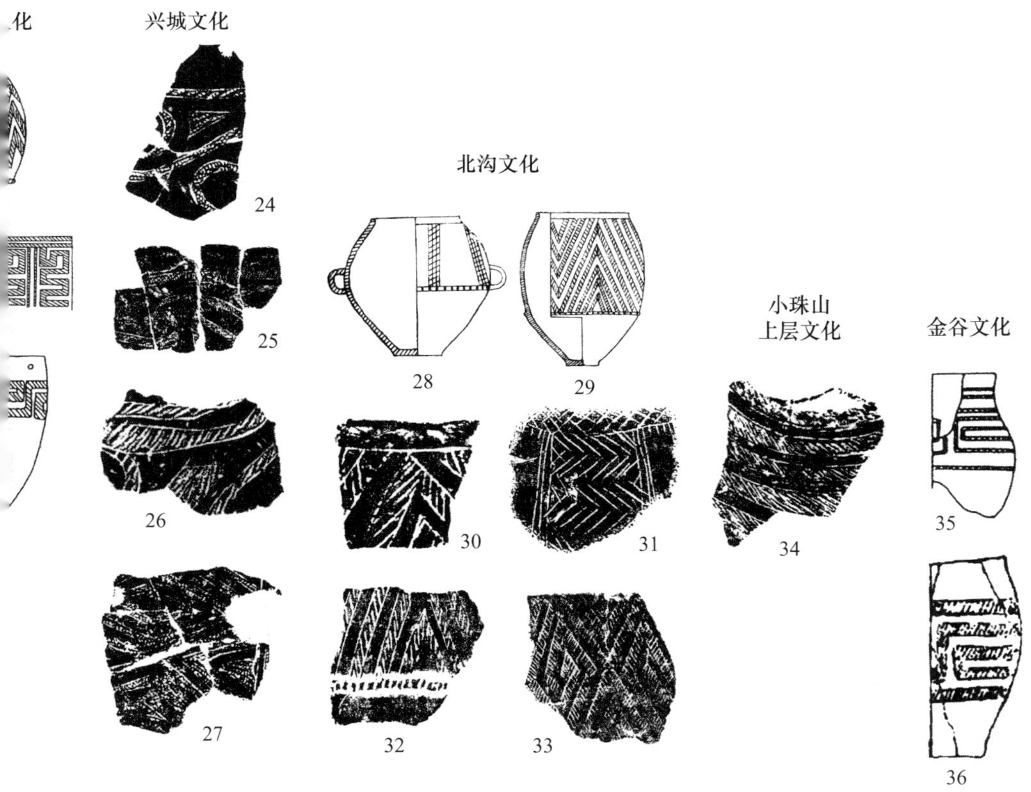
化
兴城文化
24
25
26
27
北沟文化
28
29
30
31
32
33
小珠山
上层文化
34
金谷文化
35
36

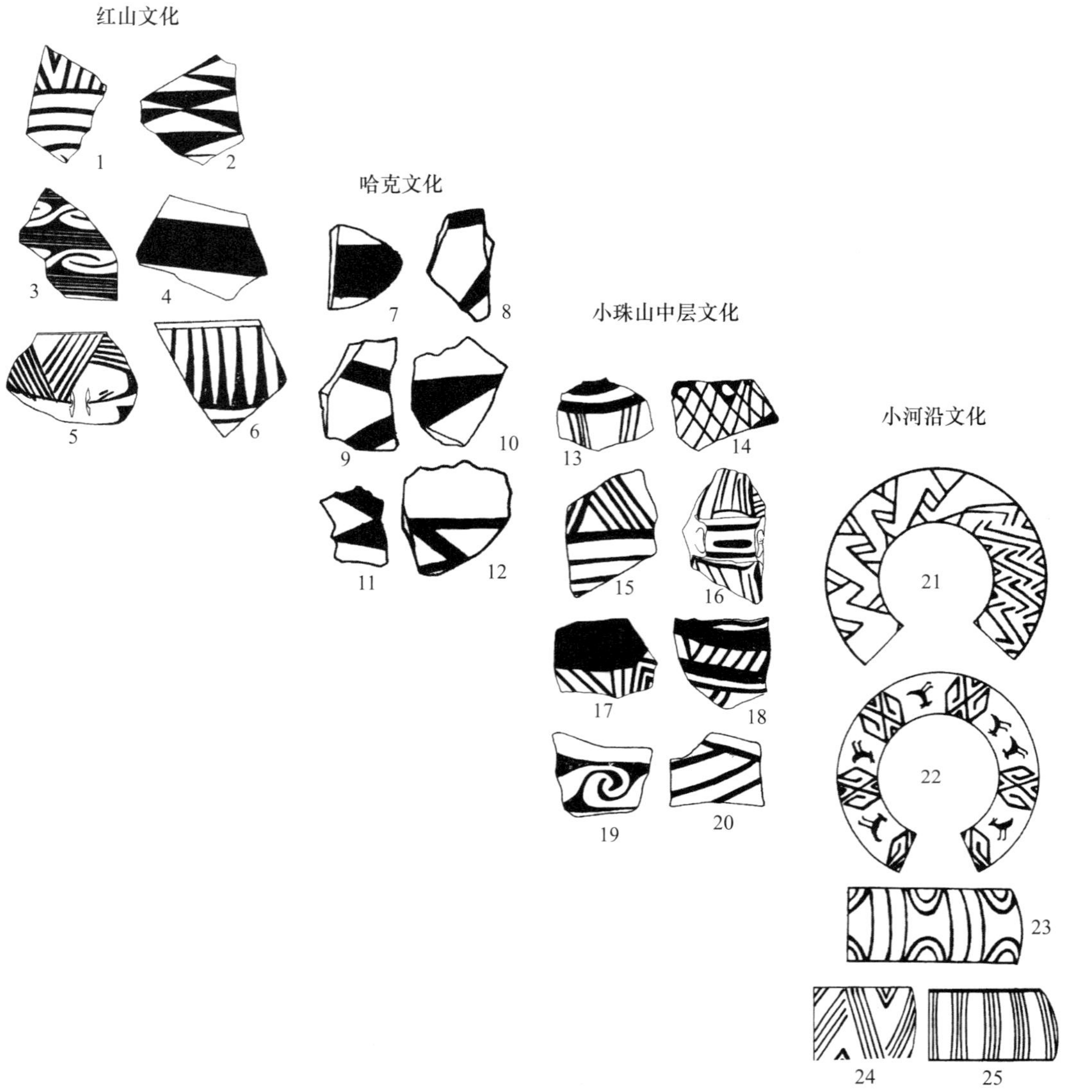

图一二　彩陶纹饰演变序列

1、2. 东山嘴　3、4. 牛河梁　5、6. 西水泉　7～12. 团结　13～18. 郭家村　19、20. 小珠山　21～25. 大南沟

三、陶器纹饰的区域分布和时代特征

关于东北平底筒形罐的分布和谱系，研究探索较多[39]。从结论可以看出，筒形罐作为新石器时期甚至更晚阶段东北地区本土文化的一种标志物，一方面在发展过程中随时空变化在本区内部不断演变，同时也受到来自外部的文化因素影响而不断异化。陶器纹饰的发展演变也是如此。上述几类基本纹饰代表了东北地区新石器时代纹饰构成的一部分，从时间和空间上看，自最早的兴隆洼文化开始，大部分主要纹饰如之字纹、席纹、弦纹、几何纹等已经出现，有的作为主体纹饰，有的还只是作为其纹饰群中的一个

很小的配角，但经过长期的历史发展，逐渐形成某种或某些文化的指征性标识，并不断借助文化的扩展按照不同的方向和规律向外传播和延续，直到新石器时代晚期。

虽然之字纹在本地区最早的兴隆洼文化中不过是主要纹饰之一，但之字纹的分布之广还是远超出兴隆洼文化本身的地域范围。从本区内观察，除了本文所说的北部地区，大部分地域均存在之字纹的踪迹；而东北地区以外，远在燕山以南的豫北冀南地区及山东半岛的磁山文化[40]、裴李岗文化[41]、北辛文化[42]等，最远可在俄罗斯外贝加尔地区的卡棱加河口文化中[43]也可见到数量不等的之字纹特征的纹饰。东北地区之字纹发现如此普遍，而迄今所有文化里还未有年代超过兴隆洼文化的，因此，东北地区无疑是这种纹饰的发源地，而作为最早出现纹饰的兴隆洼文化显然是探讨其起源的可信文化之一。

兴隆洼文化之字纹虽然形式多样，相比其他同类遗存则显规整特征，且多为横向排列，少见竖排和斜排等构图形式，这样的特征还见于新乐下层、小珠山下层、红山文化、后洼下层等文化。在红山文化里装饰于豆形器盖上的之字纹虽然是以豆座为圆心作弧形排列，但依然保持规整的特征（图七，32），表明这些文化间的之字纹在技法传承上是根深蒂固的。与之相异的是，上宅文化与左家山下层的之字纹表现手法从初始阶段就与兴隆洼文化有本质不同，上宅文化存在压印之字纹弧形带的结构布局形式，而且带有不同方向交互穿插等特征，从而与平直压印纹带的作风明显区别。左家山下层文化的主要纹饰是由单一纹饰构成的横向平行或阶梯形平行纹饰带。纹饰种类有菱形纹、弦纹、席纹、平行线纹、扭动曲线纹，之字纹并非其主要纹饰，只占其纹饰构成的一小部分，应属外来文化因素，其源不排除是兴隆洼文化。我们推断，因工具形式而导致的纹样区别不过具有区域类型的概念，而纹饰布局方面的差异则代表了文化之间的不同。如果说在兴隆洼文化中，因为受施纹法度约束而保证一贯的横平竖直方式，那么同样在左家山下层文化里，受其本土固有的阶梯形纹饰风格的影响，之字纹在形式上也发生了与兴隆洼文化完全不同的改变，即除了具有原本传统模式的图案生成方式而产生的横、竖向纹饰带外，也有用工具压制时以轨迹变幻斜向伸展的之字纹形式。总体来看，左家山下层的之字纹要更自由灵活、布局疏朗，成纹中带有阶梯纹饰的痕迹和几何形纹的影子，这一点与赵宝沟文化倒是很有共性。虽同处一地，但左家山下层的这种之字纹及阶梯状纹等显然在其后的左家山中层与上层中并没有被继承和发展，左家山中层与左家山上层文化之字纹所见的多为相对规整的横纵向排列的之字纹带，而不见斜向延伸的之字纹带等，其布局特征与基本同时的红山文化有相似之处，不同之处是左家山中层与左家山上层的之字纹均为刻划而成，虽整齐但不属于压印的体系。筒形罐的谱系研究也表明，左家山中层与辽东半岛的小珠山中层文化是一个文化的两个分支，而左家山下层遗存并没有直接延续到左家山中层[44]。这样的结论与我们观察之字纹方面的证据是一致的。

赵宝沟文化的之字纹表现为另一种形式。正如前文所述，它的之字纹变化非常复杂，无论是线形还是篦点，纹饰多为横压竖带形式，刻划既细且密。同一排组的纹饰队列不整，而不同组之间则又交叉普遍，实际上造成了条纹之间的交叉和衔接，从形态和原理上具备了产生几何纹的基础。因此一般认为赵宝沟的几何纹是由之字纹不断衍化而生成的，其递变关系是：压印之字纹由规整紧密到草率疏松，刻划直线几何纹中的S纹和菱形纹由紊乱难辨到规整清晰，地纹（琐印纹）逐渐消失的过程[45]。当然促使两种纹饰之间的演化还需要一定的动力，这可能要归结为北部地区的影响。上文我们提到左家山下层文化，与之字纹同时存在的大量的是阶梯形纹饰、折线形纹饰，左家山下层本身也发现过多件施简单刻划几何纹特征的筒形罐（图四，6、7），其矮胖特征与赵宝沟有相似之处。左家山下层所在松嫩平原地区与西辽河地区存在交流的可能性与证据，不仅在左家山下层时期，在左家山中层阶段，其之字纹就与同时期的红山文化存在诸多共性，虽然各为压印和刻划但均呈横平竖直特征；左家山遗址第二期即中层内还出土了蜷体特征的石龙形象[46]，其首尾衔接如玦，头部有突起的五官的特征与红山文化的猪龙相同，明显属于同时代的相似器物，不过在类型学发展环节上显略早而已。由此可见，左家山下层时期以交错、扭曲、阶梯为特征的手法和审美形式可以影响到赵宝沟文化早期人们在之字纹的基础上去创造出几何纹的图案，并将其应用到陶器表面作装饰。但是左家山下层文化主体的高瘦型筒形罐与赵宝沟文化矮胖型的同类器谱系差别明显，两者不可能是直接的演化关系，纹饰方面的相似可能只是影响的结果。

相比之字纹的复杂程度，席纹略显简化，但其分布也十分广泛。时间上虽然形式略有差别，但从新石器初期直到晚期都有席纹延续使用；空间上基本以松花江上游为界，以北不见席纹，同样也不见之字纹；施纹特征方面，西辽河流域与辽东沿海地带多为压印方法，而其他地区则多为刻划施纹。

西辽河流域的席纹在兴隆洼文化与赵宝沟文化两个时期表现为迥然有别的两种形式，前者为规整的菱形块，以平行线形成横纵经纬线，后者为大幅的自由穿插形式，每个条块外部有边廓再内填平行线。图案之间的这些本质差异表明，二者虽同为编织纹样但来源显然各自有别。较兴隆洼文化略晚的新乐下层、左家山下层、小珠山下层等席纹也呈菱形结构，不过在经纬线的数量上有所区别而已，它们与兴隆洼文化显然存在比较密切的继承关系。后洼下层文化的席纹虽然呈斜向布局，但基本遵循菱形原则，它显然也是受到了兴隆洼的强烈影响。从这些现象似乎可以看出席纹由西辽河流域经下辽河区域分别向北部和东南部不断散播的轨迹。

兴隆洼文化中的三角形席纹，属常饰于“三段式”堆纹上的装饰，在新乐下层、左家山下层文化等也基本作为边饰，在小珠山下层文化及偏晚的文化中有的则作为复合纹饰的重要组成部分，甚至成为主体纹饰。显然菱形席纹与三角形席纹的发展趋势正体现了此消彼长的逆向发展态势。从赵宝沟文化席纹的异军突起来分析，很像因为它的崛起打断了兴隆洼文化向外部尤其是向东部传播的节奏，西部的发展被终结，而东部却保留了相对较多的原始特征并各自转化。也正是由于传统席纹形式的衰败，也导致了各种变异席纹的大行其道，出现如复线三角纹、变体席纹、弧线席纹等与以往不同的纹饰种类。

之字纹与席纹是代表了本地区新石器时期特色的纹饰种类，其他几种弦纹、条形堆纹、几何纹和彩陶等虽不具有这方面的特性，但在体现文化因素交融方面同样起到类似的作用。弦纹方面的演变过程显示，虽然弦纹带特征的纹饰在兴隆洼文化时已经出现，但只作为“三段式”中的边饰，类似情况也见于后洼下层文化中，相反在新乐下层、马城子下层、左家山下层和后洼上层等文化中，弦纹带则明显作为主体纹饰存在，至少与其他纹饰组合作为主要纹饰，是这种文化的指征性图案。

新乐下层文化是弦纹最早作为主体纹饰出现的遗存，大体分布于东北地区中部，与之同时或略晚的左家山下层、小拉哈一期和马城子下层、小珠山中层、后洼上层文化等分列于它的北部和南部，在空间布局上形成了弦纹带由本地区中部分别向南、北不断扩展的态势。马城子下层文化筒形罐造型口径、底径大体接近的特征，至小珠山中层文化口、底径差距加大，直到后洼上层文化大口小底的悬殊比例造型，器形虽然变化显著，但器表装饰却沿袭了很强的传统，正折射出了这个文化因素从中部太子河流域逐渐南移的路线和走向，新乐下层文化显然是这种弦纹带纹饰比较确定的本源。

新乐下层文化的之字纹筒形罐与兴隆洼文化同类器颇为近似，均饰有竖压横排纹饰，表明新乐文化的前身应是一种以接受兴隆洼文化影响为主的遗存。然而，目前我们只能看到新乐下层文化向南、北扩展的过程，但却少见其向西传播的证据。赵宝沟文化中的新乐下层文化因素少之又少，表明后者在其所处阶段对前者的影响是相当微弱的，据此判断它们之间交流是非常有限的，也有理由推测新乐下层文化之所以向东部和南北发展也可能正是对来自于西部压力所做出的一种被动应对。

条形堆纹的分布大体局限于辽河流域及其以南的地区。早期呈现复杂和密集的特征，晚期则表现为稀疏和简化的形式。在其较早阶段，如西辽河、下辽河流域的小河沿文化与马城子下层文化，纹饰密集程度高，形式变化多样，除了纵向施纹以外，还有泥条凸起明显，还有成段分布、波浪状、竹节状等形式，不同形状间隔排列，富于变化，但此时的纹饰载体还基本是筒形罐，有的已带叠唇，作为附加堆纹的横向加固等。在稍晚的偏堡子文化中，筒形罐均有明显的叠唇，除了唇部，在器身腰部也用横向附加堆纹以加固。此时施纹地域范围有所扩大，除了下辽河流域，在辽东半岛南部及沿海岛屿也有分布。至北沟文化阶段，条形堆纹明显变得稀疏，只在器身上象征性地施加几条以装饰（图一〇，18），有的以梳齿纹或网格纹替代（图三，14；图一一，28），有的甚至只有中下部的横向带，无纵向条纹等（图一〇，17），表明纹饰应用已退化到极点。更为重要的是北沟文化的主要器形已经非传统的筒形罐而代之为鼓腹罐，陶器组合中还包括大量山东半岛龙山时期特征的镂孔豆、三环足盘、鬶等，表明此时外来文化因素已经在当地文化中占据主体，本土文化几乎消失无存。

几何纹与条形堆纹的演变存在一定共性，在已发现条形堆纹的文化里均发现了形态各异的几何纹。在兴隆洼文化阶段，几何纹只存在于“三段式”附加堆纹带上，通常作以两到三股平行线形成的穿插绞索状菱形，成带形分布，少量可作为口沿下的纹饰带，形成“三段式”的第一部分，在主体纹饰以外，只起到辅助地位。在其他文化中几何纹均作为主体纹饰存在，总体特点是越向早期纹饰的复杂程度越高，施纹构图越富于变化，而且不少几何纹是在地纹的基础上进行施制，在边廓内填充线条时多顺着外廓走向成大线条的延伸，这与晚期的复线几何纹多在外廓内作斜线或横线网格等形式的作法有显著差别。从这点看，兴隆洼文化最早阶段的绞索状几何纹可以在其后左家山下层文化和赵宝沟文化中找到流向。赵宝沟文化的几何纹脱胎于较早的之字纹，其形成过程中显然受到来自左家山下层文化的强烈影响，左家山下层本身阶梯形纹饰的构图风格、刻划纹的施纹方式等，都与赵宝沟文化具有极强的联系。左家山遗址第一期即下层中的人字纹[47]其中不少就是连续的大折线的之字纹形式，也分为单线和双线，其特征与赵宝沟较早期的几何纹共性很多[48]。赵宝沟文化的弧形几何纹比较有特点，是东北地区南区的一种形式，在燕山以南也广有发现。弧形的几何纹在更晚时期的兴城文化中有所发现，均表现为弧形线条，相比之下其折线形式的几何纹却与其他地区的差别不大，比较有特色的是其复线内填篦点的做法，是这种纹饰最为新颖的表现形式。

同为折线纹，小河沿文化在多个遗址流行的是复线三角纹或雷纹折线的形式，此外，在一些复线折线特征的图案里，通过填实与否形成划纹与基底之间的反差效果，造成阴纹与阳纹之间的互补关系。这样的构图风格在仰韶时期彩陶纹饰中经常使用，小河沿文化时期遗存中同样有彩陶，看来是受到相互间的影响。晚期阶段的遗存本着地域接近、形式相似的原则加以传播和继承，如北沟文化与偏堡子文化接近，而金谷文化与兴城文化有极强的共性等都是这方面的表现。

红山文化作为最早引入彩陶元素的东北地区文化，具有一批特色的彩陶纹饰，因其年代与燕山南部的后冈一期文化大体同时，所以其彩陶中有后者的因素但也存在个性差别。后冈一期文化本身彩陶数量不多，主要为红彩，黑彩较少，纹样也极其简单，常见者为口沿下饰一道宽带、平行竖线纹、垂直相交斜平行线纹、波形纹及同心圆纹等[49]。这些纹样在红山文化中都能找到基本对应的样本，只是形式略有转变，而且红山文化本身以黑彩为主，纹饰多呈横带状环绕器表，显然是其根据本身器形和文化内涵所做的创新。而且红山文化在接受后冈一期文化影响的同时还间接受到庙底沟、庙子沟等文化的影响，所以在彩陶特征上与后冈一期文化并不等同。

红山文化、哈克文化、小珠山中层文化的年代虽然有早晚错落，但大体处于公元前4000年左右的时间段里，相互间有重合的发展阶段。后两者分布地域在红山的北部和东部，因此他们之间的彩陶风格有共性较多。红山文化的宽带纹、平行线纹及涡纹等分别可以在哈克和小珠山中层文化中找到相同的图案。小珠山中层文化因濒临渤海，所以同时又受到隔海相望的山东半岛文化的影响显著，其文化中的罐形鼎、实足鬶、盉等皆为大汶口文化的典型陶器，相伴随的还有大汶口文化的彩陶三角斜平行线纹与弧线三角纹等。但小珠山中层文化与红山文化共见涡纹，表明也受到红山文化的重要影响。哈克文化的彩陶以其最北分布地而著名，但其陶器纹饰内容并不复杂，除了窝点纹、复线菱形以外，还有彩陶的三角纹、宽带和波折形，其纹样与红山文化西水泉期典型彩陶纹样相似。西水泉彩陶无论种类、数量及表现手法都显得更加成熟，而哈克文化的彩陶则略显稚拙。除了彩陶，哈克文化的玉斧、环、珠等也与红山有共性，反映两者之间除了彩陶还存在更多传播的文化因素。

小河沿文化年代晚于红山文化，其彩陶较红山文化差别很大。目前研究表明，小河沿文化与赵宝沟文化是承袭关系，赵宝沟文化本身并没有彩陶纹饰，而小河沿彩陶则比较多且形式变化多样，因此其彩陶元素必然来自外部而非赵宝沟文化本身。小河沿文化大体处于中原的仰韶时代晚期，这个时期虽然彩陶已经明显衰退，在纹饰中所占比例降低，但仍然是代表这个时期的一个标志，以最邻近小河沿地区的豫北冀南地区的大司空文化来看，其彩陶数量虽然不多，但风格以红、棕彩为主，图案有弧形三角纹、平行曲线纹、同心圆纹等[50]，在小河沿文化中都能找到相似图案，表明其深受大司空文化影响。此外，小河沿文化的彩陶明显受到了本文化刻划几何纹成纹方式的影响，具有同时期几何纹的特征，讲究图案的重复与连续分布等，因此在豆或钵器身上常见异化了的彩陶几何纹，体现了外来因素在本土化过程中更进一步的创新。

四、结　论

东北地区新石器时代施纹饰陶器的数量占有相当的比例，素面陶较少，这是本地区新石器陶器区别于其他地域考古学文化及晚期青铜时代陶器的重要标志之一。陶器在器身上的比例随时代而变化，早期文化陶器多通体施纹或占器表面积较大，施多种复合纹饰；晚期多局部施纹或占器表面积较小，多施单一纹饰。施纹手法较多，有压印、刻划、贴附和彩绘等。以前两者居多，后两者少见。除彩绘和条形堆纹出现较晚以外，其他纹饰在每个时期各地基本都有出现，唯比重各不相同，不可一概而论。

基本纹饰的演变过程透视出本地区文化变迁的复杂性与多样化。之字纹、席纹、弦纹带和几何纹等，均在西辽河流域孕育、发展并向周边不断传播，各地均存在与兴隆洼文化类似的纹饰，并不同程度地表现出地域特征。之字纹从交叉状纹衍生而来，在公元前3000年左右基本消失。在特征上，下辽河流域、辽东半岛和鸭绿江流域的之字纹与西辽河比较接近，而松花江上游和燕山南部地区则区别较大，纹饰之间的相似程度大体根据距离源地的远近在空间上作递减的趋势。在西辽河流域本身内部，赵宝沟文化的之字纹混杂于众多的几何纹之中，既不同于早期的兴隆洼文化，也与晚期的红山文化明显区别，却与本身的几何纹关系密切，显然在形成过程中受到外部文化因素的强烈碰撞而演变和异化发展，其动力当源自于北部松花江流域。

席纹也类似之字纹由西辽河向东、北部呈空间上的递减态势，但黄海沿岸和鸭绿江流域的小珠山、后洼下层等文化受到影响似最深，席纹不但最接近兴隆洼而且在文化内部还有创新性的发展，产生各种不同形式的变体席纹图案。在西辽河流域的赵宝沟文化，其席纹完全冲破了兴隆洼文化的构图模式，以几何纹穿插的方式布局成图，与所有类兴隆洼文化的席纹泾渭分明。席纹的耐久性要远超之字纹，直到最晚期的新石器文化中仍可见使用。

弦纹带和几何纹虽然产生较早，但作为主体却存在于兴隆洼文化以外。作为主体纹饰的弦纹分布于下辽河的新乐下层文化中，并以之为中心向东部和南北部扩展，其大体走向分为两条，分别是由新乐下层起，向北影响到左家山下层和小拉哈一期文化，向南经马城子下层文化直至小珠山中层和后洼上层文化等。几何纹在左家山下层文化中已经是主体纹饰，但极盛的时期却是在赵宝沟文化，两者之间的文化渊源还有待于深入探究。赵宝沟文化为小河沿文化所承袭，而小河沿文化又与相邻的偏堡子、北沟文化关系密切，在相距更远的兴城、金谷等诸文化中也存在与其文化特征方面的共性。几何纹可以说是贯穿东北地区新石器时代发展全程的一种文化因素，其总体发展趋势可以概括为初期简单线条化，早期复杂多变，以多种几何图案组合构图，到晚期明显衰退，缺少变化，图案基本局限于复线的回纹、雷纹和三角纹等较固定的格式。

彩陶和条形堆纹作为两类出现较晚的纹饰种类，其依托的文化数量有限，但地域范围却并不狭隘。从红山文化最早出现彩陶因素以来，东到黄海沿岸，北到呼伦贝尔都有彩陶的分布地点。而条形堆纹在小河沿文化、偏堡子文化等则作为最主要的纹饰，在东北南部广泛分布。红山文化至小河沿文化的年代大体对应中原地区的半坡、庙底沟、后冈一期、半坡四期、大司空等文化，所以它们的陶器纹饰显然是受到这些文化的持续影响和作用下逐渐形成和发展起来的，两地之间保持了相对稳定的同步关系。关于东北地区与周边文化，尤其是与中原地区的关系，大体以公元前4500年为界，有学者形象地将其概括为早期“输出式”和晚期“输入式”两种模式[51]。与早期非常强势的对外影响力相比，大约从红山文化开始，以彩陶等为标志的中原文化因素迅速渗透到东北地区，其最直接的结果，就是在长期的文化碰撞中，促使了辽西地区在红山文化晚期率先跨入文明门槛。

注　释

[1] 中国社会科学院考古研究所内蒙古工作队等：《内蒙古敖汉旗兴隆洼遗址发掘简报》，《考古》1985年10期。

[2] 北京市文物研究所等：《北京平谷上宅新石器时代遗址发掘简报》，《文物》1989年8期。

[3] 中国社会科学院考古研究所：《敖汉赵宝沟——新石器时代聚落》，中国大百科全书出版社，1997年。

[4] 滨田耕作、水野清一：《赤峰红山后》，东亚考古学会，1938年。

[5] 辽宁省博物馆等：《辽宁敖汉旗小河沿三种原始文化的发现》，《文物》1977年12期。

[6] 沈阳市文物管理办公室：《沈阳新乐遗址试掘报告》，《考古学报》1978年4期。

[7] 辽宁省文物考古研究所等：《马城子——太子河上游洞穴遗存》，文物出版社，1994年。

[8] 东北博物馆文物工作队：《辽宁新民县偏堡沙岗新石器时代遗址调查记》，《考古通讯》1958年1期。

[9] 辽宁省博物馆等：《长海县广鹿岛大长山岛贝丘遗址》，《考古学报》1981年1期。

[10] 辽宁省博物馆等：《长海县广鹿岛大长山岛贝丘遗址》，《考古学报》1981年1期。

[11] 辽宁省博物馆等：《长海县广鹿岛大长山岛贝丘遗址》，《考古学报》1981年1期。

[12] 许玉林等：《辽宁东沟县后洼遗址发掘概要》，《文物》1989年12期。

[13] 许玉林等：《辽宁东沟县后洼遗址发掘概要》，《文物》1989年12期。

[14] 吉林省文管会：《吉林通化市江口村和东江村考古发掘简报》，《考古》1960年7期。

[15] 吉林省文物考古研究所等：《和龙兴城——新石器及青铜时代遗址发掘报告》，文物出版社，2001年。

[16] 延边博物馆：《吉林省龙井县金谷新石器时代遗址清理简报》，《北方文物》1991年1期。

[17] 吉林大学考古教研室:《农安左家山新石器时代遗址》,《考古学报》1989 年 2 期。
[18] 吉林大学考古教研室:《农安左家山新石器时代遗址》,《考古学报》1989 年 2 期。
[19] 吉林大学考古教研室:《农安左家山新石器时代遗址》,《考古学报》1989 年 2 期。
[20] 黑龙江省文物考古研究所等:《黑龙江肇源县小拉哈遗址发掘报告》,《考古学报》1998 年 1 期。
[21] 黑龙江省博物馆:《昂昂溪新石器时代遗址的调查》,《考古》1974 年 2 期。
[22] 黑龙江文物考古研究所等:《河口与振兴——牡丹江莲花水库发掘报告(一)》,科学出版社,2001 年。
[23] 黑龙江省文物考古研究所:《黑龙江尚志县亚布力新石器时代遗址清理简报》,《北方文物》1988 年 1 期。
[24] 黑龙江省文物考古工作队:《黑龙江宁安县莺歌岭遗址》,《考古》1981 年 6 期 。
[25] 牡丹江市文物管理站:《黑龙江省宁安县石灰场遗址》,《北方文物》1990 年 2 期。
[26] 黑龙江省文物考古工作队:《密山县新开流遗址》,《考古学报》1979 年 4 期。
[27] 黑龙江省博物馆:《黑龙江饶河小南山遗址试掘简报》,《考古》1972 年 2 期。
[28] 汪宇平:《内蒙古海拉尔市附近发现细石器文化遗址》,《考古通讯》1956 年 3 期。
[29] 内蒙古自治区文物考古研究所:《白音长汗——新石器时代遗址发掘报告》,科学出版社,2004 年。
[30] 辽宁省考古研究所:《辽宁阜新县查海遗址 1987～1990 年三次发掘》,《文物》1994 年 11 期。
[31] 中国社会科学院考古研究所内蒙古工作队:《内蒙古敖汉旗兴隆洼聚落遗址 1992 年发掘简报》,《考古》1997 年 1 期。
[32] 内蒙古自治区文物考古研究所:《白音长汗——新石器时代遗址发掘报告》,科学出版社,2004 年。
[33] 内蒙古自治区文物考古研究所:《克什克腾旗南台子遗址》,《内蒙古文物考古文集》第二辑,中国大百科全书出版社,1997 年。
[34] 朱延平:《辽中区新石器时代文化刍议》,《辽海文物学刊》1990 年 1 期。
[35] 朱延平:《富河文化的若干问题》,《内蒙古文物考古文集》第一辑,中国大百科全书出版社,1994 年。
[36] 中国社会科学院考古研究所:《敖汉赵宝沟——新石器时代聚落》,中国大百科全书出版社,1997 年。
[37] 王月前:《席纹初探》,《北方文物》2003 年 1 期。
[38] 辽宁省文物考古研究所等:《辽宁省瓦房店市长兴岛三堂村新石器时代遗址》,《考古》1992 年 2 期。
[39] 许永杰:《东北境内新石器时代筒形罐的谱系研究》,《北方文物》1989 年 2 期;冯恩学:《东北平底筒形罐区系研究》,《北方文物》1991 年 4 期。
[40] 河北省文物管理处等:《河北武安磁山遗址》,《考古学报》1981 年 3 期。
[41] 开封地区文管会、新郑县文管会:《河南新郑裴李岗新石器时代遗址》,《考古》1978 年 2 期。
[42] 山东大学历史系考古专业教研室:《泗水尹家城》,文物出版社,1990 年。
[43] 冯恩学:《我国东北与贝加尔湖周围地区新石器时代文化交流的三个问题》,《辽海文物学刊》1997 年 2 期。
[44] 许永杰:《东北境内新石器时代筒形罐的谱系研究》,《北方文物》1989 年 2 期。
[45] 赵宾福:《赵宝沟文化的分期与源流》,《中国考古学会第八次年会论文集》,文物出版社,1996 年。

[46] 吉林大学考古教研室:《农安左家山新石器时代遗址》,《考古学报》1989年2期，图一一：10。
[47] 吉林大学考古教研室:《农安左家山新石器时代遗址》,《考古学报》1989年2期，图八：16、17。
[48] 中国社会科学院考古研究所:《敖汉赵宝沟——新石器时代聚落》，中国大百科全书出版社，1997年，图115：2；图122：3。
[49] 中国社会科学院考古研究所:《新中国的考古发现和研究》，文物出版社，1984年，图一四：1。
[50] 中国社会科学院考古研究所:《新中国的考古发现和研究》，文物出版社，1984年，图一四：2。
[51] 赵宾福:《东北石器时代考古》，吉林大学出版社，2003年。

从中国史前栽培稻的考古发现谈稻作农业起源*

张居中　罗武宏　程至杰
（中国科学技术大学科技史与科技考古系）

农业的产生，在人类历史上具有划时代的意义，柴尔德称之为“食物生产革命”[1]，怀特称之为“最初的伟大的文化革命”[2]，布雷伍德称为“农业革命”[3]。农业起源与发展，同自然资源、地理环境、气候等自然条件和文化传统密切相关。农业产生之后，对人类社会的发展产生了深远的影响。

中国自古以来就是一个农业大国，中国史前农业在世界上有其突出的地位。农业的起始年代也位于世界上最早的行列。起源于我国的稻、粟、黍、大豆等都出土有公元前6000年以前的实物资料。出土年代最早的首推对全世界影响最大、占当今全球一半以上人口主食、在世界农业史中占有重要地位的亚洲稻。

一、史前水稻遗存的考古发现

目前，全国发现史前水稻的遗存的地点已有100多处，遍布黄河流域及其以南的大半个中国。归纳起来，史前稻作遗存大体上可以分为下列文化谱系和分布区。

（一）长江中游地区稻作文化谱系

长江中游地区人类对水稻籽实的利用目前已知至少可追溯到公元前12000年之前。最早记录现为湖南道县玉蟾岩洞穴遗址，在这里出土了公元前12000年的水稻壳，据称属于有人工干预痕迹的野生稻[4]。江西万年仙人洞和吊桶环也在公元前12000～前7000年间的地层中发现了野生的和栽培的水稻植硅体，也都是世界上最早的稻作证据之一[5]。

在公元前7000～前6000年间的彭头山文化诸多遗址，都发现了水稻遗存[6]。1988年冬，发掘彭头山遗址时在出土的陶片及红烧土块中观察到大量炭化稻壳；1989年冬，

* 中国科学院战略性先导科技专项——应对气候变化的碳收支认证及相关问题（XDA05130503）资助项目。国家自然科学基金资助项目（项目编号：41472148）。

试掘李家岗遗址时在出土的陶片上发现了炭化稻壳；1990 年夏，在试掘曹家湾遗址时在出土陶片中观察到炭化稻壳。根据对稻壳形状的观察，其为长粒形，推测可能属于偏籼型稻。这些稻作遗存，不仅是中国稻作农业的最早证据，而且是现阶段世界上最早的稻作遗存之一。湖南八十垱[7]，湖北城背溪[8]、枝城北[9]，陕西李家村[10]、何家湾[11]等地也都有炭化稻发现，其中八十垱遗址的标本不仅数量大，而且还发现了中国最早的一批木制农具[12]。位于汉水流域的河南邓州八里岗遗址也发现有这个阶段的稻作遗存[13]。据报道，印度马哈加拉遗址出土的炭化稻米，据 ^{14}C 测定年代为 6570±210（BC）、5440±240（BC）、4530±185（BC）[14]。由此可见，彭头山遗址出土的稻谷遗存，比印度最早的水稻还要早几百年。

公元前 6000～前 5000 年的皂市下层文化时期，在石门皂市遗址、临澧胡家屋场遗址、澧县黄家岗遗址、澧县刁家湾遗址的陶支座等器物上都观察到有稻谷壳或其印痕，岳阳坟山堡发现有炭化稻谷[15]。

公元前 5000～前 3000 年的大溪文化时期，巫山大溪[16]，宜都红花套[17]、松滋桂花树[18]、枝江关庙山[19]，澧县汤家岗[20]、丁家岗[21]、三元宫[22]，河南淅川下王岗[23]等遗址都发现有稻谷壳、稻草和稻米等稻作遗存，澧县都督塔遗址[24]在红烧土块中观察到稻谷、稻草印痕，城头山遗址[25]还发现了水稻田，表明此时人工灌溉农业已经出现。

公元前 3000～前 2500 年的屈家岭文化时期，京山屈家岭[26]、朱家嘴、荆州阴湘城、澧县宋家台、淅川黄楝树[27]等遗址中普遍出土有保留稻谷和稻秆印痕等稻谷遗存的红烧土。

公元前 2500～前 2000 年前的龙山时代，天门石家河[28]、武昌放鹰台[29]等石家河文化遗址中普遍发现有稻壳或稻草印痕。

以上资料表明，长江中游地区人类对稻子的利用和栽培史源远流长，稻作农业在这一带具有较为完整的发展历程。

（二）长江下游地区稻作文化谱系

近年来，在浙江上山[30]和小黄山遗址[31]发现了公元前 8000～前 7000 年间的稻壳印痕、炭化稻米等水稻遗存，在此之前公元前 6000～前 5000 年间的浙江跨湖桥遗址[32]还发现了部分栽培稻特征的稻米标本。20 世纪 70 年代，在浙江余姚河姆渡遗址[33]发现公元前 5000 年的大量成层的稻谷、稻叶和稻秆等遗存，在稻谷遗存中，包括了籼稻、籼粳过渡型稻。还发现了与之相应的骨耜等农具、水井和干栏式建筑。近年来，在附近的田螺山遗址[34]也发现了类似的水稻遗存。浙江桐乡县罗家角遗址[35]出土的农业生产工具为骨耜，出土的稻谷为籼粳混合型，籼稻占 64%～76%，粳稻占 36%～24%。大量研究证明，尽管此时此地区的水稻栽培稻种的特征还没能最终形成，但其栽培程度明显要高于前一个时期。

在公元前 5000～前 3000 年的马家浜、崧泽文化时期，嘉兴马家浜[36]、南河浜[37]、吴县草鞋山[38]、常州圩墩[39]、吴江龙南[40]等数十个遗址普遍出土稻谷、稻草等，崧泽遗址、草鞋山遗址中出土的稻谷都有籼、粳两种，证明栽培稻的两个亚种此时在这个地区已经形成。江苏吴县草鞋山等遗址也发现了水稻田，表明此时的长江下游地区也和长江中游地区大体同步进入人工灌溉稻作农业阶段。

公元前3000～前2000年的良渚文化时期，长江下游地区普遍发现石犁和耘田器，钱山漾[41]、水田畈[42]、武进寺墩[43]、苏州越城、无锡仙蠡墩、吴县草鞋山等遗址，都有稻谷、稻壳出土，标志着这里的稻作农业发展到了一个新的阶段。此外，钱山漾、水田畈还有蚕豆、芝麻、花生、西瓜子、酸枣核、毛桃核、葫芦以及竹编器物、草编织物和丝麻织物等出土。

这些资料证明，人类对稻子的利用和栽培在长江下游地区也具有较为完整的发展历程。

（三）淮河流域稻作文化谱系

淮河流域史前稻作农业长期以来一直被认为自长江流域传播而来，自20世纪90年代前期在河南舞阳贾湖遗址[44]发现大量炭化稻米和稻壳印痕以及从收割到脱粒的全套农具之后，其在稻作起源研究中的地位才逐渐引起学界的关注。贾湖遗址大约距今9000～7500年，有关学者认为贾湖遗址是目前中国发现的最早明显带有稻作农业生产特点的考古遗址。研究结果表明，贾湖的稻米是一种形态非常原始并伴生有野生形态的栽培稻。经对人骨中^{13}C的研究，发现贾湖人淀粉类食物主要来源于水稻等C_3型植物，而非粟黍类C_4型植物。近年来在江苏泗洪顺山集遗址发现了距今8500～7000年间的水稻遗存[45]。

距今7000～5500年间，在淮河流域的高邮龙虬庄[46]、周邶墩、蚌埠双墩[47]、定远侯家寨[48]、霍邱红墩寺[49]、连云港二涧村[50]、正阳凉马台、老母洼[51]等遗址均发现炭化稻米或稻壳印痕。特别是江苏高邮龙虬庄遗址，发现在距今7000～5500年间的各期文化层中均有大量炭化稻米、稻谷遗存，并在距今5500年间的第4层中发现粳稻特征的定型化和大粒化现象，也是最早具备具有现代鉴定特征的栽培稻实例。

距今5000～4000年间的龙山时代，淮河流域普遍有水稻的种植，如淮河上游的汝州李楼[52]、禹州阎寨、驻马店杨庄[53]，淮河中游的蒙城尉迟寺[54]、固镇濠城镇[55]、蚌埠禹会村[56]，淮河下游的连云港藤花落[57]、赣榆盐仓城、东海焦庄，以及沂、沭河流域的日照两城镇[58]、尧王城[59]、滕州庄里西[60]等遗址均发现有炭化稻米或稻谷，还有不少遗址发现有水稻的硅酸体，连云港藤花落遗址还发现龙山文化时期稻田遗迹。

据笔者的调研结果，在淮河流域的仰韶时代遗存中，普遍发现有稻作遗存的迹象，资料尚待系统整理。可以肯定的一点是，黄淮地区的稻作农业在贾湖之后直至夏商时期一以贯之，只是随着全新世大暖期的气候波动，稻作、稻粟混作和旱作农业的分界线存在着南北摆动现象。这一带成为传统的粟作农业区是到全新世大暖期结束之后的历史时期的事情。淮河流域距今9000～3000年稻作文化的资料，说明淮河流域的稻作农业也经历了从稻种的原始栽培行为到成功驯化出栽培稻种子的全过程，淮河流域与长江流域在研究稻作农业的发生和发展方面具有同等重要地位。

（四）黄河流域及其以北地区的史前稻作遗存

据目前发现的资料可知，黄河流域及其以北地区最早的与稻作有关的材料是距今8000年左右山东月庄遗址出土的后李时期的稻米[61]。距今6000～5000年间，水稻扩散到黄河中游地区，例如1934年瑞典考古学家安特生首次提到，在河南的渑池仰韶村遗址一块陶片上发现有稻谷痕迹，后由两位瑞典植物学家艾德曼和苏德贝格采用灰像法研究得出结论是栽培稻壳[62]，这是黄河中游地区最早发现的栽培稻遗迹。此后在三门峡南交口[63]、偃师灰咀[64]、西高崖[65]、郑州大河村[66]、陕西华县泉护村[67]、山东兖州王因[68]等仰韶时代中、晚期遗址都发现有炭化稻米遗存。随后在距今5000～4500年间进一步扩散到黄河上游，如甘肃庆阳仰韶晚期遗址发现炭化稻粒、碎米、炭化稻谷数千粒[69]。到了龙山时代，稻作的分布区域继续向北扩展，甘肃庆阳西峰南佐[70]、陕西扶风周原王家嘴、扶风案板[71]、户县丈八寺、山西襄汾陶寺[72]、河南辉县孟庄[73]、山东栖霞杨家圈[74]、淄博田旺[75]等遗址均发现有炭化稻米、稻谷或水稻植硅石的存在。

据目前资料分析，黄河流域及其以北地区未见有史前时代野生稻资料公布，除山东地区发现的稻作遗存可早到8000年前左右之外，也未见稻种起源阶段的资料，直到4000年前左右的龙山时代，除鲁南地区之外，分布也较为零星，且多与旱作的粟、黍、麦等作物混作，因之似不能作为一个独立的稻作起源区存在，其稻种和稻作行为以及栽培技术很可能来源于邻近的淮河流域。

（五）华南地区的史前稻作遗存

华南地区尤其是云贵地区，曾一度被认为是栽培稻起源地的重要组成部分。早在10000年前的广东英德牛栏洞[76]和7000～6000年前的封开涂竹口都曾经发现有水稻硅酸体。近年来又有学者通过DNA分析认为中国栽培稻起源于广西山地[77]，但这一观点缺乏考古材料的支持，至少从目前这一带的考古材料中还看不出稻种的连续驯化线索。真正发掘出土的稻作遗存是4500年前广东曲江石峡遗址[78]，发现有粳稻谷、米混合，其他还有曲江泥岭4500年前稻谷、曲江乌市床板样4300年前炭化稻米、龙川紫市坪头岭4000年前炭化稻米、翁源坝仔下角垅石峡文化稻谷壳、广西资源晓锦5000～3200年前的炭化稻[79]，云南仅在滇池周围、普洱、曲靖马槽洞、永仁菜园子等新石器时代晚期遗址中发现有炭化稻谷、稻米、泥质红陶内外夹谷壳、谷穗芒痕迹等水稻遗存，而且大多以粳稻为主[80]。鉴于华南地区的地理和气候优势，推测人类对稻种的采食和利用行为应该不会晚于长江流域或更早于淮河流域，但这一地区人类的水稻栽培行为，至少从目前资料来看不早于4500年前的石峡文化时，要大大晚于长江和淮河流域，究其原因，可能与人类文化发展水平等复杂的原因有关。

二、稻作农业起源研究

亚洲稻作起源的研究，虽然一直是世界农业起源研究的热点，但至今也尚未取得一致意见。20世纪70年代以前，国际学术界在瓦维洛夫作物起源中心是生物多样性中心理论的影响下，一直认为南亚是稻米起源中心，中国稻米被认为自印度传播而来，甚至在我国已使用了一千多年的籼稻、粳稻之名，也分别被冠上印度稻、日本稻之名。尽管中国学者丁颖、周拾禄在20世纪40年代已根据当时原生稻的分布情况而提出中国栽培稻起源于本土的理论[81]，但却长期无人理睬。直到70年代初，因浙江河姆渡遗址公元前5000年左右稻作遗存的发现，以及美国学者哈兰关于作物起源中心不一定是生物多样性中心的作物分布起源论的提出[82]，才把人们关注的焦点逐渐转移到了中国。但栽培稻起源于中国何地，也是众说纷纭。最早是丁颖提出华南说[83]，日本的渡部忠世提出云南说[84]，后来严文明等又提出了长江下游说[85]等。80年代末至90年代初，长江中游的彭头山、八十垱遗址和淮河上游的贾湖遗址等丰富的稻作遗存的出土和研究，以及90年代中期湖南玉蟾岩数粒稻壳和江西吊桶环水稻植硅体的发现，更是将我国稻作起源研究推向了高潮。20世纪90年代以来，先后4次在浙江河姆渡、江西南昌、湖南株洲和江西万年召开国际稻作起源研讨会，加之分子生物学、植硅体、稻谷外稃亚微结构分析、淀粉粒等许多现代科技手段的运用，使我国已成为国际稻作研究中心之一，初步奠定了我国稻作研究大国的地位。

从目前资料分析，笔者认为长江流域及华南地区可能是人类最早采食和利用稻种的地区，但人类有意驯化稻种的栽培行为可能首先在长江流域和淮河流域同时展开，又由于气候环境等因素，淮河流域先民对稻种的依赖程度可能要高于长江流域，对稻种生物性状的人工干预程度可能也强于长江流域，因此才在淮河流域首先实现稻种的大粒化和粳稻特征的定型化。鉴于此，王象坤等提出了长江中游和淮河中游说[86]；笔者曾据此提出南中国大起源中心说[87]。近几年来严文明等又提出了中心起源边缘发展说[88]。

在稻作起源研究中，我们还要区分以下概念：我们要充分考虑全新世以来气候环境曾不断变化这一重要因素，避免以现代的自然环境去解释古代；稻种起源与稻作起源乃是两个虽互有联系，但并不等同的问题；还要注意区分古人对稻种的采集、捡拾利用行为与驯化栽培行为的界限；栽培稻的起源和人类栽培行为的起源也要区别开来；还要注意不能把栽培稻的起源与籼、粳两个亚种的起源混为一谈，等等。

现在的稻作起源研究领域，已经呈现出一种学术争鸣的良好气氛，但也反映了进一步深入综合研究的必要性。如果联合更多的学科，增加投入，尽可能多地运用现代科技手段，一定能够尽快弄清上述问题，对真正奠定我国农业起源的研究大国和中心的地位，推进万年农业文化的研究，进而探讨史前农业的起源与发展在中华文明进程中的历史地位与作用，都将具有十分重要的意义。

注　释

[1] Childe V G. *Man Makes Himself*. New York: Mentor Books, 1951.
[2] Wright G A. Origin of food production in southwestern Asia: a survey of ideas. *Current Anthropology*, 1992,33 (1): 109～139.
[3] Braidwood R J. *Prehistoric Men*. Chicago: Chicago Natural History Museum, 1964.
[4] 袁家荣:《湖南道县玉蟾岩 1 万年以前的稻谷和陶器》,《稻作陶器和都市的起源》，文物出版社，2000 年；张文绪、袁家荣:《湖南道县玉蟾岩古栽培稻的初步研究》,《作物学报》1998 年 4 期。
[5] Zhao Z J. The Middle Yangtze region in China is one place where rice was domesticated: phytolith evidence from the Diaotonghuan Cave, Northern Jiangxi. *Antiquity*, 1998, 72(278): 885～897；张驰:《江西万年早期陶器和稻属植硅石遗存》,《稻作陶器和都市的起源》，文物出版社，2000 年。
[6] 湖南省文物考古研究所:《湖南澧县彭头山新石器时代早期遗址发掘简报》,《文物》1990 年 8 期。
[7] 湖南省文物考古研究所:《湖南澧县梦溪八十垱新石器时代早期遗址发掘简报》,《文物》1996 年 12 期。
[8] 林春、胡鸿保:《城背溪·彭头山文化和中国早期稻作农业》,《农业考古》1993 年 1 期。
[9] 何安强:《论长江中游新石器时代早期遗存的农业》,《农业考古》1991 年 1 期。
[10] 魏京武等:《从考古资料看陕西古代农业的发展》,《农业考古》年 1986 年 1 期。
[11] 魏京武等:《从考古资料看陕西古代农业的发展》,《农业考古》年 1986 年 1 期。
[12] 湖南省文物考古研究所:《湖南澧县梦溪八十垱新石器时代早期遗址发掘简报》,《文物》1996 年 12 期。
[13] 邓振华:《河南邓州八里岗遗址出土植物遗存分析》，北京大学学士学位论文，2009 年。
[14] 郑若葵:《印度发现最早的稻作文化遗址》,《农业考古》1987 年 2 期。
[15] 向安强:《论长江中游新石器时代早期遗存的农业》,《农业考古》1991 年 1 期。
[16] 王杰:《大溪文化的农业》,《农业考古》1987 年 1 期。
[17] 卢德佩:《浅谈鄂西原始农业》,《农业考古》1985 年 1 期。
[18] 湖北省荆州地区博物馆:《湖北松滋县桂花树新石器时代遗址》,《考古》1976 年 3 期。
[19] 中国社会科学院考古研究所湖北工作队:《湖北枝江关庙山遗址第二次发掘简告》,《考古》1983 年 1 期。
[20] 张文绪、裴安平:《澧阳平原几处遗址出土陶片中稻谷稃面印痕和稃壳残片的研究》,《作物学报》1998 年 2 期。
[21] 向安强:《论长江中游新石器时代早期遗存的农业》,《农业考古》1991 年 1 期。
[22] 湖南省博物馆:《澧县梦溪三元宫遗址》,《考古学报》1979 年 4 期。
[23] 河南省文物研究所等:《淅川下王岗》，文物出版社，1989 年。
[24] 向安强:《湖南澧县都督塔原始农业遗存》,《农业考古》1991 年 3 期。
[25] 张文绪、顾海滨:《湖南澧县城头山遗址古稻研究》,《作物学报》2005 年 6 期。
[26] 石龙过江水库指挥部文物工作队:《湖北京山、天门考古发掘简报》,《考古通讯》1956 年 3 期。
[27] 长江流域规划办公室考古队河南分队:《河南淅川黄楝树遗址发掘报告》,《华夏考古》1990 年 3 期。

［28］ 石河考古队：《湖北省石河遗址群 1987 年发掘简报》，《文物》1990 年 8 期。
［29］ 湖北省文物考古研究所：《武昌放鹰台》，文物出版社，2003 年。
［30］ 郑云飞、蒋乐平：《上山遗址出土的古稻遗存及其意义》，《考古》2007 年 9 期。
［31］ 张恒等：《浙江嵊州小黄山遗址发现新石器时代早期遗存》，《中国文物报》2005 年 9 月 30 日。
［32］ 郑云飞等：《浙江跨湖桥遗址的古稻遗存研究》，《中国水稻科学》2004 年 2 期。
［33］ 黄渭金：《河姆渡稻作农业剖析》，《农业考古》1998 年 1 期。
［34］ 北京大学中国考古学研究中心：《田螺山遗址自然遗存综合研究》，文物出版社，2011 年。
［35］ 罗家角考古队：《桐乡县罗家角遗址发掘报告》，《浙江省文物考古所学刊》，文物出版社，1981 年。
［36］ 姚促源、梅福根：《浙江嘉兴马家滨新石器时代遗址的发掘》，《考古》1961 年 7 期。
［37］ 浙江省文物考古研究所：《南河浜——崧泽文化遗址发掘报告》，文物出版社，2005 年。
［38］ 谷建祥等：《对草鞋山遗址马家浜文化时期稻作农业的初步认识》，《东南文化》1998 年 3 期。
［39］ 南京博物院等：《常州圩墩遗址第五次发掘报告》，《东南文化》1995 年 4 期。
［40］ 苏州博物馆等：《吴江梅堰龙南新石器时代村落遗址第三、四次发掘简报》，《东南文化》1999 年 3 期。
［41］ 汪济英、牟永抗：《关于吴兴钱山漾遗址的发掘》，《考古》1980 年 4 期。
［42］ 陈桥驿：《浙江古代粮食种植业的发展》，《中国农史》1981 年 1 期。
［43］ 陈丽华：《江苏武进寺墩遗址的新石器时代遗物》，《文物》1984 年 2 期。
［44］ 张居中：《舞阳史前遗存稻作遗存与黄淮地区史前农业》，《农业考古》1994 年 1 期。
［45］ 南京博物院考古研究所等：《江苏泗洪顺山集新石器时代遗址》，《考古》2013 年 7 期。
［46］ 汤陵华等：《高邮龙虬庄遗址的原始稻作》，《作物学报》1996 年 5 期。
［47］ 张居中等：《淮河中游地区稻作农业考古调查报告》，《农业考古》2004 年 3 期。
［48］ 张居中等：《淮河中游地区稻作农业考古调查报告》，《农业考古》2004 年 3 期。
［49］ 张居中等：《淮河中游地区稻作农业考古调查报告》，《农业考古》2004 年 3 期。
［50］ 江苏省文物工作队：《江苏省连云港市二涧村遗址第二次发掘》，《考古》1962 年 3 月。
［51］ 本课题组调查资料。
［52］ 中国社会科学院考古研究所河南一队：《河南汝州李楼遗址的发掘》，《考古学报》1994 年 1 期。
［53］ 北京大学考古系、驻马店市文物保护管理所：《驻马店杨庄》，科学出版社，1998 年；姜钦华等：《河南驻马店市杨庄龙山文化遗址的植硅石分析》，《考古》1996 年 4 期。
［54］ 中国社会科学院考古研究所：《蒙城尉迟寺》，科学出版社，2001 年。
［55］ 修燕山、白侠：《安徽寿县牛尾岗的古墓和五河壕城镇新石器时代遗址》，《考古》1959 年 1 期。
［56］ 尹达：《禹会村遗址浮选结果分析报告》，《蚌埠禹会村》，科学出版社，2013 年。
［57］ 周润垦等：《2003～2004 年连云港藤花落遗址发掘收获》，《东南文化》2005 年 3 期。
［58］ 凯利·克劳福德等：《山东日照市两城镇遗址龙山文化植物遗存的初步分析》，《考古》2004 年 9 期。
［59］《尧王城遗址第二次发掘有重要发现》，《中国文物报》1993 年 1 月 23 日。
［60］ 孔昭宸等：《山东滕州市庄里西遗址植物遗存及其在环境考古学上的意义》，《考古》1999 年 7 期。
［61］ Crawford G W 等：《山东济南长清区月庄遗址发现后李文化时期的炭化稻》，《东方考古》第 3 集，科学出版社，2006 年。
［62］ 安特生：《黄土的女儿》（Children of the Yellow Earth），1934 年。

[63] 魏兴涛等：《三门峡南交口遗址仰韶文化稻作遗存的发现及其意义》,《农业考古》2000 年 3 期。
[64] 陈星灿等：《河南偃师市灰嘴遗址西址 2004 年发掘简报》,《考古》2010 年 2 期。
[65] 洛阳博物馆：《洛阳西高崖遗址试掘简报》,《文物》1981 年 7 期。
[66] 安志敏：《大河村炭化粮食的鉴定和问题——兼论高粱的起源及其在我国的栽培》,《文物》1981 年 11 期。
[67] 北京大学考古学系、中国社会科学院考古研究所：《华县泉护村》，科学出版社，2003 年。
[68] 山东省文物考古研究所：《山东王因》，科学出版社，2000 年。
[69] 李红雄：《甘肃庆阳地区南四县新石器时代文化遗址调查与试掘简报》,《考古与文物》1988 年 3 期。
[70] 李红雄：《甘肃庆阳地区南四县新石器时代文化遗址调查与试掘简报》,《考古与文物》1988 年 3 期。
[71] 谢伟：《案板遗址灰土中所见到的农作物——兼论灰像法的改进》,《考古与文物》1988 年 5、6 期。
[72] 赵志军、何驽：《陶寺城址 2002 年度浮选结果及分析》,《考古》2006 年 5 期。
[73] 河南省文物考古研究所：《辉县孟庄》，中州古籍出版社，2003 年。
[74] 栾丰实等：《山东栖霞县杨家圈遗址稻作遗存的调查和初步研究》,《考古》2007 年 12 期。
[75] 靳桂云等：《山东临淄田旺龙山文化遗址植物硅酸体研究》,《考古》1999 年 2 期。
[76] 金志伟等：《英德云岭牛栏洞遗址试掘简报》,《江汉考古》1998 年 1 期。
[77] Huang X H, et al. A map of rice genome variation reveals the origin of cultivated rice. *Nature*, 2012, 490 (7421): 497～501.
[78] 张文绪等：《广东曲江马坝石峡遗址古稻研究》,《作物学报》2006 年 11 期。
[79] 蒋廷瑜等：《资源县晓锦遗址发现炭化稻米》,《中国文物报》2000 年 3 月 5 日。
[80] 李昆声、李保伦：《云南曲靖发现炭化古稻》,《农业考古》1983 年 2 期。
[81] 丁颖：《中国稻作之起源》,《中山大学农学院农艺专刊》1949 年 7 期；周拾禄：《中国是稻之原产地》,《中国稻作》1948 年 5 期。
[82] Oka H I. *Origin of Cultivated Rice*. Tokyo:Japan Scientific Societies Press, 1988.
[83] 丁颖：《中国栽培稻种的起源及其演变》,《农业学报》1957 年 3 期。
[84] 渡部忠世：《稻米之路》，云南人民出版社 ,1982 年。
[85] 严文明：《中国稻作农业的起源》,《农业考古》1982 年 1 期。
[86] 王象坤等：《中国稻作起源与演化》,《科学通报》1998 年 22 期。
[87] 张居中：《舞阳史前稻作农业遗存和黄淮地区史前农业》,《农业考古》1994 年 1 期。
[88] 严文明：《中国稻作农业的起源》,《农业考古》1982 年 1 期。

考古学中的环境问题

景　爱
（中国文化遗产研究院）

“考古学的研究对象是实物资料”，“考古学的研究对象是物质的遗存，即古代的遗迹和遗物。”[1]这同以文献为研究对象的历史学有所不同。文献是以文字为载体，在文字没有出现以前是没有文献的。中国最早文字甲骨文是在商代出现的，因此，商代以前是没有文献的。然而在文字出现以前，人类度过了漫长的年代，旧石器时代的时间最长，占人类历史的99.8%[2]。人类没有文字以前的历史，只能靠考古材料来进行研究。那些人类遗留下来的实物，凝结着许多信息，考古学的任务是提取实物中的信息，探索当时古人类的生活。在这方面考古学做出了巨大贡献，例如北京房山周口店中国猿人化石的发现，为人类的起源提供了重要证据。

进入历史时期以后，虽然有了文献记载，然而所记载的内容，多以人类的政治生活和社会生活为主，例如浩繁的二十四史主要记载的是改朝换代的政治斗争，而关于自然环境的记载却如凤毛麟角，对于研究当时的环境问题造成困难。考古材料却可以补充这方面的不足，甚至可以订正文献记载的错误。因此，著名的气象学家竺可桢院士在研究中国近五千年来气象变迁时，有一节题为考古时期，足以证明考古材料的重要性。

中国历史上的环境问题，文献记载十分有限。运用考古资料来研究环境问题，是一个重要的途径，前人如竺可桢、谭其骧、侯仁之、史念海都做了许多工作，其他致力于此项研究的人也很多，都卓有成就和贡献。由于篇幅所限，本文只能就海岸线变迁、河流湖泊变迁、沙漠扩张等问题进行论述，从中不难看出考古资料的重要作用。

一、海岸线的变迁

受气候的影响，海平面高度时升时降，故而出现海进海退。海进又称海侵，是指海水侵入陆地而言。地质学家对海进的定义为：在相对短的地史时间内，由于海平面上升或陆地下沉，造成海水面积扩大，陆地面积缩小，海岸线向内部陆地推进的地质现象。与此相反，由于海平面下降或陆地上升，造成海水面积缩小或陆地面积扩大，海岸线向海洋方向推进的地质现象，则称作海退[3]。

海进、海退都是海平面升降运动的结果。海面何以会出现升降运动？地质学家认为，海水的升降运动，可能是由一种因素引起，也可能是由几种因素的共同作用引起。造成全球海水面升降的因素，一是冰盖的增长或消退，使海水总量发生变化；二是大地构造变形，如地壳升降、大洋中脊体积变化，称构造海面升降运动。此外，还有一些其他原因，海内沉积物的积累，地球旋转速率的变化和造山运动，也会引起海平面的升降运动。其中冰盖的发展和消退，是近数百万年以来全球海平面变化的主要原因。

海进具有周期性和旋回性。在地质时期中奥陶纪（O_2）、早石炭纪（C_1）和晚白垩纪（K_2）发生过全球性的大规模海进。在进入历史时期以后，也曾出现过海进，只是其规模远不及地质时期的海进。中国东濒太平洋，有渤海、黄海、东海、南海，在历史上也出现过海进、海退。《汉书》记载：“东北风，海水溢，西南出，浸数百里，九河之地已为海所渐矣。”[4] 后人认为，“海水溢”就是海进。“九河”初见于《尚书·禹贡》，九河究竟为哪些河流，后人说法不一，似应在渤海西岸。故郦道元《水经注》称：“海水溢，西南出，侵数百里，故张折云：碣石在海中，盖沦于海水也。昔燕齐辽旷，分置营州，今城届海滨，海水北侵，城垂沦者半。”[5]

据上述文献记载，中国古代出现过海进。不过这些记载过于简略笼统，海进的时间很不明确。近半个世纪以来，由于考古学的发展，对历史上的海进、海退获得了许多新的资料，使我们对渤海、黄海的海进、海退有了比较清晰的认识和了解。

（一）渤海的海进和海退

考古资料表明，渤海曾出现过海进、海退。其证据是在渤海湾和莱州湾沿岸，均发现了贝壳堤。当发生海进时，海水的波浪会把泥沙和海贝冲击到岸边，久而久之泥沙海贝沉积下来，便会形成含有贝壳的沙堤，又被称作贝壳堤。贝壳堤是海岸的标志物，海退之后贝壳堤便会遗留在陆地上，成为研究古代海进、海退的重要参照物。海贝是古代人类的重要食物，人们为了捕捞海贝来到海滨，在贝壳堤上或其附近，留下了他们在此生活的遗物遗迹。这些遗物遗迹具有时代特征，研究人员据此可以判定海进、海退的大体时间，通过遗物的 ^{14}C 年代测定，可以获得更加精确的年代。

自 20 世纪 50 年代以来，在渤海湾西岸发现了 4 道贝壳堤，沿海岸作南北走向。其一是北起高上堡，经涧河庄、大沽、驴驹河至马棚口与第二道贝壳堤相会。其北段高 0.5～1、宽 20～30 米，南段高 2、宽 50～60 米。其二是北起白沙岭，经泥沽、板桥、上沽林至马棚口与第一道贝壳堤相会，又向南延伸至岐口、狼坨子。高 2～4、最高 6～8、宽 100 米以上。其三是北起小王庄，经巨葛庄、北大港至沙丹子。高 0.5～2、宽 100～200 米。其四见于小刘庄至大道口，长约 5000、高 0.5～1、宽 50 米。在天津以南的黄骅也有贝壳堤，从其走向来看，应是第三道贝壳堤的南端[6]。

上述贝壳堤的时代，依据考古所见，大体可以确定。第一道贝壳堤上，有明末清初居住址，证明贝壳堤形成于明代。第二道贝壳堤上发现有战国遗址（北段）和唐宋遗址（南段），证明贝壳堤历史很久，北段形成于战国以前，南段形成于唐宋以前。据 ^{14}C 测定，北段为距今 1460 年 ±95 年；南段下层距今 2020 年 ±100 年，上层为距今 1080 年 ±90 年。第三道贝壳堤有战国墓，^{14}C 测定为距今 3400 年 ±175 年，其形成时间当在殷商之初。第四道贝壳堤缺乏文化遗物，其年代不明。

在莱州湾南岸，发现有两道贝壳堤。第一道贝壳堤接近莱州湾，北起黄骅武帝台，似与渤海湾第三道贝壳堤相连接，向南经海兴县常庄、边庄，无棣县兴家庄子、马山子、杨庄子，沾化县西山后、久山等地，消失在黄河西岸。由此向东为黄河三角洲，水网密布，贝壳堤已无法寻觅，或已被泥土湮没。第二道贝壳堤，北起黄骅前苗庄，似与渤海湾第四道贝壳堤相联结。先向东南延伸，经河北海星县以后转向东，经博兴县曹家北，广饶县甘署埠、赵嘴，寿光县郭井子、寒亭央子，昌邑县瓦城、东冢、农场、常家，平度县新河北，抵莱州市土山，恰好将莱州湾环抱[7]。

第一道贝壳堤距今日海岸线 25～30 公里，第二道贝壳堤距今日海岸线 40～50 公里，显示其形成的时代有早晚不同。第二道贝壳堤有海岱文化遗址，距今 4500～4000 年。第一道贝壳堤上有商周文化遗址，据 ^{14}C 测定，为距今 2888 年 ±90 年，恰好在周代。由此可知，莱州湾第一道贝壳堤是在周代形成的，第二道贝壳堤时代更早，当在商代或夏代。由此可知，莱州湾的两道贝壳堤的时代，与渤海湾第二道、第三道贝壳堤的时代相近，应是同一次海进、海退所形成的。

（二）黄海的海进和海退

在黄海西岸（苏北）和北岸（辽南），也发现有海进、海退，其变化的总趋势是海进、海退交互出现。这变化至今仍未停止。

在北起连云港云台山、南到扬州的平原上，遗留有 8 道贝壳堤。其走向与今海岸线大体相平行。在距今 10000～7200 年全新世初期，海平面最高，海进曾深入陆地，留下了最偏西的一道贝壳堤，北段到达泗洪，南段到达扬州，被称作范公堤。在进入新石器时代以后，海水退缩，海岸线在很长时间内停留在赣榆、阜宁及盐城一带，在盐城以西地区形成了 3 道贝壳堤，称作东岗、中岗和西岗，考古学家则称作清莲岗线贝壳堤、西沙线贝壳堤、西园龙线贝壳堤。据 ^{14}C 测定，这 3 道贝壳堤分别距今 6500、5600、4800 年。在此以东还有 4 道贝壳堤，分别距今 4500、3500 年和 12、16 世纪[8]，说明苏北的贝壳堤自西向东逐渐变晚。

在更新世末次冰期（后玉木冰期）结束以后，气候较暖，进入冰后期，即全新世（Q_4）。全新世开始的时间，在全球各地有所不同，故科学界将全新世开始的时间，确定在距今 1.2 ～ 1 万年，中国的全新世是以距今 1 万年开始。全新世初期（即距今 8000 年以前）气候开始变暖，到中全新世（距今 8000～5000 年）气温变得很高，年平均气温比现在高 2℃，此后气温又转低。高温使冰期形成的冰盖迅速融化，流入海洋之中，使海平面上升，于是出现了海进。苏北平原最西部的贝壳堤，就是在此时形成的。苏北青莲岗文化（距今 6800～5900 年）、大汶口文化（距今 5900～4400 年）和龙山文化（距今 4400～3900 年），就是在这个时期出现的。因为温暖的气候使生物繁茂，为人类提供了丰富的食物。这个时候苏北已发现的原始社会遗址多达 60 余处，反映出这里的生态环境适于原始社会人类的生存，这是因为早期人类生产力低下，对自然环境的依赖性特别强。

苏北最西部的贝壳堤是海进的产物，而以东的贝壳堤则是海退的产物。中全新世气温最高、海平面最高，而此后气温有所回落，冷暖无常，属于气候波动期。公元前3000～前1000年，气候干凉；公元前1000～前500年，气候变冷；公元前500～500年，气候较暖，1550～1850年又进入寒冷期，气温比现在低2℃左右。从中全新世第一个高温期以来，气温变化的趋势是变低，因此，海退成为常见的现象。当海水长期停留在某一固定位置时，就会形成贝壳堤，苏北的8道贝壳堤只有最西部的一道是海进时形成的，其余的7道应是海退时所形成的。

民国以前黄河的两次改道东流，对黄海西岸的海退产生了重要影响。黄河最初是下游北流，从天津入海。金明昌五年（1194）、清咸丰五年（1855），黄河两次改道东流，夺淮河水道入海。黄河、淮河都是泥沙量比较高的河流，当黄河夺淮入海以后，大量的泥沙沉积在入海口处，久而久之便会形成新的陆地，引起海退。这种情形在清代特别明显。在道光年间（1821～1850）曾任河道总督的麟庆（1791～1846），对黄淮河口海岸的变迁进行过调查研究，在其所撰的《鸿雪因缘图记》中有所记载。称其叔高祖完颜伟乾隆（1736～1795）初年在海安厅（非今日海安县）云梯关筑平成台以观海，关下即为入海口。到了嘉庆年间（1786～1820），有人登云梯关平成台却望不见大海了，故而在其东140里处建望海楼以观海。麟庆于道光（1821～1850）中登望海楼东望，“亦不见海”[9]，说明海岸线不断东移。从乾隆初到嘉庆中只有70余年，海岸线即向东移了70公里；从嘉庆中到道光中不到40年，海岸线向东移到了视力不可及的地方，又东移了二三十公里。前者70年海岸东移70公里，则平均每年要东移1000米，其移动的速度快得惊人，使人难以相信。

黄河改道从天津和山东注入渤海以后，特别是20世纪50年代治理淮河以后，淮河口泥沙沉积的现象已大为缓解，不过海水对陆地的侵蚀作用却加强了，海岸坍塌溃失的现象不断发生。这种现象其实也属于海进，只不过与古代的海进规模有所不同罢了。

在黄海北岸（即从旅顺老铁山到鸭绿江入海口），在古代也发生过海进。这从古代文化遗址的分布得到了证实。新石器时代晚期和青铜时代，文化遗址多在高山顶部，其海拔在数百米至数千米以上。早期新石器时代文化遗址多在海滨平地上，说明古人类最初是在海边栖息生活，便于捕捞作业。到了青铜时代，生产力有了很大提高，人类为什么迁移到山上居住呢？这从黄海北岸的3道贝壳堤找到了答案。第一道贝壳堤在海边坨子（岛屿）连线上，被称做“古连岛堤”。第二道贝壳堤距海边1.5～2公里，第三道贝壳堤距海边11～13米[10]。这三道贝壳堤是海面不断扩大所形成的。古人类为了入海捕捞，以栖息在海边最方便。然而海面扩大以后，为了躲避水害，人们只好向海拔高的地方迁移。最后迁移到了高山之上。由此可知，黄海北岸贝壳堤的存在，证明很远的古代这里发生了海进。海进的时代是在青铜时代，我国的青铜时代在商周以前即已出现，属于古史中的传说时代。由于缺乏^{14}C数据，其距今的绝对年代难以作出确切的说明。

二、江河湖泊的变迁

人类离不开水，早在远古时代人类即在河流湖泊之滨居住，这已为大量的文物考古发现所证实。受气候的影响，水情常常发生变化，洪水泛滥，河流改道，湖泊干涸消失，时有发生。每遇水旱灾害，人们就会迁徙，人类的遗物遗迹，见证了水情的异常变化，也为后人研究古代江河湖泊的变迁，提供了科学的证据。就中国而言，这方面的考古资料非常丰富，今举数例加以说明。

（一）罗布泊的变化

罗布泊，蒙语作罗布淖尔，古称泑泽、盐泽、菖蒲海、牢兰海，在新疆东部塔里木河下游，古代丝绸之路上。原是一个面积很大的内陆湖泊，《汉书》称“广袤三百里”，清代人称东西二百余里、南北百余里。1962 年据航测地图，罗布泊面积为 660 平方公里。然而据 1972 年美国卫星照片，罗布泊已经完全消失，只留下类似耳轮形的照片。据卫星遥感所示，罗布泊位于东经 90° 10′～90° 25′、北纬 39° 45′～40° 50′之间，湖面海拔 780 米，其中 780 米等高线以下面积为 5350 平方公里。其中间有海拔 782 米的高地将湖面一分为二，东部约 4900 平方公里，西部约 950 平方公里，是罗布泊最后干涸部分[11]。

在历史时期，罗布泊有过变化，受此影响罗布泊绿洲也在变迁，罗布泊沿岸人类文化遗物遗迹成为最好的见证。在罗布泊北岸，黄文弼发现了许多石器、陶片、铜镞、大泉五铢[12]，证明从史前到汉代这里人类活动频繁。古代人类既要近水而居，又要避开水害，因此，罗布泊北岸的人类遗址成为湖岸的标志物。在罗布泊西岸，以楼兰故城为中心发现了更多的遗迹遗物，在距今 3800 年的古墓中，发现了木器、骨器、毛织品、木俑、石俑和小铜卷片，说明在古史中的传说时代，这里就有先民居住。到了西汉时期，楼兰成为丝绸之路上的重要绿洲国家，楼兰城至今可见（位于东经 89° 55′ 22″、北纬 40° 29′ 55″），城内有住屋，城外有佛塔、墓地，所出土的铜镜、漆器、钱币，证明楼兰城为西汉时所建。此外还发现了魏晋时期的木简、文书，其中以李柏文书最为重要[13]。这是前凉西域长史写给西凉统治者张骏之子张重华的书表，据王国维考证书表时间当在永和二年（347）或以后不久[14]。李柏书表中两次提到海头，文称“月二日到此”（旁注海头），则海头是与楼兰城不同的另一地方，在楼兰城东南 50 公里处。海头是以其在罗布泊岸边得名，与楼兰城相比它更接近岸边，“头”有“边”、“畔”之义，《齐民要术》有“田头树下”之语可证，今日北方仍将田亩之边际称作田边地头。“海头”犹如海边、海畔，极言其邻近牢兰海（罗布泊）。海头的出现不是偶然的，这是由于西域长史的驻地，已由楼兰迁移到了海头。

西域长史由楼兰迁至海头，反映出楼兰城的衰落。楼兰地区有纪年的木简，时代最晚的为东晋建兴十八年（咸和五年，330），说明此后楼兰城开始衰落，大概到了永和初年（346），西域长史即南迁到了楼兰东南 50 余公里的海头。西域长史为什么要南迁？虽有人为原因（如战争），更重要的是水情的变化。罗布泊的水源来自塔里木河和孔雀河，孔雀河来自博斯腾湖。据研究，5 世纪后孔雀河改道入塔里木河，河水南流注入罗布泊南端，从而使罗布泊北部水量减少，原来孔雀河下游断流，楼兰绿洲适在孔雀河下游，受此影响楼兰绿洲衰退，当地的居民和官府只好离开这里南迁，进入水土植被比较好的罗布泊南部，那里有塔里木河的补给，绿洲比原先扩大了，更适合居民的居住生活，于是，海头遂代替楼兰而兴起，成为西域长史的驻地。

除此以外，这个时期气候的变冷也产生了一定的影响。据竺可桢研究，自三国以后气候开始变冷，一直持续到3世纪后半叶，特别是280～290年十年间达到顶点，年平均气温大约比现在低1～2℃。到了6世纪末至10世纪初开始变暖[15]。孔雀河的断流和这个时期气候的转冷，两个因素相叠加，造成了孔雀河下游绿洲（即楼兰绿洲）的衰落，不过前者是最主要的因素。

（二）疏勒河和党河的变迁

疏勒河古称籍端水，党河古称氐置水，是河西走廊西部最大的两条内陆河，党河是疏勒河左岸支流。现在疏勒河长637公里，党河长390公里。疏勒河、党河均发源于青海省境内，以祁连山雪水为源。青海省是古代羌人的居住地，故《汉志》称籍端水、氐置水“出南羌中”。

秦汉时代，疏勒河、党河水量很大，在其中游形成了许多湖泊沼泽，疏勒河上有冥泽、黑海子（哈喇淖尔），党河上有渥洼池（今称南湖）。现在冥泽、黑海子已干涸，渥洼池水面减少许多，湖面不断缩小，也有干涸的危险。

河西走廊西部属于干旱区，年均降水量只有40毫米左右，人们只能在河流湖泊所形成的绿洲上居住生活。上述二河流域在汉代属于敦煌郡辖境，在河流沿岸设置了敦煌、冥安、效谷、渊泉、广至、龙勒诸县，其故址至今犹存。敦煌县故址在今敦煌县西、党河西岸，龙勒县故址在今敦煌县南湖乡，冥安县故址为今安西县锁阳城，渊泉县在今玉门市疏勒河右岸，广至县在今安西县疏勒河南岸。

汉代敦煌郡诸县设于河湖沿岸，是出于引水灌田的需要。《汉志》明确记载，籍端水“出南羌中，西北入其泽（按：指冥泽），溉民田”；氐置水“出南羌中，东北入泽，溉民田”[16]。东汉魏晋南北朝时期，这里灌溉农业仍在持续中。

到了唐代，这里引水灌溉尤为盛行。苦峪城石刻称：“大兴屯垦，水利疏通，荷锸如云，万亿京坻。”耆老相传，是张义潮归唐，部人所造，以述功德[17]。苦峪城即锁阳城，据卫星遥感图像，锁阳城四周古代耕地多达50万亩，田间水渠纵横，至今仍清楚可见。锁阳城灌溉用水来自疏勒河上游，上游大量引水灌溉的结果，引起中下游河水减少，造成河道干涸。“每夏溉田，河则尽涸。”[18]《沙州都督府图经》称：“其水溉田即尽，更无流派。”[19]所谓“更无流派”，是指河水断流而言。

在党河沿岸，唐代开凿的水渠更多。《沙州都督府图经》记载：“东北流八十里，百姓造大堰，号为马圈口。其堰南北一百五十步、阔廿步，高二丈，总开五门，分水以灌田园……其水又东北流四十里，至沙州城，分派灌溉。”[20]此外，还有杨开渠、孟授渠、银安渠、神农渠、都乡渠、宜秋渠、三丈渠等数十条大小水渠引水灌田。党河之水经过灌区以后水量大减，断流、干竭无法避免。

到了清代，疏勒河、党河流域居民增多，引水灌溉更加普遍，这两条河流的变化更为明显。汉代疏勒河右岸的大湖冥泽，由于水量减少的原因，分裂为三个小湖，名叫布鲁湖、青山湖、华海子，疏勒河道也由于河水减少发生了变迁，在玉门三道沟以东，“有枯河，宽百许丈，两岸有冲突形，当亦为疏勒故道”[21]。党河本是疏勒河最大的支流，与疏勒河汇合以后，由于水量骤增，形成了一个名叫黑海子（蒙语称哈喇淖尔）的湖泊，清代党河已开始与疏勒河断流，黑海子逐渐缩小。清人记载说：“党河之水自南来，以此泽（黑海子）为归宿。今上流分渠溉沙州田，则余波少减。雍正初总督岳公钟琪议开疏勒河西流之水，与党河尾会合，以通舟运。一则疏勒河之水至呵呵砂石，入于漏沙势微而不能通流，一则党河之尾既有两岔，其趋黑海子者多，二东会疏勒者少，即使党河尾盛，疏勒不竭，两水冲激，亦非安流，难以行舟，于是迄无成功。所造之舟沉于双塔河焉。今按：党河之水分为十渠，无复余流可至黑海。”[22]

从上述记载可知，到了清雍正年间（1723～1735），岳钟琪欲沟通疏勒河与党河之水以通舟楫的计划，最后以失败告终，其原因是疏勒河水至呵呵砂石（地名）即渗漏于地下而断流，党河水也无法进入疏勒河中，此后不久党河水也无法进入黑海子了。汉代的渥洼池（南湖）由于在党河上游而幸存，不过湖面缩小，部分湖底变成了耕地。疏勒河、党河及冥泽、黑海子、渥洼池（南湖）的变迁，虽然与祁连山雪线上升有关，最重要的还是人口增多，大量引水灌溉的结果。

（三）弱水与居延泽的变迁

弱水又称额济纳河。额济纳源于西夏语亦集乃，意为黑水。弱水是河西地区著名的内陆河，其下游尾闾潴为居延泽，在魏晋南北朝以后又作居延海，今已消失。

弱水之名初见于《尚书·禹贡》：“导弱水至于合黎，余波入于流沙。”流沙系指巴丹吉林沙漠，是我国第三大沙漠。弱水发源于青海省祁连县托来山，以祁连山雪水为源。入河西与张掖河相会以后称黑河，越合黎山进内蒙古以后称额济纳河。全长956公里，是河西最长的河流。又有呼蚕水（北大河）为其支流，今已与弱水分离，成为一支独立的河流。

弱水是以河水微弱而得名，古人称弱水“不胜鸿毛”、“力不胜芥”，极言其水势微弱无力。清人徐松在《西域水道记》中称：“蒙语额济纳，幽隐也。”[23]额济纳源于西夏语，并非来自蒙语，其说不确；不过徐松将“额济纳”释为“幽隐”，却近于事实，幽隐是指河水时隐时现，河道常见断流而言。在沙漠戈壁中河水常常渗漏于地下变成伏流，河道干涸无水；只有河水丰沛时，河道中才能见到流水。这是沙漠戈壁河流常见的特点。

弱水下游东北流，其尾闾潴为居延泽。“居延”源于匈奴语，其义不详，或当与水有关。《水经注》称居延海的形状“如月升五日”，即新月形。由于居延泽早已消失，后人不知居延泽之所在，往往将今日的苏泊淖尔、嘎顺淖尔称作古居延泽，比较权威的《中国历史地图集》也不例外。实际上古代的居延泽是在苏泊淖尔、嘎顺淖尔的东南，其残迹已被考古学家发现。

1927～1931年，中国瑞典联合考察团（又称西北科学考察团）中的瑞典考古学家沃·贝格曼在苏泊淖尔、嘎顺淖尔的东南发现了古代湖泊的残迹，并标注在所绘的地图上，然而却没有引起人们的重视。学术界仍然认为，古代的居延海就是今日的苏泊淖尔和嘎顺淖尔。黄文弼虽曾到此实地考察，却仍然认为："以意拟之，似以索果诺尔（今称苏泊淖尔）为居延海"[24]。法国人沙海昂也持此看法，他认为嘎顺淖尔、索噶克淖尔"古代原是一湖，名曰居延海，后分为二"[25]。

直到1990年的实地考古调查，才彻底地解决了这个重大的科学之谜。在考古调查中发现了古居延泽的两个残余小湖，一个叫京斯图淖尔，一个叫额日央川吉淖尔，其面积分别为4平方公里和11平方公里，后者又称天鹅湖。在湖北岸的山壁上，保留有若干平行的水线，这是湖水抵达山崖的证据；在天鹅湖的东岸，保留有自然形成的若干道湖滨沙堤，是湖水退缩过程中所遗留的，与北岸山壁上的水线是同时形成的。在天鹅湖东岸的哈敦胡舒山上，有早期的细石器遗物和古代人居住的石屋，反映出古代人曾居住在湖畔以渔捞为生。

通过卫星遥感图像发现，京斯图淖尔和额日央川吉淖尔是在大湖的西部。哈敦胡硕山是湖中的一座大山。大山以东为大湖的东部，湖底沉积有丰富的湖盐和芒硝，现在成为当地人的采矿场。这个大湖的总面积为726平方公里，有如人的两个肺叶，均作半圆形，中间为哈敦胡硕山。此大湖便是早已消失的居延泽[26]。

那么，居延泽是如何消失的？据实地考古调查所见，是元末明初一场战争所引起的。弱水之滨的黑城（哈剌浩特）是元代亦集乃总管府的驻地，在明将冯胜攻打黑城之时，守将卜颜帖木儿顽强抵抗，于是，冯胜在黑城上游30公里处筑坝断水，迫使卜颜帖木儿弃城投降。这座拦河坝至今犹存，高约20、宽约100、长约1000米。当大坝将弱水截断以后，弱水改道直北流，其尾闾潴为苏泊淖尔、嘎顺淖尔，居延泽因失去河水补给而干涸。汉代在居延泽西北修建有殄北塞，弱水改道北流以后，殄北塞的烽燧、城郭大多被河水冲毁，有些烽燧、城郭陷入河道之中，足以证明汉代烽燧、城郭在先，弱水改道北流在后。

在干涸的弱水尾闾和居延泽沿岸，分布有密集的早期人类活动遗迹和汉、唐、西夏、元代城址。例如汉代的居延城、绿城，唐代的马圈城（宁寇军城），西夏的黑水城和元代的黑城（此二城在同一地方）以及寺庙、佛塔，等等。证明古代弱水尾闾、居延泽沿岸是水草丰美的绿洲，居民多栖息于此。相反，在苏泊淖尔和嘎顺淖尔沿岸，至今尚未发现古代文化遗址，证明这里原是沙漠戈壁，人类无法在此居住生活。在弱水改道直北流以后，这里变成了新绿洲。清代土尔扈特的王府、寺庙以及牧场，全部都分布在新绿洲（称额济纳绿洲）范围内。这表明，居延泽不是今日的苏泊淖尔、嘎顺淖尔，居延绿洲也不是今日的额济纳绿洲。弱水下游的改道和居延泽的干涸，导致了居延绿洲的消失、额济纳绿洲的出现以及居民栖息范围的变迁。这种现象在西北地区很有典型性和代表性，它与罗布泊、楼兰绿洲的消失是相同的，都是人类不合理利用河水资源的结果，至今仍有借鉴意义。

（四）石羊河与休屠泽的变迁

石羊河古称谷水，发源于冷龙岭，系内陆河。其尾闾潴为猪野泽，又名休屠泽，以匈奴休屠王得名。石羊河今日犹存，只是其流程有些变化，而休屠泽早已干涸消失，变成了风沙严重的耕地和沙丘。

石羊河下游属于阿拉善台地边缘凹陷，西有龙首山、北大山，北有雅布赖山，东有低山丘陵上的腾格里沙漠。故而发源于冷龙岭的石羊河、金川河汇聚于凹陷盆地中，形成了休屠泽内陆湖。由于休屠泽早已消失，其最初的范围缺乏记载，今日只能依据考古发现来研究其变迁。

由于休屠泽的北、西、东三面为大山所限，湖面只能向盆地南面扩展。考古发现可以提供线索和证据。1924 年，瑞典人安特生（J. G. Andersson）于民勒（当时称镇番）县城西 15 公里的沙井村流沙中，发现了青铜时代文化遗址，命名为沙井文化[27]。此后这些文化遗址在民勒县北部和相邻的永昌县也有发现，其遗物既有石刀、石斧，也有铜铃、铜扣、动物纹饰铜牌，说明是农业兼游牧民族的遗存。其年代约为公元前 800～前 600 年，相当于中原的西周时期。这时的居民为乌孙、月氏，沙井文化可能与乌孙、月氏有关。

在民勒县北部昌宁、大坝、大滩诸乡镇发现的沙井文化遗址比较多，可以东西连成一线，大体上在民勒县城以北 18～20 公里。古代居民出于生活的考虑，既要近水而居，便于渔猎捕捞，又要避开洪泛和大风等灾害。由此可以断定，在东周以前（即商、西周），休屠泽的南岸应当在沙井文化遗址东西连线以北，即距今民勒县城以北 18～20 公里以外的地方。

到了西汉时期（前 206～8），休屠泽南岸有所收缩北移。汉武帝在河西驱逐匈奴以后，于元狩二年（前 121）设置武威郡，下辖 10 县，其中最接近休屠泽的是武威县。武威县（不是今日武威市）故址，是今民勒县东北泉山镇古城，南北 420、东西 370 米，城内出土汉代五铢钱证明了其时代。武威县城是重要行政中心，居民比较多，自然应当修建于距休屠泽有一定里距的地方。泉山镇古城距民勒县城 30 余公里，在沙井文化遗址连线以北 12～15 公里。武威县城修建于沙井文化遗址以北，反映出汉武帝时期休屠泽南岸向北收缩了许多，至少北移了 12～15 公里。

到了魏晋时期，休屠泽进一步缩小。北魏郦道元（465～526）所撰《水经注》记载，当时的谷水（即石羊河）分为两支，“一水北入休屠泽，俗谓之西海；一水又东经百五十里，入猪野，世谓之东海”[28]。说明休屠泽已经一分为二，是石羊河水补给不足的必然结果，石羊河来水减少，是上游地区灌溉增多所致。休屠泽的分裂，使两湖之间出现了陆地，大大减少了湖水的面积。此后，湖面缩小的趋势日益加剧，湖底沙化明显加强，受其危害的影响，居民被迫迁离，汉代的武威县也随之废弃，由于居民减少，没有设置官府管理的必要了。

到了明清时期，石羊河上游灌溉面积进一步扩大，下游河水大量减少，其尾闾的湖泊更加缩小。以前的东海改称白亭海，西海改称青土湖，这两个新出现的湖名，反映了湖面缩小的过程。白亭海是以干涸的湖滩多盐碱呈白色而得名，青土湖是以干涸的湖滩为黑泥土得名，这正是湖面不断缩小、湖滩不断扩大的过程的见证。

明代曾在民勒县北部、永昌县北部修建甘肃边墙（今称长城）和城堡，然而不久即被湖滩产生的流沙湮没。嘉靖二十五年（1546），杨博记载说："今乃风沙雍积，几与城捋"[29]，就是明确的写照。到了清代白亭海和青土湖进一步瓦解，出现了鱼海子、柳林湖、鸭儿湖、马营湖、头道湖。流沙危害加剧，明代边墙、城堡，大部分被流沙掩埋。

民国以后，古代的休屠泽只剩下若干残迹，变成了沼泽地。居民饮水出现了困难，于是出现了大量以水井命名的村落，如沙井子、白土井、丘家井、马家井、黄家井等，显然这是以水井为中心形成的村落；与此同时又出现了黑沙窝、红沙梁、沙山嘴、沙照子等带有"沙"字的地名，反映出民国年间石羊河下游风沙活动特别剧烈。水源减少，风沙剧烈，成为这个地区环境恶化的真实记录，至今仍是如此。

（五）北流黄河与屠申泽的变迁

地理学将黄河分为上、中、下三段，内蒙古托克托河口以上称上游，从托克托河口到河南孟津称中游，孟津以下至黄河入海口为下游。黄河上游包括了北流黄河和东流黄河，为了行文方便姑将黄河上游称作北流黄河。

黄河最初是沿贺兰山麓、狼山山麓北流，后来由于河道泥沙沉积的原因，北流黄河逐渐东移。黄河古河道在许多地方都有发现，宁夏中宁胜金关山下即为古河道，银川西郊沙石场有深厚砂砾层，为黄河故河道。内蒙古磴口县至今保留有3道南北向的干河床，亦为黄河改道东移之痕迹。

屠申泽在磴口县狼山下，其变迁消失是研究黄河东移的典型例证。屠申泽之名初见于《汉书·地理志》，称朔方郡辖10县，其中窳浑县"有道西北出鸡鹿塞，屠申泽在东"[30]。《水经注》记载："河水又北迤西，溢于窳浑县故城东……其水积而为屠申泽，泽东西百二十里。"[31]记其东西里距，而不言其南北里距，说明屠申泽东西长、南北短，似为椭圆形。由于屠申泽在窳浑县境内，阚骃又称之为窳浑泽。窳浑泽之名，显然是由湖水含沙量高，水色浑黄而来。

窳浑泽之地低洼，故黄河水注入其中，而发源于狼山的山溪，也被吸纳，故而窳浑泽范围很大。其东西120里，如果其南北按其半60里计，则北魏时期湖面近7200平方里，即近1800平方公里。在黄河北流沿岸，应算是范围最大的湖泊了，如果上溯到西汉时代，则其范围会更大一些，不止于此。窳浑泽吸纳了狼山诸河，其水源相当丰富，当黄河水丰时，河水注入泽中，黄河水瘦时，窳浑泽可以补给黄河，具有调节黄河径流量作用，与呼伦湖、海拉尔河的关系相似。

窳浑泽自西汉以后，其范围、蓄水量不断减少。20世纪50年代出版的地图，以虚线表示了屠申泽的范围，作椭圆形，说明虽有湖水，其湖岸已不甚规整，只是示意而已。到20世纪80年代，窳浑泽已分裂瓦解，形成了永明海子、陈普海子等小湖和沼泽，现在可能大部分干涸消失。

窳浑泽的干涸消失，虽有气候上的原因，最重要的是引水灌溉所致。朔方郡建置以后，为了防御匈奴大量军屯民屯，其下属10县均以垦种为重任。汉代垦区的耕地和水渠，现在发现很多，水渠纵横交错，墓地、村落遗址出土的考古资料显示出与农耕关系密切。如垦区出土的陶井、陶仓、陶猪、陶鸡、陶池塘，反映了农村生活，特别是陶池塘反映出农家有蓄水的风气，这是缺水干旱区常见现象。这里的年均降水量为148.6毫米，耕种必须灌溉，农家附近要建蓄水池塘，都是必需的设施。

朔方郡引水灌溉的情形，《水经注》有零星的记载，称河水北过临戎县故城以后，“有枝渠东出，谓之铜口，东经沃野县故城南……河水又北迤西，溢于窳浑故城东”[32]。枝渠大概是水网似树冠而得名，它灌溉了临戎、沃野、窳浑三县的垦区耕地，应是朔方郡最重要的干渠。郦道元描写如此具体详细，说明这些汉代水渠在北魏时期仍在沿用。

西夏兴起以后，在今后套地区留下了许多遗迹。鸡鹿塞中有许多西夏建筑台基和铜弩机、白瓷片，在窳浑城东发现有西夏建筑台基、宋代铜钱，临河市高油房西夏古城可能是一军司的驻地。既然驻军必然有屯垦，因此，西夏沿用西汉垦区继续耕种，完全是有可能的。耕种必须引水灌溉，从北魏到西夏，这里的灌溉农业没有停止。

耕垦的结果，使灌溉的余水回到窳浑泽中，又经过窳浑泽进入黄河。朔方郡的耕垦产生了水土流失，泥沙进入泽中河中是无法避免的。泽底因沉积而使湖水变浅，蓄水量减少，黄河也是如此，河床不断升高。最后黄河改道东移，在磴口县有3道北流的古河床，距今黄河分别为10、25、35，这是黄河改道东移的证据。黄河3次改道东移的时代，尚需深入研究论证。现在北流的黄河，是第4次改道东移。第4次改道东移的时代，可由临戎城（当地称补隆淖古城或河拐子古城）来判断。《水经注》称：“河水又北泽临戎故城西”，而今日的黄河却在临戎故城东，这是黄河改道东移的结果。这次黄河改道应在北魏以前，西汉以后。黄河前3次改道东移，显然也应当在北魏以前、西汉以后，自东而西的第三道古河道，极有可能是西汉或东汉黄河改道所遗留。由此而东的第二道干河床和第一道干河床，时代稍晚，具体改道的时代，容另文加以论证。

黄河改道东移，断绝了对窳浑泽的补给，窳浑泽只能依赖狼山溪水供给，其湖面缩小势在必然。由于狼山溪水不断，故而窳浑泽勉强不干涸，故其残迹至今可见。如果狼山溪水断绝，窳浑泽的残余也会消失无存。

三、沙漠的扩张

沙漠最初称作流沙，见于《山海经》和屈原《离骚》。王逸《离骚注》：“流沙，沙流而行也。”沙漠的特点是松散有流动性，流沙即以此得名。《山海经》成书于战国时代，屈原是战国时人，说明早在战国时代人们即将沙漠称作流沙了，流沙之称最初出现的时间还要早一些。

汉代将沙漠称作沙幕，见司马迁《史记》。沙幕指沙土飞扬，遮天蔽日有如帐幕，这是沙尘暴最常见的景观。《史记》又称沙漠为翰海，翰为羽毛，翰海指水面漂浮水禽的羽毛。翰海在漠北，翰海周围为沙漠，故又称沙漠为翰海。沙漠表面常见有波纹，与海水波纹相似，疑翰海与沙波有关。

唐代称沙漠为沙陀，《新唐书》有沙陀传，称李克用为沙陀人。沙陀人即西突厥人，其居住地多沙丘，故称做沙陀人。沙陀又作沙坨，至今内蒙古东部仍有沙坨这种说法。

沙漠又称沙碛（qì）或碛漠，见《北史》《资治通鉴》。胡三省称："流沙亦谓之碛。"碛漠见《新唐书》："匈奴卒不入中国者，以其生长碛漠。"

古代沙漠的名称很多，有本名，有别称。反映出古人对沙漠的认识，经历了不断深化的过程，具有明显的时代烙印。晚近，人们才普遍采用沙漠的说法。漠有二义，一指广大而言，故人们常用广漠来指范围广大；二指寂寞无声，寂寞又可写作寂漠。沙漠广袤无垠，沙漠少人烟，寂寞无声，因此，沙漠一词成为最科学的选择。沙漠的其他名称，现在很少被使用了。

（一）塔克拉玛干沙漠的扩张

塔克拉玛干沙漠面积33.76万平方公里，是我国第一大沙漠。塔克拉玛干沙漠在塔里木盆地中，在地质时期塔里木盆地是古地中海（特提斯海）的一部分，由于青藏高原隆起而抬升，变成了陆地，故而地下有丰富的沙源，受季风的影响形成了沙漠。塔克拉玛干来源于古波斯语，意为连无叶小树也不能生长的地方，以示极端干旱。

在先秦时代，塔克拉玛干沙漠被称作流沙。《山海经》称："流沙出钟山，西行又南行昆仑之虚，西南入海。"[33]昆仑山在塔里木盆地之南。所谓"西南入海"，是指流沙直入古地中海，与事实相符。由此可知，早在先秦时代中原地区即已知道昆仑山北有流沙，就是今日的塔克拉玛干沙漠。

塔里木盆地四周环河。北有塔里木河，自西向东流，注入罗布泊。南有和田河、策勒河、克里雅河、尼雅河、安迪尔河、车尔臣河，自南向北流，进入塔里木盆地中，其尾闾形成了绿洲，很早就有人类活动，在秦汉时代形成了许多绿洲国家。《汉书·西域传》对此有详细记载。然而时过境迁，古代的绿洲早已消失，成为塔克拉玛干沙漠的一部分，沙漠向南扩展最远的地方达200公里以上。这种变化是如何发生的？深陷沙漠深处的考古发现，提供了有力的证明。

和田河中游有著名的约特干遗址。自20世纪初以来，这里发现了大量古代遗物，有陶塑、古钱、金片、金像、玻璃品和古文书。古钱有汉代五铢、货泉及唐宋铜钱，证明约特干曾是古代政治经济中心，始于汉代，盛于唐宋，斯坦因认为是古代于阗国都城。在宋代以后逐渐废弃[34]，现在约特干遗址已被厚达2米以上的泥土覆盖，应是和田河水改道所致。

策勒河下游有吴六杂提遗址，古代房屋很多，有伊斯兰墓，出土有宋仁宗"宝元"铜钱和阿拉伯文无孔铜钱，学术界认为18世纪初喀喇汗王朝遗迹。在吴六杂提东北有卡拉沁古城，城中出土宋代铜钱、阿拉伯文无孔铜钱和喀喇汗王朝钱币，黄文弼认为它存在于11～15世纪，有人认为它是《马可波罗游记》记载的培因城。还有著名的丹丹乌里克遗址，发现有城墙、房屋、寺院和墓葬，出土了木板画和唐代"开元"、"天宝"

年号铜钱，唐代文书中称该地为“桀谢”，故应为唐代桀谢故地[35]。

克里雅河中游有伯什托胡拉克古城，附近有农田、水渠遗址。有人认为是西汉的打弥城，一直延续到唐代。克里雅河下游有喀喇墩遗址，古垒、房屋鳞次栉比，出土有汉代五铢钱，保留有唐代佛塔。唐代以后沦为沙漠，遗址多为流沙掩埋[36]。

尼雅河下游为汉代精绝国故址，在流沙中保留有许多古代的民居、畜舍、耕地、蓄水池、佛塔、寺院，证明在汉代、魏晋时期，这里的经济文化相当繁荣，佛教相当兴盛。这里出土的“五星出东方”丝织品，是极其罕见的文物。到了唐代，这里已变成渺无人烟、流沙广布，现在这里已成为塔克拉玛干沙漠的一部分，被称做尼雅废墟，在维吾尔语中尼雅为遥远的意思[37]。

安迪尔河下游有许多古城，如阿克考其然克古城、达乌兹勒克古城、提英木古城，皆为唐代以前的古城。斯坦因认为，提英木古城应是《大唐西域记》中睹货逻故地。现在这些古城均深陷流沙之中[38]。

车尔臣河沿岸古城也很多，著名的有车尔臣阔纳协海尔古城、恰勒马旦古城，后者即《大唐西域记》中的折摩驮那。现在这些古城为风沙所毁，深陷流沙之中。

上述这些绿洲国家原先都在河流中下游，原先有良好的生态环境，出现了城镇村落，经济文化有相当发展水平。后来为什么先后衰落深陷沙漠之中呢？前苏联学者西尼村认为，是塔克拉玛干沙漠不断南移的结果。实际情形并非如此，沙漠南移速度比较缓慢，其实是人类活动破坏了环境所引起的，属于就地起沙。在河流冲积扇上，地表土很薄，其下便是深达数百米的粉沙。人类的耕作、建筑很容易破坏地表土层，使地下埋藏的粉沙出露。由于这里属于干旱区，在季风吹动下，粉沙向四方扩散，将附近的房屋、耕地湮没；支离破碎的地表，还会导致河水渗漏到地下沙层中，无法回到地面上来，使河水断流，下游干涸，居民只好向上游迁移。居民到上游以后，又重复了以前的生活方式，再次破坏了环境，并继续向上游迁移。如此反复循环的结果，使河流的流程不断缩短，下游的绿洲不断缩小、消失，沙漠则随之扩大，向河流上游方向扩展。晚近的事实表明，不仅村落向上游迁移，就连县城也不能例外。例如民国年间设置的民丰县城，已经3次向南迁移，20世纪80年代策勒县城、皮山县城告急，流沙逼近县城，随时都有被流沙掩埋，被迫南迁。大量的考古发现表明，塔克拉玛干沙漠的扩张，表面上是自然现象，实际上在自然现象的背后有人类活动——这才是最重要的原因。

（二）巴丹吉林沙漠的扩张

巴丹吉林沙漠在内蒙古西部，面积4.34万平方公里，是中国第三大沙漠。巴丹吉林源于蒙古语，其义不详。巴丹吉林沙漠在地质时期曾是天山—蒙古海槽的一部分，在中生代晚第三纪以后，成为断陷盆地，称作巴丹吉林盆地。到了第四纪，巴丹吉林盆地中的河湖相沉积物，在风力作用下，形成了巴丹吉林沙漠。

巴丹吉林沙漠在先秦时代，也被称做流沙。《尚书·禹贡》称：“导弱水至于合黎，余波入于流沙。”[39]弱水为今额济纳河，合黎为今甘肃与内蒙古交界的合黎山，“弱水余波”即弱水下游尾闾。弱水尾闾在巴丹吉林沙漠边缘潴为内陆湖，古称居延泽，可知“流沙”系指巴丹吉林沙漠而言。

居延泽面积 726 平方公里，即 164 万亩，是阿拉善高原上最大的内陆湖。居延泽沿岸水草丰美，是古代著名的绿洲，为匈奴居延部的牧场，“居延”源自匈奴语，可能是以水得名。汉武帝时，卫青、霍去病讨伐河西匈奴，多次到达这里，以休整补充给养。在将匈奴驱逐出河西以后，为了防止匈奴南下，在这里修建了居延塞，即以烽燧、城郭、天田组成的军防体系。此外，又大肆屯田自给，据居延汉简记事，估计当时这里的兵民约 1.5 万人。

居延塞的指挥中心设在居延城，居延城建在弱水下游左岸，故址犹存，周长约 500 米。城的四周有很多耕地、农舍残迹，城内有建筑遗址，出土有五铢钱和大泉五十，还遗有加工粮食的石磨。城郊还有烧砖场和砖室墓，反映出烧造业很发达。汉代以后，居延绿洲一直为边防要地，唐代设有宁寇军，其驻地今称马圈城，城墙高大壮观，保存完好。西夏时代这里设有黑水镇燕军司，驻黑水城。蒙元时期，设有亦集乃路总管府，驻黑城（又称哈喇浩特，即西夏黑水城旧址）。自汉代以来，不仅设防驻兵，修建城郭、烽燧，还开垦了大量耕地。在汉代居延城，唐代宁寇军城，西夏、蒙元黑城，还有绿城附近，至今仍可以看到古代的耕地、水渠以及石碌碡（农具），说明垦种的范围相当大[40]。

古代人发现，森林植被特别繁茂的地方，土壤就特别肥沃，适于开荒耕种。于是，随着耕种的进行，大量的林木被砍伐破坏。古代实行轮作制，不断改变耕种的地块，以恢复地力。这种耕作方式加快了森林植被的破坏过程。森林植被可以防风阻沙，地下的根系能够固沙防止风蚀。森林植被还有涵养水分，增加降水概率的功用。耕作范围的扩大，以及军防工程的修建，不仅破坏了森林植被，也破坏了地表土层。这里是极端干旱区，年均降水量不足 40 毫米，而年蒸发量高达 3700 毫米，春冬的季风特别强烈，这种自然条件极易出现风蚀作用，耕地风蚀的结果，就会出现风沙活动，沙尘暴频频出现，至今这里仍是我国沙尘暴的中心之一。

风沙活动的结果，是出现平沙地和流动沙丘。据现场考察所见，古代的耕地几乎都变成了沙漠戈壁，古代的城池，如居延城、宁寇军城、黑城（哈喇浩特）、绿城内外都有流动沙丘，甚至高大的城墙（如黑城）也被流沙掩埋。风沙摧毁了古居延文明，使古居延变成了无人居住的地方。

弱水改道，最后摧毁了居延绿洲。在西北干旱区，水是维持绿洲的基础，有水就有绿洲，无水绿洲就会消失。居延绿洲是以弱水尾闾河网为基础，元末明初的一场战争，导致弱水下游改变了流向，由原先的东北流改为直北流。由于失去了河水的补给，居延泽逐渐干涸消失，于是绿洲上的树木干枯而死，即使是最耐干旱的胡杨、红柳，在无水可吸的条件下也会死亡。在居延故地，可以看见许多卧地而死的胡杨，它们成为绿洲消失的见证者。

居延绿洲消失以后，整个绿洲都变成了沙漠，就连面积为 726 平方公里的古居延泽，也变成了沙漠戈壁。随处可见的流动沙丘、红柳沙丘，见证了从绿洲到沙漠的演变过程。巴丹吉林沙漠由东向西扩展了 100 公里左右，而且目前仍有不断扩大的趋势。

（三）科尔沁沙地的出现

科尔沁沙地在西辽河流域，面积4.23万平方公里。在地质时期，我国东北有古松辽大湖，当时的西辽河流域是古松辽大湖的西部边缘。后来由于地壳隆起，古松辽大湖变成松辽平原，西辽河流域成为松辽平原的一部分。进入历史时期，这里水草丰美，吸引了古人类来此栖息生活，出现了夏家店下、上层文化，属于青铜文化，其时代相当于夏商和西周、春秋时期。翁牛特旗出土的玉龙，被称做中华第一龙。

科尔沁草原是鲜卑人的故乡，又是契丹人的发祥地，鲜卑人、契丹人都是游牧民族，以放牧为生。唐朝末年，契丹人强大起来，于916年耶律阿保机建国，初称契丹国，后改称大辽国。辽建国之时，正是中原五代纷争之际，辽统治者乘机介入中原战争，后晋石敬瑭借助辽兵当上了儿皇帝，将燕云十六州（今河北北部、北京、天津和山西北部）割让给大辽，使辽朝势力由燕山之北扩展到燕山之南。

耶律阿保机和耶律德光很重视农业生产，在建国前后不断将中原汉族人迁移到西辽河流域，一些饱受战争之苦的中原汉族人，又自发地到燕山以北辽地谋生。辽朝统治者将这些汉族人编为州县，利用他们的技艺从事农业开发，于是，在科尔沁草原上出现了许多耕地，被称做“插花田”。汉族人习惯于城居，与游牧民族不同，故而建立了许多城池。据实地考察所见，在科尔沁草原上辽代的城址有100多处，其中大多为州县城，有一部分是军城。这些城池多修建于河流沿岸，便于利用水资源。每一座州县城，都是屯垦中心，其四周有大量的耕地[41]。

科尔沁草原东部原是古松辽大湖，草原表土层以下便是深厚的泥沙，据钻孔资料厚达数百米。修建城池，开垦耕地，就要砍伐树木、放火烧荒，使生态环境遭到重大破坏。挖土建城，深耕细作，都要破坏地表土层。久而久之，地下伏沙出露。由于这里是半干旱区，季风强烈，地下伏沙在大风作用下不断扩散移动，其危害十分严重。1068、1075年，宋朝的陈襄、沈括使辽，在所著《使辽语录》《熙宁使契丹图抄》中，都记载了所见的流沙。陈襄称过了丰州以后，“又经沙坨六十里”过潢河（经西拉木伦河），沈括称过了澄州、会星馆以后，“西北过大碛”至潢河。陈襄、沈括所见到的沙坨、大碛，都在今翁牛特旗境内，说明当时沙漠化已相当严重。

王寂《辽东行部志》记载，辽代韩州因避风沙之害迁移。其文称：“韩州，辽圣宗时并三河、榆河二州为韩州……而改城在辽水之侧。常苦风沙，移于白塔寨。”[42]据实地考察所见，韩州故址为今内蒙古科尔沁左翼后旗城五家古城，后来所迁置的新韩州，为今辽宁昌图县小塔子村古城。旧韩州在辽水西岸，新韩州在辽水东岸，彼此相距50公里。韩州旧城城墙已大部分被流沙掩埋，城内多见白色的流沙。辽韩州因沙害而迁移，证明辽圣宗以后科尔沁草原沙漠化相当严重。

金代科尔沁草原的耕种仍在进行，金世宗、金章宗时曾挖掘了著名的边壕，被元代人称作金界壕。金界壕经过了科尔沁草原，界壕挖掘很深很宽，不仅破坏了森林植被，甚至将地下的粉沙也挖掘出来，直接导致流沙扩散，加剧了沙漠化。王寂《辽东行部志》载：大定十四年（1174）四月，曾在懿州途中吟诗说：“塞路飞沙没马黄”，明昌元年（1190）三月三日离开懿州时，“是日大风，飞尘暗天，咫尺莫辨，驿车失途”[43]。懿州在今辽宁阜新县境，北近科尔沁沙地。马足深陷路上飞沙之中，大风吹起沙尘暴，就连带路的驿卒都找不到道路了，说明路上积沙甚多，反映出沙漠化相当严重。

到了清代，为了解决蒙旗口粮不足所引起的饥荒，康熙提出在科尔沁草原上强制垦荒，涉及十余旗。乾隆年间虽一度停止，到了嘉庆、道光年间，再次决定“招民垦荒”，一直持续到民国年间。元明时代科尔沁草原的生态环境曾一度得到恢复，清代的垦荒再次破坏了这里的生态环境，风沙活动更加严重，成为科尔沁沙地形成的关键期。当时垦荒之地，如内蒙古敖汉旗、奈曼旗、库伦旗、科尔沁左翼后旗，大部分沦为沙地，出现了高大沙丘。库伦旗北部沙丘最为高大，被牧民称作“魔鬼居住的地方”。

科尔沁本来是水草丰美的天然草原，鲜卑人、契丹人以此为生，出现了高度的文明。然而自辽代以来，不断地开荒垦种，破坏了生态环境，出现了严重的沙漠化。不仅辽金时代的古城址被流沙掩埋，即使是清代的村落也难以幸免。这个事实再次证明，人类活动的破坏作用非常大，不仅在干旱区，即使在科尔沁草原半干旱区，也会导致严重的后果。

（四）呼伦贝尔沙地的产生

呼伦贝尔沙地在内蒙古东北部，面积0.72万平方公里。呼伦贝尔海拔600～750米，被称做呼伦贝尔高原或巴尔虎高原。这里在地质时期是天山—蒙古海槽的东部，又称古兴安海。古生代二叠纪以后，古兴安海逐渐变成陆地。中生代三叠纪由于地壳沉降，形成了海拉尔盆地。进入新生代，海拉尔盆地变成了大湖，称海拉尔大湖。进入第四纪以后，海拉尔大湖在粗鲁海图决口，湖水外流形成了额尔古纳湖，湖水干竭变成了呼伦贝尔草原。由于地质构造的原因，草原下面沉积有深厚的泥沙，成为沙漠化的物质基础。

进入全新世以后，呼伦贝尔草原上出现了人类活动，考古学家在这里发现了扎赉诺尔人头骨化石，其生活年代距今1万年左右。后来这里出现了石板鹿石墓，应是鬼方、北狄的遗迹。到了汉代，鲜卑人进入呼伦贝尔，在墓葬中发现了木棺，带有树皮的桦木板，证明鲜卑人已进入铁器时代，曾大量砍伐森林。在扎赉诺尔德鲜卑墓中，发现了已经炭化的粮食，说明鲜卑人有了农业种植。农业的出现，需要砍伐森林，放火烧荒，这意味着森林植被要遭到巨大破坏。由于这里的地表层很薄，森林植被破坏以后必然要出风沙活动。汉代的鲜卑墓大多被流沙掩埋，即证明了这一点。

9世纪末期契丹人建国以后，曾将西辽河流域的契丹人迁移到呼伦贝尔从事垦荒耕种，在《辽史》中多有记载。在939～940年，辽太宗前后两次将瓯昆石烈、乙勒勃石烈、温纳何剌石烈契丹人，迁移到海拉尔河、乌尔逊河、哈拉哈河、辉河、克鲁伦河从事开荒垦种，他们开凿的水渠，在科尔伦牧场和五一牧场至今犹存。在水渠附近有村落遗址、古代的石磨以及生活用的陶器残片[44]。

到了元代，这里的垦荒仍在进行中。一般人以为蒙古人是游牧民族，不会耕种。其实不然，有一部分蒙古人也会耕种，这已为考古发现所证实。在根河汇入额尔古纳河的地方，有一座黑山头古城，是成吉思汗长弟拙赤哈萨尔后王所建，周长2245米，城内有宫殿遗址。城内多次发现粮窖，所储存的是带壳的粮食，可以加工成蒙古喜吃的炒米。在临近贝尔湖的地方有贝尔苏木（苏木即乡镇），所在地蒙语称“布达特”，是指产粮的地方或粮食特别多的地方而言。这里在明清、民国年间未曾有耕种，“布达特”之名来自元代，证明元代时贝尔湖北岸有农业耕种[45]。

汉代、辽代、元代这里都有农业耕种。此外，辽代还修建了一道长达700公里的边壕，大部分在呼伦贝尔，少部分在俄国、蒙古国境内，在边壕附近还修筑了许多可以驻兵的城堡。元代在呼伦贝尔修筑的城堡就更多了，除黑山头古城以外，还有成吉思汗幼弟帖木格斡赤斤修筑的巴颜乌拉古城，规模比较大，有内外两重城垣，城墙用砖。史称斡赤斤“性好土木，喜治宫室园苑”，正与此相合。这些边壕、城堡的修建，砍伐了许多树木，挖沟取土筑墙，都破坏了生态环境和地表土层。

呼伦贝尔属于干旱区，年均降水量在300毫米以下，春冬季节季风强烈。生态环境的破坏，引起了沙漠化，在其腹心地区，形成了四条流沙带，流沙的总面积达116万公顷以上，故而被称作呼伦贝尔沙地。

呼伦贝尔曾是最优良的天然草原，它吸引了古人类的到来，在此栖息、劳动，创造了颇为可观的古代文化。然而事与愿违，人们频繁的活动却引起了环境的恶化，形成了广袤的沙地。这个教训十分深刻，应当引以为戒。

注　释

［1］夏鼐、王仲殊：《考古学》，《中国大百科全书·考古学》，中国大百科全书出版社，1986年，3页。

［2］夏鼐、王仲殊：《考古学》，《中国大百科全书·考古学》，中国大百科全书出版社，1986年，476页。

［3］《中国大百科全书·地质学》，中国大百科全书出版社，1993年，248、250页。

［4］《汉书》卷二十九《沟洫志》，校点本，中华书局，1964年，1697页。

［5］《水经注》卷五《河水》，王氏合校本，中华书局，36页下。

［6］叶青超等：《黄河下游河流地貌》，科学出版社，1990年，36～37页。

［7］王青：《鲁北地区的先秦遗址分布与中全新世海岸变迁》，《环境考古研究》第三辑，北京大学出版社，2006年，64～72页。

［8］朱诚等：《苏北地区新石器时代至商周时期人类遗址时空分布问题探讨》，《环境考古研究》第三辑，北京大学出版社，2006年，99～108页。

［9］（清）麟庆：《鸿雪因缘图记》第二集《平成济美》，影印本，北京古籍出版社，1984年。

［10］许玉林：《新石器时代晚期至青铜时代初期辽东半岛黄海沿岸的海侵》，《辽宁省丹东本溪地区考古学术讨论会文集》，1985年，96～103页。

［11］夏训诚、樊自立：《关于罗布泊是否游移的问题》，《罗布泊科学考察与研究》，科学出版社，1987年，68～77页。

［12］黄文弼：《罗布淖尔考古简记》，《黄文弼历史考古论集》，文物出版社，1989年，357～374页。

［13］穆舜英：《古楼兰文明的发现与研究》，《西域考察与研究》，新疆人民出版社，1994年，

440～448 页。
[14] 王国维:《流沙坠简·序》,《观堂集林》卷 17《史林九》, 影印本, 中华书局, 1984 年, 819～834 页。
[15] 竺可桢:《中国近五千年来气候变迁的初步研究》,《考古学报》1972 年 1 期, 15～38 页。
[16]《汉书》卷二十八下《地理志八下》, 校点本, 中华书局, 1964 年, 1614 页。
[17] 民国《甘肃通志稿》卷十五《水利》, 油印本, 民国十七年。
[18] 民国《甘肃通志稿》卷十五《水利》, 油印本, 民国十七年。
[19] 伯希和敦煌文书第 2005 号。
[20] 伯希和敦煌文书第 2005 号。
[21] 民国《甘肃通志稿》卷十五《水利》, 油印本, 民国十七年。
[22] 道光《敦煌县志》卷二《地理》, 道光辛卯(1831)刻本。
[23] 徐松:《西域水道记》卷三《哈喇淖尔所受水》, 中华书局, 2005 年。
[24] 黄文弼遗著, 黄烈整理:《黄文弼蒙新考查日记》, 文物出版社, 1990 年, 91 页。
[25] 冯承钧译:《马可波罗行记》, 商务印书馆, 民国二十五年, 213 页。
[26] 景爱:《额济纳河下游环境变迁的考察》,《中国历史地理论丛》1994 年 1 期。
[27] 安特生:《甘肃考古记》, 农商部地质调查所印行, 1925 年。
[28]《水经注》卷四十《禹贡山水泽地所在》, 中华书局聚珍本, 24 页 B。
[29] 民国《甘肃通志稿》卷十五《古迹》所引。
[30]《汉书》卷二十八下《地理志八下》, 校点本, 中华书局, 1964 年, 1619 页。
[31]《水经注》卷三《河水》, 中华书局聚珍本, 3 页 A。
[32]《水经注》卷三《河水》, 中华书局聚珍本, 3 页 A、B。
[33]《山海经》卷十《海内西经》, 郝懿行笺疏本, 2 页 A、B。
[34] 李吟屏:《佛国于阗》, 新疆人民出版社, 1991 年, 231～234 页。
[35] 景爱:《沙漠考古通论》, 紫禁城出版社, 1999 年, 290～291 页。
[36]《新疆文物考古新收获》(续), 新疆美术摄影出版社, 1997 年, 496～517 页。
[37] 景爱:《尼雅之谜》, 中国书店, 1999 年。
[38] 塔克拉玛干综考队考古组:《安迪尔遗址考察》,《新疆文物》1990 年 4 期。
[39]《尚书正义》卷六《禹贡》, 十三经注疏本, 151 页中栏、下栏。
[40] 景爱:《沙漠考古通论》, 紫禁城出版社, 1999 年, 197～230 页。
[41] 景爱:《沙漠考古通论》, 紫禁城出版社, 1999 年, 78～112 页。
[42] 贾敬颜:《五代宋金元人边疆行记十三种疏证稿》, 中华书局, 2004 年, 292 页。
[43] 贾敬颜:《五代宋金元人边疆行记十三种疏证稿》, 中华书局, 2004 年, 276、284 页。
[44] 景爱:《呼伦贝尔草原的地理变迁》,《历史地理》第四辑, 上海人民出版社, 1986 年, 54～61 页。
[45] 景爱:《沙漠考古通论》, 紫禁城出版社, 1999 年, 44～77 页。

再论圣水牛的野生属性及其他

陈星灿
（中国社会科学院考古研究所）

中国全新世水牛的发现地点，多集中在南方，但北方地区也有不少分布。几年前，我们从考古学、动物考古学、古 DNA 和文献学等几个方面研究，论证中国本土水牛——圣水牛，很可能是一种从未被驯养过的野水牛，中国家养水牛可能是公元前第一千纪从南亚地区引进的[1]。这个意见曾引起广泛注意[2]，但由于材料积累不够，问题并没有最后解决。随后，我们又根据考古学和图像学的研究，证明圣水牛确是野生水牛，圣水牛很可能是在西周之后，随着人们的过度捕猎而慢慢消失不见了[3]。现在的资料，也还未能回答现代家养水牛何时、何地最先在中国出现的问题，家养水牛最初用于犁耕的时间和地点等问题，也还有待更多的发现和研究。但是，越来越多的考古资料证明，曾经一度繁盛的圣水牛，在我国的南方地区，新石器时代以降，有随年代递减而逐渐消失的趋势；在北方地区，虽然新石器时代也有零星发现，晚商时代一度还曾在安阳地区相当繁盛，但最终也没能延续下来。本文试图搜集截至目前考古发现的圣水牛材料，说明这种中国本土的野水牛，的确在商周时代绝灭了。

一、有关圣水牛的考古发现

尽管不同的研究者对全新世水牛的定义不同，但绝大多数学者都把它鉴定为圣水牛。我们的观察和测量结果也显示，中国新石器时代和青铜时代的水牛，可能绝大多数是圣水牛[4]。

下面依东北、华北、西北、中南、华东和西南几个地理分区为序，把考古发现的圣水牛（包括所谓水牛）[5]列举如下。

依表可知，研究者对全新世水牛的鉴定，包括了圣水牛（*B.mephistopheles*）、水牛或水牛未定种（*Bubalus* sp.）、水牛或家水牛（*Bubalus bubalis*）等多种定名，也有的把它直接称为牛，但又指明是 *Bubalus* sp.（水牛未定种），显然是用了一种不很正式的说法（如汤家岗）。也有的研究者因为水牛出在汉代及其以后的遗址里，认为此时的水牛肯定是家养水牛，所以把它直接命名为家水牛，但又用了圣水牛（*Bubalus Mephistopheles*）的称呼（如巴东罗坪），总之，因为出土的标本多半很零散，不管研究者相信这些水牛是家养或野生，其实并没有多少测量数据为依据，定为家养或者野生只不过沿用前人的某种说法而已。换言之，从可观察特征和测量数据看，至少从目前的考古发现出发，还难以判断这些水牛的家养属性。

表一　中国全新世时期遗址出土圣水牛 / 水牛遗骸一览表

（MNI 指最小个体数，NISP 指可鉴定标本数）

地区		遗址	文化	年代（BP）	研究者所作鉴定种属	标本数量	资料来源
东北	吉林	通化王八脖子	商周	3600～2500	水牛 *Bubalus* sp.	1MNI	①
华北	内蒙古	敖汉兴隆沟	兴隆洼	8000～7500	疑似水牛	不详	②
		凉城石虎山 I	仰韶早期	6500～6000	水牛 *Bubalus bubalis*	15MNI	③
		凉城王墓山坡下	仰韶中期	6000～5500	水牛 *Bubalus bubalis*?	7 NISP	④
	河北	邯郸涧沟	龙山	4500～4000	水牛 *Bubalus* sp.	不详	⑤
		藁城台西	商代早期	3600～3300	圣水牛 *B.mephistopheles*	不详	⑥
		易县七里庄	商代晚期	3250～3050	圣水牛 *B.mephistopheles*	1MNI	⑦
西北	陕西	宝鸡关桃园	北首岭下层	7300～7000	圣水牛 *B.mephistopheles*	1MNI	⑧
		临潼白家村	老官台文化	7300～7000	水牛 *Bubalus* sp.	166NISP	⑨
		高陵东营	仰韶文化	6000～5000	水牛 *Bubalus* sp.	1MNI	⑩
			龙山文化	4500～4000	水牛 *Bubalus* sp.	2MNI	
		临潼康家	客省庄二期	4500～4000	圣水牛	51NISP	⑪
		长安客省庄	龙山晚期	4500～4000	水牛 *Bubalus* sp.	不详	⑫
		高陵灞桥	商代早期	3600～3500	圣水牛 *B.mephistopheles*	1NISP	⑬
		长安沣西	先周	3050	水牛 *Bubalus* sp.	角碎块 1	⑭
中南	河南	舞阳贾湖	贾湖文化	9000～7800	水牛？ *Bubalus* sp.	牙齿 7	⑮
		淅川下王岗	仰韶二期	6355 ± 190	水牛 *Bubalus* sp.	2NISP	⑯
		郑州西山	仰韶时期	6500～4800	水牛	6MNI	⑰
		濮阳西水坡	仰韶中期	6300～5900	水牛 *Bubalus* sp.	2MNI	⑱
		禹州瓦店	龙山文化	4500～4000	水牛 *Bubalus* sp.	牛角 1	⑲
		偃师商城	商代早期	3600～3300	水牛	不详	⑳
		安阳花园庄	商代中期	3300	水牛 *Bubalus* sp.	不详	㉑
		安阳殷墟	商代晚期	3250～3050	圣水牛 *B.mephistopheles*	>1000NISP	㉒
	湖北	宜都城背溪	城背溪文化	8500～7000	圣水牛 *B.mephistopheles*	头骨 1	㉓
			城背溪文化	8500～7000	水牛 *Bubalus* sp.	5 NISP	
		秭归东门头	城背溪文化	8500～7000	圣水牛 *Bubalus Mephistopheles*	3NISP	㉔
			宋元	1000～600	水牛 *Bubalus bubalis*	1MNI	
			明清	600～100	水牛 *Bubalus bubalis*	2MNI	
		巴东楠木园	楠木园文化早期	8400～7100	圣水牛 *Bubalus Mephistopheles*	1MNI	㉕
			楠木园文化晚期	7100～6800	圣水牛 *Bubalus Mephistopheles*	2MNI	

续表

地区		遗址	文化	年代（BP）	研究者所作鉴定种属	标本数量	资料来源
中南	湖北	秭归柳林溪	城背溪—大溪过渡	7000～6000	圣水牛 *Bubalus Mephistopheles*	2MNI	㉖
		长阳桅杆坪	大溪文化	6400～4700	圣水牛 *Bubalus Mephistopheles*	8MNI	㉗
		长阳西寺坪	大溪早期	6000	水牛 *Bubalus* sp.	2MNI	
		长阳沙嘴	大溪文化早中期	5500	水牛 *Bubalus* sp.	2MNI	
		长阳香炉石	商代早期	3520±130	圣水牛 *Bubalus Mephistopheles*	1NISP	
		郧县黑家院	石家河文化	4500～4000	家水牛（*Bubalus bubalis*）	1MNI	㉘
		秭归何光嘴	商代	3600～3000	水牛（*Bubalus* sp.）	1MN1	㉙
		秭归朝天嘴	商代	3600～3000	圣水牛 *Bubalus Mephistopheles*	角心 1	㉚
		宜昌路家河	商代	3600～3000	水牛 *Bubalus* sp. 或圣水牛 *Bubalus Mephistopheles*	不详	
		沙市周梁玉桥	周梁玉桥类型	3300～3000	*B. bubalis*	7MNI	㉛
		秭归卜庄河	东周时期	2785～2235	家水牛（*Bubalus bubalis*）	1MNI	㉜
			秦汉时期	2235～1794	家水牛（*Bubalus bubalis*）	1MNI	
			六朝时期	1794～1425	家水牛 *Bubalus bubalis*	1MNI	
		荆州天星观	战国	2467～2233	水牛 *Bubalus bubalis*	1MNI	㉝
		巴东罗坪	汉代	2220～1792	家水牛 *Bubalus Mephistopheles*	1MNI	㉞
			明代	646～370	家水牛 *Bubalus Mephistopheles*	2MNI	
			清代	370～103	家水牛 *Bubalus Mephistopheles*	1MNI	
		秭归土地湾	两汉之际	2100～1900	牛（里面可能有水牛 *Bubalus* sp.）	17NISP	㉟
	湖南	澧县彭头山	彭头山文化	9000～7600	牛（*Bubalus* sp.）	2NISP	㊱
		澧县八十垱	彭头山文化	9000～7600	牛（*Bubalus* sp.）	2MNI	
		临澧胡家屋场	皂市下层文化	7900～7300	水牛	不详	㊲
		石门皂市	皂市下层文化	6920±200	水牛	不详	㊳
		澧县城头山	大溪文化	6000～5000	*B. bubalis*	1NISP	㊴
		安乡汤家岗	汤家岗文化	6000	牛 *Bubalus* sp.	1MNI	㊵
		东安坐果山	商周	3300～2200	水牛	5NISP	㊶
		东安拱门山	商周	3300～2200	水牛	1NISP	
		江永寺山	商周	3300～2200	水牛	2NISP	
		零陵矮婆寨	商周	3300～2200	水牛	2NISP	

续表

<table>
<tr><th colspan="2">地区</th><th>遗址</th><th>文化</th><th>年代（BP）</th><th>研究者所作鉴定种属</th><th>标本数量</th><th>资料来源</th></tr>
<tr><td rowspan="11">中南</td><td rowspan="2">湖南</td><td>零陵淡岩</td><td>商周</td><td>3300～2200</td><td>水牛</td><td>1NISP</td><td rowspan="2">㊶</td></tr>
<tr><td>双牌寨子岭</td><td>商周</td><td>3300～2200</td><td>水牛</td><td>1NISP</td></tr>
<tr><td rowspan="7">广西</td><td>桂林甑皮岩</td><td>新石器时代早期</td><td>12500～7600</td><td>水牛</td><td>18MNI</td><td>㊷</td></tr>
<tr><td>柳州白莲洞</td><td>旧石器晚 - 新石器早</td><td>36000～9000</td><td>水牛 Bubalus sp.</td><td>不详</td><td>㊸</td></tr>
<tr><td>桂林庙岩</td><td>新旧石器过渡时期</td><td>20000～12000</td><td>水牛</td><td>不详</td><td>㊹</td></tr>
<tr><td>柳州大龙潭鲤鱼嘴</td><td>新石器时代早期</td><td>10000～8000</td><td>牛</td><td>不详</td><td>㊺</td></tr>
<tr><td>横县江口</td><td>新石器时代</td><td>7000～5000</td><td>水牛 B. bubalis</td><td>不详</td><td>㊻</td></tr>
<tr><td>百色革新桥</td><td>新石器时代</td><td>6000</td><td>水牛 B. bubalis</td><td>6MNI</td><td>㊼</td></tr>
<tr><td>英德牛栏洞</td><td>新石器时代早期</td><td>12000～8000</td><td>水牛 Bubalus sp.</td><td>1MNI</td><td>㊽</td></tr>
<tr><td rowspan="2">广东</td><td>阳春独石仔</td><td>新石器时代早期</td><td>14900±300</td><td>水牛</td><td>不详</td><td>㊾</td></tr>
<tr style="display:none"></tr>
<tr><td rowspan="22">华东</td><td rowspan="3">山东</td><td>兖州王因</td><td>大汶口</td><td>5950～5225</td><td>水牛 . bubalis</td><td>不详</td><td>㊿</td></tr>
<tr><td>滕州庄里西</td><td>龙山</td><td>4500～4000</td><td>水牛</td><td>不详</td><td>(51)</td></tr>
<tr><td>济南大辛庄</td><td>商代晚期</td><td>3250～3000</td><td>水牛</td><td>水牛角 1</td><td>(52)</td></tr>
<tr><td rowspan="4">安徽</td><td>蚌埠双墩</td><td>双墩文化</td><td>7000～6000</td><td>水牛 Bubalus sp.</td><td>不详</td><td>(53)</td></tr>
<tr><td>黄梅塞墩</td><td>薛家岗文化</td><td>6000～4500</td><td>水牛 Bubalus sp.</td><td>7MNI</td><td>(54)</td></tr>
<tr><td rowspan="2">蒙城尉迟寺</td><td>大汶口文化</td><td>4800～4600</td><td>圣水牛
Bubalus Mephistopheles</td><td>4 NISP</td><td rowspan="2">(55)</td></tr>
<tr><td>造律台文化</td><td>4500～4300</td><td>圣水牛
Bubalus Mephistopheles</td><td>4NISP</td></tr>
<tr><td rowspan="8">江苏</td><td>邳县大墩子</td><td>大汶口文化</td><td>5800～5000</td><td>水牛</td><td>不详</td><td>(56)</td></tr>
<tr><td rowspan="3">昆山绰墩</td><td>良渚文化</td><td>5300～4200</td><td>水牛 Bubalus sp.</td><td>1MNI</td><td rowspan="3">(57)</td></tr>
<tr><td>马桥文化</td><td>3900～3100？</td><td>水牛 Bubalus sp.</td><td>1MNI</td></tr>
<tr><td>宋代</td><td></td><td>水牛 Bubalus sp.</td><td>1MNI</td></tr>
<tr><td>金坛三星村</td><td>马家浜文化</td><td>6500</td><td>水牛</td><td>不详</td><td>(58)</td></tr>
<tr><td>吴县草鞋山</td><td>马家浜文化</td><td>6015±145</td><td>水牛</td><td>不详</td><td>(59)</td></tr>
<tr><td>常州圩墩</td><td>马家浜文化</td><td>5555±150</td><td>水牛属一种 Bubalus sp.</td><td>>13MNI</td><td>(60)</td></tr>
<tr><td>吴江龙南</td><td>良渚文化</td><td>5300</td><td>水牛属的一种</td><td>10NISP</td><td>(61)</td></tr>
<tr><td rowspan="4">上海</td><td rowspan="2">青浦崧泽</td><td>马家浜文化</td><td>7000～6000</td><td>水牛</td><td>不详</td><td rowspan="2">(62)</td></tr>
<tr><td>崧泽文化</td><td>6000～5300</td><td>水牛</td><td>不详</td></tr>
<tr><td>松江姚家圈</td><td>崧泽—良渚过渡</td><td>5300</td><td>水牛</td><td>不详</td><td>(63)</td></tr>
<tr><td>闵行马桥</td><td>马桥文化</td><td>3900～3500</td><td>水牛 Bubalus sp.</td><td>角碎块 1</td><td>(64)</td></tr>
</table>

续表

地区		遗址	文化	年代（BP）	研究者所作鉴定种属	标本数量	资料来源
华东	浙江	乐清白石	新石器时代早期	10000	水牛	36NISP	㊺
		萧山跨湖桥	跨湖桥文化	8000～7000	圣水牛	24MNI	㊻
		嘉兴马家浜	马家浜文化	7000～6000	水牛 *Bubalus* sp.	不详	㊼
		桐乡罗家角	马家浜文化	6905±155	圣水牛 *Bubalus Mephistopheles*	不详	㊽
		余姚河姆渡	河姆渡文化	7000～6000	圣水牛 *Bubalus Mephistopheles*	>91NISP	㊾
		余姚田螺山	河姆渡文化	7000～6000	圣水牛 *Bubalus Mephistopheles*	13 MNI	㊿
		宁波傅家山	河姆渡文化	7000～6000	水牛（*Bubalus Mephistopheles*）	11MNI	71
		诸暨楼家桥	河姆渡文化	7000～6000	水牛（*Bubalus* sp.）	5 NISP	72
西南	四川	成都方池街	新石器到商周时期	约 4500～2200	水牛	不详	73
	云南	耿马石佛洞	新石器时代晚期	3500～3000	牛（*Bubalus* sp.）	17MNI	74
		剑川海门口	周代	3115±90，2660±125	水牛 *B. bubalis*	不详	75
	重庆	丰都玉溪	新石器中期～晚期	7000～5000	圣水牛 *Bubalus Mephistopheles*	17MNI	76
		忠县中坝	新石器末期～秦代	4500～2233	水牛	不详	77

资料来源：① D M Suratissa、汤卓炜、高秀华：《吉林通化王八脖子聚落遗址地区古生态概观》，《边疆考古研究》第 5 辑，科学出版社，2007 年，257～270 页。②西本丰弘：《兴隆沟遗址体现出的家畜饲养的可能性与狩猎活动》，《中日共同研究中国东北地区新石器文化与日本列岛文化的比较研究》（非正式出版物），北京，2003 年，111 页。③黄蕴平：《石虎山Ⅰ遗址动物骨骼鉴定与研究》，《岱海考古（二）》，科学出版社，2001 年，489～513 页。作者称之为水牛，又认为与圣水牛较为相似。我们的研究则肯定这是圣水牛。④黄蕴平：《王墓山坡下、王墓山坡中、红台坡上、东滩遗址动物骨骼鉴定》，《岱海考古（三）》，科学出版社，2003 年，259 页。⑤河北省文化局文物工作队：《河北邯郸涧沟村古遗址发掘简报》，《考古》1961 年 4 期；另见周本雄：《百家村遗址动物遗骸鉴定报告》，《临潼白家村》附录二，巴蜀书社，1994 年，125 页。⑥裴文中、李有恒：《藁城台西商代遗址中之兽骨》，《藁城台西商代遗址》，文物出版社，1985 年，181～188 页。⑦陈星灿、刘莉：《河北易县七里庄出土商代水牛的研究》，河北省文物研究所《易县七里庄》待刊。⑧胡松梅、张云翔、张天恩：《宝鸡关桃园遗址动物环境考古研究》，《西北大学学报（自然科学版）》2007 年 1 期；陕西省考古研究院、宝鸡市考古工作队：《宝鸡关桃园》，文物出版社，2007 年，309～318 页。⑨周本雄：《白家村遗址动物遗骸鉴定报告》，《临潼白家村》附录二，巴蜀书社，1994 年，123～126 页。⑩胡松梅：《高陵东营遗址动物遗存分析 》，《高陵东营——新石器时代遗址发掘报告》（附录），科学出版社，2010 年，177～199 页。⑪刘莉、阎毓民、秦小丽：《陕西临潼康家龙山文化遗址 1990 年发掘动物遗存》，《华夏考古》2001 年 1 期。⑫中国科学院考古研究所：《沣西发掘报告——1955～1957 年陕西长安县沣西乡考古发掘资料》，文物出版社，1963 年，8 页；又见周本雄：《白家村遗址动物遗骸鉴定报告》，《临潼白家村》附录二，巴蜀书社，1994 年，123～126 页。⑬胡松梅、刘莉、尹申平等：《陕西近年出土的水牛遗存及中国本土水牛的进化》，《华夏考古》2007 年 4 期。⑭袁靖、徐良高：《沣西出土动物骨骼研究报告》，《考古学报》2000 年 2 期。⑮河南省文物考古研究所：《舞阳贾湖》（下册），科学出版社，1999 年，792 页。⑯贾兰坡、张振标：《河南淅川下王岗遗址中的动物群》，《淅川下王岗》，文物出版社，1989 年，429～439 页。⑰陈全家：《郑州西山遗址出土动物遗存研究》，《考古学报》2006 年 3 期。⑱吕鹏、袁靖、杨梦菲：《西水坡遗址动物遗骸鉴定和研究》，《濮阳西水坡》（下册），中州古籍出版社、文物出版社，2012 年，

659～672页。⑲吕鹏、袁靖、杨梦菲：《颍河中上游区域考古调查出土动物遗骸鉴定报告》，《登封王城岗考古发现与研究》（下册）附录三，大象出版社，2007年，903页。⑳王学荣、杜金鹏、李志鹏等：《偃师商城发掘商代早期祭祀遗址》，《中国文物报》2001年8月5日。㉑袁靖、唐际根：《河南安阳市洹北花园庄遗址出土动物骨骼研究报告》，《考古》2000年11期。㉒Teilhard de Chardin P, Young C C. On the mammalian remains from the archaeological site of Anyang, *Pal Sin Ser C*, 1936, 12(1): 1～78；杨钟健、刘东生：《安阳殷墟之哺乳动物群补遗》，《中国考古学报》第四期，1949年。㉓李天元：《宜都城背溪遗址南区出土的动物遗骸鉴定表》，《宜都城背溪》，文物出版社，2001年，291页。㉔武仙竹、孟华平：《东门头遗址动物遗骸研究报告》，《秭归东门头》，科学出版社，2010年，415～453页。㉕袁靖、杨梦菲、陶洋等：《动物研究》，《巴东楠木园》，科学出版社，2006年，139～158页。㉖武仙竹：《湖北秭归柳林溪遗址动物群研究报告》，《秭归柳林溪》，科学出版社，2003年，268～292页。㉗陈全家、王善才、张典维：《清江流域古动物遗存研究》，科学出版社，2004年。㉘武仙竹：《湖北黑家院遗址动物遗骸研究报告》，待刊稿。感谢武仙竹先生惠赐该文。㉙武仙竹：《秭归何光嘴商代遗址发现的动物骨骼》，《秭归何光嘴》，科学出版社，2003年，118～131页。㉚黄象洪：《路家河遗址出土动物遗骸鉴定报告》，《宜昌路家河》，科学出版社，2002年，134～140页。该文提及西陵峡中堡岛也曾出土过圣水牛的骨骸，但情况不明。参见该文表三。㉛彭锦华：《湖北沙市周梁玉桥遗址动物骨骸的鉴定与研究》，《考古与文物》1990年1期。㉜武仙竹、卢德佩：《卜庄河遗址动物群研究报告》，《秭归卜庄河》，科学出版社，2008年，836～877页。㉝金升藻、刘晓娜：《天星观二号墓动物骨骼鉴定》，《荆州天星观二号楚墓》附录三，文物出版社，2003年，227～229页。水牛骨骼出土于M2∶1铜镬鼎内，包括部分前肢骨、后肢骨和躯干骨，但是没有头骨。㉞武仙竹、杨定爱：《巴东罗坪遗址群动物遗骸研究报告》，《巴东罗坪》，科学出版社，2006年，230～231页。又见《四川文物》，2006年5期。㉟李天元、冯小波：《土地湾遗址出土的动物骨骼与骨角器》，《秭归土地湾》（附录），科学出版社，2006年，297～334页。㊱湖南省文物考古研究所：《彭头山与八十垱》（上册），科学出版社，2006年，512～514页。㊲湖南省文物考古研究所：《湖南临澧县胡家屋场新石器时代遗址》，《考古学报》1993年2期。推测水牛属于人工饲养，但没有详细报道。㊳湖南省博物馆：《湖南石门县皂市下层新石器遗存》，《考古》1986年1期。㊴袁家荣：《城头山遗址出土动物残骸鉴定》，《澧县城头山中日合作澧阳平原环境考古与有关综合研究》，文物出版社，2007年，121～122页。㊵袁家荣：《汤家岗遗址动物骨骼鉴定意见》，《安乡汤家刚——新石器时代遗址发掘报告》附录一，科学出版社，2009年，493～496页。㊶袁家荣：《潇湘上游商周遗址群动物残骸鉴定》，《坐果山与望子岗——潇湘上游商周遗址发掘报告》附录二，科学出版社，2010年，638～640页。㊷中国社会科学院考古研究所等：《桂林甑皮岩》，文物出版社，2003年。㊸柳州白莲洞洞穴科学博物馆等：《广西柳州白莲洞石器时代洞穴遗址发掘报告》，《南方民族考古》第1辑，四川大学出版社，1987年，143～160页；蒋远金主编：《柳州白莲洞》，科学出版社，2009年，122～138页。㊹谌世龙：《桂林庙岩遗址的发掘与研究》，《中石器文化及有关问题研讨会论文集》，广东人民出版社，1999年，150～165页。㊺柳州市博物馆等：《柳州市大龙潭鲤鱼嘴新石器时代见丘遗址》，《考古》1983年9期；刘文、张镇洪：《广西柳州大龙潭鲤鱼嘴石器时代贝丘遗址动物群的研究》，《纪念黄岩洞遗址发现三十周年论文集》，广东旅游出版社，1991年，87～96页。㊻广西壮族自治区文物考古工作队：《广西横县江口新石器时代遗址的发掘》，《考古》2000年1期。㊼宋艳波、黄蕴平：《动植物研究》，《百色革新桥》，文物出版社，2012年，394～440页。㊽英德市博物馆、中山大学人类学系、广东省文物考古研究所：《英德史前考古报告》，广东人民出版社，1999年，76～95页。㊾邱立诚、宋方义、王令红：《广东阳春独石仔新石器时代洞穴遗址的发掘》，《考古》1982年5期。㊿周本雄：《山东兖州王因新石器时代遗址出土的动物遗骸》，《山东王因》，科学出版社，2000年，414～415页。(51)刘延常、鲁滕：《滕州庄里西遗址考古发掘获重要成果》，《中国文物报》1996年6月28日。(52)山东省文物管理处：《济南大辛庄遗址试掘简报》，《考古》1959年4期。(53)韩立刚、郑龙亭：《蚌埠双墩新石器时代遗址动物遗存鉴定简报》，《蚌埠双墩》，科学出版社，2008年，585～607页。(54)韩立刚：《湖北省黄梅县塞墩遗址动物考古学研究》，《文物研究》第9辑，1994年，31～56页；另见中国社会科学院考古研究所：《黄梅塞墩》附录二，文物出版社，2010年，337～340页。(55)袁靖、陈亮：《尉迟寺遗址动物骨骼研究报告》，《蒙城尉迟寺》，科学出版社，2001年，424～441页；中国社会科学院考古研究所：《蒙城尉迟寺（第二部）》，科学出版社，2007年，310页。(56)南京博物院：《江苏邳县四户镇大墩子遗址探掘报告》，《考古学报》1964年2期；南京博物院：《江苏邳县大墩子遗址第二次发掘》，《考古学集刊·1》，中国社会科学出版社，1981年，27～47页。(57)刘羽扬、袁靖：《绰墩遗址出土动物遗存研究报告》，《昆山绰墩遗址》附录十四，文物出版社，2011年，372～380页。(58)王根富、杭涛、李国平：《金坛三星村遗址发掘获重要成果》，《中国文物报》1996年9月22日。(59)南京博物院：《江苏吴县草鞋山遗址》，《文物资料丛刊·3》，文物出版社，1980年，1～13页。(60)黄文几：《圩墩新石器时代遗址出土动物遗骨的鉴定》，《考古》1978年4期；黄象洪：《常州圩墩新石器时代遗址的地层、动物遗骸与古环境》，《环境考古研究》第1辑，148～152页，科学出版社，1991年。(61)吴建民：《龙南新石器时代遗址出土动物遗骸的初步鉴定》，《东南文化》1991年3～4期。(62)上海市文物管理委员会：《1987年上海青浦县崧泽遗址的发掘》，《考古》1992年3期。(63)上海市文物管理委员会考古部：《上海市松江县姚家圈遗址发掘简报》，《考古》2001年9期。(64)袁靖：《自然遗存（二）——动物》，上海市文物管理委员会：《马桥》，上海书画出版社，2002年，347～369页。⑥⑤徐定水、金福来：《浙江乐清古文化遗址发掘简报》，《考古》1992年9期。⑥⑥袁靖、杨梦菲：《浙江萧山跨湖桥遗址出土动物骨骼研究报告》，《萧山跨湖桥》，文物出版社，2004年；刘莉、陈星灿、蒋乐平：《跨湖桥遗址水牛遗存的研究》，《萧山跨湖桥》，文物出版社，2004年。⑥⑦浙江省文物管理委员会：《浙江嘉兴马家浜新石器时代遗址的发掘》，《考古》1961年7期。⑥⑧张明华：《罗家角遗址的动物群》，《浙江省文物考古研究所学刊》，文物出版社，1981年，43～54页。⑥⑨魏丰、吴伟棠、张明华等：《浙江余姚河姆渡新石器时代遗址动物群》，海洋出版社，1989年。⑦⓪张颖、袁靖、黄蕴平等：《田螺山遗址2004年出土哺乳动物遗存的初步分析》，《田螺山遗址自然遗存综合研究》，文物出版社，2011年，173～205页。⑦①宁波市文物考古研究所：《傅家山——新石器时代遗址发掘报告》，科学出版社，2013年，139～144页。⑦②金幸生：《诸暨楼家桥新石器文化遗址动物群的初步研究》，《东方博物》第6辑，浙江大学出版社，2002年，306～310页；另见浙江省文物研究所等：《楼家桥、査塘山背、尖山湾》，文物出版社，2010年，127～130页。⑦③四川省文物考古研究院、成都市文物考古研究院：《成都十二桥》，文物出版社，2009年，215～218页。⑦④何锟宇：《石佛洞遗址动物骨骼鉴定报告》，《耿马石佛洞》，文物出版社，2010年，354～363页。⑦⑤云南省博物馆：《云南省剑川海门口青铜时代早期遗址》，《考古》1995年9期。⑦⑥赵静芳：《重庆丰都高家镇玉溪遗址动物骨骼的鉴定与研究》，北京大学硕士研究生学位论文，2003年。⑦⑦付罗文、袁靖：《重庆忠县中坝遗址动物遗存的研究》，《考古》2006年1期。

二、圣水牛消失的历史趋势

从考古记录看，圣水牛或者水牛盛行于新石器时代早中期。以长江流域为例，虽然从新石器时代早期一直到商周时代都有这种动物存在，但绝大多数水牛，流行于崧泽文化之前，特别是跨湖桥、河姆渡和马家浜文化时代。以田螺山遗址为例，圣水牛的最小个体数在整个动物群中所占比例从最早期的8.7%和8.3%降到了最晚期第3层的3.2%（表二），下降的趋势是非常明显的，与此相反，年代更早的跨湖桥遗址前后变化却不明显，早中晚三期水牛最小个体数（MNI）所占比例分别是12.9%、20%和16.44%（表三）。到了崧泽文化阶段及其以后，水牛只有零星发现。著名的上海马桥遗址，只发现过一个角碎块，福泉山遗址则完全没有发现，早年的研究者其实已经注意到这一点，但并未深究[6]。在长江中游，以可鉴定标本数（NISP）和最小个体数（MNI）看，仍然是以新石器时代早中期为主，虽然数量不多，但随时代降低的趋势是显著的。不过研究显示，在某些遗址，迟至商代晚期，仍有数量不少的水牛存在（比如周梁玉桥）。岭南地区的变化不很明显，从万年前后的甑皮岩到距今6000年的革新桥，都有大量水牛遗骸存在，这可能跟该地区气候炎热有关，但目前的考古发现，还难以勾勒出新石器时代晚期到青铜时代的演化趋势。

华北和中原地区，虽然迟到商周之际还有不少圣水牛发现，但很明显，就目前出土水牛遗骸的遗址数量来看，多出在龙山及其以前的仰韶文化、裴李岗文化或兴隆洼文化时代，就NISP和MNI而言，也有从早到晚数量递减的趋势。安阳也许是一个例外，但是1949年以来的发现绝少圣水牛的骨骸，推测早年德日进、杨钟健和刘东生先生估算的超过1000个标本（推测应该是NISP）的说法[7]，也许是把某些黄牛骨骼误入其中也说不定。商周之际以后，整个黄河流域和北方地区几无圣水牛的骨骼发现，图像上所见的水牛形象，也在西周晚期渐趋消失，这是非常耐人寻味的[8]。华北地区的圣水牛，除了安阳，以仰韶文化早期的凉城石虎山Ⅰ为最多，最小个体数竟然达到15个，可见这个小环境是非常适宜水牛生长的。但是，相邻的王墓山坡下遗址，年代略晚，却只有零星的发现，可能说明随着时代推移，圣水牛慢慢在该地区消失了。到了公元前三千纪末期和二千纪末期的龙山时代和商代晚期，水牛生活的北线退到河北中北部，最北的一个水牛头，是最近在河北易县发现的，这如果不是偶然，则说明直到商周之际，水牛仍然可能活跃于豫北、冀南地区，此后便在考古记录上消失了。值得讨论的是吉林通化王八脖子的发现，研究者认为这个水牛是家养的，但并没有给出充分的证据。因为出土标本量太少，又是孤例，是否水牛值得怀疑[9]。

黄河下游和淮河流域的水牛，也仍然是全新世早期多，晚期少，与中原地区的情况相仿佛，直到商代晚期，某些遗址还有零星发现（比如济南大辛庄）。长江中游地区的水牛，虽然出土数量不多，但出土水牛的遗址数量不少，这跟近年来三峡考古的大规模开展和动物考古学家的积极参与有密切关系。值得注意的是，在秭归卜庄河遗址发现了东周、秦汉和六朝时期的水牛，这是非常重要的发现，可惜因为标本量太少且多为牙齿，恐怕难以据此判断它的家养属性。不过研究者根据其出土年代强调它们是家养水牛[10]。类似的发现，还在秭归东门头出现过，该遗址宋元和明清时代的遗迹，也出土了数量不多的家水牛，研究者把城背溪文化层出土的水牛定名为圣水牛，把宋元及明清时期的水牛定为家水牛。定为家水牛的主要原因也是因为时代靠后，且明清时期的水田中已经出现水牛的蹄印，研究者并没有跟圣水牛做体型变化的比较研究。值得注意的是，公元前第一千纪晚段到公元一千纪的水牛，不管命名是什么，发现都很少，除了湖南标明为商周时代的零星发现外（如坐果山等），明确为水牛且骨骼保存较多的是荆州天星观战国墓的水牛。这头水牛，没有头部，但很多骨骼还完整地保留着，可惜研究者并没有给出测量数据。因为该水牛是在墓中出土，且出土于一个大鼎中，同墓另外一个铜鼎还出土了一个黄牛的骨骼，推测很可能水牛是家养的，但是中国古代以野生动物当做祭品的例子也不少见[11]，如果它是野生水牛，那倒与该地区水牛在先秦图像上的最晚记录吻合[12]。但是，因为没有头和角的部分，研究者也没有给出明确的测量数据，是否水牛，也当存疑。巴东罗坪汉代及明清时代的水牛，都被认为是家水牛，但又名之为 *Bubalus Mephistopheles*（圣水牛），除了出土骨骼数量太少，难以判断外，也说明研究者并不能从测量数据方面把圣水牛和家养水牛区别开来[13]。不过尽管如此，水牛在商周时代逐渐消失的趋势，在几乎所有上述地区的考古记录上都有清楚的表现。

表二　田螺山遗址 2004 年发掘资料（据资料来源⑩）

遗址 / 地层	NISP	NISP/ 总 NISP（%）	MNI	MNI/ 总 MNI（%）
K3-7	26	10	2	8.7
第 8 层	8	4.9	1	8.3
第 7 层	21	3.1	2	5.7
第 6 层	73	4.4	4	9.8
第 5 层	78	2.4	2	2.9
第 4 层	19	1.2	1	2.1
第 3 层	12	1.1	1	3.2

表三　跨湖桥遗址水牛统计资料（据资料来源⑥⑥）

遗址 / 地层	NISP	NISP/ 总 NISP（%）	MNI	MNI/ 总 MNI（%）
跨湖桥一期	90	27.86	4	12.9
跨湖桥二期	196	38.97	8	20.00
跨湖桥三期	479	42.17	12	16.44

三、圣水牛是家养水牛吗?

因为公元前第一千纪至公元一千纪水牛的出土数量很少，圣水牛是否演变为家养水牛，截至现在，还是一个很大的问题。考虑到动物从野生到家养是一个漫长的演变过程，而圣水牛在近万年的全新世时代并没有变小的趋势，就目前的材料看，把现代家养水牛看做是外来物种，也许更合适些[14]。目前所知水牛、水田和犁耕三位一体的最早形象，见于西晋时期广东的水田模型，也就是说家养水牛至少在这个时期是真的出现了。我们曾推测家养水牛很可能是从公元前1000年前后从南亚传入中国的[15]，这也是中国考古记录上圣水牛大量消失的时期。因为圣水牛和家养水牛在体型特征方面存在明显差异，如果能够发现东周和秦汉时代的水牛并予以测量，那么解决这个问题，并非没有可能。问题是，东周及汉唐时代的遗址，很少做动物考古学方面的研究，我们对这方面的资料所知甚少，所以，中国家养水牛的起源时间、地点和可能的传播路线，仍然是一个谜。不过，与猪的情况比较，圣水牛有一个很大的不同，那就是从全新世早期开始，圣水牛就呈现出一种逐渐减少的趋势，这种趋势在南北各地表现不尽一致，但是大体都在商代晚期或者商周之际趋于消失。如果圣水牛可以驯化为家养水牛，除了体型变小之外，那我们应该在新石器时代晚期或者商周时期的考古记录上发现更多的水牛，至少从这一点上来分析，圣水牛很可能是在气候变干冷的过程中因为人们的过度捕猎，而逐渐消失了。也许圣水牛还能在某些人际罕至的小环境下（比如三峡地区）生存许多世纪，但总体而言，从目前的考古材料看，我们还只得说，全新世早中期曾经繁盛一时的圣水牛，在中国大部分地区，至迟在周代是的确消失不见了。

注　释

[1] 刘莉、杨东亚、陈星灿:《中国家养水牛的起源初探》,《考古学报》2006年2期。

[2] 比如彭卫:《汉代人的肉食》,《中国社会科学院历史研究所学刊》第七集，商务印书馆，2011年，61～136页；王娟、张居中:《圣水牛的家养 / 野生属性初步研究》,《南方文物》2011年3期。

[3] 陈星灿:《圣水牛是家养水牛吗》,《殷墟八十周年发掘纪念学术研讨会论文集》，台北南港，2008年。

[4] 刘莉、杨东亚、陈星灿:《中国家养水牛的起源初探》,《考古学报》2006年2期。

[5] 本文该部分参考了王娟、张居中上引文。

[6] 黄象洪:《青浦福泉山遗址出土的兽骨》,《福泉山——新石器时代遗址发掘报告》附录三，文物出版社，168～169页。

［7］ Teilhard de Chardin P, Young C C. On the mammalian remains from the archaeological site of Anyang. *Pal Sin Ser C*. 1936, 12(1): 1～78；杨钟健、刘东生：《安阳殷墟之哺乳动物群补遗》，《中国考古学报》第四期，1949年。
［8］ 陈星灿：《圣水牛是家养水牛吗》，《殷墟八十周年发掘纪念学术研讨会论文集》，台北南港，2008年。作者最近才看到张之杰的论文《殷商畜牛圣水牛形态管窥》，《科学史通讯》1997年16期。该文与作者的某些观点略同，也指出东周之后圣水牛的图像不见了，但结论却不相同，他认为圣水牛是家养的。
［9］ D M Suratissa、汤卓炜、高秀华：《吉林通化王八脖子聚落遗址地区古生态概观》，《边疆考古研究》第5辑，科学出版社，2007年，257～270页。
［10］ 武仙竹、卢德佩：《秭归卜庄河》附录一，科学出版社，2008年，836～877页。
［11］ 武仙竹、卢德佩：《秭归卜庄河》附录一，科学出版社，2008年，836～877页。该文特别说明六朝时期才出现家水牛，在表格中东周和秦汉的水牛都不再被当成家水牛，但此前的论述认为这些水牛是家养的。
［12］ 陈星灿：《圣水牛是家养水牛吗》，《殷墟八十周年发掘纪念学术研讨会论文集》，台北南港，2008年。
［13］ 武仙竹、杨定爱：《巴东罗坪遗址群动物遗骸研究报告》，《巴东罗坪》，科学出版社，2006年，230～231页。
［14］ 刘莉、杨东亚、陈星灿：《中国家养水牛的起源初探》，《考古学报》2006年2期。
［15］ 刘莉、杨东亚、陈星灿：《中国家养水牛的起源初探》，《考古学报》2006年2期。

中国北方人面岩画研究综述

王晓琨[1]　张文静[2]
（1. 中国人民大学考古文博系、中国人民大学北方民族考古研究所；
2. 中国传媒大学艺术研究所博士后流动站）

人面岩画，顾名思义，即只以人的脸部或类（看）似人的脸部为主要刻画对象的岩画类型。人面岩画不刻画身体的躯干，但一般具备人的五官，有是否具有头部轮廓之分，有的在面部或头部轮廓的外围饰有线条。人面像岩画是一种独具特色的岩画类型，它具有神秘诡异的造型，并蕴含深刻的意义。值得一提的是，尽管岩画是一种世界性的文化现象，但人面像岩画仅仅出现在环太平洋地区的中国、蒙古、俄罗斯的西伯利亚、美国、加拿大、智利、澳大利亚等 11 个国家和地区。其中，中国的人面像岩画的数量最多，分布最广，而且，中国的人面像岩画主要分布在北方岩画的区域范围内。

一、中国北方人面岩画研究简史

关于中国人面岩画的记载最早可见于北魏郦道元的《水经注・江水》:“二滩相去二里，人滩水至峻峭。南岸有青石，夏没冬出，其石嶔崟，数十步中，悉作人面形，或大或小，其分明者，须发皆具，因名曰人滩也。”文中记载的“人滩”即人面岩画的分布地点，位置大概位于长江宜昌附近。中国对岩画的真正调查和研究是从近代才开始的。也就是说，中国岩画的研究起步较晚。中国岩画的大规模发现阶段是在 20 世纪 50 年代至 80 年代，80 年代中期后进入中国岩画研究的繁荣阶段，人面岩画的研究也是从 80 年代之后才开始的。

长期以来，国内对于人面像岩画的关注还多以发现和著录为主要工作，如盖山林的《阴山岩画》《乌兰察布岩画》《巴丹吉林沙漠岩画》[1]；盖山林、盖志浩的《内蒙古岩画的文化解读》[2]；梁振华的《桌子山岩画》[3]；许成、卫忠的《贺兰山岩画》[4]；李祥石、朱存世的《贺兰山与北山岩画》[5]；西北第二民族学院的《贺兰山岩画》[6]；陈兆复的《古代岩画》和《中国岩画发现史》[7]；吴甲才的《红山岩画》[8]；田广林的《内蒙古赤峰市阴河中下游古代岩画的调查》[9]；张松柏、刘志一的《内蒙古白岔河流域岩画调查报告》[10]；等等。

专门针对人面像岩画进行研究的著作当属宋耀良的《中国史前神格人面岩画》[11]。在《中国史前神格人面岩画》一文中，作者将全文分为人面岩画的分布范围与地理特征、图像特征与类型、制作技法与伴生符号、主要遗存址、制作年代与制作作者族属、符式的起源传播与演变、性质与功能、对中国文化的意义、流向何处几个章节。作者将中国的人面像岩画的分布总结为三块带状分布的区域：东分布带、中分布带和北分布带。其中，北分布带起始为内蒙古赤峰的克什克腾旗，向西经过阴山山脉南麓，到达内蒙古巴丹吉林沙漠西边缘的弱水东流域。这一符式的最西端到弱水的东岸即终止，从弱水的西岸，再往西到了新疆，在众多的岩画类型中，则没有一幅人面岩画的出现；中分布带为北分布带的南向分岔，它从内蒙古临河地区北部的阴山南麓，溯黄河南下，到达宁夏的贺兰山的最南端。这一区域的人面岩画创作发展到最繁盛成熟的时期，又是在这里，人面岩画的传播却突然中止，消失得无影无踪；东分布带北起内蒙古赤峰的克什克腾旗，经连云港到达闽南华安与台湾的万山。前两者处在中国北方岩画的系统中。

由此，作者认为，中国人面岩画的三大分布带，都是由将军崖岩画为发源地而传播开的：将军崖人面岩画首先是往北传播（内蒙古赤峰白岔河的一幅琼纹人面岩画与之有相似性），到达赤峰后向西传播，在内蒙古的莫勒赫图沟，人面岩画的传播分为两路，一路溯黄河南下，一路继续西进。可以说，这是一部对中国的人面岩画研究较为全面的著作，内容涵盖广泛，为我们展现了一幅中国人面岩画分布与发展流变的整体轮廓，这为后来的学者的研究奠定了很好的基础，许多方面值得肯定与借鉴。

此外，关于人面岩画的研究多是以专题性的研究性文章的形式出现。比如，在宋耀良的《环北太平洋史前人面形岩画研究》[12]一文中，作者通过对西伯利亚和中国人面岩画的比较研究，通过西伯利亚与西北美洲的比较研究，做出一个大胆的推论：分布在北美洲太平洋沿岸的人面像岩画是从中国传承扩散而来的。他假设具有凿刻人面岩画习俗和宗教的史前东亚居民，在离开黑龙江下游出海口，途径阿留申群岛时，可能携带了小型的刻有人面像的卵石，或以这种技法在当地制作了图像，因此留下众多的刻纹卵石在一路的岛屿上。当登上在阿拉斯加的美洲西北海岸后，他们又恢复了制作人面岩画的传统，在沿着海岸线向南缓慢迁移时，一路留下无数人面岩画，一直到达现美国西海岸的哥伦比亚河流域。而且，就美洲最早居民是从西伯利亚通过白令海峡迁移而来这一观点，宋先生认为目前的论据仅限于对人骨的研究，而真正可以参照比较、并具有同一内涵的文化宗教性遗物，还没有找到，但是人面岩画的确是目前所知的唯一系统的分布在两大洲之间，并明确的具有同一内涵的文化、宗教、艺术性遗物。这篇文章推论大胆，观点新颖，为人面岩画的研究开拓了思路与视野。

陈兆复在《中国的人面像岩画》[13]中，介绍了俄罗斯、加拿大、美国的人面岩画的造型，同时从整体的情况介绍了中国人面像岩画的造型和分布，并对人面岩画的年代作了讨论。

龚田夫、张亚莎在《中国人面像岩画文化浅谈》[14]中，认为中国的人面像岩画分布是相互影响的结果，有其传播路径：其源头可能在江苏连云港将军崖，并向南向北传播，向南影响到福建、台湾；向北到达内蒙古东部，并由这里向西传播，到达狼山西段和桌子山一带后，形成第一个繁荣期，而后在贺兰山贺兰口又形成第二个繁荣期，最后消失在宁夏中卫县的北山。

安英在《贺兰山西麓大井山人面像岩画研究》[15]中，讨论了大井山人面岩画的造型特点，以及人面岩画与面具的关系。

李祥石在《人面像岩画研究》[16]中，认为人面像是人类对自己的认识，对自己的理解，是第一自我的表现。同时，人面像岩画又是对神灵鬼怪、对超自然的认识和理解，是第二自我的表现。人面像岩画也是环太平洋广大地区特有的文化现象，具有同组同源文化属性的特征。

张建国在《贺兰口人面像岩画初探》[17]中，就贺兰山贺兰口的人面岩画进行讨论，指出了贺兰口人面像的分布及特点，并对该区域的人面岩画的起源、构图、文化内涵及发展流变做了探讨。

王毓红、马少波在《贺兰山岩画人面式样结构的建构、功能和意义》[18]中，认为以人面为典型代表的圆圈尤其是单圆是贺兰山岩画里最简单的式样结构，它是由简到繁的演变过程。作者认为贺兰山岩画是联结概念和视觉形象的、所能统一的视觉语言符号系统。

李福顺在《贺兰山岩画中的面具神形象》[19]中，认为贺兰山岩画中，部分岩画代表面具神，并通过民俗学的材料做对比研究。

陆思贤在《将军崖岩画里的太阳神象和天文图》[20]中，通过大量的文献资料的对比研究，认为江苏连云港将军崖岩画中的人面形象是天神的形象，是太阳神。

刘瑛在《内蒙古区域岩画图腾观念的艺术阐释》[21]中，认为从新石器时代开始产生的原始图腾观念，以艺术的形式表现出来。从新石器时代早期的人面像开始到表现民族部落之间各种关系的动物纹饰，从早期的巫师形象到人的自我神化，在这个过程中，人和动物成为无法分隔的整体。

孙新周在《内蒙岩画所见东夷文化遗存辨析》[22]一文中，认为将军崖岩画中人面是商族崇拜的鸟图腾——鸮鹰的形象，通过考辨，指出阴山岩画中的所谓猴面像，正是连云港将军崖岩画中号面像的一种文化延伸，是东夷少昊裔商族在文化发展进程中，于祖先崇拜时期所表现出的另外一种艺术形式。二者在文化特征上表现出一脉相承的源流关系。而且，阴山人面岩画中也存在蛇面图腾，它是北方鬼族的祖先神灵面像，而鬼族也属少昊裔。另外作者多阴山岩画中一幅被认为是磨盘的岩画进行了分析，认为这应当是商族作为太阳神崇拜的一种符号。所以，殷商人来自东部沿海，而且崇拜太阳，他们在阴山地区留下岩画遗迹，在方向特征上一律面向西方，面向他们祖先出发和太阳升起的地方。

田若虹在《史前岩画、傩戏与中国前戏剧形态》[23]，认为中国史前岩画是中国戏剧的源头之一，是中国艺术文化的先导。戏剧起源于远古时期人类最初的村社的宗教仪式。被称为戏剧发生学的“活化石”的“傩戏”正是脱胎于这种宗教仪式，进而发展成为一种独立的戏剧艺术形式。神格的面具化是傩戏艺术的显著特征，而傩戏的源头则追溯到史前神格人面岩画中去。

朱存世的《试论乌兰察布草原类人面岩画》[24]一文，将人面岩画分为两个类型（有面廓和无面廓），通过和阴山、贺兰山、百岔河流域及黑龙江流域人面岩画的比较，认为人面岩画起源于贺兰口至狼山这一区域，经过文化传播，在乌兰察布草原有短暂停留，向东到达百岔河流域，再向东北到达黑龙江流域。认为这两种人面类型实际是一种神灵的不同发展阶段，是动物的保护神。

杨超在《岩画的神话断代法初探——以贺兰山人面像岩画为例》[25]，通过神话和岩画之间的某种天然的契合，借助神话来为岩画断代提供参考。他的文章认为贺兰口人面像岩画总体上分为狩猎者的人面岩画，产生时间为公元前9000～前5000年左右，是贺兰口最早出现的人面像岩画；其次为具有“创世神话意义”的人类诞生岩画和表示天体的太阳神岩画，出现时间在新石器时代；最后是表现神灵祖先崇拜的岩画，它是贺兰口最晚的人面像岩画，时间约为公元前800～前200年之间。

冯军胜在《中国岩画神灵母题意象之研究》[26]中，将人面岩画中的祖先神灵作为人格化神灵的基本形，在神灵人格化的过程中，人面岩画对自然神灵渗透，产生了变化形的人面神灵，在人面岩画的影响下，生殖崇拜神灵人本化，从而产生了简略形人面神灵图像，反映了原始宗教这一复杂的精神现象。同时，在这样的神灵本体的崇拜中，无疑保留了原始思维的特征。

孙晓勇在《作为一种眼睛信仰的岩画——西辽河流域人面岩画探究》[27]中，认为西辽河流域的人面岩画的制作更加突出对眼睛的表达，而这种对眼睛的特殊关照在西辽河流域的远古文化中也是屡见不鲜的。这类表现眼睛的人面岩画可能是史前人类对眼睛崇拜的独特的艺术表达，是一种对眼睛的基本认知的文化现象。

张琰、高圆、李鑫雅在《北方面具岩画中的原始宗教含义的体现》[28]中，通过对北方面具岩画中典型的太阳神面具，骷髅面具，人面像面具岩画等，具体分析了北方先民的灵魂观念、宗教观念、生殖观念。

综上，在中国北方人面岩画的研究中，关于人面岩画的著作中多数是将重点放在对人面岩画的发现和记录描述上，这些发现为人面岩画的研究提供了基本的原始资料，为以后的研究奠定了扎实的基础。随着考察工作的深入，对人面岩画的研究逐渐涉及各个方面，研究角度多集中在美术史和宗教、民俗等领域，主要探讨人面岩画的内在涵义和意义，此外对人面岩画的传播和发展流变的研究涉及也较多。

二、中国北方人面岩画的学术价值

人面像岩画大量分布于我国的北方地带。这些人面像绝大多数表现的抽象、诡异，与现实世界似乎相距甚远。而且，人面像多磨刻在位置较高的山体岩面上，岩画分布点的周围则地势地平、开阔，有水源的存在。如内蒙古巴彦淖尔市磴口县的格尔敖包沟，人面像所处位置面向一个开阔地带，而且至今仍有数条小溪潺潺流过。经过几十年的研究，人面岩画被认为是和宗教有关的遗存。“宗教考古学和宗教人类学的大量研究证明，人类最早的宗教观念是在灵魂观念上而逐渐产生的‘万物有灵论’，由肉体死亡灵魂继续存在的观念而逐渐产生了对死去的氏族祖先之亡灵的崇拜；由万物有灵而逐渐产生了对自然物和自然力的崇拜。”[29]

这种宗教观念的产生源于人类早期在从事生产实践的过程中，对自然和社会的支配能力以及认识世界的思维能力有限，进而产生了对“超自然的自然力量和超人间的氏族祖先的崇拜”[30]。这种信念使得人们相信，这些神灵威力无比，控制着人的来世和今生，这就不可避免地导致了对它们的畏惧或实际崇拜。先民们相信，人死而魂不灭，祖先或死去的亲人的灵魂即可以庇护后人，但又可能祸害子孙，由此而产生对死者亡魂的畏惧和崇拜。

王仁湘先生对我国9000座已经清理的新石器时代墓葬加以整理和分析，对墓葬的定向原则做了一个研究，认为“在大多数情况下，墓向所指都是所谓灵界，或祖居祖坟之地。墓葬定向的原则并不相同，这应是由于各文化共同体信仰及传统不同”[31]。这种埋葬制度是原始人灵魂不死观念和祖先信仰、灵魂崇拜的佐证。既然灵魂不死，那灵魂在离开躯体后，就要有所依托，要有一个归宿。在萨满观念中，宇宙分为三界，即神灵之所、人类和动植物居住之所，以及祖先亡魂和恶魔的居所。人死之后，真魂是不死的，真魂是人和动物最有生命力的本魂，是永生的魂和能够转生的魂。萨满教认为，居于牙齿、骨窍和头发中真魂能够永世长存。

张光直先生在《美术·神话与祭祀》中引用了佛尔斯脱的观点，即“‘亚美式萨满教的意识形态内容’，就是相信人类和动物的灵魂，或其本质生命力，一般驻居在骨头里面，经常在头的骨里”[32]。这种认识或观念的形成源于原始人对死亡现象的观察：人死后，躯体会很快腐烂，但是头骨和头发却可以长久保留。因此，就产生了对头骨的崇拜。利普斯更是指出：“在人造的祖先像外，死人的头骨或骨骼也作为含有‘灵魂力量’之物而受到崇拜……既然头骨时常被当成灵魂的座位，自然就要获得它、保存它，假如它属于一个杰出人物如祭司或首领，更是如此……从死人崇拜发展到头骨崇拜，发展出面具崇拜及其舞蹈和表演。刻成的面具，象征着灵魂、精灵或魔鬼。”[33]

在原始社会多神崇拜和灵魂不死等萨满信仰观念的影响下，先民们赋予了面具以特殊而神秘的氛围，认为凡是戴上假面，或是饰面、涂面、纹面等，是具有某种宗教意味和某种愿望与禁忌行为的神圣行为，是神灵世界最好想通的标识和徽记。萨满具有通灵术，面具是借以在人和超自然之间建立联系的一种媒介。自然，面具也就成为被崇拜的对象[34]。但是，无论是头骨崇拜，还是面具崇拜，都是灵魂崇拜的表现。

岩画已被普遍认为是早期人类记录他们的社会、历史及生存方式的一种途径，并以此来表达他们对世界的理解、认识以及他们的信仰。而岩画也被认为是再现早期人类历史的直接依据。而人面岩画的研究对于探讨早期人类的思想及信仰，找寻早期人类在创作时的意图，再现当时的社会历史与文化的面貌，都有重要的意义。尽管以往的学者在人面岩画的内涵方面都有研究，但是这些都有待进一步的深入研究。

对于人面像岩画仅仅发现在环太平洋地区这一现象，学界很容易把人面像岩画的传播和印第安人的起源联系在一起。从比较语言学和牙齿形态学来看，已经证实印第安人的祖先的确来自东北亚。地质考古资料也证明，东西伯利亚与阿拉斯加的最后一次连接（白令大陆桥，即现在白令海峡）在距今1.4～1.1万年之间。美洲印第安人是在距今1.4～1.2万年前，从东北亚经由白令陆桥到达美洲的，属蒙古人种。人面像岩画的创作年代，学界普遍认为偏早，多数观点倾向于旧石器时代的晚期，这与蒙古人种到达美洲大陆的时间接近，因此，部分学者认为人面像岩画是亚欧大陆蒙古人种的文化向外传播的结果。

至于人面像的起源地则众说纷纭，著名学者宋耀良认为环太平洋的人面岩画系一种同源文化传播所致，都是由江苏连云港将军崖岩画为发源地而传播开的。他在《中国史前神格人面岩画》[35]一文中，提出中国的人面像岩画的分布有三条分布带以及中国人面岩画的传播路线。之后，他又提出分布在北美洲太平洋沿岸的人面像岩画是从中国传承扩散而来的。至此，宋耀良的研究，似乎为我们勾勒出了人面像岩画发展、流变的脉络。但是，他在文中，仅是针对各地区的部分人面像岩画进行比较，找出共性，得出结论。也就是说，这样的比较研究缺乏大量的基础数据做支持，因而结论也就略显单薄。此外，宋耀良认为中国出土的人面形器物和人面岩画的文化内涵和符式特征是一致的，都是农业文化的产物，都是华夏族的祖先制作的，这一结论还有待充分的讨论。因此，我们认为他的观点应该算是一种假说或假设，姑且称之为"宋耀良假说"，具体的论证还有待学术界持续的研究。因此，关于人面岩画的发展流变以及它的传播都需要进一步的研究。这也就为中国人面岩画的研究留下很大的空间。

此外，中国无论是岩画的研究，还是人面岩画的研究，都缺乏理论和方法。而岩画学作为一门新兴学科，它就应该被作为一种独立的文化来看待，这样科学的研究方法必不可少。所以中国岩画研究以及人面岩画研究的一个重要的研究任务就是建立起自身的文化体系。这就需要中国岩画学者们孜孜以求的探索。

附记：本文得到中国人民大学科学研究基金（中央高校基本科研业务费专项资金）资助，项目成果为12XN1011。

注　　释

［1］盖山林：《阴山岩画》，文物出版社，1986年；《乌兰察布岩画》，文物出版社，1989年；《内蒙古岩画》，北京图书馆出版社，1998年；《巴丹吉林沙漠岩画》，北京图书馆出版社，1998年；《内蒙古岩画的文化解读》，北京图书馆出版社，2002年。

［2］盖山林、盖志浩：《内蒙古岩画的文化解读》，北京图书馆出版社，2002年。

［3］梁振华：《桌子山岩画》，文物出版社，1998年。

［4］许成、卫忠：《贺兰山岩画》，文物出版社，1993年。

［5］李祥石、朱存世：《贺兰山与北山岩画》，宁夏人民出版社，1993年。

［6］西北第二民族学院：《贺兰山岩画》，上海古籍出版社，2007年。

［7］陈兆复：《古代岩画》，文物出版社，2002年；《中国岩画发现史》，上海人民出版社，1991年。

［8］吴甲才：《红山岩画》，内蒙古文化出版社，2008年。

［9］田广林：《内蒙古赤峰市阴河中下游古代岩画的调查》，《考古》2004年12期。

［10］张松柏、刘志一：《内蒙古白岔河流域岩画调查报告》，《文物》1984年2期。

［11］宋耀良著：《中国史前神格人面岩画》，上海三联书店，1991年。

［12］宋耀良：《环北太平洋史前人面形岩画研究》，（加拿大）《文化中国》第3卷4期。

[13] 陈兆复:《中国的人面像岩画》,《寻根》1994 年 2 期。
[14] 龚田夫、张亚莎:《中国人面像岩画文化浅谈》,《中央民族大学学报》2006 年 3 期。
[15] 安英:《贺兰山西麓大井山人面像岩画研究》,《三峡论坛》2012 年 2 期。
[16] 李祥石:《人面像岩画研究》,《文化学刊》2011 年 5 期。
[17] 张建国:《贺兰口人面像岩画初探》,《三峡论坛》2012 年 6 期。
[18] 王毓红、马少波:《贺兰山岩画人面式样结构的建构、功能和意义》,《宁夏社会科学》2010 年 1 期。
[19] 李福顺:《贺兰山岩画中的面具神形象》,《化石》1991 年 4 期。
[20] 陆思贤:《将军崖岩画里的太阳神象和天文图》,《淮阴师范学院学报(哲学社会科学版)》1983 年 3 期。
[21] 刘瑛:《内蒙古区域岩画图腾观念的艺术阐释》,《福建论坛(社科教育版)》2011 年 8 期。
[22] 孙新周:《内蒙岩画所见东夷文化遗存辨析》,《中央民族学院学报》1989 年 6 期。
[23] 田若虹:《史前岩画、傩戏与中国前戏剧形态》,《韩山师范学院学报》1999 年 1 期。
[24] 朱存世:《试论乌兰察布草原类人面岩画》,《内蒙古文物考古》2000 年 1 期。
[25] 杨超:《岩画的神话断代法初探——以贺兰山人面像岩画为例》,《三峡论坛》2012 年 2 期。
[26] 冯军胜:《中国岩画神灵母题意象之研究》,《内蒙古大学艺术学学报》2004 年 2 期。
[27] 孙晓勇:《作为一种眼睛信仰的岩画——西辽河流域人面岩画探究》,《南京艺术学院学报》2012 年 6 期。
[28] 张琰、高圆、李鑫雅:《北方面具岩画中的原始宗教含义的体现》,《内蒙古农业大学学报(社会科学版)》2007 年 4 期。
[29] 吕大吉:《原始社会氏族—部落宗教的形成和演变》,《原始宗教与萨满教卷》,民族出版社,2008 年,5 页。
[30] 吕大吉:《原始社会氏族—部落宗教的形成和演变》,《原始宗教与萨满教卷》,民族出版社,2008 年,5 页。
[31] 王仁湘:《我国新石器时代墓葬方向研究》,《中国原始文化论集——纪念尹达八十诞辰》,文物出版社,1989 年。
[32] 张光直著,郭净、陈星译,《美术 · 神话与祭祀》,辽宁出版社,1988 年,121 页。
[33] 〔德〕利普斯著,汪宁生译:《事物的起源》,四川民族出版社,1982 年,346~347 页。
[34] 郭淑云:《原始活态文化——萨满教透视》,上海人民出版社,2001 年,572~575 页。
[35] 宋耀良:《环北太平洋史前人面形岩画研究》,(加拿大)《文化中国》第 3 卷 4 期。

论《中国古代制陶工程技术史》的研究方法

李文杰
（中国国家博物馆）

笔者从1980年开始研究中国古代制陶技术史，其宗旨是将制陶技术史研究的理论、方法、内容、重点、体例、名词术语都达到规范化的程度，建立一个具有中华民族特色的制陶技术史研究体系。遵照俞伟超教授的意见，从1989年开始集中全力研究中国古代制陶技术史。1996年出版了《中国古代制陶工艺研究》。同年应中国科学院自然科学史研究所邀请，承担了编写《中国古代制陶工程技术史》的任务，2001年承蒙俞伟超教授撰写了序言，2009年承蒙严文明教授审阅了书稿。2009～2011年依照严文明教授的意见，亲自利用电脑修改了书稿。

本书注重两点：一是“证据确凿”，二是“理性分析”，前者是研究的基础，后者是提高和创新。本书的特点是将考察实物与模拟实验相结合，常以模拟实验作为验证结论的手段。本书既是系统研究中国古代制陶工程技术史的专著，又是《中国古代工程技术史大系》当中的一个组成部分，即将由山西教育出版社出版。

一、研究方法实例

笔者针对各时期制陶技术的特点，采用相应的研究方法，现以实例说明如下。

（一）新石器时代早期（公元前13000～前7000年）的制陶技术

关于泥片贴筑法。广西桂林市甑皮岩遗址第三期、第四期的陶器，口部标本有明显的泥片贴筑痕迹，从剖面图上看，其口边有钩状包裹现象，这种现象在口部朝上的条件下才有可能产生，制陶者用手将口边的泥片上端向内或向外按压，使其产生弯曲形变。由此可见，口边的钩状包裹现象是这批器物采用正筑泥片贴筑法成型的直接证据。既然如此，也就可以肯定底部朝下，从底部开始筑成，直到口部，制作时，坯体呈现正立状。既然口部和底部的制作程序都是自下而上，腹部也就一目了然：先贴筑腹下部，后贴筑腹中部。笔者将考察陶器上所遗留的痕迹和现象与逻辑推理相结合，对甑皮岩遗址泥片贴筑法的具体步骤进行了研究，得出应有结论。

本文中所用的资料都引自《桂林甑皮岩》[1]第三期和第四期，笔者对其成型工艺曾做过研究[2]。

通过研究，对甑皮岩遗址坯体的成型工艺有以下认识：

第三期和第四期许多陶器口部标本有一种共同现象，即剖面图上所显示的钩状包裹现象，有外片包住内片、外片包住中片和内片、内片包住外片、内片包住中片和外片等形式。这种现象是制陶者对泥片的上端施加外力，使其产生弯曲形变所致，也可以说是对泥片进行窝边处理所致。这里必须强调一点：窝边处理是制作毛坯的最后一道工序，即收尾工序。可见钩状包裹现象是甑皮岩遗址陶器采用正筑泥片贴筑法成型的直接证据，实施泥片贴筑法的步骤是从底部筑到口部。

第三期和第四期坯体成型工艺的特点是：都流行正筑泥片贴筑法，器底都是捏塑而成，器壁都是泥片贴筑而成。捏塑法可以追溯到第一期的圜底釜，而泥片贴筑法是第二期新出现的，在制作坯体的过程中已经将捏塑法与泥片贴筑法巧妙地融合在一起。

与第三期相比，第四期贴泥片的方法有明显进步，表现在口部标本的钩状包裹现象上：第三期向内包裹的占大多数，向外包裹的占少数，这表明泥片主要是从胎壁外侧贴上，还表明贴泥片的操作方法尚未规范化；第四期几乎都是向外包裹，这表明泥片主要是从胎壁内侧贴上，还表明贴泥片的操作方法基本上达到规范化的程度。与从胎壁外侧贴泥片相比，从胎壁内侧贴泥片的优点是：制陶者比较容易看清和掌握泥片之间相互叠压的宽度，从而黏贴的位置更加准确，泥片之间黏贴得更加牢固。操作方法规范化的优点是提高了制陶的效率。

（二）新石器时代中期（公元前7000～前5000年）的制陶技术

> 关于泥片贴筑法。研究古代制陶技术的重点和难点是坯体的成型方法，容易出错之处也是成型方法。抓住重点、克服难点、避免出错的诀窍是从出土实物上找到成型方法。笔者考察河南舞阳县贾湖遗址的陶器时[3]，着重寻找成型方法，将泥片贴筑法分为倒筑盘筑法、倒筑圈筑法、正筑圈筑法三种，独特之处是在所绘的线图上明显地表现出成型方法。

倒筑盘筑法的操作要点是：从口部开始筑成，当时坯体呈倒立状，泥片排列成盘旋上升状，例如贾湖遗址第一期的罐形壶 M110：1（图一）。

倒筑圈筑法的操作要点是：从口部或肩部开始筑成，当时坯体呈倒立状，泥片排列成一圈又一圈，垒叠而上，每圈首尾衔接，例如贾湖遗址第三期的双耳罐 M28：1。

正筑圈筑法的操作要点是：从底部开始筑成，坯体始终呈现正立状，泥片排列成一圈又一圈，垒叠而上，每圈首尾衔接，例如贾湖遗址第二期的侈口罐 M22：3，第三期的双耳罐 T17③B：9 和 H28：36。

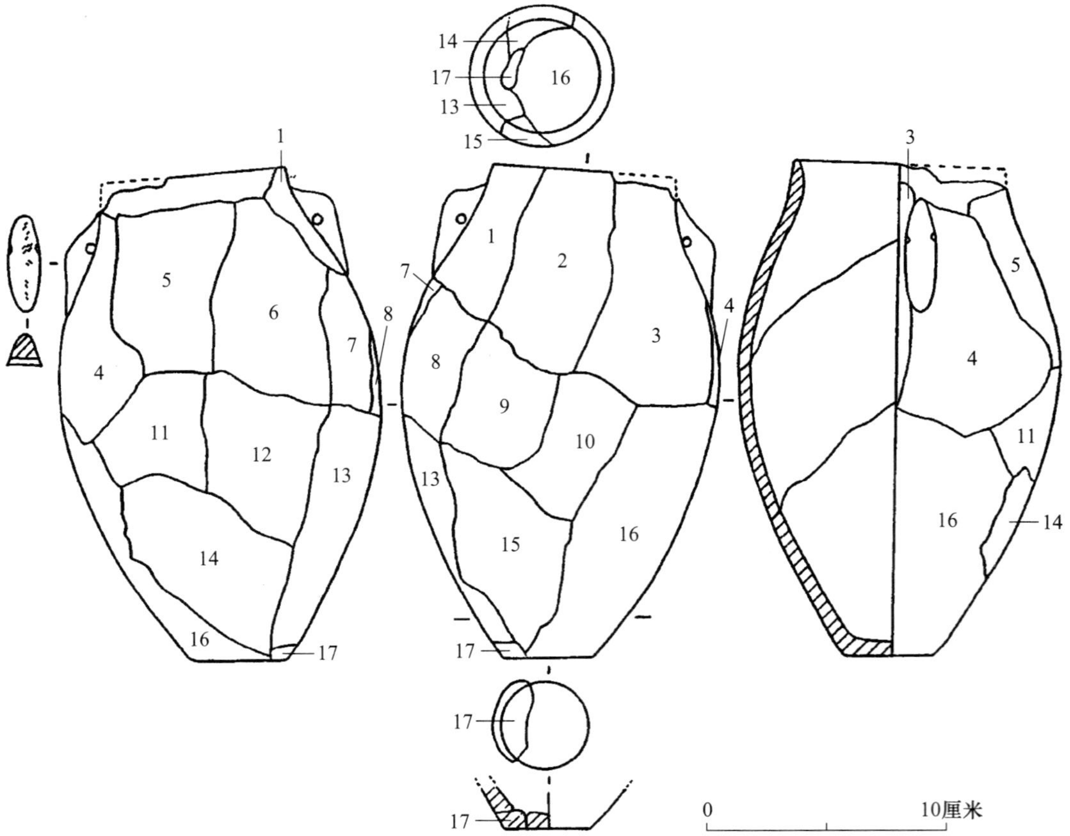

图一　河南舞阳贾湖遗址泥片筑成的罐形壶（M110：1，一期）

关于慢轮制陶的起源。现有考古发掘资料中，最早的慢轮修整痕迹（细密轮纹）见于河南舞阳县大岗遗址[4]。该遗址晚于贾湖遗址第三期，属于贾湖文化晚期，出现慢轮装置上的帽式陶转盘、经过慢轮修整的陶盆、轮绘而成的彩陶。三者同时出现，互相印证，证实在新石器时代中期最后阶段出现了慢轮制陶技术。将三者连贯起来思索，找出它们之间的内在联系，做出正确判断，终于得出慢轮制陶起源于贾湖文化晚期的结论。

慢轮是新石器时代中期的制陶者在长期使用垫板制陶的基础上发明的，它是由垫板逐渐演变和发展而来的。在垫板下面中央凿一个圆洞，在圆洞内安装一个轴筒，将轴筒套在插入地里的木桩（车轴）上，用手拨动垫板，垫板就会慢速旋转，这样的垫板就变成了慢轮的轮盘，整个装置就成为慢轮，这是中国古代历史上首先出现的、最原始的轮轴机械，它是新石器时代晚期快轮装置的前身，如果没有慢轮，就不会有后来的快轮，因此慢轮的出现具有重要意义。

然而，由于慢轮装置在结构上存在缺陷，具体地说，由于轴筒与车轴之间的接触面太大，导致摩擦力太大，轮盘的转速有很大的局限性，只能以慢速旋转用于修整坯体，不能以快速旋转用于拉坯成型。这是慢轮与快轮之间的根本区别。

所谓慢轮修整是在利用慢轮装置带动毛坯慢速旋转的条件下，用刮板、湿手或湿布对毛坯进行修整，使胎壁变得厚薄均匀、表面平整、形制规整浑圆，尤其是唇沿的细部特征显得更加鲜明。经过慢轮修整，毛坯变为成坯，器表留有平行线状的细密轮纹。在现有考古发掘资料中，最早的慢轮修整痕迹（细密轮纹）见于河南舞阳县大岗遗址。大岗遗址出现慢轮装置上的构件帽式陶转盘，例如H4：4（图二，1），这是中国境内目前所发现年代最早的慢轮制陶工具，至于木质的慢轮装置本身应是由轮盘、轴筒和车轴三部分构成，都已经腐朽，难以发现。

陶转盘的作用有三个：一是由于轮盘是木质的，经常遇水会腐朽，陶转盘是陶质的，经过烧制不怕水，可以为轮盘起挡水作用；二是将陶转盘扣放在轮盘上，在陶转盘的小平顶上面修整坯体，工作台提高了，制陶者可以坐着修整坯体，非常方便；三是陶转盘小平顶的圆心与轮盘的圆心重合（处于同一垂直线上），将坯体置于小平顶中央，也就恰好置于轮盘中央，轮盘旋转时，坯体不会晃动。

大岗遗址出现了经过慢轮修整的陶器，例如陶盆H4：13（图二，2），器表留有细密轮纹，这是中国境内目前所发现年代最早的经过慢轮修整的陶器。

大岗遗址还出现了轮绘而成的彩陶，例如彩陶罐H4：10（图二，3），轮绘赭红彩平行条纹15周，这是中国境内目前所发现年代最早轮绘而成的彩陶。

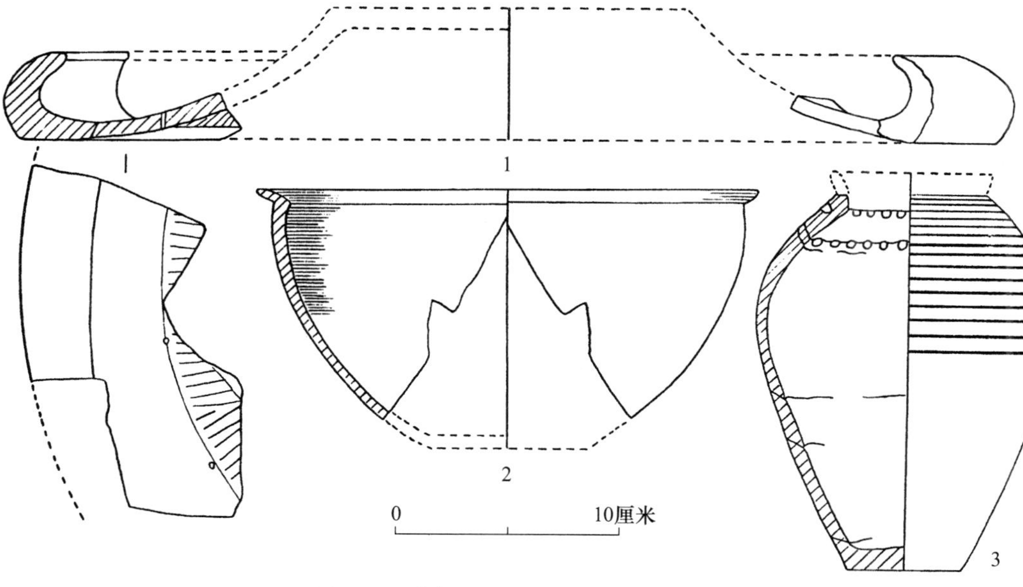

图二　河南舞阳大岗遗址泥条筑成的陶器

1. 帽式陶转盘（H4：4） 2. 陶盆（H4：13） 3. 彩陶罐（H4：10）

这里需要强调一点：判断陶器属于手制范畴还是轮制范畴应以成型方法为准。在慢轮上制作坯体时，仅限于修整，成型方法没有什么变化，还是沿用泥条筑成法，因此慢轮制陶仍然属于手制范畴。所谓轮制是快轮制陶的简称，系指快轮拉坯成型而言。有些学者将慢轮修整纳入轮制范畴，这种看法是不正确的。

（三）新石器时代晚期（公元前5000～前3000年）的制陶技术

关于快轮制陶的起源。现有考古资料表明，快轮制陶的起源是多元的。笔者首先将分布在三个地区及文化中涉及快轮制陶的资料逐一进行分析，三个地区及文化是：黄河下游地区的大汶口文化中期偏晚，例如山东曲阜市西夏侯遗址下层墓和上层墓；长江中游地区的大溪文化晚期，例如湖北枝江市关庙山遗址大溪文化第四期；长江下游地区的崧泽文化晚期，例如上海市青浦县崧泽遗址和福泉山遗址。然后将三者连贯起来思索，找出它们之间的内在联系，归纳出快轮制陶的特点。目前未见它们之间互相传播的迹象，因此得出三个地区及文化各自独立发明了快轮制陶技术的结论。

制陶者在长期使用慢轮修整坯体的基础上，逐渐改进慢轮装置的结构及其操作方法，提高了轮盘的转速，终于在新石器时代晚期的最后阶段发明了快轮装置及其操作方法，从此出现了快轮制陶技术。所谓快轮制陶系指利用轮盘快速旋转所产生的离心力和惯性力，将置于轮盘中央、陶转盘的小平顶之上的泥料直接提拉成所需形状的坯体这一工艺过程而言。

现将三个地区及文化分别介绍如下：

一是黄河下游地区的大汶口文化中期偏晚。例如山东曲阜市西夏侯遗址下层墓和上层墓[5]，都发现少量轮制的小陶器，小鼎（图三，2）内底的螺旋式拉坯指痕是快轮拉坯成型的痕迹，高柄杯（图三，3）内壁的细密轮纹是快轮慢用修整的痕迹，实柄小豆（图三，1）柄下端的偏心涡纹是用线绳切割时遗留的痕迹。这些痕迹反映了快轮制陶的全过程。

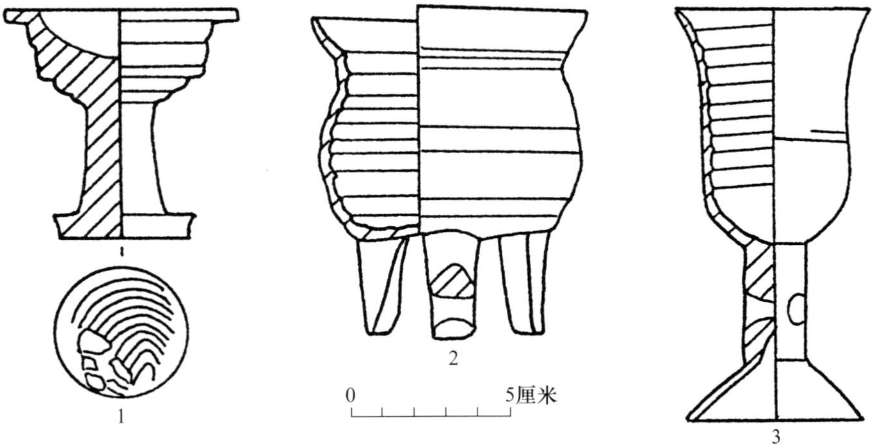

图三　山东曲阜西夏侯遗址大汶口文化轮制的陶器

1. 实柄小豆（M4：39）　2. 小鼎（M5：39）　3. 黑陶高柄杯（M12：3）

二是长江中游地区的大溪文化晚期。例如湖北枝江市关庙山遗址大溪文化第四期（即大溪文化晚期）[6]，碗形豆 T52 扩方③ G3：27（图四，1）的圈足内壁留有明显的螺旋式拉坯指痕，圈足外表的拉坯指痕隐约可见；碗形豆 T52 扩方③ G3：32（图四，2）的圈足内壁也留有螺旋式拉坯指痕。

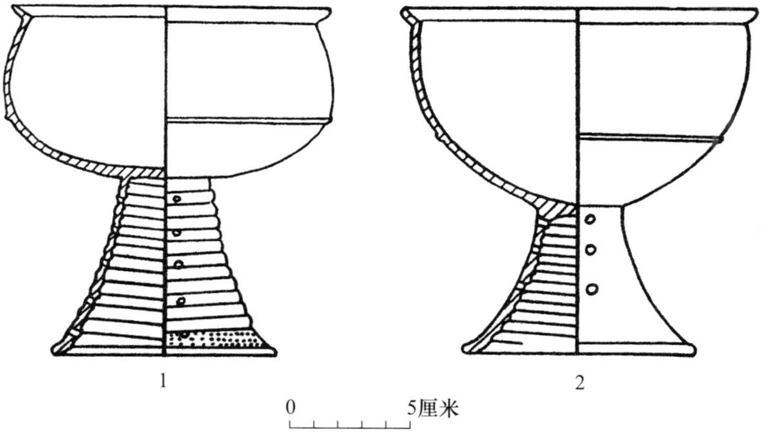

图四　湖北枝江关庙山遗址大溪文化第四期轮制的陶豆

1. T52 扩方③ G3：27　2. T52 扩方③ G3：32

三是长江下游地区的崧泽文化晚期。例如上海市青浦县崧泽遗址[7]中层墓葬第三期的陶杯 M85：4（图五，1），内底有清晰的轮旋痕（即螺旋式拉坯指痕），线图上表现出内底呈现凹凸状。青浦县福泉山遗址[8]灰黑土层的陶壶 T39 ⑤：9（图五，2），内底也有轮旋痕，线图上表现出内底呈现凹凸状；陶壶 83 采：1（图五，3），从内底至内壁都有顺时针方向的螺旋式拉坯指痕。

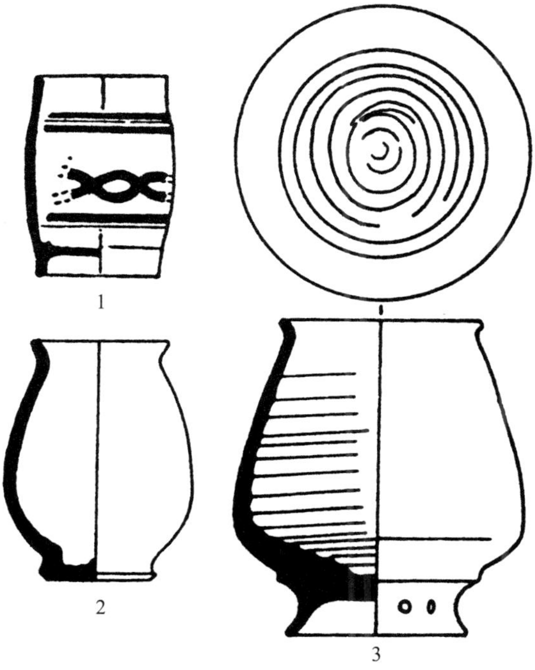

图五　上海市青浦出土轮制的陶器

1. 陶杯（崧泽遗址 M85：4）　2、3. 陶壶（福泉山遗址 T39 ⑤：9、83 采：1）

在上述遗址中，除西夏侯之外其余遗址都测定过 ^{14}C 年代，最早的为公元前 3606～前 3142 年，最晚的为公元前 3360～前 2944 年（表一）。也就是说，在公元前 3606～前 2944 年期间，中国境内的制陶者发明了快轮制陶技术，这是中国古代制陶技术史上的重大事件，具有深远的影响，在后世瓷器的成型工艺中，不但长期而且主要沿用轮制法。

关于轮制器物在器表上可能残留的三种痕迹。第一种，普遍留有平行的螺旋式拉坯指痕；第二种，外底会留下用线绳切割时形成的偏心涡纹；第三种，有时从坯体内外表面还可以看到细密的麻花状扭转皱纹。这三种痕迹也是今人鉴别古代陶器是否轮制的重要依据。其中，“拉坯指痕”是主要的证据；“偏心涡纹”有时在慢轮制陶中也可以看到，只能作为旁证；“麻花状扭转皱纹”则往往较难看到。当然，如果经过较好的修整和装饰，这几种痕迹都有可能消失。在相当长一个时期内，我国考古界对快轮制陶的发明期和发明地区都产生过一些不同的观点，有些学者认为它发明于仰韶文化晚期，其实仰韶文化晚期并无轮制技术，产生这些分歧的一个重要原因是：对快轮成型的这些痕迹存在不同的理解和看法。

表一　大溪文化晚期、崧泽文化晚期 ^{14}C 年代数据表

实验室标本号	遗址	单位	文化性质及分期	标本物质	测定年代（^{14}C 半衰期 5730）	树轮校正年代	
						按达曼表	按高精度表
ZK-0832	湖北枝江市关庙山	T51 ③	大溪文化第四期	木炭	4760±110	5330±145	BC3606～3142
Zk-1250	上海青浦县福泉山	T3 灰黑土层	崧泽文化晚期	炭化木	4730±80	5295±120	BC3499～3142
ZK-0991	湖北枝江市关庙山	属于 T76 ③层的一个柱坑，它打破③ H180 和④ BF30 的北火塘	大溪文化第四期	③层柱坑内的炭化木柱	4680±80	5235±120	BC3371～3101
ZK-0437	上海青浦县崧泽	T4 ② M87	中层墓葬第三期	人骨	4635±105	5180±140	BC3360～2944

（四）铜石并用时代早期（公元前3000～前2500年）的制陶技术

关于陶器的造型特征。过去有些考古发掘报告对陶器从头到尾都有详细描述，但从制陶工艺角度来看不确切，例如将陶器的烧制工艺放在前，坯体的成型工艺放在后，前后颠倒，将慢轮修整写成轮制，造成混乱；从造型角度来看不规范，同样的器形有很不相同的描述。产生这些现象的直接原因是考古工作者不太了解制陶工艺，尚未从造型角度去研究陶器的形制特征，根本原因是学校的考古专业教育没有设置制陶工艺和器物造型特征方面的内容。笔者首次采用象限法来研究中国古代陶器的造型特征[9]，提出应以象限作为衡量陶器造型特征的标准。

湖北枝江市关庙山遗址屈家岭文化晚期陶器外轮廓线的线型大致可以分为曲线、斜线（或直线）两大类，以曲线为主。下面将口部至腹部的剖面绘于象限图中进行分析。

1. 曲线类

一般为自由曲线，它是用圆规画不出来的曲线，规整的弧线十分罕见。从剖面图上看，曲线分为口沿、肩（或腹）部两段，两段之间一般有较明显的连接点，只有个别连接点不明显。通过连接点（0 点）绘坐标轴，X 轴为横坐标轴，与口边平行；Y 轴为纵坐标轴。纵、横坐标轴将平面分为第Ⅰ、第Ⅱ、第Ⅲ、第Ⅳ四个象限，根据器物外轮廓线的两段曲线在象限图中所处的具体位置和曲线方向的不同，可以分为以下八种：

凹沿、弧壁。口沿位于第Ⅱ象限，外轮廓线向器外呈弧形凸出，内壁向器外呈弧形凹进；腹壁位于第Ⅳ象限，外轮廓线向器外呈弧形凸出。其中双腹豆、双腹碗是屈家岭文化晚期最典型的器物。值得注意的是，两段曲线之间连接点的位置有从器身上部逐渐移至中部偏上，再移至中部偏下的趋势。凹沿圈足碗与双腹豆的差别是前者连接点更靠近口边，口沿更窄，腹壁更靠近 Y 轴，腹较深。凹沿平底盆，连接点靠近口边，口沿较宽，靠近 X 轴，口向上仰，腹壁靠近 Y 轴。凹沿圈足盆形甑，口沿和腹部都靠近 Y 轴，口沿略呈站立状，腹较深。

凹沿、凹壁。凹沿圈足杯的口沿位于第Ⅱ象限，外轮廓线略呈弧形凸出，内壁向器外呈弧形凹进；腹壁位于第Ⅳ象限，外轮廓线向器内呈弧形凹进，腹壁靠近 Y 轴，腹较深。

凹沿、鼓腹。其中凹沿平底罐的腹壁距 Y 轴较近，为深腹。凹沿袋形圜底罐的口沿外轮廓线呈波状曲线；腹壁外轮廓线挨近 Y 轴，腹上部和底部都是微曲线，腹下部是曲率大的曲线，因而呈现袋形。凹沿釜的腹壁位于 X 轴与 Y 轴的中间，因而腹甚鼓，呈现扁圆状。圜底罐与釜的共同点是均为圜底器，主要差别在于二者腹部深浅不同，因此，应将深腹者称为圜底罐，浅腹者（尤其是扁圆腹者）称为釜。

翻沿、鼓腹。翻沿盂形器的口沿位于第Ⅱ象限，外轮廓线向器内呈弧形凹进，内壁向器内呈弧形凸出，好像口沿外翻；肩部位于第Ⅲ象限，外轮廓线向器外呈弧形凸出。

内折沿、弧壁。内折沿圈足碗的口沿位于第Ⅰ象限，外轮廓线向器外略呈弧形凸出；腹壁位于第Ⅳ象限，外轮廓线向器外呈不规则形凸出。

子母口、弧壁。子母口碗的口沿位于第Ⅰ象限，外轮廓线向器内呈弧形凹进，形成子母口；腹壁位于第Ⅳ象限，外轮廓线向器外呈弧形凸出。

垂沿、弧壁。口边略高于 X 轴，口沿位于第Ⅱ、Ⅲ象限，呈下垂状，外轮廓线（这里指沿下）向器外呈弧形凹进，沿面（这里指沿上）向器外呈弧形凸出；腹壁位于第Ⅳ象限，外轮廓线向器外呈弧形凸出。其中垂沿圈足盆、垂沿凹底盆的腹壁距 Y 轴较近，因此腹较深。垂沿盘形豆的口沿最窄，腹壁位于 X 轴与 Y 轴的中间，因此器身呈浅腹盘形。

翘沿、弧壁。翘沿喇叭形纽器盖的口边略低于X轴，口沿位于第Ⅱ、Ⅲ象限，呈上翘状，外轮廓线（这里指沿上）向器外呈弧形凹进，沿面（这里指沿下）向器外呈弧形凸出；腹壁位于第Ⅰ象限，外轮廓线向器外呈弧形凸出。这种器盖实际上是两用器物，仰放时可以作为陶豆使用。

2. 斜线（或直线）类

从剖面图上看，此类造型的结构比较简单，根据各种器物的外轮廓线在象限图中所处具体位置的不同，可以分为以下三种：

有口无沿，口是斜壁（或直壁）的顶端。斜壁(或直壁)位于第Ⅳ象限，外轮廓线靠近Y轴。其中斜壁凹底杯、斜壁圈足杯、大口直壁圈足杯的口边都与X轴重合，最后一件的外轮廓线与Y轴挨得很近，几乎与口边垂直，因此可以称为直壁。斜壁折腹圜底缸的胎较厚，斜方唇，因此口边略高于X轴。

有斜领。斜领壶形器的领外轮廓线位于第Ⅱ象限，挨近Y轴；肩部位于第Ⅲ象限，外轮廓线略呈斜线状，靠近X轴，因此呈现广肩状。

有口无沿，口是斜壁的起点。斜璧柱形纽器盖由于方唇，口边略低于X轴；斜壁的外轮廓线位于第Ⅰ象限，靠近X轴，因此呈现浅腹状。

上述坯体造型特征的形成与以下三个因素有关：

一是与使用功能有关。这是主要因素，例如陶碗、陶豆的口沿多位于第Ⅱ象限，腹壁位于第Ⅳ象限，器身呈现敞口造型，便于作为饮食器使用和洗刷。双腹造型从剖面上看，是带有转折的弧线，它比没有转折的弧线更加牢固，从内壁看，上腹与下腹之间有一周折棱，折棱以下呈现明显的凹陷状，这样可以增加容量，盛较多食物。

二是与工艺技术有关。坯体的造型特征是在成型和修整过程中逐步形成的。整体造型的结构在成型过程中已经初步形成，并且基本定型；然而凹沿、翻沿、内折沿、子母口、垂沿、翘沿等各式各样的口沿造型（考古工作者称之为“细部特征”），都是利用适当的工具（刮板等）进行修整之后形成的，例如凹沿是将坯体置于陶轮上，边慢速旋转边用弧刃的刮板刮削所致。

三是与审美观念有关。例如陶碗和陶豆的双腹造型，使外轮廓线产生曲折变化，比单调的没有转折的弧线更加美观。

关于彩陶上的“开放式”图案。笔者在宁夏固原县文管所一看到红圈子墓地出土的彩陶[10]就立刻意识到有两点甚特殊，不但在同一文化圈内很少看到，就是在整个黄河流域和长江流域也都很少看到：一是其彩陶图案以红彩为主，黑彩极少，而且均为单彩，反映出制陶者喜爱红彩；二是其图案为“开放式”，即腹部竖条纹或菱格纹的下端往往参差不齐，没有绘宽带纹或平行条纹以作封闭，反映出制陶者具有豪放的不受约束的性格。透过“开放式”图案（这种现象）看到制陶者的爱好和性格（这种本质）。由此可见，对新鲜事物高度敏感是科研创新不可或缺的条件。

关于升焰窑的使用功能。有学者说升焰窑偶尔也能进行还原烧成。笔者认为，对各时期升焰窑的使用功能应做具体分析，例如对山西垣曲县古城东关遗址和宁家坡遗址的升焰窑进行分析后断定：铜石并用时代早期制陶者已经开始有效地控制窑内的还原气氛，经常利用升焰窑进行还原烧成，烧制出成批灰陶和灰褐陶。

垣曲县古城东关遗址Ⅲ Y4[11]。窑内发现陶片40余片，以夹砂灰陶为主。垣曲县古城宁家坡遗址发现两座陶窑即Y501（图六）、Y502[12]。这些陶窑都属于升焰窑，经常用还原焰烧制出灰陶和灰褐陶。

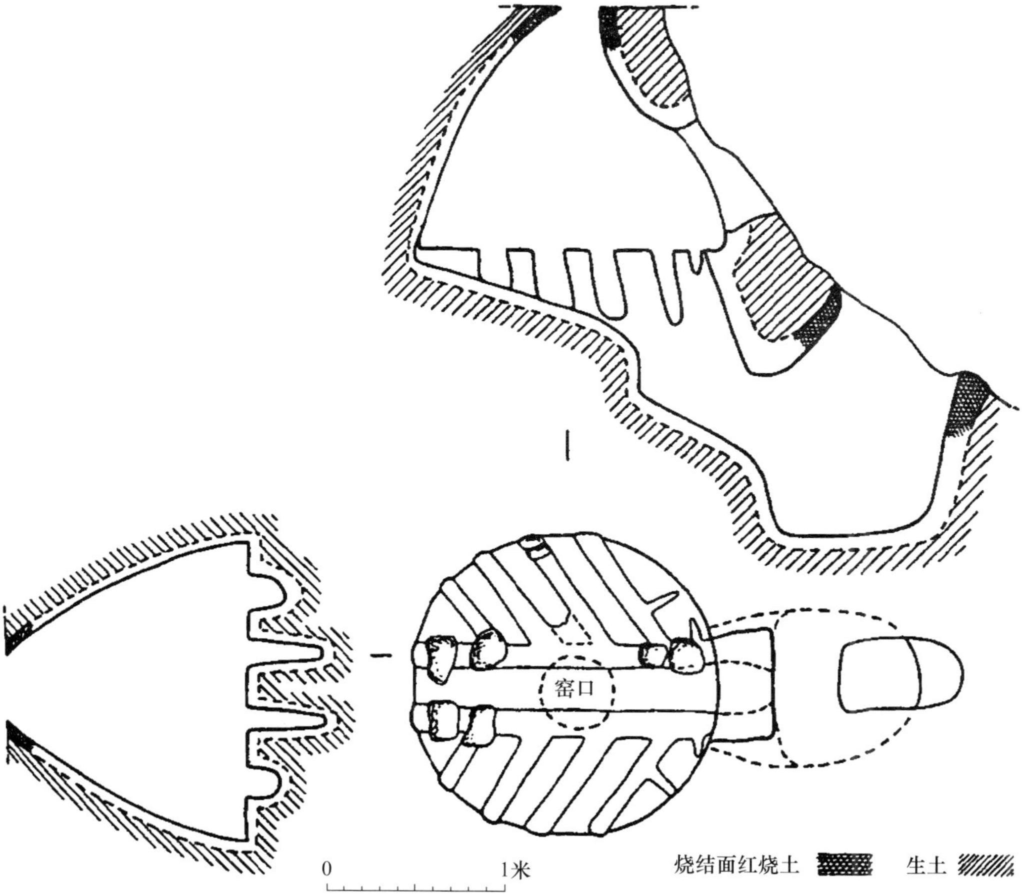

图六　山西垣曲古城宁家坡遗址庙底沟二期文化 Y501 平、剖面图

其中，宁家坡遗址 Y501 和 Y502 都有青灰色烧结面，青灰色是还原烧成所致。参考东关遗址Ⅲ Y4 抹泥封闭窑门的现象，可以断定宁家坡遗址 Y501 和 Y502 在装窑之后也采取同样的封门措施，窑门上可能只留一个很小的观火孔。笔者设想，利用升焰窑进行还原烧成是这样操作的：在经过氧化烧成之后，用草拌泥将火膛口大部分加以覆

盖，只留一个小口用来加柴、通风和掏灰，以便减少冷空气（新鲜空气）进入窑内；再用石板或陶器将出烟窨水口封闭，上面覆盖草拌泥，用土埂围成一个窨水池。然后进行还原烧成，窑门上所留的观火孔成为临时的出烟口。这时窑内火焰的流向实际上已经由升焰变成半倒焰，火焰上升遇到封闭的窑顶便倒流下来，向坯体传热之后，余下的热烟气从观火孔排出窑外。利用升焰窑也能进行还原烧成的原因就在这里。经过还原烧成之后，将观火孔和火膛口都完全封闭，进行窨水，也就是说将水慢慢地倒入窑顶上的窨水池内，水透过覆盖层逐渐渗入窑内。水遇到高温立即变成蒸气，呈现雾状，将经过还原烧成的陶器与外界隔绝，防止新鲜空气侵入窑内再次出现氧化气氛而使灰色的氧化亚铁又变成红色的氧化铁；窨水还可以加速陶器的冷却，结果烧制出灰陶和灰褐陶。庙底沟二期文化主要采用还原焰烧制陶器，但此期还原烧成技术还不成熟，还只能控制弱还原气氛，灰褐陶的存在是胎内的氧化铁尚未充分还原所致。

（五）铜石并用时代晚期（公元前2500～前2070年）的制陶技术

关于模拟制陶工艺流程图。笔者对山西襄汾县陶寺遗址出土的陶器进行了周密的考察和研究，并且请绘图人员参照出土实物绘成接近于先民制陶实际情况的模拟制陶工艺流程图[13]，笔者亲自做过模拟实验证实了所绘的工艺流程图。这种将制陶工艺流程图与模拟实验相结合的研究方法在考古界具有开创性的意义。

在陶寺文化中已经复原4件空心的“鬲形器”，好像是陶鬲的半成品，实际上是三足内模。例如陶寺遗址采集的“鬲形器”（图七，1），外表滚印竖绳纹，裆沟内按印横绳纹，这些都是阴纹。陶寺文化中期的单把鬲T406④F：11（图七，2），袋足内壁有竖向反绳纹，裆隔上布满横向反绳纹，这些反绳纹都是阳纹，应是从三足内模的绳纹上翻印下来的。制作工艺流程是：将三足内模扣放在陶轮上，在其上用泥条从口部盘筑至袋足，用绕绳圆棍从足尖开始往下滚压竖绳纹（图七，3），将坯体连同三足内模翻转横卧在制陶者自己的左手上，右手用绕绳圆棍在坯体口部进行横向滚压（图七，4），使胎壁朝横向明显地延展，其直径明显地变大，从而成为直口状，此时即可脱模，坯体口外暂时呈现横绳纹；将坯体翻转正放之后，右手扶住坯体，左手将三足内模从坯体内提出（图七，5），这一动作就叫做脱模，脱模之后可以看到袋足内壁和裆隔上布满反绳纹；然后左手垫在坯体内壁，右手用绕绳圆棍在口部外表自下而上进行滚压（图八，1），使此处的直径明显地收缩，从而使坯体口部又恢复敛口状和竖绳纹，由于收缩，口内产生纵向褶皱。制陶者采用适当措施使胎壁定向延展和定向收缩，都是充分利用泥料可塑性的具体表现。三足合制、整体脱模的优点是：在坯体干燥和陶鬲烧制的过程中，以及作为炊器烧火使用的过程中，陶鬲的裆部都不易开裂，因为三个袋足本来就是连为一体的。然后，在下半身的基础上用泥条筑成上半身（图八，2）；在上半身滚印竖绳纹之后，用湿手将口沿抹平（图八，3），由于没有抹彻底，绳纹还隐约可见；最后用滚印竖绳纹的宽扁泥条安装成单把，再用圆棍将相接处压实（图八，4）。

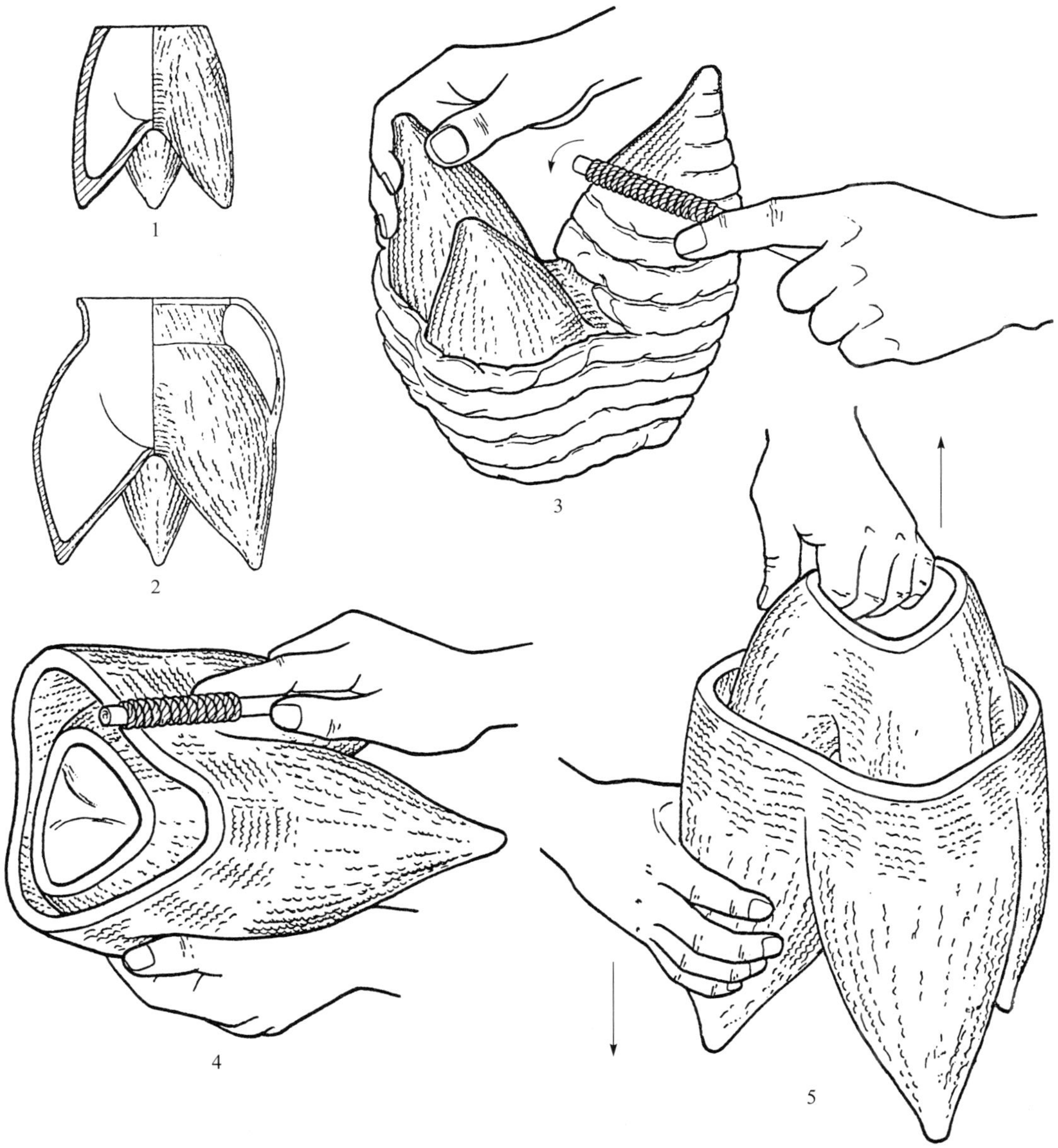

图七　山西襄汾陶寺遗址陶寺文化中期模制的单把鬲及鬲形器

1. 鬲形器（采集的三足内模） 2. 单把鬲（T406④F：11） 3. 在袋足上滚压竖绳纹
4. 横向滚压坯体的口部　5. 用左手将内模提出

关于山东龙山文化的薄胎高柄杯。铜石并用时代晚期，在黄河中下游地区和长江中下游地区呈现出快轮制陶技术第一次高潮。山东龙山文化的轮制技术最发达，薄胎高柄杯代表了轮制技术的最高水平。笔者先从工艺角度进行分析，归纳出薄胎高柄杯的三个特征：一是有胆有壳的双层套杯，二是纹饰相当复杂的工艺美术品，三是口径、器高适中，胎薄如蛋壳，重量极轻，是中国古代快轮制陶技术史上空前绝后的陶器，并且是吸水率很低的陶器。然后得出薄胎高柄杯全部采用快轮拉坯成型的结论。

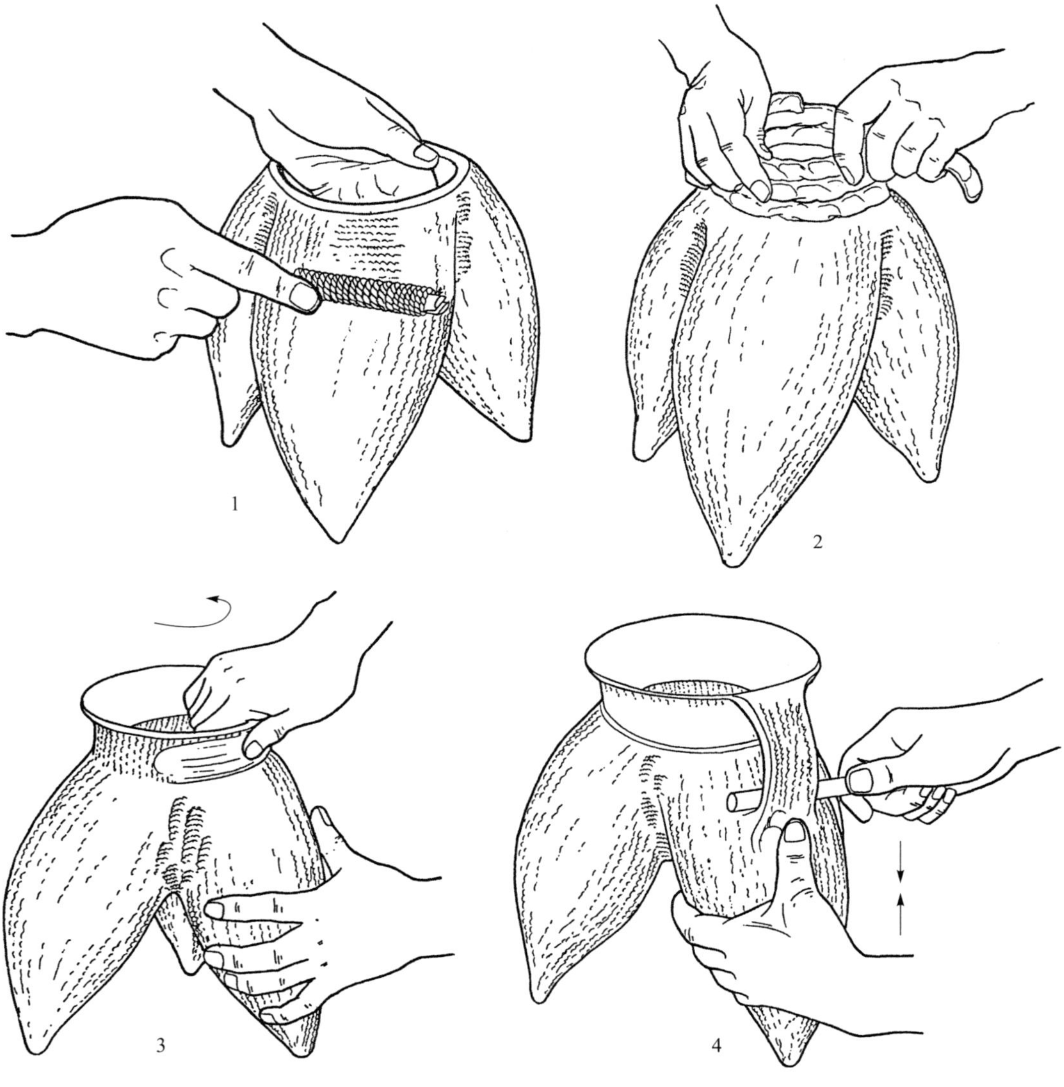

图八　山西襄汾陶寺遗址陶寺文化中期模制的单把鬲

1. 自下而上滚压坯体的口部　2. 用泥条筑成上半身　3. 用湿手将口沿抹平　4. 在单把与器身相接处用圆棍压实

胶州市三里河墓葬出土的薄胎高柄杯[14]，壁厚多数不到1毫米，与蛋壳相似，是名副其实的蛋壳陶。考古工作者曾将出土完整和可复原的31件薄胎高柄杯逐一进行比较，发现每件器物各不相同，这就排除了采用模制法成型的可能性。

诸城市呈子出土薄胎高柄杯 11 件[15]，最薄者 0.3 毫米左右，一般厚 0.5～1 毫米，器底、柄部或盘口都有轮制痕迹，其圈足、柄、杯、盘口几部分都是分别轮制，而后黏接得严丝合缝，例如 M81：2（图九，1）杯身下部呈现圆锥形垂入柄内成为胆。

日照市两城镇采集 1 件薄胎高柄杯残器（图九，2）[16]。杯身上部呈直筒状，外表磨光；下部呈圆锥形垂入柄内成为胆，内壁有顺时针方向螺旋式拉坯指痕。外底（尖部）遗留的指痕显示：工匠边用陶轮使坯体旋转边用手指自下而上往里按压胎壁，使圆洞逐渐缩小以至消失，形成突出的尖底，由此可见，薄胎高柄杯的胆是倒着拉坯成型的。笔者用放大镜观察到，这件胆的外表有细密的顺时针方向螺旋式上升的刮削纹理（细密轮纹），一些后形成的纹理划断（打破）先形成的纹理，这表明胎壁薄如蛋壳是快轮慢用修整时利用锋利的刀具经过几遍刮削所致。残存的柄外表经过磨光。杯身上部与下部之间、杯身与柄之间留有黏接痕迹，黏接得严丝合缝。

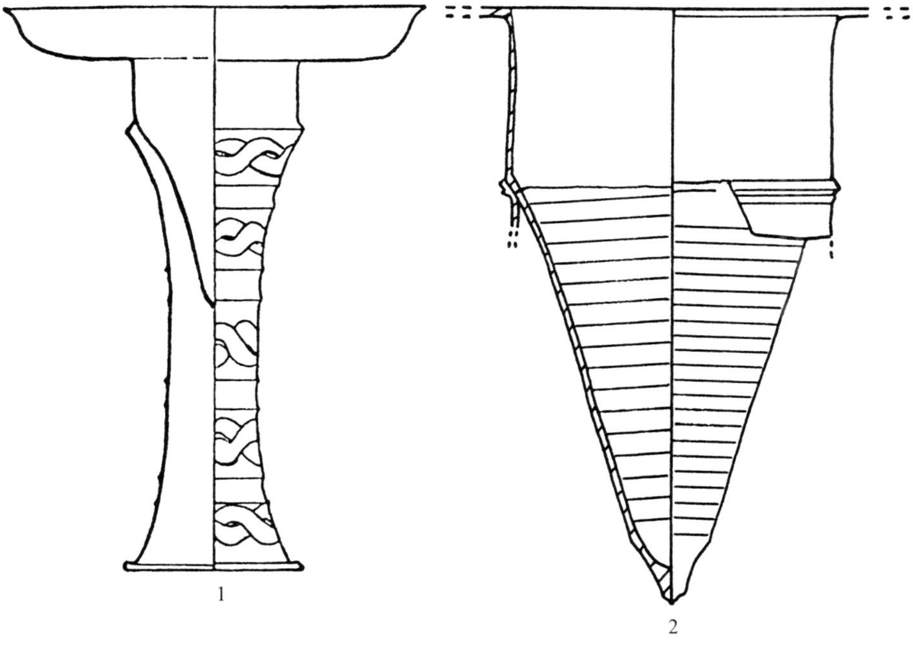

图九　山东龙山文化的薄胎高柄杯

1. 诸城市呈子 M81：2　2. 日照市两城镇采集

关于垒叠装窑法。湖北天门市肖家屋脊遗址石家河文化的灰陶中，有些喇叭形圈足豆，如果依照下、中、上顺序垒叠在一起[17]，在还原气氛中烧制，暴露在外的器壁处于开放状态，接触氧气相对较多，还原气氛就相对较弱，成为浅灰色；被遮盖的器壁，其内部处于封闭状态，接触氧气相对较少，甚至严重缺氧，还原气氛就相对较强，成为深灰色。笔者据此得出制陶者采用垒叠装窑法（又称叠烧法）的结论，还阐明了陶胎含铁量高低、还原气氛强弱、灰颜色深浅三者之间的内在联系。

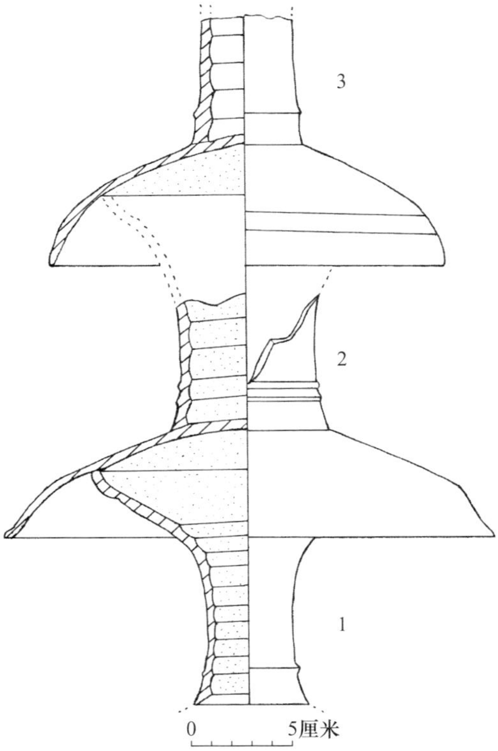

图一〇　湖北天门石河镇肖家屋脊遗址出土喇叭形圈足豆
（白色部分表示浅灰色，加点部分表示深灰色）
1. H68：92　2. H68：93　3. H87：10

叠烧法可以从陶色上看到。例如豆圈足（图一〇，1）的外表呈现浅灰色，内壁呈现深灰色；陶豆（图一〇，2）的全身外表和豆盘内壁的上部呈现浅灰色，圈足内壁和豆盘内壁的下部至内底呈现深灰色；陶豆（图一〇，3）的全身外表和圈足内壁及豆盘内壁上部呈现浅灰色，豆盘内壁下部至内底呈现深灰色。产生上述现象的原因是采用垒叠装窑法，若将这三件陶豆按照下、中、上顺序垒叠在一起，在烧制后期改用还原气氛，这时暴露在外的器壁处于开放状态，由于窑内的空气是流通的，接触氧气相对较多，还原气氛也就相对较弱，结果成为浅灰色；由于垒叠被遮盖的器壁，其内部处于封闭状态，空气难以流通，接触氧气相对较少，甚至严重缺氧，还原气氛也就相对较强，结果成为深灰色。由于器壁各部位所处的环境不同，还原气氛有强弱之分，导致器壁各部位的灰颜色有深浅之别。垒叠装窑法提高了窑室空间的利用率，后世烧制瓷器亦沿用叠烧法。

二、对研究方法的认识

《中国古代制陶工程技术史》采用了多种研究方法，可以归纳为以下几种：

考察实物与模拟实验相结合。将周密考察出土实物上所遗留的痕迹和现象放在首位，取得确凿的证据，为研究工作夯实基础。在考察过程中做出的判断往往经过模拟实验的验证，尤其是对坯体成型方法的判断很容易出错，最需要验证。

考察实物与逻辑推理相结合。根据实物遗留的痕迹推断泥片贴筑法的步骤。

多学科互相渗透。制陶技术史研究涉及考古、物理、化学、生物、矿物、制陶工艺、建窑工程等知识，多学科互相渗透才能使此项研究建立在科学的基础上。

正确的判断来源于连贯思索[18]。将工艺流程中各道工序连贯起来思索，找出内在联系，指明哪些工序（如成型工艺、烧制工艺）起主导作用，哪些工序（如修整工艺）处于从属地位。将不同时期的同类事物连贯起来思索，通过互相比较，探明事物的发展、演变、进步、衰退。将保留至今的传统制陶技术（包括民族学资料、民俗学资料）与古代制陶技术连贯起来思索，将古代制陶技术当中无形的部分（如慢轮和快轮的操作方法、氧化烧成和还原烧成的操作方法）揭示出来。

透过现象看本质。制陶者的技术思想、民族性格、数学概念都属于无形部分。透过工艺流程将技术思想揭示出来；透过开放式彩陶图案或暗纹将民族性格揭示出来；透过绘彩所用的等分法或印纹硬陶上的“米”字纹将数学概念揭示出来。

随着考古发掘的新发现和制陶技术史研究取得新成果，《中国古代制陶工程技术史》适时提出前人没有讲过的观点，使学术研究达到新的水平，举例如下：

在重大学术问题上提出鲜明的新观点。首次提出铜石并用时代晚期出现轮制技术第一次高潮、夏商时代轮制技术明显衰退、汉代出现轮制技术第二次高潮。

在关键问题上有新发现。发现切除三个倒三角形是泥筒与联裆鬲之间的连接纽带，探明了周代联裆鬲的成型方法；发现陶胎内所含钙质结核是北魏釉陶与烧成方法之间的连接纽带，为判断釉陶采用一次烧成法或二次烧成法提供了依据。

在疑难问题上提出大胆而有依据的假设。假设秦始皇陵陶俑实心腿采用外模制法、前后合模成型，陶马腿采用外模制法、左右合模成型，“卷泥片法”只是在模制过程中处理泥料的一种具体方法。假设战国晚期空心砖坯体成型工艺有两个步骤，双工字形托板是一种特殊形式的内模，可以解决砖坯形成空心的问题。

找出以往研究工作中的缺失环节。资料表明，在秦始皇陵陶俑的制作工艺流程中，拍打整形是躯干初胎成型与覆盖细泥表层之间不可或缺的工序，应当弥补。

本书既讲述古代制陶技术，又介绍研究古代制陶技术的方法，后继的研究者掌握研究方法后可以根据自己的特长和所遇到古代制陶技术方面的资料，从实际出发去研究，在实践中获得新的知识和研究成果，一旦掌握了研究方法就有无限的发展空间。在这个意义上可以说，掌握研究方法比学习有限的知识更加重要。

注　释

[1] 中国社会科学院考古研究所、广西壮族自治区文物工作队、桂林甑皮岩遗址博物馆等：《桂林甑皮岩》，文物出版社，2003年。

[2] 李文杰：《广西桂林甑皮岩遗址陶器的成型工艺》，《文物春秋》2005年6期。

[3] 河南省文物考古研究所：《舞阳贾湖》（下卷），第五章第一节“陶制品制造工艺”，科学出版

社，1999 年。
[4] 河南省文物考古研究所:《舞阳贾湖》(下卷)，第五章第一节“陶制品制造工艺”，科学出版社，1999 年。
[5] 中国社会科学院考古研究所山东队:《山东曲阜西夏侯遗址第一次发掘报告》,《考古学报》1964 年 2 期。
[6] 中国社会科学院考古研究所湖北工作队:《湖北枝江关庙山遗址第二次发掘》,《考古》1983 年 1 期。
[7] 上海市文物保管委员会:《崧泽》，文物出版社，1987 年。
[8] 上海市文物管理委员会:《福泉山》，文物出版社，2000 年。
[9] 李文杰:《湖北枝江关庙山遗址屈家岭文化晚期的制陶技术》,《中国历史博物馆考古部纪念文集》，科学出版社，2000 年。
[10] 固原县文管所、中国历史博物馆考古部:《宁夏固原县红圈子新石器时代墓地调查简报》,《考古》1993 年 2 期。
[11] 中国历史博物馆考古部、山西省考古研究所、垣曲县博物馆:《垣曲古城东关》，科学出版社，2001 年。
[12] 山西省考古研究所 :《垣曲宁家坡陶窑址发掘简报》,《文物》1998 年 10 期。
[13] 李文杰:《山西襄汾陶寺遗址制陶工艺研究》,《中国古代制陶工艺研究》，科学出版社，1996 年。
[14] 中国社会科学院考古研究所:《胶县三里河》，文物出版社，1988 年。
[15] 昌潍地区文物管理组、诸城县博物馆:《山东诸城呈子遗址发掘报告》,《考古学报》1980 年 3 期。
[16] 李文杰:《黄河流域新石器时代制陶工艺的成就》,《中国古代制陶工艺研究》，科学出版社，1996 年。
[17] 李文杰:《肖家屋脊遗址石家河文化制陶工艺》,《肖家屋脊》(上) 附录二，文物出版社，1999 年。
[18] 毛泽东:《中国革命战争的战略问题》,《毛泽东选集》，人民出版社，1968 年。

夏家店下层文化的环类玉坠饰研究

朱乃诚
（中国社会科学院考古研究所）

夏家店下层文化的环类玉坠饰，主要包括玉玦形坠、璧形坠、环形坠和璇玑形坠。

这些玉器都为环形，有的原本属兴隆洼文化，有的原本属红山文化，有的则是夏家店下层文化制作或改制的，但他们都是夏家店下层文化使用的玉器。而且那些原本属兴隆洼文化或红山文化的玉器，在夏家店下层文化中有了新的使用方式或使用功能，都是坠饰。所以，称之为“夏家店下层文化的环类玉坠饰”。

一、玉 玦 形 坠

夏家店下层文化的玉玦形坠已发现 14 件，公布了 8 件。分别是大甸子墓地的 7 件[1]和吉林库仑旗西梁墓地的 1 件[2]。

大甸子墓地出土的玉玦形坠有 10 件。5 件为完整器，3 件为玦形坠的残段改制的坠饰，2 件为玦形坠的残件。

1. 大甸子 M1214：1 与 M1214：2 玉玦形坠

大甸子 M1214：1 与 M1214：2 两件玦形坠都是完整器，作为一对使用，分别出自 M1214 墓葬中墓主的左耳与右耳下。这两件玉玦形坠的材质接近，为半透明白石英，似玉髓；形制与大小，也大体接近，都为环状玦形坠。M1214：1 玉玦形坠，外径 3.2、内径 1.4 厘米，横截面近于菱形，玦口最窄处宽 0.1 厘米（图一）。M1214：2 玉玦形坠，外径 3.4、内径 1.5 厘米，断面亦呈菱形（图二）。

M1214 是一座墓圹宽仅 45 厘米的小墓，没有葬具，没有壁龛，属大甸子墓地上最低等级——第四等级的墓葬[3]。墓主可能为 17 岁左右的男性，随葬品仅有这一对玉玦形坠。这两件玦形坠的大小略有区别，M1214：2 玉玦形坠略大一点；材质的透明状态也有区别，M1214：2 玉玦形坠的略微逊色些。似表明这两件玉玦形坠原本不是一对，而是凑成一对使用的。

2. 大甸子 M1230：7 玉玦形坠

大甸子 M1230：7 玉玦形坠，为完整器，出自 M1230 墓葬中墓主的一耳下。材质为半透明的白石英。形制为环状玦形坠。外径 3.39、内径 1.39 厘米。断面呈菱形[4]。

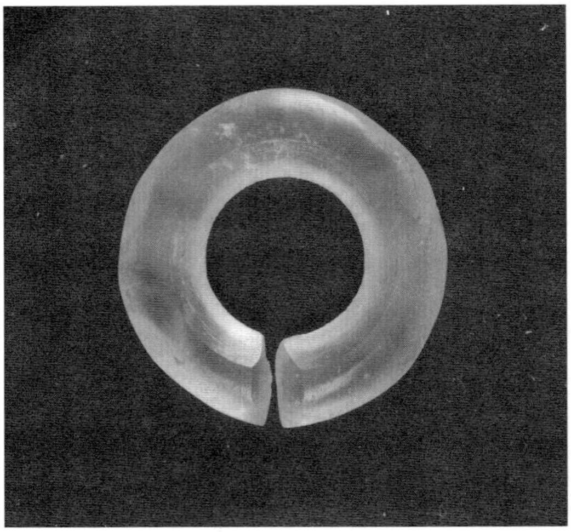

图一 大甸子 M1214：1 玉玦形坠

图二 大甸子 M1214：2 玉玦形坠

M1230 是一座没有葬具、有壁龛的第二等级的墓葬，墓主为 30～34 岁的男性。在壁龛中随葬假圈足陶罐与陶钵各 1 件，猪趾一只。与墓主贴身随葬的有玉髓钺 1 件、玉璧形坠 1 件、玉玦形坠 1 件。在墓穴填土中有猪骨与狗骨。

3. 大甸子 M1232：2 玉玦形坠

大甸子 M1232：2 玉玦形坠，为完整器，出自 M1232 墓葬中墓主的一耳下。材质也为半透明的白石英，形制也为环状玦形坠。外径 3.6、内径 2.8、厚 0.62 厘米，断面亦呈菱形[5]。M1232 是一座没有葬具、没有壁龛的第二等级的墓葬，墓主为 25～27 岁的男性。随葬 1 件玉玦形坠，并在墓穴填土中有 1 件陶鼎。

4. 大甸子 M1032：4 玉玦形坠

大甸子 M1032：4 玉玦形坠，为完整器，出自 M1032 墓葬中墓主的一耳下。材质为白色软玉，并且有褐色斑，形制为璧状玦形坠，外径 3.6、内径 2.3、厚 0.7 厘米。断面为扁椭圆形（图三）。M1032 也是一座既无葬具又无壁龛的第二等级的墓葬。墓主为 20～25 岁的男性。与墓主贴身随葬 1 件玉玦形坠、1 件铜耳环、1 件石钺；在墓穴填土中还有陶鬲、平底陶罐各 1 件，狗头、猪骨各 1 件。

5. 大甸子 M453：7 玉玦形坠

大甸子 M453：7 为多半个玦改制的坠饰，出自 M453 墓葬中墓主的胸腰间。为浅绿色，外径约 3.4 厘米，两端断口磨光，一端有一个穿孔，是玉玦残断后在一端穿孔改制为坠（图四）。这件玦形坠出自有木构葬具、有壁龛的第一等级的大墓中，墓主为 20～30 岁的女性。随葬品相当丰富。在壁龛内有彩绘陶鬲 2 件、陶罐 2 件、骨针 2 件、白石皿 1 件、磨石 1 件、研磨杵 1 件、红颜料团 1 件、玉珠 1 件、白石珠 1 件、白石珠料2件。在葬具内与墓主贴身随葬的有铜耳环两组，左耳一组有2件铜耳环、6枚绿松石珠，右耳一组有2件铜耳环、8枚绿松石珠；项链一串，包括白石珠25枚、红玛瑙珠39枚、玉珠6枚；还有铜指环3件，套在右手指上；玉镯（环形臂饰）1件，戴在右手小手臂上；玉环形坠、璧形坠、多半个玦形坠各1件，可能是3件一组串饰，属于系挂于胸前的串饰。

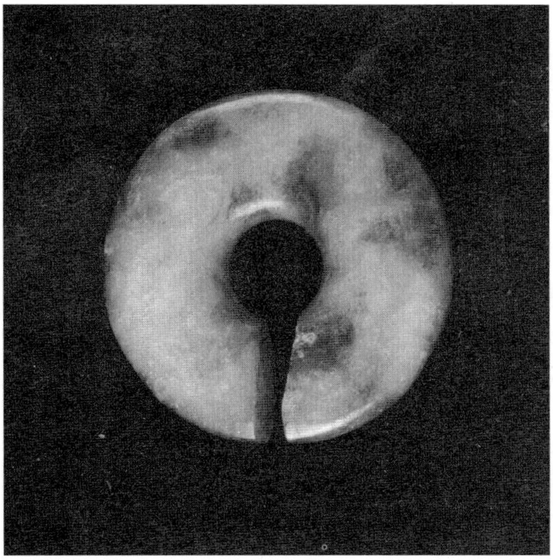

图三　大甸子M1032：4玉玦形坠

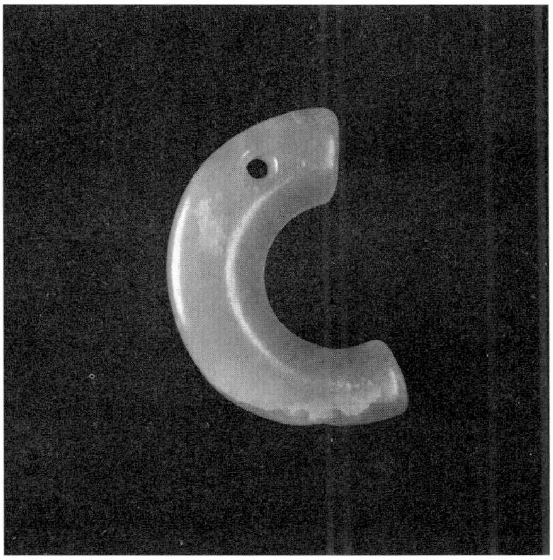

图四　大甸子M453：7玉玦形坠

6. 大甸子M25：1玉玦形坠

大甸子M25：1为玦的一小段改制的坠饰，为半透明白石英，弦长3.3厘米，横断面为5个圆角的五边形。一端磨平，似为原玦的玦口面，接近端口斜穿一孔，孔口径0.2、孔内径不足0.1厘米。另一端为保留的残断面（图五）。这件坠饰出自无葬具、有壁龛的第二等级的墓葬中，墓主为20～23岁的女性。随葬品置于壁龛内，有陶鬲、平底罐、鼎各1件。这件坠饰与墓主贴身随葬，位于胸腰部位，是系挂于胸前的坠饰。

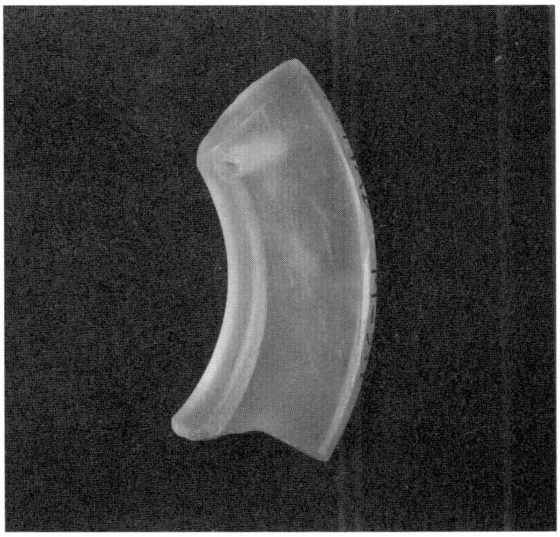

图五　大甸子M25：1玉玦形坠

7. 大甸子M35B：6玉玦形坠

大甸子M35B：6为玦的约1/3的残件。系半透明白石英，弦长5.8厘米，横断面为菱形。一端面磨光，呈中间有一道脊的两面坡，似为原玦的玦口面，并经磨光。另一端为保留的残断面，残断面较新，大概是随葬时至发现时残断的，却失的那一段的端部原应有穿孔，以便于作为坠饰使用。这件玦残件出自有木构葬具、有壁龛的第一等级大墓中，墓内葬两人，一人为27～30岁的男性，另一人为11～13岁的儿童。在壁龛内随葬陶鬲1件、假圈足陶罐2件。在葬具内，儿童随葬蚌1件；成年人随葬蚌1件、贝2枚、玦残件1件。这件玦残件出自耳下位置。

8. 大甸子M831：5玉玦形坠

大甸子M831：5为玦的约1/4的残件，为浅绿色，弦长3.7厘米，横断面为扁椭圆形。一端面磨平，似为原玉玦的玦口面。另一端为保留的残断面。残断面较新，大概是发现时残断的，缺失的那一段的端部原应有穿孔，以便于作为坠饰使用。这件玦残件出自无葬具、有壁龛的第二等级的墓葬中，墓主为12岁左右的女孩。壁龛内随葬彩绘陶鬲1件、彩绘平底陶罐1件，贝2件。与墓主贴身随葬石纺轮1件、玦残件1件。这件玦残件位于人骨胸腰间。

9. 大甸子M1262：1玉玦形坠

大甸子M1262：1为小半个玦改制的坠饰，为石质，残存件外径3.89厘米。两端断口磨成圆弧形。在一端穿一孔，系玦残断后穿此孔改制为坠。这件玦形坠出自没有葬具、有壁龛的第二等级的墓葬中，墓主可能为13～14岁的男性，随葬品仅此1件玦形坠，位于人骨耳下，是耳部的坠饰。另在墓穴填土中有狗骨1件。

10. 西梁M1两件玉玦形坠

库仑旗西梁墓地出土的两件玉玦形坠为完整器，出自西梁M1墓葬中的人骨双耳下。其材质被描述为乳白色，形体较大，外径5.5、内径3.5厘米，断面呈菱形[6]。西梁M1墓葬仅存大半，为长方形土坑竖穴，墓口残长1.7、宽0.7米，有生土二层台，台高0.3米。墓主为成年女性，侧身直肢葬。随葬品有陶鬲1件、玉玦形坠一对。

上述大甸子墓地出土的10件玉玦形坠的质地，6件为半透明白石英，2件为浅绿色玉，1件为白色软玉，1件为石质。其中半透明白石英的4件完整器（M1214：1、M1214：2、M1230：7、M1232：2）与2件玦残件（M25：1、M35B：6），以及库仑旗西梁墓地出土的2件玉玦形坠，断面都为菱形或五角五边形，其形制与材质，都与兴隆洼文化的玉玦相同。如内蒙古敖汉旗兴隆洼M108墓葬中出土的玉玦[7]。

大甸子1件白色软玉的完整的玦形坠（M1032：4），为小型璧状，类似的形制见于内蒙古林西白音长汗遗址M4出土的玉玦[8]，但同样的材质不见于兴隆洼文化中。大甸子M1032：4这件玦形坠的材质却见于俄罗斯Chertovy Vorota遗址出土的距今约7000年的玉玦[9]，但形制有所区别。类似材质的玉器还见于红山文化晚期，如牛河梁遗址群第十六地点79M1：4双熊首三孔玉饰[10]，为白色软玉，有褐色斑纹。

大甸子2件材质浅绿色玉的玦形坠，一为多半个玦（M453：7，见图四），一为1/4

个玦，其材质与形制，也都见于兴隆洼文化的玉玦。如敖汉旗兴隆沟11号房址出土的半个玦的弯条形器[11]。

从形制与质地的角度分析，夏家店下层文化的玉玦形坠，都与兴隆洼文化的玉玦相同。而从使用方式分析，夏家店下层文化玉玦形坠，不论其是否完整，不是直接穿戴在耳部，而是坠挂在耳部或腰间或胸前。从使用功能角度，没有必要制作成玦形，所以称之为玦形坠。而兴隆洼文化玉玦是穿戴在耳部，所以要制作成玦形。由此表明，发现于夏家店下层文化中的玉玦形坠，原本都是兴隆洼文化的作品。

而夏家店下层文化中的那种由残断玉玦的一段穿孔后改制的坠饰，在兴隆洼文化时期也已发生。所以，大甸子墓地出土的那些玉玦残件改制的坠饰，有些原本可能也属兴隆洼文化。

但是，类似于大甸子M25：1一小段玦体改制的坠饰，在其一端口斜穿一孔，孔径极小，孔内径不足0.1厘米，而且是一面穿孔（见图五）。制作这种极为细小的穿孔，不论其是采用何种工具，不是兴隆洼文化玉器制作技术能力所及，而应是体现了夏家店下层文化的玉器制作工艺水平。

从大甸子墓地中出土的玉玦形坠的墓主人的身份地位角度分析。最高等级的第一等级墓出土的玦形坠，是半个玦形坠或一小段玉玦的残件。如M453墓葬为第一等级的大墓，随葬品丰富，其玦形坠为多半个玦，与其他坠饰一起挂于胸前。又如M35墓葬也是第一等级的大墓，为成年男性与儿童合葬墓，随葬的玦形坠是残玦的一小段。而第四等级的小墓M1214墓葬，在17岁左右的男性墓主两耳下各有1个完整的玦形坠。这些现象表明，夏家店下层文化中是否佩戴坠挂玦形坠饰，以及佩戴坠挂怎么样的玦形坠饰，与身份地位没有必然的关系。大概是谁获得玉玦形坠，谁就可以佩戴坠挂。

以上分析的夏家店下层文化的这些玉玦形坠的材质与形制的特点、使用方式与使用功能的特点，以及使用者身份的特点等表明，夏家店下层文化自身不制作玉玦，而是使用兴隆洼文化的玉玦作为玉玦形坠饰。发现于夏家店下层文化中的玉玦形坠，原本都是兴隆洼文化的作品。

需要指出：大甸子M1032:4玉玦形坠（见图三）与牛河梁N1679M1:4双熊首三孔玉饰、俄罗斯Chertovy Vorota遗址玉玦的玉料是相同的。这三者之间，距离相隔上千公里，年代相差数千年。其中反映的问题，值得深思。

至少表明，红山文化晚期后段之前，大约在距今7300～5000年前后的2300多年内，辽西地区与俄罗斯的Chertovy Vorota遗址所在的贝加尔湖一带，保持着某种联系。

二、玉璧形坠

夏家店下层文化的玉璧形坠发现于内蒙古敖汉旗大甸子墓地和赤峰二道井子[12]。赤峰二道井子出土的玉璧形坠尚未公布资料。大甸子墓地出土的玉璧形坠有6件[13]，其中4件已经公布了资料。

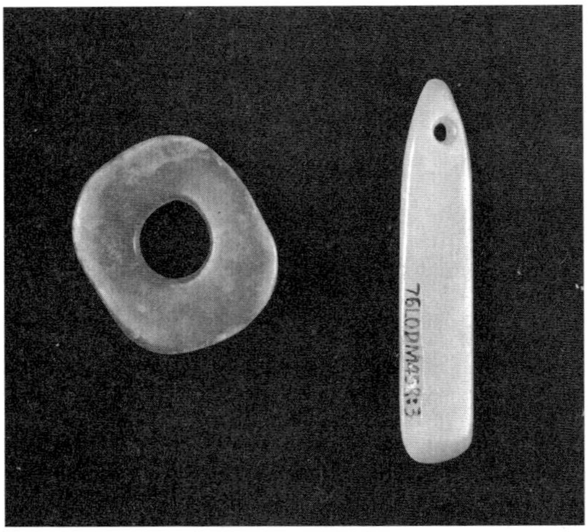

图六　大甸子 M458 玉璧形坠与玉直条形坠

1. 大甸子 M458：1 玉璧形坠

大甸子 M458：1 玉璧形坠，呈绿色。为扁椭圆形，长径 3.1、短径 2.7、孔径 1.1、厚 0.21 厘米[14]。孔不是正圆，在玉璧形坠的一圆角处的孔壁略呈一极微小的弧折角，可知此处是为玉璧形坠的穿绳系挂的位置，由此处穿绳坠挂的玉璧形坠不是呈正扁椭圆形或竖椭圆形，而是呈斜椭圆形（图六，左）。将这件玉璧形坠呈斜椭圆形坠挂，比呈正扁椭圆形或竖椭圆形的坠挂方式更有美感。这件玉璧形坠出自没有葬具、有壁龛的第三等级的墓葬中。壁龛内没有随葬品。墓室内随葬绿松石珠 1 件、玉直条形坠 1 件、玉雕斜口短筒形器（臂饰）1 件，以及玉璧形坠 1 件。玉璧形坠大概是与玉直条形坠组成一组挂于胸前的串饰。在这组串饰中或许还搭配有绿松石珠。这是属于一种较为原始的胸前组合串饰。

2. 大甸子 M829：2 玉璧形坠

大甸子 M829：2 玉璧形坠，浅绿色，为正圆形，外径 4.2、孔径 1.4、厚 0.2 厘米[15]。出自有木构葬具、有壁龛的第二等级的墓葬中，墓主为 45～50 岁的女性。在壁龛中随葬 1 件彩绘平底罐。与墓主贴身随葬的有 1 件陶纺轮和 1 件玉璧形坠。玉璧形坠出自腰胸之间，是为系挂于胸前的坠饰。

3. 大甸子 M853：13 玉璧形坠

大甸子 M853：13 玉璧形坠，为绿色，绿中泛黄。外缘为不正的圆，外径 8.2、孔径 3.2、厚 0.4 厘米。在外缘较为平直的一边边缘上穿两个小孔，两小孔间距 1、孔径 0.3～0.6 厘米。在小孔的上孔缘有制作穿孔时形成的凹口以及系缚的磨痕。可知这件玉璧形坠是以上部边缘的两个小孔系缚后挂坠的（图七）。这件玉璧形坠出自有木构葬具、有壁龛的第一等级的大墓中，墓主为 30 岁的男性。随葬品很丰富。壁龛中有彩绘陶尊 2 件、彩绘陶壶 1 件、彩绘平底陶罐 2 件、彩绘陶鬲 1 件、陶盉 1 件、陶爵 1 件、猪趾 1 只以及漆器残痕。与墓主贴身随葬的有

图七　大甸子 M853：13 玉璧形坠

石钺 1 件、绿松石珠 4 件、玉璧形坠 1 件。在墓穴填土中有骨镞 1 件、猪骨 1 件。玉璧形坠出自腰胸之间，是系挂于胸前的大型胸坠。其形体较大，体现了北方民族豪放的装饰风格。

目前不知大甸子 M853 墓葬中的 4 枚绿松石珠是否与这件大型玉璧形坠组合成串饰，还是作为耳部坠饰。如是组合成串饰，那么这是目前所知年代最早的玉璧联珠串饰。

4. 大甸子 M1230∶6 玉璧形坠

大甸子 M1230∶6 玉璧形坠，为半透明的白石英，似玉髓。为正圆形，外径 3、孔径 0.8、厚 0.6 厘米。孔缘有琢制的痕迹[16]。出自没有葬具、有壁龛的第二等级的墓葬中，墓主为 30～34 岁的男性。在壁龛中随葬有假圈足陶罐、陶钵各 1 件，猪趾 1 只。与墓主贴身随葬的有玉髓钺 1 件，玉玦形坠 1 件，玉璧形坠 1 件。在墓穴填土中有猪骨、狗骨各 1 件。其中玉玦形坠出自人骨耳下位置，是耳部的坠饰。玉璧形坠出自胸腰间，是胸前的坠饰。

值得注意的是，M1230 墓葬的墓室中出土的玉髓钺、玉玦形坠、玉璧形坠，其材质基本相同。玉玦形坠、玉璧形坠都呈半透明状，可能与玉髓钺的材质相同。而玉髓钺的器形较小，器形以及材质与大甸子墓地上出土的其他的石钺完全不同，可能不是夏家店下层文化的作品。

前面分析 M1230∶7 玉玦形坠，材质与形制都与兴隆洼文化的玉玦相同，可能是兴隆洼文化的作品。M1230∶6 玉璧形坠、M1230∶4 玉髓钺或许也是兴隆洼文化的作品。但是目前在兴隆洼文化中尚未见有相同材质的同类器形。

5. 大甸子 M305∶1 玉璧形坠

大甸子墓地的另外两件玉璧形坠没有公布资料。其中 M305∶1 玉璧形坠出自有木构葬具、有壁龛的第一等级大墓中，墓主为 40 左右的女性。该墓随葬品，在壁龛中有彩绘陶鬲 1 件、彩绘平底罐 1 件、猪趾 1 只；与墓主贴身随葬的有陶纺轮 1 件、玉璧形坠 1 件。玉璧形坠出自胸腰间，可能为挂于胸前的坠饰。

6. 大甸子 M453∶21 玉璧形坠

大甸子 M453∶21 玉璧形坠出自有木构葬具、有壁龛的第一等级大墓中，墓主为 25～30 岁的女性，随葬品相当丰富（见前述）。这件玉璧形坠位于胸腰之间，可能与 M453∶6 玉环、M453∶7 半个玉玦形坠组成 3 件一组的串饰，系挂于胸前。属于系挂于胸前的组合串饰。

上述大甸子墓地出土的 6 件玉璧形坠，从材质与形制角度分析，大都是红山文化的作品。仅有 M1230∶6 玉璧形坠的材质呈半透明状，似为玉髓，不见于已发现的红山文化玉璧中，或许是年代较早的作品。

夏家店下层文化的玉璧形饰大都是红山文化晚期玉璧形饰在夏家店下层文化中的再

次使用，但使用方式与功能有着明显的区别。

红山文化晚期玉璧形饰的使用功能，更多的与宗教活动中的礼仪仪式活动有关。如牛河梁遗址群第五地点上层积石冢Z1M1大墓中的两件玉璧形饰置于人头骨左右两侧[17]，是属于头部冠饰类的装饰。牛河梁遗址群第二地点一号积石冢M21墓葬出有大小不同的10件玉璧形饰。其中头部两侧耳边的3件，可能是头饰的组成部件；腰部左右两侧各1件，可能是坠于腰间的饰品；左手位置的2件，以及右手位置的1件与另1件玉环，可能是双手的各2件玉饰品；胫骨下的2件较大玉璧形饰，或许与敛尸有关，或许是坠于腿部的饰件。这10件玉璧形饰都不是系挂于胸前的坠饰。其他红山文化晚期的玉璧形饰也都不是作为胸前的坠饰使用的。

但是，夏家店下层文化的玉璧形坠基本都是系挂于胸前的坠饰，有的还与其他坠饰组成串饰，一起坠挂于胸前。

辽西地区玉装饰品中人体胸前的串饰，大概发轫于夏家店下层文化。如大甸子M458墓葬中的玉璧形坠可能与玉直条形坠组成串饰（图六）。M453墓葬中的玉璧形坠可能与玉环形坠、玉玦形坠组成3件一组的胸前串饰，还有以25枚白石珠、39枚红玛瑙珠、6枚玉珠组成项链串饰，3件一组的胸前串饰可能是系在项链串饰上的。

从玉璧形坠所属的墓葬的等级看，有属第一等级墓，如M305：1玉璧形坠、M453：21玉璧形坠、M853：13玉璧形坠；也有属第二等级墓，如M829：2玉璧形坠；还有属第三等级墓，如M458：1玉璧形坠；而且男女都有。这些现象表明，是否在胸前系挂玉璧形坠，与墓主的身份高低没有关系，与男女性别也没有关系。而以各种坠饰为主组成的串饰，可能主要是女性或小孩佩挂于胸前的。

三、玉环形坠

夏家店下层文化的玉环形坠，主要见于敖汉旗大甸子墓地，有3件，还有1件白石环形坠。

1. 大甸子M453：6玉环形坠

大甸子M453：6玉环形坠，十分精致，外径4.7、内径3.6厘米，环孔为梨形。环体窄小，其断面，在穿挂线绳这一边的环体，很薄，约0.2厘米，断面为薄片状，而相对应的那一边的环体，较厚，约0.5厘米，断面为扁椭圆状[18]。这件玉环的整个断面，由下端的略厚而渐渐环形变薄，是一件简洁而漂亮的胸前挂饰，并因系挂使用，在梨状孔的梨尖部位的环体上产生裂纹。

大甸子M453：6玉环形坠与前述的M453：2玉璧形坠、M453：7半个玉玦形坠出自同一座墓中的葬具内。该墓为大甸子墓地上第一等级的墓，墓主为25～30岁的女性。这3件坠饰可能组成串饰，串系在项链上，佩挂于胸前。这大概是目前在夏家店下层文化中见到的最为漂亮的3件坠饰与红玛瑙珠、玉珠、白石珠项链合组的串饰，可能还是目前所见我国年代最早的以环类坠饰为主的与多彩珠子组成的多环类坠彩色联珠串饰。

2. 大甸子 M817：4 玉环形坠

大甸子 M817：4 玉环形坠，外径 4.6、内径 2.25、厚 0.4 厘米，犹似小型玉璧[19]。孔不是正圆。出自有木构葬具、有壁龛的第二等级墓葬中。在壁龛中随葬 1 件彩绘陶尊，葬具内随葬有 1 件石纺轮、2 件绿松石珠、1 件玉弧形坠、1 件玉环形坠。这件玉环形坠位于胸腰之间，可能是与玉弧形坠一起佩挂于胸前的坠饰。

3. 大甸子 M1011：9 玉环形坠

大甸子 M1011：9 玉环形坠，为绿色，有黄色斑。外径 4.9、内径 3、厚 0.39 厘米。环孔为梨形孔（图八）。出自有木构葬具、有壁龛的第一等级墓葬中，墓主为 45～50 岁的女性。在壁龛内随葬彩绘平底陶罐、长筒陶罐、陶鼎各 1 件，猪趾 1 只。在葬具内随葬石杯 1 件、玉环形坠 1 件。在墓穴填土中有猪骨。从这件玉环形坠的环孔为梨形孔的形制可知，其为坠饰。其在墓中位于胸腰之间，可确认其是系挂于胸前的坠饰。

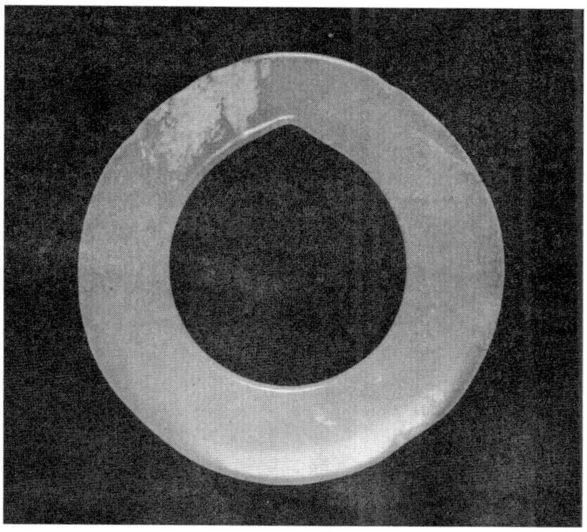

图八　大甸子 M1011：9 玉环形坠

大甸子 M1011：9 玉环形坠的材质与形制，见于红山文化晚期。如牛河梁第十六地点 N16M1：1 玉璧形饰[20]，为淡绿色，绿中泛黄，器表局部见红褐色瑕斑，外缘为方圆形，孔为梨形孔，直径 5.09～5.2、孔径 2.19～2.4、厚 0.32 厘米。出自人骨下颌骨左侧，也应是坠饰。

大甸子 M1011：9 玉环形坠与牛河梁 N16M1：1 玉璧形饰，在材质、形制、大小等方面都接近，不同的是大甸子 M1011：9 玉环的环体较窄些。而使用功能方面，大甸子 M1011：9 玉环形坠出自胸腰之间，是佩挂于胸前的坠饰，而牛河梁 N16M1：1 玉璧形饰为人首部的坠饰。大甸子 M1011：9 玉环形坠，应是夏家店下层文化将红山文化晚期的首部坠饰作为胸前挂饰来使用。

4. 大甸子 M1205：6 白石环形坠

大甸子 M1205：6 白石环形坠，外径 3.5、内径 1.45、厚 0.29 厘米，亦犹似小型璧[21]。出自有木构葬具、有壁龛的第一等级的墓葬中，墓主为 30～35 岁的女性。在壁龛内随葬彩绘陶鬲、彩绘平底陶罐各 1 件，平底陶罐 1 件，猪趾 1 只。在葬具内与墓主贴身随葬石纺轮 1 件、骨管 1 件、白石环形坠 1 件。这件白石环形坠位于胸腰之间，亦可能是佩挂于胸前的坠饰。

大甸子墓地 3 件玉环形坠、1 件白石环形坠，在墓葬中都位于人骨的胸腰之间，都可能是佩挂于胸前的坠饰，所以称其为环形坠。它们基本上出自大甸子墓地第一或第二等级的女性墓中，是具有一定身份的女性的装饰品。

其中大甸子 M1011：9 玉环形坠与牛河梁 N16M1：1 玉璧形饰接近，其原本应是红山文化的作品，只是使用方式改变了，改为夏家店下层文化的女性胸前的坠饰。

大甸子 M817：4 玉环形坠、M1205：6 白石环形坠，形似小形璧，或许也与红山文化的小型玉璧形饰有关。

大甸子 M453：6 玉环形坠，极为精致，其十分窄小的环体，与牛河梁积石冢中出土的玉环接近[22]，其梨形环孔的风格也见于红山文化晚期的玉璧形饰[23]。但是整体风格，大甸子 M453：6 玉环形坠与红山文化晚期的玉环、梨形孔玉璧有区别。大甸子 M453：6 玉环形坠的玉质为近于白色的极浅绿的闪玉，形体略小，而且整个玉环形坠的竖立面为拉长的水滴形。如此精致的玉环坠饰，不见于红山文化晚期玉器中。

大甸子 M453：6 玉环形坠可能是夏家店下层文化制作的玉环形坠中的精品。其与玉璧形坠、半个玉玦形坠一起串系在由 39 枚红玛瑙珠、6 枚玉珠、25 枚白石珠组成的项链上，形成一种由多彩联珠串饰与三种环形坠饰组成的多环类坠彩色联珠串饰。这种串饰的风格对后来中原地区商周时期的联珠串饰，可能产生了重要影响。

四、玉璇玑形坠

夏家店下层文化的玉璇玑形坠，只有 1 件，即大甸子 M454：27[24]，是残断的玉璇玑形器（牙璧）改制的。

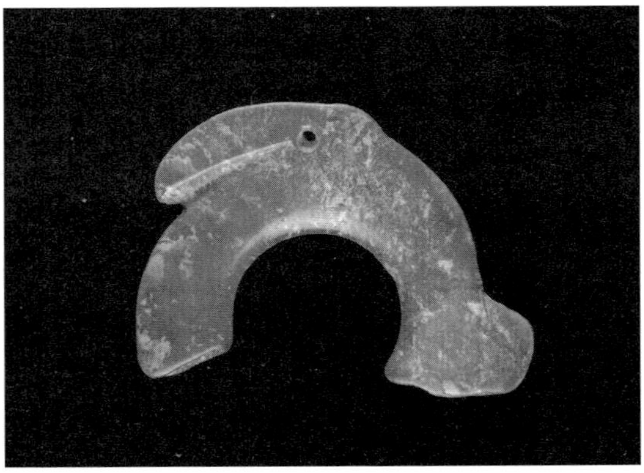

图九　大甸子 M454：27 玉璇玑形坠

大甸子 M454：27 玉璇玑形坠，存玉璇玑形器的 2/3，有二牙角，一牙角的角头已残缺，但断口被磨平。环外径 4、内径 1.9、厚 0.2 厘米。环上有一孔，孔径 0.1 厘米（图九）。出自有木构葬具、有壁龛的第一等级的大墓中。墓主可能为成年女性。在壁龛中随葬有彩绘陶鬲、彩绘平底罐、陶壶各 1 件，磨石 1 件，猪趾 1 只。在葬具内随葬残陶纺轮 1 件，铜指环 5 件，绿松石珠 17 枚，白石珠 12 枚，玉珠 2 枚，红玛瑙珠 21 枚，玉璇玑形坠 1 件。其中 17 枚绿松石珠是头饰。12 枚白石珠、2 枚玉珠、21 枚红玛瑙珠与 1 件玉璇玑形坠组成串饰。在这组串饰中，玉璇玑形坠应是系挂在胸前。

大甸子 M454：27 玉璇玑形坠的环与牙角的断处都已磨平，用于穿线的小孔位于残器中央上端位置。据这些现象分析，其最后的制作应是在夏家店下层文化时期对残玉璇玑形器（牙璧）的再利用而改制的。

2006 年在辽西西辽河及乌尔吉木伦河以北的内蒙古扎鲁特旗鲁北镇东南约 40 公里的南宝力皋吐墓地出土了 1 件璇玑形玉佩，其中心孔为梨形，有两个牙角，另一个牙角残缺，但残缺处的断面经磨平[25]，表明这件璇玑形玉佩残断后经过了修整。南宝力皋吐璇玑形玉佩的年代，因遗址墓葬中出土的陶器具有小河沿文化因素和高台山文化偏堡子类型的因素，大致可以推定在距今 5000～4300 年之间。

南宝力皋吐璇玑形玉佩的发现，表明在夏家店下层文化之前，璇玑形玉佩已在辽西北部地区使用。夏家店下层文化时期改制曾在辽西地区使用的这种器形用作坠饰装饰，应是正常的事。

大甸子 M454：27 玉璇玑形坠饰的原本的文化属性，可能与高台山文化偏堡子类型这类遗存有关。

五、结　　语

夏家店下层文化的环类玉坠饰，形式多样，但大都不是夏家店下层文化的作品，而是分属兴隆洼文化、红山文化、高台山文化偏堡子类型。所以这些环类玉坠饰并不能代表夏家店下层文化玉器制造工艺的水平。而大甸子 M25：1 坠饰的一端斜穿一极为细小的小孔，则隐约表现出夏家店下层文化的玉器制作工艺水平非同一般；大甸子 M453：6 玉环形坠也表现出精致的特点。由此推测夏家店下层文化制作的玉器精品，尚待发现与辨识。

夏家店下层文化的环类玉坠饰都是旧玉器的改制作品，体现了夏家店下层文化时期玉料相当贫乏的情况。由此推测，那些十分精致而具有时代气息的大型玉器，在大甸子墓地这类档次的遗迹中可能很难见到。所以，我曾考证的夏家店下层文化的三星他拉“C”形玉龙这类高档次的玉器精品[26]，必定是出自比大甸子墓地档次更高的考古学单位中。

夏家店下层文化的环类玉坠饰都是改制旧玉的作品，其单件作品不能体现夏家店下层文化玉器制造工艺的水平。但是，由各种形态的坠饰搭配各种彩珠，缀成五彩缤纷的串饰，确实是夏家店下层文化的创造。如大甸子 M453：6 玉环形坠与玉璧形坠、半个玉玦形坠一起串系在由 39 枚红玛瑙珠、6 枚玉珠、25 枚白石珠组成的项链上，形成一种由多彩联珠串饰与三种环形坠饰组成的多环类坠彩色联珠串饰；大甸子 M454：27 玉璇玑形坠与 12 枚白石珠、2 枚玉珠、21 枚红玛瑙珠组成的串饰等。夏家店下层文化还使用绿松石珠、贝等串缀头饰。如大甸子 M726 在头侧有贝 52 枚、绿松石珠 5 枚。这些都是北方民族豪放性格在人体装饰方面的重要体现。

夏家店下层文化开启了我国古代使用玉珠、红玛瑙珠、间缀小型玉挂件串缀大型项链的风气，开启了使用绿松石珠、贝等串缀头饰的风气。这对商周时期流行的人体装饰风格，尤其是西周时期的组玉佩，各种材质的珠、坠饰等串缀的项饰、头饰等装饰形式，产生了重要影响。

注　　释

[1] 中国社会科学院考古研究所：《大甸子——夏家店下层文化遗址与墓地发掘报告》，科学出版社，1996年。

[2] 吉林省文物工作队李殿福：《吉林省库仑奈曼两旗夏家店下层文化遗址分布与内涵》，《文物资料丛刊·7》，文物出版社，1983年。

[3] 关于大甸子墓地墓葬的等级，依据发掘报告的分析结果，下同。见中国社会科学院考古研究所：《大甸子——夏家店下层文化遗址与墓地发掘报告》附录五之一，科学出版社，1996年。

[4] 中国社会科学院考古研究所：《大甸子——夏家店下层文化遗址与墓地发掘报告》，科学出版社，1996年，图版五〇：12。

[5] 中国社会科学院考古研究所：《大甸子——夏家店下层文化遗址与墓地发掘报告》，科学出版社，1996年，图版五〇：9。

[6] 吉林省文物工作队李殿福：《吉林省库仑奈曼两旗夏家店下层文化遗址分布与内涵》，《文物资料丛刊·7》，文物出版社，1983年，103页，图五：12。

[7] 中国社会科学院考古研究所、香港中文大学中国考古艺术研究中心：《玉器起源探索——兴隆洼文化玉器研究及图录》，香港中文大学，2007年，106、107页。

[8] 内蒙古自治区文物考古研究所：《白音长汗——新石器时代遗址发掘报告》，科学出版社，2004年，彩版一八：1。

[9] 中国社会科学院考古研究所、香港中文大学中国考古艺术研究中心：《玉器起源探索——兴隆洼文化玉器研究及图录》，香港中文大学，2007年，133页。

[10] 辽宁省文物考古研究所：《牛河梁——红山文化遗址发掘报告（1983～2003年度）》（下册），文物出版社，2012年，图版二八四。

[11] 中国社会科学院考古研究所、香港中文大学中国考古艺术研究中心：《玉器起源探索——兴隆洼文化玉器研究及图录》，香港中文大学，2007年，145页。

[12] 内蒙古文物考古研究所：《内蒙古赤峰市二道井子遗址的发掘》，《考古》2010年8期。

[13]《大甸子》发掘报告的文字描述部分公布的数字为5件，但在报告的《墓葬登记总表二》中登记的是6件，分别出自6座墓中。见中国社会科学院考古研究所：《大甸子——夏家店下层文化遗址与墓地发掘报告》，科学出版社，1996年。

[14] 中国社会科学院考古研究所：《大甸子——夏家店下层文化遗址与墓地发掘报告》，科学出版社，1996年，图版五〇：6。

[15] 中国社会科学院考古研究所：《大甸子——夏家店下层文化遗址与墓地发掘报告》，科学出版社，1996年，图版五〇：1。

[16] 中国社会科学院考古研究所：《大甸子——夏家店下层文化遗址与墓地发掘报告》，科学出版社，1996年，图版五〇：7。

[17] 辽宁省文物考古研究所：《牛河梁——红山文化遗址发掘报告（1983～2003年度）》（下册），文物出版社，2012年，图版二二三：1。

[18] 中国社会科学院考古研究所：《大甸子——夏家店下层文化遗址与墓地发掘报告》，科学出版社，1996年，图版五〇：4。

[19] 中国社会科学院考古研究所：《大甸子——夏家店下层文化遗址与墓地发掘报告》，科学出版

社，1996 年，图版五〇：3。
[20] 辽宁省文物考古研究所:《牛河梁——红山文化遗址发掘报告（1983～2003 年度）》（下册），文物出版社，2012 年，图版二六五：2。
[21] 中国社会科学院考古研究所:《大甸子——夏家店下层文化遗址与墓地发掘报告》，科学出版社，1996 年，图版五〇：5。
[22] 辽宁省文物考古研究所:《牛河梁——红山文化遗址发掘报告（1983～2003 年度）》（下册），文物出版社，2012 年，图版一八八：1、图版二八二：2。
[23] 辽宁省文物考古研究所:《牛河梁——红山文化遗址发掘报告（1983～2003 年度）》（下册），文物出版社，2012 年，图版二六五：2。
[24] 中国社会科学院考古研究所:《大甸子——夏家店下层文化遗址与墓地发掘报告》，科学出版社，1996 年，171 页，图八三：1。
[25] 吉平:《内蒙古扎鲁特旗南宝力皋吐墓地》,《中国重要考古发现 · 2006》，文物出版社，2007 年；内蒙古文物考古研究所等:《内蒙古扎鲁特旗南宝力皋吐新石器时代墓地》,《考古》2008 年 7 期。
[26] 朱乃诚:《红山文化兽面玦形玉饰研究》,《考古学报》2008 年 1 期。

赤峰南部夏家店上层文化遗址的分布及相关问题

朱延平
（中国社会科学院考古研究所）

自夏家店上层文化命名[1]以来，多数研究集中在讨论它的年代、分期、源流、族属和经济形态等问题上[2]。而新近公布的几项资料，则可大致了解该文化在赤峰南部地区的分布态势，这将为相关的研究提供一个新的视角。

一

这里所说的赤峰南部地区，是指赤峰市的红山区、元宝山区、松山区、喀喇沁旗、宁城县和敖汉旗。在此区域内，西部的主要河流有老哈河及其支流英金河，东部敖汉旗境内主要的河流是孟克河和教来河，除这些大河下游的地段属于低缓的平川外，其余地带均为山地和丘陵。从1998年起，赤峰南部地区经过大规模遗址普查的资料陆续得到公布，兹分述于次。

1994年11月～1995年6月，以色列希伯来大学（Hebrew University）的吉迪（Gideon Shelach）和赤峰民族师范高等专科学校（现为赤峰学院）的王惠德等人，在30年前徐光冀先生等调查夏家店下层文化石城遗址[3]的基础上，围绕赤峰市松山区阴河中下游一带展开调查，旨在了解各时期遗址概况，调查所获先后收录于1998年发表的《阴河中下游石城的调查与研究》[4]一文和1999年出版的*Leadership Strategies, Economic Activity, and Interregional interaction: Social Complexity in Northeast China*[5]一书中。

1996～1999年，赤峰考古队对喀喇沁旗和松山区的半支箭河中游及其邻近地带先秦时期遗址详加调查，于2002年刊出调查报告《半支箭河中游先秦时期遗址》[6]。

1999～2001年，赤峰中美联合考古队对阴河下游、半支箭河下游和锡伯河下游的各时期遗址进行踏查，2003年出版的《内蒙古东部（赤峰）区域考古调查阶段性报告》[7]报道了此项调查的主要收获。

20世纪80年代，敖汉旗持续开展全旗文物普查，所获各时期的遗址资料收录在2004年出版的《中国文物地图集·内蒙古自治区分册》[8]一书中。

以上4项调查涉及的区域，如图一所示。其中，赤峰中美联合考古队调查的区域紧接在吉迪等人调查区域之东和南侧，此项调查的区域中的西南部与赤峰考古队所查区域的东北部有所重合（图二）。敖汉旗普查的地域相对独立，在英金河干流以东，与前述3项调查的区域有着一定的距离。

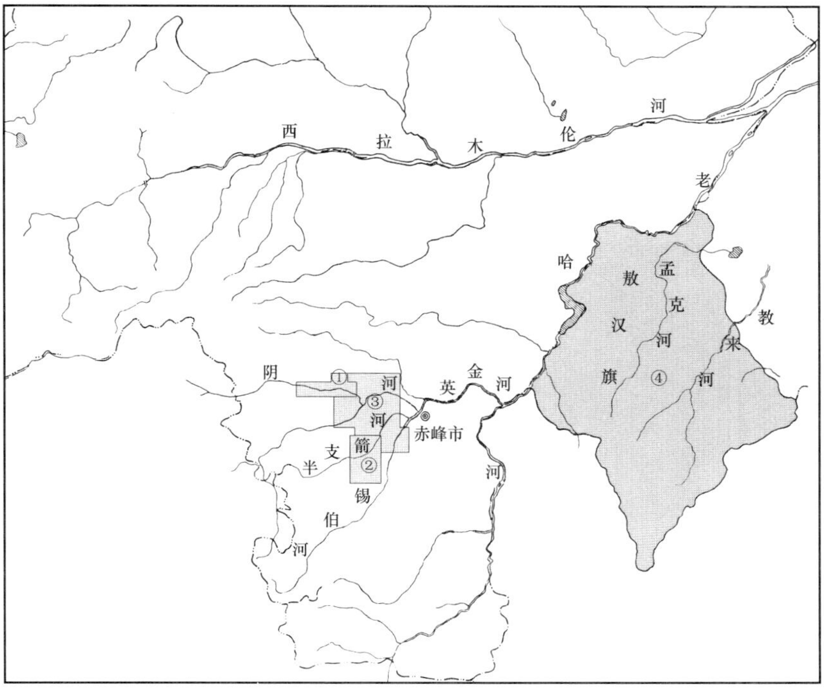

图一　赤峰市经过遗址普查的区域示意图

①吉迪和王惠德等人 1994～1995 年调查的区域；②赤峰考古队 1996～1999 年调查的区域；③中美联合考古队 1999～2001 年调查的区域；④敖汉旗文物普查的区域

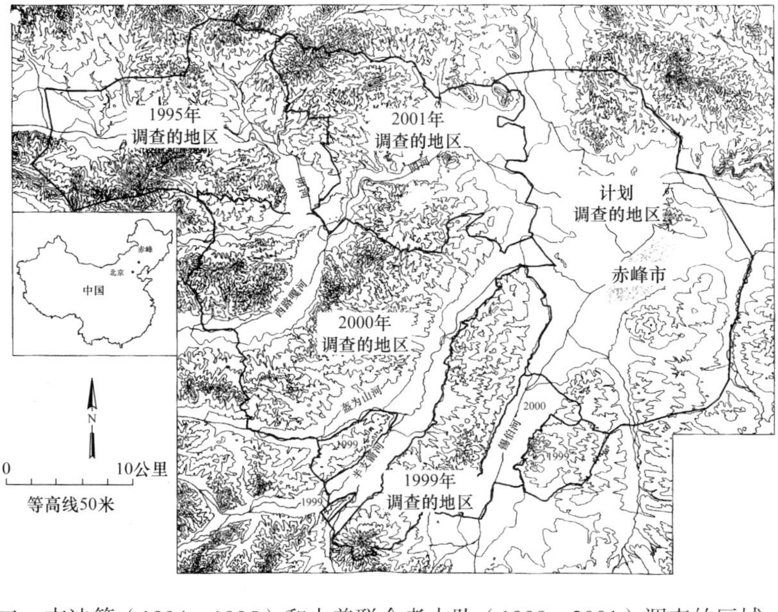

图二　吉迪等（1994～1995）和中美联合考古队（1999～2001）调查的区域

这些调查的结果表明，赤峰地区南部先秦时期的遗址，以夏家店下层文化所占比重最为突出，夏家店上层文化遗址的分布密度则因地而异。

二

吉迪等的调查集中在阴河南北两侧，地形上有着一定的特殊性，也就不排除会出现某个时期的遗址集中分布的异常现象，因此该项调查的结果在多大程度上能够反映阴河中下游这一区域内遗址分布的一般情况，尚需斟酌考虑。同时，由于调查的重点集中在25公里长的阴河两岸地带，所以最终此项调查的面积只是大约200平方公里这个概数。但因调查者平时只有少于5人的一个小组，且以不变的两三人为主体，这样至少在如何判定遗址上得以从始至终执行统一的标准，故所查各遗址的情况可信度较高。根据调查结果，共确认夏家店下层文化遗址70处，夏家店上层文化遗址87处（图三）。如将200平方公里视作这项调查覆盖的面积，则夏家店上层文化遗址分布的密度是每平方公里0.435处。将这一区域内的夏家店下层文化遗址数量与夏家店上层文化遗址数相比，约得1∶1.243。

赤峰中美联合考古队的调查截至2001年年底，踏查面积765.4平方公里。由于面积较大，纵跨数条河流，故而所查结果在呈现各时期遗址分布的密度上具有很强的代

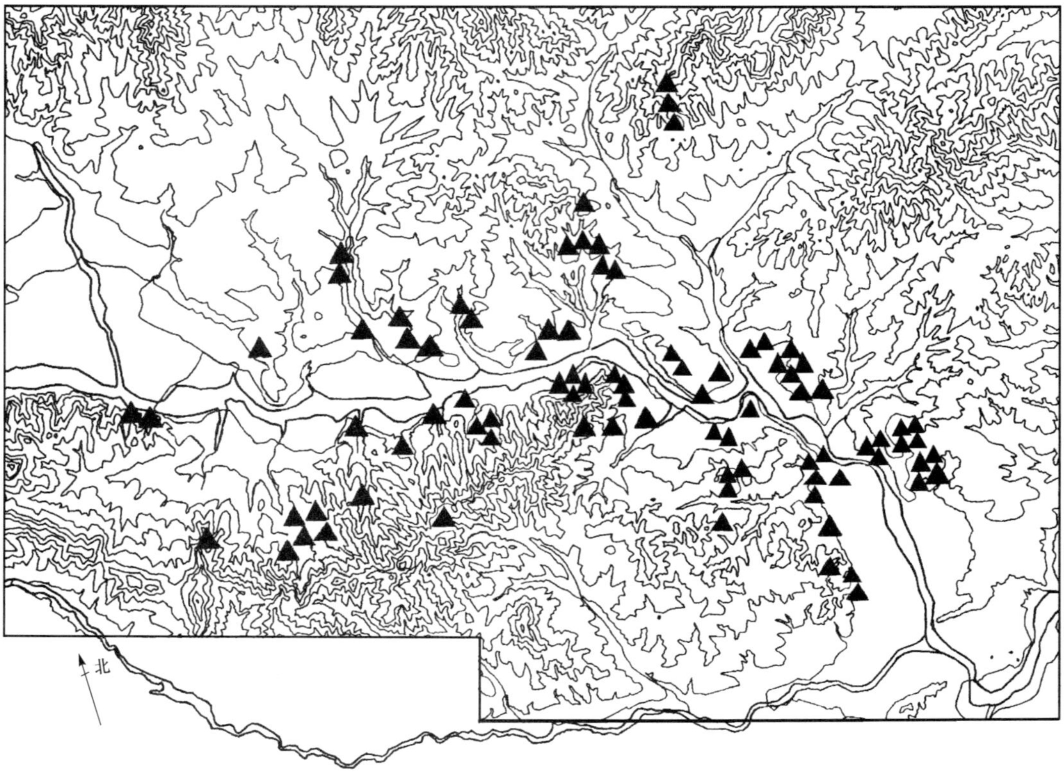

图三　吉迪等调查的区域内夏家店上层文化遗址的分布图

表性。在此区域内，共获夏家店下层文化遗址 379 处，夏家店上层文化遗址 348 处（图四）。夏家店上层文化遗址在这里分布的密度为每平方公里约 0.455 处，夏家店下层文化遗址数量与夏家店上层文化遗址数之比约为 1∶0.918。

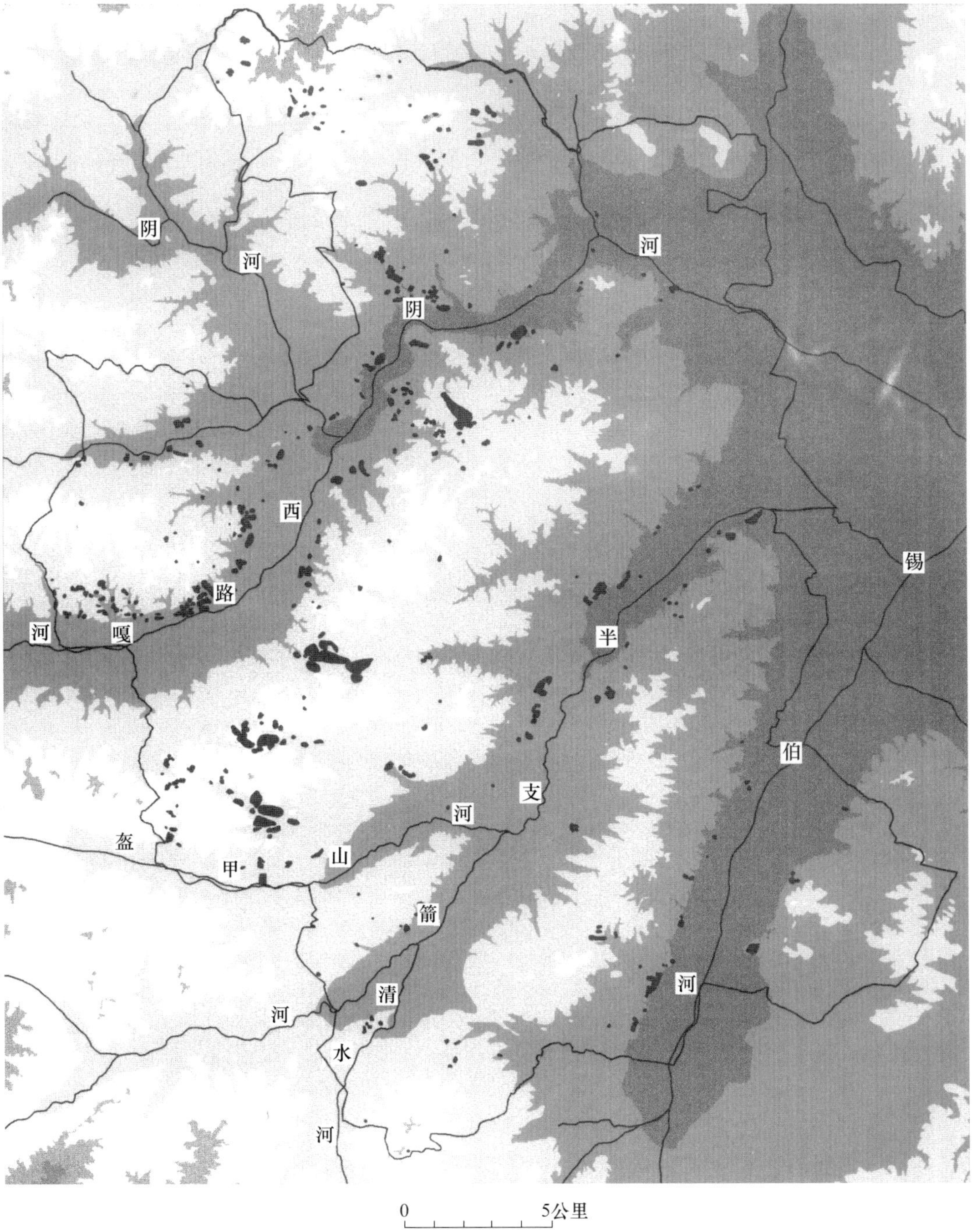

图四　中美联合考古队调查区域内夏家店上层文化遗址分布图

赤峰考古队调查的面积 221 平方公里，调查区域为纵跨半支箭河中游的长方形（13 公里 ×17 公里），应能较好地体现遗址分布密度的一般情况。由于和吉迪等的调查方法相近，故在确认遗址上应有着与前者同样的可信度。在此区域内确属夏家店下层文化的遗址共查到 143 处，确认夏家店上层文化遗址 71 处（图五）。夏家店上层文化遗址分布密度为每平方公里约 0.321 处，夏家店下层文化遗址数量与夏家店上层文化遗址数之比约为 1：0.497。

图五　赤峰考古队调查区域内夏家店上层文化遗址分布图

在敖汉旗文物普查中，田野调查的范围广及该旗全境。但由于此项调查开展的时间较早，投入的人力较多，相当部分的地段并非完全采用“拉网式”调查，故而发现的遗址数量与实际现存的遗址数会有一定差距，根据后来对兴隆洼[9]、赵宝沟[10]和大甸子[11]等遗址周围的详细调查来看，这些地方夏家店下层文化遗址的实际数量尚未多出敖汉旗普查所发现的遗址数的一倍，所以，这种差距还不是很大，尤其是不会对旗内实际现存的各时期遗址数量之比造成太大的影响。敖汉旗的面积在8300平方公里左右[12]。按照《中国文物地图集·内蒙古自治区分册》一书公布的情况，此项调查确认2357处夏家店下层文化遗址和276处夏家店上层文化遗址（笔者无法展示敖汉旗夏家店上层文化遗址的分布图，仅以表一说明这些遗址的行政归属）。由此可得，夏家店上层文化遗址在敖汉旗境内分布的密度为每平方公里约0.033处，夏家店下层文化遗址数量（表二）与夏家店上层文化遗址数之比约为1∶0.117。

表一 《中国文物地图集·内蒙古自治区分册》（下）中所见敖汉旗夏家店上层文化遗址

遗址名	所在地	页码	遗址名	所在地	页码
东白家地	康家营子乡东白家地村	222	西石包	玛尼罕乡水泉村	264
中白家地	康家营子乡中白家地村	222	孙家窝铺南洼	玛尼罕乡孙家窝铺村	395
木头场	康家营子乡上木头场村	222	小山村	四德堂乡小山村	214
长巴山	康家营子乡小山水管所东	222	小山北地	四德堂乡小山村	275
五大份村	康家营子乡五大份村	222	桥头	四德堂乡桥头村	233
五大份北山	康家营子乡五大份村	395	西杨杖	四德堂乡西杨杖子村	233
五大份北	康家营子乡前五大份村	395	镜山	四德堂乡黑山后村	233
五大份	康家营子乡前五大份村	252	黑山后东	四德堂乡黑山后村	273
西白家地	康家营子乡西白家地村	251～252	黑山洼里	四德堂乡黑山后村	395
东坝根	康家营子乡西白家地村	395	上铁沟北	四德堂乡上铁沟村	274
周家地	康家营子乡周家地村	395	上铁沟村北	四德堂乡上铁沟村	274
周家地（墓地）	康家营子乡周家地村	421	敖包北地	四德堂乡敖包村	276
西孟家铺南	康家营子乡西孟家铺子村	223	艮兑营北	四德堂乡艮兑营子村	276
邢家营	古鲁板蒿乡邢家营子村	224	石匠沟西	四德堂乡石匠沟村	395
西山洼	古鲁板蒿乡小官家地村	395	石匠沟南	四德堂乡石匠沟村	395
毡家地东	古鲁板蒿乡毡家地村	395	喇嘛沟西	四德堂乡喇嘛沟村	396
尖尖山	古鲁板蒿乡渗金吐村	395	赵官沟东	新惠乡赵官沟外村	250
王家沟东	四道湾子镇王家沟村	256	赵官沟东南	新惠乡赵官沟外村	281
水泉	萨力把乡水泉村	214	小马连后山	新惠乡小马连沟南队	250
水泉西地	萨力把乡水泉村	227	红娘沟	新惠乡红娘沟村	278
木头山	萨力把乡上狐狸山村	395	大红娘沟南	新惠乡红娘沟村	278～279
张家营西坡	萨力把乡张家营子村	395	喇嘛庙山梁	新惠乡蒙古营子村	280

续表

遗址名	所在地	页码	遗址名	所在地	页码
喇嘛庙洼	新惠乡扎赛营子河东村	396	烟台窝铺村西洼	大甸子乡烟台窝铺村	307
霍家沟西	新惠乡霍家沟村	396	老西杖河西	大甸子乡老西杖子村	308
卜金沟山后	下洼镇卜金沟村	272	老西杖西	大甸子乡老西杖子村	308
水泉西山	敖音勿苏乡中水泉村	240	老西杖北	大甸子乡老西杖子村	396
酒局河西	敖音勿苏乡酒局子村	240	北岗岗河西	大甸子乡北岗岗村	309
风水山南地	敖音勿苏乡风水山村	305	五行吐鲁	大甸子乡五行吐鲁村	241
新丘南山	敖吉乡新丘村	236	五行吐鲁南山	大甸子乡五行吐鲁村	309
新丘南	敖吉乡新丘村	396	上石匠沟南城	大甸子乡上石匠沟村	310
刁家营西	敖吉乡刁家营子村	291～292	上石匠沟东南	大甸子乡上石匠沟村	310
烧锅地炮台地	敖吉乡烧锅地村	292	上石匠沟北山	大甸子乡上石匠沟村	396
等子山	敖吉乡山湾子村	295～296	下石匠沟北	大甸子乡下石匠沟村	396
山湾河东	敖吉乡山湾子村	396	哈布齐拉北	大甸子乡哈布齐拉村	311
西台西	敖吉乡西台子村	301	下敖包东北	大甸子乡下敖包村	311
大房申沟北	敖吉乡大房申沟村	302	后赤家沟	大甸子乡后赤家沟村	313
小房申沟西	敖吉乡小房申沟村	396	兰家水泉西	大甸子乡兰家水泉村	317
南台地河东	敖吉乡南台地村	396	沟门北山	大甸子乡沟门子村	396
喇嘛洞山	宝国吐乡兴隆洼村	317	旺兴沟西地	大甸子乡旺兴沟村	396
岔束沟	宝国吐乡岔束沟村	318	大甸子水泉沟	大甸子乡水泉子沟村	396
永和号	宝国吐乡永和号村	319	西台	王家营子乡西台村	217～218
上洞子村	宝国吐乡上洞子村	320	柳北西坡	王家营子乡柳树行子河北村	218
下窑子东	宝国吐乡下窑子村	320	柳北西山	王家营子乡柳树行子河北村	247
代王山东坡	宝国吐乡北范杖子村	322	柳北	王家营子乡柳树行子河北村	397
陈家窝铺南	宝国吐乡陈家窝铺村	396	柳南南山	王家营子乡柳树行子河南村	247
水泉沟北山	大甸子乡水泉子沟村	217	柳南西	王家营子乡柳树行子河南村	363
永元号东	大甸子乡永元号村	217	柳南	王家营子乡柳树行子河南村	397
三道沟西	大甸子乡三道沟村	241	五间房	王家营子乡五间房村	247
王四台	大甸子乡王四台村	241	胡头沟北	王家营子乡胡头沟村	358
王四台西	大甸子乡王四台村	306	龙王庙东沟	王家营子乡龙王庙东沟村	360
王四台敖包	大甸子乡王四台村	307	龙王庙东沟南	王家营子乡龙王庙东沟村	360
王四台南	大甸子乡王四台村	396	上城子	王家营子乡大瓦房沟村	361
王四台东	大甸子乡王四台村	396	阎家营西	王家营子乡阎家营子村	361
南园子	大甸子乡南园子村	396	阎家营北	王家营子乡阎家营子村	361
三岔口南	大甸子乡三岔口村	307	房框沟	王家营子乡窑窝铺村	362
烟台窝铺村	大甸子乡烟台窝铺村	307	河南东南坡	王家营子乡河南村	363

续表

遗址名	所在地	页码	遗址名	所在地	页码
牛家长	王家营子乡牛家长村	364	白杖北	丰收乡白家杖子村	245
牛家长西	王家营子乡牛家长村	364	门斗营	丰收乡门斗营子村	245
水泉南台	王家营子乡水泉村	364	门斗营东	丰收乡门斗营子村	338
松树营东	王家营子乡松树营子村	365	门斗营西山	丰收乡门斗营子村	338
后大坡	王家营子乡上石砬子村	397	大砚台山	丰收乡门斗营子村	339
石砬子	王家营子乡上石砬子村	397	门斗营封山	丰收乡门斗营子村	397
上石砬子	王家营子乡上石砬子村	397	凤凰岭南地	丰收乡凤凰岭村	334
上石砬北	王家营子乡上石砬子村	397	凤凰岭南梁	丰收乡凤凰岭村	334
石砬西坡	王家营子乡石砬子村	397	丰收南台	丰收乡东南侧	335
大瓦房沟	王家营子乡大瓦房沟前沟村	397	于杖子南	丰收乡于杖子村	336
盖家沟西	王家营子乡盖家沟村	397	于杖子村	丰收乡于杖子村	397
黄花沟西	王家营子乡东黄花沟村	397	西沟里南	丰收乡西沟里村	337
莱草沟	王家营子乡莱草沟村	397～398	丰收山嘴	丰收乡山嘴村	339
毛波萝南山	贝子府镇下毛波萝村	246	南地	丰收乡三义号村	339
毛波萝平顶山	贝子府镇下毛波萝村	355	平顶山下	丰收乡三义号村	339～340
毛波萝梁	贝子府镇上毛波萝村	397	三义号平顶山	丰收乡三义号村	340
五官西	贝子府镇五官营子村	347	隋杖子锅底山	丰收乡隋杖子村	341
后石佛沟	贝子府镇后石佛沟村	349	兰旗营北	丰收乡兰旗营子村	342～343
下敖包北	贝子府镇下敖包村	349	兰旗营西北	丰收乡兰旗营子村	397
南梁东南	贝子府镇南梁村	351	小粽地	南塔乡上马圈子村	287
炮仗沟	贝子府镇炮仗沟村	353	孙家窝铺东山	南塔乡孙家窝铺村	289
吴杖子南	贝子府镇吴杖子村	353	孙家窝铺南山	南塔乡孙家窝铺村	290
十二连山西	贝子府镇喇嘛沟村	356	董家沟	南塔乡董家沟村	396
瓦盆窑	贝子府镇瓦盆窑村	357	新地西台	新地乡新地村	244
水泉沟西沿	贝子府镇瓦盆窑村	357	双庙封山	新地乡双庙村	323
东邓家湾	贝子府镇邓家湾河东村	397	双庙	新地乡双庙村	323
三间房北	贝子府镇三间房村	397	东北沟东	新地乡东北沟村	323
太吉河窑	克力代乡太吉河窑南营子村	245	田家沟南	新地乡田家沟村	324
克力代东	克力代乡附近	343	老烧锅	新地乡老烧锅村	325
三节梁	克力代乡三节梁村	344	月亮山北	新地乡三道营子东沟村	325
小水泉南营	克力代乡小水泉南营子村	346	古山南	新地乡古山子村	325
哈巴齐拉	克力代乡哈巴齐拉村	421	大黄胡同北	新地乡大黄胡同村	326
贝吉北山	丰收乡贝吉营子村	245	小黄胡同	新地乡小黄胡同村	326
北山东	丰收乡敬老院以北	245	晾瓦台	新地乡下甸子村	327

续表

遗址名	所在地	页码	遗址名	所在地	页码
东关南	新地乡东关村	328	姜家沟西	金厂沟梁镇姜家沟村	374
转心台	新地乡二官营子村	328	姜家沟	金厂沟梁镇姜家沟村	374
二官北	新地乡二官营子村	328	胡彩沟西	金厂沟梁镇胡彩沟村	375
五家东南	新地乡五家村	330	小炮台	金厂沟梁镇土城子村	375
五家	新地乡五家村	330	段木梁东	金厂沟梁镇段木梁村	375
新水泉东南	新地乡水泉村	330	红石砬	金厂沟梁镇红石砬村	376～377
英凤沟	新地乡英凤沟村	331	拉司郎沟	金厂沟梁镇拉司郎沟村	377
英凤沟北	新地乡英凤沟村	331	前沟炮台山	金厂沟梁镇前沟村	377
东干沟西	新地乡东干沟子村	332	大南沟	金厂沟梁镇大南沟村	398
得力胡同	新地乡得力胡同村	332	北井	林家地乡北井村	248
罗锅梁东	新地乡罗锅梁村	332	大古力吐北	林家地乡大古力吐村	377
邢窝铺北	新地乡邢窝铺村	333	金洞山	林家地乡北沟村	378
石头道梁	新地乡邢家窝铺村	396	五道沟	林家地乡陈家杖子村	378
小西沟西	新地乡小西沟村	397	陈杖炮台山	林家地乡陈家杖子村	378
七家南地	新地乡七家村	397	陈杖东台	林家地乡陈家杖子村	378
通天沟	金厂沟梁镇小老庙沟村	248	松树沟	林家地乡西松树沟村	379
代之沟	金厂沟梁镇代之沟村	251	菜园南	林家地乡菜园子村	380
代之沟南	金厂沟梁镇代之沟村	368～369	大西沟炮台山	林家地乡大西沟村	380
白杖西	金厂沟梁镇白杖子村	366	东沟东北	林家地乡东沟村	380
北炮台山	金厂沟梁镇北	366	西北沟东	林家地乡下家地北沟村	381
对面沟南	金厂沟梁镇对面沟村	368	热水汤东	林家地乡热水汤村	382
老虎洞沟西	金厂沟梁镇老虎洞沟村	369	热水汤	林家地乡热水汤疗养院	382
白家店西	金厂沟梁镇白家店村	369	热水汤（墓地）	林家地乡热水汤村	421
南台东	金厂沟梁之南台子村	369	榆树底	林家地乡榆树底下村	398
东炮台	金厂沟梁镇下长皋村	369	林西湾	林家地乡西湾子村	398
大脑瓜山	金厂沟梁镇下长皋村	369	池杖子	林家地乡池家杖子村	398
长皋北沟	金厂沟梁镇长皋北沟村	372	韩水泉	四家子镇韩水泉村	218
长皋西	金厂沟梁镇长皋北沟村	372	黄土梁顶	四家子镇三道沟村	249
石桥子东	金厂沟梁镇石桥子村	370	城子山北	四家子镇城子山村	249
宋畲沟西	金厂沟梁镇宋畲沟村	370	南八家西	四家子镇八家村	249
设力虎西	金厂沟梁镇设力虎村	371	八家前坡	四家子镇八家村	390
设力虎北	金厂沟梁镇设力虎村	371	北牛夕河村	四家子镇牛夕河村	249～250
官营子	金厂沟梁镇官营子村	372	牛夕河	四家子镇北牛夕河村	393
流水沟	金厂沟梁镇韩家店村	373	三道沟	四家子镇三道沟村	385

续表

遗址名	所在地	页码	遗址名	所在地	页码
三道沟东	四家子镇三道沟村	385	马家楼东	四家子镇马家楼村	390
三道沟里	四家子镇三道沟村	385	马家楼西	四家子镇马家楼村	390
三道沟北	四家子镇三道沟村	385	青龙山	四家子镇大苇山沟村	391
五道沟西	四家子镇五道沟村	385	苇山沟青龙山	四家子镇大苇山沟村	391
五道沟东南	四家子镇五道沟村	398	水泉沟东	四家子镇水泉沟村	392
协福	四家子镇协福村	386	嘎海吐	四家子镇嘎海吐村	394
乌兰堡北	四家子镇乌兰堡村	386	后山坡	四家子镇长力哈达村	398
乌兰堡东	四家子镇乌兰堡村	386	关家沟西	四家子镇长力哈达村	398
乌兰堡东南	四家子镇乌兰堡村	386	西关家沟	四家子镇长力哈达村	398
关家沟	四家子镇关家沟村	386	罗家沟东	四家子镇河南杖子村	398
秋杖子	四家子镇秋杖子村	388	白牛营南坡	四家子镇白牛营子村	398
大洼里	四家子镇秋杖子村	389	白牛营南	四家子镇白牛营子村	398
秋杖北	四家子镇秋杖子村	398	尉家台	四家子镇尉家台村	398
秋杖南	四家子镇秋杖子村	398	棋盘沟	四家子镇棋盘沟村	421

表二　敖汉旗夏家店下层文化遗址在《中国文物地图集·内蒙古自治区分册》（下）各页中的数量（共2357处）

页码	遗址数	页码	遗址数	页码	遗址数	页码	遗址数	页码	遗址数
213	6	228	3	243	7	258	16	273	16
214	9	229	5	244	5	259	16	274	16
215	6	230	3	245	5	260	15	275	16
216	9	231	6	246	6	261	15	276	14
217	7	232	8	247	6	262	15	277	15
218	5	233	9	248	7	263	16	278	15
219	4	234	4	249	8	264	15	279	14
220	8	235	8	250	7	265	16	280	16
221	3	236	5	251	9	266	17	281	115
222	2	237	7	252	15	267	18	282	15
223	5	238	4	253	15	268	15	283	15
224	7	239	4	254	19	269	15	284	15
225	4	240	9	255	18	270	15	285	17
226	4	241	10	256	18	271	17	286	14
227	2	242	4	257	17	272	17	287	14

续表

页码	遗址数	页码	遗址数	页码	遗址数	页码	遗址数	页码	遗址数
288	15	310	14	332	15	354	17	376	14
289	13	311	15	333	16	355	15	377	14
290	15	312	14	334	14	356	15	378	15
291	15	313	15	335	15	357	14	379	15
292	15	314	14	336	14	358	17	380	14
293	13	315	16	337	15	359	15	381	14
294	14	316	14	338	15	360	16	382	13
295	16	317	16	339	15	361	13	383	13
296	13	318	15	340	15	362	14	384	13
297	15	319	17	341	14	363	13	385	14
298	15	320	15	342	14	364	15	386	12
299	14	321	15	343	16	365	14	387	15
300	14	322	15	344	17	366	14	388	14
301	14	323	12	345	15	367	13	389	16
302	14	324	13	346	14	368	14	390	15
303	14	325	14	347	15	369	14	391	13
304	16	326	14	348	13	370	13	392	13
305	15	327	15	349	13	371	14	393	13
306	16	328	16	350	14	372	13	394	13
307	15	329	16	351	15	373	15	395	4
308	15	330	16	352	15	374	14	420	2
309	15	331	15	353	16	375	14	421	3

三

在吉迪等人的调查和赤峰中美联合考古队的调查中，所显示的夏家店上层文化遗址的分布密度十分接近。赤峰考古队调查的区域内，夏家店上层文化遗址的分布密度略逊于前者。与这3项调查相比，敖汉旗的夏家店上层文化遗址分布密度明显偏低。如果说由于敖汉旗文物普查所获遗址数与实际现存遗址数之间尚有差距的话，那么，同一地域内夏家店下层文化遗址数量与夏家店上层文化遗址数之比，在某种程度上应能大体反映客观实际。各项调查中夏家店上层文化遗址数相对于夏家店下层文化遗址数的比值如图六所示。

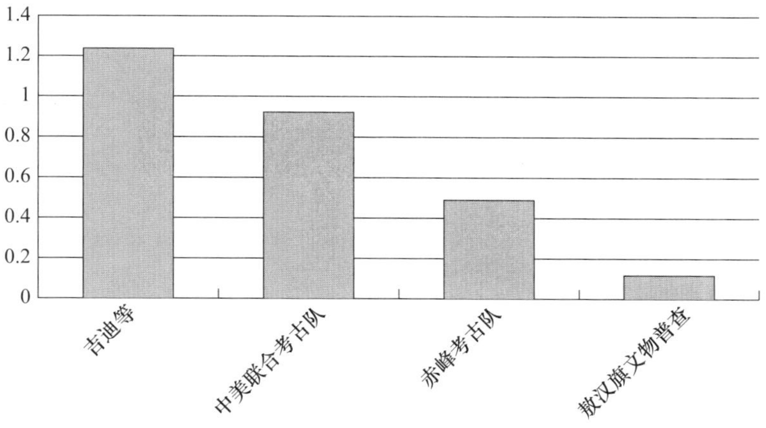

图六　各项调查中夏家店上层文化遗址数相对于夏家店下层文化遗址数的比例

由此可知，老哈河以西的英金河流域，夏家店上层文化的遗址数量众多，分布密集，而老哈河以东的敖汉旗，夏家店上层文化的遗址明显偏少，分布稀疏。在英金河流域，有一个现象值得注意，那些规模较大或地位显赫的夏家店下层文化遗址，也往往是夏家店上层文化遗址的选地。如以往人们熟知的夏家店[13]、香炉山[14]、新店[15]、西道点将台[16]等遗址便是如此，吉迪等人调查的007（三座店东梁）、065（迟家营子）、117（砚台山）和赤峰考古队调查的KD1～KD5、KJ7、KX1、KB5、KP1、KZ3、SN1、SC1、SC2、SC6、SD1、SD15等，也是这样的遗址。反观东部的敖汉旗，这种现象并不明显，例如，著名的大甸子夏家店下层文化遗址，就不见夏家店上层文化的遗存，同样属于全国重点文物保护单位的萨力把乡哈拉沟村的城子山夏家店下层文化遗址，也未发现夏家店上层文化的踪迹。无论最终对这种现象做何解释，都不妨进一步说明老哈河以东不属于夏家店上层文化分布的重心地带。

老哈河以西的英金河流域，夏家店上层文化遗址的分布密度亦有差别。如果说吉迪等人的调查还不足以反映阴河流域遗址分布之一般性的话，那么，在赤峰中美联合考古队的调查区域内，夏家店上层文化遗址数量与夏家店下层文化遗址数之比已接近1∶1的比例，当充分说明阴河中下游夏家店上层文化遗址的密集程度。从本文图四可看出，盔甲山河以南，夏家店上层文化的遗址骤然减少，赤峰考古队调查的区域内夏家店下层文化遗址数与夏家店上层文化遗址数之比不到1∶0.5，反映的正是盔甲山河以南这类遗址分布的一般情况。这样，我们看到，在老哈河以西经过区域性调查的范围内，阴河沿岸和它的支流西路嘎河沿岸夏家店上层文化遗址甚为密集，自盔甲山河以南，该文化遗址的分布势头锐减。而阴河沿岸也正是夏家店下层文化大型遗址密集分布的重要地带[17]，是知在阴河流域，夏家店上层文化继承了昔日的辉煌。图四中显示出在西路嘎河南侧的山前地带，存留了几个规模很大的夏家店上层文化遗址群，但这是否就是英金河流域夏家店上层文化的中心所在，亦未能知。而从上述分布态势来看，将广义的阴河中、下游视作整个英金河流域夏家店上层文化的中心区，当不会失之太偏。

通过以上的分析可以看出，赤峰南部的夏家店上层文化至少在某个时段以老哈河以西的英金河流域为其重心地带，而老哈河以东的地域该文化遗存量较少。在英金河流域，又以阴河中下游一带最为重要，其他地段与之相比，显得较为次要。

诚然，夏家店上层文化的陶器以素面为主，故难以依据调查所获陶片来确定遗址的分期，而这里讨论的夏家店上层文化遗址也许分属不同的时间阶段，这样的话，以上的结论是否仍然有效，这是不得不面对的一个问题。不过，这 4 项调查已覆盖了足够大的空间，时间上的经历或许对各区域而言都是同样的。如是，则参考上述认识仍不无意义。

稿于 2004 年 11 月

注　释

[1] 中国科学院考古研究所内蒙古发掘队:《内蒙古赤峰药王庙、夏家店遗址试掘简报》,《考古》1961 年 2 期。

[2] 刘观民、徐光冀:《内蒙古东部地区青铜时代的两种文化》,《内蒙古文物考古》创刊号，1981 年；朱永刚:《夏家店上层文化的初步研究》,《考古学文化论集·1》，文物出版社，1987 年；靳枫毅:《夏家店上层文化及其族属问题》,《考古学报》1987 年 2 期；翟德芳:《试论夏家店上层文化的青铜器》,《内蒙古文物考古文集》第一辑，中国大百科全书出版社，1994 年。

[3] 徐光冀:《赤峰英金河、阴河流域石城遗址》,《中国考古学研究——夏鼐先生考古五十年纪念论文集》，文物出版社，1986 年。

[4] 王惠德、薛志强、吉迪等:《阴河中下游石城的调查与研究》,《昭乌达蒙族师专学报（汉文哲学社会科学版）》1998 年 4 期。

[5] Gideon Shelach. *Leadership Strategies, Economic Activity, and Interregional interaction: Social Complexity in Northeast China.* New York: Kluwer Academic/Plenum Publishers, 1999.

[6] 赤峰考古队:《半支箭河中游先秦时期遗址》，科学出版社，2002 年。

[7] 赤峰中美联合考古研究项目:《内蒙古东部（赤峰）区域考古调查阶段性报告》，科学出版社，2003 年。

[8]《中国文物地图集·内蒙古自治区分册》，西安地图出版社，2003 年。

[9] 中国社会科学院考古研究所内蒙古工作队:《内蒙古敖汉旗兴隆洼遗址发掘简报》,《考古》1985 年 10 期。

[10] 中国社会科学院考古研究所:《敖汉赵宝沟——新石器时代聚落》，中国大百科全书出版社，1997 年。

[11] 中国社会科学院考古研究所:《大甸子——夏家店下层文化遗址与墓地发掘报告》，科学出版社，1996 年。

[12] 关于敖汉旗的面积，文字资料多称 8300 多平方公里，但 2001 年中国地图出版社出版的《内蒙古自治区地图册》将该旗面积表述为 8294 平方公里。

[13] 中国科学院考古研究所内蒙古工作队:《赤峰药王庙、夏家店遗址试掘报告》,《考古学报》1974 年 1 期。

[14]《中国文物地图集·内蒙古自治区分册》(下),西安地图出版社,2003年,84页。
[15] 徐光冀:《赤峰英金河、阴河流域石城遗址》,《中国考古学研究——夏鼐先生考古五十年纪念论文集》,文物出版社,1986年。
[16]《西道村遗址发掘获重大成果》,《中国文物报》1991年3月31日第1版;刘晋祥:《赤峰市点将台青铜时代遗址》,《中国考古学年鉴·1991》,文物出版社,1992年。
[17] 朱延平:《辽西区古文化中的祭祀遗存》,《中国考古学跨世纪的回顾与前瞻——1999年西陵国际学术研讨会文集》,科学出版社,2000年。

垣曲盆地30年考古的实践与学术思索

佟伟华
（中国国家博物馆）

垣曲盆地偏居晋南一隅，在山西省的考古工作中原本并不起眼，20 世纪 80 年代以前，晋南地区的考古发掘项目多集中于三门峡水库区以及交通便利的运城盆地及临汾盆地，如经过小规模发掘的芮城东庄村、西王村[1]、平陆盘南村[2]、芮城南礼教[3]、永济东马铺头[4]等遗址以及经过大规模发掘的晋都新田侯马[5]、夏县东下冯[6]、夏县西阴村[7]、襄汾陶寺[8]等著名遗址，都集中于这一区域。

垣曲盆地是中条山脉之间的一个小盆地，越中条山与运城盆地相隔，紧临黄河北岸，是由自西北向南流的沇河和亳清河两条黄河支流交汇时冲击而成的，盆地南北略呈长条形，总面积 约 70 平方公里，整个地势由西北向东南倾斜，海拔 460～210 米，是一个独立的地貌单元。盆地以靠近河口的古城镇为中心地区，沿三条河各自向四面延伸。垣曲盆地的考古工作多年来只有小规模开展，20 世纪 50～70 年代，中国科学院古脊椎动物与古人类研究所、中国社会科学院考古研究所、山西省考古研究所、山西大学等单位都曾在垣曲调查与发掘，先后发现了大量古代文化遗址，并发掘了南海峪[9]、口头[10]、龙王崖[11]、丰村[12]、小赵[13]等遗址。直到 20 世纪 80 年代以后，配合黄河小浪底水利枢纽工程的建设，多家考古单位对水库淹没区内的古城东关[14]、古城南关商城[15]（垣曲商城）、宁家坡[16]、下马、北堡头、解峪、上亳城、下亳城、寨里、东寨、西关等遗址进行了集中发掘，为全面地了解垣曲盆地内各不同阶段文化遗存的分布和文化特征提供了依据，成为学科进一步深入发展的基础。

在上述已发掘的诸多遗址中，以中国国家博物馆（原中国历史博物馆）主持的古城东关及南关商城遗址的发掘最为重要，这两个遗址坐落于垣曲盆地中央的古城镇东关及南关，相距约 2 公里，都是垣曲盆地内规模巨大的中心遗址。东关遗址内含的仰韶早中晚期、庙底沟二期、龙山期文化遗存与古城南关商城内含的仰韶晚期、二里头晚期、二里冈下层、二里冈上层遗存的年代前后相继，共同建立起垣曲盆地少有缺环的考古学文化编年序列。成批的发掘资料的出土，呈现了这一地区不同时期纷繁复杂的文化面貌和特征，建立起本区域考古学文化序列的框架，使学界进一步加深了对垣曲盆地从史前到夏商周时期的各考古学文化的认识。这使垣曲盆地考古工作取得了重大突破，除了在垣曲古城东关遗址发现了自东关一期至龙山文化长达 400 年的新石器文化遗存外，还对迄今全国仅发现的 5 座商代前期城址之一——古城南关商城进行了全面的解剖。除此而外，在垣曲盆地内还进行了聚落考古的调查及研究工作，这些工作持续了近 30 年，是山西省少有的几个规模大、持续时间长的考古发掘地点之一。

在上述工作基本告一段落的今天，作为发掘者，我们有必要重新审视垣曲盆地的考古工作实践，总结古城东关与古城南关商城两个遗址的发掘以及垣曲盆地聚落考古研究的收获，并梳理与这些考古发掘和调查工作相关的学术课题，以进一步推动这一地区考古学研究的深入。

一、垣曲古城东关遗址发掘的学术意义

垣曲古城东关遗址占据了垣曲盆地底端离三水交汇的黄河河口最近的地理位置，位于古城镇东关的沇河西岸上，呈南北长条形，从南至北地势渐高，在垣曲盆地中海拔最低，高215～235米，而其他遗址则均在230米以上。因遗址南北高差20米，故先民们可以在水患来袭时上下迁移。遗址编为Ⅰ、Ⅱ、Ⅲ、Ⅳ四个发掘区，内含仰韶、庙底沟二期、龙山期等遗存。仰韶文化遗存分为四期，东关一、二期为早期，相当于北首岭下层至西安半坡早期阶段，东关三期为中期，相当于庙底沟类型阶段，东关四期为晚期，相当于西王村类型阶段。庙底沟二期文化遗存分为早、中、晚三期，其上限与仰韶文化晚期相接，下限延续至龙山文化早期，晚期的年代与陶寺早期有一段时间重合。龙山文化遗存分为早、晚两期，晚期的年代大体相当于中原龙山文化三里桥类型或洛阳王湾三期阶段。这些事实表明，在距今6700～4000年的近3000年中，古代先民都曾经在此生活，古城东关遗址是一处延续时间长久、包含多时段文化遗存的多重埋藏遗址[17]。

1. 古城东关遗址的发掘，使我们对这一遗址内含的各期文化面貌、特征以及文化性质有了基本认识

古城东关遗址的发掘与研究，使学术界对垣曲盆地的仰韶文化、庙底沟二期文化和龙山文化各期遗存的面貌和特征的认识又大大地向前推进了一步。

古城东关的四期仰韶文化，虽然经历了大约2000年的发展与变迁历程，但却一脉相承，顽强地承袭着自身的鲜明特征，影响着周边与之年代相当的其他文化，并成为晋南地区考古学文化交流的中心地带。

东关一期文化是这一遗址最为丰富的一期遗存，陶器以泥质磨光红陶为绝大多数，以环状口小平底瓶、红顶圜底钵、宽沿平底盆、夹砂鼓腹罐、尖锥足鼎等典型器物为代表，不见彩陶，与北首岭下层大体同时。

东关二期文化遗存较少，晚于东关一期，其文化面貌更接近王湾一期早段。

东关三期文化遗存亦不够丰富，大体与庙底沟类型相当，是典型的庙底沟类型遗存。

东关四期文化遗存较为丰富，文化面貌较为复杂，既具有晋南仰韶晚期的特征，又与豫西王湾二期有相近之处，自身特点明显，其相对年代大抵与豫西王湾二期及晋南西王村三期文化相当。

古城东关遗址的庙底沟二期文化分为早、中、晚三期，三期均以夹砂灰陶和夹砂褐

陶为主，纹饰以篮纹和绳纹为绝大多数，篮纹逐渐增多，而绳纹逐渐减少。三期的陶器组成丰富多样，器形极富特征，主要有盆形、罐形鼎、斝、釜灶、豆、夹砂深腹罐、小口高领罐、夹砂缸、敛口瓮、单耳罐、敞口双鋬盆、单耳杯等。这些基本的陶器组合在早、中、晚三期具有明显的变化，其文化特征，上与仰韶晚期相承继，下与龙山文化相传承，是承上启下而又广泛分布的一期文化。它的分布范围除了晋南的中心区外，西到陕西关中以西一带，北到晋中，东南到豫西伊洛河流域，在这样大的范围中庙底沟二期的文化面貌十分相像，表明这一时期进入了中原地区新石器文化发展的又一高峰期。

古城东关遗址的龙山文化是由本区域的庙底沟二期文化发展而来的，陶器的类型大多继承庙底沟二期文化，但形制发生了很大变化，继承庙底沟二期传统的主要器形有釜灶、斝、甑、深腹罐、小口高领罐、缸、敞口盆等，新出现的器形有双鋬鬲、双腹盆、折沿罐、灶、单耳杯、圈足瓮、圈足盘等，其内涵既表现了中原龙山文化三里桥、王湾类型的主要特征，也包含了一些晋南陶寺类型龙山文化及东下冯龙山文化的因素。如这里出现了六种炊器共存的现象正是几种类型文化的不同因素在同一文化中交融的反映，灶、罐形单把斝、双鋬鬲等来自北方的陶寺类型，夹砂罐、锐折腹斝来自南部的中原龙山文化，釜灶、甑等是自身发展而来的。由此看到，这里的龙山文化集合了来自中原龙山、东下冯龙山、陶寺类型龙山的多种文化因素，但它并非是几种类型龙山文化因素的简单混合，它的基本文化面貌和主要特征都与豫西三里桥和王湾三期相同，而与晋南的东下冯龙山、陶寺类型龙山文化的差别较大，因此古城东关遗址的龙山文化应归属于中原龙山文化三里桥类型。由于古城东关遗址位于山西省南端的黄河北岸，地理位置与豫西相邻，故文化面貌与豫西更为接近是区域文化交融的结果。

2. 古城东关遗址的大规模发掘，以及对出土遗迹遗物的年代与分期的系统研究，使垣曲盆地的史前文化建立了完整的发展序列，昭示着这里古代文化发展的悠长与连续，如此丰富的古代遗存集中存在于一个遗址中在晋南是不可多得的，为晋南地区考古学文化谱系的建立树立了标尺

在十余年的发掘和研究中，发掘者对这一遗址的仰韶、庙底沟二期和龙山文化进行了详细分期，古城东关的仰韶文化遗存自东关一期始，至东关四期结束，经历了三个大的发展阶段。其中东关一期与二期处于仰韶早期阶段，与北首岭下层和半坡早期文化大体相当，三期处于仰韶中期阶段，与豫西的庙底沟类型遗存大体相当，四期处于仰韶晚期阶段，大体与王湾二期相当。其中，东关一期文化的成批资料最为珍贵，这是晋南地区最早发现的早于东庄村类型的遗存，填补了晋南地区仰韶早期文化的空白，将晋南的新石器文化序列上溯到关中地区的北首岭下层阶段，受到了学术界的高度关注。同时，古城东关遗址的庙底沟二期文化遗存是各期遗存中最为丰富的，出土的大量可复原器物成为分期的标准器。根据这一期大批遗迹之间的打破关系和出土陶器的类型学研究，发掘者首次将庙底沟二期文化分为早、中、晚三期，研究表明，古城东关遗址的庙底沟二期文化是一支延续了500～600年，经历了早、中、晚三个发展阶段，具有独立文化特征的遗存。而龙山文化首次被分为早、晚两期，早期与庙底沟二期文化直接相接，晚期则与二里头文化早期相承继。一些学者对东关遗址及垣曲盆地的庙底沟二期文化和龙山文化遗存的年代、分期等问题进行了分析研究，认为垣曲盆地的庙底沟二期文化和龙山文化是具有直接承接关系的两支考古学文化，古城东关遗址的分期，进一步明确了这两个阶段文化的发展进程，龙山文化是从本地域的庙底沟二期文化直接发展而来的，经历了复杂的发展历程后走向衰落。

从仰韶、庙底沟二期以及龙山这三个文化发展阶段看，古城东关遗址中的新石器文化自成一体，前后传承，紧密衔接，已形成完整的文化发展序列，即从仰韶早、中、晚期发展到庙底沟二期早、中、晚期，再发展到龙山早、晚期。这一文化编年序列的建立为晋南地区乃至周边地区的新石器文化年代与分期的确立提供了标尺，具有极其重要的意义，同时将从考古学物质文化面貌及其演变的角度，为探讨古代文明起源诸问题建立严谨的时空框架。

3. 古城东关遗址的发掘，为在垣曲盆地内进行聚落考古的研究提供了一个不可多得的聚落考古个案样本，古城东关遗址所包含的多个不同时段的聚落形态、结构、特征的辨析，为追寻这一遗址从早到晚的聚落变迁过程，提供了物化资料

古城东关遗址是一处文化堆积高度重合埋藏的遗址，这一遗址内含有仰韶早、中、晚期、庙底沟二期早、中、晚期以及龙山文化早、晚期共八个时段的聚落，它们的聚落形态在仰韶文化早期到龙山时代的近 3000 年里，发生了很大变化。

由于各时段聚落的中心区位置曾几次南北迁移，因此其海拔、规模结构和聚落等级也在不同时期发生了很大变化。聚落的中心区在仰韶早期位于北部第Ⅳ区，仰韶晚期至庙底沟二期迁至南端的第Ⅰ、Ⅱ、Ⅲ区，到龙山晚期再从南迁回最北部。海拔亦从仰韶早期Ⅳ区的 230～236 米降至庙底沟二期较低的Ⅰ、Ⅱ、Ⅲ区的 223～230 米，而后又从低返高，在龙山时期回到高程为 230～236 米的Ⅳ区。聚落的规模也发生了由仰韶早期的中型规模经过仰韶中晚期逐渐发展到庙底沟二期的大型规模，又由大型衰退到龙山时期的中型的变化。此外，聚落的等级也经历了由仰韶早期的中心聚落转变为仰韶中期的短期居住地和仰韶晚期的一般村落，而后发展为庙底沟二期时期的中心聚落，最后又转变为龙山时期的一般村落的过程。尽管仰韶早期和龙山时期聚落的规模都可称之为中等，但根据两个聚落的规模和内部结构看，仰韶早期时这里已成为区域的中心，而到了高度发达的龙山时期，这里的中等规模却不足以成为区域的中心。古城东关由于在地理位置、环境、资源、气候等多方面所具有的优势，使这里在仰韶早期和庙底沟二期都成为人口密集、聚落规模扩大的本区域的中心。

在聚落变迁的过程中，古城东关经历了两个繁荣时期。第一次是仰韶早期，也是人类在此聚落中刚刚开始生活的时期，这一时期的东关聚落已经是一个具有中等规模、房址、灰坑、墓葬、陶窑、沟壕等遗迹分布规则、功能完备的中心聚落。第二个繁荣时期是庙底沟二期，此时人们选择了遗址中海拔最低的南端作为聚落中心区，这里人口集中，灰坑等遗迹极为密集，形成了一个具有相当规模的结构紧密的大型聚落址。从仰韶早期到龙山时期尽管这里存在着多个不同形态的聚落，但物质文化的发展绵延不断，具有一脉相承的发展关系，这些聚落的演变表现了连续的文化发展模式。

通过对古城东关各期聚落的基本形态、社会结构状况，特别是它们之间的相互关系以及在功能方面的联系等方面的微观研究，为从宏观上把握盆地内各时期聚落群的分布状况，全面考察垣曲盆地内各不同期聚落的数量、规模与人口的变化、聚落群分布的移动轨迹，以及社会组织形态的演变过程、中心区的移动和变化，提供了参照，同时也为揭示这一盆地从史前到夏商时期聚落演变的演进过程，即从农业的发生、定居聚落的开始到进入早期国家阶段的整个变化过程，乃至古代社会文化演进的动态过程提供了研究的基础资料。

4. 古城东关遗址的发掘，为开展聚落与自然环境关系的研究提供了重要实例

对于人类生存而言，在连绵的中条山腹地中出现的依山面水的山间小盆地，无疑成为人口聚集的最佳地区。在三水汇流的垣曲小盆地内及其周边地区，古代遗址的分布极为密集，是古代人类的自然聚居地。在人与气候、植被、土壤、水源、地理地貌等诸种生态环境的关系中，由于东关聚落的先民所处的地理位置与环境，决定着人类的生产和生活与水资源息息相关，一般的聚落多只能利用一条河水的资源，而这里具有临近三水的优越条件，水源的充足极大地促进了古城东关聚落的农业、制陶、捕鱼、家畜饲养等生产和经济生活的发展。然而，生活在古城东关聚落的先民也不能逃脱河流水患的影响，因此东关聚落中心区的位置在不同时期的南北迁移，与聚落所在河岸水位的涨落具有直接关系。除了水资源以外，古城东关聚落周边的河流阶地宽阔、植被密布等地理、生态环境以及暖湿的气候条件都为原始农业、家畜饲养、渔猎等生业的发展提供了有利的条件，古城东关聚落鲜明地表现了东关先民对优越的自然环境的追求和渴望，也表现了他们对自然环境的选择和利用能力的变化。人类就是在长期的适应和利用各种生态环境和自然条件的情况下才得以生存、繁衍和发展，因此我国黄河中游地区的古代文化才能够绵延不断。由此，使我们对这一地区古代文化生存发展的环境背景的理解不断加深，这对于探讨同一时期不同文化的相互关系以及同一文化在不同阶段的演进过程等都具有重要意义。

5. 通过对垣曲盆地仰韶、庙底沟二期和龙山文化遗存与晋陕豫等周边地区的同期文化进行的比较，探讨了它们与相邻地区相互往来和融合的关系，推进了黄河中游地区古代文明的发生与发展的进程研究

从古城东关的仰韶、庙底沟二期以及龙山文化这三个发展阶段看，这里的新石器文化自成一体，先后传承，它们在不同的发展阶段均与晋陕豫等相邻地区发生文化往来，这种交流融合的结果使垣曲古城东关的三大阶段的文化遗存既保留着自身的特征，也使本区域的文化特征因受到周边区域的影响而产生趋同性。仰韶文化阶段古城东关1～4期文化遗存与晋南运城盆地的面貌更为接近，庙底沟二期阶段，古城东关遗存与周边的晋陕豫面貌均很相像，表明庙底沟二期文化是龙山文化形成之前就已存在的在较大范围内文化面貌一致的极为兴旺发达的遗存，这期文化参与了中原地区各不同类型的龙山文化的形成，成为早期国家初创的文化渊源。而到了龙山文化阶段这里的文化特征却与豫西的王湾三期文化及三里桥类型龙山文化相近，表明这里受到中原地区的影响之大，这种现象一直延续到二里头阶段，垣曲古城的二里头文化更趋同于豫西的二里头类型，而与运城盆地的东下冯类型差别较大。

通过对这个小地域范围与相邻的晋南和豫西地区的考古学文化关系的研究，对于探讨中原地区古代文明起源和早期国家产生的历史背景、基础与过程等问题是极为重要的。

二、垣曲古城南关商城发掘的学术意义

古城南关商代城址（垣曲商城）是我国已发现的第五座二里冈期城址，尽管其规模较小，是一座拱卫商王朝的军事城堡，但其所呈现的文化面貌与商王朝中心区域十分近似，特别是城址内存在的宫殿区、居民区、手工业作坊区、城垣、城门、道路等重要遗迹以及布局特征均与商代同期城址偃师商城及郑州商城存在很大的共性。这一城址的发掘为研究商代的物质文化以及人文地理、社会生活乃至文明形成以后早期城市的起源与发展等重大课题无不具有重要意义。

垣曲商城的发掘自 1985 年开始，至 2003 年结束，可分为前后两大阶段。前一阶段（1985～1986 年）为城址勘察与试掘阶段，通过地面钻探调查、城垣解剖和城内试掘，揭示了城址的形状、布局和区划，初步判明了城址的年代和性质等问题，其发掘成果已汇集成第一本勘察报告《垣曲商城》[18]。后一阶段（1987～2003 年）为城址的正式发掘阶段，1987～1992 年进行了居民区和手工业区发掘，1993～2003 年进行了道路、城门与宫殿区等大型遗迹的发掘，取得了重要收获。

1. 通过城址发掘，了解了城址内各期文化的面貌与特征，明确了城址的范围、形状、遗迹分布等基本格局

发掘所知，城内东南部为一般居民区，大量的灰坑、房址、沟壕、墓葬等遗迹密布，出土了大量二里冈下层及上层的石器、陶器、骨器、卜骨以及少量铜器等遗物，是城内居民主要的生活区域。城内中南部与西南部为手工业作坊区，分布着成组的烧制陶器的窑址，通过对这些陶窑的解剖，了解了陶窑的分布和结构，对商代前期制陶业的发展有了进一步认识。而城址西部为青铜冶铸区，在西城门内的道路两旁发现了许多青铜冶铸场地遗留的残迹以及较多的铜炼渣、炉壁残块等遗物，表明这里是青铜冶铸业的手工业区。城址东部居中为宫殿区，分布着由宫墙环绕的城内最为恢宏的南北两座宫殿建筑，是全城最为重要的核心区域。

2. 通过对城垣的解剖及对城内大量遗迹的发掘，回答了城址的年代、性质等学术问题

发掘初期，我们将城址内的二里头晚期和二里冈文化遗存分为三期五段，即二里头晚期、二里冈下层早段和晚段、二里冈上层早段和晚段，为城址内夏商文化的分期奠定

了基础。以此为标尺，根据解剖南城墙的地层叠压关系：南城墙墙体和基槽打破和叠压着二里头晚期的遗迹，二里冈上层及二里冈下层晚段的文化层或遗迹则呈倾斜状叠压在南城墙墙体内侧根基处或打破城墙，因此城墙年代的上限不会早于二里头晚期，也不会晚于二里冈上层。当时，由于发掘资料尚不丰富，故将垣曲商城的年代较为宽泛地推断为始建于二里冈下层并延续使用到二里冈上层。

此后，在发掘西城门时，又发掘到西城垣的内外墙以及连接的横墙，涉及西城垣基槽与其叠压的 G27、G26 的关系，这为城垣年代的判断提供了新的依据。

我们认为，城址的始建年代应为二里冈下层晚段，从解剖被城垣及道路叠压的 G27、G26 判断，它们的堆积并不是在短时间内形成的，可分为上、中、下三部分，其时代可分为两大阶段，沟底的几层近于水平状的下部堆积是城址修筑前形成的，时代为二里头晚期。其上的中部堆积呈不规则状，夹有大、小块生黄土，是修筑西城墙大规模地填沟时在较短的时间内形成的，与城墙基槽的修建应为同时。再向上还有几层出土物较多的上部堆积，应是城址修建后，沟已被填至近沟口形成两条路沟后继续使用的堆积，并叠压在西墙墙体根基部，中部与上部堆积的时代属同一阶段，均为二里冈下层晚段。故 G27、G26 历经二里头晚期到二里冈下层晚段两个时间段。

西城墙双道墙及横墙在建筑时跨越了这两条沟的西段，使西城墙与这两条沟发生了叠压关系。G27、G26 与西墙的打破叠压关系是一致的，它们都始建于二里头晚期（见 G27 与 G26 下部堆积），在商城始建时，同时被二里冈下层晚段的西墙横墙基槽打破并叠压（见 G27 与 G26 中部堆积），在商城建成后，西墙墙体又被 G27 与 G26 的上部堆积所叠压，它们同属二里冈下层晚段。由于 G26、G27 中部及上部堆积的时代与城墙建筑的时代同时，故城址始建的年代应不早于二里冈下层晚段。

从垣曲商城的规模和各面城墙的建筑方法与结构等多方面观察，城址的各面墙应是连续修建的，西墙和南墙应视为同一时期的遗存。前述 G27、G26 与西墙横墙的地层关系与解剖南城墙所获得的地层关系即二里冈下层晚段叠压南城墙墙体及基槽，南城墙墙体及基槽下压二里头晚期遗迹的地层关系完全一致，这为垣曲商城始建于二里冈下层晚段提供了新的佐证。

关于垣曲商城性质的探讨，学界提出了几种不同的意见，主要有“垣亳说”、“亘都说”、“军事重镇说”等几种。

我们以为，垣曲商城应为商王朝建于黄河北岸的军事重镇。通过对垣曲商城所处的地理环境、布局特点、文化背景以及城垣的建筑形式分析，垣曲商城建于三面临水的黄河北岸高台地上，占领地势险要的制高点，目的是从军事上俯视和控制整个盆地，西南双道城垣防卫的设计使城址增加了防御的屏障，因此垣曲商城具有极为浓重的军事色彩，应是商人的统治势力已到达晋南黄河北岸的证明，他们极有可能以这一城址为据点，继续向晋西南扩张，镇抚夏遗民，占领西北方向的夏人活动区。正如有的学者根据垣曲商城所处的地理位置，指出这里是商代重视兵要地理的物证：“早在殷商前期，中条山、或与太行山之间的山中谷道就是商王朝驻军屯守，或将城邑建立在险关谷道入口处，进可攻退可守，垣曲商城三千多年后的再现，可以视作驻守险要通道的商代城址。”[19]

垣曲商城这座军事城堡的兴建一是由于其地处中条山南麓的深山峡谷之中，具有兵要地理的优势，可实现其占领扩张的军事目的。二是为了控制这里丰富的水、木材、铜、锡、铅有色金属等自然资源，尤其是铜矿资源，所以商城择建于黄河北岸，占领与控制商代重要的铜矿资源——中条山铜矿产地。这一华北地区最大的铜矿基地位于商城西北数十里，为了巩固商王朝的统治，确保商王朝的物质基础，中条山铜矿的资源必定是夏商王朝争夺的对象，因此，垣曲商城不可能与中条山矿产资源无关。城址一方面肩负着拱卫王畿，控制黄河天堑的重任，另一方面则要控制铜矿产地，抵御外来掠夺[20]，保证开采和运输。

3. 通过对城内大型遗迹的发掘，明确了这些遗迹的布局、形状、结构以及它们之间的年代关系

西城门及其道路以及城址西南出口的发掘表明，在西城垣内墙的缺口部位以北，由西墙的内、外墙和连接内外墙的横墙三部分将城门缺口围挡在城内，城门缺口处遭到破坏，未见夯土存在，东西长 10～11、南北宽 6～10 米。在城门东侧 4 米处的城内主干道旁以及城门以北的横墙之间各分布着祭祀坑 1 个，内置殉人，表明在修建城垣和西城门时举行了祭祀活动。

西城门通往宫殿区的道路在二里冈下层晚段曾为路沟形式，至二里冈上层时期形成地面道路 L2，东西向横贯城内中部，西端始于西城门缺口，东端止于宫殿区西围墙外侧，长约 190、宽约 12 米，西段方向 108°，路横截面为凹弧形，纵剖面则呈西高东低的走势。通过对路沟的解剖了解到，这条路沟下叠压着两条平行的壕沟 G26、G27，始建于二里头晚期，是聚落北部的双道环壕，它们与聚落西部同建于二里头晚期的南北向壕沟 G1 相通，构成半环壕聚落。当二里冈下层兴建商城城垣时将两沟填埋至近沟口处，直至二里冈上层时将两沟口全部覆盖形成一条西城门通往宫殿区的道路，这一变化过程鲜明地表现了古城南关聚落从二里头晚期到二里冈商城兴建前后的演变经过。道路经过长期使用，路土堆积分为 5 层，极其坚硬，包含物以陶片居多，局部路段夹杂许多烧土粒、木炭及铜炼渣等铸铜遗迹遗物。道路的形成时间大体处于二里冈下层偏晚到二里冈上层偏早阶段，并在二里冈上层时期持续使用。

城址西南角的发掘表明，南城墙西段与西城墙南段的城垣结构基本相同，都筑有双道城垣，形成夹墙，将出口留在西南角，其间的缺口宽 16 米。目前南墙仅余西段保留较好，内外两墙基本平行，间距 4～14 米，内墙现存总长为 375 米，外墙西段保留 164 米。南城墙内外墙的墙基与墙体均保存于地下，墙体与基槽口的宽度相差不多。内外基槽均为内宽外窄，剖面形状呈倒梯形，深度亦相差不大。内墙墙体根基部堆积有斜坡状护城坡。另在南墙外墙的西端以外发现了一条宽而深的壕沟 G52，与南外墙间距 7.4～8.8、南北宽 7～10、深 5～6 米，由于紧临台地南缘，沟外沿已不存在，从揭露部分推测，这条壕沟的宽度至少有 15 米，与西城垣外的壕沟 G1 的规模大体一致，它至迟应是垣曲商城修建时在南外墙以外挖掘的一条护城壕。

商城的宫殿区选址在城内中部偏东，是城内重要的核心地区，宫殿区规模不大，应是二里冈上层时期一次建成的。

宫殿区为前后两进院落，基本布局严格遵循东西对称的原则，是以南北并列的两座大型夯土台基为中心、四周环绕整齐的夯土围墙作为防护的一组建筑群。

宫殿区平面呈长方形，南北长约88、东西宽约50米，坐南朝北。除了南围墙中部遭严重破坏以外，其他三面墙均保存完好，未见城门遗迹，故宫城门应开于南墙。宫城墙笔直规整，两侧墙根用草拌泥红烧土块加以铺垫，作为护墙坡。墙体分为地上和地下两个部分，夯层厚度不均。北半部墙宽约2米，南半部墙宽增至6～7米，这些加宽的围墙上可能有高台建筑，以便于防卫。

宫城内南北并列的两座台基的平面均为长方形，基本为正方向，且在同一中轴线上，间距11.5米。位于南部大门入口处的第一进院落的2号台基面积较小，东西长约33、南北宽约11.5米，与东西两侧围墙的间距6米左右。台基的内侧边缘有柱洞，间距3米左右。位于北部的第二进院落的3号台基面积较大，东西长约41、南北宽12米左右，与东西两侧围墙的间距为1.5～2.5米。台基内侧边缘亦分布着一周整齐的柱洞，间距2.3～3米，均有长方形的础槽，底部垫有一块平整的卵石作为柱础。台基南部东侧有长方形斜坡门道，布局与2号台基相似。在宫城围墙内的区域全部为白料姜石铺垫而成的地面，平整坚硬，应是商人活动的庭院部分。

宫城墙西北部与东部均发现一段环绕宫墙的小排水沟，与宫墙间距约4、宽0.75～0.85、揭露长度约10米。

由于宫殿区的夯土围墙、夯土台基等均被属于二里冈上层时期的灰坑打破，而在料姜铺垫的院落活动面中所出的陶片属于二里冈下层晚段，因此，宫殿区建筑基址应始建于二里冈下层晚段，持续使用到二里冈上层晚段后废弃。

对宫殿区的揭露，明确了两座大型夯土台基的形状、布局、结构，为全面了解商城的聚落布局，探讨商代前期大型夯土建筑的结构及特征，特别是对于认识这一城址的年代、性质及功能等问题都具有重要的学术意义[21]。

4. 通过对城垣的解剖和城内遗迹的清理，深入了解了城址从兴建到衰落的演变过程，这一过程可划分为三个发展阶段

垣曲商城的兴建具有深厚的渊源，二里头晚期聚落的存在成为商城建筑的基础。城址自兴建、使用直至废弃经历了大约三个阶段，第一阶段为二里冈下层晚段，是城址的初建与使用期，第二阶段为二里冈上层早段至晚段，是城址的持续再建与繁荣期，第三阶段为二里冈上层最晚段，是城址的衰落与废弃期，反映了商代社会不断发展的进程。

在城址的初建与使用期，一是对原二里头聚落即有的大型环壕设施G26、G27加以利用和改造，二是在对原聚落改造的基础上新建城垣。

在城址的持续再建与繁荣期，建设的工程主要有宫殿区，与之同时，原有的二里头晚期至二里冈下层的G27、G26已被连接西城门与宫殿区的道路L2所叠压，L2逐渐形成了多层路土堆积并作为城址的东西向主干道使用。

经历了二里冈上层的繁荣和发展以后，垣曲商城开始走向衰落，直至废弃。从四面城垣的保存状况看，城垣的损毁程度与其所在位置的高程以及与河流的距离有直接关系，即与水患有直接关系，由于南墙与东墙在台地上所处的地势较低，位置又濒临黄河及亳清河河畔，故遭受的破坏十分严重，南墙已被多处冲断，仅断续挂在断崖边。相比而言，西、北墙由于地处台地高处，遭受洪水冲刷的程度明显减弱，因此北墙保留较好。由此可知，正是由于水害的袭击，商城逐渐走向衰落，直至废弃。

5. 通过发掘，明确了商城建筑的基本方法、步骤及技艺，发现了城址内存在青铜冶铸的遗迹遗物，对于古代筑城工艺史和青铜冶铸史的研究具有重要意义

通过对城址城垣及护城壕的发掘以及对宫殿区围墙和夯土台基结构的解剖，获得了商代筑城方法、技术与工艺特征等方面的资料，搞清了商代建筑手工业在垣曲盆地所达到的水平和发展进程，对于我国古代筑城史的研究具有重要意义[22]。冶铜业也是商城内重要的手工业部门，代表着当时生产力发展的最高水平。通过对城址内有关青铜冶铸遗迹遗物的发掘，进一步了解了商城因紧邻中条山铜矿资源，具有得天独厚的地利优势，这使商城的冶铸业获得了天然发展的契机。同时对垣曲商城出土的冶铸遗物的铅同位素比值研究，初步明确了商城的矿料应来源于本地的中条山矿区，这一研究成果也为探讨垣曲商城与中条山铜矿的关系等问题提供了可贵的资料[23]。

6. 关于在垣曲商城发掘中进行的聚落考古实践

在 20 世纪 80 年代中期以后，中国的考古学从多视角借鉴从国外传入的聚落考古方法，在商城的发掘中，我们在对城址遗存进行细致分期的基础上，开始以聚落考古的视角，对城址进行了聚落考古方法的尝试。

（1）发掘前整体设计探方分布。在钻探明确了城垣形状后，先设计布方预案，拟定对整个城址进行全面揭露，在城址西南角设定一个基点为 0，运用坐标法统一编排 5 米 ×5 米探方号，纵、横坐标均编为两位数，故每个探方号编为 4 位数字，这样，全城内无论探方挖到什么位置，都有已编的探方号。

（2）城址的基础工作是对城内的遗迹遗物进行分期研究，对于这一遗址的考古学文化序列的梳理，为古城南关遗址内涵的多个时期的聚落划分奠定了基础，没有这一基础工作，聚落考古研究是无法进行的。

（3）为了搞清城址内地层堆积的整体状况，开纵贯南北与横穿东西的两条长探沟，对城内地层堆积进行了解剖，得到两条长约 300 米的地层剖面，为寻找城内的大型遗迹提供了线索。

（4）为了寻找到某一时期具有共时性的遗迹，进行了寻找原生地面的尝试。采用的发掘方法是：对预先设定的一定区域进行发掘时，各发掘探方要相互保持基本相同的速度同时下挖，边挖边打掉隔梁，使同时期的遗迹呈现在同一文化层面上。发掘所知，二里冈上层是城址内普遍存在的地层堆积，但上部遭到宋代遗存的严重破坏，仅余部分灰坑、墓葬、沟壕等遗迹的底部，而原始地面、各遗迹之间相连的道路等遗迹已被晚期破坏殆尽，故未能实现揭露共时性遗迹的目的。

（5）利用发掘成果对古城南关聚落演变过程的研究：仰韶晚期的古城南关为一北临亳清河的聚落，位于台地北缘。二里头晚期为环壕聚落，位置向南移，临近台地南缘。二里冈下层晚段至二里冈上层兴建为城址，城址的南半部与二里头聚落重合，北半部向北扩大。从仰韶晚期到二里冈上层时期古城南关聚落经历的位置移动和基本格局的变化，使我们逐步厘清了聚落的演变轨迹。在聚落演变的过程中，有一些较大的遗迹在聚落演变的过程中也发生了明显的变化，如二里头晚期的北部双道环壕G26、G27始建于二里头晚期，到了二里冈下层晚段建城时，两沟被大规模填埋至原沟口处，成为连接西城门至城内的一条较浅的路沟，到了二里冈上层路沟被完全覆盖，成为一条地面道路，这些研究是我们对两沟的多处位置进行解剖，并对沟内的多层填土的堆积形态、堆积厚度、土质、土色、包含物、成因等进行详细辨识、划分、研究后搞清楚的。又如二里头晚期的西部环壕G1同样始建于二里头晚期，到了二里冈下层晚段建城时，此沟仍被保留，成为西城墙双道墙以外的护城壕，同时又被向北延伸以适应新建的向北扩大的西城墙的长度。这些大型遗迹的改变构成了聚落演变的主要内容。搞清了聚落演变的轨迹和变化过程，也使我们明确地看到，二里头晚期是一个半环壕聚落，二里冈下层晚段至二里冈上层时期演变成以夯土修筑的城址聚落，在筑城以后总体格局变化不大。

三、垣曲盆地聚落考古研究的思考

1. 垣曲盆地聚落考古的学术意义

垣曲盆地内连续20余年的田野考古工作，为垣曲盆地进行聚落考古研究提供了契机，2000～2005年垣曲盆地的聚落考古研究实施，设定的目标是试图通过对垣曲盆地各不同时期的古代聚落特征和相互关系、社会组织结构变化以及古代人类与环境的关系等问题的综合研究，揭示各不同时期聚落变迁的过程，达到研究人的各种行为过程的目的。在掌握发掘资料的基础上，重点结合整个盆地内的遗址调查资料，并参考临近或其他地区的资料和相关研究成果，点、面结合、微观分析与宏观考察结合，力图对垣曲盆地内新石器时代至早期青铜时代二里冈文化期的聚落演变情况做一番全面的梳理和分析，分析的重点在于社会形态、组织结构的变迁[24]。

聚落考古研究的首要工作是进行田野调查，针对垣曲盆地存在多种复杂地形的特点，全覆盖式的区域调查方法在这一地区并不能完全适用，采用了区域调查与国内传统的考古调查相结合的方法，使点、面结合，微观分析与宏观考察相结合。调查工作以一个遗址为基本单位，运用勘察、测量、钻探、断面清理、采集遗物等手段，对各遗址的存在形式等方面的信息进行全面的收集。在四个季度的田野调查中，先后完成了以河流区划为界的全面踏查和遗址确认、遗址的平剖面调查和遗物采集、重点遗址试掘、地形地貌与生态环境考察、遗址记录、运用图表和文字进行的综合统计和研究等工作。

在对垣曲盆地各遗址所获信息的综合分析以及对聚落群进行了多视角的研究后取得了如下成果：

（1）通过对垣曲盆地史前至商代的85个遗址的面积、规模、文化层堆积、文化内涵、文化遗迹的分布与种类等信息的了解，对每个遗址包含的各不同时期聚落进行了全面的考察和确认，将具有共时性的聚落进行比对和归类，明确了垣曲盆地内各时期聚落的数量、规模及宏观布局。

（2）考察了具有共时性聚落的空间分布特征，对各不同期聚落进行了分群研究，并考察了聚落的等级差异以及中心聚落与不同等级聚落间的相互关系，进而明确了各不同期聚落群的分布形态以及能够反映出的社会组织结构。

（3）通过对各时期中规模最大的中心聚落的布局、年代、性质、功能等方面的微观研究，探讨了以中心聚落为代表的各期聚落的基本形态，它们之间的相互关系和在功能方面的联系，特别是它们所代表的社会结构状况。

（4）比较全面和系统地汇集了各时期聚落的分布资料，从宏观上把握各时期盆地聚落群的分布状况，在对这些聚落群进行分析比较的基础上，全面考察了各不同期聚落群的数量、规模与人口的变化、聚落群分布的移动轨迹，即中心区的移动和变化。重点揭示当时社会组织形态的演进过程，即揭示从农业的发生、定居聚落的开始到进入早期国家阶段的整个变化过程，同时尽可能地涉及聚落研究的其他方面。

（5）通过对每个聚落地理环境、微地貌特征的了解，考察同期聚落所处的地貌特征的异同，探讨各聚落与自然环境的关系。

总之，本次聚落考古研究是以全新的视角进行的新的尝试，这一工作推进了垣曲盆地古代社会演进过程的研究，对于探讨这一小区域与山水毗邻的中原腹地的相互关系，以及中原地区古代文明起源和早期国家产生的背景、基础与过程等问题是极为重要的。通过分析垣曲盆地从新石器时代中期定居村落的出现到早期国家产生之间聚落与社会形态的漫长的演化过程可以看出，在这样一个地处偏僻的小区域内，人类群体是如何从简单的氏族——部落社会经过较为复杂的酋邦社会，最后融入更加复杂的国家社会的，这对揭示中国乃至整个人类早期社会的具有普遍性的进化过程无疑是有积极意义的。

2. 垣曲盆地聚落考古的学术思索

（1）关于开展区域调查的位置选择。开展一个区域的聚落考古研究，以选择传统的考古学工作基础好、已对一些重要遗址进行过科学发掘的地区为好，因这样的地区通过重要遗址的发掘已建立了本地区明确的考古学文化分期，这为在本地区进行聚落考古调查树立了标尺。专业人员通过较长时间的考古发掘，已经具备了通过辨识出土陶片以确认陶片的年代、分期及文化归属的能力，这些都成为聚落调查的前提。参加调查的专业人员必须亲赴野外踏查，而不能交给技工独立进行。总之聚落考古应在传统的考古学工作基础上展开，取得的成效会更为显著。

（2）关于聚落范围及面积如何界定。有学者提出，当调查某一遗址时可见地面上散布的陶片范围较大，而这些陶片的分布范围未必就代表着聚落的范围，有可能是定居的农业民族在进行农业生产需要施肥时，先取土垫圈，又搬运到聚落上来的，陶片的位置移动，给确认聚落的范围和面积时造成了混乱[25]。遇到这种情况，一是需要在散落的陶片区域认真查找周边是否还暴露出原生文化层或其他遗迹遗物，以判断这一区域是否有原始遗迹遗物确实存在，另外也可观察地面散落的陶片有无磨损的痕迹，一般而言，被搬运过的陶片应有磨损的痕迹。在垣曲盆地的调查中遇到这种情况较少，有可能是因为山区的人口密度较小，耕地多在山坡的梯田上，施肥不多。

（3）关于遗址地面暴露陶片等遗物的多寡是否反映地下遗存的丰富程度。

一般而言，确定遗址暴露陶片的多寡如何反映地下遗存的丰富程度，其前提是假定这些聚落处在同样自然地理环境和同样气候条件下、受大自然的流水冲刷、风雨剥蚀破坏的程度以及人为破坏的概率相同，因而陶片暴露出来的概率相同。普遍的情况是我们假定在人为与自然破坏的概率相同的条件下，露出陶片多寡的概率相同，因而陶片多的较丰富，少的较贫乏，再考虑分布范围大小，以此可确定聚落内涵的丰富程度。但也有一些特殊情况导致地表陶片很少不易暴露，其原因一是文化层埋藏过深，动土时不易被破坏，如垣曲商城遗址的地面陶片暴露就很少，是由于遗址上部被厚1米多的宋代遗存所覆盖，二里冈期及更早的地层均位于地表1米以下，故很难露出；二是遗址地貌平坦，缺少台地和断崖的剖面，不易露出。

（4）关于多重埋藏的聚落遗址的年代划分。古代农业民族由于长期定居，同一遗址中大多存在着多时期的聚落，多重埋藏的情况很普遍。要想把这些聚落从同一遗址中区分出来，需要辨识遗址出土的陶片等遗物应归属于哪一文化期，只有掌握了不同文化期陶器的特征，才能将分期年代间隔较短的各期陶器分辨出来。但如果是一些年代尺度间隔较短的陶器，由于采集的陶片多较残碎，标准器的分期特征未在陶片上表现出来，这样就难以区分较小尺度的分期，只能划分大段。垣曲盆地的史前时期文化根据发掘资料可划分为裴李岗期文化，仰韶早、中、晚期文化，庙底沟二期早、中、晚期文化，龙山早、晚期文化等，但从调查中采集到的残碎陶片来看，庙底沟二期的早、中、晚期很难区分，龙山的早、晚期也不易分辨，只好合并为一期。

（5）关于中心聚落的确认与划分。有学者提出根据陶片多少及分布范围大小确定聚落大小并进而确认中心聚落的做法过于简单[26]，实际上聚落调查应根据不同的自然地理环境，采用多种灵活的方法，除了拉网式定位采集陶片以外，也可以与传统的考古调查方法相结合，寻找沟渠旁、断崖边的房址、灰坑、墓葬等各种遗迹，观察是否存在夯土、路土，有无规格较高的房址、墓葬、祭祀等遗迹以及有无较特殊的陶器、玉器、礼器等表明聚落级别较高的遗物。要确定是否中心聚落，除了陶片多，范围大以外，还要看遗迹分布的密集程度、范围等，总之要根据多方面因素来确定。从以往传统的考古工作流程看，当学术课题确定，要选择发掘对象时，一般是在考古调查的基础上选点，选择的地点都是预判的规模大、遗存丰富的遗址，从发掘后的情况看，多数遗址都选择得正确，大多是本地区的中心聚落，只有少数选得不太理想，遗存较为贫乏。由此推测，与传统的调查方法相结合的聚落考古调查所选定的中心聚落大多不会错，多属中心聚落。

注　释

[1] 中国社会科学院考古研究所：《山西芮城东庄村与西王村遗址的发掘》，《考古学报》1973 年 1 期。

[2] 蒋忠义等：《山西平陆新石器时代遗址复查试掘简报》，《考古》1960 年 8 期。

[3] 中国社会科学院考古研究所：《山西芮城南礼教村遗址发掘简报》，《考古》1964 年 6 期。

[4] 中国科学院考古研究所山西队：《晋南二里头文化遗址的调查与试掘》，《考古》1980 年 3 期。

[5] 山西省考古研究所侯马工作站：《晋都新田》，山西人民出版社，1996 年。

[6] 中国社会科学院考古研究所、中国历史博物馆、山西省考古研究所：《夏县东下冯》，文物出版社，1988 年。

[7] 李济：《西阴村史前的遗存》《清华学校研究院丛书》第三种，1927 年；山西省考古研究所：《西阴村史前遗址第二次发掘》，《三晋考古》第二辑，山西人民出版社，1996 年。

[8] 解希恭主编：《襄汾陶寺遗址研究》，科学出版社，2007 年。

[9] 中国科学院古脊椎动物与古人类研究所：《山西垣曲南海峪旧石器地点发掘报告》，《古脊椎动物与古人类》1959 年 2 期。

[10] 傅淑敏：《我对二里头文化的看法》，《山西大学学报》1987 年 2 期。

[11] 中国社会科学院考古研究所山西工作队：《山西垣曲龙王崖遗址的两次发掘》，《考古》1986 年 2 期。

[12] 中国社会科学院考古研究所山西工作队：《山西垣曲丰村遗址的发掘》，《考古学集刊 • 5》，中国社会科学出版社，1987 年。

[13] 中国社会科学院考古研究所山西工作队：《山西垣曲小赵遗址 1996 年发掘报告》，《考古学报》2001 年 2 期。

[14] 中国历史博物馆考古部等：《垣曲古城东关》，科学出版社，2001 年。

[15] 中国历史博物馆考古部等：《垣曲商城——1985～1986 年度勘察报告》，科学出版社，1996 年。

[16] 山西省考古研究所：《垣曲宁家坡陶窑址发掘简报》，《文物》1998 年 10 期；薛新民、宋建忠：《山西垣曲宁家坡遗址发掘纪要》，《华夏考古》2004 年 2 期。

[17] 中国历史博物馆考古部等：《垣曲古城东关》，科学出版社，2001 年。

[18] 中国历史博物馆考古部等：《垣曲商城——1985～1986 年度勘察报告》，科学出版社，1996 年。

[19] 张永山：《傅巌与商代兵要地理》，《傅圣文化》第 4 期，首届傅圣文化节研讨会特刊，平陆，2007 年。

[20] 佟伟华：《商代前期垣曲盆地的统治中心——垣曲商城》，《中国历史博物馆馆刊》1998 年 1 期。

[21] 王月前、佟伟华：《垣曲商城遗址的发掘与研究——纪念垣曲商城发现 20 周年》，《考古》2005 年 11 期。

[22] 佟伟华：《我国史前至商代前期筑城技术之发展》，《古代文明研究》第一辑，文物出版社，2005 年。

[23] 梁宏刚、孙淑云、李延祥等：《垣曲商城出土炉渣炉壁内金属颗粒及矿物组成的初步研究》，《文物保护与考古科学》2009 年 4 期；梁宏刚、孙淑云、李延祥等：《垣曲商城出土含砷渣块研

究》,《有色金属》2005 年 9 期；崔剑锋、吴小红、佟伟华等:《山西垣曲商城出土部分青铜器的科学研究》,《考古与文物》2009 年 6 期；崔剑锋、佟伟华、吴小红:《垣曲商城出土部分铜炼渣及铜器的铅同位素比值分析研究》,《文物》2012 年 7 期。
[24] 中国国家博物馆考古部:《垣曲盆地聚落考古研究》，科学出版社，2007 年。
[25] 栾丰实:《聚落考古田野实践的思考》,《考古学研究（九）》(下册)，文物出版社，2012 年。
[26] 许永杰:《聚落考古在中国——历程·现状·问题》,《华夏考古》2009 年 4 期。

商代孤竹国及相关燕山地区古代文化遗存的考古学分析

李健民
（中国社会科学院考古研究所）

佟柱臣先生是我国老一辈著名的考古学家，对于中国新石器时代考古和东北地区考古学的研究尤有深刻的造诣。20世纪70年代我在辽宁省锦州市博物馆工作期间，即已拜读先生的学术著作，久有仰慕之心。1978年我调入中国社会科学院考古研究所，得以直接聆听先生的教诲，颇多受益。就职于北京市文物研究所的靳枫毅是佟柱臣先生的研究生，也是我在大学读书时同班的校友，过从甚密。我们每逢聚会，靳枫毅总是情不自禁地流露出对恩师的推崇与感激之意。论及先生笃真的人品和精湛学识，我的敬仰之心亦愈加炽浓。先生以高龄辞世，音容笑貌时常流连于我的脑际，思念之情不能自已。谨以此文表达纪念。

孤竹是中国商周历史上北方地区燕山南麓的文明古国。据文献记载，今河北省卢龙县为古孤竹国国都所在地，《史记·周本纪》正义引《括地志》："孤竹故城在平州卢龙县南十二里，殷时诸侯孤竹国也。"据此，卢龙县境内发现的东阚各庄[1]和双望乡[2]等商代遗址，当为孤竹国文化遗存。学术界过去一般认为，夏商时期，燕山地区属土方范围。相关的考古发掘报告多称其物质文化遗存为夏家店下层文化。近年来，随着考古资料的不断丰富，对夏家店下层文化及燕山地区相关考古学文化的认识也逐渐深入，学术观点更加明晰。2003年出版，中国社会科学院考古研究所编著的《中国考古学·夏商卷》明确指出，夏家店下层文化分布于燕山之北。燕山之南夏商时期的考古学文化则为大坨头文化[3]和围坊三期文化[4]。故此，地处燕山之南的孤竹国文化遗存，似不宜归属夏家店下层文化的范畴。本文拟就夏商时期燕山地区考古学文化的内涵及商代孤竹国文化性质的认定加以讨论。不当之处敬希指正。

一、夏家店下层文化

夏家店下层文化以内蒙古赤峰夏家店下层文化遗存的发掘而命名[5]。夏家店下层文化主要分布于内蒙古东部、辽宁西部及大、小凌河流域。夏家店下层文化的年代范围，大致同中原地区二里头文化，即夏代晚期，至商早期文化相当。迄今已发现夏家店下层文化遗址数百处，其中经正式发掘的有十余处。主要有内蒙古赤峰夏家店、药王庙[6]、蜘蛛山[7]、敖汉旗大甸子[8]、宁城南山根[9]、辽宁北票丰下[10]、凌源县萧杖子[11]、兴城灵仙寺[12]、阜新平顶山[13]等遗址。在夏家店下层文化遗址中，发现了青铜耳环、指环、杖首、小刀、镞、牌等小件金属制品和陶范碎片。夏家店下层文化陶器以夹砂陶居多。陶器种类有尊、鬲、甗、罐、鼎、盘、豆、鬶、爵等（图一）。其中鬲有两种形式，即鼓腹鬲和直筒鬲，后者带有明显的地方特色。彩绘陶器也是其特点之一，彩绘图案多以白色绘出主题，以红色勾勒填地。纹样多是与青铜纹饰相近的兽面纹以及云纹和雷纹，显示出它与夏商青铜器图案有密切的联系。夏家店下层文化较大的聚落常有围墙或壕沟作为防御措施。围墙内的房址数十座至数百座不等。房址有半地穴式的，也有用石块或土坯垒砌墙壁的，平面近圆形。墓葬都发现在聚落近旁，墓地规模大小不一。内蒙古大甸子遗址附近有近千座墓葬，都是长方形土坑竖穴，排列密集而有规律。一般成年人墓皆有葬具，有木结构的，也有石板或土坯砌成的。同一时期的墓，头向

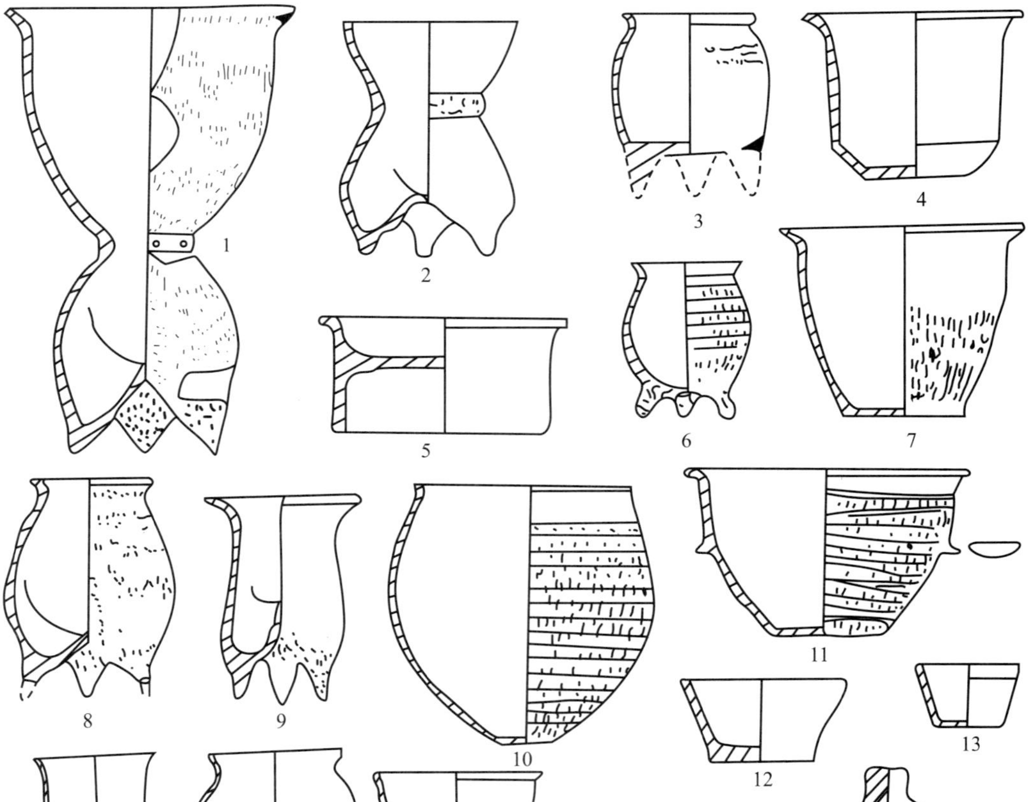

图一　夏家店下层文化陶器

1、2. 甗　3、6. 鼎　4、7、11. 盆　5. 圈足盘　8、9、14、15. 鬲　10. 罐　12、13、17. 碗　16. 豆　18. 器盖

均朝西北，多为侧身屈肢，随葬品组合多为鬲、罐，鬲、罐、壶，或鬲、罐、鼎（图二）。器物都放在脚端的壁龛中。以上表明当时保持氏族社会的传统意识依然很浓厚。

在夏家店下层文化分布范围之内，相当于商晚期的是魏营子文化，因最早发现于辽宁省朝阳县魏营子而得名。魏营子文化的内涵相当复杂，是来自内蒙古鄂尔多斯朱开沟文化一支活动性很强的集团，自西向东迁徙至大、小凌河流域，与西进的来自辽宁北部的高台山文化的势力和残留于该地区的夏家店下层文化的遗民相融合而成。其年代下限已延至西周晚期。本文从略。

图二 大甸子墓地 M726 陶器组合

1、2、5. 鬲（M726：5、M726：17、M726：15） 3、11. 平底罐（M726：18、M726：6） 4. 圈足罐（M726：4） 6、8. 鼎（M726：16、M726：14） 7. 壶（M726：19） 9. 鬶（M726：8） 10. 爵（M726：9）

二、大坨头文化

大坨头文化是主要分布于燕山南麓京津、河北北部地区的一支考古学文化。该文化是以河北省大厂回族自治县大坨头遗址的发掘而命名的。大坨头文化的年代大体与中原地区的二里头文化，即夏代晚期至商代早期相当。已发掘的大坨头文化遗址除大厂大坨头之外，还有天津蓟县围坊、张家园[14]，宝坻县牛道口[15]、歇马台[16]，滦南东庄店[17]，卢龙东阚各庄，唐山古冶[18]、小官庄[19]，北京昌平雪山[20]，房山刘李店[21]等。大坨头遗址陶器以夹砂陶居多，但泥质陶也占相当大的比例。陶器纹饰以绳纹居多，还有划纹和泥条附加堆纹等。种类以鼓腹鬲、折沿鬲、甗、侈口深腹平底盆、甑、尊及侈口弧腹罐较为常见（图三）。一部分陶器上施红、白彩的几何纹。铜器多为小件器物，有环首刀、针、喇叭状耳环、指环等。房址发现不多，均为半地穴式。平面有椭圆形和长方形两种，居住面多铺一层细砂。近门道处有烧土面。墓葬为长方形石棺墓，东西向。随葬品组合为鬲、尊、罐。个别墓中出土喇叭形铜耳环。

大坨头文化的陶器种类以及彩绘与夏家店下层文化有某些相似之处。但两种文化的差异也十分明显。突出表现在，大坨头文化房址居住面铺砂的现象不见于夏家店下层文化房址。大坨头文化墓葬墓主人的头向多朝东。夏家店下层文化墓葬墓主人的头向则多朝西北。大坨头文化随葬陶器的组合多为鬲、罐、尊。而夏家店下层文化随葬陶器组合则不见尊，除鬲、罐、鼎之外，还或见有爵、鬶、圈足罐。大坨头文化和夏家店下层文化陶器夹砂陶比例均居多，但大坨头文化陶器泥质陶比例较夏家店下层偏大。两者陶器虽均以鬲为主，但大坨头文化的鬲以鼓腹鬲和折肩鬲居多，筒腹鬲较少；而夏家店下层文化则以筒腹鬲比例最大。大坨头文化彩绘陶器较少，且多为直线构成的几何纹。夏家店下层文化的彩绘陶较多，以曲线的兽面纹为主。

综上所述，大坨头文化与夏家店下层文化虽存在一些相同或相近之处，但两者的差

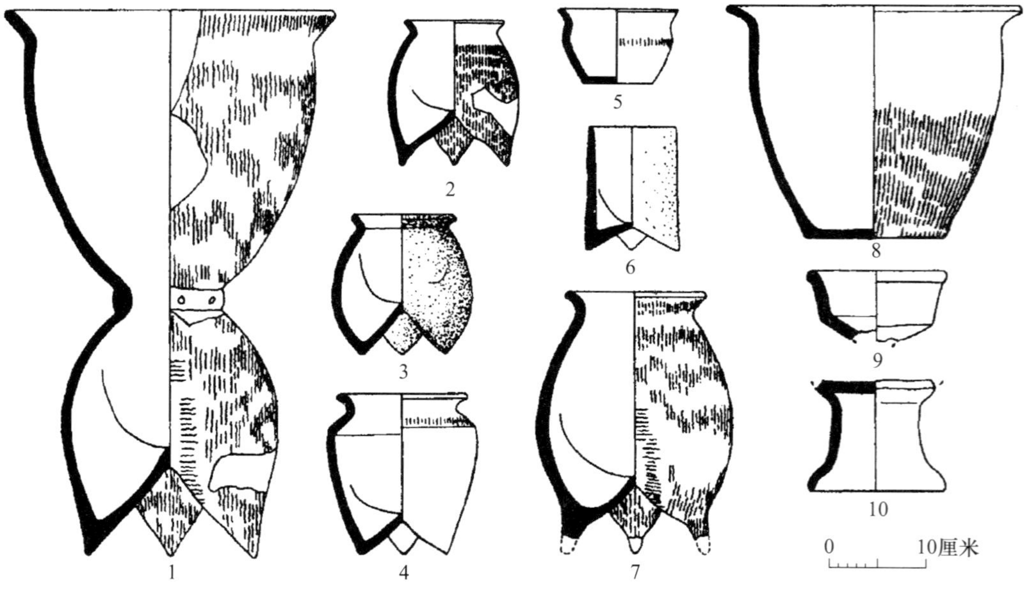

图三　大厂大坨头遗址出土陶器

1. 甗（H2：16） 2～4、6、7. 鬲（H2：14、H1：5、H2：9、H1：8、H2：15） 5、8. 盆（H1：8、H2：17）
9、10. 豆（H2：18、H1：9）

别却是全面而显著的。两者的差别构成各自文化特征的主要内涵。而两者之间近似的相当一部分是带有时代共性的，如鬲的使用，夹砂陶为主及彩绘陶的存在等。尤需强调的是，二者的分布并非同一地域，所以，似不应将两者划入同一考古学文化的范围。它们应是彼此存在较为密切联系，或可称为具有亲缘关系的两种考古学文化。

三、围坊三期文化

围坊三期文化是分布于燕山南麓的京津唐地区的一支青铜时代的考古学文化，是以天津蓟县围坊遗址第三期遗存的发掘而命名的。围坊三期文化的年代大体在商代晚期至商周之际。围坊三期文化遗址，还有天津蓟县张家园，河北迁安小山东庄[22]，唐山古冶卢龙双望，卢龙东阚各庄，北京平谷刘家河[23]，房山镇江营和塔照[24]，河北易县，涞水炭山[25]、渐村[26]、北封村[27]，遵化西三里[28]等。围坊三期文化陶器的纹饰以绳纹居多，以交错拍印，印痕深而清晰的“交错僵直绳纹”最具特色，约占陶器总数的1/4。种类有高领鼓腹鬲、甗、尊、直领罐、敛口钵等（图四）。铜器有戈、刀、剑、

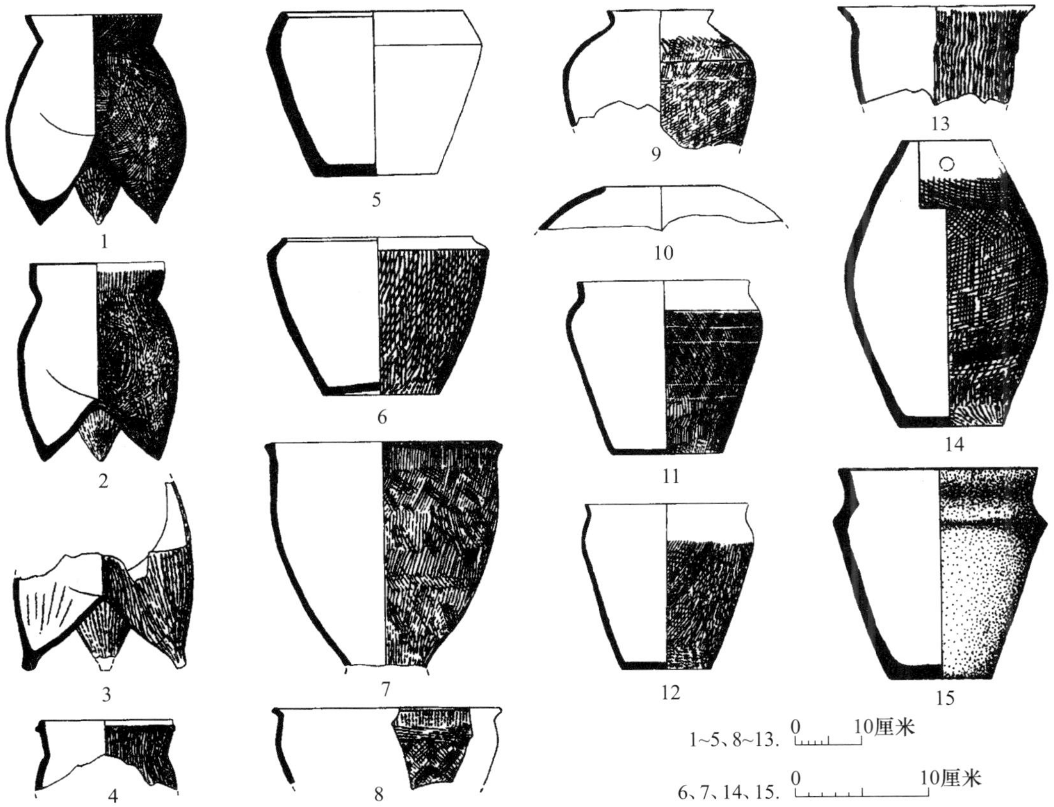

图四　围坊三期文化陶器

1～3. 鬲（围坊 T5①:1、围坊 T8②:5、围坊 T8②:7） 4. 鬲口沿（围坊 T8②:6） 5、6. 敛口钵（围坊 T8②:4、围坊 T5①:5） 7. 甗（围坊 T5①:3） 8. 盆（围坊 T3②:11） 9～12. 瓮（围坊 T8②:14、围坊 T1②:22、围坊 T5①:7、围坊 T9②:3） 13. 罐（围坊 T3②:7） 14. 壶（围坊 T6①:1） 15. 尊（围坊 T4②:2）

戚、斧、锛等兵器和工具，也有鼎、簋等礼器。金器主要是臂钏、耳环、笄等。房址为半地穴式，有长方形和圆形两种。墓葬皆为土坑竖穴，东西向。

围坊三期文化和大坨头文化皆分布于燕山南麓的京、津、唐地区。就年代而言，大坨头文化居前，围坊三期文化随后。两种文化相似之处在于陶器皆有鬲、甗、尊、罐、钵等，基本无鼎，且缺少鬶、爵等酒器，均流行喇叭形金耳环。二者之间的差异也存在。大坨头文化的鬲有折肩和鼓腹两种。围坊三期的鬲则不见折肩者，鼓腹鬲的领部皆较高。围坊三期文化又出现敛口钵和鼓腹敛口壶等新器形。但围坊三期已不见彩绘陶器，两者最大的区别则在于，围坊三期墓葬随葬品中已见铜鼎和铜簋等礼器。大坨头文化与围坊三期文化内涵相近的因素清晰表明二者之间的承传关系。差异则表明，围坊三期文化自身的发展，以及受到殷商文化势力扩张强烈影响而发生的变化。

四、孤竹国考古学文化归属的认定

在廓清燕山地区诸考古学文化内涵的南北差异及时代序列之后，地处燕山南麓孤竹国所属考古学文化的认定，也就大体明晰了。

东阚各庄位于卢龙县南 25 里，滦河南岸的第一台地上。东阚各庄遗址出土的陶器，陶质多为夹砂陶。纹饰以绳纹为主，还常见泥条附加堆纹，以及划纹等。陶器种类有鬲、甗、罐、甑、盆等，多为残片，可复原器很少。东阚各庄陶器的形制和种类与大坨头文化基本一致。尤其是鬲口沿下以及甗、束腰处，饰泥条附加堆纹的作风更为近似。所以，就目前发表的陶器标本而言，东阚各庄确实有大坨头文化的遗存。

1972 年，东阚各庄发现一座墓葬，出土青铜器和金器数件。卢东 M1：1 铜鼎，大口，平折沿，直耳，圆浅腹，分裆，柱足。腹部花纹为三组，均以雷纹为地，中饰饕餮，两侧配夔纹。通高 18.7 厘米。卢东 M1：2 铜簋，口微敞，卷沿，圆腹，底微凸，矮圈足。口下饰 3 个兽头形鼻，鼻间以夔龙相隔，腹部饰斜方格雷乳纹，圈足亦饰夔龙纹。口径直 24.5、高 16.5 厘米。卢东 M1：3 铜弓形器，拱背，背中间有一圆形凸纽，纽两侧各刻一犀牛纹，弓两侧半圆形，顶端各有一圆形镂孔。长 34.5 厘米。拱背上的犀牛纹极为罕见。卢东 M1：4，金钏两件，形制相同，圆形，有缺口，钏身圆条形，缺口扁平状。直径 10 厘米。东阚各庄 M1 出土的铜鼎和铜簋，与安阳殷墟出土的同类铜器，无论形制，还是纹饰，其作风完全一致，当属来自中原的礼器无疑。卢东 M1 出土的金臂钏，则与北京平谷刘家河出土的金臂钏相同。有学者指出，此墓正在卢龙县治南，随葬品除中原式青铜器和土著式金臂钏外，还有被认为是属于北方青铜文化的弓形器。墓地附近居住址的堆积也是大坨头文化和围坊三期文化。所以此处为弧竹国遗存是适宜的[29]。

双望乡位于卢龙县城东约 30 里处。遗址出土陶器皆为采集，且可复原器甚少。陶器多为夹砂质。器形多为鬲，还有杯和小口双耳罐等。鬲多为高领鼓腹，颇具围坊三期鬲的特征。

中国是历史悠久的文明古中国，连绵的中华优秀文化传统从未中断。多元一体是中华古代文明的典型特征。中原自夏商之始，是中国古代文化的主流地区，但其文化内涵实为多元一体聚合之大成。孤竹国是商代燕山南麓重要的诸侯方国，既有浓厚的土著文化特色，又受到中原商文化的强烈影响，在中国古代多元一体文明形成和发展的过程中占有重要的地位。

注　释

[1] 河北省文物研究所:《河北卢龙县东阚各庄遗址》,《考古》1985年11期。

[2] 李捷民、孟昭林:《河北卢龙县双望乡发现细石器与陶器》,《考古通讯》1958年6期。

[3] 天津市文化局考古发掘队:《河北大厂回族自治县大坨头遗址试掘简报》,《考古》1966年1期。

[4] 天津市文物管理处考古队:《天津蓟县围坊遗址发掘报告》,《考古》1983年10期。

[5] 中国科学院考古研究所内蒙古工作队:《内蒙古赤峰药王庙、夏家店遗址试掘简报》,《考古》1961年2期;《赤峰药王庙、夏家店遗址试掘报告》,《考古学报》1974年1期;刘观民、徐光冀:《内蒙古东部地区青铜时代的两种文化》,《内蒙古文物考古》创刊号，1981年。

[6] 中国科学院考古研究所内蒙古工作队:《内蒙古赤峰药王庙、夏家店遗址试掘简报》,《考古》1961年2期;《赤峰药王庙、夏家店遗址试掘报告》,《考古学报》1974年1期;刘观民、徐光冀:《内蒙古东部地区青铜时代的两种文化》,《内蒙古文物考古》创刊号，1981年。

[7] 中国社会科学院考古研究所内蒙古工作队:《赤峰蜘蛛山遗址的发掘》,《考古学报》1979年2期。

[8] 中国社会科学院考古研究所:《大甸子》，科学出版社，1996年。

[9] 中国科学院考古研究所内蒙古工作队:《宁城南山根遗址发掘报告》,《考古学报》1975年1期。

[10] 辽宁省文物干部培训班:《辽宁北票县丰下遗址1972年春发掘简报》,《考古》1976年3期。

[11] 凌原县博物馆、朝阳市文物普查队:《凌原萧杖子村夏家店下层文化祭祀遗址》,《中国考古学年鉴·1992》，文物出版社，1994年。

[12] 高美璇:《兴城县仙灵寺夏家店下层文化遗址》,《中国考古学年鉴·1985》，文物出版社，1985年;《兴城县仙灵寺商周时期古遗址发掘收获》,《锦州文物通讯》总2期，1985年。

[13] 辽宁省文件考古研究所、吉林大学考古学系:《辽宁阜新平顶山石城址发掘报告》,《考古》1992年5期。

[14] 天津市文物管理处:《天津蓟县张家园遗址试掘简报》,《文物资料丛刊·1》，文物出版社，1977年;天津市历史博物馆考古队:《天津蓟县张家园遗址第二次发掘》,《考古》1984年8期;天津市历史博物馆考古部:《天津蓟县张家园遗址第三次发掘》,《考古》1993年4期。

[15] 天津市历史博物馆考古队、宝坻县文化馆:《天津宝坻县牛道口遗址调查发掘简报》,《考古》1991年7期。

[16] 韩嘉玲、梁宝玲、沈勇:《宝坻歇马台战国遗址》,《中国考古学年鉴·1985》，文物出版社，1985年。

[17] 河北省文物研究所:《河北滦南县东庄店遗址调查》,《考古》1983年9期。

[18] 河北省文物研究所:《唐山市古冶商代遗址》,《考古》1984年9期。

[19] 安志敏:《唐山石棺墓及其相关的遗物》,《考古学报》1954年1期。

[20] 北京市文物研究所:《北京考古四十年》，北京燕山出版社，1990年，31页。

[21] 北京市文物管理处、中国科学院考古研究所、房山县文教局琉璃河考古队:《北京琉璃河夏家

店下层文化墓葬》,《考古》1976 年 1 期。
[22] 唐山市文物管理处、迁安县文物管理所:《河北迁安县小山东庄西周时期墓葬》,《考古》1997 年 4 期。
[23] 北京市文物管理处:《北京市平谷县发现商代墓葬》,《文物》1977 年 11 期。
[24] 北京市文物研究所:《镇江营与塔照》,中国大百科全书出版社,1999 年。
[25] 拒马河考古队:《河北易县涞水古遗址试掘报告》,《考古学报》1988 年 4 期。
[26] 河北省文物研究所:《河北涞水渐村遗址发掘报告》,《文物春秋》1992 年增刊。
[27] 河北省文物研究所、保定地区文管所、涞水县文保所:《河北涞水北封村遗址试掘简报》,《考古》1992 年 10 期。
[28] 刘震:《河北遵化县发现一座商代墓葬》,《考古》1995 年 5 期。
[29] 韩嘉谷:《谈平谷刘家河青铜文化遗址》,《北京平谷与华夏文明:国际学术研讨会论文集(2005)》,社会科学文献出版社,2006 年。

莱夷与嵎夷

王锡平[1]　王湘越[2]
（1. 烟台大学中国学术研究所；2. 烟台美术博物馆）

据史载，莱夷与嵎夷是我国先秦时期活动于山东半岛地区东夷族的重要支族。其中莱夷至晚于商代晚期建立了自己的国家——莱国，周初已成为东夷大国，敢与初封的齐国争营丘。到西周早、中期，由于国力强盛与周王朝的关系密切，在众多侯国中地位显赫，曾是周王朝东征南伐的主力军，至春秋晚期被齐国所灭。文献对其记载虽说简略，但却不绝于《春秋》《左传》《国语》《管子》等先秦文献。而嵎夷，除《尚书》记载外，不见于其他先秦史籍。只是在以后的《史记·五帝本纪》和《史记·夏本纪》中有与《尚书》相同的记述，《说文解字》《后汉书·东夷列传》《旧唐书·东夷列传》《宋史·高丽传》又多说嵎夷在辽西或辽东和朝鲜半岛。由于文献记载的简略，对莱夷与嵎夷的活动地域、族名来源等问题，至今认识尚不统一。

有关莱夷和嵎夷的最早文献记载，是《尚书》中的《尧典》和《禹贡》。《尚书》是中国上古历史文献和部分追述古代事迹著作的汇编，相传由孔子编选而成。虽然近代学者对其成书年代认识尚不统一，有的认为《尚书》中有的是后来儒家补充进去的，如《尧典》《禹贡》《皋陶谟》等篇；有的则认为是春秋、战国时期根据部分往古材料再加工所编成的。但《尧典》和《禹贡》即托言虞书和夏书，当是对尧和夏代时期历史的追记，反映了一部分历史的真实，可以说是我们结合考古材料来认识莱夷与嵎夷的重要文献。

《尚书·尧典》中有："分命羲仲，宅嵎夷，曰旸谷，寅宾出日，平秩东作。""旸谷"，《说文解字》作"阳谷"[1]，意为太阳居住和出入的地方。《尚书注疏》解释说："旸，明也，日出于谷而天下明，故称旸谷"，"岁起于东而始就耕，谓之东作。"[2]"东作"，《书传》解释为："春作也。"[3]这段记述的大意是说，帝尧任命羲仲居住在嵎夷生活的地区，这个地方称"旸谷"，并让羲仲在那里恭敬的迎接日出，以测定春季种植农作物的时间。

《尚书·禹贡》中同时记载了莱夷和嵎夷："海岱惟青州：嵎夷既略，潍、淄其道……莱夷作牧，厥篚檿丝。"岱为泰山，海指的是青州所在的山东半岛的黄、渤海。"潍、淄"分别指潍水和淄水。这段记述的大意是说，泰山与黄渤海之间为青州，嵎夷很容易地治理好了，潍水、淄水的河道也畅通了。……莱夷放牧为生，用竹器盛着柞蚕丝作贡品。

以上记载说明，在传说"五帝时代"的帝尧时期，嵎夷已经存在，其居住地为当时迎接日出、测定种植作物时间的地区。夏代莱夷与嵎夷是生活在青州域内的两个东夷支族。

一、莱夷和嵎夷的地望考略

对夏商时期莱夷和嵎夷活动地望的考略，自汉代以来可以说论者不断，但至今认识尚不统一。主要有莱夷、嵎夷莱州、登州胶东说；莱夷潍淄流域鲁北说，嵎夷潍淄流域鲁北说、苏北鲁东南说和辽西、辽东与朝鲜半岛说。

（一）莱夷、嵎夷莱州、登州胶东说

莱夷、嵎夷莱州、登州胶东说，还包括胶东莱夷和胶东嵎夷单一说。

始于隋、唐设置的莱州和登州辖地，虽然朝代不同有所变化，但二州（府）在清之前的辖地基本属今胶东地区的地理概念，只是在明洪武九年莱州增辖胶莱河以西的潍县、高密、昌邑和胶州。因而，清以前的学者对莱夷、嵎夷地域考略多以其州名称之，而当代学者则多以胶东半岛或地区称之。

汉代经学家马融说："嵎，海嵎也。夷，莱夷也。"说嵎夷是指居住在海边的莱夷，唐孔颖达在《尚书注疏》中也引用了此说。此说的海边虽然主要应是今胶东的沿海地区，但多数学者不认同嵎夷就是居住在海边的莱夷的解释，而认为莱夷和嵎夷是居住在胶东地区的莱州和登州两个东夷支族。如唐颜师古谓莱夷为莱山之夷，今莱州之地。宋薛季宣说嵎夷，今登州之地。宋黄伦撰《书经集传》、潘自牧撰《记纂渊海》、傅寅撰《禹贡说断》，元董鼎撰《书传辑录纂注》、宋祖义撰《尚书句解》、黄镇成撰《尚书通考》、吴澄撰《书纂言》，明刘三吾等撰《书传会选》、胡广等撰《经书大全》、章黄撰《图书编》《明一统志》，清《钦定书经传说汇纂》、王夫子撰《尚书稗疏》《御定渊鉴类函》、朱鹤龄撰《禹贡长笺》《山东通史》等均持莱州为莱夷之地、登州为嵎夷之地。

当代学者严文明先生在《东夷文化探索》中认为夏代的莱夷和嵎夷，地均在胶东[4]。方辉先生在《岳石文化区域类型新论》中认为胶东地区的岳石文化照格庄类型大约是嵎夷和莱夷的文化遗留[5]。张学海先生在胶东考古座谈会上认为严文明先生指出嵎夷、莱夷的地望在胶东一带，颇有道理。嵎夷当是活动于海嵎之夷，莱夷则在半岛的西部和胶莱平原一带。胶东半岛的新石器文化、青铜文化应是嵎夷、莱夷及其先民的物质文化遗存[6]。张寒梅、丛领滋先生在《史前胶东居民族属考》中认为史前胶东半岛地区生活着莱夷和嵎夷两大部族，分别居住于半岛的西部和东部，并依据考古发现提出以青岛——蓬莱为其分界线，活动于半岛西部的为莱夷部族，活动于半岛东部的为嵎夷部族[7]。需要指出的是，目前胶东史前文化的考古发现尚不能以青岛—蓬莱为分界线划分出东、西部不同的考古学文化遗存。作者引用韩榕先生《胶东史前文化初探》中指出的青岛蓬莱一线，是指山东龙山文化的两城类型主要分布在山东中部的潍坊地区和临沂东部一带，向东大致不超出青岛蓬莱一线，意在分析胶东地区的龙山文化与山东中部龙山文化的区别[8]。目前已明确地将胶东地区龙山文化称为杨家圈类型，原山东中部的两城类型以沂山为界，划为2个文化类型，以南称为尧王城类型，以北称为姚官庄类型[9]，说明了胶东地区与潍坊和临沂东部的龙山文化是不属同个文化类型。岳石文化也如此。宋承钧、史明在《胶东史前文化与莱夷的历史贡献》中也认为，莱夷、嵎夷是胶东居民[10]。

莱夷胶东说。此说虽然莱夷的主要活动区域在胶东地区，但还包括胶东以西的部分地区。清代学者胡渭在《禹贡锥指》中说："今莱州、登州二府皆《禹贡》莱夷之地。"当代学者李白凤先生在《东夷杂考》中认为㠱族是居住在山东半岛登州海角一带的莱夷族中最大的一个部族，在约相当于新石器时代晚期，莱夷的南疆是曾延伸到山东省中部的莱芜、益都一带的[11]。顾铁符先生在《楚国民族述略》中谈到，莱夷分布的地区，虽说在莱州，其实占的地方可能是整个山东省北部，东起登州半岛，西面可能到公元前620年以后的黄河为止[12]。李步青、刘玉明先生在《"己盉"铭文初释及有关历史问题》中认为莱夷起源于胶东半岛，以后逐渐向西发展到今昌潍地区，向北发展到辽东半岛[13]。邵望平先生的《〈禹贡〉"九夷"的考古学研究》和高广仁、邵望平先生的《海岱文化与齐鲁文明》认为五帝时代晚期和夏代胶东地区为莱夷，商代成为东土大国，中心当在胶莱平原，其势力向西可达淄潍流域，西周时期退居胶东地区[14]。王树明、刘丕兴先生在《山东乳山县刁虎山莱夷祭山遗址的推定》中认为莱夷活动地望在今潍河流域以东至胶东半岛地区[15]。常兴照、程磊先生在《试论莱阳前河前墓地及有铭陶盉》中认为胶东半岛地区的土著遗存就是莱夷文化[16]。张富祥先生在《东夷文化通考》也认为夏代及商代前中期，莱夷的中心活动区在胶莱平原及其以东的半岛地区。商代中后期，特别是商末，商王朝屡次对潍淄流域以徐方为主体的北淮夷进行规模不等的征讨，使大批北淮夷向西南迁徙，而后莱夷填补了这一真空带，商王朝封为侯国后，更可能散布到整个山东省北部。周初周公东征、齐立国后，莱夷又退回到胶莱河以东，仍以黄县一带为其基地[17]。

嵎夷胶东说。当代学者刘延常先生在《珍珠门文化初探》和《山东20世纪的考古发现和研究》的《商时期》一节中均认为胶东地区相当商代的珍珠门文化是嵎夷及其后裔创造的[18]。

（二）莱夷潍淄流域鲁北说

莱夷潍淄流域鲁北说是指莱夷的主要活动区域在潍淄流域的鲁北地区，但莱夷的分布可伸延到胶东地区。《管子·轻重戊》："齐者，莱夷之国也。"《史记·齐太公世家》说太公初到齐，"莱夷来伐，与之争营丘。营丘边莱。莱人夷也"。王献唐先生在《山东古国考·莱国》中"据此推断，太公封的齐营丘，本来就是莱国的地方，所以莱侯与太公争国"。并依《史记·管晏列传》："晏平仲，婴者，莱之夷维人也"，《汉书·地理志》夷安注："应劭曰：故莱夷维邑"（夷安在今山东高密，是莱夷的潍邑），提出莱族在潍淄区域，但今龙口在齐桓公以前，也早已有了莱族[19]。杜在忠先生在《莱国与莱夷古文化探略》中认为莱夷曾处齐国所在的淄水流域是可信的，胶莱平原是莱夷的发祥之地和活动中心。莱国是莱夷建立的主要国家，西周前期的版图大致在今胶莱平原，西境达淄、潍流域，北至海，以南为莒介之地，当不超过诸城、胶县境，向东可能伸延到半岛的大部地域[20]。周昌富先生在《莱国姓氏与地望考》中认为莱夷是活动在山东潍水与淄水流域，包括今昌邑、潍县、潍坊、昌乐、安丘、高密、平度、临朐、益都、淄博、广饶等广大地带。到周代，莱国的疆域东到平度东境，西至临淄外延[21]。逄振镐先生在《莱夷与莱国》中认为今淄博、潍坊及其以东，直到半岛地区，当是古莱夷族所居之地。而平度以东的胶东半岛地区仍是莱的居住范围[22]。刘延常先生在《珍珠门文化初探》和《山东20世纪的考古发现和研究》的“商时期”一节中认为潍淄流域的会泉庄类型遗存应是莱夷创造的[23]。

（三）嵎夷辽西、辽东与朝鲜半岛说，潍淄流域鲁北说和苏北鲁东南说

嵎夷辽西、辽东与朝鲜半岛说，主要有两种说法。一是禹时期的青州包括辽西、辽东和朝鲜半岛的部分区域，嵎夷原来就生活在这一地区。一是嵎夷原生活在山东半岛，后来迁居到辽东半岛与朝鲜半岛。对此，刘凤鸣先生在《山东半岛与古代中韩关系》中做过较为系统的梳理[24]。

嵎夷辽西说最早来自东汉许慎的《说文解字》。书中对“堣”字的解释：“堣夷，在冀州阳谷，立春日日值之而出……《尚书》曰宅堣夷。”[25]嵎字的解释：“嵎山，在辽西……一曰嵎铁嵎谷也。”[26]二者描述嵎夷和阳谷的位置基本一致，在辽河以西。唐司马贞《史记索隐》、南宋罗泌的《路史》亦谓嵎夷在辽西，即青之嵎夷。

嵎夷辽东与朝鲜半岛说，据《后汉书·东夷列传》载：“昔尧命羲仲宅嵎夷，曰旸谷，盖日之所出也。……赞曰，宅是嵎夷，曰乃旸谷。巢山潜海，厥区九族。嬴末纷乱，燕人违难。杂华浇本，遂通有汉。”[27]意为尧时的嵎夷和旸谷是在燕人避难的古朝鲜一带，即今辽东和朝鲜半岛。《尚书注疏》也认为夏禹时代的青州除包括辽东外，还应包括朝鲜北部的乐浪郡和玄菟郡，均为古嵎夷之地：“汉武所开乐浪玄菟二郡皆古嵎夷之地，在青州之域者，嵎夷羲仲所宅，朝鲜箕子所封，不应在化外，先儒但云辽东，非也。”[28]《禹贡锥指》指出：“《后汉书》及杜氏《通典》皆以东夷九种为嵎夷，其地在汉乐浪玄菟郡界，而青州首书‘嵎夷既略’，则朝鲜、句丽诸国，禹时实皆在青域，况辽东渡海仅数百里乎。”[29]当代史学家顾颉刚先生在《尚书校释译注》中也认为《尚书·禹贡》里提到的青州包括辽东半岛，是嵎夷生活的区域：“青州分辽东半岛与山东半岛两部分，‘嵎夷既略’是解决辽东半岛的治理问题，‘潍淄其道’是解决山东半岛的治理问题。这是治理青州的两个重点。”[30]

上述认为嵎夷原来就生活在辽西、辽东和朝鲜半岛的，除《说文解字》说嵎夷、阳谷在冀州外，多与青州还包括辽西、辽东和朝鲜半岛有关。说青州包括辽西、辽东和朝

鲜半岛的史料主要有《通典》:“舜分青州为营州，皆置牧”，“其辽东之地安东府，宜《禹贡》青州之域也。”[31]《史记正义》:“舜分青州为营州，辽西及辽东。”[32]《尚书注疏》:“尧时青州当越海而有辽东也，舜为十二州，分青州为营州，营州即辽东也。”[33]《书传》:“海岱惟青州，西南至岱宗，东北跨海，至辽东。舜十二州，分青为营，营州即辽东也。汉末，公孙度据辽东，自号青州刺史。”[34]而更多的史学者否认当时的青州包括辽西、辽东和朝鲜半岛。顾炎武《日知录》中提到:“幽、并、营三州，在《禹贡》九州之外，先儒谓以冀、青二州地广而分之，殆非也。……营（州）则今辽东、大宁之地，其山川皆不载之《禹贡》，故靡得而详。……《书传》谓:孔氏以辽东属青州，隔越巨海，道里殊远，非所谓因高山大川以为限之意。盖幽、并、营三州，皆分冀州之地，今亦未有所考。禹画九州岛在前，舜肇十二州在后。肇，始也。昔但有九州，今有十二州，自舜始也。然则谓《禹贡》九州为尽虞夏之疆域者，疏矣。”[35]当代学者刘子敏在《“嵎夷”与“朝鲜”》中认为:“朝鲜半岛不在古九州岛之一青州之内”，其后持嵎夷辽西说的学者“显然是受《说文解字》的影响，并不足取”[36]。刘凤鸣先生在《山东半岛与古代中韩关系》中通过对营州、阳谷的考略，也不同意青州包括辽西、辽东和朝鲜半岛之说，并认为嵎夷最初生活在山东半岛东部沿海一带，商末周初至春秋时期逐步移居到了海外是肯定的。朝鲜半岛为“嵎夷”的最早时间是在中国的唐朝时期，朝鲜半岛的新罗国时期[37]。

嵎夷潍淄流域鲁北说和苏北鲁东南说，主要为当代学者的考略。前者有邵望平先生在《〈禹贡〉“九州”的考古学研究》中将海岱龙山文化区划分为潍河和淄河一带、胶东半岛、鲁中南和苏皖北部等三个小区，并分别与《禹贡》所载的嵎夷、莱夷和淮夷相联系，属于东夷族的三个主要支系[38]。高广仁、邵望平先生在《海岱文化与齐鲁文明》中也认为，在相当龙山时代的“五帝时代”晚期,《尧典》中帝尧命羲仲敬迎日出所居之嵎夷，亦即《禹贡》所记青州境潍淄流域的嵎夷；夏代根据《禹贡》，青、徐二州中存在着三个族系，即以海岱区北部潍、淄流域为分布中心的“嵎夷”、“嵎夷”以东的“莱夷”和海岱区南部以淮、泗交汇地带为分布中心的淮夷三个族系[39]。后者有刘子敏的《“嵎夷”与“朝鲜”》中根据莒县凌阳河大朱村出土大汶口文化晚期陶尊上发现的图像文字，上为太阳，下为山或火，中部的图像乃月牙形，认为这种图像文字恰是嵎夷族“旸谷”的形象写照[40]。王洪金在《嵎夷考》中则依据1987年在江苏连云港市东磊和海州发现的上古时期太阳、星辰等天文岩画和海州古景中有“阳谷朝霞”一景，认为嵎夷其地盘北界可达山东莒县北即胶水或莱水，南界至连云港以南的淮口。阳谷就在今连云港市[41]。王赛时在《山东沿海开发史》中认为莒国为东夷人所建，或许他们的先人就是《尚书·禹贡》中所说的“嵎夷”[42]。

二、莱夷、嵎夷的族名考略

上文已述及，莱夷和嵎夷是东夷族的支族。夷名始见于夏代，是夏人对东方居民的一种通称。夷有多种，周代文献开始称东方人为东夷。莱夷和嵎夷记载最早见于《尚书》中的《尧典》和《禹贡》。对其族名来源的考略也多不一致。

莱夷，《孔安国传》说："莱夷，地名，可以放牧。"唐颜师古曰："莱夷，莱山之夷也。"是以山而得名。当代学者王献唐先生在《炎黄氏族文化考》莱族系中认为："山东之莱夷，亦其族也。"古代禾稼以来麦为先，且为主要农品，此族以种来（麦）得名[43]。张富祥先生在《东夷文化通考》中也认为："古莱族当因种麦著称成得名，又因其大东地区的夷人，故称莱夷。"[44]《齐鲁文化通史》直接将莱文化称为麦文化[45]。王恩田先生在《关于齐国建国史的几个问题》中认为莱族之得名："可能与草莱丛生之地有关。"[46]

嵎夷，《孔安国传》说："东表之地称嵎夷。"马融曰："嵎，海嵎也。夷，莱夷也。"意为岸海得名。《齐乘》谓："大昆嵛山（牟平、文登境内），州东南四十里，嵎夷岸海名山也。"《山东通志》则说："嵎夷在（登州栖霞县）县东北二十里，以岠嵎山而名。"当代学者方辉先生认为："《尚书》中的禺夷所指是地名，而地名与族名往往是一而二，二而一的东西。"[47]林仙庭先生在《齐地八神与东夷古国》中认为："嵎夷可能是谓其处地偏远，略带天涯海角的贬诮意味。"[48]

严文明先生在《夏代的东方》中认为："夷的得音与方言有关，至今山东人还是读人为寅，与夷音极为相近，所以嵎夷、莱夷、淮夷、岛夷等等，犹言嵎人、莱人、淮人、岛人，或东隅之人（嵎亦作隅）、莱山之人、淮之人、海岛之人。畎夷、于夷、方夷等大概也是以地名人。"[49]高广仁、邵望平先生在《海岱文化与齐鲁文明》中则认为："在《禹贡》《竹书纪年》上记载的夏代东夷族群、国家名称，大约是'他称'，可能是夏王朝对东夷族群的一种泛称。保存于《左传》中那些被春秋时代政治家偶尔提及的有名有姓的东夷国家，可能是'自称'，当是东夷较大的国家，是许多东夷国族中的极少数而已。"[50]

对莱夷和嵎夷族名的来历，是以山或以海而得名，意见虽然不统一，但多数学者认为是以地为名。至于莱夷得名是否与最早种植小麦有关，从"莱"与"麦"的文字学角度来看似乎有一定道理，但从考古发现来说，尚不能证实这一论断。

三、莱夷、嵎夷的考古学观察

鉴于目前学术界对莱夷、嵎夷活动地域仍然莫衷一是，因此有必要从考古学的角度对莱夷、嵎夷的活动地域做些分析。

岳石文化是由龙山文化直接发展而来的考古学文化，是夏代的东夷文化，已得到学术界的公认。岳石文化的不同地方类型，应是东夷文化的不同支系，是文献中诸夷或九夷历史的再现。目前岳石文化初步可划分为胶东地区的照格庄、鲁北地区的郝家庄、鲁西北的王推官、鲁中南的尹家城、鲁东南的土城和鲁西南的安邱堌堆六个类型。上文莱夷、嵎夷地域涉及胶东地区、潍淄流域的鲁北地区和鲁东南地区三个地区，这三个地区在地理位置上是相互连接的，在地理环境上以泰沂山系和胶莱河为界，形成的三个小地理单元，地理环境各具特征。从这三个区的考古学文化来看，它们分属岳石文化的不同地方类型，也就是说这三个地区应是东夷文化的不同支系。这三个支系远在新石器时代就已经形成，而且是“山东有陶新石器文化可能存在沂蒙山南侧、泰山西北侧和半岛三个源头”[51]。胶东地区夷人文化传统延长的时间更长些。

鲁东南地区的土城类型，从目前的考古材料来看，主要分布在沂沭河流域，包括日照、临沂以及江苏连云港北部的沿海地区。在这一地区至晚从大汶口文化时期就已经形成了沂沭类型，继后的龙山文化称为尧王城类型，岳石文化的土城类型是由龙山文化的尧王城类型发展而来的。土城类型之后的商代，以蒙山为界，蒙山以东的地区仍然保持夷人文化为主。也就是说，鲁东南地区商代之前的考古学文化有自己文化发展体系和特色，是东夷文化的一个支系。

关于这一地区史前文化的族属，有学者认为莒国为东夷人所建，莒国的先人或许就是《尚书·禹贡》中所说的嵎夷[52]。有学者依据莒县凌阳、大朱村出土的图像文字和连云港东磊、海州发现的古代太阳、星辰天文岩，说嵎夷和阳谷在莒县或连云港一带[53]。我们认为，依图像文字和古代太阳、星辰岩画来例证这一地区是嵎夷和阳谷似乎还有些牵强。一是图像文字的年代属大汶口文化晚期，晚于大汶口文化的遗存中还未发现相同或相似的图像符号，从原始文字发展来看，这些原始文字同现代汉字是否有一脉相承的关系，还尚待研究。二是对太阳的崇拜是古代东方的人们对自然崇拜的普遍现象，也是东夷人主要崇拜对象。如早在相当北辛文化晚期的胶东地区的邱家庄一期文化陶器上就有许多刻划的太阳纹，依此来确定东夷族的不同支系，恐也难以使人信服。三是从禹划九州的地理范围来看，鲁东南的部分地区和连云港的淮口以北地区不应属“海岱惟青州”的范围，而属“海岱及淮惟徐州”的范围。因而，高广仁、邵望平先生指出的海岱区南部以淮、泗交汇地带为分布中心的淮夷，山东诸城、莒一带大汶口文化遗址发现一种刻在特大陶尊上代表日、月（云）、火之类的会意刻文，或与“阳夷”有关，或属淮夷集团[54]，可能更切合实际一些。

潍淄流域鲁北地区的郝家庄类型，主要分布于潍河流域，西到淼河，东达胶莱平原，南到沂山北麓，北至莱州湾。这一地区的新石器文化发展序列是后李文化、北辛文化的鲁北类型、大汶口文化的潍淄河流域类型、龙山文化的姚官庄类型，岳石文化的郝家庄类型也是由龙山文化的姚官庄类型发展而来。郝家庄类型之后的商代，夷人文化的特征仍然较为突出，形成珍珠门文化的会泉庄类型，大约在商代晚期成为商的版图。考古材料说明，鲁北地区的新石器时代和夏商时期的考古学文化，自北辛文化时期就形成了地方类型，延续到商代晚期之前，是东夷文化的一支系无疑。

对于这一地区史前文化的族属，有学者根据《尚书·禹贡》的分析，认为是嵎夷[55]；有学者对淮即潍的分析，认为是古淮夷[56]；说是莱夷的学者，则多是结合考古资料对先秦史籍的考释[57]；还有学者据史载齐地沿革和郝家庄类型含有较多豫北下七垣文化因素，认为郝家庄类型的族属是多源的，有“夏禹诸侯”季荝、炎帝姜姓族有逄伯陵、夏初从豫北迁入的姒姓斟寻氏和少昊后裔薄姑氏共同创造的遗留[58]。此说的提出是很有建树的，但需要今后更多的考古材料对其多源加以具体甄别。从目前郝家庄类型的考古材料来看，还是由该地东夷文化为主体构成的。从这一地区具有浓厚东夷文化特征的素面陶鬲来看，东部由潍河、白浪河、胶莱河等冲积形成的胶莱平原与白浪河以西的淄河流域的西部地区存在较明显的区别。如以乳状袋足素面陶鬲为代表的珍珠门文化的会泉庄类型，主要是分布在鲁北的东部地区，而西部地区基本不见，其素面陶鬲的地方特征不突出，受商文化影响的因素较大[59]。其原因，是与商文化的不断东渐有关，二是可能东、西区存在不同地方类型，只是目前考古材料还尚不能辨析。这种情况在这一地区的龙山文化和岳石文化中也是如此，可欣喜的是有学者已把大汶口文化的中期的东、西区分出呈子类型和五村类型[60]，这对这一地区大汶口文化之后的考古学文化类型的区分提供了很有价值的参考。如果潍淄流域的鲁北地区夏商时期能存在东、西两个地方类型的话，那么潍河流域以东的胶莱平原东部地区就很可能属莱的居地，淄河流域的西部地区或许是少昊后裔薄姑氏为主的居地，这与文献记载也较为相合。当然，最后的确定还需今后大量的考古材料和研究。

胶东地区的史前文化是一个自成体系的文化小区。目前发现时代最早的考古学文化是白石文化，经邱家庄文化，到大汶口文化的中晚期与内陆地区形成了一个大的文化区，称为北庄类型，龙山文化称为杨家圈类型，岳石文化为照格庄类型，商代为芝水二期文化和珍珠门文化。可以说，胶东地区从新石器时代到夏商时期的夷人文化是一脉相承的，是东夷文化的一个重要支系。这个支系在胶东地区的最东部一致延续到周代，称为南黄庄文化。

关于这一地区史前文化的族属，旧说多认为胶东地区的莱州为莱夷、登州为嵎夷，当代学者亦多认为是莱夷和嵎夷[61]，也有学者认为这一地区是单一的莱夷[62]或嵎夷[63]。从目前考古材料来看，夏商时代胶东地区除照格庄类型和珍珠门文化外，尚不能分辨出其他类型，也就是说考古资料显示的应是莱夷或嵎夷一个支系，而不是莱夷和嵎夷二个支系。需要指出的是，虽然目前考古资料还无法区分出不同的东夷支系，但反映出的一些现象值得重视。一是胶东地区最早的白石村一期文化，均发现于胶东中部以东地区，而胶东中部以西地区尚未发现。介于白石村一期和邱家庄一期文化的遗存也是这种情况。二是在大汶口文化晚期，胶东地区东部文登昒里店2012年发现的石板墓与中西部栖霞古镇都、杨家圈等遗址发现的土坑墓，在葬俗上有较大的区别，而且这种石板墓在这一地区西周时期的南黄庄文化还继续存在。三是相当于商代的芝水二期文化和珍珠门文化在胶东地区的东部地区发现较少，西部地区发现较多。这些区别，可能不仅仅是考古工作的原因，很有可能存在东、西部文化类型的不同。因此，推测胶东地区的东部很可能是嵎夷居地，西部是莱夷的居地。

莱夷是东夷族的一个重要支族，至晚在商代晚期建立了莱国，周代成为东方大国，学界基本无疑。其活动地域，主要在潍河以东至胶东中部以西地区，大概也无大的问题。问题是胶东中部以东的地区是属莱夷还是嵎夷，存在争议。从《尚书·尧典》“分命羲仲，宅嵎夷，曰旸谷，寅宾日出，平秩东作”的记载来看，有关嵎夷的活动地区，对“旸谷”一地的确定至关重要。上文中对嵎夷旸谷在连云港或莒县一带或鲁北地区的说法基本否定后，旸谷最有可能是在胶东地区的东部地区。其一，从地理位置上看，胶东地区的东部是禹划青、徐二州的最东地区。其二，先秦时期祭祀太阳的“日主”其地就在胶东地区最东端的荣成成头山，这里被视为日之所出，或是以迎日出之地，再自然不过了。据《史记·封禅书》记载，齐地“八神将自古而有之，或曰太公以来作之”[64]，说明“八神”起始甚早，并成为后代秦皇汉武东巡礼祠的重点。成山汉代曾设不夜县，在日主成山一带还曾出土过西周时期的铭文青铜器、战国秦汉时期的祭祀玉器、带花纹的铺地砖、瓦当以及传世的汉代“成山”瓦当等，反映了日主成山，虽地处偏远，却有着历代形成的浓厚文化底蕴。其三，胶东地区相当北辛文化晚期的邱家庄一期文化，多处遗址发现陶器上有刻划的太阳纹，这是山东史前文化发现最早对太阳崇拜的材料。从而说明，胶东地区地处我国的最东端，是对太阳崇拜较早地区，并为以后日主成山奠定了基础。

通过以上对现有考古材料的分析，推测了夏商时期莱夷、嵎夷的主要活动地域：莱夷可能在今潍河以东至胶东地区的中部以西地区，嵎夷可能在胶东地区的中部以东地区。虽然考古材料对这个推测有所体现和反映，但就目前的考古材料，却无法将鲁北地区的东部与西部、胶东地区的东部与西部，区别出不同的文化类型。因而，需要今后大量的考古工作和材料来验证这一推测。另外，还需要指出的是，夏商时期是民族迁徙、融合的活跃时期，对莱夷、嵎夷的迁徙、融合、消亡等问题，还需要以后考古资料的丰富，从考古学的角度进行探索。

注　释

[1] 许慎：《说文解字》，中华书局，1963年，286页。

[2]《尚书注疏》，《四部备要》第3册，中华书局，1989年，15页。

[3] 曾枣庄主编：《东坡书传》，《三苏全书》第1册，语文出版社，2001年，438页。

[4] 严文明：《东夷文化的探索》，《文物》1989年9期。

[5] 方辉：《岳石文化区域类型新论》，《刘敦愿先生纪念文集》，山东大学出版社，1998年，238页。

[6] 张学海：《胶东考古座谈会上的发言》，《胶东考古研究文集》，齐鲁书社，2004年，453页。

[7] 张寒梅、丛领滋：《史前胶东居民族属考》，《山东社会科学》2002年增刊。

[8] 韩榕：《胶东史前文化初探》，《山东史前文化论文集》，齐鲁书社，1986年。

[9] 栾丰实：《海岱地区考古研究》，山东大学出版社，1997年。

[10] 宋承钧、史明：《胶东史前文化与莱夷的历史贡献》，《东岳论丛》1984年1期。

[11] 李白凤：《东夷杂考》，齐鲁书社，1981年，45页。

[12] 顾铁符：《楚国民族述略》，湖北人民出版社，1984年，71页。

[13] 李步青，刘玉明：《“⺃盉”铭文初释及其有关历史问题》，《东岳论丛》1984年1期。

[14] 邵望平：《〈禹贡〉“九夷”的考古学研究》，《考古学文化论集（二）》，文物出版社，1989年；高广仁、邵望平：《海岱文化与齐鲁文明》，江苏教育出版社，2005年，180页。

[15] 王树明、刘丕兴：《山东乳山县刁虎山莱夷祭山遗址的推定》，《北方文物》1988年2期。

[16] 常兴照、程磊：《试论莱阳前河前墓地及有铭陶盉》，《北方文物》1990年1期。

[17] 张富祥：《东夷文化通考》，上海古籍出版社，2008年，483页。

[18] 刘延常：《珍珠门文化初探》，《华夏考古》2001年4期；山东省文物考古研究所：《山东20世

纪的考古发现和研究》，科学出版社，2005 年，350 页。
[19] 王献唐：《山东古国考》，齐鲁书社，1983 年，166 页。
[20] 杜在忠：《莱国与莱夷古文化探略》，《东岳论丛》1984 年 1 期。
[21] 周昌富：《莱国姓氏与地望考》，《齐鲁学刊》1984 年 1 期。
[22] 逄振镐：《莱夷与莱国》，《烟台师范学院学报（哲学社会科学版）》1997 年 2 期。
[23] 刘延常：《珍珠门文化初探》，《华夏考古》2001 年 4 期；山东省文物考古研究所：《山东 20 世纪的考古发现和研究》，科学出版社，2005 年，350 页。
[24] 刘凤鸣：《山东半岛与古代中韩关系》，中华书局，2010 年。
[25] 许慎：《说文解字》，中华书局，1963 年，286 页。
[26] 许慎：《说文解字》，中华书局，1963 年，190 页。
[27] 范晔：《后汉书·东夷列传》，中华书局，1987 年，2807、2823 页。
[28]《尚书注疏·卷五考证》，《四库全书本》第 54 册，上海古籍出版社，1987 年，140 页。
[29] 胡渭：《禹贡锥指》，上海古籍出版社，2006 年，642 页。
[30] 顾颉刚、刘起釪：《尚书校释译注》，中华书局，2005 年，578 页。
[31] 杜佑：《通典》，4768 页。
[32] 张守节：《史记正义》。
[33]《尚书注疏》，《四部备要》第 3 册，中华书局，1989 年，55 页。
[34] 许慎：《说文解字》，中华书局，1963 年，497 页。
[35] 顾炎武著，黄汝成集释：《日知录集释》，花山文艺出版社，1995 年，964～965 页。
[36] 刘子敏：《"嵎夷"与"朝鲜"》，《北方文物》2005 年 4 期。
[37] 刘凤鸣：《山东半岛与古代中韩关系》，中华书局，2010 年，24 页。
[38] 邵望平：《〈禹贡〉"九州"的考古学研究》，《考古学文化论集（二）》，文物出版社，1989 年。
[39] 高广仁、邵望平：《海岱文化与齐鲁文明》，江苏教育出版社，2005 年，180 页。
[40] 刘子敏：《"嵎夷"与"朝鲜"》，《北方文物》2005 年 4 期。
[41] 王洪金：《嵎夷考》，《东南文化》2008 年 1 期。
[42] 王赛时：《山东沿海开发史》，齐鲁书社，2005 年，49 页。
[43] 王献唐：《炎黄氏族文化考》，齐鲁书社，1985 年，367 页。
[44] 张富祥：《东夷文化通考》，上海古籍出版社，2008 年，323 页。
[45] 安作璋、王志民：《齐鲁文化通史》第 1 卷，中华书局，2004 年。
[46] 王恩田：《关于齐国建国史的几个问题》，《东岳论丛》1981 年 4 期。
[47] 方辉：《岳石文化区域类型新论》，《刘敦愿先生纪念文集》，山东大学出版社，2000 年，238 页。
[48] 林仙庭：《齐地八神与东夷古国》，《齐鲁文博》，齐鲁书社，2002 年，377 页。
[49] 严文明：《夏代的东方》，《夏史论丛》，齐鲁书社，1985 年。
[50] 高广仁、邵望平：《海岱文化与齐鲁文明》，江苏教育出版社，2005 年，183 页。
[51] 张学海：《张学海考古论集》，学苑出版社，1999 年，2 页。
[52] 王赛时：《山东沿海开发史》，齐鲁书社，2005 年，49 页。
[53] 刘子敏：《"嵎夷"与"朝鲜"》，《北方文物》2005 年 4 期；王洪金：《嵎夷考》，《东南文化》2008 年 1 期。

[54] 高广仁、邵望平:《海岱文化与齐鲁文明》, 江苏教育出版社, 2005 年, 181 页。

[55] 高广仁、邵望平:《海岱文化与齐鲁文明》, 江苏教育出版社, 2005 年, 180 页。

[56] 张富祥:《东夷文化通考》, 上海古籍出版社, 2008 年, 463 页。

[57] 王献唐:《山东古国考》, 齐鲁书社, 1983 年, 166 页; 周昌富:《莱国姓氏与地望考》,《齐鲁学刊》1984 年 1 期; 杜在忠:《莱国与莱夷古文化探略》,《东岳论丛》1984 年 1 期; 逄振镐:《莱夷与莱国》,《烟台师范学院学报(哲学社科版)》1997 年 2 期; 刘延常:《珍珠门文化初探》,《华夏考古》2001 年 4 期; 山东省文物考古研究所:《山东 20 世纪的考古发现和研究》, 科学出版社, 2005 年, 350 页。

[58] 方辉:《岳石文化区域类型新论》,《刘敦愿先生纪念文集》, 山东大学出版社, 2000 年, 239 页。

[59] 王锡平:《试论山东地区的素面陶鬲》,《中国考古学会第九次年会论文集》, 文物出版社, 1993 年, 82 页。

[60] 栾丰实:《海岱地区考古研究》, 山东大学出版社, 1997 年, 106 页。

[61] 严文明:《东夷文化的探索》,《文物》1989 年 9 期; 方辉:《岳石文化区域类型新论》,《刘敦愿先生纪念文集》, 山东大学出版社, 2000 年, 238 页; 张学海:《胶东考古座谈会上的发言》,《胶东考古研究文集》, 齐鲁书社, 2004 年, 453 页; 张寒梅、丛领滋:《史前胶东居民族属考》,《山东社会科学》2002 年增刊; 宋承钧、史明:《胶东史前文化与莱夷的历史贡献》,《东岳论丛》1984 年 1 期。

[62] 高广仁、邵望平:《海岱文化与齐鲁文明》, 江苏教育出版社, 2005 年, 180 页; 王树明、刘丕兴:《山东乳山县刁虎山莱夷祭山遗址的推定》,《北方文物》1988 年 2 期; 常兴照、程磊:《试论莱阳前河前墓地及有铭陶盉》,《北方文物》1990 年 1 期; 张富祥:《东夷文化通考》, 上海古籍出版社, 2008 年, 483 页。

[63] 刘延常:《珍珠门文化初探》,《华夏考古》2001 年 4 期; 山东省文物考古研究所:《山东 20 世纪的考古发现和研究》, 科学出版社, 2005 年, 350 页。

[64] 司马迁:《史记》, 中华书局, 2000 年, 1169 页。

两周吉金与邾史举隅

孙敬明
（山东潍坊博物馆）

先秦时期万国林立，海岱间古国尤夥。唯历史长河大浪淘沙，或几代强雄而一朝覆亡，或孱弱绵延得数百千年。然囿于文献阙佚，杞宋尚且皆不足征，而何况东夷之邾娄欤！邾之先世可上溯及五帝时代，然之相关历史，经传所记仅春秋一段，且以夷狄视之，笔下褒贬情理自知。文献所记古代青铜器出土，始于春秋晏子在纪地辨识铜壶朱书；汉代则山川往往见鼎彝；洎宋则金石学大兴；清代又高峰再起；迨今则考古学蓬勃发展，既有历代出土传世之青铜吉金，亦有考古新获并相关科学资料，均为探研先秦古国历史奠定良好基础。对邾国历史之研究或可起于古文字之考释，清季山东潍县著名金石学家陈介祺即收集研究邾国故城出土陶文。20世纪早期，山东滕州等地出土与邾国相关之青铜器，王献唐先生首先对邾之历史渊源、封建分疆与出土文物等做综合探讨[1]；李白凤先生则对邾之族源国名酌为推考[2]。之后，郭克煜先生复就邾之名源世系、疆域城都与政治文化逐项阐发[3]。俟之本世纪之初，枣庄山亭东江古墓出土邾国青铜器[4]。2004年冬，召开小邾国文化学术研讨会，笔者有幸躬逢其盛[5]。会后出版文集[6]。本人留意山东古国历有年所，近承邹城市师友约邀，幸至凫绎之阳文公卜迁之邾国都城遗址考察，踏访旧迹，神追古远，颇多感获。爰就历年研讨所得撰述《两周吉金与邾史举隅》，因限于篇幅，先取部分名曰“举隅”，以求教于大方焉。

一、国 名 十 体

《说文》：“邾，江夏县，从邑朱声”，“邹，鲁县，古邾国帝颛顼之后所封，从邑，刍声。”邾乃今山东老牌东夷古国，文献所记最早可上溯至五帝时代。邾国之名，《说文》作“邾”。依据古代地名到春秋时期才缀加“邑”旁之规律，故证“邾”本初应该作“朱”。

考古所证，最早见于商代甲骨文，为地或国族名，作“朱”。据孟世凯先生《甲骨学辞典》称殷墟甲骨文中，“朱”，作四种形体，均不从“邑”。武丁时期卜辞：“……卜，宾贞：……在朱。”又：“田朱。”（《后》上12.8，《珠》121）帝乙、帝辛时期卜辞有：“丁卯王卜，在朱贞：其□从师西，往来无灾。”又：“戊午卜，贞：王田朱，往来无灾，王占曰，吉，兹御，获兕十、虎一、狐一。”（《合》36743、37363）“殆为西周武王所封颛顼之后挟之地，在今山东曲阜市东南之陬村。”[7]此地距离殷商王都未远，所以几代商王均到此田猎，且获兕得虎。结合邹城今日之地理环境：山川水流，台地峡谷，断想古代正是猎物出没且极易狩猎之理想场所。

《说文》："鼄，鼅鼄也，从黽朱声，蛛（篆书体），鼄或从虫。"吴大澂《说文古籀补》："鼄，象形，鼅鼄也，古国名，后省作邾。"（见《金文诂林》称引）李白凤先生《东夷杂考·奄族考》，亦主先由形体繁复之"鼄"而演变到省简之"朱"，最后才缀加"邑"作"邾"。《金文诂林》鼄字条，称引陈直先生认为"鼄"乃山东鼄国之名字；"邾"则是楚地今湖北黄冈之邾国名字形体。

但是，经按检排比两周金文则证明："邾"、"鼄"曾一度并行，且又以"邾"之时代稍早。所以"邾"之本意应与"朱"相关，而称邾国之名源于其人崇拜鼅鼄，实为牵强附会。

《说文》："朱，赤心木，松柏属，从木，一在其中。"李孝定《甲骨文字集释》称："朱"实即"株"之本字。后因用各有当，故专造"株"字以用之。"朱"，卜辞为地名，辞言"田朱"可证也。所以"朱"之本意为高大挺拔之松柏树干。《诗经·小雅·伐木》："出自幽谷，迁于乔木。"出土文献如：新蔡葛陵简甲三11、24之"昔我先出自郮道，宅兹沮漳"，正可与《诗经》兑读。《孟子·梁惠王章句下》记载孟子曰："故国非谓有乔木之谓也。有世臣之谓也。"注："故者旧也。乔，高大也。所谓是旧国也者，非但见其高大树木也，当有累世修德之臣，常能辅其君以道乃为旧国可法则也。"由此可见古代邾国人以乔木喻称故国乡里，或者此即孟子在解释"邾国"国名之本意欤！

1981年山东滕县庄里西出土西周早期妊爵两件，同铭："妊作殺嬴彝。"此器为妊姓女子，为嫁归邾国嬴姓之女而作。由此可证西周早期邾国之名作"殺"（《集成》09027）。

传世鲁内小臣庥（邾）生（甥）鼎铭文曰："鲁内小臣'庥'（邾）生（甥）作鼎。"（《三代》3.16.5）铭文"庥"，上从"厂"，下从"朱"，西周金文从"厂"、"宀"与否，每无别。杨树达先生谓："《周礼·天官》有内小臣职，云：'掌王后之命，正其服位，后出入，则前驱……'观此器，知鲁亦有此职，与周礼同，盖列国官职大抵与周同也。"[8]张亚初、刘雨《西周金文官制研究》称"小臣"之职初见于殷代卜辞，而西周早期和中期出现的较多，地位有高低之分。此鼎立耳、口沿下饰窃曲纹一周，马蹄形足，铭文简洁，未缀"子子孙孙永宝用"习惯语，故其时代或当为西周中期偏晚。邾字作从"厂"而作"庥"，正可与西周早期金文邾国之名作"殺"、殷代晚期之甲骨文作"朱"相承传联系。

西周晚期枣庄山亭东江邾国墓地出土20多件带有铭文青铜器，邾国之名均作"鼄"，这是迄今所见时代最早由邾国人所记本国之名之形体。山东新泰、滕州等地出土西周晚期杞伯母匕为邾曹所作鼎、簋、盆与壶等，铭文作"鼄"或"殺"。其中鼎（《三代》3.34.1～2）器、盖对铭，若器盖铭文作"殺"，而器身铭文则作"鼄"。由此可见当时，两种书体无别。春秋早期的邾伯鬲、邾来隹鬲、邾伯御戎鼎、邾太宰簠、钟等铭文作"鼄"。春秋中晚期的邾公华钟、邾公牼钟作"鼄"、邾公釺钟作"邾"；春秋晚期的邾大司马戈两件，一件作"邾"，一件作"鼄"，而邾太师戈则作"邾"；春秋晚期鲁国"叔孙殺戈"（国家博物馆存），铭文为刻款，作"殺"。春秋、战国邾国陶文作"邾"、

“驺”；李守奎《包山楚墓文字全编》作“邾”（但是“邑”居右侧）；秦陶文、《史记·吴世家》《汉书·地理志》作“驺”；《国语·郑语》《晏子春秋》《孟子》作“邹”；《公羊传》作“邾娄”；《古今人表》作“朱”；《路史》作“侏”等共十种形体。容庚《金文编》收录“邾”字可分两种，一种不从“邑”作“鼄”；一种从“邑”作“邾”，并谓：“邾，不从邑，国名，曹姓，子爵，出自颛顼。武王封其裔孙曹叔挟于邾。战国时楚灭之。”

综合甲骨、金文、陶文与文献所见，邾国之名形体的发展演变大致如下：朱（商代）—— 殺、庲、鼄、邾（西周）——殺、鼄、邾、邾娄（春秋）——邾、驺、邹（战国、秦）——朱、侏、邹（秦汉或其以后偶尔出现）——邾、邹（秦汉迄今）。

如上所揭列，邾国之名作“鼄”，乃是在西周晚期才出现的一种别体。

二、君侯九代

《史记·楚世家》：“楚之先祖出自帝颛顼高阳。高阳者黄帝之孙，昌意之子也。高阳生称，称生卷章，卷章生重黎。重黎为帝喾高辛居火正，甚有功，能光融天下，帝喾命曰祝融……吴回生陆终。陆终生子六人……五曰曹姓；六曰季连，芈姓，楚其后也。”《集解》：“《世本》曰：‘曹姓者，邾是也。’”《索隐》：“《系本》云：‘五曰安，是为曹姓。曹姓，邾是。’宋忠曰：‘安，名也。曹姓者，诸曹所出。’”《正义》：“《括地志》云：‘故邾国在黄州黄冈县东南百二十一里，《史记》云：邾子，曹姓也。’”

五帝至夏商西周时期，邾国历史文献失载。春秋时代，证之《春秋》《左传》等，邾国于春秋始终，其君侯传位九代，依次为：

（一）邾仪父

隐公、桓公时期邾仪父名克，史称“邾庄公”。鲁隐公元年（前722）与邾仪父盟于姑蔑（今曲阜东，后迁今浙江龙游）。《春秋》桓公十七年（前695）：“二月丙午，公会邾仪父，盟于趡。”《左传》桓公十七年：秋“伐邾”。《春秋》庄公十六年（前678）“邾子克卒”。

（二）邾子琐

鲁庄公二十八年（前666）邾子琐卒，在位十二年。邾友父郳犁来朝。

（三）邾文公

邾子琐之子，活动于庄、闵、僖、文时期，鲁文公十三年（前614）卒（名蘧蒢）。《春秋》文公十三年（前614）：“邾子蘧蒢卒。”杨柏峻注：“《孔疏》云：蘧蒢，邾子琐之子也。庄二十九年即位，僖元年与鲁盟于犖。”在位应为五十二年。

（四）定公

鲁文公十四年（前 613）定公玃且立也，其乃文公长子齐国姜姓所出。郳国定公名玃且，其母家即齐国。《春秋》成公十七年（574）玃且定公卒，活动于文、宣、成时期，在位四十年。

（五）宣公

鲁成公十七年（前 574）定公卒，子牼立，称宣公。鲁襄公十七年（前 556）郳宣公卒。在位十八年。故后悼公即位。

（六）悼公

《春秋》襄公十九年（前 554）晋人执郳子悼公。昭公元年（前 541）："六月丁巳，郳子华卒。"在位十五年。

（七）庄公

昭公十一年（前 531）仲孙玃会郳子，《左传》昭公十一年孟僖子会郳庄公。《春秋》定公三年（前 507）二月辛卯，郳子穿卒。秋，葬郳庄公，在位三十四年。

（八）隐公

隐公即位，盖在定公三年（前 507），《春秋》哀公七年（前 488），鲁军队入郳都城，执隐公至鲁，哀公八年（前 487）：春，"吴伐我。夏，齐人取讙及阐。归郳子益于郳"。由此可推断郳隐公在位已经二十年。

（九）桓公

《春秋》哀公八年（前 487）："归郳子益于郳。"《左传》哀公八年："郳子又无道，吴子使太宰子余讨之……使诸大夫奉大子革以为政。"杜注："革，郳大子，桓公也。"至哀公二十二年（前 473）郳隐公复辟，知桓公在位十四年。

（十）隐公

《左传》定公二十二年（前 473）："郳隐公自齐奔越，曰：'吴为无道，执父立子。'越人归之，大子革奔越。"

（十一）公子何

《左传》哀公二十四年（前471）："邾子又无道，越人执之以归，而立公子何。何亦无道。"杜注："何，大子革弟。"如此隐公复辟又执政近三年，复无道被执。而立公子何。

《左传》哀公二十七年（前468）：春，"越子使舌庸来聘，且言邾田，封于骀上"。杨柏峻注："鲁曾侵夺邾国之土田，越以霸主身份派舌庸来与鲁谈，协定以骀上位鲁、邾交界处。骀上，据杜预《土地名》，即襄四年《传》之狐骀，在今山东滕县南二十里。"这是春秋时期有关邾国最后一条记载。

春秋时期邾国王公世系如次：

邾仪父——邾子琐——邾文公——定公——宣公——悼公——庄公——隐公——桓公——隐公——公子何

酌将春秋时期邾国君侯传承和在位年数，与鲁、齐比较。鲁国共12位君侯，其中在位时间超过30年者：庄公32、僖公33、襄公31、昭公32、襄公31年，邾国算来有10位君侯，但隐公废复立，立而废，如此亦是11位届数。其中邾文公在位52、定公40、庄公34年。齐釐公34、桓公44、景公58年。比较可见，唯有齐景公与邾文公在位50年以上，齐桓公与邾定公在位40年及以上。由此可见邾文公、定公，与齐桓公、景公可比，在位时间四五十年。君王在位时间长则国家稳定而发展。

后，进入战国，邾国世系、事迹少有著录。《孟子·梁惠王章句下》记载孟子与邹穆公对话："邹与鲁鬨，穆公问曰：'吾有司死者三十三人，而民莫之死也!'"《孟子·梁惠王章句下》："邹人与楚人战，则王以为孰胜?"时至战国晚期。再者，《孟子注疏题辞解》谓："孟子，邹人也。名轲，字则未闻也。邹本春秋邾子之国，至孟子时改曰邹矣。国近鲁，后为鲁所并，又言邾为楚所并，非鲁也，今邹县是也。"由此可见当孟子之时，邹国仍还如常发展；并且还与鲁国、楚国发生战争。湖北荆门包山楚简编号156："二执命为王毂取邾"，其余162、149、094号亦记载与邾国相关之内容[9]。出土竹简墓葬年代大致为楚顷襄王（前298～前263）时期。由此可知邾国被楚所灭的时间在战国晚期，或在孟子（前约372～前289）去世不久。或以为楚国灭邾国，在楚宣王时（前369～前340），如此则与《孟子》所记有所抵牾。当以楚简所记为准。孟子为当时活跃人物，而其所见之齐宣王、梁惠王、滕文公与邹穆公等亦非平庸之王，均应是与时俱进之人。由此亦可窥见历史上邾国王公之风采。

三、吉金百篇

邾国以及与之相关的邹城周近出土、或传世而见于著录的两周时期青铜器铭文数量较多，属于地下出土的文献证据，是探索邾国历史最科学的第一手资料。

（一）小郳国墓地出土郳国青铜器铭文

清代至民国时期，山东新泰、滕州等地即出土郳国或与之相关的青铜器铭文资料，然均非科学考古发掘，有关方志与研究者对此或做载录与探索。2002 年夏季，因盗掘而引起的科学考古发掘的 6 座郳国墓葬，出土大批与郳国历史相关的文物资料；尽管有的墓葬已经盗扰，但是，此处仍为迄今所见郳国文物资料集中出土且数量众多、内容丰富的唯一地点。经考证出土铭文资料，其应为西周晚年宣王时期小郳国初封之国君王室的墓葬，所以其对郳国历史文化的研究之重要意义不言自明。

据枣庄市政协台港澳侨民族宗教委员会、博物馆编著《小郳国遗珍》称，出土青铜器地点位于枣庄市西北约 28 公里的山亭区东江村。时在 2002 年夏，当地发现 6 座墓葬，其中 4、5、6 号被盗掘，1 号被盗扰，2、3 号完好而经科学发掘。结合墓葬形制，出土器物之种类、组合，铭文内容、书体等推断墓葬时代相当，均为西周晚期。

甲

1 号墓残存带有相同铭文的青铜鬲 4 件、铭文铜瓶 1 件、陶罐 2 件。

（1）鼄友父鬲 4 件，铭文均为："鼄友父塍其子匂曹宝鬲，其眉寿永宝用。"

（2）霝父君瓶 1 件，器、盖对铭，铭文："霝父君俭父作其金瓶，眉寿无疆，子子孙孙永宝用之。"

乙

2 号墓出土同铭文铜壶 2 件，同铭文鬲、不同铭文簠、带盖铜鼎各 4 件，铜罍、盘、匜、戈、剑各 1 件，铜镞 30 件，陶罐 8 件。

（1）鼄君庆铜壶 2 件，器、盖对铭，铭文均为："鼄君庆作秦妊礼壶，其万年眉寿永宝用。"

（2）兒（郳）庆鬲 4 件，铭文均为："郳庆作秦妊羞鬲，其永宝用。"

（3）正叔止士㲋俞与鲁酉子安母簠 1 件，器、盖异铭，器内底铸铭曰："正叔止士㲋俞作旅簠，子子孙孙永宝用。"盖内顶铭文："鲁酉子安母肇作簠，其眉寿万年子子孙孙永宝用。"

（4）鲁宰虢与鲁酉子安母簠 1 件，器、盖异铭，器内底铭文："鲁宰虢作旅簠，其万年永宝用。"盖内顶铭文："鲁酉子安母肇作簠，其眉寿万年子子孙孙永宝用。"

（5）毕仲弁簠 1 件，器、盖对铭："毕仲弁作为其北善簠，其万年眉寿子子孙孙永宝用之。"

（6）子皇母簠 1 件，器、盖对铭："子皇母作弇簠，其万年眉寿永宝用。"

丙

3 号墓出土同铭文铜壶、同铭文铜鬲各 2 件，同铭文铜簠 4 件，铭文匜形鼎 1 件，铜鼎 3 件，铜醽 2 件，盘、匜、方奁、削刀、提链罐各 1 件，陶罐 7 件，玉贝 5 件。

（1）昆君妇媿霝壶 2 件，同铭："昆君妇媿霝作旅壶，其年万子子孙孙永用。"

（2）郳庆鬲 2 件，铭文均为："郳庆作秦妊羞鬲，其永宝用。"

（3）鼄公子害（胡）簠 4 件，同铭，且器盖对铭："鼄公子胡自作簠，其万年眉寿无疆子子孙孙永宝用。"

（4）郳庆匜鼎 1 件，铭文："郳庆作秦妊匜鼎，其永宝用。"

丁

原为东江墓地出土，但经盗掘辗转后破案而散存各处者。

（1）鼄君庆壶 4 件，同铭，且器、盖对铭："鼄君庆作秦妊礼壶，其万年眉寿永宝用。"

（2）铸叔盘 2 件，《小邾国遗珍》93 页彩图下，铭文未释。《海岱古族古国吉金文集》90.11～12 释之为："铸叔作叔妊朕盥盘，其万年眉寿永宝用。"

（3）郳庆盘 1 件，《小邾国遗珍》94 页彩图，铭文未释。今释之为："郳庆作秦妊盘，其永宝用"。

（4）𧙅伯罍 1 件，《小邾国遗珍》96 页彩图，铭文未释。今释之为："𧙅伯庸出作宝罍，其万年子子孙孙永宝用享。""𧙅"字《说文》不见。初见于西周金文，通常作"番𧙅伯"或"𧙅伯"。河南信阳固始、南阳桐柏等地出土带"𧙅伯"铭文青铜器。李学勤称："河南信阳出土番𧙅伯鼎、盘、匜，《贞松堂集古遗文》亦收录番𧙅伯盘、匜……1964 年桐柏县左庄出土青铜器，时代为春秋早期器，器主为𧙅伯墉。"李先生还指出："清代学者已经指出潘、瀋系一字的分化，如《说文引经证例》即有'古潘、瀋同音'之说。所以青铜器中常见的'番尹'或'番君'，就是文献中楚国的沈尹氏。沈尹氏或省为沈氏，是楚国的重要贵族……'番𧙅伯者君'应为沈氏的分支，简称𧙅氏。"[10]其中，铜盘铭文为"𧙅伯墉"，与之相配的铜匜铭文则为"𧙅伯庸"。而此"庸"字形体与山亭东江墓葬出土之𧙅伯罍铭文"𧙅伯庸出"之"庸"正相类似。

（5）滕侯盨 2 件，《小邾国遗珍》97～99 页彩图，铭文存阙。《海岱古族古国吉金文集》153.9～10 释之为："滕侯□作厥文□媵中旅盨，其子子孙孙万年永宝用。"

（6）鼄庆壶 2 件，《小邾国遗珍》100～101 页彩图，仅谓：鼄庆壶，有铭文。

（7）鼄庆鬲 2 件，《小邾国遗珍》106～107 页彩图，同铭："郳庆作秦妊羞鬲。"

（8）鼄华妊鬲 2 件，《小邾国遗珍》108～110 页彩图，同铭："鼄华妊作羞鬲。"

（9）鼄庆匜 1 件，《小邾国遗珍》113 页彩图，铭文："鼄庆作秦妊匜，其永宝用。"

（10）鼄庆簠 2 件，《小邾国遗珍》114～116 页彩图，同铭，且器、盖对铭，曰："鼄庆作秦妊簠，其万年子子孙孙永宝用。"

戊

伪刻铭文。由于郳国墓地被盗，有铭文青铜器流散，为鬻善价，作伪者于原本无铭文铜器上新刻铭文。《小邾国遗珍》即收录两件。

（1）《小邾国遗珍》111～112 页彩图，郳庆匜：新刻铭文为："鼄庆作秦妊簠，其万年子子孙孙永宝用享。"《小邾国遗珍》称："郳庆匜在被盗卖期间被查获，安徽省博物馆收藏。"铭文新刻，原本仿照铜簠，故铜器本是匜，而铭文则刻为"簠"。数十件铭文，文尾无一件作"用享"者。

（2）《小邾国遗珍》117～118页彩图，郳庆壶新刻铭文为："鼄庆作秦妊簠，其万年子子孙孙永宝用享。"《小邾国遗珍》称："郳庆壶在被盗卖期间被查获，安徽省博物馆收藏。"此取仿与上件匜全同。壶盖铭文为雕刻方便，而倒置加刻，与郳国铜壶不类。凡此两件应为一刻手所为者也。

己

4、5、6号墓被盗，唯有4号墓残余130枚铜镞。

以上东江墓地出土带铭文铜器，至少43件。

（二）传世与新出土铜器铭文

见于旧所著录与新近出土的郳国铜器铭文，以及郳国故地发现两周青铜器带有铭文者，俱是研究郳国历史文化之重要资料，故此并作罗列。郳国之名，青铜器铭文中以作"郳"、"鼄"为常见，甚至一器二铭，并见"郳"、"鼄"，甚为有趣。本文依据铭文原篆，而做隶定，凡此对研究郳国之名用字大有裨益。

（1）鼄公华甬钟1件，铭文九十余字："唯王正月初吉乙亥，鼄公华择厥吉金，玄缪赤鑪，用铸厥龢钟，以祚其皇祖、皇考，曰：'余毕恭威忌，淑穆不坠于厥身。铸其龢钟以恤其祭祀盟祀，以乐大夫，以宴士庶子，慎为之铭。元器其旧，载公眉寿，鼄邦是保，其万年无疆，子子孙孙永保用享'。"（《三代》1.62.2）《春秋》昭公元年（前541）："六月丁巳，郳子华卒。"杨伯峻注："传世有郳公华钟，据铭文，为此人元年所铸。"学界大都持此观点。

（2）郳公钐甬钟1件"陆融（终）之孙郳公钐作厥龢钟，用敬恤盟祀，祈年眉寿，用乐我嘉宾，及我正卿，扬君灵，君以万年"（《三代》1.19.2）。或以为郳公钐为郳定公。

（3）鼄公牼甬钟一组："唯王正月初吉，辰在乙亥，鼄公牼择厥吉金，玄缪鑪鋁，自作龢钟，曰：'余毕恭威忌，铸以龢钟二锗（堵），以乐其身，以宴大夫，以喜诸士，至于万年，分器是之。'"杨树达谓："按郳公牼为郳宣公，见于《春秋》。左氏《经》襄公十七年云：'春王二月庚午，郳子牼卒。'牼，《公羊》《谷梁》二家经皆作瞷，左氏《经》作牼，与器铭同。"[11]（《三代》1.48.2、1.49.1、1.49.2、1.50.1）

（4）鼄君求钟1件："鼄君求吉金，自作其龢钟、龢铃，用处大正。"（正文泐失，《三代》1.8.1）

（5）鼄伯御戎鼎1件："鼄伯御戎作滕姬宝鼎，子子孙孙永宝用。"（《三代》3.37.1）

（6）鼄伯鬲1件："鼄伯作媵鬲，其万年子子孙孙永宝用。"（《三代》5.34.4）

（7）鼄义伯鼎2件："鼄义伯作此嬴尊鼎，其万年眉寿无疆，子子孙孙永宝用。"（《山东金文集成》196）《山东金文集存》云："郳义伯鼎二件、邿伯鬲四件（内一件文字漫漶）、京叔盘、孟嬴匜、孟时父簋四件、罍一件、壶一件（无铭）同出滕县安上村，藏山东省图书馆。”

（8）鼄叔之伯编钟 1 件：“唯王六月初吉壬午，鼄叔之伯□友择厥吉金，用铸其龢钟，以祚其皇祖、皇考，用祈眉寿无疆，子子孙孙永宝用享。”（《三代》1.19.1）。

（9）鼄叔豸父簠 1 件：“鼄叔豸父作杞孟姒羞簠，其万年眉寿子子孙孙永宝用享。”（《考古》1986 年 4 期 367 页图 3）1976 年山东省平邑出土。

（10）邾公孙班镈 1 件：“唯王正月辰在丁亥，鼄公孙班择其吉金，为其龢镈，用喜于其皇祖，其万年眉寿，家身是保，灵命无期。子子孙孙永保用之。”（《三代》1.35.1）

（11）鼄太宰簠 2 件同铭：“唯正月初吉，鼄太宰叢子耕铸其羞簠。曰：‘余诺恭孔惠，其眉寿以羞，万年无期，子子孙孙永宝用之。’”（《三代》10.24.1～2）

（12）鼄太宰编钟 1 件：“鼄太宰叢子耕自作其龢钟，择其吉金膚鋁，耕用祈眉寿多福，万年无疆，子子孙孙永宝用享。”（《三代》1.15.2～16.1）

（13）邾太师戈：“邾太师□□之造戈。”（《山东金文集成》809）

（14）邾大司马之造戈 1 件：“邾大司马之艁（造）戈。”（《三代》20.19.2）

（15）鼄大司马戈 1 件：“鼄大司马……”（《三代》20.6.2）此戈胡下部残失，铭文不全。但是，两件并为邾国司马所造，前者国名作“邾”；后则作“鼄”。

（16）鼄尤鼎 1 件：“鼄尤为其鼎，子子孙孙永宝用。”（《三代》3.23.8）

（17）鼄来隹鼎 1 件：“鼄来隹作鼎，万寿眉其年无疆用。”（《三代》5.29.2）

（18）鼄友父鬲 1 件：“鼄友父媵其子㚤曹宝鬲，其眉寿永宝用。”（《三代》5.36.5）铭文与枣庄山亭东江小邾国 1 号墓出土鼄友父鬲铭文相同。

（19）友父匜 1 件：“友父媵子㚤……用鼄曹宝……其。”（《集成》10236）

（20）鲁伯愈父盘、匜一套两件：“鲁伯愈父作鼄姬媵盨盘，其永宝用。”（《集成》10114、10244）1830 年山东省滕县东北凤凰岭出土。

（21）鲁伯愈父鬲 6 件：“鲁伯愈父作鼄姬年羞鬲其永宝用。”（《三代》5.31.2、5.32.1、5.32.2、5.33.1、5.33.2，《集成》00695）郭沫若《两周金文辞大系图录考释》：“此伯愈父以伯为氏者，与邾国通婚姻，故其女称邾姬……鲁伯愈父诸器所见有鬲五、簠三、盘三、匜三。清道光十年出土于滕县城东北八十里凤凰岭沟涧中。”道光庚寅滕县人于凤凰岭沟涧中掘出。还有传世数件盘、簠，知鲁伯愈父为邾姬所作带铭文青铜器至少也有 20 余件。敬明案：铭文“年”字，或释之为“仁”，先秦经典、金文中罕见“仁”。

（22）鲁内小臣厎（邾）生（甥）鼎 1 件：“鲁内小臣厎（邾）生（甥）作鼎。”（《三代》3.16.5）

（23）杞伯母匕鼎 1 件，器、盖对铭。盖铭文：“杞伯母匕作殺曹宝鼎，子子孙孙永宝。”器底铭文：“杞伯母匕作鼄曹宝鼎，子子孙孙永宝。”（《三代》3.34.1～2）此为带盖鼎，盖铭文邾国名作“殺曹”；器内壁铭文则做“鼄曹”。杞伯母匕所为鼄曹作器凡 20 余件，时代均乃西周晚期。可见当时杞国人作器，同时可将邾写作“殺”或“鼄”。

（24）杞伯母匕鼎 1 件：“杞伯母匕作鼄曹宝鼎，子子孙孙永宝用。”（《三代》3.33）

道光、光绪间出土新泰。

（25）杞伯母匕鼎1件：“杞伯母匕作鼄曹宝鼎，其万年眉寿，子子孙孙永宝用享。”（《文物》1978年4期95页图2）1966年山东省滕县木石公社南台大队东台村西南薛河故道旁出土。

（26）杞伯母匕簋5件：“杞伯母匕作邾曹宝簋，子子孙孙永宝用享。”（《三代》7.41.2、7.41.3、7.42.2、7.43.1、7.43.2）

（27）杞伯母匕壶1件：“杞伯母匕作鼄曹宝壶，万年眉寿，子子孙孙永宝用享。”（《三代》12.19.1、12.19.2）

（28）杞伯母匕壶1件：“杞伯母匕作鼄曹宝壶，其万年眉寿，子子孙孙永宝用享。”（《三代》12.19.3）铭文简率，宝从“宀”、“缶”。

（29）杞伯母匕盆1件：“杞伯母匕作鼄曹宝盆，其子子孙孙永宝用。”铜盆带盖，形体样式较晚，似是与相同铭文之鼎。簋等器，作于不同时期（《三代》18.18.2）。

（30）杞伯母匕匜1件：“杞伯母匕铸鼄曹宝匜，其子子孙孙永宝用。”（《三代》17.30.1）以上诸器，道光、光绪间新泰出土。

（31）杞伯母匕簋1件，器、盖对铭：“杞伯母匕铸鼄曹宝簋，子子孙孙永宝用享。”（《文物》1962年10期58页），应为西周晚期。此簋1962年由湖北省武汉市文物店收购。凡此对楚国灭邾而迁徙之于今黄冈有意义。

（32）杞伯母匕卣1件：“杞伯母匕作鼄曹宝卣，其万年眉寿，子子孙孙永宝用享。”杨树达谓此卣见载《窓斋集古录》第十四册十二叶下，谓：“杞伯每匕器至多，今存者有簋、有鼎、有匜、有壶、有卣。……每匕之名不见于经传，余疑其即杞孝公也。《春秋》襄公二十三年书杞伯每匕卒，即孝公也。”敬明案：杞伯母匕所作器：鼎、簋、壶、卣、盆、盘（例应有之）、匜等20余件，皆为邾曹所作。然由器物形制花纹与铭文比较推考，尽管同属于西周晚期，但是并非一次所铸造，似是作于不同的时间段。饶为有趣的是：杞伯母匕为邾曹铸造铜器20余件，这位邾曹应该是嫁归杞国为夫人；而鲁伯愈父为邾姬所作媵器，亦是20余件，所不同的是邾姬乃是鲁国女儿嫁归邾国为夫人。

（33）济南市博物馆存伯氏鼎1件，铭文：“伯氏作曹氏善鼎，其永宝用。”（《山东金文集成》179）西周晚期。

（34）山东滕州后荆沟1980年出土不（邳）其簋（《山东金文集成》302）；簋盖为后配，簋盖铭文记载杞伯母匕为邾曹作器。此为笔者2004年冬出席小邾国文化学术研讨会间。承林沄师面告。

（35）越邾盟辞镈甲、乙两件，甲出土于江西省临江（《三代》1.35.2～1.37.2），乙1890年江西瑞州东郭外锦江中渔人得之（《三代》1.37.3～1.39.2）。据曹锦炎、施谢捷、陈青荣诸家释文，其中称“夷莒”与“大邾”等，断其文意：因莒国扩张疆土，侵及邾国，越国为之调停，主持了疆土划分，并趁机扩土筑城，遂将邾、莒二国统领麾下。

（36）1932年山东邹县出土益公甬钟1件：“益公为楚氏和钟。”（《三代》1.2.3）

（37）1966年位于山东邹县东北25公里的田黄公社之七家峪出土西周晚期青铜器23件，计有：鼎、鬲、罍、壶、盘、匜、簠等。

其中盘1件："伯驷父作姬沦媵盘，子子孙孙永宝用。"簠4件，铭文分别为："射南自作其簠。""胄自作弃簠，其子子孙孙永保用享。"鬲1件："鲁宰駟父自作姬□媵鬲，其万年永宝用。"（《考古》1965年11期）

（38）1971年邹县化肥厂出土铜爵铭文"庚敏父"研究商代庚宗、可比较费县祊河流域的祊宗资料（《文物》1974年1期）。

（39）1972年山东邹县郳国故城出土费奴父鼎1件："弗（费）奴父作孟姒媵鼎，其眉寿万年永宝用。"（《文物》1974年1期）

（40）1980年山东邹县城前乡出土取（郰）子所铸铜钺1件："鑵元乔衺鼓铸于取（陬）子。"（《山东金文集成》892）这件铜钺形制尤为特殊，应为春秋陬地所铸。陬，鲁邑。鲁国非同一般之兵器，在郳国境内出土，证明两国交往关系。

（41）取它人鼎1件，铭文："取（陬）它人之善鼎。"（《山东金文集成》204）

（42）1990年青州城区西出土战国青铜剑1件铭文："永世郰库干。"（《山东金文集成》902）

（43）鼄乎簋1件，1966年湖北京山宋河区坪坝公社苏家垅工段出土铜器97件，计有：鼎、鬲、甗、簋、豆、方壶、盉、盘、匜与车马器等。其中2件鬲同铭属于黄国所铸，鼎、豆、方壶各2件，俱为曾国所铸；簋2件均器盖对铭且铭文相同："唯正二月既死霸壬戌，鼄乎作宝簋，用圣夙夜，用享皇祖文考，用匄眉寿永命，乎其万人永用。束。"其中"鼄"与金文习见者有别，而与鼄君求钟、鼄太宰簠、鼄伯鬲等"鼄"字相近，稍有别异之处在于，簋铭"鼄"之上部从"黽"从"它"，而少"朱"。但是此应为"鼄"之别体，律之山东邹城及其周近出土黄、陈、昶、吴、越、邛等国铜器，以及文献中郳国与黄国的交往等，酌将郳乎簋附载于此[12]。

（44）1991年邹城钢山街道朱家村出土吴王夫差剑1件，铭文："攻吴王自作其元用。"（《文物》1993年8期）

以上传世与郳国相关及以邹城为中心所出土的两周时期带铭文铜器至少70余件。再加上枣庄山亭东江小郳国墓地出土者，则数逾百十数件以上。

四、公伯六卿

有学者指出："从马克思主义的观点来讲，考查人类社会，总不外乎要从经济基础与及与之相适应的上层建筑两个方面入手。研究古代史，自不能例外。就上层建筑讲，职官的研究，是其中的一个重要课题。因为通过职官的考察，可以了解当时政治机构的一般情况。"[13]经典所记郳国历史仅仅春秋一段，幸有出土商代甲骨文与两周青铜器铭文，则是探讨郳国历史文化最直接而科学的资料。西周时期成王作周官，王室设置六卿职掌军政之事，诸侯国已有所仿效。春秋时期虽有变化，但有的侯国则仍延续之。本文中所引称两周职官资料与研究认识，大都参照《西周金文官制研究》成果。

（一）公伯之称

尽管文献记载郳国历史尤早，甚至可以追溯到五帝时代，但是迄今考古所见，有关郳国之地名，直到殷商晚期才在卜辞中出现。文献传承或谓西周王朝文王或成王封郳挟，结合西周早期局势，当应在成王践奄之后。成王践奄，周室大获新域，所谓：巴茅濮邓吾南土；蒲姑商奄吾东土，燕亳肃慎吾北土，这在《鲁颂·閟宫》中亦有类似之颂赞旁证，如：

泰山岩岩，鲁邦所詹。奄有龟蒙，遂荒大东。至于海邦，淮夷来同，莫不率从，鲁侯之功。

保有凫绎，遂荒徐宅。至于海邦，淮夷蛮貊。及彼南夷，莫不率从，莫敢不诺，鲁侯是若。

尽管如此，但是西周前期郳国君侯如何称谓，经典与考古资料均属阙疑，故不得而知。或谓郳国当时承受周王所封为子爵。但是迄今所见，除《春秋》《左传》及《公羊》《谷梁》等称“郳子”外，其他则未见作如是之称者，况且这些经典中同时还称郳国之君为“公”或“人”，而与此同时，称其他周王所封之为“公”为“侯”之爵者，有时亦作“子”或“人”。《春秋》经、传乃事后追述记录，类存褒贬，有其时代与政治观点之局限，与历史实际难免有出入。但是，西周晚与春秋时期的青铜器铭文则如实记录当初情景。由此铭文所记可知：当时郳国之君称“公”，如郳公华、郳公钘与郳公䡘所作钟之铭文可证。研究者大都认为铸造铜钟的郳公华为郳悼公，均称引《春秋》襄公十九年（前554）晋人执郳子悼公，昭公元年（前541）：“六月丁巳，郳子华卒。”此郳国之公在位正值鲁国襄公、昭公时期，其在位15年。结合郳公华钟的形制与铭文书体和内容，推考之时代还要早，而且编钟铭文所记郳公之政治怀抱与美好祈求，以及对待本国公卿和庶士平民之心态，正与文献所记郳文公之以民为本的论述相契洽。再者古代人之名和字相因，如《白虎通义》所谓：闻名即知其字，闻字即知其名。文献记载郳文公名“蘧蒢”，而“蘧”通“蕖”，俱是花名，所以郳文公名“蘧蒢”，而“华”则是其字，或“蘧蒢”为之字，而“华”则是其名。

而郳文公之子名“貜且”（此，或者是其字），学界则认定郳公钘则是郳文公“蘧蒢”之子“貜且”，即郳定公。若如此，则可见其父子二人之名与字，颇有相类之处。鲁文公十四年（前613）定公立，其乃文公长子，母为齐国姜姓。在位正值鲁国文、宣、成公时期，在位40年。

郳公䡘钟之郳公，乃郳宣公。鲁成公十七年（前574）定公卒，子䡘立，称宣公。鲁襄公十七年（前556）郳宣公卒。活动于鲁国成、襄公时期，在位18年。对此郳子䡘即铸钟之郳公䡘，学界意见亦较一致。

郳国之君侯不但称“公”，而且同时还可称“君”，如传世郳君求钟，杨树达先生谓：“罗振玉题此器为鼄君求编钟，似误以求字为鼄君之名。郭沫若《两周金文辞大系考释》一九二叶云：‘求乃动词，非邾君名’，意在纠驳罗说，是也。文云龢钟铃，而楚王编钟则云自作铃钟。或云钟铃，或云铃钟者，《广韵》十五《清》云：‘铃似钟而小’，盖钟与铃虽有大小之别，而义类相近，故连文是先后任言也……‘用处大正’……按《尔雅·释诂》云：‘正，长也’，大正盖犹今首长。《左传》成公六年云：‘或谓栾武子曰……子为大政，将酌于民者也。’又昭公七年子产对韩宣子曰：‘以君之明，子为大政，其何厉之有?’按‘大政’与‘大正’同。栾武子韩宣子皆当时晋上卿之执政者，故人皆以‘大政’称之。彝铭‘大正’，义相近也。”[14]今证之以山东枣庄山亭东江出土邾国铜器，诸如鼄君庆壶、鼄庆方壶、鼄庆鬲、兒（郳）庆匜鼎、鬲、盘；盘、匜同铭，盘铭文作：“郳庆作秦妊盘，其永宝用。”匜铭作：“邾君庆作秦妊匜，其永宝用。”即可证知，邾君庆与此邾君求，皆为邾国之君，而庆、求各其名而已。

由此鼄君求编钟与鼄君庆所作之鼎、鬲、壶、盘、匜诸器，或可证明鼄君求与鼄君庆为同一人，比较编钟与鼎、鬲、壶、盘、匜铭文之书体似是出自一人之手。鼄君庆铸器众多，唯少乐器，而此鼄君求编钟、铃钟正可当之。

更有意思的是，见于著录的还有时代相当的铸侯求钟：“铸侯求作季姜媵钟，其子子孙孙永享用之。”（《三代》1.9.1）春秋早期。可见诸国君侯名“求”，亦非单例。

鼄君求钟铭文：“鼄君求吉金，自作其龢钟、龢铃，用处大正。”（正文泐失，《三代》1.8.1）所谓“大正”，应是王侯公卿，指的是邾国上层统治集团，所谓“用处大正”应是用来宴飨诸位公卿。

邾国王侯在春秋时期称“公”（邾公）或“君”（邾君），亦有称“伯”者。如上揭之鼄伯御戎鼎（《三代》3.37.1）、鼄伯鬲（《三代》5.34.4）。邾伯御戎鼎之时代较邾伯鬲早，当为西周时期。但是也不能证明邾国先称“伯”再称“公”。当时所谓五等爵制并不严格，王国维已经指出当时有甚至称王者。邾国西周晚期、春秋中晚期称“公”与“伯”，但是未见有称“侯”者。而其周近滕、薛、莒、鲁、齐等均曾称“侯”，莒国则并曾称“公”，这由沂水刘家店子莒墓出土“莒公戈”与“公簋”为证[15]，还有铸公簠证明春秋铸国亦称“公”（《三代》10.17.2～3）。

还有鼄义伯鼎2件（《山东金文集成》196）、鼄叔之伯编钟1件《三代》1.19.1）均为春秋晚期，或为邾国君侯之作器。

滕、薛、莒、鲁、齐等国，金文多见称“侯”，而称“伯”者则有：鲁国亦称“伯”，如鲁伯愈父诸器均可为证。单伯（单伯原父鬲《三代》5.43.1～2）、成伯（成伯孙父鬲《集成》00680、成伯邦父方壶《三代》《集成》5717）、曾伯（曾伯𩞁簠《三代》10.26.1～2、曾伯陭壶《三代》12.26.1～12.27.2）、郜伯（郜伯鬲《三代》5.20.1～5.20.2、《海岱古族古国吉金文集》1833～1850）、逢伯（逢伯鬲《集成》00696、逢伯命壶《集成》00894）、杞伯（杞伯母匕郳诸器）与莱伯（莱伯鬲）（《考古》1984年7期）等。可见所谓五等爵制之谓，西周时期亦不严格，而春秋时期则随意性更大。而邾国侯伯自称作“君”，则是较少见。金文中所谓“君”，有时为国君夫人，如小邾国墓地出土的昆君妇媿霝壶2件，则明显是妇女称“君”，而此人有可能是邾国之君夫人。而这种称谓在西周王室与诸侯国之间亦较流行。所以邾国虽然属于东夷，但是其国君与之夫人之称谓于中原诸国无异。

（二）太宰之职

太宰见《周礼·天官》："治官之属，太宰，卿一人，小宰，中大夫二人。"属于六卿之一，此类职官属于周王和诸侯宫室的执掌，殷代王宫已经设立类此职掌，卜辞与金文所见俱是称"宰"，西周早期至中晚期金文中所见"宰"之资料约有十几条。如邹县七家峪出土的鲁宰駟父鬲、山亭东江2号墓出土的鲁宰虢簠等，证明鲁国官职较为完备。随社会发展，而此执掌的地位逐渐在提升，其管理王室、诸侯之宫廷内外、传达命令，直至掌摄宫廷庖厨之事。东周时期太宰一职逐渐增多，所见如：齐太宰（齐太宰归父盘《三代》17.14.1）、鲁太宰（鲁太宰原父簋《三代》1.68）、滕太宰（滕太宰得御匜《文物》1998年8期）、邛太宰（江太宰孙叔师父壶《日精华》4.301）、邢太宰（邢姜太宰簋《社会科学战线》1982年2期）以及邾国太宰簠等。尽管如此，但是东周时期并非所有诸侯国皆有太宰之职，而设立太宰之职司，掌管宫廷之事务，则是国家政治机构上层建筑建立完备的重要条件之一。

杨树达谓："《左传》中邾未见有太宰，故顾栋高《春秋大事表》卷十表《列国官制》，鲁、宋、齐、楚、郑、吴各国皆有太宰，而不及邾。今观此器，知邾亦有太宰，与鲁、宋诸国同，足以补顾书之缺矣。"[16]由此两簠与一件钟同为"邾太宰叢子耕"所作，可见邾国之太宰地位较高。

（三）太师职官

《西周金文官制研究》认为："大师（太师）之职未见于殷代卜辞。从西周铭文看，目前仅见于恭王以后。也就是说，这种职官的上限不超过西周中期。东周有不少大师之器。"并举证：郑太师（郑太师小子侯父甗）、蔡太师（蔡太师鼎）、邾太师（邾太师戈）等。杨树达《积微居金文说》："吴后大师戈跋，《缀遗斋彝器考释》三十卷十六叶上载吴后大师戈，铭文云：'吴后大师之艁䢦戈。"滕国有"滕师公之孙吞叔之子者兒为其酉戈"[17]。由此可知当时邾、滕、蔡、吴等国均有"太师"之职，并且太师亦可简称"师"，与"太宰"亦可称"宰"相似。

关于太师的职掌，据《周礼·春官大师》所谓："大师掌六律六同。""大师执同律，以听军声而诏吉凶。"由引证文献而认为是主管礼乐的职官。但是商代与西周早期的"师"则往往是军队的首领，不但在文献中称"亚旅师氏"，金文中也常见"师"受王命而率军出征的记载。《周礼·秋官》："大师率其属而禁逆军旅者，与犯师禁者而戮之。"可见其职掌还与军队武装相涉。今从邾国太师铸造铜戈，以及吴国太师所造戈铭文推考，此时邾国太师之职似是亦执掌军队。

（四）司马之制

司马是主管军队的职官。《说文》：“马，武也。”司马即职掌军事之职官。古籍中有“大司马、小司马、军司马”等职掌。如《尚书 • 周官》：载成王作周官，设置太师、太傅、太保与少师、少傅、少保，以及司马、司寇、司空等职。谓：“司马掌邦政，统六师，平邦国。”又云：“六卿分职，各率其属，以倡九牧，阜成兆民。”《周礼 • 夏官司马》：“立夏官司马，使率其属而掌邦政，以佐王平邦国。正官之属，大司马，卿一人。”商代卜辞见有类似的职掌，但是未见“司马”之名称，西周早期也是同样。《西周金文官制研究》指出：“春秋时期，在文献上，有不少关于司马的记载，但是铭文资料却仅有两三条，有的称司马（司马南叔匜《山东选》一〇八），有的称大司马（大司马孛述簠，二器，《三代》一〇．三．二～三）。”尽管列国铭文罕见大司马之职，但是郳国春秋晚期则有2件大司马所铸造铜戈，这不仅证明司马属于武职，而且更重要的是，由此证明郳国军事职官设立之完备，而超越同时代其他诸侯国。山东莒县出土春秋司马南叔匜（《山东金文集成》714），再联系邹县七家峪出土鲁国射南簠之人名，司马南叔匜之司马似为鲁国之官职。1982年山东滕县庄里西出土春秋晚期滕国司马楙所作编镈数件（《山东金文集成》104），可证当时滕国与郳国均有司马之职司。但是如郳国而名称“大司马”者则极为少见。春秋晚期郳国尚能出兵六百乘，证明军事力量尚可。文献所谓三司：司马、司徒、司空，西周金文有“司工”，如山东寿光出土“右司工”铜鑺（《山东金文集成》909）。

（五）司徒

郳国青铜器铭文未见此职司，但是在王恩田编《陶文图录》第857页收录郳国陶文3件，印文同为：“右司徒”（3.5.2～3.5.4），时代为战国早期，王恩田释之为“私司徒”。《周礼 • 地官 • 司徒》序官云：“乃立地官司徒，使率其属而掌邦教”，“大司徒之职，掌建邦土地之图与其民人之数。”《西周金文官职研究》认为：“这些记载说明司徒之官掌管者为人民，土地及教化之事。司徒是《周礼》所说的六官之一，掌管的范围十分广泛。他的下属主要是管理农、林、牧、猎、渔等项的职官。”金文所见王室和诸侯类有司徒之职务。

与郳国相邻之鲁国春秋时期有大司徒，如：鲁大司徒元鼎（《录遗》八七）、鲁大司徒元盂（《录遗》512）、鲁大司徒厚氏元豆（《三代》10.48.50）、鲁大司徒子仲伯匜（《三代》17.39.2）等；滕国春秋晚期亦有司徒之职官，如传世“滕司徒□之造戈”（《录遗》577）。但是，郳国陶文所记为战国早期，证明郳国司徒职官一直沿用到战国时期。铸国则有司寇（铸司寇厷鼎《海岱古族古国吉金文集》1955）。

郳公钘甬钟铭称：“用乐我嘉宾，及我正卿。”鼄君求钟铭曰：“用处大正。”周代天子置官六卿，春秋诸侯或如之。而郳国王公所作器铭文称“正卿”、“大正”，则正是其有六卿之制之明证。金文所见郳国有：太宰、太师、司马等。

除此之外，见于文献的，还如《左传》文公十三年（前614）：“邾文公卜迁于绎。史曰：‘利于民而不利于君。’邾子曰：‘苟利于民，孤之利也。天生民而树之君，以利之也。民既利矣，孤必兴焉。’左右曰：‘命可长也，君何弗为?’邾子曰：‘命在养民。死之短长，时也。民苟利矣，迁也，吉莫如之!’遂迁于绎。”占卜之法源于史前，商周时期海岱地区尤盛，如济南大辛庄出土商代甲骨[18]，平阴朱家桥殷代陶罐上有数字卦画[19]，高青陈庄遗址出土齐国西周早期卜骨筮甲[20]。而春秋时期仍然行用占卜者则少见。

《左传》明确记载鲁国文公十三年（前614），邾文公卜迁于绎，必有为之占卜者，《周礼·春官》：“大卜，下大夫二人”。注：“问龟曰卜，大卜，卜筮官之长。”而将占卜结果告诉邾文公的为“史”，这也是西周春秋时期常见的职官，属于王室、诸侯执掌文案朝聘的官职。

由金文与文献合证，郳国春秋时期应有六卿之职，上层建筑职官集团设置堪称完备。

二〇一三年十二月四日草讫，十二月二十六日、

二〇一四年元月八日修订于潍上博物馆知松堂南牖下

附记：前承著名考古学家佟柱臣先生之女公子伟华（国家博物馆考古部研究员、博士生导师、文化部优秀专家）、子佩华（山东省考古研究所研究员、原副所长）姊弟之雅意约邀。此文为纪念著名考古学家佟柱臣先生仙逝三周年而作。先生为考古世家，父子传承，且成就卓越，殊令人钦敬！在下有幸与佟老先生虽仅一面之缘，但得时常拜读大作，如聆教席。佟老先生当年与东北博学通人金毓黼先生、于省吾先生、罗福颐先先生与金景芳先生等交往密切。在下驽钝，然仍有幸得受教于于省吾、罗继祖与金景芳先生等门下，绛帐白雪，铭感至深；再，伟华先生在北京大学读研究生期间，来敝里潍坊地区考古实习，遂有问道之机；后，佩华先生主政山东省文物考古研究所，捧手尤多，受益匪浅！凡此之间皆可谓良有缘也！至此老先生驾鹤三载之际，撰文怀思，既蒙抬爱亦属本分；唯在下学养浅陋，恐难当大雅盛意！万事随缘，日前蒙邹城市师友约邀，得赴凫绎之阳，文公卜迁之邾国都城遗址考察，踏访旧迹，神追古远，颇多感获。窃想拟就两周郳国吉金文字做些学习，以示对邹鲁文明之向往，和对老先生传承中华文明大有功德之仰敬悃忱也！

注　释

[1] 王献唐遗著：《春秋邾分三国考》，《三邾疆邑图考》，齐鲁书社，1982年；王献唐遗著：《炎黄氏族文化考》，齐鲁书社，1985年。

[2] 李白凤：《东夷杂考》，齐鲁书社，1981年。

[3] 郭克煜：《郳国历史略说》，《东夷古国史研究》，三秦出版社，1988年。

[4] 枣庄市政协台港澳侨民族宗教委员会、枣庄市博物馆：《小郳国遗珍》，中国文史出版社，2006年。

[5] 孙敬明：《郳器三释》，《考古发现与齐史类征》，齐鲁书社，2006年。

[6] 政协枣庄山亭区委员会：《小邾国文化》，中国文史出版社，2006年。

[7] 孟世凯：《甲骨学辞典》，上海人民出版社，2009年。

[8] 杨树达：《积微居金文说》，科学出版社，1959年。

[9] 李守奎、贾南翔、马楠：《包山楚墓文字全编》，上海古籍出版社，2012年。

[10] 李学勤：《论汉淮间的春秋青铜器》，《文物》1980年1期；王儒林：《河南桐柏发现周代铜器》，《考古》1965年7期。

[11] 杨树达：《积微居金文说》，科学出版社，1959年。

[12] 湖北省博物馆：《湖北京山发现曾国铜器》，《文物》1972年2期。

[13] 张亚初、刘雨：《西周金文官制研究》，中华书局，1986年。

[14] 杨树达：《积微居金文说》，科学出版社，1959年。

[15] 山东省考古研究所、沂水县文物管理站：《山东沂水刘家店子春秋墓发掘简报》，《文物》1984年9期。

[16] 杨树达：《积微居金文说》，科学出版社，1959年。

[17] 杨树达：《积微居金文说》，科学出版社，1959年。

[18] 参见徐基：《济南大辛庄遗址出土甲骨的初步研究》，《文物》1995年6期；徐基：《关于济南大辛庄商代遗存年代的思考》，《夏商周文明研究》，中国文联出版社，1999年。初步统计大辛庄遗址已经出土甲骨500多片，然刻卜辞者罕觏。

[19] 中国科学院考古研究所山东发掘队：《山东平阴县朱家桥殷代遗址》，《考古》1961年2期。

[20] 山东省文物考古研究所：《山东高青县陈庄西周遗址》，《考古》2010年8期；孙敬明：《陈庄簋甲》，《中原文物》2014年3期。

论川西高原石棺葬中北方青铜文化因素的几个问题

霍 巍
（四川大学考古系）

一、“西南夷”考古资料中“北方青铜文化因素”的提出

已故著名考古学家童恩正先生曾经系统地梳理过西南地区出土的青铜剑和青铜戈[1]。他将春秋战国、秦汉时期西南地区青铜剑分为巴蜀系统和“西南夷”系统两个大的体系，认为在“西南夷”系统的青铜短剑中，已经出现了某些北方游牧民族文化的因素。此外，在云南滇池地区发现的一些青铜戈，也和青铜剑一样，带有某些北方草原文化的色彩。这个现象与过去在云南青铜文化中发现过较为明显的北方草原文化色彩的器物（其中以各种动物为母题的铜牌饰最为突出）一样，反映出某些北方草原民族向南迁徙的历史片断。后来，汪宁生先生在《试论石寨山文化》一文中也提出，石寨山文化“或曾受过北方青铜文化的影响”，并具体列举了诸如双圆圈状或饰双圈纹的青铜短剑、曲茎剑、曲刃剑、动物牌饰、饰以鸟纹、羊、鹿等动物形象的杖首或柱头铜饰、铜斧等器物加以论证，使得问题的讨论进一步深化[2]。张增祺先生在《云南青铜时代的“动物纹”牌饰及北方草原文化遗物》一文中则利用云南出土的“动物纹”牌饰、双环首青铜短剑、曲柄青铜短剑、弧背形青铜刀、卧马纹装饰品、立鹿、马饰、带柄铜饰（镜）、金珠与金片、双耳陶罐、和田玉、有翼虎带扣、狮身人面形铜饰、蚀花肉红石髓珠等更为丰富的考古材料讨论了这一问题[3]。

迄今为止，对于这个问题的认识虽然基本观点趋于一致，学术界认定西南地区的北方青铜文化的存在并倾向于它们的来源是某些北方民族的南下，但在若干细节上则还有讨论的余地。例如，这些北方青铜文化因素有哪些标志性的特征？它们是如何传播到西南地区的？其中的中间环节如何衔接？谁有可能是这些北方青铜文化的传播者？

在问题不断深化的过程中，学者们的目光开始聚焦到川西北高原的“石棺葬文化”。童恩正先生推测，来自北方的氐羌民族，远在战国以前就不断地向西南迁徙，他们或有可能与北方青铜文化因素的传播有关。他虽然没有直接指出与石棺葬文化之间的关系，但他和冯汉骥先生均主张石棺墓的建造者所表现的文化“带有极清晰的北方草原地区文化的色彩……所以，他们很可能原系青海、甘肃东南部的一种部族，大约在战国或秦汉之际，因种种原因而南下留居于此”[4]。张增祺先生则从更为广阔的视野推测，云

南青铜时代的外来文化中可能有来自欧亚草原“斯基泰文化”的因素，“将斯基泰文化传入云南的承担者是欧亚草原的游牧民族，而不是滇国商人”[5]。他认为云南青铜时代的外来文化，“主要是由石棺墓民族的‘白狼’人及旄牛羌和嶲人等北方游牧民族传播的”[6]。

汪宁生先生也注意到川西高原对云贵高原可能产生的影响。他指出：“北方广大地区与云贵高原在地理上并不相接，彼此是如何发生接触的呢？原来这两者之间存在一个走廊，这就是川西高原地区。川西高原位于横断山脉地区，几条大的河流（大渡河、雅砻江、安宁河、金沙江的上段）均是南北走向，远古民族沿着这些河谷迁徙，就使北方广大地区通过甘青地区而和云贵高原发生了文化联系。”不仅如此，他还更加明确地指出：“川西北的茂汶地区分布着一种石板墓……其年代约相当战国至西汉时期。从出土物看，它们似乎就是北方青铜文化和石寨山文化之间的中介人。”[7]

自20世纪30年代末叶岷江上游石棺葬的科学考古调查以来，随着考古工作的不断开展，石棺葬文化的调查、发掘与研究工作也在不断深入，先后在岷江上游地区、大渡河、青衣江流域、金沙江流域、雅砻江流域、澜沧江流域以及西藏东部、南部和与西南地区相邻近的甘肃、青海等地发现了大批石棺葬[8]，为观察其中所反映的北方草原文化因素提供了更为丰富的材料。近年来四川省文物考古研究所与日本九州大学合作，在四川省甘孜州的雅江、炉霍两县又调查发掘了一批石棺葬，并且对四川省境内雅安、阿坝、凉山等地收集的所有石棺葬出土的文物标本进行了记录。在这一最新的研究成果当中，日本九州大学考古学教授宫本一夫先生著有《川西高原石棺墓文化和北方青铜器》一文，同时还与松本圭太、森贵教等合作，著有《川西高原青铜器集成》一文，更加明确地提出了川西高原石棺葬文化与北方青铜器的关系问题，也发表了一些值得加以深入讨论的观点[9]。本文的讨论，将以这些成果为基础进一步展开。

二、早期石棺葬中的北方青铜文化因素

“石棺葬”是“以石砌棺”的一种考古文化现象，在我国主要发现在东北、西北和西南三个区域内。而在西南地区分布范围又主要集中在横断山脉的所谓“六江流域”（即岷江、大渡河、雅砻江、金沙江、澜沧江、怒江）地区。由于这六条江河及其支流流经今川、滇、藏三个民族分布众多的省区，所以也被称为“藏彝走廊”地区。

西南地区最早发现的石棺葬可以上溯到新石器时代。童恩正先生在其名作《试论我国从东北至西南的边地半月形文化传播带》一文中就曾指出在云南元谋大墩子、永仁菜园子等遗址中发现过当地新石器时代（相当于中原商代）的石棺葬[10]。但李水城先生等已经指出，云南发现的这批石棺葬很可能与川西北地区的石棺葬并不属于同一个系统，对其起源与发展的线条还须做进一步的梳理[11]。近年来在四川省汉源县麦坪新石器时代遗址中也曾发现过石棺葬[12]，但由于数量很少，出土物也十分缺乏，对其文化谱系也还不甚清晰。

目前据有较为明显的时代特征，并有^{14}C测年数据可以证明其属于早期石棺葬的遗

存，主要有雅砻江流域发现的炉霍卡莎湖、宴尔龙等处石棺葬。其中，卡莎湖石棺葬墓地发现于20世纪80年代[13]，宴尔龙石棺葬墓地发现于2008年，是近年来中日合作进行“西南地区北方谱系青铜器及石棺葬文化研究”课题的共同成果之一[14]。关于这两处石棺葬墓地的年代，还有不同的看法。炉霍卡莎湖石棺葬的年代由于未出土陶器、铁器和铁币，仅有铜器、石器和骨器，原简报将其时代定为“上起春秋下至战国中期前，最晚也不会晚过战国中期”。但这处墓地规模较大，清理出的石棺葬多达275座，分为南北两区，北区的35座石棺葬中均未随葬铜器，而南区的237座石棺葬中却出土有种类较多的青铜器。罗二虎先生据此认为应将卡莎湖石棺葬的年代分为早、晚两期，早期或可早到西周，晚期可分两段：前段约在春秋中期或稍早，后段大体在春秋晚期至战国早期[15]。

宴尔龙石棺墓地位于炉霍县雅德乡宴尔龙村，共清理出石棺葬13座及建筑基址1处，是近年来川西高原石棺葬文化的一次重要的新发现。发掘简报执笔者金国林等人的意见认为“宴尔龙石棺葬是雅砻江流域乃至川西高原上目前发现的年代最早的石棺葬”。对其年代的认定意见为：“墓地共选择9个碳14标本，校正后年代距今1670～830年……综合分析，宴尔龙墓地年代上限可到殷商早期，下限不晚于西周中期。”[16]对于宴尔龙石棺葬与卡莎湖石棺葬两者之间的年代关系，文中认为两者之间有一定的相似之处，只是后者出土铜器种类要较前者更显丰富，而“这种差异可能是由两墓地年代上的差别造成的（卡莎湖墓地年代被报告为‘上起春秋，下至战国中前期’）”。言外之意，宴尔龙石棺葬的年代要早于卡莎湖石棺葬的年代。不过，即使是在同一部综合研究成果中，中日双方学者的认识也有差别，日本学者宫本一夫先生的观点就与中方学者相反，他在《川西高原石棺墓文化和北方青铜器》一文中提出，卡莎湖石棺葬的年代要早于宴尔龙石棺葬，其根据是他对两个墓地中铜戈的排序，认为是卡莎湖的曲柄铜戈“退化”、“小型化”之后变成了宴尔龙墓地中的刀形铜戈[17]。这种排序方法是否合理，还值得讨论，因为这两类铜器是否属于同一谱系显然还存在着疑问。在没有更多可靠的证据之前，笔者支持中方学者的观点，即从总体上看宴尔龙墓地要早于卡莎湖墓地。

从上可知，卡莎湖石棺葬中年代最早者和宴尔龙石棺葬中年代最早者均有可能早到西周时期，这是目前在川西北地区发现的最早的一批石棺葬。在这批石棺葬出土器物中，具有明显的北方青铜文化特色已经引起中外学者的关注。如日本学者宫本一夫将川西高原青铜文化分为三期：第1期以炉霍卡莎湖石棺葬、宴尔龙石棺葬为代表，这一期的年代划定在“公元前15～前12世纪”，亦即相当于中原商代晚期至西周初年。他认为：“这一阶段是本区域制造青铜器的开端，其通过与中国西北地区的北方系青铜文化的接触，以北方青铜器文化为基础，发展成为本地区的青铜器文化。卡莎湖石棺葬随葬的曲柄戈和有銎戈应是在北方青铜器文化的影响下产生的，其他的装饰品也与北方青铜器文化有关。”中方发掘主持者金国林等人也认为：“宴尔龙墓地出土的大部分器物具有明显的北方草原文化的风格，表明与北方草原文化之间有着较密切的联系。”

下面，我们具体分析这批早期石棺葬中的北方青铜文化因素。宴尔龙石棺葬中出土的青铜器很少，主要随葬有一种形似刀状的青铜戈。如M7在死者颅骨右上方出土有一件铜戈，形似小刀，截面呈梯形，援背微弧，刃微凹，在背部形成突起。M11在死者的胸前置有石戈、铜戈各一件，这件铜戈的形制也如同小刀，背部略弧。同样的情况也发现在M13，死者的腰部置有铜戈一件，其形状仍如同弧背形的青铜小刀。这种青铜戈的形制与内蒙古朱开沟遗址中出土的M1052∶1比较相似[18]，而明显有别于巴蜀地区的无胡戈，其源头应来自北方草原文化。

在卡莎湖石棺葬出土的青铜器中，出现了具有较为明显的北方青铜文化色彩的器物，如曲柄剑、弧背形青铜小刀、动物形牌饰等（图一）。本文所称的曲柄青铜剑，即原发掘简报划分的“Ⅱ式”青铜戈，该器物最大的特点在于其柄部（内部）弯曲，其形制与北方地区商周时期流行的曲柄短剑十分相似，因而学术界一般都认为其是从北方地区传来或是受到北方青铜文化因素的影响而产生，并且多将其定名为“曲柄剑”而非“曲柄戈”。

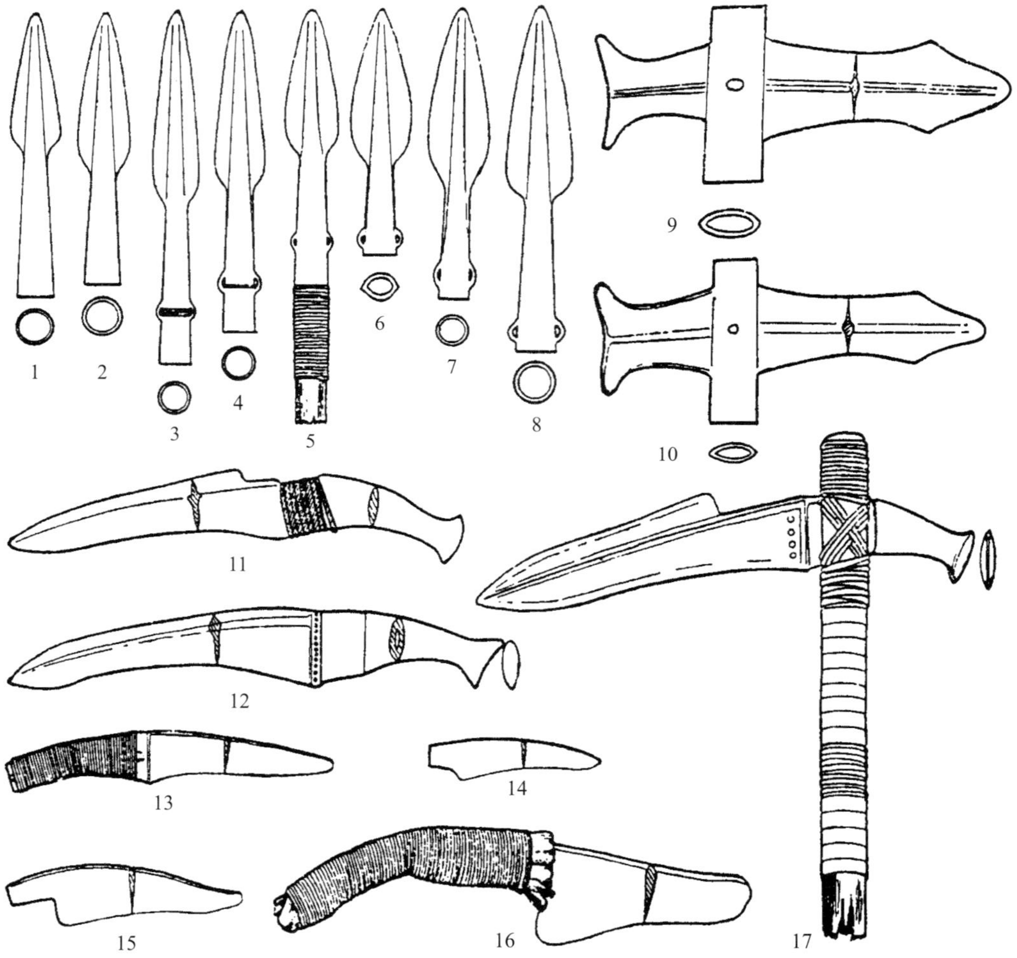

图一　卡莎湖石棺葬出土青铜器

（采自《四川炉霍卡莎湖石棺墓》）

1、2. Ⅰ式矛（M31∶2、M236∶1）　3～5. Ⅱ式矛（M217∶1、M241∶1、M127∶1）　6～8. Ⅲ式矛（M192∶1、采集）　9、10. Ⅰ式戈（M215∶2、M31∶1）　11、12、17. Ⅱ式戈（M128∶1、采集、M219∶2）　13、14. Ⅰ式削（M236∶2、M219∶1）　15. Ⅱ式削（M241∶2）　16. Ⅲ式削（M158∶1）

四川的考古学者将其定名为戈，是有一定根据的。因为在卡莎湖石棺葬 M219 中，一件曲柄剑出土时尚存有一节木柄，剑柄平薄部分插入木柄上端的槽口内，然后再用皮绳加以绑扎，绑扎的方式是柄身上下段皆用皮绳按顺时针方向绕缠，柄与器物的夹接部分用皮绳十字交叉绑扎，出土时仍然十分牢固（图一，17）。正是因为这一现象，所以发掘者认为，过去将这类器物均名为剑，现在应更名为戈，“这种戈形源于北方草原民族常见的弯柄铜剑和中原商周时期的曲内式戈，富有早期青铜器的特色”[19]。但是，同样是这种兵器，在云南德钦纳古石棺葬第 22 号墓中出土时却佩于死者腰间，并未发现木柄之类的遗痕[20]，说明其也是可以作为随身佩带的短兵器使用的，将其命名为青铜短剑也并无不可。根据这种情况，笔者认为很可能在石棺葬文化当中，这种兵器存在着“一器两用”的可能性，既可作为随身佩带的短兵器青铜短剑使用，也可以加上木柄之后作为长兵器青铜戈来使用，所以定名为剑或者戈可视出土情况而论。

而在北方青铜文化中，这种兵器多被命名为青铜短剑，因为在北方草原地带常见的“鹿石”的图像中，它们往往都是作为佩戴在人物身上的短兵器来加以表现的（图二），所以学者们一般将其定名为剑而不是戈[21]。那么，是否是在川西高原石棺葬人群中才发生了新的变化，将这种兵器也加上木柄作为戈来使用，值得关注。笔者注意到，在宴尔龙石棺葬中有一个现象：出土的铜戈实际上形状如同小刀，但却在下葬时都附带有木柄，所以才称其为戈。如 M7 在死者颅骨右上方出土的这件铜戈，形似小刀，但在出土时却保存有与内部垂直方向的木纤维。M11 在死者的胸前置有石戈、铜戈各一件，这件铜戈的形制也如同小刀，在其内部有分布方向呈垂直的木块残渣，并有交叉的捆绑痕迹。M13 死者的腰部置有铜戈一件，其形状仍如同弧背形的青铜小刀，但在近内部有

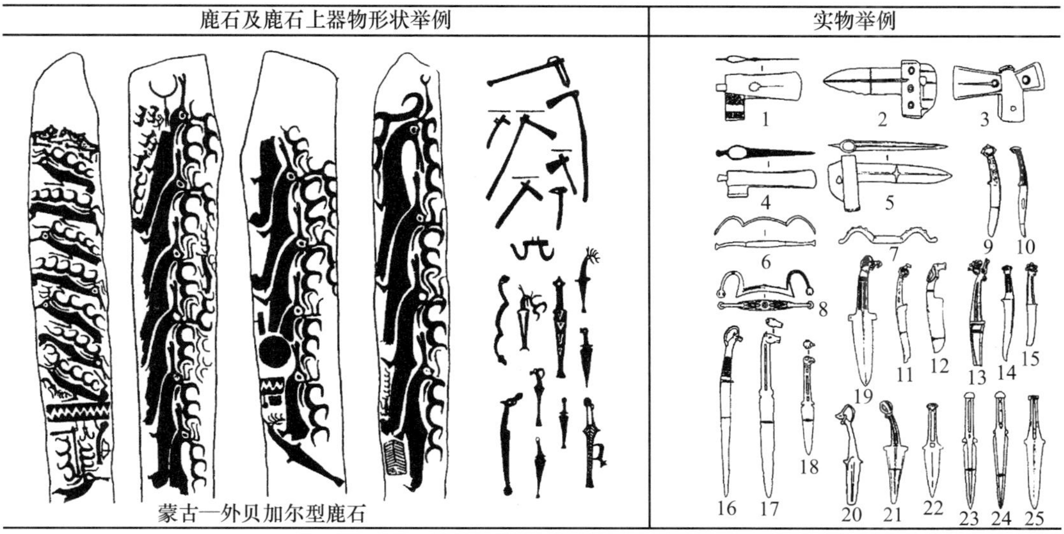

图二　鹿石上的器物与装饰

（采自林沄《夏代的中国北方系青铜器》）

1、3、4. 銎内战斧　2、5. 銎内啄戈　6～8. 挂缰钩　9～16. 刀子　17～25. 短剑（均为青铜器）（1、2、4、6、8～12、17、18、21、23、24. 中国　3、14～16、19、22、25. 蒙古　5、20. 外贝加尔　7、13. 米努辛斯克盆地）

明显的交叉捆绑的痕迹（图三）。发掘者已经十分敏锐地指出：“墓地发现的其他几件铜戈形似刀形，其内部的捆绑痕迹表明其使用方式应是作为戈用，这种刀形戈极为少见，表明早期青铜兵器的多功能化。”[22] 如果不考虑其内部有木质纤维和近内部有捆绑痕迹而单单从青铜器本身来观察，它们与北方草原地带流行的弧背青铜小刀并无二致，但从其已经捆绑有木柄这一点来看，它们的确又具备了铜戈的功能，不仅可用作刺兵，也可以用作砍兵。这种情况在早期北方青铜器当中也有发现，日本学者三宅俊彦曾指出，相当于商末周初时期的早期北方系统青铜文化中，初期的曲柄短剑的弧背形的青铜小刀除在柄部的装饰上有许多相似之处外，在用途上也有许多相似之处，不能截然将它们分别划为武器类和工具类，事实上完全有可能同时具备两种功能[23]。结合到前文所论川西和滇西北高原曲柄剑与曲柄戈也呈现“一器两用”的现象来看，我们有理由推测在早期石棺葬出土的青铜兵器中，这种“多功能化”的倾向起源甚早，在商周时已经初显端倪，并一直沿袭到战国西汉时期。

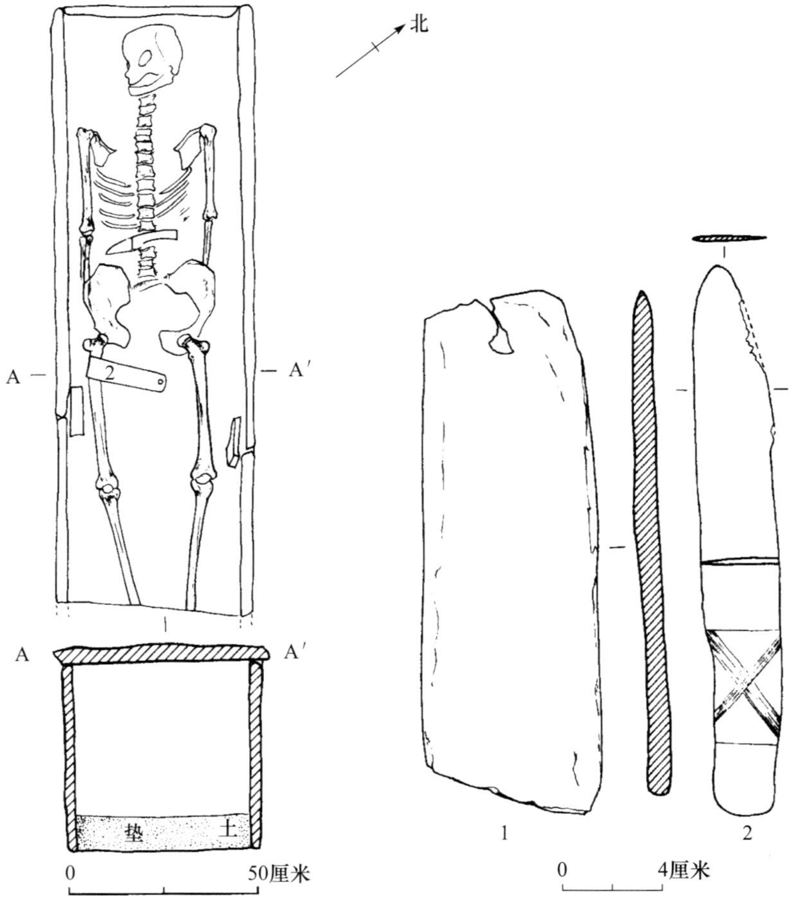

M13平、剖面图
1.铜戈　2.石斧

M13出土器物
1.石斧（M13∶2）　2.铜戈（M13∶1）

图三　宴尔龙石棺葬中石戈出土时的情况
（采自《炉霍县宴尔龙石棺葬墓地发掘报告》）

除曲柄剑之外，卡莎湖石棺葬中出土的弧背形青铜小刀、铜手镯、动物纹铜牌饰、螺旋式铜环、铜羊形饰、双联铜泡、玛瑙珠、绿松石饰品等均具有北方青铜文化的特征，尤其是在墓葬中还出土有大量细石器，更具北方游牧民族文化的特点。后期墓葬中出土的铜管，在北方草原地带的毛庆沟文化、桃红巴拉文化、杨郎文化、北辛堡文化春秋中期至战国早期的墓葬中也有出土[24]，也表明两者之间密切的关系。因此，川西北早期石棺葬中这些北方青铜文化因素的源头十分清楚，其系统也非常鲜明，成为西南地区石棺葬文化中北方青铜文化最早的一批考古遗存。

三、北方青铜器因素的影响与扩散

考古材料显示，早期石棺葬中的北方青铜器因素随着时代的发展开始从北向南不断扩散，其影响区域也从川西高原不断向南延伸。宫本一夫在其《川西高原石棺墓文化和北方青铜器》一文中，将这个区域的青铜文化继第 1 期之后的第 2 期划定在“公元前11～前 10 世纪”，即相当于中原西周早期至中期，其特点是以具有卡拉苏克文化要素的“曲柄青铜剑”等为代表，陶大双耳罐开始制作。随后的第 3 期出现了“原型山字格剑”与巴蜀式铜戈并存，前者产生的基础有可能受到卡拉苏克文化的影响，年代为“公元前 9～前 7 世纪”，即相当于中原西周晚期至春秋中期。根据既往的发掘简报和宫本一夫、松本圭太、森贵教等人合著的《川西高原青铜器集成》一文[25]，笔者将川西石棺葬中具有北方青铜文化因素的青铜器重新进行分类整理，划分为曲柄剑、山字格剑、带柄铜镜、青铜小刀、动物形牌饰等各个门类来探究其源流，由此可以窥见北方青铜文化因素在川西北石棺葬文化中的扩散，及其对“西南夷”地区青铜时代文化所产生的深远影响。

（一）曲柄剑

本文所论的曲柄剑（或可称为戈，但为讨论方便计本文统称为剑），在川西北石棺葬中最早出现于卡莎湖，其后随着时代的发展逐渐扩散到整个“西南夷”地区（图四）。如在四川宝兴瓦西沟石棺葬[26]、泸定县德威乡[27]等地曾有出土。宝兴瓦西沟石棺墓的年代原简报将其定在“西汉时期”；但也有意见认为断在“西汉时期”可能太晚，宋治民、罗开玉等学者均主张可提早到“战国至汉初”[28]。

凉山盐源盆地这类曲柄剑曾发现于老龙头墓地[29]，出土曲柄剑的老龙头墓地 M7 伴出器物较少，同墓中仅出了少量的铜钉和残陶片，原报告根据陶片推测此墓的年代“可能在西汉中晚期”[30]。凉山一带发现曲柄剑的地点还有西昌西郊公社一号墓出土者，该曲柄剑剑柄为铜铸，呈弧形，中部镂空，以斜条纹为饰，剑首作兽形，剑身为铁铸[31]。另在会理也有采集品[32]。考虑到它们的形制与老龙头墓地所出者相似，故年代也应相近，可能是在战国至汉代，或有可能更晚。刘弘曾经在总体分析盐源青铜器之后指出：“盐源青铜器及相关文物大部分的年代定在西汉时期当不会有大的问题，另外

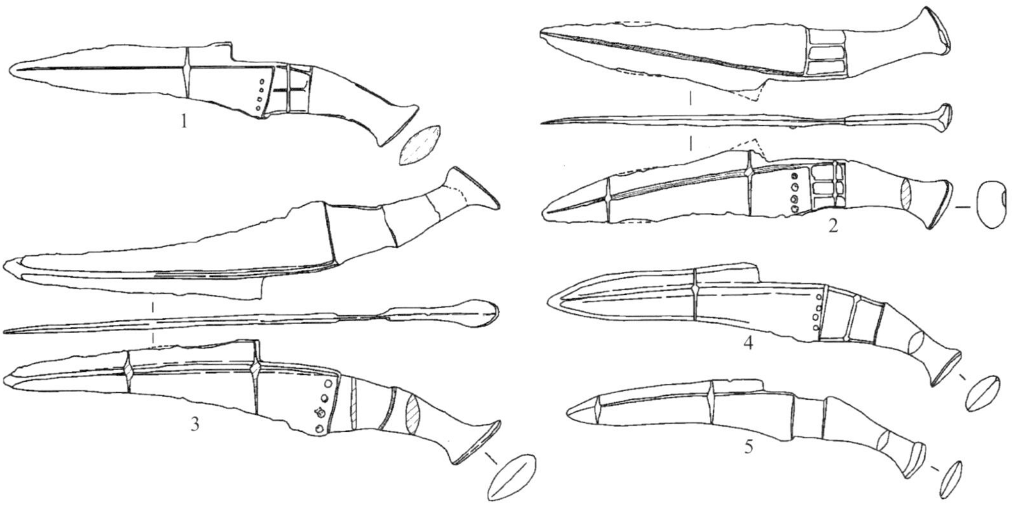

图四　川西石棺葬中出土的曲柄剑
（据宫本一夫、松本圭太、森贵教《川西高原青铜器集成》改绘）
1. 汉塔山石棺墓　2. 泸定县　3. 泸定县冷碛镇　4. 卡莎湖 M129　5. 卡莎湖 M128

'大布黄千'钱币的出土，至少说明，盐源青铜文化遗存的时代最晚可能已经进入新莽时期（即西汉末期至东汉初期），这可能是该地区青铜墓葬最晚的年代。"[33]

滇西北高原曾在云南永胜金官龙潭水库工地出土5件曲柄剑，其中一件剑茎扁平且柄部弯曲，剑首为"触角式"，其他四件形制基本相同，大小相近，皆剑柄弯曲，剑茎分为三段[34]。另外，在云南德钦纳古石棺葬第22号墓中也出土过一件曲柄剑，出土时佩于死者腰间，剑茎弯曲呈磬形，其上装饰有线条形镂空，剑身呈长方形，中起脊，无格[35]。德钦纳古石棺葬的年代原简报推测其"约为春秋早中期，或可早到西周晚期"，但宋治民先生根据该墓中同出的双大耳罐的年代分析认为："纳古石棺葬似不可能早到春秋时期，而定在汉初或秦汉之际是较为恰当的。"[36]联系整个石棺葬文化传播与扩散的时空状况综合考察，宋治民先生的意见可能更为妥当。

综上所述可知，川西高原早期石棺葬文化中的曲柄青铜剑在西周、春秋时期开始出现之后，在战国至西汉时期已经扩散到整个西南夷地区[37]。

（二）山字格剑

山字格剑或称为三叉格剑、花蒂形格剑等，因其剑格的形状呈三叉形或山字形而得名。在川西北高原早期的石棺葬中尚未发现这种青铜剑，但在随后出现了宫本一夫所称的"原型山字格剑"与巴蜀式铜戈并存。目前所知西南地区发现的这种山字格剑有四川茂县牟托1号石棺葬出土2件，均为椭圆形剑首，茎上铸有螺旋状纹，剑格分叉如山字形，发掘简报将石棺葬的年代定在战国中晚期[38]。四川理县龙袍砦一座石棺葬残葬中采集到1件山字格铜柄铁剑的铜柄，剑格较宽，剑茎上铸有凸起米粒纹，伴出有西汉时期的半两钱[39]。另在宝兴瓦西沟石棺葬、汉塔山石棺葬、营盘山石棺葬墓地中均有出土（图五）[40]。

关于这种山字格青铜剑的来源，宫本一夫认为是受到卡拉苏克文化的影响，宋治民先生在其《三叉格铜柄铁剑及相关问题的探讨》一文中举出近年来甘肃庆阳城北葬马坑、宁夏中卫狼窝子坑墓群、宁夏固原等地出土的共计 6 件山字格剑（其文中称为三叉格剑），其年代大致在春秋战国至西汉早期，而西南地区发现的这类山字格剑年代在战国晚期至西汉前期，上限不早于战国中期，由此得出结论认为“北方出土的三叉格铜柄铁剑的年代的上限早于西南，它们不可能由南向北传播，而只能由北向南传播”，“西南地区这种三叉铜柄铁剑系受北方系青铜文化的影响或传播而产生”[41]。

山字格剑在西南夷地区传播和流行的过程中，可能发生了一些变化，地方性色彩不断渗透，从而产生出新的样式和变体，但其本源应源于北方青铜文化，川西北石棺葬是

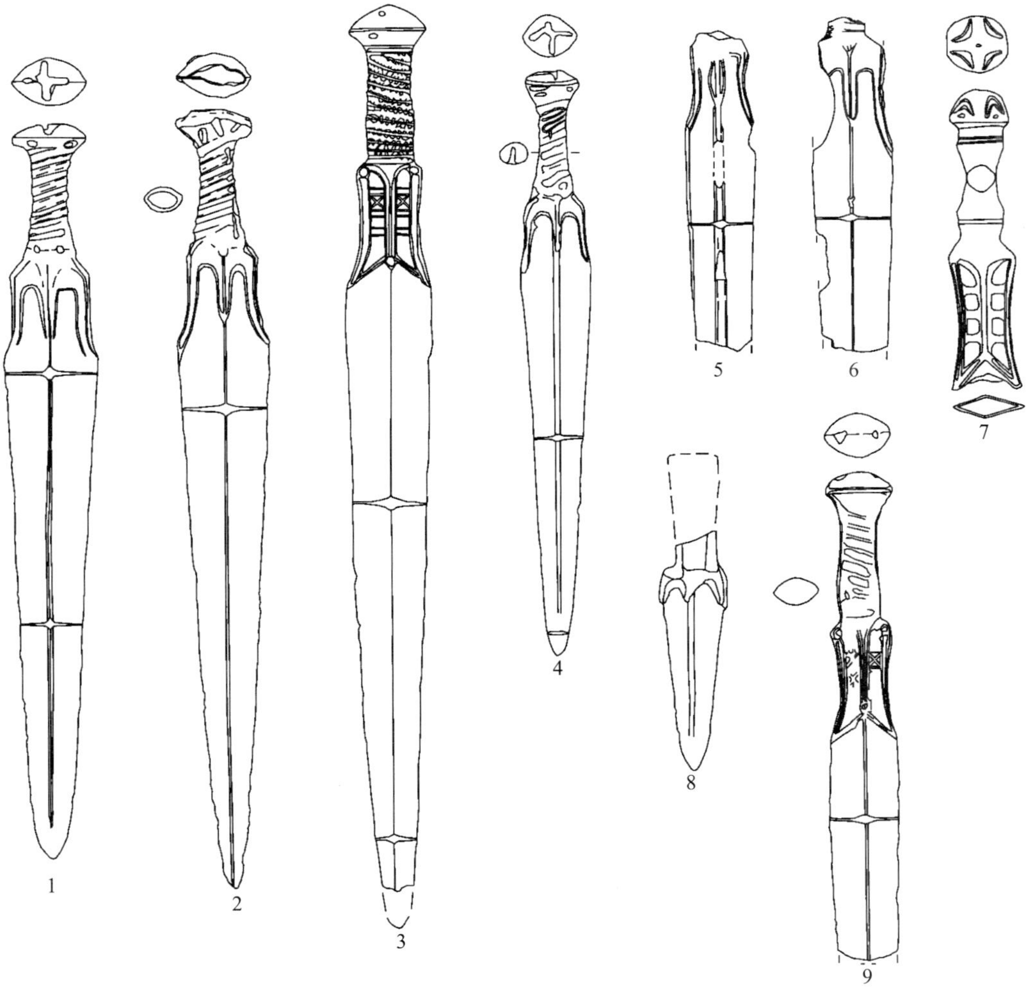

图五　山字格形铜剑

（据宫本一夫、松本圭太、森贵教《川西高原青铜器集成》改绘）

1、2. 汉塔山石棺墓　3. 宝兴县瓦西沟　4. 营盘山石棺墓　5～7、9. 宝兴县采集品　8. 宝兴县瓦西沟 M5

其重要的中转站而不是原产地看来是可以肯定的。所以宫本一夫先生将川西高原石棺葬文化中出土的这类青铜剑称为“原型山字格剑”，而与后来西南夷地区（尤其是滇文化地区）的晚期山字剑格相区分，是有一定道理的。

（三）带柄铜镜

在茂县城关撮箕山、荥经烈太、芦山县官田坝等地曾出土过青铜带柄镜（图六）[42]。2010 年，中日合作在四川炉霍县呷拉宗遗址石棺葬 M2 中又发掘出土了一枚带柄铜镜，这是川西北高原石棺葬文化中新发现的带柄镜资料[43]。这枚带柄铜镜为圆形，带有一短柄，柄末有一小穿，镜背饰有四组蛇形纹，直径 6 厘米（图七）。

这类铜镜早在公元前第三千纪已见于西亚，在欧亚草原最早见于前苏联中亚地区的青铜时代考古学文化，其后在所谓“斯基泰文化”中（约公元前 700～前 200 年之际）流行更广，成为中亚青铜时代至早期铁器时代广泛流行的一种镜形[44]。后来，这类铜

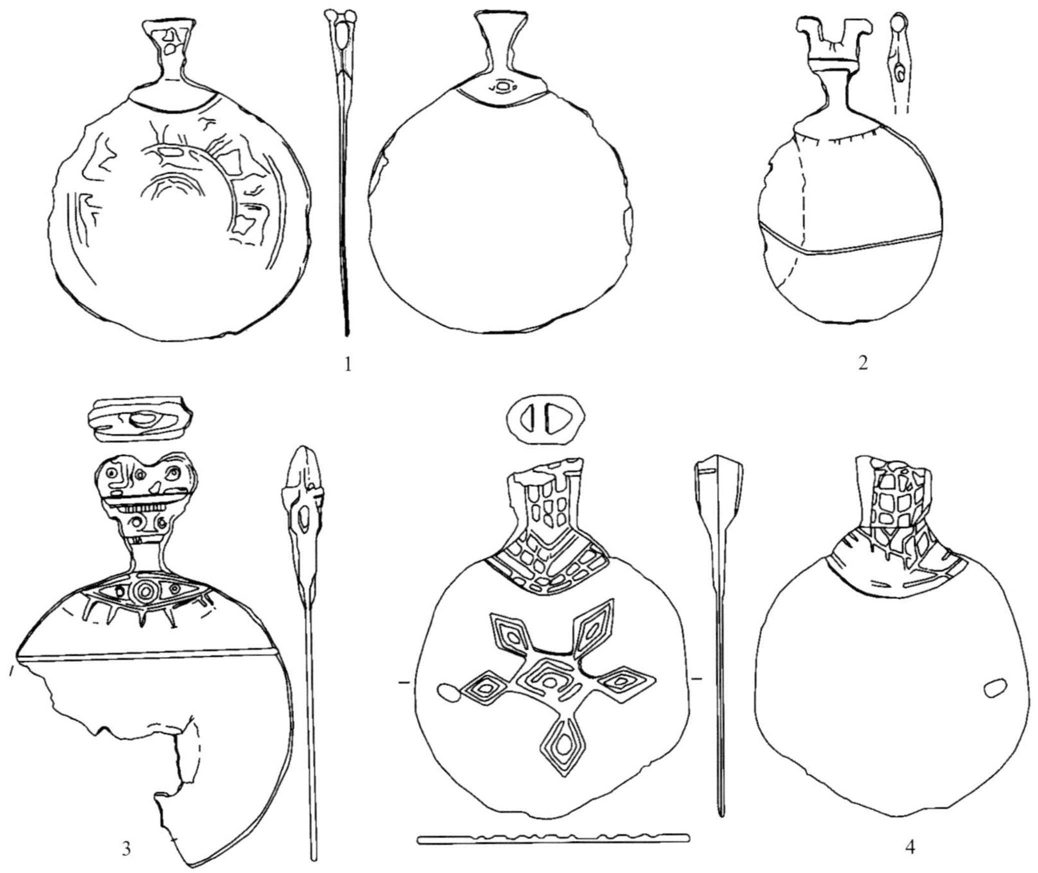

图六　带柄铜镜

（据宫本一夫、松本圭太、森贵教《川西高原青铜器集成》改绘）

1. 荥经县列太公社 Ml　2、3. 芦山县恩延山官田坝　4. 茂县城关撮箕山

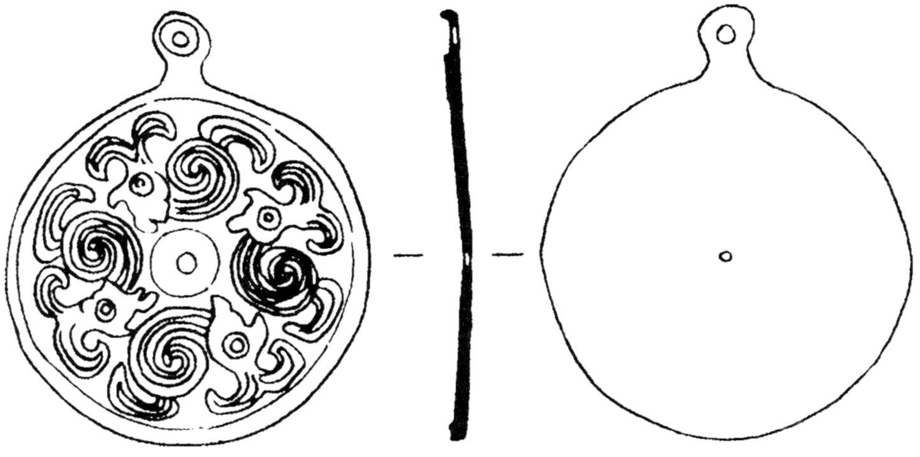

图七 炉霍县呷拉宗遗址石棺葬 M2 中出土的带柄铜镜
（采自《四川炉霍县呷拉宗遗址考古发掘简报》）

镜在我国新疆、西藏和西南地区的四川、云南等地均有发现，学术界曾对此有过讨论，总体上意见比较一致，认为其与中国传统的“具纽镜”系统不同，而与西亚、中亚一带流行的带柄镜属于同一系统，但对其具体的产地、传播路径、装饰风格等问题却还存在着不同意见，大体上有来源于南亚说、来源于西亚、中亚说以及本地改造说等看法[45]。

新近在炉霍县呷拉宗石棺葬 M2 出土的这枚带柄镜结合 ^{14}C 测年数据发掘者将其年代定在“春秋晚期至战国早期”，与以往在西南夷地区出土的带柄镜年代大体相同。观察上述各例西南地区出土的带柄镜，与西北新疆地区出土的带柄镜虽然属于同一大的系统，但在镜背和镜柄的装饰手法、纹饰上却仍然存在着明显的差异，其最大特点是镜柄普遍较短，多呈管状，柄部末端多有小穿，可以系挂，因此已有学者认为其原因是“可能属于受到上述欧亚草原铜镜传统的直接影响下，中国西南早期铁器时代畜牧部落的地方性创造”[46]。呷拉宗石棺葬 M2 出土的这枚带柄镜背面装饰纹样为四组蛇形纹，这与欧亚草原地带和我国西北新疆地区的带柄镜纹饰均有区别，而在“西南夷”地区的青铜时代至早期铁器时代装饰风格中却较为常见，显示出此类铜镜在传播扩散的过程中不断被当地族群加以改进的迹象。

（四）青铜小刀

川西高原石棺葬文化中出土有各种不同形制的青铜小刀，其中既有弧背形的，也有刀口向上翘起的（图八），这在中国北方系统青铜文化中都是十分常见的器形，而且出现的年代可早至夏代，在甘肃地区的四坝文化、黄河河套地区的朱开沟文化、内蒙古东南部的夏家店下层文化和分布在河北北部的大坨头文化中都曾有过出土[47]。川西高原石棺葬文化中的这些青铜小刀显然都可归入北方青铜文化系统，主要为游牧民族生前所使用之物，死后随葬于墓，常常与其他具有北方草原文化因素的器物同出。

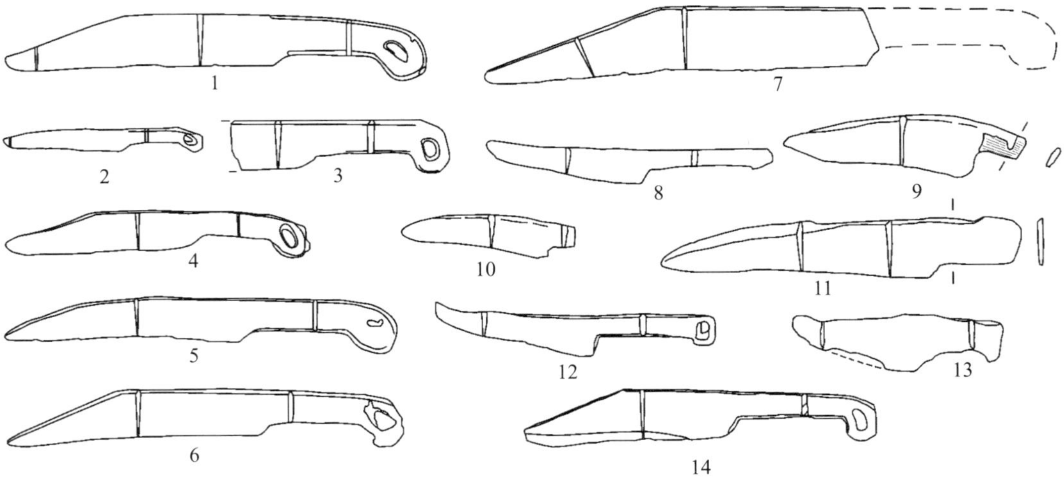

图八　川西石棺葬中出土的青铜刀

（据宫本一夫、松本圭太、森贵教《川西高原青铜器集成》改绘）

1. 瓦西沟口 M2　2、3、5、6. 汉塔山石棺墓　4、7. 汉塔山石棺墓采集　8 ～ 10. 卡莎湖石棺墓　11 ～ 13. 炉霍县绒巴龙　14. 泸定县冷碛镇

（五）动物形牌饰

动物纹铜牌饰在川西高原石棺葬文化中过去曾有发现。如在炉霍卡莎湖石棺葬中，曾出土过 5 件铜牌饰，均为残件，但仍可观察到上面的动物纹饰有回首扭头者、也有饰变形之双角者，具有浓厚的北方草原文化色彩（图九）[48]。2001 年，在泸霍县城西朱德寨子清理出的石棺葬中又发现了一例虎咬羊的铜牌饰（图一〇）[49]，造型更为精美，体形也更大。这类动物相互争斗、撕咬的青铜牌饰在所谓“鄂尔多斯式青铜器”系统中十分多见[50]，朱德寨子石棺葬中出土的这件牌饰和内蒙古博物馆收藏的一件虎咬羊牌饰（图一一）无论是从造型还是纹饰上都十分相近，都是虎作站立状，抬头张嘴咬住羊

图九　卡莎湖石棺葬中出土的动物形牌饰

（采自《四川炉霍卡莎湖石棺墓》）

图一〇　炉霍县城西朱德寨子出土铜牌饰
（采自宫本一夫、松本圭太、森贵教《川西高原青铜器集成》图二：15）

图一一　内蒙古博物馆藏“鄂尔多斯式”青铜动物牌饰
（采自《鄂尔多斯式青铜器》）

的颈部，羊前腿下垂与底部边缘连接，羊身搭在虎颈之上，后腿下垂，虎尾夹在后腿之间，作行走状，虎身纹饰都似虎皮状斑纹[51]，两者之间的相似程度如此之高，或有可能朱德寨子石棺葬所出的这件牌饰系直接从北方青铜文化中传来。

四、余　　论

综上所述，川西高原石棺葬文化中出现了大量北方青铜文化因素，这显然与北方草原文化传入川西北地区有关，其年代可以上溯到西周时期。换言之，川西北高原施行石棺葬的古代族群中，一部分可能来自北方甘、青地区，他们是北方青铜文化南下的直接传播者。但是，这些族群可能还并非最早从北方迁徙到川西高原的人群，四川地区近年来的考古发现证明，黄河上游甘青地区与西南山地之间考古学文化的交流与互动开始得很早，大约在相当于中原地区新石器时代仰韶文化的中期偏晚阶段，川西高原岷江上游和大渡河上游便已经零星出现了来自甘青地区的新石器时代文化因素；其后在营盘山文化为代表的岷江上游新石器时代文化中，更是明显地出现了马家窑文化、仰韶文化的双重影响，出现了彩陶器；到了龙山时代以及夏商时期，在岷江上游、大渡河上游与中游、雅砻江下游、金沙江·澜沧江中游、澜沧江上游等地的新石器时代文化当中，也都程度不同地出现了来自甘青地区的新石器时代文化因素，影响范围逐渐扩大[52]。在岷江上游曾多次发现石棺葬文化与当地含有北方彩陶文化因素的新石器时代遗址存在着相互叠压关系的情况，也表明早在具有北方青铜文化因素的石棺葬文化族群进入到川西北高原之前，一部分更早的来自北方的人群便已经由北向南迁徙到这里定居，他们或许是一批最早的来自北方的“移民”。

李水城先生曾经指出：“川西北石棺葬的出现与中国西北地区史前和青铜时期文化的不断南下有密切的关系。”[53]在新石器时代文化之后，继之而来的青铜时代的人群看来继续延续了这种由北向南的迁徙活动，北方青铜文化因素开始出现在川西北高原石棺葬文化当中，这是继新石器时代之后第二波“移民”浪潮带来的结果。从上述分析中我们还可以看到，这些北方青铜文化因素并没有仅仅停驻在川西北高原，而是随着石棺葬文化的扩散迁徙逐渐向更为广阔的“西南夷”地区流动，川西北高原石棺葬文化是介于北方青铜文化与“西南夷”青铜文化之间最为重要的集散地和中转站，这一点看来已成为不移之论。在四川盐源盆地、滇西北高原、云贵高原等地发现的若干具有北方青铜文化因素的青铜器和其他器物，其主要来源看来应当是从石棺葬文化传播而来。当然，在云南“滇文化”系统发现的一些器物虽然可以确认也带有北方青铜文化的因素，但目前还没有从川西北石棺葬青铜文化中找到其源头，不排除其另有来源的可能性，还需要做更深入的研究。

对于这种由南向北的迁徙活动背后的原因，有不少学者都援引童恩正先生著名的“从东北至西南的边地半月形文化传播带理论”[54]加以论证，认为较为一致的气温、气候、降水量等自然环境条件创造了这种文化传播的客观条件，加上距今5500年左右我国大部分地区所经历的一次降温过程，对整个北方地区造成较大的影响，而四川西北地区的自然条件要优越于秦岭以北地区，由北向南的横断山脉、“六江流域”的高山峡谷通道也为人群由北向南的迁徙移动提供了可能性，所以“气候优越性也是造成自仰韶晚期以来甘青地区各考古学文化持续向岷江上游地区迁徙的原因之一”[55]。

自然环境对古代族群的影响固然是重要的因素之一，但笔者认为，还应当尤其重视游牧人群生业形态以及传统游牧社会的特质在这一方面的作用与影响。换言之，即便没有突发性的自然灾变（如全球性或区域性的气候变化），在以游牧经济为主体的古代族群中，这种迁徙性的活动也会时有发生，而不一定与自然气候的变化有直接的关联性。

王铭珂先生曾经对于“游牧”的性质做过以下表述：“从最基本的层面来说，是人类利用农业资源匮乏之边缘环境的一种经济生产方式，利用草食动物之食性与它们卓越的移动力，将广大地区人类无法直接消化、利用的植物资源，转换为人们的肉类、乳类等食物以及其他生活所需。”[56]所以，在游牧社会中，每一个游牧家庭与牧团、部落之间的关系都具有与农业民族不同的特点，王明珂将其称之为“移动性”——即游牧社会基层人群的行动抉择能力[57]，除环境变迁之外，人口压力、资源掠夺、远程贸易等若干因素都会导致人群的迁徙移动，而“移动性”正是游牧社会的本质。

基于这样的认识，再来观察川西北高原石棺葬文化中出现的北方草原青铜文化的因素，自然会有更多的解释路径与空间，而不必拘泥于陈说。在本文的最后，笔者还想特别强调指出，在目前川西高原发现的石棺葬文化中，应当特别关注炉霍卡莎湖石棺葬墓地，因为这处石棺葬墓地分布密集、排列整齐，相互间没有打破或叠压现象；墓地又分为两北两区，各区内墓葬的方向基本一致，南区为东北向，北区为东向，这都暗示着南北两区或者有着时代早晚的不同，或者有着社会等级的不同，但都与一个相对较为成熟的游牧社会可能有关，他们或有可能是以部落为单位成建制地迁徙到川西北高原，这样的材料在石棺葬文化中是十分难得的。在该墓地 275 座墓葬当中，有随葬器物者仅有 148 座，其中随葬有铜器的墓葬有 44 座，有铜兵器随葬的有 10 座，这些信息都为观察其社会分层与内部结构等问题提供了宝贵的线索。过去的研究者较少关注石棺葬文化的族群社会、生营方式、迁徙活动、与当地定居农业居民之关系等问题，这在今后都应当利用这些宝贵的出土资料加以进一步的研究。

附记：本文系应佟伟华先生之约，为纪念我国著名考古学家佟柱臣先生而作。佟柱臣先生与我的授业恩师童恩正教授有着良好的关系，我第一次认识佟柱臣先生深厚的学问，是从拜读他在巴蜀书社出版的《中国边疆民族物质文化史》（巴蜀书社，1991 年）一书开始的。在这部具有开拓意义的著作中，佟先生系统而全面地梳理了中国边疆民族地区的考古材料，结合历史文献，对中国历史上各少数民族的历史文化遗产及其考古文物遗存进行了综合研究，给我留下深刻的印象，也为我后来更多关注中国边疆考古、进入到西南考古和西藏考古领域打开了一扇门扉。后来，当我们的考古队伍在西藏高原发现吉隆县境内、中尼边境的“大唐天竺使出铭”这通摩崖石刻之后，远在京城的佟柱臣先生很快来信询问有关考古情况，并随即撰著了《〈大唐天竺使出铭〉考》一文（此文原刊于我和李永宪主编的《西藏考古与艺术》一书，后来收入到《藏学学刊》第 1 辑，四川大学出版社，2004 年），在文中对此通唐代摩崖石刻的内容文字、相关的王玄策史事等均做了精深的考证。最令我感到遗憾的是，虽然我和佟先生之间有过多次书信往来，得到他不少关心和帮助，但却阴差阳错地从未有缘与先生见过面，当面向他求教。我们曾经相约在成都或者在北京一聚，畅谈西藏考古和中国边疆考古的新收获，展望未来研究的新计划，却终因多种原因未能实现。那一年，当佟伟华先生告诉我先生仙逝的噩耗时，我的痛悔之情真是难于言表。蒙佟伟华先生厚爱，向我征集佟先生纪念文集的文章之机，我能将这篇小文奉献于先生灵前，也算是一个迟到的弥补吧。我相信，如果先生还健在的话，今天中国边疆考古的新发现、新进展、新局面，都一定会让他老人家感到由衷的高兴和自豪！

注　释

[1] 童恩正：《我国西南地区青铜剑的研究》，《考古学报》1977 年 2 期；童恩正：《我国西南地区青铜戈的研究》，《考古学报》1979 年 4 期。

[2] 汪宁生：《试论石寨山文化》，《中国考古学会第一次年会论文集》，文物出版社，1980 年。

[3] 张增祺：《云南青铜时代的“动物纹”牌饰及北方草原文化遗物》，《考古》1987 年 9 期。

[4] 冯汉骥、童恩正：《岷江上游的石棺葬》，《考古学报》1973 年 2 期。

[5] 张增祺：《再论云南青铜时代“斯基泰文化”的影响及其传播者》，《云南青铜文化论集》，云南人民出版社，1991 年，320～354 页。

[6] 张增祺：《云南青铜时代的“动物纹”牌饰及北方草原文化遗物》，《考古》1987 年 9 期。

[7] 汪宁生：《试论石寨山文化》，《中国考古学会第一次年会论文集》，文物出版社，1980 年。

[8] 有关资料可参见阿坝藏族羌族自治州文物管理所、成都文物考古研究所：《中国西南地区石棺葬文化调查与发现（1938～2008）》，四川大学出版社，2009 年。

[9] 四川省文物考古研究所：《西南地区北方谱系青铜器及石棺葬文化研究》，科学出版社，2013 年。

[10] 童恩正：《试论我国从东北至西南的边地半月形文化传播带》，《文物与考古论集》，文物出版社，1986 年，23 页。

[11] 李水城：《石棺葬的起源与扩散——以中国为例》，《四川文物》2011 年 6 期。

[12] 有关这一石棺葬的资料尚未公开发表，在四川省文物考古研究院编《瀑布沟水电站工程淹没区考古成果汇报会资料汇编》（内部资料，成都，2010 年）中有如下描述：“四川地区石棺葬所见材料年代多为战国至汉代，少量可早至商周。1979 年在大瑶村发现 1 座石棺葬，为首次在该流域发现石棺葬。开口于新石器地层下的麦坪石棺葬为研究这种葬式在四川地区的起源及发展提供了重要材料，同时也对遗址先民的种族研究、葬俗研究等提供了新的线索和材料。”

[13] 四川省文物考古研究所等：《四川炉霍卡莎湖石棺墓》，《考古学报》1991 年 2 期，图十九：11、12、17。

[14] 四川省文物考古研究院、日本九州大学考古学研究室、甘孜藏族自治州文化旅游局等：《炉霍县宴尔龙石棺葬墓地发掘报告》，《西南地区北方谱系青铜器及石棺葬文化研究》，科学出版社，2013 年，14～34 页。

[15] 罗二虎：《文化与生态、社会、族群：川滇青藏民族走廊石棺葬研究》，科学出版社，2012 年，149 页。

[16] 该墓地的发掘简报附有北京大学加速器质谱（AMS）^{14}C 测年报告，其中包括 7 座石棺葬中出土的人骨和木头标本，其中最早的为 3075±40（BP）；最晚的为 2790±40（BP）。

[17] 参见宫本一夫：《川西高原石棺墓文化和北方青铜器》，《西南地区北方谱系青铜器及石棺葬文化研究》，科学出版社，2013 年，106 页，图一。

[18] 内蒙古自治区文物考古研究所等：《朱开沟青铜时代早期遗址发掘报告》，文物出版社，2000 年，220 页。

[19] 四川省文物考古研究所等：《四川炉霍卡莎湖石棺墓》，《考古学报》1991 年 2 期。

[20] 云南省博物馆工作队:《云南德钦县纳古石棺墓》,《考古》1983年3期。
[21] 参见林沄:《中国北方长城地带游牧文化带的形成过程》,《林沄学术文集(二)》,科学出版社,2008年,图六(a)鹿石反映的服饰和器用。
[22] 四川省文物考古研究院、日本九州大学考古学研究室、甘孜藏族自治州文化旅游局等:《炉霍县宴尔龙石棺葬墓地发掘报告》,《西南地区北方谱系青铜器及石棺葬文化研究》,科学出版社,2013年。
[23] 〔日〕三宅俊彦:《关于初期曲柄短剑的用途》,《边疆考古研究》第1辑,科学出版社,2002年。
[24] 乌恩:《欧亚大陆草原早期游牧文化的几点思考》,《考古学报》2002年4期。
[25] 宫本一夫、松本圭太、森贵教:《川西高原青铜器集成》,《西南地区北方谱系青铜器及石棺葬文化研究》,科学出版社,2013年,88~98页。
[26] 宝兴县文化馆:《四川宝兴县汉代石棺墓》,《考古》1982年4期,图二。
[27] 宫本一夫、松本圭太、森贵教:《川西高原青铜器集成》,《西南地区北方谱系青铜器及石棺葬文化研究》,科学出版社,2013年,99页,图九:89、90。
[28] 宋治民:《川西和滇西北的石棺葬》,《考古与文物》1987年3期;罗开玉:《川滇西部及藏东石棺墓研究》,《考古学报》1992年4期。
[29] 刘弘、唐亮:《盐源发现古代民族墓葬和祭祀坑》,《中国文物报》2001年9月14日第1版;凉山彝族自治州博物馆、成都文物考古研究所:《老龙头墓地与盐源青铜器》,文物出版社,2009年,39页,图二七:1(M7:1)。
[30] 凉山彝族自治州博物馆、成都文物考古研究所:《老龙头墓地与盐源青铜器》,文物出版社,2009年,184~185页。
[31] 凉山彝族自治州博物馆:《四川西昌一号墓发掘简报》,《考古学集刊·3》,中国社会科学出版社,1983年。
[32] 唐翔:《会理新近收藏的几件青铜器》,《四川文物》1996年3期,图一:2。
[33] 凉山彝族自治州博物馆、成都文物考古研究所:《老龙头墓地与盐源青铜器》,文物出版社,2009年,185页。
[34] 云南省博物馆保管部:《云南永胜金官龙潭出土青铜器》,《云南文物》总第19期,1986年,图二:下。
[35] 云南省博物馆工作队:《云南德钦县纳古石棺墓》,《考古》1983年3期。
[36] 宋治民:《川西和滇西北的石棺葬》,《考古与文物》1987年3期。
[37] 苏奎:《西南夷地区三种含北方系青铜文化因素短剑的研究》,四川大学硕士研究生学位论文,2008年。
[38] 茂县羌族博物馆等:《四川茂县牟托一号石棺墓及陪葬坑清理简报》,《文物》1994年3期。
[39] 冯汉骥、童恩正:《岷江上游的石棺葬》,《考古学报》1973年2期。
[40] 宫本一夫、松本圭太、森贵教:《川西高原青铜器集成》,《西南地区北方谱系青铜器及石棺葬文化研究》,科学出版社,2013年,93~96页,图五:40、41、42;图六:63~65。
[41] 宋治民:《三叉格铜柄铁剑及相关问题的探讨》,《考古》1997年12期。
[42] 宫本一夫、松本圭太、森贵教:《川西高原青铜器集成》,《西南地区北方谱系青铜器及石棺葬文化研究》,科学出版社,2013年,92~96页,图四:34;图七:67、68;图八:79。

[43] 四川省文物考古研究院等：《四川炉霍县呷拉宗遗址考古发掘简报》，《西南地区北方谱系青铜器及石棺葬文化研究》，科学出版社，2013年，65页，图二九：6。
[44] 弗拉基米尔·库巴列夫著，周金玲译：《亚洲游牧民族使用的铜镜是宗教考古学的原始资料》，《新疆考古》2005年1期。
[45] 有关论文可参见：霍巍：《西藏曲贡村石室墓出土的带柄铜镜及其相关问题初探》，《考古》1994年7期；霍巍：《再论西藏带柄铜镜的有关问题》，《考古》1997年11期；霍巍：《从新出考古材料论我国西南的带柄铜镜问题》，《四川文物》2002年2期；赵慧民：《西藏曲贡出土的铁柄铜镜的相关问题》，《考古》1994年7期；吕红亮：《西藏带柄铜镜补论》，《藏学学刊》第5辑，四川大学出版社，2009年；仝涛：《三枚藏式带柄铜镜的装饰风格来源问题》，《藏学学刊》第6辑，四川大学出版社，2010年。
[46] 吕红亮：《西藏带柄铜镜补论》，《藏学学刊》第5辑，四川大学出版社，2009年。
[47] 林沄：《夏代的中国北方系青铜器》，《林沄学术文集（二）》，科学出版社，2008年，图一：1～6。
[48] 四川省文物考古研究所等：《四川炉霍卡莎湖石棺墓》，《考古学报》1991年2期，图二十：27、29、30。
[49] 宫本一夫、松本圭太、森贵教：《川西高原青铜器集成》，《西南地区北方谱系青铜器及石棺葬文化研究》，科学出版社，2013年，92～96页，图二：15。
[50] 内蒙古自治区文物工作队田广金、郭素新：《鄂尔多斯式青铜器》，文物出版社，1988年，159～178页。
[51] 内蒙古自治区文物工作队田广金、郭素新：《鄂尔多斯式青铜器》，文物出版社，1988年，图六一：3。
[52] 陈苇：《先秦时期的青藏高原东麓》，科学出版社，2012年，293～324页。
[53] 李水城：《石棺葬的起源与扩散——以中国为例》，《四川文物》2011年6期。
[54] 童恩正：《试论我国从东北至西南边地的半月形文化传播带》，《文物与考古论集》，文物出版社，1986年，17～43页。
[55] 类似的观点见于陈苇：《先秦时期的青藏高原东麓》，科学出版社，2012年，320页；宋治民：《三叉格铜柄铁剑及相关问题的探讨》，《考古》1997年12期；陈卫东、唐飞：《雅砻江流域中上游地区石棺葬文化初论》，《西南地区北方谱系青铜器及石棺葬文化研究》，科学出版社，2013年，147～148页；等等。
[56] 王明珂：《游牧者的抉择》，广西师范大学出版社，2008年，3页。
[57] 王明珂：《游牧者的抉择》，广西师范大学出版社，2008年，83页。

燕地铁器文化的起源与演进及其扩展

白云翔
（中国社会科学院考古研究所）

一、引　　言

“燕地”是一个文化地理的概念，是基于中国古代历史上周代（前11世纪～前221年）的燕国及其疆域而形成的一个文化地理单元。但是，燕国作为中国北部西周初年分封的一个诸侯国，其最初的疆域并不能清楚地划定，并且在长达800余年的时间里，其首都多次迁移，其疆域经历了一个不断扩展的过程，到战国时代（前475～前221）晚期达到了鼎盛。因此，所谓的“燕地”主要是指战国时代晚期燕国的疆域范围，即“战国燕地”。秦王朝建立后，在战国燕地上设置了巨鹿郡（北部）、广阳郡、上谷郡、渔阳郡、右北平郡、辽西郡和辽东郡；西汉时期，在战国燕地的中南部设有渤海郡（北部）、涿郡、广阳郡以及燕国和广阳国，东北部广大地区依然是上谷郡、渔阳郡、右北平郡、辽西郡和辽东郡。因此，这里所说“燕地”实际上是指战国晚期燕国疆域的“战国燕地”以及秦和西汉时期的“燕国故地”。按照现代中国的行政地理区划，燕地的范围大致是今河北省的北部、京津地区、辽宁省的西南部和辽东半岛一带，即：南起今河北省沧州一带，北达内蒙古赤峰市一带，西起张家口至保定一线，东到渤海，东北至辽东的浑江及鸭绿江一带。

燕国作为周王朝北方的一个诸侯大国，战国时期获得了迅速发展，经济发达，军事强盛，雄踞“战国七雄”之一。战国时期的燕国社会经济发展的重要标志之一，是其铁器和铁器工业的高度发达，钢铁技术和铁器应用的许多方面都位居当时各诸侯国的前列，形成了发达的铁器文化。所谓“铁器文化”，并不仅仅是指铁器本身，而是指以铁器为主要载体的物质文化和精神文化，具体内容包括铁器的类型、结构及其组合，钢铁技术，铁器生产及其遗迹，铁器生产的经营管理以及产品的流通和应用等。

燕地位于中国北部，地当中原腹地通往东北地区的通道。因此，在中国古代铁器文化向东北亚地区的扩展过程中，燕地发挥了桥梁或桥头堡的作用。有鉴于此，这里根据考古发现和研究并结合文献史学和冶金史学的研究成果，初步构建并描绘燕地铁器文化的起源、演进及其向东北亚地区扩展的历史进程和图景（图一）。

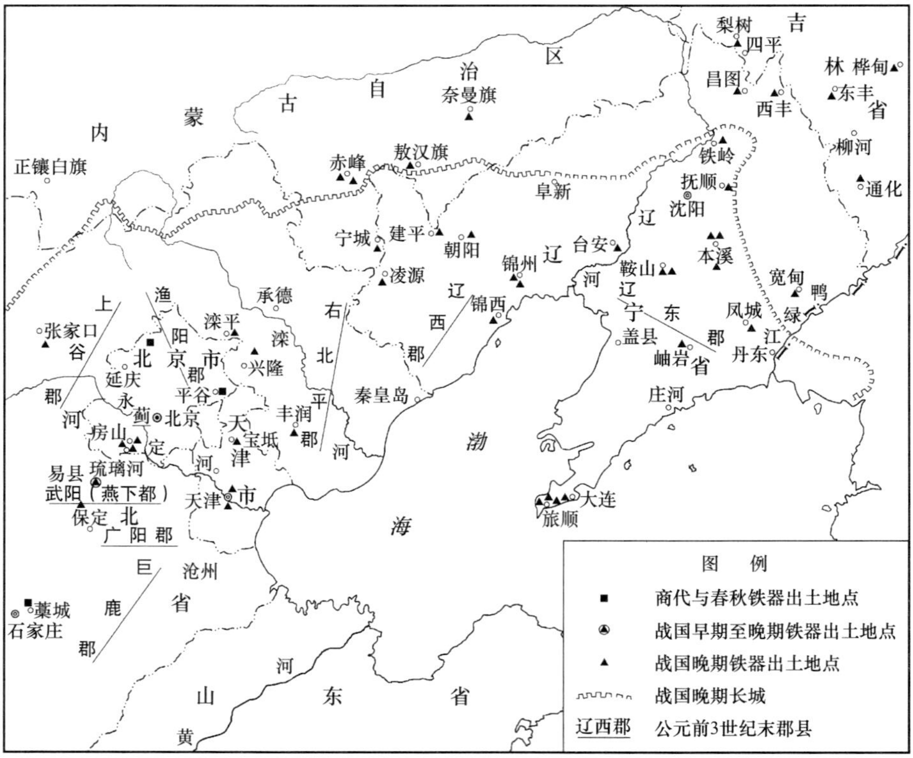

图一　燕地铁器出土地点分布示意图

二、燕地铁器起源的探索

迄今在燕地范围内，考古发现年代最早的铁器有 2 例，即藁城台西村铁刃铜钺、平谷刘家河铁刃铜钺。

台西村铁刃铜钺：1972 年出土于河北省藁城县台西村 112 号墓，墓葬的年代为商代中期，约当公元前 14 世纪。这件铁刃铜钺（台西村 M112：1），钺体为铜制，刃部为铁制，刃部略有残损。整器呈长方形，装柄的“内”部居中有一圆形穿孔，栏的外侧两面均装饰两排凸起的乳钉纹。残长 11.1、栏宽 8.5 厘米（图二，2）。据观察，铁刃是经过热锻打后嵌装到铜钺体上的。关于铁刃的性质，最初通过化学定性、定量分析以及金相、电子探针分析和 X 射线透视等检测认为，铁刃系古代熟铁，跟铜钺体是铸接在一起的[1]。但同时夏鼐先生对这一结论提出质疑，认为“根据已做过的化学分析和金相学考察，似乎并不排斥这铁是陨铁的可能，还不能确定其‘系古代冶炼的熟铁’”[2]。后来冶金史学家的鉴定结果表明：铁刃中没有人工冶铁所含的大量杂物，而镍的含量又在 6% 以上、钴含量在 0.4% 以上，并且保留有高低镍、钴层状分布，因而确认铁刃不是人工冶炼的铁，而是陨铁经加热锻打后嵌装到钺体上的[3]。

刘家河铁刃铜钺：1977 年出土于北京市平谷县刘家河一座商代中期的墓葬，其年代约当公元前 14 世纪。该器整体呈长方形，形体较小。钺体为铜制，一面扁平、一面微凸，装柄的“内”部居中有一圆形穿孔，穿径 1、残长 8.4、栏部宽 5 厘米（图二，1）。刃部为铁制，经用 X 光透视，铁刃嵌入铜钺体内的根部残存约 1 厘米，尚有少量铁质未氧化，铁刃残部有明显的分层现象。最初根据光谱定性分析含有镍，但没有发现钴，推测系陨铁锻制品[4]。后经采用 X 射线衍射、原子发射光谱、X 射线荧光光谱、中子活化和电子探针等方法进行分析，其结果是铁刃以铁为基体，含铁量为 40%～50.3%，同时含有 1.9%～18.4% 的钴以及微量的锗、镓等元素，确认是陨铁加工而成的[5]。

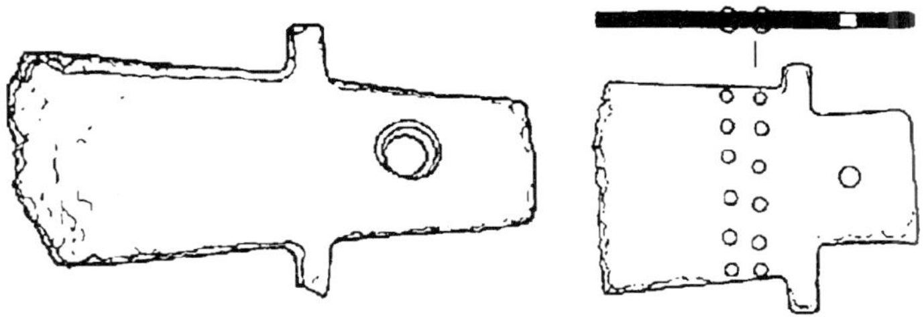

1　　　　2

图二　燕地商代铁器

1. 铁刃铜钺（平谷刘家河出土） 2. 铁刃铜钺（藁城台西村 M112：1）

上述 2 件铜钺的铁刃，是迄今燕地发现的年代最早的铁制品，也是中国已知最为古老的铁制品。尽管这 2 件铁刃经鉴定都是陨铁制品而不是人工冶铁制品，而陨铁和人工冶铁在诸多方面有着根本的区别，但它们毕竟都属于铁金属，而将陨铁加热锻打成薄片嵌入铜兵器的刃部，说明早在公元前 14 世纪的商代中期，燕地的先民已经对铁金属有所认识并开始了应用。尽管世界上有的地区陨铁的使用并没有直接导致人工冶铁的发生，但在中国，商代的铁刃铜兵器与西周晚期和春秋早期的铁刃铜兵器一脉相承，并且公元前 800 年前后的西周末年和春秋初年正是在陨铁被利用的同时产生了人工冶铁，因此，“中原地区人工冶铁的出现与陨铁的加工利用有着密切的内在联系”[6]。

值得注意的是，地处北京西北部的延庆县军都山发掘的玉皇庙文化墓葬中曾出土一件铜柄铁削刀（M2：18），椭圆形环首，直柄，铁质刀身，残长 8.1 厘米，刀身残长 2.1、宽 2.1 厘米（图三），其年代为公元前 7 世纪中叶的春秋中期之初[7]。经扫描电镜能谱仪、X 射线等分析检测，铁刃应为锻制，推测是人工冶炼的块炼铁，铁刃与铜柄铸接在一起，形成“铜包铁”结构[8]。如果关于这件铜柄铁削刀的铁刃系块炼铁的鉴定和春秋中期之初的年代判定无误，那么，它是目前燕地发现的最早的人工冶铁制品，也是中国年代较为古老的人工铁器之一。就其形态而言，它具有中原系统铜削刀和铁削刀的特点，据此推测它是从中原地区传入的。

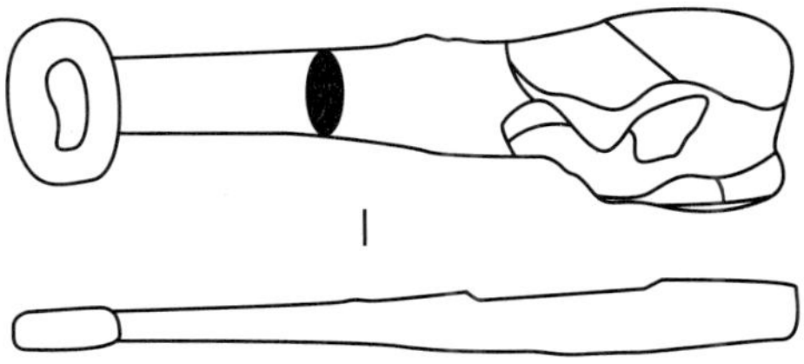

图三　燕地春秋铁器 · 延庆玉皇庙铜柄铁削刀（M2：8）

尽管公元前 14 世纪陨铁制品的出现还不能认为是燕地人工冶铁的起源，尽管延庆军都山玉皇庙发现的可能是人工冶铁制品的铜柄铁削刀仅此一例，但它们为燕地铁器起源的探索提供了有益的线索。鉴于中国古代“中原地区人工冶铁最初的发生地域，有可能是在今豫西、晋南及关中一带”[9]，可以推测：燕地铁器的起源是在商代已经开始利用陨铁的基础上，随着中原地区人工冶铁技术的向北扩展而发生的，其时间应当是在春秋时期（前 770～前 476），但具体情形尚不明了。因此，寻找春秋时期的铁器，成为燕地铁器起源探索的关键一环。

三、燕地铁器文化的初步发展

燕地的人工冶铁制品，迄今发现年代最早的是战国早期，说明燕地人工冶铁的出现不晚于公元前 5 世纪中叶的战国早期。从此，燕地铁器迈开了前进的步伐，在战国早中期（前 5 世纪中叶～前 4 世纪末）获得了初步发展，成为燕地铁器文化的初步发展阶段。

燕地战国早中期铁器的发现地点，主要集中在河北易县燕下都遗址——战国中期迁都于此的燕国首都武阳，其他地点是否有所发现，目前尚不能确定。就燕下都的发现来看，综合迄今的考古发现[10]并结合有关的综合统计可知（表一）：燕下都出土战国早期铁器的遗址计 4 处，即郎井村 10 号作坊址出土铁带钩和钩计 2 件，东沈村 6 号居住址出土铁竖銎镢和车釭计 2 件[11]，北沈村 8 号居住址竖銎镢和脚镣环计 2 件，西沈村 19 号居住址出土铁带钩和竖銎镢计 3 件；燕下都出土战国中期铁器的遗址计 10 处，即老爷庙台 V 号夯土基址出土铁农具、工具、兵器、车马器、甲片以及铁铤铜镞等计 8 件，郎井庄 30 号作坊址出土铁带钩 1 件和铁铤铜镞 3 件，郎井村 10 号作坊址出土铁日用器具、农具、工具、兵器、车马器和刑具等计 58 件，东沈村 6 号居住址出土铁刀 1 件，北沈村 8 号居住址出土铁镰刀 1 件和铁铤铜镞 1 件，西贯城村 7 号居住址出土铁带钩 1 件，西贯城村 9 号居住址出土农具和工具计 7 件，解村 1 号墓出土铁鐏 1 件和铁铤铜镞 2 件，解村 3 号墓出土铁竖銎镢 2 件和车釭 1 件，解村 5 号人头骨丛葬坑出土铁铤铜镞 2 件等。

表一　燕下都部分遗址出土铁器统计比较表

遗址名称	年代	铁器种类	铁器数量	备注
老爷庙台 V 号夯土基址	战国中期	竖銎镢、削刀、钻，马镳，胄甲片（8）、铁铤铜镞等	8	胄甲片按 1 件计
	战国晚期	钩形器，剑、铁铤铜镞、铤杆等	6	
老爷庙台 25 号基址	战国中期	无		
老爷庙台 27 号基址	战国中期	无		
	战国晚期	锛，带钩，镞	3	

续表

遗址名称	年代	铁器种类	铁器数量	备注
郎井村 13 号作坊址	战国早期	无		
	战国中期	无		
	战国晚期	带钩，竖銎镢、锛、削刀、锥，胄甲片	9	
郎井庄 30 号作坊址	战国中期前段	无		
	战国中期后段	带钩，铁铤铜镞	4	
郎井村 10 号作坊址	战国早期	带钩，钩	3	
	战国中期	带钩，竖銎镢、锄板、镰刀、杈，锤、凿、锛、环首刀，车釭、马衔，剑，颈钳	58	
	战国晚期	釜、带钩，竖銎镢、三齿镢、铲、六角锄、锄板、人字锄、镰刀，锛、凿、削刀、锥、截具、冲牙、刀具、钻头，车釭、马衔，剑、矛、鐏、镞、镞铤、胄甲片，颈钳、脚镣环，其他	200	
东沈村 6 号居住址	战国早期	竖銎镢，车釭	2	车釭的年代存疑
	战国中期	环首刀	1	
	战国晚期	无		该期堆积破坏严重
北沈村 8 号居住址	战国早期	竖銎镢，脚镣环（？）	2	
	战国中期	镰刀，铁铤铜镞	2	
西贯城村 7 号居住址	战国中期	带钩	1	
西贯城村 9 号居住址	战国中期	铲、镰刀、锄板，锛、凿、刀	7	
	战国晚期	无		
	西汉	铲、竖銎镢、镰刀，削刀，镞、胄甲片，其他	15	大多是战国晚期遗物
西沈村 19 号居住址	战国早期	带钩，竖銎镢	3	

上述考古发现表明，战国早期的燕地已经开始了铁器的应用，铁器主要有铁竖銎镢等土作农耕具，带钩等日用器具以及杂用器具等，铁器的形态和结构已基本成熟。但是，铁器的出土地点不多，铁器的数量也不多，燕下都遗址仅在 4 个地点出土 9 件。据此可以认为，战国早期的燕地显然已经不是人工铁器使用的初始阶段，并且完全有可能已经开始了铁器的生产（尽管这一时期的铁器作坊址尚未发现），但铁器的应用领域还限于某些土作农耕活动和日常生活等，并且应用程度也不高，尤其是铁器的出土地点还局限于燕下都一地，显然是处于铁器制作和应用的早期发展阶段。至于当时的钢铁技术发展状况，出土的铁器据观察均为铸造品；燕下都经过检测的战国早期铁器有 3 件

（包括采集品），分别为亚共晶白口铸铁件锛（D6T90 ③ :6）、共晶白口铸铁件竖銎镢（XSH19T73 ② :2）和过共晶白口铸铁件竖銎镢（XSH19T51 ② :1），均为铸造品；其他方面尚无科学的检测数据说明[12]。

战国中期的燕地，铁器的制作和应用获得了初步的发展。主要表现在：铁器种类增多，有铁竖銎镢、锄板、镰刀等土作农耕具，空首斧、锛、锤、凿、削刀、锥、钻等手工工具，车釭、马衔、马镳等车马机具，铁铤铜镞、甲胄等兵器武备，带钩、杈等日用器具，颈钳等杂用器具，表现出铁器在土作农耕活动中的应用在扩大的同时，应用领域迅速向手工业、车马交通、军事活动等领域扩展，铁器的应用几乎涉及社会生产和社会生活的各个领域；铁器的出土地点在增加，考古发现的铁器数量也在增加，在燕下都遗址有 7 个地点（墓葬除外）出土铁器计 81 件，无论出土地点还是铁器的数量都比战国早期有显著的增长，表明铁器的应用程度明显提高。值得注意的是，燕下都还发现了战国中期的铸铁作坊遗址。位于燕下都东城中部的郎井村 10 号作坊址，是一处战国中期至晚期以铸铜为主兼及铁器铸造的作坊址。其中，战国中期的遗存发现有房址、水井、道路、灰坑、夯土墙、夯土面及夯土坑等，出土陶器、铜器、铁器和陶范等遗物，是一处冶铜和铸铁同时并存的手工业作坊，但两者在布局上没有明确的区域划分。这一方面证明了铁器生产的存在，但另一方面是说明铁器的生产可能还主要附属于青铜器的冶铸，与战国晚期两者明显区分开来的情形明显不同。就当时的钢铁技术来看，出土的铁器据观察均为铸造品；燕下都经过金相分析的铁器有 3 件，其中，锄板（LJ10T126 ⑤ F10：1）为韧性铸铁铸造品，刀（LJ10T143 ⑤ H380：4）为中碳钢（是否为锻造品尚不能确定），竖銎镢（LJ10T126 ⑤ F10:5）为脱碳铸铁铸造品，说明脱碳铸铁和铸铁脱碳钢技术已经开始应用。值得注意的是，铁器的成型技术在采用铸造成型方法的同时，发明了“锻銎技法”——将器具的銎部先锻打成薄板状、然后弯折合拢成銎以纳装木柄，以制作“锻銎铁器”。燕下都郎井村 10 号作坊址出土的 1 件铁杈（LJ10T8 ① J38：6），其銎部留有明显的锻銎接缝，是迄今所见年代最早的锻銎铁器（图四）。锻銎技法的出现，为后来铁器工业的快速发展提供了重要的技术支撑。

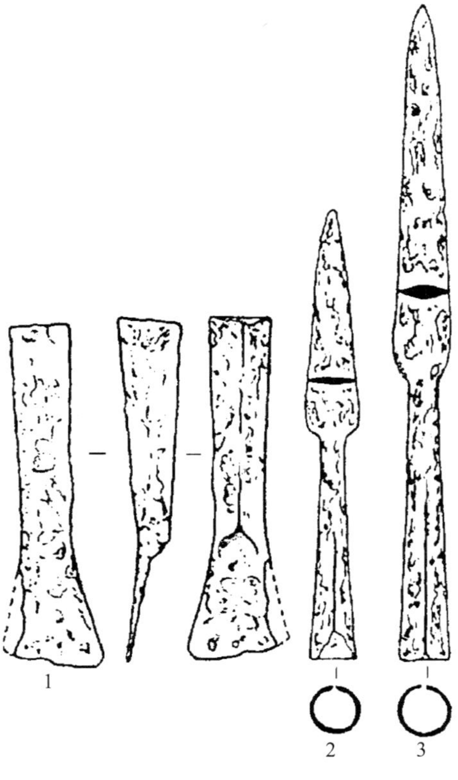

图四　燕地战国时期锻銎铁器

1. 扁铲（燕下都 W22T4：3：14）　2、3. 矛（燕下都 YXD66DG：0190、YXD67DD：023）

总之，战国早中期的 150 余年间，燕地铁器经历了一个种类逐步增多、应用程度逐步提高、钢铁技术逐步发展、铁器生产开始形成的铁器文化的初步发展阶段。

四、燕地铁器文化的繁荣发展

以战国早中期铁器的初步发展为基础，战国晚期（前4世纪末～前3世纪末叶）燕地铁器获得了迅速的发展，进入到燕地铁器文化的繁荣发展阶段[13]。

首先，是铁器种类的进一步增多和铁器数量的迅速增加。土作农耕具中，除了竖銎镢、锄板、镰刀等之外，新出现了横銎镢、多齿镢、六角横銎锄、人字形锄、直口锸、铲和铚刀等。手工工具中，除了空首斧、锛、锤、凿、削刀、锥、钻等之外，新出现了刮刀、扁铲、铲刀、环首手锯、冲牙、截具、砍刀、工具刀、环首锥和装柄锥等，甚至还出现了铸造铁器的铁制模具——铸范，表现出铁器类型和功能的专门化趋势迅速增强。兵器武备中，除了铁铤铜镞、甲胄等继续存在之外，全铁制格斗兵器大量增加，如剑、矛、戟等，还有铁弩机廓、鐏、镦之类的兵器部件，并且各种兵器中都出现了不同的类型。譬如，铁剑中既有长70～100厘米的长剑，也有长40～70厘米的中长剑，还有长30厘米左右的短剑；矛的类型也多样，包括长三角形矛、柳叶形矛和长柄矛等；镞均为铁铤铜镞，但有三棱镞和双刃镞两种；铠甲的形态尚不明了，但胄已发现有两种不同的形制。车马机具中，除了已有的车釭、马衔、马镳等之外，新出现了齿轮等古典机具。日用器具中，带钩的类型趋于多样化，如曲棒形、琵琶形、水禽形和双钩形，新出现了鼎、釜、盆等器皿[14]。杂用器具的种类更为繁杂，尤其是颈钳、脚镣等刑具的大量发现引人注目。至于铁器的出土数量，仅就燕下都遗址进行统计，11处遗址和3处墓葬计出土铁器2068件[15]，由此可见考古发现铁器数量之多。很显然，战国晚期的燕地，铁器的应用不仅普及到社会生产和社会生活的各个领域，而且应用程度迅速提高。

其次，是铁器生产的专业化趋势的增强和生产能力的大幅度提高。在燕下都遗址，已经发现的与战国晚期的铁器制造有关的作坊址有4处。其中，武阳台村21号作坊址，是一处战国中晚期的制铁和铸铜作坊址。该遗址可明确划分为南、北两区，并且有着明显的区别：南区以铜器铸造为主兼及铸铁；北区出土有大量碎铁块、铁制镞铤、铁兵器和铁土作农耕器具等，是铁器加工制作区。郎井村10号作坊址，是一处战国中期至晚期以铸铜为主兼及铁器铸造的作坊址，该遗址在战国中期为冶铜和铸铁作坊，两者没有明确的分工；战国晚期只发现带钩范和削刀范，已不再铸造剑、戈等兵器，已经“成为一处非军事手工业作坊”。高陌村5号作坊址尚未进行发掘，但调查者认为是一处“铸造铁工具的作坊遗址”。武阳台村18号作坊址，其南半部发现铁块、炼铁渣、炉渣等，北半部有铸造镞铤的陶范残块，同时还发现有可能是镞铤的小铁棒，是一处战国晚期“制兵器的作坊遗址”。上述遗址的发掘和调查表明，战国晚期燕下都的铁器生产已经具有相当大的规模，并且铁器生产逐步独立出来，如武阳台村21号作坊址的北区到战国晚期已经成为相对独立的制铁作坊，而武阳台村18号作坊址和高陌村5号作坊址都应当是战国晚期以制铁为主的作坊；铁器的生产也逐步走向专业化，既有综合性铁工场，如武阳台村21号作坊址的北区同时生产铁兵器和土作农耕具，但也出现了专门生产某类产品的工场，如武阳台村18号作坊址主要制作兵器，而高陌村5号作坊址主要制造土作农耕具等。更值得注意到是，在远离燕下都的今河北省兴隆县寿王坟大副将沟一带，发现了战国时期的铁矿坑、矿洞以及有关的冶铁遗迹，出土了铁六角锄范、镰刀范、竖銎镢范、空首斧范、凿范和车具范等铁范共 40 副计 87 件[16]，证明这一带是战国晚期燕国的一处集采矿、冶炼和铸造于一体的矿冶钢铁生产基地，并且显示出铁器工业生产内部出现了专业化分工。

再者，是钢铁技术的不断进步。战国晚期燕地铁器的铸造，不仅继续采用陶范和石范铸造，并且出现了铁范铸造，燕下都武阳台村 21 号作坊址出土的铁镦的铁内范和兴隆铁范就是明证。尤其是兴隆铁范不仅种类多样，而且材质合理、结构先进，反映出铁范技术已经成熟，不仅提高了铸件质量高，而且极大地提高了生产效率。更值得注意的是，铁器成型技术以铸造为主的同时，锻制技术进一步发展并广泛应用，尤其是“锻銎技法”迅速普及开来，如燕下都武阳台村 22 号作坊址出土的 1 件扁铲（W22T4：3：14）、燕下都采集的 8 件三角长叶矛以及燕下都 YXD79DD：020 铲、燕下都 M44：48 扁平长叶矛等，都属于锻銎铁器。铁器锻制技术尤其是锻銎技法的推广应用，不仅极大地提高了燕地的铁器成型技术水平和生产能力，推动了铁器类型的多样化，而且迅速向周边地区乃至朝鲜半岛和日本列岛传播并得到了应用，在各地铁器文化的发展中发挥了巨大作用[17]。战国晚期燕地钢铁金属冶炼和加工工艺技术等方面，同样表现出明显的进步。燕下都出土铁器的科技分析和检测表明，战国晚期燕地的铁器中，脱碳铸铁和铸铁脱碳钢技术继续存在的同时，这一时期又出现了块炼铁锻件（燕下都 M44：19 剑）、块炼渗碳钢锻件（燕下都 M44：12 剑、M44：100 残剑、M44：87 镞铤、M44：115 矛）、碳钢锻件（燕下都 M44：9 戟），以及熟铁、低碳钢和高碳钢等，可以说在东周列国中居领先水平。值得注意的是，燕下都 44 号墓出土钢剑（M44：12、M44：100）和钢戟（M44：9）的检测结果表明，这些钢铁兵器曾经加热至 900℃以上淬火。最近，河北徐水东黑山遗址出土铁器的金相组织观察表明，3 件战国晚期铁器分别为麻口铸铁（铁铲，东黑山 T1119⑧：2）、白口铸铁（铁盆，东黑山 T1217⑧：1）、铸铁脱碳钢并淬火（镰刀，东黑山 T1217⑧H191：1）[18]。上述易县燕下都和徐水东黑山发现的淬火钢件，是迄今所知中国钢制品淬火的比较早的实例，说明燕地是较早使用该工艺的地区之一。淬火工艺的发明，作为战国时期钢铁技术发展的一项重要成就，成功地弥补了低碳钢强度和硬度较低的缺陷，使钢铁的机械性能得以大大提高。钢铁淬火工艺在秦汉时期进一步得到推广和应用。

战国晚期燕地铁器的繁荣发展，还表现在铁器出土地域的空前扩大和出土地点的大量增加方面。这在下面关于燕地铁器文化扩展的论述中一并讨论。

这里需要特别指出的是，战国晚期燕地铁器在种类、形态和结构上还形成了鲜明的地方特色。就其常见并且有代表性的铁器而言，主要有：銎口呈矩形和长条形、銎口周围常见凸带的条形及梯形空首斧（锛），銎口呈方形、矩形或梯形的凿，扁平长条形刮刀，环首多样的锻制长条形环首削刀，环首锥（图五）；銎口呈矩形或梯形的竖銎镢，条形横銎镢，横銎多齿镢，直口锸，宽銎铲，横銎六角锄，顶端及两侧有凸棱的梯形锄板（图六）；铸制弯体镰刀，弧背梯形或半月形双孔铚刀（图七）；扁茎或长茎窄体长

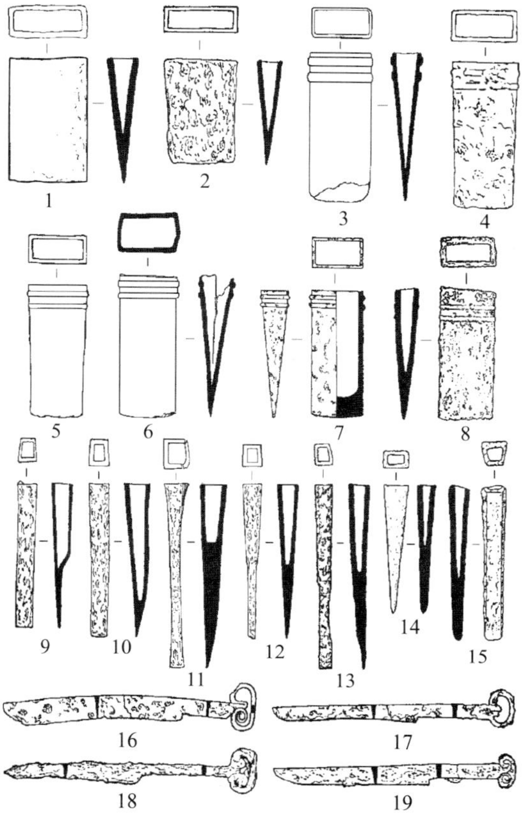

图五　燕地战国时期铁手工工具

1～8. 空首斧（燕下都 66W：0299、燕下都 M44：32、敖汉老虎山、燕下都 W22T1：3：6、燕下都 W22、宽甸黎明村 LMD：05、凌源安杖子 T3 ③：1、梨树二龙湖 BC：87） 9～15. 凿（燕下都 66YBB：0220、78W：0135、66YNL：0520、66D：0222、W21T76 ②：5、敖汉老虎山、抚顺莲花堡 T4：42） 16～19. 削刀（燕下都 W22T3：3：4、W22T4：2：1、D6T29 ③：10、LJ10T10 ② H23：8）

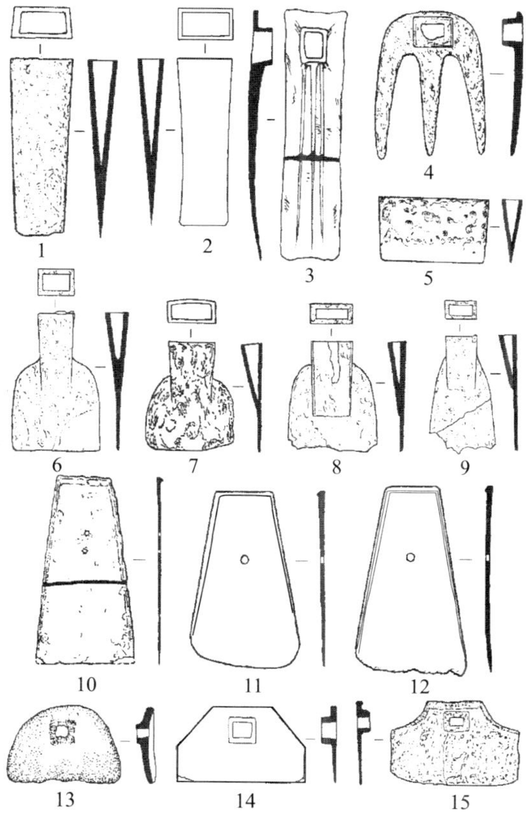

图六　燕地战国时期铁土作农耕具

1. 竖銎镢（燕下都 LJ13T5 ②：32） 2. 竖銎镢（燕下都 Y95H1：2-1） 3. 横銎镢（唐山东欢坨 F4：1） 4. 多齿镢（燕下都 LJ10T129 ③：2） 5. 直口锸（凌源安杖子 T2 ③：7） 6～9. 铲（燕下都 LJ10T35 ②：2、XG9T21 ③：1、LJ10T37 ② J16：2、LJ10T62 ③ H451：3） 10～12. 梯形锄板（抚顺莲花堡 T4：112、敖汉老虎山、敖汉老虎山） 13～15. 六角锄（唐山东欢坨 H231:1、燕下都 M44：13、W23T1 ② Z1：109）

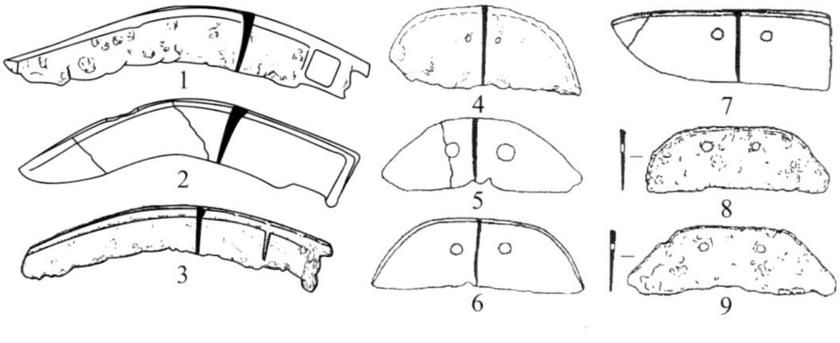

图七　燕地战国时期铁农耕具

1～3. 镰刀（燕下都 W22T4:3:5、桦甸西荒山屯 M3:13、抚顺莲花堡 T4:111、） 4～9. 铚刀（唐山东欢坨 T30 ②:1、宽甸黎明村 LMD：02、黎明村 LMD：01、黎明村 LMD：04、莲花堡 LHB：B7、莲花堡 T4：109）

剑，长三角形矛、双叶平直的柳叶形矛以及长柄矛，铁铤三棱铜镞、双刃铜镞，卜字形戟，以及铁胄等（图八）。上述具有燕地特色铁器的形成和辨识，对于考察燕地铁器的传播提供了重要的参照系。

总之，战国晚期的近百年间，燕地铁器的种类和数量迅速增加，应用领域进一步扩大，应用程度大幅度提高，钢铁技术进一步发展，铁器工业生产体系基本形成，出现了铁器文化的高度发展繁荣。秦统一之后以及继之而兴的西汉时期，燕地铁器被迅速纳入到秦汉帝国的铁器生产和应用的体系之中。

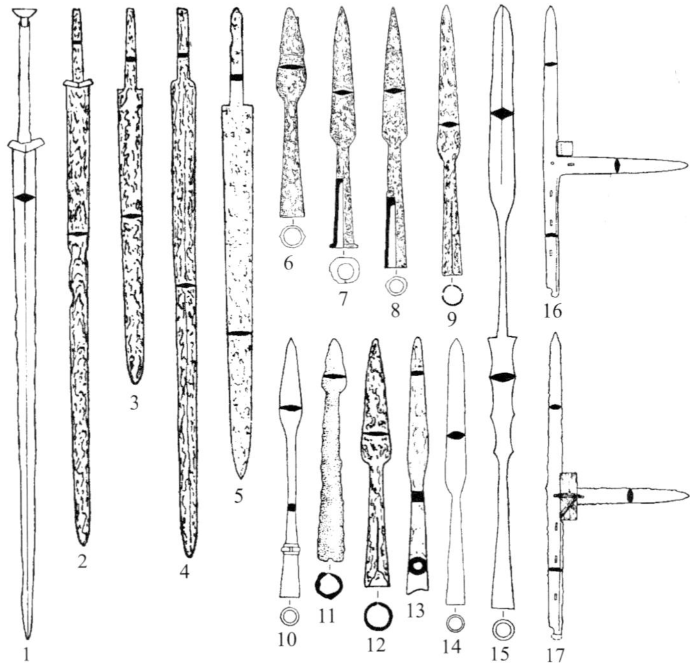

图八　燕地战国时期铁兵器

1. 长茎长剑（燕下都 M44：59） 2、4. 扁茎长剑（燕下都 66DD：182、燕下都 74XSH：018） 3、5. 中长剑（燕下都 66YBB：0185、燕下都 LJ10T5 ② H17：15） 6～12、14. 矛（燕下都 W21T78 ②：1、燕下都 W21T10 ②：4、燕下都 W21T9 ②：10、燕下都 YXD67DD：023、燕下都 M44：69、东欢坨 T81 ③：1、燕下都 66DG:0190、燕下都 M44：48） 13. 矛（燕下都东沈村 D6M12：21；西汉） 15. 长柄矛（燕下都 M44：47） 16、17. 戟（燕下都 M44：11、M44：54）（未注明年代者均为战国）

五、燕地铁器文化扩展的三次浪潮

燕地铁器文化的发展，还表现在铁器应用地域的逐步扩展上。战国早中期燕地的铁器，迄今的发现还限于易县燕下都一地，反映出当时燕地铁器的应用地域可能还主要限于燕国的中心统治区域。但是，到了战国晚期，随着燕地铁器的繁荣发展和燕国势力的扩张，燕地铁器的应用地域迅速扩展，尤其是向北、向东的扩展异常迅猛。秦和西汉时期，虽然燕地铁器文化被融入到秦汉铁器文化的体系之中，但燕国故地以铁器和钢铁技术为主要内涵的铁器文化作为秦汉铁器文化的一部分继续向东北方向扩展。战国秦汉时期燕地铁器文化向中国东北地区和朝鲜半岛地区的扩展，大致经历了三个阶段，这里称之为“三次浪潮”。

（一）第一次浪潮：战国晚期（约当公元前4世纪末至公元前3世纪中叶）

燕地铁器文化向东北方向扩展的第一次浪潮，是伴随着燕国势力的增强和疆域的扩大而出现的[19]。燕国是西周初年周王朝在中国北方最重要的封国[20]，但在西周和春秋时期的近600年间一直发展缓慢，国势弱小，其中心活动区域长期局限在今北京市区至河北中部的雄县一带，只是到了战国中期的燕文公时期（前361～前333）定都于武阳（今河北易县燕下都）[21]之后，国力才逐渐发展，疆域逐步扩大。公元前311年燕昭王（前311～前279在位）即位之后，招贤纳士，发奋图强，国力逐渐强盛起来。公元前300年前后，燕将秦开破东胡，并设置上谷、渔阳、右北平、辽西、辽东郡[22]，燕国疆域迅速扩大，燕国势力大举北进东渐，其势力范围达到了南起今沧州一带、西到张家口至保定一线、东至渤海、东北至辽东的广阔地区。

在战国晚期辽阔的燕国疆域内，铁器有着广泛的发现，出土地点多达37处以上，如河北徐水东黑山[23]、易县燕下都，北京房山窦店（一度被称为芦城）[24]，天津南郊巨葛庄[25]、宝坻秦城遗址[26]，唐山东欢坨，辽宁凌源安杖子古城址[27]、锦西小荒地古城址[28]、锦州乌金塘东周墓[29]、旅顺后牧城驿[30]、宽甸黎明村窖藏[31]、抚顺莲花堡遗址[32]（图九）等地，都发现有战国晚期的铁器。正是在战国晚期燕国铁器文化繁荣发展、燕国疆域迅速扩大的历史背景之下，燕地铁器文化大举向东北地区扩展，向北扩展到今赤峰市[33]—敖汉旗[34]—奈曼旗[35]—梨树县[36]一线，向东扩展到辉发河下游的桦甸县[37]、浑江中游的通化[38]一带。

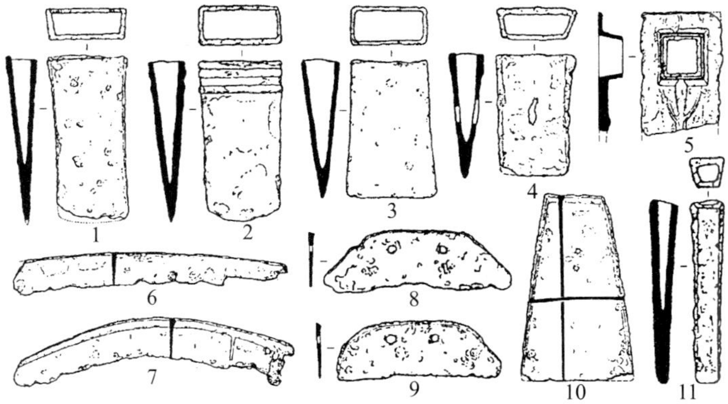

图九 抚顺莲花堡出土战国晚期燕系铁器

1～4. 空首斧（LHB：B3、T1：132、T3：91、T4：117） 5. 横銎镢（LHBC：01） 6. 刀（T4：110） 7. 镰刀（T4：111） 8、9. 铚刀（T4：109、T4：108） 10. 锄板（T4：112） 11. 凿（T4：42）

实际上，战国晚期燕地铁器文化向东北方向的扩展远不止于此，而是继续向东，远及朝鲜半岛等东北亚地区。在朝鲜半岛北部，公元前 3 世纪的铁器多有发现，并且大都属于燕系铁器。

位于鸭绿江中游渭原江支流汉柏江边的慈江道渭原郡崇正面龙渊洞遗址，出土大量燕国的明刀币的同时，还出土有空首斧、横銎镢、锄板、刮刀、镰刀、铚刀、矛和三棱镞等[39]（图一〇）。其中，横銎镢、半月形双孔铚刀等与唐山东欢坨出土同类器相同，2 件矛与易县燕下都出土的同类矛相同，刮刀与燕下都 44 号墓的刮刀相似，空首斧、锄板等与战国晚期燕地的同类铁器相同，伴出的明刀钱表明其年代约当公元前 3 世纪。

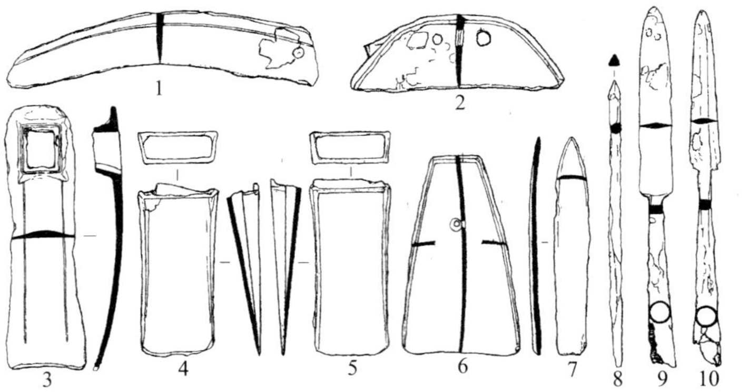

图一〇　朝鲜龙渊洞出土燕系铁器

1. 镰刀　2. 铚刀　3. 横銎镢　4、5. 空首斧　6. 梯形锄板　7. 刮刀　8. 镞　9、10. 矛

位于清川江中游北岸的平安北道宁边郡细竹里遗址是一处大型聚落址，在其年代最晚的第三期文化层居住址内外，散落有不少铁器，如空首斧、横銎镢、竖銎镢、削刀、戈形器等铁器。其中，空首斧和竖銎镢都是战国时期燕地铁器的常见形态，横銎镢与燕下都、东欢坨、莲花堡等燕地出土的横銎镢相同，削刀的环首无论其制法还是形态都与燕下都所出同类器相同。与之共存的其他遗物有青铜兵器、燕国明刀币 2500 余枚、布币以及石铸范、石器、陶器等，可知其年代也约当公元前 3 世纪[40]。

位于图们江南岸的咸镜北道茂山郡虎谷洞遗址，其第Ⅴ期居住址出土有空首斧或竖銎镢的残片；第Ⅵ期居住址出土有铁空首斧、凿、竖銎镢、直口锸、镰刀、铚刀、小刀和鱼钩等；该遗址发现有铁渣以及红烧土遗迹，发掘者认为可能是锻铁炉基址[41]。其中，半月形双孔铚刀、直口锸等都是典型的燕地铁器。

此外，位于图们江支流会宁河边台地上的咸镜北道会宁郡五洞遗址，第 6 号居住址出土有铁空首斧和铁器残片各 1 件，皆为铸铁件，根据与之共存的陶器判断，其年代大致与虎谷洞第Ⅴ期相当[42]。

上述朝鲜半岛北部出土的铁器，大都是战国晚期燕地铁器的常见器类和器形，并且形态结构都基本一致，结合与之共出的大量明刀币、布币等判断，朝鲜半岛北部发现的公元前 3 世纪的铁器，大都是从燕地传入的燕国的铁器产品。其历史背景，一方面是公元前3世纪初燕将秦开破东胡设置辽东郡等郡县之后，燕国的势力范围扩展到鸭绿江流域一带，燕国生产的铁器随之传播到其势力范围所及的地区；另一方面，则是在战国晚期列国间兼并战争异常频发和激烈的社会背景下，为躲避战乱而流徙到朝鲜半岛北部的燕地居民将燕地铁器带到了他们的落脚之地。

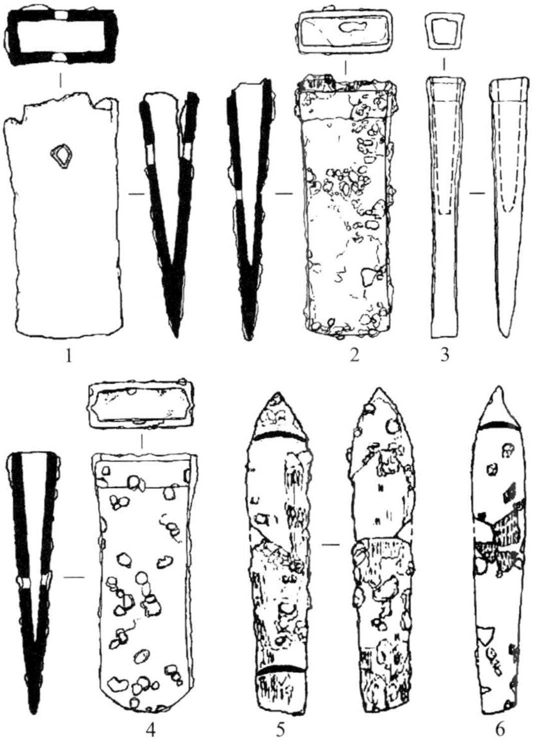

图一一 韩国全罗北道长水郡南阳里出土铁器

1. 空首斧（1号墓） 2. 竖銎镢（4号墓） 3. 凿（1号墓）
4. 竖銎镢（3号墓） 5. 刮刀（2号墓） 6. 刮刀（4号墓）

至于战国晚期的燕地铁器文化是否已经波及朝鲜半岛南部的今韩国境内，目前的考古发现尚无法做出充分的说明。但是，全罗北道长水郡南阳里（图一一）等地出土的长条形竖銎镢和方銎凿，均为铸造品，并且明显属于燕系铁器，与之伴出的遗物有铜短剑、铜矛以及多纽几何纹镜等[43]，其年代有可能上溯到公元前3世纪。又，全罗北道完州郡新丰遗址出土的铁环首削刀，其形制和结构特征与燕下都出土同类器相同，其年代或为公元前3世纪[44]。完州郡葛洞出土铁空首斧和镰刀的3号墓，其年代有可能上溯到公元前3世纪[45]。上述发现表明，公元前3世纪燕地铁器已经传入朝鲜半岛南部地区的可能性是存在的，当然这一时期来自燕地铁器文化的影响也主要限于铁器的传入，当地由此开始了铁器的使用，并且它们成为当地制铁技术发生和铁器生产的前奏。值得注意的是，上述各地点均地处韩国的西部地区，属于三韩时代马韩的范围，显示出朝鲜半岛南部在公元前3世纪率先引进燕地铁器的是马韩地区，其传播路线并非像一般认为的那样经由“辽东—朝鲜半岛北部陆路”，而主要应当是“渤海—黄海水路”。

值得注意的是，这次浪潮还波及日本列岛，日本列岛铁器的传入也正是从这一时期开始的[46]，对此这里不展开论述。

（二）第二次浪潮：秦和西汉前期（约当公元前3世纪末叶至公元前2世纪末）

公元前221年秦王朝建立之后，在燕国故地上设置了巨鹿郡（北部）、广阳郡、上谷郡、渔阳郡、右北平郡、辽西郡和辽东郡。秦亡汉兴，西汉王朝在燕国故地的中南部设有渤海郡（北部）、涿郡、广阳郡以及燕国和广阳国，东北部广大地区依然是上谷郡、渔阳郡、右北平郡、辽西郡和辽东郡，并在涿郡、渔阳、右北平、辽东诸郡设置铁官[47]。由此，燕国故地成为秦汉王朝郡县统治下的一部分，燕地铁器文化也随之成为秦汉铁器文化的一部分。在这样的背景之下，出现了燕地铁器向东北方向扩展的第二次浪潮。

秦和西汉时期设在燕国故地上的辽东五郡，作为秦汉王朝直接统治的郡县，以战国晚期燕地铁器的繁荣发展为基础，铁器进一步普及，铁器文化进一步发展。在考古学上，这一地区秦和西汉前期的铁器有着更为广泛的发现[48]，并且数量更多，种类更多，其中不少具有战国晚期燕地铁器的特征，显然是燕地铁器的继承和发展。正是以辽东五郡为基地，燕地铁器文化进一步北进东渐。

燕地铁器的北进和东渐，在中国境内，公元前2世纪末叶之前向北已经远及吉林省西北部的松嫩平原一带，向东已达鸭绿江上游一带。譬如，1974年发掘的吉林省大安县汉书遗址，年代约当战国至西汉时期的汉书二期文化遗存中出土有空首斧、刀等燕系铁器[49]。2001年，地处鸭绿江上游北岸的吉林省长白县干沟子积石墓地发掘出土铁刀3件和铁竖銎镢1件，铁竖銎镢属于燕系铁器，其年代约当战国至西汉时期[50]。它们无论是输入的燕地的铁器还是引进燕地钢铁技术在当地制作的，都是燕地铁器文化已经北进到嫩江流域、东渐至鸭绿江上游的佐证。

燕地铁器文化向朝鲜半岛的扩展，在这一时期进一步增强。半岛北部地区，尽管由于考古资料的缺乏而无法做出具体的说明，但在公元前3世纪燕地铁器已经大量传入、公元前2世纪初又有燕国故地居民大量迁入的背景下，当地铁器文化获得进一步发展是可以想见的。半岛南部地区，随着考古发现的日渐增多，来自燕地铁器文化的影响和当地铁器文化的发展情景，则日渐清晰起来。譬如，全罗北道完州郡葛洞4号墓出土的2件竖銎镢，刃部与銎部大致等宽，其中M4：20，銎口略呈梯形，长12.1、宽5厘米；M4：21，銎口呈长方形，长16.8、宽5.4厘米（图一二，1、2），其年代或为公元前2世纪前半。忠清南道唐津郡素素里也发现有这种竖銎镢，其年代为公元前2世纪。这种竖銎镢在易县燕下都等地燕地战国晚期遗存中常有发现。又如，完州郡葛洞墓地出土的2件铁镰刀，铸造品，弯体，背部边缘向正面凸起，柄端有凸起的栏，其中M2：6，长24.6、宽4.4

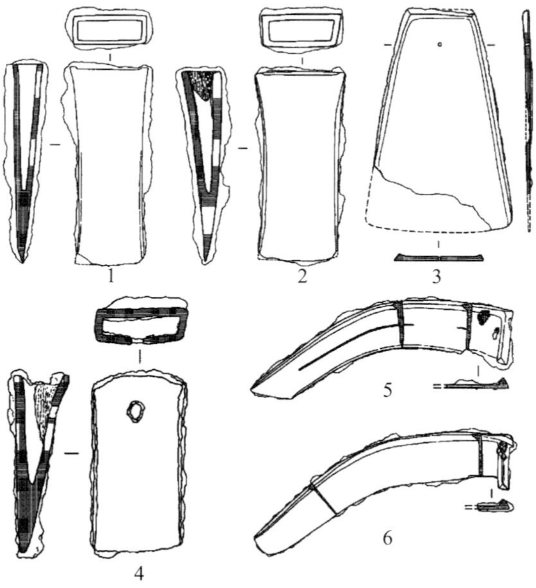

图一二　韩国完州郡葛洞与密阳市校洞出土铁器

1、2. 竖銎镢（葛洞M4：21、葛洞M4：20）3. 锄板（校洞M3：10）4. 空首斧（葛洞M3：12）5、6. 镰刀（葛洞M2：6、葛洞M3：13）

厘米；M3：13，长24.2、宽4厘米（图一二，5、6），其年代为公元前2世纪前半或更早[51]。这种背部边缘凸起、柄端有栏的铸制铁镰，是战国晚期燕地铁镰的典型形态，流行于战国晚期至西汉初年。至于完州郡葛洞3号墓出土的1件封闭型长方形銎的空首斧（图一二，4），属于锻銎铁斧，可能是来自燕地的传入品，也可能是采用锻銎技法在当地制作的，但无论如何，都是燕地铁器文化东渐的一种反映。另外，前述长水郡南阳里出土的竖銎䦆和刮刀等，有些其年代可能是公元前2世纪前半。很显然，公元前3世纪末叶至公元前2世纪末的100余年间，曾有不少秦和西汉王朝的铁器传入半岛南部地区，其中大多是从燕国故地传入的燕系铁器；与此同时，钢铁技术也随之传入，当地开始了铁器的制作[52]。

关于燕地铁器文化北进东渐第二次浪潮出现的历史背景，主要有两个方面。一方面，是在秦汉王朝同周边国家和地区进行文化交流的过程之中，燕国故地作为秦汉王朝连接东北亚地区的桥梁和通道，燕地铁器文化作为秦汉铁器文化体系的一部分向东北亚地区继续扩展。另一方面，是秦和西汉初年，曾有秦人和汉人流徙到秦汉郡县之外的中国东北地区和朝鲜半岛，随之带去了燕地铁器及钢铁技术。正如历史文献所载，秦王朝时期，曾有秦人为躲避秦之暴政逃亡到半岛南部的韩国，并定居在马韩以东的辰韩地区[53]；西汉初年，燕人卫满率众迁往半岛北部的朝鲜自立为王，建都王险[54]。

（三）第三次浪潮：西汉中晚期（约当公元前2世纪末至公元纪年前后）

燕地铁器文化北进东渐的第三次浪潮，是伴随着汉武帝时期对东北亚地区的经略和汉王朝与周边国家和地区交流的兴盛而出现的。公元前140年汉武帝即位之后，汉王朝的中央集权统治迅速增强。就相关的历史背景而言，一方面是公元前118年实行“盐铁官营”政策，燕地铁器文化完全融入到汉朝铁器文化之中，“燕系铁器”演变为“汉式铁器”；另一方面，汉武帝时期对周边地区进行大规模经略，公元前108年，“灭朝鲜，分置乐浪、临屯、玄菟、真蕃四郡”[55]，朝鲜半岛北部进入汉王朝的郡县统治之下；与此同时，汉王朝同周边国家和地区的交流进一步增强。

在上述背景之下，汉王朝辽东五郡等所辖地域的铁器文化进一步发展自不待言，燕国故地以北地区的铁器文化也在汉朝铁器文化的影响下出现了繁荣。这一时期，汉朝铁器文化通过燕国故地大举向东北扩展，向东已经越过辉发河流域扩展到鸭绿江上游的长白山地区[56]；向北其影响所及直达松嫩平原至牡丹江上游一线，即吉林省西北部的大安县—吉林省北部的榆树县—黑龙江东南部的海林市一线。譬如，吉林市帽儿山发掘的西汉中晚期的墓葬中，出土有竖銎䦆、锸、犁铧等汉式铸造铁器[57]。又如，榆树老河深发掘的西汉末年的129座鲜卑墓葬出土的540余件铁器中，就包含有铸造的竖銎䦆、空首斧、直口锸，锻制的圆銎凿、方銎凿和扁平长叶矛等汉式铁器[58]（图一三）。再如，黑龙江省海林市东兴遗址出土的铁器中，发现有铁竖銎䦆、空首斧等汉式铁器[59]。

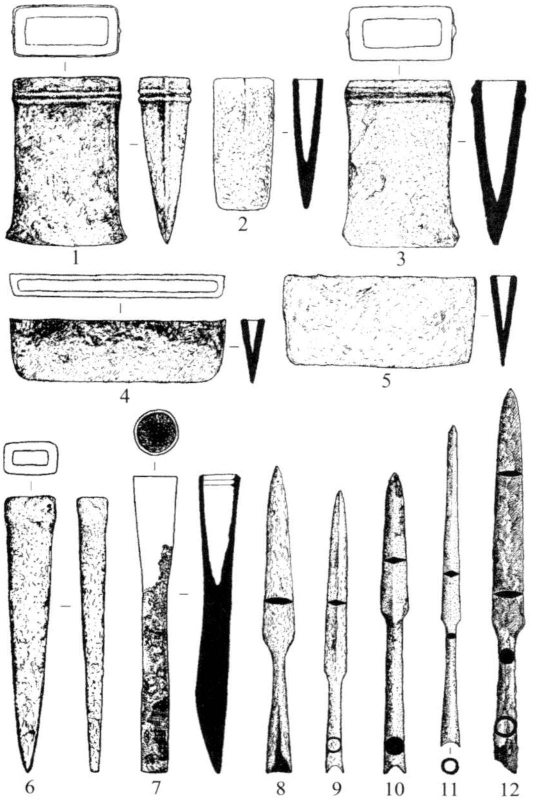

图一三　榆树老河深墓地出土铁器

1. 空首斧（M46∶1） 2. 竖銎钁（M74∶1） 3. 空首斧（M32∶2） 4、5. 直口锸（M106∶16、M97∶47） 6、7. 凿（M14∶45、M56∶6） 8～12. 矛（M2∶6、M77∶2、M14∶6、M97∶54、M115∶8）

上述各地发现的汉式铁器，显然是通过燕国故地传入的铁器产品，抑或是利用燕国故地传入的铁材和钢铁技术在当地制作的，应当是燕地铁器文化北进的继续和发展。

朝鲜半岛北部，随着公元前108年乐浪等汉朝郡县的设置，汉朝居民大量迁入的同时，以燕国故地为通道，大量汉朝内地的铁器源源不断地传入，钢铁技术同样随之传入，当地铁的冶炼和铁器的制作进一步发展[60]。平壤一带及半岛西北部地区汉式墓出土的公元前2世纪至公元纪年前后的铁空首斧、锤、凹口锸、镰刀、剑、戟、环首刀、矛、镞等铁器[61]（图一四），无论其种类还是形态都与汉朝内地的铁器如出一辙，充分显示出这一时期半岛西北部地区铁器文化与汉朝内地，尤其是燕国故地铁器文化密切的内在联系。这同样可以看做是燕地铁器文化东渐的延续。

在半岛南部地区，公元前1世纪的铁器多有发现，其中有不少铁器与西汉时期的燕国故地以及乐浪四郡地区的铁器存在着密切的联系。譬如，京畿道加平郡大成里B区[62]、仁川云北洞[63]、忠清南道扶余郡合松里、全罗北道长水郡南阳里等地发现的长条形竖銎钁，其形态和结构及制作技术都与西汉时期燕国故地的竖銎钁相同，其年代均约当公元前1世纪。又如，庆尚南道密阳市校洞3号木棺墓出土1件铁锄板（M3∶10），铸造品，平面呈梯形，两侧及顶部边缘有凸沿，上部居中有一小穿孔，残长15.4、宽4.6～10.6、厚0.4厘米[64]（图一二，3）。该器在墓中与星云纹铜镜共存，可知墓葬的年代为公元前1世纪，但这种梯形铁锄板是战国晚期至西汉早期燕地典型的铁器之一，在易县燕下都、朝阳袁台子、抚顺莲花堡等地都有发现。昌原市茶户里61号墓也出土4件。再如，京畿道加平郡大成里遗址A区[65]（图一五）、庆尚南道咸安郡末山里3号墓、金海市大成洞45号墓等地出土的铁空首斧，体较短宽，一般刃部宽于銎部，刃角外展，并且銎口下方有横向凸带，两侧有铸缝凸起，其年代大多为公元前1世纪或稍晚。这种铸造并且銎口下有凸带的长方形空首斧是战国和西汉时期燕地铁空首斧的常见形态，在北京大葆台1号墓、榆树县老河深墓地等都有所发现。另外，忠清南道唐津郡素素里发现的方銎铁凿，蔚山市下岱里43号木椁墓出土的3件中长剑、

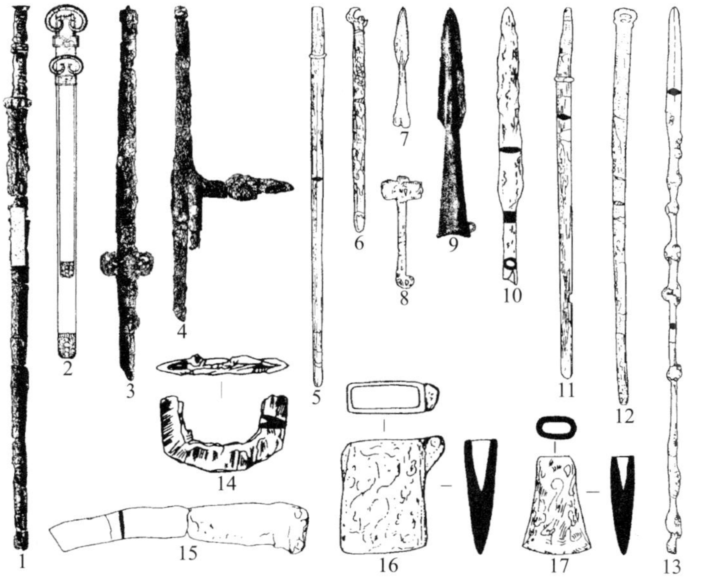

图一四　朝鲜平壤地区出土铁器

1. 长剑（石岩里 9 号墓） 2. 环首刀（石岩里 9 号墓） 3. 铩（石岩里 9 号墓） 4. 戟（石岩里 9 号墓） 5. 长剑（贞柏洞 62 号墓） 6. 环首刀（贞柏洞 62 号墓） 7. 矛（贞柏洞 62 号墓） 8. 锤（贞柏洞 62 号墓） 9. 矛（石岩里 219 号墓） 10. 矛（葛岘里土圹墓） 11. 长剑（贞柏洞 67 号墓） 12. 环首刀（贞柏洞 67 号墓） 13. 长柄矛（台城里 13 号墓） 14. 凹口锸（云城里 2 号墓） 15. 镰刀（台城里 9 号墓） 16. 空首斧（云城里 5 号墓） 17. 空首斧（贞柏洞 81 号墓）

41 号木椁墓出土的铁长剑等，也都与西汉时期燕国故地以及乐浪四郡地区的同类器相同。

上述三韩文化中的铁器，虽然不排除当地制作的可能性，但更有可能是从燕国故地以及乐浪四郡等邻近地区传入的汉式燕系铁器[66]。这同样是燕地铁器文化东渐的继续和发展。也正是在汉式燕系铁器、冶铁和制铁技术主要以乐浪地区为通道不断传入的背景下，辰韩和弁韩地区的铁器制造业获得了初步发展，逐步形成了以锻造板状铁器、锻銎铁器等为特征的铁器制作技术传统，成为后来三韩强盛，“桓灵之际，韩穢强盛，郡县不能制”[67]的重要经济基础，同时也在东亚大陆铁器文化向日本列岛的传播中发挥了重要的桥梁作用。

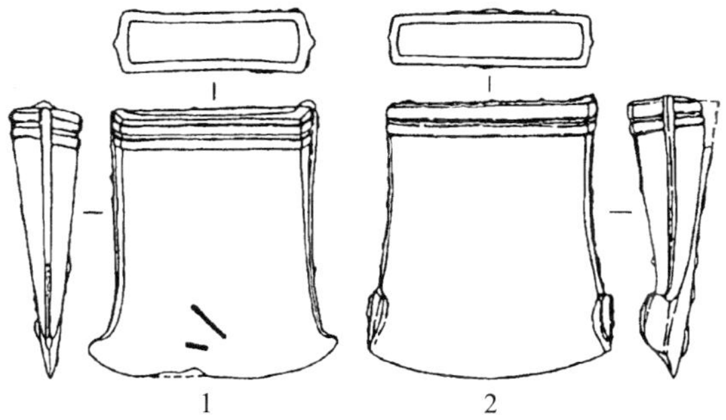

图一五　韩国京畿道加平郡大成里出土铁空首斧

六、结　束　语

关于燕地铁器文化向朝鲜半岛的扩展及其变迁，就半岛北部地区而言，无疑始于公元前 3 世纪前半的战国晚期，经历了秦和西汉初年的第二次浪潮，公元前 2 世纪末随着乐浪四郡的设置进入到一个全面发展时期。就半岛南部地区来说，尽管始于公元前3世纪前半的推断还需要更充分的考古学证据，但这种可能性是很大的，至于能否进一步上溯到公元前4世纪还无从谈起[68]；公元前3世纪末叶至前2世纪末的第二次浪潮中迅速向半岛南部地区扩展，已经得到了考古学的证明，因此，关于半岛南部地区铁器文化的传入伴随着公元前2世纪末卫满朝鲜灭亡之后卫满地区居民南下而开始的观点显然不符合历史的实际；半岛南部地区铁器文化的全面发展同样是在半岛北部乐浪四郡设置之后而出现的。至于燕地铁器文化向朝鲜半岛扩展的路线，总体上说主要有两条：一条是“辽东陆路”，另一条是“渤海—黄海水路”。两条路线并行的同时，就半岛北部而言，前者的作用更大；就半岛南部而言，后者更为重要。

上述根据考古发现并结合文献记载勾画了燕地铁器起源和发展的历史进程，以及燕地铁器文化北进东渐的历史图景，但这种图景仅仅是一个大致的轮廓，有待于进一步的补充、完善和丰富。尤其是春秋时期燕地铁器的探寻、战国和秦汉时期燕国故地范围内铁器作坊址的调查和发掘、朝鲜半岛北部地区早期铁器资料的收集和整理，以及燕地与邻近地区特别是与朝鲜半岛早期铁器的深入细致的比较研究等，都是亟待开展的重要工作。

最后还需指出的是，在中国大陆铁器文化向朝鲜半岛乃至日本列岛扩展的过程中，燕地无疑首当其冲，是最重要的，但与此同时，齐地的铁器文化是否也在其中充当着一定的角色，也是值得今后注意并研究的课题之一。

注　释

[1] 河北省博物馆等：《河北省藁城台西村的商代遗址》，《文物》1973年5期，270页。

[2] 河北省博物馆等：《河北省藁城台西村的商代遗址》，《文物》1973年5期，271页。

[3] 李众：《关于藁城商代铜钺铁刃的分析》，《考古学报》1976年2期，31页。

[4] 北京市文物管理处：《北京市平谷县发现商代墓葬》，《文物》1977年11期，6页。

[5] 张先得、张先禄：《北京平谷刘家河商代铜钺铁刃的分析鉴定》，《文物》1990年7期，65页。

[6] 白云翔：《中国的早期铁器与冶铁的起源》，《桃李成蹊集——庆祝安志敏先生八十寿辰》，香港中文大学出版社，2004年，308页。

[7] 北京市文物考古研究所：《军都山墓地——玉皇庙》，文物出版社，2007年，282、1011页。

[8] 何堂坤等：《延庆玉皇庙墓地出土的铜柄铁刀及其科学分析》，《军都山墓地——葫芦沟与西梁垙》，文物出版社，2009年，660页。

[9] 白云翔：《先秦两汉铁器的考古学研究》，科学出版社，2005年，43页。

[10] 傅振伦：《燕下都发掘品的初步整理与研究》，《考古通讯》1955年4期；中国历史博物馆考古组：《燕下都城址调查报告》，《考古》1962年1期，1015页；河北省文化局文物工作队：《燕下都第22号遗址发掘报告》，《考古》1965年11期，568页；河北省文物管理处：《河北易县燕下都44号墓发掘报告》，《考古》1975年4期，231页；陈应琪：《燕下都遗址出土奴隶铁颈锁和脚镣》，《文物》1975年6期，89页；河北省文物研究所：《燕下都》，文物出版社，1996年；河北易县燕下都遗址文物保管所：《燕下都遗址出土铁胄》，《文物》2011年4期，31页。

[11] 燕下都东沈村居住址出土的铁车釭 1 件（D6T88 ③ : 3），发掘报告认为其年代为战国早期（河北省文物研究所：《燕下都》，文物出版社，1996 年，404 页）。但是，迄今全国发现的车釭中，年代为战国早期的仅此一例，并且燕下都这一时期处于铁器的早期发展阶段，出现车釭的可能性不大，因此，暂不列为战国早期。综合来看，车釭的出现年代定在战国中期为宜。

[12] 李仲达等：《燕下都铁器金相考察初步报告》，《燕下都》，文物出版社，1996 年，881～895 页。按：本文关于燕下都铁器的科学分析和检测结果，除注明者外均据此，不另行注出。

[13] 燕国战国中、晚期的划分，大致可以前 311 年燕昭王即位前后为界，燕昭王在位时间为前 311～前 279 年。参见俞伟超：《燕下都遗址》，《中国大百科全书 · 考古学》，中国大百科全书出版社，1986 年，593 页。

[14] 铁鼎和盆发现于燕下都遗址，铁盆发现于徐水东黑山遗址（参见贾金标等：《河北徐水东黑山遗址考古发掘取得重大收获》，《中国文物报》2007 年 1 月 17 日第 2 版）。

[15]〔日〕石川岳彦：《燕下都遺跡における鉄器文化の性格》，《2012 東亞古代鐵器文化研究學術論壇集》，韓國國立文化財研究所，2012 年，106 页表 2。

[16] 郑绍宗：《热河兴隆发现的战国生产工具铸范》，《考古通讯》1956 年 1 期；杨根：《兴隆铁范的科学考察》，《文物》1960 年 2 期。

[17] 云翔：《战国秦汉和日本弥生时代的锻銎铁器》，《考古》1993 年 5 期。

[18] 刘海峰等：《河北徐水东黑山遗址出土铁器的实验研究》，《南方文物》2013 年 1 期，133 页。按：关于经过实验研究的东黑山遗址出土战国晚期铁器的数量，该文中称为 6 件，但该文的表一和表三均为 3 件，这里以表一和表三为据。

[19] 尽管有学者认为，公元前 6～前 5 世纪燕文化已经扩展到今赤峰到大凌河流域、公元前 400 年前后燕国的势力范围已经到达沈阳至辽阳一线（石川岳彦、小林青树：《春秋戰国期の燕国における初期鉄器と東方への扩散》，《国立歷史民俗博物館研究報告》第 167 集，日本，2012 年，33 页），但实际上，上述地区以及辽东半岛等地真正成为燕国的疆域，是从公元前 300 年前后开始的，铁器文化的扩展也是从这一时期开始的。

[20]《史记 · 燕世家》："周武王之灭纣，封召公于北燕。"

[21] 关于燕下都的建都时间，学界有春秋晚期说、战国中期说、战国晚期说等诸说，其中许宏认为：燕下都在春秋时期为一般居址，战国早期形成一定聚落，直到战国中期的公元前 360～前 332 年的燕文公时期才营建为都城（许宏：《燕下都营建过程的考古学考察》，《考古》1999 年 4 期）。

[22]《史记 · 匈奴列传》："燕有贤将秦开，为质于胡，胡甚信之。归而袭破走东胡，东胡却千余里。与荆轲刺秦王秦舞阳者，开之孙也。燕亦筑长城，自造阳，至襄平。置上谷、渔阳、右北平、辽西、辽东郡以拒胡。"按：燕将秦开破东胡事在燕昭王在位期间，即公元前 311～前 279 年间。

[23] 贾金标等：《河北徐水东黑山遗址考古发掘取得重大收获》，《中国文物报》2007 年 1 月 17 日第 2 版。

[24] 冯秉其、唐云明：《房山县古城址调查》，《文物》1959 年 1 期；北京市文物研究所拒马河考古队：《燕中都城址调查与试掘》，《北京文物与考古》第三辑，1992 年；北京市文物研究所拒马河考古队：《北京市窦店古城调查与试掘报告》，《考古》1992 年 8 期。

[25] 天津市文化局考古发掘队：《天津南郊巨葛庄战国遗址和墓葬》，《考古》1965 年 1 期。

[26] 天津市历史博物馆考古队等：《宝坻秦城遗址试掘报告》，《考古学报》2001年1期。
[27] 辽宁省文物考古研究所：《辽宁凌源安杖子古城址发掘报告》，《考古学报》1996年2期，218页。按：1979年安杖子古城址的发掘中，在战国时期的文化堆积中发现铁直口锸、空首斧、锛、镞、带钩等铁器31件，其年代为战国晚期。发掘者认为，安杖子古城为右北平郡的石城县城。
[28] 吉林大学考古学系等：《辽宁锦西部集屯小荒地秦汉古城址试掘简报》，《考古学集刊·11》，中国大百科全书出版社，1997年，144页。
[29] 锦州市博物馆：《辽宁锦西县乌金塘东周墓调查记》，《考古》1960年5期，9页。按：1958年，乌金塘东周墓地采集到铁竖銎镢1件，其年代约当战国时期。
[30] 旅顺博物馆：《旅顺口区后牧城驿战国墓清理》，《考古》1960年8期，14页。按：1958年，后牧城驿1号墓出土残铁镰1件、2号墓出土残铁器1件，其年代为战国后期。
[31] 许玉林：《辽宁宽甸发现战国时期燕国的明刀钱和铁农具》，《文物资料丛刊·3》，文物出版社，1980年，125页。按：1974年，黎明村洞穴窖藏发现铁空首斧1件、锛1件以及双孔铚刀7件，共存明刀钱200余枚，其年代为战国晚期。
[32] 王增新：《辽宁抚顺市莲花堡遗址发掘简报》，《考古》1964年6期，286页。按：1957年莲花堡聚落址的发掘中，出土铁竖銎镢、空首斧、板状锄、镰刀、铚刀等铁工具75件，聚落址的年代为战国晚期或延续到汉初。
[33] 中国社会科学院考古研究所内蒙古工作队：《赤峰蜘蛛山遗址的发掘》，《考古学报》1979年2期，238页。按：该遗址出土铁器有竖銎镢、凿、车釭以及铁铤铜镞1000余枚等，伴出有燕国风格的饕餮纹、山形纹、兽面纹等瓦当，明刀钱、半两钱以及秦陶量等，可知其年代为战国晚期至秦汉之际。
[34] 敖汉旗博物馆：《敖汉旗老虎山遗址出土秦代铁权和战国铁器》，《考古》1976年5期，335页。按：1974～1975年，老虎山遗址出土铁空首斧、凿、竖銎镢、铲、锄板、镰刀、铚刀等铁器30余件以及铁镞铤600余根，共存的燕国明刀币等表明，其年代可以早到战国晚期。邵国田：《内蒙古敖汉旗四道湾子燕国“狗泽都”遗址调查》，《考古》1989年4期。按：调查中采集到铁锄板和竖銎镢各1件。
[35] 李殿福：《吉林省西南部的燕秦汉文化》，《社会科学战线》1978年3期，108页。
[36] 四平地区博物馆等：《吉林省梨树县二龙湖古城址调查简报》，《考古》1988年6期，507页。按：1987年的调查中，发现铁空首斧、竖銎镢、刀、镰刀和马镳等铁器计10多件，均为中原系统铁器。调查者认为，二龙湖古城址的年代为战国晚期至汉初，是位置最北的一座战国城址，应当是战国燕人及其后裔所遗留。
[37] 吉林省文物工作队等：《吉林桦甸西荒山屯青铜短剑墓》，《东北考古与历史》第1集，文物出版社，1982年，141页。按：1979年，西荒山屯墓地出土铁锛5件、镰刀3件和削刀4件，共存有青铜短剑等大量青铜制品，其年代约当战国末期。
[38] 金旭东、何明：《1990年吉林省通化县南部考古调查试掘的主要收获》，《北方文物》1994年3期。按：1990年调查通化县江甸子乡西江村，发现铁空首斧3件，年代断定为战国时期。
[39]〔日〕梅原末治等：《朝鲜古文化综鉴》第一卷，（日本）养德社，1947年，12～17页。
[40]〔韓〕李南珪：《韓国初期鉄器文化の形成と発展過程——地域性を中心として》，《東アジアの古代鉄文化——その起源と伝播》，（日本）たたら研究会，1993年，66～93页。

［41］〔韓〕李南珪:《韓国初期鉄器文化の形成と発展過程——地域性を中心として》,《東アジアの古代鉄文化——その起源と伝播》,(日本)たたら研究会，1993 年，66～93 页。

［42］〔韓〕李南珪:《韓国初期鉄器文化の形成と発展過程——地域性を中心として》,《東アジアの古代鉄文化——その起源と伝播》,(日本)たたら研究会，1993 年，66～93 页。

［43］〔韓〕全北大學校博物館:《南陽里發掘調查報告書》，全北大學校博物館，2000 年。

［44］〔韓〕金想民:《韓半島西南部地域における鉄器文化の流入と展開様相》,《2012 東亞古代鐵器文化研究學術論壇文集》，韓國國立文化財研究所，2012 年，345 页。

［45］〔韓〕金想民:《韓半島南部地区鐵器文化的传入和發展過程——以燕、韩鐵器的传入年代为中心》,《2013 年東亞古代鐵器文化研究學術論壇发表集》，韓國國立文化財研究所，2013 年，144 页。

［46］〔日〕笠田朋孝:《日本で现れる中国と韓半島鉄器文化の性格と展開様相》,《2012 東亞古代鐵器文化研究學術論壇文集》，韓國國立文化財研究所，2012 年，388 页。

［47］《汉书 • 地理志》。

［48］东北博物馆:《辽阳三道壕西汉村落遗址》,《考古学报》1957 年 1 期，119 页；黄展岳:《近年出土的战国两汉铁器》,《考古学报》1957 年 3 期，98 页；辽宁省文物考古研究所等:《朝阳袁台子》，文物出版社，2010 年，14 页。按：袁台子遗址的第二期遗存为西汉时期，出土铁器有凿、环首刀、刀、空首斧、圆柱锤、环首锥、钻头，直口锸、锄板、铚刀、镰刀，镞和矛等。富品莹、路世辉:《鞍山地区出土战国秦汉时期铁器的初步探讨》,《辽宁考古文集(二)》，科学出版社，2010 年，323 页。按：该文论及的鞍山地区出土的战国秦汉铁器均为燕系铁器，但多未注明具体的出土地点。冯永谦、崔玉宽:《凤城刘家堡子西汉遗址发掘报告》,《辽宁考古文集(二)》，科学出版社，2010 年。

［49］吉林大学历史系考古专业等:《大安汉书遗址发掘的主要收获》,《东北考古与历史》第一辑，文物出版社，1982 年，140 页。

［50］吉林省文物考古研究所:《吉林长白县干沟子墓地发掘简报》,《考古》2003 年 8 期。

［51］湖南文化财研究院:《完州葛洞遺跡》，韓國，2005 年。按：关于完州郡葛洞第 2、3、4 号墓的年代，发掘者将其分期为第三期，绝对年代定为公元前 1 世纪。有日本学者根据出土的铜镞和陶器等，将 3 号墓断代为公元前 3 世纪。笔者认为，根据 2 号墓和 3 号墓出土的铸造铁镰刀与燕地铁器的比较观察，其年代应为公元前 3 世纪末叶至公元前 2 世纪前半。

［52］〔韓〕金想民:《韓半島西南部地域における鉄器文化の流入と展開様相》,《2012 東亞古代鐵器文化研究學術論壇文集》，韓國國立文化財研究所，2012 年，334 页；〔韓〕禹炳哲:《韓半島東南部地區鐵器文化的性質與擴散狀況》,《2012 東亞古代鐵器文化研究學術論壇文集》，韓國國立文化財研究所，2012 年，360 页。

［53］《后汉书 • 东夷列传》:“辰韩，耆老自言秦之亡人，避苦役，适韩国，马韩割东界地与之。……有似秦语，故或名之为秦韩。”

［54］《后汉书 • 东夷列传》:“汉初大乱，燕、齐、赵人往避地者数万口，而燕人卫满击破准而自王朝鲜，传国至孙右渠。”

［55］《汉书 • 武帝纪》: 元封三年，“夏，朝鲜斩其王右渠降，以其地为乐浪、临屯、玄菟、真番郡”。

［56］吉林省文物考古研究所:《吉林省文物考古五十年》,《新中国考古五十年》，文物出版社，1999

年，115 页。按：该文认为大架山遗址上层和宝山遗址上层的年代为战国晚期至西汉时期的同时，提供的 ^{14}C 测年数据为距今 1976 年，约当两汉之际。吉林省文物考古研究所：《吉林长白县干沟子墓地发掘简报》，《考古》2003 年 8 期，62 页。

[57] 吉林省文物考古研究所：《吉林省文物考古五十年》，《新中国考古五十年》，文物出版社，1999 年，115 页。

[58] 吉林省文物考古研究所：《榆树老河深》，文物出版社，1987 年。

[59] 黑龙江省文物考古研究所、吉林大学考古系：《黑龙江省海林市三道河乡东兴遗址 1994 年考古发掘简报》，《北方文物》1996 年 1 期；黑龙江省文物考古研究所、吉林大学考古系：《黑龙江海林市东兴遗址发掘简报》，《考古》1996 年 10 期。

[60]〔韓〕鄭仁盛：《楽浪郡の鉄器生產》，《日本考古学協会 2012 年度福岡大会研究發表資料集》，日本考古学協会 2012 年度福岡大会實行委員会，2012 年，115 页。

[61] 韓國國立文化財研究所：《韓・中鐵器資料集Ⅲ・韓半島北部出土鐵器》，韓國，2012 年。

[62] 京畿文化財研究院：《加平大成里遺跡》，韓國，2009 年。

[63] 漢江文化財研究院：《仁川云北洞遺跡》，韓國，2012 年。

[64] 密陽大學校博物館：《密陽校洞遺跡》，韓國，2004 年。

[65] 畿甸文化財研究院：《大成里遺跡發掘調查報告書》，韓國，2006 年。

[66] 白云翔：《三韩时代文化遗存中的汉朝文物及其认识》，《东亚文化》第 8 号，（韩国）东亚细亚文化财研究院，2010 年。

[67]《三国志・魏书・东夷》。

[68] 关于出土有铸造竖銎镢的完州郡葛洞 3 号墓的年代，AMS 测年的结果为公元前 4 世纪。参见〔韓〕金想民：《東北アジアにおける初期鉄器文化の成立と展開》，（日本）九州大学大学院博士论文，2013 年，169 页。

关于新疆巴里坤东黑沟等遗存文化性质的讨论

陈　戈

（中国社会科学院考古研究所）

从 2000 年开始，以西北大学考古专业师生为主体的考古团队在新疆巴里坤县境内的岳公台—西黑沟、东黑沟和黑沟梁等地进行了长达数年的比较详细的考古调查，并于 2006 开始在东黑沟一带展开了连续数年的考古发掘工作。这些工作的成果是令人可喜的，因为它为新疆地区史前时期的考古研究增添了一批很重要的实物资料，同时能够将遗址、墓葬和岩画结合在一起进行综合考察研究，也确为一种创新的工作方法。也正因为如此，所以这项工作被评为 2007 年全国十大考古发现之一。

但是，仔细研读已经发表的有关这一地区的考古调查和发掘简报及相关论文[1]，我觉得对巴里坤东黑沟等遗存的年代、文化性质等相关问题的认识和解读还有商榷的必要，现本着学术讨论的旨意，撰写此文，相商求教。

一

需要讨论的有以下一些问题：

第一，关于年代问题。岳公台—西黑沟遗存被定为春秋战国之际或公元前 5 世纪前后，其根据是邵家鄂博大型石围墙基址内出土的铜鍑和铜刀分别与陕西榆林靖边麻湾乡小圈村出土的一件时代为春秋中晚期的铜鍑和北京延庆县军都山墓地 M86 所出土的春秋中晚期同型刀可以相类比[2]。按邵家鄂博大型石围墙基址即新疆社会科学院考古研究所于 1984 年发掘的巴里坤兰州湾子石构建筑遗址，它已有明确的 ^{14}C 年代数据，即距今 3285 年 ±75 年[3]，而据张玉忠先生的研究，这件铜鍑和铜刀的形制与西周时期鄂尔多斯的同类器物相同[4]，^{14}C 数据与器物类比相吻合，故其年代断为西周时期至为合理。为了强调这一比较结果，特做比较图如下，供大家判断（图一）。黑沟梁墓地被定为西汉前期，其理由是该墓地“M25 中出土了一块中原羽状地纹铜镜残片，此种镜在中原的流行年代为战国晚期至西汉前期，两处墓地的年代上限也不应该超过这一时期，加之，中原铜镜传入此地需要一定时间，故其年代大致在西汉前期”[5]。按黑沟梁墓地于 1993 年和 1994 年进行了两次发掘，但详细资料未见正式发表，从有些文章所披露的资料看[6]，应该和焉不拉克文化有关，而焉不拉克文化的年代为公元前 1000～前

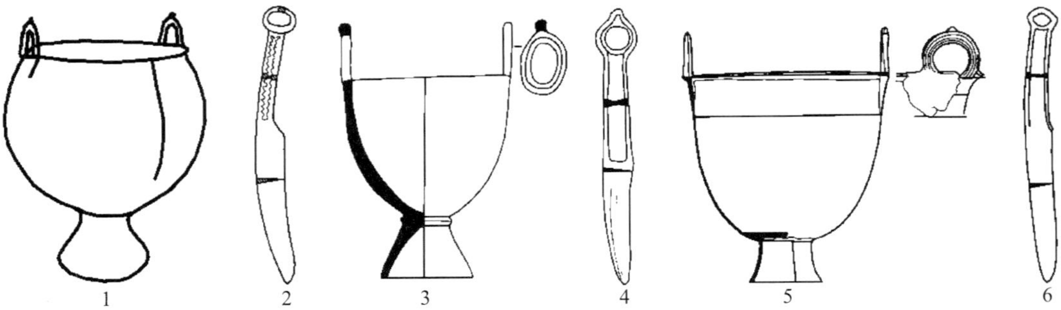

图一　巴里坤兰州湾子与陕西榆林靖边、北京延庆军都山和鄂尔多斯的铜鍑及铜刀比较图

1. 榆林靖边麻湾乡　2. 延庆军都山　3、4. 巴里坤兰州湾子　5、6. 鄂尔多斯

500 年[7]或公元前 1300～前 100 年[8]。特别是该墓地还测有两个 ^{14}C 年代数据，分别是公元前 768～前 402 年[9]和公元前 767～前 413 年[10]，与焉不拉克文化年代相合。不顾这些已有的资料和研究成果，仅用一块很小的羽状地纹铜镜残片就将整个墓地断定为西汉前期，实嫌证据不足。更何况这种铜镜也可以早到战国时期，而从中原地区传到新疆地区恐怕也不见得需要太长的时间，因为至少从公元前 2000 年开始新疆就和内地有了诸多文化交流[11]。更为有意思的是，其中一个 ^{14}C 数据即公元前 768～前 402 年就是测自出土羽状地纹铜镜残片的 M25 中，为什么不将二者结合在一起考虑定为战国时期反而要定为西汉前期呢，令人不解！东黑沟居住遗址和墓葬被认为是属于同一种考古学文化，其年代为西汉前期，依据是它们“与已经发掘的巴里坤县黑沟梁墓地基本相同，应属同一时期同一文化的墓葬。黑沟梁墓地出土有中原式羽状地纹铜镜残片，这种纹饰的铜镜流行年代为战国晚期至西汉前期”[12]。按东黑沟居住遗址和墓葬的发掘资料是比较丰富的，完全可以按照自身的特点来判断年代。例如，这里高台石构建筑（GT1）的外形规模大小、内部的石墙木柱结构、多次居住面及其上面的灶坑和灰坑、出土的陶器、大型石磨盘、小麦粒和马、羊骨等均与前面引述过的兰州湾子石构建筑遗

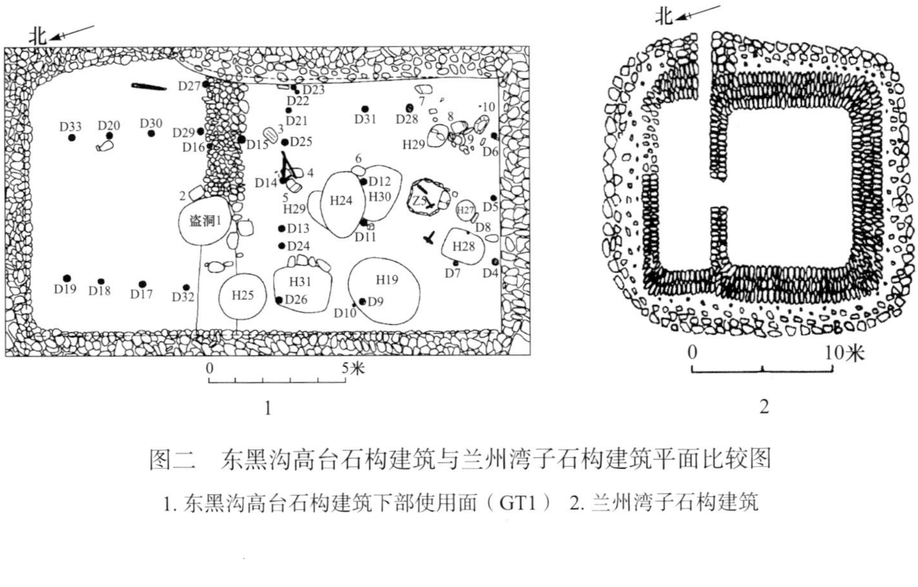

图二　东黑沟高台石构建筑与兰州湾子石构建筑平面比较图

1. 东黑沟高台石构建筑下部使用面（GT1）　2. 兰州湾子石构建筑

址基本一样（图二），而后者的年代已如上述是西周时期；高台石构建筑（GT1）中出土的陶器，特别是下部居住面上的陶器与过去已经发掘过的奎苏南湾墓葬的陶器基本一致（详见下文），而后者已测有18个^{14}C年代数据，基本上都在公元前1500～前1000年[13]；这里墓葬中出土的陶器与焉不拉克文化的陶器基本一致（亦详见下文），而后者的年代已如上述是在公元前1000～前500年或公元前1300～前100年。放着这些翔实准确的比较资料不用，却要用另一处墓地的一个孤零零的而且也有可能存在于战国时期的羽状地纹铜镜残片而将其年代比定为西汉前期，实在令人费解！另外，我们还有疑问的是，如此重要的考古发掘，怎么没有^{14}C年代数据呢？是发掘当时没有采集标本测定还是已有测定年代数据而没有公布引用呢？若是前者，显然是工作中的失误，若是后者，则应早日公布，以供学术界研究判断才是。总结上述，我们认为，根据目前已经披露的资料，东黑沟等遗存的年代总体上应该是在商周和春秋战国两个时期，不应该晚到西汉前期。

第二，关于游牧文化问题。东黑沟等遗存被异口同声地称为游牧文化[14]。按游牧文化是相对于农业文化而言，它们之间的主要区别被认为在于：农业文化的“遗存堆积较厚，内涵也较丰富”，而游牧文化的“大面积地层堆积较少存在，如果偶有发现，内涵也较简单”；农业文化的遗迹形式是“土木结构的传统源远流长”，而游牧文化的“居址、墓葬等遗迹多见石结构的形式”；农业文化遗物中“陶器的制作和使用非常普遍”，其“形式和组合的变化成为我们区分和确认不同的考古学文化以及研究同一种考古学文化演变过程的主要依据”，而游牧文化由于“陶器是易碎品，不便携带，大量使用陶器是不可能的”，同时在已经发掘过的遗址中，“陶器数量很少”；另外，游牧文化中还有很多的岩画遗存[15]。这些区别应该是客观存在的，但问题是东黑沟等遗存是否与这些游牧文化的特征相一致，则需要根据具体资料详加辨析。首先，在岳公台—西黑沟和东黑沟一带分布的石构建筑遗址应该是居住遗迹，它们有的高达数米而直径数十米，内涵也相当丰富。例如已经发掘的东黑沟高台石构建筑（GT1）内部地层堆积厚2.4～4.9米，可划分为12层和两个居住面，遗迹遗物有石墙、木柱、柱洞、灶址、灰坑、陶器、石器、动物骨头等；石围居址（F03）平面近方形，东西长10、南北宽7米，石墙现存最高0.8、宽0.5～2米，里面有3层文化堆积，厚0.35～0.8米，遗迹遗物有灰坑、灶塘、陶器、石器、兽骨等[16]，这种情况似与“地层堆积较少、内涵也较简单”不相吻合。其次，这些高台石构建筑中有许多木柱，有承重柱、辅助柱和护墙柱之分，同时还见有榫卯结构的木构件，显然是土木石结构的建筑，并非完全是石结构。再次，在已经调查和发掘过的遗址和墓葬中，陶器并非少见，例如在岳公台—西黑沟的石构高台和石围基址调查中，就发现有夹砂红褐陶的大型陶器残片、夹砂红褐陶片、黑彩陶片等，采集可辨器形的有14件，器形有罐、盆、钵等[17]；在东黑沟的遗址和墓葬调查中，采集有近百片陶片，可复原双耳彩陶罐1件，可辨器形者8件[18]；在东黑沟遗址和墓葬的发掘中，据统计出土各类遗物共计996件，其中复原陶容器130件，陶质饰品和工具63件，二者加起来约占总遗物的1/5[19]，陶器器形有双耳罐、大口罐、彩陶罐、单耳罐、四耳罐、高领罐、双鋬釜、双耳釜、双耳腹、单耳杯、单耳三系罐、钵、盆、碗、杯、坩埚等[20]；在黑沟梁墓地的发掘中，据统计共出土遗物883件，其中陶器有299件，约占总遗物的1/3，陶器器形有双鋬釜、双鋬瓮、桶形釜、腹双耳壶、双鋬带流罐、单耳罐、单耳垂腹罐、单耳圈底罐、单耳带流罐、壶、单耳带嘴壶、杯、钵、盘、碗、豆、纺轮、桶形罐、无耳罐等[21]，这些情况说明陶器是普遍存在的，数量也不是很少。最后，更为重要的是，在这些遗存中，普遍都发现有农作物遗迹，例如在东黑沟高台石构建筑（GT1）的下部使用面上发现有“几处集中分布的炭化麦类颗粒堆积”，在一座灰坑（GT1H19）中发现“大量炭化谷物颗粒，聚成一堆，数量大且纯净。谷粒附近还有类似植物碎屑和糠皮的粘连物，推断可能为一贮粮坑”，在一座灰堆（GT1HD3）中发现“一些炭化谷物颗粒”[22]；在兰州湾子的石构建筑遗址中见有炭化小麦粒[23]，在石人子的高台堆积中发现有炭化小麦粒[24]，在盐池的石构房址中亦见有烧焦的小麦粒[25]。与这些农作物一起还出土有石磨盘，例如在东黑沟高台石构建筑（GT1）的上、下部使用面上都有许多大、小石磨盘，其中一件大型的长70、宽52.8、厚10.6～18.8厘米，一件小型的长48、宽16、厚6.8厘米；在兰州湾子的石构建筑遗址中有多件大型石磨盘，长1米多，宽、厚10厘米。一般认为，这些中部凹陷而呈马鞍形的石磨盘应是加工粮食的工具。上述这些情况，似乎都可以说明东黑沟等遗存并不是单纯的游牧文化，而应该是半农半牧或农牧结合的文化才对，最多也只能是以畜牧业为主农业为辅而已。东黑沟遗址出土人骨的碳氮同位素分析结果表明，当时居民的食物结构是肉类保持有较高比例的摄入，并辅以C_3类植物为主的植物性食物[26]；黑沟梁墓地出土人骨的食性分析也表明，当时居民的日常生活习惯中保持着较高比例的肉类食物的摄入，植物类食物的摄入中以C_3类植物为主，而C_4类植物所占的比例则相对较少[27]，明显地证明了这一点。对于半农半牧或农牧结合的人们来讲，石结构形式的墓葬和岩画是普遍的文化现象，特别是在新疆地区，它们并不是游牧文化所独有的。

第三，关于文化的归属问题。岳公台—西黑沟遗址被认为是当地的土著文化，而东黑沟遗存是一支外来游牧民族的文化[28]；又认为东黑沟遗存的高台石构建筑（GT1）的上、下部及其周围的石围居址和墓葬均属于同一种考古学文化，但是墓葬中的人牲和石圈遗迹内的人牲却是当地的土著文化，墓主则是外来文化[29]；同时还认为东黑沟墓地和黑沟梁墓地属于同一种民族文化，但是墓葬中的人牲却是当地的土著文化，墓主则可能是匈奴文化[30]。按土著文化与外来文化应该是有明显区别的，但是我们从已经调查和发掘过的岳公台—西黑沟遗存和东黑沟遗存的资料看，却没有什么太大的区别，例如它们所共有的石筑高台、石围基址和墓葬形制、大小及内部结构和出土遗物基本上都是一样的，很难区分出哪些是土著的，哪些又是外来的。至于说岳公台—西黑沟遗址的岩画是用石质工具敲凿，造型简单呆板，表现形式多为静态剪影式以及石结构墓葬不起封堆，而东黑沟遗址的岩画是用金属工具雕刻，造型细腻生动，表现形式多为动态剪影式以及石结构墓葬起封堆，这就是明显的区别，从而判断前者即是土著文化而后者又是外来文化，这似乎有些太勉强了。且不说目前学术界对于岩画的时代和族属等问题并未形成一致的意见，而在新疆的许多古代墓地中都同时存在石堆墓、石围墓、石环墓等且未必都具有时代和族属的标志意义，即是在同一个所谓的土著文化或外来文化中这些遗迹现象也都是可以同时存在的。土著文化与外来文化应是决然不同的两种文化，它们不可能存在于同一种考古学文化之中，也就是说，同一种考古学文化要么就是土著文化，要么就是外来文化，不可能既是土著文化，又是外来文化。当然，这并不是说土著文化中就没有外来因素，而外来文化中也没有土著因素，实际上，在考古学文化中，你中有我，我中有你的现象是非常普遍的，在这里，我们强调的是考古学文化与文化因素是不同的。既然认为东黑沟遗存的高台石构建筑及其周围的石围居址和墓葬均属于同一种考古学文化，那怎么可能墓葬中又有土著文化和外来文化区别呢？既然认为东黑沟墓地和黑沟梁墓地属于同一种民族文化，那怎么可能墓葬中的人牲是当地的土著文化，而墓主又是外来文化即匈奴文化呢？这显然是非常矛盾的，甚至有些逻辑混乱。其实，这里根本就不存在什么土著文化和外来文化的问题，而是当地早已确认存在的两种不同时代的考古学文化（详见下文）。

第四，关于人牲和墓主的问题。在东黑沟遗存中发掘了12座墓葬，墓葬中的骨殖被分成了墓主人和人牲，同时又发掘了4处打破石围居址的石圈遗迹，里面的骨殖也被定为了人牲[31]；在黑沟梁墓地共发掘了52座，大部分墓葬中的骨殖也都被分成了墓主和人牲[32]。为什么会被分成墓主和人牲呢？理由据说是：人牲是被肢解后埋入填土中，肢体残缺且摆放凌乱；一般没有随葬品，仅有个别的身旁有随身携带的小型器物如器形较小的陶壶、陶钵、金属工具、饰件、串珠等；这些随身器物数量少，体积小，规格低、摆放无规律，特别是陶器有明显的使用痕迹，是实用器，但器物组合并不成系统。墓主则是埋在墓室底部，有葬具，骨架较完整；随葬品较多，较精致；陶器既有实用器，还有专供殉葬的明器，并且有一定的组合形式[33]。但是，当我们仔细翻检这些具体资料后，却发现如此来划分墓主和人牲的理由似乎并不充分。首先，墓葬中骨架的完整或散乱残缺及其摆放位置的不同未必就是墓主人和人牲的区别，只要是了解新疆考古的人都会知道，这里的很大部分古代墓葬中的骨架都是残缺或散乱无序的，而且有很多都是摆放于封堆和墓室中的不同位置，其原因可能是多方面的，诸如二次葬、迁葬、信仰习俗、人为盗扰、动物扰乱以及我们还不知道的各种情况，等等。除非有相当可靠的证据能证明确实是被杀之人为墓主人殉葬，一般是不宜将骨架散乱或不全者当人牲来看待，否则的话，就会形成新疆到处都是有人牲的墓葬假象。更何况有很多墓葬中基本上都是散乱无序的骨架而没有完整者，难道这样的墓葬就没有墓主人而全是人牲？或者说这样的墓葬将如何来区分墓主和人牲呢？就东黑沟和黑沟梁的墓葬本身而言，在简报所举东黑沟的4座墓葬和黑沟梁的3座墓葬中，根本就看不出所谓墓主人一定是完整骨架并摆放于墓室底部而人牲是残缺散乱且摆放于填土或封堆中的现象（表一）。从表一可以看到，在8具所谓的墓主中，虽然都位于墓底，但仅有3具骨殖完整，其他5具却残缺或凌乱；在可以统计的12具所谓的人牲中，虽然有9具位于封土或填土中且都残缺凌乱，但也有3具位于墓室之中或底部。因此可以说，人骨的完整或残缺不全及摆放位置与对墓主人和人牲的判断是基本上不相对应的，也就是说以骨殖的残缺凌乱和比较完整及摆放位置来判断人牲与墓主是没有多少科学依据的。另外，这些所谓骨殖残缺凌

表一　东黑沟和黑沟梁墓地举例墓葬的人骨统计情况

墓地／人骨／墓葬	东黑沟墓地						黑沟梁墓地					
	墓主			人牲			墓主			人牲		
	人数	摆放位置	骨架完残情况	人数	摆放位置	骨架完残情况	人数	摆放位置	骨架完残情况	人数	摆放位置	骨架完残情况
M010	1	墓底	头骨破损，上半身凌乱									
M012	1	墓底	保存较差		填土中	残缺						
M015				6	5具在封土内，1具在墓底	残缺散乱						
M001	1	墓底	上身凌乱残缺	1	封堆内	残缺						
M28							1	墓底	完整	5	3具在填土中，2具在墓室中	残缺凌乱
M35							3	墓底	2具完整，1具残缺			
M44							1	墓底	上肢骨残缺移位			

乱的人牲怎么就能确定是被肢解的呢？在这里还需要说明一点的是，在东黑沟的M015中，墓底葬具中无人骨，但在其北部却有散乱人骨，而在M001中，墓底有一具上身骨凌乱残缺的人骨，这种情况在新疆地区的考古发掘中是最常见不过之现象，可是为了强调墓主和人牲的区别，却被解释为M015的墓主是迁葬而走，M001的墓主又被推测为二次葬，实在有些牵强附会。其次，是不是人牲一般都没有随葬品，仅有个别的身旁有随身携带的小型器物且规格较低，而墓主却是随葬品较多且较精致呢？我们还是从刚才所引述的几座墓葬举例中来进行分析（表二）。从表二可以看出，只有东黑沟的M001和黑沟梁的M28两座墓葬中同时具有所谓墓主和人牲的随葬品，M001的墓主共有13件，其中陶器6件，铁马衔一副，海贝5颗；所谓人牲的总件数不明，若按纺轮、铜挂饰、铜饰、铜鱼形饰、铁削、玛瑙串珠、残布片等各为一件来计算则共有7件，如果其中的玛瑙串珠还不止一颗的话，则应在7件以上。两相比较，由于所谓墓主有陶器且总件数较多而所谓人牲主要是饰件且总件数较少，故而可以认为两者有所区别。但M28的所谓墓主共有21件，其中陶器7件，饰件等14件；人牲的总件数不明，但是有陶器6件，再加上其他饰件等也有十多件，两相比较，似乎差别不大。黑沟梁的M44所谓墓主有4件陶器，填土中有一件陶器，如果它被算作为所谓人牲的随葬品的话（因为所谓人牲都被认为是埋在填土中的），二者都是陶器，区别也不算太大。东黑沟的M010和M012及黑沟梁的M35仅见所谓墓主有随葬品，M010共有16件，除一件铁刀外，

表二　东黑沟和黑沟梁墓地举例墓葬的随葬品统计情况

墓地／人骨／墓葬	东黑沟墓地						黑沟梁墓地					
	墓主			人牲			墓主			人牲		
	数量	陶器	铜铁器及其他	数量	陶器	铜铁器及其他	数量	陶器	铜铁器及其他	数量	陶器	铜铁器及其他
M010	16		铁刀1、串珠15									
M012	74	壶、碗各1	骨锥1、金银箔片71									
M015				18	壶3、单耳罐1、钵2	铜镜1、铜带饰1、铜锥2、铜环首刀1、骨饰1、骨器1、骨镞1、骨串饰1、砺石1、石磨盘和磨具1套						
M001	13	壶、罐、碗、杯等6	铁马衔2、海贝5	不明	纺轮	铜挂饰、铜饰、铜鱼形饰、铁削、玛瑙串珠、残布片						
M28							21	釜、罐、钵等7	铜带扣、铜饰、贝、耳环、有柄铜镜、三翼铜镞、铜饰、铜簪、铜扣、骨镞、铜片、绿石珠、玛瑙珠等14	不明	钵、罐、带流罐、带流钵等6	铜饰、铜针、石珠、玻璃珠、玛瑙珠
M35							20	单耳罐、钵等3	铜耳环、石珠、铜锥、骨锥、铜饰、铜贝、铜簪、玛瑙珠、铜镜形饰、铜饰、铜贝等17			
M44							4	瓶、钵等4		1	杯1	

其他都是串珠；M012 共有 74 件，看似很多，但除了两件陶器和一件骨锥外，其他都是金、银箔片饰件；M35 共有 20 件，除 3 件陶器和 4 件骨锥外，多是饰件。东黑沟的 M015 未见所谓墓主的随葬品而却有所谓人牲的随葬品，共有 18 件，其中有陶器 6 件，其他铜镜、铜锥、铜刀、骨镞、石磨盘、饰件等 12 件，其数量和质量不但不比其他各所谓墓主的随葬品逊色，反而有过之而无不及。由此看来，无论是所谓墓主还是人牲，基本上都随葬有陶器和随身之物，数量和质量也不是相差很大，并不是所谓的墓主都有随葬品且数量较多又精致，而所谓人牲一般都没有随葬品且多是随身携带之物又规格低下。这些随葬品多少之间的差别应该是各个墓葬之间的正常差别而绝不是所谓的墓主与人牲之间的区别，也就是说不能依据这些随葬品来划分出谁是墓主谁是人牲。在这里还要再一次说到东黑沟的 M015，该墓被认为是墓主被迁出，而墓底的残缺散乱骨架是人牲，可是他的随葬品却是最多最全的，这一例证再好不过地证明了以人骨的完整或残缺凌乱和随葬品的多寡或精致程度来区分所谓墓主和人牲是不可取的。最后，所谓墓主的陶器既有实用器，还有专供殉葬的明器，并且有一定的组合形式，而所谓人牲的陶器有明显的使用痕迹，是实用器，但器物组合并不成系统，事实果真如此吗？当我们仔细翻检已经发表的所有陶器后，似乎并不尽然。之所以将陶器划分为实用器和明器，据说是因为实用器是陶胎较厚，器形较大，而明器则是陶胎较薄，器形较小，但是在所有的陶器中很难看出陶胎厚薄和器形大小之区别，而在标明有尺寸大小的所谓墓主和人牲的随葬陶器的大小基本是一样的。例如东黑沟 M012 所谓墓主的 2 件陶器中的陶壶口径 6.8、高 12 厘米，陶碗口径 13.8、高 5.1 厘米，M015 所谓人牲的 5 件陶器中的 2 件陶壶分别口径 6.9、高 16.3 和口径 7.7、高 16.6 厘米，1 件陶罐口径和高都是 8.7 厘米。至于说所谓墓主的陶器有一定的组合形式而人牲的陶器则不成系统，亦非事实，实际情况是无论是墓主还是人牲，陶器的类型基本上是一样的（图三）。从图三中可以明显地看到，东黑沟和黑沟梁两处墓地的所谓墓主和人牲的陶器的主要类型组合都是罐、壶、钵或碗，特别是其中的单耳罐、腹耳壶和钵或碗的形制大小基本相同一致，并无太大的差别。而陶器是盛储或食用器皿，并不是随身携带之物，作为被残杀或肢解的人牲怎么可能被允许抱着这样的器物赴刑场且与尸体同埋一起呢？根据这些理由，我们认为，在这些墓葬中，并不存在人牲现象，当然也就没有什么墓主与人牲的区别。另外，在东黑沟还有 4 处因为骨殖残缺散乱而被定为人牲的石圈遗迹，由于它们位于遗址表面并且打破石围居址，本身又有石围标志，所以不能排除它们也有可能是一座单独的小石围墓葬；M015 的封堆中有 5 处残缺散乱的人骨也被定为人牲，它们大多有随葬品，而且多是陶器，所以也不能排除它们可能是一座封堆内主墓室周围的小墓葬。类似这两种情况的墓葬，在新疆地区的诸多墓地中是普遍存在的，它们不一定就是人牲。

第五，关于征服者与被征服者的问题。前述的所谓墓主和人牲都被确定成了征服者与被征服者的关系[34]。刚才我们已经论述了东黑沟和黑沟梁墓地实际上并不存在什么墓主和人牲的区别，那自然也就不存在什么征服者与被征服者的问题了。不过，我们就再退一步来讲，即便是确实存在有墓主和人牲的关系，那怎么就能确定他们就是征服者与被征服者的关系呢？按墓主和人牲的关系，大体上讲可能有两种情况，一种是部族或

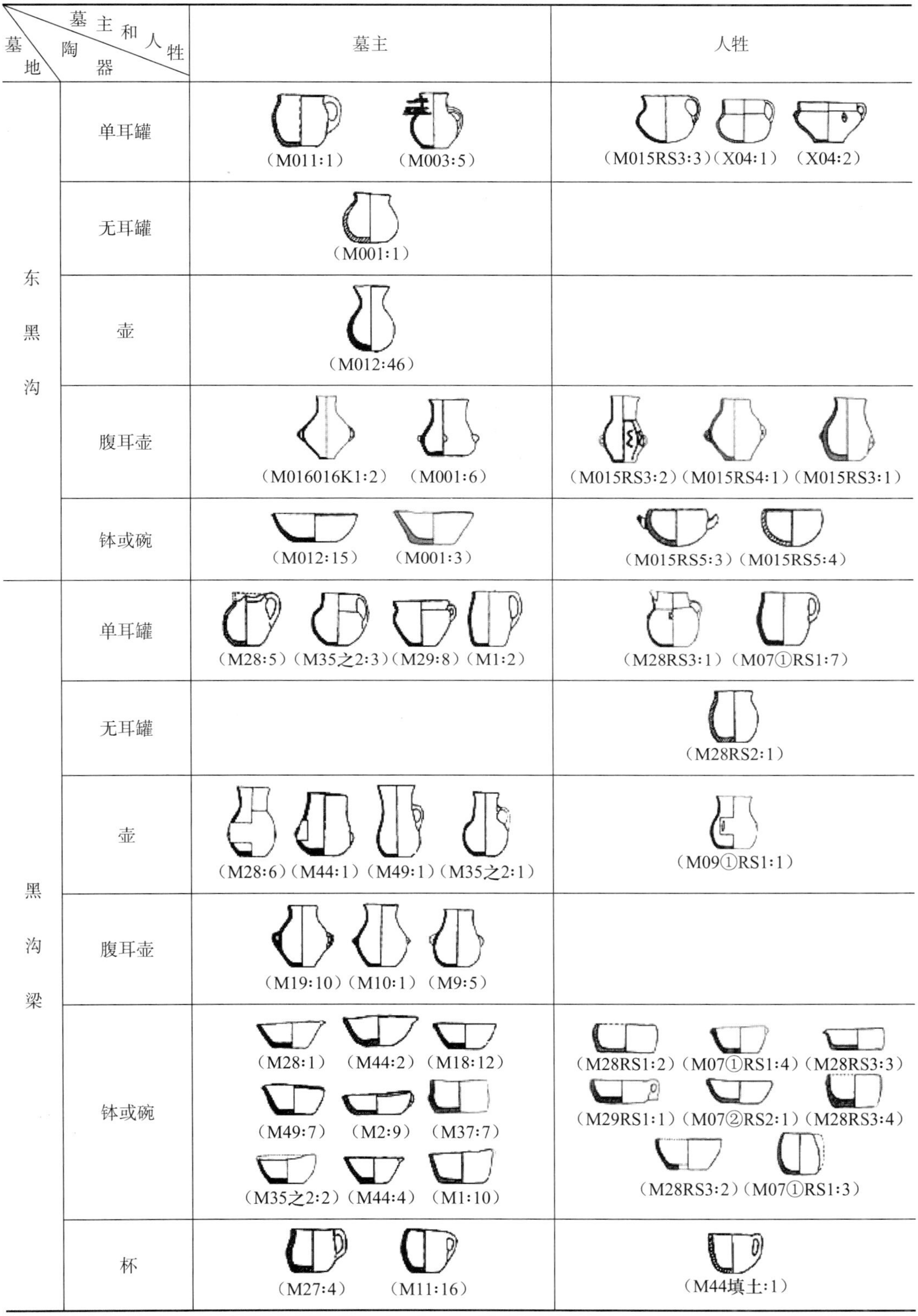

图三　墓主与人牲的陶器比较图

家族内部的统治与被统治或剥削与被剥削者的关系，例如奴隶主与奴隶或家长与家奴等，另一种则应是相互对立的仇视者，例如不同部落或民族的仇杀、不同国家的战争等。后者可以说是征服者与被征服者关系，而前者则似乎与征服者与被征服者无关。东黑沟和黑沟梁墓地的所谓墓主和人牲，未见任何具体说明就被武断为征服者与被征服者，很难令人信服。

第六，关于游牧民族的王庭问题。岳公台—西黑沟遗址和东黑沟遗址被推定为游牧民族的夏王庭，而乌拉台遗址又被推定为冬王庭[35]。之所以被推定为王庭，据说是因为这些遗址既有大型的石筑高台和石围居址，还有大量的墓葬和岩画，特别是前两项建筑是专供最高统治者或王居住和进行祭祀活动的。对这种说法我们也有疑问。其一，岳公台—西黑沟遗址和东黑沟遗址各发现有3处大型石筑高台和石围居址，它们基本都分布在巴里坤县城以南东西约8公里的山前缓坡上，如果每一处都是王庭的话，这王庭不是显得太多了吗，有哪一个游牧民族会建如此密集的王庭呢？另外，除了这些山坡上的石筑高台和石围居址外，在山坡与巴里坤县城之间的平川地带也有这种石筑高台建筑，只不过由于后来当地人们为了扩田种地而将它们逐渐平整而已[36]。如果再加上这些已经被毁坏无存的石筑高台的话，那在这里的山坡和平川地带就会有更多处王庭了，这可能吗？其二，王庭是一个游牧国家或部落联盟的政治统治中心，它应该具备执行统治权力的权威性和森严性，诸如王公大臣之寝宫、商议国是之厅宇、发号施令之广场、敬畏鬼神之祭台等，可是岳公台—西黑沟遗址和东黑沟遗址有这些功能吗？除了它可以勉强作为祭台（但这种祭祀与王庭之祭祀是无法比拟的）外，其他的都还谈不上。东黑沟已经发掘的高台建筑（GT1）的上下两部的使用面上布满灰坑和灶坑以及大量的残破陶片和大大小小的石磨盘、石器等，怎么可能与王庭相对应呢？它只不过是一处家族或比较富裕一点儿的大家庭住所而已。其三，从新石器时代以后，人们的信仰习俗都是将居住区与墓葬区分置两地，很少有将墓葬埋在居住区或者将住房建在墓地之中，作为游牧民族的王庭更应是如此。可是岳公台—西黑沟遗址和东黑沟遗址的所谓王庭却是处在墓地之中，其周围布满很多大大小小的墓葬，这种情况应该怎样解释呢？难道是王庭要寻求已逝祖先的保佑抑或是自找晦气？本人寡闻，还不知道世界上有哪一个游牧民族的王庭与大量的墓葬混在一起！其四，众所周知，巴里坤和哈密一带是汉王朝与匈奴的战争拉锯之地，按兵家战策，在这种地带是不宜建立军事重镇，更不用说建立王庭了。匈奴要将王庭设在这里，那不是自找灭亡吗？据上所述，我们认为，将岳公台—西黑沟遗址和东黑沟遗址及乌拉台遗址确定为游牧民族的王庭是不大合适的。

第七，关于月氏和匈奴文化的问题。岳公台—西黑沟遗址和东黑沟遗址被认为是月氏文化，而东黑沟墓葬和黑沟梁墓葬被认为是匈奴文化，且墓葬中所谓墓主人是匈奴人，人牲则是月氏人，反映了匈奴打败并征服月氏的情况。这种认识同样需要商榷。根据《史记》和《汉书》的记载，月氏和匈奴大约是从西汉初期开始活动于新疆地区，在此之前没有它们的多少信息，我们也不宜做太多的虚幻猜想，而岳公台—西黑沟遗址和东黑沟遗址及黑沟梁墓葬的年代据我们上述所论远在西周和春秋战国时期，这首先在年代上就否定了它们是月氏和匈奴文化的可能性。月氏文化究竟是个什么样子，有哪些特征，学术界并不清楚，尽管有人曾经认为沙井文化和四坝文化可能是月氏文化，但并未得到肯定，所以没有任何考古资料可以佐证东黑沟等遗存就是月氏文化，如果仅仅依靠月氏人曾经活动于巴里坤一带的地域要素就认定这里的古代遗存是月氏文化，显然是过于简单化了。匈奴文化则比月氏文化清楚多了[37]，虽然还有许多争论的问题，但是其区别于其他文化的最明显的特征却是学术界比较认同和任何人一看就明白的，例如特征明显的陶器（图四）和透雕青铜牌饰。然而在东黑沟等遗存中却没有这些东西，这里的陶器与匈奴的陶器完全不同，尽管这里发现有金银牌饰，但那是用金银箔片压制而成，并非透雕，而这种金银箔片饰件在广阔的欧亚草原上的各民族中是普遍使用的，这又从最具有代表性的典型器物上否定了东黑沟等遗存是匈奴文化之说。当然，东黑沟和黑沟梁的墓葬所具有的墓上石堆、墓室结构、葬具、葬式、殉牲等方面也有与匈奴文化相同或相似之处，但这些因素也同时存在于新疆各地乃至广大欧亚草原上的各种文化或民族之中，可以说是泛文化现象，并不具有独特性。既然这里不存在什么月氏文化和匈奴文化，那么所谓的墓主人是匈奴人、人牲是月氏人以及匈奴打败并征服月氏的说法就不攻自破了，而且我们在前面也已经讨论过了不存在什么墓主和人牲的区别以及征服者和被征服者的问题。总之，东黑沟等遗存与月氏和匈奴文化无关。

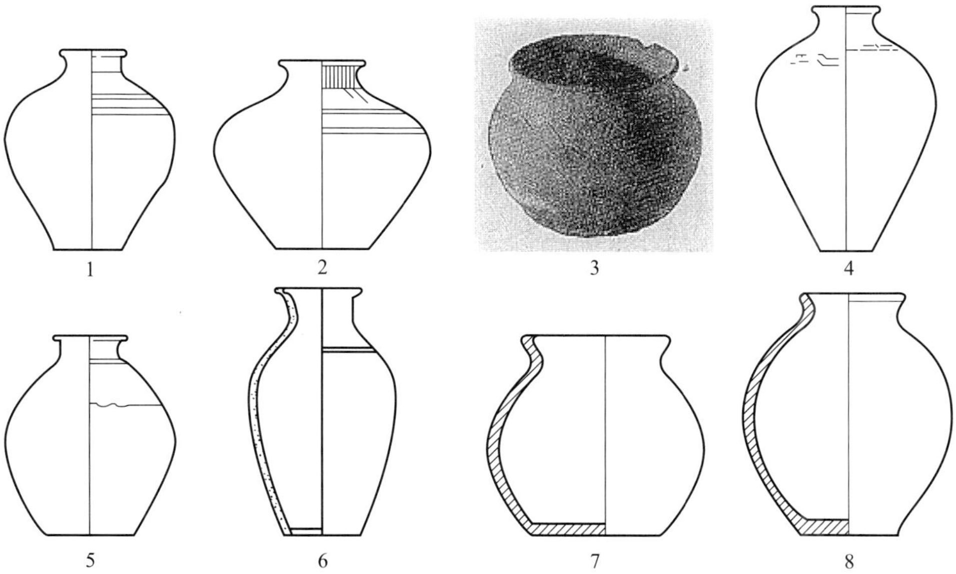

图四　匈奴文化陶器

1. 俄罗斯伊里莫瓦墓地　2. 俄罗斯切列姆霍夫墓地　3. 吉尔吉斯肯阔尔墓地
4. 蒙古诺音乌拉墓地　5. 宁夏倒墩子墓地　6. 内蒙古西沟畔墓地　7、8. 新疆察吾乎沟口墓地

二

上面我们分析讨论了对东黑沟等遗存解读不大正确的情况，下面则谈谈我们对这些遗存的认识和意见。

我们认为，东黑沟等遗存包括两种不同时代的考古学文化，即岳公台—西黑沟遗址和东黑沟遗址是青铜时代文化，它们与过去在巴里坤已经发现的南湾墓葬等属于同一文化类型；而东黑沟墓葬和黑沟梁墓葬则是早期铁器时代文化，它们属于在哈密地区已经发现的焉不拉克文化。

关于巴里坤的南湾墓地、兰州湾子遗址、石人子遗址、伊吾军马场墓地、三分场墓地等均属于青铜时代文化的情况，韩建业先生在其一本专著的有关章节中已有详细的论述[38]，同时在另一本专著中也包括到了岳公台—西黑沟遗址和东黑沟的石围居址和石筑高台建筑的上部使用面[39]，本文不再重复。这里仅就岳公台—西黑沟遗址和东黑沟遗址与南湾墓葬的陶器进行比较（图五）。由于岳公台—西黑沟遗址仅有地面调查，采集陶器很少，且不知是出于石围居址还是墓葬之中，所以图中只列举已经发掘的东黑沟石筑高台的上、下部和石围居址中出土的器物。从图中可以明显看出，东黑沟遗存的陶

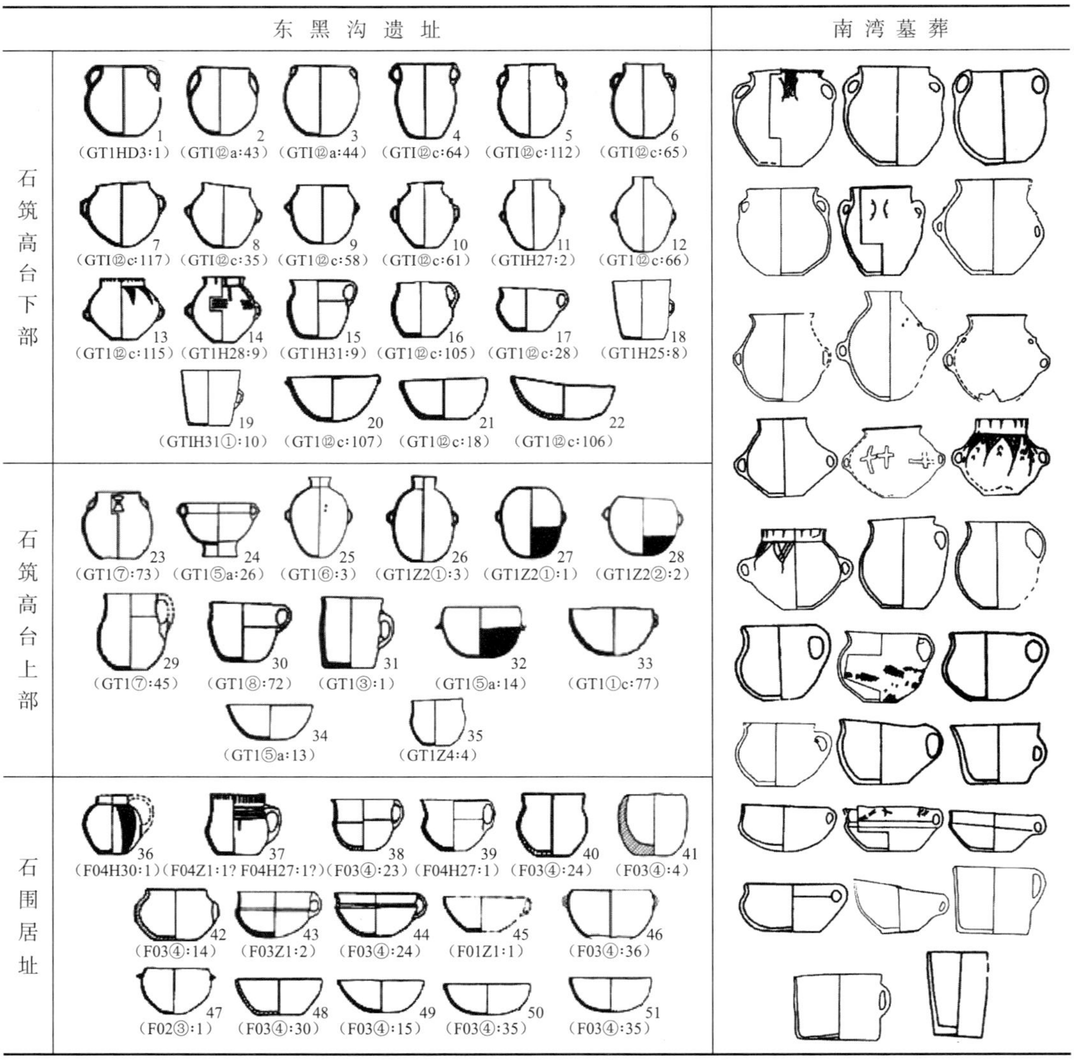

图五　东黑沟遗址与南湾墓葬的陶器比较图

器与南湾墓葬的陶器是非常一致的，特别是石筑高台下部的主要器形双耳罐、单耳罐、腹耳罐、单耳桶形杯等与南湾墓葬的同类器形完全一样，尤其是两件彩陶腹耳罐，不但形状而且连花纹的母题及绘制位置也都与南湾墓葬的彩陶腹耳罐相同。石筑高台上部和石围居址的器物与下部的略有区别，但总体风格是一致的，应该是早晚不同的变化。整个陶器群的相同性充分说明了岳公台—西黑沟遗址和东黑沟的石围居址和石筑高台建筑与南湾墓葬属于同一种文化。在这里需要说明一点，东黑沟石围居址中的一件口沿处绘竖短线、上腹绘四条横曲线的单耳彩陶罐（图五，37）应该属于下文所谈的焉不拉克文化，故怀疑其可能出土于墓葬之中（详见下文）。

焉不拉克文化在 1986 年最初发现和命名时仅有四处遗存，分布范围很小，只集中在哈密市西北约 60 公里的三堡、四堡和五堡之间约 20 公里的范围之内，十多年后又增加了几处，范围扩大了不少[40]。如今，这种文化的遗存又有所增加，计有十多处，分布于以哈密市为中心的东西南北约数百公里的范围之内。关于早期铁器时代的焉不拉克文化的情况，韩建业先生在其两本专著中也都有详细论述，本文亦不重复。这里同样仅将东黑沟和黑沟梁墓葬与焉不拉克文化的几处主要墓地的陶器进行比较（图六）。从图中可以看出，东黑沟和黑沟梁墓葬的陶器与焉不拉克文化中的焉不拉克墓葬、寒气沟墓葬、庙尔沟 I 号墓地墓葬、五堡墓葬、艾斯克霞尔墓葬、腐殖酸厂墓葬的陶器基本是一样的，特别是具有典型文化特征的各种类型的单耳罐、腹耳壶、豆、大口瓮等都很相同或相似，有的彩陶花纹也完全一样，因此，它们都应该归属于同一种考古学文化。前文专门提到的东黑沟石围居址中的一件单耳彩陶罐在图六中我们又将它放在了东黑沟的墓葬中（图六，4），同一件器物为什么放在两个地方呢？按这件单耳彩陶罐在正式的发掘简报中未见报道，但在其他的论文中却有引用，而具体的出土位置又有不同，或在一处石围居址中的一座灰坑中（F04H27：1）[41]，或在同一处石围居址中的一座灶址中（F04Z1：1）[42]。查石围居址 F04 中共有 30 座灰坑、一座灶坑和两座石圈遗迹亦即所谓的人牲坑，其中的灶址位于东北部，灰坑 H27 位于西部石墙下，而此灰坑又恰好处在一处石圈遗迹亦即人牲坑（X02）之内。上文已经说道，东黑沟的石筑高台建筑和石围居址属于南湾墓葬类型的青铜时代文化，而东黑沟的墓葬包括所谓的人牲属于早期铁器时代的焉不拉克文化，而这件单耳彩陶罐无论是形制还是彩绘花纹的条带及绘制位置都与焉不拉克文化最具有典型代表意义的同类型单耳彩陶罐（图六，62）完全一样。因此，我们觉得这件单耳彩陶罐似不应出土于石围居址的灶址中而是出于灰坑中，而这座灰坑又是处于一处石圈遗迹亦即所谓的人牲坑中，所以它可能是墓葬中的随葬品。于此，这件单耳彩陶罐既否定了前面已经讨论过的所谓人牲的存在，也证明了东黑沟和黑沟梁墓葬属于焉不拉克文化。

迄今为止，可以说在学术界已经基本上形成了这样的共识，即在新疆哈密地区汉代以前的史前文化中，存在着两种考古学文化，一种是以天山北路墓地（或称林雅墓地或雅琳办墓地）和南湾墓地为代表的青铜时代文化，另一种是已经正式命名为焉不拉克文化的早期铁器时代文化[43]。岳公台—西黑沟遗址和东黑沟遗址及东黑沟墓葬和黑沟梁墓葬的调查发掘及资料的披露又大大地补充和丰富了这两种文化的内涵：首先是我们知

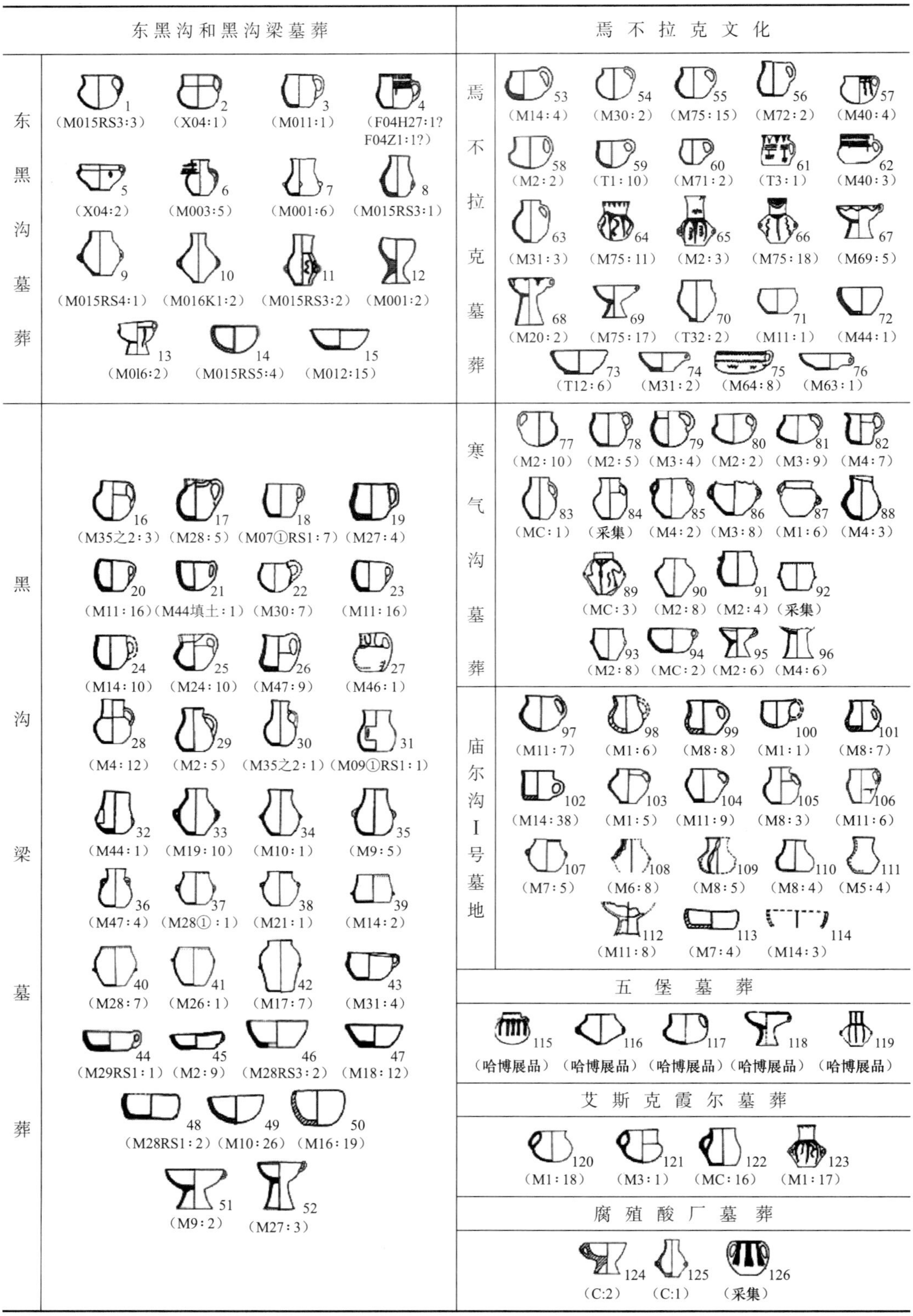

图六　东黑沟和黑沟梁与焉不拉克文化的陶器比较图

道了这里的青铜时代文化不但有大量的墓葬，而且还有大面积的遗址，这一点非常重要，因为过去长期以来新疆史前文化的资料基本上都是墓葬发掘，遗址发现很少，正式发掘的更是少之又少，这是非常大的缺憾，它严重地影响并制约着新疆考古研究的深入和发展，特别是聚落形态研究。岳公台—西黑沟和东黑沟的石筑高台建筑和石围居址分布广泛，地层堆积不薄，将它们与南湾墓葬相结合，既有遗址，又有墓葬，其研究前景乐观。其次是东黑沟的石筑高台建筑和石围居址提供了比较确切的地层资料，这一点也很重要，因为过去长期以来新疆考古发掘中的地层资料非常缺乏，这对许多遗存的年代早晚的判断及其分期造成了较大的困难。东黑沟的石筑高台建筑和石围居址本身可以划分出不同的层次，可以将这些层次的出土物与南湾墓葬的随葬品结合起来进行比较研究，不但可对这一青铜时代文化本身做出分期判断，同时由于东黑沟的石围居址上又有石圈遗迹（原简报认为是人牲祭祀，我们则认为是石围墓葬），而这些石圈遗迹又是打破石围居址，且石圈遗迹中的出土陶器属于焉不拉克文化，这又从地层关系上确认了焉不拉克文化肯定是要晚于南湾墓葬，也就是说，目前哈密地区已经确认的一种青铜时代文化和一种早期铁器时代文化的先后顺序在地层上得到了证实。再次是由于如上文所述东黑沟和黑沟梁墓葬属于焉不拉克文化，这就将焉不拉克文化的分布范围扩展到了天山以北的巴里坤一带，而过去仅知道这种文化只限于天山以南的哈密市区周围一带。最后是东黑沟遗址和南湾墓葬中有一些陶器与焉不拉克文化和其西边的另一种早期铁器时代的苏贝希文化[44]的陶器相同或相似，这可能反映了它们之间有一定的源流关系。总之，巴里坤的岳公台—西黑沟和东黑沟及黑沟梁等遗存是研究新疆东部地区考古学文化的重要资料，可惜的是，由于对这些资料的具体解读有误，可能会导致其重要价值的降低。

三

上面我们讨论了对巴里坤的岳公台—西黑沟和东黑沟及黑沟梁等遗存的两种不同的解读意见，这本来就是学术研究中的很正常的现象，不足为奇。问题是这两种意见似乎相差太大。为什么对同一种考古发掘资料会有如此大的不同解读呢？我们觉得可能与学术研究的思维方式和处理资料的方法有关。

思维方式是指先有资料然后再从资料研究中得出结论来还是先有结论然后再以结论去诠释资料，简言之，即是史学研究中的所谓以史带论和以论带史的两种不同的思维方式。我们认为，前者应该是正确的，而后者则容易出现偏颇。

早在21世纪一开始，巴里坤一带就被认定为游牧民族月氏人的地域[45]，从此就以这种先入为主的思维定式展开了考古调查和发掘工作，也就是说预先已经有了结论然后再去寻找证明资料。于是乎就将调查发掘的明明是西汉以前的遗迹遗物硬说成是西汉前期；明明是既有农业也有畜牧业的居民硬说是纯粹的游牧民族；明明是一般民居或与祭祀有关的建筑遗迹硬说成是游牧民族的王庭；明明是正常的人骨葬式的不同硬说成是墓主和人牲，并且是征服者和被杀者；明明是当地早已存在的青铜时代和早期铁器时代文化硬说成是当地的土著文化和外来文化，并且是征服者和被征服者，而且与匈奴打败月氏扯在了一起，等等。所有这一切，都是为了一个目的，就是要证明巴里坤一带是月氏人的中心地域这一预先设定的结论，然而已如我们上述所说，这一切都是不能成立的，只不过是削足适履而已。相反，如果一开始并没有将巴里坤一带肯定为一定是月氏人的天下的话，那么等到具体的考古调查和发掘资料显现出来之后，就必然会将它们与当地已有的考古资料和研究成果进行比较，做出比较客观实在的结论，而不至于太过出格。于此，我们深深感到，学术研究中的思维方式是多么的重要，而必须强调的是，一定要坚持以史带论，避免以论带史，特别是对于以实物资料为主要研究对象的考古学来说更要如此。

处理资料的方法，在这里主要是指对待陶器的态度。众所周知，在考古学领域，陶器是最重要的实物资料和研究对象，在很大程度上可以说，各种不同的考古学文化的确定、分期和类型划分及其相互间的关系判断等都主要依靠陶器。为什么会这样，因为陶器是易碎品，保存时间短，变化周期快，最具时代的敏感性。这种情况对于农业社会是如此，游牧社会恐怕也同样不能例外，当然，如果确实没有陶器，则另当别论。这种认识，应该是每一个考古工作者的最基本的常识。但是，将巴里坤的岳公台—西黑沟和东黑沟及黑沟梁等遗存认定为游牧民族文化的学者却对这一基本常识提出了挑战，指出“一些研究者将研究农业文化陶器的思维方式和研究方法简单地搬用到对游牧文化的研究中，甚至仅仅根据陶器的发现与分布，就对草原地区考古学文化的特征和分布范围做出结论。这种结论的科学性显然是令人怀疑的”[46]，甚至提出警告“如果将以陶器为基本资料的研究古代农业民族的方法机械地搬运到古代游牧民族文化的研究中，往往会将研究导入歧途”[47]。这种挑战的结果，直接导致了对陶器不应有的轻视。实际上，巴里坤这里的陶器是非常多的，这一点除了我们在前面已经列举出的实例之外，在一篇论文中的具体介绍和描述也提供了充分的证明：在已经发掘的东黑沟高台建筑（GT1）的12层文化堆积中，不但基本上每一层都有陶片，而且有的还是“较多”、“大量”、“数量很多”、“数量巨大”、“数量极多”、“极其丰富”、“器形丰富”等[48]。对于如此大量的陶器，怎么能不予以重视和详加研究呢？而这种轻视陶器的态度不能不说是对考古学研究方法和原则的一种叛逆，而这种叛逆肯定是要失败的，本文所论述的一切即证明了这一点。

上述的思维方式和处理资料的方法是相互依存和影响的，正是由于预先设定了巴里坤一带是游牧民族月氏的文化，所以对一般属于农业文化的陶器就不予重视；也正是由于对陶器的轻视，又加强了对游牧民族文化的认同。然而，由于这两方面都是不正确的，所以对巴里坤东黑沟等遗存考古资料的研究判断就发生了很大的错误。虽然有人已经意识到东黑沟的高台建筑和石围居址的陶器与南湾墓葬的陶器最为接近，而南湾墓葬的 ^{14}C 年代大多集中在公元前1500～前1000年，但却为了适应游牧民族月氏文化的预先设定，又将这些客观因素予以否定而采取了战国—秦汉之说[49]，无形中又陷入了矛盾和尴尬之中。这一切是不是需要我们进行反思呢？

总体来说，新疆地区的考古研究工作与其他省区相比是要落后一些，但是近些年来却有长足的进步，特别是在史前时期的青铜时代和早期铁器时代方面，似乎可以说比较粗略的框架已经搭起，而更广泛更深入的各种需要探索的问题又接踵而至，与考古学相关联的不同学科的研究人员也都主动或被动地被吸引并纷纷加入进来，共同谱写新的篇章，这是非常可喜的现象。在这种情况下，我们专门从事田野考古的工作人员就负有更大的责任，一方面要努力探索和发现并解决新疆考古学本身的各种问题，另一方面还要为其他各相关学科提供准确无误的研究资料。对于前者，既要尊重和维护已被学术界公认和达成的共识和观点，同时也要对存疑的问题提出自己的看法和意见，当然也不能反对挑战已有的所谓学术共识，但是所有这一切都必须是实事求是，有根有据，其目的是为了在已有的学术研究的基础上更深入前进一步，而绝不能是相反造成学术界的混乱甚至是滞障学术研究的进步。对于后者，一定要保证所提供资料的科学性、真实性和准确性，否则，其他学科根据这些资料所研究出来的结论也是不可靠和不宜用的。近些年来巴里坤地区的考古调查和发掘及遗址保护工程进展得轰轰烈烈，成绩不小，这也是新疆考古研究工作进步的具体表现。为了使这里的考古资料发挥更大的作用，更有利于推动新疆史前时期考古研究的进展，不揣冒昧，提出自己的一些见解，与大家共同讨论，同时也希望听取批评意见。

附记1：本文写成后，在一篇文章（陈建立等：《新疆巴里坤东黑沟遗址出土铁器研究》,《文物》2013年10期）中看到了披露的东黑沟高台建筑的3个木炭的^{14}C年代数据，即1131～897BC、1214～923BC、1129～905BC，同时还有3个墓葬人骨的^{14}C年代数据，即543～345BC、390～202BC、395～160BC，这与本文所认为的东黑沟的居住遗址属于与南湾墓葬一样的青铜时代文化而东黑沟的墓葬属于早期铁器时代的焉不拉克文化是完全吻合的。

附记2：本人已有多年不写文章了，与学术界有了生疏之隔。为了避免因孤陋寡闻而发生错误或疏漏，本文写成后，特寄请张玉忠和韩建业两位先生审阅指教。他们在百忙中仔细校看并提出了宝贵的修改意见，在此深表谢意！

注　释

[1] 这些文章主要有：西北大学考古专业、哈密地区文管会：《新疆巴里坤岳公台—西黑沟遗址群调查》,《考古与文物》2005年2期，3～17页；西北大学文化遗产与考古学研究中心、哈密地区文物局、巴里坤县文管所：《新疆巴里坤东黑沟遗址调查》,《考古与文物》2006年5期，16～26页；新疆文物考古研究所、西北大学文化遗产与考古学研究中心：《新疆巴里坤县东黑沟遗址2006～2007年发掘简报》,《考古》2009年1期，3～27页；丁岩：《岳公台—西黑沟遗址群及相关问题研究》，西北大学硕士学位论文，2003年；王建新：《中国西北草原地区古代游牧民族文化研究的新进展——古代月氏文化的考古学探索》,《周秦汉唐文化研究》第三辑，三秦出版社，2004年，237～253页；王建新：《中国北方草原地区古代游牧文化考古研究中若干问题的探讨》,《西部考古》第一集，三秦出版社，2006年，234～240页；王建新：《新疆巴里坤东黑沟（石人子沟）遗址考古工作的主要收获》,《西北大学学报（哲学社会科学版）》

2008年5期，86～91页；张凤：《新疆东黑沟遗址石筑高台、居址研究》，西北大学硕士学位论文，2008年；磨占雄：《黑沟梁墓地与东黑沟墓地的考古类型学比较研究》，西北大学硕士学位论文，2008年；任萌：《从黑沟梁墓地、东黑沟遗址看西汉前期东天山地区匈奴文化》，2008年西北大学硕士学位论文；王建新、席琳：《东天山地区早期游牧文化聚落考古研究》，《考古》2009年1期，28～37页；张凤：《新疆东黑沟遗址石筑高台、居址研究》，《西部考古》第四集，三秦出版社，2009年，181～195页；张凤：《新疆东部地区古文化探微》，《西域研究》2010年2期，44～52页；磨占雄：《新疆巴里坤黑沟梁墓地与东黑沟墓地的考古类型学比较研究》，《考古与文物》2010年5期，51～56页；赵景龙：《东天山地区无封堆石结构墓葬初探》，《考古与文物》2011年2期，76～81页；任萌：《从黑沟梁墓地、东黑沟遗址看西汉前期东天山地区匈奴文化》，《西部考古》第五集，三秦出版社，2011年，252～290页。

[2] 西北大学考古专业、哈密地区文管会：《新疆巴里坤岳公台—西黑沟遗址群调查》，《考古与文物》2005年2期，3～17页；丁岩：《岳公台—西黑沟遗址群及相关问题研究》，西北大学硕士学位论文，2003年。

[3] 王炳华、依弟利斯·阿不都、邢开鼎：《巴里坤县兰州湾子三千年前石构建筑遗址》，《中国考古学年鉴·1985》，文物出版社，1985年，255～256页。

[4] 张玉忠、赵德荣：《伊犁河谷新发现的大型铜器及其有关问题》，《新疆文物》1991年2期，42～48页。

[5] 磨占雄：《黑沟梁墓地与东黑沟墓地的考古类型学比较研究》，西北大学硕士学位论文，2008年；《新疆巴里坤黑沟梁墓地与东黑沟墓地的考古类型学比较研究》，《考古与文物》2010年5期，51～56页。

[6] 磨占雄：《黑沟梁墓地与东黑沟墓地的考古类型学比较研究》，西北大学硕士学位论文，2008年；《新疆巴里坤黑沟梁墓地与东黑沟墓地的考古类型学比较研究》，《考古与文物》2010年5期，51～56页。

[7] 陈戈：《略论焉不拉克文化》，《西域研究》1991年1期，81～96页。

[8] 韩建业：《新疆的青铜时代和早期铁器时代文化》，文物出版社，2007年，40页。

[9] 中国社会科学院考古研究所考古科技实验研究中心：《放射性碳素测定年代报告（二三）》，《考古》1996年7期，66～70页。

[10] 中国社会科学院考古研究所考古科技实验研究中心：《放射性碳素测定年代报告（二四）》，《考古》1997年7期，35～38页。

[11] 李水城：《从考古发现看公元前二千纪东西方文化的碰撞与交流》，《东风西渐——中国西北史前文化之进程》，文物出版社，2009年，200～218页。

[12] 新疆文物考古研究所、西北大学文化遗产与考古学研究中心：《新疆巴里坤县东黑沟遗址2006～2007年发掘简报》，《考古》2009年1期，3～27页。

[13] 中国社会科学院考古研究所：《中国考古学中碳十四年代数据集（1965～1991）》，文物出版社，1992年，315～317页。

[14] 见本文[1]的所有文章。

[15] 王建新：《中国西北草原地区古代游牧民族文化研究的新进展——古代月氏文化的考古学探索》，《周秦汉唐文化研究》第三辑，三秦出版社，2004年，237～253页。

［16］ 新疆文物考古研究所、西北大学文化遗产与考古学研究中心:《新疆巴里坤县东黑沟遗址2006～2007年发掘简报》,《考古》2009年1期,3～27页。

［17］ 西北大学考古专业、哈密地区文管会:《新疆巴里坤岳公台—西黑沟遗址群调查》,《考古与文物》2005年2期,3～17页。

［18］ 西北大学文化遗产与考古学研究中心、哈密地区文物局、巴里坤县文管所:《新疆巴里坤东黑沟遗址调查》,《考古与文物》2006年5期,16～26页。

［19］ 王建新:《新疆巴里坤东黑沟(石人子沟)遗址考古工作的主要收获》,《西北大学学报(哲学社会科学版)》2008年5期,86～91页。

［20］ 王建新:《中国西北草原地区古代游牧民族文化研究的新进展——古代月氏文化的考古学探索》,《周秦汉唐文化研究》第三辑,三秦出版社,2004年,237～253页。

［21］ 磨占雄:《黑沟梁墓地与东黑沟墓地的考古类型学比较研究》,西北大学硕士学位论文,2008年;《新疆巴里坤黑沟梁墓地与东黑沟墓地的考古类型学比较研究》,《考古与文物》2010年5期,51～56页。

［22］ 新疆文物考古研究所、西北大学文化遗产与考古学研究中心:《新疆巴里坤县东黑沟遗址2006～2007年发掘简报》,《考古》2009年1期,3～27页。

［23］ 王炳华、依弟利斯·阿不都、邢开鼎:《巴里坤县兰州湾子三千年前石构建筑遗址》,《中国考古学年鉴·1985》,文物出版社,1985年,255～256页。

［24］ 吴震:《新疆东部的几处新石器时代遗址》,《考古》1964年7期,333～341页。

［25］ 黄文弼:《新疆考古发掘报告》,文物出版社,1983年,11页。

［26］ 凌雪、陈曦、王建新等:《新疆巴里坤东黑沟遗址出土人骨的碳氮同位素分析》,《人类学学报》2013年2期,219～225页。

［27］ 张全超、常喜恩、刘国瑞:《新疆巴里坤县黑沟梁墓地出土人骨的食性分析》,《西域研究》2009年3期,45～49页。

［28］ 王建新、席琳:《东天山地区早期游牧文化聚落考古研究》,《考古》2009年1期,28～37页。

［29］ 王建新、席琳:《东天山地区早期游牧文化聚落考古研究》,《考古》2009年1期,28～37页。

［30］ 磨占雄:《黑沟梁墓地与东黑沟墓地的考古类型学比较研究》,西北大学硕士学位论文,2008年;《新疆巴里坤黑沟梁墓地与东黑沟墓地的考古类型学比较研究》,《考古与文物》2010年5期,51～56页。

［31］ 新疆文物考古研究所、西北大学文化遗产与考古学研究中心:《新疆巴里坤县东黑沟遗址2006～2007年发掘简报》,《考古》2009年1期,3～27页。

［32］ 磨占雄:《黑沟梁墓地与东黑沟墓地的考古类型学比较研究》,西北大学硕士学位论文,2008年;《新疆巴里坤黑沟梁墓地与东黑沟墓地的考古类型学比较研究》,《考古与文物》2010年5期,51～56页。

［33］ 新疆文物考古研究所、西北大学文化遗产与考古学研究中心:《新疆巴里坤县东黑沟遗址2006～2007年发掘简报》,《考古》2009年1期,3～27页;见磨占雄:《黑沟梁墓地与东黑沟墓地的考古类型学比较研究》,西北大学硕士学位论文,2008年;《新疆巴里坤黑沟梁墓地与东黑沟墓地的考古类型学比较研究》,《考古与文物》2010年5期,51～56页。

［34］ 见本文［1］的所有文章。

[35] 西北大学考古专业、哈密地区文管会:《新疆巴里坤岳公台——西黑沟遗址群调查》,《考古与文物》2005年2期,3～17页;王建新、席琳:《东天山地区早期游牧文化聚落考古研究》,《考古》2009年1期,28～37页;王建新:《中国西北草原地区古代游牧民族文化研究的新进展——古代月氏文化的考古学探索》,《周秦汉唐文化研究》第三辑,三秦出版社,2004年,237～253页;丁岩:《岳公台—西黑沟遗址群及相关问题研究》,西北大学硕士学位论文,2003年。

[36] 笔者30多年前在巴里坤至伊吾县的考古调查中就亲眼目睹过这种被平整毁坏的石构高台建筑。

[37] 关于匈奴文化的研究情况,可参见乌恩岳斯图:《北方草原考古学文化比较研究——青铜时代至早期匈奴时期》第四章"匈奴文化的内涵、起源、发展及其文化联系",科学出版社,2008年,290～363页;单月英:《匈奴墓葬研究》,《考古学报》2009年1期,35～68页;潘玲:《伊沃尔加城址和墓地及相关匈奴考古问题研究》,科学出版社,2007年。

[38] 韩建业:《新疆的青铜时代和早期铁器时代文化》,文物出版社,2007年。

[39] 陈戈:《略论焉不拉克文化》,《西域研究》1991年1期,81～96页;陈戈:《焉不拉克文化补说》,《新疆文物》1999年1期,48～52页。

[40] 韩建业:《中国西北地区先秦时期的自然环境与文化发展》,文物出版社,2008年,360～363页。

[41] 张凤:《新疆东黑沟遗址石筑高台、居址研究》,西北大学硕士学位论文,2008年;张凤:《新疆东部地区古文化探微》,《西域研究》2010年2期,44～52页。

[42] 任萌:《从黑沟梁墓地、东黑沟遗址看西汉前期东天山地区匈奴文化》,西北大学硕士学位论文,2008年;《西部考古》第五集,三秦出版社,2011年,252～290页。

[43] 韩建业:《新疆的青铜时代和早期铁器时代文化》,文物出版社,2007年;韩建业:《中国西北地区先秦时期的自然环境与文化发展》,文物出版社,2008年,360～363页;李水城:《从考古发现看公元前二千纪东西方文化的碰撞与交流》,《东风西渐——中国西北史前文化之进程》,文物出版社,2009年,200～218页;李水城:《天山北路墓地一期遗存分析》,《东风西渐——中国西北史前文化之进程》,文物出版社,2009年,219～228页。

[44] 陈戈:《新疆史前时期又一种考古学文化——苏贝希文化试析》,《苏秉琦与当代中国考古学》,科学出版社,2001年,153～171页;《苏贝希文化的源流及与其他文化的关系》,《西域研究》2002年2期,11～18页。

[45] 王建新:《千古之谜——古代月氏文化的考古学探索之一》,《中国文物报》2003年2月14日第7版;《古代月氏历史的年代范围——古代月氏文化的考古学探索之二》,《中国文物报》2003年2月21日第7版;《古代月氏人活动的中心地域——古代月氏文化的考古学探索之三》,《中国文物报》2003年2月28日第7版。

[46] 王建新、席琳:《东天山地区早期游牧文化聚落考古研究》,《考古》2009年1期,28～37页。

[47] 王建新:《中国西北草原地区古代游牧民族文化研究的新进展——古代月氏文化的考古学探索》,《周秦汉唐文化研究》第三辑,三秦出版社,2004年,237～253页。

[48] 张凤:《新疆东黑沟遗址石筑高台、居址研究》,西北大学硕士学位论文,2008年。

[49] 张凤:《新疆东黑沟遗址石筑高台、居址研究》,西北大学硕士学位论文,2008年。

关于高句丽早期历史考古研究的十年回顾
——高句丽早期历史考古若干问题研究“十论”小结

王绵厚
（辽宁省博物馆）

从21世纪伊始的2002年开始，我在《高句丽古城研究》出版后，即将高句丽历史考古研究的重点，更多地关注于其早期历史考古的若干问题。诚如2009年吉林社会科学院郭美英、王艳坤、祝立业同志，在《近五年中国高句丽研究述评》中指出：近几年对这一问题进行深入系统讨论的首推王绵厚先生。本世纪以来，围绕高句丽起源与建国问题，王绵厚先生先后发表了：《高夷、秽貊与高句丽》（《社会科学战线》2002年5期）、《高句丽文化与中国东北秽貊系青铜组文化的渊源关系》（《纪念韩国高丽大学建校100周年国际学术讨论会论文集》，2005年）、《西汉时期的高句丽“五部”与“第二玄菟郡”》（《东北史地》2005年6期）、《辽东“貊系”青铜文化的重要遗迹及其向高句丽早期文化的传承演变》（《东北史地》2006年6期）、《高句丽建国初期的“卒本夫余”与涓奴、桂娄二部王族的兴衰递变》（《东北史地》2007年5期）、《西汉时期的玄菟郡“帻沟娄”城与高句丽早期南、北二道的形成》（《东北史地》2008年5期）。以上文章可简称高句丽早期历史问题“六论”[1]。

继上述“六论”之后，自2009年以来，我又先后撰有：《〈汉书·王莽传〉中“高句丽侯驺”其人及其“沸流部”》（《东北史地》2009年5期）；《从辽东“梁貊”故城到高句丽早期山城的考古调查与思考》（《中国考古学会第十四次年会论文集》，2011年）；《再论千山和龙岗山脉在辽东考古学文化分区上的意义与高句丽起源》（《大连考古文集》，2011年）；《论集安良民遗址的考古学文化内涵与早期“盖马部”》（2012年未刊）等四篇文章。这是截至2013年5月本文撰写前，十余年间先后发表的关于高句丽早期历史考古若干问题的“十论”。这“十论”集中围绕高句丽早期历史考古的三个重要问题：其一，高句丽民族的起源及其考古学文化；其二，朱蒙等高句丽前三代建国及其与西汉“玄菟郡”的关系；其三，高句丽早期“五部”的形成与辽东貊系诸部的关系。这篇短文，拟对上述“十论”中涉及的高句丽早期历史考古的主要问题，进行梳理小结。并以此纪念素为敬仰的学界前辈、东北历史考古学的奠基人之一佟柱臣先生逝世三周年。

一、关于高句丽民族的起源及其考古学文化

这一问题的提出和研究，早在20世纪90年代初，余开始编著《高句丽古城研究》

时，已经列为该书的第一章。其后“十论”中有一半以上的文章，涉及这一问题。正如我在1992年，石家庄环渤海第三次国际考古学讨论会上提交的《关于汉以前东北“貊”族考古学文化的考察——兼论石棚和石棺墓文化的族属与时代》等指出，高句丽起源问题的提出，虽然并不是新的命题。但首先提出了以辽东为中心的青铜时代“大石盖墓”等，与“高句丽先世文化”的传承演变关系，并明确指出，辽东“貊系”青铜文化，是汉以后“高句丽文化的先基”。以这一问题为基点，“十论”中涉及的高句丽起源问题，在深度和广度上，都达到了一个新的研究高度，反映在三个方面。第一，“十论”在肯定传统的高句丽起源于“秽貊”说的基础上，进一步从考古学上，提出了更具体的辽东“南貊”说。它区别于从20世纪前半期，国内外已提出的从文献上推证高句丽起源的笼统“秽貊”说。主要是以考古发现为基础，具体认定辽东地区的“大水貊”、“小水貊”、“梁貊”和玄菟郡“句丽”部族，为高句丽族源的“主体”。第二，第一次明确指出，辽东“二江”（鸭绿江、浑江）和“二河”（太子河、苏子河）上游地区的貊族中心区，是高句丽起源的核心地区，同时也是高句丽早期五部的中心区。准确界定了高句丽起源的民族区域地理。为其进行考古遗存的探源和区系定位，提供了较准确的文化地理范畴。第三，20世纪70～80年代开始，在系统调查高句丽早期山城基础上，从考古学上明确提出，高句丽应起源于辽东“貊族”。如同《从辽东梁貊故城，到高句丽早期山城的考古调查与思考》一文中指出，在20世纪90年代以前，不是以往仅据文献一般推论高句丽起源于“秽貊”，而是从考古学上明确提出高句丽源出辽东“貊”族，除了笔者经考古调查得出的结论外，在20世纪末以前，以考古资料为基础，明确坚持这一观点的，只有著名高句丽考古学家李殿福先生[2]。而这一由辽东“貊系”青铜文化，向高句丽早期文化演变的考古学文化内涵，可归纳为如下文化表征：

其一，在聚落形态上，由辽东貊系的“石垣聚落”（带石圈的小型山城或居住址），向高句丽早期规范的大型山城的发展演变，在同一区域内，近三十年来特别是“三普”以后，被越来越多的考古发现所证实。即在辽东地区“聚落形态”考古上，辽东貊族的“石垣聚落”，应是西汉以后高句丽早期山城最主要的“近源”[3]。

其二，经多次考古调查并经考古发掘证实，与“山城聚落”发展相对应，在墓葬形制上，由辽东“貊系”的大石盖墓、石棺墓，特别是一种“积石石盖墓”，向高句丽早期的“平地积石墓”（带圹或不带圹）的发展，在石料选择、形制结构等方面，均表现出前后一脉相承的演化继承关系。

其三，无三足器组合的夹砂、手制、素面、多耳褐陶器的陶艺和陶器特征，在上述所指的辽东“二江”和“二河”上游，即貊系和高句丽起源的核心地区，其土著文化特点具有近千年的文化延续性。其考古学文化类型的内涵连续性和工艺传承，为其他地区不可比拟。

其四，与“积石石盖墓”关联的“灵石崇拜”传统，从辽东青铜文化貊族的“石柱子”，到高句丽的墓旁立石和“石穴（窟）”崇拜，在民族文化的演化上亦表现出同区域内的文化承接脉络。

其五，“平地积石墓”与“火葬习俗”并存，在辽东貊族和高句丽早期“五部”的同一区系内，表现出稳固的文化共性。这与国内外学术界持有高句丽起源的“夫余说”、“商人说”、“古朝鲜说”等相比，更具有在考古学上，可以比定的同一区域民族文化和民俗传统的实证性。当然，从考古学与文献的结合上，分析辽东貊族与高句丽文化的传承关系还不止如此。本文的小结，只是点题式的归纳其要点。但显然其考古学文化因素的明确性，在某些方面有所深化、并超过了以往国内外对这一问题的认识。

而由高句丽起源研究，衍生出来的对东北青铜文化（含新石器晚期文化）的“二江、二河”和“二纵、二横”以及中国东北“三大地域文化”说等，亦是这十余年间学习探索的新收获。所谓“二江、二河”，即前述高句丽起源的核心地区，应在辽东鸭绿江、浑江和太子河、苏子河上游。所谓“二纵、二横”，前指纵向的医巫闾山和张广才岭，分别为辽西和辽东文化的分界和长白山西北“夫余”（西团山文化）与“肃慎”（莺歌岭文化）的文化分界；后者则指横向的千山和龙岗（哈达岭）山脉，分别为辽东半岛与辽东腹地，以及“南貊”和“北秽”文化的分水岭。而所谓“中国东北三大地域文化”，系指“辽河文明”、“长白山文化”和“草原文化”。其中“长白山区系地域文化和考古文化”，应是中国东北高句丽、夫余和肃慎三支文化的母体发源地（详见与刘厚生先生等合著的《中国长白山文化》）。

二、关于高句丽建国及其与西汉“玄菟郡”的关系

本文所说的高句丽建国与西汉玄菟郡的关系，专指西汉昭帝始元五年（前 82）以后，内迁至辽东的西汉“第二玄菟郡”。因为在此以前的汉武帝时首置玄菟郡于“沃沮”时，高句丽尚未立国。对这一问题的研究，“十论”中主要有《高夷、秽貊与高句丽》、《西汉时期的高句丽“五部”与“第二玄菟郡”》和《西汉时期的玄菟郡“帻沟娄”城与高句丽早期南、北二道的形成》三篇。它的起因是从 20 世纪 80 年代中叶始，在三次考古调查基础上对高句丽早期政权与玄菟郡关系的三个问题的认证。

其一，对高句丽建国与辽东“玄菟郡”故城的关系确认；其二，高句丽南、北二道的发轫点和考古遗迹的确认；其三，玄菟郡东界“帻沟娄城”的性质和遗迹的定位。

第一个问题缘起于 1985 年春，我与本馆在抚顺高尔山发掘的孙力和徐家国先生等，首次调查高尔山山城、抚顺东洲汉城、新宾二道河子古城和桓仁五女山城。特别在徐家国先生引导下初步确认，新宾永陵南二道河子古城为西汉“第二玄菟郡”高句丽县后[4]，感到其与《三国志》中“汉武帝元封二年，伐朝鲜，杀满孙右渠，分其地为四郡，以沃沮城为玄菟郡。后为夷貊所侵，徙句丽西北，今所谓玄菟故府是也”[5]的文献记载，可以相互印证。因为西晋《三国志》成书时的高句丽中心，已在今吉林集安。此时称“徙句丽西北”的“玄菟故府”，正是指位于集安西北百公里外的旧“玄菟郡”今新宾二道河子。而二道河子古城，恰在今集安西北一百余公里的苏子河上游的“句丽西北”。其后经过 21 世纪以来，辽宁省考古研究所李新全等的发掘出土文物证实，二道河子古城为西汉“第二玄菟郡”旧址，迄今已为大多数国内外研究者公认。而“玄菟故府”的历史定位，为以下“帻沟娄城”和高句丽早期“南北二道”的厘定，特别为始建于浑江

流域的高句丽政权与西汉“玄菟郡”的归属关系，提供了明确的方位地理坐标。

第二个问题，高句丽早期南、北二道的形成，也与高句丽早期历史和西汉“第二玄菟”的关系尤重。因为高句丽“南北二道”，出现在历史文献中晚至两晋以后。而且国内外学界至今对其走向众议纷纭。对这一问题的考察，源于1983年和1987年，为编纂《东北古代交通》，我与李健才先生先后两次在辽、沈地区的考古调查。特别在第二次考古调查后，我们共同确认，历史上殊无定论的高句丽“南、北二道”，既不可能发轫于辽阳（古襄平），也不可能发轫于沈阳（古候城），而应寻证于苏子河上游的西汉“玄菟郡”境内[6]。所谓高句丽的“南、北二道”，其实就是早在西汉时已形成的玄菟郡去往高句丽古都的两条古代通道。其前期主要取“南道”，由玄菟郡去往“纥升骨城”（今桓仁五女山城和下古城子）；公元三年迁都“国内”后，主要取“北道”，由玄菟郡去往“丸都”（今集安国内城）。二者的富集点和西部起点，都在“玄菟郡”（新宾二道河子古城）。起初我与李健才先生曾踏勘设点在明清关隘新宾旺清门一线，后来在梁志龙先生的论文启发下，确认为相邻的二道河子汉“玄菟郡高句丽县”，即《三国志》中的“玄菟故府”。从20世纪80年代初至21世纪第一个十年的近30年间，为这一交通地理的考察，曾先后五次亲临实地踏查。不仅踏勘了其交通路线，而且先后调查了沈阳东陵区上伯官屯（最后玄菟郡）、“青桩地古城”（辽东郡中部都尉）、抚顺劳动公园、东洲古城、新宾二道河子、旺清门白旗堡（帻沟娄）、桓仁下古城子、通化快大茂子（上殿台）古城、集安国内城（西盖马）等十余处重要交通史迹。而且在每一处古城址内，几乎都发现有在汉城址上部叠压或散布有高句丽的遗迹、遗物。这使人们可以进一步确信，两汉时代的高句丽“南北二道”上的重要古城，都经历过从“汉郡文化”到高句丽文化的历史传承、演变过程。追寻这一古代交通道，可从战国“秦开却胡”，直到明清之际两千余年，一直是辽海南部的交通干线之一。在中国东北和东北亚古代建置史、民族史和交通史上，具有多方面的研究价值[7]。

第三个问题，高句丽从“北夫余”南下浑江，建立的早期政权“卒本夫余”的地理方位和玄菟郡东界的“帻沟娄城”，是汉代高句丽故地和“玄菟郡”与高句丽分界的两个结点坐标。前者在《试论桓仁望江楼积石墓与“卒本夫余”》一文中，已考定以桓仁“望江楼积石墓”为代表的浑江中游的土著遗存，应即高句丽建国初期的“卒本夫余”史迹[8]。后者在《三国志》和《后汉书》记载的“帻沟娄”城，应是高句丽语，设于西汉“玄菟东界”、向高句丽颁授“朝服衣帻”的专门“贡城”。这一看法，始于笔者1985年春，由孙力同志等陪同，第一次由二道河子“玄菟”出发东行30余公里，到达旺清门以东的新宾“白旗堡”汉城。当时感到其地与辽东山区的其他汉城址和高句丽古城均不同。该城址周围无山川地利之险，地处平沃川谷，且范围较小。由于坐落在稻田中，几乎看不见城垣，仅见地表散落的汉代灰绳纹瓦片。其唯一突出的地理优势，是紧靠出新宾旺清门东行的古今交通冲要，即史称平阔的“北道”上。故笔者对照文献记载，推证其为“帻沟娄城”的可能性极大。其后当地考古工作者在多次调查基础上，肯定为“帻沟娄城”。“帻沟娄”的地理定位，对确认汉代“玄菟”与“高句丽”的相对方位意义重大。它不仅佐证了前述高句丽“南北二道”（特别是北道）的准确性，而且证明汉代早期高句丽的“五部”范围，并不是如有些学者想象论定的那么大。以它最靠近玄菟郡的“西部”临界为例，其西界亦不会超出今辽宁新宾旺清门以东至通化快大茂之间。这对探索两汉时代的高句丽早期政权的地域范围和历史地位尤其重要（详见下节）。

三、关于高句丽早期“五部”的形成及其与周围部族的关系

高句丽早期五部的形成时代、民族构成和与周边部族的关系，是高句丽早期历史研究的重要问题之一，在国内外亦素有争议。“十论”中对这一问题的研讨，主要有《西汉时期的高句丽“五部”与“第二玄菟郡”》、《高句丽建国初期的“卒本夫余”与“涓奴”、“桂娄”二部王族的兴衰递变》。探讨这一问题的关键，有三个要点：

其一，高句丽早期“五部”形成的时间；

其二，高句丽早期“五部”的地理分布；

其三，高句丽早期“五部”的民族构成。

第一个问题，以往主要有三说。其一为高句丽建国前已有“五部”说；其二为高句丽建国后形成“五部”说；其三为魏晋时期方形成“五部”说。“十论”中，以《三国志》等早期文献和《三国史记》等明确记载高句丽早期各部出现时间为依据，并以“五部”中的核心部族“内部”（桂娄部），公元3年（西汉平帝元始三年）始定居“国内”地区为基点，考论了西汉时期的高句丽早期“五部”，应形成在高句丽建国后的前三代——即朱蒙、琉璃明王、大武神王三代的西汉后期，又以朱蒙、琉璃明王两代为奠基，大武神王为确立期。如以大武神王末年公元44年（东汉光武帝二十年）为标志，高句丽的前三代，则从公元前37年朱蒙立国启，到大武神王末期，80多年中有大多半时间在西汉时期。故“十论’”中将高句丽早期的五部，亦称为“西汉时期的高句丽五部”。这是针对以往国内外学术界，对高句丽早期“五部”的形成分歧较多，给予了较准确的时间定位。其后高句丽各王的“广开土境”，均可看做早期“五部”的扩大时期。

第二个问题，高句丽早期五部的地理分布区域。其关键的地理坐标，是其“内部”即“国内（今集安）”地区的“桂娄部”的确定。以此为中心，其最早的“西部”如前述“涓奴部”，亦即“沸流部”，应在今浑江中游桓仁县境，西汉时其地属玄菟郡高句丽县的东境；其“东部”即“顺奴部”，应在今集安以东鸭绿江东岸的朝鲜狼林山脉以西、以江界为中心的秃鲁江流域。其地在西汉时，先属“临屯郡”，后属“乐浪郡”；其南部即“灌奴部”，应在今集安南的浑江下游以南、燕秦汉早期辽东郡长城边塞外，即最靠近辽东郡“西安平县”（今丹东叆河尖古城）的鸭绿江两岸之地，包括鸭绿江西岸的宽甸北境和鸭绿江东岸的朝鲜忠满江下游一带。在西汉时，鸭绿江两岸的大同江以西部分，均属汉武帝所置“辽东郡”南境。而其“北部”即“绝奴部”，在《三国史记》等记载为古“盖马国”，即“盖马部”故地。在西汉时高句丽迁都“国内”以前，故地应为玄菟郡“西盖马县”。据笔者近年调查考证，其北部“盖马国”的中心，应在今集安

以北的鸭绿江中、上游的良民古城和遗址及其北缘白山市鸭绿江上游一带。

第三个问题，高句丽早期“五部”的民族构成或部族主体。此问题与五部的地域分布相关联。如同我在前举《西汉时期的高句丽“五部”》的论文中指出，“五部”中的中心是“内部”即“桂娄部”。而桂娄部是琉璃明王公元三年，迁都“国内”地区以前已存在的“尉那岩部”。此部的主体民族，应是“大水”流域即鸭绿江中游的“大水貊”。是辽东“二江”流域高句丽起源的主体民族之一。其他四部则以“内部”（一称黄部）为中心，取东、南、西、北四个方位组成。

东部称“顺奴部”，又称“荇人国”。在《三国史记》中记，高句丽始祖朱蒙六年（前32）“冬十一月，王命乌伊、夫余芬伐太白山东南荇人国，取其地为城邑”[9]。此“荇人国”与北部的“盖马国”一样，都是鸭绿江中游“大水貊”的一支。是朱蒙时代最早形成“五部”的核心部落之一。

南部称“灌奴部”，《三国史记》大武神王十五年（32），“遂使南部使者邹谷素代为部长”。是知其为在大武神王以前，已存在的高句丽早期五部之一。从前述其地在浑江下游以南、靠近西汉“西安平”的位置看，其部族也应属鸭绿江下游两岸的“大水貊”部落。

西部亦称“涓奴部”，因其为始祖朱蒙南由“北夫余”南下“卒本川”（今浑江）后，最早归属的王族，故又称“卒本夫余”和“沸流部”。其中“沸流部”又称“哥勿部”，是高句丽建国初期，高句丽“五部”形成前，早已在浑江（小水）流域存在的古老部族。《汉书·王莽传》中被汉将擒杀的“高句丽侯驺”，即应是西部沸流部的“哥勿侯”[10]。该部在文献中与“大水貊”相对，故亦称为“小水貊”。如果加上《三国史记》中，早在琉璃明王时期已经归并的“梁貊”（太子河上游的貊族）。“西部”是高句丽迁都“国内”前，部众最广泛、势力最强大的部族。

北部“绝奴部”，上已指出即古“盖马部”。其大的主体民族亦应是“大水貊”，包括在大武神王时期，同时归属的“句荼国”。是与“北夫余”和“沃沮”接壤的高句丽早期构成“五部”核心的重要部族。其北部“盖马国”的中心，在琉璃明王迁都“国内”前，应在今集安东北良民为中心的地区。

在结束这篇短文时，我想简要回顾的是，对高句丽早期历史考古的研究，实起步于20世纪70～80年代的高句丽古城调查研究。所以依托高句丽古城及其相关史迹的调查，一直是我研究的重点和基点。所不同者，在20世纪以前，重在对与高句丽辽东“千里长城”并行的辽河左岸，中、晚期山城和都城的调查；21世纪以来，则重点围绕辽东“二江”和“二河”上游的早期山城，以及高句丽“南北二道”沿线古城的重新调查思考。其目的是重点探索高句丽起源和早期历史问题。因此，本文所谓“高句丽早期历史考古”的核心问题，主要是高句丽民族起源与文化源头、其建国背景与汉郡关系、早期“五部”的分布地理等。而其时间断限应在两汉之际，其后高句丽政权的疆域扩展、社会发展和文化的多元化，都是在这个基础上的衍化和变异。以上大部分内容，都包括在“十五”期间，我承担的至今尚未出版的“东北工程”项目之一《高句丽的族源与疆域》中。如果简要总结“十论”中，对以高句丽起源为中心的关于高句丽早期历史考古研究的主要看法，可概括为以下五点：

（1）高句丽民族起源的“主体”，应是辽东“二江”和“二河”上游汉代以前的貊族。而以这一地区为主的辽东青铜时代的辽东“貊系”考古文化，应是形成两汉以后“高句丽文化的先基”[11]。在探索这一区域性考古学文化研究中，从辽东青铜文化，与高句丽早期文化的发展演变探索中，初步提出并论证了中国东北考古学文化分区，除了传统类型学的方法外，还应注重“二纵”、“二横”的山系考古学文化分区的重要性。

（2）构成西汉辽东高句丽民族起源的主体部族（不是全部），从考古学和文献记载看，主要包括鸭绿江流域的“大水貊”、浑江流域的“小水貊”、太子河上游的“梁貊”和苏子河上游的“句丽（勾娄）”部族。即辽东貊族是高句丽起源的“主源”。

（3）从考古学上看待青铜时代的辽东“貊系”青铜文化，与西汉以后高句丽文化的传承关系，除了石构墓葬、陶器类型和“积石火葬”文化传统外，由辽东“二江”和“二河”上游的貊系“石垣聚落”，向高句丽早期山城的演变，其意义重大，今后应是辽东早期聚落考古和城市考古有待深入研究的重要课题。

（4）早期高句丽的建国与西汉“第二玄菟郡”的关系，是确认高句丽民族及其政权“历史地位的三要素”：即民族起源（文化根系）、朱蒙建国、早期五部与西汉“玄菟郡”。这些对包括高句丽在内的中国东北“秽貊系统”等民族高句丽、夫余等民族的整个历史考古和文化研究，应有举一反三的基础意义。

（5）高句丽的早期“五部”，应奠基在朱蒙、琉璃明王时期，确立在大武神王时代，即高句丽建国初期的“前三代”。高句丽早期的“五部”范围，主要分布在西汉第二“玄菟郡”所辖下的“高句丽、上殷台、西盖马”三县属境，包括鸭绿江左岸一小部分地区。而其五部中心的“内部”和“国内”地名，应来源于迁都以前的鸭绿江流域的古“盖马国（部）”，——今集安良民遗址。西汉时期的高句丽早期“五部”，虽以辽东“二江”流域为中心，却奠定了其民族政权疆域的基础。其后700多年间，尽管其都城有三次大的变迁，但其疆域拓展的总体范围，最大时亦西不过辽河；东南不过汉江流域，即公孙氏“分乐浪郡屯有县以南地”所建“带方郡”的南界，亦即古燕国的“满番汗”南界（今南汉江以北）。

而其南境则止于黄海，北不过长白山以北的牡丹岭“肃慎南界”。因此从两汉时代的区域地理看，高句丽的民族疆域，最终亦没有超出西汉时已确定的“北夫余”旧地和辽东“句丽”旧部所属的汉魏晋之“玄菟、辽东、乐浪三郡的传统疆域内”[12]。以上这就是对高句丽早期历史考古诸问题，新世纪以来重新探赜的基本小结。

注　释

[1] 郭美英等：《近五年来高句丽研究评述》，《东北边疆历史文化研究》，吉林人民出版社，2009年，336页。

[2] 李殿福：《东北考古研究（二）》，中州古籍出版社，1995年，96页；王绵厚：《从辽东“梁貊”故城到高句丽早期山城的考古调查与思考》，《中国考古学会第十四次年会论文集》，文物出版社，2011年，447页。

［3］王绵厚：《高句丽古城研究》，文物出版社，2002年，35页。
［4］徐家国：《辽宁新宾县永陵镇汉城址调查》，《考古》1989年11期。
［5］《三国志》卷三十《魏书高句丽传》。
［6］王绵厚、李健才：《东北古代交通》，沈阳出版社，1990年，117页。
［7］王绵厚：《关于辽沈历史上“北趋甬道”交通地理的考察》，《辽宁大学学报》2013年2期。
［8］关于桓仁“望江楼积石墓”为“卒本夫余”史迹，参见2007年首尔出版《高句丽早期历史研究》文集。
［9］《三国史记》卷十三《高句丽本纪始祖朱蒙》。
［10］王绵厚：《〈汉书〉王莽传中的“高句丽侯驺”其人及其“沸流部”》，《东北史地》2009年5期。
［11］王绵厚：《关于汉以前中国东北“貊”族考古学文化的考察——兼论大石棚和石棺墓文化的族属与时代》，《文物春秋》1994年1期。
［12］王绵厚：《论高夷、高句丽与西汉玄菟郡递变与归属关系的历史定位》，《高句丽历史问题研究论文集》，延边大学出版社，2005年；又同见韩国首尔高句丽财团编：《中国学者高句丽研究重点论著一览表》，2005年。

长白山文化的重要组成部分
——吉林市的古代文化遗存

董学增
（吉林市博物馆）

引　　言

1992年第二季度，吉林省文化厅从国家文物局得知，1993年国务院要审核第三批国家历史文化名城。省厅决定申报吉林市和集安市。吉林市人民政府闻风而动，立即着手落实申报准备工作。其中有一项是请省内和国内对吉林市历史和文物比较了解的知名专家写推荐书。1992年6月，由吉林市人民政府开介绍信，特派笔者先后去长春和北京完成此项任务。

6月末的一天，在北京中国社会科学院考古研究所办公室见到了佟柱臣先生，说明来意后，佟先生当即应允，他放弃了午休，冒着盛夏的酷热，认认真真地写下了数页稿纸的推荐书。兹摘录于下：

> 吉林市是满洲语吉林乌拉的译音略书，吉林为沿，乌拉为江，义为沿江，即濒临松花江之意。滔滔大江东下，江光山色，风物秀丽，诚改革开放旅游的最佳胜地。
>
> 吉林历史悠久……唐为渤海国涑州，辽金辖宁江州（会宁府——笔者加注）之境，明初设乌拉卫，永乐、洪熙、宣德年间于吉林造船，故吉林又有船厂之称。巨舰逐浪，下航直至黑龙江口奴儿干都司，远出太平洋。清初设昂邦章京，康熙时更设副都统，而宁古塔将军、吉林将军亦曾辖此，到处有满洲人等少数民族聚居……可知吉林市不仅在东北地区，即在东北亚地区，也是一座少有的历史名城。
>
> 正因为其如此重要，所以解放以后，国家文物局裴文中博士，组织了东北考古发掘团，亲自指导发掘了吉林市西团山遗址，得到了郭沫若、郑振铎、马衡诸位学者的关注，确立了一支青铜文化的内涵，定名为西团山文化，引起了国内外考古界的重视。
>
> 吉林市除西团山以外，便于安排旅游、可供参观的地点：属于新石器时代遗址有七家子西山、三道岭子、虎头砬子；属于青铜时代有长蛇山、猴石山、

狼头山、两半山、唐家崴子；属于汉代（包括夫余——笔者加注）遗址有东团山、小石桥、龟盖山；属于高句丽遗址有龙潭山山城、东团山山城、三道岭子山城；属于渤海（涑州——笔者加注）遗址有南城子古城……属于明代的有阿什哈达摩崖碑和乌拉部贝勒大布占泰所居的乌拉城，清更于此设打牲总管。

总之，吉林市山川伟壮，历史悠远，史迹繁夥，因此谨向文化部、建设部推荐吉林市为国家级历史文化名城。

一九九二年六月二十八日

由于佟柱臣先生等十来位省内外专家的推荐，在评审会上国家文物部门和建设部门十几位评委的认可，最后经国务院审批于1994年1月4日公布的第三批历史文化名城吉林市名列其中。2009年秋，在中央电视台魅力城市展播中，吉林市又被评为全国十大魅力城市之一。佟先生夙愿终于实现了。在这方面如果先生地下有知亦应含笑九泉。在这里我谨代表吉林市数百万父老向佟先生表示衷心的敬意和谢意。

长白山文化旧称关东文化，它是以东北最高山脉为标识的地域文化。这一文化系指大文化而言，它包括天造地设的自然遗产和人类在这个区域创造的人文遗产。

本文兹将吉林市的古代文化遗存论述于下。

吉林市（包括城区及永、舒、磐、蛟、桦外五市县）地处长白山脉和松辽平原的过渡地带，既有高山丘陵，又有广阔沃野，以北流松花江为主的河网密布其间，可渔、可猎、可耕、可牧，因此自古以来我们的一隅祖先就在这里劳动生息，他们创造了光辉的历史，并留下了丰富的文物。

据吉林市文物主管部门统计，全地区共有各类各时代的文化遗存1075处，其中国家级重点文物保护单位7处，省级文物保护单位20处，市地级31处，县（市）级31处。

就古代史迹而言，早在十万年前到六万年前的旧石器时代晚期，吉林市地区就有人类活动，其代表遗存有桦甸榆木桥子寿山仙人洞遗址和蛟河拉法新乡砖厂遗址。在仙人洞遗址内，共出土古脊椎动物化石标本700余件，可辨种属20多个；出土打制石制品200余件，其中有石片、石核、尖状器、刮削器、砍砸器等；此外还有打制、磨制的骨器10余件。经中国科学院古脊椎动物与古人类研究所鉴定，这些化石和石器距今约10万年。在新乡砖厂遗址发现哺乳动物化石100多件，打制石器10多件。距今约6万年。不远处还有一山洞尚未发掘。

在我国，大约距今12000年开始进入新石器时代，这个时代的特点是人们开始制造磨制石器，会烧造陶器。在长城以北的东北地区不仅有磨制石器，而且还有压制石器，后一种器物因其体形比较细小，考古界称之为细石器，陶器表面多有刻、划、压、印的纹饰。

吉林地区的新石器时代遗址发现多处，其总的文化面貌与沈阳新乐文化一期相近，在时间上略晚于新乐文化一期，大约距今5000年左右。这个时代比较典型的遗址，吉林市区首推1960年发现的昌邑区七家子西山（原称二道岭子）遗址。该遗址分布在距松花江不远的一条漫岗上，遗址面积约2万平方米，文化层（即遗物包含层）厚10～30厘米。吉林市博物馆先后在这里采集压制石器、磨制石器、纹饰陶片、残陶器等200多件，其中纹饰陶片上的纹饰有平行连点纹、波状连点纹、大小“之”字纹、粗细划纹、指甲纹、“人”字纹、矢状纹等，它们反映了当时的自然景物和人们的生活感悟，是一种原始的艺术创造。在这里采集的压制石器有石镞（箭头）、刮削器；磨制石器有石斧、石锄等，反映了当时当地人们的狩猎、采集活动和原始的农耕生产。

在吉林地区的新石器时代遗址还有许多，其中1974年发现的永吉县岔路河乡星星哨张家沟遗址面积最大，约2.5万平方米，采集的压制石器和纹饰陶片最多。1973～1978年间，吉林市博物馆先后在这里采集压制石器187件，按制作工艺和器物用途，可分为镞、矛、刮削器、锥钻、雕刻器、敲砸器、砍砸器、斧形器、凿形器等。采集纹饰陶片70片，皆为红褐色细砂陶，形成的图案与七家子西山基本相同。证明它们是同时代同时期的文化遗存。

从西周初年到秦汉之际，吉林地区处于青铜时代。以吉林市船营区西团山遗址命名的考古学文化——西团山文化，其遗址和墓地广泛分布在松花江及其支流两岸。截至1985年，据普查发现全地区共有西团山文化遗址和墓地273处，尤以吉林市城区和郊区分布最为密集，有数十处之多，其中有许多大型遗址和墓群已列入国家级和省级重点文物保护单位，如：国保单位西团山遗址，省保单位猴石山、长蛇山、狼头山、骚达沟遗址和墓地。

关于西团山遗址墓葬的发掘与命名过程大致是这样：1948年3月9日吉林市解放，同年9～10月间，原东北大学（今东北师大）教授杨公骥带领学生，在西团山清理发掘被国民党军队修军事工事破坏的石棺18具，事后在《东北日报》发表了发掘报告。1949年7～8月间，又发掘石棺9具，事后李洵先生将此次发掘记录呈报中国古脊椎动物与古人类研究所的裴文中博士，遂引起了北京考古学界的关注。在中国科学院郭沫若院长的倡议下，在中央文化部社会文化事业管理局的领导下，组成了以裴文中为团长的东北考古发掘团，团员有李文信、贾兰坡、佟柱臣、杨公骥、王亚洲等20余人，于1950年10月，对西团山遗址进行第三次发掘。这次清理发掘墓葬19座，出土石、陶器138件，事后，由佟柱臣先生执笔，以东北考古发掘团的名义，在1964年1期《考古学报》上发表了《吉林西团山石棺墓发掘报告》，提出命名“西团山文化”的建议，得到了考古学界的认同。

关于西团山文化命名的意义，诚如著名考古学家佟柱臣先生所指出的：“西团山文化在东北考古学史上是最早发现并提出的一个文化。由于这个文化的揭示，对于周围地区诸文化的区分，提供了有益的对比资料，因而它对于东北考古学的发展起到了一定的促进作用。”（见吉林市博物馆《江城文博丛刊》第1辑《西团山考古报告集·序》）。

通过半个多世纪的考古普查和清理发掘的20多处遗址和墓葬，大量的文化遗存揭示出西团山文化的基本特征：石器，多为磨制，少数为打制，其种类有斧、锛、凿、锄、铲、耜、刀、镰、磨盘、磨棒、杵、镞、矛、剑、有孔石球、网坠、纺轮、猪首石雕和细石器等。从器形看，以长身棒状石斧和平背弧刃双孔半月形石刀最富特色。陶器，都是手工制作的素面夹细砂陶，器表和器里呈黑色的年代较早，稍晚以后多为红褐色或灰褐色，均为露天裸烧。颜色斑驳不均。器形有鼎、鬲、甑、钵、碗、杯、盅、盘、豆、壶、罐、盆、缸、瓮、舟形器、纺轮、网坠、陶猪、“白石管”（可能是瓷土烧制的原始瓷管）等。其中以圜底外撇锥足鼎、浅袋外撇锥足鬲和桥状横耳高颈壶最富特色。青铜器多是小型器物，有刀、斧、剑、矛、镞、扣、钏、联珠形饰、勾形饰、片形饰、泡形饰、镂空心形饰、小镜、鱼钩和包铜片木梳等。其中以长方銎扇面刃斧、弧背曲刃柄下带锯齿的刀最有代表性。纺织品中有麻布残片和羊毛与狗毛混合织成的毛巾。玉器有玉坠、翠坠、玛瑙管和玉斧等。此外，白石管（亦可称白陶管）也很有代表性。居住址分为深地穴式、半地穴式和浅地穴式。墓葬主要是板石对砌和块石垒砌的石棺，此外还有土圹墓和瓮棺葬，基本为单人一次葬，葬式多为仰身直肢，其次为侧身屈肢，或仰身屈臂。有的主棺之外带副棺（或称附棺），其随葬陶器多置于副棺之内，无副棺的随葬品多置于主棺之内，极少在棺外。随葬品中鼎、鬲、甑等炊具基本不见，多是生产工具、盛器和饮食用具等。在随葬的生产工具中男、女有别，石镞多见于男性墓，女性墓不见。葬具的大小和随葬品的质量与数量比较悬殊，反映了氏族成员之间贫富分化已经很明显。当时人们的主食主要是小米和黄豆，副食有野菜、野果、猪肉、鱼蚌等，偶尔也能吃到猎获的野兽。

关于西团山文化所反映的社会性质，属于原始社会后期的父系氏族社会。

关于西团山文化的族属，长期以来存在两种观点，即肃慎说和秽貊说。近些年来，通过对比考古资料，印证古代文献，学者们已取得了共识，即西团山文化的主人为土著秽人。

现已查明，西团山文化主要分布在吉林省的吉林地区和长春地区，四平地区个别县、市也有西团山文化的流布。近年在黑龙江省五常市沙河子镇西山也发现了西团山文化石棺墓。

西汉（前206～8）年间，生活在松花江和嫩江一带的松嫩平原的秽貊族的一支橐离族（又称索离族、高离族）建立了橐离国。国王之子东明为了逃避橐离国王对他的加害，带领部分族人辗转来到松花江中上游，即北流松花江流域，与这里的秽人相融合，并在西汉文化的影响下开始创建夫余王国。

东汉史学家王充在《论衡·吉验篇》中写道：“北夷橐离国王侍婢有娠，王欲杀之。婢对曰：‘有气大如鸡子，从天而下，我故有娠。’后产子……名东明，令牧牛马。东明善射，王恐夺其国也，欲杀之。东明走，南至掩淲水，以弓击水，鱼鳖浮为桥，东明得渡，鱼鳖解散，追兵不得渡。因都王夫余，故北夷有夫余国焉。”我们剥去这个神话传说的外衣，不难发现其历史真实的内核。

第一点，夫余的先世源出“北夷橐离国”，这个北夷是对应中原燕、赵之地而言。

第二点，橐离国是以族名国，尽管这个“国”尚属酋邦性质，但从其记载中已有国王、侍婢，已有争权夺势的斗争，说明该国已具有奴隶社会的雏形。

第三点，橐离国王城的具体位置，我们认为在今黑龙江省哈尔滨市宾县庆华古城，其文化遗存中已发现铁器，经 ^{14}C 测定“上限在战国早期，下限在西汉末”。文化较西团山文化先进，时代比西团山文化为晚。

第四点，东明向南逃亡所过之掩淲水，据考此水为今吉、黑两省的界河拉林河。

第五点，“因都王夫余”，应是因都王秽地的秽城（笔者认为，夫余是秽的慢读），即今东团山麓的“南城子”。因为当时西团山文化主人秽人还没有建立夫余国，因此只能说是秽城，是东明一行人来到这里以后，才开始创建夫余国。夫余国何时建成，应在汉武帝元朔元年（前128）设辽东辽西郡之前。夫余王国首见于典籍是司马迁的《史记》，该书所记下限在汉武帝太初末年（前87），而不见于此前的典籍。夫余立国的准确年代已不可考。但不会在西汉初年，更不会在战国晚期，而应在西汉中期。1997年之前，在帽儿山发掘的夫余墓葬 ^{14}C 测定，“年代跨度在西汉后期至魏晋”，也支持这一推断。

夫余王国立国的时间，从公元前2世纪至公元494年，相当于西汉中期，历经新莽、东汉、三国、两晋、十六国到南北朝中叶，长达600年之久。其社会性质属于奴隶制社会，有城池（“城栅皆圆”），有国王，有官吏（以六畜名官），有法律，有牢狱，贵族死后厚葬，杀人殉葬，葬具有椁无棺。夫余邑落有豪民（即奴隶主），有下户（即奴隶）。对于奴隶和犯罪者处死后，“尸之国南山上”（即帽儿山墓地）。夫余国王死后，嗣人要到汉武帝设置的玄菟郡领取玉匣（即银缕玉衣）装殓。说明夫余王享有汉代诸侯王的葬礼。

1985～1997年，吉林省文物考古研究所在吉林市博物馆、吉林市文物管理处的配合下，初步查明帽儿山一带地下埋藏着形制不同、大小不一的墓葬近万座，可以说帽儿山古墓群是我国汉魏时代东北地区最大的墓地。从已发掘的187座墓葬看，以土坑木椁墓数量最多。出土随葬品1000多件，其中有陶、铜、铁、金、银、漆、木、玉、绢、货币等类。

公元346年（东晋永和二年），鲜卑慕容皝东袭夫余，夫余王室被迫迁至今农安县境（亦有学者认为在今辽源市内），吉林市作为夫余前期都城的历史宣告结束。至此，吉林市作为夫余前期王城的时间长达454年。但前期都城移走后，吉林地区仍属夫余王国的领地，直到公元410年高句丽好太王的势力到达这里以后才属于高句丽王国的领地。这样看来，吉林地区作为夫余王国的领地长达518年之久。

夫余王国第一位有名有姓的国王，应该是汉武帝时期（前140～前87）的传说人物——秽人首领解慕漱（其人及其传子解夫娄的时间是前119～前86）。如金富轼《三国史记》记载：“其旧都（该书指东夫余，据考应为北夫余或夫余——笔者注）有人，不知从何来，自称天帝子解慕漱，来都焉。”

据考，夫余王国的前期都城的宫城，就在西团山文化部落联盟首领的住地——秽城，即今吉林市丰满区东团山麓的“南城子”，该城呈圆形，周长约2000米，为黄土叠筑，现仅存部分东南墙。其都城在今东团山麓至龙潭山麓之间2.5公里的岗地上。城已不存。夫余建国的具体年代史无记载，已不可考，但汉武帝元封三年——即公元前108

年在所属的东北方的朝鲜半岛设置四郡，其中玄菟郡除领有高句丽、上殷台、西盖马三县之外，毗邻的夫余王国也应归其管辖。如《汉书·匈奴传》记载："是时，东拔秽貉、朝鲜以为郡。"就是说当时凡秽貊之地都属于汉武帝的领地。夫余属秽貊地，当然在其管辖范围之内。玄菟郡治起初在南沃沮，即今朝鲜咸境南道的咸兴。后来迁到今新宾、抚顺、沈阳等地，与夫余王国的关系更加密切。因此我们将夫余立国、建都的时间确定在汉武帝在东北方设置四郡的年份——公元前108年，并将吉林市建城设治的年代也确定在这一年。

自东汉建武二十五年（49），夫余王朝汉，终世不绝。东汉末年，高句丽攻汉朝玄菟郡，夫余王之子尉仇台率2万余兵助汉破高句丽。此时，夫余的国势最强，其辖地最广。据《后汉书·夫余传》记载："夫余国，在玄菟北千里。""南与高句丽，东与挹娄，西与鲜卑接，北有弱水，地方二千里，本秽地也。"后来，鲜卑、高句丽强盛，夫余正处其间。西晋太康六年（285），夫余为鲜卑慕容廆击破，依虑王自杀，其子依罗逃往北沃沮（今延边），一年后在晋朝的支持下得以复国。东晋永和二年（346），鲜卑慕容皝以其子慕容儁与恪之军大破夫余前期都城，俘虏夫余王玄和部族5万余口带回前燕，迫使夫余王城迁至今农安县或辽源市境内，即所谓"西徙近燕，而不设备"，至此夫余国势大衰。到南北朝北魏十八年（494），夫余王室势力残留故地者被勿吉所逐，同年，夫余王携妻孥逃至高句丽，夫余王国灭亡。

高句丽和百济王室均出自夫余，所以这两个王国最初都冠以夫余之号，而原来的夫余又有北夫余、东夫余之称。夫余灭亡后，余人北渡那河（今嫩江）建豆莫娄国，地在松花江中下游，即东流松花江流域。

高句丽王国（前37～668）是我国中原王朝藩属的另一个地方民族政权。西汉时代直接归汉武帝设置的"四郡"之一的玄菟郡管辖。王莽时代，加封高句丽为王，并授印信，后来因故一度改为下句丽侯。东汉建武八年（32），高句丽遣使朝贡，光武帝刘秀恢复高句丽王的称谓。三国曹操灭公孙氏后，高句丽一度隶属于曹魏政权。西晋在东北地区设护东夷校尉府，高句丽受其统辖。东晋十六国、南北朝时期，高句丽曾向后燕臣服，并向南北朝朝贡，接受封号。南北朝时，高句丽王琏奉表贡方物于北魏，太武帝拓跋焘遣使封琏为都督辽海诸军事、征东将军、领护东夷中郎将、辽东郡开国公、高句丽王。从此，高句丽王嗣位，都要经北魏皇帝册封，高句丽则年年向北魏进贡。

高句丽王国凡28主，共705年，是汉、唐属下存在时间较长的一个地方政权。

高句丽曾四迁王都，西汉元始三年（3）从卒本川（沸流水）的纥升骨城（今辽宁省桓仁市五女山城）迁到国内城（今吉林省集安市平地城），并在城北筑卫城——尉那岩城（又称丸都山城）；东汉建安十四年（209）从国内城迁到丸都山城；最后于北魏始光四年（427）又迁到平壤城（今朝鲜民主主义人民共和国首都）。高句丽王国的领地到公元四世纪末五世纪初第十九代王广开土王谈德时期达到鼎盛，即东临日本海，西达辽河，南至朝鲜汉江流域，北到北流松花江流域。

高句丽人居大山深谷，共有数万户。高句丽王国开始是一个奴隶制国家。奴隶主贵族称为"大家"，有万余人，性凶暴，喜掠夺，好造大宫室，男女皆饮酒歌舞，过着不劳而获的寄生生活。奴隶称为“下户”，负担着奴隶主贵族所需要的粮、鱼、盐等生活必需品。尽管他们终年竭力耕作，仍不得温饱。后来，在汉文化的影响下，高句丽王国逐渐由奴隶制向封建制转化，但直到广开土王时代其社会性质仍然没有进入真正的封建社会，还保留着明显的奴隶社会残余。

据考证，高句丽王国的势力是在广开土王也就是通称的好太王时期到达北流松花江流域的，公元410年（东晋义熙六年）占有夫余故地——今吉林市地区，并在此驻扎下来。正是在这个时期，高句丽为了抵御北面勿吉部的南进，西拒夫余的反攻，在地势险要的吉林市龙潭山、东团山、三道岭子大砬子山上构筑军事城堡。其中以龙潭山山城规模最大，设施最全，保存最好。龙潭山山城沿山脊走向，高峻处以山皮土渗凝灰岩碎石叠筑，平均高1米许，低洼处以块石垒砌基础，其上以黄土夯筑，基宽3～10米，最高处达10米许，顶宽1～2米，呈不规则多边形，周长2395米，西南北三面凹伏处各有一门，今日盘山公路山腰处的西门为正门，南北门为便门。山城四角制高点有平台，即角楼遗址。山城内的主要建筑有俗称的“水牢”和“旱牢”，所谓“水牢”即是蓄水池，所谓“旱牢”即是储存军需物资的地窖。水旱牢都是用凝灰岩块石砌筑。蓄水池呈圆角“凸”字形，凸出部分有30级台阶直达池底。蓄水池其他三面池壁从上到下向内替入呈阶梯状，共分三级。蓄水池东西长52.8、南北宽25.75、深11.5米。在北壁东端池沿下1米处有一泄水洞，从城墙底下通过。地窖呈正圆形，周壁直立，直径10.6、深2～3米，从不积水。龙潭山山城是高句丽王国中期典型的军事城堡。

高句丽民族是我国东北古代貊系的一支。高句丽王国是属于我国中原王朝所属的一个地方政权。高句丽文物是我国文化遗产中的瑰宝之一。高句丽王国的历史，是我国东北古代历史的一个重要篇章。如今依然存在的吉林市区的三座高句丽山城遗址，特别是龙潭山山城，不仅是研究高句丽中期城池建筑难得的实物资料，而且是研究高句丽王国北部疆域的重要证据。

高句丽的统治者为了满足穷奢极欲的生活和扩大势力范围，对中原王朝时服时叛，不断向外发动战争，争城夺地，引起了隋唐两朝统治者的不安，两朝皇帝曾多次讨伐高句丽，最后唐高宗李治派李勣、薛仁贵两员大将，东征高句丽，即所谓“薛、李征东”，于唐乾封三年即总章元年（668）收复辽东郡所属之地，高句丽灭亡。

渤海国，公元698年建国，926年灭亡，计15王，历228年。它是以生活在吉林市地区松花江流域的粟末靺鞨部族为主建立的一个封建王国，是高句丽灭亡之后，辽兴起之前，唐在东北地区的又一个地方政权。今吉林市龙潭区乌拉街杨屯大海猛遗址可谓粟末靺鞨的故乡之一。

渤海建国以后，作为一个受唐朝册封的地方民族政权，与唐朝的关系十分密切。大祚荣与唐修好，唐玄宗（713）册封大祚荣为渤海郡王，从此称为渤海王国。国都初在吉林省敦化县东牟山，俗称旧国。天宝末年（742～756），迁都上京（今黑龙江省宁安县渤海镇）。宣王大仁秀时期（819～830），是渤海王国最强盛的时期，此时5京、15府、62州（包括3个独奏州）齐备，被称为“海东盛国”。今吉林地区属长岭府（今桦甸市苏密城）的府治所在地和3个独奏州（涑州、铜州、郢州）之一的涑州州治所在地。涑州州治即沿用了吉林市东团山麓的“南城子”，有发现的渤海建筑构件为证。

在渤海 15 个王中先后派使臣朝唐就有 132 次之多。渤海在政治制度和文化典章方面极力仿效唐朝，曾“数遣诸生诣京师太学，习识古今制度”，并派文人到长安城（今西安市）抄回《汉书》《三国志》《晋书》等历史著述。此外，还多次派遣留学生学习汉文化典籍，有的经过科举考试，留作唐官。渤海的一些官员、使臣大都善于用汉文撰写奏章，有的诗人所写的诗文其韵律和意境几乎可与同时代的中原著名诗人媲美，如渤海诗人释仁贞于元和三年（808）写的七绝《七日梦中陪宴》就堪称佳作，诗中写道：“入朝贵国惭下客，七日承恩作上宾。更是风声无妓态，风流变动一回春。”（津田左右吉《渤海史考》）。

唐朝诗人温庭筠所写的《送渤海王子归国》五言律诗中形象地表达了唐朝与渤海王国的亲近关系：“疆里虽重海，车书本一家。盛勋归旧国，佳句在中华。定界分秋涨，开帆到曙霞。九门风月好，回首即天涯。”

渤海国和唐朝的贸易也是比较频繁的，有专设的交易地点和场馆。渤海向唐朝的输出品有虎、豹、熊、貂、兔、鼠等皮张，人参、麝香、牛黄、白蜜、昆布、松子、附子等药材；唐朝向渤海赏赐的物品有细布、棉、帛、金银器皿等。

吉林地区作为渤海长岭府城和独奏州州城所在地，使这一地区的经济、文化得到了长足的发展。

1979～1981 年，吉林市博物馆和吉林省文物工作队在永吉县乌拉街乡杨屯大海猛，先后清理发掘了渤海建国前后粟末靺鞨墓葬 92 座，出土随葬品 1000 多件，其中有陶器、铁器、青铜器、银器和玉器等。陶器主要是夹砂和泥质的罐和壶。铁器有斧、镰、镫，此外还有带饰、甲片和头盔。青铜器多为装饰物，有双人骑马铜饰、镯、钗、耳环、泡形饰、带饰、牌饰。银器有钏、钗等，玉器有大小玉璧、各式玛瑙珠和石制串珠。在一座墓中（编号 17 号）出土了一枚唐代“开元通宝”钱。通过出土的各类文物，我们对渤海粟末靺鞨人的生活状况有了一个切实的认识。

1990 年 7 月，吉林市博物馆对蛟河市天岗镇七道河子遗址进行了发掘，经发掘得知，这里是一处平面呈长方形（2.3 米 ×2.2 米）的建筑遗址，有天井、地面铺石、柱础石、阶石、护坡石等，建筑构件有瓦当、筒瓦、板瓦、特殊形瓦、鸱尾、脊兽、铁风铃、铁系挂、铁钉；陶器有陶环、陶罐等。另外还发现粗砂岩残石碑两块，其上可见一阴刻“寸”字。该遗址可能是渤海寺庙址。但也有人认为是渤海王国夫余—契丹道上的一个亭站。

渤海末王大諲撰时期，由于上层统治者的腐败，阶级矛盾加深，国家濒临灭亡的边缘。10 世纪初，东胡族的一支契丹族崛起于今内蒙古昭乌达盟的两河流域——西拉木伦河和老哈河一带。该族中最有权力的首领耶律阿保机，于公元 907 年即汗位，公元 916 年正式称帝，国号契丹。926 年，灭渤海王国。947 年契丹改国号为辽。1125 年，辽天祚帝耶律延禧被完颜娄室军生擒，辽亡。

辽设五京道、六府、一百五十六州和二百零九县。契丹族是统治民族。今吉林市地区中、北部属东京道涞州境地，东南部属长白部和辉发部。其涞州治所依然在今吉林市。

金是女真族建立的国家，1115 年女真首领完颜阿骨打建立金国，1234 年灭亡。金设全国为 19 路，其下有府州县。今吉林市地区大体属于上京路会宁府（今黑龙江省哈尔滨市阿城区）的南境和咸平路咸平府（今辽宁省开原老城镇）的东北境。自辽代圣宗（984～1031）时期，为防备渤海人和契丹人的反抗，在鸭子河与混同江（即北流松花江和东流松花江）之间，依仿唐、宋城的形制，修建了许多城池，金代多加沿用，故通称辽金古城。今吉林市地区大大小小的辽金古城有 28 座之多，其中较大城堡有：吉林市土城子古城、官地古城、永吉富尔哈古城、大常古城，舒兰嗄呀河古城，蛟河前进古城等。这些古城多呈方形，黄土夯筑，有瓮城、角楼、马面和护城壕。

其中有的已列为省级文物保护单位。如吉林市龙潭区富尔哈古城、舒兰嗄呀河古城和蛟河前进古城。金代，今吉林市的主要居民是女真人和汉人，金代对女真人（曾一度包括汉人）实行猛安、谋克制。1975 年，在吉林市丰满区荣光六队出土的 56 件窖藏铜铁器物，形象地反映了谋克村寨亦农、亦兵的生活情景。诸如：其中铜器类 10 件，有六耳大锅、双耳吊锅、釜、鼎、匜、鉴、盆、盘、壶、马镫、熨斗、盒等炊器、盛器、酒器、马具和其他生活用具。其中铁器类 37 件，有铧子、铧溜子、犁镜、蹚头、铲、铡刀、牵引零件、斧、镢、凿、锤、锯条、瓦刀、泥板、烙铁、车輨、缰绳环、马镫、矛、渔叉、釜、锚勾等农具、手工工具、车马器、兵器、渔具和其他生活用具。形象生动地反映了金代猛安谋克村寨亦兵亦农的生活状况。其中有许多器物的形制与宋代汉人的器物如出一辙，反映了汉文化对女真人的深刻影响。

辽、金统治者虽然与北宋、南宋对峙，但契丹人、女真人同两宋人民之间的经济、文化交往却从未间断，这从吉林省境内发现的许多金代窖藏铜钱多为宋钱可资佐证。

在吉林地区各地常出土唐、宋铜钱，其中最多的是北宋和南宋铜钱，有时一出就是几百斤、上千斤，说明辽、金曾使用唐宋钱作为流通的货币。可见辽、金与宋朝在经济上的密切关系。

辽、金虽有自己创制的契丹文和女真字，但汉字一直是使用的，这可从辽、金货币上面的汉字加以证实。如辽代的“重熙通宝”、“清宁通宝”、“咸雍通宝”、“大康通宝”、“大安通宝”、“寿昌元宝”、“乾统元宝”、“天庆元宝”、和金代的“正隆元宝”、“大定通宝”等都是汉文。

坐落在舒兰小城乡的金代开国元勋、女真大字的创制者完颜希尹墓及其家族墓（共分五个墓区）具有特别重要的历史价值，已被国务院公布为全国重点文物保护单位。

完颜希尹墓前原有墓碑（现为复制品），称神道碑。神道碑前有花岗岩雕刻的望柱、石人（文臣、武将）、石虎、石羊各一对。神道碑由碑额、碑身和龟趺三部分组成，碑额上刻缠绕的四龙，形成圭形额框，框内阴刻篆书“大金故尚书左丞相金源郡贞宪王完颜公神道碑”20 字。碑身巍峨高大，通高 4.3 米，碑身正、背两面镌刻碑文，每个字 4 厘米见方，字属颜体，浑厚有力，共计 2463 字，为金代著名文人王彦潜撰文，大名府路兵部总管判官任询书丹。碑文详细记述了完颜希尹一生的功绩和被害经过，可补《金史》列传记载的缺略，对于研究金代历史具有重要的学术价值，而其字体又是难得的书法艺术珍品，可惜在“文化大革命”中，古碑被当地“造反派”当做“四旧”炸毁了。1980年秋，吉林省文物工作队将碑身下部的一部分运到长春，现存吉林省博物院。为了保护完颜希尹墓，同年吉林省文物工作队对该墓进行了科学发掘。墓室在地下，用花岗岩石条垒砌，前有斜坡墓道，后接横向长方形天井，墓门用硕大厚重的石板封堵。在墓室里靠墙排列五具装有骨灰的石函，中间的一个石函比左右的四个石函略大。墓室中出土的器物有长方形铁券一方（相当于墓志，字迹已脱落）、莲瓣竹节形铜蜡台一对、未燃尽的蜡烛两根、仿定白瓷瓶一对、白瓷碟四个，在石函中还有包裹骨灰的丝织品数块。根据石棺的形制，石函摆放的位置以及大小推断，中间大石函装的是完颜希尹的骨灰，两侧的小石函装的应是完颜希尹的妻妾和儿子的骨灰。

完颜希尹墓前的神道碑和神道上的石雕刻物以及墓室形制，不仅反映了金代中期贵族墓葬的特点，而且反映了唐宋埋葬制度，对金代的深刻影响。

除了完颜希尹墓而外，在东村数公里范围内，还埋葬着完颜希尹的几代前辈和他的后代子孙，他们都是宗室的显赫贵族，有待进一步考察。

元代（1270～1368），在全国分设11个行省，其下设186路、29府、300州、1154县。元在东北设辽阳中书行省，其下设七路一府，有大宁路、广宁路、辽阳路、沈阳路、开元路、东宁路、合兰府水达达路和咸平府。今吉林地区先属辽阳行省开元路咸平府（后期府治在今辽宁省开原老城镇），后属辽东宣慰司。解放以后，在蛟河市天岗乡前进村农田中发现一方八思巴文“海西辽东道宣慰使司都元帅府照磨印”，可以证明今吉林地区后期的行政隶属关系。发现铜印的天岗乡，也可能是元代海西辽东道宣慰使司都元帅府的治所一度曾设在这里，从而证明这里曾是元朝经略东北的一个重要军事基地。

1988年，在蛟河县青背乡东升村黄地沟农田中出土另一方八思巴文铜印，即“辽阳等处打捕鹰房红花总管府印”，有人认为，这方官印所以会在这里发现，很可能是辽东地区的故元纳哈出的军事势力曾到过此地。

元代虽然在今吉林地区没有留下城池，但却设立了一些驿站，形成了3条驿站：一是至元二十七年（1290），从咸平到北流松花江流域的建州，即《永乐大典》记载的“咸平府至宋瓦江酌安立五个站”，具体地点是从开原老城镇（咸平府），经由海龙山城镇（北山城子）、海龙镇古城、磐石明城古城至松花江畔的建州（在吉林市附近）；二是从祥州（今农安县万金塔古城），经德惠、榆树、舒兰（红旗古城）到建州；三是从建州到唆吉（今敦化市）。上述3条驿站，恰与今公路或铁路的干线相符。据《元史·兵制·赤站》记载，当时各站“有驿令，有提领……通政院及中书兵部”，“四方往来之使，止则有馆舍，顿则有供帐，饥渴则有饮食”，运输则有车马。元代驿站的设置，为吉林地区道路的开辟和交通线上城镇的建置创造了条件。

1368年8月，明军攻陷元大都（今北京），推翻了元朝的统治，建立了大明王朝，同年朱元璋将都城从金陵（今南京）迁至北京。明朝对东北的经略始于洪武四年（1371）。洪武十年（1377），设辽东都司于辽阳，控制辽河东北各地。到洪武二十年（1387），明朝招抚了松花江以北的女真诸部族，奠定了统辖整个东北的基础。洪武二十一年（1388）在东北各地设立许多卫所。仅在今吉林省境内就有72个卫所，实行羁縻政策，即以当地人管理当地人。永乐七年（1409），在黑龙江入海口处的特林地方设立奴尔干都司，管理黑龙江和松花江流域的辽阔疆土，今黑龙江省、吉林省尽归该司管辖。明朝中央政府为了加强同奴尔干都司的联系，进行巡视和漕运，先后于永乐十八年（1420）、洪熙元年（1425）和宣德七年（1432），特派钦委造船总兵官骠骑将军辽东都司都指挥使刘清领兵到松花江流域兴役造船，造船的具体地点就在今吉林市丰满区阿什村江岸，这里有当年镌刻的两块摩崖碑为证。

第一碑，距江底约10米，碑文为：

甲辰　丁卯　癸丑　□□
骠骑将军辽东都指挥使
永乐拾九年岁次辛丑正月吉　□□□□

第二碑，在第一碑西侧40米许的山脚斜坡处，碑文为：

钦委造船总兵官骠骑将军辽东都司都指挥使刘清
永乐十八年领军至此
洪熙元年领军至此
宣德七年领军至此
本处设立龙王庙宇永乐十八年创立
宣德七年重建
宣德七年二月卅日□□

上刻三个年头都是兴役的时间，第一次罢役的时间是永乐二十二年（甲辰）二月（丁卯）初七（癸丑），也就是刘清应召还军北征的时间。据《明实录》和永宁寺碑文记载，钦差内官亦失哈曾先后十次巡视奴尔干都司，进行宣谕抚慰，其中第四、六、十次巡视的时间恰与此碑所记兴役造船的年份相合，从而证明刘清在这里造船的直接目的，就是为了给奴尔干都司提供运送官兵、粮食和赏赉的船只。阿什哈达摩崖碑同永宁寺碑一样，都是明朝政府经略东北的历史见证，具有十分重要的历史价值。

明代（1368～1644）东北地区的女真族居民按地域分为野人女真、海西女真和建州女真，今吉林地区属于海西女真的聚居范围。海西女真后来形成了四个大的部落，即叶赫、哈达、辉发、乌拉部，通称“扈伦四部”。乌拉部都城尚存，坐落在今吉林市龙潭区乌拉街满族镇郊。

乌拉古城俗称大城子，坐落在松花江右岸的冲积平原上。该城三面近山，一面临水，优越的地理环境决定了它在古代军事上的重要地位。该城分内、中、外三道城墙。内城大致呈梯形，周长786米；中城呈不规则四边形，周长3521米；外城亦呈四边形。内城、中城保存完好，外城西墙已被松花江水冲毁，其余三面断断续续存在，推测周长在5000米以上。内城中央偏北有一高台，应是瞭望台遗迹，俗称“白花公主点将台”。1957年，在点将台正南方约500米处出土唐宋铜镜、北宋铜钱，辽代铜镜、铜鞭穗等。结合传说，预示内城可能始建于辽代。1960年，在中城城根发现明代万历癸未年（1583）制造的铜火铳1件。乌拉部的势力范围，大致领有今吉林市地区直到延边朝鲜族自治州一带。

明万历四十一年（1613）正月，乌拉部都城被努尔哈赤亲率八旗军攻陷。乌拉部主布占泰逃往叶赫，乌拉部灭亡。乌拉部都城是研究后金建立前和清朝入关前重要的历史遗迹。

明朝政府对边疆少数民族地区实行羁縻政策。当海西女真四部逐渐壮大的同时，时任建州左卫都指挥使的努尔哈赤以新宾县老城为基地，先后统一了建州女真各部，构成了对海西女真的严重威胁。面对严峻的形势，扈伦四部曾一度结盟，然而，在努尔哈赤远交近攻、各个击破的战略方针之下，终于一个个被征服，为清朝的建立奠定了基础。

清代（1644～1911），朝廷视东北为龙兴之地，吉林地区进入了一个重要的历史时期。清帝福临入关的第三年——顺治三年（1646），设盛京昂邦章京（即将军、总兵之意），统辖东北全境。顺治十年（1653），分设宁古塔昂邦章京，管辖吉林、黑龙江地区。为了防备沙俄入侵，顺治十一年（1654），昂邦章京萨尔吴代在松花江畔设厂造船，船厂旧址即在今吉林市临江门到温德河入江口处，故吉林旧称船厂。

顺治十八年（1661）设立水师营，训练水上作战部队，地点在今临江门大桥北端以西的街心公园一带。康熙元年（1662）宁古塔昂邦章京改为镇守宁古塔等处将军。康熙十年（1671），宁古塔昂邦章京改为镇守宁古塔将军。康熙十年（1671），宁古塔副都统安珠瑚及所属八旗兵移驻船厂。康熙十二年（1673），安珠瑚率八旗兵建吉林乌拉城，系以松木为墙（同治年间改为土墙，光绪年间改为砖墙），位置相当于今吉林市船营区松江中路以北、光华路以南。康熙十五年（1676）修建将军署（地址在今河南街西端至后鱼行一带），宁古塔将军移驻吉林，从此吉林取代了宁古塔的地位。雍正五年（1727）置永吉州，州治在吉林。乾隆十二年（1747）改永吉州为吉林厅。乾隆二十二年（1757）改宁古塔将军为镇守吉林乌拉等处将军。光绪八年（1882）设吉林分巡道，吉林厅升为吉林府。光绪三十三年（1907）撤销吉林分巡道，改设吉林省，省治吉林城。如果从康熙十五年（1676）宁古塔将军移驻吉林算起，吉林作为全省的政治、军事、经济、文化中心，长达276年之久。

康熙皇帝爱新觉罗·玄烨对吉林乌拉情有独钟，曾于康熙二十一年（1682），康熙三十七年（1698）两次巡幸吉林，第一次巡幸检阅了吉林水师，做了战略部署，并写下了著名的《松花江放船歌》：

松花江，江水清，夜来雨过春涛生，浪花叠锦绣縠明。
采帆画鹢随风轻，箫韶小奏中流鸣，苍岩翠壁两岸横。

浮云耀日何晶晶，乘流直下蛟龙惊，连樯接舰屯江城。
貔貅健甲皆锐精，旌旄映水翻朱缨，我来问俗非观兵。
松花江，江水清，浩浩瀚瀚冲波行，云霞万里开澄泓。

这首诗，不仅生动地描绘了康熙帝检阅水师的盛况，松花江浩瀚的水势，两岸的风光，而且首次称吉林乌拉为江城。此次康熙帝来并非问俗而是观兵，是为反击沙俄的侵略做战略准备，意义重大。

康熙第二次巡幸嘉奖了在1685、1686年两次雅克萨之战中立功的官员。

清入关后，为了保护清朝的发祥重地，对东北实行了封禁政策，顺治年间（1644～1661年），修建了一条自辽宁凤凰城起，中经开原到山海关的柳条边墙，俗称老边。从康熙九年到二十年（1670～1681）又修筑了西南自开原威远堡东北经舒兰法特哈边门到亮甲山的边墙，全长690华里，因这条边墙修建较晚，俗称新边。至今遗迹尚有残存。

从顺治初年起，朝廷内务府在大乌喇（今乌拉街满族镇）设立打牲乌拉总管衙门（遗址在今永吉县乌拉街镇农机站院内）。自康熙十五年（1676）该机构又辖于吉林将军。打牲衙门设总管一人，另有翼领、骁骑校、领催、笔帖式若干人，下辖采珠八旗和捕鱼八旗打牲丁。打牲衙门管理的地界有560余华里，大体包括今吉林地区和长春地区一部，但打牲的范围却不限于这个地界，就捕鱼和采珠而言，整个东北的大小江河都准许打牲丁出没。在每年进贡的方物特产中，除鲟鳇鱼和东珠（蚌壳里的圆形结石），还有人参、貂皮、野猪、松籽、蜂蜜和小米等，直至清末。朝廷对以上贡品在质量、数量上都有一定的要求。这些贡品的用途，一是用于各坛、庙、陵寝的祭祀，二是供给皇帝、皇室成员享用。至今在舒兰法特还有鳇鱼圈遗址。

清朝一向视长白山为祖宗的诞生之地，但前往长白山天池拜祭又多有不便，于是在雍正十一年（1733）由宁古塔将军常德奏请在吉林城西南温德亨山（即小白山）修建望祭殿，当年建成“正殿五楹、祭器楼二楹，牌楼二座、养鹿圈一座”。乾隆十九年（1754）爱新觉罗·弘历皇帝巡幸吉林，亲登小白山遥祭长白山神。望祭殿建成后，有清一代，每年春分、秋分由地方将军、副都统率文武官员，代替皇帝行望祭大礼，此外还需在每月的朔（初一）、望（十五）日拈香致祭。

小白山望祭殿，是清朝祭祀长白山神的唯一场所，对于研究清史，尤其是地方史具有重要价值。现仅存望祭殿遗址，有关部门正在计划复修。

继望祭殿之后，吉林地方各界捐资在吉林北山东峰先后修建了关帝庙、药王庙、玉皇阁、坎离宫四座庙宇，其建筑与奉祀，闪烁着满汉宗教文化的特点。三百年来北山寺庙群及相沿成俗的四月十八至二十八的盛大庙会，声名远播，是吉林一大胜景。

乾隆元年（1736）诏修永吉州文庙，旧址在今吉林市实验小学院内西北隅。光绪三十三年（1907），祭孔升为大祀，吉林设行省，由吉林巡抚朱家宝奏请择地（今吉林市昌邑区）新建吉林文庙。其中大成门、大成殿、崇圣殿均为黄琉璃瓦屋顶。该庙规模之宏伟、建材之精良、工艺之高超，不仅在全东北首屈一指，而且在全国也颇有名气，是最具典型性的儒教礼制建筑之一。现为全国重点文物保护单位。

创建于乾隆三十五年（1770）的观音古刹，坐落在今吉林市船营区光华路与昆明街交叉路口南侧，是1983年4月被国务院公布为汉族地区的佛教重点寺院之一。

随着吉林城池的建立和吉林作为地区中心城市的确定，最先比较驰名的街路有迎恩街（今长春路），是康熙、乾隆帝巡幸吉林的“御街”；翠花胡同（今北京路西头的伊通街），以卖手工制作的纸花饰物著称。后来以吉林将军府（今吉林市人民政府旧址）为中心，向北、西、东三面又开辟了三条街道，即北大街、西大街、粮米行（今北京路），后来又有了通天街（今解放路）、河南街、牛马行（今青岛街）等。随着街路的开辟，吉林城的商业也逐渐兴盛起来。如吉林木材加工业、参茸业、烟麻业、皮革业、百货业等，吉林成了关东土特产品的集散地。到同治元年（1862），号称中国北方四大家之一的巨商牛家（牛子厚祖辈）的“升”字号商铺，和在清末在西大街设立的世一堂药店总店颇为显赫。这两家在东北各大中城镇以及京、津、沪等地还设有众多分号。

随着吉林城满蒙居民日密，汉族人口日增，文化、艺术、教育事业也相应地发展起来。吉林地区的戏曲活动——东北地方曲艺“二人转”（旧名“蹦蹦”）始于道光初年，是韩宪宗（通称韩边外）邀请各地的“蹦蹦”艺人在桦甸夹皮沟金矿给淘金工人演出，后来传到省城吉林和周围乡镇。

吉林地区的文人文化以不同身份、不同祖籍的人所写的有关吉林地方史志著述（包括诗文）为主，如宋代使臣洪皓的《松漠纪闻》、高士奇的《扈从东巡日录》、沈承瑞的《香余诗钞》（原名《茄园诗钞》）、云生、英喜的《打牲乌拉志典全书》、《打牲乌拉地方乡土志》、盛介臣刻印的《探源书舫丛书》、李桂林总纂的《吉林通志》、萨英额的《吉林外记》、杨伯馨等撰的《吉林舆地略》、杨同桂等修的《吉林舆地图说》等。此外乾嘉时期，四书五经及民间盛行的古典小说也传入吉林，著名的《水浒传》《西厢记》，乾隆年间已译成满文在东北内地流传。此外还有书法、绘画等。

清代吉林城的教育，从私塾走向公立，从专业走向普及。从专业教育看，最早是于康熙三十二年（1693）起建立的吉林左右学堂、吉林巡警学堂、吉林外国语学堂（原俄文书院）、吉林省立实业学堂、吉林省立法政学堂、吉林官医院附属医学研究会、吉林高等巡警学堂（原巡警学堂）等。从普及教育看，雍正十三年建立吉林府学，嘉庆十年建立吉林白山书院，光绪年间先后建立吉林崇文书院、吉林官办义学、吉林各区小学堂、菁华小学和启蒙小学（天主教会办）、吉林省立第一中学校、吉林省立满蒙小学堂、满蒙中学堂等。从而使吉林的学风大开。

随着吉林成为省会城市，清朝为了加强东北的防务，吉林的水陆交通很快地发展起来。吉林的陆路交通有四条：一是从吉林尼什哈站（今吉林龙潭山火车站附近）经盛京（今沈阳市）、山海关到北京，大体相当于今吉林到北京的火车线路，称为“御路”或“进贡路”。二是从吉林尼什哈站到伯都讷（今扶余县伯都乡），然后过松花江与黑龙江将军辖境内的水陆要道相接，可达雅克萨城等地。三是从吉林尼什哈站到宁古塔（今黑龙江省宁安县城）。四是从吉林尼什哈站到三姓（今黑龙江省依兰市）。吉林城的水路运输主要是从吉林松花江到嫩江上溯到墨尔根（今黑龙江省嫩江县），然后再到黑龙江上游的瑷珲城（初期的黑龙江将军驻地）。以上水路和陆路交通不仅加强了朝廷与地方的联系，并在抗击沙俄、巩固东北边防方面发挥了重要作用，而且大大促进了吉林地区、特别是省城吉林经济贸易的发展。

综上所述，我们可以得出这样一个认识：今吉林市地区自古以来就是诸多少数民族（如秽貊族系中的秽、夫余等族）的聚居地，他们与中原王朝和汉族有着千丝万缕的联系。自南北朝以来，这里又是勿吉、高句丽、粟末、靺鞨、女真、满洲、满族的龙兴之地，他们在我国东北以及全国的历史上有着显赫的地位。正是这些少数民族与汉族一道创造了灿烂的古代文化，构成了长白山文化的重要组成部分。这一文化，在社会主义建设中已经发挥、并将进一步发挥应有的积极作用。

宁翟——民族融合的历史遗存

邓文宽
（中国文化遗产研究院）

“宁翟”是山西省稷山县化峪镇的一个自然村名，位于化峪镇西北方向，北距吕梁山南沿约3公里。我自记事时起，便与这个村庄结下了不解之缘。因为我的“姥姨”（姨姥姥）和二姨都在这里劳作生活了一生。小时候，母亲带我走亲戚，宁翟村便是我每年必去之地。

可是，让我感觉非常奇怪的是，这个村子为什么要叫这样一个名字呢？尤其是成为一个史学工作者后，深知汉民族是一个由许多民族混合而成的民族，我就更想问个究竟了。我思考这个村名的意义已经进行了几十年，现在终于可以动笔将我的看法写出来了。

我们知道，古代以黄河中游的山陕一带为中心，生息繁衍着后来被称作“汉”的民族，也就是今日被认为是我们中华民族主体民族的“汉族”。汉族四周同时生活着一些少数民族，古时东边的被称作“夷”，西边的被称作“戎”，南边的被称作“蛮”，北边的被称作“狄”。在汉民族的历史文献中，有时也将周边少数民族统称作“狄”。就西部与北部来说，两汉时最活跃的是匈奴族，北朝时活跃着“五胡”，即匈奴、鲜卑、羯、氐、羌。可是到了今日，除了羌族还单列为一个民族外，其他各族在现实生活中连名称也未能保存下来。所以，民族史家马长寿先生才说：“在中国漫长的历史发展过程中，氐族基本上融合到汉族之中，羌族的大部分也融合于汉族。”[1]那个曾经建立过北魏王朝，开凿过云冈、龙门两大佛教石窟群的鲜卑族去了哪里？据说大同市附近有一个以“元”姓为主的村庄，他们知道自己祖先是来自北方草原的鲜卑族，因为鲜卑汉化后拓跋氏曾改姓“元”，曾经活跃在洛阳周围的那些鲜卑人则恐怕全都融进汉人之中了；南京“巴”氏，自称其出自阿拉伯民族；杭州“茹”氏，自称其来自古代的柔然族，因为柔然别名“茹茹”。但在民族归属上他们今天都算汉族，尽管姓这些姓氏的今人还知道他们原本来自北方或西亚的某个民族。至于魏晋南北朝时期的另一些少数民族如丁零、高车等，今日亦不见其名。或许如同鲜卑、柔然的后人那样，虽然他们也知道自己的原始族属，但今天也都归入汉族这个大民族了。

知道了古代民族融合的大致情况，我们再仔细追索一下“宁翟”这个村名的字义。“宁”字一是姓氏，读nìng，是习见姓，并不陌生；二是安宁之“宁”，读níng。“翟”字一是姓氏，读zhaí，也是习见姓；二是读dí，古书上本义用指长尾巴的野鸡。可是据我表妹告知，宁翟村既无姓宁的，也无姓翟的。因此，将“宁翟”二字理解为两个姓氏是行不通的。我们必须考虑这两个字姓氏之外另外的意义。

“宁”字好理解，即安宁、宁静之意。就今天中国省一级的地名来讲，有宁夏，其中“夏”指古代党项人建立的“西夏国”；有辽宁，其中“辽”是指古代契丹人建立的“辽国”。就城市名称来讲，青海有西宁，广西有南宁；地方上还有海宁、宁波、集宁、宁古塔等等地名。所取名字都是期盼一方安宁、平静之意，尤其多用于少数民族聚居地。“宁翟”之“宁”也当是“安宁”之意，此外无从给予解释。

关键是这个“翟”（dí）字。古书上虽说其基本意思是指长尾巴的野鸡，但绝不仅仅以此为限。前已说过，古人多称北方少数民族为“狄”，也可用于少数民族的统称。清人段玉裁在为东汉文字学家许慎《说文解字 • 羽部》作注时说：“翟，狄人，字传多假翟为之。”即古书上多以“翟”代“狄”。《淮南子 • 缪称训》：“戎翟（狄）之马，皆可以驰驱，或近或远，唯造父能尽其力。”《周礼 • 秋官 • 序官》：“象胥每翟(狄)上一人。”清人孙诒让为此语所作正义曰：“翟者，蛮夷闽貉戎狄之通称。”“翟”通“狄”，这在古代文献中可以找到许多例证，并非罕见。如此看来，“宁翟”二字或当读作 nìng dí 了。这样，我们也就必须考虑这个村名是否同古代少数民族有关系，就像宁夏和辽宁的用法那样。

宁翟村没有宁、翟二姓，却有姚姓，而且是该村的大姓之一（另一大姓为程姓）。我姥姨家姓陈，可置不论；但我二姨家却姓姚。二姨年轻时丈夫去世，但她未离开姚家。后来的姨父是从邻近的阳平村招亲而来的，改姓姚，如今我表弟、表妹都姓姚。这个村还有我的中学同班同学姚战庆先生，都是他们姚姓大家族的成员。

二十多年前，日本研究中国中古史的历史学家关尾史郎教授曾发表文章指出，今日中国汉人中的姚姓有一部分来自古代的羌族[2]。2010 年 4 月，在浙江大学出席敦煌学国际学术讨论会时，我曾与几位同仁私下议论过关尾先生的这篇文章，至今记忆犹新。其实，羌族人姚姓在十六国时期建立过“后秦”政权，这是大家都知道的。此政权为姚苌所建，立都长安（今西安一带），他于公元 384～393 年在位；传子姚兴，公元 394～416 年在位；姚兴死，长子姚泓继位。但仅仅一年，后秦宗室就发生内乱，国力衰弱。东晋刘裕乘机北伐，于公元 417 年率军攻入潼关，逼至渭桥。关中郡县也多暗通晋师。姚泓无奈，只好从长安出降，被胁迫至建康（今南京），遭杀害，后秦亡国。羌族姚姓的后秦政权于公元 384 年建立，至公元 417 年灭亡，存在凡三世 33 年。

那么，宁翟村的姚姓居民是否就是后秦政权的后代呢？我没有根据，不能乱说。但根据村名“宁翟”的含义，推测这个村的姚姓来自古代的羌族，则不会有太大的问题。我估计，该村的姚姓原本不住在这里，从外地（很可能是从西面）迁来后[3]，聚族而居。当时当地的汉人知道他们是外来的少数民族，于是给了这个外来民族聚落一个名字“宁翟”（dí），希望他们安居乐业，在这里永久住下去，就像“宁夏”、“辽宁”这些名字的含义那样。但后人不明其义，只知道翟字读 zhaí，不知道在这里应当读 dí，代代相传，也就一直错了下来。虽然说今天已经都是汉人，但“宁翟”这个村名仍旧透露出它是古代民族融合的历史遗存。

汉民族血统比较混杂[4]，这是不必讳言的历史事实。陈琳国先生曾说：“五胡是秦汉至隋唐八百年间我国北境和西北境最主要的民族。其内迁的部分，都与汉族融合，为伟大的多元一体格局的中华民族的形成做出了杰出贡献。”[5] 科学地说，少数民族与汉族通婚后，客观上促进了人种的改良与发展。历史学界的人大都知道，就民族融合而言，山西尤为典型。1976 年毛泽东去世时，由于我与一些同事在太原市出席“中国天文学史研讨会”，就便在太原参加了他的追悼会。那天数十万人聚在一起，黑压压一片。几个外地的朋友说，怎么这儿的人普遍个头都比较高呢？其实，这就是民族融合的结果。大家又知道，河南开封市有一群犹太人的后代，他们除了知道自己祖先来自西亚，从外形上去看，已与汉人无异，再也看不出区别了。从生物学上说，远缘杂交有利于物种的进化，人类也不能例外。我的英语老师苏效庆教授（女，美国籍）体型高大。可我去她家时，看到她父亲（河南汉族人，哈佛大学毕业）个子并不高，母亲则是一位犹太人，个子也不高。我问苏老师：“为何您个子那么高呢？”原本以畜牧为专业的苏老师说：“杂交产生新品种。你怎么连这个也不懂!”我只得赧然一笑。

关于“宁翟”这个村名，我的看法大致如上所述。不管我们的祖先原本就是中原汉人，抑或是来自古代周边的少数民族，今天我们都是一个民族，是一家人。愿生活在同一个民族大家庭的人们安宁、幸福、和平。

2013 年 1 月 5 日

注　释

［1］马长寿:《氐与羌》前言，上海人民出版社，1984 年，4 页。

［2］关尾史郎:《“白雀”臆说——〈吐鲁番出土文书〉札记补遗》,《上智史学》1987 年 32 卷，66～84 页。

［3］马长寿先生说：“氐、羌起源于西方，很早就因各种原因不断地徙入中原，同汉族发生了密切的关系。”同注释［1］前言第 1 页。

［4］吕振羽先生说：“今日全世界各民族除去最原始的部族外，都是杂种；所以恩格斯说，只有部族以下是同血统的组织，部族联盟便可以由不同血统的部族所组成。因此，谁说他的民族不是杂种，那便是说他们还是最原始群团，那便无异在侮辱其自己的民族。”见氏著《中国民族简史》，人民出版社，2009 年，8 页。

［5］陈琳国:《中古北方民族史探》，商务印书馆，2010 年，1 页。

田野考古二则

孙　波
（山东省文物考古研究所）

田野工作中，常常会遇到一些看似很平常的迹象。唯其平常，故不加注意，轻易也就忽略过去了。往往事后想来，才发现这些看似平常的迹象中大有玄机，隐藏着解决问题的关键线索，但是由于我们的忽略，已经无可补救，成为永久遗憾。在研究中也会遇到类似情况，尤其是对一些重要而特殊发现的解读，我们的眼光总是完全笼罩在这些发现之下，不及其余，甚至是这些发现的某项耀眼的特征一点就能牵着大家径直走下去，而对其他相关方面则熟视无睹。

下面就笔者遇到的两处遗址为例，并就其中有关问题进行讨论，以申明之。

一、定陶论墓

定陶灵圣湖汉墓的发掘[1]引起了学界高度关注，其中的黄肠题凑木构椁室被誉为目前汉代王陵中等级最高形制最复杂者，是研究汉代礼制的重要发现。可能是罕见出土遗物，可资讨论的材料不足，迄今关于该墓的研究报道少之又少。但私下里学者们的兴趣却持续不衰，除了宏大的规模和复杂的结构外，其中最能引起大家疑惑的一个现象是墓内没有任何随葬品发现。

对此，许多人都感到不可思议，大家最初的反应都是墓葬被盗了。但空空如也的墓室，甚至连一般常见的碎陶片也不见一块，被盗得如此干净，这也与我们通常的田野经验太不相符了。就此，有不同的解释。通常认为是早期被盗，故得干净。发掘者比对文献，认为是迁葬。还有学者推测墓中随葬品没有被盗，仍然藏于还没发现的器物坑内，现今空旷的椁室应是当初设计的防盗措施。笔者有幸在发掘过程中及发掘后多次赴现场考察，发现墓中没有随葬品只是此墓最明显的表象，也最容易引起大家的困惑和好奇。其实现场还有一些奇怪的特殊迹象，由于表面上似乎与墓葬没有直接关联，没能引起足够关注，而解开此墓种种谜团的钥匙很可能就隐没于这些不起眼的迹象中。

欲申其说，先述墓葬的大概。

该墓位于定陶县马集镇大李家村西北，早前地面可见三座封土堌堆，该墓为其中之一，编号 M2，也是其中规模最大者，于 2010 年进行了抢救发掘。这座墓的结构简报进行了详细报道，此不赘述，这里仅择其要但作强调：

此墓建筑复杂，为地上墓室结构。封土规模大，残存直径在 100 米左右，结构特殊，分为两部分：墓室封土和墓顶封土。墓顶封土是位于墓室正上方的分阶式方形台基，台基外围包裹着丘状的坟堆。方形台基为版筑，逐级内收，三层，夯层水平状，质量较好；坟堆为堆筑，夯层由内向四周倾斜，质量较差。墓室封土实际上缘于其地上墓室的结构，用黄土夯筑而成，只在墓室底部向下挖了约 1 米。也就是说只有墓室的底部坐落在浅坑之中，整个墓葬的绝大部分是在当时地面之上构筑的。

墓圹顶部积沙层上和墓室周围分布着成排柱洞，前者由于扰乱规律不清楚，后者呈方形围绕墓室一周，与墓道内两侧柱洞相对成行。椁室周围积沙槽内栽有一周木桩。发掘者考虑这些设施可能与构建椁室的临时建筑有关，但从其规整的结构分析，也不排除陵墓建造过程中存在一些礼仪性的活动程序。

木构椁室属于黄肠题凑，但结构为目前发现最为复杂者，其尺寸也严合于汉制。椁室正方形，边长 22.48 米和 22.64 米，约合汉制 10 丈。椁室由青砖封顶，中部起台，13 米见方，约合汉制 6 丈。青砖之下即为黄肠题凑椁室，顶部由五层枋木封盖，其下是复杂的椁室结构，共计 23 室 4 门，东门为正门，正对墓道，余者仅做出门的样子，没有开通。椁室平面呈三重回字形，整体结构严格对称，乍看好似博局纹镜的构图，但构造要复杂得多：主室处于中央（即报告所谓中室），可算作第一重；主室外围两周藏室，其间隔着一周迴廊。

由这些特征来看，这座墓葬确实是目前同类型汉墓中结构最为复杂特殊的一座，很可能代表了汉代王陵顶级的制度，仅次于帝陵，也是我们目前所能看到的黄肠题凑这种陵制的最完备形态。一句话，这是一座特别讲“礼”的墓，其构筑不仅花费了巨量财物，也肯定费了不少心思。这些都值得我们进行更深入的研究。然而正如前面提到的，这座墓葬在发掘过程中除了墓内空无一物之外，还遇到了一些容易令人忽视的迹象，尤其是这些迹象普通表象下隐藏着颇多不合常规之处，极为特殊，发人省思，值得我们追索下去，也值得我们从另一个角度去检讨我们的田野工作。

特殊迹象之一是该墓东南北三个方向各发现一条（北面两条）大沟，打破封土，除东面大沟沿着墓道挖到墓门之外，余者悉未到墓室。这些大沟内曾出土一些筒瓦、瓷器等遗物，当是其时墓顶庙宇的废弃物。据此发掘者将之定为宋元时期，与墓葬无关。

特殊迹象之二是墓葬上发现的都是现代盗洞，没有古代盗洞。这也是个奇怪现象。虽说该墓采取了多项防盗措施，封土之下有防盗积沙，尤其是椁室上部厚达 5 层的大型枋木坚固无比，现代盗墓者是用电锯破开的，如果没有电锯，仅靠刀削斧斫，在古代要想穿过难度极大，但也不至于没有盗掘的尝试。或曰，此墓古代确实遭盗，但不是以盗洞的形式，而是以大沟挖开的方式。这就涉及了该墓第三个特殊迹象。

特殊迹象之三即我们在前面提到的正东的那条大沟，规模巨大，几与墓道相酹，形制与墓道几乎完全一致，基本上就是将墓道重新挖开，连墓道的二层台都原原本本地清理并恢复出来。这条大沟掘开积沙槽后直通墓门，将封门砖拆下砌墙挡住两侧积沙槽，然后又重封墓门。需要交代的是，阻挡积沙槽的砖墙砌得非常规矩，整整齐齐，有的专家误认为是甬道两侧的耳室，但重封的墓门却歪歪斜斜，草草了事。

实际上最该引起重视的特殊迹象还是这座大墓作为地上墓室的结构，此为我们后面种种研判的根本前提之一。

综上，我们判断这座墓葬之所以现在空无一物，不是被盗掘的结果。原因有二：

（1）这么大的墓葬，随葬品极多，普通盗墓，除非经过打扫，否则根本不会清理得这么干净。而此墓没有发现古代盗洞，进入椁室的均为现代盗洞，此时椁室地表已经淤积了一层泥沙，并有近 2 米深的积水，况且经过了 2000 年的风化，一些遗物包括陶、漆木器等必有破碎者。在此环境下，盗墓者不可能将所有遗物都清理干净。

（2）如果封土上的那几条大沟与盗墓有关的话，显非一般盗墓者所为，应该属于有组织的大规模行动。这类盗墓历史上也不鲜见，历代军阀、地方豪强屡有武装盗掘者。不过矛盾的是，这几条大沟只有东面挖开墓道的那条打开了墓门，余者悉未到墓室辄停下了。为什么？如果为盗墓而来为何没有找到墓室就不干了呢？这不像有组织的盗墓行为。再说挖开墓道的那条沟，几乎完全恢复了墓道的原貌，就是墓道的二层台结构也给清理出来，并拆下封门砖，砌上整齐的墙封住墓门两侧的积沙槽。纵然是有组织的盗墓，也不该这么从容，同时也没这个必要。

所以，此墓之所以空无一物，并不是遭盗的缘故，我们判断应该是迁葬的后果。这点，发掘者亦有同感，至于被迁之人，当为丁姬无疑，简报已做详细考证，别家也有类似认识[2]，此处不再重复。然简报的考证之词多据文献进行，并没有对于本文前述所揭诸种特殊迹象给予足够重视，对于迁葬所留下来的迹象也没有交代。所以关于迁葬的解释仍存疑问——当初迁葬得重新挖开墓室，但检索简报并没有发现这样的说明。不是发掘者没有考虑到，而是根据一般经验发掘现场确实没有可以认定为迁墓的迹象。那迁墓说何来呢？其实奥秘就在前述这些被忽视的特殊迹象中。现试做分析，算是对迁葬说的一点补充。

所谓迁葬，应该挖开墓道、打开墓门来进行。我们认为该墓特殊迹象之一从东南西北三面打破封土的大沟，应该就是当初迁葬时寻找墓道所为。南北两面没有发现墓道，所以大沟没有挖到墓室就放弃了，只有东面大沟找到了墓道，所以一直挖到墓门，基本恢复了墓道的原貌，并将封门砖拆下来整齐地码砌成墙，封堵两侧积沙槽。之所以如此大费周章，正是为了能够恢复当初下葬时的墓道原样，开辟足够空间，为迁葬装点出应有的场面。因为迁葬是需要举行仪式的，应该有大批仪仗，照理还要经过一定的礼仪程序。这都需要恢复当初下葬时的墓道原貌来进行，如为武装盗墓，则无需如此。

但是按照简报所言，这几条沟中发现了宋元时期的瓷器，时代与丁姬迁葬的王莽时期对不上。该怎样解释这个现象呢？我们认为这还要从本文前面特别强调的一点来说。前面讲过，这座墓之所以特殊是因为其地上墓室的结构，除了墓室底部位于当时地表以下外，包括墓道等绝大部分都处于汉代地面以上。我们现在看到此墓埋于地下，是因为宋金时期黄河改道将鲁西地区普遍淤了十余米的缘故。饶是如此，该墓封土顶部仍然要高出现在地表不少，只是近些年整地中将之大部推平，只留下一点残丘。所以在当时来说，整个墓葬基本上是高耸于地面之上的，其中墓道也要高出地面不少，如果不加人工，仅靠自然冲淤，这么大体量的墓道一旦被挖开是很难填平的。很可能直到宋元时期墓顶修建了寺庙以后这些大沟仍没有完全填平，还存一定深度，故得有晚期遗物埋入。

北魏时期郦道元在《水经注·济水》条中对丁姬陵有过生动描述，其中有“世尚谓之丁昭仪墓，又谓之长隧陵”，看来是转引当地对丁姬陵的俗称。“长隧”者何？其实就是挖开陵墓封土寻找墓道的那几条大沟。如此看来，丁姬墓被挖开后没有随即填平应该是可信的。

基于上述判断，这些大沟应该历经很长时间才得填满。从地层学上讲，其中不同时期的堆积应该是分层的，堆积的阶段性在剖面上应有清晰的表现。可惜，简报中没有相关内容的表述。不过据领队崔圣宽回忆，那些宋元时期遗物都是沟内上部堆积中出土的，下部没有发现晚期遗物。此点正合我们的推测。

然有一点需做说明，《汉书·外戚传》记载丁姬迁出过程中，墓室曾经火焚，“烧燔椁中器物”，而且墓葬也被削平。而发掘中并没有这样的迹象，文献与考古发现相悖的矛盾该如何解释？

其实古代文献只是当时史官记述的历史文本，经过了人为的加工改造，并不代表历史本身。因此对于文献的引用，不能不加以甄别。这是现代史学的通则，用在此处也可带给我们同样的启发。王莽认为丁姬墓僭越礼制，于是下令迁葬，可以想到，他会派专人监督。问题是定陶是丁姬老家，作为著名的外戚，其家族势力肯定很庞大，具有无比荣耀和骄傲象征的丁姬墓，其族人恐怕不会任由随便被毁迁走了事。虽然朝廷的命令不可违背，但经过一定仪式，庄重地迁葬以挽回家族颜面和声誉应该没有问题。可以想象，作为王莽派来的监督，只要督办丁姬迁墓就算完成使命，不会冒险硬行烧墓毁墓。但当他回朝报告工作时，为了表功也许会添油加醋地表白一番，说焚毁丁姬墓毫不奇怪。当时史官，不会亲临现场，就只能按他人口述记录，于是丁姬墓被焚就成了正史上的载录。其实，郦道元考察济水时曾见过丁姬墓，当时就判断“丁姬坟墓，事与书违，不甚过毁，未必一如史说也”[3]。对文献的理解，早有同感了。

以上对定陶灵圣湖汉墓的相关研判，虽不敢说正确无误，但这样至少能合理地解释墓葬发掘过程中一些奇怪的特殊迹象。或许，这样的解释距离真相可能更近一些。

二、陈庄说城

陈庄遗址位于鲁北中部淄博市高青县南境，东邻齐国故都临淄，南面是发现了很多重要商周遗址的桓台县，曾为济水故道的小清河在桓台和高青两县之间穿过，陈庄遗址就位于河畔北侧。据简报介绍，陈庄遗址约有 9 万平方米，中部高四周低，是一处堌堆遗址。西周城址位于遗址中部，正方形，城内边长 180 米许，面积约 3 万多平方米[4]，如果算上城墙城壕，应该接近 5 万平方米，占据了遗址的主体部分。陈庄西周城不仅发现了城墙、城壕，还发现了同时期的宫殿建筑基址、大型房址、祭坛等。同时与此不遑多让的是还发现一批重要的西周墓葬，出土了丰富的铜器，其中数件带有铭文，牵扯到早期齐国的一些关键问题，实为齐国考古史上的重大收获。

关于这次考古发现的讨论堪称热烈，众多专家虽因视角不同而说法各异，但目的基本都是围绕陈庄西周城的性质而展开。本文宗旨并非执意于孰是孰非，主要是想从各家的论证方法着手，以考古学的立场做一个基本的衡量。既然“说城”，即为申明城址的性质。参考发掘简报，先交代几个有关问题，以作为后续讨论的前提：

（1）由发掘资料来看，陈庄遗址文化堆积包括西周、东周和少量唐宋金时期遗存，没有发现与后文讨论将要涉及的晚商时期遗存。

（2）地层关系证明，陈庄城址建于西周早期阶段，至中期废弃。城墙现存高约 1.28 米，基本保持着当初的高度，城壕（WG3）底部距当时地面也只有不到 3 米，并没有形成通常所谓的高墙深壕。同时除局部外，城墙几乎不见修补痕迹，城壕也没有清淤迹象。可见城墙使用过程中几乎没有经过维护，时间应该很短，似乎是应付某种局势的临时之举。

（3）从聚落性质来看，陈庄遗址在西周早期阶段属于城，西周中晚期阶段很可能废弃（城墙城壕没有得到维护），春秋时期在遗址外围挖了围沟，形成环壕聚落，到战国时期又再度开挖壕沟。这表明聚落的性质随时代不同虽迭有改变，但其防卫功能始终得到了反复强调。

（4）与城墙同时期的遗迹包括：台基式建筑基址、大型建筑、祭坛等，等级甚高，而又组合成一个统一的有机整体，其兴其废皆同始同终。该城只有一个南城门，祭坛在城中部，与城门相对略偏东。已知台基式建筑基址位于城内偏东北处，其中一处残留有结构复杂的大型建筑。

（5）墓葬，特别是出土铜器的那批重要墓葬，约在城址废弃阶段或略晚时开始埋入，延续至西周晚期，其中有的墓葬还打破与城墙同时的建筑台基和祭坛。重要的是，与这批墓葬同时期遗迹中没有发现诸如宫殿基址、祭坛、城墙等现象。假使难以完全排除城墙在整个西周时期仍在使用的可能，也可以看出，随着大型建筑、祭坛的废弃，城的规格降低了，性质很可能亦随之改变。

对于陈庄周代遗址的性质，各家从不同角度进行了论证，形成了多种认识，概括起来有营丘说[5]、薄姑说[6]、封邑说[7]、军事城堡说[8]等。其中封邑说中又有明指为豐地者，即以豐为氏，不是人名[9]。军事城堡说中也有注意到遗址前后性质的改变，指出陈庄城最初可能是周公东征途中的军事据点，后来作为齐太公后人的封邑[10]。上述诸说，表面上看起来比较纷杂，各家观点不同，切入问题的角度亦各异。姑先不究其对错，如果寻绎其立论的途径，归纳其所据的资料，单就其研究方法而论，这些不同观点其实可简化概括为两类：一类主要依据墓葬资料，尤其是墓中所出金文资料立说；另一类主要依据的是田野考古的地层资料，特别关注到城址的形制、始建与废弃。这两类学说，前者重在考释，包括营丘、薄姑、豐地诸说，专从古文字和古文献入手，与历史地理形成密不可分的关系，但所出歧义最多。特别是铭文释读和解释，出入很大，相同的问题，大家所据非一，结论自然各异；后者重在解释，由考古途径入手，尤重对考古现象的解读，对于墓葬和前一类得到普遍重视的铜器铭文，只是作为辅证，观点歧义较少，集中在军事城堡说上面。

检核这两类观点，批评的依据还是我们本节文章开头所强调的作为讨论前提的几个问题。统揽这几个问题，第一类观点的局限就不辩自明了。诚如前述，第一类观点立论的依据都是这批墓葬，特别是出有铭文的M18、M35等，而其讨论的目的并不是这批墓葬，是陈庄城址。那么问题自然就出来了，能否以这批墓葬论定陈庄城址的性质呢?我们在前文强调过，这批墓葬与陈庄城址并不同时，地层上晚于城址，从考古学上讲应是城墙废弃后才开始作为墓地的，与城址并没有直接关系。这批墓葬对于探索陈庄西周城的性质当然具有重要意义[11]，但据之讨论与之并没有直接关系的城址，虽不能说风马牛不相及，但也不能没有经过必要的逻辑过程，就直接将他们联系到一起。

还有一条，薄姑、豐邑（地）、营丘诸说有一个立论前提，周初无论是周公东征还是太公就齐，之前这几个地方已经存在，薄姑和豐氏为当时著名殷商旧族。至于营丘曾居何族，虽史载无文，想来也不会是蛮荒之所，否则也不会有与莱夷之争了。既为殷商旧族之地，当存西周以前晚商时期文化堆积，考虑到薄姑与豐的势力，这些堆积中还应该包括具有比较高规格的遗迹现象，比如城墙、宫殿基址、大型墓葬等。很遗憾，在陈庄遗址大规模的发掘中，别说在考古发现中并没有这些现象，就连当时的一般遗存也没有发现。总之一句话，就是没有这个阶段的遗存发现。仅此一点就与薄姑、豐、营丘的条件不合。况且营丘还曾作为国都有长达近二百年的历史，以陈庄城的规模、形制、历史来看，哪一点都与齐国都的地位不相般配。此点，已有专家驳之甚明，无需重复。

综上两点，看来陈庄城作为薄姑、豐地、营丘已难存可能了，相反，将之视作一个军事城堡则更合理。这点，相关专家已有很好的申辩，在此但要强调一点，就是其西周早期甚至可到周初的时间节点和地理上濒临小清河的意义。因为这点刚好可与周公东征或太公就齐时鲁北地区的社会政治形势有关。近年我们围绕桐林遗址进行考古调查时有一个新的发现，就是龙山文化以后鲁北地区整个文化态势发生改变，聚落普遍向北迁移，一直持续到周代整个地区社会的重心才重新回归泰沂山地北部山前如今济青一线[12]。岳石文化、商代阶段，当时的社会重心很可能已经北移到如今小清河下游一带，所以历来史家考证薄姑、北戎、豐等殷商旧族地望皆在今小清河南岸的桓台与博兴附近。周公在鲁北地区的东征可能就是顺小清河（古济水）而下进行的。先灭豐，再灭薄姑，同时或之后在附近修筑一座临时性军事城堡以行镇抚。退一步来讲，即使这座城址不是周公东征所为，也应是太公就齐时出于同样目的而采取的军事政治措施。

不过，就祭坛、宫殿式建筑基址、大型房址来看，显非一般规格，其组合更是在礼仪上凸显了等级之高。特别是祭坛，如此形制者为全国所仅见，后来虽然有那么重要的墓葬发现，相应的迹象却再也达不到当初的等级了。所以现在看来，这座军事城堡规模虽小，但规制相当高，周初东方由戡乱到甫定，应该说也只有代表周王的周公[13]才能构筑这样的军事据点。

三、余　语

以上两则事例，前者告诉我们虽然经验很重要，特别是田野考古就是一项经验性很强的工作。但经验多了往往形成程式化的套路，并深烙于我们的习惯中，削弱了学术敏感性，容易忽略一些表面上不易理解的关键细节。比如对定陶灵圣湖汉墓墓顶大沟的发掘就是这样。因此要警惕在工作中逐渐培养起来的这种惯性，认真对待每一次工作机会，提炼不同的经验，因为并不存在两项完全一样的田野发掘，就是面对同样性质的对象，其发掘过程都具有不一样的特点。同时，田野工作中的记录要随时跟进，这样即使现场工作中有一些疏忽，事后还能有补救的余地。

关于后者，论者目的不在于衡量具体学术观点的确误，而是想通过梳理他们的工作或研究路径来说明考古学研究的一个原则：要重视考古资料的出处及环境，只有了解了考古材料发生和形成的过程，才能真正理解它们。考古工作是一项系统工程，有其整体性的一面，各类现象之间存在有机联系，不能将之分割开来孤立地看待问题。否则，容易一叶障目，不及其余。

注　释

[1] 本文关于该墓的描述均来自山东省文物考古研究所等：《山东定陶县灵圣湖汉墓》，《考古》2012年7期；郑同修、崔圣宽、李胜利等：《山东定陶大型汉墓发掘》，《中国文物报》2011年9月16日第5版，以下不再标注。

[2] 王玲：《定陶汉王陵及相关问题考辩》，《人文天下》2013年6期。

[3] 郦道元著，陈桥驿校正：《水经注校正·济水》，中华书局，2007年。

[4] 山东省文物考古研究所：《高青县陈庄西周遗存发掘简报》，《海岱考古》第四辑，科学出版社，2011年。

[5] 王恩田：《高青陈庄遗址与齐都营丘》，《管子学刊》2010年3期；《申簋考释——兼说高青陈庄齐国公室墓地的年代与墓主》，《海岱考古》第四辑，科学出版社，2011年；刘海宇、武健《"引簋"释文及相关问题初探》虽未明说，蕴意亦合，见《海岱考古》第四辑，科学出版社，2011年。

[6] 李学勤：《论高青陈庄器铭"文祖甲齐公"》，《东岳论丛》2010年10期；王树明：《谈高青县陈庄城址的考古发现及其相关问题》，《管子学刊》2010年3期。

[7] 张学海：《陈庄西周城管窥》，《海岱考古》第四辑，科学出版社，2011年；李零：《读陈庄遗址出土的青铜器铭文》，《海岱考古》第四辑，科学出版社，2011年；方辉：《对西周陈庄遗址的几点认识》，《中国文物报》2010年3月5日；方辉：《高青陈庄铜器铭文与城址性质考》，《管子学刊》2010年3期；孙敬明：《陈庄考古发现比较摭谈》，《管子学刊》2010年3期。

[8] 郑同修：《高青陈庄遗址发掘的主要收获及相关问题》，《海岱考古》第四辑，科学出版社，2011年；魏成敏：《陈庄西周城与齐国早期都城》，《管子学刊》2010年3期；靳桂云、郑同修等：《西周王朝早期的东方军事重镇——山东高青陈庄遗址的古植物证据》，《科学通报》2011年35期。

[9] 前引李零、方辉、孙敬明诸文。

[10] 前引魏成敏文。

[11] 参见《海岱考古》第四辑有关专家论文，科学出版社，2011年。

[12] 山东省文物考古研究所、北京大学考古文博学院：《临淄桐林遗址聚落形态研究考古报告》，《海岱考古》第五辑，科学出版社，2012年。

[13] 一说周公在东征期间（七年）是称王的。见杜正胜：《周代城邦》之附录《尚书中的周公——兼从周初史实看周公称王之辩》，联经出版事业股份有限公司，2011年。

京杭运河南旺分水枢纽水工技术研究

佟佩华
（山东省文物考古研究所）

南旺分水枢纽工程是京杭运河上关键性的节点工程，工程围绕“引”、“蓄”、“分”、“排”四大重要环节，成功地解决了京杭运河穿越“水脊”的难题。京杭运河成为明清两代500余年南北水路通槽的大动脉，将北京这个国家政治中心与江浙经济富庶中心连接起来，维护了国家稳定和经济繁荣。

2008年，山东省文物考古研究所和中国文化遗产研究院合作，对京杭运河南旺分水枢纽及其相关工程进行了调查、勘探和发掘，取得了一系列的成果[1]。现根据考古发掘成果，并结合历史文献和舆图，就南旺分水枢纽工程路径走向的选定、分水枢纽的演进、规划设计、水工技术、运营模式和遗产价值六个问题做初步探讨性研究。

一、会通河路径走向的选定

1271年，蒙古族大汉忽必烈在燕京（今北京）建国，国号为元，都名改为大都。为保证国家稳定和社会繁荣，元政府急需从南方运大批粮食和物资，于1281年和1289年修建了济州河和会通河，后统称为会通河。

会通河南至济宁鲁桥镇与泗水连通，远达苏杭；北至临清与御河接连，直通京城，全长500余里。会通河途经济宁之地，西面是鲁西南古黄河淤积平原扇形前沿，东面是鲁中南泰沂山地西缘山前冲积平原，是两个相向倾斜面的交错地带，形成一个西北、北向东南、南条状分布的低洼湖泊区。从西向流入的济、菏、汴等水和从东向流入的汶、泗、沂等河聚集汇注于此，元代时有巨野泽、薛川渚和茂都淀等，明清时期演变为北五湖（马场湖、南旺湖、蜀山湖、马踏湖、安山湖）和南四湖（南阳湖、独山湖、昭阳湖、微山湖）[2]。济州河选择穿越和连接上述湖群是最佳的线路。

元代开凿济州河之前，汶河流域和泗水流域河流纵横交错，湖泊众多。东晋以后，人们为了运输和泄洪的需要在汶泗流域修建了三条人工河，做了大量的尝试。东晋永和十二年（356），徐兖两州刺史荀羡开凿了洸汶运道。洸汶运道从泗水北上至高平（今微山县鲁桥镇），西北向转入洙水到任城，再沿洸水折向东北到刚县（今宁阳县东北），转入汶水到东阿。太和四年（369），晋明帝驸马、大司马桓温开凿了桓公沟运河。桓公沟分两段，一段自薛川渚（今嘉祥县萌山附近）向南与源自巨野泽的黄水合流，转向东南流经金乡县，东入泗水；另一段北流同汶水合流，继续向北与济水相接。这两段人工河沟通了泗、汶、济三水，为济州河开通提供路径走向和水文基础。隋开皇年间，兖州地方官薛胄开凿了薛公丰兖渠，从兖州城南泗水修筑石堰，引泗水流向西南至济宁，后世称之为府河。府河缓解了兖州城南的洪水泛滥，也使济宁利用舟船南达江淮，为元代泗水济运开辟道路。元宪宗七年（1257），元军为了南征的需要，在宁阳堽城汶水南岸修建一个斗门（西闸），在兖州泗河西岸黑风口也修一个“斗门”，扩充汶水、洸水、泗水水量，汇流府河至济宁天井闸。使元军可以从东平经过济州，到达淮北。

至元十二年（1275），右丞相伯颜进军南宋之前，命令都水少监郭守敬到鲁西地区查勘御河、泗水、汶水等河道的河况和水情。郭守敬自陵州（今德州）至大名考察了御河；自济州（今济宁）至沛县，又南至吕梁（今徐州）考察了泗水；自东平至钢城（今宁阳堽城镇）考察了汶河；自东平大清河逾黄河故道至御河，又自卫州（今汲县）御河至东平，又自东平西南水泊至御河，考察东平、临清、汲县等地黄河和御河之间陆路状况。郭守敬通过实地调查，确认了御河、汶水、泗水、黄河相互间连通漕运的可能性，为济州河和会通河的开凿提供了基础的地形地貌、水文水情资料。

元政府根据郭守敬等人实地考察获取的地理和水情资料，充分借鉴前人在该区域修建人工河道的经验和成果，决定选择连接大致为南北向的条状低洼湖泊群，穿越“南旺”水脊高地的线路。

二、会通河分水枢纽的演变

会通河穿越汶河和泗水两个流域之间，从东面泰沂山地余脉西缘延续下来高阜，最大的问题是解决运河的水源问题（图一）。元、明两朝先后修筑了济宁天井闸分水枢纽和汶上南旺分水枢纽，成功地解决了穿越“水脊”通槽难题。

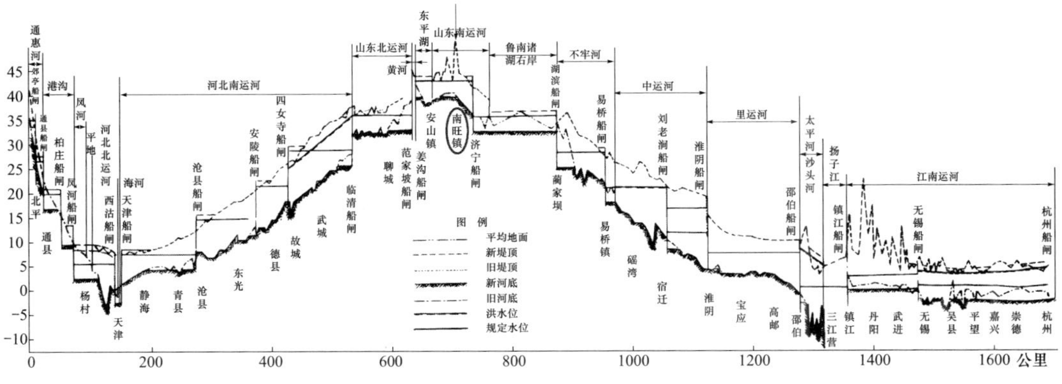

图一　南旺分水枢纽在京杭大运河纵剖面中的位置图

元至元十九年（1282），开凿济州河，借用前人连通汶水、洸河、泗水、府河工程的成果，在济宁天井闸分水济运。这也就是中国运河史上著名的“四水济运”。只是这时，汶、洸、泗、府四水的功能由通航运输变为引水济运。

至元二十六年（1289），会通河全线开通后，需要输入运河的水量加大，扩大和完善四水济运工程势在必行。元政府采取了几个工程措施：第一，在汶河上建堽城坝，增加拦截汶水的能力，在原斗门之东增建了双虹悬门的东闸，增加输送水的能力；第二，将泗河金口坝改为石坝，增加拦截水的稳定性，将原黑风口斗门改建为三孔，提高输送水的数量；第三，在洸河上修建吴泰闸、宫村闸，在府河上修建土楼闸、杏林闸，还修了两个减水闸，提高了济宁天井闸分水枢纽工程管控能力，保证运河漕运长期畅通。四水济运工程一直到明朝还在不断增建和改建，元、明两代运行共311年之久。

元运河建成后，畅道50余年。1344年，黄河在曹县白茅堤溃决，洪水北漫安山截断会通河夺大清河入海，南流侵入泗水运道，运河受阻。明洪武二十四年（1391）黄河在河南原武县决口，会通河大部分淤塞，漕运中止。

明永乐九年（1441），明成祖命工部尚书宋礼疏浚会通河。此次疏浚加大了河宽，加深了河槽，并向东移开挖了汶上袁家口至寿张沙湾元代河道，以躲避从西边黄河决堤后洪水的袭扰。会通河重开后，因河道加宽加深需要输进的水量更多，“四水济运”远远无法满足需要。许多河段水浅，无法行船。实际上，“南旺者，南北水脊也”，南北分水的地点不是在济南天井闸，而应在汶上南旺。只是由于受当时测量技术的限制，宋礼不可能知道这一点。宋礼日不能食，夜不能寐，乃“布衣微服，至汶上城东北，访白英与彩山之阳”。白英是汶上本地人，对周围山势水情非常熟悉。白英发现汶上南旺是会通河的制高点；大汶河上的坝河口比南旺高，左岸还有一个淤塞的岔流。白英提出了“筑戴村坝，横亘五里，遏汶流”，“汇诸泉之水，尽出汶上，至南旺中分之为二道，南流接徐、沛者十之四，北流达临清者十之六。南旺地势高，决其水南北皆注，所为水脊也”的建议。宋礼采纳了白英的建议，并邀白英一同修建这一工程（图二）。

南旺分水枢纽工程基本解决了会通河穿越南旺水脊，特别是向北水源缺乏的问题。南旺分水枢纽逐渐成为会通河主要的水源地。济宁天井闸“四水济运”与汶上南旺分水枢纽引汶济运，同时运行182年。到明万历二十一年（1593）戴村坝引汶工程日臻完善，南旺湖、蜀山湖和马踏湖等水柜建立，从南旺分水枢纽向南输送的水量已可保证漕运，堽城坝引水口才被封死，“四水济运”完成了它的历史使命。南旺分水枢纽明、清两代运行500年之久。

三、南旺分水枢纽的规划设计

南旺分水枢纽工程的设计布局，是一个系统工程，也是一个不断修缮和增建的工程。从现代水利工程构成类别来看，大致可以分为水源工程和水道工程两类。

南旺分水枢纽水源工程包括戴村坝、导泉补源、小汶河、水柜（南旺湖、蜀山湖、马踏湖）和闸坝工程。戴村坝是南旺分水枢纽的主要水源地。明永乐九年九月，由白英主持在大汶河上拦腰填筑了一条“长五里十三米”的土沙坝，拦截河水进入小汶河，至南旺济运。戴村坝经历朝历代修缮，由土沙溢洪坝、抛石坝、石坝，改分成三段：玲珑坝、乱石坝、滚水坝。至今保存完好（图三）。导泉补源是解决运河水源，特别是大汶

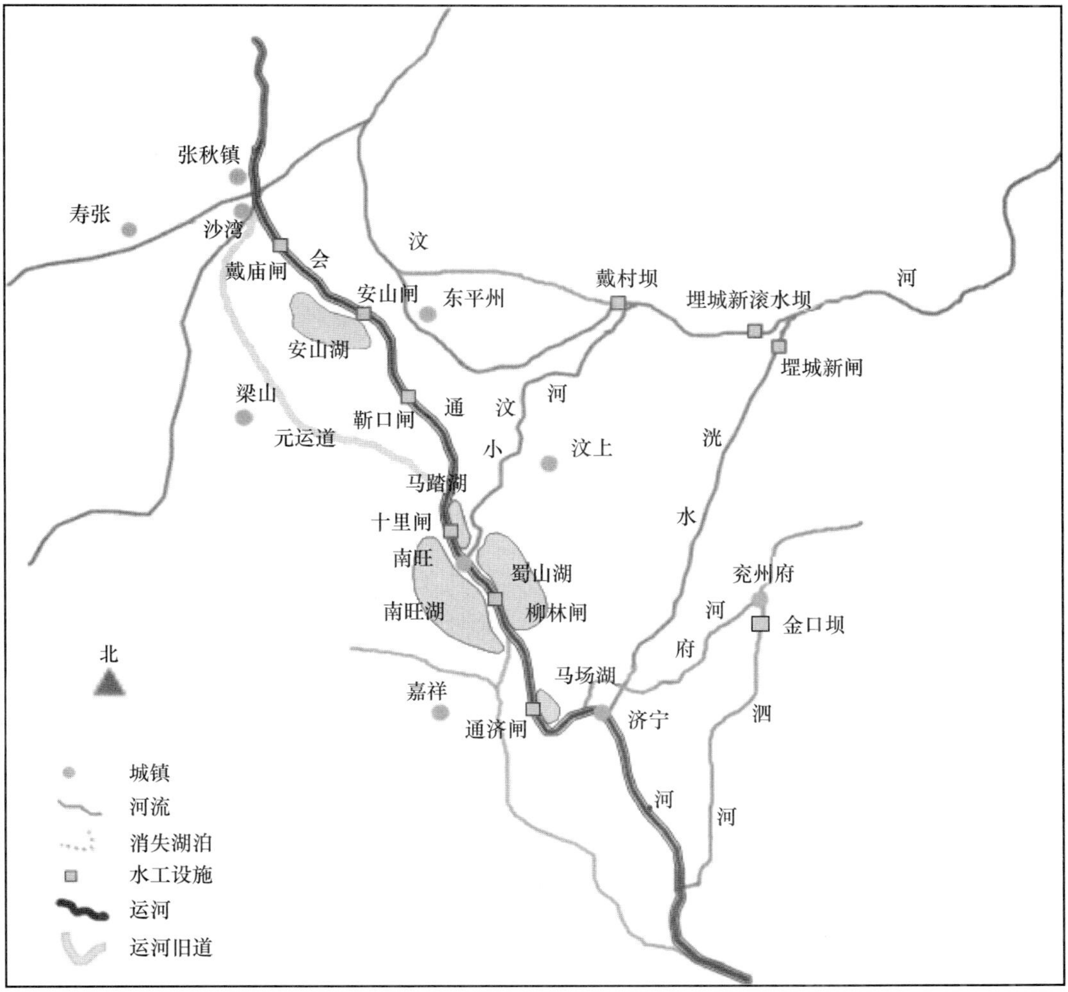

图二　南旺分水枢纽示意图

图三　戴村坝现状

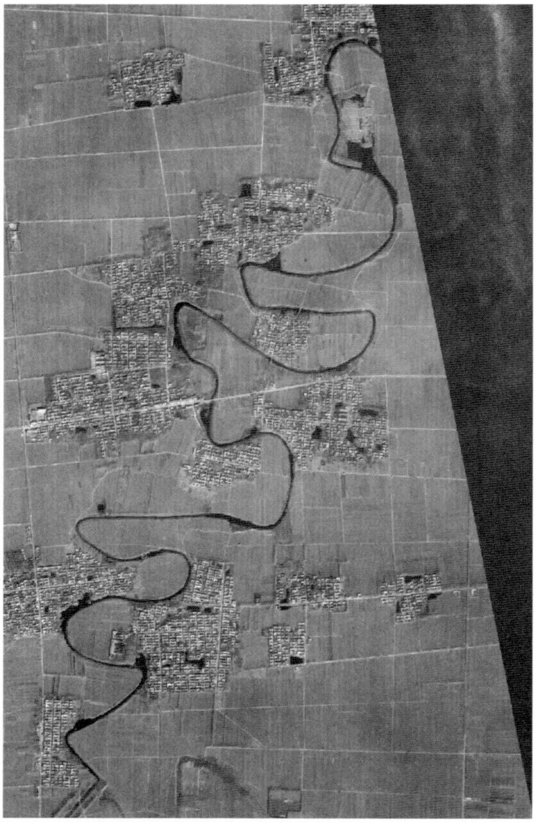

图四　小汶河 quickbird 影像截图

河枯水期的一个重要保证。据统计，明代在汶河流域上游 100 眼（另一说为 145 眼）。清代在汶河流域能够流入南旺济运者 244 眼。我们在 2009 年考古调查中发现的汶上县薛家沟泉、白沙泉、鸡爪泉，泰安岱岳区上泉古泉群都是其中之一。小汶河是南旺分水枢纽工程的引水渠。原来是大汶河左岸的一个岔流，宋礼、白英将这些岔流和废河整修和连接起来，名为小汶河。小汶河从戴村坝到南旺分水口直线距离 38 公里，但实际上小汶河总长度达 70 公里，大小河湾 80 多个，蜿蜒曲折（图四）。戴村坝比南旺分水口高 13 米，汶河水可以自然畅快地径流至南旺分水口济运。南旺湖、蜀山湖、马踏湖是南旺分水枢纽的蓄水池，水丰则蓄，水枯则补，有效地调节和保证漕运的进行。2008 年考古调查发现南旺湖和蜀山湖湖堤，蜀山湖曹村东湖堤坝现存 2279 米，湖堤底宽 24、顶宽 6、残高 3.2 米。在调查中利用遥感技术实地测绘三湖总面积 174.99 平方公里（图五）。明、清两代还在小汶河和水柜修建进水闸、减水闸、滚水坝。如此，南旺分水枢纽水源工程，就形成了一个围绕“引”、“蓄”、“分”、“排”四大环节的动态的系统工程。

南旺分水枢纽水道工程包括分水口、河道堤防、闸等。分水口是南旺分水枢纽的标志性工程。2011 年考古发掘中发现的小汶河河口，喇叭状用石块垒砌，宽约 64 米（图六）。从发掘看，小汶河河口直接对冲的石礴岸已毁，据说拆去用于水利工程建设。据 2008 年发掘出土的光绪十四年（1888）《汶邑西南南旺镇分水碑》所记，“龙王庙门首为汶水入运顶冲之区，旧有石礴岸工，相传明永乐年间与庙同建”，“并于石礴岸上加修海漫一层，庙门牌坊外增修石路三间，复建立十二石桩，以为船只挽缆停泊籍免打犁之毁”。这一描述与我们从胡明德先生收集的 1964 年拍摄的水明楼外石礴岸老照片十分契合（图七）。照片上石礴岸雄浑坚固，水明楼前石礴岸弧形外凸。从“分水观汶”图上看，水明楼正对小汶河口。水明楼前弧形外凸石礴岸起着顶冲小汶河水和分水济运的作用。南旺分水枢纽工程河道，从梁山开河闸到长沟冯家坝，大约长 23 公里。以南旺为中心，大体呈弓形。在调查中，我们在河道内发现多段砖石堤岸，以坝上村砖石堤岸最为典型，砖上刻有“弘治十年造河道官砖”铭文（图八、图九）。在河道中还发现一排与弘治年间砖铭堤岸相隔 14 米平行的木桩栅栏（图一〇）。还发现一层土一层草，层

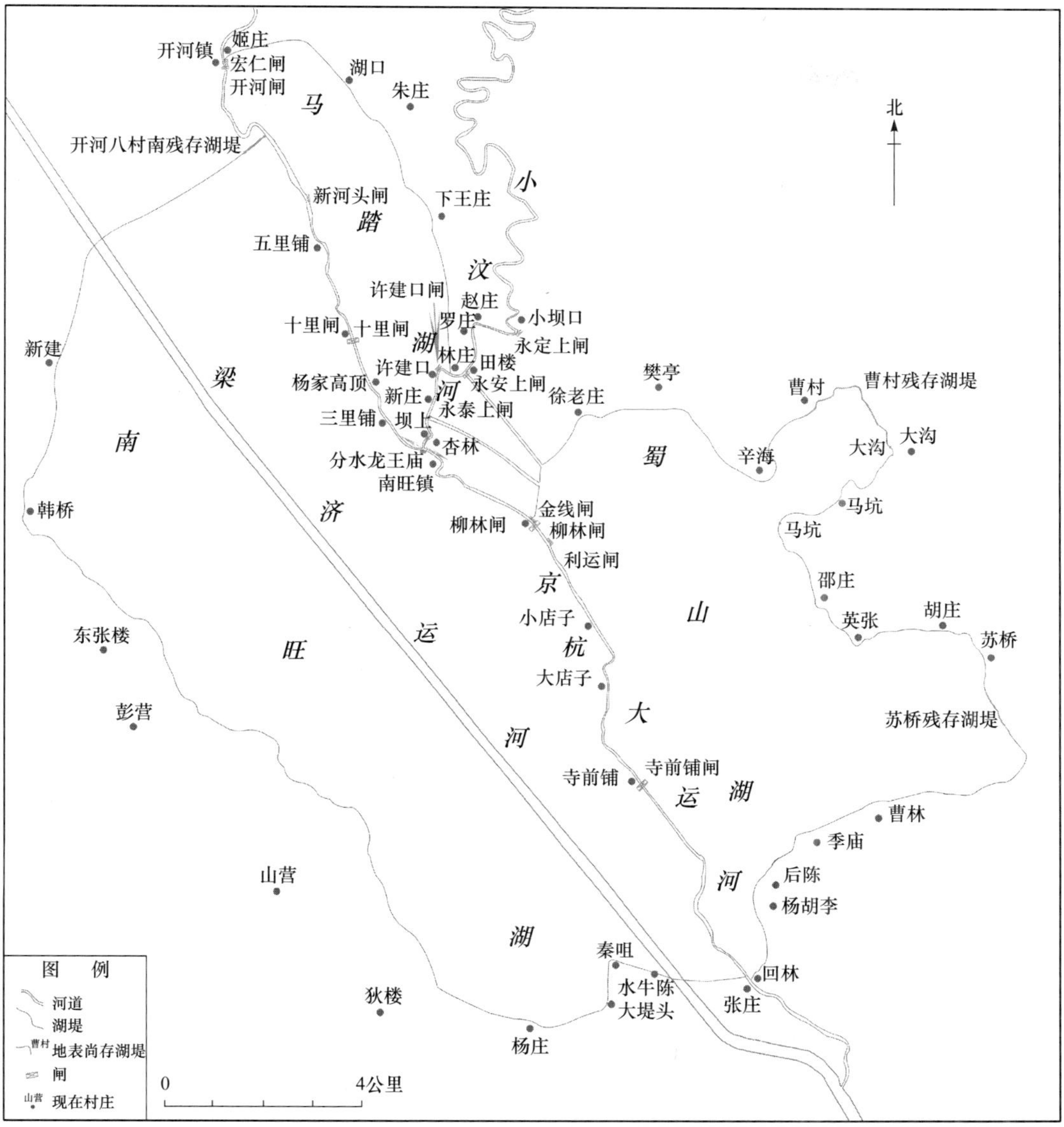

图五　调查后新绘南旺分水枢纽示意图

层叠叠压的帚工遗存（图一一）。南旺分水枢纽水道工程中最引人注意的是闸。闸分两种情况，一种是主河道上的船闸，一种是河道与水柜互通的进水闸和出水闸。南旺分水枢纽的船闸有4座，分别为开河闸（元代元贞三年）、十里闸（明成化十七年）、柳林闸（明成化十七年）（图一二）和寺前堡闸（明正德元年）。十里闸和柳林闸同时修建，分列北、南，各距汶运交汇口5里，是南旺分水枢纽工程南北分水的控制性闸口。进水闸2008年发掘清理了从小汶河进入马踏湖的许建口闸。

南旺分水枢纽水源工程和水道工程的周密规划设计，将水、水道、船闸与槽船有机地融为一体，保证了京杭运河漕运500年畅通。

图六　分水口东侧石砌堤岸

图七　南旺分水口

图八　南旺坝上村南石驳岸

图九　南旺坝上村南石驳岸砖上铭文

图一〇　北排木桩

图一一　帚工痕迹

图一二　柳林闸南侧

四、南旺分水枢纽的水工技术

南旺分水枢纽工程运用和发明了许多水利工程建设技术，主要有建坝拦截引水技术、弯道坡降技术、梯级闸化技术、水柜沉沙技术、河道渠化技术和闸坝修建技术。

（一）建坝拦截引水技术

戴村坝是南旺分水枢纽的主要引水地。宋礼、白英选择在坎河口筑坝主要是这一段大汶河两岸夹山，河道稳定。修建的戴村坝坝基斜向东北，与大汶河水流中泓槽形成大致35°的夹角，十分便于河水流向西南，进入小汶河，即可延缓河水对坝体和河道的冲击，又可避免形成死角导致泥沙沉积。戴村坝明永乐九年（1411）兴建之初为草泥溢洪坝。万历元年（1573）改为抛石坝。万历十七年（1589），又将抛石坝改为石坝，长约132、高1米。清雍正四年（1726），将戴村坝、坎河三坝重修，统一修建成一道滚水石坝，全坝分为三段，其北曰玲珑坝，为干砌石结构，可以透水；中曰乱石坝，为堆石土坝，渗水通沙，便于冲排坝前泥沙；南曰滚水坝，为浆砌石坝。全坝长402.9米。戴村坝集壅水、导流、溢洪、排沙等功能为一体，体现了当时水利工程建设的最高水平。

（二）弯道坡降技术

小汶河是南旺分水枢纽工程重要的引水渠道。从戴村坝引水口到南旺汶运交江口，直线距离 30 多公里，地表高差 13 米，比降达万分之三以上。大汶河集泰沂山地西麓诸水而成，流域面积大，聚水迅速。戴村坝引水口没有任何控制性建筑，暴雨季节势必造成小汶河满槽运行，洪水外溢成灾。宋礼、白英按照寻走高地、沿用旧沟弯曲迂回的原则，开挖和连通总长达 70 公里的小汶河。全河有大小湾 80 多个。当地百姓有“三弯不离温口，三弯不离路庄，三弯不离孙口”的常谈，我们到温口、路庄、孙口等村庄调查，确实如此。从我们截取的小汶河从沈堂至中王庄的影像图看，小汶河好像弯曲得不能再弯了。小汶河弯道坡降技术增大了河道弯曲半径，延长了河道总长度，降低了河道坡度，滞缓了水流速度，增加了河道蓄水量，是中国水利工程建设中的一个创举，也就有了运河史上“三弯顶一闸”的经验之谈。

（三）梯级闸化技术

会通河也称“闸沟”。因汶上南旺“水脊”地势最高，小汶河水济运南北分流。南旺分水枢纽工程为了有效控制流向和流量，元、明两代在运道上共修了 4 座船闸。最北边的开河闸建于元代，此时南旺分水枢纽尚未修建。南旺上下闸，即柳林闸和十里闸，建于明成化十七年（1481），距兴建南旺分水枢纽工程已过 70 年。明正德元年（1506），又在柳林闸南修建寺前堡闸。此时形成南旺汶运交汇口南北各两闸的结构模式。柳林闸和十里闸称为上下闸，又同时修建，一对相互配合的控水闸。南旺分水枢纽初始时，分水主要靠水明楼前外凸的石磡岸自然分水，可能是向北流的多一些。修建南旺上下闸后，可以用提升或降低闸板高度主动调节济运水的流向和流量。开河闸和十里闸、柳林闸，寺前堡闸和十里闸、柳林闸是两组复合式闸。槽船通过南旺汶运交汇口，需要两组复合式闸依次开启和关闭，联动作业。梯级闸化技术使槽船梯级升高或降低，顺利穿越南旺水脊，也可有效地控制和节约用水，扩展运河漕运的运量和时间。

（四）水柜沉沙调水技术

南旺湖、蜀山湖、马踏湖三“水柜”，今测湖堤周长 109.799 公里，面积 174.99 平方公里。据统计三湖湖堤与运河堤和小汶河堤共用约 30 公里。其他地段堤防因地制宜，南旺湖北、西、南三面地段地势较低，需筑堤防；马踏湖和蜀山湖东面部分地段地势较高，可以收纳从东西流淌的坡地之水，插柳以标湖界。水柜的重要作用可以沉淀洪水带来的泥沙，然后将清水输入运河，减少运河泥沙淤积。水柜中的泥沙，明清两代不断疏浚清淤，也可用来新建和增高湖堤。据《淮系年表全编》记载，万历十六年“筑蜀山湖堤 3510 丈；筑南旺湖东堤 7118 丈，帮西、南、北堤 12600 丈；筑马踏湖堤 3300 丈”。

2008年发掘解剖了蜀山湖曹村东湖堤，地层堆积中多见黄褐色淤土，可能是用湖中清淤之土构筑。明清两代在水柜沿运河堤上修建多处水闸和斗门，用于蓄水和放水。我们从清乾隆年间《九省运河泉源水利情形图》上看到，南旺分水枢纽共建有闸坝25个，斗门13个。可惜运河沿岸百姓聚居，取土取石建屋多已破坏。2008年，我们在马踏湖东岸与小汶河右岸共同堤防上清理了徐建口水闸，保存尚可。南旺湖、蜀山湖、马踏湖不断地修缮和增建，增加了水柜蓄水沉沙容量，提高了水柜丰蓄枯泄调剂运河水量的能力。

（五）河道渠化技术

南旺分水枢纽是京杭运河的重要河段，明清两代多次清理河道淤积，增培东西两岸堤防，并在永乐、成化、弘治年间陆续开始修筑石堤。明永乐十七年（1419）在分水口运河西岸建成长220米分水石碙岸。成化三年（1467）修济宁州小长沟至开河堤50里，堤在南旺，分水南北，西堤改用石砌。弘治七年（1494）筑南旺东堤。清乾隆四十年（1775）修蜀山湖临运堤岸石工及砖石坦坡。我们2008年考古调查发现有多处砖石堤岸，如西岸三里堡东石堤岸、三里堡东北石堤岸；分水龙王庙前石碙岸遗迹；东岸坝上村南砖石堤岸、杏林村南砖石堤岸，等等。东岸坝上村南砖石混筑堤岸所用青砖印有“弘治拾年造河道官砖”铭。这些从地点和时间上可以同文献记载相吻合。2011年考古发掘发现小汶河入运河口全砌石堤，喇叭口状，直对龙王庙明水楼前石碙岸。石碙堤岸或砖石堤岸可以固定堤岸位置，防止堤岸塌陷；可以减少泥沙入河，保持河水清澈；可以减少河水跑漏，保持河水蓄水量（图一三）。2008年考古发掘在南旺分水枢纽河道中多处发现可以连接成一条线的木质栅栏带，这条栅栏带与弘治十年砖石堤岸相隔14米并平行，应是文献记载中的“木岸狭河”。在枯水期间缩窄河道，提升运河水位，保证槽运运行最低水量。这也应说是河道渠化在某一地段或某一时段的一种表现形式。

图一三　小汶河入运河口石堤（TG3）

（六）闸坝修建技术

南旺分水枢纽工程先后修建了戴村坝、柳林闸、十里闸、寺前铺闸和许建口闸等一系列石质闸坝工程。2008 年发掘许建口闸。闸口宽 3.25、进深 6.82、残高 2.55 米（图一四）。闸身设两道闸槽。闸墙为条石层层错缝砌筑，用石灰、细沙加糯米汁调合的沙浆溜缝。闸墙自下而上每层条石向外分放约 1 厘米。闸墙块与块间、层与层间，用"铁扣"、"铁扒"和"铁销"上下左右前后联结，浑然一体。闸口有铺底石板，长 0.89、宽 0.65、厚 0.22 米。石板下铺木板，木板下有杉木木桩，排列有序，直径在 6～12 厘米，这应是闸口的桩基。桩基挤紧了地基土质，提高了防渗能力，增加了桩基承载能力。2008 年调查，对柳林闸进行了测绘。船闸由左、右闸墩、迎水雁翅、由身、闸槽、分水雁翅等组成，闸宽 6.2、进深 5 米。南旺分水枢纽工程闸坝修建技术体现了当时世界水利工程建筑的最高水平。

在 2008 年调查中，还发现了用于修缮和抢险的帚工技术。

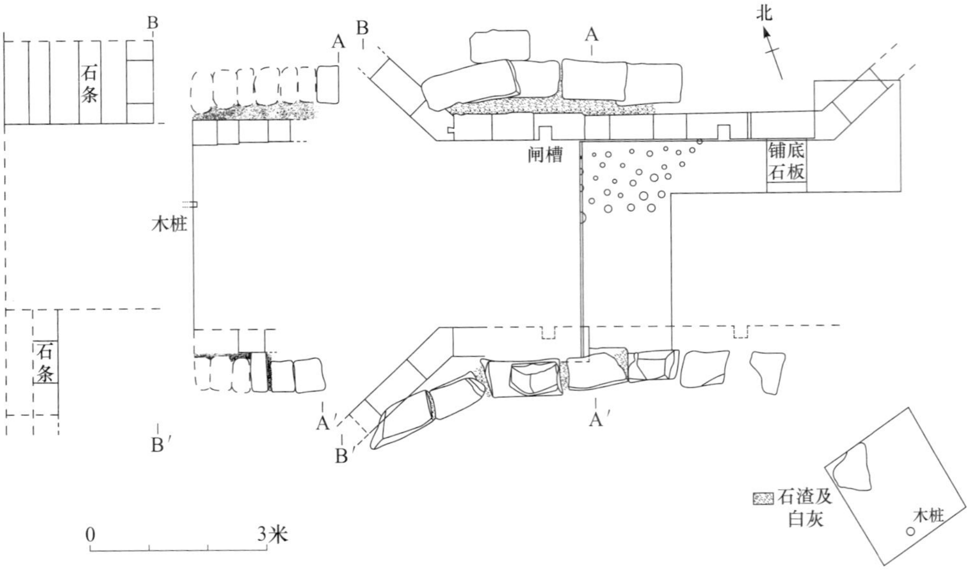

图一四　许建口闸平、剖面及立面图

五、南旺分水枢纽的运营模式

南旺分水枢纽的运营模式主要指河水的运营模式和船的运营模式。

水的运营模式按正常季节、洪水季节和枯水季节不同有所区别。

正常季节：从戴村坝引水，经小汶河至汶运交汇口分流，根据漕船开航方向，分别开启柳林闸和十里闸。

洪水季节：从戴村坝引水，经小汶河，可先在何家坝溢洪至袁口闸和开河闸入运。

也可经许建口闸、李家口闸进入马踏湖；经永定闸、永安闸、永泰闸进入蜀山湖；经汶运交汇口运河西堤上的十余座斗门进入南旺湖蓄存沉沙备用。水柜溢满时，马踏湖可经北堤洪仁桥闸泄水；蜀山湖可经南堤冯家坝泄水；南旺湖可经南堤芒生闸泄水，经牛头河进入南阳湖，保证水柜安全。

枯水季节：当从戴村坝引水水量不足时，可从马踏湖宏仁桥闸和新河头闸放水济运；可从蜀山湖金线闸和利运闸放水济运；可从南旺湖十字河斗门和关家闸放水济运。具体操作需依照漕船开航方向、漕船数量、漕船行进位置和运河、水柜水量而定。

船的运营模式，主要依靠闸与闸之间协同开启和关闭互动进行。基本模式是三个闸中，两端闸关闭，中间闸开启，保持三个闸之间水的平衡和稳定。如漕船北行，从南进入寺前铺闸和柳林闸河段。第一步先行关闭十里闸，让汶水向南流，开启柳林闸，令漕船迎水通过柳林闸，进入柳林闸和十里闸段。第二步关闭柳林闸，让汶水向北流，开启十里闸，关闭开河闸，令漕船通过汶运交汇口，顺水通过十里闸，进入十里闸和开河闸段。如南行，逆向类推。

南旺分水枢纽的运营模式和船的运营模式，彰显了中华祖先的聪明才智。

六、南旺分水枢纽的遗产价值

由国际工业遗产保护委员会拟定的《国际运河古迹名录》中，称中国的大运河是第一条实现“穿山越岭”的关键性工程。南旺分水枢纽具有科学性、系统性和实践性。所谓科学性是指委派水利专家郭守敬对汶河流域和泗河流域水文水情的实地调查；充分利用前人利用和改造泗河、汶河、洸河和府河的成果；尊重和采纳土根专家白英建坝疏河引汶济运之策。所谓系统性是指围绕“引”、“蓄”、“分”、“排”四个重要环节，规划设计的一个系统性工程。所谓实践性是指工程始终处于一个实践、认识；再实践、再认识上的演进过程。如对运河水脊最高点的认识，从以济宁枢纽分水演进到南旺分水；如从南旺自然分水演进到先后增建十里闸、柳林闸和寺前铺闸实现闸控分水，等等。南旺分水枢纽工程是中国人聪明才智的结晶。目前我们可以查到的资料，法国米迪运河修建了类似南旺分水枢纽工程的水工设施。但米迪运河修建于工业革命后的17世纪，比南旺分水枢纽工程晚了250余年。

南旺分水枢纽集截水工程戴村坝、引水工程小汶河、分水工程汶运交汇口石䃮岸、控水工程（柳林闸、十里闸和寺前铺闸等）、蓄水工程（马踏湖、蜀山湖和南旺湖）、堤防工程（大堤、砖石堤岸、木岸狭河等）和导泉补源工程于一体，是一个完整的工程体系。工程始建于元至元十八年（1281）、完善于明永乐九年（1411）、畅通于明清两代500年。工程主要依靠中国传统的建筑工艺，如水工桩基技术、草泥帚工技术、弯曲坡降技术、蓄水沉沙技术，等等。南旺分水枢纽工程是17世纪世界工业革命前，尚未出现钢筋和水泥等高强度建筑材料前，世界土木工程和水工技术的最高成就。

南旺分水枢纽工程及其分水龙王庙古建筑群是物质文化遗产和非物质文化遗产兼具的运河历史文化遗产。就物质文化遗产而言，除我们上面讲的水利工程外，还有分水龙王庙古建筑群。建筑群总体由东、中、西三路建筑组合而成，均为砖木结构的三进院落。尚存地面建筑有关帝庙、禹王庙、观音阁、和尚禅室、宋公祠、文公祠、蚂蚱神庙等。在2008年发掘中清理和收集碑碣35件。就非物质文化遗产而言，有传说故事、诗文碑记、谱牒舆图、集市民俗等。传说故事有大运河和南旺的故事、乾隆和大和尚的故事、宋礼和白英的故事等。诗文碑记有乾隆诗六首、《汶邑西南南旺镇分水碑记》《重修分水龙王庙记》《创建宋尚书祠堂记》等。谱牒舆图有宋氏族谱、白氏族谱、汶上档案馆藏运河图等。集市有南旺、十里闸、柳林闸三个。民俗有拜庙、特产、美食、夯歌等。南旺分水枢纽工程文化遗产特色鲜明、类型多样，随着漕运物流和人流的交融和碰撞，成为中国运河文化遗产的重要组成部分，具有极高的历史、科学和艺术价值。

注　释

[1] 山东省文物考古研究所、中国文化遗产研究院：《汶上南旺——京杭大运河南旺分水枢纽工程及龙王庙古建筑群调查与发掘报告》，文物出版社，2011年。

[2] 邹逸麟：《山东运河历史地理问题初探》，《椿庐史地论稿》，天津古籍出版社，2005年。

[3]《明史·宋礼传》。

故宫藏唐画《挥扇仕女图》是否为周昉作品问题的辨析

倪志云
（四川美术学院）

北京故宫博物院藏唐画《挥扇仕女图》（又称《挥扇图》《仕女图》《纨扇仕女图》等），绢本，设色，纵 33.7、横 204.8 厘米（图一）。古画鉴定与研究者对于这幅画的作者意见有分歧，而认定它是唐画则无异议。古人有"纸寿千年，绢寿八百年"之说，"千年、八百年"当然只是个大约的说法，但纸绢材质自有其寿命时限是肯定的，而流传愈久的书画遭损毁的可能性愈大，也是古书画终归于毁灭的一方面原因。所以，历时千年流传至今的唐代画卷实在已很少。也因此，《挥扇仕女图》被公认为唐画，仅此已足以称之为稀世珍宝。

而关于《挥扇仕女图》的作者，今人约有三种观点：①肯定该画是周昉所作；②认为此画未必是周昉所作；③推断此画是在周昉死后出自周昉画派的一名高手。一件古画的作者既然存在三种说法，显然就还是一个可以商榷、而且也有必要进一步讨论的问题。另外，辽宁省博物馆藏《簪花仕女图》（图二），也存在是否是周昉作品的争论。还有今藏台北故宫博物院的《宫乐图》（图三），也有对于画中人装扮的时代问题的讨论。而关于这几件古画时代和作者问题的研究，明显存在交叉影响。本文即以《挥扇仕女图》是否为周昉真笔的问题为中心论题，结合《簪花仕女图》和《宫乐图》的相关研究，做进一步的探讨。

一、今人关于《挥扇仕女图》作者的三种观点

肯定《挥扇仕女图》是周昉所作的现代学者是金维诺先生。金维诺有《〈纨扇仕女图〉与周昉》一文，最初发表在《文物参考资料》1957 年 1 期，后来收录在 1981 年出版的金维诺的单本论文集《中国美术史论集》，又收录于 2004 年出版的金维诺的三卷本《中国美术史论集》。金维诺此文指出，据《石渠宝笈续编》记载，这张画是由乾隆题为《纨扇仕女图》的，但更早一些的记载上，这张画是有作者名字的。如明张丑《清河书画舫》上说：

> 周昉《挥扇仕女卷》，在韩太史家，原系宋思陵题，张受益故物也。其画

图一 《挥扇仕女图》（绢本，设色，纵 33.7、横 204.8 厘米，北京故宫博物院藏）

图二 《簪花仕女图》（绢本，设色，纵 46、横 180 厘米，辽宁省博物馆藏）

细描重著色。前后凡十三人，为妃后者四，图穷有树一株。

金维诺认为张丑说的周昉《挥扇仕女卷》与后来乾隆题的《纨扇仕女图》实际上是同一张画，并追溯列举了宋周密《云烟过眼录》、明詹景凤《东图玄览》的简略记载，以及明汪珂玉《珊瑚网》上的详细记述，都说此画卷为周昉之作。《珊瑚网》且说画上有“臣周昉进”的落款。但现存的画卷是又经过清代重新装裱的，周昉的名款、宋高宗的标题和明代项元汴的跋都已经没有了。可能这些落款和题跋在进入清内府前已经损毁佚失，所以乾隆仅题为《纨扇仕女图》。而由明以前的记载可以肯定，该画确实是周昉所作《挥扇仕女图》，也是传世最具代表性的周昉绘画作品，对于了解周昉和晚唐时期的绘画具有重要意义[1]。

持第二种观点即认为此画未必是周昉所作的学者是故宫博物院的鉴定专家徐邦达

先生。徐邦达著有《古书画伪讹考辨》一书，1984年出版，其上卷文字部分的《周昉》一篇说："传世号称为周昉画真迹的，所见至少有五六本，大都不可置信。这里记述四种，只一件够唐画，其他均宋以来临或仿本。"[2]他记述的四本是：①仕女图（即簪花仕女图）卷；②调婴图卷；③宫人调鹦鹉图卷；④调琴啜茗图卷。其中被认为是唐画的一件是《仕女图》(即辽宁省博物馆藏《簪花仕女图》)卷。虽然《簪花仕女图》被定为唐画，但徐邦达又将此画卷与"传世号称为周昉的《戏婴图》《调琴啜茗图》，又唐人《纨扇仕女图》卷等等"加以比较，认为"在妇女的装饰服式方面，却有些不太一样——主要是它画发髻无此高巍，衣袖比较窄小"。参照文献材料推断，大约在盛唐末以前，妇女的衿袖比较窄小，发髻一般都为"低鬟"、"重鬟"；到中晚唐以后则衣袖渐变得特别宽大，更出现了高巍的发髻等新装饰，戴花亦成为一时的习尚。"因此，从妇人的形象服饰方面来看，《簪》图应属于中晚唐时人的作品。虽然其艺术风格也同传称

图三 《宫乐图》（绢本，设色，纵 48.7、横 69.5 厘米，台北故宫博物院藏）

为周昉作的其他画幅相近，但周昉的生活时代似乎要略早一些，应在盛唐末到中唐间，所以还不敢定为昉作，只能说是他的传派而已。”[3]当然，徐邦达这里详加论述的是辽宁省博物馆藏的《簪花仕女图》，而不是故宫博物院藏的《纨扇仕女图》。但他在此文中两次说到《纨扇仕女图》，其注释 7 还特别说今藏故宫博物院的《纨扇仕女图》为“唐画无疑”[4]。但关于故宫博物院所藏这卷《纨（挥）扇仕女图》是否为周昉所作，徐邦达在几部书中的判断并不一致。如在他所编的《中国画史图录》一书中，此画卷的标题是“周昉（传）挥扇仕女图卷”，说明文字中说：“传为周昉所作，似合。”[5]在《中国古代书画图目》第十九册所附《中国古代书画目录》中，此画卷标目为：“京 1-201 唐 周昉 挥扇仕女图”，关于此画的注 19 谓：“唐无款。徐：未必周昉。”[6]注中特别记录了徐邦达的鉴定意见为此图未必是周昉的作品。

故宫博物院编《故宫书画馆 • 第七编》第二件作品是《挥扇仕女图卷》，著录为：“唐 • 周昉（传）。”[7]也就是说，此画为唐代周昉的作品只是一种相传而却不能肯定的说法。这样著录当然是依据鉴定专家的观点，应该即是根据徐邦达先生的鉴定意见的。

而第三种观点即推断此画是在周昉死后出自周昉画派的一名高手的说法，见于 2002 年出版的中央美术学院美术史系中国美术史教研室编著《中国美术简史（增订本）》（以下只称《中国美术简史》）。这部《中国美术简史》因为是由央美美术史系学有专攻的教师们分工合作编撰的，其叙述与论评的质量比较高，所以被很多高校美术史论系科采用为教科书，其中所持的观点往往也比较有影响力。此书第三编第二章“隋唐的绘画艺术”的第一节，讲到唐代画家周昉，说：“根据史料记载，周昉从事绘画活动大约在公元 749 年到 804 年的五十余年间”；又论述周昉的作品说：“《挥扇仕女图》被认为是他的代表作。”在对《挥扇仕女图》的内容和表现的特点加以描述之后，又有一节文字论说《挥扇仕女图》是否为周昉的作品问题，其文如下：

> 值得注意的是《挥扇仕女图》中的人物面部特征，低垂的眉梢、灰暗的双唇，使面部显现出愁苦哀伤的表情。人物画在这一时期大多数呈现庄重、宁静的特征，极少能够表现出人们较大的喜怒哀乐的情绪变化。因此前述作品中的妇女是特意施妆的，这便是流行于长安的回鹘装。《新唐书·五行志》称：“元和末，妇人为圆鬟椎髻，不设鬓饰，不施朱粉，惟以乌膏注唇，状似悲啼者。”白居易曾作《时世妆》，诗称：“时世妆，时世妆，出自城中传四方。时世流行传远近，腮不施朱面无粉。乌膏注唇唇似泥，双眉画作八字低。妍媸黑白失本态，妆成尽似含悲啼……”由于周昉最迟也不会活到元和初，因此这幅作品至少比周昉晚十余年画成。虽是如此，此画也势必出自周昉画派的一名高手，今日仍是探讨周昉最直接的材料[8]。

这里很明确陈述了《挥扇仕女图》不可能出自周昉之手、所以只能说是出自周昉画派的一名高手的观点。

上述关于《挥扇仕女图》作者的三种观点，按发表时间排列，即显示出由肯定为周昉、到不确定为周昉、再到判定不是周昉这样一个演变过程，也就是由肯定到质疑、再到否定的变化过程。

二、对于上述第三种观点的商榷

上节所述三种观点既然有由肯定到质疑、再到否定这样的先后关系，那么，如果后出的否定意见给出的论证是充分的，也就可以认为是结论性的。但细看第三种观点的论述，却又并非论据确凿、论证充分。

第三种观点出自中央美院美术史系中国美术史教研室编著《中国美术简史》。根据这部《中国美术简史》书前的《增订本编写说明》，此书第三编的撰稿人是王泷和罗世平。我没有查寻到王泷或罗世平先生关于《挥扇仕女图》的专题论文，因而推想他们或是在《中国美术简史》分工撰稿时形成了如上所述的第三种观点。我认为《中国美术简史》在关于周昉和《挥扇仕女图》的论述中，至少有两个方面问题明显可以商榷。

其一是关于《挥扇仕女图》中仕女装扮的问题。上节已引的《中国美术简史》中关于《挥扇仕女图》的一段论述，通过分析图中仕女装扮，认为画中妇人低垂眉梢的愁苦表情，并不是作者能够对人的情绪作生动的表现，而只是对元和时流行的画“八”字眉、乌膏点唇、状似悲啼的“时世妆”的摹画而已。依据这一“时世妆”的分析，又以“周昉最迟也不会活到元和初”为由，遂推断此画“至少比周昉晚十余年画成”，所以只可能是出自周昉画派的一名高手，而不会是出自周昉的亲笔了。

这一段分析推论中存在诸多问题有待讨论，首先是画中人装扮的描述是否准确的问题。

这卷画中共有 13 个人，我们这里按从右向左的顺序以序数指称。其中第 5 和第 8 两人为侧面，第 10 和第 12 两人为背面，这四人的画眉样式无从观察。其余九人，眉梢略微低垂的只有第 3、第 9、第 11 和第 13 四人而已，尚有五人（第 1、2、4、6、7）都是眉梢明显上扬的。从上述观察中还可以判断，眉梢低垂的四人不仅不是对她们的“八”字啼眉妆的再现，而恰是对她们的愁苦哀伤表情的生动地描绘。另外眉梢明显上扬的五人则表现出比较平和的表情。还有她们的双唇均为红唇，也并没有“乌膏注唇唇似泥”（白居易《新乐府·时世妆》诗句）的特征。所以，此画卷并不能从画眉样式上断定画中人都是“双眉画作八字低”（白居易《新乐府·时世妆》诗句）的所谓“啼眉妆”，《中国美术简史》将此画中人描述为“八”字啼眉妆是不准确的。

现代学者对于唐代妇人装扮时尚变迁的注意研究，首先见于陈寅恪《元白诗笺证稿》一书。在《元白诗笺证稿》第五章对于白居易《新乐府》的《上阳白发人》和《时世妆》两篇的笺释中，陈寅恪先生引据诸多史料，考释了唐天宝时期与贞元元和之际妇人装扮时尚的不同。概括地说来就是，天宝时期妇人簪步摇钗，衿袖窄小，画眉细长；而自贞元末年起妇人时妆尚宽大，画“八”字啼眉妆等。陈寅恪的研究仅限于有关文献记载的梳理，没有取相关图像加以印证。而且，陈寅恪关于装扮时尚的考证，考虑到服饰化妆时尚的复杂性，往往出之以审慎的推测之辞，如《上阳白发人》篇笺证关于装扮时尚的考释最后说的是：“颇疑贞元末年之时世妆，其画眉尚短，与乐天此诗所言天宝末年之时尚为‘青黛点眉眉细长’者，适得其反也。姑记之以俟更考。”[9]又《时世妆》篇笺证的末了也是说：“岂此种时世妆逐次兴起于贞元末年之长安，而繁盛都会如河中等处，争时势之妇女（《才调集》伍微之《有所教》诗云：‘人人总解争时势。’）立即摹仿之。其后遂风行于四方较远之地域。迄于元和之末年，尚未改易耶？今无他善本可资校订，姑记此疑以俟更考。”[10]既能博引史料以探察史事，又考虑到服饰装扮时尚的难以一概而论，故不做武断之论，这体现出陈寅恪先生十分严谨的学风。

20 世纪 50 年代起，对于辽宁省博物馆所藏《簪花仕女图》的创作时代问题，古书画鉴定专家杨仁恺与谢稚柳两先生发表过意见不同互相商榷的论文。杨仁恺认为《簪花仕女图》“是唐代贞元年间的作品，而且很有可能是出自周昉手笔”[11]。谢稚柳则认为：“《簪花仕女图》所表现的应该是大周后以后南唐贵族妇女所流行的打扮、装束，而它的画笔，正是南唐的时代艺术特征。”[12]比较杨、谢两先生的论证，笔者认为杨仁恺的论证更为细致严谨。杨氏所引据的有关唐代妇女装扮的文献资料仍多是陈寅恪所引用的，但他结合《簪花仕女图》，认为元稹《有所教》诗“莫画长眉画短眉”句中的“短眉”一词，陈寅恪先生未得其解，而《簪花仕女图》中妇女的眉式正是“短眉”再真实不过的证据。结合文献记载，可以确认《簪花仕女图》的仕女装扮，诸如高髻簪花、短眉、宽袖等，都是贞元年间的时尚特点，所以此画完成的时间不可能晚于 8 世纪 90 年代。杨仁恺的这部分论证很充分。至于白居易《时世妆》所说到的“双眉画作八字低”的啼眉妆，杨仁恺只引据《新唐书·五行志》的记载而说成是到了元和年间又出现的新式样。这样似乎是理出了短眉妆与啼眉妆的时间先后关系，但存在取史料以就己说的问题。其实陈寅恪对于白居易《时世妆》篇的笺释，先引《新唐书·五行志》的记载，而随即指出：“新唐书此节似即永叔取之于乐天之诗者。然乐天诗作于元和四年，元和纪年共计十五年岁，而志言元和末何耶?”就是说《新唐书·五行志》此节记载应即是依据白居易此诗，但白居易此诗作于元和四年，元和纪年共有 15 年，则元和四年不能说是“元和末”，而《新唐书·五行志》却说“元和末”是根据什么呢？陈寅恪又引白居易《代书诗一百韵》云：“风流夸堕髻，时势斗啼眉。”白居易自注：“贞元末，城中复为堕马髻，啼眉妆。”进而确认道：“则贞元之末已有所谓啼眉妆。”最后仍作推想之论说：“岂此种时世妆逐次兴起于贞元末年之长安……迄于元和之末年，尚未改易耶?”白居易是当时人，他说啼眉妆兴起于贞元末，无疑比《新唐书·五行志》说的元和末为更直接可信的记载。因此，杨仁恺在这个细节上的说法显然不及陈寅恪的严谨。

沈从文编著《中国古代服饰研究》，1981 年出版，其中第八〇《簪花仕女图》和第八一《宫乐图》两篇，也都谈到画中人装扮和服饰问题。在对《簪花仕女图》做服饰分析的一篇中，沈从文先生说：“传世唐人画妇女戴花冠的相当多，必在盛行栽种姚黄、魏紫牡丹著名以后，也即是白居易诗‘一丛深色花，十户中人赋’时，所以均属中晚唐作品。如《会茗图》《听筝图》《纨扇仕女图》及传为五代周文矩实属唐人旧稿的《宫中图》，多和周昉有关。”具体到《簪花仕女图》，沈从文认为：“但本画托名周昉，可疑处甚多。就服饰分析，近似根据‘太真出浴’、‘纳凉’一类流行主题画，由宋（或元、明）间人加以发展而成。”“此画或是宋代或较晚些据唐人旧稿而作，头上花朵是后加的。”“人物面貌仍唐，衣服也为唐式，只是衣着花纹处理不合规格。这种簪花式样，在唐出现是偶然，在宋代则为必然。”但以头上簪花便论定为非唐人原画，理由也并非坚实不容置疑。如李白《宫中行乐词八首》其一开头数句：“小小生金屋，盈盈在紫微。山花插宝髻，石竹绣罗衣。”正是写宫女有插花于发髻的风尚。又如杜甫《佳人》诗结尾数句：“摘花不插发，采柏动盈掬。天寒翠袖薄，日暮倚修竹。”则写民间弃妇的悲伤和自持，故摘花而不插发。不难想见如不是悲伤的弃妇，则摘花插发乃是寻常习俗，并非是至中晚唐才有的时尚。而既然也认为中晚唐时妇女戴花冠成为时尚，又何以谓《簪花仕女图》“这种簪花式样，在唐出现是偶然”？且即使是偶然，此画也可能是出于唐人之手，又何以论定花冠必为宋以后人所加呢？沈从文先生在 20 世纪 60～70 年代学术研究环境比较艰难的时期写成《中国古代服饰研究》一书，是结合文献记载与文物图像研究中国古代服饰的开创之作，其中细致的观察和纠正旧说之误佳例甚多，也十分难能可贵。但讨论学术则无从为贤者讳，沈先生对于《簪花仕女图》中女性服饰装扮的论说也实有不耐推敲之处。

沈从文关于《宫乐图》的研究，指出这幅画“旧题宋人绘，又作元人绘（题目或称《会茗图》)。其实妇女衣服发式、生活用具，一切是中晚唐制度。……因此本画即或出于宋人摹本，依旧还是唐人旧稿”[13]。这是很有见地的观点，因而确认了此画是唐画或唐画摹本的性质。但接下来说画中妇女的“发式和面目化妆，为典型元和‘时世妆’”，引白居易新乐府《时世妆》及《江南喜逢萧九彻因话长安旧游》等诗为证。又一节叙述唐代妇女服装受外来影响可以分作两个时期，“前期由唐初到开元间……后期则在元和时，主要特征是蛮鬟椎髻，乌膏注唇，赭黄涂脸，眉作细细的八字式低颦”[14]。这分期描述细看也很粗疏。前期到开元间，开元纪年的最后一年开元二十九年是公元741年；后期在元和时，元和纪年共15年，即自公元806年至公元820年。那么公元742年（天宝元年）至805年（永贞元年）这六十余年究竟归于前期还是后期呢？此外，沈从文对画中人的装扮的描述也并不准确。这幅画中共有12人，除背面1人、侧面3人外，其余8人中，双眉呈八字状的仅有2人，即右上角吹筚篥和左边吹笙的两位，显然不能说画中人都是“双眉画作八字低”的。而吹筚篥与吹笙的两位眉头蹙起，我认为正是对于她们鼓气吹奏的表情的细心观察和生动的表现，而不是八字啼眉妆的摹画。推想沈从文对于《宫乐图》中人装扮描述欠准确的致误之由，可能是由于他未能审看原画。他论述《宫乐图》一篇开头说明：“采自故宫藏画，曾刊于《故宫周刊》，近复印于《宋人名画集》中，原画在台湾。”他据以观察的可能就是他说到的《故宫周刊》或《宋人名画集》，笔者无从查核这两种书刊图版是黑白的还是彩印的，而1980年以前，即使是彩印画册，彩色一般也难以逼真。现在有多种彩色效果较好的古代绘画图集，有原大原色仿真印制的画卷，还有高清晰的网络图片。笔者未能得见收藏于台北故宫博物院的《宫乐图》原画，也只是依据现在较好的印刷品得以确认《宫乐图》中人涂画的都是红唇，而非乌唇。而沈从文先生那时还没有现在这样的条件，所以他的观察有误这一点是情有可原的。

又沈从文此篇最后一节说：“从天宝后，唐代寄食阶级贵族妇女衣着，官服既拖沓阔大，便服也多向长大发展，实由官服转为常服的结果，同样近于病态。后来衣袖竟大过四尺，衣长拖地四五寸。所以李德裕任淮南观察使时，曾奏请用法令加以限制‘妇人衣袖四尺者，皆阔一尺五寸，裙曳地四五寸者，减三寸’。《新唐书·车服志》且提及对全国禁令：‘妇人裙不过五幅，曳地不过三寸。’本画反映正是这一时期的衣着，从服装史说来是最不美观时代的产物。”[15]沈从文这里引述史料有欠严谨，《新唐书》卷二十四《车服志》记：“文宗即位，以四方车服僭奢，下诏准仪制，令品秩勋劳为等级。”[16]其诏令限制和禁止内容颇多，其中包括“妇人裙不过五幅，曳地不过三寸，襦袖不过一尺五寸”，还有“禁高髻、险妆、去眉、开额及吴越高头草履”等。最后说：“诏下，人多怨者。京兆尹杜悰条易行者为宽限，而事遂不行。”徐邦达《古书画伪讹考辨》一九《周昉》篇之“一、仕女图（即簪花仕女图）卷”一节也引到上述《新唐书·车服志》内容，并议论道：“限制一尺五寸还行不通，其时衣袖的特别宽大从此可以想见了。”[17]而《新唐书·车服志》在“京兆尹杜悰条易行者为宽限，而事遂不行”二句后，又记：“唯淮南观察使李德裕令管内妇人衣袖四尺者阔一尺五寸，裙曳地四五寸者减三寸。”这是说只有李德裕在淮南观察使任上，对他所管辖的淮南道内妇女的袖宽和裙长还曾明令限制。查《旧唐书》卷十七下《文宗本纪》，开成二年（837）五月，

"以浙西观察使李德裕检校户部尚书，兼扬州大都督府长史，充淮南节度使"。李德裕在淮南节度使（《车服志》所言淮南观察使应即节度使）任三年多，开成五年（840）九月入朝升任宰相。李德裕在淮南节度使任时，距离文宗即位的太和元年（827）已逾10年。文宗即位之初的限制服饰奢侈的诏令没有能够贯彻，所以十多年后奢靡之风依旧，李德裕并非奏请限制，而只是在其管辖区域内下令限制而已。

陈寅恪在《元白诗笺证稿》白居易新乐府《上阳白发人》篇笺释中引《旧唐书》卷一七上《文宗纪》云："太和二年五月丁巳，命中使于汉阳公主及诸公主第宣旨，今后每遇对日，不得广插钗梳，不须著短窄衣服。"陈先生议论说："然则太和初期妇人时妆复转向短窄矣。时尚变迁，回环往复，此古今不殊之通则。"[18]其实结合《旧唐书》的《文宗本纪》和《车服志》来看，文宗即位之初（太和元年）下诏限制车服僭奢，结果未能贯彻实行。太和二年公主们见皇帝着短窄衣服似乎是刻意既表示遵从皇帝诏令，又所着衣服过于短窄故意搞怪，这也令皇帝不悦。所以皇帝只好再下诏令，今后来见皇帝"不须著短窄衣服"。看来文宗时期（827～840），时尚仍是妇人衣裾宽大。

综观各家所援引的文献史料，可概述为：唐玄宗天宝（742～755）年间，妇人衣袖窄小，画细长眉。德宗贞元（785～804）末年，即大约在公元800年前后，妇人衣袖宽大，不再流行画细长眉，而时兴画短眉（杨仁恺认为即《簪花仕女图》中女性所画如蛾翅样的短眉）；同时，还流行起堕马髻和啼眉妆。"啼眉妆"不只是画眉样式，还须脸面和嘴唇化妆的配合，即如白居易《时世妆》中所描述的。杨仁恺试图把"短眉"说成是贞元时尚，而"八"字啼眉是元和间的新式样，与文献所见两种眉样皆时兴于贞元末的记载明显不合。其实女子画眉时尚并非一个时期只流行某一种，如唐人张泌《妆楼记·十眉图》说："明皇幸蜀，令画工作十眉图，横云、斜月，皆其名。"[19]张泌只举了横云、斜月两种名目，明代杨慎《丹铅续录·十眉图》有十种画眉的名目，虽未详其所据，但"十眉图"是十种画眉式样却是可以肯定的。唐玄宗时既然可以有意识地为女性设计十种画眉式样，可以推想贞元末年既时兴短眉、又流行八字眉，也是不成问题的。画眉可能会这样同时流行不止一种的式样，衣袖则是自德宗贞元末年即公元800年前后变窄袖为宽大，一直到文宗开成（836～840）年间，除了个别特殊事例，宽大的衣袖是时尚的主流。

以图像与文献相印证，杨仁恺认为《簪花仕女图》肯定是贞元年间的作品，而且很有可能是出自周昉的手笔，是论证比较充分的。沈从文认为《宫乐图》中人的"发式和面目化妆，为典型元和'时世妆'"。也即白居易所描写的八字啼眉妆。但本文前面已指出，沈从文把《宫乐图》中人的画眉式样说成是八字低颦的啼眉妆，完全不符合图像的事实。还应补充的是，啼眉妆是与宽大的衣袖同时流行的，而《宫乐图》中人的衣袖，比能代表开元时宫廷妃嫔服装式样的张萱《捣练图》（宋摹本）[20]上的衣袖稍宽，但又还远不及《簪花仕女图》中人衣袖的宽大。综合观察上述图像特征，可以认为唐画《宫乐图》并非如沈从文所说是作于贞元之后的元和（806～820）时期，而应是作于贞元末年之前，也即必为公元800年之前的作品。

话题回到中央美院编著《中国美术简史》对于《挥扇仕女图》中人的面部特征的描

述和判断，先是描述说："值得注意的是《挥扇仕女图》中的人物面部特征，低垂的眉梢、灰暗的双唇，使面部显现出愁苦哀伤的表情。"本文前面已指出这样笼统的描述很不准确。而且，如果沈从文可能因限于当时条件由所见为黑白或彩色失真的图片导致误认《宫乐图》人物为啼眉妆尚情有可原的话，《中国美术简史》是2000年后增补修订，即使撰稿人可能没有特地到故宫博物院观察过《挥扇仕女图》原画，各种彩印效果很好的画册却已不难查看，而对于画中人物面部特征描述得很不准确不免令人难以理解。《中国美术简史》接下来是对所谓这一时期人物绘画的特征和表现能力的陈述："人物绘画在这一时期大多数呈现着庄重、宁静的特征，极少能够表现出人们较大的喜怒哀乐的情绪变化。"这一作为其判断依据的陈述所根据的是什么呢？即使根据记载和能够看到的画迹可以认为这一时期人物画"极少能够表现出人们较大的喜怒哀乐的情绪变化"，也不能排除极少数杰出的画家还是能够表现出人们的喜怒哀乐的情绪的。《中国美术简史》即根据文献记载评述张萱说："值得重视的是他曾以王昌龄《长信宫词》作画，其诗为：'金井梧桐秋叶黄，珠帘不卷夜来霜。熏笼玉枕无颜色，卧听南宫清漏长。'他着意描写宫廷妇女被遗弃的冷落寂寞之情，获得了很大成功。"而且，《中国美术简史》在叙述周昉时，先也根据朱景玄《唐朝名画录》所记韩幹和周昉先后为郭子仪女婿赵纵画像、以周画能形神兼备为优的事迹，谓："周昉不但刻画人物形象准确，而且能通过画笔揭示出人物的心理和情性。"而且还说："他的这种感受和追求足以概括出盛、中唐人物画的特征。"接下来在具体评述《挥扇仕女图》的开始说："此一长卷描绘了宫中妃嫔生活的哀怨，深刻地揭示了人物的心理特征。……如对镜一节画的是懒于梳妆，对镜而立的一位嫔妃，其内心的愁怨和疑惑被恰当地表现出来。……全图以表情之物为衬托，人物安排在秋日凄清、哀婉的气氛中，情景交融达到完美的境地。"这以上的说法中，把大画家周昉的感受和追求说成是足以概括盛中唐人物画的特征显然也不妥，但至少从文献记载可知周昉正是以善于表现人物的心理特征而杰出于时代，肯定《挥扇仕女图》深刻地揭示了人物的心理特征也大体合乎事实。而令人难以理解的是，怎么紧接下来的一节中便又说："人物绘画在这一时期大多数呈现着庄重、宁静的特征，极少能够表现出人们较大的喜怒哀乐的情绪变化。因此前述作品中的妇女是特意化妆的，这便是流行于长安的回鹘装。"这样前后所说岂不是自相矛盾了吗？

笔者只能猜想撰稿者在写作这两段文字时中间隔了较长的时间，写后面一节时忽略了与前面已写成的部分的观点的不一致。而且后面这一节的观点可能不是依据撰稿人自己既有的研究心得，而应是受到了沈从文《中国古代服饰研究》论述《宫乐图》的观点的影响。《挥扇仕女图》也确与《宫乐图》有相似性，沈从文在论《宫乐图》时即说："又有传世《纨扇仕女图》(即《倦绣图》)产生时代也相近。"《中国美术简史》撰稿者于是就参照沈从文说《宫乐图》来说《挥扇仕女图》了，但也与沈从文一样在对于画中人眉妆式样的描述上没能忠实于图像，而是做了牵合己意的描写。而其实呢？《挥扇仕女图》中人的画眉式样也不是八字啼眉妆，而且她们的衣袖也都不宽大，甚至比《宫乐图》中人的衣袖还窄小些，倒更接近《捣练图》中人的衣袖尺度。因此，我认为《挥扇仕女图》的绘制时间也应该是在公元800年之前，甚至还稍早于《宫乐图》创作的时间。

对于《中国美术简史》关于周昉和《挥扇仕女图》的论述，还需商榷的另一方面是关于周昉绘画活动终止的时间问题。

《中国美术简史》说："由于周昉最迟也不会活到元和初，因此这幅作品至少比周昉晚十余年画成。虽是如此，此画也势必出自周昉画派的一名高手，今日仍是探讨周昉最直接的材料。"按本文以上的论述，将《挥扇仕女图》推断为元和时的作品的说法并不能成立。而假定此画是作于元和时，又何以就断定是在周昉死后十余年了呢？回头看该书关于周昉的生平有这样两句："根据史料判断，周昉从事绘画活动大约在公元749年到804年的五十余年间。"这里对于周昉从事绘画活动的大约时间的说法，应该是依据了金维诺先生的研究成果。金维诺在《〈纨扇仕女图〉与周昉》一文中据《唐朝名画录》等史料，叙述了周昉的生平事迹，《唐朝名画录》说周昉的画："贞元末，新罗国有人于江淮以善价收市数十卷持往彼国。"金维诺先生推断说："从新罗国人在市上大量收购周昉作品这件事来看，估计这时周昉可能已经去世。"金先生并概括说：

> 这些片段组合起来，就使我们有可能了解到周昉活动年代的大体情况：从公元749年到804年以前，大约有五十年左右的时间，周昉从事着绘画活动。至少，从大历到贞元（766～804），三、四十年的时间内，是周昉在创作上的活跃时期[21]。

金先生文章末尾还附了一份根据史料列出的周昉活动年代表[22]。金维诺对于周昉从事绘画活动年代以及贞元末周昉可能已经去世的推断，对后来论说周昉的研究者均有影响。如徐邦达《古书画伪讹考辨》论《簪花仕女图》时引白居易《上阳白发人》诗句："小头鞋履窄衣裳，天宝末年时世妆。"然后说："下面又说到元和（806～820）时则云：'时世宽妆束。'可见从盛唐末到中唐六十年之后，风尚大起变化了。"[23]这里可能是从陈寅恪《元白诗笺证稿》中转引，但没能细看而发生两层误会，一是"时世宽妆束"并非新乐府《上阳白发人》篇诗句，陈寅恪明明称引道："又白氏长庆集壹肆和梦游春诗云：时世宽妆束。"其二，陈寅恪接着说："则知贞元末年妇人时妆尚宽大，即是乐天'外人不见见应笑。'诗意之所在也。"徐邦达何以说成是"到元和（806～820）时则云：时世宽妆束"了呢？因为把"时世宽妆束"定在了元和时期，而金维诺有贞元末年周昉可能已经去世的说法，徐邦达论《簪花仕女图》便说："从妇人形象服饰方面来看，《簪》图应属于中晚唐时人的作品。虽然其艺术风格也同传称为周昉作的其他画幅相近，但周昉的生活时代似乎要略早一些，应在盛唐末期到中唐间，所以还不敢定为昉作，只能说是他的传派而已。"[24]

从以上有关研究的梳理可以认为，《中国美术简史》所谓"周昉最迟也不会活到元和初"的说法，应该是以金维诺的研究为根据的；而所谓《挥扇仕女图》是元和时"出自周昉画派的一名高手"的说法，则又是参照徐邦达关于《簪花仕女图》的推论而做出的论断。

姑且不论关于《簪花仕女图》笔者以为杨仁恺先生论定为贞元末年的作品最为可

信，以及《挥扇仕女图》笔者认为应是早于《簪花仕女图》的作品，即使这些画幅是绘成于元和年间，是不是就可以肯定已不可能是出自周昉之手了呢？也就是说“周昉最迟也不会活到元和初”这个说法是可以确定无疑的吗？

金维诺先生只是根据《唐朝名画录》“贞元末，新罗国有人于江淮以善价收市（周昉的画）数十卷持往彼国”的说法，估计这时周昉可能已经去世。而唐朝时新罗、日本等国人来中国购求仍在世的名家的诗文书卷、法书和绘画的事例多有记载。所以，新罗人购周昉画作的记载并不能作为周昉已经去世的直接证据。金维诺先生论说时还只是说“估计这时周昉可能已经去世”，并未做必定如此的判断。而《中国美术简史》说“周昉最迟也不会活到元和初”，就把话说得太肯定了，却又没有提供新的确凿的证据。

周昉的兄长周皓在天宝八载（749）随哥舒翰征吐蕃取石堡城，以功为执金吾（金吾卫将军），其时周皓年龄应为20岁。周皓、周昉不只是兄弟二人，他们还有个弟弟周晓。周绍良、赵超主编《唐代墓志汇编续集》所载《唐赠原州刺史周府君墓志铭》即周晓的墓志铭，据此《志》知周晓于肃宗至德二年（757）正月与其父周佖（时任河西节度使）在河西武威同被反叛的九姓商胡杀害，时年17岁[25]。周皓是周晓长兄，周昉是其次兄，周晓行三。假定周皓在天宝八载（749）为20岁，则至德二年（757）为28岁。周晓此时17岁。则周昉年龄在17岁以上、28岁以下。我们折中假定周昉为23岁，则可推定他的生年是唐玄宗开元二十三年（735）。德宗贞元时，周皓任太仆卿。宪宗元和时，周皓为御史大夫。这时期白居易两次赠诗周皓，后一次是元和十年（815），白居易诗题为《题周皓大夫新亭子二十二韵》，是一首排律[26]，这一年白居易44岁，周皓年近90岁了。文献未见周昉卒年的记载，而元和十年周皓年近90尚健在，如果周昉尚在的话，也才80岁左右。至于元和元年（806）周昉才70岁上下。而《中国美术简史》说“周昉最迟也不会活到元和初”，显然并没有任何根据。

这样说来，则即使如徐邦达所认为的《簪花仕女图》为元和时的作品，以及《中国美术简史》所谓《挥扇仕女图》也是元和时画成，也并不能就确定是在周昉死后产生的作品。当然，已如上述，我赞同杨仁恺先生的《簪花仕女图》是贞元末年作品的观点，同时，我认为《挥扇仕女图》是早于《簪花仕女图》的作品。那么，旧传这两幅画卷都是出自周昉手笔，至少在时间性上是没有问题的。

三、关于《挥扇仕女图》作者的问题

本文前面列举了关于《挥扇仕女图》的作者的肯定为周昉、不能肯定为周昉和否定为周昉的三种观点，又着重对否定为周昉的一说加以辨析商榷，指出否定和质疑《挥扇仕女图》为周昉所作的两种观点均论据不足，对于图像的观察描述不准确，对于文献资料的引据及其本身的论证也都有欠严谨处，因而否定、或怀疑《挥扇仕女图》是周昉的作品的观点，其实都是经不住推敲的。

20世纪古史辨派倡导的疑古学风，本意在不轻信古来的文献记载，而重新加以考核辨析，厘清历史记载形成的过程。古史辨派的这一宗旨本是具有现代科学精神的，是值得肯定的。古史辨派的研究影响及于文学与艺术史的研究，在绘画史研究中最明显的影响是对于古来著录所称为某某名家的画作的几乎尽作否定或质疑。但这种否定或质疑又往往并未拿出充分坚实的证据，正如本文对于有关《挥扇仕女图》的否定与质疑的观点的审视所呈现出的问题一样，而这又是背离了古史辨派重证据与考证的精神，而流于表面和简单模仿其疑古与翻案的作为。

就《挥扇仕女图》这幅画来说，如金维诺先生所述，宋至明代的标题和著录都说此画是周昉之作，画卷上还曾有“臣周昉进”的落款。现存的《挥扇仕女图》又经过清代重新装裱，画卷上最重要的“臣周昉进”落款，以及宋高宗标题等都佚失了。这固然失去了其为周昉手笔的直接证据，但因此而质疑甚或否定它是周昉作品也并没有根据。

姑不论已佚失的“臣周昉进”落款及宋高宗标题是否可信的问题，即就图像本身而论，其一，如果画中人的服饰装扮与文献记载的衣妆时尚确应有某种程度的对应性，那么，已如前文所论述，《挥扇仕女图》应该是贞元末年之前所绘制，即正是周昉绘画生涯的盛年时期的作品；其二，《挥扇仕女图》中人物表情有的平和、有的无聊和有的郁闷哀怨（包括《宫乐图》中吹奏乐器的两个女子蹙起眉头以表现其鼓气而吹的表情），种种不同而又生动的描绘，正是画家造诣甚高的表现。而文献记载，如《唐朝名画录》之所以置周昉为仅次于吴道子的神品第二人，理由正是他不仅善画人物形貌，而且能够画出人物的神气及其情性言笑之姿，这是名画家韩幹也不及他之处。其他传世唐画、敦煌壁画、唐墓室壁画等所见人物面部表情，都未见有如《挥扇仕女图》（以及《宫乐图》）表现之生动的。尤其是一画之中人物眉梢有低有扬以表现情绪神态的不同，在宋摹张萱画的《捣练图》和《虢国夫人游春图》上也尚未有如此细致微妙的描绘。《历代名画记》卷十说周昉“初效张萱，后则小异，颇极风姿”。周昉绘画本是从学习张萱入手。《唐朝名画录》列周昉为“神品中一人”，称：“其画佛像、真仙、人物、士女，皆神品也。”而张萱则仅为“妙品中五人”之一，说他“画士女乃周昉之伦”。可见周昉画士女青出于蓝、后来居上，成为这一题材最杰出的代表了。现代学者一般都认可宋摹《捣练图》和《虢国夫人游春图》应是比较忠实地再现了张萱的画风。与文献记载相对应，《挥扇仕女图》（及《宫乐图》）比《捣练图》和《虢国夫人游春图》更能细微地表现女性的面容情绪，则应是艺术表现能力高于张萱而只能属于周昉的一个突出的内证。

因此，我们考察肯定、质疑和否定《挥扇仕女图》为周昉所作的三种观点，可以看出质疑和否定的意见其实都缺乏确切的证据，而金维诺依据从前著录曾有“臣周昉进”落款和宋高宗标题等记载认为可以肯定此画确为周昉所作的说法，反而是持之有故的。而进一步观察分析《挥扇仕女图》可能的创作时间和绘画的艺术水平，结合文献对于周昉绘画艺术特征和独到造诣的记载，也使我们更有理由认为《挥扇仕女图》确应是周昉所作。

注　释

［1］ 金维诺：《中国美术史论集》，人民美术出版社，1981年，178～189页。

［2］ 徐邦达：《古书画伪讹考辨·上卷：文字部分》，江苏古籍出版社，1984年，119页。

[3] 前揭徐邦达:《古书画伪讹考辨 • 上卷: 文字部分》, 120 页。
[4] 前揭徐邦达:《古书画伪讹考辨 • 上卷: 文字部分》, 122 页。
[5] 徐邦达编:《中国绘画史图录》, (上册), 上海人民美术出版社, 1981 年, 39 页。
[6]《中国古代书画图目 十九》, 文物出版社, 1999 年, 331 页。
[7] 故宫博物院编:《故宫书画馆 • 第七编》, 紫禁城出版社, 2010 年, 20 页。
[8] 中央美术学院美术史系中国美术史教研室:《中国美术简史 (增订本)》, 中国青年出版社, 2002 年, 112 页。
[9] 陈寅恪:《元白诗笺证稿》, 上海古籍出版社, 1978 年, 167 页。
[10] 前揭陈寅恪:《元白诗笺证稿》, 261 页。
[11] 杨仁恺:《中国书画研究》, 上海古籍出版社, 2006 年, 178 页。
[12] 谢稚柳:《鉴余杂稿 (增订本)》, 上海人民出版社, 2008 年, 69 页。
[13] 沈从文:《中国古代服饰研究》, 商务印书馆, 2011 年, 405 页。
[14] 前揭沈从文:《中国古代服饰研究》, 405～406 页。
[15] 前揭沈从文:《中国古代服饰研究》, 406 页。
[16] 中华书局标点本《新唐书》这几句的标点为:“文宗即位, 以四方车服僭奢, 下诏准仪制令, 品秩勋劳为等级。”我认为后两句中的逗号应该在“令”字前“制”字后。
[17] 徐邦达:《古书画伪讹考辨》, 江苏古籍出版社, 1984 年, 120 页。
[18] 陈寅恪:《元白诗笺证稿》, 上海古籍出版社, 1978 年, 167 页。
[19] 文怀沙主编:《四部文明 • 隋唐文明卷 (四十九)》, 陕西人民出版社, 2007 年, 112 页。
[20] 传世《捣练图》, 传为宋徽宗摹张萱原画, 现藏美国波士顿美术馆。沈从文《中国古代服饰研究》说:“本图衣着及发髻形象, 似为开元时宫廷妃嫔常服式样, 头部还未用假发衬托, 旧题作张萱绘, 比较可信。”
[21] 金维诺:《中国美术史论集》, 人民美术出版社, 1981 年, 181 页。
[22] 前揭金维诺:《中国美术史论集》, 188～189 页。
[23] 徐邦达:《中国古书画讹伪考辨 • 上卷: 文字部分》, 江苏古籍出版社, 1984 年, 119 页。
[24] 前揭徐邦达:《中国古书画讹伪考辨 • 上卷: 文字部分》, 120 页。
[25] 周绍良、赵超主编:《唐代墓志汇编续集》, 上海古籍出版社, 2001 年, 677～678 页。
[26] 见《白居易集笺校》(朱金城笺注), 上海古籍出版社, 1988 年, 899 页。

永乐宫《朝元图》神仙人物冠弁及其系统考略

耿纪朋
（四川文化艺术学院）

山西芮城永乐宫壁画自被重新发现以来，一直受到国内外美术研究者的关注。郑振铎、王逊、陆鸿年、范金鳌等诸位先生曾就永乐宫壁画的艺术价值、题材背景等方面进行了考索，给后来的研究者提供了一个较好的基础。

永乐宫的三清殿又称无极殿，其内绘制的《朝元图》是永乐宫壁画中最精彩的部分。画中二百九十位神仙以八位主神为中心，被描绘成华丽的仪仗队，对大殿的主尊"三清"进行朝见。每位神仙服饰造型各有特色，既有对现实皇家仪仗的仿照，又有画师的想象成分。笔者在参考前人研究的基础上，从《朝元图》人物冠弁的形制入手，讨论人间服饰制度对于想象中的神仙世界的影响。对于人物身份界定的依据主要参考王逊先生的《永乐宫三清殿壁画题材试探》[1]。

一、《朝元图》人物冠弁形象分析

三清殿的前檐墙东部壁画共四位神像。青龙真君戴小冠（又称平巾帻），三位功曹戴直脚幞头。

东山墙壁画以昊天金阙至尊玉皇大帝和后土皇地祇为主尊，共六十九位神仙。除玉皇大帝戴十二旒冕以外，另有七位戴十二旒冕的神仙，分别为扶桑大帝、酆都大帝和五位五岳大帝[2]。后土皇地祇戴凤冠，另有戴花冠的玉女一位、梳双鬟髻的玉女一位、少女双鬟髻的玉女一位、布包髻的玉女一位。戴进贤冠的分别是茅盈真君、赵玄朗真君、九疑仙侯、三位酆都神众、三位四渎神、两位仙曹和十二元神中的八位。十二元神中的另外三位戴远游冠。还有十二元神之一与四渎神中的一位戴异形冠，具体依据待考。梓橦文昌帝君戴直脚幞头，天篷大元帅披发，翊胜黑杀将军扎抹额。戴皮弁的六位分别是破邪力士、明星大神和四位酆都神众。戴小冠的四位是三位三元将军和飞天神王。太极仙侯和两位酆都神众戴小冠并披风帽。两位仙曹和一位酆都神众头戴金冠。戴小巾、东坡巾、浩然巾的分别为寿星、福星、禄星，另有一位戴东坡巾的四目老翁。一位仙官头带笼冠，还有四位裹交脚幞头、扎抹额的天丁力士天甲卒等[3]（图一、图二）。

后檐墙东部壁画以戴十二旒冕的中天紫微北极太皇大帝为主尊，周围分别是戴进贤

图一　东山墙以昊天金阙至尊玉皇大帝为主尊的壁画局部

图二　东山墙以后土皇地祇为主尊的壁画局部

冠的七位北斗星君、左辅、右弼、三位三台星君、两位仙曹和四位廿八星宿星君；六位戴小冠的廿八星宿星君；三位传经法师分别是戴莲花冠（两位）和星冠。太阴星君戴凤冠，太阳星君戴通天冠，水星星君、金星星君以及两位玉女都戴花冠。土星星君戴风帽，月孛星君披发，天罡大圣戴小冠。火星星君、木星星君、罗睺、计都以及四位廿八星宿星君都戴奇形小冠。紫气星君则戴金冠（图三）。

后檐墙西部壁画主尊为勾陈上宫天皇大帝，头戴十旒冕（？）。戴进贤冠的有廿八星宿星君十位、南斗星君两位、天官、地官以及身份待考证的七位。水官戴风翅冠，四位戴貂蝉冠的分别是两位仙曹和两位香官。五位戴远游冠的分别是四位廿八星宿星君和一位南斗星君。三位历代传经法师戴莲花冠（两位）和金冠，两位玉女戴花冠。一位侍者

图三　后檐墙东部以中天紫微北极太皇大帝为主尊的壁画局部

戴幞头，三位南斗星君的冠式奇特，有待进一步考证。另有三位戴小冠和一位戴浩然巾者身份不明。

西山墙壁画以戴十一旒冕（？）的东华相木公青童道君和戴凤冠的白玉龟台九灵太真金母元君为主尊。左右有戴标着八卦符号进贤冠的八卦神和十位太乙神，太乙神四位戴通天冠，六位戴进贤冠。太乙神两位侍臣戴簪笔进贤冠。佑圣真君披发，天猷副元帅则有簪饰。戴浩然巾和小巾的分别被认为是孔子和仓颉。着幞头带披肩的是两位香官。雨师戴飘飘巾[4]，雷公戴金冠，电母着花冠。三位玉女也着花冠，另有梳双鬟髻的玉女两位，百合髻的玉女一位。戴貂蝉冠的仙曹一位，戴方巾的仙曹一位。雷部众神除两位戴小冠外，其余八位冠式奇特，有待考证。引进仙官戴进贤冠。两位戴通天冠，另有十位戴进贤冠、两位戴通天冠、两位戴月牙冠、一位戴五老冠、一位戴小冠、一位戴皮弁、一位戴异形冠者身份不明（图四、图五）。

图四　西山墙以东华相木公青童道君为主尊的壁画局部

图五　西山墙以白玉龟台九灵太真金母元君为主尊的壁画局部

前檐墙西部壁画共四位神仙。白虎真君戴小冠，三位使者裹交脚幞头、扎抹额。

西扇面墙外侧壁画以东极青华太乙救苦天尊为主尊，冕前九旒，后十一旒（？）。玄元十子中的五子分别戴莲花冠（三位）和金冠（两位）。两位玉女戴花冠。戴通天冠的两位和一位戴皮弁者的身份待考。

东扇面墙外侧壁画中南极长生大帝戴十二旒冕，玄元十子中的另外五位中两位戴莲花冠，三位戴金冠。三位玉女分别留布包髻、双鬟髻、大盘髻。戴进贤冠的三位、戴小冠的一位和戴风帽的一位身份待考。

后扇面墙外侧壁画为三十二天帝，分别戴九旒或八旒冕（图六）。

图六　后扇面墙外侧三十二天帝壁画局部

《朝元图》壁画二百九十位神仙中戴冕的有四十五位；戴通天冠的有九位，远游冠的八位，进贤冠的八十八位，貂蝉冠的五位；戴小冠的二十位，八位戴皮弁，一位戴凤翅冠，另外有二十二位冠式奇特，为武弁的变形。戴金冠的十二位，莲花冠的九位，星冠和五老冠的各一位，戴月牙冠的两位。十五位戴幞头，四位戴直脚幞头，七位戴交脚幞头，一位内戴小冠，外罩幞头，又似笼冠。内有冠而又披风帽的五位。扎小巾的两位，戴东坡巾的两位，戴浩然巾的三位，戴方巾和飘飘巾（纯阳巾）的各一位。披发无冠巾的三位，扎抹额和簪饰的各一位。女性神仙戴凤冠的有三位，共十三位戴花冠。另有九位女性神仙分别留双鬟髻、少女双鬟髻、布包髻、百合髻、大盘髻等。

二、冠弁的现实性背景分析

冕有六种，大裘之冕、衮冕、鷩冕、毳冕、絺冕、玄冕分别为无旒、十二旒（或九旒）、八旒（或七旒）、七旒（或六旒、或五旒）、六旒（或五旒、或四旒）、五旒（或四旒、或三旒、或二旒、或无旒）[5]。

周代以来的王之五冕[6]，历代都有所增减，到唐冕有六种。功能一直是以祭祀对象的不同而变化，诸臣依地位高低依次有五冕、四冕、三冕、二冕、一冕的区别，同样依祭祀对象不同而变化使用不同的冕服。宋代的天子之服中大衮冕冕无旒、衮冕十二旒[7]，皇太子衮冕九旒[8]，诸臣祭服在唐制衮冕九旒、鷩冕八旒、毳冕七旒、絺冕六旒、玄冕五旒的基础上，于宋初减省八旒、六旒冕，另有平冕[9]。宋代省天子六冕为二冕，诸臣由原来依据祭祀对象的不同而演变为依官职等级不同服用不同冠冕[10]。元代则在前代基础上又有简化。

四十五位戴冕的神仙像有十二旒、十一旒（？）、十旒（？）、九旒、八旒。玉皇大帝、扶桑大帝、酆都大帝、五位五岳大帝、紫微大帝、南极长生大帝皆戴十二旒，东华帝君戴十一旒冕（？），勾陈大帝戴十旒冕（？），东华青华太乙救苦天尊是前九旒、后十一旒（？）。三十二天帝分别戴九旒或八旒。对于东华帝君，勾陈大帝，太乙救苦天尊的特殊的冠冕式样，笔者暂时没有找到任何依据，可能是粉本的问题，也可能是画师的问题，有待进一步考证。

三清殿扇面墙正面黑笔题记称“河南府洛京句山马君祥长男马七待诏把作正殿前面七间、东山四间，殿内斗心正□云气五间，泰定二年六月工毕。门人王季先、王二待诏、赵待诏、马十一待诏、马十二待诏、马十三待诏、范待诏、魏待诏、方待诏、赵待诏”[11]。泰定二年为公元1324年，是泰定帝也孙铁木儿的年号。《元史·舆服一》中提及“元初立国，庶事草创，冠服马舆，并从旧俗。世祖混一天下，近取金、宋，远法汉、唐。至英宗亲祀太庙，复置卤薄。今考之当时，上而天子之冕服，皇太子冠服，天子之质孙……下而百官祭服、朝服，与百官之质孙，以及于士庶人之服色，粲然其有章，秩然其有序。大 抵参酌古今，随时损益，兼存国制，用备仪文”[12]。又有“至元十二年十一月”[13]、“大德十一年九月”[14]、“延祐七年七月”[15]三次涉及衮冕的形制。三清殿壁画的绘制开始年代虽然没有定论，但是仁宗和英宗之交的延祐七年应该在壁画的绘制期间。天子衮冕为十二旒[16]，皇太子衮冕为九旒[17]，大臣祭服冠为笼巾貂蝉冠、獬豸冠、七梁冠、六梁冠、五梁冠、四梁冠、三梁冠、二梁冠等[18]。三清殿壁画的绘制虽然与元定制舆服制度时期相合，却并未与此时的服饰制度相合，应该是参照了较早的粉本。

三十二天帝的位置在此被降低，其冕旒九旒（或八旒）显示其甚至比五岳大帝以及酆都大帝的十二旒冕位置低，其关系有待进一步考证。

戴凤冠的三位的身份似乎毋庸置疑，但金母在全真道神仙谱系的重要地位背后原因是值得进一步考证的。

通天冠在宋代也是天子的冠[19]，与冕不同的是冕是祭服，通天冠是朝服。此处的通天冠并非二十四梁，而是以七梁、五梁、三梁为多，应为变体，既显出神仙的尊贵，又是区分了等级。远游冠本为太子朝冠[20]，此处也有变化。

进贤冠有七梁、五梁、四梁、三梁、二梁之分[21]，貂蝉冠也有梁的数目区别，只是多加了笼巾[22]。小冠和皮弁多为戎装神仙佩戴。戴幞头的只有十五位，则可知《朝元图》的版本有参考唐壁画的因素，并非与唐壁画有确切传承关系（图七）。

莲花冠、金冠、月牙冠、五老冠等为道教徒的冠式[23]，以法冠为多，是道教在自身发展中形成的自身特色。但是也有吸收各方面因素的影子[24]。戴各种巾子的神仙则显示出道教对于隐士和文人的吸收。披发或戴异形冠等的神仙多为戎装武职，画师在表现中想象余地较大，很好地表现了这些神仙的奇异个性。

女性神仙在《朝元图》中的数量不多，除两位主尊和月亮星君戴凤冠外，多为戴花冠和梳各种发髻，性别特征明显，造型变化多样。但是身份多不明确（图八）。

图七　太乙神像局部

图八　玉女像局部

三、永乐宫《朝元图》与同类壁画及粉本人物冠弁比较

传世绘画作品与永乐宫三清殿《朝元图》最有可能相关的是《朝元仙仗图》。但是无论是被后世认定为北宋武宗元的《朝元仙仗图》，还是被命名为《八十七神仙卷》的

另一本，都是以四方天帝（或四御）为中心，而以众多女真组成的行列。这与三清殿的《朝元图》以八位帝后为中心的神祇体系不同（图九～图一四）。

图九　朝元仙仗图局部一

图一〇　朝元仙仗图局部二

图一一　朝元仙仗图局部三

图一二　朝元仙仗图局部四

图一三　八十七神仙卷局部一

图一四　八十七神仙卷局部二

洛阳北邙山老君庙和骊山华清宫朝元阁都曾有吴道子绘制的《朝元图》。杜甫《冬月洛城北谒玄元皇帝庙》诗描述道："画手看前辈，吴生远擅场。森罗移地轴，妙手动宫墙。五圣联龙衮，千官列雁行。冕旒俱秀发，旌旗尽飞扬。"[25]这里的五圣是唐玄宗以前的五个皇帝：高祖、太宗、高宗、中宗、睿宗。这五个皇帝被尊奉为"五圣"是天宝八载六月，同时并对老子上尊号[26]。由此可知永乐宫《朝元图》与北邙山老君庙《五圣图》的内容并无联系，并且根据当时情况，这里朝元的"元"很有可能是"老君"一位，而不是"三清"三位。至于二者在图式上是否有必然的传承关系，这是值得进一步考虑的。洛阳老君庙《五圣图》的壁画在北宋时期就已经毁废不存，武宗元在此又重新画三十六天帝。宋郭若虚《图画见闻志》说："武宗元……尝于洛都上清宫画三十六天帝，其间赤明阳和天帝潜写太宗御容，以赵氏火德王天下故也。真宗祀汾阴，还经洛都，幸上清，历览绘壁。忽睹圣容，惊曰：此真先帝也。遂命设几案焚香再拜，且叹其画笔之神，伫立久之。上清宫，即唐玄元皇帝庙。旧有吴道子画五圣图，杜甫诗称五圣联龙衮，千官列雁行是也。后因广增庭庑，画壁遂废。宗元复运神踪，高绍前哲。张文懿有诗云，曾此焚香动至尊。"[27]关于三十六天帝的具体身份，不同道经有不同论述，《朝元图》中有三十二天帝，在个体图式上或许与三十六天帝有些关系，但是就整体图式而言二者绝不相同。

王逊先生引证五代杜光庭《道教应验记》说成都乾元观三门下原有东华、南极、西灵、北真四大神王"金甲天衣"的戎装像是依照华清宫朝元阁样塑造的，否定了《朝元仙仗图》与华清宫的关系，进而也可否定永乐宫《朝元图》与华清宫样的关系[28]。

王逊先生以阎立本的《历代帝王图》和石窟中的帝王听法图、特别是敦煌中唐194

窟的《听法图》为参考资料，认为“就已知材料看，永乐宫三清殿的《朝元图》是这一种结构图发展的最后的高峰——完成了最繁复的形式。三清殿的《朝元图》群像行列的创造是以唐代发展起来的，宋初兴盛的道教和佛教绘画为基础的”[29]。这一段话既有一定的道理，又有不妥的地方。笔者认为《朝元图》在某种程度上而言是一种新的构图，是全真教对神仙谱系的重新编排的图像化。现实中帝王祭祀的仪仗便成为神仙谱系朝拜道祖的蓝本。这既展示了道教庞大的神仙体系，也为现实中的全真道在现实朝廷和神仙世界的正统地位给予形象化的确认。

在时代比《朝元图》早的壁画和粉本中，并没有与其图式有明显传承关系的作品。文献记载的壁画同样没有与《朝元图》吻合的神仙图式。而就确切的人物形象来看，或许是继承了前代的人物形象，人物身份却有新的阐释。如甘肃安西东千佛洞西夏时期的第二窟中就有戴通天冠和金冠的形象。北宋时期的山西开化寺壁画虽然也是佛教经变故事内容，其中却有大量戴通天冠、直脚幞头、朝天幞头、莲花冠等冠弁的人物形象。元以前各时期的道教神仙人物形象在《朝元图》中得到重新组合并组成体系，这是毋庸置疑的。《朝元图》中人物身份的确定，笔者赞成王逊先生的看法，是参考了《上清灵宝大法》黄箓斋中的诸神谱系。

由于《朝元图》的绘制是得到朝廷赞助的，所以完全有能力重新组织造像图式。永乐宫的壁画对于其后的壁画创作造成了较大的影响，不仅道教造像参考《朝元图》，并且佛教造像中的护法诸神也参考《朝元图》中的神仙形象。

山西稷山青龙寺有大幅元代壁画，这些元明之交的作品与永乐宫壁画、稷山龙兴寺壁画、新绛稷益庙壁画之间有着莫大的关系。青龙寺腰殿中的水陆道场是迄今为止发现的最早的较为完整的水陆画，其中除了西方三圣、护法天龙等佛教造像，还包括了五方五帝、列曜星君、仙曹等众为道教神仙人物。这些道教尊神不仅冠弁服饰与《朝元图》诸神相同，多数人物动作也非常相似。可以看出其图式明显受到《朝元图》的影响。

明正德二年创作的新绛稷益庙壁画虽然描绘对象从道教诸神转换成了民俗诸神三皇（伏羲、神农、皇帝）[30]以及大禹、后稷、伯益等，但是其人物形象与《朝元图》仍有传承关系，并且其朝会形象典型地借用了佛教说法经变图的构图模式。

元代以后的道教造像和佛教水陆画中的道教诸神形象多对《朝元图》有参考借用。这里不仅可以看出《朝元图》的经典地位，并且通过不同壁画借用《朝元图》人物形象这一事实，可以旁证《朝元图》也是在参考历代粉本和壁画的基础上的重新创作。但是由于《朝元图》的创作有着的特殊历史背景，所以《朝元图》有着特殊的宗教意义和历史意义。

四、《朝元图》体系形成的背景分析

《朝元图》这一全新的神仙谱系出现的作用，笔者认为既有全真道与其以前道教续传承的目的，又有为现实斋醮而设供奉的原因。

斋醮即供斋醮神，设坛祭祷神灵，是道教所从事的重要宗教活动。斋醮和上古的鬼神崇拜、祖先崇拜有一定的联系。汉代黄老道、太平道、五斗米道都有首过斋戒仪式，斋醮在当时已经初具形式。东晋上清、灵宝经系出现，斋醮仪式变得名目繁多，三界诸神等级体系也基本确立。南北朝寇谦之、陆修静、陶弘景的道教改革使斋醮仪式规范化。唐道教兴盛，斋醮仪式繁复，“其小惟二十有四，其多至三千六百”[31]。唐以来斋醮大兴，斋醮有请事、延求、之事，等等。晋代以前的斋醮仪式上大概只有诸神名号，并无形象。唐释法琳《辨正论》卷六自注说“考梁、陈、齐、魏之前，唯以瓠卢盛经，本无天尊形象。按任子《道论》及杜氏《幽求》云：‘道无形质，盖阴阳之精也。’《陶隐居内传》云：‘在茅山中立佛道二堂，隔日朝礼。佛堂有像，道堂无像。’”[32]另据陈国符先生在其《道藏源流考》附录二《道教形象考原》中说：“‘王淳《三教论》云：近世道士，取活无方，欲人归信，乃学佛家制作形象，假号天尊，及左右二真人，置之道堂，以凭衣食。宋陆修静亦为此形。’是（刘）宋代道教，已有形象。梁陶弘景所立道堂无像，是梁时道馆立像，尚未通行也。”[33]《隋书·经籍志》中记载北魏太武帝时，寇谦之“于代都东南起坛宇……刻天尊及诸仙之像而供养焉”[34]。又据玄嶷《甄正论》卷下云：“开辟以来，至于晋末，戴斑縠之冠，披黄衫帔，立天尊之像，习《灵宝经》，称道士。”[35]可见道教造像自出现之初就与科仪有关。形成规模的道教斋醮仪式并未被新的全真道完全抛弃，而是改造后的传承。所以，《朝元图》正是全真道对神仙谱系的重新组合。

曾参与主持修建永乐宫的宋德方曾与其弟子秦志安等，在平阳玄都观校定《大金玄都宝藏》，搜罗遗逸，补其亡缺，成书在乃马真皇后称制的第三年（1244），共七千八百余卷，仍沿用前金《玄都宝藏》之称[36]。“以披云所刊《道藏》经版，委宫辇贮是宫，故宫门益崇。”[37]对于全真道刊行《道藏》，陈垣先生曾有论述“或问全真家可以刊行《道藏》，第一全真崛起，本不属以前道教；第二全真重要在修养，何用多书？曰：全真家之刊行《道藏》，将以承道家统绪，留读书种子也。何以承道家统绪？汴京既覆，人鉴林灵素辈之误国，对道家渐失信仰，王重阳崛起而改革之，河北景从，本无籍乎传统也。经历数世，乃始觉无征不信，欲引古人为重，于是全真传自钟、吕及五祖之说出焉，五祖谓东华子、钟离权、吕纯阳、刘海蟾、王重阳也。据王粹《七真赞》，七真本为重阳及马、谭、刘、丘、王、郝六子，至是以重阳为五祖之一，乃增孙不二为七真，《金莲正宗记》倡之，前此所未闻，此信道不笃之过也，《长春道教渊源》辟之，是矣。然全真既刊行《道藏》，隐然与从前道教相接，全真初兴，其势不能自成一藏，今全真诸集，得附《道藏》以传，此其利也。”[38]笔者认为永乐宫的壁画创作也与《道藏》的重刊作用相近。并且元代两次焚道经之厄一在宪宗八年戊午，一在至元十八年辛巳，在壁画绘制之前或者之初，壁画的绘制与全真道教的传播要求是相关的，纯阳殿、重阳殿以及已毁的长春殿的显化故事画是全真道自己的展示，而三清殿的壁画在某种程度上是前道教甚至可以说是整个道教的神仙谱系。

王逊先生谈及东西山墙帝后面前的珍异陈设七宝炉、金莲、三光、玉华与王重阳开创全真教时五会中四会的名称相关，五会分别是文登七宝会、宁海金莲会、福山三光会、蓬莱玉华会、掖县平等会。认为对东华帝君的重视是全真教自身特点的反映[39]。

王逊先生也谈及金母以仅次于三清的道教道神出现，除《上清灵宝大法》外前所未有[40]。但《朝元图》不是《上清灵宝大法》神仙谱系的简单摹写，这里必然涉及重新组合的问题（图一五）。

图一五　西山墙白玉龟台九灵太真金母元君像壁画局部

《朝元图》中是否存在全真道五祖七宗的形象呢？历代传经法师是否就是全真道的祖师呢？有待进一步考证。但是把东华帝君和金母提升到与“四御”[41]同等的地位，正是突出了全真道祖师在神仙谱系中的地位。玉皇大帝、勾陈大帝等受到国家祭祀的尊神，同时也是道教的尊神，在一定程度上反映了道教与政治的关系，也反映了作为新道教的全真道不得不通过与国家祭祀相结合的方式来保持自身的身份。现实中帝王祭祀的仪仗便成为神仙谱系中朝拜道祖的蓝本。甚至可以进一步推测东西扇面墙外的两位帝君像，分别是纯阳演政警化孚佑帝君吕洞宾和重阳圣真开化辅极帝君王重阳，所谓的玄元十子则是其他祖师。

永乐宫三清殿《朝元图》人物众多，造型各异。本文通过对于二百九十位神仙的冠弁考证并统计分类，得出《朝元图》壁画的创作是参考了现实的服饰形制的意见。并在此基础上，结合有关史实，认为《朝元图》的创作虽然很可能参照了古代粉本，却更是全新的创作，是全真道对神仙谱系重新编排的图像化。

注　释

［1］王逊：《永乐宫三清殿壁画题材试探》，《文物》1963年8期，19～39页；另参见韩宗武主编：《吕洞宾与道教文化》，芮城县道教圣地开发委员会编，2002年，158～194页。

［2］五岳分别是东岳泰山、西岳华山、中岳嵩山、南岳衡山、北岳恒山，五岳之神最早被宋真宗封帝，参见（元）脱脱等：《宋史卷七·本纪第七·真宗二》第一册，中华书局，1985年；另见钟肇鹏主编：《道教小辞典》，上海辞书出版社，2001年，173～174页。

［3］高春明：《中国服饰名物考》，上海文化出版社，2001年，288页文字及图593。

［4］又称纯阳巾，为吕洞宾所佩戴的巾式，参见高春明：《中国服饰名物考》，上海文化出版社，2001年，270页文字及图563。

［5］（元）脱脱等撰：《宋史卷一百五十二·志第一百五·舆服四·诸臣服上》第十一册，中华书局，1985年，3539～3550页。

［6］“光禄寺丞、集贤校理陆佃言：‘臣详冕服有六。周官弁师云“掌王之五冕”，则大裘与衮同冕。……’。”（元）脱脱等撰：《宋史卷一百五十一·志第一百四·舆服三·天子之服皇太子附后妃之服 命妇附》第十一册，中华书局，1985年，3518页。

［7］（元）脱脱等撰：《宋史卷一百五十一·志第一百四·舆服三·天子之服皇太子附后妃之服命妇附》第十一册，中华书局，1985年，3517～3529页。

［8］（元）脱脱等撰：《宋史卷一百五十一·志第一百四·舆服三·天子之服皇太子附后妃之服命妇附》第十一册，中华书局，1985年，3533～3534页。

［9］（元）脱脱等撰：《宋史卷一百五十二·志第一百五·舆服四·诸臣服上》第十一册，中华书局，1985年，3539～3550页。

［10］（元）脱脱等撰：《宋史卷一百五十二·志第一百五·舆服四·诸臣服上》第十一册，中华书局，1985年，3539～3550页。

［11］张雅茜：《永乐艺风》，山西古籍出版社，2005年，42页文字及插图。

［12］（明）宋濂等撰：《元史·卷七十八·志第二十八·舆服一·仪卫附》第七册，中华书局，1976年，1929页。

［13］（明）宋濂等撰：《元史·卷七十八·志第二十八·舆服一·仪卫附》第七册，中华书局，1976年，1931页。

［14］（明）宋濂等撰：《元史·卷七十八·志第二十八·舆服一·仪卫附》第七册，中华书局，1976年，1932页。

［15］（明）宋濂等撰：《元史·卷七十八·志第二十八·舆服一·仪卫附》第七册，中华书局，1976年，1933页。

［16］（明）宋濂等撰：《元史·卷七十八·志第二十八·舆服一·仪卫附》第七册，中华书局，1976年，1930页。

［17］（明）宋濂等撰：《元史·卷七十八·志第二十八·舆服一·仪卫附》第七册，中华书局，1976年，1933页。

［18］（明）宋濂等撰：《元史·卷七十八·志第二十八·舆服一·仪卫附》第七册，中华书局，1976年，1935页。

［19］（元）脱脱等撰：《宋史卷一百五十一·志第一百四·舆服三·天子之服皇太子附后妃之服命妇附》第十一册，中华书局，1985年，3530页。

［20］（元）脱脱等撰：《宋史卷一百五十一·志第一百四·舆服三·天子之服皇太子附后妃之服命妇附》，第十一册中华书局，1985年，3533页。

［21］（明）宋濂等撰：《元史·卷七十八·志第二十八·舆服一·仪卫附》第七册，中华书局，1976年，1935页。

［22］（元）脱脱等撰：《宋史卷一百五十二·志第一百五·舆服四·诸臣服上》第十一册，中华书局，1985年，3558页；高春明：《中国服饰名物考》，上海文化出版社，2001年，210页。

［23］闵智亭：《道教仪范》，中国道教学院编印（内部资料），2002年，23页。

［24］金冠在辽代墓中有出土，曾为贵族冠式，参见高春明：《中国服饰名物考》，上海文化出版社，2001年，210页。

［25］全诗为“配极玄都閟，凭高禁籞长。守祧严具礼，掌节镇非常。碧瓦初寒外，金茎一气旁。山

河扶繡户。日月近雕梁。仙李蟠根大，猗兰奕叶光。世家遗旧史，道德付今王。画手看前辈，吴生远擅场。森罗移地轴，妙手动宫墙。五圣联龙衮，千官列雁行。冕旒俱秀发，旌旆尽飞扬。翠柏深留景，红梨迥得霜。风筝吹玉柱，露井冻银床。身退卑周室，经传拱汉皇。谷神如不死，养拙更何乡”。浦起龙：《读杜心解》第三册，中华书局，1961 年，688 页。

[26] “天宝八载……六月，戊申，上圣祖号曰大道玄元皇帝，上高祖谥曰神尧大圣皇帝，太宗谥曰文武大圣皇帝，高宗谥曰天皇大圣皇帝，中宗谥曰孝和大圣皇帝，睿宗谥曰玄真大圣皇帝，窦太后以下皆加谥曰顺圣皇后。”（宋）司马光编著，（元）胡三省音注：《资治通鉴 · 卷二百一十六 · 唐纪三十二 · 玄宗八载（七四九）》第十五册，中华书局，1956 年，6896 页。

[27]（宋）郭若虚：黄苗子点校《图画见闻志》，人民美术出版社，1963 年，61 页。

[28] 王逊：《永乐宫三清殿壁画题材试探》，《文物》1963 年 8 期，19～39 页；韩宗武主编：《吕洞宾与道教文化》，芮城县道教圣地开发委员会编，2002 年，158～194 页。

[29] 王逊：《永乐宫三清殿壁画题材试探》，《文物》1963 年 8 期，19～39 页；转引自韩宗武主编：《吕洞宾与道教文化》，芮城县道教圣地开发委员会编，2002 年，188 页。

[30] 关于三皇的具体所指不同文献有不同说法，这里采用的是《历代寺观壁画艺术 · 第 1 辑（稷山青龙寺壁画、洪洞水神庙壁画、汾阳圣母庙壁画）》的简介部分的说法，见苏庆、品丰编：《历代寺观壁画艺术 · 第 1 辑（稷山青龙寺壁画、洪洞水神庙壁画、汾阳圣母庙壁画）》，重庆出版社，2001 年，子唐写的简介。

[31]《道藏》，《灵宝领教济度金书》卷三一九，文物出版社、上海书店、天津古籍出版社联合出版，1988 年。

[32] 转引自王宜峨：《道教美术史话》，北京燕山出版社，1994 年，14 页。

[33] 转引自王宜峨：《道教美术史话》，北京燕山出版社，1994 年，17 页。

[34] 转引自王宜峨：《道教美术史话》，北京燕山出版社，1994 年，17 页。

[35] 转引自王宜峨：《道教美术史话》，北京燕山出版社，1994 年，17 页。

[36] 钟肇鹏主编：《道教小辞典》，上海辞书出版社，2001 年，89 页。

[37]（元）王鄂：《大朝重建大纯阳万寿宫之碑》，转引自韩宗武主编：《吕洞宾与道教文化》，芮城县道教圣地开发委员会编，2002 年，104 页。

[38] 陈垣：《南宋初河北新道教考 · 卷一 · 全真篇上 · 藏经之刊行第五》，《明季滇黔佛教考》（外宗教史论著八种）下，河北教育出版社，2000 年，595～596 页。

[39] 王逊：《永乐宫三清殿壁画题材试探》，《文物》1963 年 8 期，19～39 页；另参见韩宗武主编：《吕洞宾与道教文化》，芮城县道教圣地开发委员会编，2002 年，163 页。

[40] 王逊：《永乐宫三清殿壁画题材试探》，《文物》1963 年 8 期，19～39 页；另参见韩宗武主编：《吕洞宾与道教文化》，芮城县道教圣地开发委员会编，2002 年，163 页。

[41] 成书约在元末明初的《道法会元》中称“三清”、“四御”为“七宝”，以其为宇宙万物之创始者，统率天地万神。“四御”指“昊天金阙至尊玉皇大帝、中天紫微北极大帝、勾陈上宫南极天皇大帝、承天效法后土皇地祇”四位天帝后，参见钟肇鹏主编：《道教小辞典》，上海辞书出版社，2001 年，156 页。

元代纳石失局在荨麻林考

佟健华
（河北张家口学院）

纳石失是西域回回人匠制造的一种精美服饰，元代墓葬出土或传世的纳石失足以证实这一点。本文将详尽地论述元置纳石失局在荨麻林这个历史事件之脉络，反映荨麻林纳石失局的能工巧匠促进了元朝中西手工业的交流和元朝手工业的发展。

一、纳石失何者?

纳石失者，《元史》有记载：“天子质孙，冬之服凡十有一等，服纳石失、金锦也。怯绵里，翦茸也。则冠金锦暖帽。……夏之服凡十有五等，服答纳都纳石失，缀大珠于金锦。则冠宝顶金凤钹笠。服速不都纳石失，缀小珠于金锦。则冠珠子卷云冠。……百官质孙，冬之服凡九等，大红纳石失一，大红怯绵里一……夏之服凡十有四等，素纳石失一，聚线宝里纳石失一……”[1]

纳石失为波斯文 Nasij 的译文，是一种中亚、波斯地区的著名纺织品。纳石失以丝绸等为原料并嵌有金线和珍珠，颜色鲜艳，样式新颖，被视为珍品。纳石失图案的主纹每取严格的对称形式，辅纹则精巧细密，有浓郁的伊斯兰风格，常以阿拉伯文织出工匠的名字（图一）。

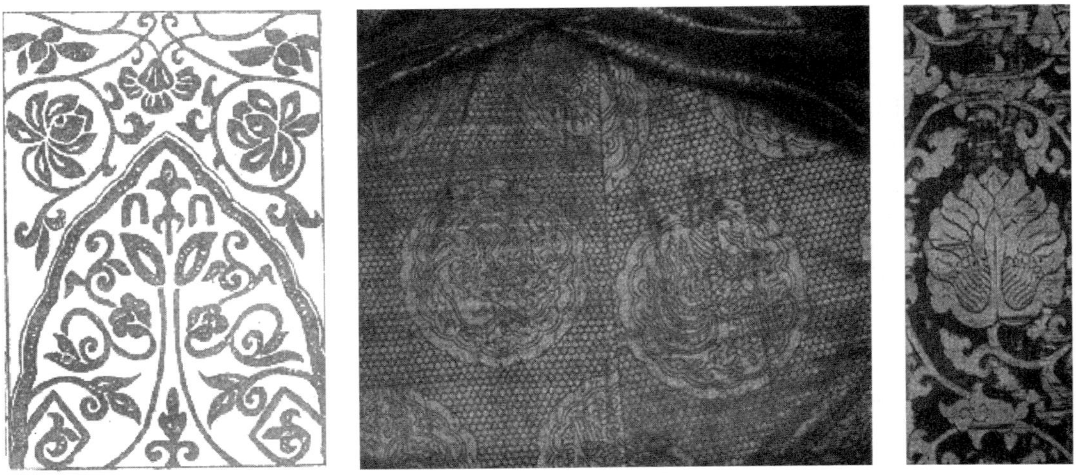

图一　纳石失上的花纹和图案

质孙何意?“质孙，汉言一色服也，内廷大宴则服之。冬夏之服不同，然无定制。凡勋戚大臣近侍，赐则服之。下至于乐士卫士，皆有其服。精粗之制，上下之别，虽不同，总谓之质孙云。”[2]质孙是元朝天子百官之宴服，且服装与冠帽要匹配，以供天子百官内廷大宴时穿着。纳石失是波斯语“织金锦”的蒙古语音译，同“纳失失”、“纳赤思”。虞集《道园学古录》说：“纳赤思者，缕皮傅金为织文者也。”纹样近波斯风格，故有译纳石失为“波斯金锦”者。纳石失是在丝织物上大面积用金线织造花纹，是蒙古族的上层统治者显示其豪华和富贵的丝织物，在元代极为盛行。元朝的织金锦包括两大类，一类是用片金法织成的，也就是在织造时，把一些切成长条的金箔夹织在丝线中。用这种方法织成的锦，金光夺目。另一类是用圆金法织成的，也就是用金箔捻成的金线同丝线交织而成。这种锦牢固耐用，但金色光泽比较暗淡。传世的纳石失则不多见，目前仅在新疆盐湖、甘肃漳县、内蒙古包头的元代墓葬中均有零星出土。1970 年，在新疆乌鲁木齐市南郊盐湖南岸一号古墓出土的油绢袄子，就用织金锦作镶边，其中有片金的锦，也有捻金的锦。1978 年，在内蒙古包头市达茂旗大苏吉乡明水村出土的元代四合花纹纳石失辫线袍，它是国内出土保存相当完好的一件织金锦辫线袍。北京故宫博物院藏有元代纳石失两件：①红底团龙凤龟子纹纳石失，为佛衣披肩的面料，在红底上，用扁金线满织龟子纹，在菊瓣形开光内，织团龙、团凤，上下交错横向排列；②绿底缠枝宝相花纳石失，纹饰以变体宝相花及藤蔓组成缠枝型图案，线条流畅。这两件纳石失织造紧密，提花规整，反映了元代较高的加金丝织物织造水平，并为明清两代的织金锦、织金缎、织金绸、织金纱、织金罗等多种加金织物奠定了技术基础。纳石失用作衣料，也用于缘饰领、袖。另外，故宫南熏殿旧藏《历代帝后像》，其中的元世祖后彻伯尔，头戴缀珠插花姑姑冠，身着纳石失缘领曳地长袍，是为质孙礼服。

二、元代的荨麻林

（一）荨麻林的地理位置及行政沿革

道光《万全县志》记载：“桃山，县西北三十里，新河口堡东北三里”；“野狐岭，县西北三十里，膳房堡北，路通旧兴和，历辽、金、元、明皆称要地”；“虞台岭，县西北三十里，新河口东北十二里，防边扼要之地”；“兴宁岭，县南八十里”。“荨麻岭，县西七十里，亦称洗马林，元置河儿浑军于此”；“寨儿岭，县西南七十五里，洗马林南五里，四山环合如寨”[3]。此体现了荨麻林周围的地形地貌。

《元史》记载：“元上都路领顺宁府，顺宁府领三县宣德（今河北宣化）、宣平（今河北万全宣平堡）、顺圣（今河北涿鹿县）。”“兴和路领四县高原（今河北张北县）、怀安（今河北怀安县）、天成（今山西天镇县）、威宁（今内蒙古兴和县西）。”[4]此是元代荨麻林的行政沿革。

再翻开《中国历史地图集》第七册，从元代兴和路图中[5]（图二），可以看出：桃山、野狐岭、荨麻林居于高原、怀安、天成、威宁四县之间。元时兴和、天成之间，多

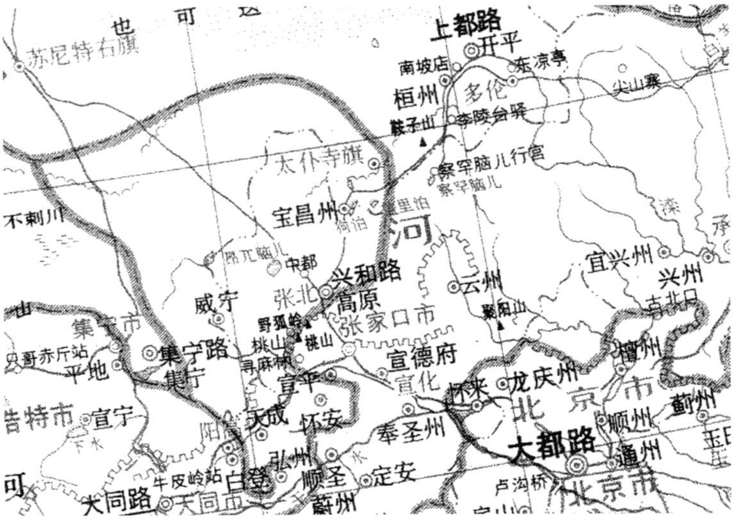

图二　元代兴和路图

昔宝赤牧地。今县城以西，皆是故虞台岭、荨麻林。然无州县建置之迹。唯县治自东及南仍为宣平县。荨麻林当属元时兴和路之中心，天然驻地，交通要道。元代之荨麻林，亦是今日河北张家口西的洗马林。

（二）荨麻林的战事、驻军及徙民

《元史》记载：“辛未（1211），从伐金，薄宣德，遂克德兴。壬申（1212），攻云中、九原诸郡，拔之，进围抚州。金兵号四十万，阵野狐岭北。木华黎曰：‘彼众我寡，弗致死力战，未易破也。’率敢死士，策马横戈，大呼陷阵，帝麾诸军并进，大败金兵，追至浍河（今河北万全县与怀安县交界处），僵尸百里。癸酉（1213），攻居庸关”[6]《万全县志》也有类似记载，“元太祖六年（1211），金将定薛及元主战于野狐岭，金兵败绩。元主南伐薄金宣德，克德兴，拔九原云中，进围抚州。金将定薛兵号四十万，阵野狐岭。北元主遣察旱往觇之，还言：‘彼马足轻动，不足畏也。’万户木华黎曰：‘彼众我寡，弗致死力战，未易破。’率敢死士，策马横戈，大呼驰入，元主麾诸军并进，大败金师，僵尸百里。追至浍河川，遂分兵，南攻居庸、紫荆，北取大水泺、丰利。诸县皆守以兵”[7]。木华黎（1170～1223）乃元太祖开国的功臣，在1211～1223年间，河北大部分被木华黎占据，当然包括荨麻林在内。

“元太宗五年（1233），元居阿儿浑军及回回部于荨麻林。命哈散纳怯烈亦氏统之。”[8]阿儿浑（又译阿鲁浑、阿鲁温、阿剌温等）是塔拉斯至八剌沙衮一带操突厥语的部族，蒙古占领其地后，征发此部人组成阿儿浑军。早在1233年，元代名将哈散纳统率阿儿浑军及回回部驻扎于荨麻林。哈散纳是荨麻林驻军的第一任长官。

《万全县志》有记载：“元制昔宝赤军，自御位诸王皆有之。盖鹰人也，故捕猎有户，使之致鲜食以荐宗庙庖厨，其齿革羽毛又足以备用。地有禁，取有时，违者罪之。

遇征伐之事，则给以仗马，使从调发。盖自太宗乙未（1235）年始，后遂为定制。太宗御位，下国王牙牙所领军处天成与兴和之间，即后阿沙不花统之者也。今县治以西，皆当时昔宝赤地，故虞台岭有鹰室在焉。”[9]昔宝赤军是元代怯薛制下一支军队，是元代皇帝御林军。昔宝赤“则主弓矢，鹰隼之事者”。昔宝赤军除执行鹰隼之事之外，还得“遇征伐之事，则给以仗马，使从调发”。1229年，太宗即位，用耶律楚材，施征课税、定户籍、括民户、军政分离、分封诸王、完善宿卫等政。阿沙不花（1263～1309）元康里人。阿沙不花者，康里国王族也。牙牙后封康国王，生六子，阿沙不花最贤，年十四，入侍世祖。太宗把天成与兴和之间荨麻林，分封给国王牙牙，即后阿沙不花统之。《万全县志》又有记载：“元世祖中统二年（1261），料马给军，备北伐。诏荨麻林阿儿浑皆备鞍马甲仗。凡徒行者市马给之，并令从军。违者以失误军期论。霍木海、乞带帅师自德胜口，会元主于中都。”[10]荨麻林元时为屯兵之地，无战备战，有战皆兵从军也。在“万家村”的遗址中曾发现过元朝忽必烈时代的“至元通宝”钢钱，可以作为元朝荨麻林历史佐证。“元中书右丞相，顺宁忠烈王阿沙不花，姓康里氏，国王牙牙第六子也，以忠谨事世祖。世祖赐土田给奴隶，使居兴和之天成。至元季年（1266），领昔宝赤军，以大同、兴和两郡有帷台岭数十里无居民，请诏有司作室岭中，徒邑民百户居之，割境内昔宝赤牧地，使耕种以自养，帝从焉。既而，帝复欲尽徙兴和桃山数十村之民，以其地为昔宝赤牧地。不花固请，留三千户供鹰食。民德之，饮食必祭其。”[11]1266年，阿沙不花领昔宝赤军来到虞台岭，荨麻林数十里本无居民，经请诏帝从焉，把桃山数十村之民徙邑到昔宝赤牧地，使耕种自养。至此荨麻林成为既有牧业又有农业的符合人类生活的集镇，它的第一任行政长官应该是阿沙不花。

三、置纳石失局于荨麻林

元代立国后，着手建立各种织造局，有的织造局专门生产纳石失，以满足宫廷和诸王、百官的需要。《元史》有记载：“诸色人匠总管府，秩正三品。掌百工之技艺”，“宣德府织染提举司，提举一员，同提举一员，副提举一员，照略案牍一员”，“撒答剌欺提举司，秩正三品。提举一员，副提举一员，提控案牍一员。至元二十四年，以扎马剌丁率人匠成造撒答剌欺，与丝䌷同局造作，遂改组练人匠提举司为撒答剌欺提举司”，“别失八里局，秩从七品。大使一员，副使一员。掌织造御用领袖纳失失等段。至元十三年始置”，“ 纳失失毛段二局，院长一员”，“兴和路荨麻林人匠提举司，提举一员，同提举一员，副提举一员，照略案牍一员”，“弘州人匠提举司，提举一员，同提举一员，副提举一员，照略案牍一员”[12]。可见元初，官办手工业局的系统，设有织染提举司，专设有撒答剌欺提举司、别失八里局、荨麻林人匠提举司、弘州人匠提举司等。由回回人扎马剌丁率领工匠织造撒答剌欺。撒答剌欺同为西锦的一种，多用犬、兔之毛仿西域丝织品而成，极为精美。为了满足统治者对织金锦的大量需要，特别设有掌管织造皇帝御用领袖纳石失的别失八里局等管理机构，由太府监所专门提供库藏掌管出纳御用诸王段匹、纳石失纱罗等，以做成天子百官内廷大宴时穿着的质孙。人匠提举司或纳石失局还专门设置了管理官员，有的职位相当高。在荨麻林设置纳石失局，《元史》记载："弘州、荨麻林纳失失局，秩从七品。二局各设大使一员，副使一员。至元十五（1278）年，招收居放良等户，教习人匠织造纳失失，于弘州、荨麻林二处置局。十六年并为一局。三十一年，徽政院以两局相去一百余里，管办非便，后为二局。"[13]另《万全县志》记载："荨麻林，元置纳失失局。至元十五（1278）年，招收析居放良等户，教习人匠织造，设大使一员，副使一员领之。十六年并弘州，所置者共为一处。三十年，徽政院以为两局相去一百余里，管办非便，仍为二局。"[14]《元史》记载："哈散纳，怯烈亦氏。太祖时，从征王罕有功，命同饮班朱尼河之水，且曰：'与我共饮此水者，世为我用。'后管领阿儿浑军，从太祖征西域，下薛迷则干、不花剌等城。至太宗时，仍命领阿儿浑军，併回回人匠三千户驻于荨麻林。寻授平阳、太原两路达鲁花赤，兼管诸色人匠，后以疾卒。"[15]元太宗五年（1233），元代的织金工除汉族工匠外，还有来自西域的工匠。元代名将哈散纳掌管荨麻林的纳石失局并兼管诸色人匠提举司，决定其重要事项。另外，在弘州设置纳石失局，《元史》记载："镇海，怯烈台氏。初以军伍长从太祖同饮班朱尼河水。……己丑，太宗即位，扈从至西京……以功赐恩州一千户。先是，收天下童男童女及工匠，置局弘州。既而得西域织金绮纹工三百余户，及汴京织毛褐工三百户，皆分隶弘州，命镇海世掌焉。"[16]镇海主持建立弘州（今河北阳原）织局织造纳石失，不仅"收天下童男童女及工匠"，" 及汴京织毛褐工三百户"，还曾将得西域的300多户织金绮工人迁移到弘州，教习从中原各地签括来的工匠织造纳失失。可见元代纳石失的生产规模之大。置纳石失局于荨麻林，反映了纳石失加工织造在元代扎下根，并为中亚、波斯丝织技艺在中原的传承上打下技术基础。

四、纳石失制造者是西域回回工匠

元朝的纳石失主要是以回回为工匠的官作中生产的。元代汉文文献中，通常将西域各族伊斯兰教徒称为回回，即阿拉伯语的穆斯林。元朝境内的回回，大部分是蒙古西征以来从中亚、波斯各地所俘的工匠和其他平民。从上述可知，元代回回人的民族成分主要是中、西亚信奉伊斯兰教的突厥人、伊朗人和阿拉伯人。在元朝政府的户籍和其他官方文书上都被归为回回人一类，标志着中国的回回民族开始形成[17]。1211年，蒙古国组成阿儿浑军从征花剌子模，蒙古军每攻取一地，照例要签括有技艺的人徙往蒙古以供役使，史料只记载了少数几个地方签括工匠的数目：撒麻耳干3万人，玉龙杰赤10万多人，马鲁和你沙不儿各400人[18]。其他地方所括工匠为数必亦不少，如不花剌人，"以佃巧手艺入附，徙置和林"[19]。后随蒙古军东来，这些回回由此而移居中原、江南各地，或一部分回回的上层人物成为元朝的高官显贵；或一部分军士一面屯田，一面参加地方的戍卫，即所谓"屯戍"人口；或一部分回回商人就经常往来于东西方的陆、海"丝绸之路"；或一部分回回工匠被编入元朝政府或诸王贵族所属的工局，从事纺织、建筑、武器、造纸、金玉器皿、酿酒等各种行业的劳作。其原因是蒙古统治者比较重视各类工匠，把各族工匠集中起来进行手工业生产。东迁的回回工匠，在数量上当然要比签发的回回军士少，但总数也相当可观。这些回回工匠或隶属大汗政府，置局、院管领，或分配给诸王贵族领有。从大德二年（1298）到泰定五年（1328）的30年间，诸路诸色人匠总管府为上都皇室宫殿、斡耳朵、皇帝影堂织造的地毯有13种之多，其中“回回剪绒毡”被列为上等品。后来，他们中的大批人又被遣往中原汉地立局造作。生产“纳失失”最著名的回回工匠，如太宗时，3000户被徙置抚州之荨麻林，他们多是蒙古西征时从撒麻耳干签括来的。同时还有300余户“西域织金绮纹工”被迁到弘州。据马可波罗所见，从天德州（即丰州，今呼和浩特东）到宣德州（今河北宣化），沿途许多城堡的居民中都有伊斯兰教徒，从事织造纳失失等织物，他们无疑都是回回工匠。元朝回回纺织业的能工巧匠，把中亚、波斯一带的嵌绣、毛布混织技法以及各种回回花纹、图案巧妙地与中国传统结合起来，不仅使回族人的服饰文化更加丰富多彩，也大大促进了中国丝织和服装业的发展。

五、荨麻林的历史地位及功能

元代荨麻林的兴起、发展和繁荣，成就了它的历史地位及功能。《万全县志》记载：“元成宗纪大德二年（1298），罢荨麻酒税羡余。考元史酒税，起于太宗辛卯年，立酒醋务坊场，官榷酤办，课以府司州县长官。提点征收课税，其额，验民户之多寡为定，中间屡有更易。荨麻林在当日，为大同至兴和上都孔道。又军局既设，户籍殷繁，意其时，罔利之臣率以羡余巧取，民有不堪其困者，故特诏罢之。”[20]从诏罢荨麻酒税羡余的历史事件的侧面可以看到：“罢荨麻酒税”，说明荨麻林已兼营酒醋务坊场；“荨麻林在当日，为大同至兴和上都孔道”，说明荨麻林是商贸必经之地，各路商贾穿梭往来，流通繁荣，成就了集镇；“又军局既设，户籍殷繁”，说明荨麻林是屯兵和纳石失局设置之地，人口众多，无战而作，有战皆兵。元代屯兵之地的荨麻林具有多功能性，集农牧业、纺织业、手工业、商业流通、军事防御于一体。元朝置纳石失局于荨麻林，不仅说明了荨麻林是纳石失的摇篮，还证实了荨麻林的历史迄今已过800多年。荨麻林的纳石失局的能工巧匠促进了元朝中西手工业的交流和元朝手工业的发展。这是本文的结论。

注　释

[1]《元史》卷七十八《志第二十八·舆服一》，中华书局，1976年，1938页。

[2]《元史》卷七十八《志第二十八·舆服一》，中华书局，1976年，1938页。

[3]《万全县志》（道光甲午重修·二〇一一点校），36～37页。

[4]《元史》卷五十八《志第十·地理一》，中华书局，1976年，1350～1352页。

[5] 中国历史地图集编辑组编辑：《中国历史地图集》，中华地图学社，1975年。

[6]《元史》卷一百一十九《列传第六·木华黎传》，中华书局，1976年，2930页。

[7]《万全县志》（道光甲午重修·二〇一一点校），422页。

[8]《万全县志》（道光甲午重修·二〇一一点校），423页。

[9]《万全县志》(道光甲午重修·二〇一一点校)，438 页。
[10]《万全县志》(道光甲午重修·二〇一一点校)，423 页。
[11]《万全县志》(道光甲午重修·二〇一一点校)，439 页。
[12]《元史》卷八十五《志三十五·百官一》，中华书局，1976 年，2144～2152 页。
[13]《元史》卷《志三十九·百官五》，中华书局，1976 年，2263 页。
[14]《万全县志》(道光甲午重修·二〇一一点校)，438 页。
[15]《元史》卷一百二十二《哈散纳传》，中华书局，1976 年，3016 页。
[16]《元史》卷一百二十《镇海传》，中华书局，1976 年，2964 页。
[17]《中国大百科全书·中国历史·元史》，中国大百科全书出版社，1992 年，70 页。
[18] 志费尼:《世界征服者史》(上册)，江苏教育出版社，2005 年，140、147、207 页。
[19] 朱德润:《中政院使贾公世德之碑铭》,《存复斋集》卷一。
[20]《万全县志》(道光甲午重修·二〇一一点校)，439 页。

后　　记

在纪念我们亲爱的父亲逝世三周年之际，这部纪念文集面世了。父亲的一生清贫勤勉，他的全部追求是以自己刻苦的学术研究推进祖国的文物考古事业不断发展，因此，出版这部包括20余篇纪念文章和40篇学术论文的纪念集，正是对父亲的最好纪念。作为亲人我们深感欣慰，愿这部纪念集能够成为献给父亲的一份礼物，以告慰父亲的在天之灵。

父亲晚年以后，时任中国社会科学院考古研究所党委书记齐肇业、所长刘庆柱以及赵信、张岱海、高月宏等同仁给予父亲多方关照，每到节假日齐肇业、刘庆柱、王巍、白云翔、陈星灿等所长都曾登门慰问。2005年，时值父亲八十五岁寿辰，在刘庆柱所长的主持下，编纂了《二十一世纪的中国考古学——庆祝佟柱臣先生八十五华诞学术文集》，为父亲贺寿。2010年，在齐肇业书记及各位所领导的支持下，在高月宏、罗长春等同志的努力下，父亲以九十岁高龄获得了中国社会科学院老干部工作局提供的老年科研基金资助，出版了人生中最后一部专著《中国辽瓷研究》，编入中国社会科学院老年学者文库。

父亲逝世以后，考古所为父亲举行了告别仪式，来自国家文物局、北京大学、国家博物馆、中国文化遗产研究院、中国文物报社、中国人民大学、北京市文物研究所、辽宁省文化厅、辽宁省博物馆、辽宁省考古研究所、山东省文化厅、山东省考古研究所、山东大学、吉林市博物馆等单位的有关领导及专家单霁翔、严文明、李伯谦、赵辉、顾玉才、郭旃、关强、朱晓东、张威、谢冰、李向东、郑同修、栾丰实等参加了告别仪式，更有许多中国社会科学院考古研究所的老同事赶来为父亲送行。一个月以后，考古所主办了隆重的追思会，父亲的好友及学生吉林大学林沄教授和辽宁省文化厅郭大顺先生不辞辛劳，专程从外地赶来参加，这使我们终生难忘。国家文物局局长单霁翔及考古所所长王巍在追思会上讲话，高度评价了父亲的品格和倾其一生为中国考古事业做出的贡献，父亲的许多生前友好及学界同仁也在追思会上发言，表达了沉痛的哀思。

在编辑出版这部纪念集的过程中，得到了中国社会科学院考古研究所王巍、白云翔、陈星灿所长的大力支持，并得到了父亲的生前友好、同事、学生等诸多专家和学者的积极帮助。不少在工作和学术研究中与父亲交往密切的考古所同仁郑振香、杨泓、徐元邦、邵望平、高炜、赵信等在百忙中拨冗撰写了怀念父亲的文章，还有谢端琚、白云翔、陈星灿、陈戈、李健民、朱乃诚、王仁湘、叶茂林、朱延平、许宏、何努、郭物等研究员撰写了学术论文。

所外的作者来自父亲曾经工作过的原中国历史博物馆、原文化部文化学院、辽宁省博物馆以及与父亲在工作与学术研究中有较多联系的各中央单位、有关高等院校及各省区。原中国历史博物馆（现中国国家博物馆）副馆长杜耀西、国家博物馆考古部副主任戴向明、研究员李文杰、展览一部研究员王月前，中国社会科学院历史研究所研究员罗琨、张雪慧，中国文化遗产研究院研究员景爱、邓文宽，中国人民大学历史学院教授魏坚、王晓琨、张文静，北京联合大学教授韩建业，吉林大学边疆考古研究中心教授林沄，吉林市博物馆原馆长董学增，四川大学历史文化学院、博物馆馆长霍巍，南京师范大学历史系教授裴安平，四川美术学院教授倪志云，四川文化艺术学院教授耿纪朋，中国科技大学科技史与科技考古系教授张居中、罗武宏、程至杰，辽宁省文化厅原厅长郭大顺，辽宁省博物馆原馆长王绵厚、徐秉琨，旅顺博物馆原馆长苏小幸，内蒙古文物考古研究所原副所长丁学芸，河北省文物研究所原所长郑绍宗、邯郸市文物考古研究所所长乔登云，湖北省考古研究所原副所长李天元，江苏省常州市博物馆原馆长陈晶，山西省考古研究所研究员薛新民、田建文，山东省文物考古研究所副所长孙波，山东师范大学齐鲁文化学院院长燕生东，潍坊市博物馆研究馆员孙敬明，烟台市博物馆原馆长王锡平，烟台美术博物馆王湘越等先生，都在百忙中为纪念集撰稿，极大地丰富了这本论集的学术内涵。

特别需要指出的是，我国著名的考古学家、北京大学考古文博学院教授严文明先生与我们的父亲有着数十年的交往，他满怀深情为纪念集撰写了序言，在此特向严先生表示崇高的敬意。我们还要感谢北京市文物研究所研究员、父亲的硕士研究生靳枫毅先生，他与父亲在长期的学习、研究过程中，结下了深厚的师生情谊，他曾花费大量时间帮助父亲整理授课讲稿，以工整的字迹清抄了数十万字的全稿，付出了辛勤的劳动，为《中国考古学要论》讲稿的出版做了前期准备。在父亲晚年，他常到家中探望，与父亲进行学术交流，或汇报自己的业务工作。在纪念集编纂的过程中，他参与了筹划、组织，并承担了整理父亲学术活动年表初稿的工作，他蒐集、查阅了大量基础资料，为年表的整理编写做了重要的努力。我们还要感谢科学出版社文物考古分社社长闫向东和责任编辑刘能为本书的出版做了大量组织、编辑、校对等工作，认真负责，竭尽心力。

最后，我们愿借此机会，向上述所有参加父亲的告别仪式以及追思会的学界同仁，还有为这部纪念集撰稿并参与组织、筹划、编辑的所有人士表示诚挚的感谢。

佟健华　佟伟华　佟佩华　佟仰华

2014年10月27日

(K-2060.01)
ISBN 978-7-03-042482-2
9 787030 424822 >